Über dieses Buch Der Reichsfreiherr Karl vom und zum Stein (1757–1831) hat als Minister König Friedrich Wilhelms III. das von Napoleon vernichtend geschlagene Preußen in den Jahren 1807–1808 tiefgreifend zu modernisieren begonnen. Von Napoleon geächtet und verfolgt, wurde Stein als Berater des Zaren Alexander I. zu einem der Architekten des russisch-deutschen Bündnisses, das entscheidend zum Erfolg der Befreiungskriege gegen Napoleon beigetragen hat. Stein, wie Ritter ihn versteht, ist »eines der sehr seltenen Beispiele dafür, daß einer auch ohne durchschlagenden äußeren Erfolg ..., allein durch die Kraft des Charakters sich politische Autorität und historischen Ruhm erwerben kann. In ihm verkörpert sich noch heute für uns Deutsche das Ideal des freien, aufrechten Mannes, der ohne persönlichen Macht- und Geltungsdrang allein im Bewußtsein sittlicher Verantwortung für das Gemeinwohl kämpfte.«
DIE ZEIT über die Neufassung des Werkes von 1958: »Seit dem Erscheinen der Erstauflage im Jahre 1931 hat diese glänzend geschriebene und vorteilhaft gestraffte Biographie an Aktualität nichts eingebüßt. Ritter sieht Stein frei von allen patriotischen Übermalungen – zuvörderst als Zentralfigur einer spezifisch deutschen Prägung des Liberalismus.«

Der Autor Gerhard Ritter, 1888–1967, zählt zu den großen Gestalten der deutschen Geschichtswissenschaft in unserem Jahrhundert. Er war Schüler Hermann Onckens, erhielt 1924 eine Professur in Hamburg und lehrte von 1925 bis 1956 an der Universität Freiburg (Breisgau). Wegen seiner Beteiligung an der deutschen Widerstandsbewegung 1944/45 in Haft, wurde er zum legitimen Historiker des Widerstands gegen den Nationalsozialismus mit seinem weitverbreiteten Werk ›Carl Goerdeler und die deutsche Widerstandsbewegung‹ (1954).

Gerhard Ritter

Freiherr vom Stein

Eine politische Biographie

Fischer Taschenbuch Verlag

Fischer Taschenbuch Verlag
Februar 1983
Fischer Taschenbuch Verlag GmbH, Frankfurt am Main
Lizenzausgabe mit freundlicher Genehmigung
der Deutschen Verlags-Anstalt GmbH, Stuttgart

Umschlaggestaltung: Jan Buchholz und Reni Hinsch
Satz: Wilhelm Röch, Weinsberg
Druck und Bindung: Clausen & Bosse, Leck
Printed in Germany
1980-ISBN-3-596-25610-0

INHALT

VORWORT 7
EINLEITUNG 9

ERSTER TEIL · DER REFORMER

ERSTES BUCH · EPOCHE DES WERDENS

1. Kapitel · Herkunft 15
2. Kapitel · Lernjahre 25
3. Kapitel · Der Verwaltungsfachmann: Bergbau und westfälische Provinzialverwaltung in Friedenszeiten 1780–1792 37
4. Kapitel · Erste Berührung mit großen Reformaufgaben: Kammerpräsident in Westfalen 1793–1802 49
5. Kapitel · Ausreifen einer politischen Weltansicht: Äußere und innere Auseinandersetzung mit der Französischen Revolution 1792–1804 74
I. Krieg mit Frankreich · Heeres- und Machtfragen · Die preußische Neutralität von 1795 · Zusammenbruch der alten Reichsverfassung 74
II. Eingliederung westfälischer Stiftsländer in die preußische Verwaltung (1802–1804) 90
III. Der Hannoverische Freundeskreis und die „Westfälischen" Reformideen Steins 99

ZWEITES BUCH · EPOCHE DER REFORMEN

6. Kapitel · Minister des Ancien Régime 1804–1806 121
I. Teilnahme an den Verwaltungsreformen vor Jena 121
II. Im Kampf gegen die Kabinettspolitik 137
7. Kapitel · Zusammenbruch des alten Staates · Erste Entlassung 163
8. Kapitel · Das große Reformprogramm von Nassau · Wiederberufung als leitender Minister 179
9. Kapitel · Das große Reformjahr 1807/1808 212
I. Agrarpolitik: Bauernbefreiung und ländliche Justizreform 214
II. Neuorganisation der Bürokratie 238

III. Organisation der Selbstverwaltung 251
1. Die Städteordnung 251
2. Die Kommunalverfassung des platten Landes 270
3. Provinzial- und Reichsstände 275
IV. Gewerbe- und handelspolitische Probleme · Kirche, Schule und Heer als nationale Erziehungsanstalten 290

ZWEITER TEIL · DER VORKÄMPFER NATIONALER FREIHEIT UND EINHEIT

DRITTES BUCH · UNTER DEM ZWANG DER FREMDHERRSCHAFT

10. Kapitel · Staatsfinanzen und Kriegskontributionen im Winter 1807/1808 . 307
11. Kapitel · Hoffnungen und Versuche einer Schilderhebung gegen Frankreich im Sommer 1808 328
12. Kapitel · Sturz und Verbannung 346
13. Kapitel · Im Exil: Zuschauer der großen Politik 1809–1812 366
I. Asyl in Österreich · Deutsche Erhebung des Jahres 1809 366
II. Geschichtliche und wirtschaftstheoretische Studien 1809–1812 372
III. Hardenbergs Finanzplan von 1810 377
IV. Die Krisis des Jahres 1811 385

VIERTES BUCH · DIE BEFREIUNG

14. Kapitel · Vorkämpfer der Befreiung Europas. Am Zarenhof 1812 391
15. Kapitel · Preußens Erhebung 413
16. Kapitel · Organisator der Kriegsverwaltung 1813/1814 433
I. Deutschlands Befreiung (April bis Oktober 1813) 433
II. Der große Plan einer deutschen Nationalverfassung vom August 1813 452
III. Feldzug und Friedensschluß in Frankreich (Oktober 1813 bis Juni 1814) 459
17. Kapitel · Der Wiener Kongreß 1814/1815 · Das nationale Verfassungsproblem 482
I. Deutsche Verfassungspläne des Winters 1813/1814 482
II. Frankfurter Beratungen mit Hardenberg über die deutsche Verfassung Juli 1814 489
III. Verhandlungen über die deutsche Frage in Wien bis zum 16. November 1814 496
IV. Die polnisch-sächsische Krise 502
V. Fortgang und Abschluß der Beratungen über die deutsche Frage . . 508
VI. Feldzug von 1815 516

AUSKLANG DES LEBENS 1815–1831 521
ANMERKUNGEN 539
PERSONENREGISTER 645

VORWORT

Die Erstauflage dieses Buches, die zur hundertsten Wiederkehr von Steins Todesjahr 1931 erschien, war nach wenigen Jahren vergriffen. Im Kriege, 1942, veranstaltete die Deutsche Verlags-Anstalt einen photomechanischen Neudruck, der aber zum größten Teil von Bomben zerstört wurde, ehe er zur Auslieferung kam. Das Buch wird also seit langem im Buchhandel vermißt. Seine Neuauflage stieß auf die äußere Schwierigkeit, daß ein so umfängliches Werk (zwei Bände von insgesamt 950 Druckseiten!) bei den heute so gewaltig gestiegenen Druckkosten unerschwinglich teuer werden müßte. Trotzdem konnte ich mich nicht entschließen, seinen Umfang auf die Hälfte zusammenzustreichen, insbesondere den Anmerkungsapparat fortzulassen, weil es dann für die wissenschaftliche Forschung, für die es seinerzeit grundlegend geworden ist, so gut wie jeden Wert verloren hätte. Anderseits konnte ich mich der Einsicht nicht verschließen, daß die Lesbarkeit des Textes durch eine gewisse Straffung nur gewinnen würde: vieles ließ sich doch kürzer formulieren, als es in der ersten Niederschrift (oft in der Entdeckerfreude aus Anlaß neu gewonnener Einsichten) gelungen war, und zuweilen war auch eine noch schärfere Konzentration auf das Wichtigste möglich. Auch im Anmerkungsteil ließen sich manche Streichungen durchführen, wo gewisse Kontroversen der älteren Forschung heute als erledigt gelten können oder wo von mir gefundene archivalische Dokumente, deren Wortlaut ich wiedergegeben hatte, inzwischen gedruckt worden sind. Freilich ist dafür eine ganze Menge neues Material zugewachsen und die Auseinandersetzung mit neueren Arbeiten notwendig geworden. Ich habe also energisch gekürzt, aber doch so, daß nichts weggelassen wurde, was für die Forschung irgendwie bedeutungsvoll sein könnte.

Das Ergebnis ist eine völlige, Zeile für Zeile durchgeführte Revision bzw. Neugestaltung meines früheren Textes. Selbstverständlich ist die gesamte seit einem Vierteljahrhundert erschienene Spezialliteratur gesammelt, durchgesehen und wo nötig eingearbeitet worden, mit besonderer Sorgfalt diejenigen Quellenveröffentlichungen, die (wie der Briefwechsel mit Reden) neues Tatsachenmaterial gebracht haben. Für den Leser am sichtbarsten ist die Umschaltung der Quellenbelege: früher zitierte ich nach dem alten Quellenwerk von Pertz oder nach den Archivsignaturen der von mir im Original benutzten Dokumente.

Jetzt konnte ich den Leser auf das große, von E. Botzenhart edierte Nachlaßwerk verweisen: „Frh. v. Stein. Briefwechsel, Denkschriften und Aufzeichnungen“, das freilich längst nicht alle von mir benutzten Archivalien bringt. Ich zitiere es abgekürzt mit „B.“, und zwar nach der Erstauflage von 1931–37, da eine zweite noch während der Drucklegung meines Buches zu erscheinen beginnt, also ebenso wie s. Z. die erste für mich zu spät kommt. Neben Botzenhart ist 1931 die musterhafte, leider fragmentarisch gebliebene Edition der preußischen Staatsarchive zur Reform der Behördenorganisation 1806–07 durch Georg Winter getreten, die ich vorzugsweise zitiert habe, wo sie in Konkurrenz mit Pertz und Botzenhart tritt. Wo ich Archivsignaturen angebe, bedeutet H. A.: Hohenzollerisches Hausarchiv; G. St. A.: Geheimes Preußisches Staatsarchiv; N. A.: Nassauer Familienarchiv (jetzt in Schloß Kappenberg); Z. A. M.: Zentralarchivverwaltung des Sowjetstaates in Moskau. Ich habe die alten Bezeichnungen beibehalten, obwohl auch die Bestände der beiden erstgenannten Archive jetzt verlagert sind: in das neugeschaffene Merseburger Zentralarchiv. Da ich aber keine praktische Möglichkeit hatte, die Erhaltung und Neuaufstellung der alten Bestände nachzuprüfen, vertraue ich darauf, daß sich die zitierten Dokumente mit Hilfe der alten Signaturen am leichtesten werden herausfinden lassen.

Möge das Werk, das auch in seiner Neuauflage die Frucht nicht geringer Mühen darstellt, in verjüngter Gestalt abermals einen weiten Leserkreis finden – trotz des ungeheuren Wandels der Zeiten seit 1931! Wenn ich ein wenig Stolz dabei empfinde, so darüber, daß ich mich nicht genötigt sah, an meiner Grundauffassung von damals Wesentliches zu ändern.

Freiburg, Januar 1958 *Gerhard Ritter*

EINLEITUNG

Das Zeitalter der deutschen Erhebung, aus dem hier zu berichten ist, hat in seinen Nachwirkungen ein ganzes Jahrhundert deutscher politischer Geschichte, aber auch deutschen Geisteslebens bestimmt. Es war schon ein einzigartiges Erlebnis für unser Volk, im Laufe einer einzigen Generation aus der Abhängigkeit von fremdem Geistesgut aufzusteigen zur Rolle einer der führenden Kulturnationen Europas und mit Hilfe desselben Europa sich aus der politischen Unterjochung durch einen Fremdherrscher zu befreien – aus alter Zerrissenheit und hilfloser Ohnmacht sich zu erheben zu neuer Einheit, zum klaren Bewußtsein politischer Schicksalsgemeinschaft und zu einem bis dahin unbekannten nationalen Stolz. Der wunderbare Einklang von echtem politischem Bedürfnis, von nationalem Geltungsdrang und sittlich-religiösen Überzeugungen, mit dem der Befreiungskampf geführt wurde, hat ihn im Bewußtsein der Deutschen durch ein ganzes Jahrhundert verklärt, seine Vorkämpfer und Führergestalten mit legendärem Strahlenglanz umgeben. Die ungewöhnliche Fülle bedeutender Geister, aber auch politischer und militärischer Charakterköpfe von hohem Rang, die sich damals zusammenfanden, hat die deutsche Geschichtschreibung von jeher aufs stärkste angezogen und zu biographischen Schilderungen verlockt, aber auch zu Gesamtdarstellungen, die bis zum ersten Weltkrieg auf einen unverkennbar enthusiastischen Grundton gestimmt waren. Als letzte und glänzendste Frucht dieser Bemühungen erschien kurz vor 1914 Friedrich Meineckes berühmtes Buch über die Entstehung nationalstaatlichen Denkens im höheren deutschen Geistesleben.

Heute, nach den Katastrophen zweier Weltkriege, blicken wir aus gänzlich veränderter Sicht auf jene Höhenepoche deutscher Geschichte zurück. Was unsere Väter darin suchten: den beflügelnden Antrieb im Kampf zuerst um die Gründung des Nationalstaates, später um die Behauptung und Mehrung seines Prestiges als Großmacht, kann für unser Geschlecht keine Verlockung mehr bieten. Es gibt keine Großmachtstellung rein europäischer Staaten mehr, am wenigsten des deutschen. Wir sehen heute auch schärfer als früher die Kehrseite jener großen deutschen Erhebung: die einseitig militanten Züge eines Nationalbewußtseins, das ganz unmittelbar in Kämpfen entstand; die gefährliche Nachwirkung einer Glorifizierung des Krieges (als Kreuzzug und sittliche Bewährungsprobe) im Kreise der Patrioten um Stein, Arndt, Gneisenau; den Überschwang ihres Patriotismus mit seiner unklaren Vermischung politischer und moralischer, ja religiöser Motive: einer Vermischung, deren Gefährlichkeit uns aus sehr bitteren Erfahrungen der jüngsten Zeit erst ganz deutlich geworden ist; nicht zuletzt die enge Verbindung des echten Idealismus, der sie beseelte, mit Illusionen über die nüchterne Wirklichkeit – auch über die Wirklichkeit einer „Volkserhebung", die im wesentlichen doch nur in der Sphäre höherer Bildung wirklich lebendig wurde.

Wir blicken also mit größerer Nüchternheit als frühere Generationen auf jene Epoche zurück, und dieses Buch hat schon in seiner Erstauflage von 1931 viel dazu beigetragen, patriotische Übermalungen zu beseitigen, durch die ihr Geschichtsbild von der liberal-nationalen Historie entstellt worden war. Aber nüchterne Wahrhaftigkeit ist überhaupt die einzige Haltung, in der geschichtliche Betrachtung wirklich hilfreich werden kann. Geschichtsstudium ist, richtig verstanden, nicht andächtige Bewunderung vergangener Großtaten, sondern Selbstbesinnung. Gewiß: es gibt auch bewundernswerte Großtaten und geschichtliche Helden in unserer Vergangenheit, und gerade die Epoche Steins hebt sich als eine der ganz wenigen Strecken deutscher politischer Geschichte heraus, in der das Tragische, das Unheil, nicht überwiegt, sondern zuletzt überstrahlt wird vom großen Erfolg. Aber wenn wir uns mit ihr beschäftigen, tun wir es nicht, um uns zu erbauen oder zu begeistern (und dann in der Nahsicht auf die Dinge doch immer wieder ernüchtert zu werden), sondern um uns selbst, als Nation, daraus besser zu verstehen. Wir sind eigentlich erst in der Epoche Napoleons und Steins zu einer politischen Nation zusammengehämmert worden, durch historische Schicksale von ungeheurer dramatischer Spannung und Wucht. Wie es dabei im einzelnen zugegangen ist, wie und was dabei mitgewirkt hat, das zu wissen, ist für unser politisch-historisches Selbstverständnis von höchstem Interesse. Der Reichsfreiherr vom Stein hat bei diesem Prozeß an sehr wichtiger Stelle und sehr tatkräftig mitgewirkt – nicht so sehr als politischer Denker, fruchtbar in neuen „Ideen", sondern als politischer Charakter, als Mann des Willens und der Tat. Sein Name ist geradezu zum Symbol geworden für die Anfänge der deutschen Nationalbewegung. Die Tatsache aber, daß wir dank dieser Bewegung zu einer großen politischen Nation von einheitlicher Willensbildung zusammengewachsen sind, bleibt ein ganz großes geschichtliches Ereignis. Sie läßt sich nicht mehr aus der Welt schaffen: weder durch gewaltsame Spaltungsversuche fremder Machthaber noch durch Ernüchterung, Enttäuschung, ja Entsetzen über die Entwicklung des deutschen Nationalismus, die von idealistischer Begeisterung der Frühzeit zu hemmungslosem materiellem Machtdrang und zuletzt zu schmachvoller Entwürdigung des deutschen Namens geführt hat.

Aber der Name Steins ist nicht nur zum Symbol nationaler Sammlung geworden, sondern zugleich zum Symbol einer neuen Freiheitsgesinnung, die der passiven Unterwürfigkeit, zu der die deutschen Landesväter ihre Untertanen in

Jahrhunderten erzogen hatten, ein Ende machen wollte; die politisches Selbstbewußtsein und freiwillige Mitarbeit im öffentlichen Leben zu wecken suchte, vor allem im deutschen Bürgertum. Als Reformer des alten Obrigkeitsstaates, als einer der Träger, ja in gewissem Sinne als eine Zentralfigur des älteren deutschen Liberalismus ist er uns heute noch viel unmittelbarer wichtig denn als Vorkämpfer nationaler Einheit. Freilich: wir müssen uns hüten, seinen Namen im Sinn irgendwelcher innerpolitischer Bedürfnisse der Gegenwart zu aktualisieren! Wenn die Erstauflage dieses Buches 1931 irgend etwas eindeutig erwiesen hat, so war es dies: daß es hoffnungslos ist, ihn als Kronzeugen für irgendeine der Parteiströmungen unseres Jahrhunderts in Anspruch zu nehmen, wie es immer wieder versucht worden ist: sei es für die Konservativen (Ad. Wahl), sei es für die Nationalliberalen (Max Lehmann), sei es für die demokratische Linke (Hugo Preuß) oder gar für den Nationalsozialismus (so u. a. Erich Botzenhart in seinen späteren Bänden). Er ist und bleibt streng gebunden an die geschichtlichen Voraussetzungen und politischen Ideen seiner eigenen Epoche und ist nur von daher zu verstehen. Aber gerade in seiner höchst eigentümlichen Zwischenstellung zwischen Aufklärung und Romantik, zwischen altadeligem Ständewesen und bürgerlich-liberalen Verfassungsidealen des 19. Jahrhunderts hat er eine Aufgabe von großer Bedeutsamkeit erfüllt: einen praktischen Anfang zu machen mit der inneren Auflockerung des alten Obrigkeitsstaates und die äußeren Voraussetzungen zu schaffen für ein neues staatsbürgerliches Selbstbewußtsein im deutschen Bürgertum.

Das geschah, wie sich noch zeigen wird, zunächst unter Einwirkung westeuropäischer Vorbilder, und zwar wesentlich englischer. Aber was daraus in der konkreten Lage Deutschlands, im Erleben seiner außenpolitischen Katastrophe erwuchs – zum ersten Male ganz deutlich sichtbar in der Nassauer Denkschrift von 1807 – war eine spezifisch deutsche Form von Liberalismus: eine Freiheitsgesinnung, der es weniger auf die Sicherung vorstaatlicher Rechte des Individuums im Staate ankam wie in der westeuropäischen Welt, als auf die Mobilisierung seiner Kräfte für das öffentliche Wohl und für die Rettung des Vaterlandes. Diese Freiheitsgesinnung, die sich dann bei den ostpreußischen Schülern Kants, Steins Mitarbeitern, auch mit naturrechtlichen Elementen verband, hielt stets den kategorischen Imperativ staatsbürgerlicher Pflicht in sich lebendig.

Man hat neuerdings oft – und mit Recht – betont, eine der Folgen des Befreiungskampfes gegen Napoleon sei gewesen, daß die Deutschen sich nicht nur bewußt von den naturrechtlichen Freiheitsidealen des Westens loslösten, sondern in betonten Gegensatz dazu traten. Daß diese Ablösung zu einer gefährlichen Selbstabschließung und Selbstverhärtung, ja zum Verlust der Freiheitsgesinnung überhaupt führen konnte und zum Teil geführt hat, ist sicher wahr. Ebenso wahr ist aber die Tatsache, daß es geschichtlich eine eigene Form des deutschen Liberalismus gegeben hat, aus eigenem Erleben der Unfreiheit entsprungen, aus den ureigensten Ideen so großer Geister wie Kant und Wilhelm von Humboldt genährt. Dieser deutsche Frühliberalismus hat sich unter dem

Druck restaurativer und reaktionärer Kräfte nach 1815 nicht voll entfalten können, hat aber gleichwohl mit dem ethischen Kern seiner Freiheitsgesinnung im deutschen politischen und Geistesleben eine Nachwirkung ausgeübt, deren Bedeutung sich nicht leicht überschätzen läßt. Zu seiner Entstehung und Entwicklung hat auch der Freiherr vom Stein seinen originalen Beitrag geleistet.

Es wird eine der wichtigsten Aufgaben unserer Biographie sein, diese denkwürdigen, aber weithin vergessenen Zusammenhänge erneut zu erweisen und anschaulich zu machen.

ERSTER TEIL · DER REFORMER

„Allein dadurch, daß man das Gegenwärtige aus dem Vergangenen entwickelt, kann man ihm eine Dauer für die Zukunft versichern."

STEIN am 12. Februar 1816

Erstes Kapitel

Herkunft

Unter allen Faktoren, die bestimmend gewesen sind für die geistige Erscheinung des Mannes, dessen Leben hier zu schildern ist, war das Erbe des Elternhauses ohne Frage der stärkste. Es ist das seelische und geistige Erbe eines altadeligen Geschlechtes von mehr als fünf Jahrhunderten urkundlich bezeugter Familientradition, dem der Reichsfreiherr Karl vom und zum Stein die festgeprägte Form seines Wesens verdankt. Seit dem Jahre 1235 läßt sich die alte, inzwischen längst verfallene Burg auf dem „Stein", gleich unterhalb der Stammburg des nassauischen Grafengeschlechts, dazu das stattliche Herrenhaus im Städtchen Nassau, als Besitz seiner Familie nachweisen. So weit auch die ehemaligen Burgmannen der Nassauer Grafen seither ihren Besitz ausgedehnt hatten auf beiden Ufern des Rheins und das Lahntal hinauf, inner- und außerhalb des nassauischen Machtbereiches, so viel sie umhergekommen waren im Dienste fremder Herren – ununterbrochen hatte die Familie den Stammsitz an der Lahn bewohnt, eine Generation nach der anderen in fast den gleichen äußeren Lebensverhältnissen aufwachsend und absterbend. Nicht eine Persönlichkeit in dieser langen Reihe von Stammvätern, von der man zu sagen wüßte, daß sie den fest gegebenen Umkreis der Standes- und Familientraditionen durchbrochen hätte, sei es durch ungewöhnliche Leistungen, sei es durch Abenteurerdrang mehr als üblichen Stiles. Für den geschichtlichen Rückblick scheint es, als ob alle Kraft des alten Herrengeschlechtes sich gesammelt hätte in dem einen Haupte der jüngsten Generation, dem letzten Stammhalter des Hauses.

Es liegt nahe, schon hier den Vergleich mit Bismarck zu ziehen. Charakteristische Standeseigenschaften des Landadels sind beiden Männern gemeinsam: vor allem die äußere und innere Unabhängigkeit, die erdhafte Verbundenheit mit der Scholle, mit Heimat und Volkstum, mit allem, was gewachsen, geschichtlich geworden ist. Aber das soziale Milieu der Reichsfreiherren am Rhein war doch wieder charakteristisch verschieden von dem der ostelbischen Landjunker. Politisch unabhängiger, aber dafür auch staatlich wurzelloser, wirtschaftlich ansehnlicher, aber weit mehr genießende Rentner als praktische Landwirte, lebten sie in altfränkischen Lebensformen, ein Stand ohne Zukunft, wesentlich angewiesen auf die ängstliche Konservierung des von den Vorfahren

Überkommenen, stets bedroht vom Fortschritt der modernen politischen Entwicklung, lebendige Überreste des mittelalterlichen Feudalwesens, die merkwürdigsten von allen. Wie in Bismarck alle gesunden politischen Kräfte des preußischen Militär- und Beamtenadels, zugleich ein Stück von der robusten Lebensenergie des agrarischen Berufsstandes sich zusammenfinden, so gewinnen in Stein die vornehm-stolze Haltung und der historische Reichspatriotismus der Reichsritterschaft ihren bedeutendsten Ausdruck; aber zugleich umwittert seine Gestalt etwas von der Romantik veraltender Lebensformen inmitten einer jungen, mächtig vorwärtsdrängenden Zeit.

Ein seltsames Konglomerat verschiedenartigster Rechte, dieser Steinsche Familienbesitz an Lahn und Rhein! Zwei Dutzend verschiedener Güter und Güterstücke weit zersplittert, Grundbesitzrechte der mannigfaltigsten Art und Herkunft, verteilt auf mehr als 50 Ortschaften allein auf dem rechten Rheinufer, verstreut über ein Gebiet von etwa 18 Quadratkilometern; dazu, politisch am wichtigsten, die beiden Gutsdörfer Frücht und Schweighausen, mitten im fürstlich nassauischen Gebiet gelegen, in denen die Steins die hohe Gerichtsbarkeit und damit eine obrigkeitliche Stellung ähnlich der ihrer landesfürstlichen Nachbarn beanspruchten. Eben hiervon leiteten sie den äußeren Rechtstitel ihrer Reichsunmittelbarkeit ab, in beständigem Kampf mit dem Nassauer, der die in seinem Gebiet gelegenen Steinschen Besitzungen zu mediatisieren trachtete. Das führte zu endlosen Prozessen vor den Reichsgerichten und noch endloseren Quengeleien und Schikanen aller Art, mit denen sich fürstliches und reichsritterliches Amt gegenseitig das Leben nach Kräften erschwerten.

Es hinderte aber nicht, daß man vom Glanz und den Pfründen der landesfürstlichen Höfe für die ritterliche Familie nach Kräften Vorteil zu ziehen suchte. Zahllose Mitglieder der Reichsritterschaft traten in fürstliche Hof- und Verwaltungsdienste ein. Ehemals hatten die Steins den Nassauern als Burgmannen und Beamte gedient; später, mit ihnen verfeindet, suchten sie andere benachbarte Höfe auf: den pfälzischen, hessischen, mit besonderer Vorliebe aber die geistlichen Kurhöfe am Rhein: in Trier und Mainz. Auch der Vater Karls vom Stein, Karl Philipp, war als Kämmerer, später als adeliger Geheimer Rat im Dienste des Mainzer Kurfürsten beschäftigt – mehr repräsentativ als praktisch tätig. Daß die Familie seit dem 16. Jahrhundert dem protestantischen Bekenntnis angehörte, bedeutete dafür kein Hindernis; längst hatten in dieser adligen Gesellschaft die Familieninteressen den Bann der konfessionellen Gegensätze durchbrochen.

Wichtiger noch als die Gunst der geistlichen Nachbarfürsten war für die Ritterschaft die des kaiserlichen Hofes. Die Offizierslaufbahn im kaiserlichen Heer war in diesen Familien noch mehr beliebt als der Dienst an fürstlichen Höfen. Im Kaiser erblickten sie ihren natürlichen Schutzherrn, und in der Tat legte der Wiener Hof großen Wert auf die Erhaltung dieses Standes, mit dem er sich eng verbunden fühlte im gemeinsamen Gegensatz gegen die Machtbestrebungen des Territorialfürstentums. Auch wer in fürstliche Dienste trat, vergaß doch nie seinen Rang als „Reichsunmittelbarer"; immer behielt sein Dienst etwas vom Charakter der Freiwilligkeit.

Es ist leicht, das Überlebte und Ungesunde dieser politischen Zwergherrschaften zu erkennen. Unfähig, es den gehaßten fürstlichen Territorien an praktischen Leistungen in Polizei, in Wohlfahrtspflege aller Art, insbesondere in wirtschaftspolitischer Fürsorge gleichzutun, wurden sie vielfach zu Schlupfwinkeln untauglichen Gesindels und überall zu Hemmnissen durchgreifender wirtschaftspolitischer Reform. Die Untertanen dieser Herren waren von wirklichem staatlichem Leben so gut wie abgeschnitten; weder eine deutsche noch eine besondere territoriale Staatsgesinnung konnte sich hier entwickeln. Dafür lebte in der Reichsritterschaft selbst ein Patriotismus höchst ehrwürdiger Art: eine Gesinnung, der das uralte Deutsche Reich noch immer das Vaterland schlechthin bedeutete.

Inmitten der partikularistisch zerteilten und weithin von kosmopolitischen Vorstellungen erfüllten deutschen Welt des 18. Jahrhunderts bildeten Reichsadel und Reichsstädte, dazu die geistlichen Fürstentümer, diese wunderlichen Rudimente mittelalterlicher Lebensformen, die letzten Träger des Reichsgedankens im deutschen Volk. Für sie allein bedeutete der Fortbestand des Reiches noch ein unmittelbares Lebensinteresse. Vor allem der kleine Reichsadel hätte seine privilegierte Stellung nicht einen Tag behaupten können ohne kaiserlichen Schutz; seine Untertanen hätten keine wirksame Rechtshilfe gefunden ohne die Appellinstanz des Reichskammergerichts. Freilich sieht man leicht: dieser Reichspatriotismus der Ohnmächtigen ist im wesentlichen rückwärts gewandt und egoistischer Natur. Ihm bedeutet der nationale Staat zumeist nicht mehr als das unentbehrliche Mittel zur Erhaltung veralteter Vorrechte, staatlicher Zwerggebilde ohne jede Zukunft. Unter allen den vielen Familien des deutschen Adels, die es verstanden hatten, im Verfall des alten Reiches sich selber emporzubringen zu Macht und Ansehen, das Unglück des Vaterlandes zum eigenen Vorteil zu nutzen, zeichneten sich die reichsritterschaftlichen gewiß nicht durch besondere patriotische Tugend aus.

Und doch war es ganz gewiß nicht bedeutungslos für die Entwicklungsgeschichte des nationalen Gedankens, daß wenigstens für einen Teil der deutschen Reichsstände die alten, schattenhaft gewordenen Institutionen des „heiligen" Reiches nach wie vor mehr bedeuteten als ein lästiges Hemmnis partikularer Selbstsucht. Die schwäbisch-fränkischen Landschaften, die Gebiete ärgster politischer Zersplitterung, die man vorzugsweise das „Reich" benannte, haben ja auch in der großen Nationalbewegung des 19. Jahrhunderts eine besondere Rolle gespielt. Doch nicht bloß deshalb, weil die unmittelbare Bedrohung vom Westen her und das Bewußtsein der eigenen Ohnmacht fortdauerten und auch in den von Napoleon hier geschaffenen Mittelstaaten ein Gefühl befriedigter Sicherheit niemals aufkommen ließen: eben hier war doch auch das alte Reich am längsten politische Wirklichkeit gewesen, und die Erinnerung an die enge Verbundenheit dieser altdeutschen Gebiete mit seinen Institutionen starb niemals gänzlich aus. Einen inneren Zusammenhang des alten, rückwärts gewandten Reichspatriotismus mit der nach vorwärts blickenden Nationalbewegung des neuen Jahrhunderts glaubt man in der Entwicklung einzelner bedeutender Männer immerhin deutlich zu erkennen: in der Familie des Freiherrn von Gagern stellt er sich gewissermaßen durch zwei Generationen her, in Männern wie Dahlmann und K. Th. Welcker durch das Studium des alten Reichsrechts literarisch vermittelt. Ganz unmittelbar und ganz lebendig aber besteht er nur im Geiste eines Mannes: des Reichsritters Karl vom Stein.

Dabei war es ganz besonders bedeutsam, daß die Ideale altdeutschen Herkommens, wie sie der Reichsadel pflegte und wie sie die Reichspublizisten des 18. Jahrhunderts juristisch formulierten, von jeher auch einen innerpolitischen Inhalt hatten. Der ständische Charakter der Reichsverfassung ließ ihre Lobredner zugleich zu Vorkämpfern ständischer „Libertät“ gegen fürstlichen Despotismus werden. J. J. Moser, der große Sammler und Kommentator des Reichsrechts, wurde so zum Märtyrer württembergischer Ständeprivilegien; und sein Sohn Karl Friedrich verteidigte den „teutschen Nationalgeist“, den Geist altdeutscher politischer Freiheit und selbständiger Überzeugung, gegen das „militärische Staatsrecht“ unfrei gewordener „Janitscharen“, wie es in den einzelstaatlichen Despotien neuerlich aufgekommen sei. Obwohl er die politische Ohnmacht der südwestdeutschen Kleinstaatenwelt nicht leugnen konnte und wollte, pries er es doch als einen glücklichen Zustand, „daß der sogenannte Souverain hier noch einen Richter über sich habe, der ihn früh oder spät zu finden weiß“, „daß von Gesetzen, von Freiheit, von gemeinschaftlichen Schlüssen doch noch die Rede ist und sich solche in manchem würklich zeigen“ – während er die straffere, mechanistisch erscheinende militärisch-bürokratische Organisation und den rücksichtslosen Machtwillen der norddeutschen Großmacht als undeutsch und unsittlich verabscheute. Gewiß war diese altständische Vorstellungswelt zunächst rein konservativ, ja reaktionär. Von ihr aus konnte aber recht wohl auch der Weg zu moderneren Verfassungsidealen, Vorstufen des späteren Liberalismus, gefunden werden. F. Chr. Dahlmann, der seine politische Laufbahn als Sekretär der holsteinischen Ritterschaft begann und als einer der Führer des Liberalismus in der Paulskirche von Achtundvierzig beendete, hat diese Entwicklungsmöglichkeit später am sichtbarsten verwirklicht. Aber auf einem Stück des Weges erscheint doch auch der Reichsritter vom Stein als sein Weggenosse – nur freilich im Rahmen einer älteren Generation. Sollte der altfränkische Freiheitstrotz, den wir als Erbteil seines Standes bei ihm voraussetzen dürfen, fruchtbar gemacht werden für die Aufgaben moderner Staatsreform, so bedurfte es einer Ausweitung und Bereicherung in größeren und gesünderen politischen Verhältnissen, als die versinkende Kleinstaatenwelt des südwestdeutschen „Reiches“ sie bot; zugleich einer Vergeistigung und Vertiefung durch Hineintauchen in die Flut der modernen politischen Ideenbewegung, wie sie eben damals von Westeuropa her das alte verträumte Deutschland mächtig überschwemmten. Auch die vaterländische Gesinnung, der herkömmliche

Reichspatriotismus des ritterlichen Standesgenossen bedurfte einer solchen Wiedergeburt aus dem Geist einer neuen Zeit, einer Läuterung und Vertiefung zur nationalen Idee, wenn sie wirken sollte in die deutsche Zukunft hinein[1]. Erste Voraussetzung dafür war, daß ihr Träger rechtzeitig Fühlung gewann mit den großen geistigen Mächten der Zeit: zuerst im Bereich der Literatur erwachte ja eben damals der deutsche Genius nach langem Schlummer zum Bewußtsein seiner nationalen Eigenart. Wirklich lassen sich Spuren solcher Fühlungnahme im Leben des jungen Stein schon sehr früh verfolgen.

Das erste war die keineswegs traditionelle Bildungsatmosphäre des Elternhauses.

Das Bildungsniveau des elterlichen Hauses überragte nach allem, was man von dieser ritterlichen Familie weiß, nicht unerheblich den Durchschnitt. Von dem Vater freilich, dem kurmainzischen Geheimen Rat und Kammerherrn Karl Philipp vom und zum Stein, ist nicht viel mehr zu berichten, als daß er zu den wertvolleren Mitgliedern seines Standes gehörte: geistig anspruchslos, aber charaktervoll, ernsten Sinnes und unbedingt zuverlässig. Sein Sohn hat ihm später eine Grabschrift gesetzt, die dies als seine Kerntugend rühmt: „Sein Wort das war sein Siegel." Und wenn er mit den ersten Worten seiner Lebensbeschreibung voller Ehrerbietung des „religiösen, ächt deutsch ritterlichen Beyspiels" seiner „sehr achtungswerthen" Eltern gedenkt, das ihm von frühester Jugend auf „die Ideen von Frömmigkeit, Vaterlandsliebe, Standes- und Familienehre, Pflicht, das Leben zu gemeinnützigen Zwecken zu verwenden, und die hierzu erforderliche Tüchtigkeit durch Fleiß und Anstrengung zu erwerben", eingeprägt habe – so wird ihm dabei die ehrenhafte Gestalt des Vaters ebenso vor Augen gestanden haben wie die geistig reichere und beweglichere Art der Mutter. Sicherlich dürfen wir aber auch die ungezügelte Heftigkeit des Temperaments, die unserem Helden zeitlebens viel verdorben hat, als elterliches Erbteil betrachten: beide Eltern sollen daran gelitten haben, Karl Philipp besonders in jüngeren Jahren. Bei seiner Eheschließung mit Karoline Langwerth von Simmern, seiner Cousine, haben sicherlich nüchterne ökonomische Rücksichten eine sehr wesentliche Rolle gespielt: die Ansprüche der Familie auf adlige Stiftspfründen für die Nachkommenschaft wurden dadurch trefflich gemehrt und gesichert. Aber was die junge Baronin in das Nassauer Herrenhaus einbrachte, war erheblich mehr: wesentlich ihr ist es zu verdanken, daß das Familienleben der Steins sich erhob über das Alltagsdasein von Landedelleuten seitab von den geistigen Bewegungen der Zeit.

Henriette Karoline war – in den Grenzen ihrer Erziehung und ihres eng gebundenen Lebenskreises – ohne Zweifel eine ungewöhnliche Frau. Nicht nur in den Augen ihres größten und Lieblingssohnes, der nie anders als mit fast leidenschaftlicher Verehrung ihrer gedenkt. Mit besonderem Respekt spricht jeder Besucher des Steinschen Hauses von ihr: „eine große, ganz originelle Dame" nennt sie Lavater, „höchst ehrwürdig" und die allgemeine Achtung genießend nach seiner Jugenderinnerung Goethe. Ihr Bild zeigt eine herbe, fast männliche Strenge der Züge, und (nach Lavaters Urteil) „den vollkommenen Charakter der Klugheit", einer ausgesprochenen Begabung für praktische Geschäfte:[2] die Ähnlichkeit mit den charakteristischen Zügen des Sohnes, zumal in dem etwas überscharfen Profil mit der mächtigen, leicht nach unten gebogenen Nase, dem streng geschlossenen, schmalen Mund und den drohend gewölbten Stirnbögen, springt sofort in die Augen. Unermüdliche Tätigkeit für das Wohl der Familie ohne jede Rücksicht auf sich selber, hob der Sohn beim Rückblick auf ihr Leben als das Rühmenswerteste hervor. In der Tat hat sie, als eine rechte deutsche „Haußmutter" guten alten Stiles, keine höhere Freude gekannt, als unter ihren Kindern zu wirken, die es dankbar anerkannten, daß sie so willig alle Bedürfnisse nach Zerstreuung und höfischer Vergnügung opferte, um sich in dem abgelegenen Nest an der Lahn vor der Welt zu „vergraben"[3]. Nicht weniger als zehn Kinder gebar sie im Laufe von zwölf Jahren, von denen drei Töchter und vier Söhne zu reifem Alter erwachsen sind; Karl vom Stein, geboren am 26. Oktober 1757, war der dritte Sohn, das vorjüngste der Geschwister. Über der Erfüllung so weitgehender Mutterpflichten wurde die Gesundheit der Baronin zerrüttet: seit 1775 war sie beständig leidend. Aber in dieses, unter so viel mütterlichen Sorgen und praktischen Geschäften sich rasch verzehrende Frauenleben fällt nun doch ein heller Strahl aus dem Bereich des eben damals zu neuer Kraft erwachenden deutschen Geistes.

Im Mittelpunkt ihrer geistigen Interessen stehen die Dinge, die den gebildeten Durchschnittsdeutschen jener Tage wohl überall am meisten beschäftigten: Fragen der Religion, der Moral und der – eben damals neu aufblühenden – Erziehungskunst. Pietismus und Aufklärung hatten die naive Selbstverständlichkeit erschüttert, mit der frühere Generationen die kirchliche Predigt hingenommen hatten – ihr Gegensatz drängte nun jeden einzelnen zu persönlicher Entscheidung. Die Stellungnahme der Baronin wird aus ihren Briefen ganz deutlich: die kirchliche Orthodoxie der alten Zeit war auch für sie vorüber, von der verstandesdürren Nüchternheit der Berliner Freigeisterei wollte sie erst recht nichts wissen. Männer wie Lavater, Jacobi und ihr Freundeskreis: das war die geistige Welt, in der sie lebte und webte: die Atmosphäre einer weichen, empfindsamen, zuweilen überschwänglichen Frömmigkeit des Herzens, das sich zur Wehr setzt gegen die kritischen Einwände des Verstandes. Besonders ausführlich sind wir über ihr Verhältnis zu Lavater unterrichtet: seine „Aussichten in die Ewigkeit" las sie sogleich nach Erscheinen; seit 1774, nach einem Besuch des Züricher Propheten in Nassau, begann sie mit ihm einen brieflichen Gedankenaustausch, der bald zu intimer Freundschaft führte: zeitweise plante sie sogar, eines der Kinder in die Obhut des Gottesmannes nach Zürich zu geben. Was sie an Lavater anzog, sieht man deutlich: die Wärme der religiösen Empfindung, die undogmatische Freiheit eines Christentums der Tat. Sie selber stand fest auf dem Boden der kirchlichen Überlieferung; Basedows antitrinitarische Ketzereien weckten ihre Entrüstung – man erinnert sich dabei der köstlichen Schilderung, die Goethe, das Weltkind, von seinem Besuch mit den beiden Propheten bei den Steins gibt: der peinlichen Verlegenheit, die in dem frommen Hause entsteht, als der Tölpel Basedow durch keinerlei Mittel von seinen lästerlich wirkenden theologischen Ergüssen abzubringen ist! Es entsprach ganz dem Ton des Elternhauses, wenn Karl vom Stein später so oft wetterte gegen die neumodischen Metaphysiker und Berliner aufgeklärten Theologen, die „den einfältigen schlichten Bibelglauben hinweg exegesiert – den schlichten, gesunden Menschenverstand verdunkelt und Lehren vorgetragen haben, die die Grundsätze der Moral, den Glauben an Gott und Unsterblichkeit tief erschütterten und die Herzen der Menschen austrockneten“[4]. Gerade das letzte: Religion als Herzenssache, tritt in den Briefen der Mutter besonders lebhaft hervor. Man fühlt sich durchaus in die idyllische Luft der Wertherzeit versetzt, wenn man die zärtlichen Versicherungen ihrer Liebe zu dem Züricher Prädikanten liest, von dem sie sich die frostige Anrede „gnädige Frau“ verbittet, und vollends, wenn sie ihrer Freundin, der hochempfindsamen Romanschriftstellerin Sophie La Roche, versichert, welche grausamen Schmerzen sie bei der Abreise ihres Lieblingssohnes Karl nach Göttingen empfunden habe: „*Tirons le rideau!* . . .“ Aber man darf diesen Zeitstil nicht allzu wichtig nehmen. Hinter allen Gefühlsergüssen blickt doch ein sehr resoluter Hausfrauenverstand hervor, der sich in seiner Nüchternheit durch keinerlei Schwärmerei beirren läßt. Lavaters phantastische Neigungen machen ihr große Sorge; seine Intimität mit dem Wunderdoktor Gaßner ist ihr ein Greuel, und sie scheut sich nicht, dem berühmten Freunde kräftig ins Gewissen zu reden. Vollends da, wo Schwärmerei und Empfindsamkeit an die sehr soliden moralischen Grundsätze des Hauses zu rühren scheinen, spürt man in diese Welt gesteigerter Gefühle sogleich einen ernüchternd kühlen Luftzug aus dem Alltag deutscher Aufklärung hineinwehen. Als Fräulein von Klettenberg stirbt, beklagt sie vor allem, daß der junge Herr Goethe an ihr einen so starken moralischen Halt verliere. Werthers Leiden (die sie noch vor dem Druck handschriftlich kennenlernte), beurteilte sie, wie es scheint, wesentlich unter moralischem Gesichtspunkt: „Warum nimmt der Selbstmord so sehr überhand? (sie zählt eine ganze Reihe von neueren Beispielen auf). Und warum wird er so sehr verteidigt?“ Eine literarische Frau im Sinne einer vorwiegend ästhetisch-philosophischen Bildung war die Baronin ganz gewiß nicht. Trotz aller Bewunderung für den „trefflichen Klopstock“ und den Kreis des Göttinger „Haines“, trotz der Belesenheit der Baronin in den empfindsamen Dichtungen der Jacobi, La Roche, Leuchsenring und in den literarischen Modejournalen der Zeit standen die ästhetischen Interessen des Hauses doch immer in zweiter Linie hinter den religiösen, moralischen, erziehlichen; die rege Anteilnahme der Mutter Stein an den pädagogischen Reformbestrebungen der Philanthropen in Neuwied und Dessau – ein Interesse, das sich in gewissem Sinne auch auf den Sohn vererbt hat – stand ihr viel natürlicher zu Gesicht als alle poetische Schwärmerei.

Immerhin: aus einer gewissen Entfernung erlebte man doch auch im Nassauer Schlosse alles mit, was die literarische Welt damals bewegte; auch die großen

Namen der Herder, Wieland, Goethe und einzelne aus deren engerem Freundeskreis tauchen auffallend häufig in den wenigen Briefen auf, die wir von der Baronin besitzen. Vom nahen Ems her gab es interessanten, anregenden Verkehr genug. Eine besondere „Verbindung von Lektüre, Belesenheit und eigenthümlichem Geist" rühmte schon der junge Hardenberg an der Frau vom Stein und ihren Töchtern; daß auch künstlerische Interessen nicht fehlten, läßt die Tätigkeit des Malers Kraus, späteren Direktors der Weimarer Zeichenschule, als Lehrer der ältesten Tochter und Gesellschafter des Hauses vermuten, von der Goethe erzählt. Und wer einmal die bezaubernde Anmut der heute noch erhaltenen Zimmer, Meublements und kunstgewerblichen Schätze des Nassauer Schlosses aus jener Zeit auf sich hat wirken lassen – ein erlesenes Rokoko vorwiegend französischen Geschmacks –, der wird vollends geneigt sein, den begeisterten Schilderungen zu glauben, welche die La Roche in einem ihrer Romane von der ebenso vornehmen wie schlicht-natürlichen und naturfrohen Lebensart dieses freiherrlichen Hauses entwirft.

Aufgeklärte Bildungsinteressen vielseitiger Art – das ist nicht die Luft, in der Standesvorurteile, junkerliche Herrengesinnung gedeihen. In der Tat wird der Baronin ein besonders wohlwollendes, patriarchalisch-freundschaftliches Verhältnis zu ihren Leuten nachgerühmt. Sie selber spricht verächtlich von den Vorurteilen der Reichsritterschaft, „die sich über die Anderen erhaben dünkt, weil sie einige chimerische Privilegien und Prärogativen besitzt, die mehr kosten als sie werth sind"; sie lächelt über den Vorrang, den der Student von Adel noch immer auf Universitäten genießt, wo doch Fähigkeit und Verdienst allein eine Rolle spielen sollten, und empört sich über den Despotismus des Herzogs Karl von Württemberg; „Wer Ehr liebt, kan mit ihm nichts zu thun haben[5]." Das sind gewiß nur sehr fragmentarische Äußerungen politischer Gesinnung; aber man erkennt doch schon aus ihnen ziemlich deutlich, wie hier die altständische Abneigung gegen den Despotismus der landesfürstlichen Regierungen sich mit moderneren Zügen politischer Aufklärung verbindet. Beides wird in Karl vom Stein – vertieft und bereichert – wiederkehren. Alle seine Ideale ehrenfester deutscher Biederkeit und Pflichttreue, aufrechten Freiheitsstolzes ohne chimärischen Klassendünkel konnte er in der Gestalt seiner Eltern wie im Bilde anschauen.

Und so ist man denn versucht, auch die Quelle seines ausgeprägten Bewußtseins deutscher Art im Gegensatz zum Welschtum schon im Elternhause zu entdecken. Die Zeiten waren ja noch keineswegs vorüber, in denen französische Bildung als die einzig standesgemäße in den Häusern des deutschen Adels galt; noch immer schrieb die gute Gesellschaft ihre Korrespondenz wie selbstverständlich in französischer Sprache; auch die Familie Stein macht darin keine Ausnahme: die Orthographie der Briefe an Lavater zeigt, wie ungewohnt es der Frau vom Stein war, sich auf deutsch schriftlich auszudrücken, und ihr Sohn behielt das Französische in seinen meisten Familienbriefen bis zum Lebensende bei. Man besorgte sich im Nassauer Schloß die Hauslehrer am liebsten aus

Straßburg, weil die Elsässer den Ruf besserer französischer Manieren und besserer französischer Sprachkenntnisse besaßen als die sonst sehr geschätzten, aber ungehobelten schwäbischen Theologen[6]. Aber alle diese Dinge hatten im Stein'schen Elternhause, wie es scheint, doch nicht mehr die alte Bedeutung. Lebendiges Luthertum, entschiedene christliche Frömmigkeit vertrugen sich nun einmal schlecht mit der neumodischen Bildung der Franzosen; auch der deutsche Pietismus hat ja ein sehr wesentliches Teil dazu beigetragen, daß unsere Nation sich ihrer Eigenart im Gegensatz zu der früher allmächtigen französischen Kultur bewußt wurde. Daß einer der Söhne zeitweise in der französischen Armee Dienst tat, war der Familie ein beständiger Kummer: dem dort herrschenden Geist der Verschwendung, der Libertinage und des Leichtsinns, so fürchtete man, werde er schwerlich entrinnen[7]. „Alte deutsche Biederkeit und Treue" empfand man ganz im Stile des bewunderten Klopstock als besonderen Vorzug heimischer Art gegenüber dem windigen gallischen Wesen.

Eine sehr bedeutende Rolle in der Erweckung solcher Gesinnung spielten die Hofmeister der Steinschen Söhne, die der Frau des Hauses zugleich als literarische Berater dienten, vielfach auch mit geistlichem Zuspruch beistanden – weit über die Zeit ihrer Tätigkeit im Steinschen Hause hinaus. Unter ihnen zieht Friedrich Rudolf Salzmann als Begleiter des jungen Reichsfreiherrn nach Göttingen unser besonderes Interesse auf sich: ein Vetter jenes Aktuars Salzmann, der 1771 der Goetheschen Tafelrunde in Straßburg präsidierte. Salzmann hat später (Oktober 1775) zusammen mit Jakob Lenz, dem Straßburger Freunde und begabtesten Rivalen des jungen Goethe, eine Straßburger „deutsche Gesellschaft" gegründet, die sich die besondere Pflege deutscher Sprache und elsässisch-deutscher Volksart im Gegensatz zum Welschtum zur Aufgabe setzte[8]. Freilich stand er dem empfindsamen Kreise des Göttinger „Haines" – dessen Musenalmanach er nachzuahmen suchte[9] – viel näher als den Genialen vom Straßburger „Sturm und Drang": sein Pietismus war von viel zu enger Art, als daß er deren Leistung wirklich ganz hätte verstehen können[10]. So bleibt es schließlich doch zweifelhaft, wieviel von tieferem Verständnis „deutscher Art und Kunst" durch ihn dem Steinschen Hause zugeleitet wurde und ob er insbesondere als der Urheber jener frühen Shakespeare-Begeisterung betrachtet werden darf, von der uns eine vereinzelte Familienüberlieferung berichtet: die Steinschen Kinder, unter ihnen auch Karl, hätten den „Sommernachtstraum" im Nassauer Schloßpark zusammen aufgeführt[11]. Denkwürdig bleibt diese Verdrängung französischer Komödientradition durch den großen Engländer aber auch so: noch heute ist kein zweiter Poet in der Nassauer Schloßbibliothek entfernt so reichlich vertreten wie Shakespeare; wenn man nun hört, daß unser junger Baron erst in Göttingen die englische Sprache erlernte[12], so wird man vermuten dürfen, daß er wesentlich an den Wielandschen Übersetzungen von Shakespeares Königsdramen und nicht aus den (ihm noch unzugänglichen) großen Geschichtswerken der Engländer sich jene lebendige Anschauung von englischer Nationalgeschichte holte, die nach seiner eigenen Erzählung den frühesten und stärksten literarischen Eindruck seiner Knabenjahre gebildet hat[13]. Die neue Umgebung in Göttingen, wohin er kaum sechzehnjährig im Oktober 1773 entsandt wurde – der einzige der Söhne, dem die Eltern die Befähigung zum akademischen Studium zutrauten –[14], war ganz dazu angetan, seine Vorliebe für englische Geschichte und englische Literatur erst recht zu befestigen.

Zweites Kapitel

Lernjahre

Den Verfall reichspatriotischer Gesinnung in Deutschland führte Karl Friedrich von Moser ganz wesentlich darauf zurück, daß die Staatsrechtslehrer an deutschen Hochschulen fast alle zu feilen Werkzeugen landesfürstlicher Anmaßung wider Kaiser und Reich geworden seien; nur Göttingen mache hier eine rühmliche Ausnahme, das sich zugleich durch eine besonders „praktische Gedenkungsart" der Professoren, durch ihre „lebendige Kenntnis von Geschäften, von den deutschen Höfen, dem Reichstag und den Reichsgerichten" an Stelle trockener Pedanterie auszeichne. Damit war ganz zutreffend der Grund der starken Anziehungskraft bezeichnet, den die Göttinger Universität auf die studierenden Söhne des Reichsadels ausübte – ihre mit großem Stolz vermerkte Anwesenheit mochte freilich auch umgekehrt dazu beitragen, den ursprünglich mehr territorialen Charakter der hannoverschen Landesuniversität zu verwischen. Deren Eigenart war aber auch mitbestimmt durch die Sonderstellung Hannovers als Nebenland der englischen Krone. Hier gab es keinen Fürstenhof, auf dessen politische Wünsche und Vorurteile die Staatsrechtslehrer der Landeshochschule mit ängstlichem Respekt zu blicken hatten, keinen Landesvater, dessen strengkirchliche Beschränktheit die Äußerungen aufgeklärter Denkweise brutal unterdrückte, wie es vor nicht langer Zeit in dem preußischen Halle durch Vertreibung des großen Philosophen Wolff geschehen war. In Göttingen rühmte man sich, seinen Anteil zu haben an der vielbewunderten Denk-, Lehr- und Preßfreiheit des aufgeklärten England; an Stelle der pietistischen Theologie, die einst Halle berühmt gemacht hatte, seither aber auf Universitäten in Verruf gekommen war, pflegte man hier eine mildere Richtung, hauptsächlich vertreten durch den (im Steinschen Hause hochgeschätzten) Moraltheologen J. L. Mosheim; das Hauptgewicht aber legte man auf die weltmännischen Wissenschaften, die den Bedürfnissen der adligen Jugend am meisten entsprachen: Staats- und Rechtswissenschaften, daneben eine elegante neuhumanistische Bildung, beides in ausgesprochen praktischer, möglichst unpedantischer Form – einigermaßen entsprechend den Bildungsidealen, die auch in der aristokratischen Gesellschaft Englands herkömmlich waren. Auf diesem politisch fast neutral wirkenden Boden traf man Studierende „von Stand" nicht nur aus allen möglichen deutschen Ländern, sondern auch des

Auslands, mehr als irgendwo sonst. Für Karl vom Stein wurde der Eintritt in den Lebenskreis dieses niedersächsischen Landes entscheidend wichtig: ohne Frage hat hier sein politisches Denken die charakteristische Prägung und den zeitgemäßen Bildungsgehalt empfangen.

Über das akademische Studium des jungen Reichsfreiherrn besitzen wir wenigstens für die ersten fünf Semester (bis Ende 1775) sehr ausführliche, alle Einzelheiten des täglichen Lebens beleuchtende Berichte der ihn begleitenden Hofmeister. Das Bild, das wir daraus gewinnen, ist sicherlich sehr ungewöhnlich für einen Studierenden von Adel. Es scheint, daß die Mutter nach gewissen traurigen Erfahrungen, die sie mit ihrem ältesten Sohn gemacht hatte, und angesichts der Sorgen, die ihr die Entwicklung ihres Jüngsten soeben bereitete, mit verdoppelter Ängstlichkeit darüber wachte, daß dieser ihr Lieblingssohn – ihr Glück, ihr Trost und ihre Hoffnung, wie sie ihn einmal nennt – nur ja vor allen Gefahren behütet werde, die für seinen Charakter da draußen in der freien Welt – und wenn es auch nur die Welt von Göttingen war! – bedrohlich werden konnten. Die strengen Vorschriften, die sie immer wieder erließ, um den jungen Menschen keinen Augenblick unbeaufsichtigt zu lassen, ihn womöglich nur mit jüngeren Professoren zusammenzubringen, deren Gespräch ihn belehren und die er abends nach dem Inhalt des tagsüber im Kolleg Gehörten befragen könne, ihn dagegen vom Umgang mit Altersgenossen, vollends von der Teilnahme an „akademischen Orden" zurückzuhalten, es sei denn in sittsam gegenseitigen Besuchen unter Aufsicht des Hauslehrers – alle diese Übertreibungen mütterlichen Erziehungseifers wurden schließlich selbst der lammfrommen Pedantenseele eines Salzmann zuviel. Vollends der stolze Freiheitsdrang und das frühreife Mannesbewußtsein des jungen Herrn waren gänzlich außerstande, sich damit gutwillig abzufinden. Alle noch so lebendige Verehrung für die Mutter (die gleich in den ersten Briefen von seiner Hand mit großer Herzlichkeit sich ausspricht) konnte nicht hindern, daß er sich diesen Fesseln entwand. Vergeblich beschwor ihn die Baronin, der Hand des Erziehers sich willig zu fügen, bittend, flehend, drohend, klagend[1] – noch war das erste Semester nicht um, als der Hauslehrer die Zügel aus der Hand verloren hatte und froh war, wenn er vor Zusammenstößen bewahrt blieb, die – wie er beweglich klagte – seine Gesundheit ruinierten. Ein weiteres Semester – und der offene Bruch war da, unwiderruflich; ein sanfter schwäbischer Theologe von großer Vorsicht löste den unglücklichen Straßburger Poeten ab: sein besseres Glück verdankte er durchaus der Tatsache, daß er sich sorgsam auf die Rolle des „furchtsamen Beobachters", des hilfreichen Repetenten – und des Bedienten beschränkte[2].

Nichts wäre verkehrter, als in diesem energischen Hervorkehren des Herrenstandpunktes eine Äußerung jenes gewöhnlichen Adelshochmuts zu suchen, den man gerade im Hannoverischen nur allzugut kannte. Schon die Mutter lehnte das, scharfblickend, durchaus ab: „Nein, das ist nicht sein tic." Karl vom Stein selbst spottete über die Sucht der kleinstädtischen Göttinger, gegenseitig ihre Namen in der Anrede mit einem fiktiven „von" zu schmücken, und als es einmal hieß, der Stadtkommandant, General von Waldhausen, wolle künftig nur noch Adelige zu seinen Kaffeekränzchen – den Glanzpunkten der Göttinger Geselligkeit – einladen, schwur er, niemals hinzugehen, solange nicht auch sein Salzmann aufgefordert sei. Hochmütig war der junge Stein gewiß nicht – wohl aber stolz, auffahrend, heftig, hartnäckig in seinen Meinungen und darum leicht reizbar durch Widerspruch – lauter Eigenschaften, die er später, in kritischen Momenten seiner politischen Laufbahn, als gefährliche Mängel an sich erfahren und selber oft beklagt hat, die aber zugleich die Kehrseite darstellen zu weithin sichtbaren Vorzügen der Charakteranlage. Seine „Gutherzigkeit", die der Erzieher Salzmann begreiflicherweise in Zweifel zog, ist uns durch allzu zahlreiche Zeugnisse seiner späteren Familienbriefe und seines praktischen Verhaltens gegen Freunde und Angehörige – auch gegen solche, die er moralisch hart verdammte – bezeugt, als daß auch wir daran zweifeln dürften. Die Zudringlichkeit des Seelenlenkers und seiner Freundschaftserbietungen erklärt offenbar das meiste in dem Kampf der beiden: wir haben die gesunde Reaktion einer prachtvoll kräftigen, früh nach männlicher Reife sich dehnenden Knabenseele vor uns, die den Gefühlsüberschwang ihrer Umgebung einfach nicht erträgt und sich nun darin gefällt, ihr mit witzigen Paradoxien, kühler Ironie oder auch wohl mit schroffer Ablehnung entgegenzuwirken. F. R. Salzmann war gewiß kein alltäglicher Kopf: als strebsamer Literat, Journalist, Verleger und schließlich als theosophischer Schriftsteller von der schwärmerischen Art der Jung-Stilling und Madame Krüdener hat er sich später noch einen Namen gemacht; neben seinem Zögling erscheint er doch als eine ganz subalterne Natur. Er selber prophezeite ihm – mit fast feierlicher Gewißheit – eine große Zukunft. Wesentlich interessanter ist das Urteil, das der Göttinger Philosophieprofessor Feder nach sehr genauer Bekanntschaft über den jungen Baron fällte: „Er hat viel Verstand, aber auch viel Zutrauen zu sich selbst und sowohl darum als wegen seines Temperaments eine Heftigkeit in seinen Meinungen und Absichten, die bei seinem Alter nichts gewöhnliches sind ... Der Herr vom Stein hat solche Eigenschaften, daß er auch ohne fremde Empfehlung mich interessieren würde[3]." Ein Urteil, das durch die frühsten Selbstzeugnisse Steins, die Briefe des Studenten an die Mutter, durchaus bestätigt wird: da sieht man einen auffallend frühreifen, seiner geistigen Überlegenheit bewußten sechzehnjährigen Menschen vor sich, der mit hellen, lebhaften Augen in die Welt schaut, in praktischen Geschäften der Familie trefflich Bescheid weiß und der Mutter seinen Rat erteilt, an anderen gern seinen Spott ausläßt und gelegentlich etwas altklug-schulmeisterlich seine moralische Kritik an der Umwelt übt: alles Züge, die mit einer gewissen eckigen Härte auch in der Erscheinung des reifen Mannes wiederkehren – aber später ebenso wie jetzt ergänzt durch Zeugnisse der Herzensgüte und pietätvoller Verehrung für das, was ihm als echte Autorität gilt.

Mit einem wahrhaft asketischen Fleiß ging dieser intelligente junge Mann ans Studium. Nichts von den üblichen Zerstreuungen, Händeln, Zechgelagen oder gar Liebesabenteuern studierender adliger Jugend – dazu wäre in dem ehrsamen Göttingen (wo die Erscheinung des jungen Herder eben damals viel böse Nachrede machte, weil er für einen Geistlichen zu elegant gekleidet sei!) freilich auch dann wenig Gelegenheit gewesen, wenn Hofmeister und Mutter eine weniger strenge Aufsicht geführt hätten. Wer hier nicht vor Langeweile umkommen will, schrieb der junge Mann, kaum an seinem Musensitz angekommen, ist gezwungen zu arbeiten. So gab es denn jeden Vor- und Nachmittag Kollegbesuch, zwischendurch Vorbereitung auf den nächsten Tag, Nachschlagen der Gesetzbücher und geschichtlichen Quellenwerke, Ausarbeiten der Kolleghefte und Repetitionen mit Hilfe des Hauslehrers, dazu privaten Unterricht im Englischen, später auch im Italienischen und der Mathematik, weiterhin Reiten, Fechten, Tanzen und allerhand orthopädische Gewaltkuren, endlich noch (auf dringenden Wunsch Karls) [4] Musikunterricht auf der Bratsche – das alles füllte den Tag auch nach Salzmanns Abgang völlig aus – nur daß der Studiosus sich jetzt freieren, unbeaufsichtigten Umgang mit Altersgenossen erkämpft hatte. Man begreift hiernach die immer wiederholten Meldungen des Hofmeisters: „Wir sind aufs äußerste beschäftigt" – „wir studieren mit Macht, selten komme ich vor Mitternacht zu Bette"; jeder durchreisende Besuch wurde als lästige Störung des Studienbetriebes betrachtet, Reisen nach Hamburg oder Gotha vollends von der Mutter als unzulässige Arbeitsunterbrechung abgelehnt. Eine Liste der von Stein aus der Universitätsbibliothek entliehenen Bücher, die man neuerdings zusammengestellt hat, mutet überaus stattlich an. Älteres deutsches Staatsrecht und Quellenwerke der deutschen Geschichte stehen im Vordergrund; aber auch die englische Geschichte und Literatur, wirtschafts-, besonders finanzwissenschaftliche Werke sind reichlich vertreten – an philosophischer Literatur anscheinend nur das, was die Vorlesungen als unentbehrlich bezeichnet hatten. Der Gesamteindruck aber ist der eines ungewöhnlich gründlichen Studiums vom ersten Semester an. Nach seiner eigenen Angabe hat Stein durch „übertriebene Anstrengung" geradezu seine Gesundheit erschüttert [5].

Über die akademischen Lehrer, die Stein hörte, sind wir leidlich unterrichtet. Im Mittelpunkt standen durchaus die juristischen Studien; doch ergänzte er sie, wie üblich, durch Kollegbesuch in der philosophischen Fakultät. Moral- und Rechtsphilosophie hörte er bei Joh. G. H. Feder (im Stil der flachen englischen Popularphilosophie jener Tage), kulturphilosophische Vorlesungen bei Chr. Meiners, bei Beckmann vermutlich Kameralwissenschaft, vielleicht aber auch technologische, mineralogische oder andere naturwissenschaftliche Lehrvorträge [6]. Für die Vorlesung Joh. Christoph Gatterers über Tacitus und die älteste Geschichte Germaniens brachte er (wenigstens im ersten Semester) keine rechte Neigung auf, obwohl Salzmann gerade auf dieses Kolleg des großen Gelehrten besonderen Wert legte. Für seine Erziehung zu politischem Denken am wichtigsten war der Besuch der Vorlesungen von A. L. Schlözer [7]: in der

Gestalt dieses Lehrers konzentrierte sich recht eigentlich, was Göttingen an historisch-politischer Anregung seiner Jugend zu bieten hatte[8]. Seine berühmten politisch-statistischen Zeitschriften, in denen er die Schwächen des deutschen Staatslebens, insbesondere des Despotismus der deutschen Kleinstaatenwelt, in unzähligen Einzelheiten ans Licht zog, begannen freilich erst lange nach Steins Abgang von Göttingen zu erscheinen. Aber als Vermittler westeuropäischer Staatsauffassung, insbesondere der Lehren Montesquieus, und als Bewunderer des englischen Staatswesens wirkte er von Anfang an auf seine Hörer mit eindringlicher Beredsamkeit. Vielleicht hängt es doch mit diesen Eindrücken zusammen, wenn der junge Stein im Sommer 1775 um die Erlaubnis bat, sich Montesquieus *Esprit des lois* anzuschaffen, was der Hofmeister befürwortete: „Da er nicht zu früh anfangen kann es zu studieren und weil er darin nie ausstudieren wird." (In der Tat tragen wenige Bücher seiner Bibliothek so reichliche Spuren der Durcharbeitung wie eben dieses[9].) Wenn irgendwo, dann konnte er bei Schlözer lernen, die altfränkischen Ideale von deutscher „Libertät", wie sie in der Reichsritterschaft herkömmlich waren, im Sinn moderner Staatsauffassung fortzubilden: Schlözers ganze politische Lebensarbeit lief darauf hinaus, für die „Bezügelung" despotischer Willkür durch „ständische" Vertretungen zu wirken, zugleich aber auch die „chimärischen" Privilegien des Adelsstandes innerhalb der Ständevertretungen zu bekämpfen.

Von den juristischen Dozenten werden namentlich G. Fr. Böhmer als Pandektist, von Selchow als Lehrer des deutschen öffentlichen Rechts im Mittelalter, an wichtigster Stelle aber Joh. Stephan Pütter mit seiner „Reichshistorie" erwähnt: der eigentlichen Glanzleistung der Göttinger Juristenfakultät, der Hauptattraktion insbesondere für die studierende Jugend des Reichsadels, unentbehrlich für jeden, der sich wie Stein für den Dienst am Reichskammergericht oder Reichshofrat vorbereitete. Pütter, der bedeutendste Kenner reichsrechtlicher Institutionen und ihrer Geschichte, zugleich der letzte große Systematiker des alten Reichsrechts, hat vermutlich auch den juristischen Bildungsgang Steins am stärksten beeinflußt: seine Handbücher finden sich noch heute mit zahlreichen Randnotizen und Exzerpten versehen in der sogenannten Turmbibliothek des Nassauer Schlosses. Er war nichts weniger als ein politischer Reformer, vielmehr durchaus ein Vertreter des positiven Rechts; aber gerade weil er so fest und ausschließlich in den traditionellen Rechtsbegriffen des alten Reiches wurzelte, vertrat auch er die altdeutschen Ideale von ständischer „Libertät" – nur ohne polemische Wendung gegen den fürstlichen Despotismus (wie K. F. Moser) oder gegen die Sonderprivilegien des (gerade in Hannover allmächtigen) Adels (wie Schlözer). Die Lehre aber, daß ständische Freiheit zum altererbten Wesen des deutschen Rechts im Gegensatz zum despotischen Absolutismus des französischen Staates gehöre, klang dem jungen Stein hier wie überall entgegen.

Aber die Reichshistorie, wie Stein sie bei Pütter hörte, als Geschichte der Institutionen des altdeutschen Staates, hatte zugleich noch eine andere Bedeutung. Sie war die einzige Form, in der damals überhaupt auf den Universitäten deutsche Geschichte gelehrt wurde. Die Historiker lasen nur über universal- oder territorialgeschichtliche Gegenstände; den Bemühungen der Juristen dagegen verdankt die deutsche Geschichtsforschung seit den Tagen Marquard Frehers und Hermann Conrings, also seit dem Anfang des 17. Jahrhunderts, die ersten großen, zum Teil noch heute unentbehrlichen Sammlungen von Geschichtsquellen des deutschen Mittelalters. Als der Freiherr vom Stein in seinen Alterstagen die gewaltigste und modernste dieser Sammlungen, die Monumenta Germaniae Historica, ins Leben rief, knüpfte er bewußt an diese alte Tradition der Rechtshistoriker an[10]. Auch sein eigenes späteres Schrifttum läßt überall ein starkes Interesse an der deutschen Rechts- und Verfassungsentwicklung hervortreten; bis in die Einzelheiten gehen seine nationalen Verfassungspläne von 1814/15 auf die ältere Reichsverfassung zurück. Auf jeden Fall bildete das Studium der „Reichshistorie" für den künftigen nationalen Staatsmann eine unvergleichlich positivere Einführung in das Verständnis der vaterländischen Vergangenheit als alle deutschtümelnde Schwärmerei der Literaten des Göttinger Hain-Bundes für alte teutsche Heldengröße, wie sie sein Erzieher Salzmann teilen mochte und wie sie eben in jenen Jahren in Göttinger Literatenkreisen auf ihren Höhepunkt gelangte[11]. Geschichte und Religion, nicht aber Dichtung und Philosophie waren für ihn der unversiegliche Born jenes sittlichen Enthusiasmus, mit dem er an die Bewältigung aller seiner Lebensaufgaben ging. Aus der Geschichte will er sich schon als Knabe in Nassau „die Ansicht der Welt und der menschlichen Verhältnisse" gebildet haben, die ihn dann auch in Göttingen beherrschte: eine freilich „einseitige und unpraktische Ansicht, verführend zu einer gewissen Unbilligkeit in Beurteilung der nahen Wirklichkeit", aber erhaben über alles Gemeine und Alltägliche. Eine idealistische Weltansicht also, die ihn von vornherein zu strenger Auswahl seiner Freunde veranlaßt habe.

Als der alte Stein diese Sätze niederschrieb, erinnerte er sich wohl kaum noch der leidenschaftlichen Ungeduld, mit der er einst als junger Student den sorgsam ausgesuchten Kreis gesetzter, älterer Studierender von Adel zu erweitern gestrebt hatte, den seine Erzieher ihm zum Umgang bestimmten. Diese Herren von Löw, von Steinberg, von Lenthe, von Keller, von Grothe, Baron Spiegel, Grafen Brahe, Dönhoff, O'Donnell, Schulenburg, zum Teil Verwandte des Hauses, haben den jungen Reichsfreiherrn doch nur zum kleineren Teil wirklich interessiert. Aber darin trog ihn seine Erinnerung nicht, daß er nur mit hochstrebenden jungen Männern näheren Umgang hatte pflegen mögen: gerade die ihm damals am nächsten standen, haben es später alle zu ansehnlichen Stellungen im Staatsdienst gebracht. Von den Standesgenossen war ihm offenbar Franz von Reden am nächsten befreundet, später sein Begleiter auf seiner ersten großen Bildungsreise. Durch ihn aber wurde er gegen Ende der Studienzeit[12] mit zwei hochbegabten Hannoveranern von bürgerlicher Herkunft bekannt, die sich seine Freundschaft in noch engerem Sinn erwarben und die zugleich die weitaus interessantesten Köpfe dieses Bekanntenkreises sind: August Wilhelm Rehberg und Ernst Brandes. Vor allem Rehberg wurde sein Freund im innerlichsten Sinne des Worts – ihm auch im Naturell, in der leidenschaftlichen, stürmischen Energie seines Wesens, am nächsten verwandt. Noch im hohen Alter, über eine jahrzehntelange Entfremdung hinweg und deshalb um so glaubhafter, hat uns der hannoverische Staatsrat den starken Eindruck des Ungewöhnlichen geschildert, den einst der jugendliche Stein auf ihn gemacht hatte: „Es war überhaupt in allen seinen Empfindungen und Verhältnissen etwas Leidenschaftliches. Aber welche Leidenschaft! Dem lebendigen und unbeugsamen Gefühle für alles Große, Edle und Schöne unterordnete sich in ihm sogar der Ehrgeiz von selbst. Mit den wenigen Menschen, denen er sich hingab, war er nur durch Vermittlung jener Empfindungen verbunden; und wer dazu gelangte, konnte nicht anders, als ihn wieder leidenschaftlich lieben." Ein Seelenbündnis, das sich durch täglichen Gedankenaustausch, auf gemeinsamen Gängen um den Göttinger Wall, vollends in den Ferien, die man gemeinsam in Nassau verbrachte, immer mehr befestigte und für lange Jahrzehnte eine enge geistige Gemeinschaft begründete. In das Jahr 1792 fällt das schönste Zeugnis aus Steins Munde für diese Gemeinsamkeit: da meinte er, daß „unter allen denen vielen menschlichen Wesen dieser Erde, mit denen ich in Verbindung kam", seine Schwester Marianne, seine Freundin Frau von Berg und Rehberg die drei einzigen wären, „mit denen ich in einem vollkommenen Verhältnis der Übereinstimmung, der Empfindungen und Begriffe stehe, in deren Umgang es mir unbedingt wohl ist, deren Meinungen, Handlungen und Betragen im Wesentlichen mit den meinigen übereinstimmen, für die ich keinen verborgenen Gedanken haben mag". In der politischen Geschichte Steins aber nimmt Rehberg einen ganz einzigartigen Platz ein, weil die geistige Entwicklung des Staatsmannes durch niemanden so tief und nachhaltig beeinflußt worden ist wie durch diesen hannoverischen Freund – allerdings wesentlich erst in einem Gedankenaustausch späterer Jahre.

Bis es dazu kam, bedurfte es noch vieler Lernjahre auf dem Boden praktischer Politik, nicht bloß akademischer Wissenschaft und historisch-politischer Bildung.

Ostern 1777 verließ der junge Baron Stein – ohne Abschlußprüfung, deren der Altadelige für sein Fortkommen nicht bedurfte – die Universität, um seine Ausbildung in der Praxis der Reichsbehörden: Kammergericht, Reichshofrat und Regensburger Reichstag, zu vollenden. Die Zukunft schien durch den Willen der Eltern fest bestimmt: Anstellung im Reichsdienst. Das hieß praktisch: eine Laufbahn als Kammergerichtsassessor, Reichstagsgesandter oder Reichshofrat – ein Leben inmitten unendlicher, größtenteils vergeblicher politischer und Rechtshändel, Streitigkeiten um veraltete Besitztitel, umlauert von Ränken, Eifersüchteleien, Gehässigkeiten der Standesgenossen, unter lauter Bürokraten hohen und niederen Ranges, deren Ehrgeiz sich in alltäglichen Geschäften erschöpfte. Immerhin: nach den herkömmlichen Standesanschauungen eine stattliche Lebensstellung, die Möglichkeit, ein vielgesuchter, einflußreicher Mann zu werden im Kreise der ritterschaftlichen Korporation, das Ansehen der Familie durch kaiserliche Gunstbezeigungen, Ehrentitel, Geschenke und Orden reichlich zu vermehren. Seit 1774 zum alleinigen Erben und Stammhalter der Familie bestimmt, hätte Karl vom Stein auf diesem breiten und sicheren Wege immerhin eine Stufe über die Lebensstellung seines Vaters, des kurmainzischen Kammerherrn, hinaus gelangen und die unmittelbaren Interessen des Familienbesitzes viel besser wahren können als an irgendeinem anderen Platz; daß er später in preußischen Dienst trat, bedeutete eine sehr ernstliche Gefährdung dieser Familieninteressen: ohne die selbstlos hingebende Hilfe seiner Schwester Marianne wäre ihm nicht einmal die laufende Güterverwaltung möglich gewesen. Wenn er dennoch schon 1780 diesen Übergang aus dem „Reich" nach Preußen vollzog, so war das die erste ganz selbständige, aber zugleich auch die wichtigste persönliche Lebensentscheidung, die er jemals getroffen hat. Denn sie hat seinem weiteren Leben die alles entscheidende Richtung gegeben.

Der Entschluß ist, wie begreiflich, erst nach langem Schwanken gefallen: erst mußte sich der junge Baron durch die Erfahrung davon überzeugen, daß auf dem Wege des Reichsdienstes schlechterdings keine Ziele winkten, die seinen Ehrgeiz locken konnten. Leider sind wir über keine Periode seines Lebens so unzulänglich unterrichtet wie über die drei Jahre zwischen dem Abschluß des Göttinger Studiums und dem Eintritt in den preußischen Dienst. Aus Wetzlar, wo er gleich im Mai 1777 als Praktikant am Reichskammergericht eintrat und bis Ende des Jahres unter Aufsicht eines Advokaten arbeitete, besitzen wir nur einen einzigen Brief an seinen Göttinger Studienfreund Franz von Reden: eine witzig-ironische Schilderung der kleinstädtischen Gesellschaft und ihrer Lächerlichkeiten in sehr überlegenem Tone, doch voll Achtung für seinen juristischen Mentor und voll sachlichen Interesses für die praktischen Rechtsaufgaben, die sich vor seinen Augen darstellen und „der Theorie das für die Ausübung erforderliche Leben geben". Als er diesen Brief schrieb (20. 11. 1777), kann er noch nicht jene leidenschaftliche Abneigung gegen „das Nichtige des toten Buchstabens und der Papiertätigkeit" gefaßt haben, die später zu einem Hauptmotiv seiner Lebensgesinnung wurde.

Noch weniger wissen wir von den Einzelheiten der großen Reise, die ihn – zur Förderung seiner Weltkenntnis – seit Januar 1778 zuerst nach Mainz, dann an die Höfe von Mannheim, Darmstadt, Stuttgart, München, zwischendurch auch durch einige Teile Frankreichs und zuletzt an den Regensburger Reichstag führte. Hier indessen muß ihm zuerst die trostlose Nichtigkeit der alltäglichen Reichsgeschäfte zu Bewußtsein gekommen und die Lust vergangen sein, in ihrer Mitte sein Leben zuzubringen. Denn seit 1779 hören wir von Versuchen der Familie, ihn im preußischen Staatsdienst unterzubringen.

Eine sehr auffallende Wendung! Daß die Eltern Steins ähnlich wie alle ihre reichsritterlichen Standesgenossen ursprünglich mit stärkstem Mißtrauen auf die „despotische" und gewalttätige Großmacht Preußen blickten, läßt sich aus unzweideutigen Zeugnissen schließen. Als der älteste Sohn Johann Friedrich, der in den Franckeschen Stiftungen in Halle erzogen wurde, im Sommer 1765 Neigung zeigte, in die preußische Armee einzutreten, hatte die Mutter alles aufgeboten, ihn, wider seinen Willen, von dieser „Schlaverey" zu retten, „auf daß er mit der Zeit seinen Eltern nicht sein Unglück beymesset" [13]. Und die Klagen der Familie, daß „der Arm der deutschen Gerechtigkeit schwach ist gegen den Willen des Königs von Preußen und anderer mächtiger Stände, wann diese die Kammergerichtsmandate nicht hören wollen", tönen noch in den Briefen der Göttinger Hofmeister gelegentlich wider [14]. So hatte denn auch Karl vom Stein noch in Göttingen (anscheinend 1773) in einem für die kleinstaatliche Gesinnung dieser Reichsritter höchst bezeichnenden Brief das Los der Untertanen des Bayreuther (?) Markgrafen beklagt, die (durch Übergang des Landes an Preußen) einen zwar wenig liebenswerten, aber doch wenigstens schwachen und nicht vor dem Arm der Gerechtigkeit (nämlich des Reichskammergerichts) geschützten Herrn vertauschen sollten „mit einem König, der das Universum zittern macht durch seine Waffen, die Welt in Staunen setzt durch die Größe seines Genies und seine Untertanen seufzen läßt unter dem Druck seines Szepters" [15]. Inzwischen hatte die Steinsche Familie allerdings Anlaß gefunden, ihre Meinung über Preußen einigermaßen zu revidieren. Jener älteste Bruder Karls, den die Mutter den Preußen ehedem nicht gönnen wollte, war statt dessen in die holländische Armee eingetreten, weil die Mutter fürchtete, bei den Kaiserlichen werde er am Ende noch katholisch werden; aber sowohl im Haag wie andernorts hatte es manche Sorge um ihn gegeben; schließlich war er doch zur preußischen Armee übergegangen (1778) und als Oberster und Chef eines Freiregiments sogleich in eine ansehnliche Stellung gelangt – später hat er es sogar bis zum diplomatischen Vertreter Preußens am Mainzer Hofe gebracht [16]. Diese Erfahrungen werden doch wohl die Baronin Stein mitbestimmt haben, als sie sich in einem noch erhaltenen wohlstilisierten Brief vom Januar 1779 an König Friedrich wandte und um Verwendung ihres dritten Sohnes im preußischen Dienste bat – aber einstweilen am Regensburger Reichstag, in der Kanzlei des dortigen preußischen Gesandten! Vielleicht war dieser letzte Zusatz ein Kompromiß zwischen Karls Wünschen und den Sorgen der Mutter und sollte den etwaigen Rücktritt erleichtern? Sonderbar ist, daß die Baronin sich gerade um eine Diplomatenstelle für den Sohn bewarb, der doch schon bald darauf eine heftige Abneigung gegen die Diplomatie geäußert hat. War das Ganze etwa nur ein Tastversuch ohne rechten Ernst oder doch ohne Karls volles Einverständnis? Jedenfalls wurde die Einladung des Königs, der junge Baron möge sich zunächst an seinem Hofe vorstellen, man müsse ihn doch erst kennenlernen, nicht befolgt. Statt dessen verbrachte der also Geladene noch ein volles Jahr im Zentrum des preußenfeindlichen Lagers: in Wien, Salzburg, Steiermark, Ungarn. Schon möglich, daß er angesichts der letzten Entscheidung noch einmal schwankte, welcher der beiden deutschen Vormächte er sich zuwenden solle, zugleich wohl auch: ob innere Verwaltung oder diplomatischer Dienst der für ihn gewiesene Lebensberuf sei; das zerstreute Umtreiben in bloßer Geselligkeit, das er in seinen Lebenserinnerungen als den Inhalt dieser Monate bezeichnet, würde zu einer solchen Vermutung wohl passen – doch Sicheres wissen wir nicht. Schließlich sieht man den Zögernden doch im Februar 1780 nach Berlin reisen – aber nur zur Übernahme eines Postens in der inneren Verwaltung, der so weit wie nur möglich abzuliegen schien von den bisherigen Bahnen seines Ehrgeizes: er trat in die preußische Bergwerksverwaltung ein, für die er einer neuen, elementaren Vorbereitung bedurfte.

Um diese Entschlüsse hervorzurufen, müssen innere Kämpfe stattgefunden haben, die wir mehr ahnen als schildern können. Im Februar 1779, wenige Tage nach jenem ersten Gesuch der Mutter an Friedrich II., fand ihn sein früherer Göttinger Hofmeister Christlieb in Stuttgart in offensichtlich verstörter Gemütsverfassung: „Ich glaube, an ihm bemerkt zu haben, daß seine Ehrbegierde ein geschäftiges Leben nicht mehr mit dem ehemaligen brennenden Eifer sucht. Wenn ihm nur Geschäfte nicht ekelhaft werden! Ich glaube aber, daß sie ihm ekelhaft werden können, wenn er nicht bald solche Aussichten sieht, als er sich von Geschäften verspricht“ [17]. Die Enttäuschung, das Irrewerden an den bisherigen Lebenszielen, ist also offensichtlich. Aber was zog ihn nun nach Preußen hinüber, was hinderte ihn, wenn nicht am Reichskammergericht oder Reichstag, statt dessen unmittelbar im Dienste des habsburgischen Erzhauses sein Glück zu versuchen? [18] Folgen wir seinen eigenen, freilich sehr späten Erinnerungen, so hätte auf ihn dieselbe Anziehungskraft gewirkt, die in der gleichen Epoche so viele begabte Köpfe aus allen Teilen Deutschlands in den siegreichen Staat Friedrichs II. hinüberlockte: die Bewunderung für das Genie des großen Königs, zugleich die Empfindung, daß Österreich unter Joseph II. den Bestand der alten Reichsverfassung bedrohe (im bayrischen Erbfolgekrieg), während Preußen ihr stärkster Hort sei. Daß solche Anschauungen in der Reichsritterschaft tatsächlich lebendig waren, ist nicht zu bezweifeln; daß Karl vom Stein sie schon damals geteilt hat, zum mindesten sehr wahrscheinlich. Bewunderung für das Genie Friedrichs des Großen spricht sich in vielen seiner späteren Briefe aus – am schönsten wohl beim Anblick der nach Frankreich ziehenden preußischen Armee 1792, die er als „das Werk des großen Mannes“ rühmte, „den wir selbst nach seiner langen Regierung zu früh verloren“ [19]. Aber ob diese – theoretische und von Anfang an mit Kritik gemischte – Bewunderung wirklich den Ausschlag gegeben hat für den Entschluß zum Eintritt in den Dienst des hochbetagten Monarchen? Man wird daran zweifeln, wenn man hört, mit welchem Gleichmut er schon 1783 den Plan erwog, den preußischen Dienst demnächst wieder zu quittieren, ohne doch eine Spur von Enttäuschung über ihn zu äußern: er hoffe, die hier erworbenen bergwerkstechnischen Kenntnisse mit gutem Erfolg anderswo zu verwenden, wo sich von Natur größere Wirkungsmöglichkeiten für einen Bergwerksspezialisten eröffneten: sei es in Österreich oder in Sachsen oder irgendwo im Harz; nur ein paar Jahre noch müsse er in preußischen Diensten verharren, bis seine Dankesschuld abgetragen sei gegen dieses Land, das ihn als erstes aufgenommen habe[20]. Nach solchen und ähnlichen Äußerungen möchte man doch eher ein anderes Motiv für den Übertritt vermuten: die ganz unpolitische Hoffnung, in dem unter Heinitz' weiser Leitung soeben kräftig aufblühenden preußischen Bergwesen am raschesten zu einer selbständigen, weithin nützlichen Tätigkeit zu gelangen, in steter Fühlung mit praktisch tätigen Menschen und der freien Natur, ohne jenes Übermaß bürokratischer Hemmungen und unnützer Vielschreiberei, wie es in dem gewöhnlichen bürokratischen Geschäftsbetrieb aller anderen Verwaltungszweige drohte. Daß ihn bergwerkstechnische Studien schon in diesen Jahren lebhaft fesselten, ist gut bezeugt. Besonderen Geschmack scheint er daran in Österreich gewonnen zu haben, wo er nachweislich im Sommer und Herbst 1779 das Salzbergwerk von Hallein, den berühmten steirischen Erzberg bei Leoben und zuletzt die oberungarischen Gold-, Silber- und Kupfergruben bei Schemnitz besucht hat[21]. Gern stellt man sich also vor, wie der Minister Heinitz, ein alter Freund des elterlichen Hauses und für die nächsten Jahre Karls treuester Förderer und Patron, dem nach neuartigen und selbständigen Aufgaben dürstenden Schützling verlockende Zukunftsbilder dieser Art vor Augen gestellt haben mag: niemand konnte ja besser als Heinitz die Aussichten dieses jungen, von ihm in Preußen fast neu geschaffenen Zweiges staatlicher Verwaltung beurteilen. Soeben erst war es ihm gelungen, seinen Neffen, den Grafen Friedrich Wilhelm von Reden, aus dem hannoverischen Staatsdienst unter sehr günstigen Bedingungen in die preußische Bergverwaltung hinüberzusteuern[22]. Es scheint, daß dieses junge Talent, ein Grandseigneur von anglophilen Neigungen und betont englischem Lebenszuschnitt, schon seit den Göttinger Tagen zum engeren Bekanntenkreis Steins und seines Freundes Rehberg gehörte. Er stammte aus derselben Familie wie Franz von Reden, der unseren jungen Baron auf seiner Kavalierstour begleitet und mit ihm zusammen auch die Bergwerke in Salzburg und Steiermark besucht hat. Eine ähnliche Karriere wie Friedrich Wilhelm von Reden hat Heinitz auch seinem Nassauer Schützling zugedacht. Auch zu seinen Gunsten gedachte er die Vorliebe des Königs für vermögende Ausländer „von Distinktion" zu benutzen, die ihm schon in seiner eigenen Karriere zugute gekommen war. Alles in allem sehr verlockende Aussichten für einen jungen Anfänger! Und seine Erwartungen sollten sich erfüllen. König Friedrich weigerte sich zwar, einen so jungen Mann, der obendrein seine Güter am Rhein verwalten müsse, sogleich zum Bergrat zu ernennen, wie Heinitz ihm vorschlug. Er verlieh ihm aber (nach persönlicher Vorstellung) „mit Vergnügen" den Titel eines Kammerherrn und war auch einverstanden, als der junge Baron darum bat, auf alle Fälle in den preußischen Staatsdienst eintreten zu dürfen, wenn auch zunächst nur als Referendar im Bergwerksdepartement; nur solle er dem Vorbild seines Gönners folgen und sich eifrig bemühen, die Bergsachen gründlich zu erlernen. So kam Heinitz doch noch ans Ziel; Stein aber hat seinen ungewöhnlichen Schritt nie bereut. Noch im Alter rühmte er als den besonderen Vorzug der bergmännischen Tätigkeit, daß sie den Körper stärke, den praktischen Geschäftssinn belebe, mit Natur und Menschen stets in lebendige Berührung bringe.

Daß ihn solche Vorzüge mehr als alles andere lockten – eben darin kam schon jetzt der ihm eigentümliche Zug seiner praktischen Weltansicht zutage.

Niemand konnte ahnen, wie tief der hiermit betretene Weg ihn dereinst hineinführen würde in die Politik, wie weit ab von den politischen Traditionen der Reichsritterschaft. Hätte es der junge Stein damals geahnt – vielleicht hätte er gar nicht den ersten Schritt gewagt.

Drittes Kapitel

Der Verwaltungsfachmann:
Bergbau und westfälische Provinzialverwaltung in Friedenszeiten
1780–1792

Am 1. Februar 1780 wurde Stein zum Kämmerer am preußischen Königshofe ernannt, drei Tage darauf als Referendar beim Bergwerks- und Hüttendepartement der zentralen Verwaltungsbehörde des preußischen Staates, dem General-, Kriegs- und Domänendirektorium zu Berlin, angestellt[1]. Mit ungewöhnlichem Eifer sieht man ihn sogleich sich in die Geschäfte stürzen: zunächst offenbar kein anderes Ziel vor Augen, als mit Hilfe gründlicher fachmännischer Ausbildung möglichst bald in eine Stellung von freier, selbständiger Tätigkeit zu gelangen. Im gewöhnlichen Trott des allgemeinen Verwaltungsdienstes, beginnend als Referendar bei irgendeiner Kriegs- und Domänenkammer, sich langsam von Stufe zu Stufe emporzuarbeiten, durch alle Widerwärtigkeiten subalterner Abhängigkeitsverhältnisse hindurch, wäre nicht seine Sache gewesen – er selber hat das später beim Rückblick auf sein Leben energisch hervorgehoben; der stolze Unabhängigkeitssinn des Landedelmannes und – darüber hinaus – des geborenen Herrenmenschen, der später den jungen Bismarck so rasch aus dem Staatsdienst verjagte, war auch in Stein lebendig. Aber freilich mit einem höchst charakteristischen Unterschied: Was ihn am Alltagswerk der Bürokratie abstieß, war nicht die politische Ohnmacht des Verwaltungsbeamten, sondern die öde Förmlichkeit des „Federwerks", „Formenkram und Dienstmechanism" mit beschränktem praktischem Nutzen. Nicht in der Hoffnung, zu politischem Einfluß und Macht zu gelangen, sondern um sich nützlich zu machen in größerem Umkreis, war er vom Reichsdienst nach Preußen übergegangen. Und trotz alles Stöhnens über dieses „Federwerk" hat er doch schließlich fünfundzwanzig lange Jahre in reinem Verwaltungsdienst verharrt: wohl in raschem Aufstieg zu bedeutender, relativ selbständiger Stellung, aber doch immer in der Provinz – in einem Territorium überdies, das nur als Nebengebiet von geringer politischer Bedeutung galt. Er war den Fünfzig nahe, als an ihn der Ruf erging – gänzlich ohne sein Zutun –, in die Zentrale der preußischen Staatsverwaltung einzutreten; und er hatte sie erreicht, als sein Wirken anfing, für die hohe Politik bedeutsam zu werden. Wer den Staatsmann Stein begreifen will, muß zunächst den Verwaltungsfachmann gründlich kennenlernen. Nicht anders als mit den moralisch-pädagogischen Grundsätzen, die er sich dort gebildet hatte, vermochte er die Aufgaben der großen Politik überhaupt zu ergreifen.

Die ersten Jahre galten der fachmännischen Ausbildung, für die noch sehr viel zu tun war. Neben dem Aktenstudium in der Behörde diente ihr der Besuch von Berliner Vorlesungen über Mineralogie und Chemie, ergänzt durch umfangreiche Lektüre wissenschaftlicher Werke, von der sich die Spuren noch heute in der Nassauer Bibliothek finden; wichtiger noch: die praktische Anschauung bergmännischer Betriebe und verwaltungstechnischer Aufgaben auf ausgedehnten Dienst- und Studienreisen, zu denen ihn der Minister Heinitz mit sich nahm oder auch selbständig entsandte. Sie führten ihn bald in den Westen der Monarchie, nach Ostfriesland und Westfalen, bald in den äußersten Osten, nach West- und Ostpreußen, einmal auch durch ganz Polen, von Thorn über Warschau bis Krakau, 1782/83 durch die sächsischen, thüringischen und Harzbergwerke; am ausführlichsten, fast ein Jahr, verweilte er in Freiberg, dem Sitz der bedeutenden, einst von Heinitz gegründeten sächsischen Bergakademie. Außer der eigenen Ausbildung dienten diese Reisen auch der Erforschung von Land und Leuten, von gewerbe- und verwaltungstechnischen Einrichtungen des Auslandes im Auftrage der preußischen Regierung. Von seinen Berichten ist uns vor allem einer über Polen erhalten, gemeinsam mit seinem Begleiter und vertrauten Freunde, dem Oberbergrat Grafen Reden, verfaßt: er läßt in seiner scharfen Kritik des polnischen Adelsregiments erkennen, daß die beiden jugendlichen Verfasser von den allgemeinen humanitären Ideen des Zeitalters, wie sie etwa die aufgeklärte Staats- und Gesellschaftstheorie eines Schlözer predigte, ergriffen sind: sie reden von Menschenrechten der niederen Volksklasse und betrachten das Fehlen eines gewerbfleißigen, aufgeklärten Bürgerstandes in Polen als ein Unglück für den Staat – lauter Gemeinplätze der zeitgenössischen politischen Bildung, aus denen man weder ein Reformprogramm noch überhaupt eine charakteristische politische Stellungnahme herauslesen kann.

Ebensowenig sind politische Urteile über das absolutistische Regierungssystem des alten Königs als Ganzes in den Familien- und Freundesbriefen dieser Jahre zu finden. Natürlich teilte er die – im höheren Beamtentum Preußens weit verbreitete – Kritik an gewissen Härten des friderizianischen Merkantilismus und seiner einseitigen Zuspitzung in den Jahren der französischen „Regie". Auch sein Gönner Heinitz hatte darunter zu leiden, und der hochgespannte Ehrgeiz des jungen Stein, der sich im Geiste schon in naher Zukunft an hervorragender Stelle im preußischen Handelsdepartement berufen sah, mochte enttäuscht sein, als Heinitz' Rücktritt vom Handelsministerium diese Aussichten zu verderben schien[2]; aber wenn er auch in solchen Stimmungen mit dem Gedanken spielte, vielleicht einmal anderswo seine Karriere fortzusetzen, so blieb doch die Dankbarkeit gegen den Staat seiner Wahl vorerst davon unberührt. Nicht eigentlich der Politik, sondern in erster Linie „dem Handwerk, das ich erwählt habe mit Vorliebe und mit einem Wohlgefallen, das beständig zunimmt", den Kameralien also und in erster Linie dem Bergwerksfach, war sein Ehrgeiz zugewandt.

In der Tat hatte er Anlaß, seine Aussichten im preußischen Verwaltungsdienst recht optimistisch zu beurteilen. Ungewöhnlich schnell brachte ihn sein Gönner Heinitz auf der Beamtenlaufbahn vorwärts: schon im März 1782 setzte er die Ernennung des Vierundzwanzigjährigen zum Oberbergrat durch – zum Staunen der hannoverischen Verwandten, die der Mutter Glück wünschten zu den glänzenden Zukunftsaussichten ihres Lieblingssohnes[3]. Zwei Jahre später wurde ihm die Leitung des gesamten Bergwesens in den westlichen Provinzen des Staates anvertraut. Damit war er – in gewissem Sinne – schon nach vier Jahren am Ziel seiner Wünsche angelangt: in verhältnismäßig selbständiger, höchst ansehnlicher Stellung, mit großer, eigener Verantwortung, an der Spitze eines sehr entwicklungsfähigen und wirtschaftlich bedeutenden Verwaltungszweiges, ein weites Feld zur Betätigung seiner Talente vor sich. Eben damals fiel ihm durch den Tod der Mutter (1783) der gesamte Erbbesitz der Familie zu: durch den uns schon bekannten Familienvertrag zum Stammhalter bestimmt, hätte er sich jetzt zu völliger Unabhängigkeit auf seine Güter zurückziehen können[4]. Aber schon war er viel zu tief im Banne der neuen Lebensaufgabe, als daß er sich davon wieder hätte losreißen können: mit Eifer und sichtlicher Freude schildert er der Schwester Marianne, auf die nun die schwere Last seiner Vertretung in der nassauischen Güterverwaltung fiel, den Umfang und die große wirtschaftliche Bedeutung seiner westfälischen Amtsgeschäfte, die ihn völlig unabkömmlich machen.

Noch immer steckte der westfälische Bergbau in den ersten Anfängen moderner Betriebsorganisation, über primitiven Raubbau noch nicht weit hinausgekommen, sehr rückständig gegenüber anderen deutschen Ländern; auch an Transportmöglichkeiten zu Wasser wie zu Lande fehlte es noch so gut wie ganz. Die Zersplitterung der deutschen Staatenwelt mit ihren wirtschaftlichen Rückwirkungen machte sich am Niederrhein besonders verhängnisvoll spürbar: zoll- und verkehrspolitisch erhoben sich tausend Hemmnisse wirtschaftlichen Fortschritts. Für die preußischen Gebietsteile kam hinzu, daß sie als ein recht prekärer Außenbesitz der Krone galten, weit abgelegen von den Kernlanden, im Kriegsfall schwer zu behaupten und dank ihrer verzwickten Grenzverhältnisse überaus schwer zu behandeln. Indessen hat sich die alles Leben nach rationalen Prinzipien neu ordnende friderizianische Bürokratie auch dieses Wirtschaftsgebietes sogleich nach dem Kriege mit größtem Eifer angenommen, um durch obrigkeitliche Regelung seine Erträgnisse zu steigern, der erlahmten Privatinitiative durch Zwang nachzuhelfen, das bequeme Stilleben der altständischen, territorialen Epoche mit dem straffen, rücksichtslosen Machtwillen des preußischen Militärstaates auszufegen. Wenn für irgendeinen Wirtschaftszweig, so war dieses aufgeklärt absolutistische Regiment für den verlotterten Bergbau Westfalens vonnöten. Ihn und die damit in Verbindung stehenden Eisengewerbe von Staats wegen in neuen Flor zu bringen, war die besondere Aufgabe, für die der Minister Heinitz seinen Schützling Stein als sein persönliches Werkzeug ersehen hatte.

Um sie zu leisten, war eine überaus vielseitige Tätigkeit vonnöten. Direktor der Bergämter zu Wetter an der Ruhr und Ibbenbüren und der Bergwerkskommission für Minden-Ravensberg, hatte Stein zunächst den laufenden Gang der Verwaltung zu überwachen. Darüber hinaus galt es, neue Wege für den Absatz von Kohle und Eisen zu erschließen, die Verbesserung des technischen Betriebes und der Arbeitsorganisation auf den Gruben anzuregen, nötigenfalls zu erzwingen. Hierzu kam die Aufsicht über den (erst kürzlich vollendeten) Ruhrkanal und das dort angelegte Kohlendepot, Leitung einer (nach Steins Vorschlägen organisierten) Kommission von Fabrikinspektoren, Aufsicht über die westfälische Holz- und Forstwirtschaft, schließlich noch eine gewisse Mitwirkung an der allgemeinen Provinzialverwaltung, in den Kriegs- und Domänenkammern zu Kleve und Hamm.

Der Reformtätigkeit Steins im westfälischen Bergbau war durch seinen Freund Reden, der jetzt als Bergwerksdirektor in Schlesien wirkte, bereits tüchtig vorgearbeitet. In den meisten Einzelheiten seiner Kritik wie in vielen seiner Reformvorschläge folgte Stein Redenschen Inspektionsberichten von 1782/83, von deren Richtigkeit er sich durch Augenschein überzeugte[5]. Die wichtigste Reformmaßregel, die er empfahl und im wesentlichen durchsetzte, war eine sehr erhebliche Erweiterung der Aufsichtsrechte des Staates, eine Einschränkung der genossenschaftlichen Selbstverwaltung der „Gewerken" auf ein Mindestmaß: durch staatliche Kontrollmaßnahmen und Einführung technischer Verbesserungen, entsprechend den fortschrittlichen Bergordnungen Sachsens und des Harzes.

Mitten in diesem Reformgeschäft, das ihn auch innerlich stark in Anspruch nahm, wurde Stein im Sommer 1785 plötzlich zu einer diplomatischen Aufgabe berufen. Eine Episode, die für seine Biographie gerade darum interessant ist, weil sie bloße Episode blieb. Hätte es ihn zur Politik gedrängt, so hätte er sich keine bessere Gelegenheit wünschen können, sich den Machthabern in Berlin durch politische Verdienste zu empfehlen. Denn niemand war für die Aufgabe, die ihm übertragen wurde, den mainzischen Hof für ein Bündnis mit Preußen zu gewinnen, besser vorbereitet durch Kenntnis des Terrains und persönliche Beziehungen als er, der Sohn des mainzischen Kammerherrn. Eben das war auch der Grund, weshalb die Minister Finckenstein und Hertzberg ihn (nach dem Tode des Gesandten von Seckendorff) dem König zum Unterhändler empfahlen[6].

Die Bündnisverhandlung selbst gehört in den allgemeinen Zusammenhang der Gründung eines „deutschen Fürstenbundes", der letzten großen außenpolitischen Aktion König Friedrichs. Ihr Ziel war bekanntlich, eine Verschiebung des Gleichgewichts der beiden deutschen Großmächte durch den ausgreifenden Ehrgeiz Josephs II. zu verhindern, der Bayern (gegen Abtretung der weit entfernten belgischen Provinzen an die Wittelsbacher) für das Erzhaus zu erwerben suchte. Für Stein bedeutete die Aufforderung, bei dieser Aktion an besonders wichtiger Stelle mitzuwirken, nichts Geringeres als einen Zwang zu endgültiger politischer Orientierung: die Erhaltung der alten Reichsverfassung lag freilich auf der Linie der reichsritterlichen Traditionen; aber die Schwächung des Kaisertums im Reiche keineswegs. Wenn er jetzt dazu mithalf, den Reichserzkanzler und bedeutendsten der geistlichen Reichsfürsten im Kampf mit der österreichischen Diplomatie auf die preußische Seite hinüberzuziehen und damit die norddeutsch-protestantische Beschränktheit des Fürstenbundes zu durchbrechen, so war das ein öffentliches Bekenntnis zu Preußen, wie es eindrucksvoller gar nicht gedacht werden konnte; ein späterer Übergang in kaiserliche Dienste war damit so gut wie abgeschnitten.

Daß ihn eben dies von der Übernahme des Auftrags abschreckte, vermutete man in Berlin sofort, als er ihn zunächst ohne langes Besinnen ablehnte – zur schweren Enttäuschung von Heinitz, der sich auch diesmal als eifriger Förderer erwiesen hatte und nun ernstlich verstimmt schien[7]. Aber man täuschte sich: Was Stein hemmte, war nichts anderes als das Motiv, das er selber ganz offen angab: die Aufgabe sei ihm ebenso fremd wie unheimlich. Es fehle ihm an allen Kenntnissen und Erfahrungen auf dem diplomatischen Felde, auch alle natürliche Begabung zum Diplomaten; er fühle sich außerstande, den Auftrag befriedigend durchzuführen. Eine Selbstkritik, die sicherlich einen Kern Wahrheit enthält. Sofern Diplomatie Geschmeidigkeit voraussetzt und die Fähigkeit, um des Machtzieles willen über moralische Skrupel nötigenfalls rasch hinwegzukommen, zum mindesten aber das eigene Urteil über Menschen und Dinge vor anderen zu verbergen –, war Stein der ungeschickteste Diplomat, der sich denken läßt. Er selbst beklagte schon früh die Heftigkeit und allzu große Offenheit seines Wesens als Untugend. Aber er konnte auch zeitlebens nie den moralischen Ekel überwinden vor dem diplomatischen Intrigenspiel als solchem: vor der „Wandelbarkeit der Politik der Höfe, dem Wechsel von Müßiggang und einer schlau berechnenden Geschäftstätigkeit, dem Treiben, um Neuigkeiten und Geheimnisse zu erforschen, der Notwendigkeit, in der großen Welt zu leben, mit ihren Genüssen und Beschränkungen, Kleinlichkeiten und Langeweile sich zu befassen". Schon 1782 hatte er den Gesandtenposten in Kopenhagen abgelehnt, der für ihn „nichts anziehendes" hatte[8]. Somit blieb er auch jetzt nur sich selber treu, wenn er bat, von seiner Person abzusehen.

Aber seine Haltung änderte sich, sobald er erfuhr, daß man sie ihm in Berlin als Mangel an Mut gegenüber dem Wiener Hof auslegte. Sofort widerrief er seinen ersten Entschluß: so tief war er nun doch schon mit seinen Geschäften, den preußischen Staatsgeschäften, verwachsen, daß er seine Zukunft in diesem Lande keinesfalls aufs Spiel setzen wollte.

Tatsächlich war diese seine erste diplomatische Mission viel erfolgreicher, als er selber sich zugetraut hatte. Allzu schwer war die Aufgabe freilich auch nicht. Wie die österreichischen Verhandlungsakten zeigen[9], war die Loslösung des Mainzers von der kaiserlichen Politik im Grunde schon entschieden, ehe Stein in Aschaffenburg eintraf. Die Berichte des österreichischen Gesandten Graf

Trautmannsdorf gaben das Spiel schon Ende Juli verloren: in der voreiligen Annahme, der Kurfürst sei im Geheimen längst („seit sechs Monaten") an das preußische System gebunden, räumte er sehr rasch (wohl am 8. Juli) das Feld, um das Ansehen des kaiserlichen Hofes nicht durch allzu eifriges und aussichtsloses Buhlen um die Gunst Serenissimi zu schädigen, und gab dadurch Stein Gelegenheit, mehrere Tage (vom 11. bis 15. Juli) ungestört den geistlichen Herrn persönlich zu bearbeiten. Dann freilich folgte eine lange Zeit der Zögerungen und Schwankungen, der Hofintrigen und Zwischenträgereien, in denen der preußische Unterhändler, vom Kurfürsten absichtlich vom Hofe ferngehalten, nicht mehr tun konnte, als durch schmeichlerische Briefe (deren Abfassung ihm sicherlich recht sauer geworden ist)[10] auf die Eitelkeit des fürstlichen Herrn einzuwirken und in geheimen Zusammenkünften mit verschiedenen Mittelspersonen und kurfürstlichen Beratern den mannigfaltigen Unternehmungen der österreichischen Partei entgegenzuwirken. Ohne verwickelte Intrigen und geheimnisvolle Betriebsamkeit der Agenten – von denen in Wahrheit doch jeder Schritt der Gegenseite sehr rasch bekannt wurde![11] – war an diesen kleinen Höfen nun einmal nichts zu erreichen. Wie übel sich Stein dabei fühlte, zeigt die Tatsache, daß er schon am 22. September, als noch nichts entschieden war, um seine Abberufung bat[12] und dem Geheimrat von Böhmer, der ihm Anfang September von Berlin zu Hilfe geschickt wurde, zeitweise die Hauptlast des Geschäfts überließ. Endlich, in fast dramatischem Wettkampf mit dem österreichischen Gesandten, kam man doch zum Ziel. Am 15. Oktober gelang es mit Hilfe der für Preußen gewonnenen mainzischen Minister, dem Kurfürsten den Entschluß zum Beitritt zu entreißen. Stein, der in diesem Endkampf wieder unmittelbar mitgewirkt hatte, erntete das Lob der preußischen Minister und eine Empfehlung durch den Mainzer Herrn bei Friedrich dem Großen[13]. Sachlich war der Erfolg seiner Sendung von großer Wichtigkeit: Die preußische Partei erhielt dadurch im Kurfürstenkolleg das Übergewicht und war nun in der Lage, die Reichspolitik des Kaisers vollends lahmzulegen.

Er selbst aber war froh, als er aus der Sphäre der hohen Politik nach seinem Wetter zurückkehren und die Berggeschäfte wieder aufnehmen durfte. Spätere Angebote, den Gesandtschaftsposten im Haag oder in Petersburg zu übernehmen (1787), hat er ohne Zögern abgelehnt.

Es ist erstaunlich, mit welcher Leidenschaft er an seinen bergmännischen Berufsaufgaben hing. Sein (neuerlich erschlossener) Briefwechsel mit Reden[14] zeigt, wie er neben der Verwaltungsarbeit auch die wissenschaftliche Weiterbildung unermüdlich fortsetzte, Gesteinsproben sammelte und dem Freunde zur Analyse übersandte, alle technischen Fortschritte des Bergbaus im In- und Ausland genau verfolgte. Mit geradezu glühendem Eifer bemühte er sich, alten Schlendrian in der Verwaltung auszuräumen, frische, aufgeklärte, kenntnisreiche Köpfe an die Stelle eingerosteter Bürokraten zu setzen, erfahrene, geschickte Bergleute zu beschaffen oder auszubilden. Keiner tut ihm genug zur

Förderung des Bergbaus: der König nicht, der ewig mit den Mitteln knausert und auf die Ideen von Heinitz nicht genügend eingeht, der Minister nicht, dessen Kräfte abzunehmen beginnen und der dem Untergebenen zu weich erscheint, am wenigsten die Räte des Departements, die immer mit Nebendingen, am meisten mit Gehaltsverbesserungen (wie er behauptet) beschäftigt sind. Das Bergwerksdepartement ist ein Ungeheuer mit hundert Armen, aber nur einem Kopf, dem Minister; alles andere sind nur Arme (zur Exekution von Befehlen) und Mägen (zum Verdauen von Alimenten). Auch die westfälische Umgebung wird zunächst sehr kritisch betrachtet: unterwürfige Kleinstädter ohne andere Interessen als Klatsch und Trunkenheit! Recht gallige Urteile kann er gelegentlich auch über den König fällen: sein Regiesystem ist ruinös, und die einsam gefaßten Entschlüsse des „alten Herrn Löwen" sind seinen Dienern nicht immer verständlich. Um so weniger, als er sie oft höchst ungerecht behandelt, Dummköpfe nach oben bringt, Klugheit und Tätigkeit nicht würdigt und sich am Kitzel seiner „Überwucht" erfreut.

Das klingt sehr nach unbefriedigtem Ehrgeiz, und in der Tat hat Stein in jenen Jahren immer wieder Anwandlungen gehabt, den preußischen Dienst zu quittieren und sich auf seine Güter zurückzuziehen, weil sein hochgespannter Ehrgeiz oder besser: seine Ungeduld sich im preußischen Dienst nicht befriedigt fand. Kaum ein Jahr in Westfalen tätig, spricht er zu Reden von Enttäuschungen und zerstörten Illusionen, von resigniertem Rückzug auf häusliches Glück, Freundschaft und Studium. Als ihm das Präsidium der westfälischen Fabrikenkommission von Heinitz zuerst zugesagt, dann wieder zugunsten eines (nach seiner Meinung unfähigen) Kriegsrats entzogen wird, braust er auf und will den Minister „fühlen lassen, daß er die Stelle von Oberberg-Räthen erniedrigt habe, indem er uns unter das Volk der Kriegsräte gemischt – und daß er keine Stelle zu vergeben habe, die nur einigermaßen den Wünschen eines ehrlichen Kerls entspräche". Aber gleich darauf bereut er seine Heftigkeit, gesteht dem Vermittler Reden offen seinen „Fehler" ein und versichert mit sichtlicher Aufrichtigkeit, daß es ihm zuletzt ja immer nur um die Möglichkeit erfolgreichen Wirkens zu tun sei, nicht „um kleine lumpige Vorzüge von Direction, kleine Tituls und Verzierungen". Der ganze preußische Verwaltungsdienst, versichert er dem Freunde, ist „gegen das, was ich mir, wenn ich mir größere Kräfte fühlte, als wünschenswert denke, so klein, so unbedeutend", daß die Titelfragen (geschweige denn die immer verächtlich behandelten Gehaltsinteressen) überhaupt keine Rolle spielen können.

Man darf die Wichtigkeit solcher Ausbrüche von ungeduldigem Ehrgeiz in dem vertraulichen Briefwechsel des immer noch recht jungen Mannes nicht überschätzen. Es gibt viel stürmisches Auf und Ab in den Stimmungen und Urteilen dieser Frühzeit. Im Verhältnis zu dem alten König überwog doch zuletzt die scheue Bewunderung. Stein ist entsetzt und betrübt über die Gleichgültigkeit, mit der das offizielle Berlin dem nahenden Ende des großen Mannes entgegensieht, „der seine Nation aus dem Nichts gezogen hat, . . . der der

Mann seines Jahrhunderts war". Wie undankbar und wie fühllos für das Große sind doch die Menschen!

Steins Ehrgeiz war immer durch sehr viel Selbstkritik gebändigt, die in seinen Briefen oft mit entwaffnender Ehrlichkeit sich äußert, und sein (von ihm selbst beklagter) „Stolz" war vor Hochmut geschützt durch viel verborgene Herzensgüte. Im übrigen hängt das Auf und Ab seiner Stimmungen auch mit der Zeitmode des „empfindsamen" Briefstils zusammen, der auch zuweilen Stein gehuldigt hat – nur daß er gelegentlich sehr drastisch (und für ihn sehr charakteristisch!) dagegen protestieren konnte, wenn er auf ein Schwelgen in weltschmerzlichen Empfindungen ohne rechten Gegenstand stieß: „Wer keyn Ey legen will, soll nicht gakkern!" Was ihm dauernd Unruhe machte, war ein innerer Widerspruch seines Wesens, den er selbst öfters geschildert hat und der uns noch mehrfach beschäftigen wird: zwischen einem starken Bedürfnis nach gemeinnütziger Tätigkeit, die keine Arbeit scheut, und einem ebenso starken Drang nach enthusiastischer Erhebung zu höchsten Zielen, welche die Einbildungskraft reizen können.

Schließlich überwog doch der gemeinnützige Tätigkeitsdrang. Auch an die karge Härte des preußischen Wesens, die ihm zunächst recht schwer gefallen war, hat er sich gewöhnt, „Ein Land", hatte er 1781 geschrieben, „wo die Herzen noch kälter als das Klima sind." Dem Landedelmann war auch der Aufenthalt in der großen Stadt Berlin sauer geworden. Die geselligen Vergnügungen der Hauptstadt hatte er (ein geborener „Puritaner") „unaussprechlich fade", die meisten ihrer Frauen philiströs gefunden und sich geselligen Verpflichtungen unter dem Vorwand mangelnder Tanzbegabung nach Möglichkeit entzogen. Um so mehr konnte er jetzt die Naturverbundenheit der kleinen westfälischen Amtsstadt genießen.

Mit Wendungen, die fast an Rousseau gemahnen, konnte er nun von dem Segen der Einsamkeit in schöner ländlicher Umgebung sprechen, in der sich alle Leidenschaften stillen. Allmählich lernte er auch das Herrische, die Heftigkeit seines Wesens, den Sarkasmus seiner schnellen Zunge einigermaßen bändigen und sich Vertrauen und Zuneigung erwerben; ein ganzer Kreis trefflicher Menschen begann sich um ihn zu bilden, deren Verehrung und Freundschaft ihn durch sein ganzes späteres Leben begleitet hat. Was die nächste Umgebung seinem stets lebhaften und wißbegierigen Geiste an Anregung versagte, ersetzte er durch massenhafte Lektüre – aller Neuerscheinungen der ihn interessierenden Wissensgebiete suchte er habhaft zu werden mit Hilfe von literarischen Zeitschriften, die er regelmäßig verfolgte[15].

Und schließlich erreichte er auch, nach langen Vorbereitungen[16], was er seit Jahren sehnlich erstrebte: die große Reise nach England zur Vollendung seiner Weltkenntnis und fachlichen Ausbildung. Von Anfang Januar bis Ende Juni (oder Anfang Juli) 1786 hat er auf englischem Boden verweilt – sechs Monate wichtiger Bildungseindrücke sicherlich; aber die große politische Bedeutung, die man dieser Reise früher zuschrieb, hat sie doch nicht gehabt. Die beruflichen Interessen standen ihm damals, vor der Großen Revolution, doch noch über den politischen. Jedenfalls hatte seine Englandfahrt, soviel sich erkennen läßt, nicht das Studium politischer Verhältnisse, sondern technische Fortschritte der modernen Industrie, vor allem des Bergbaus, zum Inhalt.

Stein hat sie auf eigene Kosten unternommen, formell nicht in amtlicher Eigenschaft, sondern als Privatmann; da er aber den Obersteiger Friedrich, einen tüchtigen Werkzeichner, mitnahm, ist ganz sicher, daß er von vornherein ein sehr genaues Studium der neuesten Errungenschaften der englischen Technik, sowohl im Bau der Dampfmaschinen wie im Stollenbau und der Anlage von Kanälen und Verladekränen, beabsichtigt hat, und zwar im Dienst der preußischen Montanindustrie. Diese war hinter der englischen, auch nach der Aufstellung einer ersten, noch sehr unvollkommenen „Feuermaschine" im schlesischen Bergbetrieb Redens, noch weit zurück. Ihre Modernisierung stieß aber auf das Hindernis, daß die Engländer ihre technischen Errungenschaften als Geheimnis ängstlich hüteten und offenbar auch den Verkauf der neuesten, gewaltig verbesserten Dampfmaschinen an kontinentale Unternehmer scheuten, weil sie Nachahmung auf dem Festland fürchteten. Die führende Maschinenfabrik Boulton und Watt war äußerst mißtrauisch gegen kontinentale Sendlinge, ganz besonders aber gegen preußische Barone und Ingenieure, die schon seit mehreren Jahren teils Ankäufe einzelner Maschinenteile, teils Ausspionieren ihrer Form und Funktionsweise versucht hatten. Auch Heinitz und Reden waren bei ihr schon zu Besuch gewesen. Es scheint fast, als hätte Stein den Auftrag gehabt, als Privatmann, gestützt auf persönliche Empfehlungen von Parlamentsmitgliedern, Gelehrten und Industriellen Englands, aber auch auf seinen Adelstitel, bei Boulton und Watt zu erreichen, was seinen Vorgängern nicht geglückt war. Da er aber so eilfertig und unvorsichtig war, seinen Zeichner bereits in einer Londoner Brauerei Teilzeichnungen an einer Wattschen Maschine machen zu lassen und sich zu diesem Zweck mit einem Werkmeister in Verbindung zu setzen, ehe er den Chef der Erbauerfirma hatte sprechen können, geriet er sofort in den Verdacht der Wirtschaftsspionage, den er auch nicht mehr abzuschütteln vermochte. Die Folge war nicht nur ein peinlicher Mißerfolg bei Boulton und Watt (Verhandlungen über den Ankauf von zwei Dampfmaschinen scheinen erfolglos geblieben zu sein), sondern auch Warnungen der Firma bei Grubenbesitzern und Industriellen im ganzen Lande vor seiner Tätigkeit; überall stieß er deshalb auf Mißtrauen, stand auch in Cornwall fortdauernd unter strenger Kontrolle und mußte erleben, daß alle Fabrikgeheimnisse (selbst in der Zinnwarenindustrie) vor ihm gehütet wurden.

So ist diese lang ersehnte englische Reise offenbar eine schmerzliche Enttäuschung, ja eine unangenehme Lebenserinnerung für Stein geworden, an die er später nicht mehr gern gerührt hat, so daß ihr Verlauf bis in die jüngste Zeit unbekannt geblieben ist. Ohne praktische Frucht blieb sie aber doch nicht: Der Briefwechsel mit Reden gleich nach der Rückkehr zeigt Stein mit feurigem

Eifer bemüht, seine englischen Erfahrungen für das preußische Berg- und Hüttenwesen auszuwerten.

Bald erweiterte sich der äußere Umkreis seiner Tätigkeit erheblich: er wurde 1787 zum Zweiten Direktor der soeben selbständig gemachten Kriegs- und Domänenkammer zu Hamm ernannt, gleichzeitig Zweiter, seit 1788 Erster Direktor der Kammer in Kleve. Ohne die Aufsicht über die Bergwerke und Fabriken zu verlieren (er hat sie fast zwölf Jahre behalten und mit Unterstützung ausgezeichneter Gehilfen eine gute, feste Tradition geschaffen), nahm er somit jetzt an der allgemeinen Landesverwaltung einen großen, rasch wachsenden Anteil. Dabei kam ihm der allgemeine Kurswechsel der inneren preußischen Politik seit dem Tode Friedrichs des Großen zustatten.

Es war, als ob die unerbittlich straffe Energie, die mit fast krampfhafter Einseitigkeit alle Kräfte auf das Ziel der äußeren Selbstbehauptung des jungen Militärstaates inmitten einer feindlichen Umwelt konzentriert hatte, mit einem Male nachließe. Die Epigonen empfanden nicht mehr so quälend wie der Begründer der jüngsten europäischen Großmacht den Druck der sie umringenden Gefahren. Hatte Friedrich der Große gemeint, sich im wesentlichen begnügen zu müssen mit der Behauptung und dem Ausbau seiner zusammenhängenden Kernprovinzen und die entlegenen Länderfetzen des Westens mehr oder weniger als Außenposten betrachtet, deren Einordnung in das wirtschaftliche und politische System des Ostens nicht allzusehr drängte, so war das Selbstvertrauen seines Nachfolgers groß genug, um die Front nach Osten und nach Westen zugleich zu nehmen. Außenpolitisch durch Preisgabe der von Friedrich II. so sorgsam gepflegten guten Beziehungen zu Frankreich bei gleichzeitiger Aufnahme ausschweifender Eroberungspläne im Osten; innenpolitisch durch eine mehr gleichmäßige Fürsorge für alle Provinzen, ein weniger ängstliches Spar- und Fiskalsystem – solange, bis der leichtfertig begonnene Krieg mit der Französischen Revolution und gleichzeitig in Polen die preußischen Finanzen ruiniert und Friedrichs mühsam gesammelten Staatsschatz geleert hatte. Man befestigte Wesel und machte einen schwachen Versuch, die Einwohner dieser Provinzen ebenso zum Militärdienst heranzuziehen wie die der übrigen – in langen Verhandlungen mit den westfälischen Ständen, an denen auch Stein teilweise mitwirkte –, erreichte aber nicht mehr als die Anwerbung von ein paar hundert Mann durch ständische Organe. Man versuchte aber auch, den wirtschaftlichen Wohlstand dieser Gebiete energischer als bisher zu fördern: durch Verbesserung der Verkehrswege und durch Lockerung des streng fiskalischen Steuer- und Zollsystems der friderizianischen Zeit, dessen Härten und Mängel hier besonders schwer empfunden wurden. Diese Reformen waren im wesentlichen das Verdienst des Ministers Heinitz, der seit Ende 1786 Westfalen als Provinzialminister zu betreuen hatte und eben deshalb seinen Schützling Stein aus der Bergwerks- in die allgemeine Verwaltung herübernahm.

Stein ist dabei zunächst nur als ausführendes Organ seines Vorgesetzten zu betrachten; denn die Selbständigkeit preußischer Provinzialbehörden war nicht so groß, daß die Zentrale nicht auch in alle Einzelheiten der Ausführung ihrer Direktiven hineinregiert hätte. Heinitz aber war ganz der Mann dazu, gewisse Härten des friderizianischen Systems zu mildern. Als Ausländer – in Kursachsen geboren und ansässig – blieb er dem Geiste des preußischen Militärstaates im Grunde immer fremd. Als anerkannter Fachmann nach Preußen berufen, gestützt auf eigene, schon früher erworbene große Verdienste, auch als volkswirtschaftlicher Schriftsteller mehrfach bewährt, durch Bildung und Geist den meisten seiner Ministerkollegen weit überlegen, besaß er – eine ganz seltene und auffallende Erscheinung! – den Mut eigener Überzeugung und sachverständiger Kritik auch der allmächtigen Meinung des Königs gegenüber: das französische Regiesystem wagte er offen zu bekämpfen, und den strengen Merkantilismus der friderizianischen Wirtschaftspolitik suchte er schon zu dessen Lebzeiten praktisch zu mildern, wo immer es anging. Sein Vorbild und sein freundschaftlicher Umgang sind für Stein von gar nicht zu überschätzender erziehlicher Bedeutung gewesen. Stein selber hat das offen anerkannt, und wenn er später mit so viel Energie dafür kämpfte, daß der Staatsminister mehr sein müsse als ein bloßer Bedienter des Monarchen, so haben ihm gewiß auch die peinlichen Erfahrungen seines Gönners Heinitz dabei vor Augen geschwebt. Aber auch in den wirtschaftlichen und politischen Überzeugungen gab es viel Gemeinsamkeit zwischen den beiden – noch verstärkt durch die Wärme religiöser Gesinnung, die im Heinitzschen Hause herrschte [17]. Die geistige Gemeinschaft beider Männer war so eng, daß man unbedenklich eine beratende Mitwirkung Steins schon bei der Vorbereitung vieler Reformmaßnahmen der westfälischen Verwaltung wird annehmen dürfen.

Die Einzelheiten dieser Reformen brauchen uns nicht lange zu beschäftigen, da es sich meist um Dinge von mehr verwaltungstechnischer und lokaler als eigentlich politischer Bedeutung handelt. Da galt es zunächst einen Anfang zu machen mit dem Bau fester Chausseen im Zusammenhang einer durch Friedrich Wilhelm II. in mehreren preußischen Provinzen zugleich begonnenen Bautätigkeit großen Stiles. Stein fand hier an einem großen Objekt besonders günstige Gelegenheit, seine rasch zupackende, ungestüm vorwärtsdrängende Energie gegen bürokratische und lokalpolitische Hemmnisse aller möglichen Art erfolgreich zu betätigen. Bemerkenswert sind vor allem die Umtreibereien, die vom Kabinett des Königs ausgingen und an denen die Vollendung des Werkes zeitweise zu scheitern drohte: Erfahrungen, die in einem späteren Stadium seiner Geschichte, verstärkt durch viele ähnliche, politisch wichtig werden sollten. Mit diesen Straßenbauten hingen aufs engste die Versuche Heinitz' und Steins zusammen, im Sinne der neueren physiokratischen Wirtschaftstheorien den Getreidehandel von staatlichen Zwängen zu befreien – Versuche, die sich indessen vor vollendetem Ausbau eines modernen Straßennetzes als verfrüht erwiesen [18].

Die bedeutsamste Verwaltungsreform dieser Jahre war die Umgestaltung des märkischen Steuerwesens, an der Stein als Vorsitzender einer Reformkommission, also an wichtiger Stelle beteiligt war, ohne daß es freilich möglich wäre, seinen Anteil im einzelnen genau zu bestimmen. Es handelt sich um eine Anpassung des altpreußischen Akzisesystems an die besonderen Verhältnisse der Grafschaft Mark. Hier, im Westen der Monarchie, konnten die Gewerbe unmöglich so wie im rein agrarischen Osten hinter die Schlagbäume der städtischen Akziseverwaltungen eingesperrt werden. Dazu kam, daß die überall nahen Landesgrenzen es leicht machten, die lästigen Torabgaben zu umgehen, indem das Landvolk seinen Bedarf in außerpreußischen Städten deckte. Schon unter Friedrich dem Großen hatte man demgegenüber alle möglichen Systemwechsel und Aushilfen versucht. Auch was Heinitz und Stein jetzt durchsetzten, war nicht mehr als ein Kompromiß – immerhin ein radikales im Vergleich mit den früheren: völlige Freigabe der ländlichen Gewerbe, wenigstens der schon bestehenden, vom städtischen Zunft- und Akzisezwang, Beschränkung der städtischen Akzise auf wenige ertragreiche Artikel, hauptsächlich Lebensmittel, Aufhebung des ehemaligen Zwanges für die ländliche Bevölkerung, sich mit Gewerbeprodukten der einheimischen Städte zu versorgen, also eine Art von Handelsfreiheit für das platte Land – schließlich Ersatz des Steuerausfalls durch direkte, Gebäude-, Verbrauchs- und Gewerbesteuern verschiedener Art in Stadt und Land. Man kann immerhin zweifeln, ob das Ganze mehr einen Fortschritt auf dem Wege zu moderner Handels- und Gewerbefreiheit oder mehr ein Zurückgreifen auf ältere, vor Einführung der Akzise, lokal verschiedenartige Steuerformen bedeutet. Das altfränkische Verfahren der förmlichen Steuerrepartition auf die ständischen Korpora wurde neubelebt; die neueingeführten direkten Steuern zeigten noch ganz die herkömmlichen, höchst primitiven Formen; und wenn man es ehedem als einen besonderen Vorzug der preußischen Akzise gerühmt hatte, daß sie der einseitigen Belastung von Fleisch und Brot durch die ältere Steuertechnik ein Ende gemacht habe, so war dieser Vorzug jetzt offenbar wieder preisgegeben. Dennoch wurde die Vereinfachung des Akzisetarifs und die Befreiung des platten Landes vom Handels- und Gewerbezwang damals von den Märkern als große Erleichterung empfunden, und Stein selbst hat an dieser Steuerverordnung von 1791 wenigstens für den industriereichen südlichen Teil des Landes noch als Minister festgehalten. In Verbindung mit der (später zu besprechenden) Reform des märkischen Zollwesens von 1796 bedeutete sie wohl das äußerste Maß von Anpassung, das der alte Staat mit seiner schwerfälligen Steuertechnik für die Ausnahmebedürfnisse seiner industriell am stärksten entwickelten Provinz aufzubringen vermochte.

Viertes Kapitel

Erste Berührung mit großen Reformaufgaben: Kammerpräsident in Westfalen 1793–1802

Was dem Verwaltungsfachmann Stein seine oft mühsame und trockene Alltagsarbeit in den westfälischen Provinznestern immer wieder unschätzbar wertvoll machte, hat er selbst in jenen Jahren ganz deutlich bezeichnet: ein sehr gebieterisches Bedürfnis nach „Ruhe, Einsamkeit und bestimmter Beschäftigung", „zweckmäßiger Tätigkeit, in Äußerung seiner Kräfte auf feste Zwecke" [1]. „Was mich entschädigt (für den Zwang, meine Existenz genußlos hinzubringen), ist das Bewußtsein, nicht ganz unwirksam und unnütz mein Leben zu verleben, manches Gute zu veranlassen und manches Böse zu verhindern." Ein Tatendrang also von rein moralischer, nicht politischer Färbung, gerichtet auf gemeinnützige, nicht auf Machtziele – ganz nahe verwandt der musterhaft moralischen Gesinnung seines westfälischen Schützlings und späteren Nachfolgers Ludwig Freiherr von Vincke, der sich eben damals unter seiner Leitung zum Ideal eines für gemeinnützige Zwecke sich selbst verzehrenden Verwaltungsbeamten herausbildete [2]. Aber während der stürmische (und deshalb Stein so besonders sympathische) Arbeitseifer des Jüngeren ohne viel Unterschied sich auf alle Aufgaben stürzte, große und kleine, wie sie ihm eben unter die Hand kamen, schlummerte in der Seele des Reichsfreiherrn ein verborgenes Ungenügen am Alltag, das er sich selber nur selten und ungern eingestand, durch moralische Reflexionen gewaltsam zurückdrängte, und das doch in den Briefen an seine vertrautesten Freunde immer wieder durchbricht: ein unstillbares Bedürfnis nach enthusiastischer Erhebung über die Dinge der nüchternen Wirklichkeit, nach Steigerung der eigenen, durch so viele Schranken des Gewissens, der Herkunft und Erziehung gebundenen Persönlichkeit über ihre natürlichen Grenzen hinaus. Am anschaulichsten wird dieses Bedürfnis in seinem höchst eigentümlichen Verhältnis zur Geschichte. Geschichtliche Interessen standen von frühster Jugend auf dermaßen im Mittelpunkt seines geistigen Lebens, daß man sagen darf: von der Art her, wie er Geschichte betrieb, begreift sich der ganze Stein. Auch in den Zeiten höchster Anspannung in der Berufsarbeit ist er niemals, wie Vincke, in den Geschäften und der fachwissenschaftlichen Selbstausbildung aufgegangen: in ungeheuer ausgedehnter Lektüre vorzugsweise geschichtlicher und geschichtsphilosophischer Werke (insbesondere Herders) suchte er, wonach ihn am meisten dürstete: nicht bloß den Erfahrungsstoff für seine Berufstätigkeit, sondern vor allem seelische Erhebung – eben jene Steigerung des eigenen Weltbewußtseins, die er in den Verwaltungsgeschäften allein, trotz aller moralischen Befriedigung, nicht zu finden vermochte. Die Geschichte als Rüstkammer der Moral, als unerschöpfliche Fundgrube heroischer Taten und erhabener Gedanken, als ewig neue Anregung zu idealischen Empfindungen und Entschlüssen – das war für ihn ein unentbehrliches, jederzeit gegenwärtiges Lebenselement. Als er 1812 in Petersburger Salons die Madame de Staël die Schlußkapitel ihres Deutschlandbuches über den „Enthusiasmus" als die Haupttugend der Deutschen vorlesen hörte, die sie dem gallischen Geist so überlegen mache, war er so davon hingerissen, daß er den braven, etwas stöhnenden Arndt zu einer vollständigen Abschrift nötigte, um sie sofort seiner Gattin zum Mitgenuß heimzusenden[3]. Hier war ein Nerv seines Geistes berührt, der ihn sofort in höchste Wallung brachte.

Für den praktischen Staatsmann ist eine solche Geistesart, wie man nicht erst lange darzutun braucht, nicht ohne Gefahren. Stein hat sie selber recht wohl empfunden: die Gefahren eines Doppellebens zwischen realer Gegenwart mit ihren tausend Erbärmlichkeiten und idealisch verklärter Vergangenheit. „Es ist freilich sehr seelenerhebend", schreibt er 1793, „allein unter den Menschen der Vorwelt zu existieren, sich mit dem zu umgeben, was die Menschheit Vollkommenes darzustellen vermag und diese nur in denen glänzendsten Augenblicken ihres Daseyns um sich zu versammeln; überläßt man sich aber ganz der Einsamkeit, entzieht man sich dem Umgang seiner Zeitgenossen gänzlich, so erhält das moralische Gefühl einen Grad von Reizbarkeit, der für uns oft schmerzhaft wird und uns zur Unthätigkeit verdammt. Thätig und duldsam bleiben – dieses ist wohl das beste und vollkommenste Resultat alles Strebens nach Entwicklung und Ausbildung, und zugleich leider das seltenste." Da haben wir – in seiner Sprache – gleichsam vorahnend das Problem ausgedrückt, das zum zentralen Problem des Staatsmannes Stein werden wird: den beständigen Konflikt zwischen einem überfliegenden Enthusiasmus der sittlichen Antriebe und der harten Notwendigkeit, „thätig und duldsam" sich mit den unabänderlichen politischen Wirklichkeiten abzufinden, die seinem ethischen Wollen als Material gegeben sind. Seine westfälischen Mitarbeiter fanden, daß er in der Behandlung der Geschäfte einen „großartigen" Zug habe, das Allgemeine der Sachen mit großer Energie anpacke, sich aber um die Schwierigkeiten der Ausführung im Detail zu wenig kümmere – obwohl er doch, wie zahllose Schriftstücke von seiner Hand beweisen, sich keine Mühe des Detailstudiums verdrießen ließ und stets auf „gründliche, exakte Kenntnisse" und „praktische Geschäftserfahrung" hielt. Aber freilich: was ihn an den Geschäften fesselte, war zuletzt doch nur die Möglichkeit, durch sie ins Große und Ganze zu wirken: ebendeshalb hatte er den juristischen Klopffechtereien des Reichskammergerichts so rasch den Rücken gekehrt, bekundete er überhaupt gegen das Formaljuristische jederzeit einen lebhaften Widerwillen, haßte er den „leeren Mechanism" des bürokratischen Dienstbetriebes. Selbst die schneidend sarkastische Beurteilung der nahen

Wirklichkeit, wie sie die Briefe des Göttinger Studenten zeigen, wollte er in späterem Alter in Zusammenhang bringen mit einer „einseitig" idealischen Weltansicht, die er sich von Kindheit auf durch historische Lektüre gebildet habe. Und wirklich liegt es nahe, die reizbare Schärfe und Heftigkeit seines Wesens, die ihm und seinen Mitarbeitern zeitlebens so viel zu schaffen machte, wenigstens teilweise aus solchen ungelösten Kontrasten zu erklären – aus dem ungeduldigen Eifer des Idealisten, über alltägliche Widerstände der Wirklichkeit hinweg zu den enthusiastisch ergriffenen Zielen zu gelangen. Aber wenngleich solche Regungen seiner Seele ihm wieder und wieder Geduld und Nüchternheit in den Kämpfen des Alltags zu rauben drohten[4]: ihnen verdankt er es zugleich, daß sein Leben sich zu erheben vermochte zu geschichtlicher Bedeutsamkeit, weit über die ihm ursprünglich gesteckten Schranken hinaus. Es bedurfte nur einer heroischen Wirklichkeit, um die in ihm schlummernden seelischen Kräfte aufzurufen zu geschichtlicher Tat.

Irgend etwas von diesem verborgen lodernden Feuer muß schon von Jugend auf auch anderen spürbar gewesen sein: nur so erklärt es sich, daß eine Persönlichkeit von so einfacher innerer Struktur, so schlichter, fast primitiver Geistigkeit, wo sie auch auftrat, sogleich den Eindruck des Bedeutenden hervorrief. Schon dem kaum zum Jüngling gereiften Knaben wurde von mehreren Seiten eine große Zukunft prophezeit. Aus Rehbergs Munde hörten wir schon, was ihn vor allem entzückte an seiner Erscheinung: „Das lebendige und unbeugsame Gefühl für alles Große, Edle und Schöne" nennt er es – der idealische Zug also des Charakters.

Die meisten seiner zeitgenössischen Bilder, im klassischen Schema „veredelnd", verwischen alle charakteristischen Züge bis zur Unkenntlichkeit und vermitteln keinen Eindruck, der irgendwie einprägsam haften bliebe – weshalb denn auch kaum ein zweiter unter den großen Männern unserer Geschichte seiner äußeren Erscheinung nach so undeutlich im Gedächtnis der Deutschen fortlebt wie er. Immerhin lassen die besten seiner Bildnisse übereinstimmend erkennen, wie alle Gewalt des Ausdrucks sich auf die Mittelpartien des Gesichtes konzentrierte: lebhaft funkelnde braune Augen in Verbindung mit merkwürdig drohend geschwungenen Augenbögen und einer Adlernase von feinem, aber gewaltig ausladendem Schnitt. Wie „furchtbar" das Blitzen dieser Augen in Momenten des Jähzorns werden konnte, hat E. M. Arndt geschildert, jedoch zugleich versichert, sie hätten für gewöhnlich freundlich und treu in die Welt geblickt. Das Ganze der Erscheinung erinnerte ihn stark an den willensmächtigsten der zeitgenössischen Idealisten, an J. G. Fichte, insbesondere auch der untersetzte, breite Körperbau[5]. Aber Arndt selber deutet auch die Unterschiede an, die jedem vergleichenden Betrachter sofort auffallen: das Plebejische in den fast vierschrötigen Zügen des schlesischen Webersohnes im Gegensatz zu der rassigen Eleganz des Reichsritters; bei Fichte der fast überlaut zu nennende Ausdruck denkerischer Arbeit, hinter der ein eroberungssüchtiger, unruhig vorwärtsdrängender Wille steckt – bei Stein alles vornehme Selbstsicherheit. Von imponierendem Herrscherwillen findet man auf den Bildern eigentlich weniger, als man nach den Beschreibungen der Zeitgenossen erwartet (Savigny sprach von „Sultansbild!"): eine breite, tief zurückliegende, aber ganz schlichte, klare Stirn, die unteren Gesichtspartien in merkwürdigem Gegensatz zu der klaren Festigkeit der oberen eher unruhig bewegt: schmale, feine bewegliche Lippen, ein beinahe langes, vorgewölbtes Kinn. Man würde von Gefühlsweichheit sprechen, wenn nicht der Ausdruck des Geschlossenen, Verhaltenen im ganzen doch überwöge: dieser Mund wird sich immer nur zu sehr bestimmten, scharf betonten Äußerungen öffnen; er wird viel eher ironisch als gutherzig lächeln können. An humorvoller Rundung und Fülle fehlt es diesem scharfgeschnittenen Antlitz durchaus.

Alles in allem begreift man die starke, nie versagende Wirkung dieses Menschen auf seine Umgebung recht wohl: eine solche Verbindung des Festen, Sicheren mit dem Leidenschaftlich-Feurigen, des Charaktervollen mit verhaltenem Enthusiasmus und mit oft sprudelnder Lebhaftigkeit[6] muß einen besonderen Zauber geübt haben. Und wenn die jähe Heftigkeit seines Temperaments, der schroffe Sarkasmus seiner Urteile, das Schneidend-Bestimmte seiner Meinungen, die leidenschaftliche Ungeduld seiner Fragen, die Humorlosigkeit seines moralischen Pathos auf die Männer oft nachträglich abstoßend und erkältend wirkte, so lag für die Frauen wohl gerade in der Unberechenbarkeit seines Wesens ein besonders geheimnisvoller Reiz, und die selbstbewußte Sicherheit seines Auftretens weckte erst recht ihr Vertrauen. Zeitlebens hat Stein einen Anhang begeisterter Verehrerinnen und Freundinnen gehabt, mit denen er viel und eingehend korrespondierte. In den westfälischen Jahren tritt vor allem Karoline von Berg, geb. von Haeseler, Gattin des Kammerherrn, späteren Grafen von Berg-Schönfeld, hervor, die spätere Herzensfreundin der Königin Luise, der sie ihren Vertrauten Stein mehr als einmal empfohlen hat. Gesättigt mit der Bildungsatmosphäre von Weimar, Freundin Herders und Jean Pauls, betrachtete sie es später als ihren Lebensberuf, die Königin Luise und durch ihre Vermittlung den preußischen Hof mit der großen literarischen Bewegung der Epoche in Verbindung zu setzen, der neuen deutschen Bildung die Wege zu eröffnen in das preußische Barbarenland[7]. In dem Briefwechsel mit ihr hat Stein das Innerste seiner Seele offener enthüllt als irgendwo sonst; wir hörten schon, wie er sie 1792 zusammen mit Rehberg und seiner Schwester Marianne zu den Vertrautesten seines Herzens zählte. Keine Frage des persönlichen Lebens, die er damals nicht eingehend mit ihr besprochen hätte – alles aber in einem fast schwärmerisch zu nennenden Tone, gemischt aus ritterlich-galanter Verehrung und seelenvoller Innigkeit, wie er in den Briefen an seine Schwester Marianne – in der Mehrzahl trockenen Geschäftsbriefen – fast nie, selbst in den an seine Mutter gerichteten nur selten erklingt. Was die beiden zusammenführte, glaubt man zu begreifen, wenn man die kleine, unendlich vielgelesene Schrift der Frau von Berg über die Königin Luise zur Hand nimmt. Wie hier die verstorbene Freundin in klassizistischer Manier ins fleckenlos Vollkommene, ins Idealbild edler Weiblichkeit vom Typus der Schillerschen Poesie verklärt wird, dem alle menschlichen Züge fehlen, so hat sie seitdem durch mehr als ein Jahrhundert in den preußischen Geschichtsbüchern fortgelebt. Stein selber hat zeitweise sehr viel nüchterner über die Königin geurteilt; aber diese Art von heroisierender Geschichtsbetrachtung war doch im wesentlichen auch die seine; man stellt sich gern vor, wie sein Enthusiasmus im Gespräch die Freundin mitgerissen haben mag. Noch deutlicher tritt die gemeinsame Begeisterung für geschichtliche Heldengröße in dem Briefwechsel mit dem genialischen und unglücklichen Prinzen Louis Ferdinand von Preußen hervor, der ihm in den Jahren nach dem Baseler Frieden von 1795, wo er in kleinen westfälischen Garnisonorten als Halbverbannter lebte, persönlich sehr nahe trat. Stein wurde zeitweise eine Art politischer und moralischer Mentor des Prinzen. Die Art nun, wie er diesem Jünger die Geschichte als Lehrbuch heroischer Tugend und Quell sittlicher Erhebung empfiehlt, ist ganz besonders charakteristisch: „Es war Mangel an Charakter, was in der Französischen Revolution die tugendhaftesten und aufgeklärtesten Männer gestürzt hat ... Es war diese Charakterstärke, welche man Enthusiasmus nennt, die den Thron der Kalifen gegründet hat, die durch Streben nach Reichtümern, Liebe zum Ruhme, den Hang des Jahrhunderts nach Abenteuern hervorgebracht, die spanischen Eroberer Amerikas und ihre Sieger die Britanier begeisterte." Möge der Prinz nur fleißig im Plutarch lesen: wer zu verkommen droht in der Weichlichkeit der Höfe oder unter kleinen kleinlichen Leuten der Provinz, kann nur dann sich erhalten und Charakterstärke gewinnen, „wenn er sich mit den großen Männern der Geschichte umgibt und sich durch ihre Vorbilder gegen die zerstörenden Eindrücke verderbter und kleiner Umgebungen schützt".

Prinz Louis Ferdinand hat sich schließlich dem Einfluß des eifrigen Moralisten halb gewaltsam entzogen. Aber andere Mitglieder des Königshauses traten dafür ganz in seinen Bann: Königin Luise wenigstens zeitweise, in einer aus Bewunderung, Zutrauen und Furcht stark gemischten Empfindung, ganz enthusiastisch dagegen ihre Schwägerin, die schwärmerisch-patriotische Prinzessin Marianne, ihr von Stein hochverehrter Gatte Prinz Wilhelm und die Prinzessin Luise Radziwill, die Schwester Louis Ferdinands. An Prinzessin Marianne rühmte Stein ihren unerbittlichen Haß „gegen alles Flache und Gemeine, und wäre es auch mit dem Glanz des Thrones umgeben", und leitete diese Tugend zu einem wesentlichen Teil aus ihrer eifrigen Lektüre geschichtlicher Werke ab [8]. Später erweiterte sich der Kreis der Steinschen Verehrerinnen: in den böhmisch-mährischen Verbannungsjahren pflegte er eifrig die Freundschaft mit Gräfin Sophie Brühl und der polnischen Gräfin Lanskoronska; am meisten Freundschaft aber erfuhr er in Rußland: in den Petersburger Salons des Jahres 1812 wurde er von männlichen und weiblichen Mitgliedern der hohen Aristokratie förmlich umschwärmt – auch die Madame de Staël war darunter.

Das alles waren für Stein Seelenfreundschaften ohne jeden erotischen Hauch:

zu verstehen einfach aus der stärkeren und naiveren Resonanz, die seine besondere Art von Geistigkeit in Frauenseelen fand. Das eigentlich Erotische spielt in seinem Leben eine erstaunlich geringe Rolle. Die Ehe hat er offenbar vor allem nach den nüchternen Grundsätzen des adligen Familienrechts, als eine Angelegenheit der Standes- und Familienpflicht beurteilt. Zum Stammhalter der Familie bestimmt, kannte er seine Pflicht, in zeugungsfähigem Alter zu heiraten, und so hat er im Alter von 35 Jahren begonnen, nach einer Lebensgenossin Ausschau zu halten, von Schwester und Freundin mündlich und brieflich eifrig beraten und die Vorzüge und Schwächen der in Betracht kommenden Damen von Adel, vor allem aber auch die Verhältnisse ihrer Sippen umständlich erwägend. Es charakterisiert diese Art, daß er noch 1782, also fünfundzwanzigjährig, ernstlich erwogen hatte, lieber dem jüngsten Bruder Gottfried die Fortpflanzung der Familie anzuvertrauen[9] – der erwies sich aber damals als ein unverbesserlicher Tunichtgut. Ein gewisser Zug von Nüchternheit schwebt nach alledem über Steins Verlobungsgeschichte. Die erwählte Braut sollte vor allem, den Bestimmungen eines Familienpaktes von 1774 zufolge, aus hochstiftsfähigem Adel stammen; die ganze Steinsche Familie hatte den Ehekontrakt mit zu unterschreiben. Wirtschaftliche Erwägungen standen dahinter; aber Stein wäre nicht er selbst gewesen, hätte er nicht auch eine sorgfältige moralische Eignungsprüfung der künftigen Gattin angestellt. Die Gräfin Wilhelmine Wallmoden, die Tochter eines hannoverischen Generals und späteren Höchstkommandierenden der hannoverischen Armee, Enkelin Georgs II. von England (durch die Gräfin Yarmouth), war ihm empfohlen[10]. Er fand sie „sanft, gut, lenksam, ihren Freunden und ihren Eltern anhängend, von richtigem Verstand und Reinheit des Charakters"; aber er fand auch zu tadeln: es fehle ihr an eigenen Ideen und rechtem Tätigkeitstrieb; sie sei „etwas leer" und zeige „auch eine Portion versteckten Familienstolz". „Die Richtung ihres ganzen Wesens", schrieb er nach ihrem Tode, „ging auf Häuslichkeit, Familienleben, Geselligkeit, Ruhe." Man sieht deutlich, was er vermißte: eben jenes idealische Wesen, das ihn mit einer Frau von Berg so eng verknüpfte, zugleich das tiefere Verständnis für den stürmischen Tätigkeitsdrang seiner Natur, im Grunde wohl überhaupt geistige Regsamkeit höherer Art[11]. Die ruhige, nüchterne Hannoveranerin mit dem starken Schuß englischen Blutes in den Adern wird gerade da versagen, wo für ihn das Verhältnis zu der Frau sonst einzusetzen pflegt. Aber die Vorzüge ihres Charakters waren unverkennbar, er hoffte auf Bildsamkeit in der Ehe – schließlich brachte ein gemeinsames Kriegserlebnis, die Flucht vor den in Mainz eingedrungenen Franzosen im Herbst 1792, die beiden einander näher; nach der Trennung empfand Stein stärker als sonst die „unausstehliche Leere der Einsamkeit" in seinem Wetter – so kam der Bund sehr bald darauf doch noch zustande: im Februar 1793 die Verlobung, im Juni die Hochzeit und die Begründung des gemeinsamen Hausstandes im alten Herzogschlosse zu Kleve, das Stein als neuernannter Kammerpräsident bezog.

Die Verbindung mit einer Familie des hannoverisch-englischen Hochadels ist für die Entwicklung der politischen Ansichten Steins sehr bedeutsam geworden: was englische Vornehmheit, was echter Adel sei, wurde ihm in diesem großen, für Kunst und Literatur mehr als für die üblichen Jagd- und Tafelfreuden aufgeschlossenen Hause recht anschaulich. Rehberg, der ihn in dieser Umgebung in den nächsten Jahren viel gesehen und gesprochen hat, fand später, daß auch der Standeshochmut und Familienstolz der hannoverischen Verwandten auf die Dauer ein wenig auf ihn abgefärbt habe. Ob mit Recht, wird später zu prüfen sein. Menschlich blieb die junge Ehe nicht ohne Enttäuschung: ein letztes gegenseitiges Verstehen wollte sich trotz guten Willens auf beiden Seiten offenbar nicht einstellen. Wenige Monate nach der Hochzeit hört man Stein in den Briefen an Frau von Berg sehr bittere Betrachtungen anstellen über die verkehrte Erziehung der Weiber in den höheren Ständen: sie lernen nichts als ein „leeres Streben nach einem allgemeinen Beifall, der nie erreicht wird, Beobachtungen einer Menge zweckloser Pflichten, ihr ganzes Ideensystem besteht aus inkohärenten Bruchstücken der Meinungen, Gebräuche und Urteile der großen Welt". Täglich fühle er lebhafter den seltenen Wert der Freundin. Und sechs Jahre später sprach er gar zu ihr ganz offen von „betrogenen Erwartungen": „Wäre ich in ein genaueres Verhältnis des Umgangs gegen Sie gekommen, so hätte dieses mich gehoben, mich beglückt, da ich jetzt so manche Kraft nur zum Dulden und Tragen verwenden muß ... Die Ähnlichkeit der Situation (des Resignierenmüssens) gibt unseren Empfindungen einen Einklang, unseren Maximen des Lebens eine Übereinstimmung, die uns mehr als alle bürgerlichen Institute vereinigt." Das alles zeigt – und nur darum ist es für uns wichtig – wie dringend, wie tief und echt zugleich das Bedürfnis Steins nach seelischer Gemeinschaft, nach geistigem Austausch im Verkehr mit der Frau gewesen sein muß.

Daß er über diese Schwierigkeiten in der Ehe schließlich doch hinwegkam, und wie er darüber hinwegkam, gehört zu den menschlich erfreulichsten Zügen seiner Biographie. Schon 1793 bei der Verlobung hatte er seinen guten Willen mit großer Herzlichkeit geäußert: „Ich müßte gewiß äußerst stumpfsinnig und gefühllos sein, wenn ich den Wert eines solchen reinen, liebenden Mädchens, wie sie ist, verkennen könnte und irgendein Mittel vernachlässigte, um ihre Erwartungen zu erfüllen ... Ich hoffe, daß das Harte, Heftige und Übereilte, so in meinem Charakter liegt, durch den Anblick dieses wohlwollenden und sanften Geschöpfes und die Äußerungen ihres richtigen Verstandes gemildert werde." Was diesem guten Willen zu Hilfe kam, war, soviel man sieht, zunächst eine gemeinsame Pflicht und ein gemeinsames Interesse: die Erziehung der Kinder, deren sich Stein mit geradezu leidenschaftlicher Teilnahme annahm; seine noch erhaltenen Briefe an sein Töchterchen Therese aus den Freiheitskriegen zeigen uns den großen Mann von einer überraschend liebenswerten Seite. Dazu trat ein zweites: die mit den Jahren wachsende gegenseitige Achtung der Ehegatten. Die selbstverständliche Ruhe, „die Würde und der Seelenadel"[12], mit dem Frau vom Stein das beständige Umhergeworfensein, das stürmische

Auf und Ab im Leben ihres Gatten, so vor allem die große Katastrophe, die Ächtung von 1808 ertrug, die Tüchtigkeit, mit der sie in jahrelanger Trennung seine Kinder aufzog, sein Vermögen verwaltete, seine Aufträge erledigte, das alles trug ihr mehr als die bloße Hochachtung des Mannes ein. Wer die Briefe der Trennungsjahre 1807/08 und 1812 durchblättert, die er an sie gerichtet hat, wer die leidenschaftliche Sehnsucht des Getrenntseins, die stürmische Freude in der Erwartung bevorstehender Wiedervereinigung verfolgt, der würde ohne besonderen Anlaß nicht auf den Gedanken kommen, daß in dieser Ehe nicht alles eitel Harmonie der Herzen gewesen sei. Die herzlichsten Versicherungen, daß dem Gatten nichts auf der ganzen Welt näher am Herzen liege als das Glück der geliebten Frau, klingen insbesondere durch die Briefe der großen Sturmjahre 1812/13 hindurch: von Petersburg bis Paris. Wenn Stein die Möglichkeiten moralischer Erziehung bei anderen oft überschätzt hat: im engsten Lebenskreise, vor allem an sich selber, hat er ihre segensreichen Wirkungen offenbar reichlich erfahren.

Wenn die sittlichen Kräfte dieses Mannes großer, wohl gar heroischer Aufgaben bedurften, um sich voll zu entfalten, so rückte der Ausbruch der Revolutionskriege sein Leben ein ganzes Stück näher an solche Aufgaben heran. Inmitten der ungeheuren Ereignisse, die jetzt am Horizonte heraufzogen, wird dem Rückblickenden dereinst die Welt des ancien régime, die Epoche eines wohlwollend aufgeklärten Absolutismus und einer wenig gestörten, politisch zahm gewordenen aristokratischen Gesellschaft als ein harmlos-friedfertiges Idyll erscheinen – trotz aller Kabinettskriege und viel beredeten sozialen Spannungen. Er selbst hat die Jahre seit 1790 als eine Krisenepoche seines Lebens empfunden. In den neunziger Jahren wird der Verwaltungsfachmann Stein vor neue, größere Aufgaben gestellt. Ein neuer Aufstieg innerhalb der Beamtenhierarchie – 1793 wird er Kammerpräsident in Hamm und Kleve zugleich – bringt ihn zum erstenmal mit verwaltungstechnischen Reformproblemen größeren Stils in Berührung, die bereits in das politische Gebiet übergreifen. Die reißenden Fortschritte des revolutionären Staates im Westen rühren zugleich grundsätzliche Fragen der hohen Politik in ihm auf, in deren Erörterung mit gleichgestimmten Geistern seine politische Weltansicht reift. Beides läßt sich stufenweise verfolgen.

Das erste größere Problem, mit dem er als neu ernannter Kammerpräsident zu tun hatte, war die Frage der klevisch-märkischen Verwaltungsorganisation: ob rein bürokratisches Regiment, ob Mitwirkung der Stände und Selbstverwaltung. Damit stoßen wir sogleich auf ein zentrales Problem der Stein-Biographie.

Die Verwaltungsorganisation der westfälischen Provinzen hatte gewisse Reste der ehemaligen ständischen Landesverfassung und in Kleve-Mark auch einer sehr altertümlichen kommunalen Selbstverwaltung bewahrt – Überreste nur, aber immerhin erheblich größere, als sie irgendwo in den preußischen Mittel- und Ostprovinzen zu finden waren. Die Frage ist, wie sie entwicklungsgeschichtlich zu beurteilen sind und wie Stein selbst sie beurteilte: ob als lästige Trümmerstücke eines zerstörten älteren Baus, die man aus dem Wege räumen muß, um für vernünftige Neubauten Platz zu schaffen, ob als nützliche Hilfsmittel einer zweckmäßigen Verwaltung oder gar als wertvolle Fundamente moderner politischer Freiheit?

In den östlichen Provinzen hatte der landsässige Adel seine ständischen Gerechtsame überall bis auf politisch bedeutungslose Reste verloren. Gewissermaßen zur Entschädigung dafür hatten die preußischen Könige den Ausbau seiner lokalen Herrenstellung auf dem Lande geschehen lassen, ja gefördert: auf dem System der Gutsobrigkeit, die sich wie ein Mittelglied zwischen Königtum und bäuerliche Untertanen einschob, ruhte der ganze Unterbau der altpreußischen Verwaltung. Hier im Westen war das nicht möglich: es gab keine – oder doch fast keine – geschlossenen Gutsbezirke, in denen die Gutswirtschaft des Herrn sich unmittelbar fortsetzte in den Kleinbetrieben bäuerlicher Gutsuntertanen. So war es hier unmöglich gewesen, die Feudalaristokratie des Landes für den Verlust politischer Rechte durch gutsherrliche zu entschädigen. Der ritterliche Besitz war Streubesitz, der adlige Eigenbetrieb, die Hofesaet, meist klein und unbedeutend im Vergleich mit der Gesamtsumme verschiedenartigster Renten und Gefälle, die das Einkommen des Ritters bildeten. Geschlossene Dörfer gab es kaum, gutshörige Dörfer überhaupt nicht. Die kleve-märkischen Bauern, in der Mehrzahl zu Erbrecht auf ihren oft stattlichen Höfen sitzend, waren zwar auch fast alle irgendwie abhängig von einem Obereigentümer ihres Landes, also zins- oder dienstpflichtig, betrachteten aber den adligen Gutsbesitzer nur als Nachbarn, Zinsherrn, allenfalls auch Diensteempfänger, niemals aber als ihren „gnädigen Herrn" im Sinne des Ostens; selbst die wenigen eigenhörigen Bauern (etwa ein Zehntel der Höfe) wußten, wie sich noch zeigen wird, von wirklicher Untertänigkeit nichts[13].

Je weniger aber nun der rheinisch-westfälische Adel in der ländlichen Verwaltung mitzureden hatte, um so zäher klammerte er sich an sein altherkömmliches Recht, auf den Landtagen der Provinz zu erscheinen und dort mit den Vertretern des Landesherrn über Landesauflagen und -ordnungen zu verhandeln. Und je mehr seine soziale Autorität im Laufe der Zeit verblaßte, um so ängstlicher hielt er darauf, wenigstens dieses Vorrecht mit keinen bürgerlichen Gutsbesitzern zu teilen. Die Teilnahme an den Landtagen beschränkte man durch peinlichste Ahnenproben, verbunden mit umständlichem, altfränkischem Zeremoniell. Schließlich kam es auf diesem Wege dahin, daß – wie Stein später sarkastisch spottete[14] – im rechtsrheinischen Teil von Kleve „das Corpus des Adels nur aus einem einzigen Individuum bestand, das dirigierte, votierte, concludierte und nomine collectivo correspondierte". Die Hauptsache war für diesen Adel, zumal für den katholischen, immer, daß er die Stiftsfähigkeit, das heißt den Anspruch auf erledigte Pfründen katholischer

Stifter und hohe geistliche Stellen im Westfälischen behielt; dazu aber war die Teilnahme an Landtagen irgendwelcher Art, mochte ihre wirkliche politische Bedeutung noch so gering sein, von großem Nutzen. Eben das war vermutlich auch einer der Gründe, weshalb die preußischen Könige trotz mehrfacher Anläufe schließlich darauf verzichteten, die ganze, ihrer herrschsüchtigen Bürokratie so unbequeme Einrichtung kurzerhand zu beseitigen. Es gab auch gewisse außenpolitische Rücksichten: auf das ehemalige Kondominat mit Kurpfalz am Niederrhein[15]. Doch hätten diese Motive schwerlich hingereicht, die kleve-märkischen Stände vor dem Untergang zu schützen, wäre deren tatsächliche politische Macht nicht ohnedies (seit dem hart zupackenden Regiment König Friedrich Wilhelms I.) auf den Nullpunkt gesunken. Von „Bewilligung" der Steuern und Gesetze war im Ernst keine Rede mehr: man war froh, daß man überhaupt noch gefragt wurde, und begnügte sich, bei der Umlage des jährlichen Steuersolls auf die einzelnen Landesteile und Stände sowie bei der Vorbereitung provinzialer Gesetze und Verwaltungsmaßnahmen mitzuwirken; nur an der Feststellung und Aufbringung des rein provinziellen Steuerbedarfs waren die Stände noch weitergehend beteiligt. Das Generaldirektorium in Berlin war geneigt, das westfälische Ständewesen ausschließlich als ein veraltetes Trümmerstück der territorialständischen Epoche zu behandeln, an deren Überwindung diese Behörde mit allen Kräften arbeitete. Es sei nicht einzusehen, schrieb sie, warum man sich mit den wenigen „unbegründeten und unüberlegten" Beschwerden der Stände aufhalten müsse, da doch des Königs Majestät das Wohl des Landes so viel besser zu erkennen und wahrzunehmen wisse. Nun scheint es freilich, daß diese schroffe Ablehnung der Berliner Zentrale durchaus nicht unbedingt von der Provinzialbehörde geteilt wurde. Aber gerade 1793, unmittelbar vor Steins Ernennung zum Kammerpräsidenten, hatte die klevische Kammer nochmals den Versuch gemacht, die ständischen Rechte zu beschränken: sie verlangte, daß die Stände jedesmal erst um ihre Einberufung bitten sollten, ohne Zweifel in der Absicht, deren Notwendigkeit jedes Jahr von neuem zu prüfen. Als die Stände sich darüber beschwerten, befahl das Ministerium – in einer von Heinitz mitunterzeichneten Verfügung! – Bericht: „sollte eine neue Anmaßung des ständischen Corpus zugrunde liegen", so sei den Ständen zu eröffnen, es könne leicht geschehen, daß die noch nicht erloschene Kabinettsordre von 1754 wieder in Kraft gesetzt würde, nach welcher der Landtag nur alle drei Jahre zusammentreten sollte. Stein aber dachte anders; es war eine seiner ersten Taten auf dem Präsidentenposten, daß er sich schützend vor die bedrohte ständische Verfassung stellte: er bewog das Ministerium, seine Drohungen zurückzunehmen und den Wunsch der Stände zu erfüllen.

Das Schriftstück, in dem er das tat, ist denkwürdig als die erste Äußerung politischer Gesinnung, die wir überhaupt aus seiner Feder besitzen[16]. Der Inhalt ist höchst ungewöhnlich für einen preußischen Bürokraten: er schließt sich ohne Vorbehalt der Rechtsanschauung der Stände an! „Das Recht der Stände, sich in Landtagen zu versammeln, ist eine Folge ihrer zur Erhebung und Ausschreibung neuer Steuern erforderlichen Einwilligung", beruhend „auf der Steuerverfassung aller deutschen, mit Landständen versehenen Territorien", insbesondere aber in dieser Provinz auf alter Observanz und den Landtagsrezessen des 17. Jahrhunderts. Das wird in ausführlicher historischer Darlegung begründet. Auch ohne königliche Berufung dürfen die Stände zusammentreten, wann und wo sie wollen; daß man sie jährlich zusammenberufe, dafür spricht außer der Observanz auch die Zweckmäßigkeit, die Fülle der auf den Landtagen zu erledigenden staatlichen und kommunalen Geschäfte. Der ganzen Darlegung merkt man deutlich an, daß sie sich im wesentlichen auf ältere Beschwerdeschriften der Stände stützt [17], während die vielerörterten Bedenken der königlichen Verwaltung gegen das ständische Wesen nirgends mit einer Silbe erwähnt werden. Von den Gegensätzen, die hier so oft aufgebrochen waren, will Stein so wenig wissen, daß er ausdrücklich davor warnt, die hergebrachte „zwischen Landständen und Landeskollegien herrschende Eintracht" zu stören. Es ist ganz deutlich: die Gesichtspunkte des fiskalischen und des Machtinteresses, mit denen so oft die altpreußische Bürokratie gegen ständische Privilegien und provinzielle Besonderheiten gekämpft hatte, sind ihm ganz fremd geblieben. Er empfindet durchaus als wohlwollender Beschützer provinzieller und adlig-ständischer Privilegien, nicht als Vertreter des absolutistischen Einheits- und Machtstaates. Ihm fehlt das Bedürfnis des Alleinregierens.

Das wird vollends deutlich, wenn man die auf den Landtagen traditionell alle Jahre wieder vorgebrachten „Landesbeschwehrden" näher ansieht: mit Überraschung nimmt man wahr, daß in ihnen im wesentlichen schon 1753 das ganze Reformprogramm der Steinschen Landesverwaltung vorgezeichnet ist [18]. Während frühere Verwaltungen ihre Aufgabe darin gesehen hatten, solche Beschwerden dilatorisch zu behandeln, die Berufung auf frühere Zusagen oder Privilegien geflissentlich zu überhören und den schematischen Gang der Verwaltung durch keine Einrede stören zu lassen, hat Stein ganz offensichtlich sich bemüht, die ständischen Wünsche in weitestem Umfang zu erfüllen. Kein Wunder, daß er 1803 mit Stolz auf „die Beweise vollkommensten Zutrauens zu denen Cammerkollegien" hinweisen durfte, welche „die kleve-märkischen Stände seit einer Reihe von Jahren gegeben haben" [19], und daß schon 1795 eine bürgerliche Deputation des Kreises Hagen in einer Dankadresse das Band der Offenheit, Liebe und des Zutrauens rühmte, das die Bevölkerung mit der vortrefflichen jetzigen Verwaltung verbinde, während sie früher „in den Räthen der Königlichen Kammern nicht Rathgeber, Freunde und Beschützer sahe, da Kälte, Zurückhaltung, Mißtrauen und Furcht die Herzen verschloß".

Schon diese bürgerliche Stimme zeigt, wie die ständefreundliche Haltung Steins zu deuten ist: nicht wesentlich, wie man zunächst vermuten möchte, als natürliche Sympathie für die Standesgenossen und ihre Privilegien; denn gerade die kastenmäßige Verengerung des adligen Ständeprivilegs hat er von Anfang an als entscheidenden Mangel des kleve-märkischen Ständewesens betrachtet. Als 1803 durch den Verlust des linken Rheinufers an Frankreich und die Säkularisationen rechtsrheinischer Stifter eine Umbildung des westfälischen Ständewesens nötig wurde, schlug er vor, bei dieser Gelegenheit auch die Landtagsfähigkeit der klevisch-märkischen Rittergüter neu zu ordnen: an Stelle der Ahnenprobe sollte die Größe des „adligen" Gutes maßgebend sein; zugleich aber sollte der landtagsfähige Eigentümer, um den steuerpflichtigen Bauernstand mitvertreten zu können, außer seinem steuerfreien Rittergut den Besitz einer gewissen Anzahl kontributionspflichtiger Grundstücke nachzuweisen haben[20]. Das bedeutete zwar noch keine eigentliche Preisgabe des Adelsprivilegs – denn an dem „adligen" Charakter des landtagsfähigen Gutes wurde nach wie vor festgehalten[21], – aber doch eine bewußte Modernisierung seines Begriffs, deren ideengeschichtlicher Ursprung und deren politische Auswirkung uns später noch mehrfach beschäftigen werden. Vorschläge zur Adelsreform und Landtagsreform, wie sie hier zum erstenmal anklingen, werden in fast allen großen Denkschriften Steins bis in seine Alterstage wiederkehren; sie gehören zum Kernbestand seines politischen Ideenschatzes überhaupt.

Überall auf den Ständetagen westdeutscher Territorien sorgte das städtische Element – soweit es vertreten war – dafür, daß eine einseitig aristokratische Interessenpolitik verhindert oder doch bekämpft wurde. In Minden-Ravensberg, wo Adel und Prälatur auf den Landtagen allein unter sich waren, trieb der adlige Standesegoismus die unerfreulichsten Blüten: selbst gegen die geringe Lockerung, die das Allgemeine Landrecht an der kastenmäßigen Absonderung der Stände vornehmen wollte, setzte man sich dort erbittert zur Wehr. In Kleve-Mark war der geistliche Stand gar nicht, das städtische Element (wie in den meisten dieser Territorien) nur ganz unzureichend vertreten, obendrein seit der Einführung der staatlichen Akziseverwaltung seines Budgetrechts gänzlich beraubt und dadurch in seiner politischen Bedeutung noch weiter herabgedrückt. Dennoch wird von politischen Kämpfen zwischen den beiden Kurien, wie sie im vorigen Jahrhundert sich abgespielt hatten, seit Friedrich Wilhelms I. hartem Regiment nur selten noch etwas spürbar: man hütet sich, dem stets bereiten Machtwillen des Königs und seiner Bürokratie durch innere Uneinigkeit neue Handhaben zur Schmälerung ständischer Rechte zu bieten. Auch hört man nichts von einseitiger Vertretung ländlich-adliger Sonderinteressen gegen die Städte; keine einzige jener Landesbeschwerden von 1753 hat es mit adligen Standesprivilegien zu tun: man fordert Milderung des fiskalischen Druckes, der alle Stände ohne Unterschied belastet, und Wiederherstellung städtischer Selbstverwaltung in bescheidenen Grenzen[22]. Daß alle diese jahrzehntelang fortgeschleppten Beschwerden berechtigt, alle ständischen Wünsche bei gutem Willen der Regierung erfüllbar gewesen wären, läßt sich gewiß nicht behaupten; ebensowenig, daß die Stände im allgemeinen die Sache des modernen Staates und des wirtschaftlichen Fortschritts gegen das „rückständige halbfeudale" Verwaltungssystem des preußischen Ostens verfochten hätten. Sie kämpften nur allzuoft für den privaten Vorteil ihrer Auftraggeber, wenn sie das Landesinteresse zu schützen vorgaben. Wie zähe haben sie sich gegen die Beschneidung ihrer üppigen Landtagsdiäten, gegen die Säuberung ihres verlotterten Finanzwesens gewehrt! Ihr hartnäckiger Widerstand hat eine gerechte, gleichmäßige Verteilung der Grundsteuerlasten auf dem platten Lande immer wieder unmöglich gemacht: mit Klugheit und Hinterlist wußte der ständische Adel eine klare Feststellung seiner Besitzrechte durch zuverlässige Kataster zu verhindern, alle Steuerlasten auf die Schultern seiner bäuerlichen Pächter und Hörigen abzuwälzen. Auch der beständige Kampf der Stände gegen die Härte des merkantilistischen Systems mit seiner obrigkeitlichen Bevormundung und fiskalischen Ausbeutung der Wirtschaft ist nicht etwa als Frucht überlegener wirtschaftlicher Einsicht zu deuten. In dieser wie in vielen anderen Fragen stand oft genug das Lokalinteresse einer isolierten Provinz gegen die wirtschaftlichen und politischen Bedürfnisse des preußischen Gesamtstaates, ja wohl gar der Standesvorteil städtischer Patriziate gegen den Grundsatz steuerlicher und sozialer Gerechtigkeit im Konflikt. Dennoch hat die Geschichtschreibung keinen Anlaß, sich unbesehen den Glauben der altpreußischen Bürokratie, zumal der Berliner Zentralbehörden, an ihre Unfehlbarkeit zu eigen zu machen [23]. In der strengen Schule Friedrich Wilhelms I. erzogen, haben die kleve-märkischen Stände unter seinem Nachfolger sich mehr und mehr zu nützlichen Beratern und Helfern, vor allem doch zu einem unentbehrlichen Informationsmittel der meist landfremden königlichen Bürokratie entwickelt. Ihre Landesverwaltung während des Siebenjährigen Krieges, als die allmächtigen preußischen Behörden zeitweise sämtlich geflohen waren, und nach dem Friedensschluß ihre Tätigkeit als Landeskreditinstitut zum Wiederaufbau des Landes bewiesen gewissermaßen ihre Unentbehrlichkeit; von ihrer gänzlichen Abschaffung war seitdem keine Rede mehr. Vielmehr sieht man die Regierung Friedrichs des Großen in seinen letzten Jahren im allgemeinen ernstlich bemüht, die alten Spannungen zwischen dem märkischen Adel und dem preußischen Landesherrn zu mildern, adlige Landeseingesessene für den königlichen Dienst – als Landrat und in der Provinzialkammer – allmählich zu gewinnen. Es wurde jetzt üblich, Deputierte der Stände in mancherlei Kommissionen zu beschäftigen, die im Rahmen der Kammer an der Vorbereitung von Gesetzen und Verwaltungsmaßnahmen arbeiteten – ein friedliches Zusammenwirken ständischer und bürokratischer Elemente, das sich nach dem Urteil Steins aufs trefflichste bewährt hat und gegenseitiges Vertrauen an der Stelle früherer Eifersucht zu erzeugen geeignet war. Stein fand hier durchaus die günstigen Vorurteile für ständisches Wesen bestätigt [24], die er aus dem Elternhause mitbrachte und die er im akademischen Unterricht bei Schlözer und Pütter vertieft und erweitert hatte. Zumal das unmittelbare Zusammenwirken von Ständedeputierten und Räten der Kammer muß ihm einen sehr günstigen Eindruck hinterlassen haben: es gehört seit den westfälischen Jahren zu den immer wiederkehrenden Forderungen seines Reformprogramms.

Mit dem Ständewesen hingen die Reste kommunaler Selbstverwaltung in

Kleve-Mark eng zusammen. Ihre Grundlage bildete die alte, noch aus vorpreußischer Zeit stammende Einteilung des Landes in Ämter bzw. Drosteien, die als Unterbezirke der staatlichen Verwaltung, insbesondere der Steuerverwaltung dienten, gleichzeitig aber Kommunen, öffentliche Gebietskörperschaften mit Selbstverwaltungsorganen darstellten. Das von der Staatsregierung mit dem Landtag vereinbarte Steuersoll wurde nach einer feststehenden Matrikel auf die einzelnen Ämter (und die ihnen verwaltungstechnisch ungefähr gleichstehenden adligen „Jurisdiktionsbezirke") verteilt; diese nahmen dann die Weiterverteilung auf die einzelnen Kirchspiele oder Bauernschaften auf ihren „Amts- oder Erbentagen", kommunalständischen Vertreterversammlungen sehr altertümlichen Charakters, vor. Aber damit war ihre Tätigkeit nicht erschöpft. In diesen „Erbentagen" lebte wirklich der korporative Geist einer älteren Epoche fort, ein Stück altdeutschen Freiheitstrotzes, „auf Grundeigentum gebaut", wie es den patriotischen Phantasien eines Justus Möser als romantisches Ideal vorschwebte. Es waren nicht Versammlungen adliger „Gutsobrigkeiten", wie die Kreistage der Ostprovinzen, sondern Tagungen aller Grundsteuerpflichtigen von einer gewissen Größe des Besitzes, ohne Unterschied des Standes[25]. Es gab auch noch immer kommunale Vermögen und Schulden, kommunale Steuerzuschläge, Ämterwahlen, Verwaltungstätigkeit der verschiedensten Art, die sich nach unten, in den Kirchspieltagen und Bauernschaftsverwaltungen, noch fortsetzte. Also wirkliche „Selbstverwaltung" eines Volkes, das nicht wie im Osten in die Hörigkeit einer Grundbesitzerklasse aufgegangen ist und den Vertretern der königlichen Provinzialverwaltung selbstbewußt und unmittelbar gegenübertritt.

An den Sympathien Steins für diese „Erbentage" ist nicht zu zweifeln; der Untertan erhalte dadurch willkommene Gelegenheit, schrieb er 1797, sich mit den Gegenständen eines allgemeinen oder provinziellen Interesses bekannt zu machen. Noch 1817/18 hat er ihre Wiederherstellung mehrfach empfohlen und die Art, wie auf ihnen alle sozialen Klassen zusammenwirkten, als musterhaft bezeichnet[26]. Aber auch ohne solche ausdrücklichen Zeugnisse wäre es sehr wahrscheinlich, daß die Berührung mit diesen „altdeutschen" Institutionen auf seine späteren Reformprogramme mit eingewirkt hat. Um so wichtiger ist es, die Kehrseite der Einrichtung nicht zu übersehen: ihre Schwerfälligkeit und ihre weitgehende Korruption. Die immerfort sich wiederholenden Klagen der königlichen Provinzialbehörden über Unwissenheit und Korruption der von den „Erbentagen" gewählten Steuerrezeptoren und ihre Vetternwirtschaft können unmöglich aus der Luft gegriffen sein; Stein jedenfalls hat sich ihnen später selbst ausdrücklich angeschlossen und eine wesentliche Einschränkung ihrer Verwaltungsbefugnisse zugunsten juristisch geschulter Beamter gefordert[27]. Vor allem: unter seiner Leitung haben die kleve-märkischen Kammern 1793/94 ein Wahlregulativ für die „Rezeptoren" zustande gebracht, das diese wichtigsten Organe zu bloßen Funktionären der staatlichen Bürokratie in unterster Instanz stempelte[28], sie einer gründlichen bürokratischen Ausbildung und Prüfung unterwarf, ihre Wahl schematisierte und strenger obrigkeitlicher Aufsicht und Leitung unterstellte. Aber es gab noch viel mehr an diesem Kommunalwesen zu bessern. Die kommunale Schuldenverwaltung litt ebenso unter der Geschäftsunkenntnis analphabetischer „Bauermeister" wie unter der kurzsichtigen, trägen Selbstsucht der steuerzahlenden „Geerbten" [29]. Engherzigste Kirchtumspolitik der Erbentage machte einen Versuch der Regierung, eine freiwillige Feuerversicherungssozietät für die ganze Provinz zustande zu bringen, kläglich zuschanden. Eben dabei zeigte sich auch, daß es in diesen Erbentagen an wirklichem Gemeinsinn der Genossen vielfach bedenklich fehlte. Der westfälische Rentneradel, mit seinem Streubesitz nicht so fest „kreiseingesessen" wie der ostelbische Landadel, besaß nicht das genügende Interesse an den Lokalverhältnissen der einzelnen Ämter, um sich mit den übrigen „Geerbten" wirklich solidarisch zu fühlen. Auf den Erbentagen ließ er sich vielfach durch Prokuratoren, Beamte, Pächter vertreten, ebenso die übrigen größeren Grundbesitzer: Stadtbürger und geistliche Korporationen. Alle diese Deputierten, überwiegend gebildete Leute, Prediger, Rentmeister, Advokaten und Richter, hielt ein gewisser Abstand der sozialen und wirtschaftlichen Interessen von den bäuerlichen „Geerbten" fern. Eine wirkliche Interessengemeinschaft bildete sich leichter in der Abwehr staatlicher Forderungen als im positiven Handeln. Nach alledem begreift man, daß die staatliche Bürokratie immer wieder begründeten Anlaß fand, durch Finanzkontrolle, strenge Verwaltungsvorschriften, Eingriffe in die kommunalen Vermögensrechte und Wahlen den eigenen Machtbereich zuungunsten der Erben- und Kirchspieltage zu erweitern. Gerade im letzten Jahrzehnt des 18. Jahrhunderts, unter dem Kammerpräsidium Steins, war die ländliche Selbstverwaltung Westfalens in voller Auflösung begriffen. Ihre Leistungsfähigkeit entsprach nicht mehr den Bedürfnissen des Staates in einer verwandelten Zeit.

Merkwürdig, daß Stein, unter dessen Leitung sich diese Umwandlung vollzog, dennoch die allgemeine Abneigung der Bürokratie gegen Stände und Selbstverwaltung nicht geteilt hat. Beobachtet man, wie noch seine provinzialständischen Pläne von 1817 bis 1819 im wesentlichen nichts anderes sind als die Wiederholung derselben Verfassungszustände, wie er sie Ende des 18. Jahrhunderts in Kleve-Mark vorgefunden hatte, nur leise modernisiert, keineswegs gänzlich umgewandelt – so wird einem wohl die zähe nachwirkende, lebenbestimmende Macht der Eindrücke deutlich, die der Mann in den aufnahmefähigsten Jahrzehnten des Lebens empfängt, zugleich aber, daß hier bestimmte, noch näher zu erörternde theoretische Vorurteile eine entscheidende Rolle gespielt haben müssen, unter deren Einfluß sich die günstigen Eindrücke vom westfälischen Ständewesen verstärkten, die ungünstigen auffallend stark zurücktraten. Ein Ergebnis, das sich im Laufe unserer Erzählung noch aus anderen Beobachtungen bestätigen wird.

Die klevisch-märkischen Verwaltungsaufgaben traten für Stein in den Hintergrund, als er 1796 – wiederum auf Veranlassung von Heinitz – zum gemeinsamen Präsidenten (sogenannten Oberkammerpräsidenten) sämtlicher Kammern in den rheinisch-westfälischen Provinzen ernannt wurde: in Minden-Ravensberg, Tecklenburg, Lingen, Kleve und Mörs, Mark und Geldern. Indem so die zersplitterten Territorien des preußischen Westens in der Hand eines Mannes zusammengefaßt wurden, erhielt der Prozeß der Vereinheitlichung und Vereinfachung des Verwaltungsapparates, den Heinitz hier seit langem betrieb, einen neuen mächtigen Antrieb. Ausdrücklich bestimmte die Instruktion des neuen Oberpräsidenten, daß er die Leistungsfähigkeit dieser Provinzen für den Staat durch einheitliche Organisation des Handels, der Manufakturen und des Militärwesens, zugleich durch Vereinfachung der „Federarbeit" zu steigern habe. Die Überwindung altherkömmlicher territorialer Besonderheiten zugunsten des modernen Staates und seiner Machtinteressen war das Ziel, dem auch Stein zu dienen hatte.

Der Schwerpunkt seiner damaligen Verwaltungsaufgaben lag im Herzen von Westfalen, in Minden-Ravensburg, und in Minden hatte er seinen Amtssitz. Ständische Einrichtungen gab es hier ähnlich wie in Kleve-Mark; nur waren sie noch stärker als dort verkümmert. Nur Prälaten und Ritterschaft waren auf den Mindener Landtagsversammlungen vertreten. Sie genossen bei der königlichen Verwaltung einen üblen Ruf wegen ihres hartnäckigen und beschränkten Standesegoismus, der sich auch in den neunziger Jahren mehrfach bewährte; insbesondere über das unpatriotische Benehmen des Mindener Domkapitels in Zeiten dringender Kriegsgefahr und seine hartnäckige Opposition gegen die gemeinnützigen Verkehrsunternehmungen der Kammer hatte Stein viel zu klagen [30]. Daß er irgendwelche günstigen Erfahrungen mit diesen Ständen gemacht hätte, ist nirgends bezeugt. Und von dem Unterbau einer ländlichen Selbstverwaltung, wie in Kleve-Mark, war hier keine Rede: schon deshalb nicht, weil hier ein sehr großer Teil der Bauern „eigenhörig", also persönlich unfrei war.

Die Reform dieser gutsherrlich-bäuerlichen Verhältnisse ist die wichtigste, wiederum nahe an das eigentlich Politische streifende Aufgabe, die Stein in seinem neuen Verwaltungsbezirk vorfand. Wir kommen sogleich darauf zurück. Im übrigen finden wir ihn zumeist mit den herkömmlichen Verwaltungsaufgaben beschäftigt, wie sie der merkantilistische Staat des 18. Jahrhunderts allen seinen höheren Beamten stellte: Fürsorge für das Fabrikenwesen durch Verbesserung der Maschinen und des technischen Verfahrens, hier besonders in der Leineweberei; Ausbau des Chausseenetzes, Deich- und Kanalsystems; Einrichtung eines Landarmenhauses; Hebung des Volksunterrichts, insbesondere des gewerblichen; Verbesserung der Forstwirtschaft, des Viehstandes, Aufteilung der Allmenden („Gemeinheiten") an die Grundbesitzer und anderes mehr. Stein hat offenbar Wert darauf gelegt, sich zur Lösung solcher Aufgaben eine gründliche Kenntnis von Land und Leuten zu beschaffen [31]. Wer den großen Verwaltungsbericht liest, den er 1801 erstattet hat[32], kann sich eine lebendige Vorstellung von dem Umfang und der Mannigfaltigkeit der Geschäfte bilden – (von den allgemeinsten bevölkerungspolitischen Maßnahmen bis zur „Einheitzung der Schulstuben"), aus denen sich die patriarchalische Wohlfahrtspolizei des alten Staates zusammensetzte. Biographisch wichtiger ist die Fortsetzung jener wirtschaftspolitischen Reformen, die wir Heinitz und Stein schon früher in Kleve-Mark betreiben sahen: Erleichterung des inneren Verkehrs durch Abbau alter Zwangsordnungen und Schranken, besonders von Binnenzöllen, Grenzsperren und Stapelrechten, und durch Reform der Akzise. Die Vorspannpflicht der Bauern (für staatliche Fuhren) wurde wenigstens eingeschränkt.

Das alles liegt in der Richtung jener humanitären und aufgeklärten wirtschaftlichen Reformtendenzen, die seit dem Auftreten der physiokratischen Wirtschaftslehre in Frankreich überall in Europa sich durchzusetzen begannen. Nur daß in Preußen die Kräfte der freien Wirtschaft noch viel zu schwach entwickelt, die fiskalischen Bedürfnisse des Staates noch viel zu vordringlich waren, als daß man mehr als eine vorsichtige Lockerung einzelner besonders drückender Zwänge hätte planen und durchführen können. Stein hatte das schon in Kleve stark empfunden: mehr als ein bißchen Wegebau und einige Verbesserungen in der Landwirtschaft ließen sich zuletzt doch nicht erreichen, hatte er 1794 Freund Reden geklagt. Durchgreifende Reformen des wirtschaftlichen Verkehrs stießen in den westfälischen Provinzen überdies auf das Hindernis der zerstückelten Lage des preußischen Gebietes inmitten fremder Territorien. Da ist es nun für das politische Denken des Reichsfreiherrn höchst bezeichnend, daß er die Wiederbelebung der alten, aus dem 16. Jahrhundert stammenden Kreiseinteilung des Reiches als Mittel der Abhilfe vorschlug. Als Defensivverbände, zur Organisation der kleineren Reichsstände gegen die von Frankreich drohenden Gefahren, hatten die Reichskreise sich allerdings in den letzten Jahren schon mehrfach geregt. Was Stein plante, war neu und für einen preußischen Verwaltungsbeamten überraschend: eine Erneuerung der alten wirtschaftspolitischen Aufgaben der Reichskreise. Für die Organisation des Getreidehandels, für Chausseebau und Flußverkehr wollte er die Institution des westfälischen Kreistags nutzbar machen.

Die neue, gehobene Stellung als Oberpräsident machte sich in der Verwaltungsarbeit dieser Jahre unter anderem auch darin geltend, daß Stein von den Berliner Zentralbehörden als Gutachter herangezogen wurde bei allerhand Versuchen zur Vereinfachung und Dezentralisation des staatlichen Verwaltungsapparates, die von den reformlustigen Kabinettsräten und Ministern Friedrich Wilhelms III. unternommen wurden. Seine Vorschläge zu diesem weitschichtigen Thema im einzelnen wollen wir nicht verfolgen: es handelt sich dabei im wesentlichen nur um die Ausführung eines von anderen abgesteckten Programms[33]. Genug, daß in ihnen seine charakteristische Abneigung gegen überflüssiges Schreibwerk ebenso kräftigen Ausdruck findet wie sein

Bemühen, die Selbständigkeit der Provinzialkammern gegenüber der Berliner Zentrale zu heben, die verschiedenen Zweige der Provinzialverwaltung in möglichst wenig Händen zu vereinigen und schließlich eine saubere Trennung von Justiz und Verwaltung im Sinne der Montesquieuschen Staatstheorie herbeizuführen.

Viel deutlicher als in diesen Reformvorschlägen – von denen übrigens nur ein Teil damals praktisch verwirklicht wurde – berührte sich der Aufgabenkreis des Mindener Oberpräsidenten an einem anderen Punkte mit den späteren, zentralen Problemen der großen Reformepoche: in dem Versuch, die Lage des westfälischen Bauernstandes zu bessern. Den Anstoß dazu gab nicht Stein selber: auch hier wirkte er nur als Organ des Ministers Heinitz mit – freilich in einer Art, die zum erstenmal deutlich eigene Reformtendenzen erkennen läßt.

Die gedrückte Lage des Bauernstandes, dieser „Lasttiere der menschlichen Gesellschaft" (nach dem Ausdruck A. L. Schlözers), war in den letzten Jahrzehnten des 18. Jahrhunderts eines der meisterörterten Themen der politischen und staatswissenschaftlichen Literatur, zugleich der Gegenstand aufmerksamer Fürsorge aller wahrhaft „aufgeklärten" und grundsätzlich humanitär gesinnten Regierungen Europas. Man begeisterte sich für die unterdrückten Menschenrechte des hörigen Bauernstandes; vor allem aber suchte man die landwirtschaftliche Produktion aus dem Schlendrian der herkömmlichen Betriebsweise herauszubringen, rationell zu gestalten, und sah gleich bei den ersten Schritten, daß daran nicht zu denken war ohne Auflösung des alten gutsherrlich-bäuerlichen Abhängigkeitsverhältnisses mit seinen tausend Zweckwidrigkeiten. Zwangsarbeit für fremde Rechnung, ohne deutlich sichtbaren Nutzen für den Leistenden, wird nie etwas taugen, zumal wenn sie „ungemessen", regellos und unberechenbar die eigene Wirtschaft des Arbeiters stört, jede planmäßige Ökonomie über den Haufen wirft, allein durch zufällige Abhängigkeitsverhältnisse, nicht durch wirtschaftliche Zweckmäßigkeiten bestimmt wird. Diese Einsicht wurde in Frankreich vor allem durch die neue ökonomische Lehre der Physiokraten und durch die berühmten Reformedikte des Ministers Turgot (1776) zur öffentlichen Diskussion gestellt, zumal durch deren erstes, das die Abschaffung der staatlichen Frondienste beim Wegebau mit solchen Argumenten begründete. Daß Stein diese vielerörterten Gesetze gekannt hat, ist auch ohne ausdrückliche Zeugnisse sehr wahrscheinlich[34]. Noch im Alter war er stolz darauf, daß es ihm gelungen sei, die Chausseebauten in Kleve-Mark ohne unbezahlte Frondienste durchzuführen[35], und in Minden-Ravensberg kämpfte er für die Abschaffung des bäuerlichen Militärvorspanns. Indessen: die Notwendigkeit einer gründlichen Agrarreform überhaupt war damals so allgemein anerkannt, daß Stein nicht erst das Vorbild Turgots brauchte, um sich dafür zu erwärmen.

Vor allem: die preußische Regierung selbst war schon lange von dieser Notwendigkeit überzeugt. Zum Zweck der Erhaltung leistungsfähiger Bauernhöfe haben schon die Soldatenkönige wenigstens ein Mindestmaß von rechtlicher Sicherung der Bauern vor Ausbeutung durch ihre Gutsherren angestrebt. Freilich sind sie dabei im wesentlichen bei den Untertanen der königlichen Domänenämter stehengeblieben, über die der König selbst als Gutsherr frei verfügen konnte. Unter dem schlaffen Regiment Friedrich Wilhelms II. waren auch diese Bemühungen ins Stocken gekommen. Um so eifriger nahm sich Friedrich Wilhelm III. der Reformsache an – von der humanitären Strömung des Zeitalters persönlich stark ergriffen und von so eifrigen Vertretern der modernen Zeitideen wie den Kabinettsräten Mencken und Beyme beraten.

In der Tat war Preußen mittlerweile gegenüber anderen europäischen Ländern stark in Rückstand geraten. Vor allem das Haus Habsburg hatte unter Maria Theresia und Joseph II. bedeutende Reformen zustande gebracht. Auch einzelne deutsche Kleinfürsten wie Karl Friedrich von Baden beeiferten sich, durch Aufhebung der Leibeigenschaft und Modernisierung der ländlichen Steuerverwaltung ihre Gebiete zu Musterländern im Sinn der physiokratischen Reformer umzuschaffen. Und wenn ihnen dabei der Umstand zustatten kam, daß die Leibeigenschaft im deutschen Südwesten die ärgsten ihrer Härten schon lange verloren hatte, so zeigte das Beispiel der Herzogtümer Schleswig und Holstein und einzelner adliger Gutsbesitzer in Ostpreußen, daß auch unter den viel ungünstigeren Agrarverhältnissen des deutschen Nordens und Ostens die Bauernbefreiung recht wohl durchführbar war und sich wirtschaftlich überaus segensreich auswirkte.

In alledem ist von einem Antrieb durch die Ereignisse der großen Französischen Revolution noch nicht die Rede. Auch auf den Fortgang der preußischen Reformversuche hat sie offenbar zunächst eher hemmend als fördernd eingewirkt: man fürchtete, der Bauer könne in einen Freiheitstaumel nach französischem Vorbild geraten, sobald man erst einmal anfange, die Zügel zu lockern. Wirklich gärte es hier und da im Lande – am bedenklichsten in der unruhigen halbslawischen Bevölkerung Oberschlesiens, die schon unter Friedrich II. mehrfach revoltiert hatte[36]. Und so sieht man denn auch wohlwollende Reformer mit äußerster, heute kaum noch verständlicher Behutsamkeit zu Werke gehen. Auch Heinitzens und Schrötters, des späteren Bauernbefreiers, Name steht unter jenem hochkonservativen Bericht des Generaldirektoriums vom 15. März 1800, der die vom König geplante Befreiung der preußischen „Privatbauern" praktisch zum Scheitern brachte, indem er einen „Aufstand der zahlreichsten Volksklasse" als Folge unvorsichtiger Maßnahmen prophezeite. Heinitz weigerte sich dementsprechend, bei der Vorberatung der westfälischen Reformedikte dem Bauernstand irgendwelche Vertretung einzuräumen. Aber auch Stein war nicht ganz ohne Sorgen: „Bildung der unteren Klassen und Verbesserung ihres Zustandes", schreibt er 1794 an Reden, „scheint mir das sicherste Mittel, um Revolutionen zuvorzukommen – doch wie erginge es dem schlesischen Gutsbesitzer?"[37]

Es ist durchaus der Geist des aufgeklärt-humanitären, aber streng patriarchalischen Absolutismus, fremd, ja feindlich allen politischen Freiheitsideen französischer Herkunft, der diese Reformer beseelte. Man fing (ähnlich wie einige Jahrzehnte vorher die schleswig-holsteinische Regierung und durch deren Vorgehen unzweifelhaft angeregt)[37a] an der Stelle des geringsten Widerstandes an: auf den königlichen Domänenämtern, und unter ihnen wieder zuerst in Westfalen. Denn hier war die Lockerung der alten Zwangsverhältnisse weitaus am leichtesten durchzuführen, weil man es hier nur mit rechtlichen, nicht – wie im Osten – mit erheblichen wirtschaftlichen Schwierigkeiten zu tun hatte.

Hier gab es keinen gutsherrlichen Großbetrieb, der auf die unbezahlten Frondienste höriger Bauern angewiesen war. Auch die königlichen Domänenämter hatten es vielerorts mehr mit der Einsammlung von Renten und Gefällen als mit großen Gutsbetrieben zu tun. Vor allem: die zins- und dienstpflichtigen Bauern saßen so zerstreut im Lande, daß es in vielen Fällen keinen Sinn hatte, von ihnen Frondienste in natura zu fordern. Wo solche noch bestanden, handelte es sich fast ausschließlich um Fuhrleistungen von vielfach sehr geringem praktischem Wert. Deren Ablösung durch feste Geldzahlungen machte kaum irgendwo ernstliche Schwierigkeiten und war schon vielerorts durchgeführt. Was den „eigenhörigen" Bauern in diesen Gegenden drückte, waren also nicht eigentlich die Dienstleistungen auf dem Herrenhof, sondern in erster Linie die Unvollkommenheit seines Besitzrechtes, die rechtliche Abhängigkeit von dem Grundherren. Das unsichere Zeitpachtverhältnis („Leibgewinn"), wo es bestand, womöglich in ein Erbpachtverhältnis umzuwandeln, von gewissen unregelmäßigen Gefällen loszukommen und möglichst unabhängig zu werden von der grundherrlichen Bevormundung – das war hier sein Bestreben.

Im einzelnen waren die bäuerlichen Rechtsverhältnisse in diesen Gebieten alter territorialer Zersplitterung und buntester Rechtsentwicklung unendlich verschiedenartig gestaltet je nach Landschaft und sozialer Klassenabstufung. Im ganzen war die Lage des Bauernstandes in Minden-Ravensberg wesentlich ungünstiger als in den rheinischen Gegenden, in Kleve, der Grafschaft Mark, aber auch in den meisten Teilen Hannovers. Die Eigenhörigkeit, in Minden-Ravensberg Normalform des bäuerlichen Rechtsverhältnisses, existierte in Kleve-Mark nur vereinzelt. Das Drückende dieses Verhältnisses bestand vor allem in sehr weitgehenden Rechten des Gutsherren zur Einmischung in die Vermögens- und Familienverhältnisse der Bauern. Praktisch wirkten sie sich vor allem in der Form mehr oder weniger schwerer Geldabgaben aus: für den Loskauf (Freibrief) wie für die Annahme eines auf den Hof heiratenden fremden Erben („Wein"- oder „Gewinn"-Kauf)[38]. Daß die Freizügigkeit durch diese Abgaben beschränkt wurde, war in damaliger Zeit nichts Besonderes[39]; aber die willkürliche, gesetzlich nicht bestimmte Höhe der Abgabesätze gab Anlaß zu ewig wiederholten Streitigkeiten. Noch mehr verhaßt war der „Sterbfall", eine Nachlaßsteuer beim Tode des Hofbauern oder seiner

Frau, die in Westfalen gesetzmäßig die volle Hälfte der fahrenden Habe ausmachte. Praktisch waren diese Lasten gewohnheitsrechtlich vielfach gemildert. Wenn man sie in Minden-Ravensberg gleichwohl als recht drückend empfand, so ist zu bedenken, daß gerade hier der Bauer auch noch mit staatlichen Steuerpflichten bis an die Grenze des Erträglichen beschwert war.

Im ganzen wird man sagen dürfen, daß die bäuerlichen Verhältnisse in Nordwestdeutschland immer noch weniger ungünstig waren als in den meisten andern deutschen Ländern[40]. Es waren doch nur vereinzelte Trümmerstücke ehemaliger Knechtschaft, die Anstoß erregten; von wirklicher Unfreiheit konnte trotz allem nicht mehr die Rede sein – nicht einmal von strenger Gebundenheit an die Scholle oder gar an den bäuerlichen Beruf. Gegenüber den Verhältnissen der preußischen Ostprovinzen kam den westdeutschen Bauern vor allem zustatten, daß ihre Leistungspflichten weithin schriftlich festgelegt waren und daß sie ihr Recht nicht beim Grundherrn selber als Gerichtsherrn zu suchen hatten; es gehörte zu den meistgeübten Gewohnheiten des westdeutschen Bauernstandes, sich durch Prozesse vor den staatlichen Gerichten gegen willkürliche Übergriffe der Herren zu wehren. Stein hat im Alter, als Besitzer eines großen münsterischen säkularisierten Klostergutes (Kappenberg), sogar geurteilt, die westfälische Eigenhörigkeit habe „den Wohlstand und die Selbständigkeit des Bauernstandes begründet und erhalten" (indem sie eine Verschuldung und Zersplitterung der größeren Höfe verhinderte); mit Leibeigenschaft habe sie gar nichts zu tun gehabt; nur „zwei ihrer Bestandteile waren nachteilig, der Sterbfall und der Gewinn(-kauf), beide Abgaben waren willkürlich nach dem Gesetz erhoben, unausführbar wegen der Härte"[41]. Durchaus entsprechend diesen Anschauungen hat er dann in Kappenberg wesentliche Rechte der alten gutsherrlichen Vormundschaft über seine Bauern praktisch ausgeübt, überzeugt davon, daß sie ausschließlich als Ausfluß grundherrlicher, nicht etwa leibherrlicher Besitztitel zu betrachten sei. Von der volkserziehlichen Aufgabe des Adelsstandes war er zeitlebens überzeugt. Das wird auch der Hauptgrund für die merkwürdige Tatsache sein, daß er niemals den Versuch unternommen hat, seine eigenen Hörigen auf den nassauischen Gütern zu befreien; das wirtschaftlich Drückende des Verhältnisses war in diesen ritterschaftlichen Gebieten am Mittelrhein, soviel man sieht, längst verschwunden, fast alle bäuerlichen Pflichten waren in fest normierte, nicht allzu hohe Geldabgaben umgewandelt, so daß später die nassauische Reformgesetzgebung von 1808–1815 mit verhältnismäßig bescheidenen Ablösungsrenten auskam[42]. Nur freilich der Name der „Leibeigenschaft" schien den Bauern am Rhein unerträglich, noch härter als Sterbfall und Loskauf („Manumission"); zumal seit den neunziger Jahren, seit die französischen Revolutionäre am linken Rheinufer standen, mehrten sich die Beschwerden und Prozesse ins Unendliche.

Auf den preußischen Domänenämtern in Minden-Ravensberg waren Gewinnkauf und Sterbfall schon vor siebzig Jahren, durch Friedrich Wilhelm I., abgeschafft und durch eine regelmäßige geringe Jahreszahlung ersetzt worden. Was noch geblieben war an „unbestimmten Gefällen", von allem an Hand- und Spanndiensten, ließ sich ohne viel Mühe jetzt gleichfalls beseitigen; die Ablösung wurde von Heinitz sehr bald durchgesetzt. Aber darüber hinaus plante der Minister die völlige „Befreiung" der hörigen Domänenbauern, das heißt die Umwandlung ihres Besitzrechtes in Erbpacht, in der Weise, daß die herkömmlichen Obereigentumsrechte des Domänenamtes wegfielen und der Bauer über seinen Hof (mit allen darauf lastenden Abgaben) vollkommen frei verfügen konnte. Was Heinitz für den Osten (als Mitglied des Generaldirektoriums) nur mit äußerster Vorsicht glaubte empfehlen zu dürfen, wollte er also hier im Westen in raschem Zuge durchführen.

Tatsächlich kam diese Reform – unter Mitwirkung Steins, der freilich im einzelnen manches anders gewünscht hätte[43] – in wenigen Jahren, im wesentlichen noch vor dem Ende des Säkulums, zustande. Damit war denn ein sehr bedeutsamer Anfang zur Befreiung der Domänenbauern in ganz Preußen gemacht – auch die östlichen Provinzen folgten jetzt schrittweise nach. Dieses Befreiungswerk ist die wichtigste Reformleistung des alten Preußen vor Jena. Viel weniger erfreulich verliefen die gleichzeitigen Versuche zur Verbesserung des Loses der westfälischen Privatbauern. Hier handelte es sich um einen Eingriff des Staates in die – wie man damals sagte – „wohlerworbenen" Vermögensrechte privater Grundherrschaften, und zwar gerade des bevorrechteten Standes, der Aristokratie. Ohne Verhandlungen mit den Ständen schien hier gar nichts durchzusetzen. Natürlich stieß man bei ihnen, genau so wie schon bei früheren Reformversuchen seit 1741, auf hartnäckige Opposition. Schon seit 1772 war von einer Fixierung der „unbestimmten Gefälle" der Privatbauern die Rede. Nach endlosem Hin und Her gaben die Stände ihre Zustimmung; aber sie wollten sie sehr teuer bezahlt haben: nicht nur durch überreichliche Entschädigungsrenten, sondern vor allem durch Übertragung der staatlichen Gerichtsbarkeit über die Hörigen auf den Grundherrn – was den Sinn der Reform in sein Gegenteil verkehrt hätte. Demgegenüber war die Meinung der westfälischen Behörden geteilt: nicht nur die hochkonservativen und ständefreundlichen Justizbehörden der Provinz, sondern auch ein Teil der Kammermitglieder äußerten Bedenken gegen die Pläne der wenigen reformeifrigen Räte, die den Minister vorwärtszudrängen suchten.

In dieser Lage hat nun Stein nicht ohne Zögern, aber dann doch mit wachsender Entschiedenheit die Sache der Reform vertreten. An diesem Punkte zum erstenmal sieht man ihn deutlich sich loslösen von den aristokratischen Standesinteressen und -traditionen, von denen er herkam: der Staatsmann wird in dem Edelmann sichtbar. Wie die „Höhle eines Raubtiers, das alles um sich verödet und sich mit der Stille des Grabes umgibt", erschien ihm die Wohnung des bauernlegenden mecklenburgischen Junkers. Die Menschen seien hier „zum integranten Teil des Viehinventarii eines Gutes herabgewürdigt". Aber auch über die westfälische Eigenhörigkeit hat er sich damals, in seinem großen

Verwaltungsbericht von 1801, ganz anders ausgesprochen als in jenem früher zitierten Urteil seiner Alterstage: „Nach der absoluten Leibeigenschaft ist die Eigenbehörigkeit das drückendste Verhältnis des Bauern zum Gutsherrn und das nachteiligste für menschliches Glück, Sittlichkeit, Wohlstand und Gewerbefleiß." Demgemäß forderte er grundsätzlich und – wie es zunächst scheint – ohne Unterschied für Domänen- und Privatbauern: Überweisung des ungeteilten Landeigentums, Beseitigung also des grundherrlichen Obereigentums mit allen daran hängenden Aufsichts- und Einmischungsrechten, Aufhebung der Dienste und aller Abgaben, wie Sterbfall und Weinkauf, die den Gewerbfleiß des Landmannes lähmen[44]. Ein Programm also, das ganze Arbeit machen will und sich mit Teilreformen (wie Festlegung der „unbestimmten Gefälle" und dergleichen) keineswegs begnügt. Auch über Steins eigene Ansichten in seinen Alterstagen geht es erheblich hinaus, wie man sieht, ja es widerspricht ihnen geradezu, indem es den Bauern in der Verfügung über seine Wirtschaft vollkommen auf eigene Füße stellen will. Originell in irgendeinem Sinne ist es nicht: Stein selbst war der Meinung, die „jahrhundertealten", humanitären Bemühungen der Minden-Ravensbergischen Provinzialverwaltung einfach fortzusetzen[45], und berief sich immer wieder auf die Erfahrung und die Meinung aller Schriftsteller; in der Tat sind seine Ziele ebenso wie seine Argumente durchaus Gemeingut der staatswirtschaftlichen Literatur jener Tage[46]. Das „individuelle Glück und den Gewerbfleiß" der Untertanen zu steigern, ist sein laut bekanntes Ziel; von dem Atem der großen Revolution, von der Idee eines innerlich lebendig gewordenen Nationalstaates spürt man noch keinen Hauch.

Es bedarf kaum der Erwähnung, daß Stein die Grundherren nicht entschädigungslos ihrer Herrenrechte berauben wollte; daran dachte damals niemand außerhalb des revolutionären Frankreich. Sein Vorschlag zur Durchführung des Entschädigungswerkes weicht stark ab von den Methoden der späteren großen Reformepoche: Abtretung von Bauernland an die Gutswirtschaft kam natürlich in Westfalen nicht in Frage, sondern nur erhöhte Rentenleistungen; deren Durchführung aber wollte er durch eine zentrale Kreditkasse erleichtern, die der Staat nach dänisch-schleswig-holsteinischem Muster errichten sollte. Auf das Studium fremder, in- und ausländischer Verhältnisse, und zwar vorwiegend auf das literarische Studium[47], gründeten sich die meisten seiner Vorschläge.

Praktisch sind alle diese Bemühungen schließlich erfolglos geblieben. Daß man die Reform nur „auf gesetzlichem Wege", also im Einvernehmen mit den Ständen durchführen könne, war auch Steins Meinung. Damit aber eröffnete sich die Aussicht auf unendlich mühsame Verhandlungen, vor denen die Zentralbehörden des Staates ebenso zurückscheuten wie vor dem Kampf mit den Ständen der östlichen Provinzen. Daß dieser Kampf mit rücksichtsloser Energie durchgefochten werden müsse, um des Staatswohles willen, ist offenbar auch Stein nicht in den Sinn gekommen. Zum mindesten hat er ein solches

Vorgehen amtlich niemals zu empfehlen gewagt. Selbst in jenem großen Verwaltungsbericht von 1801, dessen ganz allgemein und radikal klingendes Reformprogramm wir vorhin kennenlernten, zeigt sich deutlich ein gewisser Gegensatz zwischen der Entschiedenheit der allgemeinen Sätze und der Behutsamkeit der praktischen Einzelausführung – ein Zwiespalt, den man auch sonst wohl bei ihm beobachten kann. Radikale Einzelvorschläge gibt er doch wieder nur für die Domänenbauern; wo von den Privatbauern im besonderen die Rede ist, beruft er sich auf die Denkschriften seiner reformeifrigen Mitarbeiter, des Justizamtmanns Schrader und des Geheimrats Hoffbauer, ohne sie aber ausdrücklich zu empfehlen. Er selber spricht nur von der „Veräußerung der Rechte gegen eine gewisse Entschädigungsart", die man den Gutsherren unter Beobachtung aller gesetzlichen Förmlichkeiten, das heißt nach Verhandlung auf Ständetagen, zur Pflicht machen sollte, und deutet die Möglichkeit an, daß zunehmender Wohlstand des Landmannes allmählich von selber zum Loskauf von der Eigenhörigkeit führen könnte. Fragt man schließlich, was er praktisch getan hat, um die Befreiung der westfälischen Privatbauern durchzusetzen, so zeigt sich jener Zwiespalt erst recht. Die energisch durchgreifenden Vorschläge Schraders beantwortete er mit der Mahnung: da solche Maßregeln die Beratung mehrerer Departements und die Befragung der Stände notwendig machen und darum viel Zeit erfordern würden, sei es besser, vorerst nur die Festlegung der unbestimmten Gefälle zu betreiben. Mehr wagte er auch seiner vorgesetzten Behörde einstweilen (1798) nicht zu empfehlen – vollkommen im Einklang mit den Anträgen der Mindenschen Kammer. Im folgenden Jahre gab er die Vorschläge Schraders und Hoffbauers nach Berlin weiter und drängte später darauf, daß „die Sache wegen der gutsherrlichen Eigenhörigen zum Schluß gebracht werde und nicht in einem beständigen Crayss von Korrespondenzen, Berichten und Rescripten sich herumdrehen" solle. Aber für die Privatbauern bezog sich dieses Drängen doch wieder nur auf die Festlegung der unbestimmten Gefälle[48]. Mit andern Worten: man sieht ihn praktisch die Linie nicht wesentlich überschreiten, auf der sich seine Mindensche Behörde ohnedies bewegte. Wenn man den preußischen Reformbemühungen vor 1806 vorgeworfen hat, sie wären vor lauter Rücksichtnahme auf die Wünsche der Adelskaste zuletzt in guten Absichten steckengeblieben, so wird es schwer sein, den Kammerpräsidenten vom Stein von solcher Kritik auszunehmen.

Immerhin wäre es ungerecht zu vergessen, daß er damals, in abhängiger Stellung, nicht ohne weiteres gegen den Strom schwimmen konnte. Zuletzt hing alles von dem Fortgang der allgemeinen Reformgesetzgebung ab, auf die er keinen direkten Einfluß besaß. An ihr aber bestätigte sich die alte (und später in Preußen noch vielfach wiederholte) Erfahrung, daß die bloße Einsicht der Regierenden selten imstande ist, gegen die Macht einmal bestehender gesellschaftlicher Verhältnisse erfolgreich anzukämpfen; ohne katastrophale Erschütterungen des öffentlichen Lebens, sei es durch innere Revolutionen, sei es durch den äußeren Zusammenbruch des Staates, werden die Wirkungsmöglichkeiten des klar bewußten Reformwillens immer auf ein Minimum beschränkt bleiben im Vergleich mit den gewaltigen Mächten des Beharrens. Daß die Neugestaltung des Agrarwesens höchst wünschenswert sei für den alten Staat, davon waren viele im alten Preußen überzeugt; daß aber das gesamte gegenseitige Rechtsverhältnis der Stände dringend einer Erneuerung bedürfe und daß ohne eine solche innere Erneuerung die Staatenwelt des alten Europa verloren sein werde im Kampf mit dem neuen revolutionären Staat des Westens, das erkannte damals niemand. Auch Stein nicht. Auch er gehörte dem ancien régime, der Gesellschaft des 18. Jahrhunderts, mit Leib und Seele an – trotz aller Kritik an den Härten des friderizianischen Staates und seiner Gesellschaftsordnung, die er mit vielen aufgeklärten Köpfen des Epigonenzeitalters teilte. Auch er bedurfte des großen, furchtbaren Schicksals, um geschmiedet zu werden zu einem Werkzeug nationaler Erneuerung.

Fünftes Kapitel

Ausreifen einer politischen Weltansicht: Äußere und innere Auseinandersetzungen mit der Französischen Revolution 1792–1804

I. Krieg mit Frankreich, Heeres- und Machtfragen. Die preußische Neutralität von 1795. Zusammenbruch der alten Reichsverfassung

Schon längst pochte das Schicksal mit harten Schlägen an die Tore des alten Staates. Wer die westlichen Provinzen der preußischen Monarchie regierte, wurde unmittelbar in die Ausläufer des ungeheuren Kriegsstrudels hineingerissen, der die Fundamente der alten europäischen Staatengesellschaft soeben zu unterwühlen begann.

Wie der Stahl Funken schlägt, sobald er auf harten Stein trifft, so sieht man ungeahnte seelische Energien in unserem Helden aufblitzen, sobald die große Gefahr unmittelbar auf ihn zukommt. Derselbe Mann, der es für ein „gebieterisches Bedürfnis" seiner Natur erklärte, „Ruhe, Einsamkeit und bestimmte Beschäftigung zu genießen", entwickelt erst in Momenten allgemeiner Verwirrung und Ratlosigkeit, im drohenden Umsturz der hergebrachten Ordnung seine eigentlichen Fähigkeiten: unerschüttert zu stehen wie ein Fels, eine Atmosphäre von unbedingter Zuversicht, rege tätiger Energie um sich zu verbreiten, mit schnellem Blick das Notwendigste des Augenblicks zu erfassen, mutlose Schlaffheit durch zweckmäßiges Handeln zu verscheuchen. Seine spätere geschichtliche Rolle wird erst in solchen Augenblicken ganz begreiflich.

Der Französischen Revolution ist er keineswegs von Anfang an mit bloßer Abneigung begegnet. Die in ihr ans Licht drängenden Ideen eines neuen Zeitalters innerlich lebendiger Nationalpolitik haben auch für seine geistige Entwicklung ein gewisses Gärungselement bedeutet. Unmittelbare Äußerungen darüber sind allerdings nur spärlich überliefert. Aber man spürt doch ein deutliches Wachwerden politischer Interessen, ja Leidenschaften seit etwa 1790. Hatte er noch 1786 gelegentlich äußern können, die Prinzipien der preußischen Staatsverfassung (es war vor allem an die Verwaltung gedacht) wären ohne Zweifel gut, man müsse nur ihren Geist befolgen, so sprach er 1790 mit leidenschaftlichem „Abscheu" vom preußischen Beamtenstand: dieser „Rasse von Lohnschreibern" mit großen Ansprüchen bei geringer Leistung; es sei „eine der Folgen der despotischen Verfassung, diese Menschenklasse zu vervielfachen, weil die despotische Gewalt die Zahl ihrer Handlanger vermehren muß, wenn sie sich aller Gewalten bemächtigt –, während eine Nation, die reif ist für die Freiheit, bei sich den größten Teil der Geschäfte durch die Leute in freiwilliger Zusammenarbeit erledigen läßt, die an einer Sache interessiert sind". Das klang allerdings noch mehr nach englischen als nach französischen Freiheitsidealen. „Unsere Freunde jenseits des Rheins", schrieb er um dieselbe Zeit, „beweisen, daß zum praktischen Leben Ideenreichtum und Fähigkeit, sie mit Leichtigkeit zu verbinden, nicht genug ist, sondern daß es hauptsächlich auf kalte, ruhige Vernunft und einen festen beharrlichen Charakter ankömmt. Es liegt jedoch sehr vieles in den Procès verbaux der Nationalversammlung und man findet viel belehrendes darin, und ich wünschte doch, eine Zeitlang unter diesem aufbrausenden gährenden Volk zu leben, um Zeuge von allen diesen erschütternden Auftritten zu seyn. Vielleicht ist dieses kommendes Jahr möglich" [1].

Aber diese Stimmung hielt nicht lange an. Im April 1792 empfiehlt er Frau von Berg ein Buch seines Freundes Brandes, aus dem sie lernen könne, wie „der Hang zu den überspannten Grundsätzen des Geistes der Neuerung" eigentlich habe aufkommen können. Bald darauf brach der Krieg des revolutionären Frankreich mit den alten Mächten aus, und seitdem hören wir nur noch den Vorkämpfer der alten Gesellschaftsordnung sich hineinsteigern in Ausbrüche eines wilden, ja maßlosen Hasses: gegen den herausfordernden Übermut der Gironde, gegen die Königsmörder, gegen das bluttriefende „Ungeheuer Robespierre", das Tier aus dem Abgrund „der Hölle gereift", schließlich eine sehr primitive Abneigung „gegen die scheußliche Nation der Franzosen" überhaupt, die Verderber des alten Europa.

Wie alle politischen Urteile Steins, so sind auch diese aufs stärkste durch moralische Wallungen bestimmt. Ohne leidenschaftliche und unbedingte Parteinahme dieser Art gab es für ihn keine Möglichkeit des Handelns, weil nicht die Interessenberechnung der nüchternen Staatsräson, sondern ausschließlich der kategorische Imperativ dessen, was er als sittliche Pflicht empfand, seinen Willen bestimmte. Die Erwägung, ob es für Preußen politisch vernünftig sei, an der Seite des alten Rivalen Habsburg sich Hals über Kopf in den Kampf mit der Revolution zu stürzen, während gleichzeitig im Osten, im polnischen Nachbarlande, das Haus lichterloh brannte, hat ihn sicher keinen Augenblick beunruhigt. Mit großen Hoffnungen auf einen raschen und entscheidenden Erfolg erlebte er in Koblenz (Juli 1792) den Auszug der preußischen Invasionsarmee [2] mit. Um so größer mußte dann freilich die Enttäuschung sein über den kläglichen Verlauf des Abenteuers. Wenige Wochen später schon strömte die Invasionsarmee in elendester Verfassung durch das Moseltal nach Koblenz zurück. Die Revolutionäre aber, geführt von einem kecken Draufgänger, stießen schon im September bis in das Herz des Heiligen Römischen Reiches vor: jammervoll verteidigt, fiel am 21. Oktober die Festung und Residenz Mainz in ihre Hände. Der Rückzug der Preußen schien unmittelbar in der Flanke bedroht, der nassauische Besitz unseres Reichsritters fremdem Zugriff schutzlos preisgegeben. Niemals offenbarte sich betrüblicher die Ohnmacht der altehrwürdigen Reichsinstitutionen; alle Kleinfürsten des Reiches hatten jetzt keinen anderen Gedanken mehr, als sich und ihr kostbares militärisches Spielzeug durch schleuniges Abrücken, womöglich durch Verständigung mit dem Landesfeind, in Sicherheit zu bringen. Die beiden deutschen Großmächte mochten sehen, wie sie sich allein aus der Affäre zogen.

Für Stein ohne Zweifel ein unvergeßlicher Eindruck! Wenige Jahre später werden wir ihn urteilen hören, daß Deutschlands Zukunft die Aufteilung alles deutschen Landes unter die beiden Großmächte fordere. Für jetzt aber galt es handeln, um zu retten, was zu retten war. Der Augenblick war gekommen, der zum erstenmal die besten Kräfte seiner Seele an den Tag bringen sollte. Es gehört zu den schönsten Eindrücken seiner Biographie zu sehen, wie er, der einzelne, sich den schäumenden Gewässern mutig entgegenwarf – ohne jeden amtlichen Auftrag tatkräftig zupackend, wo die berufenen Staatslenker versagten. Als Mainz überging, war er gerade in Familienangelegenheiten im Lahntal unterwegs; in Gießen traf er seinen älteren Bruder, den preußischen Gesandten am Mainzer Hofe, der vergeblich mit großem persönlichem Schneid dem Unheil zu wehren gesucht hatte und nun ganz verzweifelt ihn um Rat anging. Ringsum nichts als Bestürzung, Flucht aller Besitzenden vor dem Kriegsbrand ins innere Deutschland. Schon war Frankfurt vom Feinde besetzt, die französische Vorhut bis Nauheim, Friedberg, Hanau vorgestoßen. Alles kam darauf an, jetzt einen herzhaften Entschluß zu fassen, rasch zu sammeln, was an hessischen und hannoverischen Truppen in der Nähe verfügbar war, um zusammen mit Teilen der rückflutenden preußischen und österreichischen Armee noch vor dem Winter den Feind aus seiner Stellung am Mittelrhein zu verjagen, ehe er sie ausbauen konnte.

Stein beschloß auf der Stelle, einen solchen Vorstoß in Gang zu bringen. Noch in Gießen verabredete er das Vorgehen hannoverischer Regimenter mit dem dort weilenden hannoverischen General Wallmoden. Um die Verpflegung der aus Frankreich zurückkehrenden preußischen Truppen sicherzustellen, schrieb er an den klevischen Kammerpräsidenten. Um Nachrichten über die Lage zu sammeln und Depeschen zu befördern, galt es rasch einen Kurierdienst einzurichten, Werbeoffiziere, Kundschafter zu unterhalten. Der Gesandte Stein verfügte über keine Barmittel zu diesem Zweck; sein Bruder schoß ihm 4000 Taler vor, und nun flogen Depeschen nach allen Seiten: vor allem in das preußische Hauptquartier und nach London an den preußischen Gesandten Jacobi, damit er auf dem Umweg über das englische Ministerium die schwerfällige hannoverische Regierung zum Eingreifen bestimme. Der märkische Kammerdirektor hatte zu alledem selbstverständlich keine amtliche Befugnis; so mußte der Bruder als Diplomat ausführen, was er angab: an seiner Kraft richtete der Ältere sich auf. Das Schwierigste übernahm Karl vom Stein selbst: den Kleinmut und die unpatriotische Selbstsucht der beiden hessischen Höfe zu überwinden. Wirklich gelang es ihm, seine zornige Verachtung gut zu verstecken, die Zuversicht ausstrahlende Kraft seines Wesens eindringlich wirken zu lassen, zu schmeicheln und zu drohen zugleich. In eifrigem diplomatischem Vermittlerdienst zwischen Kassel, Gießen und dem preußischen Hauptquartier in Koblenz hin und her reisend, brachte er glücklich eine Vereinigung zustande, wie er sie wünschte. König Friedrich Wilhelm II. beschloß, den Rückzug nicht mehr hinter der Werra, an den Grenzen des preußischen Gebietes, zum Stehen zu bringen, sondern alle Kraft an die Rückeroberung des rechten Rheinufers zu setzen, mit anderen Worten, das „Reich" mit preußischer Truppenmacht zu decken, und der hessische Landgraf schloß sich ihm an. Stein erlebte noch Anfang Dezember die Rückeroberung von Frankfurt und Hochheim im preußischen Hauptquartier mit.

Auch in den folgenden Jahren fand er mehrfach Gelegenheit, die Kriegführung durch seine Tatkraft, Umsicht und Organisationsgabe zu unterstützen. Sofern die westfälischen Provinzen Basis der militärischen Operationen am Niederrhein waren, fiel ihm die Hauptaufgabe bei der Verpflegung der Truppen zu. Ihre Schwierigkeit lag vor allem darin, daß bei den mangelhaften damaligen Verkehrsmitteln und den unzähligen Grenzen deutscher Vaterländer, deren jedes nur an die Versorgung der eigenen Bevölkerung dachte, leicht Mangel an Lebensmitteln eintreten, noch leichter aber die Preise der Kriegslieferanten ungebührlich in die Höhe schnellen konnten. Stein gelang es, durch Zusammenwirken mit den klevisch-märkischen Ständen und durch geschickte Verteilung der Lieferungen auf Lokalverbände und viele kleine Lieferanten beides zu vermeiden. Auf seiten der Militärverwaltung erntete er freilich mit solchen Bemühungen mehr Eifersucht, wie es scheint, als Dank und Anerkennung. Jedenfalls erhob man 1795, gleich nach Kriegsende, in Berlin gegen ihn die Anklage, er habe die Kriegskassen geschädigt durch übergroße Ankäufe und nachher große Vorräte zu Schleuderpreisen an die notleidende Zivilbevölkerung verkaufen lassen. Er konnte sich dagegen zur Wehr setzen, stieß aber doch auf Mißtrauen gegen seine „westfälische", d. h. humanitäre Gesinnung.

Ganz unbegründet war dieses Mißtrauen sicherlich nicht – insofern als auch seine militärpolitischen Ansichten vom Schema und Herkommen der friderizianischen, altpreußischen Verwaltung sehr weit abwichen. Man sieht auch nicht, daß sich darin im Laufe der neunziger Jahre, unter dem Eindruck der gewaltigen Kraftentfaltung des revolutionären Frankreich, viel geändert hätte. Seine frühesten Äußerungen zur Militärfrage (in Denkschriften von 1788/89) zeigen eindeutig das Bestreben, die Lasten des preußischen Militärsystems für die Einwohner der westfälischen Provinzen möglichst zu erleichtern: sei es durch gerechtere Verteilung der Dienstpflicht auf die verschiedenen Volksklassen, sei es durch Beschränkung ihrer Dauer auf eine kürzere Zeit, sei es durch die Mitwirkung der Kammer bei der Aushebung, um Brutalitäten und Übergriffe der Militärs zu verhindern[3]. Das altpreußische Kantonsystem mit seinen regelmäßigen Aushebungen der Bauernsöhne war nur in Minden-Ravensberg eingeführt. Der hörige Bauernstand dieser Provinz ließ sich noch am ehesten unter dieses Joch beugen. In allen übrigen rheinisch-westfälischen Landesteilen war der Widerstand der Bevölkerung dagegen nicht zu brechen: sie entzog sich der Dienstpflicht zu Tausenden durch Auswanderung und Desertion über die nahen

Grenzen. Seit langem war hier die Vorstellung verbreitet, die Last der Kriegführung zu tragen sei im wesentlichen Sache der altpreußischen Kernprovinzen, während der Westen (der im Siebenjährigen Krieg praktisch ohne wirksamen Schutz geblieben war) sich damit begnügen dürfe, durch Zahlung von Werbegeldern oder Anwerbung von Rekruten durch die Stände dem König die Aufstellung seiner Armee zu erleichtern. Diese Anschauung scheint auch Stein geteilt zu haben.

Nun erwies sich aber im Kampf mit den französischen Revolutionsheeren die Unfähigkeit der monarchischen Regierungen des alten Europa und ihrer altmodisch gedrillten und geführten Soldtruppen, mit den Massenaufgeboten und dem wilden Draufgängertum der Revolutionsheere fertig zu werden. Halbutopische Pläne einer allgemeinen Volksbewaffnung tauchten im Sommer 1794 auf, und wohlmeinende Regierungen Oberdeutschlands mühten sich wirklich, sie ins Werk zu setzen; Kaiser und Reich nahmen sich der Sache an und empfahlen den Reichsständen des westfälischen Kreises – darunter auch Preußen – dringend die Nachahmung des löblichen Beispiels. Diese Aristokratie hatte keinen Begriff von der Brüchigkeit des sozialen Fundaments, auf dem ihre Herrschaft ruhte; wie konnte man im Ernst erwarten, dieses Volk von Unmündigen und Hörigen werde sich in Massen erheben, um die Herrschaft seiner adligen Herren gegen die welschen Befreier zu verteidigen! Es war ein Zeichen gesunder Nüchternheit, wenn die preußische Regierung kurzerhand diese Pläne abwies; nur eine Erneuerung der uralten, halbständischen Landmilizen zur Deckung des Landes, wie man sie auch in der schlimmsten Zeit des Siebenjährigen Krieges gelegentlich versucht hatte, wurde von ihr erwogen, zum mindesten für die nicht kantonpflichtigen westfälischen Provinzen. Stein sollte – so empfahl Heinitz – darüber mit den Ständen Rücksprache nehmen.

Der klevische Kammerpräsident war weit davon entfernt, die utopischen Hoffnungen des oberdeutschen Reichsadels auf eine deutsche levée en masse zu teilen; (erst viel später, in den Tagen größter Verzweiflung über Napoleons Weltherrschaft, wird er darauf zurückkommen); auch von der altständischen Vorliebe für Milizeinrichtungen im Gegensatz zur stehenden Armee des Monarchen, wie sie eben damals im benachbarten Hannover sehr unerfreuliche Blüten trieb, ist in seiner Denkschrift (vom 10. 8. 94) nichts zu bemerken. Anderseits spricht aus ihr doch mehr die Fürsorge des Verwaltungsbeamten für das wirtschaftliche Wohl der ihm anvertrauten Provinz als klare politische Einsicht in die harten Notwendigkeiten der Zeit – obwohl er mit starken Worten anerkennt, daß die schwere Bedrohung des Vaterlandes durch einen brutalen Eroberer ungewöhnliche Opfer erfordere. Von einer Ausdehnung der Kantonpflicht auf alle westfälischen Landesteile ist keine Rede, ebensowenig von verstärkten Rekrutenlieferungen. Eine allgemeine Volksbewaffnung findet er (mit Recht) militärisch nutzlos und politisch höchst gefährlich. Aber auch von einer Landmiliz erwartet er bei der „Abneigung der hiesigen Eingesessenen gegen den Krieges Dienst, ihrem Hang zur Unabhängigkeit und Bequemlichkeit“

keinen großen Erfolg. So bleibt er denn bei sehr bescheidenen Forderungen an den Patriotismus der Provinz stehen: eine ganz kleine Miliztruppe (2000 Mann statt der von Heinitz gewünschten 5000) für Gefangenentransport, Garnisondienst und ähnliche Hilfsverrichtungen, auszulosen aus allen Ständen, doch so, daß die nicht Kantonspflichtigen Ersatzleute stellen dürften, Anwerbung von Kriegsfreiwilligen gegen Handgeld, zinslose Kriegsanleihe der Besitzenden und Lieferung von Truppenproviant durch alle Stände zu mäßigen Preisen – das war alles.

Man versteht diese matten Vorschläge nur dann richtig, wenn man weiß, wie optimistisch Stein in den ersten Kriegsjahren über die Zukunftsaussichten Deutschlands dachte. Einer Freundin, die ihn nach der Hinrichtung Ludwigs XVI. ängstlich fragte, was wohl in all diesem Trubel aus Deutschland werden möchte, schrieb er im März 1793 betont zuversichtlich: „Französische Anarchie und Sittenlosigkeit wird für den ruhigen sittlichen Deutschen nicht ansteckend sein, er wird im Kampf mit dieser unglücklichen Nation vielleicht nicht erobern, aber auch gewiß nicht unterliegen, und das Beispiel der Greuel, die seine Nachbarn begehen, das Elend, welches zwei zahlreiche und glänzende Stände dieser Nation leiden, wird manches Vorurteil vernichten und manches Gute beschleunigen. Ich erwarte mir einen Krieg von mehreren Jahren, aber seine Einflüsse sind vorteilhaft, sie stellen Energie und Mut wieder her, sie geben einen neuen Reiz zur Tätigkeit, sie werden die Abneigung gegen die scheußliche Nation der Franzosen vermehren.“ Vom Bewußtsein einer Krise, in der es um die Grundlagen der gesamten Staatenwelt des alten Europa geht, einer Welterschütterung, in der ein veraltetes, die Kräfte lähmendes Regierungssystem zum Verderben aller alten Monarchien zu werden droht, sieht man noch keine Spur. Es ist sehr merkwürdig, jenen optimistischen Urteilen Steins von 1793/94 über den „ruhigen, sittlichen Deutschen“ die Schilderung dieser selben Epoche in den geschichtlichen Betrachtungen gegenüberzustellen, die er um 1810 in der Verbannung verfaßt hat. Da findet er, daß „die Grundfesten des männlichen, biederen, treuen und tugendhaften Charakters der deutschen Nation“ längst aufs schwerste erschüttert waren durch zersetzende Einflüsse französischen Geistes. Dieser „veränderte Nationalcharakter“ in Verbindung mit der Schwäche der Regenten und der politischen Eifersucht zwischen Preußen und Österreich hätten Deutschland ins Verderben gestürzt. Man sieht, wie das ganze Bild der geschichtlichen Wirklichkeit sich verändert, seit die optimistische Zuversicht der Frühzeit durch bittere Erlebnisse zerstört ist.

An bitteren Urteilen über die Führung der preußischen Staatsgeschäfte hat er es freilich schon in den neunziger Jahren nicht fehlen lassen. Sie setzen ein mit dem unerwarteten Abfall Preußens von der gegen Frankreich kämpfenden Koalition, mit dem Baseler Frieden von 1795. Stein war entsetzt und empört darüber: er sprach von treuloser Preisgabe Deutschlands und nannte die Friedenspolitik des Generals Möllendorf dumm und schurkenhaft; sie ziehe ihm die Verwünschung und Verachtung aller Jahrhunderte zu. Niemals hat er diese

Enttäuschung wieder verwunden; ein tief gewurzeltes Mißtrauen gegen die selbstsüchtigen Tendenzen der norddeutschen Großmacht hat ihn seitdem durch lange Jahre seines Lebens begleitet. Erkannte er die Gefahren, die für Preußens und ganz Deutschlands Zukunft aus der Preisgabe des linken Rheinufers an Frankreich erwachsen konnten? Schwerlich war das der eigentliche Grund seiner Erregung: noch jahrelang hat er die täuschenden Versicherungen des Friedenstraktates ernst genommen, nach denen das endgültige Schicksal der linksrheinischen Provinzen erst später geregelt werden sollte. Um so deutlicher sind die nationalen Motive seines Zornes zu erkennen: wenn er von der gerechten Erbitterung sprach, die jetzt „im Reich" gegen den Berliner Hof herrsche, so dachte er vor allem an jene mittelrheinische und südwestdeutsche Ecke Deutschlands, die man als „das Reich" schlechthin bezeichnete und in der seine eigenen Güter rechts und links des Rheines lagen – ungeschützt durch die „Demarkationslinie" der von Preußen gedeckten Neutralität. Erwägungen der preußischen partikularen Staatsräson, daß man den aussichtslos gewordenen Kampf an der Seite eines mißgünstigen Bundesgenossen abbrechen müßte, ehe die völlige Erschöpfung dazu zwang, kamen für Stein nicht in Betracht. Er sah nur das klägliche Versagen der Kräfte, vor allem die rücksichtslose Preisgabe der nationalen Interessen um eines höchst fragwürdigen Gewinnes in Polen willen. „Wir werden keinen Vorteil ziehen aus der Perfidie unserer Grundsätze", schrieb er 1796, „denn die Charakterlosigkeit unseres Benehmens macht uns zum Gegenstand allgemeiner Verachtung und allgemeinen Abscheus". Er betrachtete den Kampf mit Frankreich überhaupt nicht vom Standpunkt des staatlichen Machtinteresses, sondern ausschließlich als moralische Pflicht: als einen Kampf des Rechts mit dem Unrecht, der Ordnung mit dem Chaos, des guten Prinzips mit dem Bösen schlechthin. Den ungeheuren Rechtsbruch zu sühnen, die schmählich verstoßene bourbonische Dynastie in ihrem Machtbesitz wiederherzustellen, das hielt er genau ebenso für die Pflicht des alten Europa wie die aus Frankreich geflüchteten Vertreter des Königshauses und ihr aristokratischer Anhang. Mit den Emigranten und dem bourbonischen Hofe, der damals am Amtssitze Steins, in Hamm residierte, verkehrte er auf sehr freundschaftlichem Fuße; ihre Häupter charakterisierte er in vertrauten Briefen mit auffallend großem Wohlwollen und entschiedener Sympathie. Weit entfernt, sich über ihre Anmaßung, ihre Sittenlosigkeit, ihren unbelehrbaren politischen Starrsinn und Hochmut zu entrüsten – die doch das Ärgernis der Welt und eine Quelle immer neuer politischer Verlegenheiten für ihre Beschützer bildeten – fand er: im ganzen sei ihr Betragen ruhig, in ihren Äußerungen über die Geschäfte der Zeit seien sie vorsichtig, hie und da ließen sie freilich Unmut blicken, „daß man sie vernachlässigt, daß man die große Sache der gesellschaftlichen Ordnung mit Kälte und Inkonsequenz treibt". Erst im geschichtlichen Rückblick von 1810 hat er von ihren Fehlern wenigstens einiges zugegeben; aber am bourbonischen Rechtsstandpunkt hielt er ohne Zögern und Schwanken bis ans Lebensende fest. Als Kammerpräsident in Hamm hat er das

Treiben der Emigranten so weitgehend gefördert, daß er (wegen Zulassung einer besonderen Emigrantenpost zwischen Hamm und Köln) sich einen scharfen Verweis aus dem Kabinett zuzog. Auf der Seite des Rechts fand er fast ebensoviel Licht wie auf der anderen schwärzestes Dunkel; wie gänzlich sein Urteil von den Empfindungen seines Gemütes abhängen konnte, hat sich niemals naiver gezeigt als in seiner Schilderung der Truppen Custines, die 1793 aus dem zurückeroberten Mainz abzogen: „Der Ausdruck von Frechheit, dummem Übermut, Unsittlichkeit auf dem Gesichte der ausmarschierenden Garnison war unausstehlich, und es war nicht ein Gesicht unter ihnen, das man mit Behaglichkeit ansehen konnte." Sogar auf dem Gesichte „des größeren Teils des weiblichen Geschlechts" von Mainz schien ihm nach dem Abzug dieser Garnison „eine Abscheu erregende Degradation ausgedrückt".

Nach Preußens Rücktritt von der Koalition war die Sache der „gesellschaftlichen Ordnung" allein noch den Händen Österreichs und des Reiches anvertraut, und bald genug zeigten sich die unheilvollen Folgen der preußisch-österreichischen Entzweiung. Österreich, an der deutschen Westgrenze jetzt übermäßig belastet, erlag dem furchtbaren Stoß, den Napoleon Bonaparte von Oberitalien her gegen seine Kernprovinzen führte. Der Friede von Campoformio (Oktober 1797) war der erste große diplomatische Erfolg des späteren Welteroberers. Wenige Wochen nach seinem Abschluß wurde deutlich, daß Österreich Schonung erreicht hatte auf Kosten des Reiches: mit der geheimen Bedingung, das linke Rheinufer endgültig preiszugeben. Die letzte schwache Hoffnung Steins, der linksrheinische Teil seines klevischen Amtsbezirkes – um dessen Wohl er sich fortdauernd nach Kräften bemüht hatte – werde doch noch eines Tages an Preußen zurückfallen, mußte nun schwinden. Daß er entsetzt war, als er (im Dezember 1797) zuerst von dieser „schwarzen und vollständigen Treulosigkeit" Österreichs erfuhr, versteht sich. Aber bei der moralischen Empörung ist er keineswegs stehengeblieben, sondern hat aus so vielen und schweren Enttäuschungen die politische Konsequenz zu ziehen gesucht. In dem Moment, als der Zusammenbruch des alten Reiches zuerst am Horizont auftaucht, vollzieht sich eine der interessantesten und bedeutsamsten Wendungen in der inneren Entwicklung Steins.

Die Grundlagen der alten Reichsverfassung gerieten schon dadurch ins Wanken, daß mit dem Verlust des linken Rheinufers an Frankreich auch die drei großen rheinischen Erzbistümer, die geistlichen Kurfürstentümer, von der Fremdherrschaft abhängig wurden. Die preußische und die österreichische Regierung haben eine Zeitlang geschwankt, ob sie aus dieser Lage nun die Konsequenz einer völligen Umgestaltung dieser Verfassung ziehen oder ob sie versuchen sollten, mit Hilfe irgendwelcher Kompromisse die „Integrität" des Reiches doch noch einigermaßen zu retten. Das preußische Kabinett hat es freilich mit diesen Erwägungen viel weniger ehrlich gemeint als die kaiserliche Regierung. Durch einen Geheimvertrag vom 5. August 1796 hatte es sich schon längst recht fette Entschädigungen durch geistliche Stiftslande in Westfalen von

Frankreich für den Fall zusichern lassen, daß im künftigen Friedensschluß das linke Rheinufer endgültig französisch würde. Damit war also der Weg der großen Säkularisationen schon betreten, der dann seit Ende 1797 zum Gegenstand von Verhandlungen aller geschädigten Reichsstände mit Frankreich geworden ist. Aber weder war sich die schwache Berliner Regierung darüber im klaren, ob sie mit oder gegen Österreich ihren Vorteil suchen, noch wo sie Annexionen erstreben sollte: ob vorzugsweise in Süddeutschland zur Erweiterung der ihr kürzlich zugefallenen fränkischen Markgrafschaft (wozu ihr Hardenberg riet) oder in Westfalen; zeitweise wurde auch ernstlich erwogen, in einem phantastischen Ländertausch das rechtsrheinische Kleve, die Mark und Ostfriesland an das pfälzisch-wittelsbachische Haus als Entschädigung für die Preisgabe von Bayern abzutreten und sich dadurch zugleich vorsichtig von der unmittelbaren Berührung mit den Franzosen am Rhein zurückzuziehen.

Angesichts dieser höchst konfusen Beratungen, von denen Stein durch Heinitz und durch die preußische Vertretung auf dem Rastatter Gesandtenkongreß erfuhr, hat er sehr rasch und sehr entschieden Stellung bezogen. Erst in jüngster Zeit sind drei Denkschriften von seiner Hand bekannt geworden[4], die er im Februar 1798 an Heinitz richtete mit der Bitte, ihren politischen Inhalt an das Kabinettsministerium (Außenministerium) weiterzugeben. Er lehnt darin den Gedanken an süddeutsche Entschädigungslande entschieden ab (sie würden ein sehr prekärer Außenbesitz sein) und fordert große Annexionen geistlicher Gebiete in Rheinland-Westfalen, ungefähr entsprechend dem, was damals auch die Rastatter Gesandten vorschlugen. Er macht sogleich praktische Vorschläge, wie man diese Neuerwerbungen mit dem älteren westfälischen Besitz zu einem geschlossenen Ganzen zusammenfügen könnte, und betont die Gemeinsamkeit der geographischen, sozialen und wirtschaftlichen Verhältnisse aller dieser westlichen Länder, vor allem aber die Gemeinsamkeit der militärischen und politischen Aufgabe: sie sollen eine große geschlossene Grenzprovinz zur Verteidigung Norddeutschlands bilden. Gegen Heinitz und gegen das Kabinett, die auch andere norddeutsche Staaten, insbesondere Hessen und Hannover, an den Säkularisationen beteiligen möchten, entwickelt er sodann ein höchst radikales Programm. „Der Plan der Abrundung in Westfalen gründet sich auf das Prinzip der Notwendigkeit, die zerstückelten Kräfte Deutschlands in der Hand einer der Militärmächte zu vereinigen, um seine Widerstandskraft gegen das Übergewicht Frankreichs zu verstärken und seine nationale Unabhängigkeit zu sichern. Nur dieses Prinzip vermag die Maßnahmen politischer Konvenienz zu rechtfertigen, die man sich in Rastatt anschickt, vertraglich zu sanktionieren." Das bedeutet aber, daß Hannover ebensowenig den Anspruch erheben darf, auch nur das geringste Recht zu verletzen, wie der kleinste Eigentümer; denn die Gerechtigkeit bemißt sich nicht nach Quadratmeilen. Auch die Ansprüche des Landgrafen von Hessen auf Paderborn sind abzuweisen. Sie ihm zugestehen, hieße ein Staatswesen dritten Ranges schaffen, dessen schwankende Politik nur immer danach streben würde, sich zwischen Frankreich und Preußen eine unabhängige und zweideutige Existenz zu beschaffen, das aber auch die preußischen Interessen im Westfälischen schwer stören würde. Stein beschwört die Minister zu bedenken, daß in diesem Augenblick die Interessen aller künftigen Generationen auf dem Spiel stehen. Er ist entsetzt, als ihm zu Ohren kommt, man erwäge in Berlin den freiwilligen Verzicht auf alle „Entschädigungen" (dann nämlich, wenn auch Österreich verzichtet). Nachdem einmal Frankreich durch fortgesetzte Fehler der alliierten Mächte ein so starkes Übergewicht gewonnen hat, durch Staatsbankerott und Verkauf der geraubten Güter (des Adels und der Kirche) sich von enormen Schulden befreit hat, muß sich Deutschland notwendig entsprechend verstärken, um seine nationale Unabhängigkeit zu behaupten, „was nur geschehen kann durch die Vereinigung seiner Kräfte, die eine fehlerhafte Verfassung zerstückelt hatte. Ich betrachte die Vergrößerung der beiden Militärmächte als ein notwendiges und für Deutschland wünschenswertes Ereignis und die Säkularisationen als ein Mittel, diese totale Vereinheitlichung (réunion totale) in Gang zu bringen; ich kann demgemäß ein System (des Verzichts) nicht gutheißen, das diesem Ziel absolut entgegengesetzt ist, da es die Schwächung Deutschlands fortdauern läßt und zur Auflösung und dem Sturz der großen Staaten führen muß, die Deutschland bilden (qui le composent)."

In solchen Sätzen steht mit einem Male (und unerwartet früh) der Stein vor uns, der später als Prophet eines neuen, stärkeren, weil geeinigten Deutschland vor die Nation treten und sie zur Selbstbefreiung aufrufen wird. Von seiner Herkunft als Reichsritter hat er sich schon so stark losgelöst, daß er die alte Reichsverfassung als „fehlerhaft" und verhängnisvoll verurteilt und gar nicht mehr restauriert haben will. Diese Loslösung ist im Dienst des preußischen Staates erfolgt. Aber er ist doch ganz und gar Deutscher geblieben und nicht Preuße geworden; denn er fragt nicht nach dem, was Preußen am meisten konveniert, sondern ausschließlich danach, was zur Rettung gesamtdeutscher Unabhängigkeit und Freiheit nötig ist. Es gibt für ihn kein anderes Interesse, das Gewaltakte wie Säkularisationen legitimieren könnte. Partikularinteressen der deutschen Kleinstaaten lehnt er kurzerhand als illegitim ab. Ja, es klingt beinahe so, als wäre sein Ideal, sie eines Tages alle in einer „réunion totale" in den beiden „Militärmächten" aufgehen zu lassen.

Nicht ohne Staunen nimmt man diese Entwicklung seiner politischen Ideen wahr. Hätte man nicht erwarten sollen, gerade er, der so erfüllt war von Rechtssinn, von Respekt vor der Geschichte, von schonsamer Achtung vor altständischem Herkommen, von Liebe zu provinzieller Sonderart, von Haß gegen die alles gleichmachende, alles Herkommen zertretende Revolution des französischen Demos – gerade er hätte in Empörung ausbrechen müssen über die große Fürstenrevolution, die in Rastatt begann und nach dem Luneviller Frieden von 1801 sich zu wahren Raubzügen des deutschen Hochadels auf geistliches Gut steigerte? Nun: über die schamlose Raubgier der großen Herren hat er sich mehrfach sehr kräftig geäußert, und für die würdelose Bettelei deutscher Fürsten bei den (ehedem so hochmütig geschmähten) Revolutionsmännern in Paris, um deutsche Länderfetzen zu ergattern, konnte er nur Verachtung haben. Aber weit über alledem stand für ihn die Notwendigkeit, die politische Flurkarte Deutschlands gründlich zu bereinigen und seine Abwehrkräfte durch Vergrößerung seiner beiden „Militärmächte" zu verstärken. Trotz allen geschichtlichen Sinns war er zuletzt doch kein Romantiker, sondern ein Mann der politischen Zweckmäßigkeit – so wie er sie verstand: als deutscher Patriot. Sonst hatten Recht und Moral sein Denken so stark beherrscht, daß Erwägungen staatlichen Machtinteresses sich kaum regen durften. Jetzt, wo er den Triumph der Revolution über das alte Europa vor Augen sah, kannte er nur noch das höhere Recht der Nation und der alten staatlichen und gesellschaftlichen Ordnung, die für ihn – wie wir noch sehen werden – mit dem Fortbestand deutschtümlichen Wesens und echter Sittlichkeit zusammenfiel.

Man sieht auch deutlich, wie es zu einer solchen Haltung gekommen ist. Die erschütternden Erfahrungen, die er seit dem Einbruch der Franzosen ins Reich 1792 mit dem Elend der deutschen Klein- und Vielstaaterei gemacht hatte, haben wohl am stärksten gewirkt. Daß die Rettung Deutschlands nur noch auf dem Zusammenhalt der beiden deutschen Großmächte beruhe, diese Überzeugung teilte er mit vielen anderen Deutschen jener Tage, vorab mit Friedrich Gentz, dem großen Publizisten der Gegenrevolution; auch die Vorstellung, daß eine Vereinfachung der deutschen Landkarte jetzt nötig sei, findet sich in vielen Reformplänen jener Tage. Nur hat kein anderer so radikal wie Stein an eine Vergrößerung ausschließlich der „Militärmächte" gedacht. Aber kein anderer hatte auch so unmittelbar erlebt wie der westfälische Oberpräsident und Verpflegungskommissar der Feldzüge von 1793 und 1795, daß die Verteidigung des Rheins durch die preußische Wehrmacht nicht mit Kraft und Nachdruck geführt werden konnte, solange die Vielstaaterei des deutschen Nordwestens weiterbestand – mitsamt der militärischen Ohnmacht der geistlichen Territorien.

Daß die Reichsreformpläne Steins praktisch aussichtslos waren, bedarf kaum der Erörterung. Als Reichspatriot ist er immer ein reiner Idealist gewesen, der die nüchterne, armselige Wirklichkeit überfliegt. Aber wie armselig bliebe die politische Wirklichkeit erst ohne die Idealisten!

Je größer die Aufgabe war, die er Preußen im Kampf mit der Revolution und zur Sicherung deutscher Freiheit zudachte, um so tiefer mußte ihn die wahrhaft jämmerliche Außenpolitik des damaligen preußischen Kabinetts enttäuschen. Mit ihrer Mischung von Begehrlichkeit und hilfloser Schwäche war sie nur geeignet, allen moralischen Anspruch Preußens auf eine deutsche Führerrolle zu verderben. Steins Kritik gewinnt jetzt einen neuen, metallischen Klang. Er ist geradezu außer sich, als man in Berlin auch der zweiten großen Koalition gegen Frankreich fernbleibt und nach wie vor andern den Kampf überläßt. „Wir amüsieren uns", schreibt er verzweifelt, „mit Kunststücken der militärischen Tanzmeisterei und Schneiderei, und unser Staat hört auf, ein militärischer Staat zu sein und verwandelt sich in einen exerzierenden und schreibenden. Wenn meine Einbildungskraft mir die Gestalten der einflußreichen und ausführenden Personen vorstellt, so gestehe ich, erwarte ich mir wenig." (28. April 1799.)

Preußen hört auf, ein militärischer Staat zu sein: das klingt sehr viel anders als frühere Klagen! Ehedem hatte der westfälische Kammerpräsident mit den Berliner Amtsstellen um die Durchsetzung milderer, humanitärer Grundsätze in der Verwaltung – auch in der Militärverwaltung – gekämpft. Dafür fand er unter der Regierung Friedrich Wilhelms III., die von wohlwollend-aufgeklärten, entschieden humanitär gesinnten Kabinettsräten bestimmt wurde, weit mehr Verständnis als früher. Aber den Ansprüchen Steins war damit nicht mehr genug getan. Gerade daß jetzt alle Initiative von den Kabinettsräten des Königs statt von den Ministern ausgeht, scheint ihn zu wurmen. „Unsere Minister", schreibt er 1797 seinem Bruder, „sind beschränkt auf die Rolle erster Kommis eines Büros, das die laufenden Geschäfte expediert. Ihre Stellung hat keine Achtung mehr, und es gibt keinen Zusammenhang in den Geschäften; diese stellen nur noch eine zusammenhanglose Anhäufung von großenteils kindischen Einzelheiten dar."

Jetzt also geht es nicht mehr um diese oder jene Einzelreform in der Verwaltung: was Stein vermißt, ist Kraft und Einheit der Staatsleitung im Inneren, mutige Teilnahme an der großen europäischen Politik nach außen. Eine neue, härtere Zeit ist gekommen, in der es mit patriarchalischem Wohlwollen für das Glück der Untertanen allein nicht mehr getan ist. „Von dem Dasein einer gut organisierten, mit den Angriffsmitteln der Nachbarn im Verhältnis stehenden Armee hängt die Integrität und die Selbständigkeit einer Nation ab, und der Besitz ihres Vermögens, ihrer Kultur und des eigentümlichen Fortschreitens in der Zivilisation gegen teils verbildete, teils rohe Nachbarn wird ihr durch hinlängliche Verteidigungsanstalten gesichert. Aus diesem richtigen Gesichtspunkt betrachtet, erhält jede die Vollständigkeit der Armee bezwekkende Einrichtung einen überwiegenden Grad von Wichtigkeit, und kein Opfer, keine Anstrengung ist zu groß, um den militärischen Einrichtungen den möglichsten Grad der Vollkommenheit zu geben." Das schrieb Stein in seinem großen Verwaltungsbericht von 1801, unmittelbar nach dem Abschluß des Luneviller Friedens, der mit dem endgültigen Erwerb des linken Rheinufers für Frankreich die moralische Autorität Napoleons bis zu monarchischer Machtstellung erhöhte.

Die praktische Bedeutung so allgemeiner Grundsätze darf man freilich nicht überschätzen: jener Verwaltungsbericht hat im einzelnen nicht etwa Verschärfungen, sondern Erleichterungen der Militärlast für Minden-Ravensberg vorzuschlagen. Auch für die Einführung des altpreußischen Militärsystems in den Krummstabslanden, die Preußen sich infolge des Luneviller Friedens einverleibte und deren Organisation Stein übertragen wurde, hat er eine lange Reihe von praktischen Milderungen empfohlen, um den neuen Staatsuntertanen das

Einleben zu erleichtern; denn ein drückendes und unvollkommenes Kantonswesen, meinte er, sei noch nachteiliger als ein übertriebenes Abgabensystem[5]. Aber im Unterschied gegen früher blieb er jetzt nicht mehr bei solchen rein humanitären Vorschlägen stehen: ausdrücklich erkannte er an, daß mit ständischen Rekrutenkonventionen und Werbegelderbeiträgen der eximierten Landesteile nicht mehr auszukommen sei. (Bericht vom 19. 4. 1804.) Mit harten Worten wies er die Rechtsbedenken der Stände ab, die sich an jene (von Stein selbst mitgeschaffenen!) kleve-märkischen Rekrutenkonventionen klammerten: „Es ist das Recht des Staates, von den Untertanen die Verteidigung seiner Integrität und Independenz zu fordern, ein unveräußerliches Recht; stände es einem Monarchen frei, diese Pflicht seinen Untertanen auf ewige Zeiten ohne Rücksicht des allgemeinen Interesses zu erlassen, dann räumte man ihm ein Recht ein, den Staat wehrlos zu machen und aufzulösen." Es sei nun einmal unmöglich, die Heere durch freiwillige Werbung vollzählig zu erhalten; andere, „mit Zwang verbundene Einrichtungen" wären also unvermeidlich. „Der gegenwärtige Zustand von Europa erfordert eine fortdauernde militärische Anstrengung, um die Unabhängigkeit der Monarchie zu erhalten[6]." Und so scheint er bereits dicht an die politische Gesinnung der großen Reformjahre heranzurücken, wenn er die Pflicht der Landeseingesessenen, das Vaterland zu verteidigen, von allen Kanzeln und in allen Schulstuben gepredigt haben will als wichtigsten Gegenstand der „Nationalerziehung".

Indessen: der entscheidende Schritt ist noch längst nicht vollzogen. Noch immer wird die Dienstpflicht als Pflicht der „Untertanen", d. h. des kantons- und kontributionspflichtigen Bauernstandes aufgefaßt. Von allgemeiner Wehrpflicht der „Staatsbürger" ist keine Rede. Das Bild des alten patriarchalischen Obrigkeitsstaates und der alten ständischen Gesellschaft hat sich in seinen Grundzügen noch keineswegs verschoben. Nur die Gesichtspunkte provinzialer Wohlfahrtspflege sind zurückgetreten hinter denen der harten Staatsnotwendigkeit.

Wie tief war der Reichsritter nun doch schon – trotz aller kritischen Vorbehalte – in den preußischen Boden eingewurzelt! Als ihm die hannoverische Regierung im Jahre 1802 einen förmlichen Antrag zukommen ließ, als Minister in ihre Dienste überzutreten, soll er mit der Begründung abgelehnt haben, seine Überzeugung von der Notwendigkeit einer Vereinigung der zerstreuten und zerstückelten Kräfte Deutschlands würde sich nicht mit den Pflichten eines hannoverischen Ministers vertragen; außerdem halte er die inneren Zustände Hannovers, nach der Lage der dort bestehenden politischen Verhältnisse, für so gut wie unheilbar. Nur einen Schritt weiter, und er war bei der Forderung der Annexion ganz Hannovers durch Preußen angelangt, die er dann 1805 auch offen aussprach: weil Preußen anderenfalls nicht imstande sei, das Eindringen Frankreichs in Hannover – und damit die Abtrennung der westfälischen Provinzen vom preußischen Kernland – zu hindern[7].

Sicherlich dachte er bei alledem nicht an preußische Sonderinteressen, sondern ausschließlich an die Verteidigung deutschen Bodens gegen den fremden Eroberer. Dennoch mutet es wie das äußere Symbol einer veränderten inneren Einstellung zu dem Staate seiner beruflichen Laufbahn an, wenn er eben in diesen Jahren (1801) damit umging, einen Teil seiner rheinischen Besitzungen zu veräußern und sich in den östlichen Teilen des preußischen Ostelbien als Gutsbesitzer anzukaufen. Die französische Herrschaft auf dem linken Rheinufer hatte ihm den Besitz seiner linksrheinischen Güter verleidet; aber auch die auf dem rechten Ufer liegenden, ständig bedroht durch Unbilden des Krieges, überdies in ihren Erträgnissen nicht steigerungsfähig, wollte er zu einem beträchtlichen Teil losschlagen, um sich dafür in „Südpreußen“ (im Bereich der späteren Provinz Posen) unter geschickter Ausnützung der dort durch Krieg und Annexion entstandenen Güterentwertung des polnischen Adels anzukaufen. Trotz Einspruchs der mittelrheinischen Ritterschaft hat er seinen Verkaufsplan – etwas eingeschränkt – bis 1802 durchgeführt und zusammen mit einem Kammerherrn von Troschke, der die Bewirtschaftung übernahm, einen überaus stattlichen südpreußischen Besitz, die Herrschaft Birnbaum an der Warthe erworben. Daß die gewaltige Steigerung der Erträge, die er durch rationelle Bewirtschaftung zu erzielen hoffte, durch die Kriegsereignisse der nächsten Jahre zunichte werden würde, konnte er nicht voraussehen. Uns ist das ganze Vermögensgeschäft vor allem deshalb bedeutsam, weil es uns zeigt, wie starkes Vertrauen Stein trotz allem auf die Zukunft Preußens setzte, wie bedroht ihm dagegen schon in den Friedensjahren nach Luneville die alte Heimat, das „Reich“ im engeren Sinne, erschien [8].

Es war das erstemal seit Jahrhunderten, daß einer vom Steinschen Hause fortstrebte vom Boden des alten Familienerbes am Rhein. Aber auch er dachte nicht daran, freiwillig das geringste preiszugeben von der altherkömmlichen, privilegierten Stellung des Reichsadels, die auf diesem Erbe ruhte. Eben in diesen Jahren hat er erbittert darum gekämpft, sie sich zu erhalten. Die Art, wie er es tat, bezeichnet deutlicher als irgendein anderes Moment im Leben Steins seine historische Stellung auf der Schwelle zweier Epochen.

Die Stunde der Reichsritterschaft hatte geschlagen. Mit unzähligem anderem Gerümpel der altehrwürdigen Reichsherrlichkeit sollte auch sie dem Ansturm der neuen politischen Bewegung zum Opfer fallen, die von Westen her unaufhaltsam andrängte. Kaum hatte Frankreich die Waffen gegen England von neuem ergriffen, als seine Trabanten, die mächtigeren der süd- und mitteldeutschen Reichsstände, den Augenblick gekommen glaubten, um auch dieses letzte noch übriggebliebene Beutestück vom Erbe des alten Reichs sich anzueignen. Unter Vorantritt des bayrischen Kurfürsten begann der Raubzug gegen die Privilegien des Reichsadels. Auf dem handfesten Wege militärischer Exekution bemächtigte man sich der Landeshoheit über die reichsritterlichen Gebiete. Ein Wettlauf, bei dem einer dem anderen zuvorzukommen suchte: so gewann der Herzog von Nassau-Usingen einen wohlklingenden Vorwand für die Okkupation der Steinschen Dörfer Frücht und Schweighausen: er wolle verhindern, daß sie in die Hände benachbarter Fürsten fielen; die Landeshoheit nahm er in Anspruch für den Fall einer künftigen Auflösung der Reichsritterschaft.

Ein kümmerliches Schauspiel, wie nun die ohnmächtigen, ritterschaftlichen Korporationen sich wehrten: es hagelte Rechtsbeschwerden, Kaiser und Reichshofrat erließen Sentenz über Sentenz – aber alles wäre umsonst gewesen, hätte nicht Frankreich den Schwerbedrohten noch eine letzte Gnadenfrist gegönnt. Noch ein Jahr oder zwei, und mit der Zerstörung des alten Reiches mußte auch dieses Trümmerstück der Vergangenheit von selbst verschwinden. Stein wählte ein anderes, stolzeres Mittel der Gegenwehr: er begnügte sich nicht, auf alte Rechtstitel zu pochen: er erließ ein politisches Manifest, eine Kundgebung, die ganz Deutschland aufhorchen ließ: einen Rechtsprotest in der Form eines nationalen Zukunftsprogramms.

Der offene Brief, den er am 13. Januar 1804 von Münster aus an den Herzog von Nassau-Usingen richtete, der bald darauf in zahlreichen Abschriften bei der Ritterschaft umlief und in Häberlins, des letzten Reichspublizisten, „Staatsarchiv“ veröffentlicht wurde[9], hat zum erstenmal den Namen des Freiherrn vom Stein allen Gebildeten der Nation bekanntgemacht. Sehr ungewohnt war schon der Ton eines schneidenden Sarkasmus, in dem hier der einfache Reichsritter zu einem regierenden Herrn sprach: durchaus als gleichgeordneter Standesgenosse, überdies mit dem sicheren Selbstgefühl rechtlicher und sittlicher Überlegenheit, ohne den leisesten Versuch, Empörung und Bitterkeit in höfisch-devote Form zu hüllen. Vielmehr erbarmungslos wird die Fadenscheinigkeit der Vorwände ans Licht gestellt, mit denen die fürstliche Willkür ihre Nacktheit zu drapieren suchte. Doch spricht aus alledem noch der unbändige Freiheitstrotz des halbsouveränen Reichsritters, der sich sträubt gegen die Anerkennung einer veränderten Welt. Ungleich wichtiger sind die berühmt gewordenen Wendungen, aus denen zum erstenmal das politische Ethos einer neuen Zeit uns entgegenblitzt. „Deutschlands Unabhängigkeit und Selbständigkeit wird durch die Konsolidation der wenigen reichsritterschaftlichen Besitzungen mit denen sie umgebenden kleinen Territorien wenig gewinnen; sollen diese für die Nation so wohltätige große Zwecke erreicht werden, so müssen diese kleinen Staaten mit den beiden großen Monarchien, von deren Existenz die Fortdauer des deutschen Namens abhängt, vereinigt werden, und die Vorsehung gebe, daß ich dieses glückliche Ereignis erlebe.“ Kein Wort über den vaterländischen Nutzen der ritterschaftlichen Korporationen, kein gequälter Versuch, im phrasenreichen Stil der üblichen Gravamina ihre Unentbehrlichkeit für vaterländische Ordnung und Defension zu beteuern. Wohl aber ein kräftiger Hinweis auf das Blut des deutschen Reichsadels, das im Kampf mit Frankreich geflossen ist, während Deutschlands Regenten sich aller Teilnahme entzogen und kein Mittel der Unterhandlung oder Bestechung scheuten, um mit Hilfe des Landesfeindes „die Erhaltung ihrer hinfälligen

Existenz" zu erkaufen. „Was gewinnt Teutschlands Unabhängigkeit, wenn seine Kräfte noch in größerm Maße in diese Hände konzentriert werden?" „Der Adel, der der Stolz und die Stütze großer Monarchien ist, gedeiht in einem kleinen Staate nur kümmerlich: ist er reich, so wird er ein Gegenstand der Scheelsucht, wo nicht der Fürsten, doch seiner Umgebungen; ist er arm, so eröffnen sich keine Aussichten zu seinem besseren Seyn, er darbt, verkümmert und erlischt." Niemals also wird er, der Reichsfreie, sein Haupt einem kleinen Despoten beugen: „Wird der ritterschaftliche Verein auf eine gewaltsame Art zertrümmert, so entsage ich dem Aufenthalt in einem Lande, das mich mit Gegenständen bitterer Erinnerungen umgibt und wo mir alles den Gedanken an den Verlust meiner Unabhängigkeit und an meine neue Fesseln zurückruft." Das war keine bloße Rhetorik: auch nach seinem Ausscheiden aus dem preußischen Staatsdienst hat Stein den Nassauer Herzog niemals als seinen rechtmäßigen Landesherrn anerkannt. Nach einem ersten politischen Konflikt (1818) zog er ganz nach Westfalen und besuchte Nassau immer nur vorübergehend, einem Zusammentreffen mit der herzoglichen Familie im nahen Ems stets sorglich ausweichend[10]. Ein wenig rhetorische Übertreibung enthält nur die Beteuerung, wie hart es sei, „ein erweißlich siebenhundertjähriges Familieneigentum verlassen, und sich in entfernte Gegenden verpflanzen zu müssen" – Birnbaum war längst angekauft, ehe der Herzog die Steinschen Dörfer besetzte! Dennoch hätte die völlige Preisgabe des elterlichen Hauses und Besitzes sicher für ihn ein hartes Opfer bedeutet, und so ist der rhetorisch wie politisch prachtvolle Schluß des Ganzen ohne Zweifel ehrlich empfunden: „Es ist noch härter, alle diese Opfer nicht irgendeinem großen, das Wohl des Ganzen fördernden Zweck zu bringen, sondern um der gesetzlosen Übermacht zu entgehen, um – doch es gibt ein richtendes Gewissen und eine strafende Gottheit!"

Dieser Brief zeigt den Reichspatrioten Stein so, wie wir ihn schon von 1798 her kennen – aber noch viel deutlicher und eindrucksvoller. An seinen ritterschaftlichen Privilegien hält er eisern fest – aber er ist bereit, sie zu opfern, wenn es einem „großen, das Wohl des Ganzen fördernden Zweck" gilt – nur nicht der rechtlosen Willkür eines kleinstaatlichen Despoten. Er preist mit Montesquieu den Adel als Stolz und Stütze der Monarchien – aber er will ihn auf Landtagen eines großen Staates wirken sehen, nicht in der erstickenden Enge kleinstaatlicher Verhältnisse. Er beruft sich auf Kaiser und Reich als Hüter der reichsritterlichen Privilegien, aber er glaubt, daß die Fortdauer des deutschen Namens abhängt von der Existenz der beiden deutschen Großmächte, nicht von der Fortdauer der veralteten Reichsinstitutionen. Damit ist ein erster Gipfel erreicht, ein vorläufiger Abschluß jener inneren Entwicklung, die wir bisher verfolgten: vom humanitären Verwaltungsfachmann einer epigonalen Friedensepoche zum Staatsmann einer neuen, härteren, kriegerischen Zeit, vom Reichsritter des alten, versinkenden Reiches zum Propheten eines neuen, starken nationalen Staates der Zukunft. Wie die Verfassung dieses künftigen Staates einmal aussehen würde, wie insbesondere das gegenseitige Verhältnis der beiden Vormächte: ob sie Deutschland einfach aufteilen oder nur gemeinsam beherrschen sollten – über alles das hat er schwerlich schon damals tiefer nachgedacht. „Auf meine Einrede", erzählt Rehberg, „ob dann das deutsche Volk, wenn es unter Regierungen geteilt würde, die so feindlich gegen einander stünden, wohl eine andere Bestimmung haben könnte, als sich untereinander die Hälse zu brechen? wußte er keine Antwort zu geben." Was die Staaten tun würden, hat ihn immer sehr viel weniger beschäftigt, als was sie tun sollten. Daß Preußen und Österreich aber die Pflicht hätten, der Sache des gemeinsamen deutschen Vaterlandes und der „gesellschaftlichen Ordnung" des alten Europa sich zu opfern, so wie er selber ihr – und nur ihr – seine Privilegien zu opfern bereit war, das stand ihm über alle Zweifel fest.

II. Eingliederung westfälischer Stiftsländer in die preußische Verwaltung (1802–1804)

In seinem engeren Wirkungskreis hat Stein mit großem Eifer versucht, zur praktischen Verwirklichung seines nationalen Reformprogramms etwas beizutragen. Gelegenheit dazu bot ihm ein neuer staatlicher Auftrag.

Die großen preußischen „Entschädigungen" in Niedersachsen, Westfalen und Thüringen wurden schon im Juni 1802 förmlich in Besitz genommen – längst ehe die endgültige Verteilung der geistlichen Territorien im Regensburger „Reichsdeputationshauptschluß" zustande gekommen war. Eine „Hauptorganisationskommission" unter dem Minister von Schulenburg-Kehnert schlug in Hildesheim ihren Sitz auf; Stein aber erhielt den Auftrag, die Organisation der westfälischen Erwerbungen (in Münster und Paderborn) ins Werk zu setzen, und wurde zu diesem Zweck im September 1802 (unter Beibehaltung seiner bisherigen Amtsstellung als Oberpräsident) nach Münster berufen.

Sicherlich hat er die neue Aufgabe nicht ungern übernommen. Sein Freund Rehberg hat es später ausdrücklich bezeugt: durchdrungen von der Notwendigkeit, Deutschland zwischen den beiden Großmächten aufzuteilen, habe er als Oberpräsident es für besonders wünschenswert gehalten, „die verwickelten Verhältnisse mit so vielen benachbarten Regierungen im westfälischen Kreise, wodurch das Gewerbe der ihm anvertrauten Provinzen gedrückt ward", zu bereinigen. Zwar hat er, als er 1802 nach Münster kam, ein gewisses Bedauern für die Münsterländer empfunden: sie verlören nun ihre Selbständigkeit und ihr früheres bequemes, sorgenloses Auskommen im Schutz der Kirche. Aber er fand dann doch, daß sie dafür etwas Besseres eintauschten: schärfere Anspannung und Aufreizung der Kräfte, überdies „entschiedene Vorzüge der preußischen Gesetzgebung und Verfassung vor der anderer, groß und kleiner monarchischer Staaten". Ja er fand es zuletzt doch unbegreiflich, daß in Münster so rohe Begriffe von der „energievollen, milden, gesetzlichen, kenntnisreichen" preußischen Verwaltung herrschten. Man sieht: trotz aller scharfen Kritik an der Berliner Zentrale lebte in ihm doch ein recht kräftiger Stolz auf die Vorzüge des preußischen Staates.

Das Hochstift Münster war nicht in vollem Umfang an die Krone Preußens gefallen, sondern zu einem erheblichen Teil zerstückelt worden: mehr als ein halbes Dutzend kleinerer und kleinster westdeutscher Souveräne, von Stein mit grimmiger Ironie als die „Moorgrafen" verspottet, hatten neben Preußen einen Fetzen Stiftsland ergattert. Seinen Herzenswunsch, sie aus dem Mitbesitz einfach wieder „herauszuschmeißen", konnte er freilich nur seinem vertrautesten Mitarbeiter und Freunde Finanzrat Sack (jetzt Berater Schulenburgs in der Hauptorganisationskommission) brieflich durchblicken lassen. Aber darüber hinaus ersann er die verschiedensten Vorschläge, um in irgendeiner Form die alte Einheit der Stiftslande zu retten, ihre geschichtswidrige und beklagenswerte Zerstückelung zu hindern oder doch deren Folgen abzuschwächen. Es ist für ihn charakteristisch, daß bei diesen Plänen zeitweise auch der Gedanke eine Rolle gespielt hat, die Stellung des preußischen Königs als einziger noch übriggebliebener Direktor im alten westfälischen Reichskreise auszunutzen, um ihm eine Art von leitender Stellung unter den Mitbesitzern ehemals münsterischen Gebietes zu sichern.

Im ganzen hat die Tätigkeit Steins in diesen Organisationsgeschäften nur etwa zwei Jahre gedauert, und es ist praktisch nichts von dem, was er durchzusetzen suchte oder auch durchsetzte, von Bestand gewesen; denn die große Katastrophe von 1806 machte alle Neuerwerbungen Preußens schon wieder zunichte. Wir können uns deshalb damit begnügen, aus den Bemühungen des Organisators nur das hervorzuheben, was für seine Wesensart und insbesondere für sein politisches Denken besonders charakteristisch ist[1].

Da ist zunächst und vor allem sein Eintreten für die Beibehaltung der münsterischen Landstände zu nennen, die er als Hauptmittel betrachtete, um die Bevölkerung der neuerworbenen Landschaft mit der preußischen Herrschaft auszusöhnen. Er konnte sich gar nicht genug darin tun, der vorgesetzten Behörde den Wert des altständischen Wesens zu rühmen: nur durch seine Erhaltung und Pflege werde man das Zutrauen der Bevölkerung gewinnnen, nur so zuverlässig über die Landesverhältnisse informiert werden. Während der windige Franzose mit der Peitsche eines Ludwig XI., Richelieu, Ludwig XIV. regiert werden muß, ist der Deutsche und insbesondere der Westfälinger ganz zu einer ständischen Verfassung geeignet: „er hat die zur Behandlunng der Geschäfte in öffentlicher Versammlung nötige Ruhe, Ordnungsliebe, Anhänglichkeit an Formen, Herkommen." Neben dem englischen Vorbild rief er die altdeutsche Tradition an: „Ich hoffe, man wird die alte deutsche Verfassung, die auf Grundeigentum gebaut war und die sich in Westfalen erhalten hat, nicht umstürzen und an ihre Stelle eine bloße Bürokratie, deren Unvollkommenheit wir kennen, setzen."

Obwohl Graf Schulenburg, der Chef der Hildesheimer Oberkommission, von Anfang an erklärte, daß er kein Hineinreden ständischer Organe in das ohnedies äußerst schwierige Organisationsgeschäft wünsche[2], ließ Stein nicht nach mit Denkschriften seiner immer sehr regen Feder[3], die beweisen sollten, daß gerade dieses Geschäft die Mitberatung ständischer Vertreter unentbehrlich mache. Die Abneigung gegen vorwiegend adlige Stände hielt er für ein bloßes Vorurteil: „Man hüte sich doch nur für dem zur Mode gewordenen Haß gegen den Adel ... Man denke sich doch nicht bei Adel ein Monopol der Stellen, Stammbäume, Präbenden, sondern das Corpus der großen Landeigentümer, die der Natur der Sache nach Einfluß haben und durch unauflösliche Bande an das Interesse des Landes gekettet sind." Eine einfache Wiederholung der altständischen Mitregentschaft wünscht freilich auch er nicht: „Stände müssen nicht Administratoren sein, sondern die Kontrolle und das Informationsmittel der Verwaltung." Aber als solche Hilfsorgane hält er sie für unentbehrlich.

Grundsätzlich war auch Graf Schulenburg bereit, eine so beschränkte Rolle ständischer Organe als nützlich anzuerkennen. Wäre erst einmal die Neueinrichtung der westfälischen Provinzen abgeschlossen, insbesondere die völlig veraltete und ungerechte Steuerverteilung geändert, die Überzahl nutzloser Ämterpfründen beseitigt, die verwahrloste Haushaltsführung der Städte und Flecken in Ordnung gebracht – dann wollte auch er über die Schaffung ständischer Einrichtungen mit sich reden lassen. Aber er hatte es damit gar nicht eilig, und er stellte sich (ebenso wie das Berliner Kabinett) das später zu schaffende Ständewesen „auf dem Fuß wie im Magdeburgischen und Hohensteinischen" vor, d. h. als politisch ohnmächtiges Organ etwa nach der Art ostelbischer Kreistage. Tatsächlich sind diese Pläne bis zum Ende der preußischen Herrschaft 1806 keinen Schritt weitergekommen. Begreiflich also, daß Stein 1804 einen neuen energischen Vorstoß unternahm, um das münsterische Ständewesen zu retten.

Eine Immediatvorstellung der Ritterschaft des ehemals münsterländischen Gesamtgebietes hatte gebeten, ihre altständische Korporation trotz der Zerteilung des Landes unter acht verschiedene Herrschaften fortsetzen zu dürfen, und zwar in der Form eines Privatvereines zur gemeinsamen Verwaltung des noch bestehenden ritterschaftlichen Korporationsvermögens, Archivs, Wappenbücherwesens und dergleichen mehr. Schon die Eingabe ließ indessen deutlich erkennen, daß hinter diesen scheinbar unpolitischen Vereinszwecken sich die Absicht verbarg, zum mindesten ein altständisches Beschwerde- und Petitionsrecht der Ritterschaft gegenüber den neuen Herrschaften zu behaupten. Ein Vorschlag, der für Preußen unendliche Reibereien mit den Nachbarn und Miterben des Münsterlandes herbeiführen konnte – um so mehr, als die Ritterschaft ausdrücklich den Schutz des Königs als westfälischer Kreisdirektor in Anspruch nahm. Hardenberg entwickelte diese außenpolitischen Bedenken vollkommen einleuchtend, und Schulenburg pflichtete ihm ebenso bei wie der Provinzialminister von Angern und das Justizdepartement. Stein dagegen stellte sich rückhaltlos (ähnlich wie schon früher in Kleve-Mark) auf die Seite der adligen Petenten.

Von einer politischen Bedeutung des geplanten ritterschaftlichen Vereins wollte er nichts wissen: allen Ernstes erklärte er ihn für eine harmlose, rein private Korporation im Sinne des allgemeinen Landrechts[4], deren Einmischung in Landesangelegenheiten man durch einfaches Verbot werde hindern können! Darüber hinaus aber entwickelte er – ungefragt – einen eigenen Plan zur Neuorganisation des münsterischen Ständewesens: mit höchst charakteristischen Argumenten.

Hardenberg hatte sehr abfällig geurteilt über die Anmaßlichkeit und den engen Kastengeist der altständischen Ritterschaft in den westfälischen Bistümern. Stein bestritt durchaus das Recht dieser Kritik. Er wußte von dem Patriotismus der altmünsterischen, aber auch der paderbornischen Stände nur das Allerbeste zu berichten. Nirgends hätten sie den Gang der Regierungsgeschäfte gelähmt, „vielmehr nahmen die meisten Anstalten und Gesetze ihren Ursprung in landständischen Anträgen; öfters wurde ihre Ausführung durch die Indolenz der Fürsten, insbesondere in den letzten Jahrzehnten, gelähmt, und es brachten die sogenannten exemten Stände den öffentlichen Bedürfnissen große pekuniäre Opfer, denen sich Rentenierer und die geistliche Bürokratie gänzlich und sorgfältig entzogen."

Das war nun freilich eine sehr optimistische Schilderung, um nicht zu sagen Übertreibung. Abgesehen von den Bemühungen einzelner hervorragender Ständemitglieder wie Spiegel und Fürstenberg um gewisse Verwaltungs- und Wirtschaftsreformen bescheidenen Umfangs war das politische Leben des Bischofsstaates seit dem Ende der Fürstenbergischen Reformära (1762–1780) in einen schläfrigen Stillstand verfallen, an dem auch die Stände ihren reichlichen Anteil hatten. Die von Stein gerühmten pekuniären Opfer (für den Kampf gegen Frankreich) hatten sie sich mühsam genug abnötigen lassen. Gerade die endlos hingeschleppten Verhandlungen über diese Frage geben von dem zähen Klassenegoismus der stiftischen Aristokratie ein wenig erhebendes Bild[5]. Nur mit Staunen liest man danach in der ritterschaftlichen Eingabe von 1804 die naive Versicherung, die vormaligen Stände wären „gewöhnt gewesen, sorgsam die leisesten Wünsche der Untertanen auszuspähen". Wenn Stein das alles nicht sah, so lag es an seiner tiefgewurzelten theoretischen Vorliebe für ständisches Wesen, die er auch jetzt wieder mit starkem Pathos bekannte: „Stände sind durch das Eigentum und Anhänglichkeit an das Vaterland fest an das Interesse eines Landes gekettet, das dem fremden öffentlichen Beamten gewöhnlich unbekannt, oft gleichgültig und bisweilen selbst verächtlich und verhaßt wird."

Nun wollte er freilich die alten Zustände nicht unverändert restaurieren. Schon im Januar 1803 hatte er vorgeschlagen, die Stände der neugewonnenen Abteien Essen und Werden den klevischen zu inkorporieren; ebenso wollte er jetzt die von Münster mit denen von Paderborn, Lingen und Tecklenburg zu einem größeren Ganzen vereinigen. Außerdem wiederholte er seine früheren Vorschläge zur Modernisierung des Ständewesens: an Stelle der Ahnenprobe sollte die Größe des landtagsfähigen Gutes maßgebend werden, die alte Mitregentschaft und bevorrechtete Stellung der Domkapitel aufhören, von denen Stein nichts als Feindschaft gegen das protestantische Preußen erwartete. Zur Stimmfähigkeit sollte also nicht mehr der Nachweis von mindestens 16 Ahnen adeligen Geblüts, sondern „der Besitz eines adeligen, bisher landtagsfähigen Gutes von 500 Reichstalern jährlicher Einnahme erfordert" werden – was den von ihm früher für Kleve-Mark aufgestellten Normen ziemlich genau entspricht. Auch die Gerechtsame der so erneuerten Stände dachte er sich jetzt nach kleve-märkischem Muster: kein Steuerbewilligungsrecht, aber beratende Stimme bei der Vorbereitung neuer Provinzialgesetze und bei der Feststellung neuer Finanzbedürfnisse für provinzielle Zwecke, dazu das Recht, in Korporations- und Provinzialangelegenheiten Vorstellungen zu erheben; und schließlich Selbstverwaltung bestimmter, engbegrenzter Zweige der Provinzialadministration, die ihnen auch in Kleve-Mark überwiesen waren, wie z. B. der Feuerversicherung des Landes.

Alles in allem ein Programm, dessen praktisch-politische Bedeutung sicherlich weit geringer war als die biographische. Es bildet den ältesten und ursprünglichsten Bestandteil der Reformideen, mit denen Stein später an die Erneuerung des alten Staates herantreten wird, und zieht darum unser besonderes Interesse auf sich. Aber für das Schicksal Preußens in der Epoche vor Jena war es offenbar – wenn man die Dinge nüchtern und unbefangen betrachtet – nicht allzu erheblich, ob die Stimme des grundbesitzenden westfälischen Adels und der Stadtmagistrate in der Provinzialverwaltung mehr oder weniger zur Geltung kam. Auf eine wirkliche Versöhnung der lebenden Generation mit dem höchst unbequemen preußischen Regiment war doch nicht zu rechnen, wie das spätere, vom nationalen Standpunkt scham- und würdelose Benehmen des münsterischen Stiftsadels gegenüber dem französischen Eroberer gezeigt hat[6]. Man darf zweifeln, ob die Erneuerung der alten Landstände die Gelegenheit zu ärgerlichen Reibungen nicht noch vermehrt statt vermindert hätte. Offenbar war der Rahmen münsterisch-paderbornischer Landstände viel zu eng, zu partikular, als daß sich darin so etwas wie preußische Staatsgesinnung hätte entwickeln können. Aber man wird auch sagen müssen, daß Stein selber eine eigentlich politische Wirkung mit seinen Ständeplänen damals noch gar nicht erstrebt hat. Noch fehlt diesen Plänen der große nationalpädagogische Zug, der sie nach Jena beseelen, ihnen erst das charakteristische Gesicht geben wird. Immer wieder ist 1802–1804 die Rede von einem „lebendigen und wohltätigen Geist der Verwaltung", der durch die Mitwirkung ständischer Organe erzeugt werden soll an Stelle von „Schein, Formen, leeren Demonstrationen, äußeren Hüllen, Schlendrian". Mit anderen Worten: eine zweckmäßige Verbesserung des Verwaltungssystems ist das Ziel – und eben dadurch Glück und äußere Wohlfahrt der Regierten: noch nicht die Durchtränkung der ganzen Nation mit Staatsgesinnung, mit Gemeinsinn und Vaterlandsliebe. Nur im Zusammenhang theoretischer Erwägungen, historischer Ansichten, bestimmter politischer Prinzipien (die uns im nächsten Abschnitt beschäftigen werden) sind sie ganz zu begreifen – nicht einfach als Niederschlag praktisch-politischer Erfahrung.

Noch hört man gar nichts in dieser Zeit von Mitwirkung der Regierten an der Verwaltung auf ihren unteren Stufen, in der Gemeinde beginnend. Es scheint nicht, daß sie schon damals zu Steins politischem Reform-Programm gehört hat. Jedenfalls wußte er für die Reform des altertümlichen, aber auch verwahrlosten und rückständigen Städtewesens in Münsterland[7] und Paderborn nichts anderes vorzuschlagen als die strengen Rezepte altpreußischer Verwaltung: scharfe staatliche Aufsicht und Leitung der städtischen Finanzen, Beschneidung städtischer Autonomie, Ernennung bzw. Bestätigung der Magistratsmitglieder durch die staatlichen Behörden und Lebenslänglichkeit ihres Amtes, das heißt praktisch: Beamtencharakter der städtischen Selbstverwaltungsorgane genau wie in Altpreußen. Demgegenüber bedeutete es doch nur recht wenig, daß er sich für die Erhaltung selbständiger städtischer Kämmereivermögen und für die Einführung erwählter Bürgerschaftsvertretungen (von 1–4 Deputierten!) zur „Vermehrung des öffentlichen Zutrauens" einsetzte: auch damit empfahl er schließlich nichts anderes als die Anwendung des altpreußischen Normalschemas auf die neugewonnenen Provinzen[8]. Als eine Art von Kontrollorgan der städtischen Kämmereiverwaltung spielten Deputierte der Bürgerschaft auch im Allgemeinen Preußischen Landrecht ihre Rolle.

Im Rahmen des altpreußischen Normalschemas bewegen sich auch die übrigen Denkschriften Steins zur Neuorganisation der westfälischen Verwaltung. Charakteristisch für ihren Urheber ist nur die schonsame Behandlung des provinzialen und lokalen Herkommens, die er überall empfiehlt, soweit sie sich mit den allgemein-preußischen Verwaltungsgrundsätzen irgend vereinigen läßt. „Kenntnis der Örtlichkeit", schrieb er einmal an Sack, „ist die Seele des Dienstes", und vor dem „Generalisieren" nach französisch-revolutionärem Muster hatte er ebensolche Scheu wie vor dem Gesetzemachen auf Grund abstrakter Regeln, „ohne von der Ausführbarkeit und der Zustimmung der öffentlichen Meinung überzeugt zu sein". Die allgemeine Staatsanschauung, in der diese Sätze ihre theoretische Begründung fanden, werden wir demnächst kennenlernen; praktisch war ihre Folge ein gründliches, umständliches Vorbereiten aller Verwaltungsmaßnahmen durch Bereisen der Bezirke, Erforschung des Herkommens, Abhören der Wünsche des Landes, sorgfältige Anpassung der Verwaltungsbezirke an historische Verhältnisse und lokale Bedürfnisse aller Art[9].

Am schwierigsten war die Durchführung eines solchen Systems schonsamer Anpassung auf dem Gebiet des Militär- und des Steuerwesens. Hier sind denn auch die Bemühungen Steins, einen Ausgleich zu finden zwischen den Bedürfnissen des Gesamtstaates nach einheitlicher Ordnung und Ausräumung antiquierten, rückständigen Herkommens auf der einen Seite und den besonderen wirtschaftlich-sozialen Verhältnissen des Westens auf der andern, praktisch ohne viel Erfolg geblieben.

Deutlicher als in allen diesen Geschäften kommt die persönliche Eigenart und der politische Charakter des Mannes in seiner Kirchen- und Schulpolitik während der münsterischen Jahre zur Geltung.

Die Aufgabe war einerseits, die Grenzen weltlicher und geistlicher Gewalt in den ehemaligen Bischofsstaaten genauer zu bestimmen, zugleich den Umfang der wünschenswerten Säkularisationen geistlicher Stiftungen und Institute festzulegen; anderseits: das Bildungs- und Schulwesen des Landes zu organisieren und in Flor zu bringen. Beides für einen preußischen Kammerpräsidenten, zumal für einen Protestanten, durchaus ungewohnte Geschäfte! Stein hätte deshalb gewünscht, den Domdechanten Baron Spiegel, einen durchaus liberalen Katholiken und besten Kenner der Materie, als unbesoldeten Vizepräsidenten an die Spitze einer besonderen Kammerabteilung für Kirchen-, Armen- und Schulsachen zu stellen; damit wäre zugleich eine seiner Lieblingsideen verwirklicht worden: die ehrenamtliche Mitarbeit ständischer Vertreter in der Provinzialverwaltung. Er drang damit nicht durch, arbeitete sich aber selbst mit besonders lebhaftem Eifer, unterstützt durch zwei sehr sachverständige, aus dem Münsterland stammende Räte, in den neuen Aufgabenkreis ein.

Als Vorbild diente ihm dabei die Kirchen- und Schulpolitik der „aufgeklärtsten" Regierungen seiner Tage, der preußischen in Schlesien und Südpreußen und der josephinischen in Österreich; als theoretische Grundlage studierte er die Schriften des bekannten österreichischen Kanonisten Paul J. Riegger – desselben, der die juristische Grundlage für die Kirchengesetzgebung Maria Theresias und Josephs II. geliefert hatte. Bis in die Einzelheiten seiner Denkschriften ist der Einfluß dieses Theoretikers zu erkennen[10]. Mit Riegger wollte Stein die Autonomie der Kirche auf die rein geistlichen Funktionen beschränken. Das lief praktisch auf ein weit ausgedehntes Aufsichtsrecht der staatlichen Bürokratie über das gesamte kirchliche Personal und dessen Amtsführung und auf eine kaum begrenzte Verfügung des Staates über das kirchliche Vermögen hinaus. Soweit ging er nicht, daß er – im Stil der alten und neuen französischen Politik, den die Berliner Ministerien nachzuahmen wünschten[11] – die Bischöfe hätte vom König ernannt wissen wollen. Aber wenigstens die künftige Abgrenzung der kirchlichen Diözesen dachte er sich – ähnlich dem Vorgehen der Franzosen seit 1790 – nach den politischen Bedürfnissen des Staates eingerichtet. Nur daß ihm dabei mehr ein nationales als ein spezifisch preußisches Staatsinteresse vorzuschweben scheint! Den damals viel erörterten, auch vom Domdechanten Spiegel unterstützten Vorschlag, in Münster ein reich ausgestattetes neues Bistum für ganz Westfalen zu errichten, griff er mit Eifer auf. Der neue Bischof sollte alle katholischen Bewohner Westfalens und Niedersachsens zu seiner Diözese zählen; wenigstens auf dem kirchlichen Gebiete sollte also die politische Zersplitterung des deutschen Nordwestens gewissermaßen aufgehoben sein.

Dem äußeren Glanz dieses Bistums sollte indessen seine innere rechtliche Bedeutung keineswegs entsprechen. Um ja allen Konflikten zwischen geistlicher und weltlicher Gewalt vorzubeugen, wollte Stein die Ausübung der juristischen Befugnisse des Bischofs, also den Tätigkeitsbereich des bischöflichen Generalvikars Baron Fürstenberg, noch unter eine besondere staatliche Kontrolle bringen. Fürstenberg war ein berühmter Mann: als Minister in den sechziger und siebziger Jahren einer der bekanntesten Vertreter des aufgeklärten, fortschrittlich gesinnten Absolutismus, dessen Schulpolitik auch Stein bewunderte. Aber seine neuerliche Annäherung an romantisch-katholische Stimmungen strenger Kirchlichkeit machte ihn Stein als „Fanatiker" verdächtig[12]. So wollte er ihm nur das formelle Präsidium eines kollegialisch organisierten Generalvikariats lassen, dessen Mitglieder aus politisch zuverlässigen Geistlichen vom Staate ernannt werden sollten, während die bisherigen Mitglieder des Vikariats, „heftige, bigotte Menschen", entfernt würden. Der Vorschlag hatte keine praktischen Folgen, da die Neuordnung der westfälischen Diözesen zunächst Reichssache war und demnach vertagt wurde; aber er zeigt, wie rücksichtslos sich Stein über kanonisch-kirchliche Rechtsanschauungen hinwegzusetzen imstande war.

Entschlossener als in diesen Organisationsfragen ging die preußische Regierung bei der Säkularisierung katholischer Stifter und Klöster vor. Stein wünschte – den Berliner und Hildesheimer Weisungen entsprechend – die Klöster aufzuheben, soweit sie nicht als Unterrichts-, Erziehungs-, Krankenanstalten oder als bürgerliche Damenstifter praktischen Nutzen stiften könnten. Die Domkapitel und sonstigen Kollegiatsstifter sollten alle verschwinden; doch sollte in Münster und Paderborn ein gemeinsames Wahlkollegium für das zukünftige westfälische Gesamtbistum bestehen bleiben. Grundsätzlich war das nichts Neues, und des französischen revolutionären Vorbildes bedurfte es dazu nicht. Schon seit den sechziger Jahren waren katholische und nichtkatholische deutsche Landesregierungen vielfach darangegangen, verfallende Klosteranstalten zugunsten von Schulfonds u. dgl. aufzuheben. In Münster hatte niemand anders als Fürstenberg das Beispiel gegeben, und Steins praktische Vorschläge stützten sich auf Denkschriften seines Universitätsfreundes Baron Spiegel, der ein älterer Bruder des Domdechanten und kurkölnischer Kammerpräsident war. Nur die Begründung, die er ihnen gab (in vertraulichen Briefen an Sack), klang sehr radikal und verständnislos: „Ich gestehe, ich halte die Klosteranstalten für den Sitz des Aberglaubens oder eines dummen Hinbrütens oder der Dissolution und Insubordination; ihr Geist ist im Widerspruch mit dem Geist wahrer Religion und der ersten Pflicht des Menschen: gemeinnütziger Thätigkeit. Als Ausfluß des Mönchthums ist der Katholizismus wahre Geisteslähmung." In der Tat: schroffer ließ sich der Gegensatz des aufgeklärten, von säkularisierter protestantischer Moral lebenden Zeitalters gegen die kontemplative Geisteshaltung der katholischen Frömmigkeit kaum bezeichnen.

Dennoch wäre es ungerecht, die kirchenpolitische Haltung Steins ohne weiteres abzuleiten aus jener hochmütigen Verachtung gotischer Barbarei und mönchischen Aberglaubens, wie sie im Zeitalter Voltaires zum guten Ton der gebildeten Gesellschaft gehörte. Gemeinnützige Tätigkeit als erste Pflicht des Menschen: das ist allerdings eines der zentralen Prinzipien – vielleicht das wichtigste – dieses Lebens: immer wieder aufklingend als ein kategorischer Imperativ, der hinter allen Erwägungen sowohl privater Ethik wie politischer Zweckmäßigkeit steht. Aber von unduldsamer konfessioneller Beschränktheit wußte der Sohn des mainzischen Kammerherrn sich ebenso weit entfernt wie von religiöser Indifferenz. Geistiger Austausch mit gebildeten und hochgestellten Mitgliedern des katholischen rheinischen Klerus gehörte zu den festen Lebensgewohnheiten des Nassauer Elternhauses, die er selber von jeher fortgesetzt hatte[13]. Daß man möglichst schonend mit der Aufhebung der Klöster verfahren müsse, war ihm selbstverständlich[14]; auch wollte er ihren Besitz nicht einfach für staatliche Zwecke verwenden, sondern einen „Religionsfonds" zur Verbesserung der Schulen, Predigerstellen, Armenanstalten, Arbeitshäuser, Invalidenanstalten daraus bilden[15]. Anfangs dachte er sogar daran, den Papst darüber zu befragen – sehr im Gegensatz zum Geiste der Instruktionen, die eben damals Wilhelm von Humboldt nach Rom mitbekam. Und ebenso selbstverständlich scheint ihm die vollkommene bürgerliche Gleichstellung beider Konfessionen in den vorwiegend protestantischen Bezirken Westfalens, wo sie noch nicht erreicht war.

Im Munde Steins bedeutet das alles doch mehr als bloß passive, religiös neutrale Toleranz. Über seine innere Stellung zu Religion und Kirche liegen freilich für alle diese Jahrzehnte nur ganz vereinzelte, meist undeutliche Äußerungen von ihm selber vor. Erst die große Katastrophe von 1806, dann vollends sein tragisches Schicksal 1808 hat wärmere Herzenstöne religiöser Art aus ihm herausgepreßt. Aber daß die fromme Tradition des Elternhauses mit ungebrochener Selbstverständlichkeit, wenn auch ohne den Gefühlsüberschwang der mütterlichen Seelenberater und Freunde, in ihm fortlebte, ist uns durch einen einwandfreien Zeugen schon aus den Mindener Jahren bezeugt: danach trug seine Frömmigkeit schon damals ausgesprochen kirchlichen Charakter[16]. Es war doch nicht nur die Einrichtung eines modernen Verwaltungs- und Schulwesens, was er an Fürstenbergs Ministertätigkeit lobte: „Fürstenberg setzt vielleicht einen zu hohen Werth auf das Positive seiner Religion, auf die Form des Gottesdienstes ... Indessen hat er doch den Zweck zum Theil erreicht, und man findet mehr äußere Achtung für Religion, mehr Menschen mit frommen und andächtigen Gefühlen, als ich anderwärts gefunden, und er erhält seinen Mitbürgern den Besitz eines gewiß unschätzbaren Kleinods, dessen Verlust alle unsere Philosophismen nicht ersetzen." Und ähnlich war es offenbar gemeint, wenn er für die neu aufzubauende theologische Fakultät in Münster katholische Geistliche von gemäßigten und liberalen, aber auch von aller übertriebenen Neologie entfernten Grundsätzen zu berufen empfahl.

Auch als religiös empfindender Mensch, könnte man sagen, hat Stein seinen geschichtlichen Platz genau in der Mitte zwischen Aufklärung und Romantik. Das Werk des katholischen Aufklärers Fürstenberg fortzusetzen, aber in größerem und freierem Stil, wie es dem Geist der protestantischen Großmacht Preußen entsprach, war der Sinn seiner schul- und kulturpolitischen Tätigkeit in Münster. Dabei überließ er das Volksschulwesen unbedenklich der Kirche, dem Herkommen des geistlichen Staates sich anschließend – doch unter weltlich-staatlicher Aufsicht, wie sich versteht. Mit um so größerem Feuereifer wandte er sich der Verbesserung des höheren Schulwesens und der Wissenschaftspflege zu. Seine Amtszeit in Münster war zu kurz, um zu endgültigen Erfolgen zu führen; auch machte die Heranziehung verschiedenartigster kirchlicher Fonds für die allgemeine Kulturpflege sachliche Schwierigkeiten. Denkwürdig und für den Reformer Stein überaus charakteristisch ist aber doch die großartig schwungvolle Energie, mit der er sich daran machte, die konfessionell und landschaftlich eng gebundene münsterländische Universität Fürstenbergs gleich im ersten Anlauf zu einer Hochschule von nationaler Bedeutung zu erheben. Durch Bereitstellung eines Vielfachen der bisherigen Unterhaltsmittel, Ergänzung und Verbesserung der Institute aus staatlichen Fonds, Aufnahme zahlreicher neuer Fachdisziplinen (unter denen die naturwissenschaftlichen Lieblingsfächer des ehemaligen Bergrats, auch solche rein technischer Art, wie Hydrotechnik, Maschinenlehre, Baukunst, eine besondere Rolle spielen), Berufung auswärtiger Gelehrter von literarischem Ruf und didaktischen Fähigkeiten und eine freie, korporative Universitätsverfassung nach Göttinger Vorbild hoffte er zum Ziel zu kommen. Daß die bisherige Fachschule zu einer Forschungsstätte von selbständiger Produktivität erhoben werden solle, liest man in seinen Denkschriften noch nicht. Aber in der Richtung auf dieses Ziel hin mußten seine Bemühungen ganz von selber führen.

III. Der Hannoverische Freundeskreis und die „Westfälischen" Reformideen Steins

Der Versuch einer Neugründung der Universität Münster als nationale Hochschule steht am Abschluß einer Beamtenlaufbahn, die fast ein Vierteljahrhundert sich in abhängigen Stellungen mittleren Ranges, fern von aller politischen Verantwortlichkeit, bewegt hatte. Erst genau zwei Jahre vor der großen Katastrophe von Jena ist Stein in die Zentralbehörde des Staates, auf den Schauplatz der großen Politik berufen worden. Noch kurz vor Torschluß also erhielt er so Gelegenheit, an den vielfältigen Teilreformen mitzuwirken, die das ancien régime an sich selber vornahm.

Ehe wir ihm auf dieses neue, größere Wirkungsfeld folgen, wird es nötig sein, ein geschlossenes, innerlich zusammenhängendes Bild zu gewinnnen von der politischen Gesinnung, mit der er, aus den rheinisch-westfälischen Außenwerken des Staates herkommend, in die sehr abweichenden Verhältnisse Ostelbiens hinübertrat. Er hatte nun das fünfte Lebensjahrzehnt beinahe vollendet. „Ich bin kein junger Mann mehr", sagte er damals, „der in der Welt auftritt, um sich in den sieben freien Künsten zu üben, sondern ein alter Stamm, der zum Unglück nur Holzäpfel trägt." Längst hatte sich eine eigene politische Weltansicht in ihm entwickelt, deren Grundzüge seitdem in allen Wandlungen späterer Schicksalsjahre unverkennbar wiederkehren werden. Die fortwährende Auseinandersetzung der letzten fünfzehn Jahre mit der Französischen Revolution und ihren äußeren Folgewirkungen hat das meiste dazu getan, diese politische Weltansicht bewußt und reif werden zu lassen. Soweit es sich dabei um Probleme der äußeren Politik, um Kriegs- und Machtfragen handelt, haben wir dieses Ausreifen bereits im Zusammenhang verfolgt. Jetzt gilt es, die Klärung seiner innenpolitischen Ansichten zu betrachten.

Dazu wird es vor allem nötig sein, das Verhältnis Steins zu seinen hannoverischen Freunden Rehberg und Brandes genauer ins Auge zu fassen. Denn nur aus dem geistigen Austausch mit ihnen ist die Entstehung jener höchst eigentümlichen englisch-hannoverischen Staatsideen zu verstehen, die das eigentlich Charakteristische in der politischen Ideenwelt des jüngeren Stein ausmachen.

Die alte Göttinger Freundschaft mit Rehberg hatte, soviel man sieht, ununterbrochen fortgedauert. Sie wird an Innigkeit noch gewonnen haben, seit sich Rehbergs Interessen von den literarisch-philosophischen Problemen, die ihn anfangs ganz erfüllten (einen seiner Erstlinge, den philosophischen Dialog „Cato", hatte er 1780 Karl vom Stein gewidmet), mehr den Staatswissenschaften und der praktischen Politik zuwandten: im Dienste der englisch-hannoverischen Staatsverwaltung, zeitweise auch als Gehilfe Justus Mösers in Osnabrück [1]. Ein regelmäßiger mündlicher Verkehr der Freunde kam aber erst wieder in den neunziger Jahren in Gang, als Stein auf seinen Reisen, schon der doppelten Familienverbindung mit dem hannoverischen Adel wegen, häufig nach Hannover kam, wo Rehberg jetzt als Geheimer Kanzleisekretär und unmittelbarer Amtsgenosse des dritten Göttinger Freundes, Ernst Brandes, wirkte. Am häufigsten sahen sie sich naturgemäß in den Jahren 1796–1802: vom nahen Minden aus besuchte Stein so oft als möglich das von lebhaften geistigen Interessen erfüllte Haus des Studienfreundes und seiner liebenswürdigen geistvollen Gattin.

August Wilhelm Rehbergs geschichtliche Rolle ist heute nach langer Vergessenheit wieder in helles Licht gerückt: nächst Friedrich Gentz, dem größten Publizisten der Epoche, aber in vollkommener Selbständigkeit und Eigenart neben ihm stehend, hat er als der bedeutendste literarische Gegner der Französischen Revolution und Vorkämpfer englischen politischen Denkens in Deutschland zu gelten. Während aber Gentz seinen geschichtlichen Ruhm vor allem der klaren Einsicht in die Gefahren und Notwendigkeiten europäischer Außenpolitik verdankt – als Warner und Künder der von Frankreich drohenden Gefahren – hat sich das politische Denken Rehbergs, des mittelstaatlichen Verwaltungsbeamten, so gut wie ausschließlich mit innenpolitischen Problemen beschäftigt. Nicht ohne Grund hat man ihn an die Spitze jener höchst bedeutsamen Traditionsreihe gestellt, die von der Göttinger Jurisprudenz des 18. Jahrhunderts zur „historischen Rechtsschule" des 19. hinüberführt: als einen der ersten Anreger zur Emanzipation der deutschen Staatstheorie von dem gemeineuropäischen Schema eines rein konstruktiven Naturrechts[2]. Damit aber gehört er – mit einer gewissen, später zu besprechenden Einschränkung – auch zu den Vätern des eigenständigen, älteren deutschen Liberalismus.

Er war ein ungewöhnlich vielseitig gebildeter Geist, der es wagen konnte, mit selbständigem Urteil ebenso über Kantische und Fichtesche Philosophie zu sprechen wie über Probleme der praktischen Staatsverwaltung, oder über ästhetisch-literarische Fragen – ein Kenner und Liebhaber der Musik und der darstellenden Künste, mit sicherem Geschmack, mit breiter Belesenheit in der klassischen Literatur wie in der Dichtung und Geschichtsschreibung aller modernen Kulturvölker. Alles in allem für den jungen Baron Stein ein Studiengenosse von so stark anregender Kraft, wie er kaum einen zweiten unter seinen Altersgenossen hätte finden können – man kann sich das Verhältnis der beiden kaum anders vorstellen, als daß Rehberg zunächst im wesentlichen der Gebende war. Sehr häufig und eindringlich hat Stein seine Übereinstimmung mit Rehbergs Ideen versichert – durch dreißig Jahre hindurch mit unveränderter Sympathie. Freilich: Stein war selber auch ein Sohn des literarischen Zeitalters; seine nachgelassenen drei gewaltigen Handbibliotheken (im Turm und Büchersaal des Nassauer Schlosses und in Kappenberg) mit ihren rund 7000 Bänden stellen den Bücherbesitz wohl der meisten deutschen Gelehrten in Schatten: sie bergen so ziemlich alles, was die europäische Literatur um die Jahrhundertwende an namhaften staatswissenschaftlichen und historischen Werken, einschließlich der wichtigsten Quellensammlungen zur Geschichte des Mittelalters, besaß – darunter weit überwiegend französische politische Literatur –, und das meiste davon zeigt heute noch die Spuren der Durcharbeitung des Besitzers[3]. So mögen die Freunde vieles, was sie miteinander verbindet, gemeinsam erarbeitet haben. Aber Stein unterschied sich auch darin von der Mehrzahl der deutschen Gebildeten (man kann ruhig sagen: bis heute), daß sein Bildungsbesitz ganz ausgesprochen historisch-politischer, nicht philosophisch-ästhetischer Art war – mit der Vielseitigkeit Rehbergs keinesfalls zu vergleichen. Offenbar hat Rehberg mit der natürlichen Überlegenheit des philosophischen Kopfes über den reinen Empiriker sehr viel dazu getan, die politischen Ideen Steins zu klären und damit zu festigen; er hat sie wohl auch weithin inhaltlich mitbestimmt[4]. Von bloßem Vollstrecken eines fremden Programms kann deshalb doch keine Rede sein: gerade das Eigenste der Steinschen Reformgedanken läßt sich aus ideengeschichtlicher Wurzel überhaupt nicht ableiten: wir werden sehen, daß es allein aus dem Charakter des Mannes, der im Kampf mit dem geschichtlichen Schicksal reift, zu erklären ist. Sobald dieser Lebenskampf beginnt, wird Stein über Rehberg und die ganze hannnoverische Welt hinauswachsen, mit ihr in heftigen Widerstreit geratend. Überhaupt liegt die eigentliche Leistung des praktischen Staatsmannes ja nicht in der schöpferischen Produktion origineller politischer Ideen und Programme, sondern in der Tat, der Bewährung des politischen Charakters[5].

Was Rehberg eine fast einzigartige Stellung unter den deutschen Publizisten des Revolutionszeitalters gibt, ist die Tatsache, daß er, obschon einer der frühesten und leidenschaftlichsten Verehrer Kantischer Philosophie, dennoch keinen Augenblick geschwankt hat in der Ablehnung der naturrechtlichen Konstruktionen, aus denen der Meister seine politischen Ideale ableitete. Die philosophischen Argumente, mit denen Rehberg diese Ablehnung begründete, haben ihm eine ebenso schroffe wie überhebliche Abfertigung durch Fichte eingetragen, der ihn kurzerhand für einen Literaten geringster Klasse, „gerade noch vor den Scriblern" erklärte. In Wirklichkeit sind sie sehr viel ernster zu nehmen, als man danach vermuten sollte. Immerhin bilden sie nicht die wichtigste seiner Leistungen, und seinen Freund Stein werden sie nicht eben sehr interessiert haben. Um so wichtiger ist die konkrete Anschauung politischen Lebens, die dahinter steckt. Sie ist aus dem literarischen Studium englischer und dem praktischen Miterleben hannoverischer Politik gewonnen.

Die eigenartige politische Lage Hannovers als Nebenland der englischen Krone (seit 1714) brachte es mit sich, daß es tief in den Weltgegensatz des britischen Imperiums gegen Frankreich verwickelt wurde – die verwundbarste Stelle des großen Seereiches, auf preußische Hilfe gegen die französische Militärmacht angewiesen, zugleich aber von steter Sorge vor der Begehrlichkeit des östlichen Nachbarn geängstigt. Dieser doppelten Bedrohung von außen und dieser engen Verbundenheit mit England entspricht durchaus die innerpolitische Frontstellung der Rehberg und Brandes: sie ist gegen französische Staatsallmacht und gegen preußischen Militärdespotismus gerichtet. Sie fechten für das englische Verfassungsideal „gesetzlicher Freiheit", die wesentlich als Mitwirkungsrecht einer Aristokratie von Grundbesitzern und städtischen Kapitalisten an der politischen Leitung und an der Verwaltung des Staates verstanden wird. Sie kämpfen gegen die Gleichmacherei der neueren französischen Staatstheorien, die geschichtlich begründete Unterschiede der Stände so wenig anerkennen wollen wie herkömmliche Sonderart und Privilegien der verschiedenen Provinzen, Landschaften, Städte; und sie befehden das preußische Vorbild monarchischer Selbstherrschaft, einer alles von oben her, pünktlich und herrisch regelnden Bürokratie, das Übergewicht militärischer Gesichtspunkte in der inneren Staatsverwaltung. Die deutsche Reichstradition mit dem halbverblaßten Glanz uralter nationaler Erinnerungen und das Gesamtinteresse der Nation bedeuten diesen Söhnen des Welfenlandes so gut wie nichts: ihr Blick ist über den Kanal, auf die lebensvolle, imponierende Größe des modernen England und seiner inneren Verfassung gerichtet[6]. Ihr geschichtlicher Sinn ist von höchst unromantischer Art: ihnen bedeutet die Geschichte nicht, wie dem Reichsritter Stein, eine idealische Heldengalerie, deren andächtige Betrachtung zu moralischer Erhebung führt, sondern ausschließlich den wichtigsten Quell politischer Belehrung – ähnlich wie für Justus Möser, aber noch viel nüchterner und ausschließlicher als dort. Man ahnt hiernach, wieviel die kräftige, gegenwartsfreudige Nüchternheit dieser niedersächsischen Freunde für die politische Erziehung

Steins bedeutet haben mag – man versteht aber auch, warum sich zwischen ihnen Gegensätze erheben konnten, die später zu allmählicher Entfremdung führten.

Was die politische Übereinstimmung der drei begründete, war offenbar ursprünglich die gemeinsame Vorliebe für englisches Wesen, die Stein – nach seinem eigenen Zeugnis – schon von zu Hause mitbrachte[7] und die sich im Umgang mit den Göttinger Studiengenossen noch wesentlich verstärkte. In diesen Anfängen wird Ernst Brandes die Hauptrolle als Anreger gespielt haben. Als Sohn des in Göttingen hochverehrten hannoverischen Hochschuldezernenten, einem künstlerisch, wissenschaftlich und weltmännisch reich gebildeten Hause entstammend, hatte er von frühester Jugend auf im Umgang mit gebildeten und politisch interessierten Engländern sich eine vorzügliche Kenntnis englischer Lebensformen erworben; auf dieser Grundlage systematisch weiterbauend, wurde er später zum besten Kenner englischer Personalien und politischer Verhältnisse auf deutschem Boden[8]. Unzweifelhaft hat die Lektüre Montesquieus die Vorliebe der Freunde für die englische Verfassung aufs stärkste beeinflußt. Den Esprit des lois des großen Franzosen nannte Brandes eines der größten Denkmäler des menschlichen Geistes, das wahre „Funken in der Seele eines Jünglings zündet". In Steins Denkschriften stößt man immer wieder, bis in die Alterstage hinein, auf deutliche Spuren der Lektüre des Meisters, den er gerade an der wichtigsten Stelle seines berühmten Nassauer Programms ausführlich zitiert: es ist gar kein Zweifel, daß seine gesamte politische Weltansicht auf dieser Basis ruht.

So hat denn auch alle selbständige Beschäftigung mit englischer Politik die Freunde nicht gehindert, die Verfassung des Inselreiches im wesentlichen mit den Augen ihrer französischen Ausdeuter zu betrachten. Neben Montesquieu diente ihnen dabei die damals vielgelesene Schrift von de Lolme über britisches Verfassungsrecht als Leitfaden. Ohne die tatsächliche Ohnmacht des englischen Königtums in den Tagen Georgs III. zu erkennen, halten sie die Verfassung Englands für ein System der „durch Nationalrepräsentation gemäßigten Monarchie"[9]. Ihm gilt ihre stärkste Sympathie. Vor allem das System der Gewaltenteilung und die Beschränkung der monarchischen Gewalt durch „Fundamentalgesetze" scheinen ihnen die unentbehrliche Grundlage allen gesunden Staatslebens. Daß eine wirkliche „Staatsverfassung" nur da besteht, wo „die oberste Gewalt zwischen dem Oberhaupt und den Stellvertretern der Nation geteilt" ist, scheint Stein in der berühmten Aprildenkschrift von 1806 ganz selbstverständlich[10]. Allerdings deuten sie die Sätze Montesquieus so aus (grundsätzlich mit Recht, aber im einzelnen über ihn hinausgehend), daß die Gewaltentrennung keine absolute sein darf: die Ständevertretung (das Parlament) soll auch ein Kontrollrecht über die Verwaltung besitzen, und die Exekutive soll ihrerseits nicht einfach von der Teilnahme an der Gesetzgebung ausgeschlossen sein. Ihr gebührt vielmehr das Recht der Gesetzesinitiative, der Berufung und Auflösung des Parlaments und des Vetos gegen Beschlüsse der

Volksvertretung. Die Privilegien des Parlaments sollen also nicht etwa zur Allmacht im Staate führen! Die Alleinherrschaft der französischen Nationalversammlung und die Schwächung des königlichen Einspruchrechtes (Veto) durch die Verfassung von 1791 hat Rehberg aufs schärfste verurteilt. Andererseits will er (im Gegensatz zu Montesquieu) nicht nur die Minister an den Debatten des Parlaments teilnehmen lassen (damit sie ihre Sachkenntnis dort zur Geltung bringen und den Standpunkt der Regierung vertreten können), sondern erklärt in einer Schrift von 1807[11] sogar das britische System rein parlamentarischer Regierungen für ideal, weil nur so wirkliche Einheit der obersten Staatsleitung garantiert sei. Auf alle Fälle müssen die Minister der Volksvertretung politisch verantwortlich sein – ein Grundsatz, den auch Stein in gewissem Sinn immer vertreten hat –, nur daß er dabei zunächst an die Verantwortung vor der „öffentlichen Meinung der Nation" zu denken pflegte, nicht sogleich an ein Parlament. Aber auch ihm schwebte immer das Vorbild der großen parlamentarischen Führer Englands, der Walpole und Pitt, vor Augen, wenn er für die selbständige Verantwortung der preußischen Minister, gegen ihre Bevormundung durch die Kabinettsräte des Königs, kämpfte. Und die von ihm später geplante Vereinigung aller Verwaltungszweige in einem obersten „Staatsrat", der mit selbständiger Initiative wirken sollte, war zuletzt nichts anderes als eine Nachahmung der englischen Kabinettsverfassung.

Auch noch an anderen Punkten ist die Deutung englischer Verfassungszustände durch Montesquieu für Rehberg und Stein maßgebend geworden: sie wiederholen immer wieder seine Lehre, daß die Volksvertreter, im Gegensatz zum altständischen Herkommen, nicht an Instruktionen ihrer Wähler gebunden sein dürfen[12]; sie teilen seine Bewunderung für englische Laiengerichte[13] und seine Forderung strenger Trennung der Justiz von der Verwaltung. Von einer Kritik an den englischen Zuständen finden sich nur schwache Spuren[14]. England erscheint, in den Grenzen seiner nationalen Bedingtheiten, doch zuletzt als Ideal einer parlamentarisch beschränkten Monarchie, mit immerhin stärkeren Vorrechten der Krone, als Montesquieu, vom Schreckbild des Despotismus geängstigt, sie hatte einräumen wollen, und mit wesentlich engerem Zusammenwirken aller Herrschaftsfaktoren. Alles das beherrscht von der Vorstellung eines friedlich sich ausbalancierenden Gleichgewichtssystems, eines einträchtigen Zusammenwirkens von Fürst und Volk – ohne einen Begriff von der Härte und von der Unversöhnbarkeit der Machtkämpfe, die in den alten Obrigkeitsstaaten des Kontinents entbrennen mußten, sobald man erst einmal anfing, ihr festes Gefüge nach englischem Vorbild zu lockern[15].

Von hier aus sieht man nun die Freunde Steins mit gespannter und erregter Teilnahme den Verlauf des großen Dramas in Frankreich beobachten. Niemals, soviel sich erkennen läßt, mit jenem Überschwang utopischer Erwartungen, der sonst die Gebildeten Deutschlands zum Taumel hinriß: als werde jetzt ein neues goldenes Zeitalter anbrechen, in dem die höchsten philosophischen Ideale von Menschenwürde und politischer Freiheit zur Wirklichkeit werden sollten. Diese Ideale galten ihnen nichts; bei dem Worte „Freiheit" dachten sie ganz konkret und nüchtern an die gesetzlich beschränkte und geregelte bürgerliche Freiheit des englischen Eigentümers, nicht an das abstrakte Selbstbestimmungsrecht eines jeden, „der Menschenantlitz trägt". Aber eben diese bürgerliche Freiheit, hofften sie, werde die große Umwälzung den Franzosen bringen, und zwar im Sinn einer Fortbildung des althistorischen französischen Ständewesens zu einer modernen Volksvertretung im englischen Stil[16]. Die Administration des vorrevolutionären Frankreich fand Brandes „ebenso scheußlich, wie die Konstitution schlecht", die Gegensätze zwischen den Ständen zu unerträglicher Verbitterung gesteigert, während sie in England weise gemildert sind. „Es mußte nothwendig eine große Veränderung in Frankreichs Verfassung vorgehen."

Das klingt wie eine offene Verteidigung der Revolution. In der Tat zögert Brandes nicht, ein Recht des Volkes auf bewaffneten Widerstand gegen die Despotie ausdrücklich anzuerkennen; ähnlich wie Rehberg und Stein schwebt ihm stets das Vorbild der englischen Revolution von 1688 vor Augen. Stein hat die „glorious revolution" der Engländer später als das Muster einer „mit Ruhe und gewissenhafter Achtung für Gesetz und Herkommen" durchgeführten Staatsumwälzung gepriesen, aber auch an die Freiheitskämpfe der Schweizer, Holländer und Angloamerikaner erinnert, um die segensreichen Folgen zu demonstrieren, die eine Revolution „bei einem gutgearteten, verständigen, besonnenen Volke" haben kann.

Die Zustimmung der hannoverischen Anglophilen zu den Anfängen der großen Revolution blieb also von kritikloser Begeisterung, wie sie in der deutschen Bildungswelt damals verbreitet war, recht weit entfernt. Im Grunde wollten sie gar keine Revolution, sondern Reform, und zwar nach englischem Muster. Um so größer war ihr Entsetzen, als nun so bald schon der Sturmwind politischer Leidenschaften alle Dämme zahmer Vernunft einriß und zunächst das Chaos, bald aber einen neuen Despotismus der Staatsgewalt herbeiführte, weit schlimmer, als der alte gewesen war.

Zweifellos hat auch das Erscheinen der berühmten Streitschrift Edmund Burkes von 1790 ihr Urteil bestimmen helfen. Kaum erschienen, wurden die „Betrachtungen über die französische Revolution" von Rehberg dem deutschen Publikum mit bewundernder Zustimmung angezeigt; für Stein wurden sie eines seiner Lieblingsbücher[17], viel benutzt und nicht selten ausdrücklich zitiert – im Grunde war das Buch mit seiner andächtig-ehrfürchtigen Haltung gegenüber der Geschichte, mit seiner altständisch-feudalen Grundstimmung, der starken Betonung von Ehre, Treue und Frömmigkeit als den Grundfesten des englischen Staatswesens dem Geiste Steins noch näher verwandt als der nüchtern-klaren Verständigkeit der Rehberg und Brandes. Aber deutlich sieht man, wie alle drei Freunde von der gewaltigen, mit hinreißendem Schwung sich äußernden Leidenschaft des großen englischen Rhetors mit fortgerissen wurden. Rehberg leugnete 1793 geradezu die Notwendigkeit der Revolution, die

Brandes ein paar Jahre vorher so energisch bejaht hatte; im wesentlichen erkannte er nur noch einen wirklich schweren Mißstand des ancien régime als Ursache der großen Katastrophe an: die unheilbare Zerrüttung der Staatsfinanzen. Stein ist ihm darin wie auch sonst in seiner späteren Darstellung der Revolutionsgeschichte getreulich gefolgt[18]. Alles Unheil wird jetzt, mit höchster Einseitigkeit, dem „metaphysischen Schwindelgeist", der zersetzenden Kritik des politischen Literatentums, der wirklichkeitsfremden Staatsphilosophie der französischen Rationalisten Schuld gegeben. Eben darin, in der tieferen Begründung des Widerspruchs gegen die herrschende Staatslehre französischer Herkunft, macht sich der Einfluß Burkescher Ideen am deutlichsten geltend.

Was Burke den Ideen von 1789 als eigene Staatsanschauung entgegensetzte, hat sich der hannoverische Freundeskreis im wesentlichen zu eigen gemacht: die Idee des Volkes als einer in vielen Generationen fortlebenden Einheit, die ihre Staatsverfassung als geschichtliches Erbteil überliefert; die Begründung dieser Staatsverfassung nicht auf den „Staatsvertrag", auf den ausdrücklichen Mehrheitswillen irgendeiner Volksgeneration, sondern auf das Herkommen selbst: da sich allein im Herkommen der durch zahllose geschichtliche Faktoren bedingte Wille der Nation ausdrückt und im Laufe der Zeiten gestaltet. Als politisches Programm aus alledem abgeleitet die Forderung: der Staatsmann dürfe, vor schöpferische Aufgaben gestellt, nicht den beschränkten Einfällen seines subjektiven Denkvermögens allein vertrauen, sondern er müsse „der göttlichen Methodik der Natur folgen", die nichts Neues schafft, das nicht organisch aus Altem erwächst und nichts Altes bestehen läßt, das sich nicht beständig erneuert. In ein regelrechtes philosophisches System war das alles von Burke nicht gebracht: es fand sich hingestreut in lockeren, nur rhetorisch zusammenhängenden Reflexionen, die zuletzt alle einem ganz konkreten, praktischen Ziele dienten: das rational so schwer begreifbare, aller Systematik spottende und darum von den Theoretikern der Französischen Revolution als „gothisch" verachtete Gebäude der englischen Verfassung zu verteidigen: als echtes Produkt der Natur, weit überlegen allen dürftigen Machwerken der dilettantischen, traditionslosen Gesetzmacher in Paris. Was der Engländer so vortrug, sicher und wie selbstverständlich wurzelnd in den Traditionen seines Landes und seines Standes, nicht immer begrifflich klar durchdacht, aber mit regem Instinkt für geschichtliche Wirklichkeiten und vor allem mit unbändigem Stolz auf die Größe seines Landes – das wurde erst unter den Händen seiner deutschen Bewunderer zu einer wohlgeordneten, klar formulierten Theorie. Mehr noch als Gentz (der eine gewisse Fremdheit gegenüber englischem Denken nie ganz überwand) erwarb sich Rehberg Verdienste um diese Theoretisierung; die philosophische Bildung von Brandes reichte dazu bei weitem nicht hin: was Rehberg als organisch-historische Staatslehre geistreich formulierte, wurde bei ihm zu einer etwas hausbackenen Theorie der goldenen Mittelstraße.

Den ganzen inneren Zusammenhang der Rehbergschen Geschichtsauffassung[19] haben wir hier nicht zu verfolgen. Nur diejenigen Charakterzüge dürfen uns beschäftigen, die für das politische Denken Steins unmittelbar bedeutsam geworden sind.

Da ist zunächst die klare Abgrenzung gegenüber der politischen Romantik wichtig, wie sie Rehberg in späteren Auseinandersetzungen mit Adam Müller und C. L. von Haller ausdrücklich vollzog. Auch für ihn, wie für die Romantik, waren Staat und Recht auf die – Generationen überdauernde – Kontinuität der Nation als Rechtssubjekt gegründet. Aber er war ein viel zu guter Kantianer und Sohn des 18. Jahrhunderts, als daß er sich hätte bereit finden lassen, die Individuen mit Adam Müller zu bloßen Marionetten „ewiger Ideen" herabzuwürdigen, die in der Geschichte und ihren Überlieferungen walten sollten, oder die geschichtlich überlieferten Abhängigkeitsverhältnisse, den politischen Machtbesitz des Herrschers und der bevorrechteten Stände, mit Haller zu verabsolutieren. So eng das positive Recht bei ihm an die Überlieferung gebunden erscheint, so wenig wollte er die Freiheit des Individuums dadurch ersticken lassen: Naturgegebenheiten, geschichtliche Traditionen und freier Wille jeder neu in die Geschichte eintretenden Generation wirken zusammen, um das geltende Recht, die Staatsverfassung zu bestimmen. Der Kampf geht also in doppelter Frontrichtung vor sich: gegen den Anspruch der Vernunft, sich im Bereich der praktischen Politik ohne weiteres an die Stelle der positiven, historischen Gegebenheiten zu setzen (Rehberg wünschte sich einen zweiten Kant, der die Grenzen der praktischen Vernunft ebenso einsichtsvoll zu bestimmen habe wie der Königsberger Philosoph die der theoretischen) –, aber zugleich gegen den Anspruch der Geschichte, als Ausdruck „ewiger Ideen" oder als schlechthin vernunftnotwendig zu gelten. Nicht die Vernunft, sondern der Verstand, das Prinzip der Zweckmäßigkeit, beherrscht die Ordnungen der bürgerlichen Gesellschaft – nur daß diese Zweckmäßigkeit gebunden bleibt an die äußeren Notwendigkeiten, die sich aus der Kontinuität alles geschichtlichen Lebens ergeben.

Man muß dieses Doppelgesicht der Rehbergschen Staatslehre kennen, um die spätere politische Entwicklung Steins zu verstehen. Sie predigt einen Liberalkonservatismus, der ebensowohl die schonsame Erhaltung des Bestehenden wie die energische Durchsetzung von Neuerungen sich zum Ziele setzen wird, wo Reformbedürfnisse unabweisbar sich aufdrängen. Je nach der Zeitlage wird die eine oder die andere dieser Tendenzen stärker hervortreten: der Reformer Stein der großen Kampfesjahre wird hier ebensogut seine theoretische Rechtfertigung finden wie der zu Restaurationsbestrebungen neigende Weltbetrachter der Alterstage. Nur wird er – auch in den Zeiten stürmisch drängender Reformarbeit – niemals einen Schritt tun ohne sorgfältigste Erkundung des Bodens, auf dem er vorwärts gehen soll, ohne fast ängstliche Rücksichtnahme auf historische Gegebenheiten, auf lokale und provinzielle Eigenart und Sonderherkommen mannigfaltigster Art. So wird er eine höchst eigenartige Stellung zwischen den Epochen gewinnen: hinausgewachsen über die Traditionen des politischen Rationalismus alten Stils, aber niemals eigentlich umgewandelt zum Romantiker oder auch nur zum Jünger der halbromantischen „historischen Schule" – zuletzt doch immer der Sohn des 18. Jahrhunderts, dem moralische Grundsätze und moralische Erhebung tausendmal mehr gelten als die Genüsse ästhetisierender Geschichtsbetrachtung, praktische Zweckmäßigkeit mehr als Tiefe und Schönheit der „Ideen" – ein praktischer Rationalist, der die „Gesetze der Vernunft und Natur" mit genau demselben Nachdruck und im selben Atem anruft wie die „ernsten Lehren der Geschichte", um seine Politik damit zu begründen, und den keine Verehrung vor den unbewußt schöpferischen Kräften eines fiktiven „Volksgeistes" daran hindern kann, mit sehr bewußtem und wachem Tatendrang an den „Beruf" der eigenen Zeit und der eigenen Person zur Gesetzgebung zu glauben. Überhaupt ein Mann der nüchtern-wachen Vernunft, der keine Übermacht des Irrationalen, der dunklen Triebe und Empfindungen gelten läßt, weder im Seelenleben des einzelnen noch in der Geschichte der Völker[20].

Anderseits ist Steins Verhältnis zur Geschichte doch weit entfernt (wir hörten es schon) von der kühlen Nüchternheit Rehbergs. Schon von Hause aus verbanden den Reichsritter engere Verbindungsfäden mit dem Mittelalter als den modernen bürgerlichen Hannoveraner. Vor allem: seine Freude am bunten geschichtlichen Leben entfaltet sich viel unbekümmerter, freier, naiver: so eifrig er auch politische Belehrung in der Geschichte sucht – sein Interesse an ihr ist damit nicht erschöpft. Jenes starke Bedürfnis nach idealischer Seelenerhebung, nach moralischer Erbauung, das wir als einen beherrschenden Grundzug seines Wesens kennenlernten, ist dem eigentlich „historischen Sinn", wie er zuerst bei Herder deutlich entwickelt auftritt, immerhin näher verwandt als dem historisch-politischen Räsonnement eines Montesquieu[21]. Nicht zufällig wurden Herders „Ideen" eines seiner Lieblingsbücher – lange vor Burke[22]. Ohne daß er tief in das verwickelte und widerspruchsvolle Ganze der Herderschen Geschichtsphilosophie eingedrungen wäre – vollends ihre mystisch-dunkle Humanitätsidee blieb ihm ganz fremd –, begrüßte er Herder doch als Bundesgenossen im Kampf gegen den philosophischen Rationalismus der Zeit. Die alles beherrschende Empfindung Herders für das Erhabene, Edle, Schöne in der Geschichte wird ihn am stärksten angezogen haben; er berief sich gern auf einzelne, poetisch klangvolle Stellen, die seinen eigenen Anschauungen zu entsprechen schienen. Auch der religiöse Sinn, die Andacht vor dem göttlichen Weltplan im Gang der Welthistorie, die Betonung des frommen Gefühls an Stelle dogmatischer Spekulationen haben sicher auf Stein gewirkt. Auch Rehberg erkannte das alles als Vorzüge an. Aber das „Unterschieben von unbestimmten Nebelgestalten an Stelle klarer Begriffe und genauer Forschung" weckte doch seine lebhafte Kritik: Herders verschwommene Art, „über die Geschichte zu räsonieren", erklärte er später für ein Unheil, das unendlichen Schaden in der deutschen Literatur angerichtet habe[23]. Es hängt eng damit zusammen, daß Rehberg für den unklar-rhetorischen Idealismus eines Ernst Moritz Arndt, des publizistischen Gehilfen Steins, sich ebensowenig hat erwärmen können wie für das idealistische Pathos der nachkantischen, insbesondere der Fichteschen Philosophie.

Aber trotz dieser tieferen Gegensätze reicht die politische Verbundenheit der Freunde noch weit über die bisher aufgewiesene Gemeinsamkeit der theoretischen Grundüberzeugungen hinaus in das Gebiet der praktischen Reformpläne. An erster Stelle ist hier das Programm einer Adelsreform zu nennen, das sie aus dem Vorbild Englands entwickelten. Sie haben niemals geglaubt, die gepriesene englische Staatsverfassung ohne weiteres auf deutsche Verhältnisse übertragen zu können; denn sie erkannten recht wohl die praktische Unnachahmbarkeit der sozialen Verhältnisse, auf denen die Verteilung politischer Rechte in England ruhte. Das Entscheidende war: daß in Deutschland jene einzigartige, aus Großbürgertum und Adel gemischte Oberschicht fehlte, die in England den Staat zugleich verwaltete und parlamentarisch regierte. Die tiefe Entfremdung des deutschen Bürgerstandes vom Staate, seine politische Unbildung, seine philiströse Dürftigkeit, seinen Mangel an Mut und aufrechter Haltung – eine Folge seiner jahrhundertelangen Verdrängung aus der Politik, seiner Unterwerfung unter das Territorialfürstentum und die adligen Stände – haben sie ebenso bitter beklagt wie die starre, kastenmäßige Absonderung der deutschen Aristokratie vom bürgerlichen Leben. Niemand in Deutschland konnte dieses Übel schmerzlicher empfinden als die bürgerliche „Sekretariokratie" Hannovers, der Rehberg und Brandes angehörten. Sie rieb sich fortwährend an dem starren Kastengeist der hochmütigsten Adelsgesellschaft, die es in Deutschland gab – einer Herrenschicht, deren privilegierte Stellung auf den Landtagen und in den höheren Staatsämtern Hannovers um so unerträglicher schien, je weniger sie begründet war durch wirtschaftliches Übergewicht oder durch praktische Leistungen für den Staat; diesen nützte sie vielmehr, ungehindert durch das landfremde Königtum, in größtem Umfang als Pfründenanstalt aus.

Die Verbesserung des deutschen Adelswesens wurde so ganz von selbst eines der wichtigsten Anliegen der hannoverischen Reformer. Rehberg hat ihm 1803 eine eigene Schrift gewidmet, die trotz aller klugen Mäßigung im Ton ihm in hannoverischen Adelskreisen viel erbitterte Feindschaft weckte. Stein hat seine Forderungen im wesentlichen, wie es scheint, gebilligt; an einem einzelnen Punkt ist er sogar noch darüber hinausgegangen.

Was Rehberg persönlich am stärksten erbittert, ist die Durchkreuzung der staatlichen Dienstordnung durch adlige Standesansprüche. Innerhalb der Staatsdienerschaft darf es nach seiner Meinung keinerlei Vorzugsstellung adliger Elemente vor nichtadligen geben. Ebensowenig im Militärdienst. Zwar sei es natürlich, daß der Staat streben müsse, seinen Adel vorzüglich für diese Laufbahn zu gewinnen; aber daraus dürfte kein Monopol werden! Dem entsprach es, wenn Stein 1802 mit Hohn und Ärger von dem „lächerlichen Vorurteil" sprach, das im preußisch gewordenen Münster den Zugang zu den Offizierstellen der schweren Infanterie den Bürgerlichen verschließe: statt dessen befördere man Adlige ohne alles Verdienst allein wegen ihres „von" vor deren Namen! Nicht besser berechtigt ist (nach Rehberg) die Steuerfreiheit des Adels[24]: welche Ungeheuerlichkeit, daß adlige Stände aus anderer Leute Taschen Landessteuern bewilligen! Ganz entsprechend hat Stein noch in seinen konservativen Altersjahren die Steuerbefreiung des Adels zu den Gründen gerechnet, die seinen Untergang herbeiführen müßten: weil er nur bestehen könne, „wenn er sich an den Regenten und die Nation anschließt". Auch die Patrimonialgerichtsbarkeit adliger Gutsherrschaften, unheilbar mangelhaft, wie sie ist, muß fallen; sie stellt (nach Rehberg) ebenso wie die Steuerfreiheit ein Trümmerstück älterer Zeit dar, in der noch staatliche Hoheitsrechte am Grundbesitz hafteten, der Grundherr seinen Leuten noch wirklichen Schutz gewährte. Jetzt hat der Landesherr diese Aufgabe übernommen; ihm gebührt allein die Gerichtshoheit; doch soll er die bisherigen Gerichtsherren für den entstehenden Vermögensverlust entschädigen. Auch an diesem Punkte ist Stein der Meinung des Freundes – wenn auch im Alter nicht ohne Vorbehalt[25] – gefolgt.

Man sieht: eine Kritik der bestehenden Zustände nicht aus dem Prinzip abstrakter Vernünftigkeit, sondern aus historischen, moralischen und Zweckmäßigkeitserwägungen zugleich! In diesem Geiste hat Rehberg das gutsherrlich-bäuerliche Verhältnis überhaupt untersucht. Er glaubt – anders als Stein – an eine unaufhaltsam fortschreitende wirtschaftliche Entwicklung, die alte persönliche Bindungen überall löst, bloße Geldbeziehungen an die Stelle persönlicher Schutz- und Abhängigkeitsverhältnisse setzt. Ein Prozeß, der auf die Dauer ganz von selbst die alten Agrarverhältnisse auflösen muß. Aber es ist nötig, daß der Staat ihn beschleunigt, daß er die Befreiung der Privatbauern energisch fördert: nicht nur durch sein eigenes Vorbild, durch Freigabe der Domänenbauern, sondern ebenso durch gesetzlichen Eingriff in die privaten Eigentumsrechte der Gutsherren: der Schutz der wirtschaftlich Schwachen ist eine so dringende Forderung des gemeinen Besten, daß dahinter private Eigentumsrechte notwendig zurückstehen müssen[26]. Entschädigung der Gutsherren ist selbstverständlich – aber nur soweit ihre Ansprüche historisch und moralisch begründet sind: für die ungemessenen Frondienste gilt das z. B. nicht. Man sieht, wie nahe diese praktischen Forderungen sich mit denen Steins berühren, die wir schon kennen – auch der Hinweis auf das Vorbild Dänemarks und den Bauernschutz der preußischen Könige fehlt bei Rehberg nicht; oft genug werden die beiden diese Fragen zusammen durchgesprochen haben. Nur daß Stein, wie wir sahen, den Wunsch niemals aufgegeben hat, möglichst viel von dem persönlichen Abhängigkeitsverhältnis zwischen Gutsherrn und Bauern zu retten, das der modernere Rehberg im Grunde für unzeitgemäß hielt.

Wesentlich altfränkischer wirken seine Äußerungen über die politische Vorzugsstellung des Adels. Von ihrer einfachen Beseitigung kann natürlich keine

Rede sein. Wie hätten die hannoverischen Reformer einen solchen Gedanken auch nur erörtern können, ohne als Revolutionäre zu gelten? Aus Montesquieu hatten sie überdies gelernt, daß eine starke Monarchie sich auf die Dauer nicht halten könne, wenn ihr nicht eine mächtige und gesunde Aristokratie – wie in England – zur Stütze diene. Die politische Sonderstellung des Adels rechnet Stein zu den ältesten Verfassungsüberlieferungen deutscher Geschichte: schon seit den Tagen der Germanen gab es eine „vorzüglichere Klasse vor den übrigen Freien und Unfreien", deren natürliche Autorität auf Grundbesitz, hohen Staatsstellungen, Heeresdienst, kurz auf Reichtum und großen Leistungen für den Staat beruhte. Gerade heutzutage scheint es ihm dringend notwendig, diese Autorität zu erhalten, weil sie allein den Regenten sichern kann vor dem „neuernden Unternehmungsgeist des Mittelstandes". In einem hochadligen Oberhaus, das wie selbstverständlich zu den Verfassungsidealen der hannoverischen Freunde gehört, findet sie ihren klassischen Ausdruck. Ausgleichung der Standesunterschiede ist überall das Kennzeichen nicht der Freiheit, sondern der Despotie. Was beseitigt werden muß, ist vor allem die kastenmäßige Abschließung der deutschen Aristokratie nach unten, die den Aufstieg jüngerer, frischer Elemente – und damit die Erneuerung des Adels selbst – verhindert. Weiterhin, die Ausschließlichkeit des Geburtsrechts als Begründung politischer Privilegien: großer Besitz, insbesondere Grundbesitz muß hinzukommen, wenn der Adel Ansprüche auf Teilnahme an den politischen Geschäften soll erheben dürfen. Und schließlich muß es dahin gebracht werden, daß persönliche Verdienste um den Staat als Ersatz edler Abkunft dienen können[27].

Die Verwirklichung dieses Programms dachte man sich wieder nach englischem Vorbild: der Monarch ernennt aus den Reihen des dritten Standes regelmäßig geeignete Staatsbürger zu Adelsmitgliedern, ohne Rücksicht auf etwaigen Widerstand der alten Familien; Voraussetzung ist nach Rehberg vor allem ein bedeutender Grundbesitz, nach Stein zugleich, und fast noch wichtiger: bedeutende Leistungen für das gemeine Beste[28]. Grundbesitz ist immer die beste Gewähr der Dauer, der Tradition. So eng sollen die politischen Vorrechte des Adels am Boden haften, daß nur der Inhaber des Familienerbes persönlich ihrer teilhaft wird, nicht die nachgeborenen Söhne. Rehberg ebenso wie Stein schwebte das Fideikommiß als Ideal adligen Erbrechtes vor. Die jüngeren Söhne wollte Rehberg aus den beruflichen Bindungen der Adelsklasse befreien: sie sollten jedes bürgerliche Gewerbe betreiben dürfen. Stein ging noch einen Schritt weiter: er wollte ihnen, nach englischem Vorbild, sogar den Adelsrang nehmen[29], da Adel ohne Grundbesitz ein Unding sei, wert, durch neu aufsteigende Familien abgelöst zu werden. Ob und in welchem Maße bei diesem radikalen Programm – das Rehberg für praktisch undurchführbar hielt – höchstpersönliche Erfahrungen mit seinen (vom eigentlichen Familienerbe ausgeschlossenen) Brüdern eine Rolle gespielt haben könnten, läßt sich allenfalls nur vermuten. In der Epoche der großen Reformen haben ihn gewiß auch bittere Enttäuschungen mitbestimmt, die er an seinen ostelbischen Standesgenossen erlebte: da ging er zeitweise so weit, den „Armen-Adel" (ohne größeres Vermögen) überhaupt aufheben zu wollen! Aber das waren spätere, leidenschaftliche Steigerungen der in Westfalen-Hannover erworbenen Grundansicht; einstweilen, vor Beginn des großen Kampfes, sieht man theoretische Erwägungen und literarische Einflüsse deutlich am Werk: es ist kaum ein Zweifel möglich, daß an dieser Stelle Justus Mösers Reformideen auf den Reichsritter eingewirkt haben. Auch Möser empfahl, wie Stein, die englische Unterscheidung zwischen Adel und Edelgeborenen unmittelbar nachzuahmen[30]. Vor allem: in Mösers Schriften war die enge Verbindung von politischen Vorrechten und Grundbesitz in ein höchst eindrucksvolles, historisch-politisches System gebracht, dessen Nachwirkung auf die hannoverischen Reformer von ihnen selbst ganz unzweideutig bezeugt ist. Auch in den politischen Ansichten Steins glaubt man ihre Spuren deutlich zu erkennen, obwohl der Name und die politisch-historischen Ideen des osnabrückischen Patrioten in seinem schriftlichen Nachlaß erst spät ausdrückliche Erwähnung finden[31].

Man kennt die seltsame, aus echter historischer Einsicht und gewagter politischer Spekulation zusammengewobene Theorie Mösers vom deutschen Staat als Aktiengesellschaft ursprünglich freier Landeigentümer, dazu seinen berühmten Abriß deutscher Verfassungsgeschichte in der Einleitung zu seinem osnabrückischen Geschichtswerk[32]: wie in das ursprünglich allein auf Landeigentum gegründete Recht der Teilnahme am Staat allmählich das geldbesitzende städtische Bürgertum sich miteindrängt, und wie die altgermanische Gemeinfreiheit, beruhend auf altfreiem „Wehrgut", allmählich im Lehenswesen untergeht. Im strikten Gegensatz zur naturrechtlichen Staatstheorie des 18. Jahrhunderts wird der Staat als Sachverband, nicht als Personalverband aufgefaßt. Nur der „Aktionär", der seinen Besitz als Land- oder Geldaktie in das Gesamtvermögen des Staates miteinlegt, empfängt dafür politische Rechte zurück. Diese Rechte aber (und auch das könnte für Stein bedeutsam gewesen sein) sind in demselben Maße Pflichten: Pflichten der Mitwirkung zum Schutze des Staates nach außen und zur Verwaltung des gemeinsamen Besten. Im Staate gibt es keine allgemeinen Menschen-, sondern nur Bürgerrechte, in die man sich gewissermaßen einkauft durch Erwerb einer „Land- oder Geldaktie", also durch Ansässigwerden, durch Vermögensbesitz (ähnlich wie in den älteren deutschen Städteordnungen). Freilich: nur ursprünglich freies, also „echtes" Eigentum befähigt zur selbständigen Ausübung politischer Rechte. Im allgemeinen befindet es sich heute in Händen des Adels, der somit die gesamten Landaktien auf den Ständeversammlungen allein repräsentiert; der Besitz der hofgesessenen Bauern wird von ihm mitvertreten.

Das Ganze ist, wie man sieht, eine Art Umkehrung der naturrechtlichen Theorie vom Staatsvertrag mit Hilfe von Argumenten, die aus der germanischen Vorgeschichte und aus der Sozialgeschichte des deutschen Mittelalters herbeigeholt sind. Ohne diese Mösersche Theorie bliebe die enge Verknüpfung politischer Rechte mit „Landeigentum" unverständlich, die Rehberg am einprägsamsten so formuliert: „Das Recht der Landstandschaft werde nie von liegenden Gründen getrennt[33]!" Sicherlich hat es auf die hannoverischen Reformer tiefsten Eindruck gemacht, daß Möser als „altdeutsch", als Überlieferung der (von den Schülern Montesquieus so oft zitierten)[34] „germanischen Wälder" zu erweisen schien, was der bestehende Rechtszustand des eigenen Landes ihnen vor Augen stellte.

Trotz seiner Vorliebe für die „güldenen Zeiten" altdeutscher Gemeinfreiheit, da der wehrhafte Bauer noch auf „echtem" Eigentum saß und in der Versammlung der Volksgenossen „mitraten und -taten" durfte, war Möser viel zu konservativ, zu patriarchalisch und auch zu vorsichtig, um aus seiner Geschichtstheorie ein politisches Reformprogramm zu entwickeln[35]. Aber er war doch eifrig bemüht, gesunde und stattliche Bauernwirtschaften zu erhalten durch Verbesserung des bäuerlichen Schulden- und Erbrechts, durch Sicherung eines unangreifbaren „Freistammes" bäuerlichen Eigentums auch für den Hörigen[36]. Der Stolz, „ein väterliches Erbe mit eigenen Pferden zu bauen", ist ihm das kostbarste Erbteil altdeutscher Freiheitsgesinnung. Der Staat kann nur bestehen, wenn er auf dem breiten Fundament eines zahlreichen stattlichen Bauernstandes ruht, der zur Tragung der öffentlichen Lasten wirklich imstande ist.

In solchen Anschauungen glaubt man deutlich eine der Wurzeln zu erkennen, aus denen die Vorliebe Steins für große Bauernwirtschaften erwuchs. Auch seine Reformforderung für die klevisch-märkischen Landstände von 1803 wird uns jetzt erst verständlich: daß die adligen Ständemitglieder den Besitz kontributionspflichtiger Grundstücke nachzuweisen haben, um den Bauernstand auf Landtagen mitvertreten zu können, und daß großer Grundbesitz, nicht Ahnenprobe, die Voraussetzung ständischer Gerechtsame zu bilden habe. Erscheint hier der Adel noch ganz im Sinne Mösers (und der englischen Verhältnisse, wie sie Rehberg verstand)[37] als einziger Vertreter der Landaktien, so wird die vier Jahre später entstandene Nassauer Denkschrift zeigen, daß dieses adlige Vorrecht nicht als starres, ausschließliches Privileg gemeint war. Auf Kreistagen dürfen danach auch bäuerliche Deputierte neben den adligen Gutsbesitzern erscheinen, freilich – genauso wie der bürgerliche Stand – nicht als selbständige Grundeigentümer, als Vertreter ihrer Privatinteressen, sondern als Deputierte ihrer Gemeinde: das Vorbild der kleve-märkischen „Erbentage" liegt offen zutage. Ja, Stein wird 1807 noch einen Schritt weitergehen: die Kreistage dürfen solche Mitglieder, die eine „bedeutende schuldenfreie Rente" (Stein denkt etwa an 300 Taler Mindesteinkommen) beziehen, als ihre Deputierten in den Provinziallandtag schicken, und so wird auch sehr großen Bauern[38] jetzt der Weg in die Provinziallandtage nicht mehr ganz versperrt sein. Das wird einen ersten, immer noch vorsichtigen Schritt über Möser hinaus bedeuten – dennoch wohl begreiflich als folgerechte Auswirkung des Grundsatzes, daß „Eigentum", nicht edle Geburt die erste und natürlichste Voraussetzung politischer Freiheit sei.

Justus Mösers Gebundenheit an die wunderlich-altfränkischen Verhältnisse des osnabrückischen Krummstabslandes und das Idyllische, vorsichtig Vermittelnde seiner Natur hat schon Rehberg als Grenze der Persönlichkeit empfunden [39]. Zwar kann dieser sich nicht ernstlich vorstellen, daß bäuerliche Deputierte auf deutschen Landtagen mitberaten: ihre Sachkenntnis geht über lokale Angelegenheiten im engsten Sinne nicht hinaus, und von ihnen erwählte Sachwalter würden vermutlich höchst unerwünschte Demagogen, Advokaten und dergleichen sein. Aber unwandelbar erscheinen dem historisch denkenden Betrachter auch diese Dinge nicht: niemand vermag vorauszusagen, in welchem Tempo sich die politische Bildung des bäuerlichen Standes heben wird, sobald seine Befreiung aus den alten Abhängigkeitsverhältnissen erst einmal durchgeführt ist. Ist erst einmal eine neue Klasse von Staatsbürgern gebildet, so wird sie auch ihre Anerkennung als Stand im Staate durchsetzen [40]. Schon jetzt hat es die Auflockerung der alten festen Besitzverhältnisse durch die moderne Geldwirtschaft dahin gebracht, daß die Beschränkung der Landtagsfähigkeit auf adlige Gutsbesitzer sinnlos geworden ist: auch dem bürgerlichen Käufer eines landtagsfähigen Gutes muß ohne weiteres der Zutritt zu den Landtagen offenstehen.

Der Gegensatz zwischen der „dynamischen" Rechtsanschauung Rehbergs und der „statischen" Mösers wird durch solche Ausführungen deutlich. Freilich: so mutig die allgemeinen Sätze klingen, so vorsichtig ist die praktische Ausführung gemeint. Nichtadlige Besitzer „landtagsfähiger" Güter sollen auf Landtagen zugelassen werden – aber die „Landtagsfähigkeit" haftet doch, vorläufig wenigstens, am Herkommen, nicht an der Größe des Besitzes schlechthin. Auch Stein hat niemals daran gedacht, die politischen Privilegien adligen Standeserbes gänzlich aufzugeben: das hieße „den Grundbegriff des Adels zerstören, der (außer großem Grundbesitz) Geschlechtsalter und sittliche Würde in sich schließt" – und an seine Stelle „materiellen Reichtum, Ackerfläche und Kornsäcke, die höchsten Güter des gemeinen irdischen Menschen" treten lassen [41]! Gewisse Vorzugsrechte einer eigenen Ständekurie soll der Adel nach wie vor auf Landtagen genießen – nur daß er dort nichtadlige Grundbesitzer mit abgestuften politischen Rechten neben sich dulden und überdies beständig für seine innere Erneuerung sorgen muß durch Aufnahme neuer Mitglieder aus dem dritten Stand. Man sieht: ein Reformprogramm, das zwar weit über Möser hinausgeht, aber doch den Charakter des Altfränkischen, des bewußt Unzeitgemäßen an keiner Stelle verleugnet.

Bei der Gemeinsamkeit aller dieser Grundanschauungen – über englische und französische Staatsverfassung, über den Wert der Geschichte, über das gegenseitige Verhältnis der Stände, die Reformbedürftigkeit des deutschen Adels und die Hebung des bäuerlichen Standes – wird man im Freundeskreis Rehbergs auch eine weitgehende Gemeinsamkeit der praktischen Einzelforderungen zur Verfassungs- und Verwaltungsreform der deutschen Staaten erwarten. Sie findet sich auch – aber sie bleibt begrenzt.

Einen eingehenden, zusammenhängenden Reformplan hat Rehberg erst 1807 in seiner Schrift über die Staatsverwaltung deutscher Länder entwickelt, die wenige Monate vor der Niederschrift von Steins berühmter „Nassauer Denkschrift" erschien, diesem aber erst sehr viel später in die Hände gekommen ist[42]. Ihr Inhalt wirkt, gerade im Vergleich mit dem großen Programm des preußischen Reformers, enttäuschend durch seine Zahmheit und den Mangel an originellen Ideen. Merkwürdig ist vor allem, wie völlig ihm der Sinn dafür abgeht, daß es jetzt, nach dem Zusammenbruch der alten Monarchien Deutschlands, darauf ankommt, die Masse der deutschen Untertanen zu aktiven Staatsbürgern im modernen Sinn umzuwandeln und dementsprechend das altdeutsche Ständewesen völlig neu zu organisieren, etwa im Sinn des so oft zitierten englischen Vorbilds. Im Gegenteil: der Unterschied zwischen deutschen Ständen und englischem Parlament wird ausdrücklich betont, und die Stände werden ermahnt, ihr herkömmliches Pochen auf uraltes Herkommen aufzugeben und die überlegene Stellung willig anzuerkennen, die der deutsche Landesfürst nun einmal seit dem 17. Jahrhundert gewonnen hat. Was Rehberg zu ihrer Modernisierung vorschlägt, geht kaum hinaus über eine gewisse Auflockerung des herkömmlichen Kuriensystems und Abschaffung zopfiger alter Formen. Der bürgerliche Kabinettssekretär des hannoverischen Adelsstaates bleibt viel zu eng gebunden an äußere Rücksichten, als daß man von ihm ein wirklich durchgreifendes Reformprogramm erwarten dürfte.

Auch zur Verwaltungsreform steuert er weniger bei, als man nach seinem sonstigen Schrifttum erwartet. Am auffallendsten ist, daß er offenbar von der englischen Selbstverwaltung gar keine nähere Vorstellung besitzt. Nicht er, sondern Steins Schützling und Freund Ludwig von Vincke hat das Wesen und die Eigenart des britischen Selfgovernment (Local Government) zuerst erkannt (in einer rasch berühmt gewordenen Schrift von 1808, die B. G. Niebuhr 1815 herausgab)[43]. Im hannoverischen Freundeskreis kann von englischem Selfgovernment nicht die Rede gewesen sein. Stein hat seiner Nassauer Denkschrift ein langes Zitat aus einem Buche des Genfers d'Ivernois beigefügt, um das Wesen und die Vorzüge der englischen Selbstverwaltung zu erläutern – im Bewußtsein, damit etwas Neues, bisher in Deutschland fast Unbekanntes zu bieten. Übrigens gehören die Schriften von d'Ivernois und Vincke zu den merkwürdigsten Beispielen politischer Blindheit, wie sie die Anglophilie jener Epoche erzeugen konnte. Das primitive, noch halb mittelalterliche System britischer Lokalverwaltung durch adlige „Friedensrichter", Milizpolizei (Constables) und Verwaltungsausschüsse der „Kirchspiele", das Vincke seinen Lesern als vorbildlich schilderte, ließ sich zum Glück auf deutschen Boden schlechterdings nicht übertragen. In England hat es sich bald genug als rückständig, ja verhängnisvoll unzureichend gegenüber den Problemen der modernen Industriegesellschaft erwiesen.

Noch weniger scheinen literarische Anregungen aus Frankreich in den Erörterungen des Rehbergschen Freundeskreises über Ständewesen und Verwaltungsreform eine Rolle gespielt zu haben. Man hat vermutet[44], daß die in Frankreich viel erörterten Programmschriften physiokratischer Reformer, insbesondere die von Turgot veranlaßte große Denkschrift Dupont de Nemours von 1775 über Selbstverwaltung, unmittelbar auf Stein gewirkt hätten. Darin war das Programm einer durchgehenden Dezentralisierung der französischen inneren Verwaltung und der Neubelebung bzw. Neuschaffung provinzieller Ständeversammlungen sehr eindrucksvoll entwickelt. Der Vergleich mit den Steinschen Selbstverwaltungsplänen drängt sich auf den ersten Blick um so mehr auf, als auch Dupont, wie alle Physiokraten, politische Rechte nur dem Grundbesitz verleihen wollte, und zwar streng mathematisch abgestuft nach der Größe des Besitzes. Aber sieht man genauer zu, so zeigt sich, daß der in allen physiokratischen Entwürfen waltende Geist dem liberalen Denken unserer Anglophilen doch nur ganz äußerlich verwandt war: im Grund blickte überall der rationelle Schematismus französischen Staatsdenkens hindurch: auf eine Verbesserung der Verwaltungstechnik des omnipotenten Staates kam es ihnen viel mehr an als auf das, was einem Rehberg und Stein recht eigentlich am Herzen lag: eine Sphäre der Freiheit innerhalb des mechanistischen Getriebes der bürokratischen Staatsverwaltung zu schaffen. Überdies scheint es, daß Rehberg erst im Alter mit den Originalschriften der Physiokraten näher bekannt geworden ist; in jüngeren Jahren beurteilte er sie offenbar nach den abgeleiteten Flugschriften politischer Schriftsteller zweiten Ranges, die ihm bei seiner Rezensententätigkeit unter die Hände kamen, und warf sie demgemäß mit der Masse dilettantischen politischen Literatentums der Pariser Salons zusammen. Stein selber hat sich zwar in einem Schreiben seiner Alterstage gelegentlich auch auf die altfranzösischen Provinzialstände und die Reformgesetze des Jahres 1787 berufen[45], die (wie man heute weiß) durch das physiokratische Reformprogramm stark mitbestimmt worden sind; aber viel näher lag ihm doch die oft wiederholte Berufung auf seine „Diensterfahrung", das heißt eben auf die Eindrücke der westfälischen Amtsjahre, die lebendige Berührung mit den Resten altständischer und lokaler Selbstverwaltung, die wir ihn so eifrig gegen den Schematismus der alles von oben her regierenden preußischen Bürokratie verteidigen sahen. Aus der Polemik gegen die preußische Bürokratie, zugleich aus den Traditionen eines altständisch organisierten Territorialstaates ist denn auch alles zu verstehen, was Rehberg zum Problem der Verwaltungsorganisation im engeren Sinn zu sagen hat.

Es handelt sich im wesentlichen um denselben Kampf, den auch Stein zeitlebens geführt hat und der besonders in den Jahren 1802/03 ein Hauptthema seiner Briefe an Sack bildet: gegen den elenden Schematismus einer Bürokratie, die sich in alles mengt, ohne doch jemals wirklich inneren Anteil an den Geschäften, an den lebendigen Bedürfnissen, Nöten, Interessen der Regierten zu gewinnen – zufrieden, wenn sie nur der Dienstvorschrift pünktlich gefolgt ist.

Nur wo der freien Verantwortung und Entscheidung des einzelnen ein Spielraum bleibt, kann sich (meint Rehberg) „liberale Gesinnung“ entwickeln: „Fähigkeit, dem gemeinsamen Wesen zu dienen, und Interesse am Vaterland“.

Auch in seinen positiven Forderungen kehren Steinsche Gedanken vielfach wieder. So in der Abwägung von Vorzügen und Nachteilen bürokratischer und kollegialer Behördenverfassung, in der Ablehnung des Grundsatzes, möglichst nur landfremde Beamte in der Provinzialverwaltung zu beschäftigen, in der Forderung, in oberster Instanz alle Geschäfte in den Händen weniger leitender Männer zu konzentrieren, die das uneingeschränkte Vertrauen des Regenten genießen und aus eigener Initiative und Verantwortung (nach englischem Muster) handeln, in der Einteilung der Geschäftskreise der Zentralbehörden möglichst nach Fachdepartements statt nach Provinzen – aber auch in solchen Einzelheiten wie in der Bevorzugung weltlicher statt geistlicher Schulaufsicht und anderem mehr. Das alles zeigt, wie stark die gemeinsame Grundanschauung der Freunde auch ihre Reformforderungen im einzelnen bestimmte – eine Abhängigkeit Steins von Rehberg auch in den Einzelheiten der praktischen Verwaltungsfragen wird niemand daraus folgern dürfen – an dieser Stelle wäre schon eher das umgekehrte Verhältnis denkbar.

Es ist die Summe dieser Verwaltungsmaximen, die man an dem Oberpräsidenten Stein in Berlin als „westfälisch“, im Gegensatz zu den altpreußischen Traditionen, empfand. Manches davon sieht man ihn denn auch wieder abstoßen, seit er selber (1804) als Minister in die Berliner Zentralbehörde eintrat. Manche Beschwerden des Hannoveraners, die nur aus kleinstaatlichen Gesichtspunkten verständlich sind, hat er schwerlich jemals geteilt: wenn er auch die übertriebene Zentralisation auf allen Verwaltungsgebieten bekämpfte, so hat er doch die Notwendigkeit eines streng einheitlichen, übersichtlichen und bis ins kleinste kontrollierten Kassen- und Etatswesens im Haushalt eines großen Militärstaates niemals, soviel wir sehen, bestritten (und wie unübersichtlich war doch auch noch immer das preußische Etatswesen!) – während Rehberg dafür kein rechtes Verständnis aufbrachte und in seiner Kritik der preußischen Finanzverwaltung erheblich übers Ziel schoß.

Damit ist nun aber bereits der Punkt berührt, an dem die Gemeinschaft der politischen Reformideen unserer Freunde ihr Ende findet. Die Grenze liegt genau da, wo der Gesichtskreis des Hannoveraners, des mittelstaatlichen Verwaltungsbeamten, endet und der des preußischen Staatsmannes beginnt.

Gewiß: wesentlich aus altständischer Wurzel ist – wie bei Rehberg – der Steinsche Gedanke der Selbstverwaltung entsprossen. Aber was man an konkreten Ausprägungen dieser Ideale bei Rehberg, Brandes und erst recht bei Möser findet, ist (wenn man vom Ständewesen im engeren Sinne absieht) viel weniger „Selbstverwaltung“ im Stil der späteren Reformprogramme Steins als Sonderverwaltung der kleinsten und engsten Bezirke staatlichen Lebens.

Daß „jedes Städtchen seine besondere politische Verfassung" haben sollte, hatte schon Justus Möser in zahlreichen Variationen verkündet[46]. Der zentrale Gedanke, der alle späteren Reformideen Steins und seiner Helfer durchdringen wird, daß der Staat durch freiwillige Mitwirkung seiner Bürger an Kräften wiedergewinnen müsse, was er an äußeren Machtmitteln verloren habe, findet sich bei Rehberg, wenn überhaupt, so nur in schwachen, kaum erkennbaren Spuren[47]. Einen eigentlichen Organisationsplan für die Selbstverwaltung, wie später Stein in seinen großen Denkschriften, hat er überhaupt nirgends entwickelt. Und vollends die für den späteren Reformer Stein am meisten charakteristische Idee: daß es die letzte und höchste Aufgabe des Staates sei, durch das Mittel der Selbstverwaltung sittliche Grundsätze, edles, kräftiges Handeln für das Gemeinwohl an Stelle träger Genußliebe, gemeiner egoistischer Sinnlichkeit in der ganzen Nation zu verbreiten, also moralische Nationalerziehung größten Stils zu treiben, ist Rehberg fremd.

Wir werden später genauer zu verfolgen haben, wie die charakteristische Steigerung der Steinschen Reformideen in den Gesinnungsidealismus der Erhebungsjahre ganz wesentlich verursacht worden ist durch das Schicksal Preußens, durch die harte Notwendigkeit, den zusammengebrochenen Staat Friedrichs des Großen mit Hilfe einer neuen politischen Gesinnung der Staatsbürger wieder aufzurichten. Einem Rehberg gab eben dieser Zusammenbruch nur Anlaß, mit dem ganzen Selbstgefühl des mittelstaatlichen Liberalen den großen, lange gefürchteten Nachbarstaat (den man in Hannover mit knirschender Ohnmacht zuletzt noch als Herrn des Landes hatte ertragen müssen und von dem man sich seit dem Tage von Jena aufatmend befreit sah!) über die tieferen Ursachen seiner Katastrophe zu belehren. Triumphierend sprach er jetzt von dem Zusammenbruch einer Staatsverwaltung, „die nicht das Wohlbefinden der Menschen zu ihrem Zweck machte, sondern die Kräfte der Menschen zu Mitteln des gemeinen Wohls, das heißt einer anscheinenden äußeren Stärke des Regenten". Deutlicher konnte er den Unterschied in der Staatsgesinnung, der ihn von dem Stein der großen Reformjahre und seinen Helfern trennte, gar nicht bezeichnen.

Immerhin sind das Differenzen, die sich erst später und allmählich herausbildeten und den Freunden selbst wahrscheinlich niemals klar zum Bewußtsein gekommen sind. Was ihre – seit 1802 beginnende und nie wieder ausgeheilte – gegenseitige Entfremdung unmittelbar bewirkte, war noch etwas anderes.

Es hatte schon früher schwere Meinungsdifferenzen zwischen Stein und Rehberg aus Anlaß der Besitznahme westfälischer Stiftslande und der bevorstehenden Okkupation Hannovers durch Preußen gegeben. Die Auseinandersetzungen, die sich daran knüpften, haben offenbar die entscheidende Wendung in ihrem Freundschaftsverhältnis herbeigeführt[48]. Beide werden sich darüber klargeworden sein, daß nur noch der Übertritt des einen in den politischen Wirkungskreis des anderen die unveränderte Fortdauer der alten Gemeinsamkeit ermöglichen könne. Wie die Hannoveraner damals (vergeblich) versuchten,

Stein zum Eintritt in hannoverische Dienste zu bewegen, so hat sich dieser zur gleichen Zeit bemüht, Rehberg von seiner hannoverischen Umgebung (insbesondere von Brandes) loszumachen und nach Preußen hinüberzuziehen. Es mißlang. Und es hätte wohl nur gelingen können, wenn Rehberg imstande gewesen wäre, gleich Stein in der Großmacht Preußen den einzig berufenen Träger deutscher Zukunft auf norddeutschem Boden zu sehen.

Damit gelangen wir an den Punkt, wo sich am deutlichsten übersehen läßt, was dem Reichsfreiherrn vom Stein im Kreise seiner hannoverischen Freunde eine Sonderstellung gab. Es ist vor allem doch seine reichspatriotische Gesinnung.

Deutsch dachten und empfanden, mit starker Betonung, auch die anderen. Schon Goethe hat, wie man weiß, Justus Möser als „den alten Patriarchen" gepriesen, „der uns doch eigentlich in dies Land gelockt hat": in das Land nämlich der alten kernhaften Deutschheit mittelalterlichen Aussehens, das der Dichter in seinem Götz mit heißer Anteilnahme des Herzens schilderte. Und wer in der Tat hätte das Lob eines deutschtümlichen Charakters mehr verdient als dieser westfälische Patriot, der mit so viel Freimut und Geist die Verteidigung der deutschen Literatur gegen ihren gekrönten Tadler unternahm und dessen Einleitung zur „osnabrückischen Geschichte", in Herders berühmte Sammelschrift von 1773 aufgenommen, von echter „deutscher Art" mehr und Besseres zu sagen wußte als ganze Stapel von Gedichtbänden teutonisch schwärmender Barden! Aber ein altfränkisch-idyllischer Zug haftet dem allem doch unverkennbar an. Zu der politischen Idee eines nationalen deutschen Gesamtstaates ist keiner der westfälisch-hannoverischen Freunde Steins jemals vorgedrungen. Deutschland als politischer Begriff, das Reich als lebendige politische Größe blieb so gut wie gänzlich außerhalb ihrer Erwägungen. Mochte Möser gelegentlich träumen von der Wiedererweckung altdeutscher Hanseherrlichkeit – von den machtpolitischen Voraussetzungen nationaler Politik im Gedränge der modernen Großmächte hatte er keinen Begriff. Die persönliche heroische Leistung Friedrichs II. vermochte er zu bewundern als einen großartigen Gegenstand des Nationalinteresses – Friedrichs Staat interessierte ihn doch im wesentlichen nur als gefährliches Hindernis altdeutscher Volksfreiheit, und gegen das System der stehenden Heere, auf dem das preußische Staatswesen ganz wesentlich beruhte, hat er mit so großem Eifer gefochten wie nur irgendeiner der aufgeklärten politischen Schriftsteller seiner Zeit. Daß mit dem Niederbruch Preußens bei Jena zugleich die letzte Hoffnung deutscher Selbständigkeit gegenüber Frankreich vernichtet wurde, scheint Rehberg überhaupt nicht berührt zu haben. Gelassen setzt er in seiner Schrift von 1807 auseinander, daß die revolutionäre Propaganda von ehedem für Deutschland nun keine Gefahr mehr bedeute: da sie ja in ihrem Ursprungsland durch den neuen Cäsarismus überwunden sei und damit gleichsam sich selbst widerlegt habe. Verwaltungs- statt Verfassungsreform sei jetzt die Losung des Tages[49]. Den Zusammenbruch des alten Reiches aber empfindet er nichts weniger als tragisch: indem so die vielen Einmischungsversuche ohnmächtiger Reichsbehörden in die innere Politik der kleineren Reichsstände ihr Ende gefunden haben, ist die Bahn geebnet für eine Verständigung zwischen Regierungen und Ständen und damit für gesunde Reformen des deutschen Staatslebens.

Die Frage, die Stein von jetzt an immer stärker, immer leidenschaftlicher bewegen sollte: wie die nationale Unabhängigkeit nach außen zu sichern sei, welche Form eines nationalen Gesamtstaates an die Stelle des zugrunde gegangenen treten sollte, lag gänzlich außerhalb des Gesichtskreises seiner hannoverischen Freunde. Es war wirklich schon eine ganz einzigartige Kombination politischer Ideen, die Stein als Reichsritter und preußischer Staatsbeamter in sich vereinigte: das Reich eine lebendige politische Wirklichkeit, nicht bloß ein juristischer oder historischer Begriff, und der Staat Friedrichs des Großen als berufener Träger deutscher Zukunft, als stärkster Halt aller deutschen Hoffnungen neben dem habsburgischen Kaiserstaat.

Sechstes Kapitel

Minister des Ancien Régime 1804–1806

I. Teilnahme an den Verwaltungsreformen vor Jena

Die Berufung Steins als Minister in das Generaldirektorium (27. Oktober 1804) ist im wesentlichen, soviel sich erkennen läßt, das Werk des klugen Kabinettsrats Beyme gewesen. Darf man dessen Versicherungen trauen – und es liegt nicht der mindeste Grund vor, ihre Ehrlichkeit zu bezweifeln –, so war die Absicht: eine Persönlichkeit von unverbrauchter Frische und Tatkraft zur Verstärkung der Reformpartei unter den Ministern der Zentralbehörde zu gewinnen. Daß Stein gerade das Ressort der Steuer-, Zoll- und Gewerbesachen zufiel, dazu (unter Schulenburgs Oberleitung) die Verwaltung des Salzmonopols, der Staatsbank und königlichen Seehandlung – das ergab sich, wie es scheint, mehr aus allerhand Zufälligkeiten der Personalbesetzung als aus sachlichen Erwägungen: seiner eigenen Neigung und Begabung hätte ein Provinzialministerium (dem alle Verwaltungszweige einer bzw. mehrerer Provinzen unterstanden), wie es ihm anfangs zugedacht war, weit mehr entsprochen; und auch der König und sein vertrauter Berater Beyme trugen zunächst ernstliche Bedenken, dem westfälischen Oberpräsidenten mit seinen wohlbekannten, vom Normalschema so weit abweichenden Ansichten gerade das wichtigste Fachdepartement anzuvertrauen. Ganz zu schweigen von den ebenso ängstlichen wie erbitterten Intrigen, die ehrgeizige Routiniers und Neider in den Zentralbehörden sofort zu spinnen begannen, als der Name Stein auf der Ministerliste auftauchte. Anderseits schien gerade das Fach des Akzise-, Zoll-, Fabriken-, Manufaktur- und Kommerzwesens in hohem Maße reformbedürftig: der geistreiche, soeben verstorbene Struensee, der Gönner und Beschützer Fichtes, ein Mann von überlegener skeptischer Einsicht, aber ohne zuversichtliche Energie, hatte schon allzulange diese Dinge treiben lassen, wie sie gingen. Wenn irgendwo, so brauchte man hier „ein hellsehendes Auge und einen von Vorurteilen freien Geist“ [1]. Dafür, daß Stein sein gefürchtetes Temperament zügele und sein „schädliches Vorurteil für die westfälische Verfassung“ den Bedürfnissen der östlichen Provinzen anpassen werde, glaubte Graf Schulenburg, der leitende Minister Friedrich Wilhelms III. vor Jena, nach seinen letzten Erfahrungen in Westfalen sich verbürgen zu können. Schulenburg selber waren die ruhigen, soliden Geschäftsmänner ohne eigene Ideen freilich lieber: vor dem Genialischen Steins, den er als staatsmännischen Kopf mit eigenen Aussichten auf Politik und Ökonomie der Reiche im großen beurteilte, scheute er ebenso zurück wie der König: beide waren Durchschnittsnaturen, die mit Fleiß und Wohlwollen alles Nötige zu leisten hofften, immer heimlich besorgt vor der Kritik eines überlegenen Geistes. Aber verlieren wollte man eine so bedeutende Kraft doch schließlich auch nicht: da man Stein bei der neuen Personalveränderung nicht übergehen konnte, ohne ihn zu verärgern, nahm man die zu erwartenden Reibungen in Kauf. Er selbst zeigte freilich sehr geringen Eifer, in die Zentrale der Staatsverwaltung zu gelangen. Sehr ungern hat er sich von seinen westfälischen Ämtern getrennt, wie sein langes Zögern, ehe er die Geschäfte abgab, und sein Drängen auf rasche Neubesetzung seines Postens zeigen. In einem merkwürdigen Immediatschreiben legte er die letzte Entscheidung über seine Berufung gewissermaßen nochmals in die Hände des Königs zurück mit der Begründung, er zweifle an seiner sachlichen Befähigung für das neue Amt. Vom äußerlichen Ehrgeiz des Karrieremachers war er ebensoweit entfernt wie von dem ungeduldigen Machthunger des geborenen Politikers[2].

Indessen so oder so: einmal gerufen, geriet er unweigerlich in den Bannkreis der hohen Politik. Preußens Schicksal war nun vollends zu dem seinigen geworden, und er selber empfand sehr tief, was das für ihn, den Reichsritter, bedeutete: er sei ohne Zögern bereit, schrieb er an Beyme, die eigene Persönlichkeit für die ihm nun gesetzten höheren Zwecke aufzuopfern, innig überzeugt, „daß deutsche Veredelung und Kultur fest und unzertrennlich an das Glück der preußischen Monarchie gekettet ist". Es waren die Jahre, in denen dieses Glück sich jäh seinem Ende zuneigte, die Freiheit „deutscher Veredelung und Kultur" aber von außen schwerer bedroht war als je. Was empfand man in den Berliner Ministerien von der Schwüle dieser politischen Atmosphäre? Was empfand Stein selbst davon, und was tat er als Minister, dem drohenden Schicksal zu begegnen?

Noch immer bewegte sich das politische Leben des alten Preußen in denselben, äußerlich kaum veränderten Geleisen fort, die Friedrich II. und sein Vater dereinst gelegt hatten. Wer von den humanitären und demokratisierten politischen Begriffen unserer Tage herkommt, dem muß dieser Soldatenstaat mit seinen harten Herrschaftsformen, seiner starren Trennung der Stände und seiner einseitig militärischen Kräfteanspannung als das abschreckende Musterbeispiel eines brutalen Despotismus erscheinen. Selbst in der rationalisierten Gestalt, in der das „Allgemeine Landrecht" der neunziger Jahre die damaligen sozialen und Rechtsverhältnisse widerspiegelt, wirkt ihr Anblick auf den modernen Betrachter erschreckend, abstoßend, wie eine fremde, unverständlich gewordene Welt.

Aber schon die Zeitgenossen empfanden, nicht ohne heftigen Widerwillen, diesen rauhen Kriegerstaat als eine Art bewaffnetes Feldlager mitten im Frieden. Wie schneidend wußte Rehberg, aus seinem ständisch-aristokratischen

Stilleben in Hannover nach Berlin hinüberblickend, über den eisernen Dienstmechanismus, den gewalttätigen Machtwillen des preußischen Polizei- und Kasernenstaates zu urteilen! Und doch ist gar kein Zweifel, daß alle deutschen Klein- und Mittelstaaten, mochten sie nun idyllisch ihre altständischen Privilegien pflegen oder auch unter fürstlichem Sultanismus seufzen, zukunftslose Gebilde waren im Vergleich mit der gestrafften Energie der jungen preußischen Großmacht, der einzigen Staatsbildung von wirklich lebendiger Tatkraft im außerösterreichischen Deutschland – wie niemand deutlicher als eben Stein erkannte. Reif zum Untergang, unfähig, die Stürme des revolutionären Zeitalters zu überstehen, war diese ganze deutsche Staatenwelt. War es das friderizianische Preußen auch? Auf welcher Stufe der Entwicklung befand es sich im Vergleich mit den anderen Großmächten seiner Epoche? Wie insbesondere hatte es seine inneren Kräfte entwickelt im Vergleich mit der französischen Monarchie, dem Musterstaat des kontinentalen Absolutismus unter dem ancien régime? Und da inzwischen die Revolution ungeahnte neue Kräfte in der französischen Nation entfesselt hatte, die ein genialer Militärdespot nach außen zu lenken wußte zu unaufhaltsamer Eroberung: gab es für die preußischen Staatsmänner vor Jena irgendeine Möglichkeit, diesen ungeheuren Vorsprung im Wege friedlicher Reformen einzuholen? Erkannten und empfanden sie überhaupt die Notwendigkeiten, den Drang und die Not der Stunde?

Man begreift die Ruhe und Zuversicht, ja Lässigkeit, mit der sie ihre Einzelreformen betrieben, nur dann, wenn man sich klarmacht, daß ihnen das Bild des revolutionären Staates damals, in den Tagen des Friedens von Amiens und der Kaiserkrönung Napoleons, doch ganz anders vor Augen stehen mußte als uns, den nachlebenden Betrachtern. Daß Napoleon ein brodelndes Chaos mit starker Hand zur Ruhe gebracht hatte, war damals immerhin deutlicher zu erkennen als die Größe der Gefahr, die von seinem fortdauernd unzähmbaren Macht- und Eroberungswillen drohte. Ein Universalreich des Friedens glaubten viele, von den Phrasen der bonapartistischen Presse umnebelt, mit der Herrschaft des Korsen über Frankreich anbrechen zu sehen. Aufgeklärte Berliner Publizisten wie D. H. von Bülow und Buchholz bewunderten den Bändiger der Revolution als einen neuen Karl den Großen und priesen seine frischgebackene Monarchie als ein Reich des Lichtes, Fortschritts und der Kultur[3]. Aber auch wer sich fernhielt von solchen Überschwenglichkeiten des verantwortungslosen Literatentums, war meist nur zu gern bereit, an die Ehrlichkeit seines Friedenswillens zu glauben und lieber im Wetteifer mit den Publizisten Frankreichs auf das ewig kriegslüsterne Albion zu schelten, dessen unersättliche Habgier eben damals Schiller in tönenden Versen schilderte. An die hingerissene Bewunderung, mit der in jenen Jahren die Heroen des deutschen Geistes, die Goethe, Wieland, Hegel und viele andere, das aufgehende Gestirn Napoleons begrüßten, mag nur eben erinnert werden. Ein volles Jahrzehnt war man gewöhnt, mitten im Stürmen der Weltereignisse die Ruhe einer friedlichen, durch Preußens Waffenmacht gedeckten norddeutschen Neutralität zu genießen. Dem Aufblühen der preußischen Volkswirtschaft war sie ebenso zugute gekommen wie (nach Rankes bekanntem Wort) der ruhigen Entfaltung des deutschen Geisteslebens im Zeichen der Heroen von Weimar. Man fühlte die materiellen Kräfte ebenso wachsen wie die geistigen. Der wirtschaftliche Aufschwung Preußens war bedeutend, und die Staatskassen hatten sich seit dem Baseler Friedensschluß ziemlich rasch erholt. Man vertraute auf die Stärke des friderizianischen Staates, an den so leicht keiner werde zu rühren wagen und dessen auswärtige Politik man immer neue, unerhörte Gewinne aus dem System scheinbar kluger Zurückhaltung zwischen den Streitenden ernten sah. Und man war aufs äußerste überrascht und bestürzt, als seit dem Herbst 1805 das Unwetter sich auch über den friedlichen Fluren Mittel- und Norddeutschlands drohend zusammenzog.

Eingebettet in diese allgemeine Atmosphäre harmloser Zuversicht auf den fortschreitenden Sieg der Vernunft in den großen Weltgeschehnissen hat man sich die Reformarbeit der preußischen Staatsmänner vor Jena vorzustellen. Was ihnen die geringste Sorge machte, war die Möglichkeit, der Staat Friedrichs des Großen könne eines Tages ebenso an innerer Entkräftung zusammenbrechen wie die alte Monarchie in Frankreich. Von der Vortrefflichkeit der Grundlagen, auf denen das Regierungssystem der friderizianischen Monarchie beruhte, war man fest überzeugt. Daß es zeitgemäß um- und fortgebildet werden müsse, humanitärem Empfinden und modernen wirtschaftspolitischen Theorien besser angepaßt, davon waren freilich viele durchdrungen. Aber von dem ungeheuren Vorsprung an inneren Kräften, den der moderne Nationalstaat in Frankreich vor allen Monarchien alten Stils voraushatte, findet man vor dem Ende des Jahres 1805 nirgends eine klare Vorstellung. Grundstürzende Änderungen im inneren Aufbau des Staates hat keiner der späteren Reformer früher gefordert als unmittelbar vor der Katastrophe des Feldzuges von 1806 – auch Stein nicht. Soll man sich darüber wundern? Nicht einmal die augenfällige Überlegenheit der französischen Kriegführung hat den Glauben der besten militärischen Sachkenner an die fortdauernde Leistungsfähigkeit der friderizianischen Heeresverfassung gänzlich erschüttern können: erst aus dem April 1806 stammt jene Denkschrift des genialen Scharnhorst, die mit dem Gedanken der allgemeinen Wehrpflicht zum erstenmal wirklich Ernst macht – ungefähr gleichzeitig mit dem ersten großen politischen Reformprogramm Steins. Nachträgliche Rückschau hat es immer leicht, die verborgenen Schäden aufzuweisen, nachdem sie erst einmal weit aufgeklafft sind – der Miterlebende wird selten über ein unsicheres Abtasten hinausgelangen. Und war es nicht schließlich doch so, daß weniger die Unvollkommenheiten des preußischen inneren Regierungssystems den Staat ins Unglück hineingeführt haben als die deutlich erkennbaren Mängel der politischen Leitung, ihre unsichere Schwäche, ihre allzu ängstliche Friedensliebe, ihre persönliche Unzulänglichkeit im Moment der Krise – Fehler also der auswärtigen Politik und der Kriegführung?

Es war vielleicht der am meisten charakteristische Unterschied zwischen der

Lage der altpreußischen Monarchie und der des ancien régime in Frankreich, daß drüben die Schwächen des politischen Systems den Gegenstand einer erregten, durch Jahrzehnte fortgesetzten und stetig anschwellenden öffentlichen Diskussion bildeten, hier im wesentlichen nur einem engen Kreise hochstehender, einsichtiger Staatsbeamter klar bewußt wurden. In Preußen gab es nicht jene breite, wohlhäbige, selbstbewußte Schicht von Bourgeois, deren politischer Geltungswille drüben zu einem so wesentlichen Teil die große Revolution erzeugt hat. Das handel- und gewerbetreibende Bürgertum der preußischen Städte hatte sich noch nirgends – wenn man absieht von ein paar wohlhabenden Familien der großen Städte, meist jüdischer Herkunft – über ein enges, gedrücktes Spießertum erhoben. Es verharrte durchaus in Unterwürfigkeit und Respekt vor dem altererbten Glanz der höfisch-adligen Gesellschaft, ohne jeden politischen Ehrgeiz. Man hat bisher nicht eine einzige Stimme aus bürgerlichen Kreisen nachweisen können, die nach Erneuerung altdeutscher städtischer Freiheit und Selbstverwaltung verlangt hätte[4], wohl aber zahlreiche Äußerungen der Zufriedenheit mit dem strammen obrigkeitlichen Regiment, das den „rathäuslichen Bedienungen", den Magistraten, so scharf auf die Finger sah und dem friedlichen Bürger mit dem Anteil am Gemeinwesen zugleich die Verantwortung dafür abnahm – ohne doch, wie in Frankreich, mit dem Verkauf kommunaler Amtspfründen ein frevles fiskalisches Spiel zu treiben. Die Städteordnung von 1808 ist ausschließlich der Initiative des höheren Beamtentums entsprungen, und ihre Einführung stieß überall im Lande auf Verwunderung, Kopfschütteln, Bedenken und Beschwerden der verschiedensten Art – so gut wie nirgends auf freudige Zustimmung. Bürgerliches Selbstbewußtsein gab es – außerhalb des Beamtentums – nur im Bereich der Literatur, der Wissenschaft, Dichtung, Tagesschriftstellerei. Die Kritik dieser Kreise am friderizianischen System blieb aber immer in einer gewissen Entfernung vom wirklichen Staate, in einer unpolitischen Sphäre rein geistiger Interessen: ohne nähere Kenntnis von den Organisationsformen und spezifischen Bedürfnissen staatlicher Machtbildung tadelte man die Härten des preußischen Militärregiments, wünschte sich einen möglichst weiten Spielraum individueller Denk- und Handlungsfreiheit, klagte oder spottete auch wohl über die schimärischen Privilegien des Adelsstandes und schwärmte für allgemeine Menschenrechte und Menschenwürde – praktisch gab sich das Volk der Gelehrten und Literaten zufrieden, wenn ihm nur die Freiheit zu reden und zu schreiben ungestört verblieb. Im Geiste eines Kant, Wilhelm von Humboldt, auch wohl Fichte konnte diese Kritik sich zu tiefsinnigen Betrachtungen von überzeitlichem Rang erheben – für die praktische Tagespolitik hatte das alles keine Bedeutung. Um so weniger, als die Nachfolger Friedrichs des Großen eifrig bemüht waren – wir hörten schon früher davon –, die Härten des überkommenen Systems zu mildern, der humanitären Strömung des Zeitalters möglichst weit entgegenzukommen. Beim Tode Friedrichs hatte selbst ein so kluger Beobachter wie Mirabeau mit allen seinen revolutionären Instinkten kein anderes Element politischer Opposition in Preußen entdecken können als die Verärgerung kleinbürgerlicher Kreise Berlins über die französisierte Monopol- und Steuerverwaltung. Ein halbes Menschenalter später schilderte der Historiker Johannes Müller, nach Berlin berufen, seinen Schweizer Landsleuten mit wahrer Begeisterung den Zustand zuversichtlichen Behagens und allgemeiner Zufriedenheit in der preußischen Monarchie.

Noch viel weniger als das Bürgertum trat der dritte Stand, die bäuerlichen „Untertanen", mit eigenen politischen und sozialen Wünschen hervor. Ihnen fehlte jedes Organ, sich eine gemeinsame öffentliche Meinung zu bilden und sie auszusprechen. Und was an tumultuarischen Auftritten gegen die Frondienste seit den neunziger Jahren hie und da vorkam (übrigens nicht nur in Preußen!), war eher als Ausdruck enttäuschter oder irregeleiteter Hoffnungen denn als Symptom einer allgemeinen verzweifelten Unzufriedenheit zu deuten. Gemurrt wurde freilich viel im Lande, und man wird sich hüten müssen, das Verhältnis von Gutsherrn und Bauern in den ostelbischen Provinzen sich harmlos-patriarchalisch auszumalen. Immerhin: das Herkommen vieler Generationen hatte die Bauern an harten Druck gewöhnt, zu willenloser, ja stumpfer Fügsamkeit erzogen. Sicherlich wären sie nicht auf den Gedanken gekommen, daß ihre Lage sich einmal ändern könne, wäre nicht die Staatsregierung mit der Befreiung der Domänenbauern kräftig vorangegangen. Eben dieses Reformwerk, die Befreiung von über 50 000 spannfähigen Domänenbauern von den Frondiensten, ihre Lösung aus dem Erbuntertänigkeitsverhältnis und die Beleihung eines sehr großen Teiles von ihnen mit erblichem Besitzrecht, war die bedeutendste Reformmaßregel des ancien régime vor Jena überhaupt. Sie ist das Verdienst des reformeifrigen jüngeren Beamtentums, Beymes an der Spitze, eine Frucht jener starken, aus wirtschaftlich-rationalen und humanitären Motiven zusammengesetzten Agrarreformbewegung, deren allgemeine europäische Ausdehnung wir schon früher kennengelernt haben. Freilich blieb das Befreiungswerk in Preußen, wie wir hörten, auf halbem Wege stecken: seine Ausdehnung auf die Untertanen privater Gutsbesitzer gelang nur in sehr beschränktem Umfang. Durchgreifende gesetzliche Maßregeln wurden aufgegeben oder vertagt, weil man, wie es scheint, den Konflikt mit den adligen Ständen scheute. Hier stießen die Reformer auf eines der härtesten, schwer zu beseitigenden Fundamente der altpreußischen Monarchie: auf die verfassungsmäßige Vorzugsstellung des Adels.

Sie bedeutete an sich nichts weniger als eine preußische Eigentümlichkeit. Keiner der neueren Monarchien vor der großen Revolution war es gelungen, den feudalen Stufenbau des mittelalterlichen Staates so völlig einzuebnen, daß die ehemalige Herrenstellung des Adels als Teilhaber staatlicher Hoheitsrechte ganz unerkennbar geworden wäre. Den wirtschaftlich gesunkenen und waffenlos gewordenen Stadtbürger zum gehorsamen Untertanen herabzudrücken, war nicht schwer gewesen; der Adel ließ sich nicht so leicht zu Boden werfen. Es war schon viel, wenn es den Monarchen gelang, alle eigentlich staatliche Souveränität in ihrer Hand zu versammeln, die politische Macht ihrer stolzen Lehnsaristokratie zu brechen, zuletzt auch das halbfeudale Ständewesen zu beseitigen oder doch ohnmächtig zu machen. Den letzten Schritt auf diesem Wege, die Beseitigung aller Standesunterschiede, konnte nur die Revolution wagen, weil nur ein Staat, dessen Gesetze als Willensäußerung der Gesamtnation galten, das Staatsinteresse so rücksichtslos gegen die altererbten Rechte ganzer Klassen von Staatsbürgern zur Geltung bringen durfte. Die preußischen Herrscher hatten ihren Landadel für den Verlust seiner politischen Rechte gewissermaßen entschädigt durch Schonung seiner patrimonialen Herrenstellung auf seinen Gütern. Die königliche Verwaltung in den preußischen Kernprovinzen endete beim Landrat; darunter walteten die Gutsherren als Träger der ländlichen Administration und als Inhaber lokaler Polizeigewalt und Gerichtshoheit. Das war gewiß ein mächtiges Trümmerstück feudaler Vergangenheit, sehr fremdartig anmutend in einem modernen Staatswesen. Aber seine Beseitigung machte sehr viel größere sachliche Schwierigkeiten als die Entrechtung und Enteignung des Adels in Frankreich. Was die Revolution in jener Augustnacht von 1789 zerstörte, war das Drohnendasein einer Klasse von Staatspfründnern und Höflingen ohne ernsthafte politische Aufgaben. Die preußische Monarchie durfte sich rühmen, ihren Feudaladel nicht wie Richelieu und Ludwig XIV. zu einem nutzlosen Rentnerdasein ohne wahre Würde verdammt, sondern in Armee und Zivilverwaltung höchst fruchtbringend für den Staat verwendet zu haben. Da saß er nun auf seinen Gütern, wirtschaftete höchst persönlich, vielfach als einziger Träger wirtschaftlichen Fortschritts und gewisser, wenn auch oft bescheidener Bildungsinteressen inmitten dieses weiten, eintönigen, kulturarmen östlichen Landes, hielt seine Bauern in Ordnung, sorgte für pünktlichen Steuereingang und Rekrutengestellung, genoß die Dienste und Abgaben seiner Untertanen, trug aber auch die gesetzliche Last, alle Bauernstellen zu erhalten und regelmäßig mit leistungsfähigen Landwirten zu besetzen, die Gehöfte nicht verfallen zu lassen – schickte seine Söhne in die Kadettenhäuser und auf die Schlachtfelder des Königs oder, soweit sie studierten, in die königliche Verwaltung, und lernte von Jahrzehnt zu Jahrzehnt besser, dem obersten Kriegsherrn unbedingte Ordre parieren. War es nicht ein offenbares Staatsinteresse, diesen Adel sich dienstwillig und dienstfreudig zu erhalten, den Kredit seiner Landgüter – auf denen noch immer der Staatskredit zu einem guten Teil mitberuhte – sorgsam zu schonen, ihn seine besondere Standesehre als natürliche Grundlage der Offiziersehre pflegen zu lassen, seine altererbte Herrengesinnung überall in den höheren Posten des Staatsdienstes fruchtbar zu machen?

Fraglos war diese ostelbische Junkerklasse eine gesündere soziale Erscheinung als die Masse des westdeutschen Rentneradels, aus der Stein herkam. Freilich steckte auch ein sehr viel robusteres Klassenbewußtsein darin. Ihr zähes Festhalten an sozialen, wirtschaftlichen und politischen Vorzugsrechten durch das ganze 19. Jahrhundert, ja teilweise bis ans Ende der Monarchie, der

Mangel an Verständnis so vieler ihrer Führer für die Wandlungen der Lebensbedürfnisse einer neuen Zeit und für die wahren Erfordernisse konservativmonarchischer Staatsordnung sind verhängnisvoll geworden für die Geschichte Preußens und Deutschlands, nicht zuletzt auch für die Reformepoche. Als Steins Schüler und späterer Nachfolger in Münster, Frh. v. Vincke, 1800 England bereiste, konnte er sich gar nicht genug verwundern über die Selbstverständlichkeit, mit der auch die reichsten und mächtigsten Lords dort die finanziellen Lasten der Staatsverwaltung mittrügen, und stellte sehr bittere Vergleiche an mit dem deutschen Adel, der (übrigens nicht nur im Ostelbischen) seine Sonderstellung, insbesondere seine Steuerprivilegien, für das Fundament aller öffentlichen Ordnung hielte und sich jeder Reform in den Weg stelle. Auch Stein hat später sehr harte Urteile über den ostelbischen Landadel gefällt. An eine radikale Beseitigung seiner politischen und sozialen Vorzugsstellung war aber im Ernst nicht zu denken.

Viel zu fest gefügt war die eigenartige soziale Struktur des preußischen Militärstaates, als daß man es hätte wagen können, ohne äußerste Not daran zu rütteln. Solange die allgemeine Wehrpflicht nicht bestand und die friderizianische Armee nicht umgewandelt war in ein modernes Volksheer, schien die soziale Herrenstellung des Adels ebenso unentbehrlich als Rückhalt eines ehrbewußten, stolzen Offizierskorps wie die Erhaltung untertäniger bäuerlicher Wirtschaften in unverminderter Zahl als Rekrutierungsgebiet der Zwangswerbungen. Der Bürgerstand aber, unkriegerisch wie er einmal war, sollte mit seinen Gewerben das Land in Flor bringen, ungestört durch militärische Pflichten, und vor allem durch seine Steuerleistung die Füllung der Kriegskassen besorgen; gegen den Zutritt adliger wie bäuerlicher Elemente war er durch das Gesetz so ziemlich abgesperrt. Jeder hatte in seinem Stand zu verbleiben, weil er da dem Staat am nützlichsten war. Wollte man diese sozialen Schranken niederlegen, so mußte die Armeereform vorangehen. Die aber blieb in endlosen Beratungen stecken, ohne mehr als Ansätze einer Neugestaltung zuwege zu bringen: so hat erst die Katastrophe von Jena die grundsätzliche Preisgabe des starren Dreiständesystems ermöglicht – praktisch hat es sich erst sehr viel später gelockert oder aufgelöst.

Viel leichter war es, den Schäden beizukommen, die sich im Bereich der eigentlichen Staatsverwaltung je länger desto deutlicher zeigten. Sie zu erkennen und zu heilen, bedurfte es keineswegs erst einer allgemeinen Katastrophe. Vielmehr hat diese die Reformtätigkeit des ancien régime – die freilich nur mühsam und stückweise vorankam, am wichtigsten Punkte sogar versagte – mitten in vollem Zuge überrascht. Immerhin kam es zu Teilreformen, an die man später wieder anknüpfen konnte und tatsächlich angeknüpft hat.

Zwei Hauptgebiete solcher Reformen lassen sich abgrenzen: Finanz- und Wirtschaftspolitik und Organisation der Staatsbehörden, insbesondere Verfassung der obersten Regierungsorgane. Auf beiden Gebieten hat Stein schon vor 1806 seine bedeutende Energie mit eingesetzt. Zunächst im Bereich seines

Fachministeriums: der Steuerverwaltung und Gewerbepolitik, dann, kurz vor der Katastrophe, auch auf die allgemeine Behördenorganisation übergreifend. In beiden Fällen galt es zunächst nur, das Prinzip rationaler Zweckmäßigkeit entschiedener durchzuführen, als es der friderizianischen Monarchie gelungen war – also die Institutionen technisch zu verbessern. Seine uns wohlbekannten ständischen Lieblingsideen auszusprechen oder gar zu verwirklichen, bot sich Stein in diesen Jahren noch keine Möglichkeit. Erst im Frühjahr 1806, in der ersten seiner großen Reformdenkschriften, die bereits unter dem Druck einer katastrophalen außenpolitischen Lage entstand, klingt eine vorläufige Andeutung auf. Ausgereift zu ihrer eigentlich charakteristischen Gestalt, werden die Reformgedanken Steins aber erst nach dem Zusammenbruch des alten Obrigkeitsstaates ans Tageslicht treten.

Auf keinem Gebiete waren die Vorzüge der alten preußischen Staatsverwaltung vor dem ancien régime in Frankreich deutlicher sichtbar als auf dem des Finanzwesens. Drüben das großartig sorglose, ja leichtfertige Finanzgebaren einer an natürlichen Hilfsmitteln reichen Monarchie; hier die ängstlich sparsame Wirtschaft eines politischen Emporkömmlings, dessen Knauserei allen Lästermäulern an deutschen Nachbarhöfen immer neuen Anlaß zu Spott und Entrüstung gab – um so ärger, je mehr sie ihnen ein schlechtes Gewissen machte –, der aber durch zähe Anstrengung sich langsam emporgearbeitet hatte zu großmächtlicher Stellung. Freilich: nur durch gewaltsamste Anstrengung war diese Stellung zu behaupten! Von den 27 Millionen Talern jährlicher Staatseinkünfte (1805/06) mußten 6,7 Millionen für die Bedürfnisse des Hofes und der gesamten Zivilverwaltung ausreichen – alles andere ging für Militärzwecke, zur Füllung des Staatskriegsschatzes und Abzahlung von Kriegsschulden drauf. Und doch brachte schon jede Mobilmachung die Staatskassen in Verlegenheit; den Frieden von Basel hatte man zu einem wesentlichen Teil deshalb geschlossen, weil man den Krieg auf keine Weise mehr zu finanzieren wußte. Immer wieder zeigte sich, daß der auswärtige Anleihekredit dieses Staates trotz seiner soliden Finanzwirtschaft äußerst beschränkt, die innere Kapitalbildung dürftig war, seine Steuererträgnisse aber mit den bisherigen Mitteln sich nicht ohne weiteres steigern ließen. Die staatliche Kontribution (Grundsteuer mit Nebenabgaben) belastete schon längst die bäuerliche Bevölkerung mit etwa 40 Prozent ihres baren Reineinkommens – erträglich nur deshalb, weil sie ein für allemal festlag und nicht wie die französische „Taille“ von Jahr zu Jahr wechselte. Das System aber von indirekten Steuern und lokalen Torzöllen, mit dem man die Finanzkraft der Städte zu erfassen suchte, erwies sich je länger je mehr als schwerfällig, veraltet, ein Hindernis für den Verkehr und die freie Entwicklung der Wirtschaft überhaupt, zugleich als Quelle unzähliger Betrügereien.

Die Reformbedürftigkeit dieses Steuerwesens erkannte sogar ein Teil der von Friedrich II. überkommenen Minister an. Aber wie schwer war es, ein wirklich durchgreifendes neues System an Stelle des praktisch Erprobten zu setzen! Die Umgestaltung des ländlichen Steuerwesens stieß überall auf altherkömmliche, als „wohlerworbenes Eigentum" zäh verteidigte Vorrechte des Adels. Schon die Revision der ländlichen Steuerkataster, so nötig sie war, hatte mit Widerständen dieser Art zu rechnen und war seit 1772 keinen Schritt mehr vorangekommen; vollends die Befreiung des Adels von der Kontributionspflicht galt – innerhalb wie außerhalb der preußischen Monarchie – als altgeheiligtes, fast selbstverständliches Vorrecht, so sinnlos sie auch seit dem Erlöschen des feudalen Lehnsgefolges geworden war; ihre Aufhebung, schon 1798 von einsichtigen Kabinettsräten und militärischen Beratern des Königs geplant, scheiterte sogleich in der zu Reformzwecken eingesetzten Finanzkommission: man wagte sie nicht durchzuführen gegen die Opposition der adligen Stände[5]. Nicht einmal die Not und der Reformeifer der Erhebungsjahre haben bekanntlich diese nächstliegende aller Steuerreformen erzwingen können: wie aussichtslos müssen danach jene frühen Versuche erscheinen! Sogar die materiell unbedeutende Aufhebung der Zoll- und Akzisefreiheit des Adels (1799) weckte dessen leidenschaftlichen Widerspruch.

An die Beseitigung des veralteten Akzisewesens aber war im Ernst erst dann zu denken, wenn man ein ebenso ertragreiches direktes oder indirektes Steuersystem von weniger drückender Art zur Hand hatte. Aber wie unsicher tasteten Theorie und Praxis des Zeitalters nach neuen, verbesserten Formen der Besteuerung von mobilem Besitz und Geldeinkommen herum! Was sogleich erreichbar schien, war vor allem eine zweckmäßigere Gestaltung des Akzise- und Zollwesens im einzelnen. Unzählige provinzielle und örtliche Verschiedenheiten der Tarife waren auszugleichen (allein für die Akzise gab es mehr als elf Tarife, und für den Binnenzoll allein in der Kurmark zwanzig verschiedene!), die Erhebungsformen zu vereinfachen, die Technik zu verbessern, die Besteuerung auf wenige ertragreiche Artikel zu beschränken, Einheitlichkeit und Übersichtlichkeit auch in der Verwaltung zu schaffen, durch Vereinfachung eines höchst komplizierten Kassenwesens, Zusammenlegen getrennter Behörden und dergleichen mehr; die veralteten Binnen-(Geleit-) Zölle innerhalb der einzelnen Provinzen mußten verschwinden, die zwischen ihnen bestehenden sogenannten Landzölle nach Möglichkeit abgebaut werden; ein einheitliches Grenzzollsystem war vorzubereiten, soweit die Zerrissenheit des Territoriums das zuließ, eine klare Scheidung von Grenzzöllen und Verbrauchssteuern durchzuführen; und endlich ließ sich auch die scharfe steuerliche Trennung von Stadt und Land wenigstens mildern durch Einführung ländlicher Gewerbe- und Konsumtionsteuern, die eine gewisse Lockerung des städtischen Gewerbezwangs ermöglichten. Ungefähr in dieser Richtung hat sich denn auch die Reformtätigkeit Steins vor Jena bewegt.

Sie war viel weniger radikal, als seine Berliner Widersacher von dem „Westfälinger" befürchtet haben mochten, und es wirkt eigentümlich genug, ihn, kaum nach Berlin berufen, die offizielle Regierungspolitik öfters brieflich verteidigen zu sehen gegen die bittere Kritik seines Nachfolgers in Münster, des Präsidenten von Vincke. In allem Wesentlichen stützte er sich auf die Vorarbeiten, die man seit dem Regierungsantritt Friedrich Wilhelms III. bereits gemacht hatte – nur daß seine frische Tatkraft endlich manches durchsetzte, und zwar in ganz kurzen Fristen, was Struensee und Schulenburg nicht zuwege gebracht hatten.

Das erste war die Umgestaltung des wichtigsten Staatsmonopols: der Salzverwaltung. Indem Stein einen gesonderten, schwerfälligen Verwaltungsapparat wieder auflöste, den sein Vorgänger Struensee geschaffen hatte, um die Salzverwaltung „kommerziell" zu gestalten, erfüllte er einen schon 1798 geäußerten Wunsch des Kabinetts[6]. Seine grundlegende Denkschrift zeigt den erfahrenen Bergwerksfachmann, zugleich aber den Kameralisten älterer Schule, dem die Förderung inländischer Industrie mit staatlichen Mitteln und die aktive Gestaltung der territorialen Handelsbilanz wichtiger ist als der rein kaufmännische Gesichtspunkt des Handelsprofits. Eben darin erweist er sich als echter Schüler von Heinitz, der schon vor ihm die kommerziellen Gesichtspunkte Struensees energisch, aber erfolglos bekämpft hatte[7].

Mit der Umgestaltung des Salzwesens hing aufs engste eine Reihe von Reformen im Steuer- und Zollwesen zusammen: nur durch eine starke Erhöhung der Gewinne im Salzmonopol schien es möglich, auf den Ertrag der Binnenzölle und anderer ebenso lästiger veralteter Verbrauchsabgaben zu verzichten. Dann mußte aber der Salzpreis erheblich gesteigert werden; und indem man darüber beriet, wie diese neue Belastung des Verbrauchs möglichst gleichmäßig auf alle Provinzen verteilt werden sollte, geriet man an die Frage, ob es möglich sei, einen einheitlichen Salzpreis für die ganze Monarchie zu schaffen – an Stelle der hundert verschiedenen „Salzdistrikte" mit ihren stark verschiedenen Preisen, in denen sich der Verkauf bisher vollzogen hatte. Abschaffung der Binnenzölle und Vereinheitlichung des Salzpreises gehörten eng zusammen: beide Reformen mußten dazu mithelfen, das Staatsgebiet endlich zu einem einheitlichen Ganzen zusammenzufassen. Nun war die Beseitigung der Binnenzölle schon vor Steins Eintritt ins Ministerium fast völlig vorbereitet; gerade hier hatte das Kabinett immer von neuem energisch vorwärtsgedrängt; das Edikt vom 26. Dezember 1805, das Stein veranlaßte, bedeutete nur einen Abschluß[8]. Es beschränkte sich auf die mittleren Provinzen des Staates (Pommern, Neu- und Kurmark, Magdeburg, Halberstadt, Mansfeld und Hohenstein): für die übrigen wagte man (angesichts ihrer zerstückelten Grenzlinien und wirtschaftlichen Strukturunterschiede) die Durchführung nicht auf einen Schlag, stellte sie aber, ebenso wie den Ausbau eines durchgreifenden Grenzzollsystems, in Aussicht. Ungefähr gleichzeitig kam auch die Erhöhung und Egalisierung des Salzpreises zustande – freilich so, daß diesmal das Kabinett des Königs mehr Entschlossenheit bewies als Stein und die übrigen Minister, die ihrerseits zögerten, der Bevölkerung eine Mehrlast von einer halben Million Talern indirekter Steuern aufzuerlegen.

Die Betonung wirtschaftlich-humanitärer Gesichtspunkte gegenüber den rein fiskalischen Interessen ist uns aus der westfälischen Verwaltungstätigkeit Steins schon wohlbekannt. Um so auffallender erscheint die große Vorsicht, mit der er das Problem einer allgemeinen Steuerreform anfaßte. Schon 1802 hatte eine königliche Kabinettsorder eine Vereinfachung der schwerfälligen „bändereichen" Akzisetarife durch Beschränkung auf die wichtigsten Artikel des Massenverbrauchs angeregt – einigermaßen ähnlich der Reform, die unter Mitwirkung Steins kürzlich in der Grafschaft Mark zustande gekommen war. Stein hat diese Reform ebensowenig durchgeführt wie sein Vorgänger Struensee. Gewiß: die ihm bis Kriegsausbruch zur Verfügung stehende Zeit war überaus kurz; aber es scheint auch nicht, daß er die Aufgabe für unmittelbar dringend hielt; sonst wäre es schwer zu erklären, daß er eben jetzt eine Heraufsetzung des in Ost- und Westpreußen bestehenden Akzisetarifs durchsetzte und eine vereinfachende Neugestaltung des ostpreußischen Akzisetarifs als undurchführbar ablehnte – beides gegen den Widerspruch des ostpreußischen Provinzialdepartements, in dem Schrötter und Schön, die bekannten späteren Reformer, schon damals freihändlerische Grundsätze vertraten. Statt dessen plante er sogar, das preußische Akzisewesen alten Stils auch auf die von Friedrich Wilhelm II. neugewonnenen polnischen Gebiete (mit gewissen Abschwächungen) auszudehnen, mitsamt der dazugehörigen scharfen Trennung von Stadt und Land durch gewaltsame Beschränkung der Gewerbe auf die Städte[9]. Man sieht: dem preußischen Finanzminister lagen andere Sorgen am Herzen als einst dem westfälischen Oberpräsidenten. Provinzielle Sonderwünsche mußten für ihn zurücktreten hinter dem Bedürfnis, die bestehenden Akzisetarife einander anzugleichen und damit die Aufhebung der zwischen den Provinzen bestehenden Zollgrenzen vorzubereiten.

Dazu kam die Verantwortlichkeit des Ministers für ein ausreichendes Staatseinkommen. Stein hielt sie allen denen entgegen, die auf Herabsetzung der Tarife und auf Verkehrserleichterungen drängten: so den ostpreußischen Kaufleuten und Verwaltungsbeamten, so auch seinem Nachfolger Vincke in Münster, dem gegenüber er sogar das harte System der „Salzkonskription", das heißt der zwangsweisen Abnahme bestimmter Salzmengen durch jede Familie, mit fiskalischen Notwendigkeiten verteidigte[10].

Man hat den hier erstmals zutage tretenden Gegensatz zwischen den beiden Reformern Schön und Stein auf die Formel gebracht: jener habe mehr das Interesse des Individuums, Stein immer zuerst das Staatsinteresse im Auge gehabt. Ganz gerecht ist das schwerlich, da ja partikulare Wohlfahrtsinteressen auch für Stein eine große Rolle spielten. In Wahrheit handelt es sich wohl mehr um den Gegensatz zwischen dem reinen Empiriker, dem Verwaltungspraktiker, und einem stark von theoretischen Erwägungen bestimmten, grundsätzlichen Reformer. Aus der Anschauung konkreter, westfälischer

Landesbedürfnisse, nicht aus der Erwägung allgemeiner wirtschaftspolitischer Prinzipien war die Opposition des Kammerpräsidenten Stein gegen die altpreußische Generalakzise erwachsen. Hier im Osten scheint er ihre praktische Nützlichkeit stärker empfunden zu haben als die wirtschaftstheoretischen Bedenken, die man dagegen erheben konnte. Nur an einem Punkte hat er schon vor Kriegsausbruch mit wirklichen Steuerreformen angesetzt – übrigens auch hier auf älteren Vorarbeiten fußend: in dem Vorschlag einer Steuer auf Getränkefabrikation, Weißbacken und Schlachten für das platte Land; sie sollte, wie er ausdrücklich zur Begründung darlegte, neben der Beschaffung von Mitteln zur Kriegführung auch wirtschaftspolitischen Zwecken dienen: einem Ausgleich der Steuerbelastung zwischen Stadt und Land. Überdies bedeutete die ländliche Tranksteuer, der alle Landbewohner gleichmäßig unterworfen sein sollten, eine weitere Einschränkung der adligen Steuerfreiheit. Eben deshalb rechnete auch Stein mit Widerständen, die er im Augenblick des Kriegsausbruchs durch ein Publikandum zu zerstreuen hoffte; tatsächlich hat er den Reformplan, obwohl ihm das Kabinett schon im Oktober 1805 ohne Rückhalt zustimmte, gegen den Widerstand der bisher Privilegierten und allerhand technische Schwierigkeiten nicht mehr durchführen können. Wirklich radikale Neuerungen von grundsätzlicher Bedeutung hat auch auf diesem Gebiete erst der Krieg mit seinen unerbittlich hohen Ansprüchen an die Leistungskraft des Landes erzwungen: wenige Wochen vor Jena werden wir Stein damit beschäftigt finden, den Plan einer modernen, alle Stände treffenden Einkommensteuer nach englischem Vorbild auszuarbeiten.

Erfolgreicher als in der eigentlichen Steuerreform sieht man Stein in den „Vorkriegsjahren" sich als Organisator der Steuer- und Zollbehörden betätigen. Im Bereich der Akzise- und Zollverwaltung wurde eine gewisse Verselbständigung der Provinzialbehörden gegenüber der Berliner Zentrale durchgeführt, wie man sie auch in andern Behörden versuchte oder anstrebte; und in den zuletzt erworbenen polnischen Landesteilen vereinigte Stein die Provinzialsteuerbehörden mit den Kammern, zur Vereinfachung des Geschäftsgangs, ähnlich wie es vorher schon in den westfälischen „Entschädigungslanden" geschehen war.

Noch weniger als im Steuerwesen ist von radikalen Neuerungen im Bereich der Gewerbepolitik Steins – als Minister des „Fabriken- und Commercialdepartements" die Rede. Seine Maßnahmen entsprechen im großen und ganzen der Haltung, wie sie Heinitz und mit ihm die Mehrzahl der jüngeren Beamten der nachfriderizianischen Epoche[11] einnahmen: Lockerung des friderizianischen Merkantilsystems ohne grundsätzliche Preisgabe der staatlichen Gewerbeaufsicht und Gewerbeförderung, ohne radikalen Verzicht auf künstliche Regulierung der Handelsbilanz; dazu eine allmähliche Einschränkung des Zunftzwangs, ohne radikale Freigabe des Handwerks. Ein liberalisierender Merkantilismus also, der über vorsichtigen Abbau ehemaliger Zwänge nicht hinausgeht, doktrinäre Einseitigkeiten vermeidet und seine theoretische Rechtfertigung ziemlich unbekümmert sucht, wo immer er sie finden kann[12] – letzten Endes von dem richtigen Instinkt geleitet, daß die noch wenig entwickelte preußische Volkswirtschaft für politische Experimente und für die unbesehene Übernahme der staatswirtschaftlichen Erfahrungen westeuropäischer Länder wenig geeignet war.

Freilich haben wir aus diesen Jahren einzelne Äußerungen Steins, die ihn auf den ersten Blick als Anhänger einer allgemeinen und grundsätzlichen Gewerbefreiheit im Sinne Adam Smiths erscheinen lassen könnten. Er bekämpfte die staatlich geschützte Monopolstellung einzelner Handwerkszünfte im Interesse neuartiger Fabrikationszweige. Er stritt heftig mit dem schlesischen Provinzialminister Hoym über die Monopolstellung einer schlesischen Großkaufmannsgilde und ließ sich in diesem Zusammenhang dazu hinreißen, die Privilegien der Innungen als einen Kodex von Verordnungen zu bezeichnen, „den Habsucht und Unwissenheit geschmiedet". Es war das Stärkste, was er jemals gegen das herkömmliche Zunftwesen geäußert hat, und die rücksichtslose Ironie, mit der er dabei die rückständigen Ansichten Hoyms in einem Immediatbericht bekämpfte, trug ihm einen förmlichen Verweis des Königs ein. Sieht man aber genauer zu, so zeigt sich, daß alle diese Äußerungen aus dem Rahmen der alten absolutistischen Verwaltungspraxis kaum herausfallen; sie sind, wie diese, nur gegen die Monopolstellung und damit gegen gewisse Entartungen des längst erstarrten und korrumpierten Zunftwesens, nicht gegen die Institution als solche gerichtet; deren erzieherischen, moralischen Wert hat Stein in späteren Jahren noch oft in starken Worten gepriesen. Und wenn er gewisse veraltete, längst als verfehlt erwiesene Stützungsmaßnahmen für die inländische Industrie, wie die staatlichen Seiden- und Wollmagazine, beseitigte, so dachte er doch nicht daran, den herkömmlichen Zollschutz oder auch nur die bestehenden Einfuhrverbote für fremde Fabrikwaren grundsätzlich abzubauen – auch hier im einzelnen weniger radikal verfahrend, als den Reformabsichten des Kabinetts entsprach. In der Aufmunterung und Unterstützung einheimischer Industriezweige mit staatlichen Mitteln hat er sogar eine lebhafte Initiative entwickelt: insbesondere das Gewerbeschulwesen, die Belehrung der Gewerbetreibenden durch die Presse, ihre Beaufsichtigung und Anregung durch staatliche Fabrikenkommissare in allen Provinzen förderte er mit großem Eifer. Auch im Westen der Monarchie hatte man die stützende, helfende Hand des Staates nicht ganz entbehren können; hier, im Osten der Elbe, hing fast aller wirtschaftliche Fortschritt davon ab, daß der Staat den Unternehmern die Wege ebnete, ihren zögernden Wagemut anreizte, vorantrieb.

Übrigens erfreute sich Stein in allen wirtschaftspolitischen Zweigen seines Ministeriums der Mitarbeit einzelner besonders tüchtiger Räte, die wir teilweise im engeren Helferkreise des großen Reformjahres 1807/08 wiedertreffen werden. Im Fabrikendepartement stand ihm Geheimrat Kunth zur Seite, bekannt als Erzieher der Brüder Humboldt, dem Minister bald auch persönlich eng befreundet, später in schweren Lebenslagen ein nie versagender Helfer.

Mit Hilfe des wackeren Leopold Krug und des feingebildeten, klugen Finanzrats Heinrich von Beguelin gründete Stein – eine bedeutsame technische Neuerung – das statistische Büro, die erste staatliche Zentralstelle für Wirtschaftsstatistik in Deutschland, höchstwahrscheinlich französischem Vorbild nachgeahmt, übrigens schon von Steins Vorgängern geplant[13]. Die glücklichste Hand aber bewies er bei der Neubesetzung der leitenden Stellen in den großen staatlichen Geldinstituten: zum Leiter der Bank wurde der gewandte, geschäftstüchtige Stägemann, später Hardenbergs unentbehrlicher Finanzberater, zum Vorstand der Seehandlung (unter Beteiligung am Bankdirektorium) kein Geringerer als Berthold Georg Niebuhr, der große Historiker, damals dänischer Staatsbankdirektor, berufen[14]. Beide Männer traten allerdings ihre Ämter erst in einem Augenblick an, als es für die von Stein geplante gründliche Reorganisation der Bankinstitute bereits zu spät war: unmittelbar vor Kriegsausbruch. Die großen Mängel der bisherigen Verwaltung hatte Stein (erst seit dem Herbst 1805 von Schulenburgs Oberleitung befreit) schon im April 1806 in einer glänzenden Denkschrift bloßgelegt, die Grundzüge der Reform bezeichnet; die Durchführung wurde durch den Krieg unterbrochen. Für uns haben ihre Einzelheiten nur noch wenig Interesse. Wichtig für seine Beurteilung als Finanzminister ist nur eine bankpolitische Maßnahme: sein vielumstrittenes Projekt der Ausgabe von nicht einlösbarem Papiergeld (im Herbst 1805), um mit dessen Hilfe die Ausgaben des (schon damals erwarteten) Krieges teilweise zu decken.

Dies ist der Punkt, an dem seine Finanzverwaltung zuerst und fast am schärfsten kritisiert worden ist. Vor allem der bedeutendste unter den Mitarbeitern am großen Reformwerk des Jahres 1807/08, Theodor von Schön, hat auf die Steinschen Papiergeldpläne später das Urteil gegründet, er sei in staatswirtschaftlichen Dingen ein Dilettant, ohne alle geldtheoretischen Kenntnisse wie überhaupt ohne prinzipielle Klarheit gewesen. Mehr noch: er deutet an, daß materielle Standesinteressen niedrigster Art ihn mitbestimmt hätten, im Jahre 1805 und später noch mehrmals für eine Inflation durch Papiergeld zu wirken: die Spekulation des Großgrundbesitzers auf ein rasches Sinken des Geldwertes, um so auf bequeme Weise seine Grundstücksverschuldung loszuwerden! Nun weiß man längst, daß die späten, von persönlicher Eifersucht stark mitbestimmten Urteile dieses Rivalen mit größter Vorsicht aufzunehmen sind: die gänzlich andere Geistesart des Systematikers Schön erschwerte ihm ein Verständnis des unsystematischen Empirikers Stein immer wieder. Aber auch ein so begeisterter Anhänger und Gehilfe des Ministers wie Heinrich von Beguelin meinte später, er habe von Geldwirtschaft wenig verstanden und sich zu viel auf Leute verlassen, die noch viel weniger davon verstanden. Er selber will gegen die Steinschen „Tresorscheine“ gleich bei ihrer Einführung protestiert und ihr Schicksal vorausgesagt haben: die spätere Entwertung, die allen Feinden des Ministers im Jahre 1808 als willkommener Vorwand diente, an seinem Sturz zu arbeiten. Und schließlich zeigen die Akten des Jahres

1805, daß schon damals Stein mit seinen währungspolitischen Ansichten im Generaldirektorium so gut wie allein stand. Fehlte es ihm wirklich an gründlicher Sachkenntnis? Und trägt er die Verantwortung für allen Schaden, der später aus der Papiergeldentwertung entstand?

Da ist zunächst festzustellen, daß die Zuhilfenahme von Papiergeld als Deckungsmittel für einen Teil der Kriegskosten gar nicht seiner eigenen Initiative entsprang, sondern der des Kabinetts; dieses aber griff auf ältere, in ähnlicher Lage von Heinitz und Struensee entwickelte Pläne der Jahre 1794 und 1798/99 zurück. Stein selber hatte zunächst nur die Aufnahme von großen Anleihen vorgeschlagen, die er durch erhöhte Steuererträgnisse verzinsen und amortisieren wollte. Vom Kabinett zur Prüfung jener älteren, längst fertig ausgearbeiteten Entwürfe angehalten, hat er diese mit größter Gründlichkeit und Vorsicht in monatelangen Verhandlungen mit Fachleuten und Ministerkollegen [15] umgearbeitet, voll bewußt der Gefahren, die ein für Preußen so ungewohntes und durch die bösen Erfahrungen Frankreichs, Dänemarks, Schwedens und Österreichs so stark in Mißkredit geratenes Zahlungsmittel mit sich brachte. Wer seine Denkschriften unbefangen liest, kann gar nicht daran zweifeln, daß weder eine irrige Theorie noch vollends jene verächtliche, unmöglich ernst zu nehmende Motivierung des Standesegoismus, die Schön ihm unterschiebt [16], sein Handeln bestimmte – vielmehr nichts anderes als die harte Staatsnotwendigkeit: in Krisenzeiten durfte kein Mittel unversucht bleiben, um den noch immer sehr geringen Kreditspielraum des damaligen preußischen Staates zu erweitern; um so weniger, als gegen sofortige Steuererhöhungen ernste sachliche Bedenken bestanden. Wie vorsichtig Stein dabei vorging, zeigt schon die eine Tatsache, daß er die Ausgabe von Tresorscheinen auf fünf Millionen Taler, das heißt auf ein Viertel dessen beschränkte, was Schulenburg und das Kabinett forderten. Fragt man aber nach dem währungstheoretischen Sachverständnis seiner Denkschriften, so zeigen sie (wie übrigens auch die Ausführungen des Generaldirektoriums) ein wissenschaftliches Niveau und eine begriffliche Klarheit, die sich weit über den Durchschnitt der damaligen deutschen Wirtschaftstheoretiker [17] erhebt. Man sieht mit Genugtuung, wie viel diese preußischen Finanzmänner aus der neuesten theoretischen Literatur und praktischen Erfahrung der Engländer gelernt haben [18]. Dort drüben war es soeben – zum Staunen Europas – gelungen, die Noten der Zentralbank in ein nicht einlösbares regelrechtes Papiergeld umzuwandeln, ohne daß eine erhebliche Geldentwertung eintrat. Was lag näher, als die eigene Währungspolitik an diesem Beispiel zu orientieren?

Freilich ist nun sicher, daß Stein die englischen Lehrmeister nicht in allen Punkten richtig verstanden hat: der Mangel an Umlaufmitteln in der preußischen Volkswirtschaft, auf den er sich zur Begründung seiner Inflationspläne berief, war (trotz zeitweiser Geldknappheit 1805) ein theoretisches Mißverständnis (an dem übrigens höchstwahrscheinlich kein anderer als Beguelin, sein Kritiker, die Schuld trug) [19]. Und die ihm opponierenden Mitglieder des

Generaldirektoriums hatten sicher nicht unrecht, wenn sie vor einer unmittelbaren Anwendung englischer Erfahrungen auf preußische Verhältnisse warnten: mochten nichteinlösbare Tresorscheine sich theoretisch noch so gut rechtfertigen lassen – in den beschränkten, wirtschaftlich unentwickelten Verhältnissen Preußens war der natürliche Spielraum für staatliches Papiergeld unzweifelhaft viel enger, das Mißtrauen der Bevölkerung viel größer als in dem reichen, finanztechnisch fortgeschrittenen England mit seinem unerschütterlich starken Staatskredit. Nur darf man die praktische Tragweite dieser Meinungsverschiedenheiten nicht überschätzen: allein für den Kriegsfall bestand der Minister darauf, die Einlösung der Tresorscheine in Metallgeld zu suspendieren, und als Kriegsmaßnahme war auch das Generaldirektorium schließlich bereit, seinen Vorschlag gutzuheißen. An der theoretischen Möglichkeit und dem praktischen Nutzen staatlichen Papiergeldes überhaupt hat keiner der Gutachter damals gezweifelt[20]. Da die unmittelbare Kriegsgefahr nach Austerlitz noch einmal vorüberzog, gab man zuletzt doch einlösbare Geldscheine aus, für die das gesamte Ministerium die Verantwortung übernahm. Es geht also durchaus nicht an, den Finanzminister allein damit zu belasten. Ganz abgesehen davon, daß der unglückliche Ausgang des Krieges von 1806/07, der die spätere Entwertung herbeiführte, sich so 1805 unmöglich voraussehen ließ oder auch nur vorausgesetzt werden durfte.

II. Im Kampf gegen die Kabinettspolitik

Unvergleichlich wichtiger als alle Einzelreformen der inneren Staatsverwaltung, von denen bisher die Rede war, ja letzthin allein entscheidend für das Schicksal des Staates war die Organisation einer einheitlichen, wirklich handlungsfähigen Staatsleitung. Daß sie vollkommen fehlte, war das Merkwürdigste an dieser Monarchie, die doch den Prinzipien des fürstlichen Absolutismus so vollkommen entsprach wie nur irgendeine.

In der Tat gibt es kein zweites geschichtliches Beispiel, das so deutlich erkennen ließe, wie enge Grenzen dem Selbstherrschertum der Fürsten durch die Natur des modernen Staates gezogen sind. Niemand in Preußen dachte daran, die autokratische Allgewalt des Königs zu bestreiten – und doch war ihre historische Rolle seit dem Tode Friedrichs II. in Wahrheit ausgespielt. Daran war nicht bloß die geringere Entschlußfähigkeit und Arbeitskraft der Nachfolger schuld. Schon zu Lebzeiten Friedrichs waren die Schäden der Selbstregierung deutlich genug zutage getreten. Erträglich schien diese nur, weil sie sich rechtfertigte durch glanzvolle Taten, weil vor allem der Heldenruhm des Feldherrn Friedrich alles andere überstrahlte. Alle Monarchie geht in ihrem Ursprung auf kriegerische Leistungen zurück[21]. „Exercitus facit imperatorem", den Herrscher macht das Heer – dieser Grundsatz galt nicht nur im alten Rom. Es bedurfte schon der starken und gewalttätigen Fäuste der preußischen Soldatenkönige, um den kurbrandenburgischen Hausbesitz emporzubringen zum Rang einer modernen Großmacht. Aber es war undenkbar, daß die in ihrem militärischen System streng gebundenen, planmäßig dienstbar gemachten Kräfte des bürgerlichen Lebens sich auf die Dauer würden zwingen lassen, alle eigenen Zwecke dem Machtzweck des Staates unterzuordnen. Sie forderten ihr natürliches Recht auf selbständige Geltung zurück, sobald der scharfe Druck von oben nachließ; wir sahen Stein schon in Westfalen eifrig dabei, ihnen dieses Recht verfechten zu helfen. Friedrich Wilhelm III., aufgeklärt über seine Herrscherpflichten durch einen so humanitär gestimmten Rechtslehrer wie Suarez und beraten von bürgerlichen Kabinettsräten, die derselben Schule entstammten, war tief durchdrungen von menschenfreundlichen, landesväterlichen Reformabsichten, deren praktische Auswirkung im Bereich der Zivilverwaltung wir teilweise schon kennenlernten. Sie ergriffen aber gleichermaßen die Militärverwaltung: das Bemühen dieser Regierung ging fast mehr darauf, dem Soldaten eine auskömmliche Löhnung und bürgerliche Existenz zu sichern, als alle Kräfte der Untertanen für die Bedürfnisse der Armee anzuspannen. Und sehr bedeutsam war es doch auch, daß die Nachfolger Friedrichs des Großen nicht mehr persönlich die Armee ins Feld führten, sondern ihren Marschällen die Leitung abtreten mußten – daheim aber ein Oberkriegskollegium an ihre Seite stellten. Der Soldatenkönig wurde fast unvermerkt zum Bürgerkönig; je mehr er aber friedselig-bürgerlichen Ansichten sich erschloß, um so mehr verlor sein Herrschertum von jener harten Selbstverständlichkeit und Unbedingtheit der friderizianischen Monarchie, um so mehr gewann die Bürokratie mit ihren unmilitärischen Gesichtspunkten an Selbstvertrauen gegenüber dem königlichen Willen.

Dazu kam ein zweites. Der Grundsatz Friedrich Wilhelms I., daß ein Regent, der mit Honneur in der Welt regieren will, alle seine Affären selber tun muß, war ohne übermenschliche Schwierigkeiten allenfalls durchführbar gewesen, solange die Staatsverwaltung sich noch im wesentlichen auf ihre primitivsten Aufgaben: Polizei und Finanzadministration beschränkte und solange der äußere Umfang des Territoriums über die alten kurbrandenburgischen Kernprovinzen nicht hinausging. Seither war der Staatsbegriff ein anderer geworden: hatte noch Friedrich Wilhelm I. die kurbrandenburgischen Hausgüter wie ein großes Domanium, als eine Art hohenzollerisches Familieneigentum verwaltet, so überschattete jetzt der „Staat" als ein abstraktes Individuum mit eigenen, höheren Geltungsansprüchen den Thron, und Friedrich II. hatte sich als seinen ersten Diener bekannt. Neue Provinzen von gewaltigem Umfang waren hinzugekommen, darunter die großen, ganz rückständigen Agrarbezirke aus der polnischen Erbmasse, in denen eine moderne Verwaltung von Grund auf erst aufzubauen war. Immer weniger genügte die primitive Organisation der zentralen Verwaltungsbehörden, wie sie Friedrich Wilhelm I. geschaffen und sein Sohn ohne grundsätzliche Änderung nur noch weiter kompliziert hatte: Als Mittelpunkt der Finanz- und inneren Verwaltung das

General- (Ober-Finanz-, Kriegs- und Domänen-) Direktorium mit seinem sonderbar schwerfälligen Nebeneinander von Provinzialdepartements mit territorial begrenztem Wirkungskreis und Realdepartements mit rein sachlich, nicht provinziell begrenzten Aufgaben für den ganzen Staat, wie Fabriken und Handel, Akzise und Zölle, Kriegsmagazin- und Proviantwesen, Berg- und Hüttenwesen u. a. m. Daneben als selbständige Immediatbehörde das Provinzialministerium für Schlesien, vom Präsidenten der schlesischen Kammer geführt; weiterhin, ohne organische Verbindung mit dem Generaldirektorium, das Auswärtige Departement („Kabinettsministerium"), das Justizdepartement, zuständig auch für Hoheits-, Kirchen- und Schulsachen, schließlich das Oberkriegskollegium für die Militärverwaltung (soweit diese nicht, als Militärökonomie, herkömmlich vom Generaldirektorium miterledigt wurde). Diesen ganzen schwerfälligen, in seiner Ressortabgrenzung so wenig rationalen Behördenapparat zu handhaben, eine organische Einheit in das Nebeneinander zu bringen, wurde immer schwerer, je mehr der äußere Umfang der Geschäfte zunahm. Schon Friedrich der Große hatte die Masse der täglich in seinem Kabinett einlaufenden Geschäftssachen zuletzt nur noch dadurch bewältigen können, daß er sein Privatsekretariat – wenn wir die Kabinettsbehörde des alten Preußen einmal so nennen dürfen – sehr stattlich vergrößerte und eine Arbeitsteilung unter den darin tätigen Beamten vornahm, die einigermaßen an die Geschäftsverteilung der Ministerialdepartements erinnerte. Seine Nachfolger empfanden sogleich die Notwendigkeit, den Herrscher von der Masse des laufenden Details zu entlasten.

Wirklich erfolgreich war das nur so möglich, daß man den Ministerien, wie in anderen Ländern, die Stellung selbständig verwaltender Behörden gab und dem Fürsten nur die grundsätzlich wichtigen Entscheidungen vorbehielt. Es war ein Unding, den Herrscher einer modernen Großmacht noch immer mit den Pachtkontrakten jeder einzelnen Domäne, mit den Kämmereietats und der Besetzung von Ratsbeamtenstellen der kleinsten Provinznester oder mit den ungeprüften Privatbeschwerden jedes beliebigen Untertanen zu behelligen. Die Minister mußten aus „königlichen Bedienten", aus bloßen Abteilungsvorständen einer Verwaltung, deren Spitze der Monarch höchstpersönlich darstellte, zu wirklichen Ressortchefs werden. Die Ressorteinteilung mußte vereinfacht, nach streng sachlich-rationalen Gesichtspunkten neu gestaltet werden. Statt des unendlich schwerfälligen, ausschließlich schriftlichen Verkehrs der verschiedenen Departements untereinander war es zweckmäßig, eine regelmäßige gemeinsame Beratung der Minister über Staatssachen von allgemeiner Bedeutung treten zu lassen, wie sie seit den Tagen Friedrichs II. nicht einmal innerhalb des Generaldirektoriums mehr bestand.

Tatsächlich hat es an Reformversuchen dieser Art seit den neunziger Jahren nicht gefehlt. Das wichtigste war eine Erweiterung und genaue Abgrenzung des Geschäftskreises, den die Ministerien ohne Befragung des Monarchen erledigen durften: alle Geschäfte, die nach festgestellten Verwaltungsmaximen geführt werden konnten, fielen ihnen unter eigener Verantwortlichkeit zu. Ein Generalkontrolleur der Finanzen wurde eingesetzt, der als eine Art Zentralinstanz der inneren Verwaltung, zugleich als Verbindungsmann zwischen dem Kabinett des Königs und dem Generaldirektorium gedacht war; hätte eine bedeutendere Persönlichkeit als der leere Routinier Graf Schulenburg den Posten erhalten, vielleicht hätte sich daraus ein Ministerpräsidium von großem Einfluß entwickeln können. Immerhin gab jetzt der Monarch die Verantwortung für das Gleichgewicht des Staatsbudgets aus den eigenen Händen. Die Kassenführung wurde vereinfacht, die Etats übersichtlicher. Eine Reihe von Behörden mit Immediatstellung (d. h. unmittelbar unter dem Monarchen), die Friedrich geschaffen hatte, wurde dem Generaldirektorium unterstellt, auch ein unzulänglicher Versuch gemacht, in die Tätigkeit dieser Behörde wieder mehr Zusammenhang und Einheit zu bringen[22]. Aber mit alledem kam man über halbe Maßregeln nicht hinaus. Denn zu derjenigen Reform, ohne die an wirklichen Erfolg nicht zu denken war, konnte sich weder Friedrich Wilhelm II. noch sein Sohn entschließen: zur Preisgabe des persönlichen, autokratischen Regiments.

Das Selbstregierenwollen, das die beiden ersten Könige als wichtigsten Grundsatz der Monarchie ihren Nachfolgern eingeschärft hatten, ist seitdem der eigentlich charakteristische Grundsatz der Hohenzollerndynastie bis zu ihrem tragischen Ende geblieben. Die tiefe Menschenverachtung und das Mißtrauen, mit dem einst der Einsiedler von Sanssouci regiert hatte, absichtlich die Vielzahl und gegenseitige Unabhängigkeit der Behörden fast bis zur Verwirrung steigernd, um desto sicherer sie alle zu beherrschen, war freilich schon unter seinem Neffen einer leichtherzigen Bonhomie gewichen. Aber die rücksichtslos herrischen Gesten, das hochmütige Abkanzeln der höchsten „Staatsbedienten" im militärischen Ton blieben erhalten. Vor allem: auf die „Regierung aus dem Kabinett" (statt einer „Regierung im Rat") wollte auch Friedrich Wilhelm II. nicht verzichten. Die altehrwürdige Einrichtung des Staatsrates (Geheimen Rates), eines Kollegiums sämtlicher oberster Staatsbeamten, ehemals unter persönlichem Vorsitz des Herrschers tagend, jetzt aber längst auf ganz wenige, fast rein formale Geschäfte beschränkt, erhielt ihre ehemalige Bedeutung nicht zurück. Man kennt das dunkle Regiment von Günstlingen und Mätressen, das nunmehr den königlichen Willen in bedenklichem Umfang zu lenken wußte, sich zwischen den Herrscher und die Ministerien drängte und selbst den Räten des Kabinetts nur geringen Spielraum übrigließ. Die Beseitigung dieser Clique war Friedrich Wilhelms III. erste Regierungstat. Aber der autokratische Charakter des königlichen Regiments blieb auch jetzt erhalten. Nur daß an die Stelle der Günstlingsclique jetzt der Einfluß von Generaladjutanten und bürgerlichen Kabinettsräten trat.

Damit begann erst eigentlich die vielberufene Kabinettsregierung, in deren Bekämpfung Stein zum erstenmal politische Reformideen größeren Stils entwickelt hat.

Sie war das natürliche Ergebnis der geschichtlichen Lage, in der die preußische Monarchie sich eben damals befand. Ein gewissenhafter Monarch, der den traditionellen Machtansprüchen seiner Stellung nichts vergeben, gleichzeitig aber den gesteigerten Anforderungen seines Amtes an sachlicher Arbeitsleistung gerecht werden wollte, konnte gar nicht anders als sich mit vertrauten, zuverlässigen Gehilfen umgeben, die ihn gewissermaßen unsichtbar berieten, zugleich die unentbehrliche Fühlung mit der Außenwelt, den Bedürfnissen der Zeit und des Volkes, über die Köpfe der Ministerien hinweg, für ihn herstellten. Sobald er sich herbeiließ, die Chefs der großen Verwaltungsressorts zu seinen offiziellen Beratern zu machen, verlor er die unnahbare, allen überlegene Stellung seines großen Vorgängers; sobald er darauf verzichtete, mit seinen Kabinettsordres in allen Fällen die letzte, höchsteigene Entscheidung zu geben, und sich an die Mitwirkung seiner Minister band, erhob er sie aus der Stellung untergeordneter Werkzeuge zu selbständiger Anteilnahme an der Regierung. Nur die unsichtbare, unverantwortliche Beratung im Kabinett sicherte ihm wenigstens nach außen den Schein eines nach wie vor vollkommenen Selbstregiments[23].

Dazu trat noch ein persönliches Moment. Friedrich Wilhelm III., bei allem Herrscherbewußtsein eine im Grunde subalterne und darum schüchterne Natur, redeungewandt, nüchtern und schwunglos, langsam im Erfassen des Moments, ohne sicheren, politischen Instinkt, aber gewissenhaft, mit einem etwas hausbacken-pedantischen Pflichtbewußtsein im Kleinen, fürchtete nichts mehr, als zu Entscheidungen gedrängt zu werden. Eifersüchtig bestrebt, die Würde seiner königlichen Stellung zu wahren, war er geradezu darauf angewiesen, den unmittelbaren Vortrag der Minister zu meiden, wenn es irgend anging, vollends außerstande, etwa einem Ministerkonseil persönlich zu präsidieren, und liebte statt dessen, wie herkömmlich, auf schriftliche Eingaben schriftlich zu entscheiden[24].

Man sieht sogleich: in dem Kampf um die Kabinettsregierung ging es nicht um eine Frage der bloßen Zweckmäßigkeit: es war eine Verfassungskrisis allerersten Ranges, ein hochpolitisches Problem. Will man, die Gegensätze zuspitzend, ein wenig übertreiben, so könnte man sagen: es ging um die Verdrängung der alten absoluten Monarchie durch ein System der absoluten Bürokratie; denn solange von ständischen oder gar liberal-konstitutionellen Bestrebungen noch keine Rede war (und wie hätte in Preußen vor 1806 die Rede davon sein können!), empfand sich die hohe preußische Bürokratie als einzigen Träger politischen Fortschritts.

Man pflegt in ihrem Widerstreben gegen die Kabinettsregierung meist nur die sachlichen Argumente zu würdigen. Unverkennbar spielt aber doch auch ein sehr merkwürdiger sozialer Gegensatz mit hinein. Die Minister im alten Preußen waren fast durchweg Adlige, nur einzelne von ihnen nach längerer Beamtenlaufbahn neu geadelt. Die bürgerlichen Kabinettsräte Friedrich Wilhelms III., insbesondere Mencken und sein Nachfolger Beyme (dem vorzugsweise die inneren Verwaltungssachen zufielen), waren sich klar darüber, daß ihre Vorzugsstellung in unmittelbarer Nähe des Königs den adligen Ministern fortwährenden Anstoß gab; aber sie sahen gerade darin einen Teil ihrer Aufgabe: die Regierung des Königs gegen den Einfluß adliger Standesvorurteile zu schützen, denen Friedrich II. so viel nachgegeben hatte[25]. Sie waren nicht mehr bloße Schreiber und Registratoren, wie die Kabinettsbeamten Friedrichs, sondern hochgebildete Männer mit eigenen politischen Ideen, die sich wohl mit den Parlamentsräten des alten Frankreich vergleichen durften: ähnlich wie diese von dem Bewußtsein getragen, das allgemeine Staatsinteresse gegen absolutistische Willkür und Sonderinteressen des privilegierten Standes zu verteidigen. Ihr Kampf gegen die adligen Steuerprivilegien und für die Bauernbefreiung hat ihnen von Anfang an den Haß hochadliger Minister eingetragen.

Freilich blieb es, auch abgesehen von solchen Reibungen, eine Unnatur, daß die verantwortlichen Leiter der Verwaltungsdepartements tatsächlich abhängig wurden von diesen Männern ohne entsprechenden dienstlichen Rang, ohne formelle greifbare Verantwortlichkeit, ohne spezielle Geschäftskenntnis und ohne Anteil an der Ausführung der Edikte. Soviel sich Beyme auch mühte, durch laut betonte Unterwürfigkeit und Bescheidenheit des Auftretens den hochmögenden Herren Ministern gegenüber diese Unnatur zu verdecken[26] – jedermann wußte, daß nur durch seine Vermittlung das Ohr des Königs zu erreichen war, und wohl oder übel bewarb sich jeder um seine Gunst. Auch Stein hat sich nicht gescheut, gelegentlich seine Hilfe zur Förderung privater Vermögensangelegenheiten in Anspruch zu nehmen[27]. Da jeder sich an Beyme wandte, kam es ganz von selbst, daß er in allen Dingen seine Hände hatte. Hardenberg hat ihn einmal den unsichtbaren Premierminister Preußens genannt, der alles leitet, befehlend ohne Anteil an der Ausführung. Man könnte ihn ebensogut den Vertrauten und das Faktotum aller Minister nennen, die in Angelegenheiten der inneren Staatsverwaltung irgend etwas durchzusetzen wünschten. Eine Stellung, die zum Mißbrauch der Macht geradezu aufzufordern schien. Um so größeren Respekt schuldet man dem Charakter des Mannes, dem selbst die erbittertsten Gegner niemals solchen Mißbrauch ernstlich haben nachweisen können. Man kann ihm eine übertriebene Vielgeschäftigkeit, wohl auch mangelnde Sachkenntnis in manchen Fragen vorwerfen, die seiner juristischen Bildung ferner lagen. An dem ehrlichen Pflichteifer, an der strengen Sachlichkeit seiner Motive, an der Integrität seiner Gesinnung ist gar nicht zu zweifeln[28]. Es war nicht seine Schuld, sondern der Fehler des Systems, daß ein so ungeheures Maß von Arbeit, wie er es im Mittelpunkt der inneren preußischen Verwaltung durch viele Jahre geleistet hat[29], nirgends über halbe Erfolge hinausgelangt ist. Wenn irgend jemand, so hat er (nächst Mencken) den Willen zur Reform vor 1806 besessen; nur daß ein Übermaß von tagtäglicher Kleinarbeit es ihm unmöglich machte, die nötige Übersicht zu behalten und das Unnatürliche seiner halb subalternen Stellung ihn auf Schritt und Tritt lähmte. Ganz gewiß war er kein Staatsmann im höheren Sinne, sondern nur ein pflichttreuer Beamter – eine „blutlose" Kreatur des Monarchen, die dessen Vertrauen besaß, aber ihm nicht imponierte[30], ein Emporkömmling, den seine Abhängigkeit zu kritikloser Bewunderung und Ergebenheit gegen seinen Herrn verführte, ja fast zwang – eben darum einem Stein, der alle Unterwürfigkeit haßte, von vornherein verdächtig, und sicherlich ein Hindernis für jeden, der den König zu beherrschen trachtete. Dennoch, trotz aller äußeren Abhängigkeit, ein selbständig denkender, nicht alltäglicher Kopf, vielseitig gebildet, rastlos teilnehmend auch an den literarischen Bewegungen der Zeit, vor allem ein Verwaltungsfachmann von erstaunlicher Routine; überdies nicht ohne Einsicht in die Unhaltbarkeit des Systems, dem er dienen mußte. Übrigens trägt er bei weitem nicht für alles, was geschah und was nicht geschah, die Verantwortung. Es war großenteils die Schuld politisierender Generäle und anderer Amateurpolitiker, die der König zu befragen liebte, wenn von Anfang an in die Reformen ein gewisser dilettantischer Zug hineinkam[31]. Sonderbar genug, daß niemand das Vertrauen des Monarchen in so hohem Maße besaß wie der Generaladjutant Köckritz, eine vollkommene Null.

Noch deutlicher als in der inneren Staatsverwaltung wirkten sich die Schäden der Kabinettsregierung auf dem Felde der auswärtigen Politik aus.

Das hing aber noch mehr mit den hier waltenden Persönlichkeiten als mit dem System als solchem zusammen. Nach alter, auch von Friedrich Wilhelm III. innegehaltener Tradition hatten die Minister des Auswärtigen Departements, als „Kabinettsminister", unmittelbaren Zutritt zum Monarchen, ohne der Vermittlung der Kabinettsräte zu bedürfen. Notwendig war es also nicht, daß die fade, literatenhafte Persönlichkeit des Emporkömmlings Lombard, der die auswärtigen Sachen im Kabinett bearbeitete, so viel Einfluß auf die Geschäfte gewann und unkontrolliert so viel Unheil stiften durfte. Schuld daran war vielmehr die Trägheit und der Leichtsinn des verantwortlichen Ministers, des Grafen Haugwitz, der sich gern von der Last des regelmäßigen Vortrags und der dazugehörigen Reisen nach Potsdam befreite. Schuld war sodann die schwächliche Haltung des Königs, der das unbrauchbare, ihm selber anfangs verdächtige Werkzeug nur zu gern benutzte, um ein willfähriges Echo für seine innersten, stets auf friedliche Passivität gerichteten Wünsche zu finden. Die letzte Verantwortung vor der Geschichte trägt für alles Unheil der König selbst. Es war gewiß ein Unglück, daß kein auswärtiger Minister von starkem Wollen, klarer Einsicht, sicherem politischem Instinkt an der Stelle des nichtigen Lombard stand. Aber es ist sehr fraglich, ob Friedrich Wilhelm eine solche überlegene Persönlichkeit neben sich ertragen hätte, ehe er mit seiner eigenen Politik gänzlich gescheitert war. Denn ein solcher Minister, wenn er zu haben gewesen wäre, hätte unzweifelhaft darauf bestanden, daß Preußen Partei nahm für eine der großen, einander bekämpfenden Mächtegruppen, ehe es zu spät war. Was Friedrich Wilhelm aber wollte, war passive Neutralität, ein fortgesetztes Lavieren nach beiden Seiten, eine Politik des mangelnden Selbstvertrauens und der „freien Hand" – so lange, bis man in hoffnungsloser Isolierung einem übermächtigen Feinde gegenüberstand. Und da er einmal zähe festhielt an dieser unbedingten Friedfertigkeit, fanden sich dilettierende Generäle und Adjutanten, kriechende Höflinge und Kabinettsräte genug, die den Monarchen in seinen gefährlichen Neigungen bestärkten und in jedem Einzelfall seine Entscheidung als höchste Weisheit zu bewundern bereit waren. Dies um so mehr, als es seit 1796 mehrmals gelungen war, die Neutralität sich von Frankreich teuer bezahlen zu lassen durch Gebietserwerbe, die immer tiefer in die Illusion eines scheinbaren Aufstiegs preußischer Macht hineinführten. Man sieht aber auch nicht, daß irgendeiner der Minister vor dem Spätherbst 1805 die Gefahren dieser fortgesetzten Neutralitätspolitik klar durchschaut hätte. Auch der kluge Hardenberg nicht. Auch ihm sind, wie man heute weiß, erst in einem Zeitpunkt die Augen aufgegangen, als die Lage bereits hoffnungslos verfahren war[32].

Daß dennoch zuletzt, als das Unglück da war, alle Schuld auf die Kabinettsregierung geschoben wurde, hing mit den bitteren Erfahrungen zusammen, die Hardenberg, als Minister des Auswärtigen Departements, beim Herannahen der Krise seit dem Herbst 1805 durchzumachen hatte.

Er selber hatte 1804 die Leitung des Departements in einem Augenblick übernommen, als die auswärtige Politik Preußens soeben ihren schwersten, in Wahrheit entscheidenden Fehler begangen hatte: indem sie tatenlos Hannover den französischen Okkupationstruppen überließ und damit ihre bisherige Machtstellung als Schützerin der norddeutschen Neutralität preisgab. Die Hauptschuld an dieser unseligen Wendung trug – neben dem König – der Kabinettsrat Lombard, der sich in plumpster Weise durch persönliche Verführungskünste Napoleons hatte fangen lassen. Seither war durch Hardenberg wenig geschehen, um den damals gemachten Fehler wieder wettzumachen; aber viele Halbheiten seiner finassierenden Diplomatie ließen sich damit entschuldigen, daß er beständig um seinen Einfluß auf den König zu ringen hatte: sobald er einen Anlauf nahm, das System der ewig zögernden Neutralität und unbedingten Kriegsscheu zu durchbrechen (so vor allem im Sommer 1805, wo er im Bündnis mit Frankreich Hannover für Preußen erwerben wollte), sah er sich aus seiner Vertrauensstellung bei dem Monarchen durch rivalisierende Berater abgedrängt: durch Lombard, Haugwitz, die Generaladjutanten, die dem König besser nach dem Munde zu reden wußten. Es war nicht nur das System der Kabinettsregierung, das diesen Zustand verschuldete: daneben wirkte unheilvoll die in Preußen altherkömmliche, nur zeitweise (1801–1804) beseitigte Doppelbesetzung des Auswärtigen Departements: sie ließ dem König fortdauernd die Wahl zwischen den Ratschlägen von zwei Ministern entgegengesetzter Richtung! Aber auch das gehörte zum System des veralteten monarchischen Selbstregiments.

Endlich, im Oktober 1805, schien diese gefährliche Politik des „Sichdurchwindens" ein Ende zu nehmen. Eine grobe Verletzung der preußischen Neutralität durch Napoleon (der Durchmarsch seiner Truppen durch das preußische Ansbach, der ihm die Vernichtung der Österreicher unter Mack bei Ulm ermöglichte) zeigte den Berliner Politikern blitzartig, wie tief das Ansehen der Monarchie bereits in den Augen des Eroberers gesunken war. In der ersten Erregung zuckte selbst die unsichere Hand Friedrich Wilhelms nach dem Schwertgriff. Dem persönlichen Bemühen des Zaren, dem kriegerischen Eifer der Armee, dem Rate Hardenbergs und aller Freunde einer selbstbewußten preußischen Machtpolitik am Hofe gelang es schließlich, ihn zum Abschluß des Potsdamer Vertrages (vom 3. November) mit Rußland zu bewegen: Preußen übernahm es, dem Eroberungsdrang des Korsen in den Arm zu fallen; sollte er sich weigern, die preußischen Vermittlungsvorschläge anzunehmen, so würde der Vermittler, verstärkt durch norddeutsche Alliierte, mit 220 000 Mann an der Seite der Ostmächte ins Feld rücken.

Man weiß, wie unbegreiflich kurzsichtig die russische Politik durch überstürzte Kriegsmaßnahmen den Erfolg dieser Aktion selber vereitelt hat: die verbündeten Heere waren vernichtend bei Austerlitz geschlagen, ehe der preußische Unterhändler, Graf Haugwitz, Napoleon seine Forderungen überhaupt vorgetragen hatte. Aber wie lahm und unaufrichtig wurde auch die bewaffnete Vermittlung durchgeführt! Niemals ist die verzagte Friedseligkeit Friedrich Wilhelms, niemals aber auch die Unmöglichkeit seiner vielköpfigen „Kabinettsregierung" jämmerlicher in Erscheinung getreten als in diesen Wochen, in denen Preußen seinen Rang als europäische Großmacht freiwillig verspielte. Nicht nur, daß man aus lauter Vorsicht, Schwäche und militärischer Pedanterie den Beginn der Vermittlungsaktion so lange hinauszögerte, bis es zu spät war – nicht nur, daß Lombard in wahrhaft feigem Pazifismus beständig mit dem französischen Gesandten beriet, wie man den König vollends wieder mit Frankreich versöhnen könne und von ihm alle innere Unsicherheit des Herrschers aufs getreueste in das Feldlager Napoleons melden ließ – Graf Haugwitz führte seinen Auftrag überhaupt nicht aus, sondern ließ sich von Napoleon für den berüchtigten Schönbrunner Vertrag gewinnen, der die preußische Monarchie durch Hannover vergrößern sollte – aber um den Preis einer Offensiv- und Defensivallianz mit Frankreich, einer gründlichen Verfeindung mit England und den beiden Ostmächten und um das Opfer süddeutscher und rheinischer Besitzungen. Nahm Preußen diesen Vertrag an, so war es in völliger Isolierung fast willenlos an den Wagen des Eroberers gekettet.

Wer die Ereignisse von ferne verfolgte, ohne nähere Kenntnis der inneren Zusammenhänge, dem konnte das Ganze wohl als ein raffiniertes Spiel mit dem Verrat, als eine wahrhaft machiavellistische Politik des Eroberns ohne Schwertschlag erscheinen. Und wer nicht nur preußisch, sondern zugleich gut deutsch empfand, der mochte verzweifeln, wenn er Preußen ruhig dabei stehen sah, als Napoleon Österreich endgültig niederschlug und damit erst die Einfügung ganz Süddeutschlands in das System französischer Vasallenstaaten (mit Hilfe des „Rheinbundes") ermöglichte. So etwa scheinen die westfälischen

Freunde Steins den Gang der Dinge aufgefaßt zu haben. Als die ersten Nachrichten von den Haugwitzschen Unterhandlungen nach Münster gelangten, schrieb Vincke in sein Tagebuch: „Schreckliche Nachrichten aus Mähren, hoffentlich erlogen, sonst möchte man sich schämen, ein Preuße zu heißen und dem preußischen Staate zu dienen[33]." Sehr ernstlich dachte er damals an Rücktritt vom Staatsdienst. Sicherlich entsprach das der Stimmung weiter patriotischer Kreise.

Soviel auch partikularstaatliche Selbstsucht der Höfe und ihrer Diplomaten das vaterländische Empfinden der Deutschen verwirrten – immer noch gab es einen ganz schlichten und naiven Patriotismus aufrechter Männer, dem Napoleon längst die eine große Gefahr für Deutschlands Zukunft bedeutete und der nun verzweifelte ob der Blindheit und Jämmerlichkeit der Berliner Diplomatie. Aus dem Kampf gegen solche Stimmungen der Verzweiflung sind die merkwürdigen Trostbriefe Steins an Vincke aus diesen Monaten[34] am leichtesten zu verstehen. Sie enthalten nicht etwa eine Verteidigung der Haugwitzschen Politik, wie es auf den ersten Blick scheinen möchte, sondern einen Versuch, das unabänderlich Geschehene mit „Glaube und Ergebung in den Willen der Vorsehung" hinzunehmen, den Mut nicht sinken zu lassen und die leidenschaftliche Erbitterung über den König (dem nun einmal „die Natur die Kraft versagte") in sich selbst und anderen möglichst niederzukämpfen. Vor allem: Stein als Zuschauer aus nächster Nähe wußte, daß nur Schwäche, nicht raffinierte Verschlagenheit den Gang der Dinge bestimmt hatte, und suchte die moralische Empörung des Freundes zu dämpfen. Die Okkupation Hannovers freilich (mit der Aussicht auf späteren Erwerb) war ihm durchaus willkommen[35]: verband sie doch endlich die geliebten Westprovinzen mit den Stammlanden der Monarchie; und vor allem: sie verwirklichte wieder ein Stück des nationalen Zukunftsprogramms, das wir aus jenem Fehdebrief an den Nassauer Herzog schon kennen. Auf die Mission Preußens für Deutschland, für die europäische Zivilisation, für die Veredelung der Menschheit berief er sich gerade jetzt ausdrücklich, um Vincke im Staatsdienst festzuhalten.

Aber durfte man den Erwerb Hannovers für Preußen fordern, auf die Gefahr einer unheilbaren Verfeindung mit England hin, wenn doch der Kampf gegen Napoleons Zwingherrschaft das oberste Gebot der Stunde war? Es bleibt ein merkwürdiger Widerspruch in der Haltung Steins während dieser Monate. Zunächst erscheint er ganz als leidenschaftlicher Verfechter der Kriegspolitik, dem der Kampf gegen das französische Universalreich mehr noch eine Sache des Gewissens als der politischen Überlegung bedeutet. Hatten frühere Finanzminister durch ihre Bedenklichkeiten den Kriegswillen des Königs erstickt, so setzte er umgekehrt alles daran, diesen Willen zu stärken. Es genügte ihm nicht, die Mittel zur Kriegführung in jedem gewünschten Umfang bereitzustellen; in einer von patriotischer Leidenschaft glühenden Immediateingabe (vom 26. Oktober), die er durch den Historiker (und schwungvollen Rhetoriker) Johannes von Müller aufsetzen ließ, enthüllte er dem Monarchen seine Gesinnung: reichspatriotische Erwägungen und Ideen vom europäischen Gleichgewicht, wie sie eben damals Friedrich Gentz in der schönsten seiner Schriften den Deutschen verkündete, erfüllen sie ganz und gar. Durch eine publizistische Erläuterung der für den Krieg notwendigen Finanzmaßnahmen riet er, den patriotischen Opfermut der Preußen anzufeuern[36]. Fortan hielt er sich dauernd in enger Verbindung mit Hardenberg, hoffend, sorgend, beständig drängend auf „feste", das heißt kriegerische Entschlüsse – übrigens als Minister des Generaldirektoriums mehr Zuschauer als mithandelnd, ausgeschlossen von den eigentlichen Kabinettsberatungen, aber offensichtlich bemüht, durch ermutigende Darstellungen der Finanzlage der Kriegspartei, an ihrer Spitze Hardenberg, den Rücken zu stärken. Noch am 8. Dezember hören wir ihn das Verhalten Haugwitz', der Napoleon in Brünn gesprochen hatte, ohne seinen Vermittlungsvorschlag überhaupt vorzubringen, als feige, doppelzüngig, strafbar, ja als verächtliche Schurkerei bezeichnen[37]. Seit aber dann der Waffenstillstand der Österreicher bekannt wird, scheint sich seine Empörung mehr gegen die „Dummheit und Trägheit des österreichischen Cabinets" zu richten als gegen die Feigheit des preußischen Unterhändlers. Jetzt möchte er es nachträglich „fast für ein großes Glück halten, daß wir noch keinen Anteil an den Kriegsereignissen genommen". „Wir sind nunmehr imstande, die Ruhe des nördlichen Europa zu erhalten, oder einen energischen Widerstand zu leisten[38]." Von einer Fortsetzung des Krieges an der Seite Rußlands ist also keine Rede mehr, wohl aber von einem System bewaffneter Neutralität, gestützt auf russische, verbündete deutsche und starke eigene Streitkräfte, „hinreichend um unsere Unabhängigkeit zu sichern und uns einen anständigen Vergleich zu verschaffen". Was für einen Vergleich? Vor allem, wie es scheint, den Erwerb Hannovers, dessen Vereinigung mit der preußischen Monarchie jetzt vielleicht zu erreichen ist, da „alle Mächte die Notwendigkeit fühlen, es einer anderen benachbarten Macht zu geben, die imstande ist, das Land zu verteidigen". An den Einspruch Englands denkt Stein so wenig, daß er vielmehr in demselben Atem empfiehlt, große Subsidienzahlungen von der Londoner Regierung nach Analogie des Allianzvertrages von 1794 zu erbitten[39]!

Das alles schrieb er am 18. Dezember – acht Tage ehe man in Berlin von dem Inhalt des Schönbrunner Vertrages irgendwelche Kenntnis hatte. Als Haugwitz damit anlangte, war die Frage, ob man das Danaergeschenk aus der Hand des Eroberers entgegennehmen sollte – mit allen daran klebenden demütigenden Bedingungen – oder es zurückweisen trotz aller Kriegsdrohungen Napoleons, um gestützt auf das Schwert die bisherige „unabhängige und ehrenvolle Rolle" Preußens als Schützer der norddeutschen Neutralität zu behaupten – dann aber natürlich auf den Erwerb Hannovers einstweilen zu verzichten. Stein erklärte sogleich, daß er Preußen noch immer für finanziell und militärisch hinreichend gerüstet halte, um Napoleons Drohungen nicht zu scheuen. War er also für Verwerfung des Vertrages? Mit Sicherheit läßt sich nur so viel sagen, daß er gegen die Abmachungen von Schönbrunn eine „unabhängige und ehrenvolle Rolle“ Preußens sichern wollte. Aber da er vorher wie nachher (noch im August 1806 Gentz gegenüber) ausdrücklich sich für den Erwerb Hannovers eingesetzt hat, das Preußen unumgänglich brauche, ist es doch am wahrscheinlichsten, daß er zusammen mit Hardenberg einen sehr unglücklichen Mittelweg einschlug: danach sollte Napoleon durch kriegerische Gesten zu einer nachträglichen Änderung der Bedingungen veranlaßt werden, so daß die Allianz weniger drückend, die territorialen Opfer verringert würden. Die Pläne, in denen Hardenberg damals (Januar-Februar 1806) diese Gedanken entwickelte, wirken ebenso großartig wie phantastisch: er dachte an nichts Geringeres, als Napoleon eine Art Teilung der Herrschaft über Deutschland anzubieten: dem Imperator sollte der Süden im wesentlichen überlassen bleiben (jedoch mit einem starken preußischen Brückenkopf jenseits des Mains), während der Norden ganz unter preußische Hegemonie geriete, außer Hannover auch die Hansestädte annektiert würden. Auf dieser Grundlage dachte er dann geradezu eine föderative Reichsverfassung aufzubauen: drei Staatengruppen zusammengefaßt unter der Führung Preußens, Bayerns und Österreichs, darunter sechs Reichskreise, militärisch geführt von den mächtigsten Reichsfürsten; Wiederherstellung ständischer Verfassung in den Einzelstaaten, wo sie zerstört ist, unter Garantie des Reiches – der ganze Plan entspricht bis in Einzelheiten hinein so genau gewissen reichspatriotischen Lieblingsideen Steins, wie sie nach 1812 an den Tag treten werden, daß die Vermutung naheliegt: wir hätten hier eine erste unmittelbare Auswirkung des Gedankenaustausches der beiden späteren Reformminister vor uns.

Freilich ist das nicht mehr als eine bloße Vermutung. Hardenberg hatte schon in vielen früheren Plänen (zuletzt 1801) zur Umgestaltung der deutschen Landkarte eine blühende politische Phantasie entwickelt[40], und so mag es zweifelhaft erscheinen, ob er des besonderen Anstoßes durch den Reichsritter noch bedurfte. Immerhin war früher bei ihm von „Reichsreform“ nur wenig die Rede gewesen. Auf der andern Seite fehlt es uns an Zeugnissen dafür, wie weit die nationalen Zukunftspläne Steins damals schon ausgereift waren. Sicher ist nur: daß er die kleineren Staaten den beiden großen „Militärmächten“ nicht nur unterordnen, sondern sie am liebsten darin aufgehen lassen wollte. Und so hören wir denn auch, daß er einem Plan Sacks „völlig“ zugestimmt habe, der von Hardenberg neben andern Entwürfen seiner Räte als Material für seine große Denkschrift verwendet worden ist. Sack empfiehlt darin eine rücksichtslose Mediatisierung aller kleineren Souveräne Westfalens, Ober- und Niedersachsens durch Preußen und begründet das mit der Notwendigkeit, die Verteidigung des nördlichen Deutschland gegen Westen in eine starke Hand zu bringen – lauter Gedankengänge, die uns aus der westfälischen Epoche Steins längst geläufig sind[41]. Merkwürdig, mit welcher Selbstverständlichkeit und wie deutlich die große nationale Zukunftsaufgabe der preußischen Monarchie schon in diesem Augenblick – fast plötzlich – den führenden Staatsmännern Preußens bewußt wurde, als mit dem Zusammenbruch der Habsburgischen Kaisermacht die letzten Dämme einstürzten, die bisher noch immer der völligen Überflutung Süddeutschlands von Westen her gewehrt hatten! Bis unmittelbar in den Beginn des preußisch-französischen Krieges, bis in den September 1806 hinein reicht eine Kette von nationalen Reformplänen preußischer Politiker, Staatsmänner und Patrioten, die alle darauf hinauslaufen: daß Preußen, losgelöst aus dem System der konservativen Mächte des alten Europa, nunmehr seiner nationalen Aufgabe als führende deutsche Macht sich zuwenden müsse und zuletzt nur noch in dem Aufgebot aller nationalen Kräfte zum Schutz der vaterländischen Grenzen die eigene Rettung finden könne. Daß freilich der zerstückelte, fast ganz auf den Nordosten beschränkte Territorialstaat Friedrichs des Großen zu solcher hohen Aufgabe einstweilen wenig tauglich war, konnte niemand übersehen, der ernstlich nachdachte. So erklärt sich die trügerische Hoffnung der Stein und Hardenberg, die auch von anderen (am geistreichsten von Altenstein) variiert wurde: zunächst, gestützt auf Friedrichs Schwert, eine „ehrenvolle und unabhängige" norddeutsche Neutralität sich von Napoleon zu ertrotzen, gewissermaßen mit seiner indirekten Unterstützung moralische und materielle Eroberungen im Norden zu machen, um so den preußischen Staat zur künftigen Führerrolle heranreifen zu lassen: gestärkt nach außen durch Landerwerb, im Innern durch politische und Verwaltungsreformen großen Stils.

Das waren überraschende Ausblicke in eine ferne Zukunft: ein nationales preußisches Programm lange vor Jena, ohne alle literarische Vermittlung unmittelbar anknüpfend an die alte Reichstradition! – für den Augenblick doch nichts anderes als Illusionen, die über den grausamen Ernst der wirklichen Lage täuschten und bald genug kläglich in sich zusammenfielen. Es kam so, wie es der nüchterne Beyme von Anfang an vorausgesagt hatte: Napoleon dachte nicht daran, den Schönbrunner Vertrag durch nachträgliche Änderungen für Frankreich wertlos machen zu lassen; und da man in Berlin sich selber durch vorzeitige Abrüstung die Hände lähmte[42], war es ihm ein leichtes, den preußischen Unterhändler im Pariser Februarvertrag unter ein noch härteres Joch zu beugen. Noch enger, noch unselbständiger wurde Preußen dem französischen Bündnissystem eingefügt, durch die ihm abgenötigte Schließung der Nordseehäfen zum Bruch mit England förmlich gezwungen.

Es war natürlich, aber doch nicht ganz gerecht, wenn Stein für dieses jammervolle Ergebnis großer Anstrengungen allein dem Pariser Vertrag und der Schwäche des Kabinetts schuld gab. War er doch selbst, ebenso wie Hardenberg, durch das Phantom der Erwerbung Hannovers geblendet worden! Aber erst durch die Schließung der Nordseehäfen wurde der unvermeidliche Konflikt mit England akut. Die Regierung Fox rief ihren Gesandten aus Berlin ab, erließ eine Blockadeerklärung gegen die von Preußen für englische Waren geschlossenen Häfen und beschlagnahmte alle in den britischen Gewässern befindlichen preußischen Schiffe. Hardenberg hatte diese Folgen des Pariser Vertrages zwar vorausgesagt[43], aber dann doch ebenso wie Haugwitz sich mit vagen

Hoffnungen getröstet, man werde England vielleicht versöhnen können, und darum die preußische Handelswelt mit optimistischen Auskünften hingehalten, statt sie rechtzeitig zu warnen. Ehe aber nun das Generaldirektorium Gelegenheit erhielt, die neue, verzweifelte Lage des preußischen Seehandels zu beraten, war Hardenberg auf Drängen Napoleons, der ihn für seinen gefährlichsten Gegner am preußischen Hofe hielt (so hatte ihn Lombard dem französischen Gesandten geschildert!), aus seiner Dienststellung entlassen worden: Haugwitz und die Clique der allzeit gefügigen Friedensfreunde regierte jetzt allein im Auswärtigen Departement, und Napoleons Regierungspresse tat alles, um dem Verstoßenen die – keineswegs ganz verdiente – Gloriole des Märtyrers zu verschaffen.

So kam es, daß alle patriotische Leidenschaft der Enttäuschten und über Preußens unwürdige Lage Empörten sich ausschließlich über Haugwitz und seine Kreaturen und Helfer ergoß. Die unglücklichen Ereignisse des Winters 1805/06, insbesondere aber der Pariser Vertrag, haben zum erstenmal die gebildeten Kreise Deutschlands, insbesondere aber Preußens, aus politischen Träumen aufgerüttelt zu vaterländischer Empörung, zum Bewußtsein der unmittelbar drohenden Gefahr für die Unabhängigkeit der Nation. Stein wurde der vornehmste Wortführer dieser erregten vaterländischen Stimmung.

Als Minister der Kommerzien und Zölle hatte er die Klagen der Kaufleute und die Interessen der Zollverwaltung gegenüber dem Auswärtigen Departement zu vertreten. Er tat es mit einem wahrhaft grimmigen Eifer und bot das ganze Generaldirektorium zu seiner Unterstützung auf; insbesondere wußte Schrötter, der Minister für Ost- und Westpreußen, die Lage seiner (am Exporthandel meistbeteiligten) Provinzen in einem Memorandum, das auch für die Augen des Königs bestimmt war, geradezu schreckenerregend zu schildern: „Der blutigste Krieg kann nicht so gefährlich sein als ein Angriff auf die Urquelle des Staates, den Nationalwohlstand. Wir sterben, die Waffen in der Hand, am schleichenden Gift, manu propria, an der Entkräftung, in der Verzweiflung." Es war der Kampfruf einer erbitterten Opposition, die einen Kurswechsel der auswärtigen Politik mit allen Mitteln erzwingen wollte. Verzicht auf die Handelssperre gegen England oder Krieg – das war die Parole; besteht Napoleon auf der strikten Durchführung des Artikels 4 seines Pariser Vertrages, so zeigt er damit, daß er in Wahrheit der Tyrann, nicht der Verbündete Preußens ist! Alle vom Generaldirektorium aufgestellten statistischen Tabellen und wirtschaftlichen Berechnungen, die beweisen sollten, daß die preußische Handelssperre für England nicht eben viel zu bedeuten habe, die preußische Wirtschaft dagegen ruinieren müsse, haben diesen politischen Hintergrund. Mit beißender Ironie lud Stein den Grafen Haugwitz zu einer gemeinsamen Konferenz mit dem Generaldirektorium ein: „Ich zweifle nicht, Euer Exzellenz werden mich (dort) mit den Mitteln bekannt machen, wie alle diese Nachteile zu vermeiden sein möchten." Es half dem Unglücksmann kein diplomatisches Lavieren, kein Ausweichen und kein Vertrösten: unnachgiebig, durch

Monate hindurch in immer erneuten Rückfragen und Mahnungen, drängte Stein auf den genauen Nachweis der Schritte, die vom Auswärtigen Departement in Paris und London unternommen wären, um die handelspolitische Lage zu bessern. Vor allem: durch eine Immediateingabe um die andere bestürmte er den König und suchte ihn von den katastrophalen Folgen des französischen Vertrages, zugleich von der Unfähigkeit seines auswärtigen Ministers zu überzeugen. Der berühmteste und politisch bedeutendste dieser Aufätze ist die Denkschrift vom 27. April 1806, die erste der großen Reformschriften Steins überhaupt[44].

Sie war zunächst offensichtlich dazu bestimmt, einem ähnlichen Schritt zu sekundieren, den der geschmeidigere, aber auch politisch klügere Hardenberg kurz vorher beim König unternommen hatte. Anläßlich seiner Entlassung war es zwischen ihm und Beyme am 14. April zu einem heftigen Konflikt und einer erregten Szene im Vorzimmer des Königs gekommen (in einer Angelegenheit übrigens, in der das Recht weit eher auf seiten des Kabinettsrats war)[45]. Indem sich Hardenberg darüber mündlich beschwerte, benutzte er die Gelegenheit, um das System der Kabinettsregierung ebenso eingehend zu kritisieren wie die Persönlichkeiten von Haugwitz, Lombard und Beyme. Seine Kritik blieb zwar praktisch erfolglos, wurde aber so geschickt vorgetragen, daß sie wohlwollende Aufnahme fand. Hardenberg wurde sogleich mit einer tiefgeheimen Mission nach Petersburg beauftragt, die sich letztlich gegen Frankreich richtete. Stein fehlte ein solches diplomatisches Geschick. Seine Denkschrift sagte alles mit ebenso großer Offenheit wie unbedachter Grobheit und Schärfe heraus. Aber sie zeigt auch einen großartigen Schwung der Ideen.

Er beruft sich auf die Pflicht „jedes bedeutenden öffentlichen Beamten", in der gegenwärtigen gefahrvollen Lage des Staates über Mittel und Wege zur Abhilfe nicht nur nachzusinnen, sondern zu ihrer Verwirklichung alles aufzubieten, sich aufzuopfern für „die Sache des Edlen und Guten". An der Spitze der hiernach entwickelten Verfassungskritik steht ein Bekenntnis zu den Grundsätzen Montesquieus: „Der preußische Staat hat keine Staatsverfassung, die oberste Gewalt ist nicht zwischen dem Oberhaupt und den Stellvertretern der Nation geteilt" – da die in einigen Provinzen bestehenden Stände rein örtliche Bedeutung haben, die nicht auf den ganzen Staat erweitert werden kann. Wir kennen das Reformprogramm, das sich in diesen Sätzen ankündigt (ohne schon jetzt sich offen aussprechen zu dürfen), aus den Erörterungen des Rehbergschen Freundeskreises.

Da eine moderne Staatsverfassung einstweilen nicht zur Diskussion steht, wendet sich Stein einer Kritik der bestehenden „Regierungsverfassung", also der Organisation der obersten Staatsbehörden zu. Was er hier vorbringt, faßt alles zusammen, was sich seit vielen Jahren in den Ministerien an Ingrimm und Opposition gegen das persönliche Regiment, gegen die Kabinettsräte und die Adjutantenclique angesammelt hatte. Dem Angriff auf die bestehenden Institutionen geht ein Angriff auf die Personen zur Seite: ohne Frage der unglücklichste Teil des Ganzen, strotzend von gehässigen Übertreibungen, ja Verleumdungen, wenn auch immer wieder packend durch die herzhafte Offenheit der Sprache. Daß Lombard als ein physisch und moralisch gelähmter und abgestumpfter, frivoler Schöngeist, als ein unreiner und schwacher Mensch, ein französischer Dichterling von niederer Herkunft ohne jedes Gefühl für Gut und Böse beschimpft wurde, mag noch angehen. Es war übertrieben, wie man heute weiß, aber im Kern doch wohl nicht unzutreffend. Auch was über den Charakter des Grafen Haugwitz gesagt wurde: über seine oberflächliche Bildung, sein „süßliches, geschmeidiges Betragen", seine Trägheit und Sinnlichkeit, traf gewiß nicht weit daneben. Aber war es politisch klug, den langjährigen vertrauten Berater des Königs diesem als einen „listigen Verräter seiner täglichen Gesellschafterin, einen Mann ohne Wahrhaftigkeit, einen abgestumpften Wollüstling, schwelgend in sinnlichen Genüssen jeder Art" vorzustellen (in der ersten Fassung waren die Ausdrücke noch wesentlich stärker!) – ohne jeden Versuch eines Beweises? Oder gar (in der ersten Fassung) den Generaladjutanten Köckritz, den ständigen Berater und Begleiter des Monarchen, als „eingeschränkten und ungebildeten Kopf, von einem gemeinen Charakter und Denkungsart", von größter Plattheit und unverständiger Geschwätzigkeit zu charakterisieren? Geradezu haltlos ist, was Stein gegen Beymes Persönlichkeit vorzubringen hat: daß er absprechend und übermütig sei, unter der gemeinen Aufgeblasenheit seiner Frau zu leiden habe[46], im Umgang mit der Lombardschen Familie seine Sittlichkeit, seine Liebe zum Guten und seine Arbeitsamkeit habe untergraben lassen. Nun gehört moralische Entrüstung zur politischen Polemik aller Zeiten, ganz besonders zum Stil der Epoche Steins. Er wird sich stärkste Wirkung auf den sittenstrengen König davon versprochen haben, daß er die Haugwitz und Lombard in enge Beziehung zu der lasterhaften Umgebung Friedrich Wilhelms II. brachte. Aber es gibt ein Übermaß von Heftigkeit, das sich um die eigene Wirkung bringt: schon damals fanden die Freunde Steins seine Aggressive viel zu leidenschaftlich. Sie war es um so mehr, als man diejenige Kritik fast völlig vermißt, auf die im Kampf gegen die Haugwitz und Lombard doch zuletzt alles ankam: den präzisen Nachweis der außenpolitischen Fehlgriffe, durch die sie Preußen in die demütigende Abhängigkeit von Frankreich gebracht hatten[47].

Um so bedeutsamer sind seine Ausführungen über die sachlichen Mängel der Behördenorganisation und über die Mittel, ihnen abzuhelfen. Mit einem gewissen Nachdruck sucht er das Neue, das er vorschlägt, an Altbewährtes anzuknüpfen, womöglich als Restauration eines ursprünglichen Zustandes aufzufassen[48]. Nicht ohne Grund stellt er die Kabinettsregierung als eine Entartungserscheinung dem älteren System, der Regierung aus dem Staatsrat, gegenüber, wenn er auch die Rolle der Minister als Berater der Krone unter Friedrich II. und seinem Vorgänger offenbar überschätzt. Doch waren die Schäden der Kabinettsregierung erst nach dem Tode Friedrichs ganz deutlich geworden; und insofern hatte Stein recht, sie als verderbliche Neuerung zu bekämpfen:

als „ungesetzlich", unzweckmäßig, ja staatsgefährlich – mit allen den kritischen Einwänden, die wir schon früher erörterten.

Seine Reformvorschläge wirken vor allem dadurch eindrucksvoll, daß sie mit so klarer Entschiedenheit vorgetragen und so knapp, kernig und wuchtig formuliert werden. Zugleich spürt man, daß hinter ihnen, mehr angedeutet als ausgesprochen, ein geschlossenes politisches System von weittragender Konsequenz steht.

Stein fordert die Leitung aller Staatsgeschäfte durch ein „gesetzlich und öffentlich" berufenes, kollegial organisiertes, verantwortliches, mit dem König unmittelbar verbundenes Staatsministerium von fünf Fachministern: für Kriegswesen, Auswärtiges, Inneres, Finanzen und Rechtspflege – eine Ressorteinteilung, die wahrscheinlich auf französische Verfassungsgesetze von 1791 zurückgeht (die Stein sehr genau studiert hatte) und ähnlich sich auch schon bei Hardenberg und in anderen früheren Reformdenkschriften findet[49]. Dieses Kollegium soll aber nun nicht etwa die alte Zentralbehörde, das Generaldirektorium mit seinem Nebeneinander von Fach- und Provinzialressorts, ersetzen, vielmehr hat Stein ein halbes Jahr später ausdrücklich vor seiner Aufhebung, wie sie Altenstein und Hardenberg vorschlugen, gewarnt[50]. Es erscheint sogar noch 1807, in dem großer Nassauer Reformprogramm, als unentbehrlich – wenn auch in gründlich reformierter Gestalt. Es hat nach wie vor die Aufgabe, einen kollegialen Sammelpunkt aller Hauptverwaltungszweige zu bilden – aber unter dem neu zu schaffenden Ministerkonseil, das es von allen Verwaltungsdetails entlasten soll und das nun seinerseits die verantwortliche Leitung des Ganzen (an Stelle der bisherigen Kabinettsräte) übernimmt.

Der Name dieses neuen Konseils „Geheimer Staatsrat", oder (noch deutlicher, in einer wohl von Sack stammenden zweiten Formulierung) „Deputation des Staatsrats", deutet an, daß Stein auch hier bewußt an älteres Herkommen anknüpft: er will dem alten preußischen Geheimen Rat, den er sich als Vereinigung aller höchsten Departementschefs vorstellt, wieder zu seinem Ansehen und „gesetzlichen Recht" verhelfen. Die fünf obersten Fachminister repräsentieren die Autorität und Verantwortung des „Staatsrats" als eines Ganzen.

Das neue Kollegium faßt seine Entschlüsse in gemeinsamer Sitzung, unter dem persönlichen Vorsitz des Königs, der über jede Sache nach dem Vortrag (und schriftlichen Votum) des jeweils zuständigen Fachministers förmlich abstimmen läßt und danach entscheidet[51]. Alle Geschäftssachen, die bisher vom König unmittelbar entschieden wurden, gehören künftig vor das Plenum dieser Versammlung; das einzelne soll die Erfahrung ergeben. Die Kabinettsräte sind vom Vortrag ganz oder doch in wichtigeren Sachen ausgeschlossen und behalten nichts als die Ausfertigung der Beschlüsse nach Anweisung des jeweils vortragenden Ministers. Sie legen diese Beschlüsse dem Könige zur Vollziehung vor; das Konzept jeder „Kabinettsordre" (die damit ihren Charakter vollkommen verändert) wird von sämtlichen fünf Ministern unterzeichnet. Dies geschieht in täglicher Versammlung der Minister, im Büro der Kabinettsräte auf dem Schlosse, wo zugleich über die zum Vortrag kommenden Sachen von ihnen beraten wird.

Man sieht: dem Monarchen wird hier eine Geschäftstätigkeit zugemutet, die sich von der eines modernen Ministerpräsidenten nicht mehr allzuweit unterscheidet. Sogar das Kriegswesen und die auswärtige Politik, die ureigenste Domäne der monarchistischen Selbstregierung, sollen ohne Rückhalt, wie es scheint, den Plenarbeschlüssen des Ministerkollegiums unterworfen werden. Undenkbar, daß Friedrich Wilhelm sich ohne äußerste Not auf derartige Reformvorschläge einließ! Er wäre in allem und jedem vom Willen seines Ministeriums abhängig geworden, sobald dieses einigermaßen zusammenhielt[52]. Es hätte ganz in der Hand der Minister gelegen, in ihren Vorberatungen selbständig zu entscheiden, was sie zum Vortrag bringen wollten, und sich vorweg darüber zu verständigen.

Eben darin liegt das Neue, Radikale, Unerwartete dieser Reformvorschläge. Nicht in der Schaffung eines einheitlichen Staatsministeriums an sich. Über die Kabinettsregierung seufzte man in den preußischen Ministerien schon seit den neunziger Jahren, und ebenso alt war der Wunsch nach einem Ministerkonseil, das seine Entscheidungen unmittelbar von dem Monarchen erbäte. Selbst ein so konservativer, politisch neutraler Bürokrat wie Schulenburg-Kehnert hatte ihn schon 1798 geäußert. Hardenberg hatte Friedrich Wilhelm III. schon vor dessen Regierungsantritt an Stelle des Kabinetts ein Konseil von vier „Kabinettsministern" vorgeschlagen, das unter persönlichem Vorsitz des Königs tagen und ihm die allgemeine Übersicht über die Staatsverwaltung verschaffen sollte[53]. Auch Friedrich Gentz hatte (als preußischer Kriegsrat) das Kabinett überaus scharf und zutreffend kritisiert: in einer großen Denkschrift von 1800, die Stein (auch mit ihren Reformvorschlägen) vielleicht unmittelbar angeregt hat – ebenso wie eine ihm sehr verwandte Denkschrift seines Freundes Sack aus dem April 1806[54]. Und schließlich hat kein anderer als der so hart gescholtene Beyme wenige Wochen später die wichtigsten dieser Forderungen in ein eigenes Memorandum aufgenommen, das er auf Wunsch des Königs anfertigte, um eigene, früher vorgetragene Reformvorschläge zusammenzufassen[55]. Auch er erklärte die bisherige Organisation für unzulänglich, um die notwendige „politische und militärische Konzentrierung" zu sichern, und forderte ein „unmittelbares, oberstes Konferenzministerium, welches dem Könige stets zur Seite steht" (die Kabinettsräte also aus ihrer Vertrauensstellung verdrängt hätte), bestehend „aus dem ersten Kabinettsminister (gemeint ist offenbar der Minister des Auswärtigen), aus einem General, der den Geist des Militärwesens leitet, und aus einem Minister, welcher die Generalien aller inneren, besonders der Finanzangelegenheiten leitet". Diese drei sollten von allem Mechanischen der laufenden Verwaltung entlastet werden, um das „Essentielle der Geschäftsleitung", also die eigentlich politischen Gesichtspunkte, um so besser verfolgen zu können.

Damit wurde ein sehr bemerkenswerter Versuch gemacht, das politische Problem zu lösen, das die älteren Reformpläne kaum berührt hatten: die bisherige souveräne Stellung des Königs zu wahren, ohne die Mißstände der alten Kabinettsregierung einfach fortzusetzen. Wandelte man das Kabinett, wie Beyme vorschlug, in ein Dreimännerkolleg von Ministern des königlichen Vertrauens[56] um, die oberhalb der laufenden Verwaltung – und damit doch wohl auch oberhalb der eigentlichen Ressortchefs – standen, den König ständig berieten (normalerweise in Einzelvorträgen) und der Verwaltung die allgemeinen Richtlinien gaben, so war zum mindesten der Anstoß vermieden, der dem Plane Steins offenbar anhaftet: daß der Monarch zum Vorsitzenden einer Versammlung von Ressortchefs herabgedrückt wurde, die durch überlegene Kenntnis des Details und gemeinsame Verabredung in der Lage waren, seinen persönlichen Einfluß, allen sichtbar, auf ein Mindestmaß zu beschränken. Schwerlich hat sich Stein schon damals ganz klargemacht, zu welchen Situationen das führen mußte, zumal dann, wenn etwa scharfe Meinungsgegensätze in Gegenwart des Königs aufeinanderplatzten! Verständlich ist sein Plan nur im Zusammenhang jener anglophilen Verfassungsideale, die wir aus der Darstellung Rehbergs schon kennen.

Auffallend viel ist in seiner Denkschrift die Rede von „öffentlicher Verantwortung" der Minister, ihrer „Unterwerfung unter die öffentliche Meinung", von „Gefahren" ihrer Stellung, vom Zutrauen des Publikums, dessen sie bedürfen, von ihrer „Gewalt" bzw. „Ohnmacht", ihrer „gesetzlichen und öffentlichen" Berufung an Stelle eines „ungesetzlichen" Willkürregiments, von ihrem Anspruch auf Gegenzeichnung der Kabinettsordres und dergleichen mehr. Lauter Begriffe, die dem Staatsrecht des alten Preußen ebenso fremd wie dem englischen Verfassungsrecht geläufig sind. Das Ministerkonseil als „Deputation" eines weiteren „Staatsrats": das erinnert sogleich an die Stellung des englischen Ministerkabinetts innerhalb des altehrwürdigen Privy Council. Von hier aus enthüllt sich das wahre Gesicht des Steinschen Reformprogramms: es geht darin um viel Größeres als um die zweckmäßige Organisation der obersten Staatsbehörden: es gilt, die preußische Krone in dieselbe Abhängigkeit von ihren Beratern zu bringen wie die englische im Verhältnis zu ihren Ministerkabinetten, obwohl Preußen noch keine parlamentarische Verfassung besitzt[57]. – Auch ohne parlamentarische Einrichtungen fühlen diese Minister sich verantwortlich vor der „Nation" – einstweilen einem rein idealisch-fiktiven Begriff – mehr als vor dem Monarchen; denn sie wissen, daß aller politische Fortschritt in diesem Lande allein in ihren Händen ruht.

So unschätzbar die große Aprildenkschrift Steins uns ist als biographisches Denkmal und als gewaltigster Ausdruck der Reformstimmungen und Leidenschaften jener Tage, so gering war ihre unmittelbare politische Wirkung. Es scheint, daß Stein tatsächlich anfangs beabsichtigt hat, sie in vollem Wortlaut vor die Augen des Königs zu bringen. Eine erste, ungemilderte Fassung, die uns überliefert ist, wendet sich an eine „Vereinigung mehrerer angesehener Staatsbeamten", die man bilden müsse, um dem König die angegebenen Reformforderungen vorzutragen, mit der Erklärung, „im Fall der Nichtannahme ihre Stellen niederzulegen". Also eine Aufforderung (nach altpreußischen Begriffen) zu förmlicher Rebellion, begründet aus dem Bewußtsein, am Vorabend schicksalsschwerer Ereignisse zu stehen: sollte der König weiter regieren wie bisher, „so ist zu erwarten, daß der Staat entweder sich auflöst oder seine Unabhängigkeit verliert und daß der Monarch die Achtung und Liebe seiner Untertanen nie wieder erhält". Es können Verhältnisse eintreten, „wo dem redlichen Staatsbeamten nichts übrig bleibt, als seine Stelle mit ohnverdienter Schande bedeckt zu verlassen, ohne helfen zu können, oder an den alsdann sich ereignenden Verworfenheiten Teil zu nehmen". An was für „Verworfenheiten" ist dabei gedacht? Ohne Zweifel fühlte Stein sich in der Rolle der Turgot, Necker, Lally-Tolendal, Mounier und anderer Reformgesinnter am Vorabend der großen Revolution: verpflichtet zu warnendem Prophetenruf, ehe es zu spät war. Er versuchte, den Minister Schrötter und den General Rüchel, einen wohlgesinnten, politischen Dilettanten, der dem König persönlich nahestand und als Veteran der friderizianischen Epoche besonderes Ansehen in der Armee genoß, zur Mitunterzeichnung und Übergabe zu bewegen[58]. Der Augenblick sei günstig, schrieb er Rüchel, zum Sturz des Kabinetts: der König, tief niedergedrückt über die demütigende Lage seines Staates, habe geäußert, er möchte sich am liebsten eine Kugel durch den Kopf jagen, er sei durch „die Leute" entehrt; er wünsche nur, daß man ihm Beweise ihrer Verräterei gebe, so werde er sie entfernen; er verabscheue sie. Das war sicherlich ein stark übertreibendes Gerücht. Sowohl Rüchel wie Schrötter werden die Ansicht aller Freunde Steins geteilt haben: ein so maßloser Angriff würde bestimmt sein Ziel verfehlen. Jedenfalls machten sie Schwierigkeiten, und so versuchte Stein einen andern Weg: er ließ das Memoire der Königin (durch die Hofdame Gräfin Voß) zugehen – schwerlich, um es auf diesem seltsamen Wege seiner Bestimmung zuzuführen: das hätte in der Tat bedeutet, „die Keule des Herkules in Frauenhände legen"[59] –, sondern um ihren Ratschlag über den zweckmäßigsten Weg des weiteren Vorgehens zu erbitten. Sie war mit dem Inhalt einverstanden – so tief wie nur irgendeiner der Patrioten empfand sie den Niedergang Preußens und die Gefahren, die von Westen her drohten, und warf nach Frauenart wie selbstverständlich alle Schuld auf die Berater ihres Gatten; aber sie war auch klug genug, um einzusehen, daß diese Denkschrift mehr Schaden anrichten als nützen würde, ließ sie unbenützt liegen und zögerte, wie es scheint, mit der Antwort. So griff Stein wieder auf das Mittel wirtschaftspolitischer Vorstellungen zurück, um seinen Kampf gegen das System Haugwitz fortzuführen.

Mit verdoppelter Energie drängte er jetzt auf Zurücknahme der von Frankreich ausbedungenen Hafensperre gegen England. Mit dem Gesandten Jakobi-Kloest in London, einem erbitterten Gegner des französischen Bündnisses –

demselben, den er schon 1792 um Hilfe angerufen hatte[60] –, knüpfte er schon Ende April eine Privatkorrespondenz an, die auch hochpolitische Erörterungen nicht scheute: England sollte gewarnt werden, die preußische Politik nicht vollends in die Arme Frankreichs zu treiben[61]. Mit Eifer studierte er ausländische Literatur über Seerecht, die ihm Jakobi schicken mußte, insbesondere über den neutralen Seehandel im Kriege, um einen Ausweg aus dem Dilemma des Konfliktes mit England zu finden; gemeinsam mit Haugwitz suchte er wenigstens die Neutralität der Ostsee durch Anrufung der russischen und dänischen Mitinteressenten als Vermittler zu retten. Die Hauptsache aber war ihm nach wie vor: den allgemeinen politischen Kurswechsel zu erzwingen. Den Gipfel dieser Bemühungen bildeten zwei Immediateingaben vom 26. und 28. Mai, die dem König das Unwürdige seiner diplomatischen Zwangslage mit schneidender Ironie zu Gemüte führten. Der Zustand Preußens, so hieß es da, sei erbarmungswürdiger als der des kleinen Portugal. Die Portugiesen hätten sich den freien Gebrauch ihrer Häfen durch Subsidienzahlungen an Frankreich erkauft – Preußen dagegen bringe seinen Volkswohlstand der französischen Freundschaft ohne Gegenleistung zum Opfer. Dabei sei statistisch nachzuweisen, daß der französische Handel die Vermittlung der preußischen Flagge gar nicht entbehren könne, Frankreich daher selbst ein wirtschaftliches Interesse an der Handelsfreiheit Preußens habe! „Um diese Frage mit der gehörigen Unparteilichkeit zu prüfen, so habe ich mich ganz in die Stelle eines Untertanen oder Anhängers Napoleons versetzt. Ich hielt mich einmal innig überzeugt von dem Glück, welches sich unter die Menschheit verbreiten würde, wenn ganz Europa von Napoleon unterjocht, alle unsere Monarchen in Präfekten, alle Gesandte in Deputierte, alle Monarchien in Departements verwandelt wären ... Ich rechnete mich zu der Zahl derer, die unter Napoleons Fahnen gefochten, in seinem Rat gesessen oder ihm noch wichtigere Dienste in den Armeen oder Kabinetten seiner Gegner geleistet, indem ich jene verraten und die in diesen genommenen Maßregeln gelähmt und untergraben" – „und nun brachte ich die Frage: ist der Ruin der preußischen Schiffahrt für Frankreich nützlich? zur Sprache, uninfluenziert durch Anhänglichkeit an Deutschland, an den Monarchen, durch Diensteifer und Dienstehre, belebt vom reinen Knechtsgeist Rustans des Mameluken oder dem unreinen eines physisch und moralisch gelähmten und erkauften Mietlings." „Frankreichs Erkenntlichkeit nehme ich nicht in Anspruch, die Liebe, womit es die nach seinem Centro gravitierenden Alliierten umfaßt, ist freilich keine Mutterliebe, noch weniger eine Affenliebe, nur seinen eigenen Vorteil und seinen baren Verdienst bringe ich dem großen Kaiser in das Gedächtnis."

Was für eine Sprache! Welche überdeutlichen Anspielungen auf die vertrautesten Berater des Königs! Friedrich Wilhelm hat diese Kränkung seinem Minister nie wieder vergessen. Er erteilte ihm einen Verweis. Auch Jakobi wurde wegen oppositioneller Äußerungen in seinen Berichten verwarnt, und seitdem verzichtete Stein auf den aussichtslosen Versuch, als einzelner durch Immediateingaben den König von Haugwitz abzudrängen. Es geschah wohl unter dem frischen Eindruck der königlichen Ungnade, daß er sich jetzt um Rat und Vermittlung an Hardenberg wandte und ihm seine Aprildenkschrift zeigte (14. Juni). Der riet sofort, auf die Übergabe zu verzichten – ein Rat, dem Stein sich zu fügen versprach. Immerhin scheint er zunächst noch daran gedacht zu haben, das Memoire in einer gemilderten Form ans Ziel zu bringen. Der Angriff auf Köckritz wurde gestrichen, auch sonst an allzu scharfen Ausdrücken manches gemäßigt oder fortgelassen – am Wesen der Sache freilich nichts geändert. Es liegt auch der Entwurf zu einer Immediateingabe vor, mit der er seine Denkschrift zu überreichen gedachte, ein sehr merkwürdiges Dokument: der König, hieß es darin, möge das Memoire ohne Teilnahme anderer prüfen. Er, der Verfasser, verpfände sein Ehrenwort, alle persönlichen Vorteile abzulehnen, die ihm aus der Durchführung seiner Pläne erwachsen könnten. Sollte aber königliche Ungnade und Entlassung die Folge seines Schrittes sein, so erwarte er dies „mit Gelassenheit von der Vorsehung, in deren Hand das Schicksal der Regenten und der Staaten und des geringsten ihrer Bewohner ist!" Worte von großartig herbem, männlich-stolzem Klang – eines der menschlich sympathischsten Zeugnisse seiner reinen vaterländischen Gesinnung und seines adligen Freiheitstrotzes. Sie sind indessen, soviel man sieht, niemals ans Ziel gelangt. Bedenken der Freunde und Berater nachgebend, hat Stein zuletzt offenbar doch auf die Absendung seiner Denkschrift verzichtet.

Es ist möglich – wenn auch nicht gerade wahrscheinlich –, daß ihre Umarbeitung auf eine Mahnung Königin Luises zurückging. Hardenberg hatte sie bald nach seiner Aussprache mit Stein durch einen Mittelsmann veranlaßt, sich endlich zu der Steinschen Aprildenkschrift zu äußern; sein vermittelndes, überaus kluges Schreiben gab die Steinschen Kraftausdrücke preis, unterstützte aber sehr eindringlich die sachlichen Forderungen des Ministers. Die Königin ließ erwidern (13. Juli), sie rate zu einer Umarbeitung des Steinschen Aufsatzes; er sollte dann, von mehreren, womöglich auch hohen Militärs unterzeichnet, dem König vorgelegt werden. Auch Haugwitz mit ins Vertrauen zu ziehen, wie sie wünschte, war natürlich unmöglich; aber es zeigt, wie gründlich sie sich die Umarbeitung dachte. Tatsächlich ist denn auch die Steinsche Denkschrift für die weiteren Unternehmungen der Oppositionspartei nicht mehr benützt worden. Unmittelbar praktische Folgen hatte sie also nicht; ihr Verdienst bleibt darum doch, den Kampf gegen die Personen und ihr außenpolitisches System zugleich mit Energie auf innerpolitische Ziele gelenkt, die patriotischen Leidenschaften der Enttäuschten für ein Reformprogramm großen Stiles gewissermaßen eingefangen zu haben – Hardenberg allein hätte das so doch nicht vermocht. Und so steht die große Kundgebung Steins trotz ihrer offensichtlichen taktischen Schwächen doch würdig neben der großen Aprildenkschrift eines Scharnhorst, die das große Prinzip der allgemeinen Wehrpflicht, der nationalen Armee, zum erstenmal für Preußen aufstellte. Noch fehlte dem Begriff der „Nation", mit dem Stein operierte, jede konkrete politische Gestalt.

Aber das Neue, das sich darin ankündigte, bedurfte nur der äußeren Möglichkeit, um sich offen auszusprechen.

Überdies hatte sein Vorgehen die Bahn gebrochen für ähnliche Schritte seiner Gesinnungsgenossen. Zunächst stiftete er die Generäle zu patriotischen Vorstellungen beim König an. Das weitschweifige, sehr gefühlvolle Schreiben freilich, das der brave Rüchel am 14. August überreichte, konnte höchstens Verwirrung anrichten[62]. Auch die vorlauten und dilettantischen Ratschläge, mit denen der bekannte Oberst Massenbach, Generalquartiermeister des Fürsten Hohenlohe (und als solcher später ein Mann des Unheils im preußischen Hauptquartier!), den ganzen Sommer über den König sowohl wie den Kabinettsrat Beyme bestürmte, um sie im Sinne der Steinschen und eigener Reformvorschläge zu beeinflussen, werden schwerlich tieferen Eindruck hinterlassen haben[63]. Aber von Woche zu Woche, je mehr sich die wahre Gesinnung Napoleons gegen Preußen enthüllte, stieg die Erregung aller patriotisch Gesinnten, verbreitete sich die Empfindung dafür, daß unfähige Hände den preußischen Staat in eine ebenso unwürdige wie gefährliche Lage hineingeführt hatten.

Der Handelssperre Englands folgte bald genug die förmliche Kriegserklärung gegen Preußen. In Süddeutschland bereitete sich der Rheinbund vor und umklammerte die preußischen Grenzen bis weit nach Osten. Im Westen der Monarchie riß Frankreich trotz aller Allianzverträge mit Preußen die eben erst von diesem gewonnenen Abteien Elten, Essen und Werden los und behandelte in dem darauf folgenden Notenwechsel die preußische Regierung mit hochmütigster Anmaßung. Die Erbitterung, zumal der jüngeren Offiziere, auf den diplomatischen Urheber dieser Lage äußerte sich in lärmenden Kundgebungen. Zweimal warf man Haugwitz die Fenster ein, während Hardenberg Serenaden gebracht wurden. Karikaturen zeigten den König zwischen den beiden Kabinettsministern: der eine überreichte ihm ein Schwert, der andere eine Schlafmütze! Der allgemeinen Stimmung der Armee behauptete Blücher Ausdruck zu geben, indem er den König (wiederum auf Steins Veranlassung) in einer Eingabe voll glühenden patriotischen Eifers und höchst naiver Siegeszuversicht aufrief, je eher je lieber gegen das übermütige Frankreich vom Leder zu ziehen „und die Menschheit an dieser Räuberbande zu rächen“[64]. In Berlin fand diese Stimmung ihren Ausdruck vor allem im Hause des Prinzen Louis Ferdinand, wo der Generalquartiermeister Phull vor einem Kreise von Prinzen und hohen Militärs militärische Vorlesungen hielt. Auch das Haus des Prinzen Radziwill, dessen Gattin, Louis Ferdinands Schwester, Prinzessin Luise von Preußen, zu den feurigsten Verehrerinnen Steins gehörte, stand diesen Bestrebungen nahe; Gelehrte wie Alexander von Humboldt und Ancillon fanden sich dort mit dem Kreise Steins zusammen. Immer stärker erhob sich so gegen die Neutralitätspolitik des Kabinetts eine drohende Opposition; als ihr Führer ist die Persönlichkeit Steins wohl zum erstenmal weiteren Kreisen, zumal der Armee, bekannt geworden. Allmählich empfanden auch die Lombard und Haugwitz, daß nichts übrigbleiben werde, als den Kurs zu wechseln: von den geheimen Unterhandlungen mit Rußland, die Friedrich Wilhelm längst durch Hardenberg führen ließ, werden sie ohnedies Wind bekommen haben. Der Bruch mit Frankreich bereitete sich vor. Die Leidenschaft der Patrioten tat alles, ihn überstürzt herbeizuführen.

Im August vereinigte sich ein ganzer Kreis von opponierenden Prinzen, geführt von Louis Ferdinand, mit den Spitzen der Armee, um in mündlichen Unterredungen, teilweise auch in schriftlichen Vorstellungen[65], die aber allesamt sehr ungnädig aufgenommen wurden, den Monarchen zur Entlassung von Haugwitz und Lombard und zu einer energischen Frontwendung gegen Frankreich zu bestimmen. So hochstehende Persönlichkeiten wie der Prinz von Oranien-Fulda, Schwager und Vetter des Königs, der junge Herzog von Braunschweig-Öls, im Auftrag seines Vaters, des bekannten Feldherrrn, Fürst Hohenlohe, der Armeeführer, und schließlich die eigenen Brüder des Königs, Heinrich und Wilhelm, gehörten dieser opponierenden Gruppe an. Hardenberg, den man zur Mitwirkung aufforderte, hielt sich vorsichtig zurück, unterstrich zwar in seinen Immediatberichten geflissentlich die Tatsache, daß Haugwitz und Lombard im Ausland kein Vertrauen besäßen, vermied es aber sorgfältig, als Ministerkandidat sich von der Opposition empfehlen zu lassen[66]. Stein kam erst gegen Ende des Monats von einer Dienstreise zurück, stürzte sich aber dann sogleich mit Feuereifer in diese Aktion. Vor allem beteiligte er sich (als einziger der Minister!) an einer neuen, von Johannes von Müller aufgesetzten Denkschrift gegen das Kabinett, die fast der ganze Kreis unterschrieb[67], um sie dem König überreichen zu lassen – etwa so, wie es die Königin im Frühsommer geraten hatte.

Diese neue Schrift war in sehr vorsichtigen und ehrerbietigen Ausdrücken gehalten. Stein wird sie, besonders ihrer stark reichspatriotischen Motivierung wegen, willkommen gewesen sein. Im Unterschied zu seiner Aprildenkschrift liegt hier der eigentliche Nachdruck auf einer Erörterung der diplomatischen Fehlgriffe des Kabinetts; auch auf das Mißtrauen der auswärtigen Höfe gegen die Haugwitz und Lombard wird hingewiesen; dagegen ist von Ministerkonseil und Ministerverantwortlichkeit gar keine Rede mehr. Die Entlassung Haugwitz' und beider Kabinettsräte wird gefordert – sonst nichts[68]. Gewiß hätte das Ganze größeren Eindruck gemacht, wenn es in weniger ungeschickter Form dem König überreicht worden wäre – etwa durch eine Deputation von Staatsministern (die freilich nicht so leicht zusammenzubringen war!). Daß man die Prinzen nur um ihres Namens und ihrer äußeren Stellung willen hineingezogen hatte, ließ sich auf den ersten Blick erkennen[69]; und daß vollends Rüchel die Ungehörigkeit beging, die Petition (nebst einem persönlichen Begleitbrief) durch seinen Adjutanten überreichen zu lassen, hatte einen solchen Zornesausbruch zur Folge, daß auch die anwesende Königin nicht einzugreifen wagte[70]. Der König hielt das Ganze für einen Übergriff politisierender Generäle in fremden Bereich, zugleich für einen bedenklichen Beweis militärischer Insubordination, der ihn empörte. Man begreift das.

Längst ehe man ihm die Eingabe überreichte (am 2. September), war der Bruch mit Frankreich schon in bedenkliche Nähe gerückt. Gerade Haugwitz hatte das meiste dazu getan, die Kriegsgefahr zu steigern. Getäuscht durch Gerüchte von englisch-französischen Friedensverhandlungen, in denen die Rückgabe Hannovers eine Rolle spielte, und durch allerhand militärische Nachrichten ohne größere Bedeutung, hatte er einen gänzlich kopflosen Schritt veranlaßt: die Mobilmachung der ganzen Armee am 10. August, und zwar in höchst augenfälliger Form. Die Schwenkung seiner Politik war offenbar. Eine neuerliche Verteidigung seines Verhaltens gegen die Angriffe der Prinzen, aus der Feder Lombards, hielt der König in Händen; ebenso jene Denkschrift Beymes, die von dessen Reformgesinnung so lautes Zeugnis gab. Die geheimen Unterhandlungen mit Rußland hatten soeben zum Ziel geführt: eine gegenseitige geheime Deklaration war zustande gekommen, die Rußland sogleich zum Abbruch der mit Frankreich begonnenen Friedensverhandlungen veranlaßte und damit einen neuen Kontinentalkrieg wahrscheinlich machte; die Hauptlast davon mußte auf Preußen fallen. In diesem Augenblick aufs höchste gesteigerter Kriegsgefahr und Sorge: was mußte der König da beim Anblick einer Denkschrift empfinden, die ihn gerade zu *dem* Schritt drängen wollte, der den Bruch mit Frankreich vollends unwiderruflich machen würde – aufgesetzt von Männern, die gar nichts ahnten von dem wirklichen Zusammenhang der letzten Ereignisse und die von den inneren Verhältnissen des Kabinetts so unzulängliche Vorstellungen hatten? Er erschrak über die Rebellion, sprach seinen Brüdern und Vettern sein Mißfallen in schärfsten Worten aus und schickte sie, soweit sie bei der Armee angestellt waren, sofort an die Front. Seinem Vertrauten Rüchel hielt er in einem langen Handschreiben, das seine eigene Beunruhigung und Unsicherheit fast noch stärker erkennen läßt als seinen Ärger, vor: daß wahrer Patriotismus im Zutrauen, nicht im Mißtrauen gegen die Regierung bestehe, und verbat sich „sehr bestimmt“ für alle Zukunft derartige Sammeleingaben. Stein, dessen führende Rolle er offenbar nicht erkannt hat[71], kam noch am gelindesten davon: der Generalquartiermeister General von Phull, selbst einer der Unterzeichner und vom König hart getadelt, erhielt den Auftrag, ihm das königliche Mißfallen zu übermitteln.

Tatsächlich ließ er sich keinen Augenblick dadurch abschrecken. Es gibt einen merkwürdigen Begriff von der Schwäche der monarchischen Autorität in diesen Tagen, wenn man hört, daß nicht nur Rüchel sich persönlich in einem larmoyanten Schreiben an den König darüber beklagen durfte, daß ihn dieser mit nichts als Ungnade belohne für die Aufopferung von Gesundheit und Vermögen im königlichen Dienst – ihn, den erklärten Freund und Schützling seiner Vorgänger auf dem Thron! –, sondern daß man dem eben ergangenen strengen Verbot zum Trotz sogleich eine neue Sammeleingabe vorbereitete! Stein selber hat daran mitgearbeitet; vielleicht stammt sogar der eine von zwei uns überlieferten Entwürfen unmittelbar aus seiner Feder. Er enthält einen eingehenden Nachweis der von Preußen im letzten Jahrzehnt versäumten Gelegenheiten, die heranwachsende französische Gefahr zu beschwören. Hardenberg, der an diesen Versäumnissen nur zu sehr beteiligt war, riet freilich ab; aber er ließ gleich darauf seinen Freund und Gehilfen Altenstein einen zweiten Entwurf ausarbeiten, der seine Spitze ausschließlich gegen Haugwitz persönlich wandte, auch einige neue, sehr bemerkenswerte positive Vorschläge für die Reform der Staatsverwaltung enthielt. Ein noch größerer Kreis von Opponenten, außer den früheren auch noch die Generäle Blücher, Schmettau und Fürst Hohenlohe, sollte diesmal unterschreiben. Vor allem: sie sollten erklären, daß man unter dem Regiment der Haugwitz und Lombard nicht weiter dienen könne und wolle und die Dienstentlassung vorziehe. Aber es kam nicht mehr dazu. Der Krieg stand unmittelbar vor der Tür. Das Bedenken Blüchers, gerade in diesem Augenblick trotzig den Säbel einzustecken, werden andere geteilt haben. So blieb dieser letzte, gewagteste Schritt ungetan. Es wäre eine Art Palastrevolution gewesen fast am Vorabend des Tages, da das alte Preußen zusammenbrach.

Stein war neben Louis Ferdinand das geistige Haupt dieser Opposition. Es gibt keinen stärkeren Beweis dafür, wie eng er sich jetzt mit dem Schicksal der preußischen Monarchie verbunden fühlte. Vor wenigen Wochen hatte der Habsburger Franz die uralte deutsche Kaiserkrone niedergelegt. Die tausendjährige Geschichte des alten Reiches war zu Ende. Sollte ein neues erstehen, so mußte die Freiheit des letzten deutschen Machtstaates gerettet werden, der noch aufrecht stand. Mit dem Reich ging auch die alte Selbstherrlichkeit der Reichsritter zugrunde. Der Rheinbundstaat Nassau errichtete seine Hoheit über dem Familienbesitz der Steins. Nun war der Reichsritter vollends losgelöst aus den Partikularinteressen seiner engeren Heimat. Den verhaßten Kleinfürsten hat er nie als rechtmäßigen Herrn anerkannt. Fortan wolle er sich, so schrieb er heim, als einen für immer im Preußischen angesessenen Edelmann betrachten. Eben jetzt aber stellte das Schicksal seinen Glauben an Preußens Zukunft auf die härteste Probe.

Siebentes Kapitel

Zusammenbruch des alten Staates
Erste Entlassung

Der König hatte die patriotischen Vorstellungen der Prinzenopposition mit Schärfe abgewiesen. Aber schließlich war es doch die Furcht vor dieser Opposition, Furcht vor den Folgen der eigenen, früher begangenen Fehlgriffe, was ihn und Haugwitz überstürzt in den Krieg hineintrieb – ohne auch nur einigermaßen ausreichende diplomatische Vorbereitung, ohne gemeinsamen Operationsplan mit dem einzigen Alliierten, auf den man zählen konnte, ja zunächst ohne jede militärische Unterstützung des Auslandes, schließlich und vor allem: ohne die geringste Zuversicht auf ein glückliches Gelingen. Man muß die erschütternden Geständnisse lesen, die Lombard am Vorabend der Schlacht von Jena seinem Besucher Friedrich Gentz ablegte, um die verquälte Furchtsamkeit dieses Systems in ihrer ganzen Jämmerlichkeit zu ermessen. Es gibt kein deutlicher sprechendes Zeugnis dafür, wie gänzlich es mit der Selbstherrlichkeit des absoluten Königtums zu Ende war.

So leichtfertig wie die diplomatische und militärische Vorbereitung des Krieges betrieben war, so energisch hatte Stein alle finanziellen Hilfsquellen ausgeschöpft – schon seit dem Herbst 1805. Aber seither hatte sich die Lage wesentlich verschlechtert. Die lange Kriegsbereitschaft jener Wintermonate hatte riesige Summen verschlungen; die ausländischen Anleihen waren eine große Enttäuschung geworden: von etwa 20 Millionen Talern, auf die Stein ursprünglich gerechnet hatte, war man längst auf 8 heruntergegangen, und noch nicht 2 wurden schließlich zusammengebracht. Welcher Geldgeber hätte auch einer so unsicher schwankenden Regierung seine Reichtümer anvertrauen mögen? [1] Die 5 Millionen Taler Tresorscheine reichten aus, um die Feldzuschüsse der Armee für 8 Monate zu decken [2]; aber eine Ausgabe weiteren Papiergelds durfte man nicht wagen. Die ländliche Tranksteuer erwies sich zunächst als nicht durchführbar; englische Subsidien, die man (trotz des noch bestehenden Kriegszustandes!) erbat, wurden abgeschlagen, solange Hannover besetzt blieb. Andere Aushilfen brachten nur geringen Ertrag. So wurde es hohe, ja höchste Zeit, an radikale Steuerreformen zu denken. Längst waren England, Österreich und Frankreich mit der Erhebung direkter Einkommen- und Vermögensteuern vorangegangen; nicht etwa aus Überzeugung von der Vortrefflichkeit dieser modernsten Steuerart – selbst in England stieß sie auf heftigsten Widerstand! –, sondern weil alle anderen Mittel versagten, um die ungeheuren Kriegskosten zu decken. Jetzt sah sich Preußen vor dieselbe Zwangslage gestellt, und Stein machte sich, in eifrigem Studium der auswärtigen Gesetzgebung, die Erfahrungen der anderen zunutze. Der Entwurf eines preußischen Einkommensteuergesetzes, den er drei Wochen vor Jena, am 26. September 1806, dem Kabinett vorlegte, berief sich selbst auf das englische und österreichische Vorbild, übertraf sie aber beide in der Höhe der Progression: bis zu 30 Prozent sollten die höheren Einkommenstufen herangezogen werden. Das Ganze war offensichtlich eine Not- und Kriegsmaßnahme und als solche ausdrücklich bezeichnet; auch Stein hat damals noch nicht geahnt, welche allgemeine Bedeutung die neue Steuerart in Zukunft einmal gewinnen sollte. Bekanntlich hat es in Preußen noch viereinhalb Jahrzehnte gedauert, bis sie sich endgültig (und dann in stark abgeschwächter Form) durchsetzte. Einstweilen verschlang das Chaos nach der großen Niederlage den Steinschen Reformentwurf [3] mitsamt allen hergebrachten Ordnungen.

Es war nicht so sehr die verlorene Schlacht, die den Niederbruch Preußens katastrophal gestaltete, als die Tatsache, daß diese eine Schlacht genügte, um allen Willen zur Selbstbehauptung zu brechen. Die militärischen Führer, die Zivilbehörden, vor allem der König selbst schienen alle nur noch den einen Gedanken zu haben: um jeden Preis zum Frieden zu kommen, so schnell als möglich, bis dahin aber den Feind nicht durch nutzlosen Widerstand zu reizen. Noch am Abend des Jenaer Schlachttages ließ Friedrich Wilhelm jenen sonderbaren Brief an Napoleon abgehen, in dem er den Zusammenprall der Waffen für eine Art von Mißverständnis erklärte und um schleunigen Frieden bat. Und von da ab war durch lange Wochen hindurch sein Handeln nichts anderes als Flucht vor dem Kampf und Betteln um den Frieden. Was hier zusammenbrach, war nun doch nicht mehr der alte friderizianische Staat. Es heißt die Verantwortlichkeit verschieben, wenn man in erster Linie der Fortdauer der alten Staatsordnung mit ihren sozialen und provinziellen Gegensätzen, ihrem harten obrigkeitlichen Regiment für das Unglück die Schuld gibt. Die Führung war es, die versagte, nicht der gute Wille der Geführten, weder in der Armee noch draußen im Land [4]. Wo immer ein energischer Wille aufstand, sich dem Schicksal entgegenstemmte, wie in Kolberg oder der Heeresabteilung Blüchers, da sammelte sich rasch genug patriotischer Opferwille um ihn. Aber von solchem echt friderizianischen Geist war in den Führerstellen sowohl der Armee wie der Zivilverwaltung nur selten noch etwas zu spüren. Es fehlte das gute Gewissen zu rücksichtsloser Anspannung aller Kräfte für die Machtbehauptung des Staates. Ein rechtes Epigonenregiment war es, das zusammenbrach.

In solcher Lage ist es immer der Wille der wenigen Starken, derer, die den Kopf aufrecht halten, an die sich als rettenden Fels die Masse der Verzweifelnden klammert. Für unseren Helden beginnt jetzt, mitten im Niedergang seines Staates, die eigentlich heroische Epoche seines Lebens. Jetzt erst wird an ihm so recht sichtbar, was im politischen Bereich der Charakter bedeutet. Sind die äußeren Umstände darnach angetan, so vermag der Charakter selbst den politischen Instinkt und Machttrieb im Staatsmann bis zu einem gewissen Grad zu ersetzen. Alle Liebe, alle Bewunderung, die dem Freiherrn vom Stein schon zu Lebzeiten zugeflossen ist und mit der ihn das ehrende Gedächtnis seines Volkes bis heute umgibt, ist wesentlich dem Männlich-Aufrechten seines Wesens zugewendet.

Selbst Friedrich Wilhelm wurde jetzt inne, welchen unvergleichlich starken Halt er an dem Manne besaß, der ihn durch seine leidenschaftliche Opposition soeben erst zweimal tief gekränkt hatte. Während der hochgeschätzte, aber längst senil gewordene Schulenburg in kopfloser Verwirrung die Berliner Waffenmagazine in die Hände des Feindes fallen ließ und mit seiner berüchtigten Proklamation „Ruhe ist die erste Bürgerpflicht" gewissermaßen einer versinkenden Epoche den Grabstein setzte, gelang es Stein, durch rechtzeitige Flüchtung der Kassen[5] für die Fortsetzung des Krieges die finanziellen Mittel zu sichern. Das Wichtigste aber war, daß in der unmittelbaren Umgebung des Monarchen ein Mann aufstand, der ihm den verlorenen Willen zur Selbstbehauptung wiedergab.

Es geschah in Osterode am 21. November, daß man endlich den beherzten Entschluß fand, Napoleons neueste Waffenstillstandsbedingungen zu verwerfen. Ihre Annahme hätte Preußen nicht nur fast wehrlos dem Sieger und seinen Friedensbedingungen ausgeliefert, sondern es vor allem zu förmlichem Bruch mit Rußland gezwungen – in demselben Augenblick, als das Eingreifen russischer Truppen in unmittelbare Nähe rückte. Eben diese Aussicht, unterstützt durch sehr energische Mahnungen des Zaren zum Ausharren[6], hat offenbar einen Umschwung in der Seele des Königs bewirkt oder zum mindesten vorbereitet. Aber es kam viel darauf an, daß er in der neuen Richtung bestärkt und festgehalten wurde. Stein und Beyme haben daran das Hauptverdienst. Vom ersten Augenblick an war Stein entschlossen, Napoleons Forderungen zu bekämpfen, die Hand der Russen fest zu ergreifen; Hardenberg, dessen Ansicht er erbat, riet „Himmel und Hölle in Bewegung zu setzen", um jedes weitere Zurückweichen zu verhindern[7]. Aber der König scheute sich, einen so erklärten Gegner Frankreichs wie Hardenberg zu der entscheidenden Beratung zu berufen. So fiel den Ministern Stein und Voß sowie Beyme die Aufgabe zu, gegen die Meinung aller anwesenden Militärs (außer Köckritz)[8], aber auch des Ministers von Schrötter, den Waffenstillstand zu bekämpfen. Sie wurden überstimmt, aber der König trat auf ihre Seite und erließ jene berühmte Proklamation von Ortelsburg, die den Anfang der großen preußischen Heeresreform bedeutet. Damit war das Regiment der Haugwitz und Lombard mitsamt ihrem Neutralitätssystem endlich beseitigt: der Minister zog sich auf seine Güter zurück, der Kabinettsrat war schon längst der allgemeinen Entrüstung zum Opfer gefallen. Beyme aber, der provisorisch die Geschäfte von Haugwitz übernahm, begann seine Amtstätigkeit mit einer öffentlichen Ankündigung und Erläuterung des neuen Kurses[9], in der zum erstenmal etwas von dem großen Pathos der späteren Befreiungskriege anklingt: mit einem Aufruf zum Kampf „für die Erhaltung alles dessen, was der Nation ehrwürdig und der Menschheit heilig ist".

Hardenberg hat später anerkannt, daß alles, was Gutes und Kräftiges geschah von jetzt an bis zum April 1807, allein durch das Zwischenregiment Beymes im Auswärtigen Departement bewirkt wurde. Den bürgerlichen Kabinettsrat indessen zum Minister des Auswärtigen zu erheben, widersprach nicht nur allen Traditionen, sondern hätte vor allem den russischen Hof aufs schwerste verstimmt; denn dort galt Beyme, trotz aller Empfehlungen durch das Königspaar, nun einmal als Vertreter des soeben gestürzten alten Systems – ähnlich wie den Patrioten in Preußen selbst. Anderseits vermied es der König, in merkwürdiger, aber sehr charakteristischer Halbheit des Entschlusses, sich die künftigen Friedensverhandlungen mit Napoleon durch förmliche Berufung Hardenbergs zu erschweren. So verfiel er darauf, durch Beyme und Köckritz dem Minister Stein das Auswärtige Departement antragen zu lassen[10].

Damit war – in unerwartet jähem Umschlag der Dinge – der Moment gekommen, in dem ein kräftiger, zu heroischem Kampf mit dem Schicksal entschlossener Wille an das Ruder des schwer im Sturm kämpfenden Staatsschiffes gelangen konnte. Zupacken: schien das nicht jetzt die höchste aller patriotischen Pflichten? Niemals hat Friedrich Wilhelm daran glauben wollen, daß es wirklich ernst gewesen sei mit der Versicherung Steins: er fühle sich dem Posten des Auswärtigen Ministers nicht gewachsen, weil ihm nach seiner ganzen Vorbildung die nötigen fachmännischen Vorkenntnisse dafür fehlten. Mehrmals wiederholte er sein Angebot, versuchte durch interimistische Ernennung die Bedenken des Ministers aus dem Wege zu räumen, ihn durch förmliche Ordre zu nötigen – aber immer wieder stieß er auf ein unerbittliches Nein. Die große Denkschrift vom 3. Dezember, in der Stein seine Weigerung in weitausholenden, aber recht gequälten historischen Argumenten begründete – als ob erst die Revolution den Grundsatz streng ressortmäßiger Vorbildung für den Staatsmann durchbrochen hätte! –, empfand er als „bombastreich" und bloßen Vorwand[11]. Und in der Tat: war es zu glauben, daß ein Minister von so großen Fähigkeiten den ehrenvollen Ruf des Königs ablehnen sollte –, bloß weil er sich ressortmäßig als unzuständig empfand? War er zum Außenminister nicht jedenfalls weit besser geeignet als der Pfuscher Zastrow, den der König schließlich ernannt hat, weil er Hardenbergs Berufung nicht wagte? Wie dringend beschwor ihn Beyme, zuzugreifen, als der „von der Vorsehung für unser Vaterland bestimmte Retter": „Ein Mann von Ihrem Geist und von Ihrer Charakterstärke jetzt in diesem Posten kann unserer Regierung einen totalen Umschwung geben, den sie höchst nötig bedarf, wenn das Ganze nicht unwiederbringlich verlorengehen soll!" Stein antwortete nicht einmal auf diesen Appell![12] Mußten da nicht andere, geheimgehaltene Motive im Hintergrund mitwirken?

Und doch: an der Echtheit seiner Begründung ist nicht zu zweifeln. Wir kennen längst seine tiefverwurzelte Abneigung gegen die Diplomatie und auch das Undiplomatische seines Wesens. Ihm fehlte durchaus jener eigentlich politische, naturhafte Herrschaftstrieb, dem es mehr noch auf den Besitz der Macht an sich ankommt als auf die Gelegenheit, „Nützliches für das Gemeinwohl" in den Grenzen des ressortmäßigen Könnens zu wirken. Immerhin fehlte es auch nicht an ernsthaften sachlichen Gründen für seine Weigerung. Vor allem: daß er Hardenberg, der längst mit fieberhafter Ungeduld auf seine Wiederberufung wartete, den Weg nicht vertreten wollte. Zwar kann das nicht für seine Ablehnung entscheidend gewesen sein: sonst hätte er nicht bei der ersten Verhandlung statt Hardenbergs den General oder den Gesandten Goltz genannt – Männer, die nichts als ihre Kenntnis russischer Verhältnisse empfahl![13] Aber wenigstens nachträglich hat er dann mit großer Energie auf dem Wiedereintritt Hardenbergs bestanden. Und damit verband er sogleich eine zweite Forderung von größter sachlicher Tragweite: die Kabinettsregierung müsse beseitigt, der alte „Staatsrat" in der Form eines modernen, die Krone ohne Zwischeninstanz beratenden Ministerkonseils wiederhergestellt werden.

Es war die Erneuerung seiner Protesterklärung vom April – nur in der Form stark gemildert, durch Niebuhr, seinen neuen, geistvollen Mitarbeiter redigiert, aber sachlich so entschieden wie nur je. Nicht als ob Stein sich bereit erklärt hätte, das Auswärtige Departement zu übernehmen, wenn man seine Reformwünsche erfüllte[14]; aber er begründete seine Ablehnung unter anderem auch damit, daß in der gegenwärtigen Regierungsverfassung jede Anstrengung eines einzelnen Ministers vergeblich bleiben müßte, da „Einheit und Kraft" in dem „Ganzen der Geschäfte" noch fehlten. Und somit begann denn von neuem, und diesmal mit höchster dramatischer Spannung, der Kampf um die Beseitigung des alten persönlichen Regiments.

Für den Verlauf war es verhängnisvoll, daß in ihm von vornherein das Persönliche mit dem Sachlichen sich unklar verquickte, genauer: daß der Kampf gegen die alten Regierungsmethoden unvermeidlich sich zuspitzte zum Kampf gegen die Personen des alten Regiments. Immer wieder beriefen sich Stein und seine Mitkämpfer auf die „öffentliche Meinung", auf den Willen der „Nation". Sie habe das Zutrauen zu der bisherigen Regierung verloren; ohne solches Zutrauen keine Möglichkeit zu kräftiger Fortsetzung und glücklicher Beendigung des Krieges! Sicherlich war es so. Aber was die Stimme des „Publikums" forderte, war doch nicht eigentlich eine Umwandlung der Institutionen – was verstand man draußen im Lande von Kabinettsregierung und Ministerkonseil! –, sondern eine Entfernung der bisherigen Berater des Königs, denen man nun einmal an allem Unglück schuld gab – um dem Monarchen nicht selbst schuld geben zu müssen! Noch war aller Patriotismus der Massen streng gebunden an die Person des Herrschers: aller Glaube, alle Zuversicht, alle Liebe der Untertanen galten nicht dem Staate – den sie erst lernen sollten, als „Vaterland" zu empfinden –, sondern dem Manne, der ihn sichtbar darzustellen schien im Glanz seines Thrones, dem Nachkommen und Erben des großen Kriegshelden, an dessen persönlichen Genius einst alles Vertrauen sich hatte festklammern müssen durch sieben furchtbare Jahre. In den Massen dieses Volkes gab es keinen Patriotismus, der nicht gleichbedeutend gewesen wäre mit royalistischer Gesinnung. Wie hätte er sich retten sollen vor der Verzweiflung, vor der Empörung nach allem, was nun geschehen war, hätte er nicht an die Verräterei der Personen geglaubt, die den König politisch beraten hatten, an die Nichtswürdigkeit der Generäle, denen das Unglück von Jena, die schmachvolle Übergabe der Festungen zu verdanken war! Der Ruf nach einem Wechsel der Personen – nicht der Institutionen – war allgemein[15].

Friedrich Wilhelm hat niemals wirklich begriffen, wie fürchterlich sein politisches Können bei allen Wissenden bloßgestellt, wie sehr die moralische Autorität des Thrones auch draußen im Lande dadurch bedroht war. Niemand wußte besser als er, wie wenig in Wahrheit von Verräterei in seiner politischen Umgebung die Rede sein durfte. Und er war ehrlich und unpolitisch genug, sich jetzt schützend vor seine Berater zu stellen. Dem unglückseligen Lombard, den die Volkswut auf der Flucht fast gelyncht hätte, ließ er – unklug genug – eine öffentliche Ehrenerklärung zuteil werden, Strafe drohend allen Beleidigern. Wenn er Haugwitz nach Osterode opferte, so geschah es wohl ausschließlich um der fremden Höfe willen: ohnedies hatte man Mühe genug, von dem gründlich zerstörten politischen Kredit wenigstens etwas zu retten! Aber nicht einmal jetzt gab er Haugwitz die förmliche Entlassung; wer konnte wissen, ob man den erklärten Versöhnungsapostel nicht in künftigen Unterhandlungen mit Napoleon wieder mit Nutzen gebrauchen würde? Kaum hatte er sein neues Hoflager in Königsberg aufgeschlagen, als ein ganzer Schwarm von Ministern, Generälen und Vertrauten des ancien régime sich wieder um ihn sammelte. Selbst der unselige Lombard wagte es, wieder zu erscheinen und noch einmal behaglich „im alten Kreise“ sich zu tummeln.

Nur wer sich das alles deutlich vor Augen hält, versteht die leidenschaftliche Erbitterung, mit der Stein und Hardenberg im Dezember 1806 die Entlassung Beymes durchzusetzen suchten. Aus rein sachlichen Einwänden gegen die politische Richtung des Mannes ließ sie sich nicht begründen. Auf Beymes Ersuchen, man möge ihm einen einzigen Fall nachweisen, in dem notwendige Reformmaßnahmen der inneren Politik durch das Kabinett verhindert oder, obwohl durchführbar, unterlassen und verhängnisvolle Anordnungen statt dessen getroffen wären, wußte Stein ebenso wie Hardenberg nur mit Allgemeinheiten zu antworten. Beide konnten auch nicht leugnen, daß der Sitz des Widerstandes gegen Reformen sehr oft gerade die Ministerien gewesen waren. Stein im besonderen verdankte dem Kabinettsrat nicht nur seine Berufung: fortdauernd hatte er seine Unterstützung, oft genug laute Äußerungen von Sympathie, ja Bewunderung von ihm erfahren. Auf die auswärtige Politik Preußens hatte Beyme bis November 1806 immer nur vorübergehend und nur in sehr bescheidenem Umfang eingewirkt. Heute wissen wir, daß er an dem System ewig schwankender Neutralität einen sehr viel geringeren Schuldanteil trägt als Hardenberg selber[16]. Verhältnismäßig früh hat er sich für eine entschlossene Parteinahme eingesetzt. Und seit der Kampf einmal entschieden war, trat der „tapfere Kern seines Wesens" [17], wie wir gesehen haben, erst recht hervor.

Trotz alledem: Beyme sollte fallen. Nicht genug, daß er seit jenem Zusammenstoß im April die persönliche Feindschaft Hardenbergs auf sich gezogen hatte: sein Name war nun einmal untrennbar mit dem System der verhaßten Kabinettsregierung verknüpft, in den Augen der preußischen Oppositionspartei wie in denen des russischen Hofes. Sein Einfluß auf den König schien stärker als der aller anderen; das weckte Eifersucht, Mißtrauen, Unsicherheit. Schließlich hatte man sich schon in den Kundgebungen des letzten Sommers so weit gegen ihn vorgewagt, daß kaum zu glauben war, er werde anders handeln können als Gleiches mit Gleichem vergelten. Genug: der Kampf gegen das alte System wurde zu einem Kampf nicht etwa gegen die Generaladjutanten, die Köckritz und Zastrow, deren Wirken vor 1806 jede großzügige Armeereform gelähmt hatte und somit ein wirkliches Verhängnis geworden war[18], sondern allein gegen Beyme.

Daneben her lief, untrennbar mit den persönlichen Dingen verquickt, die Auseinandersetzung über die sachlichen Fragen der Reform. Sie war inzwischen wesentlich gefördert worden durch jene große Reformschrift, die Altenstein bald nach dem mißglückten Vorstoß der Prinzenopposition nach Hardenbergs Ideen ausgearbeitet und dieser dann an Stein zur Begutachtung mitgeteilt hatte[19]. Die Kritik Steins (vom 6. Oktober) hatte erst vollends die letzten Ziele seiner eigenen Denkschrift vom April verdeutlicht, zugleich aber einen höchst bedeutsamen Gegensatz seiner Verfassungsideale zu denen Hardenberg-Altensteins aufgedeckt, der uns in der Folge noch viel beschäftigen wird.

Es ging im wesentlichen um die Frage: wie nun die Stellung des Königs zu jenem Drei- oder Fünfmännerkolleg von obersten Staatsministern zu denken sei, das in allen Reformentwürfen jener Jahre (selbst bei solchen Reaktionären wie dem Minister Voß)[20] als Zentralstelle wiederkehrt. Sollte der Monarch an seine Beschlüsse gebunden sein, oder sollte er die Minister je nach Belieben einzeln oder gemeinsam zum Vortrag berufen dürfen, ihre Anträge als bloßen Ratschlag betrachtend, nicht als förmlichen Beschluß einer verantwortlichen, selbständig leitenden Staatsbehörde? Sollte also die Herrschaft des alten Absolutismus förmlich abgelöst werden durch eine Herrschaft der reinen Ministerialbürokratie – oder sollte sie nur gemildert werden durch einen verstärkten und unmittelbaren Einfluß der die Verwaltung leitenden Männer auf den königlichen Willen?

Die Antwort hing zu einem wesentlichen Teil davon ab, welches Maß von Vertrauen man zu den politischen Fähigkeiten der allerhöchsten Person hatte. Der Höfling Altenstein versicherte, man müsse Friedrich Wilhelm nur das

Regieren erleichtern, den Ministern unmittelbaren Zutritt zum Monarchen verschaffen und ihnen durch verbesserte Organisation der Ministerien eine durchgreifende, schnelle Wirksamkeit ermöglichen. Dann würden „die Fehler (des Königs) unschädlich werden". Ihn an förmliche Kollegialbeschlüsse eines Staatsrats zu binden, hielt er für unmöglich und unzulässig.

Demgegenüber hatte Stein schon im Oktober unzweideutig sein stärkstes Mißtrauen kundgetan. Während Altenstein die Regententugenden Friedrich Wilhelms lobte, warf er dem Monarchen unverhüllt „Leerheit, Trägheit, Plattheit" – „Mangel an Erhabenheit und Größe in den Gesinnungen" vor: „Er hat seine politischen Verhältnisse ganz falsch gefaßt." „Ich halte es sehr bedenklich, daß der König Beschlüsse fasse, ohne vorhergegangenen Vortrag im Staatsrath und außer dem Staatsrath – dieses wird Gelegenheit geben zu einer Geschäftsbehandlung, wodurch der Staatsrath umgangen und eine Influenz der Hinterthüre veranlaßt wird[21]." Stein hielt also, ohne die Altensteinschen Bedenken auch nur mit einem Wort zu streifen, starr fest an den Prinzipien seiner Aprildenkschrift. Es versteht sich, daß er eine Beibehaltung des bisherigen Kabinetts für ganz unmöglich hielt: der König möge es „von sich entfernen" und sich gewöhnen, nur noch mit den Ministern zu arbeiten.

Zu diesem wichtigsten Gegensatz trat ein zweiter, ebenfalls sehr bedeutsamer, hinzu. Altenstein und Hardenberg wünschten, daß die Minister mit unbeschränkter Selbständigkeit ihre Ressorts verwalten sollten, weder gebunden an die Zustimmung des allgemeinen Staatsrats (der nur über solche Sachen zu entscheiden hätte, die mehrere Ministerien zugleich angingen), noch an ein kollegiales Stimmrecht ihrer Räte. Hardenberg und Altenstein schwebte das Ideal einer streng „bürokratischen", dem napoleonischen Vorbild angenäherten Verwaltungsorganisation vor Augen: mit voller, an keine kollegialen Beschlüsse gebundener Entscheidungsfreiheit der Minister, die rasches, energisch durchgreifendes Handeln erlaubte – in schärfstem Gegensatz zu den schwerfälligen Verhandlungsformen des alten Generaldirektoriums, das sie denn auch gänzlich beseitigen wollten.

Vor einer solchen Neuerung hat Stein, wie wir schon früher hörten, nachdrücklich gewarnt. Seine Staatsratsideen setzten kollegiale Beschlüsse und ein kollegial organisiertes Ausführungsorgan zur Entlastung des leitenden Ministerkonseils voraus. Nicht das napoleonische System alleinverantwortlicher Minister und Präfekten war sein Vorbild, sondern viel eher das englische Kabinettsministerium als Ausschuß eines weiteren Staatsrats (des „Privy Council"), wie er es schon in den literarisch-politischen Studien der westfälischen Jahre bewundert hatte. Die Verfassungspläne Hardenberg-Altensteins waren dem starken persönlichen Herrscherwillen der preußischen Könige unzweifelhaft besser angepaßt. Eben darum ist auch schließlich dieses System und nicht das Steinsche in Preußen durchgedrungen. Daß es notwendig sei (zumal in Krisenzeiten), die politischen Ansichten der verschiedenen Minister zu einheitlicher Willensbildung zusammenzufassen, hat auch Hardenberg gewußt. Aber er suchte dieses Ziel nicht durch Mehrheitsbeschlüsse eines großen Kollegiums unter formellem Vorsitz des Königs zu erreichen – wie Stein sich die Sache dachte –, sondern dadurch, daß er einen Premierminister mit überragendem Einfluß auf den Monarchen an die Spitze des Kollegiums stellte; in vertraulichen Besprechungen zwischen ihm und dem Herrscher, denen kein Dritter beiwohnte, konnten dann die entscheidenden Entschlüsse gefaßt werden. Zum erstenmal im Frühjahr 1807, nach der Rückberufung Hardenbergs, wird dieses System in die Erscheinung treten. In den Verhandlungen des September-Oktober 1806 war noch nicht davon die Rede. Aber unausgesprochen lag diese Neuerung schon damals in der Richtung der Altensteinschen Pläne. Es ist dasselbe System einer Staatskanzlerschaft, das 1810 wiederkehren und das dann Bismarck zwei Menschenalter später in anderer Form auf die vergrößerten Verhältnisse des neudeutschen Reiches übertragen wird.

Der tiefgreifende Gegensatz zwischen den Verfassungsideen Steins und Hardenbergs ist von Anfang an ganz deutlich. Indessen im Dezember 1806 trat er für eine Weile merkwürdig stark zurück. Das lag an der gemeinsamen Frontstellung der beiden gegen Beyme und gegen den Verfassungsplan, den dieser soeben (am 10. Dezember) dem König vorlegte, zwei Tage darauf aber auch den beiden Ministern mitteilen ließ[22].

Was Beyme vorschlug, war deutlich ein Kompromiß zwischen den politischen Bedürfnissen der Stunde und den Wünschen des Königs. Er ersparte diesem die unangenehme Notwendigkeit, auf die gewohnte Beratung durch seine bequemen Kreaturen gänzlich zu verzichten, sich beständig mit Männern von überlegener Entschlußkraft und Einsicht auseinanderzusetzen und diejenigen Minister zur Opposition zu reizen, die hinter den eigentlichen Kabinettsministern zurückgesetzt würden. Generaldirektorium und Kabinett sollten äußerlich unverändert in ihren alten Geschäften bleiben. Nur daß ein Minister des engeren königlichen Vertrauens als „Direktorialminister" der gesamten inneren Staatsverwaltung Vollmacht erhielte, alle inneren Hilfsquellen für den Krieg zu erschließen, überdies zusammen mit einem tüchtigen General (als Kriegsminister) und dem Minister der Auswärtigen Angelegenheiten den unmittelbaren Zutritt zum König hätte. Dieses Triumvirat sollte dann (ganz wie es Beyme schon im Juli gefordert hatte) die eigentliche politische Beratung des Königs an Stelle des bisherigen Kabinetts übernehmen, ohne die Eifersucht der übrigen Minister durch ein förmliches Vorgesetztenverhältnis oder auch nur durch den Titel „Conferenz-Ministerium" zu reizen. Alle Provinzialkammern und die meisten Kassen würden auf die unmittelbare Befolgung seiner Befehle angewiesen, das Ganze mit den Ausnahmebedürfnissen des Krieges gerechtfertigt, eine künftige Neuordnung vorbehalten. Die bisherigen Kabinettsräte würden im wesentlichen auf die Protokollführung des neuen Konseils und die „Ausfertigung der etwa unmittelbar zu vollziehenden königlichen Befehle" beschränkt.

Alles in allem: ein Provisorium, das den Übergang zu einer gesunden Neuordnung vielleicht vermitteln konnte – wenn es ehrlich gemeint war. Aber um daran zu glauben, mußte man zu den Absichten des Königs sowohl wie Beymes unbedingtes Vertrauen haben. Eben daran aber fehlte es den Ministern aus sehr begreiflichen Gründen ganz und gar.

Stein nahm den Hauptanstoß, wie zu erwarten, an der Beibehaltung des Kabinetts. Wozu ein solches „geheimes Bureau", wenn es ernst war mit der Reform? Er witterte nichts anderes dahinter als die geheime Absicht, die alte „Influenz der Hinterthüre" fortdauern zu lassen, und wurde schwer gereizt durch den Versuch Beymes, die früheren Verdienste des Kabinetts um eine einheitliche Staatspolitik gegen die vielfachen Angriffe der letzten Monate zu verteidigen. Hardenberg und Altenstein hatten sich noch im September bereit gezeigt, dem König seine Kabinettsräte, wenn auch mit stark beschränkter Tätigkeit, zu belassen. Aber ihr Mißtrauen war inzwischen zu groß geworden, als daß solche Erwägungen jetzt noch eine Rolle hätten spielen können. Wird das neue Ministerkonseil nicht „öffentlich sanktioniert" und für die Dauer eingerichtet, hieß es jetzt[23], und wird das Kabinett nicht gänzlich beseitigt, so bleibt „der Kabinettsrat hinter der Gardine", das neue Ministerium nur eine Nebenbehörde und „temporäre Kommission", die der Kabinettsrat „auseinandersprengen kann, wenn er will, in der er selbst die Leitung behalten würde".

Was hat diese offensichtliche Verstärkung des Mißtrauens gegen das Kabinett bewirkt? Vor allem wird man doch an die Erfahrungen während des Feldzugs zu denken haben. Hatte man nicht soeben die verhängnisvollsten Folgen davon verspürt, daß der König während der wichtigsten Entscheidungen im Felde von den Lombard und Beyme politisch beraten wurde, während sämtliche Minister außer Haugwitz, formell zu einer Art stellvertretender Regierung unter dem Namen „Staatsrat" konstituiert, ohnmächtig in Berlin saßen, über den Gang der politischen Ereignisse allein durch Privatbriefe orientiert, die Beyme ihnen, eifrig wie immer, zukommen ließ? Wie bitter hatte vor allem Hardenberg darunter gelitten[24]! Eben erst, in den Tagen von Osterode, hatte man gesehen, wieviel darauf ankam, daß die Partei des „Durchhaltens" das Ohr des Königs unmittelbar erreichen konnte. Vor allem: wie völlig hatte jetzt das alte System das Vertrauen im In- und Ausland verloren! Jetzt nur keine Halbheiten mehr, sollte es wieder aufwärtsgehen! „Vorbedingung ist, den König an das Volk, das Volk an den König durch Vertrauen wieder zu knüpfen, alles zu entfernen, was Schwäche verrät, und den schon tief gewurzelten Glauben auszurotten, daß der König lieber Partikulier als König sei und daß Herr Beyme den größten Teil an der Regierung habe. Daher würde auch eine temporelle, nicht öffentlich sanktionierte Behörde gar nichts fruchten."

Den Beymeschen Verfassungsplan lehnte also Hardenberg ebenso ab wie Stein. Aber er war den beiden im Auftrag des Königs übersandt worden, um sie gemeinsam mit General Rüchel zur Bildung des neuen Ministerkonseils einzuladen. Es galt also, schleunigst einen Gegenentwurf fertigzustellen, auf dessen Grundlage sich die Verhandlungen fortführen ließen. Da Stein krank darniederlag, übernahm Hardenberg diese Aufgabe. Sein Entwurf vom 14. Dezember, den auch die beiden anderen dann unterzeichneten und dem König als gemeinsame Erklärung übermitteln ließen, war ein rechtes Meisterstück Hardenbergscher Diplomatie: zwischen den verschiedenen Gegensätzen, die hier zu vereinigen waren, hält er genau die Mitte.

Mit Energie besteht er auf der Beseitigung des alten Kabinetts und auf der öffentlichen Einsetzung des neuen „Cabinetsministeriums". Aber er begründet das nicht mit Anklagen gegen Beyme und Lombard, sondern mit „Vorurteilen" der öffentlichen Meinung und will mit den Kabinettsräten sehr schonend verfahren. Die Hauptsache ist, daß der König in Zukunft immer mindestens einen der neuen „Cabinetsminister" um sich hat, auch auf Reisen und im Felde. In der Form wird alles getan, um ihm die Neuerung zu erleichtern. Das gilt auch in der zwischen Hardenberg und Stein strittigen Frage der Einschränkung des königlichen Willens durch Kabinettsbeschlüsse. Im einzelnen haben die beiden hierüber offenbar lange konferiert, so daß ein etwas kompliziertes Kompromiß entstanden ist. Einerseits wird mit Energie die Zuständigkeit des neuen Triumvirats für alle wichtigen Staatssachen verlangt: der König soll ohne ministerielle Mitwirkung nur über Angelegenheiten des Hofstaates beschließen können. Auch wird gemeinsamer Vortrag der drei Minister als das Normale bezeichnet, insbesondere in allen grundsätzlichen Entscheidungen. Auf der andern Seite ist trotzdem dafür gesorgt, daß der Monarch mehr bleibt als der Vorsitzende eines Ministerrates. Er läßt sich „Vortrag" halten, in jedem Einzelfall durch einen Minister, und entscheidet allein, ohne daß abgestimmt wird.

Er kann auch andere Personen zu den Konferenzen beiziehen, wenn er es wünscht. Und schließlich ist auch eine innere Neugestaltung der einzelnen Ministerien im Sinne Altenstein-Hardenbergs vorgesehen: wo es die Sachlage erfordert, sollen an Stelle der bisherigen Kollegien „einzelne aktive Männer mit der gehörigen Autorität und Verantwortlichkeit" die Leitung der Geschäfte übernehmen[25].

Die Frage war, ob der König auf eine solche immerhin maßvolle Umgestaltung des Beymeschen Plans sich einlassen würde. Da zeigte sich nun bald, daß Steins und Hardenbergs Mißtrauen in die Energie seiner Entschlüsse nur zu sehr gerechtfertigt war. Merkwürdig haltlos schwankte Friedrich Wilhelm zwischen den entgegengesetzten Einflüssen auswärtiger Höfe hin und her. Ein Schreiben des Zaren, das mit runden Worten die Entlassung von Haugwitz, Lombard und Beyme forderte, hatte ihn einen Augenblick ganz nahe an die Bahn der Reformer herangedrängt. Am 12. Dezember hatte er das Triumvirat Stein-Hardenberg-Rüchel zu Cabinetsministern berufen wollen. Aber gerade am 16., als man über Hardenbergs Gegenvorschlag zu verhandeln begann, traf der unselige Zastrow (jetzt Außenminister an Stelle Steins!) aus dem Hauptquartier Napoleons ein. Er berichtete von drohenden und lockenden

Äußerungen des Imperators, die das zaghafte Gemüt des Königs wieder schwankend machten; allzu arg mochte er es mit dem gefährlichen Gegner doch auch nicht verderben! Von Hardenbergs Ernennung zum auswärtigen Minister war plötzlich keine Rede mehr: Stein sollte jetzt das Äußere, Hardenberg die Finanzen übernehmen. Das war ein unmögliches, weil nutzloses Kompromiß. Sehr ernsthaft war es wohl auch nicht gemeint; denn schon ehe Graf Schulenburg (am 18.) diesen neuen Vorschlag des Königs überbrachte, hatte dieser eigenhändig eine Instruktion für das neue Konseil aufgesetzt und mitgeteilt, in der Hardenbergs Name gänzlich fehlte, dafür von Stein oder Schrötter als Finanzminister die Rede war, während die Besetzung des auswärtigen Departements offen blieb. Noch viel deutlicher als in dem Beymeschen Entwurf war die Neueinrichtung als bloß vorläufig bezeichnet. Von förmlichen Konseilbeschlüssen war überhaupt keine Rede mehr; vielmehr schien es, als ob das Konseil nur zur Vorberatung da wäre, die Vorträge der Minister aber einzeln zu geschehen hätten. Das Wichtigste war die äußere Regelung des Geschäftsganges. Hatte Steins Aprildenkschrift es in die Hände der Minister gelegt, welche Gegenstände sie dem König zur Entscheidung vortragen, welche sie selbständig erledigen wollten, und hatte die Denkschrift Hardenbergs vom 14. Dezember die persönlichen Entscheidungen des Königs streng auf das Grundsätzliche, auf allgemeine gesetzliche Normen und dergleichen beschränkt, so drehte die Instruktion Friedrich Wilhelms dieses Verhältnis jetzt vollständig um: ganz unzweideutig setzte er fest, daß der König persönlich mit Hilfe des Kabinettsrates in jedem Fall bestimmen würde, welche Sachen er den Ministern zur Bearbeitung und zu gemeinschaftlicher Beratung zuweisen wollte[26]. Die Krone behielt sich also, so schien es, ausdrücklich vor, das Ministerkonseil nur dann zu befragen, wenn sie es für unerläßlich hielt. Die Hintertür für den Einfluß unverantwortlicher Nebenberater schien abermals weit geöffnet. Und darauf wollte Stein sich ebensowenig einlassen wie Hardenberg. Unnachgiebig beharrte er auf den Forderungen des Triumvirats vom 14. Dezember. Ohne Hardenbergs Eintritt ins Konseil wollte er das Auswärtige Departement schon gar nicht übernehmen.

Die Lage verwirrte sich noch mehr durch Schuld des Unterhändlers. Die anstößigste Forderung der Berufenen, die nach der Entlassung Beymes, wagte Schulenburg nur in stark abgeschwächter Form vorzutragen: der König möge dafür sorgen, daß Beymes Einfluß stark zurückgedrängt würde und den Ministern keinen Grund zur Eifersucht mehr geben könnte. „Hält man mich für einen Dummkopf", erwiderte entrüstet der König, „daß ich mich dahin bringen ließe, meine eigene Schöpfung, das Conseil, zunichte zu machen?" Er habe sich aus eigener Überzeugung zu dieser Neuerung entschlossen, und es sei anmaßend zu glauben, als meine er es nicht ehrlich damit. Daß ohne restlose Erfüllung jener Forderungen des Triumvirates auf die Mitwirkung Steins nicht zu zählen war, hat er nie erfahren; vergeblich suchte Stein es durch Schulenburg und Köckritz ihn wissen zu lassen: keiner der Höflinge wagte die unangenehme Mitteilung. Ohnedies mochte er glauben, es sei nun des Verhandelns mehr als genug: eine Kabinettsordre vom 19. berief das neue Konseil im wesentlichen nach dem früheren Instruktionsentwurf, demnach als ein Provisorium, ins Leben, und zwar so, daß Stein jetzt das Innere, Rüchel das Kriegswesen und Zastrow die Leitung des Auswärtigen Ministeriums erhielt. Allerdings zeigte die neue Form der Instruktion das deutliche Bestreben, gewisse Anstöße der früheren zu beseitigen. Das Provisorische der Neueinrichtung war weniger scharf betont; die gemeinschaftliche Verabredung der drei Minister wurde ausdrücklich als „Conseil" bezeichnet; Beymes Mitwirkung bei der Auswahl und Verteilung der Geschäfte wurde nicht mehr erwähnt; statt des Einzelvortrags schien es der König jetzt als das Normale zu betrachten, daß die Minister „sich bei ihm versammelten" und „in einem Konseil gemeinschaftlich vortragen" würden; nur reine Bagatellsachen wollte er künftig im Kabinett erledigen lassen. Den Minister vom Stein nannte er rühmend „einen denkenden, großer Konzeptionen fähigen Kopf". Endlich betonte er, daß sein Entschluß „nach reiflicher Überlegung, aus eigenem Antrieb und mit voller Überzeugung" gefaßt sei.

Aber was er auch sagen mochte, um das Vertrauen Steins zu gewinnen: der hörte – auf dem Standpunkt der Hardenbergischen Denkschrift verharrend – aus allem nur das „Nein" heraus. Begreiflich genug, vor allem wenn man den Ersatz Hardenbergs durch Zastrow bedenkt! Daran waren das Sträuben Steins gegen die Übernahme des Auswärtigen und eine unvorsichtige Bemerkung Hardenbergs nicht ohne Schuld. Aber jedenfalls bedeutete diese Ernennung einen weiteren Schritt zurück ins alte System des haltlosen Lavierens zwischen den Mächten, das der König eben erst aufzugeben entschlossen schien. Ob Stein zusammen mit den beiden politischen Dilettanten, den Generälen Rüchel und Zastrow, imstande sein würde, irgend etwas Großes und Dauerhaftes auszurichten, war wirklich mehr als zweifelhaft[27]. Er selber scheint stärker als die Unzulänglichkeit seiner neuen Kollegen die Konkurrenz Beymes gefürchtet zu haben. Jedenfalls: er war sogleich zur Ablehnung entschlossen.

Es war schon viel, daß er die Drohung nicht wahr machte, die er früher mit seinen Vorstellungen verbunden hatte: daß er den Abschied fordern müsse, wenn alles beim alten bliebe. Jetzt in der höchsten Bedrängnis des Staates, da die Franzosen sich Königsberg näherten, Hof und Ministerien sich rüsteten zur Flucht in den äußersten, nördlichsten Winkel des Landes, schien es ihm schimpflich, den König im Stich zu lassen. Er wollte bleiben, aber rein als Departementsminister alten Stils, ohne durch seine Tätigkeit die Existenz des neuen Konseils irgendwie anzuerkennen. Es war offenbar das Äußerste, was sein patriotisches Pflichtbewußtsein der leidenschaftlichen Erbitterung und Enttäuschung seines Herzens abzuringen vermochte. Aber eben durch diese moralische Anstrengung verstrickte er sich in eine ganz unhaltbare Lage. Der Kabinettsordre, dem schriftlich gegebenen Befehl des Königs, nicht gehorchen und doch im Staatsdienst verbleiben – das war nicht nur nach altpreußischen Begriffen offene Rebellion. Stein muß das selber gefühlt haben – sonst wäre sein Verhalten in den nächsten Tagen schwer zu erklären. Statt sich schriftlich oder mündlich dem König selbst zu eröffnen, überließ er es den neuen Ministerkollegen, seine Ablehnung und ihre Gründe dem Monarchen mitzuteilen. Ob er immer noch hoffte, deren Vermittlung könnte eine Umstimmung bewirken? Fast muß man es glauben; denn wie konnte er sonst jede dienstliche Meldung nach Empfang eines so wichtigen Kabinettsbefehles unterlassen? Warum ging er aber nicht selbst zur Audienz und erprobte die Gewalt seines persönlichen Einflusses? Fürchtete er die eigene Heftigkeit? Oder kannte er die unbeholfene, nüchterne und ängstliche Natur Friedrich Wilhelms zu gut, um von stürmisch andringenden Überredungsversuchen irgend etwas zu erwarten? Jedenfalls konnte er die Energie des königlichen Willens gar nicht stärker mißachten als dadurch, daß er sich einfach weigerte, ihm zu gehorchen.

Friedrich Wilhelm empfand das tief und erbittert. Schwerlich haben ihn die wohlgemeinten, aber unbeholfenen Vermittlungsversuche des guten Rüchel darüber täuschen können[28], daß Stein sich unzweideutig weigerte, die von ihm, dem König, „nach reiflicher Überlegung" gegründete neue Staatsbehörde anzuerkennen. Je schwerer ihm der Entschluß gefallen war, je größer sein Bedürfnis nach Anerkennung, um so tiefer saß diese Kränkung. Gereizt und gespannt wartete er ab – so wird man vermuten dürfen –, ob dieser stolze und hartnäckige Staatsdiener seine Weigerung tatsächlich durchführen würde. Als die erste Gelegenheit zeigte, daß es der Fall war, brach jäh und hemmungslos ein lang angestauter Groll hervor und entlud sich in maßlosen Worten.

Man würde den hochdramatischen Ausgang dieser Verhandlungen nicht recht würdigen, wenn man die wahrhaft verzweifelte äußere Situation nicht bedächte, in der er sich abspielte. Stein war seit Monaten krank, schwer krank, von rheumatischen Leiden bis zu völliger Arbeitsunfähigkeit gequält[29]. In diesem Zustand hatte er schon im Oktober Berlin verlassen und war seither dem Hoflager beständig umherziehend auf der Flucht gefolgt, von Station zu Station, bis in den äußersten Norden der Monarchie, bereit, selbst ins Ausland mit dem König zu gehen. Fürchterliche Wochen, voll seelischer Not und körperlicher Schmerzen, voll trostloser Ausblicke in die Zukunft! Eines der Steinschen Kinder lag soeben todkrank an Nervenfieber in Königsberg, wohin die Familie dem König gefolgt war. An derselben Krankheit litt die Königin, auch einer der königlichen Prinzen. Und eben jetzt rüstete man sich zur Flucht nach Memel, mitten im Winter, mit den unvollkommenen Hilfsmitteln der damaligen Zeit! Auf allen Seiten waren die Nerven schwer überreizt. Wie viele der preußischen Minister hatten ihren Herrn verlassen, waren in Berlin geblieben, sich duckend unter fremde Herrschaft! Der Reichsfreiherr, der sich im stillen noch immer als „Ausländer" empfand[30], durfte sich sagen, daß er seine Gesundheit und die seiner Familie zum Opfer gebracht habe für eine fremde Dynastie, die ihm eben jetzt nur Gefühle der Enttäuschung und Empörung einflößte, deren Zukunft er meinte in hoffnungsloser Nichtigkeit, „geistloser

Leere" versinken zu sehen. Auf der anderen Seite der König: Herrscher über ein paar letzte Fetzen seiner nördlichsten Provinz, auf der Flucht in den äußersten Winkel des Landes: wie schwer war es für ihn, seine königliche Würde zu behaupten! Wie seltsam diese Verhandlungen über die Organisation oberster Staatsbehörden, die einstweilen nichts zu regieren hatten! Begreift man, daß er hartnäckigen Widerspruch eben jetzt weniger als je ertrug?

Zehn Tage lang gab es keine Geschäfte für das neue Ministerkonseil. Da traf am 28. Dezember ein Schreiben aus Berlin ein, in dem der dort zurückgebliebene Minister von Angern den Finanzminister dringend bat, ihm sofort 100 000 Taler zu überweisen zur Fortzahlung von Gehältern der königlichen Beamten und zur Bestreitung fortdauernd „bedeutender Ausgaben" des französischen Hofmarschallamtes in Berlin. Die letztere Ausgabe ging auf eine persönliche Anordnung des Königs zurück: am 7. November hatte er aus freien Stücken die Unkosten des kaiserlichen Hofhaltes in Berlin übernommen, in der seltsamen Hoffnung, durch solche Liebesgaben das Gemüt des Korsen freundwilliger zu stimmen! Stein, der jetzt erst von dieser Sache erfuhr, war empört; ohne Befragung des Konseils legte er die Sache unmittelbar dem König zur Entscheidung vor – zunächst ohne kritische Bemerkung, aber sicherlich in der Absicht, die peinliche Geldverlegenheit, die durch jene übereilte Anordnung entstanden war, dem Monarchen persönlich vor Augen zu führen. Die Antwort, die am 30. aus dem Kabinett erging, war völlig korrekt: nach der neuen Geschäftsordnung gehöre diese Sache zunächst vor das Ministerkonseil; übrigens – ließ der König halb entschuldigend hinzufügen – sei jene Kabinettsordre „wegen Défrayierung pp. des Kaisers Napoleon zu einer Zeit gegeben, wo der baldige Abschluß des Friedens zu erwarten stand".

Damit war für Stein der äußere Anlaß zum Konflikt gegeben. Schärfer und rücksichtsloser als er konnte man auf die Weisung des Königs gar nicht erwidern. In keiner Weise könne er sich „als Mitglied des Conseils gerieren", schrieb er umgehend an Köckritz, da er die Annahme einer solchen Stelle aus bekannten Gründen abgelehnt habe. In dieser besonderen Sache sei er nicht einmal imstande, ein Gutachten abzugeben, da ihm die Gründe für jene Bewilligung zugunsten Napoleons unbekannt wären, „so wie es mir gleichfalls gänzlich unbewußt ist, ob die Gründe und der darauf gefaßte Beschluß noch fortdauern. Beispiellos ist es übrigens wohl, daß die Kosten des Hofstaates des Eroberers des größten Teils der Monarchie von dem aus diesen Provinzen verdrängten Monarchen getragen werden sollen[31]!"

Was war auf diese gewollt bittere Absage anderes zu erwarten als eine scharf tadelnde Antwort? Die Kabinettsordre vom 3. Januar 1807, in der sie erfolgte, gehört zu den bekanntesten Dokumenten aus der Geschichte Steins, zugleich zu den unerquicklichsten Selbstzeugnissen der alten absoluten Monarchie. Unerträglich in ihrem Herrscherton, weil er so gar nicht dem geistigen Rangverhältnis der Persönlichkeiten entspricht, die hier als Herr und Diener einander gegenüberstehen. Maßlos in der Form, wie es so nur der Schwächere dem geistig Stärkeren gegenüber – aus einer Art geistiger Notwehr – vermag. Politisch aber und staatsrechtlich betrachtet, nach den Begriffen der alten absoluten Monarchie, hatte der König so unrecht nicht, in dem Minister einen „widerspenstigen, trotzigen, hartnäckigen und ungehorsamen Staatsdiener“ zu sehen. Die Opposition des letzten Sommers, die er ihm vorhielt, verbunden mit der wiederholten trotzigen Gehorsamsverweigerung der letzten Wochen, hätte Friedrich der Große ohne Zögern damit beantwortet, daß er dem aufsässigen „königlichen Bedienten“ in Spandau oder Küstrin ein „passendes Quartier bereiten“ ließ – eine Wendung, die Friedrich Wilhelm aus dem (sorgsam redigierten und vielfach nachgebesserten) Entwurf seiner Ordre schließlich doch nicht in die Reinschrift zu übernehmen wagte. Er irrte schwer, wenn er meinte, daß Stein „auf sein Genie und seine Talente pochend, weit entfernt, das Beste des Staates vor Augen zu haben, nur durch Capricen geleitet, aus Leidenschaft und aus persönlichem Haß und Erbitterung handele“. Aber eben aus diesen Worten sprach die alte Zeit, in der es keine Staatsräson außerhalb der königlichen Willensäußerung gab – noch hatten die Minister das Recht einer selbständigen Meinung erst zu erkämpfen. Der kluge Hardenberg, vom König aufs schwerste enttäuscht und zurückgesetzt, erbat eben damals in respektvollen, wohlgesetzten Worten, seine oppositionelle Haltung ausführlich begründend, seine Entlassung; er erntete verdoppeltes Wohlwollen des Monarchen und wurde bald zum Minister des königlichen Vertrauens berufen. Und Stein, der im Staatsdienst freiwillig verharrte, aber seine Opposition meinte fortsetzen zu dürfen, wurde fortgeschickt mit groben Worten: „Da Sie vorgeben ein wahrheitsliebender Mann zu sein, so habe ich Ihnen auf gut deutsch meine Meinung gesagt, indem ich noch hinzufügen muß, daß wenn Sie nicht Ihr respektwidriges und unanständiges Benehmen zu ändern willens sind, der Staat keine große Rechnung auf Ihre ferneren Dienste machen kann.“

Stein hat selber erzählt, in welchem Augenblick er dieses Schreiben empfing: am Abend des 3. Januar, eben im Begriff, noch in der Nacht der königlichen Familie nach Memel zu folgen, die Seinen, darunter das todkranke Kind, zurücklassend in unmittelbarer Kriegsgefahr. Auf der Stelle erbat er den Abschied, mit stolzer Ironie die härtesten Tadelsworte des Königs wiederholend; auch er sei der Meinung, daß dergleichen Staatsdiener dem Wohl des Staates nur schaden könnten. Der König aber erwiderte in höchster Erregung: „Da der Herr Baron von Stein unter gestrigem Dato sein eigenes Urteil fällt, so weiß ich nichts hinzuzusetzen[32].“

Fortgejagt ohne Dank, verließ er den preußischen Staatsdienst. Es lag in der Hand eines ungewissen Schicksals, ob sein Leben in beschaulicher Muße, fern von den Geschäften, zu Ende gehen oder er noch einmal auf den Schauplatz geschichtlicher Taten berufen werden sollte.

Achtes Kapitel

Das große Reformprogramm von Nassau
Wiederberufung als leitender Minister

Es scheint nicht, daß Stein von Anfang an entschlossen war, seinen unerwarteten Sturz als unabänderliche Tatsache hinzunehmen. Statt sofort seine Abreise von Königsberg vorzubereiten[1], blieb er dort, unschlüssig über seine nächste Zukunft, noch mehrere Wochen – wie er selber schrieb, „in der unpassenden Stellung des Taglöhners, der an der Straßenecke steht, bis er gerufen wird". Allen Ministern schickte er, zu seiner öffentlichen Rechtfertigung, Abschriften der Aktenstücke, die sich auf seine Entlassung bezogen, nicht ohne Zusatzbemerkungen voll grimmiger Ironie. Hoffte er auf eine Ministeropposition, die dem König das Undankbare und Unkluge seines Benehmens deutlich machen sollte? Im Ernst war darauf doch nicht zu rechnen[2]; Hardenberg fand Steins Benehmen ebenso unrichtig wie das des Königs; im übrigen blieb es bei wohlgemeinten Äußerungen persönlicher Anteilnahme und eines sachlichen Bedauerns, das sich freilich in den Schreiben einzelner Mitarbeiter, insbesondere Niebuhrs, mit großer Leidenschaft aussprach. Aber es gab trotzdem Gründe, auf einen baldigen Umschwung am Hofe zu rechnen: durch die Weigerung Steins, das vom König geplante Ministerkonseil zu vervollständigen, war eine ganz unhaltbare Lage entstanden. Unmöglich konnten Zastrow und Rüchel eine wirkliche Regierung führen – um so weniger, als Beyme von Anfang an der dilettantischen Politik des neuen Leiters der auswärtigen Geschäfte energisch widerstrebte. Über kurz oder lang mußte dieses Provisorium ein Ende nehmen, und Hardenberg, unverwüstlicher Optimist trotz aller Enttäuschungen, redete Stein zu, sich in der Nähe zu halten, bis der „Froschmäusekampf" am Hofe sein natürliches Ende genommen hätte. Ende Januar tat Beyme, in einem an Hardenberg gerichteten Schreiben voll patriotischer Selbstverleugnung, den ersten Schritt zur Aussöhnung und Erneuerung eines ehemaligen freundschaftlichen Verständnisses[3]; Hardenberg, ohne seine Kritik am Kabinettssystem zurückzunehmen, antwortete doch so, daß er sich den Weg zur Rückberufung ins Amt offen hielt.

Diese Aussöhnung war eben geglückt, als die Schlacht von Preußisch-Eylau die preußische Waffenehre nach so vielen Demütigungen wiederherstellte und den Mut des Königs wiederaufrichtete, seine Entschlossenheit zum Durchhalten neu befestigte. Aber inzwischen hatte Stein die Geduld verloren. In dem Augenblick, als die russischen Truppen trotz des Sieges von Eylau bis vor die Tore der ostpreußischen Hauptstadt zurückwichen, entzog er sich und seine Familie weiteren Kriegszufällen und einer höchst unerfreulichen persönlichen Lage durch die Abreise nach dem inneren Deutschland (am 12. Februar[4]). Von den „leeren, trägen und platten Menschen" des Memeler Hofes erwartete er nichts weiter als faulige Gärung, schrieb er damals, krank und verbittert[5]; ja er dachte eine Zeitlang daran, durch Niebuhrs Vermittlung die Akten seiner Entlassung zu veröffentlichen! Es wäre der Bruch mit Preußen für immer gewesen. Zuletzt überwog doch eine patriotische Scheu, mitten im Kriege die „Erbärmlichkeit unserer Machthaber" vor der Welt bloßzustellen. Ja im selben Atem mit jenem erbitterten Verdammungsurteil über den Memeler Hof erörterte er bereits wieder die Möglichkeit einer späteren Rückberufung und die Bedingungen ihrer Annahme: was an politischem Machttrieb seiner Natur fehlen mochte, ersetzte ihm ein Pflichtbewußtsein, das keine persönlichen Rücksichten gelten ließ, wo es hieß „gemeinnützig tätig" zu sein. „Jeder muß festhalten", hatte er ein Jahr zuvor an Vincke geschrieben „und auf seinem Punkt wirken, was er kann; erinnern Sie sich der Emigranten!"

Nach einer etwas abenteuerlichen Reise mitten durch die feindlichen Vorposten und Etappenlinien langte die Steinsche Familie Ende März im Nassauer Stammschlosse an. Körperlich und seelisch äußerst erholungsbedürftig, genoß der Reichsritter für ein paar Monate die ungewohnte Stille des ländlichen Alleinseins. Sein Plan, eine Reise nach England zu unternehmen, scheiterte am Widerspruch der Gattin; auch aus der Sommererholung in der Schweiz wurde nichts[6]. Statt dessen genoß er die Bäder in Ems, beschäftigte sich mit Bauplänen in Garten und Haus und genas langsam von schwerer Depression.

Beim Rückblick auf den Konflikt, der ihn aus der Bahn geschleudert hatte, wollte es ihm scheinen, als sei es fast ein Glück, der „Bureautätigkeit" nun endgültig entrissen zu sein: „Sie ist erträglich, wenn sie zu einem großen Zweck hinleitet; ist aber die allgemeine Führung der öffentlichen Angelegenheiten in den Händen der Leerheit, Trägheit und Plattheit –, so hat die Tätigkeit des einzelnen Bureau-Chefs kein verständiges Resultat." Stärker als je empfand er in der Heimat das Fremdartige der Umgebungen, in die ihn seine Ämterlaufbahn hineingeführt hatte: „Glücklich ist der, den die Fremdartigkeit der Elemente, mit denen ihn der Zufall zusammenbringt, verdrängt und ausstößt." Aber fortdauernd nagte dann doch wieder die Sorge um Preußens und Deutschlands Schicksal an seiner Seele. Grübelnd überdachte er die Ursachen des tiefen Falles der preußischen Monarchie. Wie immer suchte er auch hier die Schuld wesentlich in moralischer Verderbnis: „in der gesunkenen Moralität der Nation und der Schlaffheit, Trägheit und bis zur Verblendung gehenden Kurzsichtigkeit der Regierung". Das ganze Stück preußischer Geschichte, das er als Zeitgenosse miterlebt hatte, erschien ihm wie eine einzige Kette schwerer Verfehlungen. „Egoismus und Weichlichkeit", „dumme Bewunderung des französischen Revolutionswesens und schwächliche Friedensliebe" hatten die hochherzigen Absichten Friedrich Wilhelms II., Frankreich wieder in seine alten Grenzen einzuschließen, zu Fall gebracht. Schmählich hatte Preußen im Baseler Frieden seine Alliierten, „das deutsche Vaterland und die ehrwürdigen Grundsätze, worauf das Gleichgewicht Europas beruhte, wofür Hunderttausende seit zwei Jahrhunderten geblutet hatten", verraten. „An die Stelle dieses ehrwürdigen Systems einer deutschen liberalen edlen Staatsklugheit, die die völkerrechtlichen Verhältnisse leitete, kam das Produkt des Egoismus und der Kurzsichtigkeit, die für den Augenblick besorgt ist." Auch der jetzige Regent tat nichts, um „die alten Basen der Freiheit der europäischen Staaten wiederherzustellen, nämlich die Freiheit Hollands, der Schweiz, der Pässe von Italien." Er versäumte den Anschluß an die zweite Koalition 1799, ließ untätig die Besetzung Hannovers geschehen, „verließ 1805 seine Bundesgenossen, entwaffnete vor dem Abschluß des Friedens, überwarf sich mit der Macht, die seinen Handel vernichtete, und fing ao. 1806 einen Krieg an, allein, unvorbereitet, geldarm, ohne Bundesgenossen. – Nichts vermochte ihn zu großen, edlen Entschlüssen zu bringen", immer wieder „versank er in sein gewohntes Nichts". Im Kriege „lähmte er durch seine Unentschlossenheit, seine Trägheit jede Maßregel, er verließ die Armee als ein Flüchtiger und ließ alle Vorsteher der einzelnen Geschäftszweige ohne Anweisung. Das Betragen der Armee selbst, der Festungskommandanten war schändlich und selbst die militärische Geschichte der Türken kann ähnliche Ereignisse nicht aufweisen. So ward das Heer aufgelöst, der Staat unterjocht."

In solcher allgemeinen Verderbnis, meinte Stein, bleibt nur die Hoffnung, daß „der Krieg als moralisches Bad wirken und die Nation wieder stählen wird. – Ich bin mit Schiller der Meinung:

Der Mensch verkümmert im Frieden
Müßige Ruhe ist das Grab des Muts . . .
Aber der Krieg läßt die Kraft erscheinen,
Alles erhebt er zum Ungemeinen,
Selber dem Feigen erzeugt er den Mut."

Trotz aller Enttäuschungen müsse jeder sich bemühen, „an dem Glauben an eine weise wohlwollende Weltregierung und an dem Vorsatz festzuhalten, die Pflichten, die ihm seine Verhältnisse auferlegen, gewissenhaft zu erfüllen[7]". Zum erstenmal hört man jetzt Stein in wärmeren Tönen von dem Gottvertrauen reden, das „die Besseren aufrichten und jetzt mehr als je treu und fest unter sich zusammenhalten" müsse. „Nur wer sich selbst aufgibt und in mutloser Untätigkeit dem Geschick überläßt oder unterwirft, der ist ganz und für immer verloren." Eines seiner schönsten Kernworte! Man könnte es als Motto über die große politische Ausarbeitung setzen, an die er sich bald nach der Heimkehr machte: die sogenannte „Nassauer Denkschrift", das äußerlich umfangreichste, berühmteste und biographisch wichtigste seiner politischen Bekenntnisse überhaupt.

Sie hat ihn durch lange Wochen allmählicher Wiedergenesung beschäftigt:

vom April bis in den Juni liegen Zeugnisse darüber vor. Den äußeren Anlaß gab eine Bitte des Fürsten Anton Radziwill, der als Schwager des Prinzen Louis Ferdinand dessen Sympathien für Stein teilte. Fürst Radziwill beschäftigte sich mit allerhand Plänen, um im Rahmen einer Neuorganisation der preußischen Verwaltung die Stellung der ehemaligen polnischen Provinzen zu verbessern, und erbat sachliche Unterlagen dafür. Steins Denkschrift lieferte sie[8], ging jedoch über dieses Spezialthema weit hinaus. Sie ist das getreueste Spiegelbild der Steinschen Reformideen für Preußen, das wir überhaupt besitzen. Das Staatsprogramm eines Mannes in unabhängiger Stellung, an keine amtlichen Rücksichten gebunden, nicht für die Augen des Monarchen bestimmt, sondern für die eines hochgestellten, aber gleichfalls unabhängigen, jüngeren Verehrers. Für den Biographen ist das Wichtigste, daß wir nur dieses eine Mal Stein selber seine Pläne im Zusammenhang entwickeln hören – alle späteren Reformgesetze sind von Mitarbeitern des verschiedensten Grades entworfen und ausgeführt, wobei Steins eigener Anteil oft schwierig zu bestimmen ist.

Was also ist der Kern der ihn bewegenden Reformgedanken? Schon die äußere Anlage des Ganzen zeigt aufs deutlichste die eigenartige, in schärfstem Gegensatz zu den herrschenden Zeittendenzen stehende Struktur des Steinschen Denkens. Es fehlt zwar nicht an einer leitenden „Idee“, aus der sich die meisten technischen Einzelheiten bestimmen. Aber sie wird nicht etwa als beherrschender Gesichtspunkt vorangestellt – wie in den philosophisch dozierenden Programmschriften Hardenbergs und seines Helfers Altenstein vom September 1807, die das bedeutendste Gegenstück zu der Steinschen Denkschrift bilden –, sondern ganz unsystematisch, stückweise und allmählich aus der Erörterung nüchtern praktischer Zweckmäßigkeitsfragen entwickelt. Und zwar sind es Fragen der Behördenorganisation, die das Rückgrat der Erörterungen bilden und an denen sich das eigenartige politische Ethos unserer Denkschrift entzündet. Schon ihr (nachträglich beigefügter) Titel läßt das sehr charakteristisch erkennen: „Über die zweckmäßige Bildung der Obersten und der Provinzial-Finanz- und Polizey-Behörden in der Preußischen Monarchie.“ Probleme der auswärtigen Politik, der Heeresreform und die damit zusammenhängenden finanz-, sozial- und wirtschaftspolitischen Fragen finden überhaupt keine Erwähnung.

Innerhalb dieses engbegrenzten Rahmens nimmt die Erörterung der zentralen Behördenorganisation fast die Hälfte des Ganzen ein. Das politisch wichtigste Problem: die Bildung des Ministerkonseils (Staatsrates) an Stelle der alten Kabinettsregierung, wird aber nicht von neuem verhandelt. Stein beruft sich dafür auf seine Vorschläge von 1806, ohne die Schwierigkeiten, die sich inzwischen ihrer Ausführung in den Weg gestellt hatten, die Vermittlungsversuche Altenstein-Hardenbergs vom September, Beymes vom Dezember und die soeben, im April 1807, durch Hardenberg gefundene neuartige Lösung, das System des Premierministers, zu erwähnen. Statt dessen wird sehr ausführlich die Unzweckmäßigkeit der bestehenden Geschäftsverteilung in den obersten Staatsbehörden, insbesondere innerhalb des Generaldirektoriums, auseinandergesetzt – mit Argumenten, wie sie zumeist schon in den Reformkommissionen früherer Jahrzehnte vorgebracht waren. Das alles in einem Augenblick, in dem das preußische Kabinett bereits im Begriff war, das Generaldirektorium überhaupt aufzulösen – was Stein natürlich nicht voraussehen konnte. Er wünscht es zu einer großen, einheitlichen Zentralbehörde für die gesamte innere und Finanzverwaltung zu erweitern – unter Eingliederung gewisser bisher abgesonderter Verwaltungszweige wie Medizinalwesen, Unterrichtsverwaltung und Armenpolizei[9]. Dabei sollen Verwaltungs- und Rechtssachen klarer als bisher geschieden werden[10]; vor allem soll die alte systemlose Mischung von Provinzial- und Fachministerien beseitigt werden, zugunsten ausschließlich realer, sachlicher Einteilungsprinzipien, wie sie seit dem Ende des 18. Jahrhunderts sich überall in Europa durchzusetzen begannen. Das Generaldirektorium soll also künftig in zwei Hauptabteilungen (für Finanzen und „oberste Staatspolizei", das heißt Inneres) zu je vier „Unterabschnitten" gegliedert werden. Es scheint nicht, daß alle diese Unterabteilungen durch eigene Minister geleitet werden sollen[11]; doch erhält man über die Zahl der Ministerstellen, die Zusammensetzung des Ministerkonseils und die Form seiner Beratungen überhaupt noch kein klares Bild. Nur so viel lassen flüchtige Randnotizen des Originalkonzepts und spätere Äußerungen (vom 15. Oktober[12]) mit Sicherheit erkennen, daß Stein keine radikale Umgestaltung der Geschäftsformen plante und daß er so ziemlich alle Minister des alten Generaldirektoriums in der neuen Finanz- und Polizeibehörde wieder unterbringen wollte[13]. Mit welchen Mitteln er eine straffere Einheit, ein regelmäßiges Zusammenarbeiten der acht Departements sichern, die alte Schwerfälligkeit ihres Verkehrs untereinander beseitigen wollte, darüber enthält die Denkschrift nichts; nur eine gelegentliche Andeutung läßt vermuten[14], daß er regelmäßige mündliche Verhandlungen in einem Plenum der Departementschefs an Stelle des schriftlichen Verkehrs zu setzen dachte.

Eng zusammengehörig mit diesen Vorschlägen erscheint schließlich noch die Forderung einer radikalen Vereinfachung des altpreußischen Kassenwesens mit seinem unübersichtlichen Nebeneinander von zehn verschiedenen Hauptkassen. Stein fordert die Einrichtung einer einzigen Hauptstaatskasse und Staatsbuchhalterei nach modernen Verwaltungsprinzipien und mit vereinfachten Abrechnungsformen, geleitet durch einen besonderen Minister der obersten Finanzbehörde. Das Vorbild nennt er selber: es ist die Finanzverwaltung der Französischen Revolution und Napoleons, deren offizielle Quellen er ausdrücklich zitiert[15].

Alle diese Forderungen sind, wie man sieht, im Grunde mehr verwaltungstechnischer als politischer Natur – eine unmittelbare Fortsetzung gewisser Reformbestrebungen des letzten Jahrzehnts; nur daß es inzwischen möglich geworden ist, gewissermaßen auf planiertem Grunde neu zu bauen, was früher immer Stückwerk blieb. Der eigentlich politische Nerv unserer Denkschrift wird erst spürbar beim Übergang von den Zentral- zu den Provinzialbehörden.

Hier erst findet Stein Gelegenheit, seine alten, uns in den Grundzügen schon bekannten ständischen Lieblingsideen zu entwickeln. Vorsichtig in der Form, unter Berufung auf das altständische Herkommen in einzelnen preußischen Provinzen, dessen Bedeutung er ein wenig übertreibt, und auf seine „Diensterfahrung"; vielfach in wörtlichem Anklang an seine westfälischen Denkschriften – und doch in einem deutlich veränderten Ton, mit einer Abwandlung der Motive, die uns geschichtlich höchst bedeutsam erscheint.

Über den „Mietlingsgeist", den „Dienstmechanism", die Unkenntnis und Verachtung lokaler Besonderheiten, die in besoldeten „Landeskollegien" herrschen, hatte er auch früher schon geklagt, und immer wieder die ständischen Einrichtungen gerühmt als ein höchst zweckmäßiges Mittel, um „ein gut gebildetes Organ der öffentlichen Meinung zu erhalten, die man jetzt aus Äußerungen einzelner Männer oder einzelner Gesellschaften vergeblich zu erraten bemüht ist". Jetzt treten diese Zweckmäßigkeitserwägungen zurück hinter anderen, aus nationalpädagogischen, moralischen und politischen Motiven sehr seltsam und charakteristisch gemischten Betrachtungen. „Ist der Eigenthümer von aller Theilnahme an der Provinzialverwaltung ausgeschlossen, so bleibt das Band, das ihn an sein Vaterland bindet, unbenutzt – seine Muße und Kräfte, die er dem Staat unter gewissen Bedingungen gern widmen würde, werden auf Genüsse aller Art verwandt, oder in Müßiggang aufgerieben. Es ist würklich ungereimt zu sehen, daß der Besitzer eines Grundeigenthums oder anderen Eigenthums von mehreren Tonnen Goldes eines Einflusses auf die Angelegenheiten seiner Provinz beraubt ist, die ein fremder, des Landes unkundiger, durch nichts mit ihm in Verbindung stehender Beamter ohnbenutzt besitzt[16]." Das klingt wie die Verteidigung eines naturrechtlichen Anspruches der Möserschen Staatsaktionäre auf Mitwirkung an der Landesregierung; die Provinz erscheint gewissermaßen als Rechtsnachfolgerin der altgermanischen Gemeinde freier Männer, das Institut der Provinzialstände fast wie eine Gauversammlung des taciteischen Zeitalters. Der provinziale (wir dürfen hinzufügen: westfälische) Ursprung dieser Gedanken schimmert noch so stark hindurch, daß der königliche Beamte, der Vertreter der Gesamtmonarchie, geradezu als „Fremder" gilt, dem jede natürliche Verbindung mit dem Lande ausdrücklich abgesprochen wird! Und doch soll die Teilnahme des Eigentümers an der Verwaltung diesen an das „Vaterland" binden; daß damit nicht die Provinz, die engere Heimat allein gemeint sein kann, ergibt sich sogleich aus anderen Stellen. Danach ist es die wichtigste Aufgabe zweckmäßig gebildeter Stände, „die Regierung durch die Kenntnisse und das Ansehen aller gebildeten Klassen zu verstärken, sie alle durch Überzeugung, Theilnahme und Mitwürkung bei den Nationalangelegenheiten an den Staat zu knüpfen, den Kräften der Nation eine freie Thätigkeit und eine Richtung auf das Gemeinnützige zu geben, sie vom müßigen, sinnlichen Genuß, oder von leeren Hirngespinsten der Metaphysik oder von Verfolgung bloß eigennütziger Zwecke abzulenken". Oder, wie das Ziel an anderer Stelle schöner und kräftiger bezeichnet wird: „Belebung des Gemein-Geistes und Bürgersinnes, die Benutzung der schlafenden und falschgeleiteten Kräfte und der zerstreut liegenden Kenntnisse, der Einklang zwischen dem Geist der Nation, ihren Ansichten und Bedürfnissen und denen der Staatsbehörden, die Wiederbelebung der Gefühle für Vaterland, Selbständigkeit und National-Ehre – ein lebendiger fest strebender schaffender Geist an Stelle von Formenkram und Dienst-Mechanism, ein aus der Fülle der Natur genommener Reichtum von Ansichten und Gefühlen."

In diesen Sätzen erhebt sich Stein wie mit einem plötzlichen Ruck auf die Höhe eines echt politischen Ethos; sie bilden recht eigentlich den Kern seiner Denkschrift und gehören zu den eindrucksvollsten Zeugnissen seiner innerpolitischen Reformgesinnung überhaupt. Wie oft hatte sich die Oppositionspartei des Vorjahres, unter seiner Führung, auf die Meinung und den Willen der „Nation" berufen! Als ihre Reformbestrebungen mit der Entlassung Steins zusammenbrachen, hatte sich nicht eine Hand geregt. Aber schon lange vorher hatte man – auf viel schrecklichere Weise – erfahren müssen, daß eine preußische Staatsnation als ernsthafte, klar faßbare politische Größe noch gar nicht existierte, daß sie erst geschaffen werden mußte, und zugleich: daß die früher so selbstsichere Bürokratie und Militäraristokratie des alten Preußen außerstande war, ohne ihre freiwillige Mitwirkung den Staat vom Untergang zu retten. Konnte es stärkere Beweise geben für den toten, leeren Dienstmechanismus der Zivilverwaltung und der Armee als die jämmerliche Unselbständigkeit und Passivität der meisten Zivilbehörden, die schimpfliche Schwäche, ja Feigheit so vieler Festungskommandanten und anderer militärischer Befehlshaber in den Wochen nach dem Zusammenbruch von Jena? Zeigte nicht die gleichgültig-stumpfe, ja vielfach freudige Aufnahme des Siegers in weiten Kreisen der verlorenen Provinzen zum Erschrecken deutlich, daß träger Egoismus, unpolitisches Philistertum die Massen viel stärker beherrschten als staatsbürgerlicher Gemeinsinn, Gefühle für Vaterland, Selbständigkeit und Nationalehre? Erst in scheinbar hoffnungslosen Lebenslagen enthüllt sich die wahre Größe des Charakters. Erst jetzt, indem er sich mutig dem breiten, trägen Strome politischer Resignation entgegenwirft, der alle Zuversicht, alle tätige Energie zu ersticken droht, gelangt unser Held auf die Höhe seiner geschichtlichen Mission. Jetzt war es freilich nicht mehr getan mit zweckmäßiger Organisation von Verwaltungsbehörden, mit sorgsamer Pflege provinzialer Eigentümlichkeiten, historischer Besonderheiten, mit ständischer Beratung der unteren und mittleren Bürokratie, wie er sie mit seinen hannoverischen Freunden so oft als wünschenswert erörtert hatte: sollte Preußen sich eines Tages aus seiner totalen Niederlage wieder erheben, so mußte es von Grund auf umgeschaffen werden zu einem neuen Staate, der ungeahnte innere Kräfte zum Kampf um seine und Europas Freiheit aufbieten konnte. Indem die Nassauer Denkschrift eine lebhafte Empfindung für die Größe dieser Aufgabe verrät, rückt sie Stein in eine

Reihe mit der ganzen Schar bedeutender staatsmännischer Köpfe, die eben jetzt unter Hardenbergs und Scharnhorsts Leitung sich daran machten, den zusammengebrochenen Staat durch innere Erneuerung wieder aufzurichten. Keiner von ihnen hat mit stärkerer Energie und mit schöneren Worten auszusprechen vermocht, was der Staat an innerer Lebendigkeit, an Beseelung und Belebung gewinnt, welcher „aus der Fülle der Natur genommene Reichtum von Ansichten und Gefühlen" ihm zuströmt, wenn er zum Nationalstaat wird, wenn Volk und Staat in eines zusammenschmelzen.

Aber entspricht der Höhe des so bezeichneten Zieles auch die Leistungsfähigkeit der vorgeschlagenen Mittel? Was allen Reformversuchen vor Jena gefehlt hatte: der eigentlich politische Nerv, der Zusammenhang mit den großen Daseinsfragen des Staates, ist jetzt bloßgelegt. Aber haben die Reformvorschläge selbst sich entsprechend gewandelt? In den Abschnitten unserer Denkschrift, die von den Zentralbehörden des Staates handeln, entdeckten wir nichts eigentlich Neues. Unvergleichlich bedeutsamer sind die Reformvorschläge für Provinz und Kommunen: sie stellen das erste Programm moderner Selbstverwaltung dar. Wesentlich dadurch hat die Nassauer Denkschrift ihren Ruhm bis heute: als erster Anstoß zu einer Gesetzgebung von unabsehbar wichtigen Folgewirkungen. Nur darf man nicht erwarten, mehr als eine ganz fragmentarische und vorläufige Skizze zu finden, in der die altständischen Züge immerhin deutlicher hervortreten als die eigentlich modernen; das Idealbild rüstiger, gemeinnütziger Tätigkeit des Staatsbürgers im engeren Bezirk von Gemeinde, Kreis und Provinz, wie es hier entwickelt wird, läßt sich als ein Reformprogramm ruhiger Friedensjahre, wie sie Preußen vor Jena genossen hatte, viel leichter begreifen denn als Notmaßnahme in einem Kampf um Leben und Tod, der alle Kräfte der Nation unmittelbar für den Staat nutzbar zu machen zwingt. Die große Denkschrift, die Hardenberg im September 1807 aus Riga einsandte (auf Grund von Vorarbeiten Altensteins), wußte zwar gar nichts von Weckung des Gemeingeistes durch freiwillige Mitwirkung der Regierten an der Staatsverwaltung, entwickelte aber ein viel umfassenderes, vor allem auch das Militärwesen und die auswärtige Politik miteinschließendes Reformprogramm, das viel unmittelbarer und deutlicher als das Steinsche auf das Ziel einer künftigen Erhebung ausgerichtet war[16a].

Man fühlt sich sogleich an den Geist der friedlich-sparsamen Friedensepoche vor Jena erinnert, wenn man die ausführlichen Darlegungen liest, mit denen Stein eine große Ersparnis an Verwaltungskosten als besonderen Vorzug der Selbstverwaltung beweisen möchte. Als ob mit der Neubelebung der inneren Verwaltung nicht auch tausend neue Bedürfnisse mit neuen Finanzansprüchen entstehen müßten! Als ob es jetzt darauf ankäme, die innere Landesadministration nach den alten, sparsamen Etats weiterzuführen und nicht vielmehr darauf, neue Finanzquellen von stärkerer Ergiebigkeit zu erschließen! Aber die Berechnung hat auch sonst ihre Mängel. War denn im Ernst daran zu denken, die tägliche Aktenarbeit zahlreicher Berufsbeamter ohne weiteres unbesoldeten Mitgliedern der Stadtmagistrate und Provinzialbehörden aufzubürden? Und was bedeutete die Ersparnis von 150000 Talern an Gehältern von Kriegs- und Domänenräten, die Stein für wahrscheinlich erklärte, im Ganzen eines altpreußischen Ausgabenetats von 24 Millionen! Daß von dieser Etatssumme mehr als drei Viertel für Heereszwecke verbraucht wurden, vergaß Stein vollständig, als er – in engem Anschluß an die Berechnungen des Genfer Finanzschriftstellers d'Ivernois[17] – die hohen Verwaltungskosten des preußischen Staates mit den angeblich viel geringeren Englands verglich. War es überhaupt zulässig, in dieser primitiven Weise die Kosten der hochentwickelten Staatsverwaltung in den militärisch-bürokratischen Staaten des Festlandes mit denen Englands, eines Inselstaates von ganz anderer innerer Struktur, zu vergleichen[18]?

Immerhin betrachtet Stein selber die finanzielle Ersparnis nur als ein Nebenmotiv seiner Selbstverwaltungspläne. Die Erweckung des „Gemeingeistes" und die Erhaltung des Geistes der echten Monarchie, wie sie Montesquieu definiert hatte: gemäßigt durch aristokratisch-ständische Einrichtungen, nicht entartet zum Despotismus durch Egalisierung aller Standesunterschiede – das nennt er selbst die eigentlich entscheidenden Beweggründe. Ausdrücklich beruft er sich jetzt auf das Vorbild des englischen local government – das erstemal, daß dieses verwickelte, für Ausländer doppelt undurchsichtige Verwaltungssystem in der deutschen staatsrechtlichen Literatur in seiner Besonderheit und Bedeutung erkannt wird[19]. Aber in der Einzelausführung werden viel mehr altständisch-deutsche als englische Anregungen sichtbar – praktisch ließ sich von dem ganz fremdartigen, in Wahrheit äußerst rückständigen Aufbau der englischen Institutionen auch kaum etwas übernehmen.

Am wenigsten ist von eigentlicher „Selbstverwaltung" für den Bereich der ländlichen Kommunen die Rede. Indem Stein auf die Landgemeinden zu sprechen kommt, beruft er sich einfach auf die bestehenden Verhältnisse, wie sie in einer erst neuerdings für Schlesien ergangenen Dorfpolizei- und Schulzenordnung dargestellt waren[20], die er „sehr zweckmäßig" findet. Danach wurden „Dorf- und Feldpolizei, Ausführung der landesherrlichen Befehle und gewisse Zweige der untern Gerichtsbarkeit" durch einen Dorfschulzen besorgt, den die Gutsobrigkeit ernannte und der weit mehr als Organ der obrigkeitlichen Gewalt denn als Organ einer Kommunalverwaltung erscheint. Von einer Verselbständigung der Dorfgemeinde gegenüber der Gutsherrschaft ist ebensowenig die Rede wie von einem Ausbau der genossenschaftlichen Verwaltungsfunktionen, die von der Dorfgemeinde noch immer in rein wirtschaftlichen Dingen, vor allem in der Regelung der Flurgemeinschaft, ausgeübt wurden. Für eine kommunale Emanzipation und erweiterte Selbstverwaltung des Dorfes läßt also die Nassauer Denkschrift keinerlei Interesse erkennen[21]. Es ist überhaupt merkwürdig, daß sie das System der „Gutsobrigkeit", die wichtigste und – im Sinne moderner Staatsauffassung – altertümlich-rückständigste Einrichtung der ländlichen Verwaltung des Ostens, nirgends zusammenhängend erörtert. Indessen fordert sie die Abschaffung der gutsherrlichen Patrimonialgerichte und ihren Ersatz durch staatliche Kreisgerichte[22] – in Übereinstimmung mit Rehberg, aber auch mit den preußischen Reformbewegungen vor Jena und mit allen Justizreformern der Epoche. Dazu kommt, ganz kurz nur berührt, die soziale und wirtschaftliche Befreiung des erbuntertänigen Bauern: persönliche Freiheit und Umwandlung, wie es scheint, des beschränkten Besitzrechtes an Hof und Inventarium in volles Eigentum, nicht Abschaffung, aber gesetzliche Festlegung der grundherrlichen Abgaben und Dienste mitsamt der Befugnis zu deren Ablösung[23]. Wie man sieht: das alte westfälische Programm in unveränderter Gestalt, obwohl zunächst von polnischen, bisher leibeigenen Bauern die Rede ist. Von den eigentlich charakteristischen Problemen der ostelbischen Gutswirtschaft und Gutsherrschaft ist noch nicht die Rede. Von der Aufhebung adliger Steuerprivilegien schon deshalb nicht, weil die Denkschrift das Finanzproblem überhaupt nicht berührt.

Weitaus der wichtigste Punkt des Selbstverwaltungsprogrammes sind die wenigen Sätze, die sich mit dem Städtewesen befassen. Wichtig vor allem deshalb, weil hier – und hier allein – ein völlig neuer und so nur Stein eigener Reformgedanke erscheint. Man darf sagen: zum erstenmal. Denn was er einst in Münster über die Umgestaltung des westfälischen Städtewesens geäußert hatte, führte noch keineswegs, wie wir gesehen haben, über die Verhältnisse des altpreußischen Landrechts hinaus. Keiner der vielen Reformversuche des alten Regimes hatte sich mit einer grundsätzlichen Neuordnung städtischer Verwaltung befaßt[24]; nirgends war auch nur der Wunsch danach laut geworden (abgesehen von gewissen Restaurationswünschen der hanseatischen Kaufleute in Danzig). Um so dringender wird die Frage nach dem Ursprung der Steinschen Reformidee.

Was er fordert, ist genau besehen nur zweierlei: Wahl der Stadtmagistrate durch die Bürgerschaft und selbständige Verwaltung des städtischen Kämmerei- und Armenwesens, Kirchen- und Gemeindevermögens. Das war, wie man sieht, nur ein ganz kleiner Teil der späteren Neuordnung; aber es war genug, um ein neues Prinzip städtischer Verwaltung zu begründen.

Die politische Selbstherrlichkeit des altdeutschen Städtewesens war in den Machtbereichen des neueren absoluten Fürstentums seit Jahrhunderten eingeengt oder erstickt worden. Was sich davon noch erhalten hatte in den wenigen reichsunmittelbar gebliebenen Städten, trug längst die Kennzeichen dumpfer Erstarrung, inneren Verfalls. Zumal in den großen, ehemals glänzenden Reichsstädten des Südens herrschte ein zopfiger Formalismus der Verwaltung, eine Ämterpatronage und rücksichtslose Ausbeutung des Stadtsäckels zugunsten patrizischer Familieninteressen, ein harter und engherziger Monopolgeist der Zünfte, der von echter „Freiheit" nichts mehr erkennen ließ: längst war hier der schnöde Eigennutz des Klassenregiments an die Stelle bürgerlichen Gemeinsinns getreten. Es war darum ebensoviel Wohltat wie Freiheitsbeschränkung gewesen, daß der fürstliche Absolutismus in den ihm untertänig gewordenen

Städten die korrupte Magistratsverwaltung unter scharfe Aufsicht genommen hatte. Im ganzen aber war die militärisch-bürokratische Bevormundung durch fürstliche Obrigkeiten nicht geeignet, wahren Gemeingeist aufkommen zu lassen. Zumal in Preußen mit seinem Akzisesystem, wo der gestrenge Steuerrat, allmächtiger Deputierter der Provinzialkammer, sich in alles und jedes Detail der Verwaltung mischte, wo die geringsten Einzelheiten der städtischen Rechnungen der Kontrolle der Oberrechnungskammer unterlagen, wo keine noch so unbedeutende Vermehrung der Verwaltungsausgaben, Gehaltszulagen, Anschaffung neuer Glockenseile, Verbesserung des Straßenpflasters ohne obrigkeitliche, ja wohl unmittelbare königliche Genehmigung erfolgen durfte, wo die Kämmereietats sämtlicher Städte alle sechs Jahre dem König höchstselbst vorgelegt wurden[25]. Dazu kam in den Garnisonstädten die oft schwer erträgliche Herrschaft des Militärs mit seinen großen Quartierlasten (an Kasernen fehlte es noch vielfach), seinen Ansprüchen an billige Lebensmitteltaxen, mit dem Hochmut seiner adligen Offiziere: in der unwürdigen Stellung des Bürgermeisters preußischer Landstädte gegenüber dem Garnisonchef, vor dessen Mißhandlungen er nicht sicher ist, drückt sich am sinnfälligsten aus, wie tief die soziale Geltung des Bürgerstandes in der Gesellschaft des höfisch-aristokratischen Zeitalters gesunken war.

Eben dies, die soziale Geringschätzung und Bevormundung des bürgerlichen Standes, empfand das neu aufsteigende, literarisch gebildete Bürgertum des 18. Jahrhunderts mit einer von Jahrzehnt zu Jahrzehnt wachsenden Bitterkeit. Jeder kennt die leidenschaftlichen Anklagen gegen fürstlichen Despotismus und Adelsregiment aus der hohen dichterischen Literatur der Zeit. Aber eben die Kreise, die an dieser literarischen Opposition teilnahmen, waren am wenigsten geneigt, sich um die Organisationsfragen der städtischen Verwaltung zu kümmern. Wie die gesamte Beamtenschaft lebten die literarisch Gebildeten, die „gelehrten" Berufe insgesamt als „Eximierte" außerhalb der eigentlichen „Bürgerschaft" im juristischen Sinne, der städtischen Gerichtsbarkeit nicht unterworfen und ohne Anteil an den Rechten und Pflichten des städtischen Gemeinwesens. Sie waren Angehörige moderner, in den nachmittelalterlichen Jahrhunderten entstandener Klassen. Der fürstliche Absolutismus aber war mit den korporativen Rechtsbildungen, die er im 16. Jahrhundert auf städtischem Boden vorfand, ebenso verfahren wie mit den sozialen Gebilden der Feudalzeit überhaupt: er hatte sie in ihrer rechtlichen Geltung bestehen lassen und nur ihre politische Autonomie in einer Weise eingeschränkt, daß sie als Element etwaiger ständischer Opposition vollkommen ungefährlich wurden. Bürger im rechtlichen Sinne war nach den Bestimmungen des preußischen Allgemeinen Landrechts nur, wer das Bürgerrecht förmlich erworben hatte, also Mitglied der städtischen Gesamtkorporation geworden war; dazu berechtigte die Fähigkeit zum Betrieb „bürgerlicher Gewerbe", verpflichtete deren praktische Ausübung; nur in einem Teil der Städte genügte schon bloßer städtischer Grundbesitz, nirgends die bloße Ansässigkeit. Praktisch bestand demnach die „Bürgerschaft" so gut wie ausschließlich aus Gewerbetreibenden, Mitgliedern der kaufmännischen Innungen und der Handwerkszünfte. Das bestimmte wie von alters her den Geist des gesamten städtischen Wesens. Auch das alte Recht dieser Bürgerschaften, ihre Magistrate selbst zu wählen, war prinzipiell noch in Geltung; nur lief es praktisch darauf hinaus, daß die lebenslänglich eingesetzten Magistratsmitglieder sich durch Kooptation selber ergänzten – übrigens genau wie in den alten Reichsstädten. In den seltenen Fällen, wo noch ein wirkliches Wahlrecht der Bürgerschaft bestand, wurde es durch Deputierte der Innungen oder Stadtviertel ausgeübt, nirgends durch die Bürgerschaft als solche. Aber auch diese verkümmerten Formen der Selbstregierung waren mehr Schein als Wirklichkeit. Die staatlichen Aufsichtsorgane nutzten ihr Bestätigungsrecht für die Magistratswahlen dazu aus, die Einsetzung der Ratsmitglieder praktisch mehr und mehr in ihre Hand zu bringen; in Schlesien wurden sie – aus Sorge des Eroberers vor oppositionellen Elementen – einfach von der Kammer ernannt; wo das nicht geschah, hatte das Vorschlagsrecht der Magistrate wenig zu bedeuten gegenüber den Wünschen der königlichen Bürokratie: sie prüfte die Eignung der Bewerber, vielfach durch förmliche Examina, insbesondere für die juristischen Magistratsstellen, und sie benutzte ihren Einfluß, um in größter Zahl invalide Militärpersonen, auch wohl ausgediente Kammerdiener des Hofes und ähnliche „Subjekte" in städtischen Ratsstellen unterzubringen: als „rathäusliche Bediente", deren Vorzug vor allem in alterprobter Disziplin bestand. Die Folge war, daß ansehnliche Bürger immer seltener sich bereit fanden, die Lasten städtischer Ratsstellen zu übernehmen. Je unfähiger deren Inhaber, um so stärker wuchs der Einfluß der städtischen gelehrten Juristen: des Ratssyndikus, häufiger noch des städtischen Richters, der vielfach ganz übermäßigen Einfluß auch in reinen Verwaltungssachen gewann.

Nach alledem ist leicht zu ermessen, wieviel allein schon die Forderung Steins nach wirklich freier Ratswahl zu bedeuten hatte. Überraschend neuartig wirkt an ihr vor allem die Form: nicht wie herkömmlich Deputierte der Zünfte oder anderer Korporationen sollen den Magistrat wählen, sondern die „mit Häusern und Eigentum angesessene Bürgerschaft" schlechthin, jeweils für sechs Jahre (in der ersten Niederschrift drei Jahre). Daß Stein ausdrücklich alle Magistratsmitglieder außer den (lebenslänglich angestellten) Rendanten und dem Stadtdirektor großer Städte unbesoldet haben will, bedeutet eine Kritik der bisherigen Ordnung: längst war es üblich geworden, die Ratsherren, wenn auch gewöhnlich sehr kümmerlich, zu besolden; aus dem Ehrenamt war so eine Versorgungspfründe, aus der Selbstverwaltung eine echte Bürokratie mit allen deren von Stein beklagten Fehlern geworden. Jetzt soll der ursprüngliche altdeutsche Zustand wiederhergestellt werden. Aber haben wir es wirklich mit einer einfachen Erneuerung altdeutschen, mittelalterlichen Herkommens zu tun? Die Frage nach den Vorbildern der Steinschen Städteordnung drängt sich hier von neuem auf.

Eine Ratswahl durch die gesamte „mit Häusern und Eigentum angesessene Bürgerschaft" gab es weder in irgendeiner der alten reichsunmittelbaren Städte des 18. Jahrhunderts, noch hatte es jemals eine solche Verfassung im mittelalterlichen Städtewesen gegeben. Sofern die mittelalterlichen Räte nicht einfach patrizische Familienverbindungen darstellten, die sich immer wieder selbst ergänzten, waren sie als Standesvertretung der verschiedenen Gilden, Zünfte und Innungen, gewöhnlich auf recht verwickelte Weise, zusammengetreten. Eine Oligarchie der Geschlechter oder Korporationen also, nicht eine ständische Vertretung der städtischen „Eigentümer" und Grundbesitzer! Auch das englische Städtewesen des 18. Jahrhunderts, auf dessen „Wahlbeamte aus den Klassen der Eigentümer, Bürger usw." sich Stein ausdrücklich berief, kannte zahlreiche Ehrenämter städtischer Grundeigentümer in der Polizei- und Armenverwaltung. Seine Organisation beruhte aber auf einer so verwickelten Mannigfaltigkeit verschiedenartigster Privilegien und hing so eng mit der Machtstellung der anglikanischen Kirche im öffentlichen Leben zusammen, daß es schon deshalb als Vorbild kaum in Betracht kommt; überdies waren auch drüben die Mißstände oligarchischer Stadtregierungen aufs üppigste entwickelt. Wie also ist der Steinsche Reformvorschlag zu erklären?

Überhaupt nicht aus bestimmten Vorbildern – denn es gab keine –, sondern aus folgerechter Anwendung seiner ständischen Ideale auf das Städtewesen[26]. Die „mit Häusern und Eigentum angesessenen" Bürger der Nassauer Denkschrift sind gewissermaßen die Inhaber der Möserschen Land- und Geldaktien auf städtischem Grund und Boden: natürliche Vertreter des Gemeinwohls, vollberechtigte Mitglieder der alten freien Volksgemeinde[27].

Auch darin lag freilich eine Erneuerung altdeutscher Gemeinfreiheit, genossenschaftlicher Organisation an Stelle der obrigkeitlichen Zwangsanstalt. Aber doch nur in einem ganz allgemeinen Sinne – ohne konkrete Ableitung der Reform aus bestimmten älteren Verfassungsformen. Man kann auch darauf hinweisen, daß Stein nur die Trümmerstücke genossenschaftlicher Rechtsbildung neu zusammenzufügen brauchte, die in den Städteverfassungen des 18. Jahrhunderts sich noch immer erhalten hatten[28].

Dazu gehört insbesondere alles, was unsere Denkschrift über die Mitwirkung von Bürgerschaftsdeputierten bei der städtischen Vermögensverwaltung sagt. So wie Stein ihre Befugnisse abgrenzt, als Vertreter der Gesamtbürgerschaft „bei außerordentlichen Deliberationen, als Rechnungsabnahme, Vererbpachtung der Grundstücke usw.", reichen sie über den vielerorts noch bestehenden Rechtszustand kaum hinaus. Eine besondere, dem Rat gleichberechtigt gegenüberstehende Versammlung von Stadtverordneten, wie sie später die Städteordnung von 1808 schuf (in offenbarer Anlehnung an das konstitutionelle Schema von Legislative und Exekutive), kannte das altdeutsche Stadtrecht überhaupt nicht, sondern nur die Befragung der Gesamtbürgerschaft oder einiger von den Innungen oder auch vom Magistrat ernannten Repräsentanten bei außerordentlichen Vermögensgeschäften, Rechnungsablagen und dergleichen, vor allem bei Vermehrung der städtischen Lasten[29]. Diesen Zustand, den das Allgemeine Landrecht grundsätzlich bestehen ließ, scheint auch Stein nicht wesentlich ändern zu wollen. Es sollen nur überall Deputierte der Bürgerschaft bestehen, und es scheint, daß er sie regelmäßiger als früher an der Vermögensverwaltung mitwirken lassen will; wie aber ihre Rechte dem Magistrat gegenüber bestimmt werden sollen, bleibt völlig offen: von einem förmlichen Budgetrecht ist noch keine Rede. Am wichtigsten scheint dem Reformer die Öffentlichkeit der städtischen Rechnungslegung zu sein. Die staatliche Rechnungskontrolle soll dadurch überflüssig werden. Es geht also um eine größere Selbständigkeit und Selbstverantwortung der Stadtverwaltungen.

Das ist – neben der freien Ratswahl – die zweite eigentliche Reformforderung Steins. Sie entspricht, wie wir wissen, genau den Reformideen seines hannoverisch-westfälischen Freundeskreises. Zugleich aber wirkt an diesem Punkt besonders deutlich das englische Vorbild mit hinein. „Die Art, wie in England die Menschen so ganz durch und aus sich selbst regiert werden, ohne daß der Staat sich im mindesten darum zu bekümmern und dafür etwas auszugeben braucht", hatte Vincke besonders tiefen Eindruck gemacht[30]. Entsprechend der Schilderung, die er von der Verwaltung englischer Kirchspielvermögen gab, fordert Stein jetzt die Offenlegung jährlicher „Rechnungsextrakte" zur Einsicht aller Hausbesitzer; freilich war ein derartiges Verfahren auch in einzelnen altpreußischen Städten in Übung[31]. Und wenn er in größeren Städten die Veröffentlichung durch den Druck empfahl, so gab es dafür ein Vorbild in den französischen Munizipalgesetzen von 1789[32].

Vergleiche dieser Art sind indessen immer gefährlich. Wie leicht können technische Einzelheiten von Gesetzen übereinstimmen – durch bloßen Zufall, durch bewußte Übernahme oder durch sachlichen Zwang –, obwohl der Sinn und Geist des Ganzen so verschiedenartig, ja entgegengesetzt ist wie nur möglich! Die französischen Kommunen genossen nur deshalb eine fast anarchische „Freiheit" in den ersten Jahren der Revolution, weil das feste Gefüge des alten Königsstaates mitsamt seiner bürokratischen Hierarchie in Trümmer gegangen war und lokale Zentren politischen Lebens zunächst, gewissermaßen als Notbehelf, an die Stelle traten. Das englische local government war der Ausdruck einer erstaunlich lockeren, dem kontinentalen Staatstypus stracks entgegengesetzten inneren Struktur des Inselstaates, zugleich einer verwaltungstechnischen Rückständigkeit, deren Mängel bereits in der nächsten Generation erkannt und bekämpft werden sollten. Und die altdeutsche Städtefreiheit war nichts anderes gewesen als die politische Autonomie von Zwergrepubliken, die nach und nach die Summe aller staatlichen Hoheitsrechte an sich gebracht hatten, wie sie irgendeiner der Reichsstände besaß. Wenn Stein jetzt daran ging, altdeutsche Städtefreiheit zu erneuern, so konnte er gar nicht daran denken, diese politische Unabhängigkeit wiederherzustellen. Die Wahrung staatlicher Aufsichtsrechte war ihm ebenso selbstverständlich wie nur irgendeinem deutschen territorialstaatlichen Juristen der Zeit[33]. An der Bestätigung der gewählten Magistratsmitglieder durch die Staatsregierung hielt er ganz im Sinne des Allgemeinen Landrechts fest. Entsprechend sollten für den Posten des Stadtdirektors (Bürgermeisters) in allen Städten über 3000 Seelen von der Bürgerschaft drei „Subjekte" präsentiert werden, aus denen dann einer vom Staate ernannt würde[34]. Im einzelnen bleibt indessen die Abgrenzung städtischer Autonomie gegenüber den Staatsbehörden noch ziemlich undeutlich[35].

Sehr viel geläufiger als diese städtischen Probleme sind uns aus den Ideengängen des hannoverischen Freundeskreises die ständischen Reformforderungen Steins für die höheren Kommunalverbände: Kreis und Provinz. Die Kreistage, die er vorschlägt, kann man als modernisierte märkische Erbentage, die Provinziallandtage als verbessertes Ebenbild der klevisch-märkischen Landstände auffassen. Wir kennen bereits die Steinschen Verbesserungswünsche: keine „auf kümmerlichen und schwachen Fundamenten beruhende Herrschaft weniger Grundbesitzer", sondern eine Versammlung bedeutender Eigentümer jeder Art, „damit sie alle mit gleichen Verpflichtungen und Befugnissen an den Staat gebunden sind". Diesem Zweck dient zunächst die Einfügung der Städte in die Landkreise und die Aufhebung des alten Unterschiedes zwischen steuer- und landrätlichen (städtischen und ländlichen) Kreisen. Nicht als ob eine Uniformierung von Stadt und Land im politischen Sinne Stein als wünschenswert erschienen wäre[36]; aber das neue System empfahl sich als einfacher (vor allem hinsichtlich der Steuerverwaltung), war als Verbesserung bereits vor 1806 in einzelnen Provinzen (Neuostpreußen, Ansbach-Bayreuth und den westfälischen Entschädigungslanden) erprobt worden, setzte den Landrat, noch immer ein halbständisches Organ, an die Stelle des Steuerrates und gab schließlich Stein – für ihn vielleicht das wichtigste! – die Möglichkeit, seine Kreistage aus Vertretern aller drei Stände zu mischen. An deren gesonderter Vertretung hielt er auch jetzt strenge fest: auf den Kreistagen erscheinen die „adligen Gutsbesitzer" als gesonderter Stand (mit Virilstimmrecht)[37], aber neben ihnen „Deputierte, so aus den übrigen städtischen und bäuerlichen Communitäten gewählt sind". Mit anderen Worten: der Bauer zwar nicht als Grundbesitzer, wohl aber als Deputierter seiner Gemeinde darf – ganz nach dem Muster der westfälischen Erbentage – auf den Kreistagen neben den adligen und städtischen Deputierten erscheinen. Daß gutsuntertänige Bauern – und das war in den östlichen Provinzen die Mehrheit der bäuerlichen Bevölkerung – dieses Vorrecht *nicht* genießen sollen, scheint die Unterscheidung der „übrigen" Kommunitäten von den Adelssitzen auszudrücken[38]; Steins Vorschlag ist also nur verständlich, wenn wir die Aufhebung der Gutsuntertänigkeit als zwar unausgesprochene, aber selbstverständliche Voraussetzung des Ganzen betrachten dürfen.

Die Nassauer Denkschrift enthält keine näheren Angaben über den Tätigkeitsbericht der Kreisstände – wohl aber erscheinen sie als Wahlkörper für die Provinziallandtage, die sich aus Deputierten der Kreise zusammensetzen. Das war überall im Osten üblich, wo sich noch Reste einer provinzialständischen Verfassung erhalten hatten, wie z. B. in der Mark Brandenburg[39] oder in den sogenannten Huldigungslandtagen, die man beim Regierungsantritt eines neuen Herrschers zusammenberief. Auch die neuerdings errichteten ritterschaftlichen Kreditinstitute (sogenannte Landschaften) der verschiedenen Provinzen bildeten ihre Vertreterversammlungen auf ähnliche Weise. Man hat also nicht nötig, zur Erklärung auf ausländische Vorbilder zurückzugreifen. Immerhin mag daran erinnert werden, daß es auch in Frankreich einen Aufbau der Provinzialstände aus Distriktsvertretungen gegeben hat: in den alten provinces d'état, wiederkehrend in veränderter Gestalt in den Reformplänen der Physiokraten und in der großen Verwaltungsreform des Jahres 1787[40]. Nur größere Grundbesitzer mit einem bedeutenden schuldenfreien Einkommen (einerlei ob adligen oder bürgerlichen Standes) dürfen die Kreistage in den Landtag der Provinz entsenden. An der Mitwirkung nichtadliger Grundbesitzer in den ständischen Provinzialgeschäften, neben Städten und Adel, hat Stein immer festgehalten[41]. Im übrigen fiel später mit den Kreisständen (über deren Nutzen er zweifelhaft wurde) auch das Prinzip der Zusammensetzung des Provinziallandtags aus Deputierten der Kreise zu Boden.

Die merkwürdigste aller ständischen Forderungen Steins ist die einer unmittelbaren Mitwirkung provinzialständischer Organe an der Verwaltung – der einzige Reformvorschlag zur Verbesserung der Provinzialkammerkollegien, den die Nassauer Denkschrift enthält! Der Provinziallandtag soll dem König eine Anzahl Deputierter als unbesoldete Kammermitglieder vorschlagen, aus denen dieser einige in die Provinzialbehörde beruft. Dort bearbeiten sie, alle sechs Jahre durch Neuwahlen abgelöst, die rein provinzialen Angelegenheiten, während den besoldeten Räten diejenigen Sachen verbleiben, die mit den Gesamtinteressen des Staates unmittelbar zusammenhängen, wie Finanzen, Militärsachen, oberste polizeiliche Aufsicht und dergleichen. Als ein ganz enges Zusammenwirken von Ständen und Bürokratie, gesichert durch unmittelbare Übernahme von ständischen Organen in die Exekutivbehörde – ein alter Lieblingsgedanke Steins, der schon in seiner westfälischen Zeit gelegentlich auftauchte (und auch bei Rehberg wenigstens anklingt). Günstige und ungünstige Erfahrungen der Verwaltungspraxis lagen zugrunde: vielfache Reibungen mit altständischen Verwaltungsdeputationen, die Stein durch deren Einschmelzung in die Regierungskollegien zu beseitigen hoffte, erfreuliche Eindrücke von gelegentlicher Zusammenarbeit mit kleve-märkischen und münsterischen Ständemitgliedern, schließlich das Vorbild der geldrischen Landesverwaltung, auf das er sich ausdrücklich beruft, vielleicht auch das – von ihm selbst nicht erwähnte – der österreichischen Verwaltung seit Joseph II.[42]. Daß die Aufnahme ständischer Repräsentanten in die Verwaltungskollegien allen Grundsätzen der Staatslehre Montesquieus mit ihrer „Gewaltentrennung" widersprach, ist Stein wohl niemals zum Bewußtsein gekommen. Als dauernde Einrichtung hat sich diese Vermischung von Exekutiv- und Kontrollorganen, von ehrenamtlicher Tätigkeit ungeschulter Kräfte und fachmäßiger Berufsarbeit sehr bald als unpraktisch, ja undurchführbar erwiesen. Aber sie bildete einen sehr originellen Versuch, des schwierigsten Problems Herr zu werden, das der Selbstverwaltung im Rahmen des alten, bürokratisch organisierten Staates gestellt war: die rechte Abgrenzung zu finden zwischen Freiwilligkeit und Zwang, zwischen dem das Ganze fest zusammenhaltenden Regiment von oben und den in tausend verschiedenen Strebungen „aus der Fülle der Natur" andrängenden populären Kräften. Es ist ungemein bezeichnend für den politischen Charakter Steins, daß er dieses Problem nicht nach dem Muster der älteren französischen Reformer zu lösen suchte: durch straffe Unterordnung der Selbstverwaltungsorgane unter die Bürokratie, durch ihre strenge Einfügung in den Mechanismus einer zentralisierten Staatsverwaltung, sondern durch friedliche Zusammenarbeit, durch Verwischung statt durch juristisch scharfe Abgrenzung der Kompetenzen: immer schwebt ihm das Bild einer patriarchalischen Eintracht von Regierung und Regierten, nicht des innerpolitischen Machtkampfes vor Augen.

Wie man nun auch denken mag über die praktische Durchführbarkeit eines solchen Programms: immer bleibt es das unsterbliche Verdienst der Nassauer Denkschrift, die Ideen von altdeutscher Freiheit der engeren, genossenschaftlichen Verbände des öffentlichen Lebens in die politischen Debatten der großen Reformära hineingetragen zu haben. An die altständischen Traditionen hätte das moderne Verfassungsleben in Deutschland wohl auch ohne Stein angeknüpft; aber schwerlich hätte ohne sein Wirken der Gedanke kommunaler und provinzialer Selbstverwaltung eine so starke Lebenskraft entwickelt. Überall spürt man seinen Geist, wo die Reformen das konstitutionelle Schema französischen Stils verlassen, wo organische Fortbildung altüberkommener Freiheitsrechte der engeren Verbände an Stelle abstrakter Freiheitsrechte der Individuen gefordert wird.

Die Provinzialverwaltung scheint für Stein die Grenze zu bilden zwischen Selbstverwaltung und Bürokratie. Von einer Krönung des Reformwerkes durch „Reichsstände", durch eine Volksvertretung für den Gesamtstaat hören wir nichts. Hat Stein sie etwa nicht gewünscht? Hatte er nicht schon in der Aprildenkschrift von 1806 die „Teilung der Obersten Gewalt zwischen dem Oberhaupt und den Stellvertretern der Nation" als das eigentliche Kennzeichen einer modernen Staatsverfassung bezeichnet? Hatten nicht einst seine Freunde Rehberg und Brandes alle Reformversuche im alten, vorrevolutionären Frankreich für elendes Stückwerk erklärt, solange nicht eine modern-konstitutionelle Verfassung nach englischem Muster eingeführt sei?

Stein war diesen politischen Idealen keineswegs untreu geworden. Als Minister hat er schon im nächsten Jahre den Aufbau von preußischen „Reichsständen" sehr ernstlich vorbereitet[43]. Aber er zögerte wohl, mit diesem letzten und stärksten Mittel zur Politisierung der Nation herauszukommen, solange die schwächeren vorläufig noch nicht erprobt waren. Kreis- und Provinzialstände betrachtete er als bloße Vorstufe, zugleich aber als unentbehrliche Vorschule für eine politische Volksvertretung größeren Stils. Die Nassauer Denkschrift entstand in den Monaten, als der endgültige Niedergang der friderizianischen Militärmonarchie sich auf den Schlachtfeldern entschied. War nicht mit Sicherheit zu erwarten, daß in der Atmosphäre trüber, hoffnungsloser Verdrossenheit, fortdauernd schleichender Krisen, wie sie auf einen verlorenen Krieg zu folgen pflegen, auf allgemeinen Reichsständen die nörgelnde Kritik am Alten, die Suche nach den „Verantwortlichen", die Furcht vor neuen Lasten und die einander widerstreitenden Interessen der verschiedenen Stände das Übergewicht behalten würden über den (längst überanstrengten) patriotischen Opfersinn? Auf wen sollte die Monarchie sich stützen, wenn es galt, mit Hilfe preußischer Reichsständeversammlungen die privilegierte Stellung des Adels zu beschränken, die soziale und wirtschaftliche Befreiung der niederen Stände durchzuführen? Wo war das Bürgertum, das ihr hätte helfen können?

Immerhin: das gänzliche Fehlen einer Andeutung über die politische Spitze des Reformwerks verstärkt für uns Nachlebende den Eindruck des Altfränkischen, fast könnte man sagen „Westfälisch"-Provinziellen in dem ersten umfassenden Reformprogramm Steins. Oder wirkt es etwa nicht seltsam, ja beinahe grotesk, daß die Zurückdrängung bürokratischer Allmacht in den niederen und mittleren Sphären der Verwaltung als wichtigstes Heilmittel empfohlen wird für einen Staat, in dem einstweilen fortschrittliche politische Gesinnung so gut wie ausschließlich in der Sphäre des Beamtentums und der gelehrten Berufe zu finden war? Daß der Verfasser dieselbe Bürokratie als unfähig, unwissend und interesselos schmäht, mit deren Hilfe doch eben jetzt alle und jede Reform gegen den erbitterten Widerstand der „großen Eigentümer" und gegen die stumpfe Passivität kleinstädtischen Spießertums durchgesetzt werden mußte[44]? Waren wirklich kreis- und provinzialständische Einrichtungen das geeignete Mittel, um die lokale Beschränktheit der Ansichten, den engherzigen Egoismus der Privat- und Sonderinteressen zu sprengen, das gemeine Wohl, das Gesamtinteresse des Staates kräftig in den Mittelpunkt der Beratungen zu rücken, politische Gesinnung großen, freien Stils zu erzeugen?

Wer die innerpolitischen Vorgänge beobachtet, die im nächsten Jahrzehnt das Reformwerk halbvollendet zum Erliegen brachten, dem wird es schwerfallen, kritische Zweifel und Einwände dieser Art zu unterdrücken. Will man gerecht urteilen, so muß man sich erinnern, daß keiner der Genossen Steins im preußischen Reformerkreis gewagt hat, den unmittelbaren Übergang aus dem Absolutismus in das moderne Verfassungsleben zu empfehlen und daß ein solcher Schritt allein aus staatsmännischen Erwägungen heraus, ohne den Druck und Zwang revolutionärer Ereignisse, noch nirgends in einem der modernen Großstaaten gewagt worden ist. Niemand hat damals pathetischer versichert, alles komme darauf an, „harmonisch mit dem Zeitgeist und dem Weltplan der Vorsehung zu verfahren", den „wahren Geist der Zeit zu fassen", der öffentlichen „Opinion" den gehörigen Einfluß auf die Staatsverwaltung zu verschaffen, als Hardenberg und sein Gehilfe Altenstein. Sieht man aber den von ihnen ausgearbeiteten Reformplan näher an, so zeigt sich, daß hier bürokratische Vorsicht und Herrschsucht (wenn man es so nennen will) in Wahrheit der „Opinion des Publikums" noch viel ängstlicher die Wege versperrt haben als Steins altväterische pädagogische Bedenken: von ständischen Versammlungen ist hier überhaupt nicht mehr die Rede; alle „Repräsentation" des Volkes beschränkt sich darauf, daß in den Gemeinden Selbstverwaltung herrscht, in allen Staatsbehörden aber, vom Kreisvorsteher aufwärts bis zu den Ministern, einzelne wenige unbesoldete Räte als „Repräsentanten" ehrenamtlich mitbeschäftigt werden. Auch diese dürftige Konzession an den „Zeitgeist" geht, wie Altenstein ausdrücklich erklärt, auf unmittelbare Anregungen Steins zurück – der somit wirklich „als intellektueller Urheber des Repräsentativsystems in Preußen anzusehen ist"[45]. Aber wie unsicher, fast möchte man sagen: dilettantisch sind diese Anregungen verwertet[46]! Gerade die verfassungspolitischen Abschnitte der großen Hardenbergschen Reformschrift sind ohne Frage die schwächsten Teile des Ganzen, und man empfindet die markige Kürze, die nüchterne Klarheit, die praktische Verständigkeit der Steinschen Denkschrift doppelt wohltätig, wenn man die kenntnis- und gedankenreichen, erstaunlich vielseitigen, aber auch weitschweifigen, oft in unklare Allgemeinheiten sich verlierenden, mit den Ideen einer halbverstandenen oder trivialisierten Philosophie mühsam aufgeputzten Darlegungen der Altenstein und Hardenberg daneben hält.

Und doch lebte auch hinter diesen ungeschickten, langatmigen Formulierungen ein echtes sittliches Pathos und ein starker Glaube an die Zukunft. Wunderbar zu sehen, wie mitten im Niederbruch des Staates, in scheinbar hoffnungsloser Lage die verschiedenartigsten Geister sich darin zusammenfinden, daß sie den gläubigen Willen wider das Schicksal stemmen. Die Anhänger von Kant und Smith, die Schön, Schrötter, Auerswald, Stägemann und die ganze ostpreußische Reformergruppe kämpfen für einen neuen Staat, der seine Souveränität auf den Gemeinschafts- und Rechtswillen freier Menschen gründet; der sich damit weit erhebt über alle bloß historisch begründeten Machtansprüche einzelner Menschenklassen und dessen klares Vernunftrecht eine ganze Wolke historisch-zufälliger Rechtsbildungen in Nichts zerfließen läßt; der schließlich, auf die Macht der Vernunft vertrauend, das soziale und wirtschaftliche Leben gewissermaßen sich selber überlassen darf, weil nur so die sittliche Kraft des einzelnen ein rechtes Wirkungsfeld zu ihrer Bewährung erhält und weil die natürliche Vernunft der Dinge am leichtesten da sich durchsetzt, wo die Bevormundung der Gesellschaft durch den Staat ein Ende hat. Die Hardenberg und Altenstein, beflügelt durch den gewalttätigen Enthusiasmus der Fichteschen Ideenlehre, stecken sich noch höhere Ziele. Das „Ideal der höchsten Kraftäußerung", das sie beseelt, mutet dem neu zu schaffenden Staate nichts Geringeres zu, als gewissermaßen die Rolle des Weltenlenkers zu übernehmen:

nach den (philosophisch erfaßten) „Gesetzen des Weltplans" soll er die Menschheit ihrer höchsten Bestimmung zuführen, durch seine inneren Einrichtungen und vor allem durch eine Nationalerziehung größten Umfanges sie heranbilden zu jenem Zustand vollkommener Sittlichkeit und Religiosität, zu jenem ganz von der göttlichen Idee durchdrungenen, kräftigen, tätigen Leben, das die höchste Stufe in der Erhebung des Menschen von der Sinnlichkeit zur Idee und damit das Ziel der Menschheitsentwicklung überhaupt darstellt. Je mehr der preußische Staat sich diesem Ideal nähert, um so stärker wird er seine innere Überlegenheit erweisen über Frankreich, dessen Tendenz, seit in Napoleon die Revolution sich selbst überschlagen hat, nur noch auf die Ausübung ideenloser, roher, physischer Gewalt gerichtet ist.

So hoher, utopischer Ziele unterwindet Stein sich nicht. Sein Idealismus, philosophisch ganz unbeschwingt, haftend an den Erfahrungen des eigenen Lebens und an den deutlich sichtbaren Erhebungen der geschichtlichen Vergangenheit, scheint auf den ersten Blick eher rückwärts als vorwärts gewandt, mit seinen Idealen altdeutscher Freiheit den Romantikern am nächsten stehend, die eben damals anfingen, die historische deutsche und europäische Staatenordnung idealisierend der französischen Willkürherrschaft entgegenzustellen. Weit entfernt, dem „Zeitgeist" dienen zu wollen wie Hardenberg, wirft er sich ihm mit aller Macht entgegen. Und doch lebt in ihm zugleich ein optimistischer Fortschrittsglaube, eine Zuversicht auf den endlichen Sieg „des Guten", ein Vertrauen auf die Perfektibilität des Menschen, die ihn als echten Sohn des 18. Jahrhunderts erweist und mit den Reformern Kantischer und Fichtescher Richtung über alle Gegensätze hinweg verbindet. Sein Freiheitsbegriff ist darin der ihre, daß auch für ihn der Mensch erst im Dienst an der Gemeinschaft sich als freie, d. h. als sittliche Persönlichkeit vollendet: ein Gedanke, den man wohl als Grundgedanken des ganzen älteren deutschen Liberalismus im Gegensatz zur Utilitätsphilosophie der westlichen Revolutionäre bezeichnen darf. Auch Stein weiß von jener höchsten Kraftäußerung, die der Enthusiasmus der Idee entzündet, und von der unbedingten Überlegenheit, die der Begeisterte über den bloß Gehorchenden besitzt. Vor allem: auch er weiß von einer „Nationalerziehung" als höchster Aufgabe des Staates. Sie nimmt unter den Motiven der Nassauer Denkschrift sogar einen besonders breiten Raum ein. Alles, was über die künftige Neugestaltung der ehemals polnischen Provinzen gesagt wird, ist von dem Gedanken beherrscht, den Nationalcharakter der Polen durch eine freiere Verfassung, insbesondere auch durch Befreiung des bäuerlichen Standes, zu bessern und zu bilden: „Die Nation werde erzogen, ihre Individualität veredelt, nicht unterdrückt." Aber darüber hinaus wird ja immer wieder als das letzte und höchste Ziel der Selbstverwaltung eingeschärft: „Den Kräften der Nation eine freie Tätigkeit und eine Richtung auf das Gemeinnützige zu geben, sie vom müßigen sinnlichen Genuß oder von leeren Hirngespinsten der Metaphysik oder von Verfolgung bloß eigennütziger Zwecke abzulenken."

Das ist nun freilich eine ganz andere Form der „Nationalerziehung" als die jener philosophisch gerichteten Köpfe. Ein handfester Moralismus offenbart sich hier, der sogleich an die Tugendlehren und den nüchternen bon-sens englischer Popularphilosophen und aufgeklärter Pädagogen des 18. Jahrhunderts erinnert. „So wie die Erfahrung bewiesen, daß nach der Lancasterschen und Bellschen Methode man die Schulknaben selbst, indem man ihnen Vertrauen zeigt, ihre Selbständigkeit anspricht, zum Unterricht in den Schulen brauchen und ein Schulmeister-Heer ersparen kann, so zeige man uns gleiches Vertrauen, überlasse uns unsere eigenen Angelegenheiten, setze uns denen Schulknaben gleich und erspare ein Beamtenheer[47]!" Auch die französischen Physiokraten, Turgot und seine Freunde, hatten von dem Stande der größeren Grundbesitzer als der classe disponible gesprochen: einer Gesellschaftsschicht, die vermöge ihrer äußeren Unabhängigkeit und ihres gesicherten Renteneinkommens recht wohl in der Lage sei, sich öffentlichen Geschäften, insbesondere der Selbstverwaltung in Gemeinde, Distrikt und Provinz zu widmen. Und unter den Anglophilen des Festlandes, insbesondere bei d'Ivernois, findet man öfters ein Lobpreisen der englischen Verfassung, die den besitzenden Schichten eine nützliche Beschäftigung zu gemeinnützigen Zwecken gewähre, sie dadurch von „Müßiggang und frivolen Genüssen" entferne und der schaffenden Arbeit ein Heer von Besitzlosen erhalte, die sonst in unproduktiven Beamtenstellen verbraucht würden[48]. Eben diese Gedanken hat Stein mit größtem Eifer aufgegriffen, zum erstenmal in der Nassauer Denkschrift, und seitdem unermüdlich wiederholt, mit einem erstaunlichen Optimismus unmittelbar sittliche Veredelung von der gemeinnützig-politischen Tätigkeit erwartend. „Was Erziehungsanstalten für die Jugend, das ist Teilnahme an den staatlichen Angelegenheiten für den Älteren; er wird genötigt, seine Aufmerksamkeit und Tätigkeit von dem Persönlichen auf das Gemeinnützige zu wenden, er handelt unter der Aufsicht der Öffentlichkeit; eigennützige Absichtlichkeit oder bare Eitelkeit würden von Umstehenden bald entdeckt und gewürdigt[49]."

Noch einmal: von den hochgespannten Humanitätsbegriffen der Fichteschen „Nationalerziehung" trennt diesen nüchtern-praktischen Moralismus ein weiter Abstand. Ein noch weiterer von jenem staatsfremden Bildungsidealismus, dessen politische Begriffe Wilhelm von Humboldt zu Anfang der neunziger Jahre so geistvoll entwickelt hatte. Oder ließ sich dieser feine, dünnblütige Individualismus, der die „Grenzen der Wirksamkeit des Staates" aufs äußerste beschränken wollte, um dem bedeutenden Individuum die freieste Entfaltung seiner geistigen Kräfte, die reichste persönliche Lebensgestaltung zu sichern, mit gröberen Worten abwehren als mit denen Steins: daß man die Deutschen von „leeren Hirngespinsten der Metaphysik" durch gemeinnützige Tätigkeit abziehen müsse? Welcher Einbruch des englischen common sense in den übersteigerten Bildungskult der deutschen Geisteswelt[50]! Aber inzwischen hatte der deutsche Geist längst begonnen, aus eigenen inneren Notwendigkeiten und von außen getrieben durch erschütternde politische Erfahrungen, mit wärmerem Verständnis sich den Problemen des staatlichen und nationalen Lebens zuzuwenden. Wilhelm von Humboldt selber war in den praktischen Staatsdienst eingetreten, und schon vor Jena hatten Fichte und Schleiermacher, seit Kants Tod die namhaftesten Vertreter des neuen Idealismus auf preußischem Boden, jene enge Verbindung der höchsten Menschheitsinteressen mit der Sache des engeren Vaterlandes vollzogen, die in zahllosen Denkschriften der Reformzeit, in tausend Variationen als beseelendes, beflügelndes Grundmotiv anklingt. Auf euren Schultern, hatte Fichte mit seinem ungeheueren Pathos schon vor Jena den ins Feld rückenden Kriegern zugerufen, ruht die Entscheidung, „ob dasjenige, was die Menschheit seit ihrem Beginne durch tausendfache Aufopferungen an Ordnung und Geschicklichkeit, an Sitte, Kunst und Wissenschaft und tröstlichem Aufheben der Augen zum Himmel errungen hat, fortdauern und nach den Gesetzen der menschlichen Entwicklung fortwachsen werde!" Eben dies nun, die Begründung staatsmännischen Handelns aus überstaatlichen, ewigen Menschheitszwecken, hat auf seine ganz naive, nüchterne und altfränkische Weise, aber dafür auch besonnener, schlichter und volkstümlicher, auch der Reichsritter Stein zum Kerngedanken seiner Denkschrift gemacht. Auch für ihn dient der Staat letztlich ewigen, sittlichen Zwecken, der Veredelung der Menschheit: „Sein Zweck ist religiös-sittliche, geistige und körperliche Entwicklung; es soll durch seine Einrichtungen ein kräftiges, mutiges, sittliches Volk, nicht allein ein kunstreiches, gewerbefleißiges gebildet werden." Nicht die Anhäufung von Macht und Reichtum, von materiellen Gütern also, ist das alles beherrschende Prinzip wahrer Politik, sondern die moralische Erziehung der Menschen.

Es war die geheime Kraftquelle jener gläubigen, idealistischen Generation, daß sie politischen Zielen nachjagte, die weit jenseits bloßer irdischer Gegebenheiten lagen. Das verschloß ihnen oft genug den Blick für das praktisch Erreichbare und für die realen Kräfte des politischen Getriebes. Aber es gab ihnen dafür jene starke innere Zuversicht, die durch äußere Katastrophen sich wohl niederbeugen, aber nicht irremachen und zur Resignation führen läßt – jenen sicheren Glauben an die Zukunft, der unserem skeptisch und ungläubig gewordenen Geschlecht so unvergleichlich viel schwerer fällt. Der handfeste Moralismus Steins läßt sich sehr wohl auf religiöse Wurzeln zurückführen. Wenn er die oberste Aufgabe des Staates darin sieht, die Menschen von egoistischer Tätigkeit zu tätigem, gemeinnützigem Leben zu führen, so ist das letztlich nur eine säkularisierte Neuformung der altlutherischen, patriarchalischen Staatsauffassung: daß eine christliche Obrigkeit ihre Untertanen zu einem gottseligen ehrbaren Lebenswandel anzuhalten und zu erziehen habe – nur daß freilich der Begriff der „Obrigkeit" hier ein ganz anderer geworden ist. Moderne Staatsgesinnung, politisches Nationalbewußtsein ist es eigentlich noch nicht, was der Nassauer Denkschrift als Ergebnis der Nationalerziehung vorschwebt. Das Element des Moralischen, des „Lebens nach kräftigen und edeln Grundsätzen", des „Gemeinnützigen" ist darin viel stärker als das eigentlich Politische. Dennoch gab es wohl wirklich eine natürliche Stufenfolge aufwärts, wie Stein sie einmal beschrieb: anhebend mit dem Gemeinsinn des tätigen Bürgers, „der nur durch unmittelbare Teilnahme am öffentlichen Leben sich bildet, zunächst aus der Liebe zur Genossenschaft, zur Gemeinde, zur Provinz entspringt, und sich stufenweise zur Vaterlandsliebe erhebt". Und so konnte auch Stein, wie seine Genossen am großen Reformwerk, trotz aller unpolitischen Züge seines Wesens, ein Erzieher der Deutschen für den Staat werden. Freilich kam viel darauf an zu verhindern, daß die patriarchalisch-altertümlichen Züge seiner Staatsauffassung zu Hemmnissen seines Wirkens im modernen Staate würden.

Eben dies zu bewirken, war die große Aufgabe seines späteren Mitarbeiterkreises. Die Nationalerziehung übernahmen in wirksamster Form die Soldaten: die Scharnhorst und Gneisenau, die Grolman, Boyen und Clausewitz – hingerissen von dem Schauspiel gewaltiger Kraftentfaltung, das der neugestaltete französische Staat ihnen bot, und in Clausewitz' Schriften bereits vorstoßend zu einem ganz modernen Verständnis der Probleme von Machtbehauptung und auswärtiger Politik. Die Ideale altdeutscher, ständischer Freiheit aber erweiterten und modernisierten sich unter den Händen der Schön, Schrötter und Auerswald, der Frey und Stägemann. Mitteninne stand unser Reichsritter, in gewissem Sinne fremd ihnen allen, einsam in seiner Zeit, dennoch eine Zeitlang die eigentlich zentrale Figur vermöge der Kraft des Charakters, der Gesinnung. Was er bedeutet haben muß als ethischer Antrieb, als seelenerhebende Kraft, das läßt sich aus keiner seiner Niederschriften entnehmen, auch aus der Nassauer Denkschrift nicht. Das läßt sich nur noch ahnen aus seiner Wirkung nach außen, auf die Taten anderer – ein wenig doch auch aus ihren Worten. Oder ist es nicht merkwürdig zu hören, wie einen Niebuhr gleich nach der ersten persönlichen Berührung mit Stein die beglückende Empfindung durchdringt[51], „einem der wenigen großen Männer seines Zeitalters" nahegetreten zu sein?

Rascher, als Stein erwartet haben mochte, wurde er zur praktischen Verwirklichung seines Programms berufen.

Eine Zeitlang hatte er nach der Entlassung den Gedanken erwogen, in russische Dienste überzutreten und von dort aus den Kampf gegen Napoleon fortzuführen. Ein Ausweg, den die leidenschaftlichsten der preußischen Patrioten in jener Zeit tiefer Demütigung Preußens mehrfach betreten haben – als erster schon Ende 1806 der Generalstabschef der preußischen Armee, General Phull, den wir als Teilnehmer der Prinzenopposition im August 1806 kennenlernten – auch er ein Nichtpreuße (Württemberger), den der preußische Dienst schwer enttäuscht hatte. In derselben Lage befand sich Niebuhr, der nach der großen Katastrophe viele Monate hindurch unsicher schwankte, wohin er seine Schritte lenken sollte; ihn lockte der Gedanke, gemeinsam mit Stein eine große

Rolle in der russischen Finanzverwaltung zu spielen. Eine flüchtige Andeutung[52] des Ministers: vielleicht könnte er dem Zaren als Handelsminister an Stelle des unfähigen Grafen Rumiantzoff sich nützlich machen, griff Niebuhr sogleich mit Eifer auf und vermittelte ein förmliches Angebot Alexanders an Stein, eine ehrenvolle Stelle in der inneren Verwaltung Rußlands, unmittelbar unter den Augen des Zaren, zu übernehmen. Aber als es erging (am 25. August), hatte Stein bereits einen neuen Ruf Friedrich Wilhelms erhalten und angenommen[53].

Das hing mit dem Umschwung der inneren und äußeren Verhältnisse des preußischen Staates zusammen, der inzwischen geschehen war und ganz neue Aussichten eröffnete.

Die Rückberufung Hardenbergs in die Regierungsgeschäfte hatte im März zunächst ein Kompromiß zwischen den Forderungen der Reformer und den Wünschen des Königs zur Folge gehabt. Es entsprach im wesentlichen einem damals überreichten Reformplan des Ministers von Voß[54]. Die Tätigkeit der Kabinettsräte, Beymes und des Generaladjutanten von Kleist, blieb unverändert; aber sie hielten jetzt ihre Vorträge in Gegenwart der vier Minister: Hardenberg, Zastrow, Voß und Schrötter, denen es damit möglich gemacht war, ihre Ansichten unmittelbar dem König vorzustellen und seine Entschlüsse mitzubestimmen. Sehr bald hatte sich indessen gezeigt, daß damit praktisch nichts gebessert war. Die vier Minister bildeten nichts weniger als eine geschlossene Front: ihre politischen Ansichten gingen weit auseinander, und an Gelegenheit zur Vorberatung der eingehenden Sachen fehlte es gänzlich. Dazu kamen Eifersüchteleien mit dem Generaladjutanten, peinliche Zusammenstöße in Gegenwart des Monarchen (Hardenberg sprach spottend von einem „polnischen Reichstag"!), kurzum: es bestätigte sich, daß ein regelmäßiges Ministerkonseil unter persönlichem Vorsitz des Königs sehr viel Bedenkliches hatte. Aber der Fortgang des Krieges mit seinen wachsenden inneren Schwierigkeiten drängte gebieterisch nach einer Regierungsverfassung, die Einheit und Kraft der politischen Leitung ermöglichte. Unmittelbar neben die Person des Monarchen mußte ein Staatskanzler treten, der mit unbegrenzter Vollmacht allen Ministerkollegen gegenüber die Richtlinien der inneren Verwaltung und der auswärtigen Politik bestimmte, den Bedürfnissen des Krieges alle anderen Sorgen unterordnete. In den engen, leicht übersehbaren Grenzen der damaligen preußischen Staatsverwaltung – der Verwaltung eines Rumpfstaates von wenigen Provinztrümmern! – reichte die Persönlichkeit Hardenbergs vollkommen aus, eine solche Aufgabe zu erfüllen. Tatsächlich gelang es ihm, im Laufe des April, als er den König allein zu einer Zusammenkunft mit dem Zaren begleitete, das Vertrauen des Monarchen so vollständig für sich zu gewinnen, daß er alle anderen Ratgeber verdrängte. Seine Geschmeidigkeit, seine verblüffende Geschäftsroutine, seine heiter-joviale, zuversichtliche Art, die strahlende Eleganz und Sicherheit seines Auftretens zogen Friedrich Wilhelm ganz in ihren Bann; unwillkürlich fühlte er sich wie beflügelt, von der trüben Schwere, der ängstlichen Pedanterie seines eigenen Wesens erlöst, wenn dieser unverwüstlich lebensfreudige Berater zu ihm trat. Mit einem Male war der bequem-unterwürfige, treufleißige Beyme nicht mehr unentbehrlich. Man beschränkte ihn auf Bagatellsachen[55], und er war patriotisch genug, vor dem neuen Premierminister bescheiden und willig zurückzutreten. Mehr noch: er unterstützte ihn mit allen Kräften im Kampf gegen die Eifersucht der Voß, Zastrow und Schrötter, die sich trotzig auflehnten gegen die neue Ordnung, die Hardenberg jetzt durchsetzte: daß er die auswärtigen Geschäfte allein führen, in der ganzen inneren Staatsverwaltung die oberste Leitung haben sollte. Man bekommt (wiederum) einen merkwürdigen Eindruck von der Auflösung der monarchischen Autorität, die sich im Staate Friedrichs des Großen allmählich vollzogen hatte, wenn man die widerspenstigen, aufbegehrenden Immediateingaben liest, in denen die Minister auf ihre Verdienste und Rechte pochten. Schließlich gelang es doch, den immer wieder furchtsam schwankenden König auf der einmal betretenen Bahn festzuhalten. Es war die Bahn, die zu den späteren Reformen Steins unmittelbar hinüberführte.

Um so schrecklicher war das Verhängnis, daß der jähe Zusammenbruch von Friedland und Tilsit mit den letzten Hoffnungen auf Selbstbehauptung des Staates auch den Träger dieser Hoffnungen zu Boden schleuderte. Napoleon wußte sehr genau, was er tat, als er sich weigerte, mit einem Hardenberg über den Frieden zu verhandeln. Indem er ihn gewaltsam ausschaltete, zerstörte er zugleich das stärkste persönliche Band, das bisher die russische und preußische Diplomatie zusammengehalten hatte. Schwerlich wäre der Zar so vollkommen den Verführungskünsten Napoleons erlegen, schwerlich hätte er so rücksichtslos die Interessen seines Alliierten der französischen Freundschaft geopfert, wie es in Tilsit geschah, wenn die geschmeidige Überredungsgabe Hardenbergs fortdauernd auf ihn hätte wirken können. Statt dessen kam jetzt bei den Preußen die Unfähigkeit selber ans Ruder. Graf Kalckreuth, eines der unerfreulichsten Erbstücke der friderizianischen Zeit, ein eitler Großsprecher von jener Sorte preußischer Generäle, die als Soldaten alles besser zu verstehen meinen als die zünftigen Diplomaten, drängte sich als Unterhändler hervor und setzte den wohlmeinenden, aber schwachen Grafen Goltz, den Hardenberg zu seinem Nachfolger gemacht hatte, vollkommen matt. So hatte die verschlagene Diplomatie Napoleons, Talleyrands und ihrer Werkzeuge mit den Preußen ein leichtes Spiel. Nicht genug damit, daß ein grausamer Friedensvertrag den Staat auf die Hälfte seines früheren Umfangs zurückbrachte, daß man seine Waffen zerbrach, ihn nur als eine Macht dritten Ranges fortbestehen ließ: ohne Widerspruch ließ es Kalckreuth geschehen, daß man in einen Zusatzvertrag vom 12. Juli jene teuflische Bestimmung hineinbrachte, die dann unsere Besieger 1919 in vergrößertem Maßstab wiederholt haben: Räumung des Landes nur nach der Abzahlung von Kontributionen, deren Höhe festzusetzen der Willkür des Siegers überlassen bleibt. Es war die Bestimmung, die seitdem alle Handlungsfreiheit der preußischen Politik, alle Möglichkeiten des Wiederaufstiegs gelähmt hat – dieselbe, an der auch die Politik eines Stein schließlich scheitern sollte.

Nicht minder gefährlich aber war das Vakuum der inneren Politik und Verwaltung, das nunmehr entstand. Provisorisch wurden ihre wichtigsten Partien, auf Hardenbergs Antrag, einer „Immediatkommission“ von jüngeren Finanzräten anvertraut, die er als Helfer zuletzt gebraucht hatte: Altenstein, Schön, Niebuhr und Stägemann, lauter begabten Köpfen von eifriger Reformgesinnung, zu denen bald noch der etwas ältere Geheimrat Klewitz als Vorsitzender trat. Aber abgesehen davon, daß Altenstein vorläufig Hardenberg ins Ausland begleitete, Niebuhr zuerst seinen Abschied forderte und sich dann beurlauben ließ (übrigens auch vor dem „ungeheuern“ Neuerungsdrang seiner Kollegen ein gewisses Grauen empfand), so daß die Kommission erst Ende September zu wirklicher Zusammenarbeit kam – unmöglich konnte der Staat ohne die Hand eines leitenden Ministers regiert werden, der den Wiederaufbau nach bestimmten Plänen leitete und gegen tausend Widerstände ein klares Reformprogramm durchsetzte. Es war eine Verlegenheitsauskunft, wenn der König jetzt Beyme als Helfer in der Not wieder hervorzog: als Kabinettsrat, ohne übergeordnete Stellung den Behörden gegenüber, konnte er in seiner Machtlosigkeit nicht mehr tun als mühsam zwischen den Eifersüchteleien der Personen und der Fachressorts vermitteln, so gut es ging[56]. Niemand empfand stärker als er selbst die „unübersteiglichen Schwierigkeiten“, die aller Aufbauarbeit aus dem Provisorium zu erwachsen drohten, und niemand wünschte schließlich sehnlicher die Ankunft des neuen leitenden Ministers herbei[57], den Hardenberg dem König als seinen Nachfolger empfohlen hatte: des Freiherrn vom Stein, seines alten erbitterten Widersachers.

Schon gleich bei seinem Wiedereintritt ins Ministerium hatte Hardenberg den Plan gefaßt, nach Abschluß des Krieges Stein, dem Mitkämpfer und Vertrauensmann des Jahres 1806, die inneren Angelegenheiten zu übertragen. Jetzt, angesichts der neuen Katastrophe des Tilsiter Friedens, konnte er auch den König davon überzeugen, daß nur der starke Wille und die moralische Autorität des Oppositionsführers von gestern imstande sein würden, eine wirkliche Reform der gesamten Staatsverwaltung durchzusetzen und die zerbrochene Zuversicht im Volke wieder aufzurichten[58]. Der Besiegte von Tilsit empfand die Notwendigkeit, der öffentlichen Meinung seines Landes, die ihm aus vielen Stimmen seiner Umgebung entgegentönte, einen Schritt entgegenzukommen. So hart es ihn zweifellos ankam, gab er Hardenbergs Bitten nach und gestattete ihm einen Versuch, den schwer Gekränkten zu versöhnen und in den Staatsdienst zurückzurufen (6. Juli).

Diesen Entschluß zu bewirken, hat – eine Ironie des Schicksals! – auch Napoleon ein Teil beigetragen: auch er empfahl Friedrich Wilhelm mündlich in Tilsit die Rückberufung des Reichsritters, neben dem er in einem Atem noch Zastrow und Schulenburg nannte. Sehr sonderbar! Aber er war im Besitz von Nachrichten, die ihn vermuten ließen, Stein werde ein ebenso bequemes Werkzeug französischen Einflusses sein wie die beiden anderen Ministerkandidaten, anerkannte Vertreter einer Politik der unbedingten Vorsicht und Versöhnlichkeit. Auf der Reise von Königsberg nach Nassau im März hatte Stein dem französischen Gouverneur von Berlin, General Clarke, einen Besuch gemacht und mit ihm eine sehr merkwürdige Unterredung gehabt. Darf man den Berichten des Franzosen trauen[59], so hätte er rücksichtslos über die „Torheiten" Friedrich Wilhelms[60] und seinen persönlichen Konflikt mit ihm, über die mutlose Schwäche der Russen, die Friedensliebe der Engländer und die Ohnmacht der preußischen Armee gepoltert – einfach den leidenschaftlichen Impulsen seiner Natur nachgebend und ohne die politische Wirkung seiner Worte recht zu bedenken. Daß er gleichzeitig den Franzosen persönliches „Wohlverhalten" versprach, war selbstverständlich und unvermeidlich, da er auf seinen nassauischen Gütern ihrer Gewalt preisgegeben war. Hat er etwa diese Abhängigkeit noch stärker betont? Wenige Monate nach jener Unterredung, im August 1807, unternahm er einen beinahe abenteuerlichen Versuch, der Reichsritterschaft ihre alte halbsouveräne Unabhängigkeit mit Hilfe Napoleons zurückzugewinnen und sie unter dessen Schutz zu stellen – ein Beginnen, das uns sogleich an jene früher erörterten Reichsreformpläne Hardenbergs im Januar 1806 erinnert[61]. Hätte man ihn nicht als leitenden Minister nach Preußen zurückberufen, so wäre er selbst als Deputierter seines Standes nach Paris gegangen, um die Gunst des Imperators zu erbitten[62]. Wußte Clarke von diesen Dingen? Jedenfalls rechnete er damit, daß es am Ende möglich wäre, Stein für die Finanzverwaltung in einem der deutschen Vasallenstaaten zu gewinnen, und Napoleon, nachdem er in Tilsit aus dem Munde Friedrich Wilhelms „viel Übles" über Stein gehört hatte, so daß er seine Wiederberufung zunächst für unwahrscheinlich hielt, ging bereitwillig auf diesen Vorschlag ein.

Natürlich verrechneten sich beide, Napoleon und sein Ratgeber. Ihre Psychologie wußte immer nur mit den Motiven gewöhnlichster Selbstsucht zu operieren. Man darf es für ausgeschlossen halten, daß Stein jetzt imstande gewesen wäre, nach dem Beispiel Schulenburgs, des letzten Ministers aus den Tagen Friedrichs des Großen, in die Dienste eines Jérôme überzutreten. Immerhin: je länger das äußere Band zerschnitten blieb, das ihn mit dem Staate seiner Wahl verband, um so stärker mußte auch die innere Verbindung sich lockern: die Standesgesinnung des Reichsritters blieb fortwährend lebendig neben der Staatsgesinnung des preußischen Ministers. Sie war das frühere und auf die Dauer doch wohl auch stärkere Motiv.

So war die Annahme des Rufes, den Hardenberg vermittelte, von vornherein recht ungewiß. Wird er die Kränkung vom Januar vergessen? Wird er für Preußen auch nach seinem Niederbruch noch lebendiges Interesse genug behalten, um der beinahe hoffnungslosen Aufgabe seines Wiederaufbaus seine Zukunft zu opfern? Diese Fragen wurden im Kreise der preußischen Staatsmänner und Patrioten mit größter Spannung erörtert. Die meisten erwarteten Großes von ihm: er sollte der Retter des gesunkenen Staates werden. Freilich fehlte es auch nicht an Zweiflern: wird er mit seinem leidenschaftlichen Franzosenhaß nicht bald neue, unheilvolle Konflikte mit Napoleon heraufbeschwören? Wird er mit seinem rücksichtslosen Ungestüm dem König auf die Dauer erträglich sein? Wird er seine Mitarbeiter sich nicht wieder durch seine hochfahrende Art, seinen Jähzorn und ungerechten Tadel rasch entfremden? Werden Männer von Ehrgefühl unter ihm dienen wollen? Kennt er, der Nichtpreuße, die Verhältnisse des Ostens gründlich genug, um nicht durch Mißgriffe allzubald den allgemeinen Widerstand gegen seine Reformen heraufzubeschwören[63]?

Indessen überwog zuletzt doch die Meinung derer, die seiner starken Hand vertrauten. Nahm er den Ruf des Königs an, jene Kränkung vergessend, so gewann er schon dadurch viele Sympathien für sich. Was auf ihn selbst den stärksten Eindruck gemacht zu haben scheint, war der Appell an sein moralisches Bewußtsein, der ihm aus Hardenbergs Schreiben entgegentönte. Noch wärmer und bewegter redete dieselbe Sprache ein gleichzeitiger Brief seiner Freundin Prinzessin Luise Radziwill[64]; und auch Blücher schloß sich diesem Zureden an. Man glaubt ganz unmittelbar die Wirkung dieser Briefe aus der Antwort zu spüren, die Stein – ohne viel Besinnen, wie es scheint – seiner Gattin in die Feder diktierte. (Er selbst lag gerade an einem heftigen Fieberanfall darnieder[64a]): „In diesem Augenblick des allgemeinen Unglücks wäre es sehr unmoralisch, die eigene Persönlichkeit in Anrechnung zu bringen, um so mehr, da Eure Königliche Majestät selbst einen so hohen Beweis von Standhaftigkeit geben." Ein Satz, der noch einmal, wie schon die Aprildenkschrift von 1806, die vaterländische Gesinnung unseres Helden im schönsten Lichte zeigt. Ganz und gar dieser moralischen Aufwallung des Herzens folgend, unterließ er, was jeder geborene Politiker in diesem Augenblick getan hätte und was auch Hardenberg riet: die Zwangslage des Königs zu benutzen, um sich eine beherrschende Machtstellung unter den Beratern der Krone, den unmittelbaren und ausschließlichen Vortrag bei der Person des Monarchen zu sichern. Statt dessen stellte er ausdrücklich in die freie Entscheidung des Königs „die Bestimmung jedes Verhältnisses, es beziehe sich auf Geschäfte oder Personen, mit denen Eure Königliche Majestät es für gut halten, daß ich arbeiten soll". Wie konnte Friedrich Wilhelm das anders deuten, als daß der Minister jetzt, im Gegensatz zum Dezember 1806, mit der Beibehaltung Beymes, zum mindesten in der beschränkten Tätigkeit, wie sie Hardenberg geduldet hatte, sich einverstanden erkläre? Hat Stein sich nun unklar ausgedrückt oder seine anfängliche Nachgiebigkeit später bereut (Hardenberg hatte ihm Beymes patriotische Haltung mit wärmsten Ausdrücken gerühmt!) – jedenfalls gab er so den Anstoß zu einem ersten heftigen Konflikt gleich nach der Ankunft in Memel, das er nach langer Reise quer durch ganz Deutschland am 30. September[65] erreichte.

In einer ersten Audienz am 1. Oktober wurde der neue Minister mit ungewöhnlicher Herzlichkeit[66] empfangen und noch am selben Abend mit dem Roten-Adler-Orden ausgezeichnet – wohl um alles vergessen zu machen, was jene Entlassungsordre an Kränkungen enthalten hatte. Am nächsten Tage erst stellte er schriftlich seine Bedingungen: eine provisorische Neuordnung der Geschäfte, die ihm in allen Zweigen der inneren Staatsverwaltung den entscheidenden Einfluß, über die auswärtige Politik wenigstens die Kontrolle geben sollte. Auf der Entlassung Beymes war er sogleich entschlossen unter allen Umständen (als „conditio sine qua non") zu bestehen. Doch sprach er davon weder in seiner schriftlichen Eingabe an den König, noch in der zweiten Audienz, die am 2. Oktober stattfand[67]. Statt dessen benutzte er einen sehr ungewöhnlichen Umweg: er ließ Beyme durch den Finanzrat Stägemann mehrmals energisch vorstellen, daß er seinerseits den König um seine sofortige Entlassung bitten solle, um den nachträglichen Rücktritt Steins zu verhindern. Offenbar scheute er die mündliche Verhandlung über einen so heiklen Punkt, konnte sich auch auf eine Mitteilung Hardenbergs berufen, nach der sich Beyme bereit erklärt habe, gleich nach Friedensschluß sich gänzlich von den Geschäften zurückzuziehen. Immerhin begreift man das Sträuben des Kabinettsrates, selber den ersten Schritt zu tun, nur um dem Manne, der ihn wahrlich schwer genug gekränkt hatte und der auch jetzt wieder in rücksichtslosester Form an seinem Charakter und seinen Leistungen Kritik übte[68], Unannehmlichkeiten zu ersparen. Ohne Frage spielte bei dieser Weigerung auch die Empfindung gekränkten Ehrgeizes eine Rolle[69]. Aber wer Friedrich Wilhelm kannte, mußte auch wissen, daß ihm der gänzliche Verzicht auf seinen vertrauten Berater gerade jetzt sehr schwer fallen würde: war es denn so sicher, daß die Zusammenarbeit des Königs mit einem Manne von so starkem Temperament und unbeugsamem Stolz von Anfang an reibungslos verlaufen würde? Auch Hardenberg hatte in seinem Berufungsschreiben den Minister nachdrücklich zur Mäßigung ermahnt. Würde es nicht oft noch des Vermittlers bedürfen – zum mindesten so lange, bis ein vollkommenes gegenseitiges Vertrauen zwischen König und Minister hergestellt war?

Eben dies war es, was Stägemann, Altenstein und Köckritz dem Reichsritter vorstellten. Vergeblich. Denn die erste Voraussetzung für ein Kompromiß fehlte – jetzt wie früher –: das Vertrauen in die selbstlose Dienstbereitschaft des Vermittlers. Nicht als ob Beyme neuerdings irgendwelchen sachlichen Anlaß zu politischem Mißtrauen gegeben hätte. Das Lob, das ihm Hardenberg spendete, war vollkommen berechtigt. Nach der Katastrophe von Friedland und Tilsit hatte er mehr Würde und aufrechte Haltung bewiesen als die meisten anderen am Hofe[70], und seine politische Richtung im Innern wie in der auswärtigen Politik stimmte in der Hauptsache durchaus mit den Grundsätzen Hardenbergs und Steins überein: Behauptung Preußens als vertrauenswürdiger, selbständiger Mitspieler im Konzert der europäischen Mächte (ebendarum unter keinen Umständen Sonderfrieden mit Frankreich!) und durchgreifende Reformen im Innern. Trotz aller Ohnmacht und Unklarheit seiner amtlichen Stellung war es ihm während des Interregnums gelungen, mit Hilfe Schöns und der Immediatkommission die erste (und fast die wichtigste) der großen Reformen nahezu fertigzustellen: die Aufhebung der Erbuntertänigkeit für die Privatbauern. Freilich hatte er auch die Entlassung sämtlicher Minister des alten Generaldirektoriums und Justizdepartements durchgesetzt, soweit sie dem König nicht nach Memel gefolgt waren. Das zog ihm den Haß der Entlassenen zu, in deren Verwünschungen gegen den übermütigen Machtdünkel des Kabinettsrats Stein unbedenklich miteinstimmte[71]. Aber ruhige Betrachtung kann gar nicht zweifeln, daß dieser Schritt notwendig war, um freie Bahn für die Reformer zu schaffen – und nur dies, nichts anderes, war seine Absicht gewesen[72].

So urteilte Beyme gewiß ganz richtig, wenn er annahm, daß weit mehr persönliche als sachliche Gegensätze, vor allem jene alte – politisch nicht unberechtigte – Eifersucht auf das ältere Vertrauen des Königs zu Beyme und dessen Folgen im Januar 1807, für die Unnachgiebigkeit Steins den Ausschlag gaben[73]. Ohnedies war der enthusiastische Willensimpuls, in dem der Reichsritter sich der neuen Lebensaufgabe zugewandt hatte, auf einer langen Reise ernüchtert worden. Tausend niederschlagende Eindrücke von der Verwüstung des Landes und vielerlei Nachrichten über die hoffnungslose politische Lage nach Tilsit hatten ihn bestürmt. So wies er jetzt versöhnliche Erbietungen Beymes: ganz unter seiner Leitung zu arbeiten und ihn in allen Stücken wie früher Hardenberg zu unterstützen[74], mit bewußter Schroffheit von sich. Es sei ihm recht lieb, meinte er zu Stägemann, wenn er wieder gehen könne – ihn schauderte vor der ungeheuerlich schweren Aufgabe, und dieses erste Hindernis mochte er als Probe betrachten, wie weit er seinen Willen durchzusetzen vermöge.

Auf der anderen Seite war Beyme nach wie vor bereit, seinen Abschied zu nehmen – aber nur, wenn der König seinerseits diesen Wunsch äußern würde[75]. Schließlich blieb Stein nichts übrig, als durch den Generaladjutanten Köckritz seine Forderung dem König übermitteln zu lassen (am 3. Oktober nachmittags[76]). Der zeigte sich darüber sehr unzufrieden, ließ aber Beyme die Sachlage sogleich durch Köckritz vorstellen. Und nun tat der Vielbefehdete ohne langes Zögern den erwarteten Schritt: noch am selben Abend schrieb er sein Abschiedsgesuch, in welchem er dem König die unbedingte politische Notwendigkeit auseinandersetzte, durch seine Entlassung Einheit und „konzentrierteste Kraft" in der neuen Regierung zu sichern, alle Reibungsmöglichkeiten auszuschalten. Das Ganze nicht ohne (menschlich begreifliche) Bitterkeit, doch voll männlicher Würde und nüchterner politischer Einsicht. Königin Luise, der Friedrich Wilhelm sofort das Schreiben Beymes mitteilen ließ, sprach laut ihre Bewunderung für den selbstlosen, „verehrungswürdigen" Patriotismus dieses „ehrlichen Mannes" aus[77].

Aber auch damit war der Stein des Anstoßes noch nicht aus dem Wege geräumt. Der König bestand darauf, wenigstens vorläufig, bis zur Rückkehr nach Berlin, seinen vertrauten Berater, wenn auch in subalterner Dienststellung, bei sich zu behalten. Erst dann sollte er, seiner Bitte entsprechend, als Chefpräsident des Kammergerichts aus der politischen Tätigkeit ausscheiden. Es scheint, daß Frauenhände an diesem Kompromiß mitgewoben haben. Ein undatiertes

Billett der Königin Luise, das uns überliefert ist, beschwört den Minister, „um König, Vaterland, meiner Kinder, meiner selbst willen" soweit nachzugeben, damit „um Gottes willen das Gute nicht um drei Monate Geduld und Zeit über den Haufen falle". Wahrscheinlich kam diese Mahnung kurz vor der entscheidenden Audienz, die am 4. früh stattfand, in Steins Hände[78]. Sie konnte nicht verhindern, daß die Unterredung recht stürmisch verlief. Schließlich aber gab Stein nach, und so stand denn endlich seiner Ernennung zum leitenden Minister nichts mehr im Wege. Sie wurde sogleich nach einem von Stein tags zuvor ausgearbeiteten Entwurf vollzogen.

Sehr merkwürdig ist die provisorische Organisation, die er seiner neuen Machtstellung gab. Am nächsten lag, wie es schien, die Erneuerung des Hardenbergschen Systems: die Vereinigung aller wichtigen Funktionen der äußeren wie der inneren Politik in der Hand eines allmächtigen Premierministers, dem die übrigen Minister förmlich untergeordnet waren. Eben dies war der Wunsch der Reformer, die am leidenschaftlichsten ein kraftvoll-einheitliches neues System ersehnten. Ohne Überordnung des Premierministers über alle anderen, auch über den Kriegsminister, konnte Gneisenau sich ein Gelingen der großen Reform nicht vorstellen[79]. Aber eben vor einer solchen Stellung scheute Stein zurück; vor allem doch wohl deshalb, weil er der Autorität eines kollegialen „Staatsrats" auch jetzt wieder mehr vertraute als seinem persönlichen Einfluß auf den Monarchen. Überdies mochte er Bedenken tragen, in diplomatischen und militärischen Dingen eine selbständige Verantwortung zu übernehmen. Den Konseilplan vom April 1806 hat er indessen endgültig fallenlassen. Die Unmöglichkeit, den König persönlich an den Sitzungen eines Ministerkonseils, womöglich im unreifen Stadium der eigentlichen Beratung, teilnehmen zu lassen, hatte sich im Frühjahr 1807 deutlich genug gezeigt und leuchtete ohne weiteres ein. Was Stein jetzt als Geschäftsordnung durchsetzte, hatte noch am meisten Ähnlichkeit mit den Konseilplänen, wie sie Hardenberg im Dezember 1806 entwickelt und dann, etwas vereinfacht, in seinem an Stein gerichteten Berufungsschreiben wieder aufgegriffen hatte: ein Kabinettsministerium, in dem Stein als Chef der gesamten inneren und Finanzverwaltung und von der Goltz als Minister des Auswärtigen gemeinsam den unmittelbaren Vortrag beim König hatten, während der Generaladjutant (zunächst Lottum, später Scharnhorst) über Militärsachen vortragen und den Vorträgen der beiden Kabinettsminister beiwohnen sollte. Der zivile Kabinettsrat war vorläufig beibehalten, aber streng auf eine rein subalterne Tätigkeit beschränkt: als Vorstand der Kabinettskanzlei hatte er den Ministervorträgen beizuwohnen und die Ausfertigung der Kabinettsordres zu besorgen.

Beyme seinerseits bemühte sich, diesem sachlichen Ausgleich des Streites auch eine menschliche Aussöhnung folgen zu lassen: indem er am 6. Oktober seine Ernennungsordre als Kammergerichtspräsident an Stein übersandte, versicherte er, alles tun zu wollen, was in seinen Kräften stünde, um „dazu beizutragen, daß die schlechthin nötige Einheit in der Geschäftsführung nicht gestört, vielmehr befestigt werde[80]". Stein erwiderte in freundlichen Worten und erbat sich Rat und Beistand. Tatsächlich gestaltete sich das Verhältnis bald so (wie wenigstens Beyme berichtet[81]), daß Stein das ältere Vertrauensverhältnis des Kabinettsrats zum König benutzte, um besonders heikle und wichtige Sachen durch ihn allein vortragen zu lassen. Zu einer eigentlichen Reibung zwischen den beiden ist es bis zu Beymes Abgang niemals gekommen – trotz aller Kritik an der Steinschen Politik, die sein Untergebener je länger je mehr empfand, und trotz aller Warnungen vor Beyme, die Hardenberg jetzt dem Minister gelegentlich zukommen ließ.

Neben dem Minister des Innern war die formelle Selbständigkeit der Auswärtigen und der Heeresverwaltung streng gewahrt. Immerhin sicherte sich Stein (nachträglich, vielleicht auf Drängen seiner Mitarbeiter?) den Vorsitz in den Konferenzen des Auswärtigen Departements und das Recht zur Teilnahme an den Sitzungen der Militärorganisationskommission, die der König zur Neuordnung des Heerwesens berufen hatte, soweit diese für die gesamte Staatsverwaltung bedeutsam wären. Er behielt also eine Art Kontrolle auch dieser Ressorts. Wirklich übergeordnet war er aber nur den verschiedenen Behörden der eigentlichen Zivilverwaltung, die er einstweilen – als Provisorium – allesamt bestehen ließ, wie er sie in buntem Nebeneinander vorfand: die Hardenbergsche Immediatkommission als eine Art von Nachfolgerin des alten Generaldirektoriums, daneben das noch fortbestehende Provinzialministerium für Ost- und Westpreußen, geleitet von dem Minister Schrötter, dem einzigen noch amtierenden Mitglied der ehemaligen Zentralbehörde; weiterhin das Justizdepartement, interimistisch geleitet von Schrötters jüngerem Bruder, dem „Kanzler" und ostpreußischen Oberlandesgerichtspräsidenten; schließlich noch die Kommission zur Friedensvollziehung in Berlin unter dem Vorsitz seines Freundes Sack, die verschiedenen Behörden und Institute der Finanzverwaltung, wie die Generalstaatskasse, die Bank und Seehandlung und zahlreiche militärische Verwaltungsbehörden. Tatsächlich hat er aber auch hier die Formen kollegialer Beratung und kollegialer Beschlußfassung im allgemeinen innegehalten. Ohne genau geregelten Geschäftsgang (zum Leidwesen Beymes) pflegte er die wichtigsten Reformsachen sowohl durch die Immediatkommission wie durch die Schröttersche Provinzialbehörde beraten zu lassen, dazu oft noch Gutachten einzelner Experten einzufordern, Gegenvorschläge zu erörtern und zirkulieren zu lassen usw., niemals aber kurzab aus eigener Machtvollkommenheit zu entscheiden. Trotzdem war freilich sein Wille letztlich bestimmend für alles, was geschah; sein stürmisch drängender Eifer beseelte und belebte das Ganze. Er hielt aber darauf, daß nicht er allein die Gegenzeichnung der Gesetze vornahm, sondern neben (oder vielmehr als der Dienstältere vor ihm) auch noch der Minister Schrötter. In die Geschäfte der auswärtigen Politik wurde er durch den Zwang der Verhältnisse von Anfang an aufs stärkste hineingezogen. In den Fragen der Heeresreform dagegen hielt er sich fast ganz zurück: mehr, als manchem seiner Mitarbeiter lieb war. Hier standen ihm freilich auch, wie man weiß, die stärksten Talente im Kreis der Reformer ebenbürtig zur Seite.

Im Rahmen dieser Behördenverfassung begann Stein nunmehr das große Werk der Reform und der Wiederaufrichtung des gesunkenen Staates, beflügelt von der Aussicht, die seine Freundin, Frau von Berg, ihm damals in begeisterten Worten vorhielt: daß Preußen trotz allem von der Vorsehung berufen sei, eines Tages Deutschland wieder aufzurichten und die Knechtschaft zu brechen, „welche das jetzige und das künftige Geschlecht entsittlicht und verderbt". Mit rückhaltlosem Vertrauen begrüßten seine Freunde und Anhänger das Erscheinen des starken und großen Mannes in der Regierung. „Du bist Petrus, und auf diesen Felsen will ich meine Gemeine bauen", rief Niebuhr überschwenglich aus. Einen „über sein Jahrhundert erhabenen Charakter" nannte ihn Frau von Berg; den großen Meister, der alles leitet, begeistert, fördert, belebt, großen Herzens, umfassenden Geistes – die Königin Luise. „Gottlob", schrieb sie, „daß Stein hier ist! Das ist ein Beweis, daß uns Gott noch nicht ganz verlassen hat." „Jetzt wird das Reich der ehrlichen Leute entstehen und der Patriotismus wird in den Herzen der Menschen sich gründen", meinte Beguelin, der vertrauteste Gehilfe der ersten Wochen, den Stein sich von Berlin mitgebracht hatte. Auch der König faßte überraschend schnell Vertrauen zu dem neuen Berater und bezeugte es ihm in warmen Worten, als er Mitte November den Ruf nach Rußland endlich erhielt und ohne Zögern ablehnte. Seine Feinde aber fürchteten ihn und schwiegen.

Niemals ist ein preußischer Minister mit größeren Hoffnungen, mit stärker gespannter Erwartung in seinem Amt begrüßt worden. Es war die Hoffnung der Verzweifelnden, die sich an ihn klammerte, an seiner Charakterstärke sich aufzurichten suchte. Seine Taten mußten erweisen, ob er imstande war, das schier Unmögliche zu leisten und den gefesselten Staat auf dem Wege innerer und äußerer Befreiung ein sichtbares Stück voranzubringen.

Neuntes Kapitel

Das große Reformjahr 1807/1808

Unsere Erzählung gelangt an den Punkt, wo der Lebenslauf, von dem sie zu berichten hat, erst eigentlich auf die Höhe großer geschichtlicher Bedeutsamkeit hinaufführt. Vor uns liegt das eine große Reformjahr 1807/1808, in dem sich alles zusammendrängt, was an gesetzgeberischen Leistungen für alle Zeiten mit dem Namen Stein verbunden ist. Noch nicht 14 Monate, vom 4. Oktober 1807 bis zum 24. November 1808, hielt Stein die Zügel in der Hand; aber ein volles Vierteljahr, vom 29. Februar bis 31. Mai, war er unterdessen vom Sitz der Zentralbehörden entfernt, um mit den Fronvögten Napoleons in Berlin über dessen ungeheuerliche Kontributionsforderungen zu verhandeln, angewiesen auf eine sehr mangelhafte Stellvertretung, auf Berichte anderer und auf schriftliche Verfügungen. Erwägt man, in welchem Tempo vor dem Kriege die preußischen Ministerien an ihren Reformen gearbeitet hatten – wie es jedesmal Jahre dauerte, bis auch nur die kleinste Neuerung zustande kam, und daß ein ganzes Jahrzehnt nicht ausgereicht hatte, um irgendeine größere Reform wirklich zu Ende zu bringen! – so ermißt man erst recht, was der Wille dieses einen Mannes, aber auch was Not und Zwang der äußeren Lage, was die Zertrümmerung des alten schwerfälligen bürokratischen Apparates, das Auftreten neuer Männer, jüngerer Kräfte in den Zentralbehörden für den innenpolitischen Fortschritt in Preußen bedeuteten.

Gewiß: es gab kein anderes Mittel als die äußerste Anspannung aller Kräfte, um aus der verzweifelten Lage nach Tilsit wieder emporzukommen, und so mag die Niederlage selbst als der kräftigste moralische Ansporn zur Erhebung erscheinen. Aber zugleich hatte sie doch auch wieder eine furchtbare Lähmung der politischen Bewegungsfreiheit zur Folge. Schon damals zeigte sich, was wir später noch einmal erleben sollten: daß der Besiegte in Lagen gebracht werden kann, in denen ihm alle Mittel politischer Selbstbehauptung, die Versöhnungsversuche ebensogut wie die Gewaltschritte, verderblich zu werden drohen. Die Politik Steins wird zuletzt daran scheitern, daß er mit allzu großer Ungeduld erst auf dem einen, dann in jähem Wechsel auf dem anderen Wege vorwärtsdrängt. Derselbe stürmische Eifer, der ihm als Reformer der inneren preußischen Verfassung zu seinen besten Erfolgen verhilft, wird ihm als Leiter der preußischen Gesamtpolitik zum Verhängnis. Vorzeitig gestürzt, wird er eines

Tages sein großes Reformwerk unvollendet als bloßes Fragment zurücklassen müssen.

Aber nicht nur in diesem jähen Abschluß, sondern von Anfang an und bis ins einzelne hinein wirkte sich der Druck einer verzweifelten äußeren Lage auf den Fortgang des inneren Reformwerkes aus. Erstaunlich genug, daß man überhaupt den Mut fand zu großen, durchgreifenden Reformen: in einer Lage, wo der Staat sozusagen von der Hand in den Mund lebte: wo niemand wußte, ob die rapide schwindenden Kassenbestände in den nächsten Monaten noch hinreichen würden, um Hof, Beamtenschaft und Armee selbst in erheblich verringertem Bestand zu unterhalten. Wo zunächst nicht viel mehr als eine Provinz unmittelbar in der Gewalt des Königs war und alle Organisationspläne etwas Provisorisches, fast Theoretisches behielten, solange der größte Teil des Landes noch dem Feind gehorchte, ja selbst der äußere Umfang der künftigen Staatsgrenzen immer von neuem in Frage gestellt wurde! Ein unverwüstlicher, optimistischer Wille, ein nicht niederzubeugender Glaube an die Zukunft gehörte dazu, um unter solchen Umständen überhaupt noch weitaussehende Pläne für kommende Zeiten zu spinnen und nicht in verzweifelnder Resignation das Schicksal walten zu lassen. In dieser seelischen Leistung, in diesem „dennoch" des schaffensfreudigen Willens besteht das eigentliche und größte Verdienst des Reformministers Stein. Man braucht nur die mut- und hilflose Passivität seiner Nachfolger, des Ministeriums Altenstein-Dohna, oder die gewandte, aber allzu anpassungsfreudige Politik des ewigen Taktikers Hardenberg daneben zu halten, um die Größe dieses Verdienstes zu würdigen. Gewiß: nicht Stein allein ist es zu danken, daß die Lehren von Jena auch für die Zivilverwaltung des preußischen Staates fruchtbar gemacht wurden. Indessen: so wenig er ohne den Kreis der ostpreußischen Reformer die Gesetze und Gesetzesprogramme hätte schaffen können, die seinen Namen tragen, so wenig konnte deren Reformeifer zum Ziele gelangen, seit die Kraft seines Charakters nicht mehr hinter dem Werke stand. Nur die großen Soldaten, Scharnhorst und Gneisenau an ihrer Spitze, haben auf ihrem Fachgebiet die gleiche Bedeutung, den gleichen geschichtlichen Rang.

Man hat schon früher bemerkt, daß die Reformgesetze Steins deutliche Spuren ihrer eiligen Entstehung in einer gewissen Unvollkommenheit ihrer technischen Durcharbeitung tragen. Juristische Schärfe der Begriffsbildung war nicht seine stärkste Seite; aber die ältere Gesetzgebungstechnik war überhaupt in vielem primitiver als die moderne. An Stelle klar formulierter Grundsätze, aus denen die Einzelanwendung im Zweifelsfall sich ableiten läßt, liebte man eine ängstliche, kasuistische Häufung von Einzelbestimmungen, zugleich eine gewisse schwungvolle Unbestimmtheit des Ausdrucks, das Einfügen patriotischer Appelle, Verheißungen künftiger Reformen u. dgl. – alles Dinge, die dem Nichtjuristen die Lektüre oft überraschend reizvoll machen. Steins geistiger Eigenart entsprach das alles durchaus, und an vielen Stellen sind seine Randnotizen zu den Gesetzentwürfen unmittelbar in den Gesetzestext übernommen. Oft aber hatte er, im Drang ihn täglich bestürmender Arbeit und Aufregungen, gar nicht die Zeit, sich in alle Einzelheiten gründlich und selbständig zu vertiefen. Nur in eingeschränktem Sinn, mehr in der Gesamttendenz als in den Einzelheiten, darf man die Reformgesetze als Ausdruck seiner persönlichen Überzeugung betrachten; von vielem hat er sich später wieder ganz abgewandt.

Es sind im wesentlichen drei Gruppen von Reformgesetzen, an denen Stein als leitender Minister Anteil hat. Sie umfassen agrarpolitische Probleme, Fragen der Behördenorganisation und die Schaffung von Organen der Selbstverwaltung.

In der Agrarpolitik war der wichtigste Schritt, die Aufhebung der Erbuntertänigkeit, schon so weit vorbereitet, als er in Memel eintraf, daß er nur noch die letzte Hand anzulegen brauchte. Es sind dann unter seiner Leitung noch wichtige Ergänzungen und Erweiterungen hinzugefügt worden; sein vorzeitiger Sturz hat jedoch die Vollendung des Reformwerks verhängnisvoll unterbrochen.

Dasselbe gilt von der Neuorganisation der zentralen und provinzialen Behörden, für die er sich, wie in der Nassauer Denkschrift, mit besonders großem Eifer einsetzte. Sie wurde rasch gefördert, aber dann zuerst durch die Berliner Kontributionsverhandlungen, später durch seinen Sturz kurz vor der Vollendung unterbrochen. So sind seine Pläne nur in der Neugestaltung der preußischen Provinzialbehörden annähernd verwirklicht worden.

Von seinen Entwürfen zur Organisation der Selbstverwaltung hat er nur die Städteordnung – unter Einsatz höchster Energie – zustande bringen können. Weder für die Landgemeinden noch für die Kreise, weder für die Provinzen noch für den Gesamtstaat konnte er seine ständischen Reformideen noch verwirklichen. Ohne Frage war dies die – innenpolitisch – verhängnisvollste Folge seines Sturzes. So haftet sein Ruhm als Schöpfer moderner Selbstverwaltung wesentlich an der Städteordnung. Es ist sein Verdienst, diese Schöpfung als erster, und zwar ganz aus sich heraus, angeregt und durch den Einsatz seines stürmischen Willens ermöglicht zu haben; in den Einzelheiten aber zeigt er sich hier stärker als in den Fragen der Behördenorganisation abhängig von seinen Mitarbeitern, deren Anteil sorgfältig zu bestimmen und unbefangen zu würdigen eine Pflicht auch des Stein-Biographen ist.

Nach diesem allgemeinen Überblick wenden wir uns nunmehr der Betrachtung der einzelnen Reformen zu.

1. Agrarpolitik: Bauernbefreiung und ländliche Justizreform

Von allen Reformgesetzen der Steinschen Ära stellen sich die agrarpolitischen am deutlichsten als unmittelbare Fortsetzung der älteren Reformbestrebungen des Kabinetts vor Jena dar, die wir teilweise schon kennen.

Es war damit im Osten ähnlich wie in Westfalen gegangen: über die Befreiung der Domänenbauern von der Hörigkeit war man nicht hinausgelangt. Die „Befreiung“ der Hörigen auf den Rittergütern stieß hier im Osten, im Land der großen Gutsbetriebe, nicht nur auf große sachliche Schwierigkeiten, sondern auch auf den Widerstand einer geschlossenen Adelsklasse. Allerdings war deren Widerstand längst nicht mehr geschlossen. Am wenigsten vielleicht in Ostpreußen, der einzigen Provinz, über die der König im Herbst 1807 – allerdings nur teilweise – noch frei verfügte. Wie Schlesien das Zentrum der adligen Opposition, so war Ostpreußen der Hauptsitz der Reformbewegung geworden.

Der entscheidende Anstoß ging hier von Königsberg aus: von der Stadt Kants und seiner Universität, dem Schauplatz einer eben damals blühenden, geistig angeregten Geselligkeit, in der sich adlige und bürgerliche Elemente, höhere Beamte, Gelehrte, Kaufleute in unbefangenem Austausch mischten und der die zersetzende Skepsis der Berliner literarischen Salons durchaus fehlte. Das Ganze bis zum Kriege getragen von einem stattlichen Wohlstand, den das Gedeihen des großen Exporthandels ebenso förderte wie der rapide Aufschwung der ostpreußischen Landwirtschaft. Diese Königsberger Gesellschaft lebte und webte, ohne viel Unterschied des Standes, in den Ideen einer politischen Aufklärung, die sich philosophisch an Kant und wirtschaftstheoretisch an Adam Smith, dem großen, eben aufgegangenen Gestirn des wirtschaftlichen Liberalismus, orientierte. Für Freiheit und Menschenwürde, gegen die Fesseln des Feudalismus und der Despotie zu kämpfen, Spielraum zu schaffen für die moralische, intellektuelle und wirtschaftliche Selbstentwicklung des Individuums – das galt hier als die große Aufgabe der Epoche. In erstaunlichem Maße wurde vor allem das höhere Beamtentum der Provinz, großenteils dem einheimischen Adel entstammend, mit den an der Universität gepredigten neuen Ideen durchdrungen. Christian Jakob Kraus, der eifrigste Verkünder Smithscher Lehren auf deutschem Boden, galt als das ökonomische Orakel der Provinz. Der feurige Kammerpräsident Hans von Auerswald bekannte sich ganz als sein Schüler; 1808 gab er den wissenschaftlichen Nachlaß des Lehrers und Freundes heraus. Der Provinzialminister Friedrich Leopold Reichsfreiherr von Schrötter machte es allen Anwärtern für den Finanzdienst seines Departements zur Pflicht, sich durch Zeugnisse von Kraus zu legitimieren. Übrigens gehörte er ähnlich wie sein Bruder Karl Wilhelm, der interimistische Justizminister von 1807[1], einer älteren Generation an, die aus der friderizianischen Schule zu viel Verwaltungsroutine und vorsichtige Zurückhaltung gegenüber theoretischen Deduktionen mitbrachte, um sich rückhaltlos der liberalen Wirtschaftsdoktrin anzuvertrauen[2]. In seinen agrarpolitischen Bemühungen vor 1806 hatte ihn ängstliche Vorsicht öfter gelähmt; jetzt nach dem Kriege war auch er offenbar radikaler geworden. Im einzelnen ist freilich kaum zu erkennen, welchen persönlichen Anteil der alte Herr an den umfangreichen Reformarbeiten seiner Behörde gehabt hat, ob und wie weit die Initiative dabei von ihm selbst ausging; die jungen Räte der Immediatkommission betrachteten ihn immer mit viel Kritik, und beim Abgang Steins 1808 ließ man ihn ohne weiteres fallen. Aber zum mindesten die Förderung der Reformabsichten seiner Gehilfen, der Friese, Wilckens, Morgenbesser, Frey und anderer, wird man ihm unbedenklich nachrühmen dürfen. Ostpreußische Kräfte spielten auch außerhalb des Provinzialdepartements eine bedeutende Rolle in der Reform. Allen anderen voran der Finanzrat Theodor von Schön, das feurigste Mitglied der Immediatkommission, Sohn eines ostpreußischen Domänenpächters aus ehemals bürgerlicher, erst im 17. Jahrhundert geadelter Familie. Ganz erfüllt von einem naiven Provinzialstolz, stärker Doktrinär als die meisten anderen Reformer, in späteren Jahren von starkem Ruhmbedürfnis und von Enttäuschung über das Stocken der innenpolitischen Reformen gequält, hat er durch die gallige Bitterkeit seiner Urteile, durch das überhebliche Selbstbewußtsein einer vermeintlich unfehlbaren „staatswirtschaftlichen Bildung", wie er sie in seinen Memoiren zur Schau trägt, seinem Nachruhm selber schwer geschadet. Im Herbst 1807 aber gab es keinen eifrigeren Mitarbeiter Steins, als ihn[3]. Ganz erfüllt vom Geiste des Kantisch-Fichteschen Idealismus, von einem unbedingten Pflichtbewußtsein, das kein Paktieren kennt, von enthusiastischem, etwas naivem Vertrauen auf die Macht der „Idee" und optimistischem Glauben an den Fortschritt der Menschheit beseelt, mochte er in Stein den sittlichen Charakter bewundern, der aller bloßen Geschäftsroutine zum Trotz die Idee der Zeit zum Siege führen werde. Erst später, in längerer Zusammenarbeit, traten die unüberbrückbaren Gegensätze zwischen den beiden heraus: der „systemwütige", gründlich unhistorische Schön konnte niemals die bedächtige, umständliche Art begreifen, mit der Stein seine Reformen an das historisch und praktisch Gegebene „organisch" anzuknüpfen sich mühte, ein „historisches Notizenmagazin" durchwühlend, wenn es drängende Gegenwartsfragen zu lösen galt – noch weniger im Grunde die altfränkischen, „westfälischen" Gedankengänge des Reichsritters. Aber im ersten Zusammenwirken trat das zurück: englische Vorbilder schwebten beiden vor Augen; politisch war Schön sehr viel weniger radikal als wirtschaftlich. Und so konnte der stürmisch vorwärtsdrängende Reformeifer des Jüngeren den Minister gelegentlich ein ganzes Stück weiter mit sich reißen, als seinen ursprünglichen Absichten entsprach. Sicherlich hing das damit zusammen, daß der philosophische Kopf unter Umständen dem bloßen Empiriker durch Stoßkraft und inneren Zusammenhang der Ideen überlegen ist – was ja noch keine Überlegenheit schlechthin bedeutet. In der Reform des Agrarwesens jedenfalls erscheint Schön als der eigentlich führende Kopf.

Im Grunde sind es immer drei getrennte Problemgruppen, an die man denkt, wenn von „Bauernbefreiung" die Rede ist. Es geht erstens um eine Frage des öffentlichen Rechts: der Bauer wird durch Aufhebung der Gutsuntertänigkeit unmittelbar Untertan des Königs wie andere Staatsbürger. Zweitens um ein Problem des Privatrechts: er soll an Stelle bloßen Leihgutes freies, echtes Eigentum erhalten. Und schließlich soll drittens seine wirtschaftliche Lage dadurch erleichtert werden, daß er von Frondiensten, Zinsen und Abgaben befreit wird, die am Boden haften.

Alle diese Probleme, im weitesten Umfang, waren schon vor Jena ausgiebig erörtert worden. Das ostpreußische Beamtentum, die beiden Schrötter und Auerswald an der Spitze, hatten das Verdienst, unter dem ost- und westpreußischen Adel die Ideen der Reform weithin verbreitet, zugleich in jahrelangen Verhandlungen mit Vertretern der Stände eine Reihe von Einzelproblemen geklärt zu haben[4]. Vorwiegend hatte es sich dabei um die Aufhebung der Erbuntertänigkeit als Sonderproblem gedreht: sie erschien dem Staatsdenken der Aufklärung als das Dringendste, ließ sich aber auch leichter durchführen als eine Verminderung der wirtschaftlichen Lasten der Landbevölkerung und eine Verbesserung ihres Besitzrechts – Maßnahmen, die tief in die privaten Eigentumsverhältnisse der Gutsbesitzer eingreifen mußten und mit einer kaum übersehbaren Mannigfaltigkeit landschaftlicher Besonderheiten zu rechnen hatten.

Tatsächlich war es den Bemühungen der ostpreußischen Provinzialbehörden schon lange vor 1806 gelungen, im ost- und westpreußischen Adel eine dieser Reform im ganzen günstige Stimmung zu erzeugen. Einzelne ostpreußische Gutsherren, darunter Auerswald und der Minister Schrötter selbst, hoben schon vor 1806 freiwillig die Erbuntertänigkeit auf ihren Gütern auf.

Wenn irgendeine Provinz, so war also Ostpreußen ein verhältnismäßig günstiger Boden für das Befreiungswerk. Das gilt auch, wie es scheint, wenn man die besonderen Wirtschaftsverhältnisse der Provinz betrachtet.

Schon seit den Tagen des Deutschen Ordens gab es hier einen ungewöhnlich ausgedehnten staatlichen Grundbesitz. Er war um 1800 immer noch beträchtlich größer als das Adelsland[5]. Überall aber da, wo das Land dem Staat gehörte, gab es 1807 keine Erbuntertänigkeit und keine Frondienste mehr. Überdies war ein großer Teil des alten staatlichen Grundbesitzes (etwa ein Viertel) seit Jahrhunderten Eigentum freier, als Kolonisten angesiedelter Bauern, unter denen die sogenannten Kölmer, dem Umfang ihres Betriebes und ihrer sozialen Stellung nach, eine Art Mittelstellung zwischen Bauerntum und Großgrundbesitz einnahmen. Es gab also schon jetzt in der Provinz eine sehr beträchtliche freie Bauernbevölkerung – um so drückender empfanden seitdem die unfrei Gebliebenen ihre Lage. Vollends, als nun 1807 auch in dem benachbarten, durch Napoleon neubegründeten Herzogtum Warschau die Leibeigenschaft aufgehoben wurde, schien es doppelt notwendig, schleunigst einen ähnlichen Schritt in Altpreußen zu tun[6].

Übrigens waren auch die ritterschaftlichen, privaten Gutsbetriebe, die (als herrschaftliche Eigenbetriebe) etwa ein Fünftel des landwirtschaftlich genutzten Bodens umfaßten, nur noch zu einem Teil auf bäuerliche Frondienste und auf die Aushebung von Zwangsgesinde aus den Familien der Gutsuntertanen angewiesen[7]. Seit jeher, schon im 15. Jahrhundert, gab es neben den hofgesessenen Bauern ein ländliches Proletariat, das sich seinen Unterhalt als

Gutsarbeiter unter den verschiedenartigsten Vertragsformen, als „Gärtner" oder als „Instleute" und „Einlieger", verdiente und dessen rechtliche und soziale Lage der des modernen Landarbeiters sehr ähnlich war, teilweise vollkommen entsprach. Im Laufe des 18. Jahrhunderts hat sich dieses Proletariat sehr stark vermehrt, viel stärker als die eigentlich bäuerliche Bevölkerung – begreiflich, da die preußischen Gesetze zur Erhaltung des kontributions- und militärpflichtigen Bauernstandes eine Parzellierung des bäuerlichen „Erbes" grundsätzlich verhinderten, so daß die kleinen Leute ebenso wie die unbeerbten Bauernkinder es sehr schwer hatten, zu einer selbständigen „Ackernahrung" zu gelangen. Dazu kam, daß gerade die fortschrittlich gesinnten Gutsherrschaften, auf die Verbesserung ihres Betriebes bedacht, es mehr und mehr vorzogen, statt des widerwillig und schlecht geleisteten „Scharwerks" erbuntertäniger Bauern, die nur einen Teil ihrer Arbeitszeit dem Herrenland widmen konnten, die Dienste von Gutsarbeitern zu benutzen, die zu jeder Zeit unbehindert zur Verfügung standen und die man im Falle mangelhafter Leistungen ohne weiteres davonjagen konnte. Je rationaler sich der Betrieb unter dem Einfluß moderner Zeitströmungen gestaltete, um so deutlicher empfand man das Unwirtschaftliche der alten, auf bloßen Zwang gegründeten Arbeitsverfassung. Viele Gutsbesitzer begriffen, daß die Fronarbeit nur scheinbar billig, in Wahrheit unverhältnismäßig teuer bezahlt wurde: mit der Fürsorgepflicht des Herrn für einen Untertan, der Haus, Hof, Herde und Ackergerät aus stumpfer Gleichgültigkeit verkommen ließ, alle Jahre Ersatz seines Inventars brauchte und nach jeder Mißernte oder Viehseuche dem Gutsherrn mit Schulden, Steuerrückständen und tausend anderen Nöten zur Last fiel. So bevorzugten sie vielfach den freien Lohnarbeiter, der durch einen bestimmten Anteil am Ernteertrag entlohnt wurde (den sog. Insten), oder sie ließen ihre Bauern die Frondienste durch Geld ablösen [8]. Selbst die polnischen oder böhmischen Wanderarbeiter, die nur zur Erntezeit ins Land kamen, spielten in Ostpreußen und Schlesien schon um 1800 eine gewisse Rolle. Alles in allem entsteht so der Eindruck, daß die alte Arbeitsverfassung der Fronhöfe in Ostpreußen um die Jahrhundertwende in voller Auflösung begriffen war. Schon gab es zahlreiche Rittergüter, die ganz mit eigenen Gespannen, Tagelöhnern und Gesinde betrieben wurden, und es schien, als würde diese Betriebsweise in kurzer Zeit zur Normalform wenigstens für die Hauptgüter des Adels werden, während der bäuerliche Frondienst sich mehr und mehr auf die kleineren „Vorwerke" beschränkte [9].

Wer sich das alles vor Augen hält, sieht leicht, daß die gesetzliche Aufhebung der Erbuntertänigkeit und die Abschaffung der Frondienste für die ostpreußischen Privatbauern gewissermaßen nur eine Entwicklung zu beschleunigen und juristisch zu bestätigen hatten, die ohnedies in vollem Gang war. Das von vielen Seiten erhobene Bedenken, die Befreiung der Untertanen von der Scholle würde zur Entvölkerung des Landes führen, wurde durch die Erfahrung überall da widerlegt, wo die Leute gut behandelt wurden. Und schließlich ließ sich die Erbuntertänigkeit auch kaum noch mit dem patrimonialen Vertrauensverhältnis verteidigen, das Gutsherrn und Untertanen traditionell aneinander binden sollte. In dem Jahrzehnt wirtschaftlicher Hochkonjunktur vor dem Kriege blühte in Ostpreußen ein fast schwindelhafter Güterhandel, begünstigt durch die neuerdings erleichterte Möglichkeit, mit Hilfe der „Landschaft" billigen Bodenkredit zu bekommen. Wie konnte von patrimonialen Verhältnissen noch länger die Rede sein, wenn das Gut im Lauf weniger Jahre mehrfach den Besitzer wechselte und nichts als das Geldsackinteresse den (nicht selten bürgerlichen) Käufer an seinen Landbesitz band?

Alle diese Verhältnisse hatten sich nun freilich gründlich durch den Krieg verändert. Bauern und Gutsherrn waren gleichmäßig ruiniert, mit Schulden überlastet, ganze Dorfschaften verwüstet, viele Bauernstellen unbesetzt. Die Kontinentalsperre gegen England brachte seit 1805 den ehemals blühenden Getreideexport zum Erliegen, die Getreidepreise sanken andauernd, die Bodenrente mit ihnen; sie stand bald außer jedem Verhältnis zu den früher bezahlten Güterpreisen. Mehr als drei Viertel der von der ostpreußischen „Landschaft" beliehenen Güter im Königsberger Departement mußte vor Ende 1810 sequestriert werden[10]. Für den Fortgang des Reformwerks schien das zunächst ein ganz verhängnisvolles Hindernis. Durfte man in diesem Augenblick, wo der Gutsbesitzer ohnedies nicht wußte, wie er sich über Wasser halten sollte, ihn auch noch mit gesetzgeberischen Experimenten bedrängen, deren wirtschaftliche Folgen (wie z. B. steigende Arbeitslöhne) ihn unter Umständen vollends verderben würden?

In dieser Lage haben Schön und Schrötter den Gedanken gefaßt, den wirtschaftlichen Wiederaufbau des Landes und die Sache der Bauernbefreiung in eine enge, unlösbare Verbindung miteinander zu bringen. Die wirtschaftliche Freiheit selber sollte das Heilmittel werden für alle Schäden. So hat es Altenstein in seiner großen, für Hardenberg verfaßten Rigaer Denkschrift vom September, vermutlich auf Schöns Anregung, verkündet. So legten es am 17. August 1807 in großen Reformschriften gleichzeitig die Immediatkommission, nach einem Entwurf Schöns, und das altpreußische Provinzialdepartement, nach Schrötters Anweisung, dem Kabinett dar[11]. Die ruinierte Wirtschaft der Provinz wird sich um so schneller erholen – das ist die Meinung beider –, je vollkommener sie befreit wird von den Fesseln staatlicher Protektion und gegenseitiger Absonderung der Stände. Schrötter forderte nichts Geringeres als ein umfassendes Reformgesetz, das alles auf einmal bringen sollte: volle Durchführung des Freihandelssystems, Vererbpachtung der Domänen an bäuerliche Parzellenbesitzer, Gewerbefreiheit, Beseitigung des Zunft- und Fabrikenzwanges[12], schließlich und vor allem: Niederreißen aller Schranken, die der freien Verwertung des Grundbesitzes im Sinne der kapitalistischen Wirtschaftsordnung im Wege stehen[13]. Was die ostpreußische Landwirtschaft braucht, ist vor allem Betriebskapital. Also fort mit allen gesetzlichen Hemmungen, die den Erwerb adliger Güter durch bürgerliche Käufer erschweren, aber auch Freigabe des Ankaufs (oder der Einziehung) bäuerlicher Höfe durch die Rittergutsbesitzer! Preisgabe also des friderizianischen Bauernschutzes ebenso wie der Schutzbestimmungen für den Güterbesitz der Adelsfamilien, dazu Aufhebung der Fideikommisse und ähnlicher Familienstiftungen. Und als ein Teilstück dieser ganzen – wie man sieht: durchaus radikalen – Umwälzung: die Aufhebung der Erbuntertänigkeit auf den adligen Gütern spätestens zum Martinitag 1810.

Mit bedingungsloser Gläubigkeit wurden also die Grundsätze der neuen liberalen Wirtschaftsdoktrin gepredigt: daß die wirtschaftliche Wohlfahrt am besten gedeiht, wenn die staatliche Gesetzgebung alles entfernt, „was den einzelnen bisher hinderte, den Wohlstand zu erlangen, den er nach dem Maße seiner Kräfte zu erreichen fähig war“ [14]. Vom Standpunkt einer Wirtschaftspolitik, der die möglichst rasche Wiederaufrichtung der gesunkenen Produktion unvergleichlich wichtiger war als das soziale Wohlbefinden der Masse, war das ein durchaus konsequentes und klares Programm. Man wundert sich nur, daß ein so vorsichtiger Praktiker wie Schrötter diese Grundsätze mit so viel Radikalismus und in so überstürztem Tempo auf den verschiedensten Gebieten gleichzeitig durchführen wollte [15]. Aber er war auch nicht in letzter Instanz verantwortlich, und die Immediatkommission unter Führung Schöns sorgte dafür, daß die geplante Reform zunächst auf das Dringendste, auf die Erleichterung des Grundbesitzwechsels und die Aufhebung der Erbuntertänigkeit, beschränkt wurde. Gleichzeitig aber hatte sie das Verdienst, viel ernsthafter als das Provinzialdepartement die wirtschaftlich-sozialen Folgewirkungen einer solchen Befreiungsmaßnahme und das Interesse des Staats dabei zu bedenken.

Wer dem adligen Grundbesitzer seine Rechte als „Gutsobrigkeit“ nahm, legte damit die Axt an die feste, eng gefügte Einheit des Rechts- und Wirtschaftsverbandes, der den Gutsherrn mit seinen Untertanen verband. Wenn der Bauer freizügig wurde: konnte man dann dem Gutsherrn noch länger die herkömmlichen Fürsorge- und Unterstützungspflichten zumuten, die besonders in Notzeiten recht weit gingen? Nachdem jetzt ganze Dorfschaften im Kriege wüst geworden waren und der Adel selbst bis an den Hals in Schulden steckte, schien es ganz unmöglich, ihn zum Wiederaufbau aller zerstörten Bauernwirtschaften zu zwingen, ohne ihn durch Preisgabe des friderizianischen Bauernschutzes zu entschädigen, d. h. ohne ihm die Vergrößerung seines Betriebes durch Einziehung oder Ankauf von Bauernland zu gestatten.

Aber was wurde dann aus der ländlichen Bevölkerung? Würde mit dem Verschwinden zahlreicher Bauernstellen das Land nicht veröden? War es zu wünschen, daß ein ländliches Proletariat auf wenigen Großgütern an die Stelle des bisherigen Bauernstandes trat? Diese Fragestellung liegt dem modernen Betrachter, der von den heillosen späteren Siedlungsproblemen Ostdeutschlands herkommt, am allernächsten, und jahrzehntelang hat man die Stein-Hardenbergischen Agrarreformen wesentlich unter diesem Gesichtspunkt beurteilt. Den Zeitgenossen erschienen die Dinge doch in ganz anderem Licht. Ihnen stand lebendig vor Augen, was die Nachwelt später allzuleicht vergaß: das vollkommene wirtschaftliche Versagen des alten friderizianischen „Bauernschutz"-Systems in einem Zeitalter rapide sich steigernder Intensität des Landbaus. Das wirtschaftliche und soziale Elend einer Bauernschaft, die vielfach schlimmer daran war als die geringsten Büdner und Instleute auf den Gutshöfen – gezwungen zu einem Leben voll härtester Plackerei für Staat und Gutsherrn, ohne Hoffnung, auch nur der eigenen Nachkommenschaft eine bessere Zukunft zu sichern. Gewissermaßen nichts als das lebende Menscheninventar ihrer „Ackernahrungen"; denn ausschließlich auf deren pünktliche Steuer-, Zins- und Fronleistungen nebst Lieferung von militärdienstfähiger Jungmannschaft kam es ja dem staatlichen „Bauernschutz" an, nicht im geringsten auf das menschliche Wohlbefinden der Bauern selbst. Nur um diese ein für allemal festgelegten Leistungen sich nicht vermindern zu lassen, hielt man die Bauernstellen vollzählig aufrecht[16]: mochten die jüngeren, nicht zu vollem Erbe berechtigten Bauernkinder ins Proletariat hinabsinken, mochte die Unmöglichkeit eines Teilverkaufs von Grundstücken, selbständiger Wirtschaftsführung überhaupt, die Kreditaufnahme und damit den wirtschaftlichen Fortschritt auch des Regsamen noch so sehr lähmen.

Diesen Tatsachen gegenüber konnte jene soziale Zukunftsgefahr, die wir heute deutlich sehen, zunächst recht wohl als das kleinere Übel erscheinen. Man darf es nicht ohne weiteres als doktrinären Eigensinn oder als schwächliche Nachgiebigkeit gegen die Selbstsucht der Adelsklasse deuten, wenn ein Teil der Reformer sich bereit zeigte, die Einziehung von Bauernland zum Gutsbetrieb mit der einzigen Einschränkung zuzulassen, daß für jede „abgemeierte" oder ausgekaufte Bauernfamilie eine Gutsarbeiter-(Kätner-)familie angesetzt würde. Der bäuerliche Kleinbetrieb des Ostens in jener Zeit galt nun einmal – darüber waren alle Reformer sich einig – als hoffnungslos rückständig. Viel zu lange und viel zu hart hatte der Druck der Gutsherrschaft auf ihm gelastet, als daß die bloße Befreiung hätte genügen können, um ihn aus eigener Kraft das Versäumte nachholen und in absehbarer Frist wirtschaftlich aufblühen zu lassen. Wie sollte man ihm die fehlenden Kräfte verschaffen? War es nicht besser, im Gutsbetrieb aufgehen zu lassen, was sich nicht halten konnte, als daß die Stagnation ewig fortdauerte[17]?

Natürlich aber sprach neben solchen Erwägungen auch der unverhüllte Egoismus der Adelsklasse mit hinein. Jedermann wußte, daß soeben in Dänemark und Schwedisch-Pommern die Bauernbefreiung dem Adel große Vorteile, den unbeschränkten Zugriff auf das Bauernland, gebracht hatte. Der ostpreußische Adel hatte kaum erst durch Schrötter erfahren, daß man die Aufhebung der Erbuntertänigkeit beabsichtige, als er den König bestürmte, man müsse ihm zur Entschädigung das Bauernland zu freier Verfügung überlassen; obendrein wollte er den alten Dienstzwang in der Form einer neuen Gesindeordnung wiederherstellen und die Freizügigkeit durch klug ausgedachte Sonderbestimmungen wesentlich beschränken. Auf den Provinzialminister und das Kabinett machte die Entschädigungsforderung immerhin Eindruck, weil sie mit der liberalen Modetheorie von unbeschränkter Freiheit der Wirtschaft übereinzustimmen schien[18]. In der Immediatkommission hat Altenstein, der Fichteschüler, das Freiheitsprogramm in besonders doktrinärer Form vertreten.

Demgegenüber hat nun Schön, zusammen mit Stägemann, eine abweichende Tendenz in das Reformwerk hineingebracht. Auch er glaubte fest an die unbedingte Heilkraft liberaler Wirtschaftsprinzipien und hielt den Kleinbauernstand sogar für ein Übel, zu dessen Erhaltung der Staat unter keinen Umständen etwas tun dürfe. Aber ihm schwebte das Ideal eines wohlhabenden, mittleren Bauernstandes von stattlichem Grundbesitz (vier bis zehn Normal-„Hufen") und mit langfristigen Pachtverträgen vor. Dieses Ideal dachte er jetzt beim Wiederaufbau Ostpreußens zu verwirklichen. Der Gutsherr sollte also sogleich, noch vor der allgemeinen Aufhebung der Erbuntertänigkeit, von der Pflicht entbunden werden, alle seine Bauernhöfe wiederherzustellen oder zu erhalten, falls er dazu außerstande wäre; mit besonderer Zustimmung der Kammer sollte er berechtigt sein, die kleinen Bauernhöfe zu größeren (in einem bestimmten Verhältnis) mit langfristigen Pachtverträgen und gegen Geldentschädigung der abziehenden Besitzer zusammenzulegen. Erst nachdem dies durchgeführt wäre, ein kräftiger, wohlhabender Bauernstand sich so gebildet hätte, fähig, sich im allgemeinen aus eigener Kraft zu behaupten, erst dann sollte die allgemeine Aufhebung der Erbuntertänigkeit erfolgen.

Die Wirksamkeit dieser Übergangsmaßnahmen war von vornherein höchst fraglich, zumal in der kurzen Zeit von 4–6 Jahren, die Schön dafür vorsah. Stägemann zweifelte auch stark (auf Grund sehr genauer Landeskenntnis), ob die rückständigen ostpreußischen Bauern mit den von Schön (nach englischem Vorbild)[19] geplanten großen Höfen viel würden anfangen können; jedenfalls würde der Wiederaufbau des Landes mit Hilfe großer Bauernhöfe allein sicher nicht zustande kommen. So brachte er in den von ihm endgültig redigierten Gesetzentwurf der Immediatkommission vom 30. September eine Bestimmung hinein, nach der die Vereinigung von Bauernland mit Vorwerksland schon jetzt erlaubt sein sollte, sobald der einzelne Gutsherr freiwillig die Erbuntertänigkeit auf seinen Gütern für gänzlich aufgehoben erklärte[20]: sicherlich in der Hoffnung, das Befreiungswerk durch diese enge Verkopplung mit den wirtschaftlichen Interessen der Herren noch mehr zu beschleunigen. Im übrigen wurde die Befreiung der erblichen Bauern unverzüglich, die der nichterblichen (lassitischen) bis spätestens 1810 proklamiert.

Nach alledem lagen zwei verschiedene Gesetzentwürfe, beide fertig zur Vollziehung, dem Kabinett vor, als Stein (gerade am 30. September) in Memel eintraf[21] und die Leitung der Geschäfte übernahm: einer vom Provinzialdepartement aufgesetzt, der die sofortige und restlose Preisgabe des Bauernschutzes empfahl, die Aufhebung der Erbuntertänigkeit von wechselseitiger Aufkündigung der Herrschaft oder der Untertanen abhängig machte und überdies in eine verwickelte, systemlose Verbindung mit den bäuerlichen Besitzverhältnissen brachte. Der andere, von der Immediatkommission vorgelegte, ist uns in seinen wichtigsten Bestimmungen schon bekannt. Beide Entwürfe beschränkten sich, entgegen der von Beyme geäußerten ursprünglichen Absicht des Kabinetts, auf Ost- und Westpreußen: man hatte es schließlich doch bedenklich gefunden, die Befreiung auf den ganzen Staat zu erstrecken, da man in den anderen Provinzen größere Schwierigkeiten als in Ostpreußen voraussah, ohne doch deren Verhältnisse jetzt im einzelnen zu überblicken; vor allem fürchtete Schrötter – und Beyme mit ihm – den Widerspruch der adligen Stände, deren Befragung er jetzt ebenso für nötig hielt wie in der Epoche vor Jena.

Das eröffnete trübe Aussichten für den Fortgang des Reformwerks. Und so war es denn die erste, große und kräftige Reformtat Steins, daß er auf die Befragung der Stände verzichtete und gleich in seinem Kabinettsvortrag vom 8. Oktober die Ausdehnung des Edikts auf alle Provinzen der Monarchie durchsetzte. Sicherlich hat dieser erste Erfolg dem neuen Minister die Herzen seiner vornehmsten Mitarbeiter sogleich gewonnen. Für den Biographen aber wird es immer merkwürdig bleiben, daß er gleich bei dem ersten Schritt auf der Bahn der Reform mit seinen eigenen ständischen Prinzipien in Widerspruch geriet!

Über dieses erste Verdienst hinaus hat nun die spätere Geschichtschreibung noch einen besonderen Vorzug der Steinschen Agrarpolitik vor der seiner Mithelfer zu entdecken gemeint: Stein soll der einzige unter den Reformern gewesen sein, der staatspolitische Einsicht genug besaß, um die Gefahren unbegrenzter Wirtschaftsfreiheit für die Agrarverfassung sogleich zu erkennen[22]. Deshalb habe er „*eine* gesetzliche Einschränkung der freien Disposition über das Eigentum“ als unerläßlich gefordert: „diejenige nämlich, welche dem Eigennutz des Reicheren und Gebildeteren Grenzen setzt und das Einziehen des Bauernlandes zum Vorwerksland verhindert“. Indessen zeigt eine genaue und unvoreingenommene Betrachtung der flüchtigen Aufzeichnung, aus der man diese Äußerung entnahm, daß sie eine so große Bedeutung nicht hat. Stein las die Akten, wie man sie ihm vorlegte: die beiden Entwürfe zum Befreiungsedikt und die sämtlichen Gutachten der Mitarbeiter. Da notierte er sich denn, was ihm für den Vortrag vor dem Monarchen das Wichtigste schien. Aus den Arbeiten Schöns und Stägemanns entnahm er die Bedenken, die gegen eine sofortige restlose Aufhebung des Bauernschutzes sprachen. Er teilte sie und gab ihnen die für sein Denken charakteristische Wendung ins Moralische: den Ärmeren muß man schützen gegen den Eigennutz des Reicheren und Gebildeteren[23]. Das schien ihm durch den Entwurf der Immediatkommission gesichert; darum nahm er ihn statt des Schrötterschen an. Kein Wort davon, daß ihm die Frist zu kurz erschienen wäre, innerhalb deren es verboten sein sollte, Bauernland ohne weiteres zum Vorwerk einzuziehen! Kein Wort gegen die Bestimmung, die dem Gutsherrn schon jetzt diese Erlaubnis gab, wenn er freiwillig vor dem gesteckten Endtermin auf seine Rechte als Gutsobrigkeit verzichtete! Im Gegenteil: den Bedenken des Provinzialministers nachgebend, wünschte er auch ohne eine solche Voraussetzung alle durch den letzten Krieg zerstörten Bauernwirtschaften schon jetzt zur Einziehung freizugeben, falls nur tatsächlich der Gutsherr außerstande wäre, die Kosten zum Wiederaufbau zu beschaffen und auch kein „Bauernwirt“ sich bereitfinden ließe, auf eigene Kosten und gegen langjährigen Pachtvertrag ein solches wüstes Erbe zu übernehmen.

Es ist unmöglich, Stein eine sozialpolitische Einsicht zuzuschreiben, die, wenn sie wirklich eine Einsicht war, dann jedenfalls auch den sachkundigsten seiner Mitarbeiter fehlte. Wie hätte er auch, vom Westen Deutschlands in diese ihm sehr fremdartigen Verhältnisse hineingeratend, sogleich die überaus verwickelte Materie bis in ihre letzten Einzelheiten selbständig durchdringen können! Genug, daß er mit besonderer Wärme den Schönschen, ihm so verwandten Gedanken ergriff, die elende bäuerliche Kleinwirtschaft des Ostens durch stattliche Bauerngüter von sechs bis zehn Hufen zu ersetzen. Auch da bestimmten ihn vermutlich moralische Erwägungen: die uns längst bekannte Überzeugung, daß wahre Sittlichkeit im Volke nur auf der Grundlage eines gewissen Mindestmaßes von wohlhäbigem Eigentum freier Leute erblühen könne[24]. Daneben vielleicht auch ein ständisches Motiv: er brauchte ja, wie wir früher hörten, diese Großbauern mit stattlicher Bodenrente als Vertreter des bäuerlichen Standes auf Kreis- und Provinziallandtagen – und da sie in Ostelbien fast überall fehlten, mußten sie eben geschaffen werden!

Wenige Stunden nach dieser Aufzeichnung (vom 8. Oktober) teilte Stein der Immediatkommission mit, der König habe auf seinen Vortrag ihren Ediktentwurf genehmigt; er solle sogleich auf alle Provinzen ausgedehnt werden. Die Einziehung von Bauernland zu den Rittergütern sei in besonderen Fällen unter Zustimmung der Provinzialbehörde zuzulassen; über diese Fälle sei von jeder Kammer eine besondere Instruktion auszuarbeiten und einzureichen.

Damit war die letzte Entscheidung in der heiklen Frage des Bauernschutzes gewissermaßen vertagt. Stein wird sich nachträglich überlegt haben, daß die zuerst von ihm beabsichtigte Lösung: sofortige Preisgabe der kriegszerstörten Wirtschaften zur Einziehung, falls ihr Wiederaufbau sich als unmöglich erweist, sich nur auf die hart mitgenommenen Provinzen des äußersten Ostens ohne weiteres anwenden ließ und daß es besser sei, für die übrigen Provinzen gesonderte Vorschriften zu geben. Schwerlich wird man also das Hinausschieben der letzten Entscheidung als ein nachträgliches Abweichen von ursprünglich bauernfreundlichen Grundsätzen zugunsten des Adels deuten dürfen[25] – im Gegenteil: vielleicht behielt er sich noch eine Verbesserung aller bisher gemachten Vorschläge vor?

Nach der Anweisung Steins arbeitete Stägemann noch am selben Tage das Edikt um. Es erschien bereits am 9. Oktober[26]: ein weithin sichtbares Wahrzeichen der neuen Epoche preußischer Verfassungspolitik, die seine Urheber einzuleiten gedachten.

Ehe wir seinen Inhalt in der endgültigen Fassung näher betrachten und seine geschichtliche Bedeutung zu würdigen versuchen, müssen wir zuvor noch die wichtigste, in dem Edikt selber angekündigte Ergänzung ins Auge fassen: die nähere Regelung der Frage des Bauernschutzes.

Nur für Ostpreußen, Litauen und Westpreußen ist sie noch unter unmittelbarer Beteiligung Steins erfolgt. Wiederum traten bei ihrer Vorbereitung die Ansichten der Immediatkommission unter Führung Schöns denen des Provinzialdepartements unter Schrötter scharf gegenüber. Schrötter und seine Räte wiederholten ihre früheren Argumente für die möglichst weitgehende Durchführung liberaler Wirtschaftsprinzipien [27] und erklärten die Idee Schöns, durch gesetzliche Vorschriften einen Großbauernstand zu schaffen, für eine Künstelei ohne Aussicht auf Erfolg. Die Gefahr eines massenhaften Bauernlegens schätzte Schrötter – ähnlich wie schon früher Beyme [28] – sehr gering ein, weil es den Gutsherren einstweilen gänzlich an Kapital fehle. Schön indessen verknüpfte jetzt in sehr geschickter Weise die Aufgabe des Bauernschutzes mit seinen ursprünglichen Zielen. Nur die wenigen in der Hochkonjunktur der letzten Jahrzehnte [29] neu begründeten Bauernhöfe wollte er ohne weiteres zur Einziehung freigeben (sofern die Rechtsansprüche der jetzigen Besitzer gesichert wären). Alle älteren Bauerngüter nichterblichen Besitzrechts dürften nur unter bestimmten Voraussetzungen zum Vorwerksland gezogen oder zu größeren Höfen zusammengeschlagen werden: unter der Bedingung nämlich, daß der Gutsherr mindestens ebensoviel Bauernland, wie er einzöge, aus Kleinbauernstellen schlechten, nichterblichen Besitzrechts in große Bauernwirtschaften von vier bis acht Hufen Größe verwandelte, und zwar auf Erbzins, Erbpacht oder als freies Eigentum, frei von allem Dienst-, Mühlen- und Getränkezwang.

Vom Standpunkt des Bauernschutzes gesehen, bedeutete das eine sehr erhebliche Verbesserung – sogar gegenüber Schöns eigenen früheren Vorschlägen [30]. Zwar wurde die Hälfte des nichterblich besessenen Bauernlandes (alten Bestandes) jetzt ohne Beschränkung auf kriegszerstörte Wirtschaften zur Einziehung preisgegeben, auch fiel die Prüfung des Unvermögens der Gutsherren zum Wiederaufbau jetzt gänzlich weg. Aber diese einschränkenden Bestimmungen waren schon im Edikt vom 6. Oktober mehr nur angedeutet als juristisch klar formuliert. Viel wirksamer war die neue Beschränkung, die den Gutsherrn zwang, ebensoviel Bauernland zu freiem erblichem Besitz auszutun, wie er zum Gutsland nahm. Abermals war also sein Privatinteresse mit dem Befreiungswerk verknüpft, und zwar so, daß dabei wirkliches, erbliches, frei verkäufliches und verschuldbares Eigentum neu geschaffen wurde. Und diese Schutzbestimmungen sollten dauernd gelten, nicht bloß für ein paar Übergangsjahre wie in den Denkschriften des letzten Sommers.

Wie zu erwarten, trat Stein auch diesmal auf die Seite Schöns. Nicht ohne

Zögern und längere Verhandlungen mit dem Provinzialdepartement: sichtlich ungern setzte er sich zum zweitenmal über das Votum des Ministerkollegen zugunsten des so viel jüngeren Finanzrats hinweg. Alles mögliche bot er auf, um Schrötter auf die andere Seite hinüberzuziehen; auch zu Kompromissen zeigte er sich bereit[31]. Aber gerade zu dem Kerngedanken des Schönschen Gutachtens: der Schaffung mittelgroßer Bauerngüter durch staatliche Maßnahmen, konnte er das Provinzialdepartement nicht bekehren. Dieser Plan aber hatte es ihm am meisten angetan. Überdies erinnerte er sich seiner düsteren Reiseeindrücke von 1802 aus Mecklenburg, dem Lande des Bauernlegens[32]; ein an ihn gerichteter „offener Brief" des Freiherrn von Eggers empfahl ihm dringend, nach schleswig-holsteinischem Muster zu verhindern, daß die befreiten Bauern zu Tagelöhnern herabsänken; Berichte aus den nicht vom Kriege verwüsteten Provinzen ließen ihn erkennen, daß gerade dort der Drang, Bauernland zum Gutsbetrieb einzuziehen, sehr stark sei. So entschloß er sich zuletzt doch, die Ausarbeitung der Instruktion Schön allein zu übertragen. Dessen Entwürfe drangen also in allem Wesentlichen durch; nur in Nebenpunkten wurde der Meinung Schrötters ein Einfluß verstattet. Die Verordnung vom 14. Februar 1808, die so entstand, ist dann unter Steins Nachfolgern mit geringen Veränderungen auch für die Instruktion der schlesischen, märkischen und pommerischen Provinzialbehörden maßgebend geworden.

Wer das Ergebnis dieser Gesetzgebung recht würdigen will, muß davon ausgehen, daß die Absicht ihrer Urheber eine recht eigentlich staatspolitische war, der gegenüber die wirtschaftlichen Gesichtspunkte, so stark sie sich ihnen selber auch vordrängten, für uns doch erst in zweiter Linie kommen[33]. Eine „Habeascorpus-Akte" der Freiheit rühmte sich Schön für Preußen geschaffen zu haben, und mit dem ursprünglichsten aller Menschenrechte, dem Recht vernünftiger Wesen auf Selbstbestimmung, begründete die Immediatkommission die Abschaffung der Erbuntertänigkeit, „dieses Überbleibsels des finsteren Zeitalters", das Kraus „ein Recht, Unrecht zu tun", eine „erbliche Gefangenschaft", Kant eine Absurdität genannt hatte. Es war der erste große Einbruch westeuropäischer Freiheitsbegriffe in das starre Gefüge des überlieferten Zwangsstaates mit seiner altständischen Gesellschaftsordnung. Die Ostpreußen verfochten sie mit dem stolzen Überlegenheitsbewußtsein ihrer „staatswissenschaftlichen Bildung", rational deduzierend im Stil der Königsberger Staatsphilosophie, die sich ihrer Verwandtschaft mit den „Ideen vor 1789" wohl bewußt war. Stein mit seinen ursprünglich altständischen, erst mit Hilfe englischer Verfassungsideale modernisierten Freiheitsbegriffen wurde – man sieht es deutlich – von dem sittlichen Pathos dieser Genossen stark mitergriffen. Den Kerngedanken der Schönschen Denkschriften: freie, selbstverantwortliche Tätigkeit jedes einzelnen an die Stelle ewiger Bevormundung zu setzen, konnte er ohne weiteres teilen. Darin steckte ja schon viel mehr von dem strengen Pflichtbegriff der deutschen Idealisten und von dem praktischen Optimismus der englischen (vorzugsweise durch Adam Smith nach Königsberg vermittelten) Lebensauffassung als von den demokratischen Modetheorien der französischen Bourgeoisie. Aber auch Stein hat in diesen Jahren zuweilen ganz naturrechtlich von den „ursprünglichen und unveräußerlichen Rechten der Menschheit" gesprochen, die Erbuntertänigkeit schlechthin verbieten, oder mit echt kantischem Ausdruck von der Sünde des Despotismus, „die Menschen als Werkzeuge, nicht als Zwecke zu behandeln[34]". Daß er auf dem hier betretenen Wege gleichwohl nur ein eng begrenztes Stück mitging, wird sich sehr bald zeigen.

Zunächst also bedeutete das Oktoberedikt eine bewußte, grundsätzliche Preisgabe des alten Dreiständestaates. Die Aufhebung der „Gutsobrigkeit" sollte sämtliche Staatsbewohner zu unmittelbaren Staatsbürgern erheben, die alten feudalen Zwischenherrschaften zwischen dem Thron und den Untertanen endlich beseitigen. Insofern war dieses Gesetz wirklich ein „Fundamentalgesetz": ohne diese Voraussetzung war es aussichtslos, die altpreußische Monarchie zu einem wirklich modernen Staatswesen umzubilden. In diesem allgemeinsten Sinn mußten zuerst einmal ihre Fundamente bis auf den Boden der Nation hinabgeführt werden, ehe man daran denken konnte, durch weitere Reformen die Nation enger als bisher mit ihrem Staate zu verknüpfen, einen Funken höherer Vaterlandsliebe auch in den Massen zu entzünden. Die allgemeine Wehrpflicht war ebenso sinnlos wie alle „Selbstverwaltung", solange es noch Untertanen gab, für die ein Privatmann vermöge bloßen Eigentumrechtes die Stelle der öffentlichen Obrigkeiten vertrat.

Dazu kam, kaum weniger bedeutungsvoll, die Niederlegung der gesetzlichen Schranken, die bisher den einen Stand von dem anderen getrennt hatten. Künftig darf der Bauer und Bürger adlige Grundstücke ohne besondere Erlaubnis erwerben; alle Vorzüge des adligen Erben vor dem bürgerlichen fallen ebenso weg wie der Ausschluß bürgerlicher Rittergutsbesitzer von Kreis- und Landtagen, vom Patronat, von der Gerichtsbarkeit und von der Jagdgerechtigkeit, die auf adligen Gütern haftet. Der Adlige ist ohne Nachteil seines Standes befugt, bürgerliche Gewerbe zu treiben; der Bauer darf ohne weiteres in den Bürgerstand übertreten und umgekehrt. Alles Bestimmungen, wie man sieht, die sich vollkommen im Rahmen dessen halten, was Rehberg kurz vorher als Reformforderung veröffentlicht und sicherlich oft mit dem westfälischen Oberpräsidenten Stein besprochen hatte[35]. Der adlige Gutsherr soll, hier wie dort, vom privilegierten Gutsherrn zum Gutsbesitzer, zum großen „Eigentümer" werden. In das alte Kastenwesen ist eine große Bresche geschlagen.

Ergänzend treten die rein wirtschaftlichen Bestimmungen hinzu. Für den Adel eine wesentliche Erleichterung der Kreditaufnahme durch Beseitigung gewisser Beschränkungen der Lehns- und Fideikommißgesetze; die Lehnsverbindungen, Fideikommisse und Familienstiftungen werden im allgemeinen zu Privatangelegenheiten der Adelsfamilien, ohne weiteres auflösbar durch Familienanschluß[36]. Die Erbverpachtung aller Privatgüter, die Teilung und Teilveräußerung alles „an sich veräußerlichen", das heißt freien Grundeigentums wird gestattet, die Kreditaufnahme dadurch allgemein erleichtert, die

Parzellierung großer Güter zugunsten der „inneren Kolonisation" ermöglicht. Für die Bauern schließlich bringt das Gesetz jene Befreiungsmaßnahme, die wir aus den Entwürfen Schöns schon kennen.

Damit war im ersten Anlauf Wesentliches, nach der Meinung Schöns bereits das Wesentliche, erreicht. Aber das neue Prinzip der Freiheit, erst einmal eingedrungen in den alten Obrigkeitsstaat, wirkte sogleich wie von selber, durch die unausweichliche Logik der Umstände, weiter.

Weder politisch noch wirtschaftlich konnten die Befreiungsmaßnahmen des Oktoberedikts genügen.

Der adlige Gutsherr, sagten wir, sollte zum bloßen Gutsbesitzer werden. Aber noch behielt er gewisse Vorzugsrechte als Staatsbürger und die praktisch wichtigsten Befugnisse der alten Gutsobrigkeit. Seine Grundsteuerfreiheit blieb einstweilen unangetastet. Stein plante ihre Beseitigung[37]; aber da er in seinem Amtsjahr nicht mehr zu einer großen Steuerreform gelangte, blieb es bei der Absicht – bis 1861! Die alte Jagdgerechtigkeit des Adels auf Bauernland hat erst die Achtundvierziger Revolution beseitigt, das Kirchenpatronat[38] erst die allerneueste Zeit. Weit wichtiger war die Fortdauer der alten gutsherrlichen Gerichtsbarkeit und Polizeigewalt.

Solange der Gutsbesitzer die Gerichts- und Polizeiherrschaft in seinem Gutsbezirk in Händen behielt, war er nach wie vor der Herr seiner Bauern. Nicht nur deshalb, weil der Patrimonialrichter, der in seinem Namen die niedere Gerichtsbarkeit ausübte, in jedem Sinne abhängig war von seinem Gerichtsherrn, an dessen Tisch er aß und dessen Berufung er sein Amt verdankte – überdies ein durch Ämterhäufung gewöhnlich überlasteter Mann, dessen oft mangelhafte Leistungen in Aktenführung und Anlage von Hypothekenbüchern durch Kontrolle von oben wenig gestört wurden! Vor allem doch deshalb, weil es nichts weniger als klar war, welche Herrenrechte der am 9. Oktober 1807 abgeschafften „Gutsherrschaft", welche der Gerichtsherrschaft zugehörten – war jene doch ihrem geschichtlichen Ursprung nach von dieser gar nicht zu trennen! Das Edikt selber versäumte es, juristisch präzise zu sagen, welche Rechte nun eigentlich aufgehoben sein sollten, und die dadurch entstehende Verwirrung war um so größer, als seinen ostpreußischen Schöpfern die verwickelten Rechtsverhältnisse der anderen Provinzen nur mangelhaft bekannt waren. Auf viele Anfragen aus Schlesien gab man schließlich eine besondere Erläuterung heraus (8. April 1809[39]). Danach sollte eine lange Reihe von herkömmlichen Rechten des Gutsherren aufgehoben sein, welche die persönliche Freiheit des Bauern und seiner Angehörigen beschränkt hatten, wie Gesindezwangsdienst, gutsherrliche Erlaubnis zur Heirat, zum Abzug, zu allen Belastungen oder Veräußerungen der Grundstücke u. dgl. mehr[40].

Aber auch dann blieben noch schwer zu behebende Unklarheiten. Um von weniger wichtigen Dingen zu schweigen: besaß der Gutsherr, der als Grundherr ja auch nach dem Oktoberedikt noch die Frondienste seiner Bauern empfing, nach wie vor das Züchtigungsrecht im Falle der Säumigkeit? Man wagte die Frage nicht ganz zu verneinen, empfand aber doch selbst das peinlich Unzeitgemäße ihrer Bejahung[41]. Gab es auch weiterhin eine Verpflichtung der Gutsherren zur Unterstützung und Steuervertretung ihrer Bauern in Notfällen? Darüber waren sich 1810 noch nicht einmal die Minister einig – und doch hing von dieser Entscheidung in den Notjahren der französischen Brandschatzungen das Schicksal ganzer Dörfer ab!

Je länger je mehr wurde deutlich, daß die bloße Lockerung des alten Gutsverbandes durch das Oktoberedikt eine halbe Maßregel war. Sollte der Zweck erreicht, die Masse der Gutsbauern aus einem Zustand hoffnungsloser wirtschaftlicher Ohnmacht und sozialer Erniedrigung wirklich erlöst werden, so genügte es nicht, ihnen formalrechtlich die Stellung als freie Staatsbürger zu geben: man mußte den Mut haben, den alten Herrschaftsverband über kurz oder lang so weit aufzulösen, daß der bäuerliche Untertan politisch, sozial und wirtschaftlich auf eigenen Füßen stand. Sicherlich war es richtig, nicht alles auf einmal zu wollen, die Aufhebung der Erbuntertänigkeit voranzustellen und nicht sogleich mit einer Menge anderer, schwieriger Probleme zu verkoppeln. Aber der Glaube Schöns (ähnlich auch Altensteins und Hardenbergs[42]), als freier Mann werde der Bauer seinen Herrn durch bloße Drohung des Wegzugs zu einem menschenwürdigen Arbeitsvertrag zwingen können, verkannte völlig die Übermacht der sozialen und wirtschaftlichen Bindungen.

Das Dringendste war die Aufhebung der Patrimonialgerichtsbarkeit, um zunächst einmal völlige Klarheit in den Rechtsverhältnissen zu schaffen. Stein hat sich mit redlichem Eifer darum bemüht, kräftig unterstützt von seinen Mitarbeitern, von Sack und namentlich von Schön, der hier ein recht geeignetes Feld für seine Neigung fand, rationale Zweckmäßigkeit an die Stelle eines bunten, historisch zufälligen Chaos zu setzen. Aber er kam während seines Amtsjahres trotz unablässigen Drängens kaum einen Schritt voran, und gleich nach seinem Abgang wurde die unbequeme Aufgabe von schwächeren Händen beiseite geschoben. Daran waren sachliche, politische und persönliche Hindernisse schuld.

Sicherlich war es schwierig, die erstaunlich verwickelte, überall verschiedene Organisation des niederen Gerichtswesens in den verschiedenen Provinzen jetzt von Königsberg (bzw. Memel) aus zweckmäßig neu zu ordnen. Der Kanzler Schrötter hielt die umständlichsten Recherchen und Vorarbeiten für nötig[43]. Grundsätzlich hatte er (ebenso wie Beyme) die Notwendigkeit der Reform schon lange vor 1806 anerkannt. Aber es fehlte ihm von jeher an Mut und dem hohen Maß von Selbstvertrauen, ohne das der zähe Konservatismus des Justizwesens nicht zu überwinden war. Es gab aber auch einen Sturm von Gegenvorstellungen der adligen Gerichtsherren beim König, die mit Zähigkeit und Leidenschaft um diesen letzten Rest ihrer alten Obrigkeitsstellung kämpften[44]. Schrötter suchte sie vergeblich durch Hinhalten und gütliches Verhandeln zu beschwichtigen.

Demgegenüber hat nun Stein sich von dem leidenschaftlichen Reformwillen

Schöns in den offenen Kampf hineintreiben lassen[45]. Die entscheidenden Verhandlungen, durch den Kanzler Schrötter hinausgezögert, wurden erst im September-Oktober 1808 geführt, als die Stellung des Ministers bereits von außen her schwer erschüttert war. Mit beinahe wilder Leidenschaft sieht man ihn da alle Waffen gebrauchen, um vor dem drohenden Sturz noch dieses wichtige Stück seines Reformwerks in Sicherheit zu bringen. Es genügte ihm nicht, die Eingaben des ostpreußischen Ständeausschusses und anderer Opponenten durch Schön mit beißender Ironie abfertigen zu lassen. Er rief auch die Presse zu Hilfe. Broschüren wurden in amtlichen Blättern angezeigt und empfohlen, sogar durch Amtsstellen kostenlos verteilt[46], in denen mit frischer, rücksichtsloser Energie die Patrimonialgerichtsbarkeit angegriffen wurde. In der Königsberger Zeitung erschien, auf offiziösem Wege veranlaßt, ein Dialog, der mit fast zynischem Spott gegen die Sache der adligen Gerichtsherren loszog[47].

Indessen gegen dieses Vorgehen erhob sich zuletzt im Kreise der Reformer selbst eine gefährliche Opposition. Altenstein, dessen vorsichtige Diplomatennatur um so stärker ans Licht kam, je gewaltsamer die außenpolitischen Methoden Steins in den letzten Monaten seines Ministeriums wurden, und der voll Eifersucht zu beobachten glaubte, wie der Minister ihn selber neuerdings zugunsten des schrofferen, charaktervollen und geraden Schön zurücksetzte[48], mahnte dringend zur Mäßigung: man solle ja nichts überstürzen, lieber zunächst die Aufsicht über die Patrimonialgerichte derart verschärfen, daß dem Adel seine Gerechtsame selber leid würden. Demagogische Mittel stünden einer Regierung nicht an, die alle Ursache habe, um ihre eigene Autorität besorgt zu sein. Welcher Zustand, daß eine monarchische Regierung vor der Öffentlichkeit so tut, als hätte der Staat, ihr Staat, bisher im Sündenschlaf gelegen!

Es war die Anmeldung eines neuen Regierungsprogramms, das hinter dieser Opposition steckte. Altenstein geriet darüber, wie er selber erzählt, mit Stein hart aneinander[49]. Zunächst erreichte er nichts. Aber wir werden später sehen, wie er seine Kritik an den Methoden Steins mit großer Klugheit an der richtigen Stelle zu Gehör zu bringen verstand – in demselben Moment, als die Stellung des Ministers ins Wanken geraten war. Er erreichte es bald, daß der König ihn, den Mann der Mäßigung, der klugen Politik des Ausweichens und der Mittelstraße, zum Nachfolger Steins als Finanzminister berief. Wenige Tage nach seiner Ernennung erging die erste beschwichtigende Kabinettsordre an die adlige Opposition: „Die Aufhebung der Patrimonialgerichtsbarkeit ist in diesem Augenblick noch keine beschlossene Sache[50]." Beyme, auf dessen Reformeifer Stein im Augenblick des Abschieds seine Hoffnung gesetzt hatte, erwies sich dann doch als unfähig, in seiner Eigenschaft als „Großkanzler", gegen die politische Richtung des neuen Ministeriums durchzudringen; technische Schwierigkeiten machten es ihm zunächst unmöglich, die geplante große Neuorganisation des Justizwesens fern von Berlin durchzuführen[51]. Bald darauf fiel er mitsamt dem Ministerium Dohna-Altenstein, und in den außen- und innerpolitischen Wirren der folgenden Jahre hat Hardenberg den Justizreformplan mit ebensoviel Vorsicht behandelt wie sein ehemaliger Vertrauter Altenstein. Die Patrimonialgerichtsbarkeit, über die er wesentlich günstiger dachte als Stein und Schön, blieb unverändert bestehen, bis die Achtundvierziger Revolution sie endlich beseitigte; die gutsherrliche Polizeigewalt erhielt sich sogar bis zur Kreisordnung von 1872[52].

Nach alledem ist also eine wichtige – politisch fast die wichtigste – Ergänzung des Oktoberedikts nicht zustande gekommen. Aber das blieb nicht die einzige Lücke.

Sollte der Landmann ähnlich wie der Adels- und Bürgerstand regen Anteil am öffentlichen Leben gewinnen, so verstand es sich von selbst, daß er zunächst im engsten Kreise zu selbstverantwortlicher Mitarbeit gebracht werden mußte: eine freie Landgemeindeordnung war unentbehrlich, wenn die alte Bevormundungspolitik wirklich ein Ende haben sollte. Um sich behaupten zu können gegen die soziale und wirtschaftliche Übermacht der Gutsherrn, mußte der Bauer aber auch in den Kreis- und Provinziallandtagen durch seine kräftigsten Elemente mitvertreten sein. Wir wissen schon, daß Stein diese letztere Reform plante[53]; hätte er sie durchsetzen können, so hätte das Schicksal des ostelbischen Bauernstandes schwerlich eine so tragische Wendung genommen, wie es die nächsten Jahrzehnte erlebt haben.

Freilich gehörte dazu noch eine Erleichterung seiner wirtschaftlichen Lage, ohne die er die Übergangskrise unmöglich überstehen konnte[54]. Das Bewußtsein der hier drohenden Gefahr hatte die Gesetzgeber zu den Schutzmaßnahmen der Februarverordnung veranlaßt. Aber sie blieben praktisch unwirksam, und sie genügten nicht. Zur Gründung der von Schön geplanten großen Bauernhöfe hatten die Gutsherrn nicht die geringste Neigung und die Bauern weder Kaufgeld noch Betriebskapital noch die nötigen betriebstechnischen Fähigkeiten. Praktisch wirkte die Verordnung somit rein als Hindernis der Einziehung von lassitischen Bauernstellen, und deshalb richtete sich auch der Widerstand des ostpreußischen Adels viel mehr gegen die Februarverordnung als gegen das Oktoberedikt. Gleichwohl bildete sie einen Schutz nur gegen die willkürliche Entsetzung von Bauern mit lassitischem Besitzrecht – nicht gegen den Auskauf. Wer sein Rustikalland erb- und eigentümlich besaß, wie etwa die ganze Bauernschaft der deutschschlesischen Ebene, war nur gegen den Auskauf durch den Gutsherrn des eigenen Dorfes geschützt; jedem anderen stand sein Land ebenso zum Kaufe frei wie alles freie Eigentum seit dem Oktoberedikt, auch in Teilstücken, und so gab es denn einen bequemen Ausweg, um die lästigen Bestimmungen der Februarverordnung praktisch (mit Hilfe von Strohmännern als Mittelsleuten) zu umgehen[55]. Stein hat selber gelegentlich adlige Opponenten, die sich über die Februarverordnung beklagten, auf diese Möglichkeit des „Auskaufs freier Bauern“ hingewiesen. Die „willkürliche Entsetzung (der Lassiten) von Bauernhöfen“ fand er moralisch verwerflich und wirtschaftlich ruinös, den Auskauf freier Eigentümer dagegen nicht nur unbedenklich (weil der hohe Kaufpreis solchen Bauernlandes einer übermäßigen

Ausdehnung der Käufe im Wege stünde), sondern in gewissen Grenzen sogar vorteilhaft. Im ostelbischen Land, meinte er, „liegen noch große Flächen als Gemeinheiten (d. i. Allmenden) und Unland unbenutzt, die (anders als im Westen mit seinem übermäßig zersplitterten Besitz) nur durch Zersplitterung der Bauernhöfe und Teilung der damit verbundenen Gemeinheiten zur Kultur gebracht werden können". Durch Ankauf von Bauernhöfen ließe sich in vielen Fällen eine „zweckmäßige Abrundung und der Übergang aus den Händen eines schlechten oder unvermögenden in die eines wohlhabenden und tätigen Wirts" erreichen.

Mit anderen Worten: Stein war nichts weniger als ein Anhänger des starren friderizianischen Bauernschutzes. Nur gegen gewaltsame Vertreibung aus den zu schlechtem Besitzrecht besessenen Stellen, gegen das eigentliche „Bauernlegen" also, wollte er die Kleinbesitzer schützen; dem freien Spiel der kapitalistischen Wirtschaftskräfte dagegen wollte er sie – in gewissen Grenzen[56] – preisgeben, sobald sie freie Eigentümer wären. Wie hätte er auch anders denken können, ohne dem Sinn des Oktoberedikts schnurgerade entgegenzuwirken?

Dann aber war es doppelt und dreifach wichtig, den schwachen wirtschaftlichen Kräften des Bauern zu Hilfe zu kommen – dies um so mehr, als ja das Oktoberedikt alle früheren Begrenzungen der Aufnahme von Schulden auf sein Grundstück beseitigt hatte. Ruiniert, durch Krieg und schlechte Getreidepreise, waren zunächst alle, Bauer wie Edelmann. Aber die Rittergutsbesitzer hatten von vornherein Aussicht, viel früher wieder hochzukommen, weil ihnen nicht nur die bessere wirtschaftliche Einsicht, die größeren Wirtschaftsreserven, sondern vor allem eine gewaltige Kredithilfe zur Verfügung stand, die dem Bauern gänzlich fehlte: das Kreditsystem der „Landschaft". Merkwürdig, daß in keiner Aufzeichnung Steins aus diesen Jahren von staatlich unterstützten Kreditbanken für die Bauern die Rede ist, wie sie sich eben erst in Schleswig-Holstein glänzend bewährt hatten, wie er sie selber einst in Westfalen empfohlen hatte[57], und wie sie ihm kurz nach dem Oktoberedikt Eggers wieder dringend ans Herz legte. Erst 1849 ist der ostpreußischen Landschaft offiziell gestattet worden, auch bäuerliche Besitzungen zu beleihen, und erst um dieselbe Zeit hat die Tätigkeit ländlicher Vorschuß- und Kreditvereine begonnen, dem Landmann die Gewinnung von Personalkredit zu erleichtern. Eine Wirtschaftshilfe dieser Art, rechtzeitig organisiert, hätte für den mündig gewordenen Bauern wohl sicher größeren Wert gehabt als die künstliche Verlängerung von Schutzbestimmungen einer versunkenen Zeit. Vor allem dann, wenn die Entwicklung seiner wirtschaftlichen und allgemein geistigen Fähigkeiten mit Energie gefördert wurde. Statt dessen ließ man ihn unwissend, kredit- und hilflos die Nöte des Übergangs zur Freiheit, die Zerstörung des Landes durch zwei schwere Kriege allein überwinden und packte ihm schließlich noch die furchtbare Last der Regulierungsgesetze von 1816 auf die schwachen Schultern: die Ablösung des gutsherrlichen Obereigentums mit einem Drittel, der Hälfte oder noch mehr seines Feldes, mit dem Verzicht auf Brennholz und Waldweide, auf alle Unterstützung des Gutsherrn und in vielen Fällen auf den bisherigen Hofbesatz an Vieh, Saatgut und Ackergerät. Ein Wunder fast, daß er nicht noch früher und noch vollständiger zusammenbrach!

Es wäre aber ungerecht zu verkennen, daß an dieser unglücklichen Entwicklung der Dinge äußere Zwangslagen mit schuld waren, gegen die kein guter Wille aufkam: vor allem der allgemeine Kapitalmangel und die ständige Ebbe der Staatskassen unter dem Druck gewaltiger Kriegskontributionen und bald neuer Kriegsleistungen. Wenn so die Kräfte des Staates versagten, blieb nur ein Mittel, die wirtschaftlichen Lasten des Bauern zu erleichtern: Abschaffung der Frondienste, Minderung der Abgaben und Überweisung des unbeschränkten erblichen Eigentums am Grundbesitz[58].

Damit kommen wir auf die empfindlichste Lücke des Steinschen Befreiungswerkes zurück. Der rein wirtschaftliche Nutzen des Oktoberedikts war für die fronpflichtigen, zu lassitischem Besitzrecht angesiedelten Bauern begrenzt. In Schlesien gab es sogar neue Aufstände, weil sie sich dort von den Behörden betrogen glaubten: sie hatten erwartet, nun ebenso wie die Domänenbauern vom Scharwerk befreit zu werden. Immerhin: die Löhne stiegen, und die Freizügigkeit hatte wenigstens in jenen Gegenden praktische Bedeutung, wo ein ländliches Proletariat, wie im schlesischen Gebirge, nach andern Gegenden mit besserer Verdienstmöglichkeit wegdrängte[59]. Aber entscheidend für die wirtschaftliche Lage und Zukunft des Landmannes war zuletzt doch die Frage, ob und wie er seine Frondienstverpflichtungen loswerden und sein Besitzrecht verbessern könnte. An beidem hatte das Oktoberedikt nichts geändert.

Indessen gingen die Reformer an diesem Punkte mit großer Vorsicht zu Werke. Wieder, wie schon vor 1806, begann man mit der Reform auf den Domänen, wo der König gewissermaßen selber Gutsherr war.

Freiheit von der Gutsobrigkeit und vom Dienstzwang besaßen die ostpreußischen Domänenbauern (wie uns bekannt) schon lange. Aber die dadurch entstandenen neuen Abgabeverpflichtungen („Dienstgelder") drückten sie zusammen mit den älteren Zins- und Steuerlasten zu hart: sie lähmten jeden wirtschaftlichen Fortschritt, und ohne die Möglichkeit hypothekarischer Verschuldung des zu vollem Eigentum besessenen Landes gab es keine Verbesserung der bäuerlichen Betriebe. Deshalb plante Schrötter schon seit Jahren die Verleihung vollen Eigentums an die Domänen- (sogenannten Immediat-) Bauern – ein Vorzug, dessen sich die immerhin nicht wenigen pommerischen und märkischen Erbpacht- und Erbzinsleute auf Domänengut, die ihre Dienstverpflichtungen hatten ablösen dürfen, schon längst erfreuten. Wie sich bald zeigte, war das Obereigentumsrecht für den König als Domänenbesitzer weit mehr eine Last als ein Nutzen. Es genügte, (durch Gesetz vom 27. Juli 1808) den Domänenbauern ihre Hofstellen ohne jede Entschädigung in bar oder in Land zu vollem Eigentum zu überlassen, allein gegen Verzicht auf die bisherige Unterstützung in Notfällen (durch Steuernachlässe, Bau- und Brennholz) und auf die Waldweide, um den Kammern eine stattliche jährliche Mehreinnahme zu verschaffen. Freilich die alten Abgaben blieben einstweilen bestehen, und das Inventar mußten die Bauern obendrein durch eine neue jährliche Ablösungszahlung zu Eigentum erwerben; erst im Lauf von 24 Jahren sollten diese Lasten sämtlich (nach einem bestimmten Schlüssel) abgelöst werden. So war für die nächsten Jahrzehnte das Ganze ein viel besseres Geschäft für die Kammer als für die Bauern; ohne ein staatliches Kreditinstitut, das ihnen zu Hilfe kam, nützte ihnen das neue Eigentumsrecht wenig. Sie wären dem Druck ihrer alten und neuen finanziellen Verpflichtungen sogleich erlegen [60], hätte nicht Stein persönlich die Bestimmung in das Gesetz hineingebracht, daß zunächst bis 1810 die alten Unterstützungen von den Domänenämtern weiter gewährt werden sollten.

Immerhin: in naher Zukunft mußte hier der alte gutsherrliche Verband sich völlig auflösen, das „Obereigentum" des Domänenbesitzers in seinen letzten Nachwirkungen verschwinden. Seine Veräußerung plante Stein für alle Domänen, auch in den noch vom Feinde besetzten Provinzen, soweit sie in Erbpacht ausgetan waren. Eine Maßregel von größter Tragweite: betraf doch schon die Eigentumsverleihung an die altpreußischen Domänenbauern etwa 47 000 Familien! Aber man wird sich hüten müssen, es als selbstverständlich anzusehen, daß Stein diese Maßregel auch auf den privaten Güterbesitz ausdehnen wollte. Staatsdomänen galten nach der herrschenden liberalen Doktrin, der die meisten Reformer anhingen und der auch Stein an diesem Punkt sich ohne Vorbehalt anschloß [61], als ein staatswirtschaftliches Unding. Die Überführung eines großen Teiles von ihnen in Privatbesitz war ohnedies unvermeidlich: der Staat mußte Grundbesitz im größten Umfang verkaufen, um seine Kriegsschulden bezahlen zu können. Je reinlicher nun bäuerliche und gutsherrliche Besitzansprüche auf den Domänen voneinander geschieden würden, um so leichter müßte der Verkauf vor sich gehen; und da man auch an ausländische Käufer dachte: wer mochte sie zu Lehnsherrn preußischer Untertanen machen [62]?

Ganz anders lagen die Rechtsverhältnisse der privaten Gutsherrschaften. Hier wollten die Reformer jeden Schritt vermeiden, der als gewaltsamer Eingriff in wohlerworbenes Eigentum erscheinen konnte. Beyme hatte den König 1798 ausdrücklich erklären lassen, er habe alle Gedanken an Aufhebung der Frondienste auf den Rittergütern aufgegeben. Altenstein und Hardenberg hielten die im Oktoberedikt verkündete persönliche Freiheit der Gutsuntertanen zunächst für ausreichend, um auch deren wirtschaftliche Lage zu verbessern. Schön betrachtete das Anrecht der lassitischen Bauern auf ihre Hofstellen überhaupt nicht als ein beschränktes Eigentumsrecht niederen Grades, wie die meisten Reformer, sondern als reines Pachtverhältnis nach dem Muster der englischen Latifundien [63]. Ihm kam es weniger auf ein verbessertes Besitzrecht als auf ausreichende Größe der Bauernhöfe an [64]. Überdies unterschied er mit großer Schärfe zwischen öffentlichen und privaten Rechten der Gutsbesitzer. Die alte Gutsobrigkeit war eine öffentlich-rechtliche „Absurdität", also ohne Entschädigung abzuschaffen. Ebenso die herkömmlichen Privilegien der alten Gewerbeverfassung auf dem Lande, wie der Mühlenzwang, der nach seinen

Plänen bald nach dem Oktoberedikt ohne Entschädigung aufgehoben wurde[65]. Ganz anders stand es mit den Ansprüchen des privaten Gutsherrn auf „Obereigentum" und Frondienste. Hier schien es nur einen Weg der Reform zu geben: den der „Ablösung" durch die Befreiten.

Schon in Westfalen sahen wir Stein auf Entschädigung der Gutsbesitzer für ähnliche Erleichterungen ihrer Bauern dringen. Die Nassauer Denkschrift hatte Ablösbarkeit der Frondienste und grundherrlichen Abgaben gefordert. Freilich: ob nun der alte Gutsverband des Ostens völlig gesprengt werden sollte, durch allgemeine, gesetzlich vorgeschriebene Ablösung der Dienste und durch Verleihung echten Eigentums an die Bauern von Gesetzes wegen (wie Stein es einst für Westfalen als höchst wünschenswert erklärt hatte, ohne jedoch in seinen amtlichen Eingaben daraus praktische Folgerungen zu ziehen), war unklar geblieben. Als Normalform scheint der Nassauer Denkschrift doch vorzuschweben, daß Abgaben und Dienste von Staats wegen schriftlich (in „Urbarien") fixiert, ihre Ablösung privater Vereinbarung überlassen bleibt, das unerblichlassitische Besitzrecht zwar grundsätzlich durch ein erbliches ersetzt wird, immer aber der Gutsherr das Recht behält, untüchtige Wirte, die mit ihren Leistungen im Rückstand bleiben, ohne weiteres vom Hof abzusetzen.

Über diese Linie ist nun Stein in den Reformjahren ganz deutlich hinausgerückt. Mehr als einmal hat er mit starken Worten die Notwendigkeit betont, das „ungewisse Eigentum" der Laßbauern durch „wirkliches Eigentum" und „uneingeschränkte Verwaltung darüber" zu ersetzen, wenn der Erwerbfleiß blühen, etwas Durchgreifendes zur Verbesserung der Landeskultur geschehen solle[66]. Und anders als in der westfälischen Epoche war er jetzt auch bereit, die praktischen Folgerungen aus dieser allgemeinen Einsicht zu ziehen. Am deutlichsten hat er sich darüber im Sommer 1808 geäußert, als ihm der kurmärkische Ritterschaftsdirektor von Goldbeck vorstellte, die durch das Oktoberedikt begonnene Auflösung des Gutsverbandes könne unmöglich auf halbem Wege aufgehalten werden. Statt die künstlichen Schutzbestimmungen der Februarverordnung auf die Kurmark zu übertragen, sollte man lieber den märkischen Bauern das volle Eigentumsrecht an ihren Höfen verschaffen, dann würden sie sich schon aus eigener Kraft behaupten können. Die Mittel, die Goldbeck hierzu vorschlug, erinnern bereits stark an die späteren Regulierungsedikte (von 1811 bis 1816): Ablösung zuerst der Dienste durch jährliche Geld- oder Naturalabgaben, alsdann der etwa bestehenden herrschaftlichen Servitute (Hüterechte und dergleichen auf Bauernland) durch Landabtretung; der Rest des Bauernackers fällt zur einen Hälfte dem Herrn, zur anderen dem Bauern als frei verfügbares Eigentum zu; alle Unterstützungs- und Steuervertretungspflicht des Grundherrn hört auf. Wie man sieht, ein höchst einseitiger, durchaus adelsfreundlicher Lösungsversuch. Stein schrieb an den Rand: „Was gewinnt der Bauer hiebei? er verliert den Nießbrauch der Hälfte des Landes, die Unterstützung des Gutsherrn bei Unglücksfällen; das onus fabricae (Unterhalt der Hofwehr) trifft ihn; alles dieses gewinnt der Gutsherr. Er kann vollkommen zufrieden sein, wenn er für Lasten und Abgaben mit Grundeigentum abgeglichen wird." Während aber nun Stägemann, den er die Antwort aufsetzen ließ, zweifelte, ob überhaupt die Verleihung des Eigentums für lassitische Bauern mit (bedingtem und eingeschränktem) Erbrecht, wie sie in der Kurmark vorherrschten, irgendwelchen praktischen Nutzen hätte, und nähere Ermittlungen darüber verlangte, schien Stein dieser Zweifel unnötig: nachteilig für die Landeskultur sei vor allem die wirtschaftliche Unselbständigkeit der Bauern: „die Remission (Steuervertretung durch den Gutsherrn im Fall des Unvermögens), die Last der Unterhaltung, so dem Gutsherrn aufliegt, die Kreditlosigkeit der Bauern und die Wertlosigkeit des Objektes, so sie besitzen[67]". Er war also für gänzliche Auflösung des Gutsverbandes auch dann, wenn das Besitzrecht der Bauern lassitisch-erblich war. Den Weg dazu bezeichnete er ganz deutlich. Während Stägemann nur daran dachte, die Bauern vor gewaltsamer Übervorteilung zu schützen, also die Hergabe ihres halben Ackers dann zulassen wollte, wenn der Gutsherr sie freiwillig zu einem entsprechenden Vertrag bringen könnte[68], wollte Stein statt dessen die Eigentumsverleihung nach dem Muster der ostpreußischen Domänen und von Staats wegen durchführen: die einzige Entschädigung des Gutsherrn sollte darin bestehen, daß man ihn von allen Unterhaltungs- und Unterstützungspflichten befreite und ihm das Recht zuspräche, den frei und selbständig gewordenen Bauern „auszukaufen"; allerdings wollte er dem Bauern die Pflicht auferlegen, sich von seinen bisherigen Diensten und Abgaben mit Landabtretung (statt mit Geld) loszukaufen, falls der Grundherr es verlangte. Daß Stein in dem „Auskaufen" freier Bauern weder eine Gefahr noch ein Unrecht erblickte, haben wir schon früher gehört[69]. Und da er die märkischen Bauernwirtschaften (im Gegensatz zu den ostpreußischen) im allgemeinen für zu groß (statt für zu klein) hielt[70], erklärt sich auch sein Wunsch, die Ablösung der Dienste hier durch Landabtretung statt durch Rentenzahlung zu bewirken[71].

Nach alledem sollte man meinen, daß er dem Grundgedanken der späteren Regulierungsedikte Hardenbergs wenigstens in der Fassung, wie ihn die (später verderbten) Entwürfe Scharnwebers und Raumers formulierten, freudig hätte zustimmen müssen. Tatsächlich hat er das auch getan: in einem für Hardenberg bestimmten Gutachten vom September 1810[72]. Merkwürdig ist nur, daß er in seiner 1823 geschriebenen Selbstbiographie gerade den bauernfreundlichen Scharnweber als halbirrsinnigen „Phantasten" bezeichnet und ihm die Schuld dafür gibt, daß durch die Regulierungsedikte „die Verhältnisse des Gutsherrn zum Bauernstand und dessen innere Familienverhältnisse auf eine diesem verderbliche Art umgewälzt wurden". Der Zusammenhang, in dem diese Äußerung erscheint[73], läßt keinen Zweifel, daß der alternde Stein der Restaurationsepoche nachträglich von seinen eigenen Reformideen wieder abgerückt ist und die vollständige Auflösung des alten Gutsverbandes bitter beklagt hat: da sie unter seinem Ministerium nicht mehr erfolgt war, meinte er zu Unrecht, er „habe daran keinen Anteil".

Praktisch ist in der Tat die Eigentumsverleihung an die Privatbauern 1808 nicht mehr zustande gekommen. Insofern blieb die Steinsche Bauernbefreiung wie fast alle Gesetzgebungswerke des großen Reformjahres Fragment, und es ist darum unmöglich, über sie zu einem endgültig gefestigten Urteil zu kommen.

Nicht einmal über ihre tatsächliche Wirkung auf das wirtschaftliche Leben läßt sich mit voller Sicherheit etwas ausmachen. Daß die Bestimmungen des Oktoberedikts die Begehrlichkeit des güterbesitzenden Adels nach Bauernland mächtig weckten, ist ebenso sicher, wie es zweifelhaft bleiben muß, ob der Adel damals imstande war, diesen Landhunger sogleich zu stillen[74]. Die für das spätere Schicksal des ostelbischen Bauernstandes eigentlich entscheidende Wendung der Gesetzgebung hat sich doch erst unter Hardenberg vollzogen; und auch deren Auswirkung hat sich erst nach Jahrzehnten wirklich fühlbar gemacht: nach der großen Agrarkrise der zwanziger Jahre, die nicht bloß bäuerliche Existenzen in großem Umfang vernichtete. Schließlich ist auch noch zu fragen, ob es nicht ein Gesundungsprozeß war, daß so viele bäuerliche Zwergbetriebe in das Instenverhältnis überführt wurden, und ob nicht die eigentlichen Probleme der Landflucht erst seit der Jahrhundertmitte aktuell geworden sind – zumal durch Gemeinheitsteilungen und modernere Formen der Bodenkultur sehr viel neues Siedlungsland gewonnen wurde, seit die alten starren Formen dörflicher Wirtschaft einmal durch das Reformwerk gesprengt waren. Es geht sicherlich nicht an, dieses Reformwerk für alle Nöte einer späteren Zeit verantwortlich zu machen. Nur war es ein Irrtum des Liberalismus, zu glauben, es genüge die Lockerung oder Auflösung des alten Gutsverbandes und die Mobilisierung des Bodenbesitzes, um das Gedeihen der Landwirtschaft zu sichern. Erst die Erfahrung späterer Jahrzehnte hat uns gelehrt, daß trotz aller juristischen Befreiungsmaßnahmen gewisse natürliche Gegebenheiten die freie Beweglichkeit des Grundstücksverkehrs hemmen. Daß die rechtliche Befugnis zur Teilung und Verschuldung des Bodens ebenso zum Fluch wie zum Segen ausschlagen kann und darum in manchen Fällen einer gewissen Beschränkung bedarf. Daß die Freiheit überhaupt als Mittel wirtschaftlichen Aufstiegs mehr dem Starken als dem wirtschaftlich und sozial Schwächeren zu Hilfe kommt; und daß schließlich hinter der Bauernfrage – was damals niemand gesehen und empfunden hat – (auch Stein nicht[75]) – noch eine ländliche Arbeiterfrage, das Problem eines unerlösten vierten Standes von Landproletariern, besteht.

Dennoch: wer könnte sich ernsthaft vorstellen, daß ohne die im Oktoberedikt verkündete Freiheit das Leben heute noch erträglich wäre? Wer konnte im großen Reformjahr damit rechnen, daß nach wenigen Jahren zum zweitenmal die Kriegsfurie alle Ansätze wirtschaftlicher Erholung, neuer Kapitalbildung zu Boden stampfen würde? Wer könnte überhaupt den Mut finden zu politischem Schaffen ohne unbekümmerten, optimistischen Glauben an seine Sache und an die Zukunft?

Und war es nicht gerade Stein, der wenigstens gewisse Extreme der liberalen

Wirtschaftsdoktrin vermied? Gewiß längst nicht so klar und folgerichtig, wie man ihm früher, seine ökonomische Einsicht überschätzend, nachgesagt hat. Dennoch wird man es immer bedauern, daß in der Fortführung der Agrarreform nicht sein fester Wille, sein strenger Gerechtigkeitssinn und – nicht zuletzt – sein unbändiger Fleiß neben der politisch instinktsicheren, aber in diesen Fragen leichtfertig opportunistischen und dilettantischen Geschäftsführung eines Hardenberg mitgewirkt hat. Wie es denn überhaupt zu den schlimmsten Verhängnissen jener Epoche gehört, daß Napoleon niemals ein Zusammenwirken beider Männer am Staatsruder hat dulden wollen.

Zu ihren größten Merkwürdigkeiten aber gehört, daß die Agrarreform Hardenbergs, des Autokraten, durch den Einfluß derselben Adelsstände auf Abwege gedrängt worden ist, über deren Beschwerden Stein, der grundsätzlich adelsfreundlich und ständisch Gesinnte, sich als Minister kurzerhand hinweggesetzt hat.

II. Neuorganisation der Bürokratie

Keine zweite Reformaufgabe hat Stein mit so stürmischem Eifer angepackt wie die Neugestaltung des preußischen Verwaltungsapparates, von der Zentrale bis zu den untersten Staatsorganen in Stadt und Land. Fast vom ersten Tage seines Ministeriums an sieht man ihn damit beschäftigt, und noch die letzte seiner amtlichen Handlungen war die Empfehlung eines Organisationsplanes, den der König am Tage seiner Entlassung vollzog.

Offenbar fand die eigentümlichste Begabung Steins, das Verwaltungstalent, in diesen Organisationsplänen ihr willkommenstes Arbeitsfeld. Die für ihn charakteristische Verbindung von großartig-weiten Aussichten, idealem Schwung der allgemeinen Motive und fachmäßiger Gründlichkeit im Detail, einem gewissen Behagen in der Erwägung praktischer Gesichtspunkte und umständlicher Vergleichung mit ausländischen Vorbildern, Beispielen und Gegenbeispielen, auch der geschichtlichen Überlieferung – das alles konnte sich hier am unmittelbarsten auswirken.

Dennoch sind auch auf diesem Gebiete nicht bloß die Einzelheiten, sondern in weitem Umfang selbst die Prinzipien der Reform durch einen Mitarbeiter festgelegt worden: wie Schön die Agrarfragen, so hat Altenstein die Behördenorganisation nicht nur bearbeitet, sondern in wesentlichen Punkten mitbestimmt. Im Grunde war Altenstein kein Staatsmann großen Formates; als Reformminister hat er später schwer enttäuscht: sein brennender Ehrgeiz, als ein zweiter Stein alle Geschäfte zu beherrschen, obwohl ihm gerade das fehlte, was Stein als größten Vorzug besaß: der starke Charakter, hat praktisch dazu geführt, daß die ganze Reform ins Stocken geriet. Aber in vieljähriger, enger Zusammenarbeit mit Hardenberg hatte er dessen Verwaltungsgrundsätze so tief in sich aufgenommen, daß er schon dadurch Stein gegenüber eine fühlbare

Selbständigkeit besaß. Dazu kam ein staunenswerter Fleiß, ausgebreitete Detailkenntnisse im Verwaltungsgeschäft und eine philosophische Ader, die seinen Arbeiten einen systematischen Zug und einen gewissen Schwung verlieh, freilich ihn auch häufig zu ermüdender Weitschweifigkeit und phrasenhaften Allgemeinheiten verführte. Und so sieht man diesen emsigsten aller Gehilfen mit seiner engen, spitzigen, schwer lesbaren Bürokratenhandschrift ungezählte Bogen mit Entwürfen und ihren Motivierungen, mit Bemerkungen zu den Bemerkungen anderer, Zusammenstellungen von Bemerkungen und Änderungsvorschlägen, Rückfragen und dergleichen mehr füllen – ein unendliches Hin und Her, aus dem die enge, ja intime Zusammenarbeit mit dem Minister vollkommen anschaulich wird[1]. Wie denn überhaupt die Mitglieder der Immediatkommission, solange Stein in Memel bzw. Königsberg sich aufhielt, mit ihm eine Arbeits- und Lebensgemeinschaft gebildet haben, die man sich gar nicht eng genug wird vorstellen können: eine „unsichtbare Kirche", wie Schön das später, in der Erinnerung schwelgend, einmal nannte, „deren Haupt die Idee des Staates im Himmel war, und in welcher Stein das jus circa sacra verwaltete". Altensteins praktische Routine im Verwaltungsdetail war Stein im Grunde wohl noch besser verständlich als der „esprit à système" des ewig deduzierenden Schön[2].

Anderseits hörten wir schon, daß er in den letzten Monaten seines Ministeriums dem Charakter des strengen Kantianers – mit Recht – mehr Vertrauen geschenkt hat. Altenstein fühlte sich schroff, ja verletzend behandelt – es scheint, daß seine „breite, langsame, unbehülfliche und unklare" Art die Spottlust seines Chefs jetzt mehr, als gut war, gereizt hat. Aber von den Intrigen, die dieser Mitarbeiter zu seinem Sturze spann, hat Stein offenbar nichts geahnt: noch bis in die Tage seiner Entlassung, ja darüber hinaus, sieht man den vermeintlichen Freund als regelmäßigen Tischgast im Hause des Ministers, oft mit anderen Reformern, mit den Schön, Sack, Stägemann, Klewitz, Rehdiger, auch wohl Scharnhorst oder Gneisenau, zu harmlos-vertraulicher Aussprache vereint[3].

Wir kennen schon die entscheidende politische Frage, deren Lösung aller Neuorganisation der Staatsbehörden vorausgehen mußte: Soll die oberste Leitung des Staates durch den Monarchen persönlich nach Beratung mit einem oder mehreren Ministern des königlichen Vertrauens (Kabinettsministern) erfolgen – oder durch einen „Staatsrat", ein Kollegium der höchsten Staatsbeamten, das unter formellem Vorsitz des Königs mit Mehrheitsvotum seine Beschlüsse faßt? Altenstein sahen wir in der Septemberdenkschrift von 1806 die strenger monarchische Lösung entwickeln. Seitdem war durch die Geschäftsführung Hardenbergs im letzten Frühsommer der praktische Beweis für ihre Brauchbarkeit erbracht, das Kabinettsministerium aber zu einem Einzelministerium, zur Leitung der Staatsgeschäfte durch einen Premierminister zusammengezogen worden. Hardenberg empfahl dem König in seiner Rigaer Denkschrift, die er im September 1807 als eine Art „politisches Testament" niederschrieb, die Beibehaltung dieses Systems, jedoch ohne besonderen Nachdruck, wohl mit Rücksicht auf seinen Nachfolger Stein, dessen abweichende Ansichten er ja kannte[4]. Im einzelnen berief er sich für die Organisationsfragen auf neuere Vorschläge Altensteins, die dieser (ebenfalls in Riga) in einer voluminösen Ausarbeitung von 541 Manuskriptseiten niedergelegt hatte. Darin wurde das System eines Staatsrates aus mehreren gleichberechtigten Ministern ausdrücklich abgelehnt und statt dessen die Schaffung eines Premierministers empfohlen, dem alle eigentlich politischen Entscheidungen allein zustehen sollten[5]. Nur für auswärtige Politik und Heerwesen sollten ihm Ministerkollegen, jedoch nicht völlig gleichen Ranges, zur Seite gestellt werden, während das Innere durch bloße Departementchefs, „Geheime Staatsräte" mit rein fachlicher, nicht politischer Verantwortung, unter Leitung des Premiers verwaltet würde. Ein System also, das sich deutlich als Fortbildung jener älteren Altensteinschen Vorschläge aus dem September 1806 erkennen läßt[6].

Stein las diesen Abschnitt der neuen Denkschrift sorgfältig, versah ihn mit Randglossen und schrieb weitere ausführliche Bemerkungen nieder, die dann für Altenstein, neben der Nassauer Denkschrift, als Grundlage für die Ausarbeitung des „Planes zu einer neuen Organisation der Geschäftspflege im preußischen Staat" dienten. Wiederum ein äußerst umfangreiches Elaborat, dessen erster Teil bereits am 23. November dem König von Stein überreicht werden konnte; eine Fortsetzung folgte am 26. oder 27. Dezember nach[7].

Man ist überrascht, bei der Betrachtung dieser Aktenstücke zu sehen, wie sehr Stein den Wünschen seines Vorgängers und seines Helfers nachgegeben hat. Allerdings nur für eine Übergangszeit. „Einem Mann", schrieb er (den Grundsätzen seines Freundes Rehberg getreulich folgend)[8], „übertrage man die Umformung der Regierungsverfassung; ist dieses bewürkt, so übertrage man die Verwaltung der öffentlichen Angelegenheiten einem Staatsrat, der unter dem überwiegenden Einfluß eines Präsidenten steht." Das erste System bewirke mehr Kraft und Einheit, berge aber die Gefahr einer einseitigen, übereilten und weniger stetigen Geschäftsführung in sich, gegen die das kollegiale System am besten sichere. Also die Verwirklichung seiner eigenen Verfassungsideale behielt er sich für die Zukunft vor – ein Ausweg, auf den ihn auch Hardenberg und Altenstein hingewiesen hatten[9]. In dem Immediatbericht, der den Verfassungsplan begleitete, unterstrich er diese Absicht noch besonders, und wir werden sehen, daß er später tatsächlich darauf zurückgekommen ist. Zunächst aber opferte er den Bedürfnissen des Tages ein großes Stück seiner Lieblingswünsche: kein Wort mehr von der Notwendigkeit, den Monarchen durch Mehrheitsbeschlüsse des Ministerkollegiums zu binden! Und von dem „überwiegenden Einfluß eines Präsidenten" auf diese Versammlung war früher auch keine Rede gewesen! Nur in den Einzelheiten, nicht in den Grundlinien des neuen Planes, kam zunächst seine persönliche Meinung – soweit sie von der Altensteins abwich – zur Geltung.

Ein erster Minister also, unter dem unscheinbaren Namen „Minister der

Finanzen und des Inneren", soll jetzt die Leitung der gesamten inneren wie auswärtigen Politik haben. Seine Vorzugsstellung kommt vor allem darin zum Ausdruck, daß er an Stelle des früheren Kabinettsrats in allen Sachen den Vortrag beim König beanspruchen darf: er verteilt die dort eingehenden Sachen, während der Kabinettsrat, ihm ausdrücklich unterstellt, zusammen mit einigen Sekretären auf gewisse höhere Schreibergeschäfte beschränkt wird; er wohnt den Immediatvorträgen der übrigen Minister und aller geheimen Staatsräte, seiner Untergebenen, bei[10]. Zu den drei von Altenstein geplanten Ministerien hatte Stein, wie übrigens schon Hardenberg, noch ein viertes für das Justizwesen hinzugefügt, während er mit Altenstein die Errichtung eines besonderen Kultusministeriums für überflüssig hielt. Alle Minister halten den Premier (dieser Name ist freilich vermieden)[11] über ihre Verwaltung stets auf dem laufenden; er nimmt an den inneren Beratungen ihrer Behörden teil, sofern sie sich auf das Ganze der Monarchie beziehen. Gewisse gemeinsam zu regelnde Angelegenheiten werden in dem allwöchentlich stattfindenden Ministerkonseil besprochen, in dem er den Vorsitz führt; diese mündliche Aussprache tritt an die Stelle der schwerfälligen schriftlichen Korrespondenzen des alten Generaldirektoriums. Besonders abhängig ist die Stellung des auswärtigen Ministers: er trägt dem König keine Sache vor ohne vorherige Rücksprache mit dem Ersten Minister.

Es versteht sich, daß die Abgrenzung der verschiedenen Ressorts und die innere Organisation der Ministerien nunmehr nach streng rationalen Gesichtspunkten erfolgt. Mit dem bedenklichen System einer Doppelbesetzung des Auswärtigen Departements wird ebenso gebrochen wie mit dem unübersichtlichen und schwerfälligen Nebeneinander mehrerer Behörden an der Spitze der Militärverwaltung. Das neu zu schaffende Kriegsministerium, dem das gesamte Militär unterstellt wird, ist nach den Vorschlägen Scharnhorsts organisiert: in zwei Abteilungen, für Armeekommando und Militärökonomie nach französischem Muster – wie denn überhaupt das französische Vorbild in den Einteilungsprinzipien und Benennungen des Organisationsplanes an vielen Stellen hervorleuchtet und Stein es auch sonst liebt, die Erfahrungen fremder Staaten zum Vergleich herbeizuziehen. Moderne rationale Grundsätze bestimmen auch die Reform des Justizressorts, dessen äußere Organisation noch immer am stärksten die Traditionen der altständischen Epoche verkörpert hatte.

Steins persönliche Ansichten und Wünsche kamen am meisten in der inneren Organisation des Hauptministeriums, der Finanzen und des Innern, zur Geltung. Natürlich war schon die Vereinigung dieser beiden Ressorts in einer Hand ganz auf seine Persönlichkeit zugeschnitten. Durchaus nach seinen Angaben ist die Verteilung der Geschäfte auf zwei Hauptabteilungen (für Finanzen und Inneres) und insgesamt zehn Unterabteilungen (Departements) erfolgt. Sie entspricht im großen und ganzen den Ansichten, die er schon in der Nassauer Denkschrift geäußert hatte – nur daß damals die äußere Stellung und das Zusammenwirken der Departementchefs mehr in der Art eines Kollegiums gleichberechtigter Minister gedacht, im einzelnen unklar geblieben war. Nur das achte Departement (für allgemeine Gesetzgebung) geht auf Altensteinsche Anregung zurück: es sollte seinem Urheber oder einem seiner Gesinnungsgenossen die Vorzugsstellung eines Beraters in allen Gesetzgebungsfragen von grundsätzlicher Bedeutung verschaffen [12].

Die Vorsteher dieser Departements sind, dem Hardenbergschen System entsprechend, keine Minister, sondern „Geheime Staatsräte". In den Gesamtsitzungen des Ministeriums haben sie nur beratende Stimme, da der Wille des Ersten Ministers, ihres Vorgesetzten, entscheidet; trotzdem nehmen sie, als die Leiter der eigentlichen Verwaltung, an den Sitzungen des Ministerkonseils teil, wo sie gemeinsam eine Stimme führen [13]; auch können sie gegen Entscheidungen des Ersten Ministers an den Monarchen appellieren. Sie sind also ein Mittelding zwischen Ministern und bloßen Ressortleitern – Staatssekretäre, wie später die höchsten Reichsbeamten unter Bismarcks Kanzlerschaft. Die Verwaltung ihres Departements führen sie im wesentlichen nach dem bürokratischen Prinzip Hardenbergs, nicht kollegial: ihre Abteilungsleiter (Staatsräte ohne den Zusatz „Geheim") sind ihnen durchaus unterstellt.

Die wichtigste Neuerung innerhalb dieses übersichtlichen Einteilungsschemas ist die Lostrennung des Kultuswesens von der Justiz und die Verselbständigung des Unterrichtsdepartements gegenüber der Kirchenbehörde: ein Stück jener „aufgeklärten" Kulturpolitik, die wir an Stein schon von Münster her kennen. Eine weitere wichtige Neuerung entsprang der neuen Hochschätzung wissenschaftlicher Bildung, die Altenstein, der Fichteschüler, mit allen Königsberger Reformern hegte, zugleich aber dem Bedürfnis Steins, Bürokratie und praktische Erfahrung der Regierten in enge Fühlung miteinander zu bringen: die „technisch-wissenschaftlichen Deputationen", Ausschüsse von praktischen Geschäftsmännern, Gelehrten und Künstlern, die als Ratgeber bei sieben verschiedenen Ministerien und Departements regelmäßig tätig sein sollen [14], gutachtend, prüfend, anregend, den eintönigen Gang der Verwaltung belebend durch ihre fortschrittlichen Ideen und ihrerseits Belehrung schöpfend aus der näheren Kenntnis von den Möglichkeiten und Grenzen staatlicher Macht.

Wie die Zentralbehörden des Staates, so wird auch die Verwaltung der Provinzen wesentlich nach den Vorschlägen Altensteins organisiert. Von ihm – oder vielmehr von Hardenberg, seinem Lehrmeister [15] – stammt zunächst der Gedanke, mehrere Kammerbezirke unter einem Oberpräsidenten als Mittelbehörde zwischen Ministerien und Provinzialkammern zusammenzufassen. Er soll als königlicher Kommissarius, als Kontroll- und Exekutivorgan des Ministeriums in der Provinz erscheinen, demnach vor allem in Notzeiten und im Kriege tätig werden, wenn es gilt, durchgreifende Maßnahmen für größere Bezirke schnell und rasch zu treffen. Damit unterscheidet er sich grundsätzlich von den Oberpräsidenten des alten Preußen vor der Reform, die (immer nur in Einzelfällen) als Kammerpräsidenten höheren Grades gewirkt hatten, mehr dazu berufen, die Sonderinteressen der Provinz gegen die Zentrale zu vertreten als umgekehrt. Was Hardenberg-Altenstein jetzt vorschlug, glich offenbar mehr dem „Intendanten" des alten Frankreich als dem „Oberpräsidenten" des alten Preußen. Eben deshalb hätte Altenstein auch die Bezeichnung „Zivilgouverneur" vorgezogen: durchaus als ziviles Gegenstück zum kommandierenden General der Armee ist die neue Behörde gedacht, und jedem Armeekorpsbezirk entspricht ein Oberpräsident. Es scheint aber nun, als hätte Stein diese Umkehrung des alten, ihm selbst in Westfalen so lieb gewordenen Amtes fast in das Gegenteil seines früheren Zwecks nicht bemerkt. Er mag darin eine Art von Ersatz gesehen haben für die jetzt wegfallenden Provinzialministerien: ein Wirkungsfeld für tatkräftige, weitblikkende Persönlichkeiten, eine Stellung, wie er sie selbst sich noch 1804 gewünscht hatte. Auf das Beispiel der älteren schlesischen Provinzialminister verwies er Altenstein selbst. Aber indem er nun (von seiner Auffassung des Amtes her begreiflich) darauf drang, daß der Oberpräsident auf das innigste mit der Kammer verbunden sein, ihren Sessionen beiwohnen, an ihren Arbeiten persönlich beteiligt sein müsse, schuf er eine unklare, den Geschäftsgang komplizierende Mittelstellung zwischen Ministerial- und Provinzialorgan, die sehr bald durch Vincke und Schrötter als erfahrene Verwaltungspraktiker kritisiert und von Altenstein unmittelbar nach Steins Abgang wieder beseitigt worden ist[16].

Unter den Oberpräsidenten wirken die alten „Kriegs- und Domänenkammern" der Provinzen in neuer Gestalt: als „Regierungen" – ein Name, der früher den Justizbehörden der Provinz vorbehalten geblieben war –, mit größerer Selbständigkeit als früher und moderner organisiert in büromäßigen Fachabteilungen[17]. Ganz sicher geht es auf Steins persönliche Wünsche zurück, daß man das kollegiale System der Provinzialverwaltung beibehielt und nicht durch das bequemere der Präfekturen, zu dem später Hardenberg neigte, ersetzte[18]. Die wichtigste Neuerung, die Altenstein aus Anregungen Steins übernahm, war die Einführung unbesoldeter, von den Ständen gewählter Repräsentanten des Provinzialinteresses[19] als regelmäßige Mitarbeiter der Regierungen, und zwar (entgegen Altensteins ursprünglichem Vorschlag)[20] mit dem vollen, nicht bloß beratenden Stimmrecht ausgestattet, also nicht bloß als Beobachter, Kontrollorgane und Gutachter, sondern als gleichberechtigte Mitglieder des Kollegiums, die im Dienstaltersrang sogar den Berufsbeamten vorgehen!

Wir kennen diesen Plan und seine Motive schon aus der Nassauer Denkschrift. Er wurde ergänzt durch die Einfügung ständischer Repräsentanten in das Ministerium des Innern (Departement der allgemeinen Gesetzgebung)[21] und in die Büros der Oberpräsidenten. Daß noch viel weitgehendere ständische Pläne dahinter steckten, zeigte die Bemerkung des Organisationsplans, daß Auswahl, Zahl, Amtsdauer und Qualifikation der Repräsentanten abhängen würden von den künftigen „Bestimmungen über die Organisation der

Stände[22]". Indessen, solange die hier angekündigte neue Organisation einer kommunalen und ständischen Selbstverwaltung noch nicht vollzogen war, konnte die Einrichtung der ehrenamtlichen Regierungsräte nur als ein seltsam isolierter Einbruch ständischer Ideen in das geschlossene Gefüge des staatlichen Verwaltungsapparates erscheinen.

Eben diese Isolierung der ständischen „Repräsentanten" inmitten eines rein bürokratischen Verwaltungssystems scheint das besondere Wohlgefallen des Königs erweckt zu haben. Ihm dünkten diese Ehrenämter ein treffliches Mittel, unbequeme ständische Ansprüche auf ungefährliche Weise zu befriedigen[23]. Stein seinerseits rechnete damit, daß eine „Nation" eigentlich erst durch die vorgeschlagene Ämterverfassung gebildet, durch Mitwirkung in den Provinzialbehörden und im Gesetzesdepartement zu regelmäßiger Teilnahme an der Gesetzgebung erst erzogen werden müsse. Erst dann könne man daran denken, die „ganze Staatsverfassung" nach dem ständischen Prinzip einzurichten. Man sieht, wie bedeutungsvoll und schwer auch ihm dieser Übergang erschienen ist.

Die ständischen Kammermitglieder blieben denn auch der eigentliche Stein des Anstoßes in der vielseitigen Kritik, die dem Organisationsplan, durch König und Minister veranlaßt, im Kreise der höheren Staatsbeamten zuteil wurde. Das meiste von dem, was Beyme und General Lottum als Vertraute des Königs, Hardenberg, Klewitz und Auerswald als Berater Steins[24] zu ändern wünschten, bezog sich auf Einzelheiten von mehr technischer als politischer Bedeutung. Manches davon fand nachträglich Aufnahme in den Entwurf. Sehr energisch aber war der Widerspruch, den die Vermischung ständischer Kontroll- und bürokratischer Exekutivorgane in der Einrichtung der unbesoldeten Regierungsräte fand. Nicht nur Auerswald und Schrötter, die zunächst davon betroffenen Verwaltungspraktiker, beteiligten sich daran, sondern gerade auch die intimsten Freunde und Schüler Steins: der Berliner Geheimrat Kunth, ehemals sein Gehilfe im Fabrikendepartement, und Ludwig von Vincke, sein Nachfolger in Münster, der seither seinen westfälischen Posten hatte verlassen müssen und nun als Gutachter in Verwaltungsfragen von Stein gebraucht wurde. Die Wucht der von diesen Männern vorgebrachten, durchweg aus praktischer Erfahrung geschöpften Gegenargumente, denen man keinerlei politisches Vorurteil anmerkt[25], macht auf den Nachlebenden einen durchaus überzeugenden Eindruck. Stein aber beharrte zähe auf seiner Meinung und bewies eben dadurch aufs neue, daß seine ständischen Verfassungsideale viel weniger praktischer Erfahrung als theoretischer Überzeugung entstammten – einer Ideologie, deren tiefe Verwurzelung in den Familientraditionen des Reichsritters und in den literarisch-politischen Studien der Lernjahre wir früher ausführlich erörtert haben.

Ende Februar 1808 war nach vielem Hin und Her die Beratung an ihr Ende gelangt, der große Plan zu einer Neuorganisation der preußischen Zentral- und Provinzialbehörden reif zur Vollziehung als Gesetz. Alles in allem eine erstaunliche Arbeitsleistung weniger Monate – der Abschluß einer Entwicklung von Reformtendenzen, die wir als Ganzes nunmehr von jener frühesten Reformschrift Hardenbergs vom 25. Juli 1797 an[26] überblicken. Aber das Schicksal hat dem großen Reformer auch diesen Plan nicht ins Leben zu führen vergönnt.

In den Tagen, als er seinen Schlußbericht dem König überreichte, verließ er Königsberg, um in Berlin persönlich die Verhandlung mit Napoleons Fronvögten zu führen. Nicht lange, so stellte sich heraus, daß die Hoffnung getäuscht hatte, auf die der ganze Organisationsplan aufgebaut war: daß mit einer Räumung der vom Feinde besetzten Provinzen vorläufig nicht gerechnet werden durfte[27]. Für zwei oder drei Provinzen aber war das neue Verfassungsgebäude offenbar viel zu weitläufig angelegt. So blieb nichts übrig, als einstweilen ein neues Provisorium zu schaffen. Denn das bisherige ungeordnete Neben- und Durcheinander halb abgebauter alter und unfertiger neuer Zentralbehörden durfte auf keinen Fall länger bestehen bleiben: schon deshalb nicht, weil es ganz ungeheuerliche Kosten machte. Eben diese unerschwinglich gewordenen Kosten hatten das bisherige Arbeitstempo der Reformer wesentlich mitbestimmt. Und es war für die preußischen Finanzen verhängnisvoll genug, daß Stein mehrere Monate (vom Februar bis Mai) brauchte, bis er von seinem optimistischen Vertrauen auf einen schnellen Abschluß des Kontributionsgeschäftes zurückkam.

Unmittelbar nach seiner Rückkehr nach Königsberg, im Juni 1808, hat er den überfällig gewordenen Umbau in Angriff genommen.

Das erste war die endgültige Entfernung Beymes aus den Geschäften. Er war schon vorher dadurch tief gekränkt, daß Stein während seiner Abwesenheit nicht ihn, sondern Klewitz die wichtigeren Staatssachen hatte vortragen lassen, und hatte seitdem alle Neigung verloren, seine vermittelnde Tätigkeit bis zur (einstweilen nicht abzusehenden) Rückkehr des Hofes nach Berlin fortzusetzen. Um so mehr, als ihn die nutzlosen Versuche Steins in Berlin, Napoleon und seine Trabanten durch politische Nachgiebigkeit zu versöhnen (wir werden noch davon hören), schwer enttäuschten und erbitterten. Schon vor der Rückkehr Steins erbat er freiwillig seine Entlassung in das Berliner Amt – am 1. Juni erhielt er sie[28]. An seine Stelle traten zwei Kabinettsräte: Klewitz und Sack, der letztere besonders für juristische Sachen. Die Entlastung des Ministers durch Kabinettsräte, die einen Teil der Immediatvorträge übernahmen, erwies sich also sogleich wieder als notwendig.

Nicht weniger als dreizehn Oberbehörden wurden danach in Königsberg ab- oder umgebaut, eine Menge Beamte auf halben Sold entlassen. Was auf diesem Wege neu entstand (Ende Juli–Anfang August), war ein Kompromiß zwischen der im Februar geplanten Neuorganisation und dem überkommenen Bestand an Behörden. Die Stelle des Hauptministeriums für Finanzen und Inneres nahm jetzt das „General-, Finanz- und Polizeidepartement“ (sogenanntes Generaldepartement) ein, den Personen nach identisch mit der bisherigen Immediatkommission: Klewitz, Altenstein, Schön und Stägemann, zu denen Sack, Steins alter Vertrauter von Westfalen her, noch hinzutrat. Die eigentlichen Antriebe zur Reform gingen auch weiterhin von hier aus; zu einer wirklichen Zentrale der Finanz- und Polizeiverwaltung wurde die neue Behörde aber nicht ausgebaut. Nicht nur, daß die Schröttersche Provinzialbehörde bestehen blieb und vom Justizdepartement jetzt auch noch die Kirchen-, Schul- und Armensachen übernahm: auch die Zoll-, Akzise-, Salz-, Stempel- und Postverwaltung blieb gesonderten Behörden überlassen. Und wenn auch die Überzahl militärischer Verwaltungsstellen durch eine einfache Militärkommission ersetzt wurde, so blieb diese Kommission doch gleichfalls hinter den Absichten des Reorganisationsplans wesentlich zurück: schon ihre Besetzung mit zwei Vertretern vielfach entgegengesetzter Anschauungen ließ erkennen, daß der König (der an diesem Zurückbleiben schuld war) einen allzu raschen Gang der Militärreform scheute.

Begreiflich wird dieses immer noch reichlich bunte Nebeneinander nur daraus, daß Stein im Grunde von Anfang an aus der Stellung des Premierministers in das Kollegialsystem hinüberstrebte. Ihm lag auch jetzt noch wenig daran, als „Erster Minister" alle Macht und alle Verantwortung in seiner Hand zu vereinigen; um so wohler fühlte er sich in der Rolle als Vorsitzender einer großen Staatsversammlung erfahrener Verwaltungschefs. Ohne Zweifel vertraute er deren Autorität gegenüber dem Monarchen mehr als seinem persönlichen Einfluß – genau umgekehrt wie Hardenberg. Der große Staatsrat, das Ideal schon der großen Aprildenkschrift von 1806, wurde jetzt wirklich geschaffen: in der Form der „Generalkonferenz": einer wöchentlich einmal zusammentretenden Vereinigung aller Minister (des Auswärtigen, des Provinzialdepartements und der Justiz), von denen jeder einen seiner Räte mitbringt, mit dem Ersten Minister, sämtlichen Räten des Generaldepartements und den beiden Chefs der Militärkommission. Dazu treten die übrigen Departementchefs, falls Gegenstände ihres Ressorts zur Verhandlung stehen. Diese Konferenz ist nicht mehr das Ministerkonseil des Organisationsplans[29], das die Entschlüsse des Premiers und seinen Vortrag beim Monarchen vorbereiten hilft: sie ist selber die letzte, entscheidende Instanz. Die nüchterne Sachkenntnis der eigentlichen Verwaltungsmänner gegen das Übergewicht politischer Erwägungen zur Geltung zu bringen, oder, wie er es selber einmal ausdrückt: „Die Exekution der Administration nicht durch ein causalierendes und dirigierendes Cabinet lähmen zu lassen"[30] – das ist im Grunde der Sinn des Steinschen Kollegialsystems. Eben darum haben auch in der Generalkonferenz sämtliche Räte, die daran teilnehmen, dasselbe Stimmrecht wie die Minister und sonstigen Departementschefs. Der Erste Minister hat den Vorsitz, in dem er durch Schrötter vertreten werden kann, und nur darin drückt seine überragende Stellung sich verfassungsmäßig aus, daß sein Votum im Falle der Stimmengleichheit den Ausschlag gibt.

Tatsächlich hat diese Generalkonferenz in den letzten Monaten des Steinschen Ministeriums (vom 7. September bis 9. November 1808) allwöchentlich als oberste Staatsbehörde getagt und die von den Ministerien vorbereiteten Gesetzentwürfe zum Abschluß gebracht. Viel war es freilich nicht mehr, was in diesen wenigen Wochen verhandelt werden konnte: als wichtiges großes Reformgesetz nur noch die Städteordnung[31]. Gerade einen Tag nach der Eröffnung der Generalkonferenz kam der solange vergeblich erwartete Abschluß mit Frankreich endlich zustande (8. September). Die Räumung der besetzten Provinzen rückte in greifbare Nähe. Gleich nach der Ratifikation des französischen Vertrages (Anfang Oktober) ging deshalb Stein an die endgültige Redaktion seines großen Organisationsplanes. Noch einmal gestaltete er ihn um!

Man hat diese letzte Umgestaltung fast immer als rein taktische Maßnahme zu deuten versucht. Angesichts der bitteren Notwendigkeit, auf Napoleons Geheiß vorzeitig die Zügel aus der Hand zu geben, habe der Minister einen Weg gesucht, um auf irgendeine versteckte Weise doch noch Einfluß auf die Staatsgeschäfte zu behalten, in äußerlich unscheinbarer Stellung als „Geheimer Staatsrat" die Fortführung seiner Reformpläne gewissermaßen zu überwachen. Eben deshalb habe er den allgemeinen „Staatsrat" unter persönlichem Vorsitz des Königs oder (stellvertretend) eines Ministers oder eines Minister gewesenen Geheimen Staatsrats (also wohl Steins selber) an die Stelle des „Ersten Ministers" gesetzt. Vor den Staatsrat gehört nicht nur die eigentliche Gesetzgebung, sondern auch die letzte Entscheidung in den gemeinsamen Angelegenheiten mehrerer Ministerien; alles was die Minister dem König vortragen wollen, ist zuerst diesem Kollegium vorzulegen. Darin sollen die volljährigen Prinzen, sämtliche Staatsminister, die leitenden Ressortchefs der Ministerien, der Geheime Kabinettssekretär und endlich eine Anzahl besonders berufener Staatsmänner ohne spezielles Departement ihren festen Sitz haben – sämtliche beamteten Mitglieder als „Geheime Staatsräte" mit gleichem Stimmrecht. Die letztgenannte Kategorie der Geheimen Staatsräte (ohne bestimmtes Ressort) soll sich vor allem aus früheren Ministern bilden: alle künftig zu entlassenden Minister würden als Geheime Staatsräte im Staatsrat bleiben[32]. War diese seltsame Gleichstellung von aktiven und inaktiven Ministern und ihren Untergebenen nicht offensichtlich eine Künstelei, ausschließlich oder doch wesentlich zu dem Zweck erfunden, dem Urheber des Planes fortdauernden Einfluß zu sichern? Er selbst hat in einer vorläufigen, dem König am 28. Oktober überreichten Skizze[33], auf die scheinbar fortdauernde Gunst des Königs vertrauend, diese Möglichkeit seiner Weiterverwendung stark unterstrichen. Dennoch kann es gar nicht zweifelhaft sein, daß die Einführung des Staatsrats als oberster entscheidender Instanz der Gesetzgebung für ihn viel mehr bedeutete als eine taktische Maßnahme für einen bestimmten, vorübergehenden Zweck. In Wahrheit stellt das neue Organisationsedikt, wie er es am 24. November dem König zur Unterschrift vorlegte (in einem Augenblick, als seine gänzliche Entlassung bereits entschieden war!), nichts anderes dar als den reinsten Niederschlag seiner verfassungspolitischen

Überzeugungen, viel reiner als der Altensteinsche Entwurf vom November 1807/Februar 1808. Schon im April, auf dem Höhepunkt seiner Macht, hatte er auf eine Umbildung jenes Planes im Sinne der Kollegialverfassung gedrängt[34]. Auch die Gleichstellung der Minister mit ihren Untergebenen war mehr als eine bloß fortgeschleppte Tradition aus dem Kollegialsystem des alten Generaldirektoriums[35]: er wollte bewußt den politischen Willen der Minister an das Mehrheitsvotum einer beratenden Versammlung von „Administratoren" binden; denn er fürchtete nichts mehr als eine Emanzipation politischer Tendenzen von den festen „Verwaltungsgrundsätzen", die er in die preußische Bürokratie nunmehr eingeführt hatte. Das ist wesentlich aus dem ganzen Zusammenhang seiner anglophilen Verfassungsideale zu verstehen. Auf preußische Verhältnisse übertragen, barg eine solche extrem kollegiale Regierungsverfassung offenbar die Gefahr unendlicher Schwerfälligkeit in sich. Schon die Vielzahl gleichberechtigter Sektionen in den Zentralministerien hat sich später, unter Altenstein-Dohnas matter Oberleitung, als verhängnisvoll erwiesen. Dennoch: wie die Dinge in Preußen nach Steins Abgang lagen, ließ sich auch vom Standpunkt des rein praktischen Politikers viel für seinen Staatsrat sagen: dem ewig zögernden, mißtrauischen König gegenüber hatte die Autorität eines förmlichen Staatsratsbeschlusses sicherlich mehr zu bedeuten als die vereinzelte Stimme von Ministern, die ihrer Sache selbst nicht ganz sicher waren und die um ihre Stellung bangten[36]. Man mußte nur dafür sorgen, daß unter den jüngeren Mitgliedern des Staatsrates genug reformeifrige Elemente waren; dann würde ihr zahlenmäßiges Übergewicht auch ein widerstrebendes Ministerium auf der Bahn der Reform festhalten können. Zumal dann, wenn der stellvertretende Präsident der Versammlung, dem auch in Anwesenheit des Königs die eigentliche Geschäftsleitung zufallen sollte, zur Partei der Reformer gehörte[37].

Der Umbau der Spitze, der Ersatz des leitenden „Ersten Ministers" durch ein oberstes Kollegium, war die weitaus wichtigste Veränderung des Organisationsplans, die Stein selber noch vornahm. Was sonst noch geändert wurde, betraf in der Hauptsache nur technische Einzelheiten. Darüber hinaus mußte das Hauptministerium jetzt geteilt werden: Finanzen und Inneres fielen zwei Ministern zu, weil die Persönlichkeit fehlte, die beides gemeinsam hätte verwalten können. In dieser Gestalt ist der Organisationsplan am Tage der Entlassung Steins endlich vom König unterzeichnet worden (24. November). Aber Stein täuschte sich, wenn er glaubte, damit seine Durchführung gesichert zu haben. Gerade die Bindung der Minister an Staatsratsbeschlüsse, auf die es ihm ankam, war für Altenstein, den neuen Finanzminister, ein Stein des Anstoßes.

Gleich in der ersten Audienz nach seiner Ernennung, noch am 24. November, erörterte er mit dem König die „Bedenklichkeit" des neuen Organisationsplanes[38]. Das Endergebnis war, daß der vom Monarchen bereits unterschriebene Plan unveröffentlicht blieb, seine Ausführung bis auf weiteres ausgesetzt wurde und statt dessen am 16. Dezember ein „Publikandum“ erschien, das den Staatsrat der Form nach vertagte, der Sache nach beseitigte. Denn obwohl der Gedanke Steins nicht förmlich preisgegeben, von Hardenberg sogar mehrmals wieder aufgegriffen wurde, ist er doch niemals in ursprünglicher Gestalt verwirklicht worden. Altensteins Ehrgeiz verhinderte, daß überhaupt etwas davon zustande kam, solange er selbst neben Dohna die Leitung der Geschäfte inne hatte [39]. Die Ministerien, wie sie der Plan vom 24. November 1808 aufzählte, blieben also selbständig nebeneinander bestehen, und da weder Altenstein noch Dohna eine überragende Autorität gewannen, beide unfähig zu staatsmännischer Leistung großen Stils, trat das Altensteinsche System eines leitenden Premierministers ebensowenig ins Leben wie das kollegiale System Steins. Die Reformen gerieten ins Stocken, und erst Hardenbergs unverwüstliche Tatenlust hat sie seit 1810 wieder in Gang gebracht – jetzt aber im Rahmen einer streng bürokratisch organisierten Staatskanzlerschaft, die einen „Staatsrat“ nur noch als beratendes Gutachterkollegium gelten ließ.

Trotz alledem ist die ungeheure Anstrengung des Organisators Stein nicht umsonst gewesen. In den weitaus meisten Bestimmungen war das Altensteinsche Publikandum vom 16. Dezember doch nichts als ein Auszug aus dem allzu umfangreichen Organisationsplan des November. Die alte Kabinettsregierung blieb beseitigt, um erst vier Jahrzehnte später in anderer Gestalt noch einmal aufzuleben. Die neue Verteilung der Geschäfte unter die Ministerien, die übersichtlich-rationale innere Einrichtung des Finanz- und Polizeiministeriums, die neue Grenzziehung zwischen Justiz und Verwaltung – das alles blieb bestehen und ist zur Grundlage der modernen preußischen Behördenorganisation geworden.

Dasselbe gilt, in noch höherem Grade, von der Organisation der Provinzialbehörden. Das Institut der Oberpräsidenten wurde von Altenstein sogleich in das Publikandum vom 16. Dezember mit aufgenommen – allerdings mit einer (schon erörterten) [40] Abweichung von den Ansichten Steins. Die neue Einrichtung ist dann mit einer kurzen Unterbrechung (von 1810 bis 1815) zu einem dauernden Bestandteil des preußischen Verwaltungsapparates geworden – seit 1815 mit bedeutend erweitertem Wirkungskreis – und hat sicherlich viel dazu beigetragen, daß die besonderen Interessen der Provinzen im Ganzen der jetzt so viel schärfer zentralisierten Verwaltung nicht übersehen wurden. Eben damit diente sie einem der Grundgedanken Steins.

Ganz nach den unter Stein ausgearbeiteten Entwürfen sind die Provinzialregierungen organisiert worden. Hier brauchte man nicht mit der Durchführung zu warten, bis die Mittelprovinzen vom Feinde geräumt waren. Im Gegenteil schien es ratsam, die neue Organisation noch vorher in Ostpreußen praktisch zu erproben. Die entsprechenden Abschnitte des großen Organisationsplanes vom November 1807 waren noch einmal von den Männern der praktischen Verwaltung, vor allem von Schrötter und Vincke [41], eifrig diskutiert worden. Wir hörten schon früher, daß die Beiziehung ständischer Repräsentanten in die Regierungskollegien vielseitigen Widerspruch fand, Stein aber daran festhielt. Tatsächlich ist diese Neuerung in die organisatorischen Verordnungen vom 26. Dezember 1808 aufgenommen worden, die Dohna und Altenstein unter Benutzung der Steinschen Entwürfe veröffentlichten. Die praktische Durchführung stieß aber dann auf so viele Schwierigkeiten, sogar auf Widerspruch der Provinzialstände[42], daß sie nur in Ostpreußen unternommen worden zu sein scheint. Dort war die Folge bald ein heftiger Zwist zwischen der Regierung und den „Repräsentanten", die sich über das Kollegium beim König beschwerten – also das Gegenteil dessen, was Stein beabsichtigt hatte. Unter Hardenberg hat man denn auch diesen verunglückten Teil der Reform stillschweigend fallenlassen.

Im übrigen stellten die Verordnungen vom 26. Dezember 1808 betr. Provinzialverwaltung nicht eine einfache Wiederholung der entsprechenden Abschnitte des Organisationsplanes vom 23. November 1807 dar. Vielmehr waren diese, sobald Stein nach Königsberg zurückgekehrt war (also im Juni), dem ostpreußischen Provinzialdepartement zu einer Neubearbeitung überwiesen und dort vielfach umgestaltet und ausgebaut worden. Das Merkwürdigste ist die Aufnahme langer theoretischer Ausführungen über moderne Wirtschaftspolitik, teilweise wörtlich aus Adam Smith übernommen, in die Instruktion für den inneren Geschäftsbetrieb der Regierungen. Verantwortlich dafür wie für zahlreiche sonstige Einzelheiten ist der Konzipient des Schrötterschen Ministeriums, Kriegsrat Friese, einer der fortschrittlich gesinnten, auf „staatswissenschaftliche Bildung" stolzen Königsberger Juristen, dessen fleißiger Feder wir noch mehrfach begegnen werden. Stein selbst hat natürlich nur die Grundzüge des Ganzen übersehen können – in diesem allgemeinen Sinne aber darf er durchaus als der Schöpfer der neuen Provinzialverwaltung gelten[43]. Zumal es nur seinem stürmischen, unnachgiebigen Drängen zu verdanken war, daß die Entwürfe noch im Spätherbst zustande kamen. Die allgemeinen Grundsätze des Organisationsplans von 1807 blieben in der neuen Fassung erhalten.

Solchergestalt ins Leben getreten, hat sich das Reformwerk Steins sogleich als ein gewaltiger Fortschritt bewährt. Steins Nachfolger waren des Lobes voll über den praktischen Erfolg. Und wenn auch bald weitere Verbesserungswünsche hervortraten[44], insbesondere die Stellung des Regierungspräsidenten so übermäßig zugunsten der Kollegialverfassung geschwächt war, daß Hardenberg und seine Mitarbeiter zeitweise daran dachten, statt dessen ein reines Präfektursystem nach napoleonischem Muster einzuführen – in den allgemeinen Grundzügen hat sich doch die Organisation Steins erhalten und bis in die neueste Zeit den Gang der preußischen Provinzialverwaltung bestimmt.

Stückwerk blieb freilich auch dieser Teil der Reform, solange die Neugestaltung der Bürokratie noch nicht, wie Stein von Anfang an plante, ergänzt war durch die Neuschöpfung einer ständisch-populären Selbstverwaltung in Gemeinde, Kreis und Provinz.

III. Organisation der Selbstverwaltung

1. Die Städteordnung. Wie der Winter 1807/08 vorzugsweise der Neuorganisation der Zentral- und Provinzialbehörden des Staates gewidmet war, so der Sommer und Herbst 1808 einer großgedachten Reform der niederen Verwaltungsorgane: der Kreisbehörden, der Polizeiverwaltung auf dem platten Lande, der städtischen und ländlichen Gemeindeverfassung. Schon während der Monate seines Berliner Aufenthaltes (März bis Mai) ging Stein mit gewohnter Energie und Frische an die Vorbereitung. Eben jetzt erreichte ihn auch ein neuer Zustrom englischer Anregungen: in den zahlreichen Denkschriften zur Verwaltungsreform, die Vincke, eben von einer vertraulichen Mission nach England zurückgekehrt, ihm übersandte; die Muße der Berliner Monate machte ihr gründliches Studium möglich. Sie behandelten das Grundsätzliche ebenso wie die verschiedensten Einzelheiten, alles durchaus im Geiste des Steinschen Liberalkonservatismus und jener Ideen von Nationalerziehung, die den Grundton der Nassauer Denkschrift ausmachten. Die bedeutendste dieser Arbeiten war Vinckes große, später durch Niebuhr veröffentlichte Abhandlung über die innere Verwaltung Großbritanniens, von der wir schon mehrfach hörten[1]. Stück für Stück hat Stein diese Denkschriften seinen Königsberger Mitarbeitern übersandt und zur Beachtung empfohlen. Und wenn sich auch bald herausstellte, daß die Fremdartigkeit der englischen Einrichtungen eine unmittelbare Nachahmung von Einzelheiten ausschloß, so wurde doch die Diskussion der Verwaltungsprobleme aufs stärkste durch den Vergleich mit England mitbestimmt.

Bald nach der Rückkehr nach Königsberg, am 27. Juni, gab er dem Provinzialminister Schrötter den Auftrag[2], zunächst für seine Provinzen Pläne ausarbeiten zu lassen über eine Neubildung der Kreisbehörden, der städtischen und ländlichen Gemeindeverwaltungen und der unteren Polizeiorgane; eigene Reformgedanken, in flüchtig skizzierter Form, und gesammelte Materialien und Ausarbeitungen anderer fügte er gleich hinzu. Das Provinzialdepartement ging sofort an die Arbeit, und Ende August erklärte Stein bereits, daß die Umbildung der Provinzialkammern und die neue Städteordnung innerhalb vier Wochen vollendet sein müßten. Tatsächlich sind diese beiden Teilreformen zuerst zum Abschluß gekommen, zwar nicht in vier Wochen, aber doch bis zum November.

Daß die Reform der städtischen Verwaltungen, für die Stein Ende Juni noch gar keine Vorarbeiten zur Hand hatte, dennoch am frühesten zustande kam, hat seinen besonderen Grund: sie wurde gesondert beraten. Das aber hing mit einem Antrag der Bürgerschaft von Königsberg zusammen.

Die hergebrachte Verfassung dieser zweiten Residenz und Hauptstadt Preußens, die jetzt vorübergehend zur ersten und einzigen geworden war, zeichnete sich durch ein ganz besonders verwickeltes, nur historisch verständliches

System privilegierter Korporationen mit öffentlich-rechtlichen Befugnissen aus. Sie hatte genügt, solange die städtische Verwaltung allein vom Magistrat besorgt wurde, die Tätigkeit der Bürgerschafts-Deputation mehr oder weniger formellen Charakter trug[3]. Nun brachte aber der Krieg von 1807 mit seinen Folgen große Besatzungs- und Kontributionslasten über die Stadt. Ihre gerechte Verteilung auf die Einwohner ließ sich ohne Zuziehung der Bürgerschaft gar nicht durchführen. Sobald man an dieses Geschäft heranging, erwies sich die herkömmliche Vertretung der Bürgerschaft als ein ebenso schwerfälliges wie veraltetes Institut. Das veranlaßte ihren juristischen Beirat, den Kriminalrat Brand, zu einem Reformentwurf, der wenigstens die ärgsten Mißstände beseitigen wollte (29. Dezember 1807). Dieser Reformvorschlag ist nachweislich im April 1808 zur Kenntnis Steins gelangt. Sicherlich hätte er auf den Minister geringeren Eindruck gemacht, wäre der nicht selbst schon lange vorher mit dem Plan einer städtischen Verfassungsreform umgegangen. So aber war ihm der Wunsch der Königsberger hochwillkommen, um damit dem Monarchen gegenüber das öffentliche Bedürfnis einer Städtereform beweisen zu können. Bald nach der Rückkehr nach Königsberg, am 26. Juni, veranlaßte er Brand, seinen Plan als Immediatvorstellung der Königsberger Bürgerschaft einzureichen, was denn auch am 15. Juli geschah. Die Antwort gab eine Kabinettsordre vom 25. Juli, die eine neue Städteordnung für die ganze Monarchie ankündigte; gleichzeitig erhielt Minister Schrötter den förmlichen Auftrag, das Reformgesetz sofort und unabhängig von den sonstigen Gesetzgebungsarbeiten vorzubereiten. Dieser Kabinettsordre verdankt die Städteordnung recht eigentlich ihr Gelingen; ohne die dadurch bewirkte Beschleunigung des Verfahrens hätte sie wohl sicher das Los der übrigen Selbstverwaltungspläne Steins geteilt, nicht mehr rechtzeitig fertig zu werden.

Dennoch gehört sie selbstverständlich ihrem Ursprung nach in den Zusammenhang dieser allgemeinen Pläne. Der Brandsche Entwurf bildet darin kaum mehr als ein einzelnes, auslösendes Moment. Inhaltlich hat er höchstens in Einzelheiten das Reformgesetz mitbestimmt[4]. Vielmehr darf man die Urheberschaft (wenn auch nicht die Ausführung) des Gedankens der Städteordnung ausschließlich Stein zuschreiben. Ohne seine Nassauer Denkschrift wäre niemand auf den Gedanken verfallen, eine allgemeine Reform der städtischen Verfassungen vorzunehmen[5]. Altensteins großer Reformplan weiß davon ebensowenig wie die zahlreichen Gutachter, denen man den Organisationsplan vom 23. November 1807 vorgelegt hatte. Was Auerswald Ende Januar zu der Frage äußerte, war nicht viel mehr als eine Zustimmung zu den Vorschlägen der Nassauer Denkschrift[6], brachte jedenfalls nichts Neues hinzu. Nur Vincke hat einen eigenen ausführlichen Reformplan entwickelt, der aber eine so unpraktische, nur auf großstädtische Verhältnisse berechnete Nachahmung hanseatischer und englischer Vorbilder enthielt, daß er auf die späteren Beratungen so gut wie gar nicht eingewirkt hat[7]. Übrigens wird auch dieser Reformplan wohl erst auf Anregung Steins entstanden sein, und der Minister faßte ihn selbst nur als interessanten Beitrag zur Diskussion, nicht als ernsthaft verwendbaren Gesetzentwurf auf.

Was Stein nun selbst seinem Erlaß an Schrötter (vom 27. Juni) als allgemeine Grundlinien für die Städteordnung einfügte, beschränkt sich auf eine Wiederholung der allgemeinen Grundsätze seiner Nassauer Denkschrift. Und was die Schröttersche Behörde dann Anfang September als Gesetzentwurf vorlegte, geht in wichtigen Grundzügen auf die Entwürfe des Mannes zurück, der als der weitaus vornehmste unter den Bearbeitern der Städteordnung (wenn auch nicht als ihr eigentlicher Schöpfer) zu gelten hat: des Königsberger Polizeidirektors Joh. Gottfried Frey.

Es ist natürlich kein Zufall, daß dieser in Stadtgeschäften gründlich bewanderte Beamte, der hier zum ersten und einzigen Mal in den Gang der Reformberatungen eingreift, und nicht einer der uns sonst vertrauten Berater Steins an der Entstehung des Gesetzes den größten Anteil hat. Die innere Einrichtung des Städtewesens mit seinem komplizierten Neben- und Ineinanderwirken staatlicher und kommunaler Einrichtungen erforderte offenbar eine spezielle Sachkenntnis, die keinem der rein kameralistisch oder juristisch geschulten Räte der Ministerien in solchem Maße zur Verfügung stand. Aber die Persönlichkeit Freys brachte auch für die Aufgabe, zu der sie hier berufen wurde, eine ganz besondere Eignung mit.

Geborener Königsberger, aus kleinen Verhältnissen stammend, hat er sich durch dienstliche Tüchtigkeit, als Mitglied des Stadtgerichts, Stadtrat und schließlich als Leiter des Polizeiwesens seiner Vaterstadt, mehr aber noch durch gründliche wissenschaftliche Bildung und durch die Vorzüge eines vornehmen, aufrechten Charakters von soliden Grundsätzen in der Königsberger Gesellschaft große Achtung erworben. Besonders nahe scheint er dem emeritierten Kriegsrat J. G. Scheffner gestanden zu haben, dessen heiter-joviale Greisengestalt zu den bekanntesten Figuren der Hauptstadt gehörte[8] und dessen Haus und schöner Garten jahrzehntelang einen Sammelpunkt für alles bildete, was in Königsberg literarische, wissenschaftliche und politische Interessen pflegte; auch Stein und der ganze Reformerkreis hat dort regelmäßig verkehrt. Aus vielen Äußerungen Freys klingt eine Staatsgesinnung heraus, die mit der Steins eine gewisse Ähnlichkeit hat: vor allem in dem Bemühen, die Tätigkeit der staatlichen Polizei in den Dienst der moralischen Erziehung zu stellen, „Nationalunarten“ mit ihrer Hilfe zu heilen; oder in der (schon von den Physiokraten verfochtenen) Meinung, daß die Verwaltung eines großen Staates nicht ohne freiwillige ehrenamtliche Mitwirkung von „Mitgliedern der Gesellschaft“, von Regierten also, geleistet werden könne. Offenbar traf Stein in diesem Ostpreußen auf einen Mann, dessen moralische, religiöse und politische Prinzipien sogleich sein Vertrauen erweckten. Da er im Hause des Polizeidirektors wohnte, darf man vermuten, daß in die große Denkschrift über Städtereform, die Frey auf seinen Wunsch ausarbeitete, von vornherein auch manche in mündlicher Unterredung geäußerte Anregungen Steins miteingeflossen sind.

Sie beginnt, charakteristisch für beide Männer, mit einer Motivierung durchaus moralpädagogischer Art: „Zutrauen veredelt den Menschen, ewige Vormundschaft hemmt sein Reifen, Anteil an den öffentlichen Angelegenheiten gibt politische Wichtigkeit, und je mehr diese an Umfang gewinnt, wächst das Interesse für Gemeinwohl und der Reiz zur öffentlichen Tätigkeit, welche den Geist der Nation erhebt, zur Erwerbung gemeinnütziger Kenntnisse, ja selbst eines unbescholtenen Rufs anfeuert und dadurch den Egoismus und die Frivolität zügelt." Das könnte Wort für Wort Stein selber geschrieben haben. Ebenso den unmittelbar folgenden historischen Rückblick, in dem die traurigen Folgen eines Regiments von „fremden Invaliden, juristischen Routiniers und Schreibern" beklagt werden: Zerstörung des bürgerlichen Gemeingeistes, Geringschätzung des Bürgers und gesunkenes Ansehen der Magistraturen. Was aber dann folgt: die sehr lebendige Schilderung des Sinekurenwesens in der städtischen Ämterverwaltung, der unerträglichen Einmischung des Militärs in die bürgerliche Verwaltung der Garnisonstädte, der ewigen Bevormundung des städtischen Wesens durch die Provinzialbehörde, vor allem der ganz unzulänglichen Justizpflege in den Städten – das alles setzt die mehr als zwanzigjährigen Erfahrungen des hellblickenden Verwaltungspraktikers voraus. Merkwürdig ist nur, daß der Verfassungsentwurf, den er auf diese Einleitung folgen läßt, strenggenommen sich gar nicht mit der Abstellung dieser Übel beschäftigt: weder von einer Einschränkung der Staatsaufsicht noch von der künftigen Rechtsstellung des Militärs noch von einer Verbesserung der Justizpflege ist darin die Rede. Alles Interesse konzentriert sich ganz einseitig darauf, die äußere und innere Teilnahme der Bürgerschaft an den städtischen Geschäften zu heben: „Es ist kein Akt der Güte, sondern der Gerechtigkeit, der Bürgerschaft die usurpierten Rechte wieder zu geben, ihr die Verwaltung ihres Privateigentums und sämtlicher Kommunalangelegenheiten nach einem wohlgeordneten Plan selbst zu überlassen, die Teilnahme an den öffentlichen Geschäften und mit dieser das Interesse am Gemeinwohl zu wecken und dadurch die Liebe zum Vaterlande und jene warme Anhänglichkeit an den Vater desselben zu fesseln, die für Bürgertum und Staaten gleich beglückend ist." Ganz wie in der Nassauer Denkschrift Steins erscheint also die Einführung ständischer Selbstverwaltung in den Städten als Allheilmittel für alle Schäden – eine Einseitigkeit, die erst in der Umarbeitung des Freyschen Entwurfs durch das Provinzialdepartement gemildert, aber auch in der endgültigen Form der Städteordnung noch nicht ganz überwunden worden ist.

Daß die Form dieser ständischen Selbstverwaltung des Bürgertums, die Bildung seiner Verwaltungsbehörden (Magistrate) durch wechselnde, für kurze Zeiträume geltende Wahlen der gesamten angesessenen Bürgerschaft, eine Neuerung auch gegenüber dem altdeutschen Herkommen bedeutete, haben wir schon früher, bei der Erörterung der Nassauer Denkschrift, gesehen. Dort berief sich Stein auf das Vorbild der englischen Stadtverfassungen. Es ist aber sehr wahrscheinlich, daß Frey bei der Abfassung seines Entwurfs auch das konstitutionelle

Schema der neueren westeuropäischen Staatsverfassungen vor Augen gehabt hat, in denen die Exekutive ja nicht aus allgemeinen Volkswahlen, sondern aus der Legislative, aus der Volksvertretung hervorging. Wenigstens für die größeren Städte will er im Gegensatz zur Nassauer Denkschrift die Magistratsmitglieder von einer Repräsentantenversammlung wählen lassen, nicht von der Gesamtbürgerschaft unmittelbar; deren Anzahl sei zu groß, auch fehle es vielen Bürgern an dem nötigen Grad der Kultur, um sie unmittelbar an den Geschäften teilnehmen zu lassen. An das konstitutionelle Gemeinschema eines ständischen (oder modern-parlamentarischen?) Legislativorgans erinnert auch die Art, wie Frey die Repräsentantenversammlung sich konstituieren läßt: aus eigenem Recht, ohne Leitung eines Magistratsmitglieds, und wie er ihr neben der fortlaufenden Kontrolle der Exekutivorgane das Recht zu Beschwerden und Verbesserungsvorschlägen beilegt. Welches andere Vorbild als das ständische hätte er auch für die Neuerung, die hier von Stein geplant war, wählen sollen? Ebenso entsprach es den seit Montesquieu allgemein verbreiteten Grundsätzen modernen Verfassungsrechts (im Gegensatz zum mittelalterlichen und altständischen Herkommen), wenn die erwählten Repräsentanten der Bürgerschaft für ihre Entschließungen nur ihrem eigenen Gewissen, nicht ihren Wählern verantwortlich sein sollten: das Gesamtwohl der Stadt, nicht das partikulare Interesse ihrer Auftraggeber oder gar der Zünfte, denen sie zufällig angehörten, hätten sie zur Richtschnur ihres Handelns zu machen [9].

Mit dieser Anlehnung an die allgemeinsten Grundsätze westeuropäischen Verfassungsrechts und mit der reichlichen Anwendung von Ausdrücken der neueren französischen Gesetzgebung [10] ist indessen noch keineswegs die unmittelbare Nachahmung französischer Revolutionsgesetze bewiesen, die man Frey nachgesagt hat. Insbesondere die Munizipalgesetze der Revolution konnte er sich schon deshalb nicht zum Muster nehmen, weil das den Sinn der Steinschen Reform beinahe ins Gegenteil verkehrt hätte. Die französischen „Communen" sollten nach dem Willen der Gesetzgeber von 1789 nichts anderes sein als die arithmetisch kleinsten Zellen politischer Willensbildung der einen, überall gleichförmigen Nation, ohne eigenes Leben, bloße mechanische Unterteilungen der Kantone, Distrikte, Departements. Das Mißtrauen dieser Gesetzgeber gegen jede Art von Sonderleben der Provinz, der Gemeinde, der Korporationen blickte überall durch, ja es wurde im Gesetz selber offen ausgesprochen. Von „Bürgerschaften" der Städte war überhaupt keine Rede: im revolutionären Frankreich gab es nur Staatsbürger schlechthin. Die preußischen Reformer dagegen hielten ohne Ausnahme, wie selbstverständlich, am altdeutschen Herkommen fest, das auch der fürstliche Absolutismus nicht zerstört hatte: an dem Grundsatz, daß jede Stadtgemeinde eine eigene Korporation bilde, zwar nicht mehr politisch selbständig, wie im Mittelalter, aber doch zu eigenem, teilweise durch Lokalstatut festgelegtem, teilweise vom Staat verliehenem, nicht aber durch eine allgemeine Staatsbürgerschaft verdrängtem Recht [11]. Niemand sollte Mitglied dieser Korporation sein, der nicht förmlich darin aufgenommen war und ihr den Bürgereid geleistet hatte; Nichtmitglieder dieser Korporation sollten, wie von jeher, als bloße „Schutzverwandte", also nicht als „wirkliche Bürger", in der Stadt wohnen[12], an ihren Rechten gar nicht beteiligt, zu ihren Lasten nur teilweise herangezogen werden. Eben aus diesem korporativen Charakter der Stadt ergaben sich, wie wir sogleich sehen werden, erhebliche Schwierigkeiten der Rechtskonstruktion im Zeitalter des modernen, über die alten lokalen Schranken und Bindungen hinausdrängenden Wirtschaftslebens. Aber dieses korporative Wesen gehörte nun einmal notwendig zu dem ständischen, nicht modern-demokratischen Freiheitsbegriff, auf dem die ganze Städtereform von 1808 ruhte; und so war es ganz folgerichtig und entsprach zweifellos den Absichten Steins, wenn Frey nicht die in der Stadt wohnende Bevölkerung als eine bloße Summe von Staatsbürgern (wie in Frankreich), sondern die Bürgerschaft als Korporation auch an der Bildung der staatlichen Repräsentativorgane beteiligte: „die Wahl der Deputierten zum Generallandtage" übertrug er den Repräsentanten der Bürgerschaft. (Art. 48, 5.)

Hiernach wird man auch da vorsichtig sein müssen in der Annahme direkter Nachahmung französischer Revolutionsgesetze, wo sich eine äußere Ähnlichkeit zu zeigen scheint. Eine einheitliche Regelung des Städtewesens für die ganze Monarchie, über alle lokalen Verschiedenheiten des Herkommens hinweg, hatte schon das Allgemeine Landrecht wenigstens angebahnt; man setzte nur die Praxis des alten Absolutismus fort, wenn man jetzt den Geltungsbereich lokaler Sonderstatuten noch weiter einengte[13]. Die innere Staatsverwaltung einheitlicher, einfacher und übersichtlicher zu gestalten (ohne deshalb in die schematische Egalisierung der Französischen Revolution zu verfallen) war ja überhaupt eine der Grundtendenzen des Steinschen Reformwerks. Es war den romantisch-restaurativen Vorurteilen einer späteren Epoche vorbehalten, den politischen Segen einer möglichst großen Buntheit der Rechtsordnungen zu entdecken[14]. Die Wahl der städtischen Repräsentanten nicht durch Zünfte und andere Korporationen, sondern nach topographisch eingeteilten Wahlbezirken durch die gesamte wahlfähige Bürgerschaft war sicherlich die auffallendste Neuerung des Freyschen Entwurfs. Sie entsprach der Forderung der Nassauer Denkschrift: das Wahlrecht allen „mit Häusern und Eigentum angesessenen Bürgern" ohne Einschränkung oder Abstufung zu verleihen. Übrigens war die Ausschaltung der Korporationen und die Anwendung des topographischen Einteilungsprinzips nicht ohne Vorbild auf deutschem Boden: nicht in allen preußischen Städten hatten die Zünfte ihre politischen Vorrechte bewahrt, hatte sich der Unterschied zwischen „Groß- und Kleinbürgern" erhalten[15]; die Stadtviertel („Distrikte"), nach denen jetzt gewählt werden sollte, spielten im altdeutschen Städtewesen, u. a. auch in Königsberg, in der Verwaltung eine große Rolle. Und soeben erst hatte Vincke seinen ganzen Städtereformplan auf die Viertelseinteilung aufgebaut; er hatte sich dafür auf die „Kirchspiele" der hamburgischen Verfassung (und der englischen Lokalverwaltung) und auf die Unmöglichkeit berufen, ein anderes brauchbares Einteilungsprinzip zur Organisierung der städtischen Selbstverwaltung in größeren Städten zu finden. In der Tat: wenn man einmal die Vertretung des städtischen Gemeinwohls, nicht der engen Korporationsinteressen, zum Inhalt der Bürgerschaftsinteressen machen wollte, war die rein topographische Einteilung der Wahlbezirke das einzig Folgerichtige, und es bedeutete nur einen Abfall Steins von den Prinzipien seiner eigenen Reform, wenn er im Alter das „Wählen nach Classen" für besser erklärte als das „Wählen nach Bezirken" [16].

Freilich gab es für ein solches öffentliches Wahlverfahren keinen Anhalt mehr im bestehenden Recht. Eben deshalb verwandte Frey auf seine Darstellung besonders breiten Raum. Er schlug geheime Wahl vor, durch Ballotieren nach freimaurerischem Muster; Stein wäre öffentliche Stimmabgabe besser erschienen; doch hat er schließlich, der Mehrheit des Generaldepartements folgend, dem Freyschen Vorschlag zugestimmt.

Die große Denkschrift Freys ist dem Provinzialdepartement am 17. Juli mit einem Begleitschreiben Steins zugegangen, das die ausführlichste Äußerung des Ministers über Städtereform überhaupt darstellt. Im ganzen ist er mit Frey durchaus einverstanden, und seine Änderungswünsche beziehen sich nur auf Einzelheiten. Dennoch ist eine gemeinsame Grundrichtung dieser Wünsche recht wohl zu erkennen. Man sieht sogleich, daß der Reichsfreiherr seiner Herkunft und amtlichen Tätigkeit nach städtischem Wesen im Grunde fernstand. Die Geschäftstätigkeit der Magistrate und Bürgermeister flößt ihm geringen Respekt ein. Er meint, daß „ein verständiger, welterfahrener Gewerbetreibender besser über städtische Angelegenheiten urteilt als der Gelehrte", und so ist seine Hauptsorge: die Einwirkung akademisch geschulter Juristen auf den Gang der Stadtverwaltung auf ein möglichst geringes Maß zu beschränken. Unter den Stadtverordneten möchte er recht „viele Individuen aus der gewerbetreibenden Klasse" sehen, und darum die Zahl der Rechtskundigen, die zu Repräsentanten gewählt werden dürfen, von vornherein beschränken, „damit man nicht eine Repräsentation aus Advokaten bestehend erhält, die gar nichts taugt. Die Justizkommissarien (Justizpersonen des Stadtgerichts) sollten für wahlunfähig erklärt werden [17]." Man sieht: ihn schreckte die Erinnerung an das Versailler Advokatenparlament von 1789. – Permanente, lebenslänglich angestellte Magistratsbeamte wünscht er so wenig als möglich anzusetzen: nur zwei, den Rendanten und Syndikus, hält er in kleineren Städten für unentbehrlich; das Bürgermeisteramt dagegen soll grundsätzlich neben- und ehrenamtlich geführt werden – wie es scheint auch in den großen Städten. Hohe Besoldungen [18] für die leitenden Verwaltungsposten sind entbehrlich: „ausgezeichnete Männer müssen die Posten aus Liebe zum gemeinen Besten selbst suchen". Darum soll auch die Bürgerschaft bei ihrer Wahl nicht durch ein Präsentationsrecht des Magistrats beschränkt werden – auch in den Großstädten nicht! Die Summe ist: bei dieser ersten Durchführung seiner Selbstverwaltungsideen möchte Stein unter allen Umständen verhindern, daß bürokratisches Schreibwerk, bürokratischer Pfründnergeist und juristischer „Formelkram" der freien Entfaltung gemeinnütziger Tätigkeit des schlichten, gewerbetreibenden Bürgers im Wege stehen. „Vor der Verwaltung durch Offizianten muß man sich hüten", lautet eine Randbemerkung. Von der Unentbehrlichkeit eines großen bürokratischen Apparates für die moderne Stadtverwaltung hatte er noch weniger als seine Mitarbeiter eine Vorstellung [19]. Übrigens hat er in höherem Alter, nach zwanzigjähriger Erfahrung mit vielfach rohen und unwissenden Bürgerschaftsvertretungen, selbst beklagt, daß die Städteordnung alles aktive und passive Wahlrecht einseitig an das Eigentum binde und „den Einfluß des Intellektuellen in die Wahlversammlung und in den gewählten Körper verhindere" [20].

Das hing nun freilich mit einem Mangel der Bestimmungen über das Bürgerrecht zusammen, der sich schon in dem ersten Freyschen Entwurf findet und durch alle nachfolgenden Verbesserungen nicht behoben worden ist. Das Städtewesen der älteren Zeit war ausschließlich eine Angelegenheit derer, die ein „bürgerliches Gewerbe" trieben, weil nur sie zum Erwerb des Bürgerrechts verpflichtet waren. Alle Beamten, Mitglieder akademischer Berufe, Künstler usw. lebten als „Eximierte" innerhalb der Stadtmauern ohne jeden Anteil am städtischen Gemeinwesen; darüber hinaus waren alle wirtschaftlich nicht selbständigen Elemente, Gesellen, Tagelöhner, Gesinde, als bloße Schutzverwandte vom Erwerb des Bürgerrechts geradezu ausgeschlossen, obwohl sie natürlich der Steuerhoheit, Polizei und Gerichtsbarkeit der Stadt unterstanden. Sollte die städtische Selbstverwaltung ein höheres Leben gewinnen, so mußte man suchen, diesen engbegrenzten Kreis der „wirklichen Bürger" zu erweitern. Das war auch die Absicht Freys: er wollte den Zugang zum Bürgerrecht auch solchen Personen eröffnen, die ohne städtischen Grundbesitz und ohne bürgerliches Gewerbe in der Stadt lebten, sofern sie dem Stande der Staatsbeamten, der Rentner, der akademischen Berufe oder der Künstler angehörten. (Art. 4 bis 5.) Eine Bestimmung, die Stein dahin erweitert zu sehen wünschte, daß einfach „jeder (Unbescholtene), der in der Stadt domiziliert, auch am städtischen Wesen teilnehmen soll" – d. h. das Bürgerrecht erwerben kann [21]. Damit drang er denn auch durch; aber ebensowenig wie Frey dachte er daran, den bisher Eximierten nunmehr den Zwang zum Erwerb des Bürgerrechts aufzuerlegen; der blieb nach wie vor im wesentlichen auf die „Gewerbetreibenden" beschränkt [22]. Die gebildeten Schichten also, sofern sie nicht mit Grundbesitz ortsansässig waren, wagte er auch jetzt nicht unter das Joch der gemeinbürgerlichen Lasten und Pflichten zu zwingen, und alle späteren Beratungen haben daran nichts mehr geändert – nur daß für die Erwerber von städtischem Grundbesitz der Bürgerrechtszwang auf eine sehr unglückliche Weise verschärft [23], für die Mitglieder der meisten akademischen Berufe dagegen, wenn sie freiwillig in die Bürgerschaft eintraten, deren Last wesentlich erleichtert wurde: sie brauchten städtische Ehrenämter nicht zu übernehmen [24].

Der auffallendste Mangel des Freyschen Entwurfs war das Fehlen eingehender grundsätzlicher Bestimmungen über die Grenzen der städtischen Selbstverwaltung gegenüber der staatlichen Bürokratie[25] und über das Zusammenwirken von Magistrat und „Repräsentanten" in der Stadtverwaltung. Den Aufgabenkreis der „Repräsentanten" hatte Frey überaus vorsichtig, in engem Anschluß an das geltende Recht, abgegrenzt. Sie blieben beschränkt auf die Abgabe von Erklärungen und Beschwerden „auf dem Instanzenweg", Abnahme von Kämmereirechnungen zur Entlastung der Stadtkasse, Erstatten von Gutachten u. dgl.; dazu trat, als einzige Neuerung, die Wahl der Magistratsmitglieder und Landtagsdeputierten.

Nichts von Budgetrecht, nichts von Anspruch auf Teilnahme an der laufenden Verwaltung! Stein führte dieses etwas dürftige Programm näher aus: den ersten Punkt, die Mitwirkung der Repräsentanten bei der städtischen Finanzverwaltung, ohne wesentliche Erweiterung ihrer Befugnisse über das geltende Recht hinaus, aber in einem Wortlaut, der auffallend stark an einen Artikel der französischen Munizipalgesetze erinnert[26] (wie er denn immer gern die Lektüre ausländischer Gesetze zu Hilfe nahm). Statt der bloßen Abgabe von „Gutachten" setzte er „Beurteilung und Prüfung der Verwaltung" und wollte nicht bloß (wie Frey) auf Anfordern des Magistrats einzelne Bürger in die laufende Verwaltung entsenden, sondern regelmäßige Verwaltungsdeputationen der Repräsentantenversammlung für alle einzelnen Geschäftszweige[27] bilden; diese sollten den Magistrat und seine Geschäftsführung laufend kontrollieren, ihre Gutachten öffentlich erstatten, unter Umständen drucken lassen. Das bedeutete eine wesentliche Machterweiterung für die Gemeindevertreter – in derselben Richtung ist dann die weitere Ausarbeitung des Gesetzes fortgeschritten[28].

Wir brauchen sie nicht mehr in allen Einzelheiten zu verfolgen. Sie vollzog sich im wesentlichen innerhalb des Schrötterschen Provinzialdepartements, das seinen Gesetzentwurf bereits bis zum 6. September fertigstellte, ohne die Meinungsäußerungen des Generaldepartements erst abzuwarten. Man kann die Arbeitsenergie dieser Behörde nur bewundern. Ihr allein ist es zu verdanken, daß aus den fragmentarischen Anregungen Freys und Steins innerhalb weniger Wochen ein nach allen Seiten hin wohl durchdachtes, höchst umfängliches Gesetz (von über 200 Artikeln!) gestaltet wurde, das sich in der praktischen Erfahrung der nächsten Jahrzehnte freilich nicht als fehlerfrei, aber doch als elastisch genug erwiesen hat, um in seinen Grundzügen alle späteren Abänderungen zu überdauern. Seine heute etwas altfränkisch anmutende Ausführlichkeit war (wie bereits Schön erkannte) recht wohl damit zu rechtfertigen, daß die städtische Bevölkerung ohne genaue Einzelanweisungen mit ihrer neugeschenkten Freiheit gar nichts anzufangen gewußt hätte. Im Gegensatz zur sonstigen Reformgesetzgebung ist das Generaldepartement, die ehemalige Immediatkommission, nicht die Seele dieser Reform gewesen[29]. Man gewinnt sogar aus ihrem Verhalten den Eindruck, daß sie an diesem Punkt nicht ohne eine gewisse Skepsis dem Reformeifer ihres Chefs folgte – mit Ausnahme allerdings von Schön, der sich gar nicht genug darin tun konnte, die „Mündigkeit der Commune" gegenüber den staatlichen Aufsichtsorganen zu verteidigen[30].

Gleich in der ersten kollegialen Beratung des Provinzialdepartements (am 1. August) erkannte man, welche zentralen Fragen es noch zu lösen galt: das Verhältnis von städtischer und staatlicher Verwaltung und das Zusammenwirken von Magistrat und Stadtverordneten[31].

Die Autonomie der altdeutschen „freien" Städte hatte der Absolutismus mit denselben Mitteln unschädlich gemacht wie die ehemalige ständische Machtstellung des Adels: er hatte ihnen alle politischen Hoheitsrechte genommen, ihnen aber ihre herkömmliche Gerichts- und Polizeigewalt belassen. Nur hatte er die städtischen Gerichte und Polizeibehörden, ihrer größeren Wichtigkeit entsprechend, unter wesentlich schärfere Aufsicht genommen als die entsprechenden Institutionen auf dem Lande, hatte auch seine eigenen Beamten, seine Armee und alle nicht gewerbetreibenden Klassen davon „eximiert", also staatlichen Gerichten unterstellt. In Berlin und Königsberg gab es sogar eine eigene königliche Polizeiverwaltung, mit dem Magistrat nur ganz lose (in der Person des Polizeidirektors) verbunden; und in den Garnisonen übte das Militär eine weitausgedehnte Polizeigewalt aus. Aber grundsätzlich waren Polizei und Gericht nirgends den Magistraten genommen.

Als nun die Reformer daran gingen, das Werk des Absolutismus fortzusetzen und zu überbieten, indem sie die Souveränität des Staates nach innen streng folgerichtig ausbauten, alle Zwischenobrigkeit zwischen Staatsregierung und Untertanen aus dem Wege zu räumen suchten[32], mußte logischerweise mit der Gutsobrigkeit auch die städtische Gerichts- und Polizeihoheit fallen[33]. Wenigstens war das ihre eigene einstimmig bekundete Auffassung. Stein hatte über diese Frage in seiner Nassauer Denkschrift sich nicht weiter geäußert[34]; aber in den Beratungen zur Städteordnung stimmte er mit allen seinen Gehilfen darin überein, daß dem Magistrat die Ausübung der Polizeigewalt, wenn überhaupt, nur durch ausdrückliche Übertragung von seiten des Staates („ex iure delegato") belassen werden könne. Er war sogar mehr als alle anderen besorgt, die Hoheitsrechte des Staates über die Städte zu sichern, damit nicht etwa aus der neuen Ordnung „eine Menge kleiner Republiken entständen" – wie in der altdeutschen Zeit und in Frankreich während der ersten Jahre der Revolution[35]. Auf seinen ausdrücklichen Wunsch wurde eine besondere Formulierung der staatlichen Aufsichtsrechte an den Anfang der Städteordnung gestellt.

Es waren aber nicht nur theoretische Überzeugungen, sondern sehr reale praktische Erfahrungen, die eine Übernahme städtischer Gerichts- und Polizeigewalt auf den Staat zu fordern schienen. Schon die erste Denkschrift Freys hatte ein anschauliches Bild von den mangelhaften Justizeinrichtungen, besonders der kleinen Städte (und wie wenige größere Städte gab es im Osten!) entworfen. Ihre Mängel standen denen der gutsherrlichen Gerichte kaum nach. Nur eine großzügige, einheitliche Neuordnung des Gerichtswesens für das ganze Land konnte nach seiner Meinung hier Abhilfe schaffen. In noch höherem Maße galt das von der Sicherheitspolizei: sie könne nur dann wirksam sein, meinte Frey, wenn sie von den Lokalbedürfnissen gänzlich losgelöst und einheitlich für alle, besonders für die großen Städte des Landes organisiert würde.

Indessen hier ergab sich nun eine eigentümliche Schwierigkeit. Der Begriff der Polizei umfaßte damals außer dem, was wir heute darunter verstehen, die ganze innere Verwaltung: Fürsorge für Handel und Gewerbe, Armen-, Schul-, Kirchen- und Gesundheitswesen, Lebensmittelversorgung, Markttaxen und Marktaufsicht, Reinigung, Pflasterung, Beleuchtung der Straßen, Aufsicht über den Fremdenverkehr, das Innungswesen und dergleichen mehr – fast alles Dinge, die in den Gutsbezirken des platten Landes keine Rolle spielten. Städtische Verwaltung ist ihrer Natur nach von polizeilicher Zwangsgewalt nicht ganz zu trennen, und alles Ansehen der städtischen Behörde hatte bisher darauf beruht, daß Polizei und Gericht in ihrer Hand waren. Überhaupt gehört es zum Wesen echter Selbstverwaltung, daß sie nicht auf bloß kommunale Angelegenheiten eingeschränkt bleibt, sondern einen Teil der staatlichen Verwaltungsaufgaben mit übernimmt. Wollte man der neuen städtischen Freiheit nicht allen realen Inhalt rauben, so durfte man sie nicht einfach auf die Verwaltung des städtischen Kämmerei- und Bürgervermögens beschränken (wie das z. B. in Berlin vor 1806 der Fall gewesen war, wo fast alle eben aufgezählten Verwaltungszweige von der königlichen Polizei besorgt wurden). Die erste Aufgabe des Provinzialdepartements war, über diesen wichtigen Punkt sich weitere Klarheit zu verschaffen. Zu diesem Zweck hat Frey eine Reihe weiterer Denkschriften geliefert; auch im Generaldepartement hat man darüber beraten. Das Ergebnis war aber doch sehr wenig befriedigend. Eine klare Begriffsbestimmung der „Ortspolizei" fehlt in der Städteordnung ganz. Der sonst verdienstliche Redaktor des Gesetzes, Geheimrat Wildkens, entzog sich den hier auftauchenden Schwierigkeiten, indem er einfach auf die bestehenden und künftig noch zu erteilenden „besonderen Vorschriften" verwies (§ 165). Wohl werden eine Reihe Verwaltungsgegenstände (wesentlich nach Freys Vorschlägen) aufgezählt, die sich zur Verwaltung in besonderen städtischen Deputationen „eignen" (§ 179); aber weder ist gesagt, daß sie der Verwaltung durch die staatlichen Polizeibehörden entzogen sein sollen, noch ist die von Frey theoretisch geforderte Scheidung zwischen Verwaltungs*aufsicht* als Sache der Polizei und Verwaltungs*ausübung* („Administration von Kommunalanstalten") als Sache der Selbstverwaltungsorgane praktisch durchgeführt. Nicht einmal davon ist die Rede, was Frey immer wieder als Wichtigstes gefordert hatte: daß alle Einmischung des Militärs in polizeiliche Angelegenheiten der Stadt künftig aufzuhören habe und daß die Garnisontruppen der Stadtpolizei ebenso unterworfen sein müßten wie die Bürger[36]. Die Sicherheitspolizei, die Grenzen ihrer Befugnisse und ihr Verhältnis zur Justiz werden nicht einmal erwähnt; nur gelegentlich ist (auf Altensteins besonderen Wunsch) bemerkt, daß „eine Schützengilde in der Bürgerschaft zu den notwendigen Anstalten jeder Stadt gehört" – doch ohne daß man über ihre Zwecke (sie war als Bürgerpolizeitruppe gedacht) etwas Näheres erfährt. Und schließlich ist auch über die städtische Gerichtsbarkeit nur insofern etwas gesagt, als sie mit Schweigen übergangen wird: eben daraus konnte der Gesetzgeber sich den Anlaß entnehmen, die bisher städtischen Gerichte ohne weiteres in königliche umzuwandeln – was denn auch 1809/10 (jedoch ohne eine allgemeine Neuordnung des Gerichtswesens im Sinne Freys und darum ohne viel Nutzen) geschehen ist.

Die ungenügende Abgrenzung der Polizeigewalt gegenüber der eigentlichen Stadtverwaltung ist zweifellos der bedenklichste Mangel der Städteordnung von 1808. Denn welche Handhabe bot nicht diese Unklarheit einem strebsamen königlichen Polizeidirektor, in alles und jedes hineinzureden! Um so mehr, als entgegen den Wünschen des Provinzialdepartements[37] die Ortspolizeibehörde förmlich zum Aufsichtsorgan der Stadt in allen Fragen einer Änderung bestehender Gemeindeeinrichtungen und bei Veräußerung städtischer Grundstücke gemacht wurde (§§ 171, 189, 2)! Also nicht genug damit, daß die Selbstverwaltung der Städte mit einem grundsätzlichen Verzicht auf ihre alten Hoheitsrechte – Polizei und Gerichtsbarkeit – erkauft werden mußte: nun drohte auch noch die also beschränkte Verwaltung von neuem unter bürokratische Aufsicht zu geraten! Merkwürdigerweise hat keiner der Reformer, wie es scheint, damals diese Gefahr bemerkt. Verständlich ist das nur aus der Voraussetzung, daß man ähnlich wie beim Oktoberedikt auf den Erlaß weiterer, ergänzender Reformgesetze über Polizei und Militärgewalt rechnete[38]. Es kam hinzu, daß den Begründern der Städteordnung die Übertragung der Ortspolizei an den Magistrat „ex iure delegato" offenbar als der Normalfall vorschwebte. Wenn aber Stadtverwaltung und Ortspolizei in einer Hand lagen, schien keine Gefahr für die städtische Unabhängigkeit zu drohen. Praktisch hat sich das als ein Irrtum erwiesen. Denn sobald der Magistrat zur Ortspolizeibehörde ernannt wurde, unterstand er als solche der unmittelbaren Befehlsgewalt der staatlichen Oberbehörden – eine Abhängigkeit, deren Grenzen erst recht nicht genau zu bestimmen waren! Überdies hat der Staat bis 1810 in nicht weniger als 21 Städten – allen großen und mittleren seines Gebietes – eigene Polizeidirektionen errichtet. Für städtische Selbstverwaltung in höherem Sinn mußte dort erst in jahrzehntelangem Kampf der Raum erobert werden. Um so härter drückten die Kosten der staatlichen Polizeiverwaltung, die von der Bürgerschaft aufzubringen waren. In Berlin, wo diese Kosten früher fast ganz vom Staat getragen (freilich aus den städtischen Akziseeinkünften bestritten) waren, steigerten sich infolgedessen die städtischen Ausgaben plötzlich auf das Zehnfache und wären (zumal bei der starken Kriegsverschuldung der Stadt) gar nicht zu leisten gewesen ohne sehr beträchtliche staatliche Zuschüsse.

So unklar und provisorisch die Städteordnung das Verhältnis von Polizei und Kommunalverwaltung regelte, so eingehend, ja umständlich war sie (in ihrer endgültigen Gestalt) bemüht, die Befugnisse der Stadtverordneten und ihr Verhältnis zum Magistrat festzulegen.

Die wesentliche Bestimmung geht hier auf Wilckens und das Provinzialdepartement zurück: das eindeutige politische Übergewicht der Stadtverordneten über den Magistrat. Sie entspricht weder den ursprünglichen Absichten Steins noch denen Freys und unterscheidet die Städteordnung von 1808 von allen späteren Umgestaltungen[39]. Eindrucksvoller noch als Frey wußte Wilckens die Unabhängigkeit der Gemeindevertreter von ihren Auftraggebern zu formulieren: „Das Gesetz und ihre Wahl sind ihre Vollmacht, ihre Überzeugung und ihre Ansicht vom gemeinen Besten der Stadt ihre Instruktion, ihr Gewissen aber die Behörde, der sie deshalb Rechenschaft zu geben haben." Ausdrücklich erklärte er es für seine Absicht, der Bürgergemeinde eine möglichst weit ausgedehnte Teilnahme an der Verwaltung zu verschaffen: „Ich verspreche mir davon die besten Folgen[40]." Wenn er das aktive Wahlrecht unangesessenen Bürgern nur beim Nachweis eines Mindesteinkommens von bescheidener Höhe (150–200 Taler!) verlieh und bestimmte, daß zwei Drittel der Erwählten Hausbesitzer sein müßten, so wollte er damit verhindern, daß besitzlose „Aventuriers" in die Bürgerschaftsvertretung sich eindrängen und deren moralisches Ansehen zerstören könnten; um so unbefangener dehnte er die Befugnisse des Stadtparlamentes aus.

Steins ursprüngliche Vorschläge wurden dabei stark erweitert. Nicht nur, daß die Geschäftsführung des Magistrats durch Deputationen aus der Bürgerschaft bis ins einzelne kontrolliert werden sollte[41]: unter Vorsitz je eines Magistratsmitglieds sollten in den meisten Verwaltungszweigen gemischte Kommissionen, zusammengesetzt aus Stadtverordneten und anderen, von den Repräsentanten erwählten Bürgern, kollegial die Geschäfte führen[42]. Dazu kam die Besorgung kleinerer, insbesondere straßen- und baupolizeilicher Angelegenheiten durch bürgerliche, von den Stadtverordneten gewählte „Bezirksvorsteher" als Unterbehörde des Magistrats – alles in allem eine ganz neuartige Form wirklicher bürgerlicher „Selbstverwaltung", auf deren praktisch sehr ausgedehnter Wirksamkeit der Ruhm und Erfolg der preußischen Städteordnung, wie man weiß, ganz wesentlich mitberuht. Der Magistrat sollte den Sammelpunkt dieser ganzen zerstreuten Geschäftsführung bilden, die allgemeine Leitung haben. Seiner eigenen, unmittelbaren Verwaltung waren aber nur diejenigen speziellen Geschäftszweige vorbehalten, „wobei es nicht auf eigene Administration und fortwährende Lokalaufsicht, sondern hauptsächlich auf Gesetzes- und Verfassungskunde ankommt".

Im wesentlichen beruhten diese Bestimmungen auf neuerlich eingereichten Denkschriften Freys, deren Inhalt sich das Provinzialdepartement zu eigen machte. Selbständiger verfuhr Wilckens in der Ordnung des Budgetrechts für die Stadtverordneten[43]. Sie erhielten ein praktisch unbeschränktes Steuerbewilligungsrecht ohne Bindung an staatliche Gesetzesnormen und ohne Mitwirkung der staatlichen Aufsichtsbehörden – ein für unsere heutigen Begriffe kaum vorstellbares Maß von städtischer Autonomie! Indessen die Sache erklärt sich sehr einfach so, daß keiner der Urheber des Gesetzes die Folgen deutlich übersah.

Man war seit undenklichen Zeiten gewöhnt, daß die Kosten der Stadtverwaltung, unbedeutend wie sie damals waren, normalerweise vollständig durch den Ertrag des städtischen Kämmereivermögens gedeckt wurden. Außerordentliche Kostenbeiträge hatte schon nach dem Allgemeinen Landrecht die Bürgerschaft bewilligen müssen und mit Einverständnis des Magistrats ohne weiteres erheben dürfen. Daß die steuerliche Leistungsfähigkeit der städtischen Bevölkerung für den Staat durch solche Beiträge einmal geschwächt werden könnte, daran dachte, im Zeitalter des Akzisesystems und einer unentwickelten, vollkommen stagnierenden Stadtverwaltung, niemand[44]. Von dem neuen System aber erwartete man eine Ersparung an Gehältern und eine Vereinfachung des Kämmereiwesens durch Veräußerung entbehrlicher Kämmereigrundstücke[45] – ganz gewiß keine Vermehrung der Verwaltungskosten. Als diese später dann doch eintrat – sei es durch Übernahme der Polizeikosten in den größeren Städten, sei es durch eine kräftige Entwicklung des städtischen Wesens überhaupt – begannen sogleich die Versuche des Staates, dem Selbstbesteuerungsrecht der Städte enge Grenzen zu ziehen[46].

Auch in Fragen der Vermögensverwaltung und der jährlichen Etatgestaltung fiel den Stadtverordneten die letzte Entscheidung zu. Der Magistrat wurde durchaus in die Rolle einer abhängigen, bloß „ausführenden" Behörde versetzt. Seine Initiative bei der Einführung von Neuerungen war begrenzt, die des Stadtparlaments unbeschränkt, und nicht einmal ein volles Vetorecht stand ihm zu: im Fall von Differenzen war die Entscheidung der Ortspolizei- oder der oberen Landesbehörde anzurufen[47]. Gewisse Sicherungen, die Wilckens in seinen Entwurf eingebaut hatte, um zu verhindern, daß notwendige Steuerbelastungen der Bürgerschaft vom Stadtparlament verweigert[48], unentbehrliche Kämmereigrundstücke leichtfertig veräußert werden könnten, wurden in der Schlußberatung der Generalkonferenz (am 19. Oktober) noch stark abgeschwächt. Was davon übrigblieb (Publizität der Grundstücksverkäufe und Festlegung der Ausgaben für die Polizei- und Justizverwaltung), hat Stein selbst später mit Kummer als unzulänglich erkannt. Tatsächlich ist es vorgekommen, daß einzelne Gemeinden ihre Waldungen verkauft und den Erlös einfach unter die Bürger verteilt haben.

Es ist sehr merkwürdig, daß so radikale budgetrechtliche Bestimmungen und ein so eindeutiges Übergewicht des Stadtparlaments über den Magistrat von den Räten des Generaldepartements und von Stein trotz früherer Bedenken hingenommen worden sind. Sicherlich hat dazu die Hast sehr viel beigetragen, mit der die letzten Beratungen erfolgten: als der Wilckenssche Entwurf dem Minister zuging (Mitte September), war dessen Stellung bereits schwer erschüttert[49]. Entsprach aber die Überordnung der Stadtverordneten über die Stadtobrigkeit wirklich seinen politischen Grundsätzen? Man wird gut daran tun, sich zu erinnern, daß für ihn das Gesetz die erste Verwirklichung seiner ständischen Verfassungsideale – eine ständische Staatsverfassung gewissermaßen im kleinen – bedeutete. Ein unverfälschtes Budgetrecht und eine volle

Gesetzesinitiative gehörte für den Rehbergschen Freundeskreis zu den unerläßlichen Gerechtsamen der echten Ständeversammlung, und Stein hat noch im hohen Alter daran festgehalten. Eine Verweigerung laufender Staatsbedürfnisse durch die Repräsentanten schien ihm praktisch ganz undenkbar[50]: sie widersprach seinen etwas idyllischen Vorstellungen vom parlamentarischen Leben. Anderseits hielt er mit seinen hannoverischen Freunden ein unbedingtes Vetorecht der Regierung für unerläßlich. Ob er die verwickelten und juristisch nicht ganz eindeutigen Bestimmungen der Städteordnung deutlich genug durchschaut hat, um zu erkennen, daß dem Magistrat doch nur ein sehr beschränktes, man könnte sagen: indirektes Vetorecht zustand? Im späteren Alter, 1826, hat er bemängelt: nicht etwa, daß die Städteordnung alle Gewalt in die Hände der Stadtverordneten gelegt habe[51], sondern daß die gegenseitigen Machtbefugnisse der beiden Zentralorgane in ihr unklar geblieben wären. Die richtige Lösung schien ihm jetzt – durchaus konsequent im Sinne seiner ständischen Theorie –, daß keines von beiden dem anderen übergeordnet sei. Überzeugt wie immer von der Möglichkeit, Konflikte der Machtinteressen durch gütliche Vereinbarung aus dem Wege zu schaffen, möchte er im Fall von Streitigkeiten nach dem Muster der altdeutschen Reichsstädte verfahren: eine eigene Austrägalinstanz, eine Schlichtungskommission, soll geschaffen werden – sofern nicht die obere Staatsbehörde (wie einst in den Reichsstädten kaiserliche Kommissare und der Reichshofrat) ausgleichend eingreift[52].

Die Vermutung liegt nahe, daß ähnliche Grundansichten Steins Entschlüsse schon 1808 bestimmt haben – nur daß er damals, gedrängt vom optimistischen Reformeifer Schöns, vor allem darauf ausging, die „Mündigkeit" der städtischen Repräsentanten gegen jede „Bevormundung" durch Magistrat und Aufsichtsbehörde zu schützen. Aus dem Zusammenhang seiner ständischen Theorie, die eine klare Verantwortlichkeit der Exekutive forderte, könnte man auch zu erklären versuchen, daß er die Amtsdauer nicht bloß der Magistratsmitglieder, sondern ebenso der städtischen höheren Beamten (Magistratsbeamten) zeitlich beschränken wollte. Indessen sprach hier wohl noch unmittelbarer seine Abneigung gegen das bürokratische Wesen mit, das lebenslänglich angestellte Magistratsmitglieder unvermeidlich in die Selbstverwaltung hineintragen mußten[53]. Es zeigte sich aber bald, daß ohne eine größere Zahl von permanenten Stadtbeamten zumal in den Großstädten nicht auszukommen war. Und alle sachverständigen Gutachter warnten dringend davor, diese Beamtenstellen durch Befristung ihrer Amtsdauer für strebsame Köpfe zu entwerten, die Beamten selbst in unwürdige Abhängigkeit von der Gunst der Menge zu bringen. Schließlich fand man den (berühmt gewordenen) Ausweg, die unbesoldeten Mitglieder nach Steins ursprünglichem Vorschlag auf sechs Jahre, die besoldeten Stadträte („gelehrte" Syndici, Finanz- und Baubeamte) auf zwölf Jahre wählen zu lassen, den letzteren aber, falls sie nach Ablauf dieser Zeit nicht wiedergewählt würden, eine ansehnliche Pension zu gewähren, dadurch ihre leichtfertige Ausschaltung zu verhindern und ihnen die nötige Unabhängigkeit gegenüber der Gemeinde zu sichern. Diese Lösung, von Stein selber in die Debatte geworfen, erinnert bis ins einzelne an gewisse Vorschläge Rehbergs in seiner 1807 erschienenen Schrift „Über die Staatsverwaltung deutscher Länder", die eine Entfernung untüchtiger Staatsbeamter ohne richterliches Urteil ermöglichen sollten[54]. An diesem Punkt wird also noch einmal die geschlossene Einheit der politischen Überzeugungen sichtbar, die Steins praktisches Wirken als Staatsmann mit den theoretischen Debatten des westfälisch-hannoverischen Freundeskreises der neunziger Jahre verknüpft.

Mit dem Konklusum der Generalkonferenz vom 19. Oktober, das noch einige letzte Veränderungen brachte, war die materielle Beratung des Gesetzes abgeschlossen – auf die Befragung der städtischen Stände, die Stein ursprünglich beabsichtigte, hatte er ohne sichtbaren Widerstand verzichtet, als Frey sie unnötig und bedenklich fand[55]. Die Schlußredaktion durch das Provinzialdepartement trug nur noch formalen Charakter. Am 19. November, wenige Tage vor der Entlassung Steins, wurde das Gesetz, von ihm und Schrötter gegengezeichnet, durch den König vollzogen. Die Art seiner Publikation veranschaulicht die ganze Ärmlichkeit der damaligen äußeren Verhältnisse: um Druckkosten zu sparen, ließ man dieses bedeutendste aller Reformgesetze als Zeitungsbeilage erscheinen: in vier Bruchstücken über den Monat Dezember verteilt, in elender Ausstattung, für die Behörden nachträglich zusammengeheftet! Die praktische Durchführung ist verhältnismäßig rasch gelungen: bis Ende 1810 war sie in fast allen Städten der Monarchie vollzogen.

Die geschichtliche Bedeutung der preußischen Städteordnung als erfolgreichste aller Reformtaten Steins ist längst in das Bewußtsein der ganzen Nation gedrungen. Der glänzende Aufschwung deutschen städtischen Lebens, der sich seither vollzogen hat, steht deutlich vor unser aller Augen, und denen, die am städtischen Wesen teilhaben, gilt heute Stein weit über Preußens Grenzen hinaus als der eigentliche Erneuerer deutscher städtischer Freiheit. Nicht ohne guten Grund, obwohl der Geltungsbereich des Reformgesetzes von 1808 immer nur auf einen Teil der östlichen Provinzen Preußens, also gerade auf den städteärmsten Teil des deutschen Landes, beschränkt geblieben ist und obwohl seine Einzelbestimmungen schon bald erheblich verändert worden sind. Indirekt hat der Geist der Steinschen Städteordnung weithin auch da gewirkt, wo sie juristisch keine Geltung hatte. Insbesondere wären die Städteordnungen, die sich wetteifernd die süddeutschen Mittelstaaten seit 1818 gaben, schwerlich so weit vom bürokratischen Geist der Rheinbundsepoche abgewichen, hätte nicht das Vorbild der preußischen Ordnung von 1808 mit ihrer weitgehenden Demokratisierung der Stadtverwaltungen irgendwie eingewirkt[56]. Und seit den fünfziger Jahren wurden auch die Gemeindeordnungen der preußischen Westprovinzen, in denen noch lange, kaum gemildert, der Geist der napoleonischen Epoche mit ihrem Mairiesystem nachgewirkt hatte, der Städteordnung des Ostens angenähert, in Westfalen sogar fast völlig damit in Übereinstimmung gebracht. In Hannover hatte man schon seit 1848 die Steinsche Selbstverwaltung auf eigene Weise nachzuahmen versucht.

Unzweifelhaft ist also durch die Reformtat Steins ein mächtiger Anstoß zur Belebung städtischer Selbstverwaltung in das ganze deutsche Staatsleben gekommen. Ihre Kühnheit wird erst dann recht sichtbar, wenn man sich im einzelnen anschaulich macht, wie völlig überrascht und hilflos das Bürgertum der ostelbischen Kleinstädte, aber selbst der wenigen großen Residenzen und Handelsstädte, der neu geschenkten, nicht erkämpften, ja nicht einmal erbetenen Freiheit gegenüberstand. Es war begreiflich, daß die Berufsbeamten, die bisher die städtische Verwaltung geführt hatten, gegen die Übernahme ihrer Geschäfte durch gewählte, technisch in keiner Weise vorgebildete Männer des Erwerbslebens protestierten; Magistrate und Steuerräte der alten Zeit überboten sich in den düstersten Prophezeiungen. Was es mit dem „Gemeinsinn" auf sich haben sollte, dessen Erweckung das Gesetz als seinen Hauptzweck bezeichnete, blieb vielen unverständlich. Es kam vor, daß man pünktliche Steuerleistung und dergleichen darunter verstand und nun feierlich versicherte, an solchem Gemeinsinn habe es nie gefehlt. Aber auch die Bürgerschaft selbst empfand die neue Ordnung mit ihren starken Ansprüchen an ihren Opfersinn, ihre Zeit und ihr Sachverständnis vielfach mehr als Last denn als Gewinn. Anfangs mochte es vielen schmeichelhaft sein, als Erwählter des öffentlichen Vertrauens im schwarzen Rock unter den Stadträten zu tagen oder den städtischen Unterbeamten als Magistratsmitglied zu gebieten. Der Gedanke republikanischer Bürgerfreiheit entsprach durchaus dem Zeitgeschmack. Aber bald genug begann man die Kehrseite der Medaille zu betrachten. Vermehrte Ausgaben durch Übernahme erhöhter Schul- und Armenlasten auf die Gemeinde, durch höhere Gehälter für die nicht mehr auf Lebenszeit angestellten Magistratsbeamten und durch Pensionszahlungen an die nicht wiedergewählten – auf der anderen Seite Verminderung der Einnahmen durch Wegfall gewisser städtischer Lizenzgebühren seit der Einführung der Gewerbefreiheit (1810), vielerorts eine Verschlechterung der Kämmereiverwaltung während der ersten Jahre, leichtfertiges Schuldenmachen, seit die staatliche Aufsicht so gut wie wegfiel, Einführung direkter oder indirekter Steuern für die Stadt – das alles, verschärft durch den Druck einer schweren wirtschaftlichen Krise im Zeitalter der Kontinentalsperre und der großen Kriege, stimmte die Begeisterung schnell herab. Unbestreitbare Mängel des Gesetzes taten das ihre, um den Übergang in die neuen Verhältnisse zu erschweren. Für die kleinsten Orte war der neue Verwaltungsapparat offenbar zu groß: es fehlte an geeigneten Persönlichkeiten für die städtischen Verwaltungskörper; zumal in den Landstädtchen der halbpolnischen Landesteile schlugen sich die Aufsichtsbehörden oft genug verzweifelt mit analphabetischen Bürgermeistern, mit Kämmerern ohne deutsche Sprachkenntnis, mit Stadträten zweifelhaften Rufes herum. In den großen Städten machten sich die Mängel der Bestimmungen über Erwerb des Bürgerrechts besonders fühlbar: die gebildeten Schichten hielten sich fern, das allgemeine gleiche Wahlrecht gab den kleinen Leuten, den Handwerkern aller Grade, aber auch dem städtischen Proletariat mit dem geringwertigsten Grundbesitz, ein starkes Übergewicht. Von einer Vertretung der „großen Eigentümer", einem Regiment des stattlichen, angesehenen Bürgertums, wie Stein es sich gedacht hatte, konnte da keine Rede sein. Je deutlicher aber diese Mängel des neuen Zustandes sich enthüllten, um so mehr fühlte die staatliche Bürokratie sich bestärkt in ihrem Bestreben, den Spielraum kommunaler Selbstverwaltung nach Möglichkeit einzuengen. Das Bestätigungsrecht für die Magistratswahlen, die Unklarheit der Abgrenzung zwischen staatlicher Polizei und kommunaler Verwaltung boten ihr immer noch Handhaben genug. Eine Verordnung nach der anderen erging, zumal in den Jahren der allgemeinen „Restauration" nach 1815, um durch „Deklarationen" den ursprünglichen freiheitlichen Sinn der Städteordnung immer mehr zu verdunkeln.

Stein selbst hat diese Nöte der Übergangszeit sehr schwer empfunden. Kaum zwei Jahre aus dem Amt entlassen, hat er schon sehr kritisch über die Städteordnung geurteilt: sie habe „den Unterschied zwischen Verfassung und Verwaltung nicht scharf genug im Auge behalten" – indem sie (so wird man diese Äußerung deuten müssen) das ständische Verfassungsideal im allzu engen Rahmen städtischer Gemeinwesen zu verwirklichen suchte. Manche Verhältnisse wären deshalb „sehr verwickelt und schief gestellt". Insbesondere die Gegenüberstellung von Magistrat und Stadtverordneten, mit gleichem Anteil an der Verwaltung, scheint ihm jetzt verfehlt. Er möchte statt dessen den „Magistrat in die Stadtverordnetenversammlung werfen", als eine Art Vorsteheramt, „wie das Schulzenamt bei den ländlichen Gemeinden. Die Stadtverordnetenversammlungen selbst müssen mehr verkleinert und in die ganze Maschine mehr Einfachheit gebracht werden". So werde es möglich sein, städtische und ländliche Gemeindeverfassung vollkommen übereinstimmend zu machen, den alten Unterschied zwischen Stadt und Land – gleichzeitig mit der Einführung der Gewerbefreiheit – vollends aufzuheben[57]. Das bedeutet zwar keine Preisgabe der städtischen Selbstverwaltung, wohl aber der ganzen 1808 so mühsam geschaffenen Organisation. Ein überraschender Beweis dafür, wie wenig sich Stein für die Einzelheiten seines Reformgesetzes verantwortlich fühlte!

Er hat auch später noch viel Kritik daran geübt, die von uns hervorgehobenen Mängel sehr deutlich bemerkt – aber eine so völlige Neugestaltung wie 1810 hat er nie wieder gefordert. Zwei Jahrzehnte nach ihrer Begründung hatte sich die Städteordnung trotz aller inneren und äußeren Schwierigkeiten so tief eingelebt, daß niemand mehr an ihre Abschaffung dachte, ihre segensreichen Wirkungen als Ganzes vor aller Augen standen. Auch Stein hat sie in seinen Alterstagen mehrfach freudig anerkannt. Inzwischen war die Gültigkeit ihrer Einzelbestimmungen durch zahllose „Deklarationen", Zusätze und Änderungen so zweifelhaft geworden, daß eine Neubearbeitung dringend nötig erschien. Sie ist durch die sogenannte „revidierte Städteordnung" von

1831 vollzogen worden, ein Gesetzgebungswerk, an dessen Vorbereitung sich Stein als Gutachter mit lebhaftem Eifer beteiligt hat. Die Revision bedeutete mehr als eine bloße Zusammenfassung des nunmehr geltenden Rechts: sie war eine deutliche Veränderung grundlegender Bestimmungen. Soweit es sich darum handelte, die schon mehrfach bemerkten Mängel in der Bestimmung des Bürger- und Wahlrechts auszumerzen und die Aufsicht der Staatsbehörden auf die Vermögensverwaltung der Städte zu verstärken, hat Stein ihr zugestimmt. Insbesondere das Wahlrecht wollte er beschränkt haben: durch einen höheren Vermögenszensus, durch indirekte Wahl und durch Bindung der Wähler an die vom Magistrat aufzustellende Wahlmännerliste. Dennoch kann man nicht sagen, daß die Revision von 1831 durchaus in seinem Sinne erfolgt sei[58]. Er wollte, wie wir vorhin hörten, Magistrat und Stadtverordnete einander rechtlich gleichstellen und ihre friedliche Verständigung durch eine schiedsrichterliche Kommission erleichtern – die neue Ordnung suchte den Magistrat wieder zur übergeordneten Instanz, zur Stadtobrigkeit zu machen: eine Entwicklung, die durch alle späteren Revisionen erst recht gefördert worden ist. Vollends die Übertragung der Polizeigewalt an den Bürgermeister statt an den Magistrat (die man seit 1831 in Preußen bevorzugte, um so gewissermaßen ein staatliches Aufsichtsorgan auch über den Magistrat in der Stadt selbst zu haben) führte weit von den Wegen der Steinschen Reform ab und bedeutete offensichtlich eine Annäherung an das französische Präfektur- und Mairiesystem. Vor allem aber drängte die Entwicklung des modernen, immer weniger bodenständigen Lebens zur Auflösung des alten korporativen Charakters der Städte. Schon die revidierte Städteordnung von 1831 erkannte das an, indem sie die Bestimmungen über den Erwerb und Inhalt des Bürgerrechts so veränderte, daß aus der Bürgergemeinde in Wahrheit eine Einwohnergemeinde wurde, und die spätere Gesetzgebung hat nach und nach jeden Unterschied zwischen Bürgern, Schutzverwandten und Einwohnern der Stadt beseitigt. Stein dagegen hat sich an diesem Punkte niemals von den Traditionen des 18. Jahrhunderts losgemacht; im Gegenteil: er hat sich im Alter erst recht darin versteift. Hatte er bei den Beratungen von 1808 schlechthin jedem ehrbaren Einwohner den Erwerb des Bürgerrechts ermöglichen wollen, so schlug er am Ende seines Lebens vor, daß neu Aufzunehmende sich über ein angemessenes Vermögen, Gewerbetüchtigkeit, eine gewisse Fertigkeit im schriftlichen Ausdruck und Rechnen auszuweisen hätten, daß ihre sittliche Eignung von der Bürgerschaft zu prüfen sei und daß sie schließlich noch eine Art Kaution in die städtische Sparkasse einzulegen hätten[59]. Utopische Wünsche, die uns deutlich zeigen, wie der Alte sich noch immer mit zäher, ja krampfhafter Energie an die Ideale klammert, von denen sein Lebenswerk von Jugend auf beseelt worden war: an die längst der Wirklichkeit entfremdete Idealvorstellung einer Stadtgemeinde als sittlicher Gemeinschaft achtbarer, ansehnlich-freier Männer – einer altdeutschen Volksgemeinde nach dem von Möser entworfenen Bilde.

Das Leben schritt über solche Ideale hinweg. Die ungeheuer intensive Entwicklung städtischen Lebens im Zeitalter der modernen, kapitalistisch organisierten Industrie hat bald genug auch den Begriff bürgerlicher „Selbstverwaltung" problematisch gemacht. Schon zu Steins Lebzeiten hatte das Bürgertum sich gewöhnt, einer neuen Bürokratie, einer städtischen Berufsbeamtenschaft von stetig wachsender Zahl und Bedeutung die eigentliche Verwaltung seiner Städte zu überlassen. Dennoch blieb der Grundgedanke der Steinschen Städtereform: Erweckung von Gemeinsinn des Bürgers durch Tätigkeit für das Wohl seiner Stadt und innere Belebung der städtischen Verwaltung durch Teilnahme der Bürger an ihr, durch alle Veränderungen und Einschränkungen, die das Gesetz von 1808 im Laufe eines Jahrhunderts erfuhr, lebendig wirksam erhalten. Unter Führung seiner Berufsbeamten hat sich das deutsche Bürgertum ohne viel politischen Lärm, auch ohne viel idealen Schwung, aber fleißig und gewissenhaft in den von Stein ihm gesteckten Aufgabenkreis eingearbeitet. Von dem furchtsam-gedrückten Charakter, den ihm einst das stramme obrigkeitliche Regiment des alten Fürstenstaates aufgeprägt hatte, war schon in den Tagen der Achtundvierziger Revolution nicht mehr allzuviel zu spüren. Daß die Erziehung zu staatsbürgerlicher Gesinnung, die wir als das letzte und höchste Ziel aller Steinschen Selbstverwaltungspläne kennenlernten, nicht noch viel besser gelang, lag zuletzt daran, daß auch die Städteordnung in gewissem Sinne Fragment blieb: Teilstück eines viel großartiger gedachten Ganzen, und darum bis 1848 ein Fremdkörper inmitten der Institutionen des alten Obrigkeitsstaates.

2. Die Kommunalverfassung des platten Landes. Die politische Organisation der ländlichen Gemeinden war kein Verfassungsproblem, solange die Gutsherrschaft des Ostens noch in voller Kraft bestand. Polizei, Gerichte und Kirchenpatronat waren Gerechtsame des Gutsherrn, die Einziehung der staatlichen Grundsteuern seine obrigkeitliche Pflicht. Die sehr einfachen kommunalen Angelegenheiten des Dorfes besorgte der Dorfschulze, ein größerer Bauer, unter gutsherrlicher Aufsicht. Jede größere Reform im Sinn verstärkter Selbstverwaltung setzte voraus, daß der geschlossene Gutsverband des Ostens aufgelöst wurde. Vor allem mußte, außer der Patrimonialgerichtsbarkeit des Gutsherren, auch seine Ortspolizeigewalt verschwinden. Da aber nun das Oktoberedikt hier auf halbem Wege stehengeblieben war und da auch die Abschaffung der Patrimonialgerichtsbarkeit noch nicht zustande kam, blieb es im Reformjahr bei schwachen Ansätzen zur Neugestaltung des Landgemeindewesens ohne höheres Interesse.

Ein paar Schritte hat sich allerdings Stein über die neutrale Haltung, die er in der Nassauer Denkschrift in dieser Frage gezeigt hatte, hinausdrängen lassen. In seiner Weisung an das Provinzialdepartement vom 27. Juni 1808, auf der alle weiteren Arbeiten zur Neuorganisation der inneren Verwaltung beruhten, hat er u. a. eine Denkschrift Vinckes zur Beachtung empfohlen, die eine gründliche Umgestaltung der ländlichen Polizeiverwaltung unter fast völliger Beseitigung der örtlichen Polizeigewalt der Gutsherren wünschte. Einen Vorschlag Schrötters, sie ihnen ex jure delegato zu überlassen, ähnlich der städtischen Polizei der Magistrate[1], hat er in einer von Vincke entworfenen Verfügung mit der Begründung abgelehnt, das könne sehr leicht dahin führen, daß die Vormundschaft des Gutsherren über seine Bauern fortdauere, die das Oktoberedikt doch hatte abschaffen wollen[2]. Es ist aber, nach gewissen Äußerungen seiner Alterstage[3], sehr zu bezweifeln, daß diese Stellungnahme in tiefsitzenden persönlichen Überzeugungen wurzelte. Vor allem hat er keinen brauchbaren Gegenvorschlag entwickelt. Vinckes Gedanke, die Einrichtung der westfälischen Erbentage (oder gar das englische Friedensrichter-Amt) in Ostelbien nachzuahmen, war angesichts der gänzlich anderen sozialen und wirtschaftlichen Verhältnisse nicht mehr als eine Utopie. Ebenso unmöglich war es aber, die Ortspolizeigewalt dem bäuerlichen Schulzen zu übertragen, wie man es im Provinzialdepartement (unter lebhafter Zustimmung Schöns) zeitweise erwog. Konnte man etwa wagen, die ehemaligen Herren des bäuerlichen Schulzen seiner Polizeistrafgewalt zu unterwerfen? So blieb als einziger Ausweg die völlige Trennung von Rittergut und Bauerndorf: ihre Einrichtung als zwei gesonderte Kommunalbezirke, jeder mit eigener Polizeiobrigkeit. Tatsächlich wurde der Entwurf des Schrötterschen Provinzialdepartements (vom 24. November 1808) auf dieser Grundlage aufgebaut, und ein späterer Organisationsplan Frieses (der diese Dinge 1810/11 im Ministerium des Innern bearbeitete) führte den Gedanken der Trennung noch entschiedener durch. Verwirklicht ist er indessen erst durch die Kreisordnung von 1872. Erstaunlich spät also – aber nicht ohne Grund! Denn auch diese Lösung bot sehr erhebliche Schwierigkeiten. Solange die alten Gutsverbände nicht wirklich aufgelöst waren, die Bauern noch nicht als freie Leute auf eigenem Grund und Boden standen, Gutsland und Bauernäcker noch vielfach im Gemenge lagen, hatte die Schaffung von getrennten Kommunalverbänden offenbar etwas Künstlich-Gewaltsames. Der fragmentarische Charakter der Steinschen Bauernbefreiung wirkte sich hier als schwere Hemmung aus.

Nun bedeutet aber die dörfliche Einzelgemeinde wenig gegenüber dem größeren Kommunalverband: dem Kreis. Nur in ihm vermag sich ein reicheres kommunales Leben zu entwickeln, nur in seinem Rahmen läßt sich eine wirklich kräftige polizeiliche Exekutive organisieren. Nur im Zusammenhang mit einer Reform der Kreisverfassung war an eine neue Landgemeindeordnung zu denken[4].

Damit aber tat sich eine ganze Fülle von weiteren Verwaltungsproblemen auf. Sollte Ernst gemacht werden mit der einheitlichen und unmittelbaren Staatsbürgerschaft aller Landeseinwohner, so mußte der Landrat eindeutiger als bisher Vollzugsorgan der oberen Staatsbehörden und die königliche Kreisverwaltung gleichmäßig auf alle Dörfer, Domänen und Landstädtchen ausgedehnt werden. Eben in dieser Richtung bewegten sich denn auch alle Reformversuche vor Jena (von Schrötter in Neuostpreußen bereits durchgeführt) und die Forderungen der Nassauer Denkschrift. Steins großer Erlaß an Schrötter vom 27. Juni wiederholte und steigerte sie insofern, als er jetzt den Landräten auch die Aufsicht über die städtische Vermögensverwaltung und Gewerbepolizei zuweisen wollte[5]. Aber damit geriet er sofort in Schwierigkeiten. Solange das Landratsamt wesentlich ständischen Charakter trug, war es sehr bedenklich, städtische Verwaltungen unter landrätliche Aufsicht zu stellen: das hätte geheißen, die Städte aus den Händen der staatlichen Bürokratie in die des benachbarten Landadels fallen zu lassen – von Gutsbesitzern, denen gemeinhin die nötige staatswissenschaftliche Vorbildung gänzlich fehlte! Man mußte dann konsequent sein und die Bekleidung des Landratspostens zum mindesten von staatlichen Prüfungen abhängig, überhaupt den Landrat zu einem besoldeten Staatsdiener nach Art der Kriegs- und Domänenräte machen. Dagegen aber setzte sich Stein zur Wehr, als es Schrötter vorschlug: an dem grundsäzlichen Charakter dieses Amtes wollte er nicht rütteln lassen. Freilich dachte er an eine Erweiterung des Wählerkreises durch Teilnahme von nichtadligen größeren Grundbesitzern, anscheinend auch an staatliche Prüfung der Bewerber[6].

Nun steht aber im Widerspruch zu dieser ständischen Tendenz die merkwürdige Tatsache, daß er in keiner seiner Verfügungen und Aufzeichnungen als Minister die Forderung der Nassauer Denkschrift nach der Einrichtung von Kreistagen wiederholt hat. Hatte er Bedenken, weil es hier im Osten jenes stattlich-freie Bauerntum nicht (oder noch nicht) gab, das ihm als Gegengewicht gegen den Adel auf den Ständetagen der westlichen Provinzen vor Augen gestanden hatte? Wahrscheinlich war es so. Aber er brauchte doch Kreisstände, wenn er den Landrat durch Wahl präsentieren lassen wollte, und er hat auch von ständischen Kreisdeputierten gesprochen, die, unter dem Landrat stehend, in einzelnen Geschäften mit ihm gleichberechtigt, eine Tätigkeit gleich den englischen Friedensrichtern ausüben sollten. Anderseits hat er, Altensteins Ansichten folgend[7], die Kreisbehörden ausdrücklich als Exekutivorgane der oberen Staatsbehörden bezeichnet und alle Vorschläge abgelehnt, die das Landratsamt kollegial statt bürokratisch, d. h. als Büro eines allein verantwortlichen Beamten, organisiert haben wollten. Beinahe romantisch war dann wieder sein Gedanke, die Wirksamkeit des Landrats als Exekutivbeamter nicht etwa durch eine Landgendarmerie zu verstärken (wie es Hardenberg später getan hat), sondern durch gewählte, ehrenamtlich tätige, nur durch Sporteln entlohnte Wehrmänner nach Art der englischen Constables. Das sei billiger, meinte er, wirksamer und gewissermaßen eine Erneuerung der altdeutschen Schützengilden. Die Wehrhaftigkeit des freien Hufenbesitzers, wie sie Justus Möser gepriesen hatte, tauchte deutlich genug hinter diesen Plänen auf.

Zugleich folgte er damit den anglophilen Ideen seines Freundes Vincke. Aber welche grenzenlose Verwirrung mußte entstehen, wenn man auch nur an einem Punkt den Versuch machte, die englische Lokalverwaltung nachzuahmen, die, in ununterbrochener Folge aus dem mittelalterlichen Feudalismus heraus entwickelt, gegenüber dem kunstvoll durchgebildeten Verwaltungsmechanismus und den sorgsam geschiedenen Rechtssphären der kontinentalen Monarchien einen gewissermaßen primitiveren Entwicklungsstand verkörperte! Vincke selbst spürte wohl die Fragwürdigkeit seiner Vorschläge, wenn er riet, zunächst nur in einer einzelnen Provinz einen Versuch zu machen, und auch Stein sprach von behutsamem und schrittweisem Vorgehen [8]. Aber auch das hätte schwere Verwirrung gestiftet. Brachte doch die Organisation der Kreispolizeiverwaltung als Ergänzung und Kontrolle der lokalen Polizeibehörden ohnedies die heikelsten, teilweise bis heute strittigen Probleme des Verwaltungsrechts, insbesondere der Abgrenzung zwischen richterlicher und Polizeistrafgewalt, zwischen Verwaltung und Justiz zur Sprache.

Fast scheint es, als hätte Stein selbst empfunden, daß er zur Lösung dieser schwierigen Fragen auf dem ihm wenig vertrauten Boden der ostelbischen Lokalverwaltung nicht eben viel beitragen könne. Jedenfalls hat er sich nach jenem Erlaß vom 27. Juni nicht mehr darüber geäußert – in auffallendem Gegensatz zu allen sonstigen Reformarbeiten. Auch später hat er sich über die Organisation der Gemeinden und Kreise des Ostens kaum noch ausgesprochen; selbst über die Nützlichkeit von Kreisständen, als gemeinpreußischer Einrichtung, sieht man seine späteren Urteile auffallend schwanken [9]. Er hielt sich lieber an die ihm vertrauten westfälischen Verhältnisse, für deren lokale Erben- und provinziale Landtage er sich noch in höherem Alter eingesetzt hat. Als Minister überließ er die Bearbeitung der ostelbischen Gemeinde- und Kreisverfassung so gut wie ganz den Sachkennern: den Räten des altpreußischen Provinzialdepartements.

Man kann deren Arbeitsleistung und Geschicklichkeit auch an diesem Punkte nur bewundern. Wiederum scheint das Hauptverdienst daran Geheimrat Wilckens zu gebühren. Der große, von ihm konzipierte Entwurf vom 13. Oktober zur Kreis- und Polizeiverfassung des platten Landes, ergänzt durch ein Gutachten vom 24. November über die Organisation der Ortsbehörden (gleichfalls aus der Feder von Wilckens) verstand es, die Weisungen Steins mit den Traditionen und sachlichen Bedürfnissen der altpreußischen Verwaltung in überaus kluger Weise zu vereinigen [10]. Es lohnt sich aber nicht, den Inhalt dieses Entwurfs näher zu betrachten; denn er ist ebensowenig Gesetz geworden wie ein von Schön am 14. November vorgelegter Gegenplan, der sehr viel unglücklicher ausfiel.

Stein hatte an der Diskussion dieser Pläne keinen Anteil mehr, da er aus dem Amt schied. Sobald er die Zügel aus der Hand ließ, kam man aus den theoretischen Diskussionen, juristischen Streitfragen und politischen Bedenken überhaupt nicht mehr heraus [11]. Graf Dohna, der neue Minister des Innern, war den sich türmenden Schwierigkeiten in keiner Weise gewachsen. Wohlwollend, aber ängstlich und überaus umständlich erwägend, durch Rücksichten auf seine adligen Standesgenossen tausendfach gehemmt, verlor er den Faden zuletzt gänzlich aus der Hand. Praktisch blieb also alles beim alten – nur daß die Polizeiaufsicht der Landräte jetzt im Sinn der Schrötterschen Pläne von 1806 über Domänen und Städte ausgedehnt wurde und der Steuerrat, den die Städteordnung ohnedies überflüssig gemacht hatte, verschwand. Dem dann folgenden Regiment Hardenbergs lagen die ständischen Reformwünsche Steins ganz fern. Ihm kam es vor allem auf eine bequeme, schnell und wirksam durchgreifende Exekutive an. Das sogenannte Gendarmerie-Edikt von 1812 setzte einen mit bewaffneter Macht ausgerüsteten, ohne Befragung der Stände ernannten Unterpräfekten an die Stelle des ständischen Selbstverwaltungsorgans.

Allerdings zeigte sich dann, daß die adligen Kreisstände sich nicht so leicht beiseite schieben ließen. Die Durchführung des Edikts scheiterte an ihrem Widerstand, und die bald nach den Befreiungskriegen einsetzende Reaktion des ständisch gesinnten Adels auf Hardenbergs stramm bürokratisches Regiment hat in den zwanziger Jahren, kurze Zeit nach der Neubildung von Provinzialständen, auch noch die Einrichtung verbesserter ständischer Kreistage durchgesetzt. Sie hat aber ebensowenig wie die neuen provinzialständischen Einrichtungen eine volle Verwirklichung der Reformgedanken Steins gebracht. Der beschränkte Wirkungskreis der neuen Ständetage, das starke Übergewicht der Bürokratie in der Verwaltung, die allzu starke Bevorzugung des adligen Großgrundbesitzes – alles das blieb erheblich hinter dem Programm von 1807 zurück. Immerhin: ein Teil wenigstens seiner Wünsche wurde jetzt erfüllt; neben dem Adel mit seinen Virilstimmen hatten nun auch Deputierte „der übrigen städtischen und bäuerlichen Communitäten" auf Kreistagen ihren Sitz. Von Protesten Steins gegen diese Neuordnung hat man nie etwas gehört. Dem Bedürfnis der Zeit aber konnte die neue ständische Ordnung je länger je weniger genügen. Das traurige Schicksal des ostelbischen Bauernstandes gerade seit den zwanziger Jahren beweist, wie wenig ihm seine kümmerliche neue Vertretung auf Kreistagen praktisch genützt hat. Erst die Selbstverwaltungsgesetze der Achtundvierziger Revolution (die aber von der Reaktion nach wenigen Jahren wieder hinweggeschwemmt wurden) und schließlich die bismarckischen Reformen von 1872 haben die allmächtige Stellung des adligen Grundbesitzes auf den Kreistagen gebrochen. Ein reges kommunales Leben im Kreisverband hat sich erst im Lauf der Jahrzehnte langsam entwickelt. Welchen Anteil die Ideen Steins daran im einzelnen hatten – neben einem starken Zustrom moderner, allgemein-politischer Freiheitsideale, die man auf die Kommunalverbände übertrug, neben der fortdauernden Einwirkung des englischen Vorbildes und schließlich neben den fortwirkenden Traditionen der altpreußischen, adelsfreundlichen Zeit – das zu bestimmen wäre eine (niemals ganz eindeutig lösbare) Aufgabe für sich.

3. Provinzial- und Reichsstände. „Man muß die Nation daran gewöhnen, ihre Geschäfte selbst zu führen und aus diesem Zustand der Kindheit herauszukommen, in dem eine ewig unruhige, ewig geschäftige Regierung die Menschen halten möchte." So hatte Stein 1807 an Hardenberg geschrieben[1]. Sollte das Programm zur Wahrheit werden, so genügten auf die Dauer nicht bloße Verwaltungsreformen. Mochte man (mit Burke und Niebuhr) noch so tief davon durchdrungen sein, daß wahre Freiheit „ungleich mehr auf der Verwaltung als auf der Verfassung beruhe"[2] – ein kräftig pulsierendes politisches Leben im Innern der friderizianischen Monarchie ließ sich nicht eher erwarten, als bis die Nation zur Teilnahme nicht bloß an der Verwaltung, sondern zugleich an politischen Geschäften berufen wurde. Darüber war sich Stein durchaus klar; ausdrücklich erklärte er sich einverstanden mit den Sätzen, die an der Spitze einer ihm vorgelegten Verfassungsdenkschrift standen: „Soll Nationalsinn und Gemeingeist geweckt, Volksvertrauen gewonnen, kräftiges Leben zurückgeführt werden in den Staat – soll er in seiner neuen Umgestaltung Europa noch Hoffnungen bieten und den Deutschen einst ein großer Anschließungspunkt sein; so ist wohl nötig, daß die Regierung die Nation in sich aufnehme und ihre Intelligenz durch eine zweckmäßige Stellvertretung um sich her versammle[3]."

Man versteht aber, daß der Minister nur zögernd an diese Krönung seines Reformwerkes heranging. In der Nassauer Denkschrift, in den Wochen des Niedergangs vor Tilsit, hatte er an allgemeine Reichsstände gar nicht zu denken gewagt und sich einstweilen mit Provinziallandtagen begnügt. Als Reformminister wünschte er einen allmählichen „Übergang aus dem alten Zustand der Dinge in eine neue Ordnung: man muß die Menschen nach und nach an selbständiges Handeln gewöhnen, ehe man sie zu großen Versammlungen beruft und ihnen große Interessen zur Diskussion anvertraut[4]." Der Widerstand des Adels gegen das Oktoberedikt war nicht gerade geeignet, die Besorgnis der reformierenden Bürokratie vor dem zähen Konservatismus und engherzigen Klassengeist ständischer Versammlungen zu zerstreuen. Erst mußten die ständischen Versammlungen selber reformiert, mußte das einseitige Übergewicht des güterbesitzenden Adels gebrochen sein, ehe man daran denken konnte, die Gesetzgebung auf ihre Mitwirkung zu gründen. Und da die großen Reformgesetze für den ganzen Staat gelten sollten, wäre es vollends ein Unding gewesen, ihre Gestaltung von der Zustimmung ostpreußischer Ständeversammlungen abhängig zu machen. Eine Preisgabe des ständischen Programms für die Zukunft bedeutete das keineswegs.

Schon der große Plan für die Behördenorganisation aus dem Winter 1807/08 enthielt einen deutlichen Hinweis auf künftig einzurichtende Ständeversammlungen: aus ihnen sollten die „Repräsentanten" der Provinzialbehörden und die Vertreter des ständischen Interesses im Departement der allgemeinen Gesetzgebung hervorgehen[5]. Altenstein (und Hardenberg) waren geneigt, darin bereits eine ausreichende politische Vertretung der Nation zu erblicken. Stein lehnte das ab[6]. Um so stärker betonte er die Bedeutung der neuen Verwaltungseinrichtungen für die politische Erziehung der Nation[7].

Ein erster bedeutsamer Schritt zur Einrichtung von Provinzialständen geschah bereits im Dezember 1807. Wie fast überall in der Geschichte des neueren Verfassungswesens, wurde er durch die Geldbedürfnisse der Krone erzwungen. Zur Abdeckung der schweren, im Tilsiter Frieden übernommenen Kontributionslast war der Verkauf eines großen Teils der königlichen Domänen unentbehrlich. Da sie durch ältere Haus- und Staatsgesetze in feierlichster Form für unveräußerlich erklärt waren, bedurfte man besonders gewichtiger Formen für die Abänderung dieser Gesetze. Außer der Errichtung eines besonderen hohenzollerischen Hausgesetzes schien auch eine Befragung der Stände notwendig, da diesen in früheren Jahrhunderten die Unveräußerlichkeit der Domänen (als Deckung für die Übernahme landesherrlicher Schulden) mehrfach zugesichert war. Ein gewagter Versuch Stägemanns (den Stein unterstützte), unter Berufung auf das höhere Recht der Staatsräson diese juristischen Bindungen kurzerhand zu sprengen, konnte gegen den Widerspruch der ostpreußischen Stände und der Kronjuristen nicht durchdringen.

Eng damit zusammen hing ein zweites Motiv. Die Geldnot drängte, und ein plötzliches Massenangebot von Domänen mußte in gefährlicher Weise die Preise drücken. Es galt also schon jetzt den Verkaufswert der Domänen durch Aufnahme von Kredit, am besten in der Form einer Ausgabe von festverzinslichen, mit Hilfe der in- und ausländischen Banken jederzeit liquidierbaren Pfandbriefen flüssig zu machen. Sollten diese Pfandbriefe im In- und Ausland Vertrauen und Absatz finden, so war aber die Aufnahme der Domänen in die ritterschaftlichen Pfandbriefinstitute der verschiedenen Provinzen, wie sie seit den Tagen Friedrichs II. bestanden, sehr nützlich, wo nicht notwendig. Diese Pfandbriefinstitute („Landschaften") waren Selbstverwaltungsinstitute des gutsbesitzenden Adels; die Vertreterversammlung der ostpreußischen Landschaft führte den Namen „Generallandtag" – was unmittelbar an die (in den meisten Provinzen, auch in Ostpreußen, noch bestehenden, aber politisch bedeutungslos gewordenen) ständischen Landtage älteren Herkommens erinnerte. Die Staatsregierung konnte der Landschaft die Aufnahme ihrer Domänen nicht befehlen, ohne in deren Selbstverwaltungsrechte, ja in das private Eigentumsrecht der Teilnehmer gewaltsam einzugreifen; denn die Aufnahme der Domänen bedeutete zugleich die Übernahme eines Teils der Haftungspflichten gegenüber den Staatsgläubigern. Man war also genötigt, den Generallandtag förmlich darum zu ersuchen.

Dazu kam ein Drittes. Nicht dem Staat als Gesamtheit, sondern ursprünglich nur den einzelnen Provinzen hatte Napoleon, wo immer seine Heere erschienen, hohe Kontributionen auferlegt. Zu ihrer Umlage und Beitreibung in den auch nach Tilsit besetzten Provinzen benutzte er überall die bestehenden Reste provinzialer Stände, was deren Selbstgefühl sehr steigerte[8] – ähnlich wie einst die klevemärkischen Stände während des Siebenjährigen Krieges traten sie hier gewissermaßen als Stellvertreter des ohnmächtigen und über die Grenzen geflohenen Landesherren auf. Stein erkannte ihre patriotischen Verdienste ohne Rückhalt (sogar über Gebühr) an. In Ostpreußen war die Kontribution nur mit Hilfe einer allgemeinen, über Stadt und Land sich erstrekkenden Einkommensteuer aufzubringen[9]. Der Minister zeigte sich bereit, den Wünschen des Adels nachzugeben und auch diese Neuerung, soweit sie das platte Land betraf, dem Generallandtag der Provinz zur Beratung vorzulegen. Ohnedies hatte man, schon vor dem Eintreffen Steins in Memel, einen Ausschuß von städtischen und ländlichen Deputierten zusammenberufen, um mit ihm über eine Zwangsanleihe zu beraten, für deren Verzinsung und Abtragung die Einkommensteuer bestimmt war. Eines zog also das andere wie von selber nach sich.

So kam es, daß der ostpreußische Generallandtag, der auf Steins Veranlassung (Erlaß vom 19. Dezember 1807[10]) am 2. Februar 1808 zusammentrat, gleichzeitig als eine Deputiertenversammlung des landschaftlichen Kreditinstituts und als vorläufige Form einer allgemeinen Ständeversammlung zu wirken hatte[11]. Um ihn zu einer Beschlußfassung über allgemeine Landesangelegenheiten zu befähigen, hatten die Deputierten von ihren Wählern besondere Vollmacht erhalten; überdies war (nach Analogie der älteren sogenannten Huldigungslandtage[12] und zur Verstärkung des Kapitalbesitzes der Landschaft) auch den großbäuerlichen Gutsbesitzern (Kölmern) und zuletzt noch den Domänenerbpächtern eine bescheidene Vertretung durch Wahldeputierte eingeräumt worden. Nur das städtische Element fehlte ganz (weil die Städte an der Beratung nicht näher interessiert waren) – im übrigen mochte die Zusammensetzung dieses ersten Provinziallandtages einigermaßen den Forderungen der Nassauer Denkschrift entsprechen.

Seine Beschlüsse (Aufnahme der Domänen und zugleich der Kölmer in das Pfandbriefinstitut, Zustimmung zur Veräußerung ostpreußischer Domänen, jedoch nur nach förmlicher Aufhebung der älteren Verbote, Bewilligung der geforderten Einkommensteuer und anderes mehr) interessieren uns hier weniger als die Tatsache seiner Berufung und die konstitutionellen Versprechungen, die sich daran knüpften. Von vornherein erklärte Stein die Berufung dieses seltsamen Zwitterlandtages für einen bloßen, durch Eile gebotenen Ersatz. Für die Zukunft ließ er den König eine förmliche, „zweckmäßige Repräsentation sämtlicher städtischen und ländlichen Eigentümer" versprechen. Alljährlich sollte von jetzt an ein allgemeiner Landtag der Provinz berufen werden[13].

Tatsächlich erhielt Auerswald, der Präsident der ostpreußischen Kammer, sofort nach Schluß des Generallandtags den Auftrag, eine ständische Verfassung für Ostpreußen zu entwerfen. Seine Ausarbeitung wurde Ende Mai dem Kabinett vorgelegt und nach Steins Rückkehr aus Berlin, im Juni, von der Immediatkommission beraten. In den Grundzügen stimmt sie mit den Wünschen der Nassauer Denkschrift zusammen: die Vertreter des platten Landes werden von den Kreistagen entsandt, die städtischen Deputierten von den

Bürgerschaften nach einem Wahlsystem gewählt, das der späteren Städteordnung bereits vorgreift. Der Grundzug des Ganzen ist entschieden liberal: nur eine Kammer, keine Bevorzugung der Großgrundbesitzer durch Errichtung eines besonderen Oberhauses, Wahlrecht auch der Kölmer und der Stadtbewohner ohne Grundbesitz, ja sogar ohne Bürgerrecht. Leider fehlt es an Äußerungen Steins über diesen Entwurf [14], so daß man von seinen eigenen provinzialständischen Plänen im großen Reformjahr kein klares Bild erhält. Nur so viel läßt sich sagen, daß er dem ostpreußischen Provinziallandtag in Gesetzes- und Steuerfragen eine beratende, aber keineswegs eine entscheidende Stimme einräumen wollte und sich durch die Beschlüsse der Versammlung vom Februar 1808 nicht für gebunden hielt [15].

Zu einer endgültigen Entscheidung über den Auerswaldschen Entwurf ist es nicht mehr gekommen; vermutlich deshalb nicht, weil seit der Rückkehr Steins von Berlin die provinziale Gesetzgebung immer mehr zurücktrat hinter größeren Reformplänen für den ganzen Staat. Die Beratung der Städteordnung, der zentralen und provinzialen Behördenorganisation nahm zunächst alle Kräfte in Anspruch. Dann aber wurde das Bedürfnis nach allgemeinen Reichsständen, deren Organisation der Minister ursprünglich für eine spätere Zukunft – vielleicht erst in Jahren? – sich vorbehalten hatte, nun doch schon viel früher dringend. Sowohl finanzielle wie politische Erwägungen drängten Stein in dieser Richtung voran.

Die Höhe der an Frankreich zu leistenden Zahlungen, über die man so viele Monate vergeblich mit dem Gegner verhandelt und gestritten hatte, wurde im September/Oktober 1808 endlich vertragsmäßig festgelegt. Jetzt erst war es möglich, einen festen Finanzplan auf weitere Sicht aufzustellen. Die Frage des Domänenverkaufs wurde akut; die Generalkonferenz beschloß am 26. Oktober, ihn durch Beseitigung der früher erörterten juristischen Hindernisse in allen Provinzen und durch Erlaß gesetzlicher Verkaufsbestimmungen vorzubereiten. Die Zustimmung der Agnaten des königlichen Hauses sollte sogleich eingeholt werden, ebenso die Einwilligung ständischer Körperschaften. Da es ordentliche Provinzialstände noch nirgends gab, in einzelnen Provinzen, vor allem in Schlesien, auch keine Reste älteren Ständewesens mehr, an die man sich hätte halten können, beschloß man, lieber gleich die gesamtpreußischen Reichsstände zu befragen, deren baldige Einrichtung, wie es in dem Protokoll heißt, ohnedies die Absicht sei. Der Gesetzentwurf, den Kanzler Schrötter am 4. November vorlegte, setzte das Bestehen solcher Reichsstände bereits voraus [16].

Hinter diesem Beschluß standen aber zugleich höchst bedeutende politische Erwägungen. War die erste Hälfte des Ministeriums Stein (wie sich noch zeigen wird) erfüllt gewesen von vergeblichen Versuchen einer friedlichen Verständigung mit Frankreich, so beherrschte in den letzten Monaten der leidenschaftliche Wunsch einer großen nationalen Schilderhebung gegen die Fremdherrschaft alle Gedanken des Ministers. Der Augenblick, in dem Napoleon im

Kampf mit den aufständischen Spaniern zum erstenmal die Grenzen seiner Macht kennenlernte, schien Stein der richtige, um Deutschland, Österreich, Mitteleuropa, ja den ganzen nördlichen Kontinent zum Kampf im Bunde mit England zu entflammen, den großen Aufstand der Unterdrückten ins Werk zu setzen wider den Tyrannen Europas. Da genügten nicht mehr die bisher versuchten Mittel der Reform: Verbesserungen der preußischen Verwaltungsmaschine, Erziehung des Bürgers zu gemeinnütziger Tätigkeit in Gemeinde, Kreis und Provinz. Jetzt galt es, in allen Schichten und Ständen der Nation, allen Landschaften und Provinzen des Staates den Funken jener gemeinsamen höheren Vaterlandsliebe zu entzünden, der, aufprasselnd zu e i n e r gewaltigen, verzehrenden Flamme, den künstlichen Bau des napoleonischen Riesenreiches in Schutt und Asche verwandeln sollte. Jetzt schienen auch die gewagtesten Mittel zur Politisierung der Nation nicht mehr zu gewagt. Mit kühnem Griff wollte Gneisenau in das „Zeughaus der Revolution" hineingreifen, um den Gegner mit seinen eigenen Waffen zu schlagen. In einer späteren Rechtfertigungsschrift erinnerte er seinen Monarchen an Maria Theresia, die persönlich, gegen den Rat aller ihrer Minister, mitten unter die zur Empörung sich rüstenden Ungarn geeilt sei, den Budapester Reichstag zu patriotischer Begeisterung fortgerissen und das Habsburgerreich im Augenblick seiner schwersten Bedrängnis mit Hilfe der Empörer gerettet habe[17]. Eine Eingabe ähnlichen Inhalts hat Boyen Ende September 1808 dem König einzureichen gewagt: er möge einen allgemeinen Landtag einberufen und ihm die Entscheidung über Annahme oder Ablehnung des neuen Pariser Vertrages und damit zugleich über Krieg oder Frieden übertragen. In der Tat: wer mit Stein und seinen Gesinnungsgenossen den preußischen Staat zum Mittelpunkt der deutschen Erhebung machen, zur nationalen Führerschaft emporheben wollte: mußte der nicht aufs dringendste wünschen, daß den populären Elementen hier zum mindesten derselbe Spielraum gegönnt wurde, den die Bevölkerung der Rheinbundstaaten bereits genoß? Daß Preußen nicht hinter den anderen zurückstand, sondern allen voranleuchtete als Träger politischen Fortschritts?

In eben dieser Richtung bewegten sich nun auch die Grundgedanken einer großen Verfassungsdenkschrift, die Stein schon im Mai 1808 von einem schlesischen Patrioten, dem Legationsrat und Gutsbesitzer Karl Nikolaus von Rehdiger, zugeschickt war und die er nunmehr zur Grundlage seiner eigenen Verfassungspläne machte. Sie gehört mit ihrer Mischung von echt staatsmännischen allgemeinen Grundmotiven und Einzelkonstruktionen von beinahe abenteuerlicher Willkür zu den seltsamsten Dokumenten jener Epoche[18].

Herr von Rehdiger, der sich nach großen Reisen im Ausland frühzeitig aus dem diplomatischen Dienst auf seine schlesischen Güter zurückgezogen hatte, war aus Liebhaberei ein studierter Kenner der in- und ausländischen Verfassungen seiner Zeit. Sein Ehrgeiz scheint gewesen zu sein, eine Art von deutschem Sieyès zu werden: ein politischer Literat, dessen Verfassungskonstruktionen, wenn das Glück es wollte, unter den Händen wirklicher Staatsmänner ganz oder teilweise ins Leben umgesetzt werden mochten. In der schlesischen Adelsgesellschaft spielte er als Kenner der großen Welt, als Gesellschafter von vornehm-elegantem Lebensstil, beliebter Anekdotenerzähler und witziger Weltbetrachter eine erhebliche Rolle. Politisch gehörte er von Hause aus zu den Anhängern der neuen französischen Freiheit, der Ideen von 1789, und kam erst mit Beginn des napoleonischen Konsulates von seiner Bewunderung für die große Revolution zurück. Man wird ihn als einen echten Liberaldemokraten und Naturrechtler betrachten dürfen, der sich von seinen französischen Vorbildern nur durch die charakteristisch deutsche Zahmheit unterscheidet: durch ein ängstliches Bemühen, alle revolutionären Wirkungen des Freiheitsprinzips durch künstliche Vorrichtungen, durch Hemmungen, die man in die Verfassung einschaltet, zu verhindern. Dem politischen Denken Steins war diese Geistesart eigentlich so fremd wie nur möglich. Was ihn für den Mann eingenommen hat, wird außer seiner Kenntnis ausländischer Verfassungen (für Stein ein sehr gewichtiges Aktivum!) vor allem seine deutsch-patriotische Gesinnung gewesen sein. Schon vor dem Kriegsausbruch von 1806 hatte Rehdiger in einer glühend-phantastischen Denkschrift[19] sich ausgemalt, wie dieser Krieg von Preußen als Nationalkrieg größten Stiles geführt werden und den preußischen König als „Erzfeldherrn" an die Spitze der neugeeinten deutschen Nation bringen müßte, während Habsburg nur der äußere Glanz der Kaiserkrone zurückgegeben werden dürfte. Das Ganze eine merkwürdig unreife Vorwegnahme späterer liberalnationaler Ideengänge, wie sie damals mehrfach auftauchten, aber gedämpft durch die traurige Gewißheit, daß in Wirklichkeit nichts von diesen Wünschen in Erfüllung gehen wird und daß die preußischen Machthaber den Krieg als lahmen Kabinettskrieg alten Stils führen werden. Vollends eine Denkschrift über die Folgen des Tilsiter Friedens, die sich in Rehdigers Schriften findet (vom 30. Juli 1807), atmet eine patriotische Leidenschaft, die in ihrer Mischung von moralischem und politischem Pathos unmittelbar an Steinsche Ergüsse erinnert. Sie gipfelt in einer verzweifelten Klage darüber, daß Lug, Trug, Bosheit und Gewalt, „aus dem schönsten Aufschwung der Menschheit hervorspringend, gegen allen Glauben an die göttliche Nemesis triumphiert haben".

Die Verbindung Rehdigers mit Stein hatte Kriegsrat Th. von Merckel vermittelt, eines der zuverlässigsten und begabtesten Mitglieder der Breslauer Kammer, in den nächsten Jahren eine der Hauptstützen der Reformpartei in Schlesien, dem Minister persönlich seit dem September 1807 näher bekannt und einer seiner eifrigsten Bewunderer[20]. Der Übersendung von Rehdigers Verfassungsdenkschrift (am 20. Mai 1808[21]) hatte Merckel eine dringende Empfehlung des Verfassers beigefügt und geraten, ihn zu weiteren Besprechungen nach Königsberg zu berufen; er werde gern auf eigene Kosten dorthin kommen. Tatsächlich ist Stein diesem Wunsche gefolgt, und so hat Rehdiger seit Ende August 1808, zunächst als bloßer Privatmann, dann als Staatsrat (im Gesetzgebungsdepartement des Ministeriums Dohna) an den verschiedensten Reformaufgaben, vor allem aber an den Verhandlungen über Kreis-, Provinzial- und Reichsstände mitgewirkt[22]. Ein sehr merkwürdiges Symptom für die Unsicherheit der damals Regierenden in politischen Verfassungsfragen, daß sie diesen wohlmeinenden, aber doch recht dilettantischen Projektemacher nicht glaubten entbehren zu können!

Sein Verfassungsplan ging von folgenden allgemeinen Grundsätzen aus: eine einheitliche Volksvertretung für den ganzen Staat, nicht ersetzbar durch Provinzialstände[23]; Zusammensetzung nicht aus Vertretern der verschiedenen Stände (das hieße erneute Verschärfung des Klassenkampfes!), sondern aus Erwählten des ganzen Volkes; keine politische Repräsentation des Vermögens („nichts ist irriger als die Meinung, daß der Staat aus Grund- und Vermögensaktien besteht!"); keine bloße Präsentation und Ernennung von Volksvertretern durch die Regierung (wie im napoleonischen Frankreich und Holland); aber auch keine allgemeine Volkswahl, sei es direkt, sei es indirekt nach dem von Sieyès erfundenen System einer Stufenfolge von immer mehr sich verengenden Wahlmännerausschüssen[24]. Mit anderen Worten: weder ein provinziell beschränktes, noch ein ständisches, noch ein plutokratisches, noch ein monarchisch-autokratisches, noch ein demokratisches Wahlprinzip. Statt dessen als Auswahlgrundsatz: „die Aristokratie der Vernünftigkeit und Rechtlichkeit", das heißt eine Notabilität von Männern, die sich im bürgerlichen Leben irgendwie hervorgetan, öffentliches Vertrauen im engeren Kreise bereits gewonnen haben, sei es durch ihren gesellschaftlichen Rang wie der Adel, sei es durch gemeinnützige Tätigkeit als Vertreter von Gemeinde- oder Korporationsinteressen, als Gelehrte, Lehrer, Richter, Verwalter, Verteidiger, militärische Führer oder dergleichen mehr. Also ein Auswahlprinzip, wie es später in den Anfängen deutschen parlamentarischen Lebens, den ersten Wahlen zu den süddeutschen Ständekammern nach 1815, sich ganz von selber durchgesetzt hat, weil es damals noch gänzlich an Parteiorganisationen fehlte und alles politische Leben in den engsten lokalen Rahmen gebannt war: man wählte die Notabeln der nächsten Umgebung, weil man keine politischen Führer besaß. Rehdiger wollte das gesetzlich festlegen, indem er das aktive und passive Wahlrecht überhaupt nur einer Auswahl von Staatsbürgern, der sogenannten „Notabilität", zuerkannte. Dazu sollten gehören: alle aktiven und nach zehnjähriger Dienstzeit verabschiedeten Staatsbeamten und militärischen Chargen bis herunter zum Sekretär und Feldwebel, sämtliche städtischen Magistratspersonen und Dorfschulzen, die Ältesten der Kaufmannschaft, der Gewerbe und Zünfte, Kirchen- und Armenvorsteher, alle Mitglieder des geistlichen, akademischen und Schulstandes bis auf die voruntersten Rangstufen herab, alle Graduierten, Gelehrten und Künstler, Träger von Orden und Verdienstmedaillen, Lebensretter, alle Adligen, größere Fabrikanten, Inhaber von mindestens drei Vormundschaften, Stifter wohltätiger Anstalten. Aus diesem bunten, nach durchweg unpolitischen Gesichtspunkten zusammengestellten Wirrsal verschiedenartigster Menschen sollten mit Hilfe eines verwickelten Wahlkreissystems (das offenbar Sieyès nachgeahmt war) Wahlkörperschaften gebildet werden, die sich selbst zu ergänzen und engere Wahlausschüsse in dreifacher Gradation zu bilden hätten, so daß (nach dreifacher Siebung) auf je 5000 Einwohner ein Abgeordneter zum Reichstag kommen würde. Der Verfasser selbst erwartete, daß Beamtenschaft, Militär und Adel die weit überwiegende Mehrzahl seiner Landesdeputierten stellen würden; er erhoffte aber davon eine günstige, konservative Wirkung und zählte auf „den spekulativen Sturmschritt der Gelehrten" und den fortschrittlichen Geist der „jüngeren Subalternität" in der Landesversammlung als vorwärtstreibendes Element. Die Bauernschaft dachte er sich wesentlich durch Gutsherrn und Pfarrer vertreten. Etwaige Lücken seines Auswahlsystems sollten die Wahlkörper selbst durch freie Zuwahl von weiteren Notabeln[25] ausfüllen.

Man sieht auf den ersten Blick, daß der ganze Aufbau dieses Wahlsystems mit den ständischen Ideen Steins sich nicht vereinigen ließ. Merkwürdigerweise hat der Minister trotzdem den Entwurf nicht einfach abgelehnt, sondern eine Umarbeitung in seinem Sinne vornehmen lassen – obwohl er das Fremdartige des Ganzen sogleich sehr deutlich empfand. Natürlich bestritt er, daß die Volksvertretung nur eine für den ganzen Staat sein müsse, und betonte stark die Notwendigkeit, auch die besonderen Bedürfnisse der Provinzen in provinzialständischen Vertretungen zu Wort kommen zu lassen. An diesem Standpunkt hat er immer festgehalten; später, in der Restaurationszeit, ging er noch darüber hinaus – oder vielmehr: kehrte er zu den Ansichten der Nassauer Denkschrift zurück –, indem er die Provinzialstände für eine unentbehrliche Vorschule allgemeiner Reichsstände erklärte und vor überstürzter Einberufung eines gemeinpreußischen Landtages warnte, ehe die Nation sich nicht im engeren Kreise an politisches Handeln gewöhnt hätte. Davon freilich wollte er sich niemals überzeugen lassen, daß Provinzialstände allein auf die Dauer genügen könnten: „Sie sind zu ohnmächtig", meinte er, „um dem Mißbrauch der obersten Gewalt Grenzen zu setzen – ihr Wirkungskreis ist zu beschränkt und zu kleinlich, um in dem Volk die großen edlern Gefühle der Vaterlandsliebe, der Selbstaufopferung zu erwecken, um die Geisteskräfte in ihrem vollen Umfang zu entwickeln[26]."

Immerhin: indem er jetzt daran ging, die Berufung von Reichsständen gleichzeitig mit der Organisation der Provinzialstände, oder wohl gar noch vorher[27], ins Werk zu setzen, ließ er sich abermals einen Schritt über die vorher und nachher zu beobachtende Linie seiner politischen Haltung hinausdrängen. Gegen die Forderung Rehdigers, die Reichsstände aus allgemeinen Wahlen hervorgehen zu lassen, nicht (wie Vincke eben damals vorschlug[28]) durch Delegationen aus den Provinzialständen, hatte er gar nichts einzuwenden; übrigens hat er auch später noch öfters direkte, gemeinpreußische Wahlen für notwendig erklärt, um den (schon von Rehberg gefürchteten) „Geist des Provinzialismus" in der allgemeinen Ständeversammlung zu vermeiden[29].

Der entscheidende Gegensatz zwischen Stein und Rehdiger betraf die Frage des ständischen Wahlprinzips. Sehr mit Recht bemängelte der Minister, daß die „Notabeln" Rehdigers in der Mehrzahl aus Subalternbeamten, Unteroffizieren und Dorfschulzen bestehen würden – einer Menschenklasse, die gewiß nicht das besondere Vertrauen der Nation genieße und zur Vertretung öffentlicher Interessen weder durch ihren allgemeinen Bildungsstand noch durch soziale Unabhängigkeit besonders berufen scheine. In diesem Zusammenhang formulierte er besonders eindrucksvoll das letzte Ziel seiner politischen Reform: „Teilnahme der Nation an Gesetzgebung und Verwaltung bildet Liebe zur Verfassung, eine öffentliche richtige Meinung über nationale Angelegenheiten und die Fähigkeit bei vielen einzelnen Bürgern, die Geschäfte zu verwalten. Die Geschichte lehrt, wie überwiegend größer die Anzahl großer Feldherrn und Staatsmänner in freien als in despotischen Verfassungen war." Kaum jemals sonst hat er die wirkliche Politisierung der Nation so unumwunden als den eigentlichen Sinn seiner Reform bekannt. Unter „Nation" im politischen Sinn aber verstand er nach wie vor in erster Linie die „freien Eigentümer". „Das Gegenwärtige aus dem Vergangenen zu entwickeln, um ihm eine Dauer für die Zukunft zu versichern"[30], war von jeher und so auch 1808 das Bemühen des Reformators. So beharrte er denn gegenüber Rehdigers luftigen Konstruktionen unnachgiebig auf seinem ständischen Prinzip. Wie danach im einzelnen die Reichsständewahlen gestaltet werden sollten, hat er nicht näher dargelegt. Ausdrücklich ausgesprochen hat er nur eine wichtige Forderung[31]: neben dem Landtag der Monarchie soll noch ein Oberhaus errichtet werden zur besonderen Vertretung des „reichen Adels", wenn auch ergänzt durch „Aufnahme von Männern von großem Ansehen, es entstehe aus Reichtum oder Verdiensten um den Staat".

Das hochadlige Oberhaus war ein alter Programmpunkt des Rehbergschen Freundeskreises, begründet sowohl durch die Lehre Montesquieus, daß ein stattlicher Adel die sicherste Stütze des Thrones sei, wie durch das englische Vorbild, das man wieder auf altdeutsche Wurzeln zurückzuführen suchte[32]. In diesem Augenblick kam für Stein noch ein drittes Motiv hinzu. Die Reformgesetzgebung seit dem Oktoberedikt hatte alles getan, um die alte Herrenstellung des Adels auf dem Lande auszuhöhlen, gleichzeitig ihn seiner Vorrechte in Armee und Verwaltung zu berauben, die scharfe soziale Abgrenzung zwischen Adel und Bürgertum immer mehr zu verwischen. Vincke zog in einer Verfassungsdenkschrift, die er Stein am 20. September einsandte, daraus die Folgerung, den Adel ebenso wie die Geistlichkeit als besonderen Stand überhaupt nicht mehr gelten zu lassen und alle politischen Rechte nur noch „auf die ursprüngliche germanische Form" des Eigentums, also vorzugsweise (aber nicht ausschließlich!) auf Bodenbesitz zu gründen[33]. Ähnlich konsequent forderte Rehdiger in einer besonderen Denkschrift über den Adel (ebenfalls vom September 1808) Beseitigung aller adligen Vorrechte in Armee, Politik und Verwaltung; statt dessen eine Häufung von „Ehrenauszeichnungen" auf die Mitglieder der hervorragendsten Adelsfamilien, um durch äußeren Glanz vergessen zu machen, was der Stand an politischem Gewicht verloren hatte[34]. Ein Vorschlag, der offensichtlich französischen Mustern, nämlich der Adelspolitik des altfranzösischen Königtums und des napoleonischen Kaisertums, nachgebildet war.

Steins Absichten liefen genau in der umgekehrten Richtung. Je mehr die alte soziale Herrenstellung des Adels dahinschwand, um so dringender fühlte er sich veranlaßt, seinen Stand durch politische Vorrechte zu entschädigen; zugleich aber sollte das adlige Oberhaus ihm dazu dienen, die längst geplante, von Rehberg 1803 auch publizistisch geforderte Adelsreform jetzt durchzuführen.

Wir kennen die Grundzüge dieses Planes schon aus den Erörterungen des Rehbergschen Freundeskreises. Zum Begriff des Adels gehörte für diese Männer: alte Familientradition, Verdienste um den Staat (entweder eigene oder solche der Vorfahren) und bedeutender, erblich zusammengehaltener Grundbesitz. Im Sinne der Zeit lag es, das persönliche Verdienst oder den materiellen Besitz allein an Stelle der Ahnenprobe zur Grundlage politischer Vorzugsrechte zu machen. Die erste Auffassung sahen wir Rehdiger, die zweite Vincke vertreten. Stein hielt zähe daran fest, daß auch adlige Standestradition und Familienehre einen unersetzbaren sittlichen Wert darstellten, dessen besondere Förderung zu den Pflichten des Staates gehöre[35]. Soviel er auch tat, um die Alleinberechtigung des Adels zum Erscheinen auf Landtagen zu durchbrechen: den Begriff des adligen, das heißt des vorzugsweise landtagsfähigen Gutes wollte er niemals aus dem Staatsrecht verbannen. Wer adlig ist und ein landtagsfähiges Rittergut besitzt, ist auch ohne besondere Wahl, allein auf Grund seines Besitztitels berechtigt, auf Kreis- und Provinziallandtagen zu erscheinen und dort eine „Virilstimme" zu führen. Wie sich Stein die Fortbildung dieses Systems im vergrößerten Rahmen der Reichsstände ursprünglich gedacht hat, ist aus seinen Äußerungen im September 1808 nicht genau zu erkennen; darf man indessen Rückschlüsse aus späteren Denkschriften ziehen, so ist zu vermuten, daß er einen engbegrenzten Kreis hochadliger Familien von besonders großem Reichtum mit Virilstimmen im Oberhaus zu versammeln wünschte (neben den Deputierten von wissenschaftlichen und geistlichen Korporationen und dergleichen); in die zweite Kammer sollte dann der Adel als geschlossener, nach den schon erwähnten Grundsätzen reformierter (also wiederum auf eine stark verminderte Zahl wirklich reicher Familienhäupter beschränkter) Stand seine Deputierten (ohne Virilstimmen) entsenden, wo sie mit Vertretern anderer Stände zusammenzuwirken hätten[36].

Im Grunde war das alles eine Verabsolutierung westdeutscher Adelsbegriffe ohne Rücksicht auf die ganz anders gearteten Verhältnisse des Ostens. Nicht erst Hardenberg, sondern schon Vincke bemerkte, daß der ostelbische Adel in seiner jetzigen Gestalt gar nicht imstande sei, ein wirklich ansehnliches Oberhaus zu bilden, weil es ihm an Reichtum, politischer Autorität und Erfahrung fehle[37]. Vor allem war doch der ostelbische Kleinadel nicht Rentneradel, wie der rheinisch-westfälische, sondern Dienstadel. Nicht auf uralter Herrenstellung germanischer Optimaten und fränkischer Vasallen, wie Stein sich das vorstellte, sondern auf ehemaligem Ritterdienst im Kolonialland beruhte ursprünglich sein Besitz. Die ostelbischen Landjunker gehörten nicht zu jener „classe disponible" wenig beschäftigter Rentenempfänger, die den Physiokraten Frankreichs vorzugsweise zu politischer Tätigkeit berufen erschien, und noch weniger waren sie vergleichbar den großen Landlords, die in England den Staat regierten und den König ihren Vetter nannten. Als Offiziere waren sie zu unbedingtem Gehorsam gegen ihren Kriegsherrn erzogen, als Beamte zu „königlichen Bedienten" geworden; im übrigen bauten sie ihren Ritteracker und erwarteten mannigfache Hilfe von oben.

Stein hat niemals für diese Standesgenossen sich erwärmen, ihre besondere Lage begreifen, ihre Verdienste um den Staat würdigen können. So urteilte er jetzt kurzab: „Der Adel im Preußischen ist der Nation lästig, weil er zahlreich, größtenteils arm und anspruchsvoll auf Gehälter, Ämter, Privilegien und Vorzüge jeder Art ist. Eine Folge seiner Armut ist Mangel an Bildung, Notwendigkeit in unvollkommen eingerichteten Cadettenhäusern erzogen zu werden, Unfähigkeit zu den oberen Stellen, wozu man durch Dienstalter gelangt, oder Drängen des Brods halber nach niedrigen geringfügigen Stellen. Diese große Zahl halbgebildeter Menschen übt seine Anmaßungen zur großen Last seiner Mitbürger in ihrer doppelten Eigenschaft als Edelleute und Beamte aus[38]." Ein reichlich hochmütiges Urteil, in dem zugleich noch etwas von der Entrüstung Rehbergs, des bürgerlichen Sekretärs, über die Bevorzugung adliger Pfründenanwärter im Staatsdienst nachzuklingen scheint. Gewiß hatte der Minister Ursache genug, über den Klassenegoismus und die Beschränktheit seiner ostelbischen Standesgenossen im Kampf um die Reform zu klagen. Aber wenn er nun vorschlug, kurzerhand den gesamten „Armen-Adel" (wie er das nannte) aufzuheben und den Adelszwang auf wenige wirklich reiche Familien zu beschränken[39], so kündigte er damit einen gesellschaftlichen Umsturz an, der das ganze Land gegen ihn hätte aufbringen müssen – wären diese Pläne einer breiteren Öffentlichkeit bekannt geworden.

Einstweilen ging es indessen nur um theoretische Verfassungspläne. Der Verfassungsentwurf Rehdigers war sehr besorgt, die Volksvertretung nicht übermächtig werden zu lassen, zumal jetzt, „wo der Staat so wenig zu imponieren hat!" Er warnte vor allgemeinen konstitutionellen Versprechungen, überhaupt vor jeder Verhandlung mit dem Reichstag über eigentliche Verfassungsfragen. Nur beratende, nicht beschließende Stimme wollte er der „Repräsentation" zugestehen. Darüber hinaus verbot er Öffentlichkeit der eigentlich entscheidenden Verhandlungen, gestattete aber Veröffentlichung der Akten (als Appell an die Öffentlichkeit), falls die Regierung den „Gutachten" der „Nationalkonsultation" nicht folgte. Initiativanträge der Versammlung konnte die Regierung ohne weiteres unbeantwortet lassen. Das Hauptmittel, um gefährliche Beschlüsse zu verhindern, war die Teilung des Parlaments in 15 Sektionen: Fachkommissionen für die verschiedensten Zweige der Gesetzgebung und Verwaltung, und zwar so, daß bereits bei den Wahlen bestimmt werden sollte, in welche Sektion jeder Abgeordnete einzutreten hätte. In den geheimen Tagungen der Sektionen vollzog sich, ähnlich wie im „Tribunat" der französischen Verfassung seit 1804, alle wirkliche Verhandlung; die wenigen Plenarsitzungen – öffentlich, aber ohne Debatte – trugen rein repräsentativen Charakter. Erst für eine spätere Zukunft stellte Rehdiger in Aussicht, die „Konsultationskammer" in eine „öffentliche, allgemeine und entscheidend mitwirkende Stellvertretung" zu verwandeln.

Stein hat von alledem kaum irgend etwas gebilligt. Auch er war freilich dafür, dem „Reichstag" (diesen Namen fügte er erst ein) „nur das Recht zum Gutachten, nicht zur Teilnahme an der Gesetzgebung (also kein Vetorecht) beizulegen"[40]. Aber an dem Initiativrecht der Kammer wollte er nichts verkürzt haben, und die Öffentlichkeit der Verhandlungen und ihre Publikation durch den Druck hielt er für ebenso unentbehrlich wie den von Rehdiger vorgeschlagenen Appell an die Nation für gefährlich. Die Zahl der Sektionen erschien ihm zu groß, die Verteilung der Abgeordneten schon bei der Wahl auf bestimmte Fachressorts unpraktisch und undurchführbar; die Sektionen wollte er überhaupt nur als vorbereitende Kommissionen gelten lassen, die eigentliche Entscheidung sollte die Plenarversammlung treffen. Man dürfe nicht „alle Gelegenheit zur Beredsamkeit, zu einem freien und edlen Vortrag über die große Angelegenheit des Staats unterdrücken", meinte er. „Die parlamentarischen Formen scheinen hinreichend zu sein, um allen Unordnungen und Mißbräuchen bei einer besonnenen, rechtlichen, verständigen Nation zuvorzukommen. Durch eine solche Art, die Geschäfte zu behandeln, bildet sich in ihr ein praktischer Sinn für Geschäfte und eine Bekanntschaft mit denen Personen, die sie zu behandeln fähig sind – und ich glaube, man muß bei den ruhigen Deutschen, die, wie einer unserer Schriftsteller sagt, unter allen Zeiten am meisten die Bedenkzeit lieben, eher Reizmittel anwenden als Opiate" – Worte, die noch heute, als warme, aber besonnene Rechtfertigung des parlamentarischen Wesens, ihren ursprünglichen Klang besitzen.

Man wundert sich, daß Rehdiger nach dieser im Grunde vernichtenden (wenn auch äußerlich mit viel Lob vermischten) Kritik seines Entwurfs den Mut hatte, doch noch eine Umarbeitung im Sinne Steins vorzunehmen. Wohl oder übel suchte er von seinen Grundgedanken zu retten, was sich noch retten ließ, und doch den Forderungen Steins zu entsprechen[41]. Was dabei herauskam, war ein wunderlich verschnörkeltes Gebilde, eine Art von Mischmasch altdeutscher und napoleonischer Vorbilder. Der Reichstag wird (als „Gesetzgebender Senat") in drei Kollegien (oder Bänke) geteilt, von denen eines, aus „Würden und Ständen", d. h. aus 36 geistlichen und weltlichen Würdenträgern bestehend (die teils ernannt, teils gewählt sind), das Oberhaus ersetzen soll;

das zweite, die eigentliche Nationalvertretung, ist in acht Sektionen nach den verschiedenen Berufen geteilt und wird nach einem ungeheuer verwickelten Verfahren berufsständisch gewählt, wobei auch das Los eine Rolle spielt; das dritte schließlich besteht aus 48 vom König ernannten Personen; sie sollen in 6 Fachsektionen die Gesetzesberatungen vorbereiten und die Regierung mit Hilfe eines Kuriatstimmrechtes unterstützen, das u. U. als Veto wirken kann. Nach wie vor sollen die Beratungen im wesentlichen nichtöffentlich sein und nach Bänken und Sektionen getrennt erfolgen. Doch ist vorgesehen, daß in einem verwickelten Abstimmungsverfahren auch öffentliche Plenarverhandlungen mit freier Debatte und Abstimmung nach Köpfen beschlossen werden können.

Es läßt sich schwer vorstellen, wie ein Beratungskörper mit so vielen künstlich geschaffenen inneren Hemmungen praktisch hätte funktionieren sollen. Schon möglich, daß Stein mit dieser Ständeversammlung noch ärgere Enttäuschungen erlebt hätte als später mit dem westfälischen Provinziallandtag, über den er 1828 nach mehrjähriger Erfahrung als Landtagsmarschall in einer Stunde des Unmuts also urteilte: „Mir scheint, Spaltung in politische Parteien, in liberale, konstitutionelle, Monarchisten, und in ihre Unterabteilungen und Schattierungen, ist weniger nachteilig als Trennung in Stände, wo Adelsstolz, Bürgerneid, Bauernplumpheit gegen einander auftreten, mit aller Bitterkeit und Verblendung der gekränkten Eigenliebe, und einer den anderen niederzutreten sucht, ohne alle Rücksicht auf Erhaltung der Verfassung, und hierzu die Unterstützung der Burokratie zu erlangen strebt[42]."

Indessen: wer wollte die Möglichkeit geradezu leugnen, daß auch auf diesem etwas umständlichen Wege ein erfolgreicher Anfang gemacht werden konnte zur Umwandlung des preußischen Obrigkeitsstaates in einen modernen Volksstaat? Den Reformern von 1808 erschien das neue Werk Rehdigers im ganzen vortrefflich; von ernsteren Einwänden hören wir nichts. Ein Gutachten Schöns, das Stein eingefordert hatte, zeigt eine fast hilflose Unsicherheit des Urteils; zur Lösung dieser praktisch-politischen Fragen reichte die selbstgewisse Königsberger Staatsphilosophie offenbar doch nicht recht hin[43]. Stein war vor allem befriedigt, daß nun alle Stände zu ihrem Recht kommen sollten, das große und kleine Grundeigentum ihre gebührende Vertretung, der reiche Adel seine Ehrenvorrechte erhielt. Seine einzelnen Abänderungswünsche zeigen einen gesunden praktischen Sinn und entsprechen seinen schon früher geäußerten Ansichten: Vereinfachung des Wahlverfahrens, soweit als möglich; eine etwas weniger altfränkische Zusammensetzung der Adelsbank; Entfernung der Beamten und Soldaten aus dem Nationalkollegium; in der literarischen Sektion ein eindeutiges Übergewicht der wirklichen Gelehrten über die Schulmeister und Literaten niederen Ranges; Vertretung aller Stände, auch der Bauern, nur durch Mitglieder des eigenen Standes, nicht durch „Advokaten, Pamphletisten und Schreier"; erscheinen bäuerliche Abgeordnete im Reichstag, so wird das den Stand heben, an die Verfassung binden, und man wird „Männer von Kraft und schlichtem Verstand unter ihnen finden". Die wichtigste Forderung erinnert wieder an das englische Vorbild: die Regierung soll das Recht erhalten, den ganzen Reichstag auf einmal aufzulösen und neu wählen zu lassen; sie bleibt aber dann verpflichtet, ihn binnen sechs Monaten wieder einzuberufen. Die Grundzüge des Ganzen läßt Stein unangetastet; auch die Vereinigung aller Stände in einer Kammer läßt er sich jetzt gefallen[44] – obwohl er mit dem Zweikammernsystem eigentlich einen Kerngedanken seines eigenen Verfassungsplanes preisgab und obwohl er in allen Äußerungen späterer Jahre immer wieder auf das adlige Oberhaus zurückgekommen ist[45]. Es scheint also, daß er das „Kollegium der Würden und Stände" allen Ernstes für einen vollwertigen Ersatz der besonderen Adelskammer angesehen hat.

Alles in allem ist kein Zweifel, daß wir in dem zweiten Entwurf Rehdigers den ungefähren Umriß dessen vor uns haben, was Stein am Ende seiner Ministerschaft an populären Verfassungseinrichtungen für den preußischen Gesamtstaat geplant hat[46]. Gerne malte man sich aus, wie anders die preußische, ja wohl die gesamte deutsche Geschichte im 19. Jahrhundert hätte verlaufen können, wäre es ihm gelungen, diesen politisch unvergleichlich wichtigsten Teil seiner Reform noch ins Leben zu führen und mit seiner hinreißenden patriotischen Beredsamkeit, seiner Vertrauen erweckenden, zugleich aber Autorität ausstrahlenden Energie die Schwierigkeiten der Anfangsjahre zu überwinden. Indessen die Schwierigkeiten waren enorm! Wir wissen gar nichts Sicheres darüber, ob der König in die Verfassungspläne des Herbstes 1808 überhaupt näher eingeweiht worden ist, noch weniger, ob und wieweit er ihnen etwa zugestimmt hat[47]. Aber auch innerhalb des engsten Mitarbeiterkreises fehlte es nicht an Widerspruch! In der großen Anklageschrift gegen das Steinsche Regiment, die Altenstein Anfang November heimlich für Hardenberg – zum Gebrauch bei Unterhandlungen mit dem Monarchen! – ausarbeitete, spielt die nahe bevorstehende Organisation des Reichstages eine wichtige Rolle. Altenstein hält sie für überstürzt und gewagt; überdies sei es doch recht fraglich, ob der Zweck wirklich erreicht werde, ob die geplante Reform nicht hinter anderen deutschen Verfassungen zu weit zurückbleibe, ob die Neuerung wirklich das erwartete große Aufsehen erregen, das Volk „sich in die Repräsentanten finden werde", ob es nicht an geeigneten Köpfen für eine so große Volksvertretung fehle usw.[48]. Alles Erwägungen, die Hardenberg, dem Autokraten, ebenso eingeleuchtet haben werden wie dem König. Der Steinsche Verfassungsplan hat denn auch den Sturz des Ministers nicht überdauert.

Bereits Mitte Dezember wurde der Gesetzentwurf über die Domänenverkäufe abgeändert: mit der Begründung, daß auf die Organisation der Reichsstände so bald nicht zu rechnen sei, verzichtete man auf ihre Befragung und begnügte sich damit, die Provinzialstände oder, wo es keine gab, die Direktionen der Pfandbriefinstitute und „einige aus den landrätlichen Kreisen und

Städten für den gegenwärtigen Fall zu wählende Deputierte" zur formellen Genehmigung heranzuziehen[49]. Unter diesen Umständen blieben die Immediateingaben Gneisenaus ebenso vergeblich wie die brieflichen Mahnungen Steins. Graf Dohna, der ewig Ängstliche, kam weder in der provinzialen noch in der reichsständischen Verfassungsfrage einen Schritt vorwärts. Reichsstände hielt er überhaupt für ein Unding; und seine Sympathien für eine Reform und Wiederherstellung der Provinzialstände in „vaterländisch-deutschem Geist" vermochte er nicht zur Tat werden zu lassen. Es gab freilich einen sehr konkreten Anlaß zu einer solchen Reform, der beinahe ans Ziel geführt hätte. Die unaufschiebbar gewordene Konsolidierung des provinzialen, insbesondere des märkischen Kriegsschuldenwesens erforderte dringend eine gleichmäßige Lastenverteilung auf alle Stände mit Hilfe einer modernen Einkommensteuer; und diese wiederum schien undurchführbar ohne Mitwirkung provinzialer Selbstverwaltungsorgane, in denen alle Bevölkerungsschichten, auch die Bauern, gerecht vertreten waren. Ein Einkommensteuergesetz, das eine Reform der Provinzialstände in allernächste Aussicht stellte, ist damals nach langen Beratungen beschlossen und verkündigt worden. Aber es wurde nicht ausgeführt. Der heftige Widerspruch der privilegierten Klasse gegen diese Steuerreform beschleunigte noch den Sturz des Ministeriums Altenstein; Graf Dohna aber warnte dringend vor Übereilung, als Hardenberg 1810 einen Anlauf zu nehmen schien, die reichsständischen Verfassungspläne Steins wieder in Gang zu bringen[50].

Die Warnung war indessen unnötig. Dem Herrschaftsbedürfnis und den lässig-bequemen Lebensformen des Grandseigneurs Hardenberg widerstrebten parlamentarische Verhandlungen mit ihren vielfältigen Reibungen und Unbequemlichkeiten im Grunde noch mehr als der Furchtsamkeit Dohnas und der engen Bürokratennatur eines Altenstein. Zwar nötigten ihn die inzwischen noch viel brennender gewordenen Finanzbedürfnisse des Staates zu gewissen ständischen Konzessionen: wenigstens eine Art von Nationalrepräsentation des Gesamtstaates, eine Notabelnversammlung von 36 Vertretern der drei Stände rief er zusammen, um mit ihrer Hilfe seine Steuerforderungen vor der öffentlichen Meinung zu verantworten. Auch schien es ihm unmöglich, die tief in das Privateigentum eingreifenden Probleme der Frondienstablösung und Verleihung echten Eigentums an die Privatbauern ohne Mitwirkung ständischer Interessenvertretungen zu lösen. Aber die leichtfertige Art, wie er mit den Notabelnversammlungen der Jahre 1811–1814 umsprang, zeigte deutlich, daß es ihm nur auf die notdürftige Überwindung augenblicklicher Schwierigkeiten, nicht auf eine grundsätzliche Lösung des großen Verfassungsproblems ankam. Schon damals ließ sich erkennen, daß dieser Staatsmann weit mehr Diplomat als Reformer war: daß er, vor die Wahl gestellt zwischen taktischen Forderungen der auswärtigen Politik und den großen Reformbedürfnissen des Innern, ohne allzuviel Sträuben bereit sein würde, die innere Freiheit dem Wunsch gesicherter auswärtiger Bündnisse zu opfern.

IV. Gewerbe- und Handelspolitische Probleme. – Kirche, Schule und Heer als nationale Erziehungsanstalten

Es macht den eigentümlichsten Reiz, aber auch eine besondere Schwierigkeit der Biographie Steins aus, daß sie genötigt ist, gewissermaßen an einem Punkt, in der Erzählung eines einzigen Jahres, die gesamten Grundlagen moderner deutscher Staatsbildung zu erörtern. Es gibt keine Seite staatlicher Tätigkeit, auf der das Ministerium Stein nicht kräftige Antriebe zu fruchtbarer Neugestaltung des Überlieferten hinterlassen hätte.

Bauernbefreiung, Behördenorganisation, Begründung einer neuartigen Selbstverwaltung in Stadt und Land, Ansätze zu einer ständischen Provinzial- und Gesamtstaatsverfassung sind die bekanntesten Reformtaten Steins. Daneben aber stehen noch gewisse Anregungen und Neuerungen auf anderen Verwaltungsgebieten: in der Gewerbepolitik, mehr noch im Kirchen-, Schul- und Bildungswesen, schließlich auch in der Militärreform, die nur darum nach außen weniger sichtbar hervorgetreten sind, weil hier noch mehr als in den anderen Fragen sein kurzes Wirken Stückwerk blieb. Die politische und geistige Eigenart des Mannes hat sich aber auch in diesen Dingen deutlich genug ausgeprägt.

Als Wirtschaftspolitiker bewegte er sich im ganzen in den Bahnen fort, die wir aus der Zeit seines ersten Ministeriums vor Jena schon kennen. Nur daß er jetzt in Königsberg, mitten unter den erklärten Anhängern der Smithschen Wirtschaftsdoktrin, abermals ein Stück vorwärts in der liberalen Richtung gedrängt wurde. Die besondere Lage Ostpreußens und seiner Exportwirtschaft machte den Abbau des alten Merkantilsystems besonders dringend, und auf der Generalkonferenz herrschte, unter Führung Schöns, ein entschieden liberaler Geist. Man wird sich aber hüten müssen, eine irgendwie fühlbare Änderung der uns wohlbekannten gewerbepolitischen Ansichten Steins aus den wenigen Maßnahmen herauszulesen, die während des großen Reformjahres zur Auflockerung von Handels- und Gewerbemonopolen in Ostpreußen getroffen worden sind[1]. Sehr groß scheint sein Interesse dafür nicht gewesen zu sein. Als zwei Jahre später Hardenberg die Gewerbefreiheit in weitestem Umfang, nach dem Muster der französischen Gesetzgebung, durchführte, hat Stein dieses Vorgehen durchaus nicht gebilligt, sondern gewisse Einschränkungen verlangt; vollends im Alter hat er sich über das „heillose Patentwesen" der Hardenbergschen Reform scharf ablehnend geäußert[2].

Als Gewerbe- und Handelspolitiker war Stein ausschließlich Praktiker, hineingewachsen in eine feste Verwaltungstradition, die er ohne viel theoretische Erwägungen übernahm; es scheint fast, als hätte er sich mit der neuesten nationalökonomischen Theorie erst in der Zeit seiner Verbannung nach Österreich, 1809–1811, gründlicher auseinandergesetzt[3]. Diesen Dingen gehörte im Grunde so wenig sein Herz wie den großen, immer wieder hinausgeschobenen Fragen der Steuerreform. Mit ganzer Seele war er doch nur da beteiligt, wo es um moralische Werte ging: wo es galt, „einen sittlichen, religiösen, vaterländischen Geist in der Nation zu heben, ihr wieder Mut, Selbstvertrauen, Bereitwilligkeit zu jedem Opfer für Unabhängigkeit von Fremden und für Nationalehre einzuflößen". So bezeichnet er selbst in seiner Lebensbeschreibung das eigentliche Ziel seiner Reform. Die Nebeneinanderstellung des Sittlichen, des Religiösen und des Vaterländischen geschieht dabei wie selbstverständlich. Und diese Selbstverständlichkeit ist, wie man weiß, eines der bezeichnenden geistigen Merkmale jener Epoche. Die Gedanken des Reformerkreises über Kirche und Staat sind wesentlich durch die nahe Verwandtschaft des Vaterländischen und des Religiösen, an die sie alle mehr oder weniger glauben, bestimmt.

Es war ihre große, mit höchster Bewußtheit ergriffene Mission, das seelenlose Machtgebilde des alten Staates mit lebendigem Inhalt zu füllen. Die Erhebung des Gemütes wie auch immer: durch den Aufruf geschichtlicher Erinnerungen an die nationale Schicksalsgemeinschaft vieler Jahrhunderte, durch sittlichen oder religiösen Enthusiasmus für ein neues, besseres Zeitalter, wurde ihnen zu einer unmittelbar politischen Aufgabe. Ihnen genügte es nicht, nach dem Vorbild der Französischen Revolution Staat und Nation enger miteinander zu verbinden, die innere Beseelung des Staates von der unmittelbaren Teilnahme aller Bürger an politischem Leben zu erwarten. Der monarchische und der partikulare Charakter der vielgespaltenen deutschen Staatenwelt erschwerte es, diese Verbindung mit dem vollen Enthusiasmus unserer westlichen Nachbarn zu erleben. Statt dessen fand sich die patriotische Gesinnung in das rein Geistige abgedrängt: in ein Deutschheitsbewußtsein, das den neu zu begründenden deutschen Staat zu einem absoluten Wert erhob: als Vorkämpfer wahrer Sittlichkeit und Religiosität gegen welsche Verderbnis oder gar als berufenen Träger des weltgeschichtlichen Fortschritts überhaupt. Die gewaltigen politischen Energien, die aus dieser in den Dienst des Staates gestellten Ideologie entsprangen, haben recht eigentlich den geschichtlichen Ruhm der Erhebungszeit begründet. Aber es wäre unehrlich, wollten wir nach den Erfahrungen unseres 20. Jahrhunderts die Augen verschließen vor dem Gefährlichen einer solchen Vermischung des Heiligsten mit dem Irdischen. Uns steigen schreckliche Erinnerungen auf angesichts des übermäßigen Aufwandes moralischer Entrüstung über den Feind, den die Patrioten jener Tage brauchten, um politisch in Wallung zu geraten. Wir empfinden die allzu enge Verquickung moralischer, weltanschaulicher und politischer Dinge als eine Gefahr, die ebenso den vernünftigen Ausgleich innerpolitischer Parteiinteressen wie die nüchterne Beurteilung auswärtiger Machtkonstellationen erschwert. Religiöses Empfinden aber, sobald es in letzte Tiefen hinabreicht und seiner Eigenart klar bewußt geworden ist, wird sich immer sträuben, in den Dienst wesensfremder irdischer Zwecke, und wären sie vom Standpunkt des Menschlichen noch so groß und erhaben, hineingezogen zu werden[4]. Je mehr der deutsche Protestantismus sich loslöst von jener unklaren Verflechtung mit humanitären Bildungsinteressen, mit allgemeiner Moral und menschlicher Weltweisheit, in die ihn das Zeitalter der Aufklärung verstrickt hatte und die der nachkantische deutsche Idealismus vom Geist des 18. Jahrhunderts als Erbe übernahm – je energischer er sich besinnt auf die echten, ursprünglichen Grundlagen seines geistigen Wesens, um so kräftiger wird er sich wehren gegen alle Versuche, „Veredlung der Menschheit", „Verbreitung eines höheren Glücks und Vorgenuß des höchsten Zustandes" oder auch „sittliche und vaterländische Erhebung der Nation" – vollends zum Kampf gegen den „Erbfeind"! – als die ihm von Gott gesetzten Ziele zu bestimmen.

Überall da, wo Fichtescher Geist auf die Reformer Preußens eingewirkt hat, sieht man diese Vermischung der sittlichen, religiösen und patriotischen Zielsetzungen aufs höchste gesteigert. In Altensteins Denkschriften am deutlichsten. Hier werden auch die kirchen- und kulturpolitischen Konsequenzen ganz unmittelbar sichtbar. Schleiermacher dagegen, der sonst unter den protestantischen Theologen als der Urtypus idealistischer Bildungsreligiosität gilt, hat in seinen kirchenpolitischen Denkschriften die Selbständigkeit und den Eigenwert des kirchlichen und religiösen Lebens gegenüber dem Staate mit ähnlicher Energie verfochten wie Wilhelm von Humboldt die der Wissenschaft und des geistigen Lebens überhaupt. Stein gehört als Kirchen- und Kulturpolitiker mehr auf die Seite Altensteins. Nur daß er, mit primitiveren geistigen Mitteln, vor allem mit einer ganz naiven altkirchlichen Gesinnung ausgerüstet, seine Reformen im Grunde mehr an die Traditionen des älteren protestantischen Territorialstaates anknüpfte als an die große idealistische Bewegung seiner Zeit.

Der altprotestantische Fürstenstaat hatte die Bewahrung der „reinen Lehre" und die Erziehung seiner Untertanen zu einem ehrbar-gottseligen Leben als eine ihm von Gott übertragene Pflicht betrachtet und ihre Durchführung seinen Justizbehörden anvertraut, deren Übergewicht den rein geistlichen Einfluß auf die Leitung der Kirche je länger je mehr zurückdrängte und die politische Autorität der lutherischen Hofprediger zerstörte. Der aufgeklärte Absolutismus Friedrichs II., religiös gleichgültig geworden, ließ die äußeren Formen der kirchlichen Organisation unverändert, verzichtete aber ebensowohl auf die Fürsorge für die „reine Lehre" wie für das geistige Leben innerhalb der Kirche überhaupt. Die Pfarrer waren Organe der öffentlichen Ordnung, nicht selten zu rein staatlichen Zwecken, wie der Bekanntmachung landesherrlicher Verordnungen, gebraucht, unentbehrlich besonders in der Schul- und Armenverwaltung und als Erzieher zu untertänigem Gehorsam. Was ihre Predigt an religiösem Gehalt bot, wie es um ihre theologische Vorbildung bestellt war – das kümmerte den Staat nicht im geringsten. Mochte die Gemeinde oder ihr adliger Patron zusehen, daß der rechte Mann berufen wurde! Selbst die Aufsicht der alten provinzialen Kirchenbehörden, der Konsistorien, war auf ein Mindestmaß beschränkt. Patrone, Gemeinden und kirchliche Stiftungen hatten für den Unterhalt der Pfarrer aufzukommen. Daß die Erträgnisse der kirchlichen Vermögensverwaltungen und damit die Pfarrgehälter seit zweieinhalb Jahrhunderten sich nicht mehr vergrößert hatten, die Lebenshaltung der Geistlichen unter das Niveau der Handwerker gesunken war, ging die staatlichen Aufsichtsbehörden nichts an. Als Rechtsorganisation war das lutherische und reformierte „Kirchenwesen" zu einer staatlichen Polizeianstalt geworden, vollkommen abhängig von der königlichen Bürokratie und den adligen Gutsherrn. Als Kultgemeinschaft blieb die Kirche sich selbst überlassen: eine Gesellschaft von Einwohnern des Staates (wie das Allgemeine Landrecht sie nannte) zu öffentlicher Feier von Gottesdiensten. Oder vielmehr: jede einzelne Gemeinde bildete eine solche „Kirchengesellschaft". Eine protestantische Kirche als Ganzes, eine evangelische Landeskirche gab es nicht einmal dem Begriff nach. Die kirchlichen Organisationen der verschiedenen Landesteile, die nach und nach zu Preußen gekommen waren, standen in prinzipieller Absonderung nebeneinander, lange Zeit nicht einmal in den Zentralbehörden des Staates zu einer Einheit zusammengefaßt. Erst unter Friedrich II. wurde wenigstens für die älteren, vor 1740 erworbenen Provinzen das lutherische, deutsch- und französisch-reformierte Kirchenwesen unter je einer geistlich-weltlichen Oberbehörde zusammengefaßt und dem Justizdepartement (in der Form von zwei geistlichen, den drei Oberkonsistorien vorgesetzten Sonderdepartements) angegliedert. Aber auch jetzt noch behielt der staatliche Verwaltungsapparat eine Schwerfälligkeit, die jede durchgreifende Neuerung von vornherein unmöglich machte. Abgesondert neben den zivilkirchlichen Organisationen stand noch ein besonderes Militärkirchenwesen, das der Sitz ärgster geistlicher Verwilderung war und die Mängel des landesherrlichen Kirchenregiments am grellsten offenbarte[5].

Eine preußische evangelische Landeskirche im modernen Sinn ist erst unter Friedrich Wilhelm III. geschaffen worden. Die persönliche, kirchengläubige Gesinnung des Königs, der sich durchaus wieder als verantwortliches Oberhaupt der verschiedenen protestantischen Kirchen, als weltlichen und geistlichen Landesvater betrachtete, und das Bedürfnis seiner Bürokratie nach straff erer Einheit im Verwaltungsapparat und Einschränkung des feudalen Elements in der Lokalverwaltung haben dazu das meiste beigetragen. Zu den Reformversuchen des alten Staates vor 1806, die wir größtenteils schon früher kennenlernten, gehörten auch die ersten Ansätze zu einem neuen Kirchenregiment, das die Hebung des geistlichen Standes (durch bessere Regelung des theologischen Prüfungswesens und der geistlichen Disziplin, Abstellung von Mißbräuchen des Patronatsrechts, auch wohl durch Aufbesserung der Gehälter und Neuordnung des kirchlichen Gefällewesens), weiter die Verbesserung des Kultus (durch Einführung einer neuen einheitlichen Agende) und den Zusammenschluß der verschiedenen protestantischen Kirchen zu einer „Union" zum Ziel hatte, aber auch ein Eingreifen der Obrigkeit zur Abwehr von Entartungen des innerkirchlichen Lebens, in Lehre und Sakramentsverwaltung, nicht scheute. Wie alle Reformpläne vor Jena ist auch dieser zunächst ohne durchgreifenden Erfolg geblieben. Aber die Einsicht, daß der Tiefstand des protestantischen Kirchenwesens, nachdem es nun einmal ganz vom Staate abhängig geworden war, nicht ohne tatkräftige Maßnahmen der Obrigkeit behoben werden könne, war nun unter den Regierenden weit verbreitet. Die neue, reformeifrige Bürokratie, aus der Altenstein und seine Gesinnungsgenossen hervorgingen, hatte das Kirchenwesen als neues Arbeitsfeld entdeckt.

Das neue Verständnis für religiöse Dinge, das um die Jahrhundertwende im deutschen Geistesleben erwachte, traf also in Preußen mit einem verstärkten Betätigungsdrang des landesherrlichen Kirchenregiments zusammen. Die Not des Krieges mit seinen Folgen, die Abneigung eines leidenschaftlich und empfindsam gewordenen Geschlechts gegen die kalte, dürre Moralpredigt des Rationalismus, schließlich und vor allem der Wunsch der Reformer, die inneren Kräfte des Staates durch Aufruf aller sittlichen Energien in der Nation aufs höchste zu steigern – das alles kam zusammen, um eine neue Epoche preußischer Kirchenpolitik heraufzuführen. Von vornherein bestand die Gefahr, daß in ihr die staatlichen Interessen das Übergewicht behaupten würden gegenüber den eigentlich geistlichen. Altensteins große Septemberdenkschrift von 1807 versicherte ausdrücklich, daß die nationale Erhebung gegen Frankreich das Ziel sei, dem auch die Erneuerung der Kirche zu dienen habe: „Preußen wird auf dem Standpunkt echter Religiosität der Gegenstand der Achtung, der Liebe und der Sehnsucht aller echt Religiösen sein, und dadurch für seinen Zweck eine unglaubliche Menge unwiderstehlicher Kräfte um sich her unsichtbar versammeln!" Sie sprach von „der Sehnsucht Vieler nach einem geistlichen Oberhaupt: derjenige Souverän wird dieses geistliche Oberhaupt sein, der in seinem Staate zuerst der Religion den höchsten Standpunkt einräumt und kräftig nach solchem das Ganze leitet, und der sich nicht schämt, den Kampf für Religion und Freiheit nicht etwa so nebenbei, sondern als Hauptsache und einziges Motiv zu übernehmen" [6].

Gewiß: auch Altenstein wußte, wie alle aufgeklärt-liberalen Bürokraten der nachfriderizianischen Epoche, daß „echte Religiosität sich nicht erzwingen lasse", daß „nur die Hindernisse hinweggeräumt werden müssen", die ihrer Verbreitung im Wege stehen, und daß gänzliche Freiheit der religiösen Überzeugungen zum Wesen des modernen Staates gehört. Der idealistische Grundzug seiner Denkschrift drückt sich vor allem darin aus, daß sie den Standpunkt platter Nützlichkeit, von dem die Kirchen- und Schulpolitik der absolutistischen Epoche ausgegangen war, ausdrücklich verwirft: die Religion ist nicht dazu da, gehorsame Untertanen zu erziehen, die Schule darf sich nicht damit begnügen, praktisch verwendbare Kenntnisse beizubringen, sondern hat sich höhere Menschenbildung als Ziel zu setzen. Aber von dem tiefen Bedürfnis nach äußerer und innerer Freiheit des Geistes, von dem die kirchen- und kulturpolitischen Denkschriften Schleiermachers und Humboldts ganz erfüllt sind, findet man bei ihm nur wenige Spuren.

Auch diese beiden Männer hatten ihr früheres Mißtrauen gegen den Despotismus des alten Staates jetzt überwunden: beide waren sich bewußt, daß nur mit staatlicher Hilfe die neue Kirche und die neue Organisation der Wissenschaft ins Leben gerufen werden konnte, der ihre Lebensarbeit galt. Aber mehr als die äußere Fürsorge und Obhut wollten sie dem Staate nicht zugestehen. Korporative Selbständigkeit der Universitäten, synodale Selbstverwaltung der Kirche sollten nach Schleiermachers Wünschen die Freiheit der Wissenschaft und des religiösen Lebens sichern. Und die staatliche Wissenschaftspflege, wie sie Humboldt sich dachte, sollte sich immer bewußt bleiben, daß sie nur durch äußere Gründe gefordert würde, die „Sache an sich aber ohne den Staat unendlich besser gehen würde". Lauter Gedanken von größter Fruchtbarkeit für die spätere Entwicklung des deutschen Geistes; ihre praktisch-politische Bedeutung ist gewiß niemals stärker empfunden worden als gerade in unseren Tagen. Für Altenstein, den liberalen Bürokraten, traten solche Erwägungen doch stark zurück hinter dem Staatsinteresse. Und da die Abhängigkeit der geistigen Mächte vom Staate schon viel zu lange gedauert hatte, als daß sie sich von heute auf morgen hätte überwinden lassen, da insbesondere ein reges protestantisches Gemeindeleben, wie es die notwendige Voraussetzung einer gesunden kirchlichen Selbstverwaltung hätte bilden müssen, noch gänzlich fehlte, so gehörte der Grundrichtung Altensteins die Zukunft. Unter dem starken persönlichen Einfluß des Königs und unter dem Druck der allgemeinen Reaktion hat er als Kultusminister (1817 bis 1840) seine kulturpolitischen Ideale erst eigentlich ins Bürokratische und Polizeistaatliche abgewandelt und eine bürokratisch regierte Landeskirche geschaffen, die zwar formell selbständig gegenüber den weltlichen Staatsbehörden, dafür aber ganz abhängig vom König als Landesbischof und als eine Art geistlicher Leibgarde der Dynastie organisiert war[7]. Die Möglichkeit einer solchen Entwicklung kann man recht wohl schon aus der Denkschrift von 1807 herauslesen.

Selbständige Kirchenrepublik oder bürokratisch regierte Landeskirche – das waren die beiden Möglichkeiten, die sich für eine Erneuerung des protestantischen Kirchenwesens zu eröffnen schienen. Fragt man, für welche Stein sich entschieden habe, so ist eine klare Antwort schwierig, weil er in gewissem Sinn das eine mit dem andern zu verbinden dachte. Auf den ersten Blick erinnern seine Vorschläge am meisten an die schon erörterten Reformversuche vor 1806. Verschiedene Kundgebungen des Oktober und November 1808, die sein politisches Reformprogramm der Öffentlichkeit darlegen sollten, kündigen an: Vermehrung und anständigere Fundierung des Einkommens der Geistlichen, Hebung ihres äußeren Ansehens durch Stiftung hoher Staatswürden für den geistlichen Stand (unter anderem dachte er an die Ernennung protestantischer Bischöfe und Äbte), Entfernung unwürdiger Geistlicher, Abwehrung leichtsinniger oder unwissender Kandidaten, Verbesserung der theologischen Vorbereitungsanstalten, angemessene Einrichtung der Pfarrabgaben (Stolgebühren und Akzidenzien), Vorsorge für anständige Feierlichkeit des äußeren Gottesdienstes – lauter Einzelmaßnahmen also, wie man sie schon vor dem Kriege vielfach erwogen hatte[8]. Auch der Satz, daß alle christlichen Konfessionen künftig gleiche Ansprüche auf Ämter im Staat haben sollten (die Juden blieben ausgeschlossen, wie denn Stein sich immer und überall judenfeindlich geäußert hat), bedeutete nichts eigentlich Neues. Und ganz im Geiste josephinisch-aufgeklärter Kirchenpolitik, wie Stein sie schon in Münster vertreten hatte, war es, daß er die protestantischen Adelsstifter und in großem Umfang die Güter der katholischen Geistlichkeit in Schlesien säkularisieren, das heißt zugunsten der Staatskasse einziehen wollte. Ihren Ertrag wünschte er zur Abzahlung der Kriegskontribution zu verwenden und glaubte „das Gehässige der Operation" durch diesen Zweck nach außen gerechtfertigt; doch bemerkte er ausdrücklich dabei, daß eine „veränderte Benutzung" dieser Güter „auf jeden Fall demnächst eintreten müßte"! Die Klöster, „sofern es nicht Kranken- oder Unterrichtsanstalten sind", sollten ohne weiteres verschwinden, weil sie „den religiösen und politischen Bedürfnissen des Zeitalters nicht mehr angemessen" wären; die Dom- und Kollegiatstifter nur soweit, als sie nicht zu bischöflichen und Pastoralfunktionen an ihren Kirchen unentbehrlich wären. Eine Befragung der päpstlichen Kurie hielt er für unnötig, wenn er auch nichts dagegen hatte, daß sie durch den Gesandten von Humboldt erfolgte. Sogar die alten münsterischen Pläne zu einer inneren Reform der katholischen Kirche im Sinne eines fortgeschrittenen Zeitgeistes tauchten in diesen Jahren wieder auf. Hardenberg empfahl er zu diesem Zweck 1810 seinen westfälischen Freund Baron Spiegel als Koadjutor des Bischofs von Breslau[9]. Vor einem tiefen Eingriff der Landesobrigkeit in das Innere des kirchlichen Wesens scheute er also jetzt so wenig zurück wie früher – auch als Kirchenpolitiker durchaus von den Traditionen des 18. Jahrhunderts bestimmt. Nur daß er (wie schon in Münster) ein starkes positives Interesse am kirchlichen Leben zeigte, wie es der aufgeklärte Absolutismus der friderizianischen Ära nicht gekannt hatte. Es genügte ihm nicht, die Geistlichkeit der schlesischen säkularisierten Klöster und Stifter durch mäßige Pensionszahlungen[10] zu entschädigen: die Säkularisationen sollten überhaupt nur so weit durchgeführt werden, daß die Bedürfnisse des Kultus und der Unterrichtsanstalten fortdauernd sichergestellt blieben. Eben deshalb hat er es später für eine „Plünderung" der Kirche erklärt, als Hardenberg die Säkularisationspläne verwirklichte (10. Oktober 1810), ohne auf die Sicherstellung der dadurch betroffenen Religions- und Lehranstalten Rücksicht zu nehmen[11]. Eine Übernahme aller kirchlichen und Schulausgaben auf die Staatskassen, wie man sie 1809 in Österreich plante, um desto rücksichtsloser Kirchengut einziehen zu können, verwarf er im Interesse der Kirche als höchst bedenklich[12]. Er hielt also grundsätzlich fest an dem überlieferten System, das die Kirchen im wesentlichen auf ihre alten, fundierten Renteneinkünfte verwies, wollte ihnen aber, wie es scheint, durch staatliche Unterstützungen zu Hilfe kommen.

Derselbe Geist eines aufgeklärten, über den Konfessionen stehenden, unbedenklich von oben her durchgreifenden, aber jetzt auch an der positiven Förderung religiösen und kirchlichen Lebens stark interessierten Kirchenregiments spricht aus der Art, wie Stein die kirchlichen Behörden in seine Organisationspläne eingegliedert hat. Hier handelt es sich – im Unterschied von allem bisher Erörterten – nicht bloß um Programme, sondern um eine praktische Tat. Das Wichtigste ist die radikale Beseitigung der altherkömmlichen, an die provinzialen Justizbehörden angegliederten Provinzialkonsistorien und ihr Ersatz durch paritätische Kirchen- und Schuldeputationen bei den Provinzialregierungen, wie sie das Organisationsedikt vom 26. Dezember 1808, Steins Wünschen durchaus entsprechend, brachte. Auch diese Neuerung war nur eine Fortführung älterer Reformen vor 1806: Schrötter hatte sie bereits 1797 in Neuostpreußen durchgeführt; jetzt wurde sie (was schon längst geplant war) auf alle Provinzen ausgedehnt[13]. An die Stelle kirchlicher Behörden von immerhin eindeutig geistlichem Charakter (deren formelle Selbständigkeit gegenüber der staatlichen Bürokratie freilich längst mehr Schein als Wirklichkeit bedeutete), traten nun ganz unmittelbar die Staatsbehörden selbst, und zwar so, daß nicht nur Kirchen- und Schulwesen, sondern zugleich die Angelegenheiten aller Konfessionen in ein und demselben Regierungsausschuß vereinigt wurden. Für die katholische Kirche mit ihrer festgefügten Hierarchie mochte das nicht allzu bedenklich sein; die protestantischen Kirchen beklagten mit Recht die völlige Auflösung ihrer alten Verfassung und den Verlust des letzten Restes äußerer Selbständigkeit. Es war ein schwacher Trost, wenn ihnen dafür in Aussicht gestellt wurde, ein höherer Geistlicher jeder Provinz (der spätere „Generalsuperintendent") solle künftig zu den Geschäften der provinzialen Kirchenregierung zugezogen werden[14]. Vollendet wurden diese Bemühungen durch die Schaffung einer einheitlichen Oberbehörde für das gesamte Kirchenwesen in der staatlichen Zentralverwaltung.

Die Nassauer Denkschrift hatte die Errichtung eines besonderen „Ministeriums des Kultus" vorgeschlagen[15], losgelöst vom Justizdepartement, aber auch von der Verwaltung des Schulwesens, das seinerseits von einer besonderen Sektion des Generaldirektoriums betreut werden sollte. Für diese Absonderung waren ausschließlich sachliche Gründe angeführt; jeder Geschäftskreis setzt „ganz eigentümliche Kenntnisse und Ansichten voraus"; deshalb ist es besser, wenn die kirchliche Oberbehörde nur in Fragen des Religionsunterrichts in das Schulwesen hineinzureden hat. Es mag sein, daß bereits hier auch persönliche Gründe eine Rolle spielten: die Absicht, Wilhelm von Humboldt als Leiter des Unterrichtswesens vorzuschlagen, dessen große geistige Fähigkeiten und dessen unkirchliche Gesinnung Stein gleichermaßen durch seinen Freund Kunth, den ehemaligen Erzieher der Humboldts, bekannt waren[16]. Entscheidend war das schwerlich; und neben der Sorge vor einer geistlichen Aufsicht über das Bildungswesen (die Erinnerung an die Ära Wöllner mochte da abschreckend wirken[17]!) hat Stein vermutlich auch der Gedanke an das Wohl der Kirche bestimmt. Ein besonderer katholischer Minister, genau bekannt mit den Grundsätzen und der Verfassung seiner Kirche (wie etwa Freund Spiegel!), sollte „die in dieser Kirche nötigen Verbesserungen vornehmen"; die beiden protestantischen Religionsparteien sollten in einem gemischten Oberkonsistorium innerhalb des neuen Ministeriums ihre Vereinigung finden.

Die Verwirklichung dieser Gedanken (die sich wiederum mit gewissen Reformvorschlägen der Epoche vor 1806 eng berühren) wurde dadurch verhindert, daß der große Organisationsplan Altensteins vom November 1807, wie wir schon wissen, nur ein einheitliches Zentralministerium des Innern mit verschiedenen Unterabteilungen kannte. Aber auch in dieser Form setzte Stein die Trennung des Kultus vom Unterricht durch: beide sollten von gesonderten Departements verwaltet werden. Altenstein und Hardenberg, denen die Religion nur eine Sonderform allgemeiner Bildung bedeutete, hatten beide Verwaltungszweige in einer Behörde vereinigen wollen: Hardenberg in einem besonderen Kultus- und Unterrichtsministerium, Altenstein in einer Sektion des Polizeiministeriums – Stein ging nicht darauf ein[18]. Aber auch der König, übereinstimmend mit den Gutachten Beymes, Hardenbergs und Auerswalds, bestand auf einer Vereinigung beider Ressorts – wenn nicht in einem besonderen Ministerium, so zum wenigsten in einem gemeinsamen Ministerialdepartement. Nur war für ihn ein ganz anderes Motiv maßgebend als für Altenstein und Hardenberg: nicht weil er die Religion als einen Teil des allgemeinen Bildungswesens betrachtete, sondern weil er das Schulwesen auch weiterhin von kirchlichen Organen beaufsichtigt wissen wollte! Für diesen Zweck wünschte er den Hallenser Theologen und Pädagogen Niemeyer, einen gläubigen und fortschrittlichen Kirchenmann, recht nach seinem Herzen, an die Spitze der vereinigten Departements zu stellen. Erst als dieser ablehnte[19], ließ er sich auf die Berufung Humboldts ein; und Stein setzte nun, unter ausdrücklichem Hinweis auf Humboldts religiös neutrale Gesinnung[20], durch, daß die kirchlichen Angelegenheiten wenigstens in einer besonderen Unterabteilung des neuen Departements unter einem Staatsrat mit beschränkter Selbständigkeit verwaltet werden sollten. Der fromme, poetisierende, einer Gefühlsreligion im Sinne Jakobis und Lavaters zuneigende Nicolovius – auch einer aus dem weiteren Königsberger Reformerkreise und häufiger Tischgast Steins – wurde zu dieser Stelle eines Unterdirektors berufen[21].

Zwischen der altkirchlichen Gesinnung des Königs und der abstrakten Bildungsreligiosität eines Altenstein nimmt Stein nach alledem eine Mittelstellung ein. Das drückt sich in seiner Lösung der Organisationsfragen aus. Für die künftige Stellung der Kirchengemeinschaften im Staat blieb es aber doch entscheidend, daß ihnen als Oberbehörde eine Unterabteilung des allgemeinen Polizeiministeriums zugewiesen wurde, die, dem Range nach, der Verwaltung etwa des Theaterwesens gleichstand: die Kirchen haben sich oft und bitter genug darüber beklagt. Von kirchlicher Freiheit, von einer Milderung des bürokratischen Drucks auf die Kirchen ist in den bisher betrachteten Organisationsplänen nirgends die Rede. Vielmehr wird dem Kultusdepartement gegenüber den evangelischen Kirchen ausdrücklich auch das Recht zu Eingriffen in die innere, eigentlich kultische Verwaltung (ius sacrorum) zugestanden, und zwar nach Maßgabe des Allgemeinen Landrechts.

Dennoch fehlt es nicht ganz an Äußerungen, die erkennen lassen, daß Stein mit einem rein bürokratischen Kirchenregiment sich nicht begnügen wollte. Wenn er die gutsherrlichen Patronatsrechte für ebenso verwerflich erklärte wie die Patrimonialgerichtsbarkeit, so entsprach das an sich nur den allgemeinen Reformtendenzen der Zeit; aber er fügte hinzu, daß man es „vielleicht geraten finden dürfte, den Gemeinden eine Teilnahme bei der Predigerwahl unter angemessenen Bedingungen einzuräumen". Das hätte eine Übertragung des Selbstverwaltungsprinzips auf das kirchliche Gebiet bedeutet, und die Städteordnung will denn auch die Besorgung kirchlicher Angelegenheiten gewählten Kirchenvorstehern aus der Gemeinde übertragen[22]. Eine kirchliche Selbstverwaltung durch Gemeindeorgane und Klassensynoden bestand seit langem in den reformierten Gemeinden des Westens. So wird Stein, der geborene Rheinländer, nicht ohne Sympathie den synodalen Reformvorschlägen, die Schleiermacher ihm im Spätsommer 1808 vortrug, gefolgt sein. In höherem Alter hat er sich mit wahrem Feuereifer als Mitglied der westfälischen Generalsynode an der Kirchenverbesserung beteiligt und die Vorzüge der märkischen Presbyterial- und Synodalverfassung gegenüber dem „lahmen, schleppenden, kalten, toten und tötenden, gebietenden" Wesen der ostelbischen Konsistorialverfassung leidenschaftlich gerühmt. Aber er dachte sich diese Selbstverwaltung genauso unter straffe obrigkeitliche Aufsicht gestellt wie die der Gemeinden, Kreise und Provinzen. Jetzt war ihm (im Gegensatz zu seinen liberalen Anschauungen während der münsterischen Jahre) das bürokratische Regiment Altensteins und Friedrich Wilhelms III. sogar noch viel zu liberal gegenüber den „unchristlichen rationalistischen Hallenser Theologieprofessoren": entweder, schrieb er 1830, müsse das Kirchenregiment diese unchristlichen Lehrer von ihren Kathedern entfernen oder die Kirche vollständig sich selbst überlassen wie der amerikanische Staat[23]. Die zweite Alternative war sicher nicht die seinige. Und so dürfen wir als gewiß annehmen, daß er den synodalen Verfassungsplan, den Schleiermacher 1808 auf seinen Wunsch ausarbeitete[24], in ganzem Umfang niemals durchgeführt haben würde: eine vollständige Loslösung der Kirche vom Staat, die Einrichtung einer freien „Kirchenrepublik" lag ebensoweit jenseits seiner Ziele wie auf dem rein staatlichen Gebiet die Errichtung von unabhängigen „Stadtrepubliken" nach französischem Muster.

Zur Reform des Kirchenwesens gehörte wie selbstverständlich auch die der Schulen: die neue Nationalerziehung, wie sie Stein und dem ganzen Reformerkreis vorschwebte, sollte sittlich-religiöse und wissenschaftliche Bildungsziele aufs engste miteinander verknüpfen. Das Bemühen der großen Reformpädagogen jener Epoche, von der einseitig intellektuellen Bildung des Aufklärungszeitalters loszukommen, Menschenbildung im weitesten und höchsten Sinn an Stelle bloßen Einpaukens von praktisch nützlichen Kenntnissen zu betreiben, hat Stein mit lebhaften Sympathien verfolgt. Manches erschien ihm wohl überspannt: so der optimistische Glaube an die natürliche Güte und unbegrenzte „Perfektibilität" der Menschen, wie ihn die Philanthropen im Anschluß an Rousseausche Naturideale verkündeten: da schloß er sich der kritischen Ablehnung des Kantianers Rehberg völlig an[25]. Aber die Grundgedanken der neuen Pädagogik: durch Selbsterziehung statt durch bloßen äußeren Zwang zu wirken, die moralische und körperliche Ausbildung noch über die intellektuelle zu stellen, lebendige Anschauung an Stelle toter Bücherweisheit zu setzen, entsprach ganz und gar seinem eigenen Wesen und seinen politischen Idealen. Schließlich war ja seine ganze Politik nichts anderes als eine Pädagogik höheren Stils: die Tätigkeit für das öffentliche Wohl, die Tätigkeit für den Staat sollte unmittelbar erzieherisch wirken, eine Nation von freien, auf sich selbst gestellten, charaktervollen, gemeinnützigen Männern allmählich heranzubilden. Durch diese moralpädagogische Wendung selbst des Politischen – die ihm allein gehört – übertraf er noch allen pädagogischen Eifer seiner Zeitgenossen.

Den Grundsatz, daß der Jugendunterricht „in nützlichen Kenntnissen und Wissenschaften" Sache des Staates sei, hatte schon das Allgemeine Landrecht verkündet; wenn die Reformer ihn jetzt für „eine Angelegenheit der Nation" erklärten, so sprachen sie damit kaum etwas Neues aus[26]. Auch der alte Obrigkeits- und Militärstaat hatte sich ja in gewissem Sinne als berufenen Erzieher und Vormund seiner Untertanen betrachtet. Indessen praktisch hatte er doch recht wenig getan, um ihre Schulbildung zu heben. Außer der Knappheit der finanziellen Mittel war die Zersplitterung des Schulwesens unter städtische und ländliche Patronate, kirchliche Gemeinschaften und Stiftungen aller möglichen Art einer durchgreifenden Schulreform hinderlich gewesen. Versuche der letzten Jahre vor 1806, durch Errichtung eines rein weltlichen Oberschulkollegs, einheitliche Schulpläne und systematische Abgrenzung der verschiedenen Schularten Abhilfe zu schaffen, waren praktisch erfolglos geblieben. Ähnlich wie im Kirchenwesen bedeutete also die große Neuerung der Behördenorganisation durch Stein und Altenstein, die Schaffung von Unterrichtsdepartements in der Zentrale und in den Provinzialregierungen, einen gewaltigen Fortschritt auf dem Wege zur Einheit. Schon ehe sie durchgeführt war, seit dem Hochsommer 1808, wurden die Vorbereitungen zu einer großartigen Schulreform begonnen: in der von Stein provisorisch geschaffenen Abteilung für das geistliche, Schul- und Armenwesen beim Schrötterschen Provinzialdepartement. Hier wirkten bereits seit Ende Juli, durch Stein berufen, die beiden Männer, denen die praktische Einzelarbeit an den pädagogischen Neuerungen vorzugsweise zu verdanken ist: Nicolovius und Süvern – die beiden Gelehrtenköpfe im Königsberger Reformerkreis. Süvern, dessen Vorlesungen über deutsche Geschichte seit Karl dem Großen die weltgeschichtliche Mission Deutschlands verkündeten, unter Preußens Führung „das wahre Vermittlungsland und Herz Europas zu werden", zog wie der Prophet einer besseren Zukunft alle Herzen und Köpfe der Reformpartei in seinen Bann. Seine Vorlesungshefte gingen von Hand zu Hand: die Königin, die patriotischen Prinzessinnen Marianne (Gattin des Prinzen Wilhelm) und Luise Radziwill, Steins Freundinnen und Verehrerinnen, schließlich der Minister selbst wurden davon ergriffen. Die überaus große Bedeutung des geschichtlichen Unterrichts, die Schicksalsgemeinschaft der Nation ins öffentliche Bewußtsein zu heben, wurde hier beispielhaft klar. Zunächst ohne amtliche Stellung, später als Staatsrat im Unterrichtsdepartement tätig, wurde Süvern zum Hauptvertreter der pädagogischen Reformideen in der Zentralverwaltung. Seinen großen Reformplan, ein umfassendes Schulgesetz, hat er niemals verwirklichen können. Aber wenigstens ein kräftiger Anfang dazu wurde noch unter dem Ministerium Stein gemacht. Schon in seinen ersten Denkschriften drang Süvern auf die Einführung der Pestalozzischen Methode in den Volksschulen; dafür fand er die kräftigste Unterstützung Steins, der diese Methode bewunderte: weil sie „die Selbsttätigkeit des Geistes erhöht, den religiösen Sinn und alle edleren Gefühle des Menschen erregt, das Leben in der Idee befördert, und den Hang zum Leben im Genuß mindert und ihm entgegenwirkt“. Die Grundzüge eines neuen Volksschulgesetzes wurden von Süvern entworfen, umfassendere Schulpläne angekündigt[27]; die Reform war in vollen Gang gebracht, als Stein aus dem Amte schied.

Die Reform des Volksschulwesens war das Wichtigste, wollte man die Masse der Nation für die große vaterländische Erhebung vorbereiten. Es lag aber auch im Wesen der Steinschen Bildungsideale, daß ihm die Förderung der höheren Schulen und Universitäten nicht ebenso dringlich erschien. Seine früheren Bemühungen um die Universität Münster haben uns freilich gezeigt, daß er auch für diese Aufgaben viel Verständnis besaß; später hat er die hochentwickelte Wissenschaftspflege der meisten deutschen Staaten der österreichischen Verwaltung als Muster vorgehalten, auch wohl die unzureichende Dotierung der preußischen Gymnasien und Universitäten beklagt. Aber für die Nationalerziehung im politischen Sinn schien ihm wissenschaftliche Bildung doch offenbar weniger wichtig als Charakterbildung und praktisches Wissen und Können. Von den Humanitätsidealen eines Humboldt blieb er zeitlebens weit entfernt, und über den unglückseligen Hang der Deutschen zu unpraktischen und unnützen „Hirngespinsten“ der Metaphysik und zu abstrakter Spekulation hörten wir ihn schon mehr als einmal stöhnen; von der Überfüllung des Gedächtnisses im Gymnasial- und akademischen Unterricht befürchtete er Geistestrockenheit und Unbeholfenheit, Unterdrückung von Gemüt und praktischem Sinn. „Nach meiner Überzeugung“, schrieb er einmal, „wirkt öffentliches Leben mehr als Universitäten und Gymnasien, deren Notwendigkeit ich anerkenne, auf die Vollendung der Erziehung eines Volkes[28].“ Damit hängt es innerlich zusammen, daß er gegen die Tätigkeit akademisch Gebildeter in der Selbstverwaltung immer ein gewisses Mißtrauen zeigte, ihre Bevorzugung jedenfalls ablehnte. Von Reformen im Gymnasial- und Universitätswesen ist denn auch aus der Zeit seines Ministeriums nichts zu berichten. Gegen die von Beyme geplante und von Humboldt später durchgeführte Neugründung der Berliner Großstadtuniversität hat er schwere Bedenken gehegt. Aber dabei spielten auch finanzielle Nöte mit, so daß sich ein abschließendes Urteil nicht gewinnen läßt. Über alle persönlichen Vorurteile und Neigungen hinweg hat schließlich Stein der deutschen Wissenschaft den größten Dienst geleistet, indem er Wilhelm von Humboldt als Leiter der Kultusverwaltung empfahl[29]. Und die Tatsache, daß dieser kühle und kritische Beobachter zeitlebens dem Minister in freundschaftlicher Verehrung zugetan blieb, darf uns als äußerer Beweis dafür dienen, daß es zwischen den beiden doch eine letzte Gemeinsamkeit gegeben hat, die den Gegensatz ihrer Geistesart zu überbrücken vermochte.

Die Ausbildung eines einheitlichen, von einer Stelle aus gelenkten Schulwesens, von der Elementarschule hinaufreichend bis zu den wissenschaftlichen Hochschulen, war ›eines der klug erdachten Machtmittel der napoleonischen Despotie. Auch die großen Schulreformpläne der preußischen Reformer hatten zuletzt eine Machtverstärkung der Monarchie zum Ziel: die Predigt von Gott, König und Vaterland sollte im Mittelpunkt der gesamten Volkserziehung stehen. Aber es gab noch ein anderes Mittel, dieses Ziel weit vollkommener zu erreichen: die Nationalerziehung durch das Heer.

An der Neugestaltung der Armee hat Stein nur beratend, nirgends entscheidend, mitgewirkt[30]. Dieses Gebiet von Reformen gehörte zum Machtbereich des Herrschers, nur sehr bedingt des Ministers. Indessen sachlich hingen politische und militärische Reform auf das engste zusammen, und die Reformer waren sich dieses Zusammenhanges deutlich bewußt. Hier wie dort handelte es sich um Beseitigung von Adelsprivilegien, um Anerkennung der Menschenwürde aller Staatsbürger, auch der geringsten, um die Erfüllung eines seelenlosen Mechanismus mit nationalem Gehalt, um die Erziehung der Nation zu vaterländischen Tugenden. Die Reform auf dem einen Gebiet setzte wechselseitig die auf dem anderen voraus. An eine Durchführung der allgemeinen Wehrpflicht nach französischem Muster war freilich einstweilen noch nicht zu denken; vor dieser revolutionärsten aller Reformen scheuten auch viele der Zivilisten im Reformerkreise, wie Vincke oder Niebuhr, heftig zurück. Erst der Sturm des Jahres 1813 hat die große, gewalttätige Neuerung erzwungen. Aber neben die stehende Armee sollten schon jetzt volkstümliche Wehrorganisationen treten. Stein schlug die Einrichtung jener Schützengilden vor, deren wir schon bei der Erörterung der Städte- und der Kreisordnung gedachten[31]. Darüber hinaus riet er zu einer Ausdehnung der Kantonspflicht, die einen Teil der bisher davon Verschonten (Eximierten) der milizartig organisierten Landwehr, einen andern der stehenden Armee überwiesen hätte. Und schließlich wünschte er „staatsbürgerlichen und kriegerischen Geist“ und militärische Fertigkeiten in der ganzen Nation durch pädagogische Maßnahmen zu verbreiten: durch Einrichtung gymnastischer Übungen an den Schulen nach Schnepfenthaler Muster. In der stehenden Armee selbst hat er den Diensteid verändern helfen: an die Stelle des „Kriegsherrn“, der an die Söldnerheere der Vergangenheit erinnerte, traten auf seinen Wunsch „König und Vaterland“. Gegen die gänzliche Abschaffung der Prügelstrafe für den Soldaten hat er sich eine Zeitlang (vermutlich aus einer sonderbaren romantischen Vorliebe für mittelalterliche

Rechtsformen) gewehrt[32]. Aber für die Anerkennung des Soldatenstandes als des ehrenvollsten im Staate, die das Ziel eines Scharnhorst und Gneisenau war, setzte er sich gleichwohl mit großem Nachdruck ein. Je mehr er sich mit Hoffnungen auf eine baldige Erhebung gegen Napoleon erfüllte, um so weiter entfernte er sich von der instinktiven Abneigung des Zivilisten gegen das Militär, die ihm ursprünglich wie allen Reformern eigen gewesen war: immer mehr suchte er bei den soldatischen Mitgliedern des Reformerkreises, den verwegenen Draufgängern, die politische Anlehnung, die ihm bei den anderen, den Politikern von Fach, immer mehr verlorenging.

ZWEITER TEIL · DER VORKÄMPFER NATIONALER FREIHEIT UND EINHEIT

„Nur wer sich selbst aufgibt und in mutloser Untätigkeit dem Geschick überläßt oder unterwirft, der ist ganz und für immer verloren."

STEIN am 18. Mai 1807

DRITTES BUCH: UNTER DEM ZWANG DER FREMDHERRSCHAFT

Zehntes Kapitel

Staatsfinanzen und Kriegskontributionen im Winter 1807/1808

Wir überblicken jetzt die organisatorischen Leistungen des Ministeriums Stein in ihrer Gesamtheit. Das Fragmentarische, die Lücken und Unvollkommenheiten des großen Gesetzgebungswerkes haben wir vielerorts bemerkt und ohne Schonung patriotischer Vorurteile uns eingestanden. Trotzdem bleibt das Verdienst der preußischen Reformer einzigartig: daß sie mitten im Unglück den Willen zur Selbstbehauptung und inneren Erneuerung des Staates aufbrachten und daß sie diese Erneuerung von vornherein bewußt in den Dienst der nationalen Befreiung stellten.

Zunächst freilich galt es um die nackte Lebensmöglichkeit für den Staat zu ringen. Dabei gab es Zwangslagen, in denen mit dem letzten Rest politischer Selbständigkeit zugleich jede Aussicht auf künftige Befreiung zu schwinden schien. Die verzweifelten Kämpfe um Staatsfinanzen und Kriegskontributionen, die in den ersten Monaten des Ministeriums Stein alle anderen Sorgen weit in den Hintergrund drängten, kann man – in Erinnerung an eigene Erlebnisse der zwanziger Jahre unseres Jahrhunderts – nicht ohne starke Bewegung verfolgen[1].

Der Vertrag von Tilsit hatte für Preußen keinen wirklichen Friedenszustand begründet. Napoleon setzte den Krieg seitdem nur mit anderen Mitteln fort. Es mag zweifelhaft bleiben, ob er wirklich zeitweise daran gedacht hat, das Haus Brandenburg zu entthronen und seinen Staat völlig aufzulösen, wofür dann der Zar zum König des wieder vereinigten Polen erhoben worden wäre. Sicher ist, daß er die Herrschaft des Königs ursprünglich auf Brandenburg und die Küstenprovinzen beschränken wollte, unterbrochen noch durch das westpreußische Gebiet, das mit dem neugeschaffenen Herzogtum Warschau vereinigt werden sollte. Erst der Widerspruch Alexanders hat Schlesien und einen Teil Westpreußens für die Hohenzollern gerettet. Indem aber so die gedemütigte und auf den Umfang eines Mittelstaates beschränkte Monarchie eine natürliche Verbindung mit den österreichischen Kronländern behielt, wurde es für Napoleon doppelt wichtig, sie auf alle Weise in hilfloser Abhängigkeit zu erhalten. Ihr politisches Schicksal wurde von jetzt an ausschließlich durch das gegenseitige Verhältnis der Verbündeten von Tilsit: Napoleons und Alexanders, bestimmt.

Für die russische Politik spielte Preußen die Rolle eines Pufferstaates, der die bedrohliche Übermacht Frankreichs in einer gewissen Entfernung von den russischen Grenzen halten sollte. Eine Aufgabe, die er freilich schon deshalb nur höchst unvollkommen erfüllen konnte, weil das polnische Staatswesen dem Rheinbundstaat Sachsen angegliedert war, so daß die französische Machtsphäre über Schlesien hinweg indirekt bis an den Bug und die Weichsel reichte. Immerhin war es ein russisches Interesse, die militärische Operationslinie der preußischen Oderfestungen nicht dauernd in die Hände Frankreichs fallen zu lassen; nur wenn der französische Druck auf die russische Westflanke nicht allzu stark wurde, konnte der Zar seinen Eroberungszielen an der unteren Donau ungestört nachgehen, in seiner Handelspolitik gegenüber England sich wenigstens eine gewisse Bewegungsfreiheit bewahren. Frankreichs Interesse war genau das umgekehrte, und je mehr das Mißtrauen Napoleons gegen seinen östlichen Verbündeten wuchs, um so härter bekam Preußen die gewalttätige Faust des Siegers zu spüren.

Im Grunde hatte das Bündnis Frankreichs mit der großen Kontinentalmacht des Ostens, wie Ranke bemerkt hat, etwas Künstliches, nur auf den Moment Berechnetes. Vor allem die orientalischen Abenteuer des Zaren waren für die Politik Napoleons äußerst unbequem: sie konnten dazu führen, daß die Türkei ins englische Lager überging – was die französische Mittelmeerpolitik schwer gestört hätte –, und minderten die Kraft des russischen Verbündeten in seinen Unternehmungen gegen England und Schweden. So drängte er immer wieder in Petersburg auf Rückzug von der unteren Donau. Um diese Bemühungen zu unterstützen, brauchte er eine imponierende Machtaufstellung an der Elbe und Oder; sie war ihm sicherlich wichtiger als eine rasche Erfüllung preußischer Kontributionsverpflichtungen, die zur Räumung der Oderfestungen geführt hätte. Das Schicksal Preußens hing also letztlich, ohne daß Preußens Staatsmänner das hätten durchschauen können, von der Lösung der orientalischen Frage ab.

Das Mittel, um die militärische Besetzung der preußischen Provinzen trotz des formellen Friedensschlusses ins Ungemessene zu verlängern, war eine nachträgliche Steigerung der Kriegskontribution bis zu einem Grade, daß ihre Abzahlung in absehbarer Zeit für das verarmte Preußen physisch unmöglich wurde. Eine Politik der „Sanktionen" und „Sicherheiten" also (wie man heute sagen würde), die doch zuletzt ganz anderen Zwecken diente als der Sicherstellung Frankreichs vor dem überwundenen Gegner. Die unglückselige Königsberger Konvention vom 12. Juli 1807, deren wir schon früher gedachten[2], bot dazu eine bequeme Handhabe. Graf Kalckreuth, der sie abschloß, hatte sich schwer verrechnet, wenn er glaubte, die baldige Räumung des Landes sei gesichert, weil die Provinzen ihre während des Krieges auferlegten Kontributionen bar oder in Naturallieferungen für die französische Armee schon zum größten Teil abgetragen hatten. Mit geschmeidiger, advokatorischer Auslegungskunst verstand es der Generalintendant der „großen Armee", Monsieur Daru, aus den Friedensverträgen alles herauszulesen, was die Befehle seines Herrn ihm vorschrieben. Während die preußischen Unterhändler eine Restschuld von nicht ganz 20 Millionen Franken errechneten, kam er auf eine Summe von 154,5 Millionen. Bis zu ihrer Bezahlung sollten die französischen Truppen – über deren Zahl in jener Konvention verhängnisvollerweise nichts ausgemacht war! – das Land besetzt halten und sämtliche Staatseinnahmen der besetzten Gebiete in die französischen Kassen fließen. Tatsächlich wurde bis Anfang August nur ein Teil von Ostpreußen (bis zur Passarge) geräumt, nachdem die Provinz mit größter Mühe eine Kontribution von 12 Millionen aufgebracht hatte. Und auch das war nur geschehen, um dem Zaren Frankreichs Willen zu pünktlicher Vertragserfüllung äußerlich zu demonstrieren. Andere Provinzen, wie Schlesien und die Mark Brandenburg, stürzten sich in die schwersten Schulden, um ihre Kriegsauflage möglichst rasch abzubezahlen, und bekamen dann zur Antwort: an Räumung sei nicht zu denken, ehe nicht der König die Verpflichtungen des Gesamtstaates[3] anerkannt und abgeleistet hätte. Eine Armee von 150 000 Mann und 50 000 Pferden blieb im Lande, wurde von ihm ernährt, bekleidet, fouragiert, remontiert, einquartiert, mit unzähligen Vorspannleistungen, mit massenhaften Holzlieferungen und anderen Dingen bedient und sog es bis zu völliger Erschöpfung aus. Die ganze Verwaltung des Landes, bis auf Kirchen-, Schul- und Justizwesen, blieb unter französischer Aufsicht und wurde für den Kaiser in Eid genommen; den preußischen Behörden wurde ihre sklavische Abhängigkeit immer von neuem auf das demütigendste zu Gemüte geführt. Die gesamte Staatseinnahme floß in französische Kassen; für die Staatspensionäre, Invaliden, Armenkassen, ja selbst für einen großen Teil der Staatsbeamten und die Geistlichen blieb nichts übrig als gelegentliche Almosen, die der allmächtige Generalintendant zu spenden sich bereit fand. Es war, nach dem Urteil eines hohen französischen Intendanturbeamten, die grausamste Okkupation, die jemals ein Land von fremden Truppen im Frieden hatte erdulden müssen.

Was war der Grund für diese Härte? Ließ sich nicht auch eine Besetzung in weniger drückenden Formen denken? Sogar ein Teil der französischen Diplomaten, Generäle und Militäroffizianten war dieser Meinung, widerstrebte innerlich den Brutalitäten des Kaisers und meldete auch wohl nach Paris: bei der Fortdauer dieses Erpressungssystems werde die Armee demnächst in Preußen nichts mehr zu requirieren finden. Aber eben das wünschte ja Napoleon: nachdem er einmal genötigt war, diese preußische Monarchie am Leben zu lassen, sollte sie so tief zu Boden getreten werden, daß sie sich nicht wieder erheben konnte. Wurde die Abzahlung der Kriegslasten unmöglich, um so besser: dann entfiel die formelle Verpflichtung, das Land zu räumen. Natürlich war dem Kaiser auch der finanzielle Ertrag seines Erpressungssystems willkommen. Nur mit Hilfe großer Kontributionszahlungen vermochte er das Gleichgewicht seiner Finanzen aufrechtzuerhalten. Zu diesem Zweck hat er kein anderes Land so rücksichtslos ausgepreßt wie Preußen. Nicht weniger als 220

Millionen konnte er im Herbst 1808 von den 474 Millionen, die seine Intendanten bis dahin (vor Abschluß der preußischen Kontributionsverhandlungen und vor Beginn der endgültig festgesetzten Zahlungen!) aus den norddeutschen Ländern erpreßt hatten, zur Schuldentilgung verwenden[4]. Aber im Ganzen seiner Berechnungen spielte das finanzielle Moment doch wohl nur eine Nebenrolle. Ernste Schwierigkeiten in der Finanzierung seiner Eroberungs- und Herrschaftspolitik beobachtet man erst seit dem verfehlten spanischen Unternehmen. Politische Leidenschaft wirkte mit hinein: eine grenzenlose Verachtung des lange überschätzten, jetzt kläglich am Boden liegenden Gegners, eine gereizte, an Haß streifende Abneigung gegen das pedantisch-steife norddeutsche Wesen, wie es sich für Napoleon insbesondere in der etwas hölzernen Figur des Preußenkönigs verkörperte, im Hintergrund ein tiefes, lauerndes Mißtrauen gegen das Rachebedürfnis der Geschlagenen und Gedemütigten. „Ich habe den Preußen viel zu viel Übles angetan", sagte er einmal zu dem russischen Gesandten, „als daß ich hoffen dürfte, sie würden es vergessen. Ich darf ihnen nicht die Mittel lassen, sich wieder eine Armee zu beschaffen[5]." Den Geschlagenen durch Milde zu versöhnen, war überhaupt nicht seine Art. Und der Monarchie Friedrichs des Großen gegenüber schien sie ihm am allerwenigsten angebracht.

Es hat etwas Erschütterndes, die vergeblichen Bemühungen zu verfolgen, mit denen die preußische Staatsleitung sich dem Griff des Imperators zu entwinden suchte. Natürlich rief der König zuerst und vor allem die Hilfe seines russischen Freundes an. Aber das Interesse der Russen bei diesem Handel war nur, Napoleon jeden Vorwand zur Besetzung des preußischen Landes zu nehmen, um dann recht bald die ersehnten Eroberungen an der Donau aufnehmen zu können. Wenn Zar Alexander mit dem französischen Gesandten über Preußen sprach, so hütete er sich sorgsam – wenigstens in den ersten Monaten nach Tilsit – durch unziemliches Drängen Verdruß zu erregen. Dem Memeler Hof riet er dringend, sich bedingungslos dem Übermächtigen zu unterwerfen und die geforderte Kriegsschuld schleunigst zu bezahlen – koste es, was es wolle. Als diese Mahnung am Memeler Hof eintraf (im Oktober 1807), erfuhr man, daß auch die Versuche des preußischen Gesandten in Paris, Napoleon von der Ungerechtigkeit der Forderungen Darus zu überzeugen, vergeblich geblieben waren: man hatte ihm, wie Napoleon sich ausdrückte, einfach „ins Gesicht gelacht". Was blieb unter diesen Umständen anderes übrig, als alle Gegenrechnungen fallen zu lassen und die Höhe der Schuldverpflichtung von angeblich 154 Millionen einfach anzuerkennen? Daru selbst erklärte, ihre Berechnung sei eine Sache der Politik, nicht des Finanzkalküls.

Der Verzicht auf jede weitere Diskussion der Schuldsumme war die erste Tat des Ministeriums Stein in dieser Angelegenheit. Was Stein von den anderen Beratern des Königs unterschied, war ein erstaunlich zäher und optimistischer Glaube an die Zukunft, der sich entschlossen zur Wehr setzte gegen die weitverbreiteten Stimmungen der Verzweiflung. Sei das Land erst einmal vom Feinde befreit, meinte er, so werde es unglaublich viel leisten können. Während

Niebuhr düster und mutlos von der offenbaren Absicht Napoleons sprach, die preußische Monarchie nachträglich unter einem Schein Rechtens doch noch aufzulösen, und Schön zu dem gefährlichen Schritt einer freiwilligen Abtretung von weiteren Landesteilen riet, nur um die Popularität der Regierung nicht durch übermäßige Kriegslasten zu gefährden – behielt er den Kopf oben und wollte die Hoffnung nicht aufgeben, das Interesse des Kaisers selber für die Erhaltung Preußens zu gewinnen. Was er plante, war gewissermaßen ein Appell an die wirtschaftliche Vernunft Frankreichs (wie er ihn ähnlich schon 1806 empfohlen hatte[6]): er hoffte den Generalintendanten Daru davon zu überzeugen, daß Preußen seine Zahlungen um so pünktlicher werde leisten können, je eher das Land geräumt würde. Der fortdauernde Druck der fremden Besatzung und Verwaltung dagegen würde die Hilfsmittel des Königs bald völlig erschöpfen. In diesem Sinn hatte er schon im September, auf der Reise nach Memel, mit Daru gesprochen. Ohne weiteres hatte er sich damals bereit erklärt, auf längere Diskussionen über die Höhe der Schuldsumme zu verzichten, und die bisherigen Zögerungen der preußischen Unterhändler getadelt. Man solle ihm nur erträgliche Zahlungsbedingungen einräumen, hatte er gemeint – Obligationen des Staates und der Stände für einen Teil der Summe, einlösbar im Laufe von mehreren Jahren –, so wolle er die Sache schon rasch zu Ende bringen[7]. Daru hatte sich persönlich bereit gezeigt, auf derartige Vorschläge einzugehen. Wie so viele Staatsfunktionäre Napoleons gehörte er noch den gesellschaftlichen Traditionen des ancien régime an: ein feingebildeter Liebhaber und Übersetzer der altrömischen Literatur, Geschichtschreiber der Republik Venedig, von sicherem, festem Auftreten und vollendet weltmännischen Formen – ein Finanzsachverständiger, dem wirtschaftliche und finanztechnische Erwägungen offenbar näher lagen als politische. Jedenfalls kein roher „Fronvogt", wie ihn der Haß der Mißhandelten sah, sondern nur ein zuverlässig und pünktlich arbeitendes Werkzeug in der Hand des allgewaltigen Tyrannen – im Grunde mehr zu den politischen Methoden der alten Kabinettspolitik mit ihrem nüchternen Sinn für das praktisch Mögliche geneigt als zu den Gewaltsamkeiten der neuen, mit wilder Leidenschaft und nationalem Haß geschwängerten Zeit. Es scheint, daß Stein sich in der ersten Begegnung rasch mit ihm verständigt hat – der Generalintendant jedenfalls gewann aus der Unterredung einen durchaus günstigen Eindruck.

Übrigens war es höchste Zeit, den Streit um die Schuldsumme zu beenden. Napoleon hatte neuerdings erklärt, falls der Vertrag über alle Einzelheiten der Kontribution nicht bis zum 1. Oktober zustande käme, würde er die preußischen Staatseinkünfte auch für die Zeit nach dem Tilsiter Frieden für seine Kassen in Anspruch nehmen – also ihre Anrechnung auf die Kriegskontribution nicht gestatten. Noch vor dem Ablauf dieses Termins (am 25. September), wenige Tage nach jener Unterredung Steins mit Daru, erklärten die preußischen Unterhändler sich vorläufig bereit, die geforderte Schuldsumme anzunehmen, unter Vorbehalt der Genehmigung des Königs. Letztere erfolgte denn auch nach längerem Schwanken – mit allerhand Vorbehalten freilich und dem Versuch, doch noch eine Herabsetzung zu erreichen, immerhin in einer Form, daß Daru melden konnte, die Annahme sei erfolgt[8]. Tatsächlich ist seitdem über die 154 Millionen als Ausgangspunkt aller weiteren Diskussion nicht mehr gestritten worden.

Strittig blieb dagegen die Frage des Zahlungstermins, der Zahlungsweise und einer Reihe von wichtigen Nebenpunkten. In Memel hätte man eine Ausdehnung auf 6, 8 oder 10 Jahre gewünscht; zur Sicherheit des Gläubigers wollte man Obligationen auf königliche Domänen und ständische Pfandbriefe ausstellen und Frankreich übereignen, deren Einlösung dann im Laufe von mehreren Jahren geschehen sollte. Aber auch hier hatte Napoleon sehr deutlich seinen Willen erklärt. Schon Ende Juli hatte er gefordert: rund 150 Millionen; davon etwa 15 sofort in bar, 90 in Wechseln, innerhalb 15 Monaten einzulösen, den Rest in Domänen im Magdeburgischen (rechts der Elbe), den Marken und Schlesien. Seitdem hatte Daru dem Kaiser die physische Unmöglichkeit dargelegt, so große Bar- und Wechselbeträge in dem verarmten, fast rein agrarischen Land aufzubringen; Napoleon bestand aber hartnäckig auf seinem Willen. Die Einwände der preußischen Unterhändler erklärte er für „schlechte Späße". Man müsse nur deutlich mit ihnen reden: „Wenn man ernstlich zahlen will, lassen sich auch die Mittel schon finden. Wozu braucht der König von Preußen eine Armee? Er führt ja mit niemandem Krieg!" usf. Sollte es wirklich nötig werden, statt eines Teils der Wechsel Schuldscheine des Königs anzunehmen, so müßten Stettin, Glogau und Küstrin bis zu ihrer Einlösung in französischer Hand bleiben, jede mit 6000 Mann belegt; Besoldung, Bekleidung und Ernährung der Besatzungen fielen Preußen zur Last[9]. Man sieht, wie vollkommen Napoleon seinen Vorteil zu nutzen weiß: jeder Vorwand muß ihm dazu dienen, seine militärische Aufstellung an der Oder für eine möglichst lange Zukunft zu sichern. Daru aber sah sich nun zu neuen Forderungen genötigt, die eine offenbare Überschreitung des Tilsiter Vertrags darstellten.

Es ist nicht nötig, das weitere Hin und Her der Verhandlungen hier im einzelnen zu verfolgen. Ganz deutlich läßt sich erkennen, wie Daru zwar die politischen Weisungen seines Gebieters pünktlich und sogar mit einem gewissen Übereifer ausführte, seinen finanziellen Wünschen dagegen nach Kräften widerstrebte, weil er sie für schlechthin unerfüllbar hielt. Am 15. November ging er so weit, die preußischen Unterhändler zu schleuniger Unterzeichnung eines Vertragsentwurfs aufzufordern, in dem nur noch von 108 Millionen insgesamt die Rede war (ein Teil davon zahlbar in Pfandbriefen statt in Domänen) und die Besatzungskosten der drei Oderfestungen auf die Hälfte ermäßigt wurden. Fast möchte man vermuten, daß er gehofft hat, den Kaiser – der eben damals durch energische Vorstellungen des neuen russischen Gesandten in Paris, Grafen Tolstoi, zu einer gewissen Vorsicht genötigt wurde – durch die Einsendung eines fertigen Vertrags zum Einlenken zu bringen[10]. Wie dem nun auch sein mag: irgendwelchen Erfolg hatten seine Vorschläge weder in Paris noch in Memel. Napoleon, der seine Einwände nicht widerlegen konnte, ließ sie einfach unbeantwortet, die preußischen Unterhändler aber, nichts ahnend von dieser Meinungsdifferenz, sahen nur das eine: daß sich die Zumutungen Napoleons von Woche zu Woche steigerten. Es schien keine Grenzen der Willkür zu geben, wenn man nicht zähe widerstand: mehr und mehr versteifte sich – zur Verzweiflung Darus – ihre Opposition.

In der Tat war es schwer vorzustellen, wie sich die geforderten großen Barsummen aus dem verarmten, ausgesogenen, auf weite Strecken verwüsteten, von seinen auswärtigen Handelsbeziehungen abgeschnittenen Land herausziehen lassen sollten. Niebuhr stellte fest, daß sie die Summe der in Preußen umlaufenden baren Zahlungsmittel weit überstiegen. Bedenkt man, daß der Wert der gesamten Jahresproduktion der preußischen Bevölkerung vor dem Kriege auf rund 261 Millionen Taler = 991 Millionen Franken geschätzt wurde, seither aber Land und Leute sich fast um die Hälfte vermindert hatten (die Bevölkerung auf knapp fünf Millionen), Ackerbau, Gewerbe und Handel gleichmäßig darnieder lagen – bedenkt man weiter, daß über 90 Prozent des Nationaleinkommens der Agrarproduktion entstammten, deren Absatz im Ausland schon vor dem Kriege nur wenige Millionen Taler an Wert betrug[11], jetzt aber durch Krieg und Kontinentalsperre schwer gelähmt wurde (um so mehr, als der Getreideabsatz fast ganz auf den Seehandel angewiesen war!) – so ermißt man leicht die ungeheure Schwierigkeit, in einem Jahr (wie Napoleon verlangte) 100 Millionen zu mobilisieren. Aber auch mit dieser Forderung glaubte Stein sich schließlich abfinden zu können (wir werden später sehen, wie). Was er für ganz unerträglich hielt, waren am Ende nur noch drei Punkte: zunächst die Besatzung der drei Oderfestungen mit 40000 Mann (so hoch war ihre Zahl ursprünglich bemessen worden[12]) und die Übernahme der gesamten Kosten (auch der Besoldung) auf die preußische Staatskasse: das hätte über zwei Drittel der zu erwartenden preußischen Staatseinnahmen verschlungen; Stein glaubte nur die Verpflegung einer mäßigen Besatzung von ein paar tausend Mann leisten zu können (Vertragsentwurf vom 2. Dezember). Zweitens schien ihm unannehmbar die direkte Abtretung von Staatsdomänen im Wert von 50 Millionen Franken. Sie hätten in französischen Händen eine Art von Staat im Staate gebildet! Und schließlich drittens bestand der Minister darauf, die Kontributionsverhandlungen nicht noch weiter zu erschweren (wie Daru es verlangte) durch ihre Verbindung mit den privaten Forderungen angeblicher oder wirklicher Gläubiger der Staats- und öffentlichen Kassen in den abgetrennten Provinzen. Ohne Rücksicht auf die sehr bedeutenden Gegenforderungen preußischer Geldgeber hatte die französische Verwaltung diese Geldansprüche zu vertreten übernommen und eben dadurch deren unverschämte Steigerung bis zur Höhe von 135 Millionen Franken veranlaßt; die preußische Gegenrechnung von 204 Millionen wurde nicht anerkannt. Daru bestand darauf, auch diese angebliche Verpflichtung Preußens müsse beglichen werden, ehe von Räumung des Landes die Rede sein könne.

Wesentlich um diese Streitpunkte bewegte sich der diplomatische Kampf des Winters 1807/08. Um die Mittel zu würdigen, die Stein anwandte in der Absicht, ihn möglichst rasch zu Ende zu bringen, muß man die verzweifelte Lage seiner Staatsfinanzen kennen. Ihm und den Männern der Immediatkommission, die das Geld für die laufende Staatsverwaltung herbeizuschaffen hatten, stand das Wasser bis an den Hals.

Seit Monaten lebte man nicht mehr von regelmäßigen Einnahmen, sondern in der Hauptsache von Resten älterer Kassenbestände, sehr unregelmäßigen Ratenzahlungen Rußlands für Kriegslieferungen (die eigentlich den privaten Lieferanten gehörten) und staatlichen Effektenbeständen – also von lauter Vermögensresten, die obendrein großenteils durch eine stattliche Masse innerer Staatsschulden aus der Kriegszeit aufgewogen wurden. Die laufenden Einnahmen waren kläglich: was die nicht besetzten Provinzen an Steuer- und Zollerträgen einbrachten, deckte nur einen verschwindend kleinen Teil der Ausgaben. Man wäre schon nach wenigen Monaten am Ende gewesen, hätte nicht die Immediatkommission bereits vor Steins Ankunft, dann aber vollends der Minister selbst eine straffe Zentralisation des Kassenwesens und ein radikales Sparprogramm durchgeführt. Mit einer Energie, die Staunen weckt, hat Stein gleich in den ersten Tagen seines Ministeriums die Etats zusammengestrichen, die Einsparungen aber später noch wesentlich verschärft. Die Demobilmachung der Armee und eine starke Herabsetzung ihrer Etats, eine erste Verminderung des Personals der Zentralbehörden und am Hofe (Finanzplan vom 29. November) genügten nur so lange, als man noch auf eine baldige Räumung der besetzten Gebiete rechnete und eine Menge fälliger Schuldzahlungen bis dahin verschieben konnte. Sobald diese Hoffnung schwand, enthüllte sich erst der ganze Ernst der Lage. Anfang Februar sah sich der Minister zu überaus bitteren und gehässig wirkenden neuen Sparmaßnahmen gezwungen. Der Hofstaat wurde jetzt aufs äußerste beschränkt, auch ein Teil der Apanagen für die königliche Familie gekürzt. Die Gehälter der Zivilbeamten und Offiziere, soweit sie nicht schon von den früheren rücksichtslosen Abbaumaßnahmen betroffen waren, wurden wesentlich herabgesetzt, in den höchsten Stufen um die volle Hälfte. Der Militäretat wurde durch Sparmaßnahmen, die sich auch auf die Verpflegungssätze erstreckten, von 659000 Talern auf rund 200000 (im Vierteljahr) heruntergebracht. Alle nichtaktiven Offiziere wurden auf halbes Traktament gesetzt, alle nicht mehr kriegstüchtigen entlassen, eine Pension aber nur bei nachgewiesener Bedürftigkeit gewährt. Welche Unsumme von Verbitterung gegen das neue Regiment mußte aus alledem erwachsen! Und doch war damit nur ein vorläufiger Ausgleich des laufenden Haushalts zu erreichen – wie die Mittel zur Abtragung der Kriegskontribution und zur Verzinsung der darauf aufzunehmenden Schulden beschafft werden sollten, wie überhaupt die Finanzwirtschaft der Zukunft unter den neuen, gewaltigen Belastungen aussehen würde – das stand auf einem anderen Blatt.

Man lebte von der Hand in den Mund, solange die Ungewißheit über die endgültige Höhe der Kriegslasten fortdauerte und solange der größte Teil der Monarchie den Fremden gehorchte. Wie schwer auch die gesetzgeberische Arbeit der Reformer unter diesem Provisorium litt, haben wir schon früher gesehen. Um jeden Preis mußte dieser Zustand ein Ende nehmen. Aber von Daru (der ja selber vergeblich auf die letzte Entscheidung seines Herrn wartete) war schlechterdings nichts zu erreichen. So klammerte man sich an die Illusion, Napoleon sei am Ende mit der Brutalität seines Unterhändlers – den Stein jetzt ein „Ungeheuer" nannte[13] – persönlich nicht einverstanden. Der neue russische Gesandte in Paris, Graf Tolstoi, hatte sich bei seiner Durchreise in Memel sehr preußenfreundlich gezeigt. War es nicht besser, auf die Fürsprache dieses Mannes gestützt in Paris weiter zu verhandeln, als sich vergeblich mit dem hartnäckigen Daru in Berlin herumzuschlagen? Aber dann war es gewiß das beste, Napoleons persönliche Eitelkeit mit ins Spiel zu bringen und ihm durch die Entsendung eines möglichst hochgestellten Bevollmächtigten zu schmeicheln. Der preußische Gesandte Herr von Brockhausen war ohnedies als ein reichlich unbequemer, ja störrischer Unterhändler und glühender Franzosenhasser bekannt.

In diesen Wochen hat Königin Luise selbst sich erboten, nach Paris zu gehen, um das „Wesen ohne menschlich Herz" zu rühren. Stein lehnte das – wie natürlich – mit höflichen Worten ab. Statt dessen griff er zu einem anderen Auskunftsmittel. Der Anregung eines preußischen Diplomaten in Paris und den Wünschen Sacks folgend, bestimmte er den König, seinen Bruder, den vierundzwanzigjährigen Prinzen Wilhelm, als Sondergesandten und Bevollmächtigten an den Hof Napoleons zu schicken[14].

Die Geschichte dieser Gesandtschaft bezeichnet doch wohl den Punkt der tiefsten Demütigung der preußischen Dynastie[15]. Ein Hohenzollernprinz, in einer Reihe mit so vielen deutschen Duodezfürsten von Napoleons Gnaden antichambrierend am Hofe des korsischen Emporkömmlings, durch seine Instruktion ausdrücklich angewiesen, der persönlichen Eitelkeit des Cäsaren, seiner Brüder, seiner Günstlinge und Minister zu schmeicheln, sich um ihr Wohlwollen zu bemühen, der neugebackenen Kaiserin Josefine (deren Vorleben doch alle Welt kannte) im Namen der Königin Luise huldigend aufzuwarten – schließlich und vor allem: um ein Bündnis mit dem Sieger zu betteln! Gewiß: man empfand diese Dinge damals einigermaßen anders als heute: die nationalen Gegensätze reichten nicht unmittelbar bis in die Sphäre des Dynastischen hinein. Dennoch war es ein furchtbar harter Gang für den jugendlichen Prinzen, und er selber hat die Größe seines Opfers schwer empfunden. Es bleibt sein ganz persönliches Verdienst, daß er die ihm aufgenötigte Rolle mit vieler Würde zu spielen, ja sogar eine gewisse scheue Achtung des Korsen und die Bewunderung der Pariser Salons zu erwerben wußte. Politisch war seine Sendung doch nur aus völliger Unkenntnis der wirklichen Gesinnung Napoleons zu erklären.

Sein Auftrag lautete, dem Imperator ein Bündnis anzubieten, für Angriff wie Verteidigung. Preußen war bereit, ihm ein Truppenkorps von 30 000 bis 40 000 Mann zu beliebiger Verwendung auf dem ganzen Kontinent zur Verfügung zu stellen. Dafür sollten die Kontributionszahlungen ermäßigt, billige Zahlungsfristen eingeräumt werden (Stein dachte jetzt an drei bis vier Jahre). Die französischen Truppen sollten das Land sofort räumen, allenfalls ein paar Festungen zur Sicherheit behalten dürfen (etwa Glogau, Küstrin und Stettin). Die Besatzung sollte aber wenige Tausende – etwa den Stand der preußischen Friedensgarnison vor dem Kriege – nicht übersteigen und möglichst aus deutschen oder spanischen Auxiliartruppen bestehen, die den Sold von ihrem Landesherrn erhielten; für jedes Tausend französischer Besatzungstruppen dachte Stein einen Kontributionsnachlaß von einer Million einzuhandeln. Schließlich wünschte der König noch eine Entschädigung für die neuesten, über den Tilsiter Frieden hinausgehenden Landabtretungen, am liebsten auf dem linken Elbufer. Schlimmstenfalls sollte der Prinz sogar, um Napoleon zu gewinnen, den Beitritt Preußens zum Rheinbund anbieten.

Dem Historiker, der heute aus den Akten der russisch-französischen Diplomatie die wahren Absichten der napoleonischen Politik deutlich ablesen kann, erscheint das ganze Unternehmen fast als Verblendung. Gewiß lag ein richtiger politischer Instinkt zugrunde: daß beim Versagen der russischen Hilfe für Preußen vorerst kein anderer Weg ins Freie blieb als laut betonter Anschluß an Frankreich, freiwilliger Eintritt in die Gefolgschaft des Siegers – trotz aller politischen und moralischen Gefahren, die auf diesem Wege drohten und die wenige Monate später niemand stärker empfunden und lauter prophezeit hat als Stein. Auch Hardenberg erklärte es für „Wahnsinn", unter den gegenwärtigen Umständen etwa an einem gegen Frankreich gerichteten System teilzunehmen[16]. Aber wie voreilig war die Hoffnung, durch Bündnisangebote sogleich eine Freigabe der besetzten Provinzen zu erreichen und durch persönliche Beteuerungen einer fürstlichen Person das Mißtrauen des Siegers augenblicklich zu zerstreuen! Weder brauchte der Imperator in diesem Augenblick die preußische Allianz, noch wünschte er sie. Stein irrte sich schwer, wenn er meinte, der Vorteil für Frankreich, seine Besatzungstruppen freizubekommen, sei ganz offenbar und wiege den Wert der Kontributionszahlungen auf. Eine Fortsetzung der Okkupation Preußens würde Napoleon den Krieg mit Rußland auf den Hals ziehen; und selbst wenn er den wünschen sollte, brauche er Preußen als Alliierten. Übrigens scheine es, als ob er jetzt seine Aufmerksamkeit dem Süden und Osten Europas zuwende: da werde er froh sein („il serait charmé"), preußische Hilfstruppen und immer noch sehr ansehnliche, innerhalb eines Jahres verfügbare Kontributionssummen zu bekommen. Jetzt käme es nur darauf an, seinen persönlichen Haß gegen den Preußenkönig zu überwinden; und eben dies werde der gewinnenden Persönlichkeit des Prinzen gewiß gelingen[17].

Alles kommt also darauf an, das persönliche Vertrauen des Gewalthabers zu erobern, und dazu müssen alle denkbaren Mittel dienen. Den Vorschlag eines preußischen Diplomaten, eine Verlobung des preußischen Kronprinzen mit einer kaiserlichen Nichte, der ältesten Tochter Josef Bonapartes, anzubieten, wies Stein freilich ab; aber statt dessen empfahl er dem König, den Korsen oder (je nachdem) seine Gemahlin zur Patenschaft bei dem Kinde einzuladen, das die Königin Luise eben jetzt unter dem Herzen trug. Prinz Wilhelm sollte Kriegsminister werden – nicht nur (wie Scharnhorst gewünscht hätte), um die Partei der Reformer in der Militärkommission zu unterstützen, sondern vor allem, um das Vertrauen Napoleons auf das neue Regierungssystem in Preußen zu verstärken [18]. Dazu sollte auch ein Hinweis auf die soeben begonnenen und weiter geplanten Reformen der preußischen Staatsverfassung dienen: die Abschaffung des Kabinetts, den neuen Staatsrat, die Einrichtung von Provinzialständen, später auch eines Corps législatif – das alles sollte der Prinz als Nachahmung napoleonischer Vorbilder hinstellen und damit der Eitelkeit des Kaisers zu schmeicheln suchen. Die Waffenmacht des also restaurierten Preußen sollte er als bestgeeignetes Werkzeug der französischen Politik zur Zähmung Norddeutschlands anpreisen und den Kaiser daran erinnern, daß Frankreich allein der Neutralität Preußens 1795 und 1799 (wie oft hatte Stein sie früher verdammt!) das Fernbleiben der norddeutschen Staaten aus der Koalition zu verdanken habe.

Mit erstaunlichem Optimismus vertraute Stein auf die Wirkung dieser Argumente. Die Räumung des rechten Weichselufers bis Anfang Dezember, ein paar liebenswürdige, ermutigende Worte des Ministers Champagny zu dem preußischen Gesandten und der Verzicht Napoleons auf Graudenz und Kolberg, die Daru in seinem Übereifer außer den Oderfestungen gefordert hatte – das alles bestärkte ihn in der Meinung, mit Rußlands Hilfe werde sich bei Napoleon persönlich vieles durchsetzen lassen, was in Berlin unerreichbar schien. Von dem wirklichen Motiv dieser freundlichen Gesten (Rußland sollte eben damals zum Krieg gegen Schweden und zum diplomatischen Druck auf Österreich gedrängt werden) ahnte er natürlich nichts; noch weniger davon, daß Napoleon in demselben Augenblick das russische Einverständnis zur Annexion von Schlesien als eine Art Entschädigung für die fortdauernde Besetzung der Donaufürstentümer verlangt hatte! Er spürte nur eine Erleichterung des Drucks und schöpfte neuen Mut [19]. Sogleich wurde die Instruktion des Prinzen (der auch im Dezember noch nicht abgegangen war) abgeändert: Erlaß der vollen Hälfte der Kontribution sollte nunmehr als Preis der Allianz gefordert, diese selbst auf ganz bestimmte Fälle beschränkt werden, z. B. gegen die Türkei. Der Minister schmeichelte sich jetzt mit der Hoffnung, am Ende würde Napoleon sogar bereit sein, dem restaurierten Preußen seine polnischen Provinzen wiederzugeben, statt sich weiterhin auf die morsche Stütze des sächsisch-polnischen Herzogtums zu verlassen. Wie stürmisch seine Hoffnungen sich damals vorwagten, zeigt eine Äußerung vom 8. Januar: täglich sehe man dem Abschluß der ganzen Angelegenheit in Paris entgegen [20].

Unmöglich konnte er den wirklichen Zusammenhang der Dinge durchschauen. Aber wenigstens etwas davon war doch den preußischen Diplomaten, die in Paris und Petersburg unmittelbare Fühlung mit dem Gegner hatten, bewußt. Die Besorgnis des preußischen Vertreters am Zarenhof, Major Schöler, daß die russische Politik durch ihre rumänisch-türkischen Unternehmungen der Sache Preußens schade, wurde vom Gesandten des Zaren in Paris, Grafen Tolstoi, vollauf geteilt. Dieser fand es unverantwortlich, französische Heere in den preußischen Oder- und Weichselfestungen sich einnisten zu lassen und die Westflanke des Russischen Reiches um orientalischer Abenteuer willen zu entblößen. Seine Warnungen in Petersburg[21] blieben zwar ohne eigentlichen Erfolg; doch suchte er die preußische Diplomatie zum Widerstand gegen Napoleons Forderungen zu ermutigen. Damit hatte er bei dem preußischen Gesandten in Paris, Baron Brockhausen, soweit Erfolg, daß dieser jetzt gegen die Politik der unbedingten Nachgiebigkeit Front machte und auch die Sendung des Prinzen Wilhelm durch allerhand Quertreibereien zu verhindern oder doch hinauszuzögern suchte[22]. Im Laufe des Januar fand er seine pessimistische Beurteilung der Lage[23] vollauf bestätigt und zog daraus sehr zutreffende Schlüsse.

Im Grunde war gleich die erste Audienz des Prinzen beim Kaiser (am 9. Januar) ein Fehlschlag: in höflicher Form lehnte Napoleon das Bündnisangebot rundweg ab, betonte stark sein Mißtrauen gegen dessen Ehrlichkeit und bestand auf pünktlicher Erfüllung seiner letzten Forderungen. Für einen Moment scheint ihn freilich das hochpatriotische Angebot des Prinzen, ihn selbst mitsamt seiner Gemahlin als Geisel für die Bündnistreue Preußens festzunehmen, überrascht zu haben: er wurde noch höflicher, umarmte den Prinzen (vielleicht um ein Lächeln zu verbergen?) und vertröstete den Eifrigen mit unbestimmten Worten auf eine bessere Zukunft. Aber was er nur andeutete, sprach sein Minister Champagny ganz unzweideutig aus: man wünsche keine Verlegung der Verhandlungen nach Paris; zuerst müsse Preußen mit Daru ins reine kommen, ehe von Bündnisverhandlungen irgendwelcher Art die Rede sein könne.

Der Eindruck dieses Fehlschlags in Königsberg wurde dadurch abgeschwächt, daß Prinz Wilhelm aus menschlich überaus hochherzigem, politisch unklugem Zartgefühl den Grund für Napoleons höfliche Zurückhaltung: sein eigenes Geiselangebot, vollständig verschwieg[24]. Auch Alexander von Humboldt, der dem Prinzen als Begleiter beigegeben war, um ihn in die Pariser Salons einzuführen, berichtete zuerst einigermaßen hoffnungsvoll[25]. Stein schöpfte neuen Mut: er glaubte jetzt vollends, auf dem richtigen Wege zu sein.

Aber lange hielten diese Illusionen nicht an. Vierzehn Tage später meldete Prinz Wilhelm, daß er seine Mission als gescheitert betrachten müsse: der Kaiser scheine entschlossen, „seine Beute nicht fahren zu lassen". Und Brockhausens Bericht vom 26. Januar zeigte, daß er durch Tolstoi über die wahren Motive der französischen Politik nunmehr aufgeklärt war. Unzweideutig bezeichnete er den russisch-französischen Gegensatz in der türkischen Frage als das entscheidende Hindernis für die Räumung der preußischen Provinzen. An den großen Kontributionssummen werde Frankreich im Grunde weniger gelegen sein als an dem Besitz der Oderfestungen. In diesem Punkte riet er deshalb zur Nachgiebigkeit – um so eher werde man dann eine Ermäßigung der übrigen Forderungen durchsetzen können. Auf keinen Fall dürfe man die Domänen in fremde Hände gelangen lassen. Überhaupt warnten jetzt die Mitglieder der Pariser Gesandtschaft – offensichtlich unter dem Einfluß Tolstois stehend – allesamt vor weiterer, nutzloser Nachgiebigkeit gegen die Forderungen Darus. Das Schicksal Preußens werde zuletzt doch nicht von dem Berliner Intendanten entschieden, sondern allein von den Konstellationen der großen Politik. Es hat keinen Zweck, schrieb Humboldt, noch weiter in Paris zu antichambrieren, wo niemand Interesse hat für preußische Bündnisangebote oder gar für innerpreußische Reformen! Alles kommt jetzt darauf an, Kaiser Alexander zu bearbeiten: „Man muß an die Quelle unserer Leiden vordringen, will man das Heilmittel finden."

Offenbar war das ein guter Ratschlag. Die preußische Diplomatie mußte alle Kraft daransetzen, die russische Politik zu einer Änderung ihres Kurses zu bewegen: durch Hinweis auf die Gefahren, die ihr von einer Festsetzung Frankreichs an der Oder und von einer hilflosen Vasallität Preußens drohten[26]. Gelang das nicht, so blieb nur geduldiges Abwarten, allenfalls der Versuch (zu dem Brockhausen gleichfalls dringend riet), die völlige Erschöpfung des Landes durch passive Resistenz und häufige Proteste der französischen Militärverwaltung so eindringlich vor Augen zu stellen, daß sie von sich aus in Paris auf Verminderung der Truppenzahl drängte.

Aber die finanzielle Notlage Preußens war so verzweifelt, daß wenigstens Stein ein geduldiges Abwarten für ganz unmöglich hielt. Von den Vorschlägen Brockhausens eignete er sich nur den einer Preisgabe der Festungen (mit den Einschränkungen des Dezemberentwurfs) und der Hingabe von Domänenpfandbriefen an Stelle der Domänen selbst in französischen Pfandbesitz an. Natürlich stimmte auch er dafür, die finanzielle und politische Unterstützung Rußlands anzurufen. Aber statt auf die nutzlosen Verhandlungen mit Daru zu verzichten, gedachte er sie jetzt erst recht mit verdoppeltem Eifer zu betreiben, nachdem die Mission des Prinzen gescheitert war. Gerüchte aus Petersburg, daß Napoleon die Überlassung Schlesiens gefordert habe, mögen das Ihre getan haben, ihn zur Eile anzuspornen. Er beschloß zu diesem Zweck (nicht ohne quälende Schwankungen), selbst nach Berlin zu gehen – schlimmstenfalls trotz allem sogar zur Hingabe der Domänen bereit[27].

Es ist ganz deutlich, daß er den eigentlich springenden Punkt des diplomatischen Ränkespiels, den die Pariser Mission des Prinzen Wilhelm aufgedeckt hatte, nicht richtig erfaßt hat – oder vielmehr in dem leidenschaftlichen Wunsch, rasch zu einem Abschluß zu kommen, nicht erfassen wollte. Nicht einmal dann wollte er an den fürchterlichen Ernst der Lage glauben, als Napoleon selbst (am 23. Februar) dem Prinzen seine Karten offen aufdeckte, um dessen stürmisches Andrängen abzuwehren und vor allem: um durch

Preußen einen Druck auf Rußland ausüben zu lassen. „Die Erledigung Eurer Angelegenheiten", hatte der Kaiser gesagt, „hat ihren Platz unter den großen Kombinationen der allgemeinen Politik, die sich demnächst entfalten werden." Vom Friedensschluß Rußlands mit der Türkei und von der Räumung der Moldau und Walachei hänge die Räumung Preußens ab. Stein zog daraus den richtigen Schluß, daß man nun in Petersburg auf die Freigabe der Donauländer werde drängen müssen. Aber er weigerte sich nachdrücklich, an die Aufrichtigkeit der Versicherungen Napoleons zu glauben. Habe doch Alexander ausdrücklich abgeleugnet, daß in der türkischen Frage eine Differenz zwischen ihm und seinen Alliierten bestehe! Er traute also dem Dementi des Zaren mehr als der Offenheit des Korsen. In Wahrheit, meinte er, gehöre Konstantinopel ebenso zu den Eroberungszielen des Kaisers wie des Zaren; über kurz oder lang werde also Napoleon genötigt sein, seine Armeen auf südeuropäische, Preußen fern gelegene Punkte zu konzentrieren. Dann werde der Moment eintreten, von dem der Kaiser in dunklen Wendungen vertröstend zu dem Prinzen Wilhelm gesprochen hatte: in dem ein Umschlag der allgemeinen Politik für Preußen die erwünschte Erleichterung bringen würde. Das war insofern nicht ganz unrichtig, als Napoleon wohl in der Tat die Möglichkeit hatte andeuten wollen, daß „noch im Laufe des Sommers" ein Umschlag der türkischen Politik ihn selbst wieder an die Seite Alexanders führen könnte. Aber Stein unterschätzte bei weitem den Ernst der russisch-französischen Interessengegensätze. Und darum hielt er beharrlich an den aussichtslosen Versuchen fest, durch Beweise guten Willens den von ihm vorausgesetzten „Haß" Napoleons auf Preußen, „dessen Ausbrüche furchtbar sein können", zu beschwichtigen – und mit Daru zu einem schnellen Abschluß der Kontributionsverhandlungen zu kommen. Prinz Wilhelm sollte weiter in Paris bleiben, auf das Gemüt des Kaisers einzuwirken suchen, während der Minister selbst die Verhandlungen in Berlin führte – wenn auch mit tief herabgestimmter Hoffnung auf Erfolg.

Überraschenderweise schien ihm dennoch dieser Erfolg fast mühelos in den Schoß zu fallen. Zwei Konferenzen mit Daru (am 7. und 9. März) genügten, um über alle Streitpunkte ins reine zu kommen. Der Vertragsentwurf, den Daru am 24. Oktober vorgelegt hatte, bildete die Grundlage einer neuen Vereinbarung; aber er wurde zugunsten Preußens erheblich umgestaltet. Zunächst wurde die früher nur mündlich gegebene Zusage des Intendanten, die seit dem 12. Juli 1807 erhobenen Staatseinkünfte auf die Schuldsumme anzurechnen, förmlich in den Vertrag aufgenommen; es blieben danach (wie Daru mündlich versicherte) nur noch 101 Millionen zu zahlen. Statt der Domänen sollten Domänenpfandbriefe ausgeliefert werden; wir kennen dieses Ersatzmittel schon aus den Verhandlungen des ostpreußischen Landtags[28]. Damit war etwa die Hälfte der Schuldsumme zu begleichen, für die andere Hälfte hoffte Stein jetzt doch noch Barmittel und gute kaufmännische Wechsel aufbringen zu können. Im Vertragsentwurf selber war indessen von Wechseln gar nicht die Rede, sondern nur von Obligationen, deren Verzinsung jetzt wegfiel. Die Besatzung der drei (statt fünf) Sicherheitsplätze wurde auf eine mittlere Höhe (9000 Mann) festgesetzt, ihre Besoldung vom Kaiser übernommen; die Frage der Entschädigungszahlung an die abgetretenen Provinzen war von der Räumungsfrage abgetrennt; genau bestimmte Räumungsfristen waren festgesetzt: das Land sollte 30 Tage nach der Unterzeichnung der Konvention, die Festungen je nach Erledigung eines Drittels der Zahlungen frei werden.

In der Tat eine unerwartete Wendung der Dinge, und man versteht, daß Stein darin einen großen persönlichen Erfolg sah – und sicher insofern mit Recht, als Daru gegen Sack, den bürokratischen „Pedanten", entschiedene Abneigung hegte, von der Persönlichkeit Steins dagegen stark beeindruckt war. Eine Weisung aus Paris scheint nicht vorgelegen zu haben[29]. Das Wahrscheinlichste ist doch, daß die neue Abmachung genau den persönlichen Ansichten Darus entsprach. Eine Entscheidung auf seine eigenen Vorschläge vom Oktober hatte er ja noch immer nicht erhalten: vielleicht war es möglich, sie zu beschleunigen, wenn er einen von beiden Bevollmächtigten gebilligten Vertragsentwurf in Paris vorlegen konnte? Sicher war er seiner Sache natürlich gar nicht; deshalb trug er Sorge, den neuen Entwurf als ein durchaus unverbindliches und vorläufiges Übereinkommen zu formulieren und alles Weitere vom Willen des Imperators abhängig zu machen.

Daß es sich nur um einen Scheinerfolg des Ministers handele, vermutete der ebenso mißtrauische wie grundgescheite Stägemann, Steins Begleiter, sofort. „Wir sind hier mit Herrn Daru fertig", schrieb er, „aber nicht mit dem Kaiser Napoleon[30]." So war es. Napoleon hat die am 9. März in Berlin abgeschlossene Konvention niemals bestätigt. In einer Abschiedsaudienz, die er am 29. März Prinz Wilhelm gewährte, äußerte er sich nicht ungünstig darüber, aber hinhaltend und im Grunde ganz unbestimmt. Zwei Tage vorher hatte er in einem Schreiben an Daru bereits die wichtigsten der Berliner Abmachungen als unannehmbar bezeichnet. Seine Abwesenheit in Spanien gab ihm dann den erwünschten Vorwand, die Entscheidung noch durch lange Monate hinzuziehen. Seine Absicht aber, in den preußischen Unterhändlern ungewisse Hoffnungen zu nähren und ihren Erfüllungseifer dadurch erneut anzuspornen, war ihm vollkommen geglückt.

Am vollkommensten gegenüber Stein. Der war jetzt fester als jemals überzeugt, daß man nur fortfahren müsse, das Mißtrauen Napoleons auf jede Weise zu zerstreuen, um sehr bald, womöglich schon Ende April, ans Ziel zu kommen. Wie weit er damals noch jeden Gedanken an eine nationale Erhebung von sich wies, zeigt die merkwürdige Tatsache, daß er jetzt allen Ernstes Daru anbot, man möge den Prinzen Wilhelm als Geisel für das Wohlverhalten seines königlichen Bruders in Paris festhalten! Natürlich war die Antwort: Frankreich wünsche keine Geiseln, sondern Sicherheiten. Ein paar wohlwollende Worte, die Napoleon über die Staatsverwaltung Steins hatte fallen lassen, bestärkten ihn erst recht in dem Glauben an die Richtigkeit seiner Erfüllungs- und Versöhnungspolitik. So blieb er in Berlin, Woche auf Woche vergeblich die Entscheidung erwartend und eifrig bemüht, inzwischen die Zahlung der Kontributionen vorzubereiten, damit daraus ja kein Aufenthalt entstehen sollte. Für den Fortgang seines großen Reformwerkes ein wahres Verhängnis!

Wir verfolgen hier nicht im einzelnen die Mittel, die er anwandte, um die Aufbringung und Abtragung der großen Schuldsumme zu ermöglichen. Aber wenigstens die Grundzüge seiner Finanzpolitik gehören zum Bilde seiner Staatsverwaltung notwendig hinzu.

Was dem modernen Betrachter am meisten auffällt, ist das Fehlen einer eigentlichen Steuerreform. Wie reformbedürftig das preußische Steuerwesen schon vor dem Kriege gewesen war, haben wir gesehen, auch von dem Steinschen Plan einer Einkommensteuer im Herbst 1806 gehört[31]. Die Steuer auf Einkommen und Vermögen war damals, ähnlich wie ihr englisches Vorbild, als vorübergehende Kriegssteuer gedacht. Noch im November 1806, als Napoleons erste Friedenserbietungen von 25 Millionen Talern Kriegskontributionen sprachen, hatte Stein einen bescheidenen Teil dieser Summe (drei Millionen) durch Einkommensteuer aufzubringen gedacht[32]. Warum ergriff er nicht jetzt erst recht dieses Mittel, um die Verzinsung und Abtragung der Kontributionsanleihen und Schuldverpflichtungen sicherzustellen? War es die herkömmliche Scheu der alten absoluten Monarchie und ihrer Beamtenschaft, den Untertanen die Last der Kriegskosten durch Steuererhöhungen unmittelbar fühlbar werden zu lassen[33]? War es die Gewöhnung an stabile Steuersätze seit vielen Generationen? Oder waren es technische Schwierigkeiten einer Steuerreform, solange die Mehrzahl der Provinzen unter fremder Herrschaft stand, und Mangel an Erfahrungen gerade mit einer modernen Einkommensteuer? Auf eine etwas ratlose Art hat Stein das Schröttersche Provinzialdepartement auf die neuesten englischen Parlamentsverhandlungen über „income tax" verwiesen, als es galt, für Ostpreußen ein Einkommensteuergesetz auszuarbeiten[34]. Das entscheidende Hindernis für eine durchgreifende gesamtstaatliche Steuerreform bildeten aber doch wohl gerade diese provinzialen Einkommensteuern. Dem ostpreußischen Einkommensteuergesetz – von dessen Beratung wir früher hörten[35] – folgte wenige Wochen später ein ähnliches für Westpreußen nach.

Wäre es nach Stein gegangen, so hätte man auf dieselbe Weise auch in den anderen Provinzen die vielfach recht willkürliche Verteilung der Kriegslasten zu einem vernünftigen Ausgleich gebracht. Sein Nachfolger Altenstein ist an diesem Punkte seinen Richtlinien treu geblieben. Das kurmärkische Einkommensteuergesetz von 1810 (von dem schon gelegentlich die Rede war)[36], eine verbesserte Neuauflage des ostpreußischen von 1808, sollte nach seinem Willen zum Muster für alle Provinzen werden. Erst Hardenberg, der mit Adam Smith die Einkommensteuer grundsätzlich mißbilligte und der adligen Opposition in ihrem Kampf um die alten Steuerprivilegien nachgab, hat andere

Wege betreten und die Einkommensteuer auch in Ostpreußen beseitigt. Aber die chaotischen Anfänge seiner Finanzpolitik und die Tatsache, daß er die neuen Kriegslasten 1812–1814 dann doch nicht ohne eine allgemeine Vermögens- und Einkommensteuer aufbringen konnte (nur fiel sie sehr viel roher aus als die früheren Versuche!)[37], lassen es doppelt bedauern, daß eine durchgreifende Steuerreform nicht schon unter dem Ministerium Steins erfolgt ist.

Solange sie nicht zustande kam, blieb zur Aufbringung der Kriegsschulden nur das Mittel der Anleihen und der Veräußerung von Eigentum. Beides hat Stein vorbereitet. Ein dritter Weg, die Ausgabe neuen Papiergelds oder Kupfergeldes, erschien zunächst, nach dem starken Wertverlust der Tresorscheine von 1806, undurchführbar[38]. Um so größere Hoffnungen setzte Stein auf die Aufnahme von Anleihen.

Freilich standen auch hier die Aussichten verzweifelt. Seit der Katastrophe von Jena hatte der Staat die Verzinsung seiner älteren, sehr beträchtlichen Staatsschulden eingestellt. Schon dadurch war das Vertrauen der Anleihegeber schwer erschüttert. Wie vieles war aber seitdem hinzugekommen, um ihre Gebefreudigkeit noch weiter zu lähmen! Man begreift, daß Niebuhr den Minister einen verblendeten Optimisten schalt, der trotz allem den Mut nicht verlor und auf den reichen Domänenbesitz des Staates (neben kleineren mobilen Vermögensbeständen) als sicheres Anleihepfand vertraute[39]. Der innere Anleihemarkt war durch die Provinzialschulden bereits schwer erschöpft und gab nach Jahresfrist kaum noch eine Million Taler her. Der englische und französische war aus politischen Gründen, der russische aus wirtschaftlichen verschlossen. So blieb nur die unsichere Hoffnung auf die Holländer und auf den Kurfürsten von Hessen, einen der größten, aber auch geizigsten Kapitalbesitzer seines Standes. Zu ihrer Bearbeitung wurde alles aufgeboten: Niebuhr nach Holland, Vincke und der frühere Kasseler Gesandte Fürst Wittgenstein zum hessischen Kurfürsten entsandt. Beide Unternehmungen blieben aber ohne Erfolg. Niebuhr hat erst im Mai 1810 eine Anleihe von nicht ganz fünf Millionen Talern unter sehr ungünstigen Bedingungen zustande bringen können[40]; Fürst Wittgenstein, so wichtig er tat und so viel er auch versprach[41], erreichte zuletzt gar nichts: weder zu einer Anleihe noch zu einem Ankauf preußischer Domänen war der entthronte hessische Potentat zu bewegen.

So blieb der preußische Staat in seiner Notlage ausschließlich auf die Vermögensbestände angewiesen, die ihm nach dem Zusammenbruch noch geblieben waren. Auch davon entriß ihm der Sieger nochmals einen beträchtlichen Teil ohne jede Entschädigung. Viele Millionen Taler Hypothekendarlehen, die von der preußischen Bank und anderen öffentlichen Geldinstituten, Mündel-, Gerichts- und Stiftungskassen im ehemaligen Südpreußen angelegt waren, das jetzt zum Herzogtum Warschau gehörte, gedachte man zum Ausgleich der Kontributionen an Frankreich zu geben. Daru verweigerte ihre Annahme; erst später erfuhr man den Grund: Napoleon hatte längst in einem Geheimvertrag dem sächsischen Hofe diese Forderungen zu überlassen versprochen;

im Mai 1808 hat er sie – unter zweifellosem Bruch des Tilsiter Vertrags – dem Sachsen für 20 Millionen Franken verkauft[42].

Die Mittel, die dann noch blieben, sind rasch aufgezählt: ein goldenes Tafelservice Friedrichs des Großen, allerhand Silbergerät am Hofe, die Kronjuwelen, ein Restbestand von Effekten im Besitz des Staates und der Bank – schließlich und vor allem die Domänen. Ihr Gesamtwert wurde auf 68 Millionen Taler (rund 250 Millionen Franken) geschätzt – weit mehr, als die Kriegskontribution betrug. Wie Stein diese Kapitalien flüssig zu machen dachte, hörten wir schon: durch Ausgabe von Pfandbriefen. Ihre Beschaffung war die wichtigste, zugleich aber auch die schwierigste seiner Finanzoperationen. Nach langen und mühsamen Verhandlungen mit den Landschaftsdeputierten der verschiedenen Provinzen brachte er schließlich eine Bürgschaft der ostpreußischen, pommerischen, märkischen und schlesischen Landschaft für 71,2 Millionen Franken zusammen; dafür sollten Frankreich nach Abschluß der Konvention Domänenpfandbriefe im Wert von 50 Millionen ausgefertigt und übermittelt werden. Der Rest diente als Teilpfand für die Einlösung von Wechseln mit einjähriger Laufzeit, die Stein in Höhe von abermals 50 Millionen von der Kaufmannschaft der größeren Städte sich ausstellen ließ, um vertragsgemäß die Hälfte der Kontribution damit zu begleichen: wiederum nach sehr schwierigen Verhandlungen, in denen es unter anderem nötig wurde, das Geheimnis der Finanzlage des Staates vor den Geldgebern zu enthüllen[43]. Natürlich genügte jener Überschuß an landschaftlichen Bürgschaften nicht als Sicherheit für die Deckung der Wechselschulden; besonders namhaft gemachte Domänen mußten verpfändet, der sofortige Verkauf des Tafelservice, der Effekten und Juwelen, eines ersten Postens von Domänen ins Auge gefaßt, auch ein namhafter Teil der künftigen Staatseinnahmen für die Einlösung bestimmt werden. Und da schließlich alles unsicher blieb: Ertrag der holländischen Anleihe, der Domänen- und sonstigen Vermögensverkäufe, der künftigen Steuererträge – wurde auch noch die Repartition einer neuen, außerordentlichen Kriegsauflage auf die verschiedenen Provinzen vorgesehen; auch eine Steuervermehrung stellte Stein – auf mißtrauische Rückfragen Napoleons hin – in Aussicht, doch ohne sie vorzubereiten.

Im übrigen beharrte er unbeirrt durch die schwere Enttäuschung über die Schweigsamkeit Napoleons und trotz aller pessimistischen Warnungen der Pariser Mission auf dem einmal betretenen Wege: das Mißtrauen des Kaisers durch fortwährende Nachgiebigkeit gegen die Forderungen seiner Organe zu zerstreuen, um ihn zur Annahme der Berliner Konvention doch noch geneigt zu stimmen. Die brutale Ausweisung des Geheimrats Le Roux, eines diplomatischen Begleiters des Prinzen Wilhelm, aus Frankreich, ohne jede Begründung, bloß weil man seine Napoleon feindliche Gesinnung herausspioniert hatte[44], ließ er sich ohne Widerspruch gefallen. Fichtes Reden an die deutsche Nation, deren patriotische Leidenschaft ihn nach den Proben, die er durch Stägemann und Altensteins Vermittlung davon erhielt, stark ergriffen zu haben scheint[45], ließ er dennoch mit Hilfe der Zensur an einzelnen, besonders gefährlichen Stellen abdämpfen. Die patriotische Königsberger Zeitschrift „Vesta", die Schenkendorf zum Herausgeber und Fichte als Mitarbeiter hatte, war schon Ende 1807 von ihm unterdrückt worden. Eine Verfügung, die dem schändlichen Wucher mit Tresorscheinen im besetzten Gebiet steuern sollte, nahm er auf Verlangen Darus anstandslos zurück. Die gesetzliche Reduktion der Scheidemünze, die ein volles Drittel ihres Wertes verloren hatte, beschränkte er im Interesse der Besatzungsarmee auf die nichtbesetzten Provinzen. Als schließlich Berliner Straßenaufläufe entstanden, weil der fortdauernde Münzwucher die Lebensmittelversorgung der ärmeren Berliner Bevölkerung bedrohte, wurde der Münzverruf doch durchgeführt, aber den Franzosen eine Million Franken Entschädigung bewilligt für den Verlust, den ihre Kassen erlitten[46].

In einem Konflikt mit Daru hatten die märkischen und schlesischen Stände, finanziell völlig erschöpft, neue Lieferungen für französische Übungslager im Wert von mehreren Millionen Franken verweigert. Sack, der diese Opposition heimlich unterstützte (als Vorsitzender der Friedensvollziehungs-Kommission), hatte das Unglück, daß ein geheimes Reskript, das zu passivem Widerstand ermutigte, den Franzosen in die Hände fiel[47]. Stein blieb nichts übrig, als den wackeren Mann fallen zu lassen und nach Königsberg zu schicken. Zum Nachfolger aber berief er gerade den Mann, der unter den märkischen Ständemitgliedern gewiß am wenigsten zur Opposition gegen Frankreich entschlossen war: seinen ehemaligen Ministerkollegen von Voß.

Eine unglücklichere Wahl hätte er kaum treffen können: er half damit einem ausgesprochenen Reaktionär in den Sattel, der wenige Monate später mit allen Mitteln an seinem Sturz gearbeitet hat. Man darf annehmen, daß er die innenpolitische Gesinnung des alten Kollegen damals nicht klar durchschaut und vor allem seine Sachkenntnis als früherer Provinzialminister für Brandenburg und Pommern im Auge gehabt hat. Aber daß Voß nicht zur Patriotenpartei gehörte, kann er unmöglich übersehen haben; er wußte, daß er den Franzosen einen Gefallen tat, indem er ihn an die Stelle des hochpatriotischen Sack setzte: eine Exzellenz mit Ministertitel, Adelsrang und hohen Ordensdekorationen, schrieb er dem König, werde es gewiß leichter haben, auf den Generalintendanten Eindruck zu machen als der schlichte, bürgerliche Geheimrat Sack[48].

Wohin aber war der Reformator Preußens mit alledem geraten? Wie weit hatte ihn die übermächtige Stunde von seinen eigentlichen und ursprünglichen Zielen abgedrängt! Mit welchen Erwartungen hatte man sein Erscheinen in Berlin begrüßt, mit welcher Bewunderung seine entschlossene, von gründlicher Sachkenntnis unterstützte Art, mit dem Intendanten zu verhandeln, allen Zögerungen rasch ein Ende zu machen, verfolgt! Am Zauber seines Wesens hatte die schwer bedrückte Patriotenpartei sich wieder aufgerichtet. Wenn er, was anfangs selten geschah, aus dem arbeitsamen Dunkel seiner Büros einmal auftauchte, seine gedrungene Gestalt mit dem mächtigen Antlitz, den blitzenden Augen in den Salons der Hauptstadt erschien, dann waren die Stimmen der

Nörgler, der vorlauten Besserwisser von selbst verstummt. Der „unglückliche Hang der Deutschen zu einem faulen Lästern", zum „Herabreißen alles Vorzüglichen, Zerstören alles Zutrauens, Auflösen aller Anhänglichkeit", den Niebuhr damals besonders in Berlin tief eingenistet fand[49] und den Fichte in seinen Vorlesungen so leidenschaftlich beklagte, hatte sich in seiner Gegenwart ebensowenig hervorgewagt wie die freche Selbstsucht der Schieber und Spekulanten, die aus dem Unglück des Vaterlandes ihren Privatvorteil zogen. Nun saß er Woche auf Woche fast untätig in Berlin, sichtlich in Illusionen befangen, vergebens auf besseres Wetter hoffend, eifriger um die Gunst des allmächtigen Intendanten und seines Herrn werbend als alle anderen, öffentlich bloßgestellt durch die nachträgliche Zurücknahme seiner Verordnungen gegen den Papiergeldwucher. Man sah ihn auf einem Fest, das Marschall Viktor zu Ehren der Kaiserin Josephine gab, man wußte in eingeweihten Kreisen von Bestechungsgeldern, die er französischen Beamten zahlen ließ. Was sollte man von ihm halten? Sein persönlicher Zauber verbrauchte sich um so schneller, je mehr Leute er sich zu Feinden machte durch vorschnelle Urteile, durch sprudelnde Sarkasmen. Es war nur ein Echo der allgemeinen Enttäuschung, wenn damals Beyme dem König dringend die sofortige Rückberufung des Ministers nach Königsberg empfahl: in einem überaus bitteren Schreiben, das fast wie ein Ausbruch lange zurückgestauten persönlichen Rachebedürfnisses anmutet: weil Steins Autorität doch nur den Franzosen dazu diene, die Hindernisse, die sie nicht besiegen könnten, aus dem Wege zu räumen. „Euer Königliche Majestät haben dort keinen Minister, sondern nur einen Bevollmächtigten, der sich aber von den Franzosen als Euerer Majestät Minister gegen Ihr Interesse brauchen läßt[50]." Der König ging auf diesen Ton nicht ein, bezeugte dem Minister vielmehr seinen Dank und sein Vertrauen, ja seine Bewunderung – aber auch er drängte immer entschiedener zur Rückkehr, je mehr die Geldnot stieg und nachgerade zur Katastrophe zu führen drohte. Königin Luise schrieb mahnend von einer niedrigen Kabale, die jetzt in Königsberg gegen ihn wühle[51]. Dasselbe berichteten Altenstein und Beguelin, beide von Furcht erfüllt für die Zukunft der Reformen. Stein aber weigerte sich abzureisen, ehe „man sich überzeugt hat, daß alle Versuche zum Abschluß vergeblich sind[52]".

Wollte er sich selbst nicht eingestehen, wie völlig seine Politik gescheitert war? Scheute er sich, erfolglos von einer Unternehmung zurückzukehren, die sein politisches Ansehen aufs höchste hätte steigern müssen, wäre er sofort nach dem Scheinerfolg des 9. März wieder abgereist? „Das ewige Schwanken zwischen Furcht und Hoffnung", schrieb er Mitte April an Altenstein, „kann ich nicht billigen. Ich glaube, daß unsere Lage gegen Napoleon im allgemeinen sich gebessert hat, daß man uns nicht vernichten will, daß wir das Problem der Zahlung der Kontribution lösen können, daß die Entwicklung der Angelegenheiten in der Türkei uns im Laufe des Sommers Luft schaffen werde. Wenn aber auch alles dieses nicht wäre, wenn wir aufgelöst, zerstäubt würden, so muß man sich doch denen kleinmüthigen und unnöthigen Gefühlen nicht überlassen – wie lange dauert denn diese Spanne Lebens? und wer hat denn uns und unsern Zeitgenossen ein Glück verbürgt, das der größte Theil unserer Vorfahren entbehren mußte?" Wieder ist es der gläubige Wille, der sich trotzig gegen das Schicksal stemmt – aber jetzt mit einer rein passiven, beinahe fatalistischen Resignation ausgesprochen, wie man sie sonst aus seinem Munde nicht gewöhnt ist. Von den Warnungen vor Kabalen seiner innenpolitischen Gegner will er gar nichts wissen. „Ich kann unmöglich an den Beklemmungen und Verzweiflungen der Königsberger Geschäftsmänner teilnehmen", schreibt er Ende April – fast als fürchte er sich, von ihnen aus Illusionen gerissen zu werden. „In allen meinen Dienst- und Lebensverhältnissen bin ich ruhig meinen Weg fortgeschritten, ohne viel Notiz von der Meinung anderer Leute über mein Tun und Lassen zu nehmen." Ein moralisch vortrefflicher Grundsatz – aber war er nicht gefährlich für einen Staatsmann?

Tatsächlich klammerte er sich Ende April immer noch an die Hoffnung, daß ja offensichtlich „alle französischen Autoritäten besser als sonst gestimmt sind". Ja noch Mitte Mai meinte er, mit einer baldigen Rückkehr des Kaisers nach Paris rechnen zu können – so lange wollte er noch auf die Entscheidung warten[53]. Als auch diese Hoffnung trog, sah er sich endlich doch zur Rückreise mit leeren Händen genötigt. Am 26. Mai trat er sie an. Inzwischen hatten ihn, wie es scheint[54], dringende Mahnschreiben Scharnhorsts und Gneisenaus erreicht, die jetzt auf eine veränderte Politik lossteuerten und ihn zu Hilfe riefen, um den König dafür zu gewinnen. Eine neue Kriegsgefahr war über Mitteleuropa aufgezogen, und es schien dringend notwendig, daß Preußen rechtzeitig eine klare Entscheidung traf, um sich von den Ereignissen nicht überraschen zu lassen.

Elftes Kapitel

Hoffnungen und Versuche einer Schilderhebung gegen Frankreich im Sommer 1808

Die Unterwerfung des Kontinents dachte Napoleon ohne allzu große Anstrengung zu vollenden, als er im April 1808 die Mitglieder der spanischen Königsfamilie nach Bayonne lockte und unter skrupelloser Ausnutzung ihres Familienzwistes zur Niederlegung ihrer Krone zwang, während die Heere Frankreichs seinen Bruder Joseph auf den Thron zu Madrid führten. Die Ausdehnung seiner Herrschaft über die Iberische Halbinsel und das westliche Mittelmeer, womöglich über den Ozean hinweg, bis zu den portugiesischen Koloniallädern, sollte dem alles entscheidenden Kampf gegen England eine neue Wendung geben – in Wahrheit machte sie den Friedensschluß mit der großen Seemacht erst vollends unmöglich. Es war eine Gewalttat, in der sich kälteste, berechnende Klugheit und dämonischer, an Verblendung streifender Ehrgeiz, wie fast immer in der Politik Napoleons, aufs engste miteinander verbinden; keine dialektische Kunst moderner Biographen wird jemals imstande sein, das eine vom anderen reinlich zu trennen und die politischen Methoden des großen Condottiere befriedigend aus den Erwägungen reiner Staatsvernunft zu erklären. Tatsächlich begann eben damals in den nüchternsten Köpfen seiner Umgebung, wie Talleyrand oder Bernadotte, der unbedingte Glaube an seinen Stern zu schwinden. Daß aber das spanisch-portugiesische Abenteuer so rasch und so verhängnisvoll das Unnatürlich-Künstliche seiner europäischen Machtstellung an den Tag bringen würde, das hätte im Frühjahr 1808 doch niemand gedacht.

Unendlich langsam, vereinzelt und auf Umwegen, teilweise erst über England, drangen die Gerüchte und Nachrichten vom nationalen Aufstand der Spanier und von den schweren Unfällen der napoleonischen Invasionstruppen im Laufe des Sommers in das übrige Europa ein. Noch Mitte Mai war der Gesandte von Brockhausen fest überzeugt, daß der Aufstand in kurzem niedergeworfen sein würde; auch Ende Juni zweifelte er noch nicht am Erfolg der französischen Anstrengungen, wenn er auch meinte, es werde noch schwere Kämpfe kosten; erst einen Monat später wagte er zu hoffen, daß Napoleon über kurz oder lang einen Teil seiner Truppen aus Deutschland werde abberufen müssen. Aber schon lange vorher wirkten die spanischen Ereignisse auf die preußische Politik mittelbar ein: durch die Beunruhigung Österreichs und Rußlands.

Die Entthronung der spanischen Dynastie, Napoleons schnöder Lohn für die unbedingte Hingabe dieses Herrscherhauses an Frankreich, machte nirgends tieferen Eindruck als am Wiener Hofe. Welche Dynastie Europas durfte sich noch sicher fühlen nach einem so unerhörten Verrat? Seit dem Mai 1808 kam die längst geplante Heeresreform der Österreicher mächtig in Gang; eine Reserve und Landwehr zur Ergänzung und volkstümlichen Erneuerung der stehenden Armee wurde geschaffen: zum wenigsten wollte man nicht tatenlos das drohende Schicksal erwarten. Es war dieselbe Politik, die Graf Tolstoi, der russische Gesandte in Paris, seit langem vergebens seinem Herrscher empfahl: Rüstung mit aller Macht, solange es noch Zeit ist; denn die Freundschaft mit dem Korsen wird bald zu Ende sein! Unter dem Eindruck Tolstoischer Warnungen aber meldete Brockhausen aus Paris: Preußen müsse sich auf neue Opfer gefaßt machen, sobald erst einmal die Abrechnung des Imperators mit dem russischen Rivalen beginne.

Unter den Beratern Friedrich Wilhelms empfanden die Soldaten, Scharnhorst und Gneisenau, am frühesten und stärksten das Aufziehen einer neuen Kriegsgefahr. Es war natürlich, daß sie angesichts der österreichischen Rüstungen sich fragten, ob nicht auch für Preußen die Stunde des Handelns gekommen sei. Warum zögerte Napoleon Monat auf Monat mit der Entscheidung über das Berliner Abkommen vom 9. März? Verbarg sich dahinter nicht offenbar die Absicht, die Räumung Preußens so lange hinzuhalten, bis er den Süden sich unterworfen hätte, um dann mit Rußland zu brechen, den Tilsiter Vertrag gänzlich fallen zu lassen und dem preußischen Königshaus das Schicksal der spanischen Bourbonen zu bereiten? Unter keinen Umständen sollte Preußen abermals, wie 1806, unvorbereitet von den Ereignissen überrascht werden. So beschwor denn Scharnhorst in einer Immediateingabe vom 13. Mai den König, eine endgültige Klärung des Verhältnisses mit Frankreich zu erzwingen. Noch einmal möge er, durch ein persönliches Handschreiben, Napoleon das im Januar abgelehnte Kriegsbündnis und die rückhaltlose Gefolgschaft anbieten – „so sehr dies auch die Gefühle, zumal in einem Kriege mit Österreich, empören würde". Scharnhorst stellte sich – um den König für sich zu gewinnen –, als hielte er die Annahme des Angebots bei der „jetzigen Spannung der Gemüter und Kabinette", die auch Napoleon bekannt sei, für wahrscheinlich. In Wirklichkeit wird er an der Ablehnung keinen Augenblick gezweifelt haben. Für diesen Fall müsse das Schreiben des Königs veröffentlicht werden: ein Schritt, der dem König die Liebe seiner Untertanen „mehr als irgendein anderes Mittel sichern würde". Es wäre die publizistische Vorbereitung des nationalen Aufstandes gegen Frankreich geworden. Die Preußen und alle Deutschen sollten erkennen, daß der König das Äußerste getan hatte, um sich mit Frankreich endgültig auszusöhnen. Ausschließlich auf diese Wirkung war der (sehr geschickte) Entwurf des königlichen Handschreibens berechnet, den Scharnhorst gleich beifügte[1].

Scharnhorst besaß, ähnlich wie Gneisenau, einen klaren Instinkt für die Notwendigkeit publizistischer Bearbeitung der öffentlichen Meinung, um sie für die Sache der Reformpartei zu gewinnen – einen weit besseren als die Zivilreformer[2]! Um seine Armeereformen in das rechte Licht zu stellen und die nationale Erhebung vorzubereiten, setzte er viele Federn in Bewegung und hielt sich ein so großes schriftstellerisches Talent wie Clausewitz als eigenen Presseadjutanten.

Indessen wollte er sich damit im Mai 1808 nicht etwa begnügen! Gleichzeitig, riet er dem König, müßten diplomatische Verbindungen mit anderen Mächten gesucht werden, was Zeit erfordere. Um den Monarchen zu einer solchen Entscheidung – scheinbar für, in Wahrheit gegen Napoleon – zu drängen, war die Rückkehr Steins nach Königsberg dringend erwünscht.

Wir wissen nicht, ob der Minister die Bemühungen Scharnhorsts unterstützt hat. Nach seinem sonstigen Verhalten in diesen Monaten ist es zu bezweifeln. Erreicht wurde zunächst nichts: mit der Ausmalung bloß zukünftiger Gefahren ließ sich Friedrich Wilhelm nicht aus seinem ewigen Zögern drängen: hatten doch selbst die größten Katastrophen ihn noch niemals zu klaren und schnellen Entschlüssen gebracht! Aber bald genug kam die Anregung zum Kurswechsel von anderer Seite.

Im Juni fragte Österreich an, ob Preußen im Fall eines österreichisch-französischen Krieges seine schlesischen Festungen Napoleon überlassen würde. Die Antwort war mißtrauisch, vorsichtig ausweichend; nur in mündlichen Versicherungen ließ man durchblicken, daß der König entschlossen sei, die Festungen gegen jede fremde Gewalt zu behaupten. Eben in diesen Wochen nahmen die Rüstungen Österreichs ein nahezu stürmisches Tempo an; die Gerüchte von der nationalen Erhebung der Spanier trugen viel dazu bei, daß die deutsche Bevölkerung Österreichs weit über Erwarten zu den Fahnen strömte, teilweise die Kosten ihrer Ausrüstung freiwillig selbst übernahm. Hier in der deutschen Südostmark, jenseits der unmittelbaren Machtsphäre Frankreichs, regte sich zuerst etwas von dem Geist der nationalen Erhebung, dem die Zukunft gehörte – trotz alles kleinlichen und harten Polizeiregiments der Habsburger, das den freien Aufschwung dieses Geistes lähmte, und trotz aller ängstlichen Vorsicht ihrer Diplomatie. Immerhin wagte es die Hofburg, deren auswärtige Politik jetzt der ebenso gut deutsch wie österreichisch empfindende Graf Philipp Stadion lenkte, in vorsichtiger Form, die regelmäßige diplomatische Verbindung mit dem Königsberger Hofe nach langer Unterbrechung wiederaufzunehmen. Eine große Schicksalswende schien sich vorzubereiten[3]. Hatte Stein noch soeben in Berlin gegen Stimmungen der Ermüdung und der Verzweiflung angekämpft, die ihn zuweilen doch überfielen – Stimmungen, in denen das Geschäftsleben allen Reiz für ihn verlor, „indem sein Zweck nicht mehr ist Entwicklung der Kräfte einer selbständigen Nation, sondern Befolgung der Willkür und des zerstörenden Willens eines Weltherrschers" – Stimmungen, in denen er sogar zweifelte, ob auch nur „die folgenden Generationen sich wieder erheben werden"[4] –, so schien sich jetzt die Möglichkeit eines ernstlichen Widerstandes gegen den Weltherrscher im Bunde mit Habsburg zu eröffnen.

Indessen, die bitteren Erfahrungen, die man 1806/07 mit der Hilfe auswärtiger Mächte gemacht hatte, wirkten am Königsberger Hofe noch lange nach. Auch Stein scheint nur sehr zögernd neuen Mut gefaßt zu haben. Während Scharnhorst schon Mitte Mai „große Hoffnung zu einem besseren Zustande" bekundete und Gneisenau seit den Ereignissen in Spanien ein erleichtertes Abkommen mit Frankreich „gar nicht mehr wünschenswert" fand, wartete Stein noch Ende Juni mit höchster Ungeduld auf die Antwort Napoleons. „Der Druck des Landes wird unerträglich", schrieb er, „und der Kredit der Provinzen und Kommunitäten bis zum Brechen gespannt. Was der Kaiser hierbei beabsichtigt, ist mir unerklärlich, denn alle seine militärischen und Welteroberungszwecke würde er erreichen können, wenn er nur der Konsumtion seiner Armee engere Grenzen setzte und drei bis vier Millionen Thaler auf Generallasten wendete, die jetzt den Städten und Kreisen zu unerträglicher Last fallen[5]." Noch immer sträubte er sich also, an den fürchterlichen Ernst der Lage, an Napoleons Absicht zu glauben. Immerhin hatte sich jetzt wenigstens die Lage der Staatskassen, die noch im Mai verzweifelt schien, so weit gebessert, daß man bis Ende Oktober ohne Defizit durchzukommen hoffte. Die Rückzahlung russischer Schuldposten und die Auffindung größerer, bisher verborgen gebliebener Effektenbestände in den Militärkassen ließ den Minister hoffen, „den jetzigen Zustand der Dinge auszuhalten, ohne genötigt zu sein, durch ein anscheinend freiwilliges Nachgeben weiteren ungerechten Forderungen Frankreichs den Schein von Recht zu geben[6]". Der bisher fast unbegrenzte Opferwille, um nur ja die schnelle Räumung der Provinzen zu erreichen, schien also jetzt immerhin stark gedämpft. Aber von jenen diplomatischen Rüstungen zum Widerstand, die Gneisenau empfohlen hatte, war einstweilen keine Rede. Erst Ende Juli, als die ersten sicheren Nachrichten von französischen Mißerfolgen aus Spanien eintrafen, schlug die Stimmung in Königsberg um.

Eines der frühesten Zeugnisse dafür ist ein Immediatbericht Steins vom 27. Juli, der uns ahnen läßt, wie sein ganzes Wesen in Wallung geriet, seit die ernsthafte Möglichkeit einer gemeinsamen Schilderhebung Preußens und Österreichs deutlich sichtbar wurde. Jetzt sei die Stunde gekommen, schrieb er, in der aufhören müsse das Mißtrauen, die Eifersucht, die zwischen Preußen und Österreich durch eine achtzigjährige Rivalität genährt sei. An deren Stelle müsse Vertrauen und Eintracht treten; nur so könne man hoffen, daß Deutschland seine Unabhängigkeit wieder erlangen werde, nur durch dieses Mittel könne die allgemeine Wohlfahrt wieder erblühen! Es war die Wiederaufnahme seines alten nationalen Programms, wie er es schon in dem Schreiben an den Herzog von Nassau 1804 verkündet hatte: Deutschland zu befreien durch enges Zusammenhalten seiner beiden Vormächte. Sobald man daran ging, nach dem Vorbild Spaniens den nationalen Freiheitswillen aufzurufen gegen die fremde Tyrannei, sanken die alten inneren Gegensätze der deutschen Staatenwelt wie von selber zu Boden. Gleich dieser erste Schritt führte aus den Bahnen der friderizianischen Politik hinaus.

Ein förmliches Allianzerbieten an Österreich freilich durfte man nicht wagen. Statt dessen wurden Umwege benutzt. Königin Luise mußte ein stark verspätetes Glückwunschschreiben an die jungvermählte Kaiserin Maria Ludovica schicken, von der man wußte, daß sie am eifrigsten auf den Krieg drängte; ausdrücklich wurde darin der schöne Eifer der Empfängerin „für die gute Sache" gelobt. Etwas deutlicher noch ließ Graf Goltz, der Minister des Auswärtigen, im Gespräch mit dem neuernannten österreichischen Geschäftsträger in Königsberg die preußischen Sympathien für eine österreichische Schilderhebung durchblicken. Unterdessen wurde Graf Götzen, der tapfere und erfolgreiche Verteidiger Schlesiens von 1806/07 und Mitglied der Militärreformkommission, nach Oberschlesien entsandt, um die Verteidigung der dortigen Festungen für den Kriegsfall vorzubereiten. Gleichzeitig erhielt er von Stein den Auftrag (ob mit Wissen des Königs, ist zweifelhaft), unter der Hand Erkundigungen über den Stand der österreichischen Rüstungen einzuziehen und weitere vertrauliche Mitteilungen über Preußens geheime Wünsche nach Wien zu befördern. Der König aber wandte sich jetzt von neuem an den Zaren Alexander mit der Bitte um Fürsprache in Paris: jetzt könne sie wirksamer sein als je!

Bald darauf erfuhr man von den vernichtenden Niederlagen französischer Heeresabteilungen in Spanien, der Gefangennahme von Zehntausenden, dem Verlust Portugals. Die Wirkung war unbeschreiblich. Die unbesiegbaren Truppen Napoleons, denen keine der geschulten Armeen des alten Europa hatte widerstehen können, geschlagen von den improvisierten Volksaufgeboten einer armen, rohen, in primitiven Kulturzuständen steckenden Nation! War das nicht der sichtbare Beweis dafür, was seelische Kräfte vermögen gegen den „ideenlosen", egoistischen Herrschaftswillen des allmächtigen Tyrannen? Man erinnerte sich der Vendéer und ihres unüberwindlichen Widerstandes gegen die Machthaber von Paris. Man empfand dunkel, daß mit der Erhebung der Spanier eine neue Epoche der europäischen Staatengeschichte begann: daß nach so vielen schmählichen Niederlagen der alten Regierungen nunmehr die Völker selbst als Handelnde auf den Schauplatz traten – und daß in diesem Augenblick die äußerste Grenze der Machtausdehnung Napoleons erreicht war. Die Patrioten am Königsberger Hofe beschlossen, das Beispiel der Spanier nachzuahmen und die nationale Erhebung gegen Frankreich sogleich ins Werk zu setzen.

Den äußeren Anstoß gab einer der französischen Generäle: Bernadotte, der Befehlshaber in Schleswig-Holstein und Dänemark, ein kluger Rechner, der die neuesten Gewalttaten Napoleons heimlich mißbilligte und von seinem norddeutschen Posten aus die Gefahr einer nationalen Erhebung Deutschlands für Frankreich durchschaute. Er ließ Anfang August (wahrscheinlich durch Fürst Wittgenstein) vertraulich den Rat nach Königsberg gelangen: man möge das frühere Bündnisangebot an Napoleon jetzt erneuern; der Imperator werde jetzt genötigt sein, es anzunehmen. Stein ergriff diesen Gedanken mit Eifer. Aber jetzt war nicht mehr die schleunige Räumung der besetzten Provinzen das

Ziel – sondern ausschließlich die Täuschung der Franzosen. So wie Bernadotte seinen Vorschlag meinte, hatte auch er bisher gedacht: Preußen müsse alles aufbieten, „die gegenwärtige verhängnisvolle Periode zu überleben" in der Hoffnung auf eine spätere Wendung der Dinge, da unmöglich die Allmacht Napoleons auf die Dauer werde bestehen können. Jetzt mit einemmal wollte er davon nichts mehr wissen. Er fand es sehr zweifelhaft, „ob der gegenwärtige Zustand der Dinge vorübergehend oder dauernd ist". Gewiß kann es sein, meinte er, daß Napoleons Herrschaft von heute auf morgen ein Ende nimmt, durch seinen Tod oder durch europäische Verwicklungen, die er aufzulösen außerstande ist. Die neueste Wendung der Dinge im Süden „scheint außerhalb seiner Berechnungen gelegen zu haben". Aber ebenso möglich ist es, daß er alle Schwierigkeiten besiegt, alle alten Dynastien wie die bourbonische vernichtet, daß „alle Nationalität zerstört oder verkröpelt und die Leitung aller großen Angelegenheiten des Menschengeschlechtes einer Bürokratie, die von einem entfernten, fremden Regenten die endliche Richtung erhält, anvertraut werden. Ein solcher Zustand der Dinge kann lange dauern, wie uns die Geschichte des römischen Reiches beweist." Das Schreckbild einer europäischen Universalmonarchie steht ihm also vor Augen, in dem die innerpolitischen Aussichten – Herrschaft einer zentralisierten landfremden Bürokratie – kaum weniger trostlos erscheinen als der Gedanke an den Verlust nationaler Freiheit. Und weit mehr diese dunkle Zukunftsaussicht als die gegenwärtige Hoffnung auf einen Umschwung der allgemeinen Lage scheint seine Entschlüsse zu bestimmen. Der moralische Impuls, nicht die politische Berechnung steht auch diesmal im Vordergrund seiner Motive. Wie viele Monate hatte er nun vergebens versucht, den Gewaltmenschen zu versöhnen, gebettelt um Erhörung, um Rücksicht auf das Menschenmögliche, um ein eben noch erträgliches Los der preußischen Provinzen – alles war ungehört verhallt; nicht einmal eine Antwort hatte der Hohenzollernprinz erhalten können, dessen Stellung in Paris, als Bittflehender vor den Augen Europas, immer unwürdiger wurde, je länger die Verhandlung dauerte, und dessen Abberufung der preußische Gesandte deshalb in jedem seiner Berichte empfahl. Jetzt brachen Haß und Empörung, allzulange zurückgestaut, mit hemmungsloser Gewalt in den Denkschriften des Ministers hervor. Er hatte es nun endgültig satt, „den Ausspruch eines verruchten Tyrannen abzuwarten"; er wollte handeln – handeln um jeden Preis, auf jede Gefahr hin.

Es ist, als ob die finstere Entschlossenheit dieses Kämpfers die Ausmalung der Schrecknisse des nahenden Kampfes geradezu brauchte, um ihren Enthusiasmus daran erst aufs äußerste zu steigern. „Man muß die Möglichkeit des Mißlingens fest im Auge halten und wohl erwägen, daß die Macht, die man angreift, groß und der Geist, der sie leitet, kräftig ist, daß der Kampf begonnen wird, weniger in Hinsicht auf Wahrscheinlichkeit des Erfolges als auf die Gewißheit, daß ohnehin eine Auflösung nicht zu vermeiden und daß es pflichtmäßiger gehandelt ist gegen die Zeitgenossen und die Nachkommen, und ehrenvoller für den König und seine Nation, mit den Waffen in der Hand unterzuliegen, als sich geduldig in Fesseln schlagen oder gefangenhalten zu lassen. Man muß sich mit dem Gedanken der Entbehrung jeder Art und des Todes vertraut machen, wenn man die Bahn betreten will, die man jetzt zu gehen sich vornimmt." Einen Kampf auf Tod und Leben beginnen ohne Rücksicht auf die Wahrscheinlichkeit des Erfolges, allein im Hinblick auf die Pflicht moralischer und politischer Selbstbehauptung, auf Ruhm und Ehre – das ist die Sprache nicht des Politikers, des Staatsmannes, sondern des Patrioten.

Das neue Bündnisangebot, das der König auf den Vorschlag Steins am 12. August an den Prinzen Wilhelm übersandte, trug einen wesentlich anderen Charakter als das frühere. Eine ganze Reihe von Vorbehalten und Gegenansprüchen Preußens war in die Bündnisbedingungen eingefügt; das Wichtigste war die Beschränkung der preußischen Heeresfolge auf deutsches Gebiet und die sofortige Räumung des Landes einschließlich sämtlicher Festungen; ging es gegen Österreich, so sollten die preußischen Hilfstruppen vorzugsweise zum schlesischen Grenzdienst verwendet werden. Das hätte ihnen den Abfall auf die Gegenseite im geeigneten Augenblick sehr erleichtert – man wundert sich, daß die Königsberger Diplomatie Napoleon ein so durchsichtiges Täuschungsmanöver vorzuspielen wagte. Graf Goltz, der Minister des Auswärtigen, rechnete denn auch nicht mit einer unveränderten Annahme – ihm kam es mehr darauf an, zunächst einmal das Gelände abzutasten: aufzuklären, ob überhaupt mit einer nachgiebigeren Stimmung des Kaisers zu rechnen war. Vor allem wollte man aus dem Zustand ewiger Unsicherheit heraus. Lehnte Napoleon ab, so war es entschieden (wie man in Königsberg meinte), daß er den Untergang Preußens ein für allemal bei sich beschlossen hatte. Dann war vielleicht auch der König zu einem großen Entschluß fortzureißen, um der sicheren Vernichtung seines Hauses zu entgehen. Kam aber das Bündnis zustande, so mochte es dazu dienen, die Wiederaufrichtung der preußischen Armee und ihre Ausrüstung mit französischen Waffen zu ermöglichen. Eben darum bot man gleich 40000 Mann Hilfstruppen an: mehr als im Augenblick unter den Fahnen standen! Das stehende Heer aber sollte nur als Kern und fester Halt einer allgemeinen Volkserhebung dienen. Auf ihrer sofortigen Vorbereitung lag der stärkste Nachdruck in den Denkschriften, mit denen Stein, Scharnhorst und Gneisenau Mitte August den König bestürmten. „Der Krieg muß geführt werden zur Befreiung von Deutschland für Deutsche", schrieb Stein mit fast prophetisch klingender Wendung. Zum ersten Male tauchte in seinen Eingaben der schöne altdeutsche (wohl aus Schillers Tell entlehnte) Name „Landsturm" auf. Provinzweise, unter althistorischen Provinzialabzeichen auf den Fahnen, soll der Landsturm kämpfen; die Kokarde aber trage „die Farben der Hauptnationen in Deutschland, der Österreicher und Preußen, nämlich Schwarz, Weiß und Gelb". Mit der Befreiung Deutschlands gehe die Befreiung Europas Hand in Hand: alle großen Nationen des alten Staatensystems müssen dabei zusammenwirken. Darum nichts mehr von kleinlicher Eifersucht, welche ehedem die Staaten Europas ins Verderben geführt hat, nichts mehr von der elenden Sprache der Diplomatie der alten Zeit, nichts mehr von Gebietserwerb und Beutesucht! „Eine gerade freie Sprache sei unter den Mächten, die das große Werk, die Befreiung Europas, auf sich nehmen; vereint zu siegen, oder zu fallen sei ihre ganze, ihre innigste und ihre heiligste Verbindung." Geheime Verhandlungen sollen sogleich auf Umwegen in London und Wien angeknüpft werden. England soll Geld, Waffen und Munition liefern, womöglich durch eine Truppenlandung zwischen Ems und Elbe die große Volkserhebung in Westfalen unterstützen (auf die Stein besonders große Hoffnungen setzte). Österreich aber sollte man sogleich das Kriegsbündnis anbieten und mit ihm einen gemeinsamen Operationsplan verabreden.

Das Wesentliche dieser Pläne stammt sicherlich von den beiden kühnen Soldaten, mit denen Stein sich jetzt zu einem Triumvirat, einer politischen Gesinnungsgemeinschaft von größter Herzlichkeit verband. Er selbst hat sich in vertrautem Kreise wohl einmal einen geborenen Abenteurer genannt, der zum Minister eigentlich gar nicht passe. In diesen letzten Monaten seines Ministeriums, unter dem Einfluß der beiden genialischen Freunde, gewann in der Tat das Heroisch-Leidenschaftliche, das Enthusiastische seines Wesens vollends die Oberhand in ihm. Immerhin: er trug die politische Verantwortung, jene nicht; und so kam es wohl, daß die Entschlossenheit der Soldaten immer noch um einen Grad radikaler wirkte als die des Staatsmannes. Scharnhorst hätte jetzt lieber auf das Bündnisangebot ganz verzichtet und riet auch in der Kontributionsfrage zu einer Verzögerungstaktik: vielleicht, daß dann die Tonart in Paris sich doch ein wenig änderte! Bietet Napoleon von sich aus ein Bündnis, so muß man natürlich darauf eingehen und es als Schild benutzen, um „unsere wahren Gesinnungen so zu verschleiern, daß sie selbst den ausgelernten Betrügern eine Zeitlang verborgen bleiben". Indessen eine solche Allianz hat immer die Gefahr, daß sie die nationale Gesinnung verdirbt: die Menschen gewöhnen sich an den Verlust der politischen Freiheit, je mehr der Druck der Fremdherrschaft sich mildert. Eine Sorge, die seitdem die Patriotenpartei von Jahr zu Jahr heftiger gequält hat: auch Fichte hatte ihr soeben in seinen Reden an die deutsche Nation den leidenschaftlichsten Ausdruck gegeben. Je tiefer aber die Scharnhorst und Gneisenau davon bewegt wurden, um so kräftiger war ihr Entschluß, mit allen Mitteln planmäßiger Bearbeitung der Massen der drohenden Gefahr entgegenzuwirken.

Insbesondere Gneisenaus Aufsätze tragen durchaus politischen Charakter. Das Vorbild der nationalen Erhebung Frankreichs während der Revolutionskriege leuchtet aus jeder Zeile hervor – obwohl es natürlich, dem Monarchen gegenüber, nicht ausdrücklich genannt wird. Wie die levée en masse eines Carnot ihre Beseelung empfing aus den Ideen des neuen revolutionären Volksstaates, für die der Bürger ins Feld zog, gegen die Soldheere der alten Monarchien, so will Gneisenau jetzt die ganze deutsche Nation zum Kampf gegen den Zwingherrn aufrufen unter dem Zeichen einer neuen, aus den Steinschen Reformen erwachsenden politischen Freiheit. Preußen, die verjüngte, zu einem modernen Verfassungsstaat umgewandelte Monarchie Friedrichs des Großen, soll durch ihre freie, „von andern Völkern beneidete Konstitution“ die Sympathien ganz Deutschlands für sich gewinnen und einen neuen deutschen Bund mit allen Deutschen, „unseren Brüdern“, begründen, die mit Preußen „unter gemeinschaftlichen Gesetzen leben wollen“. Wiederum, wie in den bangen Monaten vor dem Kriegsausbruch von 1806, sieht man die zukunftsreiche Idee der preußischen Hegemonie über Norddeutschland als letztes Mittel der Rettung, als ein Lebensinteresse sowohl Preußens wie der deutschen Nation aufblitzen. Aber wie weit ist Gneisenau über die reichsständischen Reformideen des Hardenberg von 1806 hinausgewachsen! Was er fordert, ist bereits die Politik der „moralischen Eroberungen“, wie sie der preußische Liberalismus nach Achtundvierzig unzählige Male gepredigt hat. Es weht ein eigentümlich schneidender Luftzug durch die Denkschriften dieses Soldaten, der sie von den meisten patriotischen Kundgebungen jener Epoche unterscheidet. In ihnen hört man nichts von dem Lobpreis altdeutscher ständischer Freiheit, die man retten müsse vor der Gefahr welscher Gleichmacherei, einer bürokratisch organisierten, napoleonischen Universalmonarchie – wie in den Eingaben Steins. Auch von der Bedrohung deutscher Sittlichkeit, Religion und Kultur durch den Erbfeind deutschen Wesens ist bei ihm nicht weiter die Rede – um so mehr von der Würde und Freiheit des Staates. In seiner Erwartung innerer Reformen stürmt er weit über Steins nächste Absichten hinaus. Dessen Verwaltungsreform wollte er damals der Öffentlichkeit bereits als „Durchführung des repräsentativen Systems“ schildern: „die aufgeklärten und rechtlichen Männer aller Stände haben dabei ein Stimmrecht.“ Die Städteordnung findet er zwar vortrefflich wegen ihrer Wirkung „auf das Volk, das eher die Güte einer städtischen Verfassung als die eines Staates begreift“. Aber „die denkenden Köpfe“ und die „Enthusiasten“ wird man nur durch eine freiere Staatsverfassung gewinnen[7]. Keiner im Kreise der preußischen Reformer stand der Ideenwelt der großen Revolution so nahe wie Gneisenau; keiner hat ihr universal bedeutsamstes Ergebnis, die innige Verschmelzung von Staat und Nation, mit so tiefem und so rein politischem Enthusiasmus erlebt wie er. Kaum einer überflog aber auch in seinen politischen Plänen die Grenzen des praktisch Möglichen mit soviel rücksichtsloser Energie wie dieser kühnste und genialste Tatmensch in der Umgebung Friedrich Wilhelms.

Die Volkserhebung, die er zu entfesseln wünscht, gilt ihm durchaus nicht etwa als bloßer Notbehelf. An die Stelle der alten Söldnerheere, die den kriegerischen Geist und den Gemeinsinn der Völker zerstörten, sollen Volksheere treten, an die Stelle der Kabinettskriege ein Volkskrieg im wahren Sinn des Wortes, dessen wilde Schrecklichkeit keine Schonung privaten Daseins mehr kennt. Bewaffnung jeder Mannsperson von 17 Jahren an; sofortige Amtsentsetzung aller Behörden, die sich lau erweisen, Kontrolle ihrer Amtsführung durch die Geistlichen; Wahl der Offiziere und Unteroffiziere durch die Aufständischen selbst; königliche Kommissare in den Provinzen mit Vollmacht über Leben und Tod, über alles öffentliche und private Eigentum, ohne Verantwortlichkeit für ihre Kriegsmaßnahmen, mit Befehlsgewalt über alle Behörden; Befreiung aller Bauern, die sich am Kriege beteiligen, vom Frondienst; Einziehung der Güter aller Feigen und Landesverräter und deren Verteilung an die Kriegsopfer; vollständige Verwüstung aller Landschaften, in die der Feind eindringt, Flucht der Frauen und Kinder in die Wälder und Einöden; nächtlicher Überfall auf den ermüdeten Feind, unablässiger Kleinkrieg gegen seine Flanken und seine Etappenlinien; Absetzung aller deutschen Fürsten, die es mit Frankreich halten, und Neuwahl würdigerer Regenten durch die Untertanen; ihre Minister sind vogelfrei, wenn sie nicht mithelfen; aller Adel ist hinfällig, der nicht durch hervorragende Kriegsleistungen neu verdient wird. Das Ganze eine förmlich von oben her organisierte Revolution, ausgemalt mit einer Phantasie, die sich gleichzeitig an den Vorbildern jakobinischer Schrekkensherrschaft und ihrer Todfeinde, der königstreuen Bauern in der Vendée, genährt hat. Ein Feueratem durchweht diese Pläne, der unmittelbar an die wildesten Kriegsphantasien eines Heinrich von Kleist gemahnt; seinen Helden Arminius, den blonden Recken mit der Falschheit des Puniers, beschwor denn auch Gneisenau ausdrücklich (neben anderen Freiheitshelden unterdrückter Völker) als geschichtlichen Kronzeugen herauf. Haben Gneisenau, Scharnhorst und Stein, der diesen Vorschlägen ausdrücklich zustimmte, im Ernst geglaubt, einen Friedrich Wilhelm III. dazu überreden zu können?

Die düstere, auf alles gefaßte Entschlossenheit Steins war ebensowenig des Königs Sache wie die echt soldatische, straffe Zuversicht Gneisenaus, der den Erfolg „auf das unbezweifeltste gesichert" fand und „mit seinem Kopf" dafür bürgen wollte. Es wäre ungerecht, der Haltung des Königs jedes moralische Gewicht abzusprechen. Gewiß war er unheldisch im höchsten Grade, unzulänglich, weil ewig halb und unentschlossen. Aber sein Ethos besaß auch er: ein überaus nüchternes, ohne Größe erfaßtes Ethos der Regentenpflicht. Sie bestand vor allem in der Erhaltung des preußischen Thrones für seine Familie, für das Hohenzollernhaus. Ihm fiel es nicht so leicht wie seinen Beratern, den Deutschpatrioten, den Untergang seines Thrones, ja wohl gar seines Staates als Opfer für die Errettung Deutschlands ins Auge zu fassen. Übrigens gingen jene einmütig von der Überzeugung aus, daß die preußische Dynastie und der preußische Staat über kurz oder lang doch verloren wären, ob mit oder ohne französisches Bündnis: „Einmal in der Höhle des Cyklopen", schrieb Gneisenau, „können wir bloß auf den Vorzug rechnen, z u l e t z t verzehrt zu werden." Nur aus dieser Voraussetzung sind ihre verwegenen Pläne zu verstehen. Der König, ohne direkt zu widersprechen, machte seinen stillen Vorbehalt. Gab es eine Gefahr, so schien sie ihm noch keineswegs dringend, und vorher würde ihn niemand zum Handeln bringen. Schon einmal hatten ihn ähnliche Warnungen, hohe Worte von Ehre und Untergang bestürmt: vor dem Kriege von 1806. Damals hatte er sich vorzeitig hinreißen lassen und darüber beinahe Thron und Land eingebüßt. Ein zweites Mal wollte er nicht wieder losschlagen, ehe das Unternehmen nach allen Seiten gesichert war. Welche Aussichten bot der Erhebungsplan für ein Gelingen? Ließ sich wirklich die Lage Preußens mit der Spaniens vergleichen?

Der tiefgreifende Unterschied springt in die Augen. Dort eine Nation von 13 Millionen, hier ein paar deutsche Provinzen mit knapp 5 Millionen Einwohnern; dort der Feind erst eindringend über schmale Gebirgspässe in ein weites subtropisches Gebiet, in dessen Steinwüsten seine Heere verschmachten; hier eine wohlorganisierte Okkupationsarmee im Besitz der meisten Festungen, aller Straßen, aller natürlichen Hilfsmittel des Landes. Dort eine fanatisierte, rohe Masse von Hirten, Bauern und Handwerkern, von ihren Priestern gegen die Ungläubigen, von ihrem kriegerischen Adel gegen ihren Landesfeind geführt, in der Tradition unzähliger Glaubenskämpfe seit dem Mittelalter zu einem maßlosen Nationalstolz erzogen, aufgeregt nicht durch Gefahren der Zukunft, sondern durch die schon vollzogene hinterlistige Entthronung ihres Königshauses. Ließ sich von deutschen Bauern und Kleinbürgern dieselbe fanatische Kampfeswut erwarten? War es nicht eben jetzt, daß der oberschlesische Adel französische Besatzungstruppen zu Hilfe rief, um seine aufsässigen Bauern zum Frondienst zu zwingen?

Nicht viel anders als 1811 wird der König schon jetzt über die Insurrektionspläne geurteilt haben, die man ihm vorlegte. „Als Poesie gut“, schrieb er damals spöttisch an den Rand. In einem höheren Sinn hatte Gneisenau freilich recht mit seiner berühmten Antwort: daß auch die Sicherheit der Throne zuletzt auf nichts anderem beruhe als auf bloßer Poesie. Auch daran ist nicht zu zweifeln, daß die Politisierung der Deutschen, ihre Umwandlung in eine selbstbewußte Staatsnation, jetzt eben, unter dem Druck der Fremdherrschaft, allmählich in Gang kam. Der Saat großer Leiden entsproßten allenthalben die Keime einer deutschen Staatsgesinnung. Die Predigt der Fichte und Schleiermacher blieb nicht mehr vereinzelt. Aus der Tiefe des deutschen Gemütes antworteten ihr die Stimmen einer neuen Dichtergeneration, der Sänger deutscher Freiheitshoffnung. Sogar das zeitabgewandte, andächtig träumende Nationalgefühl der Romantiker wurde von einem großen Dichter mit der politischen Leidenschaft maßlosen Hasses erfüllt. Die patriotische Dichtung Kleists, unmittelbare Frucht der österreichischen Kriegsvorbereitungen, war ein einziger Racheschrei:

Rettung vor dem Joch der Knechte,
Das, aus Eisenerz geprägt,
Eines Höllensohnes Rechte
Über unsern Nacken legt!

Ein weitverzweigtes, patriotisches Geheimbundwesen hatte sich im Lauf der letzten Monate ausgebreitet. Die Königsberger Reformer standen ihm nahe, und zuletzt liefen alle Fäden irgendwie in den Händen Scharnhorsts und seiner Helfer, wie Boyen und Grolman, zusammen[8]. Ein Teil dieser Verbindungen hatte es mehr mit allgemeinen Einwirkungen auf die Gesinnung der Menschen zu tun; so vor allem der in Königsberg gestiftete, allmählich über das ganze Land verbreitete Tugendbund: eine wohlgemeinte, aber in ihren Zielen unklare und technisch höchst unbeholfene Organisation mit wesentlich nationalpädagogischen Zwecken. Im Gegensatz zu den niedrigen Schmähungen, mit denen die gesinnungslose Berliner Publizistik, eifrig gefördert von der Besatzungsarmee, alles Preußische begeiferte, wollte sie die Gemüter zu vaterländischer Erhebung begeistern, verdächtige, unruhige und franzosenfreundliche Elemente, besonders in der Armee und Beamtenschaft, überwachen, die Staatsgewalt durch private Wirksamkeit unterstützen. Die Bedeutung des ganzen Unternehmens ist von französischer und österreichischer Polizeispionage, aber auch von ängstlichen reaktionären Gemütern auf preußischer Seite und vollends in Österreich maßlos übertrieben worden. Nicht viel mehr als 700 Mitglieder hat der Verein in der Zeit seiner größten Ausdehnung zusammengebracht; von einer wirklichen politischen Bedeutung dieser harmlosen Lese- und Redeklubs, von einem „preußischen Jakobinertum" konnte beileibe nicht die Rede sein. Dennoch zeigt die Geschichte des Vereins, wie schwer es in dem alten monarchischen Preußen war, die öffentliche Meinung politisch zu organisieren, sei es auch nur zur Unterstützung der Regierung. Nicht ohne Zögern hat Stein sich entschlossen, die königliche Genehmigung seiner Errichtung und seiner Statuten zu erwirken, dann freilich versucht, ihn in den Dienst seiner nationalen Erhebungspläne zu stellen; noch im Sommer 1809 und dann wieder 1812 hat er vorgeschlagen, die Tugendvereine als Hilfsmittel des nationalen Aufruhrs zu benutzen. Aber das dilettantische Gebaren der Führer scheint ihn von Anfang an geärgert zu haben; vor allem: die politische Betätigung geheimer Gesellschaften blieb den Beamten des alten Staates immer unheimlich. Sogar ein so entschiedener Reformer wie Frey forderte (wahrscheinlich schon 1808) die Auflösung des Tugendbundes, der sich anmaße, die Polizeihoheit des Staates wie in „den erbärmlichsten Zeiten des Mittelalters" in die Hände Privater zu bringen[9]. Und wenn Stein auch diesen Forderungen nicht nachgab (erst seine Nachfolger haben die Auflösung des Vereins durchgesetzt), so hielt doch auch er auf strengste Unterordnung unter die staatliche Zensur und auf das Verbot aller politischen Diskussionen. War aber eine wirkliche Politisierung der Nation von diesen Klubs zu erwarten, solange man ihnen alle politischen Erörterungen untersagte? Die innere Schwierigkeit einer „von oben her" zu veranstaltenden Revolution tritt in der Geschichte des Tugendbundes überaus deutlich zutage.

Nicht alle Patrioten, die gegen Napoleons Herrschaft wühlten, waren in förmlichen Vereinen organisiert. Es gab eine weit ausgedehnte kriegerische Verschwörung, die das Sammeln von Waffen, von Kriegsfreiwilligen, das Aushecken von Putschplänen, das Bespionieren der feindlichen Truppenaufstellung auf rein soldatische Weise, ohne politische Diskussionen und ohne förmliche Organisation, aber doch in beständiger Fühlungnahme der lokalen

Gruppen miteinander, betrieb. Im Mittelpunkt dieser Bewegung stand Graf Götzen, der sie in Schlesien persönlich leitete und als Vertrauensmann, wie es scheint, der meisten Verschwörer die Verbindung mit Königsberg unterhielt[10]. Außer einer Reihe von Gutsbesitzern und adligen großen Herren waren vor allem entlassene Offiziere und Soldaten beteiligt, halbverzweifelte Elemente, die durch den Krieg nur gewinnen konnten (und deren persönlicher Zusammenhang untereinander allein die überraschend schnelle Ausbreitung der Konspiration erklärt), mit einem gewissen Anhang im gebildeten Bürgertum, der Studentenschaft und unter den höheren Staatsbeamten – nicht unähnlich also den nationalen Wehrverbänden der Weimarer Epoche. Über den äußeren Umfang der Bewegung – die sich über die preußischen Grenzen hinaus besonders nach Westfalen und Hessen hin fortsetzte – sind naturgemäß keine sicheren Angaben möglich. Von einer „Volksbewegung", die alle sozialen Schichten erfaßte, wird man keinesfalls sprechen können. Sie blieb (auch noch 1813) im wesentlichen auf die Bildungsschicht beschränkt[11]. Immerhin: einige Zehntausende Kampfwilliger – Götzen sprach sehr optimistisch von 70 000–80 000 – zur Ergänzung des Heeres hätte man auf diesem Wege doch wohl aufbringen können. Aber ihre Bewaffnung war ebenso schwierig wie ihre Disziplinierung: fortwährend hatten die Führer Sorge vor unzeitigem Losbruch einzelner Hitzköpfe. Die Putschabsichten Schills und des Herzogs von Braunschweig machten Scharnhorst schon im Spätherbst 1808 die größte Not. Ein Volksaufstand hatte in Preußen, wie General Yorck sehr richtig bemerkte, nur dann Aussicht auf wirklichen Erfolg, wenn er in aller Form vom König befohlen und öffentlich unter Leitung der Behörden organisiert wurde. Geheime Verschwörungen – unentbehrlich vielleicht als Mittel der seelischen Vorbereitung für Größeres – stifteten mit allem guten Willen doch mehr Unruhe und Verwirrung als praktischen Nutzen.

Die Hauptsache, von der alles Weitere abhing, war: ob man auf die sichere und rasch wirksame Hilfe des Auslands würde zählen dürfen. Ohne englische Unterstützung hätten auch die Spanier nicht viel ausrichten können. Zu einer geheimen, unverbindlichen Anfrage an England ließ sich denn auch der König bestimmen: ob man dort bereit sei, im äußersten Notfall der königlichen Familie ein Asyl zu gewähren, womöglich auch Waffen, Truppen und Geld zu schicken. Über den Erfolg ist nur so viel bekannt, daß Canning, der britische Minister, seine Zusage in sehr zurückhaltender Form gab und, wie es scheint, vor unreifen Erhebungsversuchen warnte[12]. Rasch wirksame Hilfe konnte England auch im günstigsten Fall nicht leisten. Viel wichtiger, ja zuletzt entscheidend, war die Stellungnahme Rußlands.

Eine unabsehbar folgenreiche Wendung hätte das Schicksal Europas schon damals nehmen können, wenn der Zar sich jetzt entschlossen hätte, zusammen mit Österreich und Preußen den günstigen Augenblick zum Losbruch zu benutzen und über die seit Mitte August abteilungsweise, in langen Marschkolonnen nach dem Süden abziehenden französischen Truppen herzufallen.

Napoleon wußte sehr genau, wie dringend er Rußland brauchte, um Österreich und Preußen während der spanischen Krise in Ruhe zu halten. Niemals hat er der Eitelkeit und dem Ruhmbedürfnis Alexanders eifriger geschmeichelt als in diesen kritischen Monaten. Der aber erlag seinen Verführungskünsten ohne viel Widerstand: mehr als je umnebelt von dem Phantasiebild der türkischen Eroberungen, dachte er gar nicht daran, jetzt den Kampf aufzunehmen. Im Gegenteil: er wollte aus den spanischen Nöten Frankreichs sofort praktischen Nutzen ziehen: zum Dank für seine diplomatischen Helferdienste in Wien und Königsberg sollte der Imperator ihm jetzt endlich den Erwerb der heißersehnten Donaufürstentümer zugestehen.

Am Königsberger Hof war man den ganzen August über noch im dunkeln darüber, welche Haltung der Zar im Falle eines österreichisch-französischen Krieges einnehmen würde. Aber frühere, dringende Warnungen Alexanders vor sanguinischen Hoffnungen wegen der spanischen Krise und vor einer Auflehnung gegen Frankreich (die letzte war Ende Juli aus Petersburg gekommen!) klangen dem König noch sehr deutlich in den Ohren. Daraus in erster Linie erklärt sich sein hartnäckiges Widerstreben gegen die Anträge des Triumvirates. Auch eine gemeinsame persönliche Vorstellung der drei (am 23. August) konnte daran nichts ändern. Gegen Österreichs Kampfwillen und Zuverlässigkeit als Bundesgenosse zeigte er das stärkste Mißtrauen, zu der Rolle eines revolutionären Volksführers sehr geringe Neigung. Ohne ausdrückliches Einverständnis des Zaren wollte er von Bündnisanträgen in Wien nichts wissen; sollte der Krieg wirklich losbrechen, so wollte er (genau wie 1805) zuerst abwarten, wer den größeren Erfolg davontrüge, und danach sich entscheiden. Es war das erstemal, daß er den politischen Ratschlägen Steins widersprach. Aber diesmal blieb er hartnäckig. Alles, was der Minister für jetzt erreichte, war eine vertrauliche Sondierung in Petersburg und jene (schon erwähnte) Anfrage in England. Ungemein bezeichnend für die Art des Königs sind die Korrekturen, die er an dem ihm vorgelegten Entwurf eines königlichen Handschreibens an den Zaren (vom 28. August) anbrachte; mehr als eine schüchterne Anfrage, was Rußland zu tun gedächte, enthielt auch dieser Entwurf nicht. Aber schon die Erwähnung von „Mut und Zuversicht", mit der man die neuesten Verlegenheiten Napoleons betrachten dürfe, war ihm zu stark!

Somit war die Entscheidung auf unbestimmte Zeit hinausgeschoben. Für die Patriotenpartei ein unerträglicher Zustand! Wie lange würden sich die aufgeregten Anhänger draußen im Lande noch hinhalten lassen? Zumal in Schlesien konnte es jeden Tag von selber losgehen. Und mußte die frisch entzündete Begeisterung nicht verrauchen, wenn man ihr lange Geduldsproben zumutete? Gemeinsam mit Gneisenau bot Stein alles auf, um den König zu überzeugen, daß auf Rußland ja doch kein Verlaß, Zar Alexander auch gar nicht imstande sei zu großer militärischer Hilfeleistung. Übrigens ist es undenkbar, meinte er, daß Rußland dem Freiheitskampf, wenn er erst einmal ausgebrochen ist, gleichgültig zusieht oder gar ihn zu hindern sucht! Wird Österreich besiegt, so ist auch Rußland verloren. Unmöglich kann das Alexander verkennen.

Neuen Antrieb erhielten diese Bemühungen durch die Nachrichten aus Paris, die gerade am 24. August, einen Tag nach jener wichtigen Verhandlung über Krieg und Frieden, in Königsberg eintrafen. Endlich hatte Napoleon, wie zu erwarten, das unheimliche Schweigen über die Kontributionsfrage und die Berliner Konvention vom 9. März gebrochen. Ja, sein Minister Champagny hatte so viele Höflichkeit und so vielen Eifer, recht bald mit Preußen zum Abschluß zu kommen, gezeigt, daß der Gesandte von Brockhausen alle diplomatische Verstellungskunst aufbieten mußte, um seine erleichterte und heitere Stimmung zu verbergen. Deutlich war also die Rückwirkung der spanischen Ereignisse auf die Lage Preußens in Erscheinung getreten, und in Königsberg atmete man auf. Das Bündnisangebot vom 12. August wurde sofort zurückgezogen; vom Eintritt in den Rheinbund, den man im Dezember ernsthaft erwogen hatte, durfte vollends keine Rede mehr sein. Schon hoffte Stein, jetzt seine Berliner Konvention vom 9. März mit wesentlichen Milderungen durchsetzen zu können. An wirkliche Aussöhnung mit dem Gegner dachte er gleichwohl keinen Augenblick: die Hoffnung auf baldigen Abzug der Franzosen über die Elbe beflügelte erst recht seinen Kriegseifer; bei erster Gelegenheit wollte er losschlagen, um den günstigen Augenblick nicht zu versäumen. Von neuem drängte er den König, die Rücksicht auf den Zaren fallenzulassen. Die Fürsprache des Wiener, nicht des Petersburger Hofes bei Napoleon sollte man erbitten. „Deutschland kann nur durch Deutschland gerettet werden"; hätte Preußen nicht im Baseler Frieden die gemeindeutsche Sache „treulos und verfassungswidrig" (!) im Stich gelassen, so wäre „die verderbliche Trennung Deutschlands in das nördliche und südliche" nicht entstanden und alles daraus folgende Unheil unterblieben: Deutschland vereint wäre stark genug gewesen, der Revolution zu widerstehen. Sollen wir jetzt denselben Fehler wiederholen? Ist Preußen nicht mit Hilfe süddeutscher Kräfte genug gezüchtigt und abgestraft für seinen Verrat? (Denkschrift vom 8. September.)

Man sieht: der ungeduldige Kampfeseifer und die (nur allzu berechtigte) Sorge vor dämpfenden Einwirkungen des Zaren[13] läßt Stein ganz vergessen, daß die Denkschriften des Triumvirats eben erst von dem engen Zusammenhalt der europäischen Mächte gesprochen hatten, der zur Befreiung Europas nötig sei. Jetzt soll Deutschland allein dazu imstande sein, wenn es nur fest zusammenhält.

Aber die erfreulichen Aussichten, die Brockhausens neueste Meldungen eröffnet hatten, verdunkelten sich schon nach wenigen Tagen. Mitte September erfuhr man von neuen Forderungen Napoleons, die alles Bisherige in Schatten stellten. Kaum war der Kaiser nach Paris zurückgekehrt, da hatte sich gezeigt, daß die versöhnliche Haltung Champagnys nur leere Vorspiegelung oder, wenn ehrlich gemeint, ohne jede politische Bedeutung gewesen war. Was der Minister seither als konkrete Vertragsbedingungen genannt hatte, war nicht, wie man in Königsberg sich schmeichelte, als bloßer Bluff gemeint, als ein Maximum, von dem sich abhandeln ließ, sondern als ein Minimum, das Napoleon selbst noch immer nicht genügte[14]. Von den Abmachungen des 9. März blieb nur eine einzige übrig: der Verzicht auf die Abtretung von Domänen in natura. Im übrigen war die Härte der früheren Forderungen noch wesentlich gesteigert. Statt 100 Millionen sollten jetzt wieder 154 gezahlt werden, ohne jede Rücksicht auf die seit dem 12. Juli 1807 erpreßten gewaltigen Summen. Die polnischen Kapitalien, die man noch immer zu retten gehofft hatte, sollten endgültig verloren sein. Die Besatzung der Festungen wurde auf 10 000 Mann verstärkt. Ein ganzes Netz von Militärstraßen sollte Frankreich eingeräumt, die Stärke der preußischen Armee für die nächsten zehn Jahre auf höchstens 42 000 Mann festgesetzt, die Bildung einer Miliz ausdrücklich untersagt werden – Bestimmungen, für die der Tilsiter Vertrag nicht den geringsten Anhalt bot. Und wie zum Hohn auf die früheren Bündniserbietungen sollte sich Preußen verpflichten, zum Krieg gegen Österreich Napoleon ein eigenes Hilfskorps zur Verfügung zu stellen; als Gegenleistung bot Napoleon eine förmliche Garantie des preußischen Länderbestandes – aber gleichzeitig ließ er sich neue „Grenzberichtigungen" bewilligen. Alles in allem eine Taktik des Schreckens, die in ihrer rücksichtslosen Folgerichtigkeit fast Bewunderung weckt. In demselben Augenblick, wo Napoleon seine Besatzungstruppen dringend im Süden gebraucht, steigert er seine finanziellen Ansprüche so, daß sie vollends unerfüllbar werden, ihm also die Möglichkeit späterer Wiederbesetzung offenhalten; und weil er weiß und täglich von neuem durch seine Generäle und Agenten erfährt, wie gefährlich die Stimmungen der Verzweiflung und Empörung in Norddeutschland wachsen, erpreßt er einen neuen Vertrag, der die Wiederaufrichtung der preußischen Wehrmacht für die nächsten zehn Jahre verhindern, die preußische Politik in ein förmliches Vasallenverhältnis hineinzwingen soll. Statt das geringste von der Schwäche seiner Lage merken zu lassen, schreckt er die Gegner jetzt erst recht: Österreich durch offene Kriegsdrohungen, Preußen durch eine Steigerung seiner Forderungen zu äußerster Härte.

In denselben Tagen, als diese bestürzenden Nachrichten aus Paris eintrafen, erfuhr man aus Petersburg, daß der Zar (ohne allerdings die neuesten Forderungen Napoleons schon zu kennen) nicht nur jede Teilnahme am Kriege gegen Frankreich ablehne, sondern sich förmlich Napoleon gegenüber verpflichtet habe, die Wiener Politik zu zügeln, ja militärische Hilfe gegen Österreich zu leisten, falls der Angriff von Kaiser Franz ausginge. Denselben Druck übte Alexander sogleich auf seinen preußischen Schützling aus, indem er dringend vor Übereilungen warnte und die geheimen Unterhandlungen des Grafen Götzen mit Österreich, die Stein inzwischen veranlaßt hatte, scharf mißbilligte. Er verlangte ihren sofortigen Abbruch.

Waren damit nicht alle Aussichten auf Erfolg für die Politik Steins geschwunden? Auch jetzt gab der Minister seine Hoffnungen nicht auf. Gerade die Maßlosigkeit der neuesten französischen Forderungen sollte ihm dazu dienen, den Bruch dennoch herbeizuführen. Alexander hatte schon die ersten, von Champagny vor Napoleons Rückkehr gestellten Forderungen gesprächsweise für unerträglich erklärt. Was würde er zu den letzten, unerhörten Steigerungen sagen? Sollte Rußland wirklich imstande sein, die endgültige Knebelung Preußens, die fortdauernde Besetzung der Oderfestungen und das neue System französischer Militärstraßen zwischen Weichsel und Oder ohne Widerspruch hinzunehmen? Es schien undenkbar, und der Zar, den Stein soeben noch ganz aus dem Spiel zu lassen geraten hatte, erschien jetzt plötzlich doch wieder im Lichte eines wertvollen Bundesgenossen. Sein Besuch in Königsberg, auf der Durchreise zur Konvention mit Napoleon in Erfurt, war für die nächsten Tage angekündigt. Der Minister traute es seiner eigenen feurigen Überredungsgabe zu, den leicht beweglichen Enthusiasten mit sich fortzureißen. Inzwischen bemühte er sich (14. September), den König zu überzeugen, daß die Erfüllung der neuesten Geldforderungen Napoleons physisch unmöglich, die Annahme der vorgelegten Bedingungen daher zwecklos sei: die Räumung der besetzten Provinzen würde man auf diesem Wege doch nicht erreichen. Man sollte sich durch Napoleons Drohungen nicht bluffen lassen, ruhig bei dem Märzvertrag – jedoch mit günstigeren Zahlungsterminen – stehenbleiben und unterdessen mit Rußland und Österreich verhandeln. Prinz Wilhelm aber sollte sofort zurückgerufen werden.

Es lag nahe, ihn dem Zorn Napoleons zu entziehen, wenn man an Kampf und Auflehnung dachte. Aber es scheint, daß Stein noch einen zweiten, höheren Zweck damit verband. Die Gemahlin des Prinzen, Prinzeß Marianne, die feurigste Verehrerin des Ministers, gehörte seit langem zum Vertrauenskreise der Patrioten. An demselben 14. September, an dem Stein dem König die Rückberufung seines Bruders empfahl, schrieb sie nach Paris: „Wir sehen großen Ereignissen entgegen, mache nur, daß Du kommst, ich verspreche Dir im Voraus alle Edlen zu Deinem Anhang ... man hofft stark auf Dich zur Stütze der wahren und schönen Parthey – man hofft als Anführer im Felde auf Dich, kurz, man erwartet Dich wie den Messias[15]." Es ist klar: der Prinz sollte das werden, was sein Bruder, der König, nicht war und niemals sein konnte: der lebendige Mittelpunkt der Erhebung.

Ganz ohne Erfolg verlief die Unterredung mit Alexander in der Tat nicht[16]. Zwar dachte der Zar nicht daran, den Ratschlägen des Ministers zu folgen und den „zwecklosen" Krieg gegen die Pforte und Schweden möglichst rasch zu beenden, um alle Kraft gegen Frankreich zu wenden. Die feurige Schilderung einer nationalen Erhebung Deutschlands zur Befreiung von ganz Europa, die Stein vor seine Phantasie hinstellte – uns Nachlebende mutet sie wie eine Prophezeiung künftiger großer Dinge an! –, wird ihn in diesem Augenblick eher erschreckt als begeistert haben. Dringend warnte er nochmals vor einer unzeitigen Erhebung, die Napoleon von Spanien ablenken und ein schweres

Unwetter über Mitteleuropa heraufbeschwören müßte. Aber wenigstens versprach er, in Erfurt das menschenmögliche zu tun, um die letzten Pariser Bedingungen abzumildern: auch Rußland habe daran ein dringendes Interesse. Übrigens war er nicht der Mann, um seine Warnungen unter Freunden im Tone scharfer Drohung auszusprechen. Wenigstens Stein glaubte nicht, daß er Österreich tatsächlich in den Arm fallen würde, wenn es zum Kriege käme; ihm schien es, als benutze Alexander die Erfurter Zusammenkunft nur dazu, um sich noch einige Zeit äußerer Ruhe zu verschaffen – im Herzen sei er längst Frankreichs Feind. Die Persönlichkeit des Ministers scheint auf den Zaren damals tiefen Eindruck gemacht zu haben. Man verabredete eine Reise Steins nach Leipzig, angeblich zum Besuch seiner Schwester, der Gräfin Werthern; von dort konnte er jederzeit zur Stelle sein, wenn er nach Erfurt gerufen wurde, um dem Korsen selbst gegenüberzutreten und die Bemühungen Alexanders zu unterstützen. Gab Napoleon nach, so ließ sich wenigstens das Schlimmste abwenden. Wo nicht, so mußte am Ende auch der Zar sich davon überzeugen, daß es unmöglich war, Napoleons Freund zu sein.

Noch schienen nicht alle Auswege versperrt; noch wagte man zu hoffen. Da traf aus Paris die Kunde von neuem, unerwartetem Unheil ein; wie ein Donnerschlag warf sie alle patriotischen Hoffnungen zu Boden.

Zwölftes Kapitel

Sturz und Verbannung

Nach längerem, mühseligem Hin und Her, in dem die französischen Forderungen bald durch Champagny ermäßigt, bald durch den Kaiser selbst wieder zu unerträglicher Höhe emporgetrieben wurden, glaubte Prinz Wilhelm in den letzten Augusttagen endlich ans Ziel zu kommen. Er war jetzt entschlossen, durch zähen Widerstand den Kaiser, dem doch auch selbst an einem raschen Abschluß liegen mußte, zu einem Kompromiß zu zwingen, das die preußischen Verpflichtungen auf allerhöchstens 125 Millionen festgelegt hätte.

In der Erwartung, zu einem letzten Feilschen über diese Summe entboten zu sein, begab sich der Prinz, begleitet von dem Gesandten Baron Brockhausen, nach mehrtägiger Pause am 3. September zu einer neuen Konferenz mit Champagny. Auf die Forderung von 140 Millionen wiederholten die beiden Unterhändler ihre schon oft vorgebrachten Beteuerungen: es sei unmöglich. Wie erschraken sie, als der französische Minister, statt zu widersprechen, schweigend zuhörte und aus einer Mappe ein Bündel Briefe aus Königsberg, darunter solche von Steins Hand, hervorholte, in denen zu lesen stand, daß Preußen seine Finanzlage gestatte, bis nächsten Februar ohne auswärtige Anleihe auszukommen; weit schlimmer noch: daß der leitende Minister Preußens mit einem baldigen Ausbruch des Krieges zwischen Frankreich und Österreich rechnete, die Nachrichten über Napoleons hocherwünschte Unfälle in Spanien vorsichtig zu verbreiten, Erbitterung gegen Frankreich in ganz Deutschland zu schüren und Erhebungspläne, wie man sie im Frühjahr 1807 gesponnen hatte, übergreifend nach Hessen und Westfalen, jetzt zu realisieren wünschte! Diese Briefe waren an einen Altonaer Bankier und an den Fürsten Wittgenstein, zur Zeit im Seebad Doberan, gerichtet, und ihrem Überbringer, Assessor Koppe, einem Vertrauensmann Steins, durch die französische Polizei gewaltsam abgenommen worden. Gegen ihre Echtheit ernsthafte Einwände vorzubringen war unmöglich. Napoleon besaß nunmehr das Mittel, jeden Widerstand gegen seine Forderungen abzuschneiden.

Gewiß: die allgemeine Lage schien jetzt nicht dazu angetan, den Krieg gegen Preußen zu eröffnen und außer Österreich doch wohl auch Rußland auf den Plan zu rufen. Aber wenn es nicht bloß um ein paar Millionen Kriegsentschädigung, sondern um die Niederwerfung einer offenbar gewordenen nationalen Verschwörung ging: konnte man da nicht dem erbitterten Kaiser das Äußerste zutrauen? Besaß er nicht immer noch Machtmittel genug in Deutschland, um in wenigen Wochen mit Preußen ein Ende zu machen, ehe fremde Hilfe herbeikam? Zu langer Überlegung ließ Napoleon seinen Gegnern keine Zeit: binnen zweimal 24 Stunden forderte er die Entscheidung. Von einer neuen Rückfrage in Königsberg, die mindestens drei Wochen Zeitverlust bedeutet hätte, wollte er nichts wissen. Man hört nicht, daß der preußische Gesandte sich bei seinem russischen oder österreichischen Kollegen in diesen Tagen Rat erbeten hätte. Mut und Hoffnung hätte er weder bei Tolstoi noch bei Metternich schöpfen können; auch in Wien war der Kriegseifer damals längst wieder abgeflaut[1]. Prinz Wilhelm war in Verzweiflung: ob er unterschrieb oder nicht, unabsehbar war die Gefahr in jedem Fall. Er hat damals an Verzicht auf seine prinzliche Stellung gedacht. Das Gefühl, mit seiner politischen Mission völlig gescheitert zu sein, als Unheilbringer nach Hause zu kommen, hatte ihn ganz überwältigt[2]. Moralisch gebrochen und ohne jede Ahnung von dem politischen Kurswechsel Steins seit Mitte August[3] unterschrieb er zuletzt, was man ihm vorlegte (am 8. September): um die unmittelbar drohenden Gefahren abzuwehren, wollte er die vielleicht noch größeren der Zukunft in Kauf nehmen.

Napoleon war so klug, seine Forderungen nicht etwa auf Grund des Steinschen Briefes nochmals zu steigern. Welche Demonstration seiner Großmut, daß er es bei den zuletzt geforderten 140 Millionen auch jetzt beließ! Die Hauptsache hatte man auf den ersten Anhieb erreicht: den Abschluß und die vorläufige Unterzeichnung des Vertrages, ehe der Kaiser in Erfurt mit dem Zaren zusammenkam. Damit war dessen Einspruch von vornherein unwirksam gemacht.

Wesentlich dieser überstürzte Abschluß der Pariser Verhandlungen ist als die unmittelbare Folge des verhängnisvollen Steinschen Briefes zu betrachten. Es hilft nichts, zur Entlastung seines Urhebers anzuführen, daß die Zahlungsforderung Napoleons dadurch nicht größer geworden sei. Denn niemand vermag zu sagen, wie die Dinge gelaufen wären, wenn der Kaiser, bedrängt durch die Aussicht auf den nahen Erfurter Kongreß, vor der Unmöglichkeit gestanden hätte, die zähe opponierenden Preußen zur Unterschrift zu bewegen. Seit er diese in Händen hatte, bemühte er sich auch noch, in einer Abschiedsaudienz auf den jungen Prinzen den Eindruck jovialer Großmut zu machen. Man solle in Königsberg nur guten Willen zeigen, meinte er, alle Anstifter von Intrigen und Verschwörungen von sich entfernen, Gefühle von Bitterkeit in sich und anderen fleißig unterdrücken, das Vertrauen des Imperators zu verdienen suchen – dann werde er über die Zahlungsfristen mit sich reden lassen: ob die Schuld in einem Jahre oder in drei beglichen würde, sei dann trotz der Klauseln des Vertrages nicht allzu wichtig. (Natürlich nicht! Je länger es bis zu ihrer Abtragung dauerte, um so länger behielt ja Frankreich das Besatzungsrecht in der Hand.)

Einstweilen tat der Kaiser alles, um den Mann, dessen Unvorsichtigkeit ihm die besten Trümpfe in die Hand gespielt hatte, vor aller Welt bloßzustellen, wohl gar im eigenen Lande unmöglich zu machen. Am Tage nach der Unterzeichnung des Pariser Vertrags erschien das wichtigste Stück der geraubten Korrespondenz, Steins Brief an den Fürsten Wittgenstein vom 15. August, im „Moniteur", mit einem Kommentar versehen, der darauf berechnet war, alle friedliebenden Instinkte des deutschen Bürgertums gegen den Brandstifter am preußischen Königshofe aufzustacheln. Ein Thema, das die gesinnungslose Berliner Literatenpresse sogleich mit Eifer aufgriff und gehorsam den französischen Wünschen vor dem deutschen Publikum breittrat. Steins politische Autorität war mit einem Schlage aufs schwerste erschüttert.

Am Königsberger Hofe traf ein russischer Kurier mit preußischen Depeschen aus Paris, die das Unheil meldeten, bald nach Alexanders Abreise in den frühesten Morgenstunden des 21. September ein, begleitet von einem Schreiben des Zaren, der ihm unterwegs begegnet war und den Inhalt seiner Meldung erfahren hatte. Man hielt die Nachricht für so wichtig, daß man den König weckte. Den Minister Grafen Goltz, der sogleich eine Unterredung mit ihm hatte, sah man totenbleich von der Audienz zurückkommen: „Alles ist verloren", sagte er zu den Umstehenden[4]. In der Tat: die Politik der Patriotenpartei war von diesem Augenblick an verloren. Stein bot sogleich seine Entlassung an[5]. Er hatte verspielt – nicht ganz ohne eigenes Verschulden.

Die Versendung von Mitteilungen so gefährlicher Art hätte sich zunächst durch ihren politischen Zweck rechtfertigen müssen. Aber sie war praktisch zwecklos: Fürst Wittgenstein verdiente gar nicht das Vertrauen der Verschwörer. Freilich war er nicht leicht zu durchschauen.

Merkwürdig genug, daß dieser fürstliche Glücksritter und Abenteurer sich durch so viele Jahrzehnte am preußischen Königshofe in unveränderter Gunst hat behaupten können: als Günstling der Lichtenau, aber auch als Oberhofmeister der rechtmäßigen Gemahlin Friedrich Wilhelms II. und Freund der sittenstrengen Gräfin Voß; als preußischer Gesandter an kleinen deutschen Höfen und Anleihemakler für den preußischen Fiskus. Schließlich verstand er es auch noch, die Rolle des wohlgesinnten Patrioten mit so vollendeter Kunst zu spielen, daß Stein und seine Umgebung getäuscht wurden. Auch Scharnhorst rechnete allen Ernstes auf ihn (den späteren Demagogenverfolger verfluchten Angedenkens!) als einen Anführer der nationalen Erhebung[6] – vor allem wohl dadurch für ihn eingenommen, daß er während des Krieges 1807 als preußischer und hessischer Unterhändler in London um Unterstützung eines nordwestdeutschen Aufstandes gegen Frankreich geworben und eben erst jene vertraulichen Mitteilungen Bernadottes über Napoleons politische Bedrängnis weitergeleitet hatte. Vor seinen undurchsichtigen Geldgeschäften hatte Niebuhr freilich schon längst dringend gewarnt[7]; aber Niebuhrs pessimistische Kritik an Menschen und Dingen äußerte sich in gar zu vielen Fällen, um noch tiefen Eindruck zu machen. Und sehr geschickt verstand es Wittgenstein, in dem Minister immer wieder die Hoffnung auf einen Erfolg seiner Anleiheverhandlungen zu beleben. Da Stein seinen Brief durch einen Kurier sandte, der als zuverlässig galt, wird man es auch entschuldbar finden, daß er ihn nicht chiffrieren ließ wie seine Postsendungen an dieselbe Adresse[8]: das scheint allgemein üblich gewesen zu sein, und der routinierte Diplomat Graf Goltz machte es nicht anders. Unbegreiflich ist nur, daß Stein ein Schreiben so gefährlichen Inhalts nicht auf sicheren Nebenwegen, sondern über Berlin, also mitten durch das Hauptquartier der feindlichen Polizeispionage, an seinen Bestimmungsort sandte und damit dem Schurken, der den Franzosen Koppes Reise verriet, das Geschäft erleichterte. Was so vor aller Welt an den Tag kam, war eine Politik des Spielens mit dem Feuer, deren vorzeitige Entdeckung schließlich immer vom Zufall abhing. Aber wie würde der König darauf reagieren? Bisher hatte er allen Warnungen franzosenfreundlicher Intriganten und Streber vor der Politik seines Ministers widerstanden[9]. Jetzt war zu fürchten, daß er so sichtbar wie nur möglich von Stein abrücken und allen kühneren Ratschlägen vollends sich verschließen würde.

Merkwürdigerweise – aber ähnlich wie in allen früheren Krisen – wagte er auch jetzt keine klare Entscheidung. Statt den Minister zu entlassen, bat er den Zaren, sich bei Napoleon für ihn zu verwenden: der Abgang dieses Beraters würde ihn in höchste Verlegenheit setzen, da es an einem geeigneten Nachfolger fehle. Anderseits vermied er es, den Minister jetzt noch in Gesellschaft bei sich zu sehen, verkehrte überhaupt mit ihm, wie es scheint, fast nur noch schriftlich. Vor allem wurde jetzt der Minister Goltz an der Stelle Steins nach Erfurt geschickt; nach seiner Rückkehr sollte dieser von allen auswärtigen Geschäften entfernt werden – eine Demütigung, die Stein im Interesse seines noch unvollendeten Reformwerks ohne Widerspruch hinnahm. Wirkliche Autorität besaß er beim König in außenpolitischen Fragen schon jetzt nicht mehr. Das zeigte sich sogleich in der Behandlung der wichtigsten Frage: der Entscheidung über Annahme oder Verwerfung des in Paris geschlossenen Vertrages vom 8. September.

Stein war mit dem König darin einverstanden, daß man zunächst alles aufbieten müsse, um mit Hilfe Alexanders nachträglich noch gewisse Milderungen, vor allem eine Herabsetzung der Schuldsumme und eine Stundung der Zahlungsfristen, zu erreichen. Mehr noch: sollte die Verwendung des Zaren gar nichts nutzen, so meinte auch er, werde nichts übrigbleiben, „als zu unterschreiben und zu halten, was man kann". Dahinter stand bei ihm die Absicht, möglichst bald die geplante große Erhebung ins Werk zu setzen; kam sie zustande, dann war es am Ende nicht so wichtig, in welcher Form der Vertrag unterschrieben wurde – halten wollte er ihn ja doch nicht. „Soll es dem Kaiser Napoleon allein erlaubt sein", meinte er damals, „an die Stelle des Rechtes Willkür, der Wahrheit Lüge zu setzen?" Aber als er diese Worte niederschrieb – in einer Immediatvorstellung vom 12. Oktober –, war die bedingungslose Unterwerfung unter Frankreichs Willen tatsächlich längst entschieden. Der

Bericht des Prinzen Wilhelm über seine letzte Audienz, der am 29. September in Königsberg eingetroffen war, hatte auf den König tiefen Eindruck gemacht. Auf der Stelle war er der Mahnung des Imperators gefolgt: sich das Vertrauen Frankreichs durch deutliche Beweise friedliebender und versöhnlicher Gesinnung zu erwerben. Zwar hatte er sich nicht sogleich, wie jener ihm nahelegte, von seinem unruhestiftenden Minister getrennt; aber ohne Stein auch nur zu benachrichtigen, hatte er die Vollmacht zu bedingungsloser Ratifikation des Pariser Vertrages nach Erfurt gesandt. Stein gegenüber konnte er sich hinterher darauf berufen, daß die zur Ratifikation gesetzte Frist am 8. Oktober ablief und daß der Minister ja selbst die Unterzeichnung empfohlen hätte [10], falls Alexanders Fürsprache nichts nutzen sollte. In der Tat wäre es ungerecht zu behaupten, der König hätte durch sein selbstherrliches Eingreifen praktisch irgend etwas verdorben: weder der Zar noch Napoleon ließen sich auf langes Widerstreben ein, und Graf Goltz, dessen Festigkeit Stein mißtraute, hat sich, soviel man sieht, in Erfurt durchaus würdig und klug benommen. Aber schon die Tatsache, daß der König in dieser hochwichtigen Entscheidung den Rat seines ersten Ministers umging, zeigt deutlich, wie weit er sich jetzt von ihm grundsätzlich getrennt fühlte. In der Tat steuerte er jetzt den Kurs der preußischen Politik bewußt und folgerecht in das Fahrwasser der russischen –, das er persönlich ja eigentlich nie verlassen hatte. Die Verhandlungen mit Frankreich wurden ganz dem Grafen Goltz überlassen, der sie bis zum 5. November mit Daru zu Ende brachte. 20 Millionen ließ Napoleon zu guter Letzt doch noch an seinen Forderungen nach – freilich auch das nur gegen eine Verschlechterung gewisser territorialer Abmachungen des Tilsiter Friedens! –, so daß der Zar wenigstens nicht ganz mit leeren Händen nach Königsberg zurückzukehren brauchte. Über die Bezahlung der restlichen 120 Millionen einigte man sich wesentlich nach den Bestimmungen des Pariser Septembervertrags. Damit war das in Tilsit begründete politische System aufs neue befestigt. Von der geheimen Erkältung, die in der französisch-russischen Freundschaft seit Erfurt eingetreten war, wurde nach außen hin nicht das geringste sichtbar. Eifersüchtiger als je wachte der Zar über den Frieden Mitteleuropas: schien doch jetzt seine Hoffnung auf den Erwerb der Donaufürstentümer – die ihn noch immer hypnotisierten – der Verwirklichung ganz nahe gekommen, da er die formelle Zustimmung Napoleons ertrotzt und erbettelt hatte! Auf keinen Fall durften diese Pläne durch eine unzeitige Erhebung der Mittelmächte gestört werden. Die Politik Steins und seiner militärischen Freunde, die Politik der patriotischen Erhebung, war hoffnungslos gescheitert [11].

Mit Staunen sieht man indessen, daß der Geschlagene seine Niederlage keineswegs als geschehen hinnimmt – daß er vielmehr seine Pläne unentwegt weiterbetreibt. Weit entfernt, sich durch die Schreckensbotschaft von der Entdeckung seines Briefes zu Boden werfen zu lassen [12], schreibt er noch am selben Tage an den Zaren, bittet ihn um Beistand für die Sache Preußens und sucht seinen Unglücksbrief als rein private, politisch unverbindliche Äußerung eines

Mannes hinzustellen, der jeden Augenblick aus seiner Beamtenstellung entlassen werden kann. Ein paar Tage später, nach der Ablehnung seines ersten Entlassungsgesuches, bringt er mit Zustimmung des Königs eine populäre Darstellung der von ihm bereits durchgeführten und der noch weiter geplanten inneren Reformen in die Zeitungen, um seine moralische Autorität wieder zu befestigen und das Land für seine Politik zu gewinnen. Und schon beginnt aufs neue der Ansturm patriotischer Immediateingaben, die den König zur Schilderhebung gegen Frankreich, zur Ablehnung des Pariser Traktates drängen. Ende September entwickelt Gneisenau – mit Einverständnis Steins – in der feurigsten seiner Denkschriften die verhängnisvollen Folgen des neuen Vertrages: der König herabgewürdigt zum Sklaven und Werkzeug französischer Willkür, ein Gefangener in seinem Palast, sein Land trotz allem eine sichere Beute Frankreichs, da an Erfüllung der „beschimpfenden" Vertragsbedingungen im Ernst ja doch nicht zu denken ist. Also verweigere der König die Ratifikation mit der Begründung, daß er zuvor die Nation selbst in einer allgemeinen Ständeversammlung befragen müsse, ob sie imstande und willens sei, die furchtbaren ihr auferlegten Lasten zu tragen. Diese Ständeversammlung aber, der Beginn einer neuen Epoche liberaler preußischer Innenpolitik, wird zugleich der Anfang einer allgemeinen Volkserhebung werden.

Eben dies: Berufung einer Nationalvertretung als moralische Stütze zur Verweigerung der Ratifikation, wurde jetzt das Programm der Patriotenpartei überhaupt. Wir haben schon früher, in der Besprechung der Verfassungsberatungen von 1808, gesehen, wie tief auch Stein sich auf diese Pläne eingelassen hat; es war das Verhängnis dieser größten und wichtigsten seiner Reformen, daß sie erst in einem Augenblick zur Beratung kam, als alles zu spät war, und in einem politischen Zusammenhang, der sie von vornherein zum Scheitern verdammte. Die Immediateingabe, in der Stein die Vorstellungen Gneisenaus unterstützte (der schon erwähnten vom 12. Oktober), bezeichnete selbst den rechten Zeitpunkt als schon verfehlt; in der Tat waren inzwischen in Erfurt die Ratifikationen ausgetauscht worden, und so blieb dem Minister nur die Hoffnung, der Abschluß des Vertrags brauche die Vorbereitung der nationalen Erhebung nicht zu hindern. Die Allianz als bloßen Vorwand zu benutzen, „List gegen Verruchtheit und Gewalttätigkeit" zu setzen – das war es, was er dem König jetzt zumutete. „Zutrauen auf den Mann zu haben, von dem man mit so vieler Wahrheit sagte, er habe die Hölle im Herzen, das Chaos im Kopf, ist mehr wie Verblendung, ist hoher Grad von Torheit." Kein politisch Denkender wird eine solche Haltung – die natürliche Haltung jedes Gefesselten – moralisch verdammen. Aber Stein setzte sich damit in seltsamen Widerspruch zu eigenen früheren Kundgebungen und zur Haltung seiner politischen Freunde: Scharnhorst, Gneisenau, Nicolovius, Süvern, Schön, von Grolman und Feldprobst Röckner, die ihm eben jetzt in einer großen Eingabe (vom 14. Oktober) den Rücken zu stärken suchten[13]. Hier wurde mit flammender Entrüstung jeder Gedanke an eine bloß scheinbare Annahme des Vertrages gebrandmarkt als „kleinliche Politik der Schwächlinge", als „Flecken auf unserer Seele, den nichts löschen, eine Vergiftung der Quellen unseres Handelns, die nichts tilgen kann". Bedenkt man, daß außer Stein auch Scharnhorst und Gneisenau die also verdammte Politik eben erst selbst dem König empfohlen hatten[14], so wird einem die gefährliche Unsicherheit dieser moralischen Dialektik zum Greifen deutlich. Man versteht es danach immerhin besser, wenn der König in seiner trivialen und kränkenden Weise von „Räsonnements überspannter Menschen" sprach.

Je hartnäckiger Friedrich Wilhelm sich weigerte, den Erhebungsplänen der Patriotenpartei seine Zustimmung zu geben, um so weniger war Stein gewillt, sich lange mit seinen Bedenklichkeiten aufzuhalten. Immer selbstherrlicher – zweifellos weit über den Willen des Königs hinaus – setzte er seine Rüstungs- und Kriegspolitik fort: auf eigene Faust. Die Abwesenheit des Grafen Goltz in Erfurt, dann in Berlin, gab ihm dazu die äußere Möglichkeit[15].

Die Sondierung, die Graf Götzen seit Ende August über den Kriegswillen der österreichischen Heerführer und Staatsmänner durch einen vertrauten Agenten, Major Graf Lucey, hatte anstellen lassen, war bisher wesentlich negativ verlaufen. Lucey wußte auch nichts Besseres zu melden als der Wiener Gesandte Graf Finkenstein auf dem offiziellen Wege: überall laute Kriegsrüstungen, aber noch längst keine Entschlossenheit zum Losschlagen; ein Angriff von österreichischer Seite war in absehbarer Zeit nicht zu erwarten. Stein ließ sich durch diese Nachrichten nicht entmutigen. Seit dem Abschluß des Pariser Traktates sieht man ihn mit verdoppeltem Eifer die Österreicher zum Losschlagen drängen. Eine Weisung über die andere ging an Graf Götzen ab: die Unannehmbarkeit der Pariser Bedingungen, die Entschlossenheit des Königs, sie abzulehnen, die Sympathien Kaiser Alexanders für Preußen, sein angebliches halbes Einverständnis mit der Insurrektion des Landes, die militärische Leistungsfähigkeit Preußens – das alles stellte er nicht ohne Übertreibungen dar, und Götzen in seinem Feuereifer gab es mit noch stärker gefärbter Tendenz nach Österreich weiter[16]. Der Minister war jetzt schon so weit, daß er den Willen des Monarchen durch die Gewalt der Tatsachen zu zwingen dachte. „Die Jammermenschen", schrieb er Götzen, „regen sich entsprechend den Bedürfnissen des Königs und tun alles, um alle kräftigen und tapferen Maßregeln zu lähmen. Künftig wird die Gewalt der Tatsachen sie kaltstellen, und darauf muß man sich einrichten." Man erwarte demnächst die Rückkehr des Prinzen Wilhelm; der König wolle ihm das Kriegsministerium anvertrauen – man sieht, in welcher Richtung seine Gedanken sich bewegten[17]! „Nur indem man den Geist der Nationen aufreizt und in Gärung bringt, kann man es dahin bringen, alle ihre moralischen und physischen Kräfte zu entwickeln." Graf Götzen erhielt den Auftrag, so bald als möglich 20000 gute Gewehre in Österreich zu kaufen; jeder preußische Hausbesitzer solle das Recht der Bewaffnung erhalten; Waffenmagazine zur Versorgung der Bevölkerung sollten eingerichtet werden. Die Gutsherren sollten ihre Bauern aufwiegeln, in den Städten würde man die Schützengilden zu einer Miliz großen Stiles erweitern. Den österreichischen Erzherzögen Ferdinand, Karl und Maximilian ließ Stein durch seine Agenten einen förmlichen Kriegs- und Insurrektionsplan unterbreiten – alles in der Hoffnung, als einzelner, heimlich, wider die Absichten seines Königs, den Losbruch Österreichs zu bewirken und damit zu guter Letzt Preußen doch noch in den Kriegsstrudel hineinzureißen, der Deutschland retten sollte.

Die Aufnahme dieser Eröffnungen in Österreich war mehr als kühl. Das Gewagte und Unsichere der militärischen und politischen Phantasien Götzens blieb nicht unbemerkt. Man fürchtete, durch die preußische Patriotenpartei vorzeitig kompromittiert zu werden. Gerade die Wohlwollenden und Kriegseifrigen unter den Politikern und Heerführern Österreichs, Graf Stadion, Friedrich Gentz, Erzherzog Ferdinand, warnten vor übereifrigem Drängen, das alles verderben könne. Von großartigen Plänen zur Befreiung und Neugestaltung Deutschlands, wie Graf Lucey sie vorzutragen liebte, wollte man in Wien schon gar nichts hören. Eher würden die Österreicher den Krieg in Italien führen, um dort für ihre Erzherzöge neue Throne zu begründen, als Deutschland befreien und Preußen eine Vergrößerung nördlich des Mains gönnen – meldete Lucey tief enttäuscht seinem Auftraggeber; man solle lieber in London statt in Wien unterhandeln; ohne englische Hilfe würde Preußen von dem habsburgischen Alliierten doch nur übervorteilt werden. Man sieht, wie schwer es war, das gegenseitige Mißtrauen, die alte Rivalität der beiden deutschen Vormächte zu überwinden[18]. Auch Graf Finkenstein, der preußische Gesandte in Wien, der als Gesinnungsgenosse und Mitverschworener Götzens die Unternehmungen dieser Geheimagenten unterstützte, fand sich schließlich doch veranlaßt, vor allzu eifrigem Drängen auf den Krieg zu warnen. Seine Mahnungen, deren Veranlassung dem König und dem Auswärtigen Departement gar nicht verständlich war, drohten das gefährliche Doppelspiel Steins zu kompromittieren: nur durch fortwährende Änderung der vom Departement entworfenen Erlasse nach Wien konnte der Minister den offenen Widerspruch zwischen seinen eigenen Kriegstreibereien – die Finkenstein naturgemäß für die amtliche Politik hielt – und den friedfertigen Absichten des Königs verdecken[19].

Natürlich mußte diese Doppelpolitik ein Ende nehmen, sobald Goltz nach Königsberg zurückkehrte (am 19. November)[20]. Inzwischen war aber die Stellung Steins an der Spitze der Geschäfte überhaupt unhaltbar geworden.

Der Pariser Vertrag vom 8. September enthielt einen Geheimartikel, der den König verpflichtete, alle Staatsbeamten zu entlassen, die aus einer der abgetretenen Provinzen stammten. Zweifellos war das auf Stein gemünzt, als dessen Heimat Napoleon irrig Westfalen betrachtete. Mit ausdrücklichen Worten hat der Kaiser seine Entlassung nicht gefordert[21]; Alexanders Fürsprache für den Minister hörte er, wie es scheint, nicht unfreundlich an. Aber kaum waren die Ratifikationen ausgetauscht, als er im Gespräch mit dem Minister

Goltz seinen Zorn darüber, daß Stein noch immer die Geschäfte führe, mit rückhaltloser Heftigkeit herausließ. Stein, der auf Alexanders optimistische Berichte und (seltsamerweise) auf Napoleons Ablenkung durch die spanischen Ereignisse vertraute, hat es seinem Ministerkollegen schwer verdacht, daß dieser von jetzt an seine Entlassung für unvermeidlich erklärte. Er hielt ihn, schwerlich mit Recht, für einen persönlichen Rivalen und Intriganten. Immerhin konnte er nicht anders, als auf die Goltzschen Meldungen hin sein Gesuch um Entlassung als Minister wiederholen (18. Oktober) – einstweilen ohne Erfolg, da der König die Entscheidung wiederum hinausschob. Der Organisationsplan für die obersten Staatsbehörden, den er bald darauf vorlegte, ist uns schon bekannt: sich selbst hatte er darin die halb unsichtbare Rolle des Vorsitzenden im großen Staatsrat zugedacht[22].

Indessen hatte sich der Bedrohung von außen längst eine stetig anwachsende Opposition im Innern zugesellt. Sie war ungefährlich gewesen, solange sie sich nur gegen das Oktoberedikt richtete; denn hier stimmten die Ansichten der Reformer mit denen des Königs vollkommen überein. Bedenklicher war schon der Widerspruch, den die beschleunigte und immer mehr ins Hochpolitische sich wendende Reformgesetzgebung der letzten Monate fand: die Bedrohung der Patrimonialgerichtsbarkeit, das Programm einer reichsständischen Verfassung und die Beseitigung der adligen Privilegien im Offizierskorps. Wirklich gefährlich aber wurde die Opposition erst in dem Augenblick, als sie ihre innerpolitischen Bedenken mit der Warnung vor außenpolitischen Abenteuern stützen konnte.

Den ersten Versuch dieser Art stellte, wie es scheint, ein nicht ganz durchsichtiges Manöver des Grafen Kalckreuth dar, den Gegensatz zwischen dem lebhaften Kriegseifer Steins und den friedfertigen Absichten des Königs zu einer „großangelegten" Intrige gegen ihn bei Hofe auszunützen (Anfang September); hier gelang es Stein, den die Prinzessin Marianne rechtzeitig warnte, durch kluges und energisches Auftreten den Erfolg zu verhindern[23]. Je mehr aber dann das Bekanntwerden des Unglücksbriefes seine Autorität erschütterte, um so leichteres Spiel gewannen die Intrigen seiner Gegner. Anfang Oktober setzten die Bemühungen aller möglichen Ratgeber des Königs, berufener und unberufener, ein, durch Immediateingaben und durch Bearbeitung der weiblichen Mitglieder des Hofes den Monarchen gegen seinen Minister einzunehmen.

Die weitaus unerfreulichsten dieser Eingaben kamen von der franzosenfreundlichen Adelsgruppe in Berlin. In deren Mittelpunkt stand der neue Vorsitzende der Friedensvollziehungskommission, Staatsminister von Voß. Was er dem König empfahl, war eine Politik nicht der Besonnenheit, sondern der Angst, der feigen Nachgiebigkeit. Ohne Bedenken verwendete er Geheimberichte der französischen Polizeiagenten und Spione, deren Inhalt (großenteils unsinniger Klatsch) er in vertrautem Umgang mit Daru, Bignon, Davoust, St. Hilaire und anderen Funktionären der Besatzungsarmee erfahren hatte, um dem König die Tätigkeit des Tugendbundes und der sonstigen Patriotenvereinigungen als eine gefährliche, gegen die Sicherheit des Thrones gerichtete, jakobinische Verschwörung zu denunzieren und die neuerdings geplanten politischen Reformen Steins damit in enge Verbindung zu bringen. Diese Verschwörerpartei, meldete er entsetzt und empört, predige überall Haß gegen Frankreich, Preußens neuen Verbündeten; ihre demokratischen Grundsätze widersprächen durchaus dem System der napoleonischen Regierungsverfassung[24]. Voß rief die französischen Autoritäten an, um mit ihrer Hilfe Stein zu Falle zu bringen. Es war nicht möglich, die nationale Würdelosigkeit noch weiter zu treiben.

Auf den König, der die Bestrebungen des Tugendbundes sehr viel besser kannte als Voß und ihnen damals entschieden wohlwollte, scheinen die Warnungen des alten Reaktionärs keinen sehr tiefen Eindruck gemacht zu haben – wie es denn überhaupt irrig ist, den Sturz des Ministeriums Stein als eine Folge reaktionärer Adelsopposition hinzustellen. Aber es gab noch andere Kritiker, gegen die sich der Vorwurf unpatriotischer Haltung nicht erheben ließ. Eine ausführliche Eingabe des Flügeladjutanten von Jagow wies mit einleuchtenden Argumenten darauf hin, daß die preußische Regierung unmöglich zu derselben Zeit die öffentliche Meinung gegen Frankreich aufreizen dürfe, in der sie in Erfurt mit Unterstützung des Zaren eine Milderung des Pariser Vertrages erbitte. Er zielte damit auf gewisse Publikationen der Patriotenpartei, die soeben ohne Willen und Wissen des Königs erfolgt waren[25], wandte sich aber zugleich gegen das Spiel mit dem Feuer überhaupt; dieses ganze Verschwörerwesen, im Lande betrieben durch jugendliche, unbekannte Hitzköpfe, meinte er, kann jeden Tag den Staat ins Verderben reißen. Was hilft das viele neumodische Gerede von „Energie“ und von „Ehre der Nation“, solange uns die Kräfte zur Erhebung fehlen? Wahre Energie kann jetzt nur darin bestehen, daß man unter der Maske der Freundschaft mit Frankreich die Armee neu aufbaut, das Land und die Festungen durch Vertragserfüllung vom Feinde frei macht und alle Kräfte für den künftigen Befreiungskampf sammelt. Ehe aber eine günstige Abwandlung der äußeren Verhältnisse eintritt, ist ein Volksaufstand Wahnsinn; „findet er ohne des Monarchen ausdrücklichen Willen statt, so ist es ein Majestätsverbrechen, für welches keine Bestrafung zu hart ist“. Der Schluß aus alledem war, der König müsse dem verantwortungslosen Treiben seiner höchsten Staatsdiener mit schärfster Energie entgegentreten.

Noch bedeutsamer war der Widerspruch, der sich in diesen Wochen aus dem Kreise der Reformer selbst gegen die Politik Steins erhob. Man hat ihm häufig vorgeworfen, er habe durch sein hochfahrendes und jähes Wesen die nächsten Mitarbeiter sich entfremdet. Eigentlich war es aber doch nur Altenstein, der ihm jetzt, im Moment der Krise, wirklich untreu wurde[26]. Die innenpolitischen und persönlichen Ursachen dieser Entfremdung lernten wir schon früher kennen; über den Umkreis der innenpolitischen Fragen traute Altensteins Kritik sich auch jetzt kaum hinaus. Ihre Grundgedanken sind mit der gewöhnlichen Weitschweifigkeit seiner Feder in einer Denkschrift entwickelt, die höchstwahrscheinlich zur Orientierung Hardenbergs – und durch Hardenberg des Königs – bestimmt war[27]. Die Politik Steins wird darin als radikal im Innern und im Äußern, als ebenso rücksichtslos wie unstet, als eine Politik der Verzweiflung und der genialischen Ungeduld geschildert. Statt ihrer empfiehlt Altenstein eine Politik der Mäßigung in den Mitteln, der langsamen, aber sorgfältigen Reformarbeit; eine Stellenbesetzung eher mit mittelmäßigen, aber übereinstimmenden Köpfen als umgekehrt; schonsame Behandlung der Menschen und ihrer Vorurteile. Persönliche Gekränktheit des Verfassers und echt bürokratische Ängstlichkeit gegenüber den eigentlich politischen Reformproblemen beherrschen das Ganze. Ein Regierungsprogramm von beängstigend matten und schwächlichen Grundsätzen – aber vortrefflich berechnet auf den Charakter des Königs – vor allem: nicht ohne sachlich zutreffende Kritik an gewissen Charakterzügen Steins. „Das Gefühl und die Grundsätze sind zu sehr im Streit bei ihm; er ist nicht kalt genug, nicht konsequent genug, er hat zu wenig Ausdauer." Selbst wenn man seine Politik beibehalten wollte, müßte man einen Mann von kälterem Temperament, von härteren Grundsätzen – etwa Schön – an seine Stelle setzen. Wählt man aber die Politik der goldenen Mittelstraße, so muß er gehen mitsamt seinem Anhänger Schön.

Wie der König, vor eine solche Wahl gestellt, sich entscheiden würde, war Altenstein schwerlich zweifelhaft. Es kam nur darauf an, den Monarchen möglichst wirksam zu bearbeiten. Dazu war Hardenberg, Altensteins alter Gönner, der rechte Mann. Seit Monaten hatte ihn Altenstein brieflich teilnehmen lassen an seiner Enttäuschung, seinen Bedenken gegen das Tempo der Reformarbeit. Diese Mitteilungen wurden für den Bereich der auswärtigen Politik durch seinen Schwager und Freund Nagler ergänzt. Legationsrat Nagler, eine der unerfreulichsten Kreaturen Hardenbergs im Auswärtigen Departement, gehörte zu jenen Strebernaturen niederen Grades, die im Bewußtsein ihrer eigenen Unzulänglichkeit[28] eine stets wache Betriebsamkeit in Fragen der Stellenbesetzung entfalten. Während der Abwesenheit des Ministers Goltz vermittelte er den Schriftverkehr zwischen ihm und dem Königspaar; seiner geschmeidigen Art gelang es bald, zum vertrauten Berater der Königin Luise zu werden. Es versteht sich, daß er sie im Sinne Hardenbergs, seines Gönners, beriet; der aber war entsetzt über die Steinsche Politik der Abenteuer und von vornherein überzeugt, daß ohne die sofortige Entlassung des Ministers nie ein erträgliches Verhältnis zu Frankreich sich würde begründen lassen; auch seine neuesten politischen Reformen empfand er mit Altenstein als gefährlich und radikal. So wirkten nun Hardenberg, Nagler und Altenstein zum Sturze Steins zusammen[29].

Vor allem wurde eine heimliche Zusammenkunft Hardenbergs mit dem Königspaar vermittelt – in der Nähe von Königsberg, auf freiem Felde, am 11. November, ohne Wissen Steins[30]. Die alte Zauberkraft der Persönlichkeit Hardenbergs bewährte sich aufs neue: beide Herrschaften gerieten sofort wieder in seinen Bann. Zwei Tage später übersandte er (auf Wunsch des Königs) eine ausführliche Niederschrift: darin war eine ganze Liste von Namen zur Neubesetzung der höchsten Staatsämter vorgelegt, Steins Entlassung als unvermeidlich gefordert, und zwar aus allen Staatsämtern, weil eine Beibehaltung als Geheimer Staatsrat das Mißtrauen Napoleons erst recht herausfordern müßte. Seitdem war an der Entlassung Steins kaum noch zu zweifeln – es war nur noch eine letzte Unschlüssigkeit, eine zaudernde Rücksicht auf die „Meinung der Nation", wenn der König sie bis zur Rückkehr und mündlichem Bericht des Ministers Goltz verschob.

Inzwischen hatte sich nämlich eine Art von Pressekampf für und wider Stein abgespielt. Der Minister selbst hatte ihn eröffnet durch jenen Zeitungsartikel vom 26. September, der zum erstenmal seine Reformpolitik der Öffentlichkeit im Zusammenhang darstellte. Stein wünschte, ihm sogleich eine Proklamation des Königs „an sämtliche Bewohner des preußischen Staates" nachfolgen zu lassen, die – in der warmherzigen, etwas salbungsvollen Rhetorik Süverns, ihres Verfassers – den vom Druck der Fremdherrschaft gebeugten Untertanen und „Bürgern des Reiches" das „heitere Los" der neuen Freiheit schilderte, das ihnen die wohlmeinende, väterliche Reformpolitik ihres Monarchen seit einem Jahr beschert hätte. Friedrich Wilhelm sträubte sich aber, seine Unterschrift zu geben. Zuerst, weil darin von „Freiheit des Eigentums" und von dem Recht der Bewaffnung „für jeden unbescholtenen, mit Eigentum angesessenen Mann" die Rede war (die politische Absicht dieser Wendung kennen wir schon); dann, als diese Anstöße beseitigt waren: weil es ihm bedenklich schien, sich nach dem Abschluß der Erfurter Konvention durch einen so auffallenden Schritt öffentlich zu der Politik seines Ministers zu bekennen (7. November). Stein zog daraus den richtigen Schluß, indem er sein Abschiedsgesuch nochmals wiederholte; es wurde aber wiederum (zum drittenmal!) abgewiesen, wenn auch nur in der Form eines Aufschubs der Entscheidung bis zur Rückkehr des Ministers Goltz. Man begreift, daß Stein danach doch wieder neue Hoffnung schöpfte. Sein getreuer Anhänger Professor Süvern hatte in diesen Tagen in der Königsberger Zeitung zwei Gedichte veröffentlicht, die ihn mit leidenschaftlichen Worten zum Bleiben aufforderten und als den „Ur-Granit-Stein" aller patriotischen Hoffnungen feierten; sie machten großes Aufsehen, riefen ein hämisch-kritisches Echo in der Berliner Literatenpresse hervor und wurden von der neuerdings sehr nervös gewordenen französischen Besatzung als ein weiterer Beweis für die an vielen Symptomen erkennbare gefahrdrohende Stimmung des preußischen Volkes übel vermerkt. Ein durch Schön veranlaßter Versuch des Professors Schmalz, die Steinschen Reformen dem Berliner Publikum in patriotischem Ton darzustellen, führte, obwohl er von der Zensur unterdrückt war, zur Verhaftung des Autors und zu lautem Klagegeschrei der franzosenfreundlichen Berliner Presse über das preußische Jakobinertum. Andere Anhänger Steins versuchten ganz unmittelbar die öffentliche Meinung zu seinen Gunsten in Bewegung zu setzen. In Ostpreußen veranstaltete man eine Petition (mit fast 200 Unterschriften), die den König um seine Beibehaltung bat; die Unterzeichner nannten ihren Wunsch „die Stimme des Volkes" – ein immerhin ungewöhnliches Vorgehen, das damals geradezu als revolutionär empfunden wurde: wenigstens behauptete das eine Gegenpetition[31], die von sieben Gegnern Steins aus dem ostpreußischen Adelsstande unterschrieben war. Sicher ist, daß der Hof das Hineinziehen der öffentlichen Meinung in diese hochpolitischen Fragen als schwer erträgliche Neuerung empfand; die von Stein fortdauernd betriebene Aufregung der Massen gegen Frankreich, seine reichsständischen Pläne – das alles widersprach dem tiefen Ruhebedürfnis, das den König und seine nächste Umgebung nach dem Abschluß der Kontributionsverhandlungen über alle Zukunftssorgen hinweg beherrschte.

Man konnte es kaum noch erwarten, bis die Räumung des Landes dem Hofe endlich die Rückkehr nach Berlin ermöglichen würde. Sehr merkwürdig, wie gänzlich sich die Stimmung auch der Königin gegenüber Stein wandelte! Königin Luise hatte anfangs die Erhebungspläne der Patriotenpartei unterstützt oder doch mit Sympathie begleitet; den Charakter Steins bewunderte sie – freilich mit einer Furcht, die in den letzten Monaten mehr und mehr in Abneigung überging. Im Laufe des Sommers war viel die Rede gewesen von einem Wechsel in der Erziehung des Kronprinzen. Den pedantischen, weltfremden Schulmann Delbrück wünschte Stein durch den weltläufigen Ancillon zu ersetzen; sachlich stimmte Luise ihm zu, aber die stürmische, rücksichtslose Art seines Drängens empfand sie als Kränkung: „er ist zu sehr Stein in diesem Punkte", schrieb sie der Herzensfreundin Frau von Berg: er betrachte sie, die Königin, nur als ein schwaches Weiblein; hoffentlich gelinge es, rasch mit Ancillon abzuschließen: „sonst haut mich Stein". Eine Tonart, in die Herr Delbrück natürlich kräftig mit einstimmte[32]. Wichtiger war das Erscheinen Alexanders in Königsberg; wie schon früher, so zog er auch diesmal die Königin ganz in seinen Bann. Seit seiner Rückkehr aus Erfurt war sie entschieden eingenommen für die russisch-französische Allianz. Eine Reise nach Petersburg, zu der Alexander das Königspaar eingeladen hatte, sollte ihr nicht nur eine seelische Entspannung schaffen nach all den Leiden und Demütigungen der letzten Jahre, sondern vor allem den neuen politischen Kurs Preußens vor aller Welt demonstrieren. Eben deshalb wünschte Stein sie hinauszuschieben – eine Meinungsdifferenz, die Nagler geschickt auszubeuten verstand[33]. Seit der Zusammenkunft mit Hardenberg hoffte die Königin sehnlich, recht bald wieder diesen klugen Kavalier an Stelle des steifnackigen Puritaners Stein an der Spitze der Geschäfte zu sehen. Schließlich war ihre Abneigung so gesteigert, daß auch Frau von Berg keine Vermittlung mehr wagte und die Vorstellungen der feurigsten Verehrerinnen Steins, der Prinzessin Marianne, der Gattin des Prinzen Wilhelm, und Luise Radziwills, versagten[34]. Dem französischen Konsul Clérembault gegenüber hat sich die Königin später geradezu gerühmt, Steins Entlassung durchgesetzt zu haben, und ihn gebeten, dies nach Paris weiterzumelden[35] – so tief ging jetzt ihre Erbitterung! Lag dazu noch ein besonderer, uns unbekannter Anlaß vor – etwa eine heftige Szene mit Stein? Oder eine Denunziation seiner eigenmächtigen Kriegstreibereien in Schlesien und Österreich? Ist etwa durch Nagler – oder einen anderen – der Königin etwas bekannt geworden von seinen abfälligen, ja verächtlichen Urteilen über die ewige Zauderpolitik und über die „leere, träge und platte" Persönlichkeit ihres Gemahls? Jedenfalls: daß er von dynastischer Gesinnung keinen Funken besaß, daß ihm die preußische Monarchie im Grunde nur immer ein Werkzeug bedeutete für die Befreiung Deutschlands – das konnte dem Hofe auf die Dauer unmöglich verborgen bleiben[36]. Und so traf denn Graf Goltz nach seiner Rückkehr von Berlin den Boden wohlvorbereitet an, als er dem König erneut die Notwendigkeit auseinandersetzte, seinen Ersten Minister schleunigst und vollständig aus allen Ämtern zu entfernen. Niemals werde Preußen geräumt werden, hatte man in Berlin versichert, solange Stein noch die Geschäfte führe; bei längerem Zögern werde Napoleon selbst eingreifen und damit das Schicksal des Ministers erst recht gefährden.

So erfolgte denn am 24. November endlich die Entlassung: mit gnädigen Worten, Dank und Anerkennung, unter Fortgewährung des Ministergehaltes für ein Jahr – aber vollständig und ohne Vorbehalt. Mitten im Zug seines großen Reformwerks aus den Geschäften gerissen, behielt Stein nur ein Mittel in der Hand, um die Fortsetzung seiner Politik einigermaßen zu sichern: die Einrichtung eines Staatsrates als oberster Verwaltungsbehörde, in dem die Reformer das Übergewicht haben sollten. Er hat den größten Wert darauf gelegt, daß die entscheidende Verordnung noch im Moment seiner Entlassung vom König unterzeichnet wurde – sehr zum Verdruß seines Nachfolgers Altenstein, von dessen sofort einsetzender Gegenaktion wir schon früher hörten[37]. Dank den Bemühungen Altensteins ist der Staatsrat niemals zustande gekommen. Ebensowenig gelang der Versuch Steins, seiner Partei das Übergewicht in der Neubesetzung der Ministerien und Departementsstellen zu sichern. Von den Geheimen Staatsräten, die er vorschlug, wurde nur ein Teil berufen; ihre Stellung blieb aber so beschränkt, daß ihre Beschwerden nicht abrissen und gerade die bedeutendsten, wie Humboldt und Schön, sich bald wieder zurückzogen. Weit bedenklicher noch war die Neubesetzung der von Stein bekleideten Ministerien. Daß weder Scharnhorst noch Gneisenau in diesem Augenblick seine Nachfolge übernehmen konnten, ergab sich aus der allgemeinen politischen Lage von selbst. Es war schon viel, daß Scharnhorst trotz aller möglichen Denunziationen, die jetzt gegen ihn laut wurden, sich im Vertrauen des Königs zu halten vermochte; seine förmliche Ernennung zum Kriegsminister wagte Friedrich Wilhelm nicht, aber er behielt die Leitung des Heerwesens tatsächlich in der Hand. Graf Goltz führte die auswärtigen Geschäfte weiter – ihn in diesem Augenblick zu verdrängen war unmöglich. Gegen Schön, den Stein zum Finanzminister vorschlug, erhob sich der leidenschaftliche Widerspruch Altensteins; mit Hilfe Naglers und Hardenbergs setzte dieser seine eigene Ernennung durch[38]. Für das Innere hatte Hardenberg in seiner Denkschrift vom 12. November den Kammerpräsidenten Alexander von Dohna vorgeschlagen.

Altenstein, der ihn als weichen, lenksamen Charakter kannte, hoffte neben diesem Kollegen die entscheidende Rolle zu spielen; Stein und Schön vertrauten auf Dohnas reine patriotische Gesinnung und waren deshalb mit seiner Wahl einverstanden. Freilich fehlte nun ganz der energische Reformwille im Kabinett; daß der bisherige interimistische Großkanzler Schrötter der Mann nicht war, eine selbständige Initiative zu entfalten, hatten die Erfahrungen gerade der letzten Monate gezeigt. So verfiel Stein auf den überraschenden Ausweg, seinen alten Widerpart Beyme dem König als Justizminister zu empfehlen, zweifellos in Erinnerung an dessen frühere Reformtaten, zumal in der Agrargesetzgebung. Natürlich griff der König mit tausend Freuden zu, wollte sogar zeitweise, wie es scheint, Beyme zum leitenden Minister machen. In welcher Verlegenheit aber mußte Stein sich befinden, als er sich gezwungen sah, gerade diesem Nachfolger die Sorge für den Fortgang seines Reformwerkes anzuvertrauen und in einem vertraulichen Schreiben noch besonders ans Herz zu legen[39]! Das Ergebnis war zuletzt doch eine Enttäuschung. Dem wohlgesinnten, fleißigen Beyme fehlte die staatsmännische Überlegenheit und innere Freiheit, um das Reformwerk gegen die Verschleppungstaktik Altensteins und die ewigen Bedenken Dohnas wirklich vorwärtszutreiben. So geriet das Erbe Steins in die Hände eines Ministeriums, dem die innere Einheit ebenso fehlte wie die klare äußere Organisation – in seinem Mittelpunkt ein Mann von großem Ehrgeiz, aber zweifelhaftem Charakter.

Je trüber die Zukunftsaussichten der Reformpartei sich gestalteten, um so wichtiger schien es, wenigstens in irgendeiner Form ihre innenpolitischen Ziele schriftlich zu formulieren und den Nachfolgern als eine Art Erbschaft zu übermachen. Die von Stein Anfang November vorgeschlagene Proklamation hätte eine öffentliche Festlegung der Regierung bedeutet; da sie vom König abgelehnt worden war, blieb Stein nur der Weg eines Rundschreibens an die obersten Staatsbehörden. Schön hat ihn dazu gedrängt; aus seiner Feder stammt der Entwurf jenes merkwürdigen Schriftstückes, das er als „Steins politisches Testament“ viele Jahre später, in der Zeit neuer Verfassungskämpfe, veröffentlicht und als politisches Kampfmittel verwendet hat. Sachlich, in der Aufzählung von durchgeführten, angefangenen und noch geplanten Reformen, stimmt es vollkommen mit den politischen Absichten Steins überein; die Formulierung indessen, der doktrinäre Ton des Ganzen war ihm fremd und, wie es scheint, nicht recht sympathisch. Jedenfalls zögerte er mit der Unterschrift und gab sie erst auf wiederholtes Drängen unmittelbar vor seiner Abreise von Königsberg, am 5. Dezember[40]. Als eine Überschau des ganzen Reformwerkes vom Standpunkt eines der eifrigsten Mitarbeiter bleibt das „Testament“ gleichwohl dem Nachlebenden denkwürdig.

Zugleich doch auch als letzte Amtshandlung Steins im Dienste des preußischen Staates. Das Schicksal, das ihn jetzt zum zweiten Male aus seiner Bahn stieß, bedeutete einen endgültigen Abschluß. Auf einem anderen Boden, in einer gänzlich veränderten Zeitlage wird er nach langen Jahren quälender

Einsamkeit und Spannung noch einmal zu geschichtlicher Leistung aufgerufen werden. Aber sein Leben wird dann um einen anderen Mittelpunkt kreisen als in all den Jahrzehnten, von denen unsere Biographie bisher zu erzählen hatte.

Nach den schweren Aufregungen der letzten Monate genoß Stein mit doppelt innigem Behagen das lange entbehrte Zusammensein mit seiner Familie, die ihn in Berlin erwartete. Seit jener Trennung im August 1807 hatten die beiden Gatten sich nicht mehr gesehen: immer wieder hatte die Ungewißheit über den Termin der Räumung Preußens und damit der Rückkehr des Hofes nach Berlin ihre Vereinigung aufgehalten. Ähnlich wie 1807 in Nassau fühlte Stein sich jetzt von einer schweren Bürde erleichtert – trotz aller Bitterkeit gegen seine Widersacher im Grunde doch froh, der Verantwortung für eine Politik enthoben zu sein, die seinen „Grundsätzen" widersprach: der Politik des friedlichen Stillehaltens bis auf eine bessere Zukunft. Von zorniger Ungeduld des Gestürzten, recht bald wieder zur Macht emporzukommen, hört man nicht das geringste. „Ich fühle mich sehr glücklich", schrieb er seinem Jugendfreund Grafen Reden, „durch einen Windstoß gezwungen worden zu sein, einen Nothafen zu suchen. Dürfte man nur hoffen, von hier aus den Stürmen ruhig zusehen zu können und nicht mit hin und her geschleudert zu werden[41]." Mit seinen Nachfolgern schien er trotz allen Mißerfolges in ihrer Auswahl im Augenblick nicht unzufrieden: „Sie sind, bis auf einen oder zwei, Männer von Geist und Kraft und Einsicht!"[42] Den Winter wollte er nicht wieder in Nassau zubringen, im Machtbereich des Rheinbundes und des gehaßten Franzosenkaisers, sondern in Breslau, im Kreise der Götzen, Rehdiger, Merckel, Reden und so vieler anderer Patrioten; er freute sich darauf, den Seinigen von dort aus im schlesischen Gebirge, auf den Landsitzen seiner Freunde, „den Anblick schöner Naturscenen verschaffen zu können, da solche Eindrücke sehr tief auf junge Gemüter wirken und sie erheben". Noch vor der Rückreise des Hofes nach Berlin, spätestens Ende Januar, gedachte er dorthin aufzubrechen.

Es sollte anders kommen. Das friedlich-idyllische Landleben irgendeines Privatmannes war dem Kämpfer, der soeben erst die Staatenwelt Mitteleuropas in Brand zu setzen, „Gärung und Aufregung" überallhin zu verbreiten gesucht hatte, nicht so schnell vergönnt. Am 5. Januar erhielt er durch einen ihm wohlgesinnten Diplomaten, den holländischen Gesandten von Goldberg, vertrauliche Kenntnis von einem förmlichen Ächtungsdekret, das Napoleon am 16. Dezember von Spanien aus gegen ihn erlassen hatte: „Der namens Stein, welcher Unruhen in Deutschland zu erregen sucht", wurde darin für einen Feind Frankreichs und des Rheinbundes erklärt, die Beschlagnahme seiner Güter und seine sofortige Verhaftung, wo immer französische oder rheinbündische Truppen ihn antreffen würden, angeordnet. Hals über Kopf mußte er flüchten, um den Schergen Napoleons zu entrinnen, seine Familie der Obhut vertrauter Freunde überlassen. Da kein anderer Weg ins Freie offenstand, blieb ihm nichts als die Flucht über das schlesische Gebirge nach Böhmen – in die Verbannung.

Die förmliche Kriegserklärung gegen ein einzelnes Individuum ohne amtliche Stellung ist ein höchst auffallender, den Gewohnheiten der damaligen Diplomatie durchaus zuwiderlaufender Schritt; in der Geschichte Napoleons gab es freilich schon eine Art Vorgang: die gewaltsame Entführung und Erschießung des Herzogs von Enghien. Auch diesmal hatte er seinem Minister Champagny kurzerhand befohlen: er solle den Preußen zu verstehen geben, daß die französischen Truppen, wenn sie Stein ergreifen sollten, ihn erschießen würden. Eine Brutalität, deren Eindruck Napoleon dadurch noch zu steigern wünschte, daß ein untergeordnetes Organ, der Königsberger Konsul Clérembault, beauftragt wurde, sie dem König persönlich zu übermitteln. Den französischen Diplomaten selbst erschien dieses Vorgehen so ungeheuerlich, daß sie seine strikte Ausführung zu umgehen wußten (wir werden später sehen, wie); es erinnert stark an jene mittelalterlichen Methoden des Ächtens und Vogelfrei-Erklärens, mit denen das alte Reich traditionell seine Feinde verfolgte. Napoleon hob eigentlich erst durch diesen Schritt, wie schon die Zeitgenossen empfanden, den Reichsfreiherrn zu der Rolle seines gefährlichsten Gegners – und damit zugleich des eigentlichen Vorkämpfers deutscher Freiheit gegen welsche Tyrannei – empor. Was in aller Welt hat ihn dazu veranlaßt, den machtlosen Privatmann so grausam zu verfolgen, nachdem er den Minister trotz der Entdeckung seiner Verschwörertätigkeit noch monatelang im Amt geduldet hatte, ohne seine Entfernung unzweideutig und in aller Form zu fordern?

Man hat gemeint: solange Stein noch im Amt war, mußte der Kaiser sich hüten, den Bogen zu überspannen: jeden Augenblick drohte der Aufstand in Norddeutschland aufzuflackern, während die französischen Truppen nach Spanien abzogen. Seit seine Entlassung einmal entschieden war, fielen diese Rücksichten weg; jetzt empfand Napoleon nur noch das eine Bedürfnis: die nationale Bewegung in Deutschland in Schrecken zu setzen, öffentlich vor dem „Verrat" an Frankreich zu warnen, wie er es schon bei Gelegenheit jener Briefveröffentlichung im September getan und seitdem in einem Armeebefehl vom 13. November (anläßlich der Erstürmung des aufständischen Burgos in Spanien) wiederholt hatte[43].

Das ist eine Deutung der Tatsachen, die auf den ersten Blick viel Einleuchtendes hat, zumal in dem Versuch, die anfängliche Zurückhaltung Napoleons zu erklären: vielleicht haben mäßigende Vorstellungen Champagnys hier auf den Kaiser eingewirkt. Allzu schonsam war er freilich auch so nicht verfahren; seinem Bruder Jérôme hatte er schon am 6. September befohlen, Steins Güter zu beschlagnahmen und ihn – als vermeintlich westfälischen Staatsuntertan – zur Verantwortung vorzuladen; sollte er ausbleiben, so würde man seinen Besitz konfiszieren.

Zunächst war das Ächtungsdekret also nichts weiter als eine Erneuerung dieses Befehls, in verschärfter Form, nachdem sich herausgestellt hatte, daß Steins Besitzungen gar nicht in Westfalen lagen. Aber sollte die Versicherung Champagnys an den preußischen Gesandten, man besitze „unwiderlegliche Beweise" dafür, daß Stein trotz jener früheren Bloßstellung nicht aufgehört habe, seine Aufstandspläne weiter zu verfolgen, nichts weiter gewesen sein als ein leerer Vorwand? Oder sollten diese angeblichen „Beweise" sich beschränken auf allerhand böswillige Erfindungen bezahlter Agenten und Spione, von denen Fürst Wittgenstein – in einem späteren, an Stein gerichteten Brief – viel zu erzählen wußte[44]? Tatsächlich war Napoleon gerade in den Tagen, als er sein Ächtungsdekret erließ, in den Besitz von neuen Stücken der Korrespondenz zwischen Stein und Wittgenstein gelangt, die sich recht wohl als Beweis für die Fortdauer jener Konspiration deuten ließen.

Fürst Wittgenstein hatte sich nach der Entdeckung jenes unheilvollen Briefes vom August zunächst nicht allzu besorgt gezeigt um sein eigenes Schicksal[45]. Im Bewußtsein eines nahen Vertrauensverhältnisses zu Bernadotte, dem französischen Befehlshaber in Hamburg, und zu dem dortigen französischen Gesandten Bourienne hatte er sogar in seinen Berichten den Mut zu großartig klingenden patriotischen Erbietungen gefunden: man möge unbedenklich seine Person opfern, wenn es möglich sei, damit das Ministerium Stein zu retten. Aber bald darauf verschwand diese Zuversicht, als eine lästige Polizeispionage sich seiner Korrespondenzen bemächtigte, schließlich gar (in der Nacht vom 16. zum 17. November) eine Haussuchung erfolgte und Stadtarrest über ihn verhängt wurde. Der Anlaß war sonderbar genug: die alberne Denunziation irgendeines französischen Agenten, die ihn und die uralte Oberhofmeisterin Gräfin Voß in Königsberg eines gemeinsamen Mordanschlages gegen Napoleon verdächtigte! Weil aber die Berliner französischen Militärbehörden trotz Bernadottes Einspruch diese Sache mit einem fürchterlichen Ernst behandelten, schwebte wochenlang das Damoklesschwert eines Mordprozesses, wie es schien, über seinem Haupte. Fürst Wittgenstein geriet in eine begreifliche, stetig wachsende Aufregung. Alle möglichen Fürsprecher, vor allem den König von Preußen, suchte er für seine Befreiung in Bewegung zu setzen. Kriechende Schmeichelei gegen den großen Napoleon, erbitterte Kritik seiner unfähigen Organe, maßloses Rachebedürfnis gegenüber seinen Verleumdern waren der Inhalt seiner zahlreichen Briefe. Um sich von jedem Verdacht des Einverständnisses mit den Steinschen Erhebungsplänen zu reinigen, griff er zur List: er verbat sich, in unchiffrierten Schreiben vom 14. und 23. November, die Zusendung chiffrierter Briefe Steins ohne Unterschrift, Ortsangabe und Datum und unter fremdem Siegel, weil ihn dies den französischen Behörden verdächtig machen müsse. Am 23. drohte er, künftige Schreiben dieser Art den französischen Behörden zu übergeben; er wünsche alles zu vermeiden, fügte er hinzu, „was zu dem Gedanken führen könnte, daß man sich in Königsberg mit Gegenständen beschäftigt, die von einer ganz eigenen Art sind". Eine absichtlich scharfe und absprechende Kritik der Steinschen Finanzmaßnahmen zur Aufbringung der ersten Kontributionsrate war beigefügt, am Schluß mit lauten Worten Empörung darüber geäußert, daß der Königsberger Zensor die Süvernschen Verse zum Preise Steins nicht unterdrückt habe: „Durch solche Kindereien erwacht ein Parteigeist, der unserer Monarchie schon tiefe Wunden geschlagen hat und im Ausland unmöglich Zutrauen geben kann." Dieser Brief in offener Schrift wurde auf dem Postwege über den Minister Voß in Berlin geleitet. Damit er der französischen Postüberwachung nur ja nicht entging, war er in zwei Exemplaren einem an den Minister Goltz gerichteten Schreiben vom gleichen Tage beigelegt, das die Hauptpunkte noch einmal kräftig unterstrich.

Der Absender erreichte seinen Zweck vollkommen. Beide Schreiben fielen prompt in die Hände der französischen Polizei und gingen sofort Napoleon zu, der sie am 27. Dezember im Moniteur veröffentlichen ließ[46]. Fürst Wittgenstein wurde einige Wochen darauf in Freiheit gesetzt, gegen Stein aber erließ Napoleon sein Ächtungsdekret. Daß beide Maßnahmen in engem Zusammenhang miteinander standen, vermutete der Gesandte von Brockhausen sofort, als er die Veröffentlichung im Moniteur las: er war empört über den Briefschreiber, und Wittgenstein hatte schwere Mühe, sich gegen die Vorwürfe, die in den nächsten Monaten von allen Seiten auf ihn hereinprasselten, zu wehren[47]. Stein aber hatte guten Grund, wenn er im selben Moment, wo er das Ächtungsdekret erfuhr, irgendeine Verdächtigung von dritter Seite dahinter vermutete und den König bat, den Schutz des Zaren für ihn anzurufen[48].

Er wäre verloren gewesen, hätte die französische Diplomatie die Befehle ihres Meisters prompt und rücksichtslos vollstreckt. Aber sowohl Champagny wie der neue, Preußen im Grunde freundlich gesinnte Botschafter in Berlin, Graf St. Marsan, und der Konsul Clérembault in Königsberg gehörten zu jener Gattung französischer Staatsfunktionäre, die wir schon in der Erscheinung Darus kennenlernten: die aus den Traditionen einer versunkenen besseren Zeit noch ein Empfinden dafür sich gerettet hatten, daß im politischen Verkehr der europäischen Nationen untereinander nicht immer die gewaltsamsten und rohesten Methoden die besten sind. Das Verlangen Napoleons, den „Verräter" und Kriegsverbrecher auszuliefern, verwandelte sich unter ihren Händen in die Forderung, ihn vom preußischen Boden zu verbannen und ihn festzusetzen, sobald er zurückkehren sollte. Auch dagegen erhob Graf Goltz das Bedenken: zunächst müsse der König gefragt werden, der soeben im fernen Petersburg weilte; er gewann damit wenigstens ein paar Tage Zeit, die er zu benutzen suchte, um Stein auf ganz geheimen Wegen warnen und in Sicherheit bringen zu lassen[49]. Aber seine Vorsicht war unnötig: längst ehe seine vertraulichen Mitteilungen in Berlin ankamen, hatte St. Marsan selbst auf noch viel heimlichere Weise, durch seinen Kollegen von Goldberg, jene Mitteilung an Stein gelangen lassen, die ihn zur Flucht veranlaßte, und es ist nicht ohne Humor, das Komödienspiel zu verfolgen, das nunmehr französische und preußische Diplomaten voreinander aufführten, um sich gegenseitig der loyalen Ausführung der Befehle Napoleons zu versichern.

Für den, um dessen Lebensschicksal es dabei ging, war das Ganze freilich bitterer Ernst. Als er in einer sternklaren Winternacht über das schlesische Gebirge der böhmischen Grenze zueilte, kam ihm eine Predigt Schleiermachers in den Sinn, die er soeben am Neujahrstag mit seiner Gattin gelesen hatte: „Über das, was der Mensch zu fürchten habe, und was nicht zu fürchten sei." „Eine solche Nacht", schrieb er ihr bald darauf, „und solche Umgebungen geben der Seele eine Stimmung, die alles Menschliche, und sei es noch so kolossalisch scheinend, auf seinen wahren Wert zu bringen bereit ist." Die Zukunft lag vollkommen dunkel vor ihm; nicht einmal seine äußere Existenz war jetzt mehr gesichert. Aber getrost, mit einem vertieften Gottvertrauen schritt er in den neuen Abschnitt seines Lebensweges hinein.

Dreizehntes Kapitel

Im Exil: Zuschauer der großen Politik 1809–1812

I. Asyl in Österreich. Deutsche Erhebung des Jahres 1809

Es verstand sich beinahe von selbst, daß der aus Preußen verbannte Reichsfreiherr den Boden Österreichs als rettendes Asyl aufsuchte. England und Schweden waren praktisch unerreichbar; nach Rußland hätte er nur über französische Garnisonen, auf dem nächsten Weg nur über Königsberg gelangen können. Immerhin: für den äußersten Notfall erbat und erhielt er, durch Vermittlung des preußischen Monarchen, die Zusage gastfreundlicher Aufnahme beim Zaren Alexander. Und er tat gut daran. Österreichs Schicksal in dem bevorstehenden Krieg war ungewiß; und Kaiser Franz war nichts weniger als erbaut davon, daß Fremde von so bedeutender politischer Vergangenheit sich in seinem Lande sammelten; welche politischen Ungelegenheiten konnten der Hofburg daraus erwachsen!

Eben deshalb wurde ihm auch sein Wunsch, in Prag den Winter zubringen zu dürfen, abgeschlagen und er einstweilen in das abgelegene Brünn verwiesen, wo er sich, nach persönlicher Weisung des Kaisers, „bescheiden zu betragen" hatte, bei Drohung der sofortigen Ausweisung aus den habsburgischen Erbstaaten. Ein Glück, daß die Gönner Steins im österreichischen Ministerium, Graf O'Donell, ein Göttinger Studienfreund, und Philipp Stadion, der Minister des Auswärtigen, diese Weisung des kleinlichsten aller Tyrannen in wohlwollende Phrasen zu kleiden verstanden! Von der ebenso zudringlichen wie furchtsamen Polizeispionage, die den gestürzten Minister auf Schritt und Tritt umgab, keine seiner Korrespondenzen uneröffnet ließ [1], seine Dienerschaft bestach und seine Tischunterhaltungen belauschte, scheint er keine Ahnung gehabt zu haben – sonst hätte er sich schwerlich so dankbar und lobend über den Staat der Habsburger ausgesprochen. Tatsächlich beschränkte er sich in Österreich streng auf die Rolle des Zuschauers der großen Politik – freilich eines leidenschaftlich interessierten, der in Momenten großer Krisen auch wohl mit Denkschriften auf die leitenden Staatsmänner einzuwirken suchte; aber die „zudringlich-lästige und zwecklos-tätige Rolle" der französischen Emigranten von ehedem zu spielen war er zu stolz, und ein starkes Ruhebedürfnis ließ ihn in der ersten Zeit die aufgezwungene Muße eher als wohltätig empfinden – um so mehr, als Gattin und Kinder ihm bald in die Verbannung gefolgt waren und das Zusammensein mit ihnen die Brünner Einsamkeit wesentlich erleichterte.

Die österreichische Regierung aber tat nichts, um die Fähigkeiten des Fremdlings für ihre Zwecke nutzbar zu machen[2] – auch dann nicht, als ihr der Krieg mit Napoleon die äußere Möglichkeit dazu gab. Graf Stadion deckte ihn zwar ritterlich gegen die Verleumdungen „affiliierter Literaten in Berlin“, die ihn der Wiener Polizei eiligst als Geheimbündler und Revolutionär denunzierten; aber unheimlich blieb der Feuerkopf im Grunde auch ihm, und höchstens als Verbindungsmann zur schlesischen Patriotenpartei – wenn man diese eines Tages aufrufen müßte – dachte er ihn zu gebrauchen.

Über drei Jahre hat diese Verbannung gedauert – über drei Jahre erzwungener Muße in der Stille österreichischer Provinzstädte: trotz aller Stimmungen von Müdigkeit, Alter und Resignation doch eine fast unerträglich lange Spanne Lebens für einen im Grunde so rüstigen, so ganz auf gemeinnützige Tätigkeit gespannten Geist. Die Verbindung mit den alten Freunden und Werkgenossen in Preußen riß niemals ab; man suchte ihn auf, man korrespondierte, man sandte mündliche Botenberichte – aber je länger je mehr schwand die Hoffnung, ihn je für Preußen zurückzugewinnen. Das Ministerium Altenstein-Dohna löste sich auf, eine neue Regierung unter Hardenberg als Staatskanzler trat zusammen und warb um Steins moralische Unterstützung; der Kreis der alten Mitarbeiter verlief sich, neue Männer traten an die Stelle – mehr und mehr verlor der Verbannte die lebendige Anschauung von dem Gang der inneren Staatsverwaltung in Preußen, die Fühlung mit den leitenden Männern und ihren Gegnern. Das preußische Wesen, zumal das ostelbische, wurde ihm rasch wieder fremd; dafür trat die österreichische Verwaltung, mit ihren Vorzügen wie mit ihren Schwächen, alle Tage vor seine Augen und beschäftigte ihn lebhaft[3]. Die alten süddeutschen Sympathien des Reichsritters wurden in ihm wach. Vor allem: die Fragen der inneren Politik verblaßten in ihrer Wichtigkeit neben den alles beherrschenden Lebensfragen der Nation und Europas. Wiederherstellung Deutschlands in alter Kraft, Einheit und Größe und Wiederherstellung des „schönen Bundes freier Nationen“, wie er vor der großen Revolution bestanden hatte, beruhend auf dem Gleichgewicht der Kräfte – das wurde jetzt der eigentliche Inhalt seines Hoffens und Wünschens.

Gleich zu Anfang seines Brünner Aufenthaltes würden seine Hoffnungen aufs höchste gesteigert durch den – solange vergeblich erwarteten! – Ausbruch des Krieges zwischen Napoleon und Österreich. Mit Begeisterung schilderte er seinen preußischen Freunden die patriotische Gesinnung des österreichischen Volkes. Seine Zweifel an der Tatkraft der Führer, den die lahmen Operationen Erzherzog Karls in Bayern zu bestätigen schienen, machten neuer Zuversicht Platz, als Napoleon bei Aspern die erste wirkliche Niederlage im Felde erlitt. Alles kam jetzt darauf an, daß Preußen rechtzeitig zu Hilfe eilte; aber Stein kannte die Natur Friedrich Wilhelms: ohne äußeren Zwang würde man ihn nicht zum Handeln bringen, und so hoffte der Verbannte wenigstens zeitweise auf eine große, spontane Volkserhebung, die den König mitreißen sollte. Seinen Vertrauten Grafen Götzen feuerte er an, von Schlesien aus diese Erhebung in Gang zu bringen. In den vom Feinde besetzten schlesischen Festungen sollte man die Insurrektion ausbrechen lassen, noch ehe der Krieg erklärt wäre – durch Verbreitung von Flugschriften, „in jedem Dorf durch Prozessionen, Predigten, Scheibenschießen, in jeder Schule durch gymnastische Übungen usw. den Haß gegen die Franzosen und den Abscheu gegen ihre Herrschaft erregen. Diese verruchte Nation muß der öffentlichen Meinung unterliegen – wenn man diese recht aufreizt".

Man sieht: der ungestüme Kampfeseifer des Vorjahres hatte sich durch die bitteren Erfahrungen seither nur noch gesteigert. Es ist jetzt eine Zeit, schrieb er seinem Freunde Graf Reden, wie die des Dreißigjährigen Krieges. Es hat keinen Sinn mehr, sich viel mit Verbesserungsplänen der inneren Verwaltung und Förderung des öffentlichen Wohlstandes abzugeben; jetzt gilt nur noch der Spruch: „Wer Gott vertraut, brav um sich haut, dem muß es stets gelingen." „Soll die Sache der Selbständigkeit und Unabhängigkeit fallen, welchen Wert hat noch das Leben?" Wie das Leben des einzelnen, so wird auch das Schicksal der Staaten gleichgültig in solchem Kampf um die Idee der Freiheit: „Denn überhaupt ist jetzt nicht mehr die Rede von Erhalten, sondern von ehrenvoll Fallen, und von der Vermeidung der Schmach, die das System der Knechtschaft und Lüge verbreitet." Losgelöst vom preußischen Boden, schien der Verbannte jede Spur von preußischer Staatsgesinnung zu verlieren. Gneisenaus Absicht, den preußischen Staatsdienst zu verlassen und auf österreichischem Boden eine deutsche Legion zu errichten, hatte er schon im März lebhaft gebilligt. Als dann in den nächsten Monaten Preußen nach längerem Schwanken zuletzt doch neutral blieb, brach er in hemmungslosen Zorn aus: „Preußen wird unbedauert und ohne Nachruhm untergehen, und man wird es für ein Glück halten, daß eine Macht, die durch ihren Ehrgeiz anfangs Europa erschüttert, nachher durch ihr Tripotieren beunruhigt, die keine Pflicht weder gegen sich noch gegen den europäischen Staatenbund erfüllt hat, zu sein aufhöre." Nach den militärischen Aussichten eines Krieges darf der Idealist in diesem Augenblick gar nicht erst fragen. „Alles, was das Gute und Edle liebt, muß sich unter die österreichischen Fahnen sammeln und an dem Todeskampf teilnehmen; liegt er unter,

Macht und Güter gehört der Erde
Er ist ein Fremdling, er wandert aus
Und sucht ein unvergänglich Haus."

Österreichs Krieg endete nach der Niederlage von Wagram rasch mit einem Waffenstillstand. Aber der Tiroler Aufstand ging weiter, und Ende Juli hörte Stein von gutem Erfolg der Verhandlungen Wiens mit London: demnächst sollte eine Landung englischer Truppen an der Nordseeküste erfolgen. Die Nachricht erregte ihn tief in der Erwartung, daß nun von Nordwestdeutschland aus der große Befreiungskampf beginnen würde. Zum erstenmal trat er unaufgefordert mit Ratschlägen an die österreichische Regierung heran.

Sie gehören in den Zusammenhang jener ersten, noch sehr abenteuerlichen Aufstandspläne deutscher Patrioten, in denen sich der Haß gegen den Tyrannen Europas sogleich beim Beginn des österreichischen Krieges entladen hatte: der Unternehmungen Schills, Dörnbergs, des Herzogs von Braunschweig, nicht zuletzt der Tiroler[4]. Als Freikorpsführer schlug Stein jetzt den Prinzen Wilhelm von Oranien vor, einen Schwager des Königs von Preußen, der schon im Frühjahr zwischen Königsberg und der Hofburg vermittelt hatte, als Friedrich Wilhelm vorübergehend zum Anschluß an Österreich neigte. Er hatte nicht nur seine Statthalterschaft in den Niederlanden, sondern auch sein Entschädigungsland, die Fürstabtei Fulda, verloren, galt als einer der erbittertsten Feinde Frankreichs und war jüngst erst aus der preußischen Armee zur österreichischen übergetreten. Aber sein Unternehmen sollte nach den Vorschlägen Steins viel großartiger aufgezogen werden als die Putsche der andern Freikorpsführer: allein 42000 Mann Linientruppen und eine noch größere Landmiliz sollte er zur Verfügung erhalten und den Engländern zuführen. An seiner Seite wollte Stein selbst die Verwaltung der zu befreienden Länder übernehmen.

Der Plan, den er dafür entwickelte, gehört mit seiner Mischung revolutionärer und legitimistischer Züge zu den merkwürdigsten Produkten seiner Feder. Bemerkenswert ist zunächst, mit welcher Verachtung und Empörung er sich über die deutschen Kleinfürsten, vor allem natürlich über die Rheinbundfürsten äußert, die im Dienste Napoleons gegen Österreich gefochten hatten. In ihrem Sklavensinn, schreibt er, haben sie sich zu Vögten der verhöhnten, erdrückten, ausgesogenen Nation brauchen lassen, „nur um ihre hinfällige Existenz und ihre erbettelte Macht zu erhalten“; überdies haben sie wider alles Recht und Herkommen ihre „Mitstände“ (die Reichsritter!) unterdrückt. „Man wird sie daher alle entweder vorläufig entfernen oder an einem sicheren Ort sammeln und in strenge Aufsicht nehmen müssen, da man dann ihr Land in ihrem Namen verwaltet, bis man im Stande sein wird, eine dauerhafte Ordnung der Dinge zu berücksichtigen[5].“

Aber auch der Glaube an Preußens nationale Mission erscheint in den Plänen Steins tief erschüttert. Sie enthalten kein Wort von preußischer Teilnahme am Befreiungskampf. „Von Königsberg erwarte ich nichts“, schrieb er damals tief resigniert an Gentz. So denkt er an die Gründung eines „deutschen Bundes“ unter dem Schutz des „deutschen Kaisers“ – und als solcher erscheint wie selbstverständlich der Habsburg-Lothringer Franz! Dieser Bund soll zunächst aus den Depossedierten bestehen (Kurhessen, Hannover, Braunschweig, Oranien-Fulda), soll sich aber erweitern lassen durch Beitritt von Rheinbundfürsten, die (auf Einladung) „zur Ehre und Treue zurückzukehren“ bereit sind[6]. Die ehemals preußischen Provinzen links der Elbe werden unter Bundesverwaltung gestellt[7]. Diese soll ein „Bundesrat“ führen, dessen innere Organisation an die früheren preußischen Staatsratspläne Steins erinnert. Der Bundesrat soll aber nicht bloß Verwaltungsbehörde sein, sondern – als Hauptaufgabe! – einen Volksaufstand anfachen, ja erzwingen, und zwar mit geradezu diktatorischer

Gewalt: Er soll kurzweg die allgemeine Volksbewaffnung und die Vernichtung der Franzosen, „sie erscheinen einzeln oder in Massen", befehlen, bei Strafe des Todes und Ehrverlustes für die Säumigen. Insbesondere den Adel empfiehlt Stein mit solchen Strafandrohungen zu persönlichem Erscheinen bei der Volksbewaffnung zu zwingen. Alle Präfekten und Unterpräfekten der bisherigen französisch-deutschen Regierungen möchte er als Geiseln arretieren, die geheimen Patriotenverbände und Tugendvereine „als Werkzeuge der provisorischen Verwaltung, als Aufsichtsanstalt gegen Egoisten, Furchtsame, Verräter in Bewegung setzen". In der Armee der Aufständischen herrscht „Wahl der Offiziere, Gottesdienst und Religiosität, freies Spiel der Kraft, durch möglichste Vereinfachung der Formen". Sie wird eine gemeindeutsche Armee sein: ihre Fahnen zeigen „den Huth der Freyheit über zerbrochenen Fesseln, die Namen der Befreyer der Nation: Hermann, Heinrich I., Otto I., Wilhelm von Oranien! ›Tod und Verderben Napoleon Buonaparte‹ als Sinnspruch, die Farben des Heeres Schwarz und Gelb; das alte kaiserliche Wappen".

Alles in allem: eine an romantischen Erinnerungen sich nährende revolutionäre Phantasie! Ein Regiment des Terrors nach dem Vorbild des französischen Nationalkonvents – aber sorgsam bemüht, die Grundlagen des alten Reichsrechts wiederherzustellen, die Maßregeln der Gewalt „in Übereinstimmung zu bringen mit der Verfassung und dem Gefühl der Deutschen für Gesetzlichkeit und Rechtlichkeit". Die öffentliche Meinung, die „Nation", auf deren Ehrgefühl, Lebensrecht und Freiheitswillen Stein sich beruft, muß er sich erst noch erziehen [8]. Eine „Umbildung der Munizipal- und Communalverfassungen" im Gebiet des „deutschen Bundes" soll das wichtigste Mittel dazu bilden. Die politische Gesinnung des norddeutschen Adels und der handeltreibenden Klasse, des wohlhabenden Bürgertums, betrachtet Stein mit lebhaftem Mißtrauen, den „Mietlingsgeist" der öffentlichen Beamten wie immer mit leidenschaftlicher Verachtung: „bringt man diese Klassen nicht durch Reizmittel in Bewegung, so werden sie untätig bleiben und durch das Beispiel schaden". So setzt er denn im Grunde alle Hoffnung auf das Kleinbürgertum (den „Mittelstand") und die Bauern: „sie hängen fest und treu an Deutschland, ihrem alten Landesherrn und dem alten Zustand der Dinge". Wiederherstellung des alten Zustandes der Dinge – das erscheint als die nächste und dringendste Aufgabe der Stunde, dringender noch als alle Reform. Eben darum empfindet Stein die lebhaftesten Sympathien mit dem volkstümlich reaktionären Bauernaufstand der Tiroler; dessen „herrlichen Geist" möchte er „durch Tyrolsche Volksanführer in Innerösterreich und den hohen Schweizergebirgen verbreiten". Für ihn selber freilich erhebt sich die Aufgabe des Befreiungskampfes weit über die nationale und über die eigentlich politische Sphäre hinaus in das Gebiet des Moralischen, ja des Religiösen. Napoleon, der Tyrann Europas, erscheint ihm jetzt als die Inkarnation des Bösen schlechthin: „das tiefe Dunkel, in das sich die schwarze Seele einhüllt, gleich Satan in der Messiade, läßt nichts als verderbliche, verruchte Ratschläge erwarten". Der Kampf gegen ihn gilt dem „Feind der Menschheit und der Deutschheit", der Zerstörung eines „Gewebes von roher Gewalt, von Niederträchtigkeit und Feigheit"; alle „Gutgesinnten" betrachten ihn ohne weiteres als sittliche Pflicht. „Kämpfend zu fallen", nicht eine politische Existenz kümmerlich zu erhalten, ist jetzt das einzige Ziel, das noch lohnt.

Losgelöst von aller Bindung an irgendeinen konkreten Staat, vermochte der Verbannte seinem idealistischen Glauben an eine schönere deutsche Zukunft ausschließlicher und unbedingter zu leben als irgendeiner der handelnden Staatsmänner. Und dieser Glaube half ihm zuletzt auch über die furchtbare Enttäuschung hinweg, als Österreichs Widerstand zusammenbrach, der Prinz von Oranien, von Wien aus gelenkt, seinen Ratschlägen vorsichtig auswich, Graf Stadion sie nur mit höflichen Redensarten erwiderte und England seine kriegerische Expedition nicht nach Norddeutschland, sondern – kurzsichtig genug – an die Schelde unternahm. Österreich erlitt eine neue tiefe Demütigung; immerhin blieb es als Großmacht bestehen, von Napoleon selbst als solche durch seine Ehe mit der Kaisertochter Marie Luise anerkannt. Viel mehr aber als solche Augenblickseindrücke tröstete Stein der feste Glaube, den er in den Jahren der Verbannung wieder und wieder geäußert hat[9]: es sei undenkbar, daß die Herrschaft des Bösen von Dauer sein könne – sie gründe sich nur auf Gewalt und Eigennutz, sie stehe „im Widerspruch mit der öffentlichen Meinung, mit der Vernunft, sowohl mit denen eigennützigsten als mit den edelsten Gefühlen des Menschen, mit dem Gefühl für Recht und Wahrheit und Freiheit" – sie werde notwendig über kurz oder lang ihre eigene Auflösung herbeiführen. Der ganze moralische und Vernunftoptimismus des 18. Jahrhunderts spricht aus diesen zuversichtlichen Worten: die Macht des Bösen in der Welt ist dem vereinigten Widerstand der Gutgesinnten zuletzt doch nicht gewachsen. Die Einsicht Machiavellis, daß Satan nur mit seinen eigenen Waffen geschlagen werden könne – ein Gedanke, zu dem sich Stein doch selbst in der Aufregung des Sommers 1808 durch seine militärischen Freunde hatte fortreißen lassen! – tritt eine Zeitlang wieder zurück.

Für Steins persönliche Verhältnisse brachte der Friedensschluß mit Frankreich eine Wendung zum Besseren. Während des Krieges hatte er Brünn, das die Heere Napoleons bedrohten, verlassen und war nach Troppau geflüchtet. Sein Gesuch, nunmehr nach Prag übersiedeln zu dürfen, wurde zwar zunächst abgeschlagen – Metternichs ängstliche Vorsicht stand ihm im Wege[10] –, aber dann doch im Frühjahr 1810, als die Freundschaft Österreichs mit Frankreich sich einigermaßen befestigt hatte, bewilligt. Seit Juni 1810 wurde Prag der dauernde Wohnsitz des Verbannten – eine wesentlich interessantere Umgebung als das abgelegene Brünn, reicher auch an Bildungsgelegenheiten für die Töchter Steins. Sein Bekanntenkreis hatte sich schon in Brünn und Troppau um einige interessante Persönlichkeiten wie die Gräfin Lanskoronska und den korsischen Flüchtling Pozzo di Borgo erweitert; jetzt traten weitere Exulanten, teilweise von fürstlichem Rang, Mitglieder des böhmischen und deutsch-österreichischen Adels, durchreisende Staatsmänner (darunter Wilhelm von Humboldt) und

Prager Gelehrte hinzu. Trotz aller Zurückgezogenheit seiner Lebensweise gewann Stein doch bald intime Eindrücke von den politischen und sozialen Verhältnissen Österreichs und seiner Verwaltung; trotz aller Kritik am Frieden von Schönbrunn, an dem „widernatürlichen“ Ehebündnis Marie Luises und an mancherlei hergebrachten Mängeln der österreichisch-ungarischen Staatsverfassung empfand er doch lebhafte Sympathien für den Habsburgerstaat und seine Bewohner. Das österreichische Bildungswesen schien freilich äußerst rückständig, die kleinliche Enge der Zensur, der Druck des Polizeiregiments überhaupt unerträglich; dringend empfahl er liberale Reformen – ohne doch eigentlich in Pressefragen selbst ein Liberaler zu sein, da er der „öffentlichen Meinung“ stets in der Haltung des Erziehers, nicht des Dieners gegenüberstand. Aber sein heißer Wunsch war, daß der Kaiserstaat sich auf seine nationaldeutsche Mission besinnen möchte. Dazu gehörte, daß er durch Verbesserung seines Bildungswesens, liberalere Handhabung der Zensur, Belohnung ausgezeichneter Gelehrter, „besonders solcher, die für die gute Sache schreiben“, Gewinnung „öffentlicher literarischer Blätter“ und ähnliche Mittel die öffentliche Meinung in Deutschland für sich eroberte; denn auf den ruhigen, beschaulichen, von politischer Betätigung ausgeschlossenen, durch öffentliche Lehranstalten wissenschaftlich erzogenen und daher leselustigen Deutschen „wirkt Schriftstellerei mehr als auf andere Nationen“. Daß die habsburgische Monarchie unter Metternichs Leitung soeben im Begriff war, sich ganz von den nationalen und populären Ideen des Jahres 1809 abzuwenden, hat er nicht sogleich bemerkt.

II. Geschichtliche und wirtschaftstheoretische Studien 1809–1812

Die erzwungene Untätigkeit des Prager Aufenthalts benutzte Stein zu einem ausgedehnten Studium wissenschaftlicher Werke[11], von dem sich gewisse Spuren erhalten haben: Auszüge, kritische Glossen, Skizzen, eigene Einfälle, vor allem sehr merkwürdige Versuche zu einer Geschichtsdarstellung der deutschen Geschichte und des Revolutionszeitalters, der eigenen Zeit[12]. Es wäre verfehlt, wollte man versuchen, die politischen Ansichten Steins aus solchen Fragmenten theoretischer Erörterung statt aus den Dokumenten seines praktischen Handelns zu erschließen. Aber als Zeugnisse eines gewissen Richtungswandels, den sein politisch-historisches Interesse in diesen Jahren stiller Beobachtung, fern von den Geschäften erlitt, sind sie allerdings reizvoll und wichtig genug.

Es ist vor allem der pädagogische Grundzug des Steinschen Denkens, der aus ihnen überraschend stark und einseitig hervortritt. In der Lektüre Adam Smiths hebt er vor allem die Stellen heraus, die den engen Zusammenhang von geordneter Staatswirtschaft, starker Wehrmacht und Nationalreichtum aufzeigen[13]; am wichtigsten sind ihm dabei die Sätze, in denen Smith anerkennt, das System des Freihandels und der liberalen Wirtschaftspolitik überhaupt eigne sich in strenger Konsequenz nur für wirtschaftlich voll entwickelte Staaten. Er selbst unterstreicht mit Nachdruck die Pflicht der Regierung eines wirtschaftlich rückständigen Landes, durch „Leiten, Unterrichten, Aufmuntern, durch Gesetze, Belohnungen, Lehranstalten, Geldvorschüsse, Reisen" fördernd und erzieherisch in die freie Privatwirtschaft einzugreifen. Ja, er macht den seltsamen Versuch, die merkantilistische Theorie der Handelsbilanz mit den Smithschen Prinzipien des Freihandels harmonisierend in Einklang zu bringen, um damit das Recht des Staatsmannes zu künstlicher Vermehrung der Produktion seines Landes (durch handelspolitische Maßnahmen) zu begründen [14]. Gegen Adam Smith verteidigt er das Recht der Fideikommisse: ihre Nachteile wirken sich nur dort aus, wo es sich, wie im Osten, um landwirtschaftliche Großbetriebe handelt; die westdeutschen Rentengüter-Komplexe (wie die Steinschen Güter am Rhein), die sich aus lauter mittleren und kleinen Pachtbetrieben zusammensetzen, stehen dem ungebundenen Agrarbesitz keineswegs nach. Übrigens entziehen die Fideikommisse nur einen geringen Teil der Bodenfläche dem freien Verkehr. Was an ihnen wirklich schädlich ist, hat das Oktoberedikt (das sie durch Familienbeschluß auflösbar machte) beseitigt. Nützlich aber sind sie zur „Erhaltung des Glanzes der adligen Familien"; und da aller echte, alte Adel auf „Grundeigentum, Rittergeist und Stolz" gegründet ist, so ist ihre Beibehaltung ein moralisches und politisches Bedürfnis. Ähnlich läßt sich ein moralisch-pädagogischer Grund für die Beibehaltung der Zünfte und Innungen anführen: „die Aufrechterhaltung einer gewissen Bürgerehre [15]". Materieller Vorteil darf überhaupt nicht das oberste Prinzip der Staatskunst sein: „Streben nach Reichtum ist Streben nach dem Besitz der Befriedigungsmittel vorzüglich der sinnlichen Bedürfnisse – dies Streben kann alle edleren Gefühle unterdrücken."

Wesentlich moralischer und nationalpädagogischer Art sind auch die Anklagen gegen Napoleons Gewaltregiment, die man in diesen Aufzeichnungen findet. Der Despot zerstört alles Ehrgefühl, weil er keine Selbständigkeit duldet. „Seine Getreuen sind nur stolz auf ihren blinden Gehorsam, sie entsagen jedem edleren menschlichen gerechten Gefühl" – „Verschlossenheit, Mißtrauen, Habsucht, rauhe Sitten haben die Stelle von offenem Frohsinn und Liberalität eingenommen". Es ist die alte, an der Lektüre Montesquieus genährte Überzeugung von der Verderblichkeit absolutistischer Regierungsformen, die Stein sich jetzt aus der Betrachtung des napoleonischen Regierungssystems neu bestätigt. Mit kantischer Wendung spricht er vom Unrecht des Despoten, der „die Menschen als Werkzeuge, nicht als Zwecke behandelt", mit Herder beklagt er die Entwürdigung des menschlichen Geistes, dem die Denkfreiheit geraubt ist. Die Wirtschaft, die Sittlichkeit und die öffentlichen Bildungsanstalten der europäischen Völker liegen in dieser Epoche ewig „zweckloser" Eroberungskriege gleichmäßig darnieder. „Die gänzliche Abwesenheit leitender moralischer Grundsätze und Gefühle" in der Politik Napoleons, die Folge „einer seltenen ursprünglichen Entmenschung", hat eine allgemeine moralische Verwilderung zur Folge, und aus dieser Quelle fließt zuletzt „das große Elend, das sich über Europa verbreitet hat". Nun ist aber die Erscheinung Napoleons nur zu verstehen als ein Produkt der großen Revolution, diese wiederum als eine echte Ausgeburt des französischen Volksgeistes – und so häuft denn der Moralist seine Schmähungen wider die Nation der Franzosen: „In keiner Geschichte findet man eine solche Unsittlichkeit, einen solchen moralischen Schmutz als in der französischen – nirgends stellt sich dieses deutlicher und überzeugender als in der Geschichte der Revolution dar, deren Gang gleich eine lasterhafte Richtung nahm, sobald die Schwäche der Regierung kund wurde und die Nation ihren Charakter ohne Scheu vor Strafe zeigen konnte." Eine eigene Darstellung der französischen Geschichte, gipfelnd in einer ausführlichen Erzählung der Revolutionsepoche, sucht diesen Satz zu erhärten. Nur einzelne hervorragende Geister, „welche Religiosität oder Rittergeist geläutert und veredelt hatten", von Gottfried von Bouillon bis auf Coligny, Rohan und Fénelon, werden von diesem allgemeinen Verdammungsurteil ausgenommen.

Es ist aber doch nicht bloß der Moralist, der in diesen Geschichtsbetrachtungen zu Worte kommt. Auch nicht bloß der Erzieher, der ein Lehrbuch für seine Töchter schreiben wollte und dadurch wohl verleitet wurde, zuweilen die Prägnanz seiner Urteile ins Grelle, eindringlich Didaktische zu steigern. Dahinter steckt der Sohn des 18. Jahrhunderts, dem die wohlgeordnete, nach nüchterner Staatsräson und Grundsätzen des Gleichgewichts ihre Machtverhältnisse abwägende Staatenwelt der alten Kabinette fast wie ein verlorenes Paradies erscheint. Fr. Gentz, mit dem Stein Anfang 1809 in Prag auch persönlich viel verkehrte, wird ihn in dieser Ansicht lebhaft bestärkt haben[16]. Es ist geradezu der Kerngedanke der „französischen Geschichte" Steins: zu zeigen, wie gegen das Hegemoniestreben der französischen Macht durch alle Jahrhunderte der neueren Geschichte zuletzt doch immer „das System des Gleichgewichts der europäischen Staaten nach rechtlichem Besitzstand" sich erhielt oder wiederherstellte, auf dem die Blüte der europäischen Kulturentwicklung beruhte. Erst die Revolution, die Ausgeburt eines gleichsam aus den Fugen geratenen, rein destruktiven „Zeitgeistes", eines Staatsdenkens, das blindlings alle ehrwürdigen politischen Traditionen verleugnete, hat diesen schönen, die Unabhängigkeit seiner Glieder verbürgenden „Staatenbund" vernichtet, unermeßliches Elend über Europa heraufgeführt und die offen proklamierte Gewalt an die Stelle der Rechtsidee gesetzt. Indem eine „leichtsinnige unmoralische Nation" statt gesunder Reform einen radikalen Neubau aufzurichten unternahm, verwandelte sie ganz Europa in ein ungeheures Trümmerfeld.

Schon früher hatte Stein den ruhigen, biederen, rechtlichen Sinn der Deutschen im Gegensatz zu dem unmoralischen Leichtsinn der Franzosen gepriesen. Jetzt vertieft er sich gründlicher in Betrachtungen über das Wesen der deutschen Nation und über die Unterschiede der Nationalcharaktere überhaupt. Darin liegt das entscheidend Neue seiner Aufzeichnungen während der Verbannungsjahre. Die große, stürmische, rings um ihn her erwachende Nationalbewegung hat auch ihn ergriffen. „Weltbürger" im Sinn der unpolitischen deutschen Bildungswelt des 18. Jahrhunderts war er ja freilich nie gewesen; von Hause aus, mit dem Ursprünglichsten seines politischen Ideenbesitzes, sahen wir ihn, den Reichsritter, verwurzelt in den Traditionen des alten Reiches. Aber erst jetzt scheint er sich seines Gegensatzes zu jenen Kosmopoliten so recht bewußt zu werden. Aus Herders „Ideen" zeichnet er sich den Satz auf: „Das verschwammte Herz eines Cosmopoliten ist eine Hütte für niemand." Er will nichts wissen von einer Universalmonarchie, wie so viele deutsche Gelehrte und Schriftsteller sie jetzt von Napoleon erhoffen. Selbst wenn sie „ewigen Frieden und ruhige Entwicklung der menschlichen Kräfte" bringen sollte, wäre sie doch zu verwerfen. „Der Zustand der Ruhe ist der Entwicklung des menschlichen Geschlechtes nachteilig" – „die Kräfte werden nicht mehr gereizt durch das Streben nach Nationalehre, nach Selbständigkeit, durch ihren Kampf im Krieg, in Unterhandlungen, durch das Reiben der Meinungen, so aus der Vielseitigkeit der Ansichten und der Mannigfaltigkeit der Richtungen der menschlichen Tätigkeit entstehen". Die Geschichte der altrömischen Universalmonarchie zeigt, zu welcher trostlosen Erstarrung menschlicher Geisteskräfte ein solcher Zustand führen kann. Und hat die deutsche Nation wirklich Ursache, sich ihren welschen Beherrschern unterlegen zu fühlen? Gewiß: ihr fehlt die klare nationale Bestimmtheit der Kraftäußerungen, die in allen Zweigen französischer Kultur hervortritt. Aber den Mangel an geschlossener Form und an Leichtigkeit der Bildung ersetzt der Deutsche durch ungleich tieferen Gehalt, durch innere Kraft und Beharrlichkeit. Deutschland darf sich stärkerer und tieferer Denker rühmen als Frankreich: eines Leibniz, Luther, Kepler, Kant; das alte Reich hat gegen Franzosen und Türken sich immer tapfer und zähe behauptet; den Deutschen verdankt der Norden Europas seine Kultur; bürgerliche Freiheit hat im deutschen Korporationswesen sich dauernd erhalten; Sittlichkeit und Religion waren bei uns nie so gefährdet wie in Frankreich schon im 16. Jahrhundert. Unsere politische Schwäche beruht auf zwei Ursachen: auf der Zersplitterung des deutschen Staatslebens und auf der Herrschaft der Bürokratie, die den Deutschen von allen öffentlichen Angelegenheiten zurückdrängt und dadurch im Handeln lähmt, zur Spekulation, zur übermäßigen Beschäftigung mit „metaphysischen" Fragen verdammt – statt ihn durch zweckmäßige Einrichtungen zu Gemeingeist und Kraftgefühl zu erziehen.

Man sieht: einer Versenkung in das romantische Mittelalter bedarf es für Stein durchaus nicht, um sich für deutsches Wesen zu begeistern. Sein Nationalempfinden hat mit ästhetischen Empfindungen viel weniger zu tun als mit gutbürgerlicher Moral; es ist kein schwelgerisches Genießen volklicher Besonderheit in den Erscheinungen deutscher Kultur, sondern ein ganz ursprüngliches Verbundensein mit den altdeutschen Traditionen in Staat, Recht, Sitte, zugleich ein schlichter, naiver Stolz auf die Heldenreihe des deutschen Geistes. Im Briefwechsel mit romantisch gestimmten Frauen, wie der Prinzessin Marianne, stimmt er gelegentlich – entgegenkommend – mit ein in deren schwärmerisches Lob der Ritterzeit: „Diese frommen, treuen, für Religion, kriegerische Ehre und Liebe beseelten Menschen, wie vermag man die zu vergleichen mit den kleinlichen, frivolen, zusammengeschrumpften, genußliebenden Egoisten unseres Zeitalters?" Ja, er empfiehlt seiner Verehrerin Chateaubriands „Génie du christianisme" als eine erbauliche Lektüre und rühmt den „verständigen, besonnenen, bescheidenen Geist" in Schlegels Vorlesungen über neuere Geschichte – aber doch nur deshalb, weil hier die Macht des Gottesglaubens in den frommen Gemütern unserer Vorfahren so treffend geschildert, die Leerheit des menschlichen Wissens, die Vortrefflichkeit des Christentums so eindrucksvoll dargestellt wird. Von kritikloser Bewunderung des Mittelalters und seiner geistlich-weltlichen Universalmonarchie ist nirgends bei ihm die Rede: das 12. und 13. Jahrhundert, die eigentliche Blütezeit der mittelalterlichen Kultur, nennt er einmal kurzweg „Zeiten der Unwissenheit und des Aberglaubens", eines lähmenden Geistesdruckes, und gedenkt mit uneingeschränkter Bewunderung der Heroen des Reformationszeitalters, „denen wir Geistesfreiheit, Wiederaufleben der Wissenschaften, Nationalreichtum, den europäischen Staatenbund und die ganze Blüte der neueren Kultur verdanken". Vollends das politische Restaurationsprogramm der Romantik, die feudalistische Staatslehre eines Adam Müller lehnt er energisch ab: das „preciös-lächerliche und metaphysische Kauderwelsch" dieses Afterpolitikers weckt seine helle Empörung.

Ebensowenig ist er geneigt, mit resignierter Flucht in die Vergangenheit sich von der Tagespolitik zurückzuziehen. Große Männer, Zeitgeist und zufällige Ereignisse sind nach seiner Meinung die drei bewegenden Faktoren der Weltgeschichte. Obgleich es nun heutzutage an großen Männern fehlt, braucht man darum noch lange nicht untätig auf glückliche Zufälle im Wandel der großen Politik zu warten; vielmehr gilt es, „den Zeitgeist zweckmäßig vorzubereiten, zu leiten" – „die Gemüter zu stählen, zu stärken, indem man kräftige und edle Grundsätze aufrechterhält – der Genußliebe, der Trägheit, der Unheiligkeit oder Gleichgültigkeit gegen Meinungen und Grundsätze entgegenwirkt", insbesondere „der Neigung der Gewerbetreibenden und gelehrten Stände zu unkriegerischen Gesinnungen, zum Losreißen vom Staat, und in allen das Pflichtgefühl, für den Staat sein Leben hinzugeben, belebt". Und allenthalben sieht er schon die Elemente der Empörung wider die Tyrannei des Weltherrschers sich sammeln: die unterdrückten Nationen werden auf die Dauer seine Herrschaft sich nicht gefallen lassen: „diese Staaten werden nach Unabhängigkeit und nach einem Leben nach ihren eigentümlichen Zwecken streben. Die Meinung bekämpft siegreich die Gewalt."

Schon erhebt sich vor den Augen des Reichsritters in ersten, blassen Umrissen das Bild eines neu geeinigten Deutschlands der Zukunft. Ein einheitlicher deutscher Nationalstaat nach dem Muster der westeuropäischen erscheint als das Ideal: „Die Auflösung Deutschlands in viele kleine ohnmächtige Staaten hat dem Charakter der Nation das Gefühl von Würde und Selbständigkeit genommen, das bei großen Nationen Macht und Unabhängigkeit erzeugt, und hierdurch das Eindringen fremder Sitten erleichtert; es hat ihre Tätigkeit abgeleitet von den größeren Nationalinteressen auf kleinere örtliche und staatsrechtliche Verhältnisse, es hat Titelsucht und das elende Treiben der Eitelkeit, Absichtlichkeit, Ränke durch die Vervielfältigung der kleinen Höfe vermehrt." Es hat den Deutschen schwerere öffentliche Lasten gebracht, als in den großen europäischen Monarchien gefordert wurden. „Das Wohltätige der Verwaltung kleiner Staaten, die genauere Rücksicht auf örtliche und Provinzialverhältnisse, hätte können durch zweckmäßige Einrichtungen von ständischen Provinzial- und Municipalverfassungen erreicht werden, denen unter Aufsicht von Provinzial-Staatsbeamten die Leitung der Provinzialgeschäfte überlassen worden wäre." Das Ideal einer deutschen Nationalverfassung im Sinne Steins ist also das eines einheitlich regierten Gesamtstaates mit provinzialer Selbstverwaltung[17]! „Wollte man auch einen Bund kleiner Fürstentümer beibehalten, so müßte ihnen doch die Teilnahme an der Leitung der äußeren Verhältnisse, des öffentlichen Einkommens und der Verteidigungsanstalten entzogen werden. Sie würden nur die übrigen Verwaltungszweige behalten, und diese nach den Beschlüssen des Reichstags oder nach Selbstbestimmung ausüben." Das Ius eundi in partes der alten Reichsstände müßte selbstverständlich verschwinden, die Leitung des Auswärtigen und Krieges dem Oberhaupt des Bundes zustehen, jedoch „mit Zuziehung des Bundestages". Den Bundestag scheint Stein sich nicht anders vorstellen zu können als eine Fürstenversammlung des alten Reiches: er findet es immerhin bedenklich, daß „auf ihm die erblichen Vorsteher der Staaten persönlich erscheinen müssen und es schwierig ist, ihre persönliche Unfähigkeit zu ersetzen". Die gewaltige Schwierigkeit, einen unitarischen Bundesstaat aus monarchisch verfaßten Einzelstaaten zu organisieren, scheint ihm jetzt schon klar zu sein.

Alles das ist durchsetzt mit Betrachtungen über die geschichtlichen Ursachen des frühen Verfalls der deutschen Kaiser- und Königsmacht im Vergleich mit den so viel glücklicheren westlichen Monarchien. Unmittelbar aus dem Studium der Verfassungsgeschichte des alten Reiches, nicht auf dem Umweg über theoretische Spekulationen, erwuchs dem Reichsritter sein Programm einer schöneren deutschen Zukunft.

III. Hardenbergs Finanzplan von 1810

Wie weit unser Reichsritter in diesen Jahren noch entfernt blieb von den restaurativen Bestrebungen der politischen Romantik, zeigt am deutlichsten seine Stellungnahme zum Kampf Hardenbergs mit seinen innenpolitischen Gegnern – die einzige Gelegenheit, die sich ihm während der Verbannungsjahre darbot, aktiv in die Politik einzugreifen.

Das Ministerium Altenstein-Dohna, dessen Unfähigkeit und Passivität Stein mit wachsendem Ingrimm beobachtete, hatte bereits im Frühjahr 1810 abgewirtschaftet. Außerstande, die von Napoleon geforderte Kontributionssumme zu beschaffen, wußte Altenstein keinen anderen Ausweg mehr, als zur freiwilligen Abtretung preußischer Gebietsteile zu raten; darüber fiel er in Ungnade, die Hardenberg, unterstützt von dem intriganten Fürsten Wittgenstein, geschickt auszunützen verstand, um sich selbst wieder zur Macht emporzubringen. Die Mittel, die er anwandte, um seine ehemaligen Günstlinge Altenstein und Nagler zu Fall zu bringen, trugen durchaus den Charakter einer politischen Intrige. Der Finanzreformplan, den er vorlegte, griff zwar kühner durch als der von Altenstein entworfene, litt aber an sehr bedenklichen technischen Mängeln – von den schwindelhaften Finanzprojekten seines Alliierten, des Fürsten Wittgenstein, gar nicht erst zu reden[18]! An die Stelle des wohlgesinnten, aber praktisch hilflosen Bürokraten drängte sich der elegante, zuversichtliche, aber unsolide Projektenmacher. Beides: das rücksichtslose Machtstreben des Politikers wie das leichtsinnige Plänemachen des finanzpolitischen Dilettanten, erweckte die sittliche Empörung Niebuhrs, den Hardenberg als Ratgeber und Ministerkollegen für das Finanzfach zu gewinnen suchte. Er legte eine vernichtende (im einzelnen freilich übertreibende und rein negative) Kritik des neuen Finanzplans vor, verweigerte jede Mitwirkung, sogar jeden ausführlichen Gegenvorschlag, warnte vielmehr den König in einer Immediateingabe dringend vor seinem neuen Minister und nahm seinen Abschied als Geheimer Staatsrat im Finanzministerium. Ähnlich verhielt sich Schön, den Hardenberg nach Niebuhrs Ablehnung zum Minister machen wollte: starrer Systematiker wie immer, konnte er zu dem „ideenlosen Flickwerk" der Hardenbergschen Reformpläne durchaus kein Herz fassen, scheute auch die Mediatstellung, die der neue Staatskanzler seinen Ministerkollegen zu geben dachte. Die Vorgesetztenrolle, die er dem Puritaner Stein neidlos gegönnt hatte, wollte er – trotz aller politischen Freundschaft – dem leichtfertigen Lebemann und politischen Opportunisten Hardenberg nicht zugestehen und zog sich auf die provinziellen Verwaltungsgeschäfte zurück, die er seit dem Vorjahr als Regierungspräsident in Gumbinnen versah.

Es ist nicht leicht, über diese Zurückhaltung der bedeutendsten Köpfe im Reformerkreis zu einem gerechten Urteil zu kommen. Man wird vermuten dürfen, daß Hardenberg durch ihre Mitarbeit zu manchen Verbesserungen seines Reformwerkes hätte gedrängt werden können; wahrscheinlich waren sie allzusehr geneigt, in ihm nur den aalglatten Opportunisten zu sehen und den positiven Wert seines schaffensfreudigen Optimismus und seiner taktischen Gewandtheit zu unterschätzen. Aber freilich: in kritischen Momenten war auf ihn kein Verlaß. Starken Widerständen würde er, das ließ sich voraussehen, immer ausweichen. Dem Egoismus der Adelsklasse hat sein Finanzplan sogleich die dringendste aller Finanzreformen, die Einkommensteuer, geopfert. So war es nicht nur persönlicher Ehrgeiz (der allerdings stark mitsprach), sondern zugleich patriotisches Verantwortungsbewußtsein, was Niebuhr und Schön zu ihrer Weigerung bestimmte.

Stein war über ihr Verhalten schlechthin empört. Unverhüllt warf er Schön Pflichtvergessenheit und Eigensinn vor; Niebuhr nannte er wegen seines Versuchs, den König vor Hardenberg zu warnen, einen „honnête criminel“; andern gegenüber sprach er von „verfeinertem Egoismus“ der beiden Opponenten, „übergossen mit einer Sauce hochtönender precieuser Phrasen“. Ihm selbst erschien die Berufung Hardenbergs als wahre Erlösung, als der Anfang einer neuen Epoche: endlich durfte er auf eine Wiederaufnahme und Fortsetzung seines Reformwerks hoffen! Ohne die tiefgreifenden Unterschiede der politischen Gesinnung zu durchschauen, die ihn von dem Staatskanzler trennten – erst viel später hat er sie erkannt und sich darüber mit bitteren, ja leidenschaftlichen Worten geäußert! –, sah er in Hardenberg noch immer den Mitkämpfer von 1806, den Freund und Helfer des großen Reformwerkes von 1807/08. Von der entscheidenden Mitwirkung dieses Freundes an seinem Sturz im November 1808 hat er offenbar nichts geahnt. Was Sack über die allgemeinen Reformpläne des Ministers mitteilte, klang höchst erfreulich. Vollends dadurch gewann ihn Hardenberg für sich, daß er ihn förmlich ins Vertrauen zog und ihm seine Finanzpläne zur Begutachtung übersandte[19]. Stein war mit ihren Einzelheiten nicht durchweg einverstanden. Vor allem vermißte er die Ausdehnung der altpreußischen Einkommensteuer auf den ganzen Staat und tadelte die unterschiedslose Übernahme aller Provinzialkriegsschulden, auch der von den märkischen Ständen leichtsinnig kontrahierten, auf den Staat. Es waren das die beiden Punkte, an denen das Hardenbergsche Finanzprogramm am weitesten den egoistischen Wünschen des ungebärdigen märkischen Junkertums entgegenkam. Anderseits war Stein weit davon entfernt, wie Niebuhr die Pläne Hardenbergs als Ganzes unbrauchbar zu finden. Ihm gefiel sogar der großzügige Versuch, mit rasch durchgreifenden Mitteln der Finanzkalamität Preußens ein für allemal ein Ende zu machen und dazu weder einen Umbau des Steuersystems noch die Ausgabe neuen Papiergelds zu scheuen. Sogar eine gewisse Inflation der Preise im Gefolge der neuen Geldschöpfung war er bereit in Kauf zu nehmen, sofern sie in mäßigen Grenzen gehalten wurde, und er warf seinen früheren Gehilfen allzu große Ängstlichkeit vor. „Habt ihr andere Mittel“, schrieb er an Schön, „bei Krebs und Brand als Schnitt, Schierling und Höllenstein, so sagte sie, wollt ihr aber mit Froschlaichpflaster heilen?“[20] Mit Hardenberg war auch er der Meinung, es sei allerhöchste Zeit, der preußischen Politik durch rasche Erledigung der Kontributionsaffäre die Arme wieder freizumachen.

Mit seinen einzelnen Vorschlägen zur Verbesserung der Hardenbergschen Pläne (insbesondere des zunächst recht unklaren Projekts einer ständisch kontrollierten, staatlichen Nationalbank), brauchen wir uns hier nicht zu beschäftigen[21]. Sie sind nur teilweise, wie es scheint, durch die Einwände Schöns und Niebuhrs mitbestimmt und bestätigen den bedeutenden Ruf, den Stein allgemein als erfahrener Finanzpraktiker genoß.

Seine Niederschrift diente ihm als Vorbereitung zu einer mündlichen Aussprache, zu der Hardenberg in großer Heimlichkeit (jedoch mit Einverständnis des Königs) am 14. September mit ihm an der böhmisch-schlesischen Grenze, in dem Örtchen Hermsdorf, zusammentraf. Über ihren Verlauf wissen wir nichts Näheres. Es scheint jedoch, daß die persönliche Anziehungskraft des großen Diplomaten auch diesmal ihren oft bewährten Zauber ausübte; für selbstbewußte, zuversichtlich-stolze Persönlichkeiten hatte Stein von jeher besondere Sympathien – wie er umgekehrt gegen unterwürfige, bescheidene, innerlich unsichere Naturen leicht ungerecht werden konnte. Seit dem Tage von Hermsdorf sieht man ihn erst recht bestrebt, die Politik Hardenbergs gegen ihre Angreifer zu verteidigen; brieflich hat er ihm später noch mehrfach seine politischen Sympathien bezeugt. In der Tat kann man es nachträglich nur bedauern, daß die Zusammenarbeit der beiden Reformminister nicht gründlicher und von längerer Dauer sein durfte: in gewissem Sinn waren sie wie geschaffen, sich mit ihren Vorzügen und Mängeln gegenseitig zu ergänzen. Allzu hoch wird man gleichwohl das Ergebnis der Hermsdorfer Unterredung nicht einschätzen dürfen. Was der Staatskanzler suchte, war gewiß auch ernsthafte sachliche Beratung, zumal in den Finanzfragen; aber vor allem wünschte er sich doch die moralische Unterstützung Steins zu sichern. Von dessen praktischen Vorschlägen zur Finanzreform hat er keinen einzigen ausgeführt, obgleich er seine eigenen Pläne so gründlich umgestaltete (teilweise im Sinne Schöns und Niebuhrs), daß von ihren Grundgedanken so gut wie nichts erhalten blieb, unter anderem auch die Papiergeldemission gänzlich unterblieb. Gewiß war es schon ein Großes, daß der Staatskanzler überhaupt den Mut fand, mitten in schwerster außenpolitischer Bedrängnis und wirtschaftlicher Notlage gegen eine starke Adelsopposition das große organisatorische Reformwerk Steins wieder aufzunehmen und teilweise fortzuführen. Aber wieviel er dabei den taktischen Schwierigkeiten des Augenblicks opferte, wie stark überhaupt seine politische Tendenz von der Richtung Steins abwich und sich dem Vorbild der napoleonischen Verfassungen näherte, haben wir schon früher gesehen. Merkwürdig genug, daß Stein diese Abweichung nicht sogleich erkannt, insbesondere den bürokratischen Grundzug der Hardenbergschen Politik, wie es scheint, zunächst gar nicht als Gegensatz zu seiner eigenen politischen Tendenz empfunden hat!

Einige der großen, von Hardenberg geplanten organisatorischen Reformen kamen schon in dem Schriftwechsel des Sommers 1810 mit Stein zur Sprache: so die Ausdehnung der Akzise auf das platte Land, die allgemeine Aufhebung des Gewerbezwangs, die Fortsetzung der Bauernbefreiung, die Einrichtung eines Staatsrats und anderes mehr. Von den Äußerungen Steins über diese Fragen haben wir das Wichtigste schon früher gelegentlich erörtert[22]. An dieser Stelle interessiert uns noch mehr, wie er sich zu der politischen Kernfrage der Hardenbergschen Reform, zur Auseinandersetzung des Staatskanzlers mit den Wünschen des altständischen Adels, stellte.

Wir hörten schon, daß Hardenberg der „Opinion", das heißt dem Widerstand der adligen Stände, die allgemeine Einkommensteuer zu opfern bereit war. Stein war anderer Ansicht. „Auf die Opinion", schrieb er, „ist im Preußischen wenig Rücksicht zu nehmen. Hier herrscht ein tief eingewurzelter Egoismus, halbe Bildung, Ungebundenheit vereinigt mit der nordischen Gemütlosigkeit und Roheit. Diese verwilderte öffentliche Meinung muß durch ernsthafte Strafmittel berichtigt und nicht durch Schonung und Nachgiebigkeit noch mehr irre geleitet werden." Ein Ausbruch, der unmittelbar veranlaßt war durch die Berichte seines Freundes Sack, des märkischen Oberpräsidenten, über die Klassenselbstsucht, die soeben in den Verhandlungen der kurmärkischen Stände über ein provinziales Einkommensteuergesetz und früher schon bei der Beratung der Gemeinde- und Kreisordnung zutage getreten war. Aber Steins Ratschläge nahmen jetzt überhaupt eine stark absolutistische Färbung an: „Widersetzlichkeit, Gleichgiltigkeit gegen das Wohl des Ganzen, Frechheit im Reden und Schreiben, grober Egoismus hat alle Stände, besonders die Beamten und den Adel ergriffen, und Zucht und Gehorsam kann nur durch ernsthafte Maßregeln wiederhergestellt werden." Er riet deshalb geradezu, die „bedeutendsten Individuen" aus Adel und Beamtenschaft scharf überwachen zu lassen, widerspenstige, reaktionär gesinnte, freche, tadelsüchtige Beamte kurzerhand abzusetzen, Verhaftungen, Verbannungen nach kleinen Orten als Strafmittel anzuwenden, gegen „alle Versuche der Umgebungen des Königs, um dem Vorsteher des Staates zu schaden" mit rücksichtslosen Strafen einzuschreiten – Hardenberg müsse „die vom Kardinal von Richelieu befolgten Maximen, eine verwilderte ungehorsame ränkesüchtige Nation zu beherrschen, befolgen". In diesem Zusammenhang war es, daß er auch die Beschränkung des Adelsstandes auf die größeren Gutserben, die Beseitigung „der großen Menge armen, güterlosen oder verschuldeten Adels" durch Entziehung des Adelsprädikates als drakonische Erziehungsmaßnahme empfahl. Die gänzliche Auflösung der kurmärkischen ständischen Verfassung (durch Säkularisierung der protestantischen geistlichen Stifter und Aufhebung des ständischen Kreditwesens) würde die Opposition der märkischen Junkerklasse brechen; durch politische Leitung der Literatur, Einwirkung auf die Schriftsteller, Erneuerung des Schulwesens im Sinne Pestalozzis sollte die Regierung die „Nation" umzubilden suchen, das „Leben in der Idee" befördern, das „Reich der Wahrheit und des Rechts aufrecht erhalten", sich selber eine starke Partei im Volke verschaffen.

Nationalpädagogische Gedanken von einer erstaunlichen Einseitigkeit! Hardenberg war eben damals bereit, seine Reformen durch „consultative", zunächst vom König zu ernennende „Nationalrepräsentanten" beraten zu lassen, denen er alljährlich „den Zustand des Staates und der Finanzen" vorlegen wollte. Steins Denkschrift vom 12./13. September läßt wenigstens an einer Stelle erkennen, daß auch er an diesem seinem politisch wichtigsten Reformgedanken festhält – aber nur mit dem einen Wort: „Nationalrepräsentation"[23]. Im übrigen scheint der ständische Verfassungsgedanke jetzt gänzlich zurückzutreten hinter dem pädagogischen Bemühen: da es mit Güte nicht gehen will, da die versöhnlich gemeinte Anhörung der Stände nur Tadelsucht, Egoismus und Frechheit hervorruft, bleibt als einziges Erziehungsmittel strenge Bestrafung.

Hinter dem altständisch gesinnten „westfälischen" Reformer wird plötzlich der im friderizianischen Verwaltungsdienst aufgewachsene Bürokrat sichtbar, mit allen patriarchalischen Vorstellungen von Volksbeglückung, wie sie im alten Staat selbstverständlich gewesen waren. An seiner grundsätzlich ständefreundlichen Einstellung hielt er auch jetzt noch fest. Aber er wollte, wie es scheint, die „Nation" nicht eher zur Mitwirkung an der allgemeinen Gesetzgebung berufen wissen, als bis sie reif genug wäre, die heilsamen Absichten ihrer leitenden Staatsmänner verständnisvoll und mit echtem „Gemeingeist" aufzunehmen.

Vorläufig hatte es bis dahin gute Weile. Die Erfahrungen, die Hardenberg mit den von ihm berufenen Notabeln in der Beratung seiner neuen Steuer- und Agrarreformgesetze machte, waren nichts weniger als ermutigend. Ein ganzer Strom von Klagen, Beschwerden, Äußerungen von Unzufriedenheit über die neuen Steuerlasten, über die Beseitigung oder Nichtbeachtung altständischer und provinzieller Privilegien, über die Neuerungssucht des Kanzlers und seiner Gehilfen überhaupt wälzte sich bis an die Stufen des Thrones. Nur mühsam behauptete sich der leitende Minister gegen die erbitterte Adelsopposition; Gewaltmittel im Stile Richelieus, wie Stein sie empfohlen hatte, erwiesen sich als undurchführbar und blieben ohne Wirkung. Mit wachsender Bitterkeit beobachtete Stein das alles aus seinem Exil. Daß Hardenberg diesen Mißerfolg zum guten Teil selbst verschuldete, durch Leichtfertigkeit, Unordnung, Willkür seiner Geschäftsführung, durch grobes Ungeschick in der Behandlung der von ihm berufenen Vertrauensmänner, schien er nicht zu bemerken[24]. Die innere Unmöglichkeit eines Regierungssystems, das absolutistisch-patriarchalische Herrschaftsformen des alten Preußen, modernes Polizeiregiment im Stil der napoleonischen Staaten, dazu ein wenig altständische und modern-konstitutionelle Verfassungsreformen miteinander vereinigen wollte, blieb ihm verborgen. Daß die preußischen Junker, die man zur Beratung der Agrar- und Steuerreform berief, mit dem verschüchterten Bürgertum der napoleonischen Repräsentativkörper nicht zu vergleichen waren, daß sie sich nun einmal nicht zu gefügigen Werkzeugen des leitenden Ministers und seiner Reformabsichten eigneten, beurteilte er nicht als eine politische, sondern als eine moralische Tatsache. Er war über ihre Haltung schlechthin empört. Und sicherlich gab es Anlaß mehr als genug, sich über adlige Klassenselbstsucht zu entrüsten. Aber die Folgerung, die Sack aus alledem zog: daß hier mit halben Maßnahmen nicht zu helfen sei, daß nur ein radikaler Neubau des Ständewesens und ein ehrliches Werben um das Vertrauen der Nation helfen könne, hat er nicht gezogen – weil ihm seine moralisch-pädagogischen Vorurteile im Wege standen. Statt dessen schalt er mit echt süddeutscher Grobheit über die norddeutsche Menschenrasse: „Was kann man erwarten von den Einwohnern dieser sandigen Steppen, diesen pfiffigen, herzlosen, hölzernen, halbgebildeten Menschen – die doch eigentlich nur zu

Corporals und Calculators gemacht sind" und denen ein „freudloses Hinstarren auf den kraftlosen Boden" jeden seelischen Aufschwung lähmt? Einen Marwitz und seine Anhänger nannte er „dünkelvolle, egoistische Halbwisser – einen Haufen bösartiger oder dummer Schreier, welche die durch Notwendigkeit gebotenen Opfer nicht tragen wollen". Der „dünkelvolle Bücherwurm" Niebuhr wurde mit seinen Anklagen gegen Hardenberg schroff zurückgewiesen. Auf Gneisenaus sehr zutreffende Bemerkung, daß konstitutionelle Beratungen zur Zeit nur dann einen Sinn hätten, wenn große, leuchtende Ziele der Nation vor Augen gestellt würden, um sie dadurch mitzureißen, erwiderte Stein bloß mit der Mahnung, alle Gutgesinnten müßten sich jetzt aufs engste an Hardenberg anschließen: trotz aller seiner Mängel sei er die letzte Hoffnung der Reformpartei[25]. Um so eifriger aber griff er ein bitteres Urteil über die Preußen auf, das Gneisenau in seiner Verzweiflung und Ungeduld hatte fallenlassen: „Mit Schande werden wir untergehen; denn wir dürfen es uns nicht verhehlen: die Nation ist so schlecht als ihr Regiment." Wie leidenschaftlich hatte Stein früher den preußischen Monarchen angeklagt, er und seine unfähigen Berater hätten das Volk ins Verderben geführt! Was für heroische Taten hatte er nicht noch im Sommer 1809 von der norddeutschen Bevölkerung erwartet! Wie fest hatte er darauf gebaut, durch die patriotische Begeisterung der Massen den zögernden König in den Kampf wider Napoleon fortzureißen! Jetzt wollte er von Anklagen gegen Friedrich Wilhelm und von kritischer Nörgelei an den Taten seines Ministers nichts mehr hören. Jetzt sollte die preußische Nation als Ganzes, nicht der König, die Katastrophe von 1806 verschuldet haben: ihre Friedenssehnsucht während der Koalitionskriege, ihr „erbärmliches Betragen" im Kriege 1806 habe eine tatkräftige Politik der Regierung unmöglich gemacht: „Alles was hierauf folgte ist ihre Schuld – des klage ich sie an und des beschuldigen sie Zeitgenossen und Nachwelt." Über Friedrich Wilhelm, den er jetzt „verehrungswürdig und edel" nannte, urteilte er dagegen auffallend milde. Man könne sich nicht enthalten, ihn zu lieben, meinte er, wegen seiner religiösen Sittlichkeit, seiner reinen Liebe zum Guten, seines wohlwollenden Charakters, der freilich für eiserne Zeiten nicht gemacht sei. „Das Verhältnis zwischen den Kräften des Regenten und seinem Berufe entschuldigt nie eine Nation: edle, hochherzige Nationen hatten auch unter schwachen Regenten glänzende Epochen." Das war seine Antwort auf ein hartes Verdammungsurteil Gneisenaus, der ihm eben damals tief verbittert schrieb: „Der König steht noch immer neben dem Thron, worauf er nie gesessen hat, und ist immer noch Recensent desselben und derer, die auf dessen Stufen stehen. An dieser Individualität wird ewig jeder Gehilfe scheitern, der, Staatsmann im höheren Sinn, erhabene Anordnungen zu machen gedenkt." So hatte Stein ehemals selbst das ganze Leben dieses Monarchen einen „verfehlten Zweck" genannt. Im Gebiet der moralischen Urteile gibt es nicht viele andere Farben als Schwarz und Weiß.

Je länger je mehr drohte Stein in seiner erzwungenen Einsamkeit und Untätigkeit die Nerven zu verlieren. Wenn Hardenberg etwa fiel und damit die preußische Reformbewegung endgültig erlosch, wenn die Männer der Reaktion, die erklärten Anhänger Frankreichs oder doch des Friedens um jeden Preis siegten, wenn der spanische Aufstand langsam ausbrannte (was Stein bis spätestens Herbst 1811 erwartete) –, welche Hoffnung blieb dann noch für die Zukunft? Eine unerträglich schwüle Spannung lagerte seit Ende 1810 über ganz Europa. Die große Endabrechnung zwischen Napoleon und dem Zaren bereitete sich vor. Der Aufenthalt in Österreich wurde für Stein unsicher, falls etwa auch der Habsburger sich dem Unternehmen gegen Rußland anschloß. Wo sollte er dann mit seiner Familie bleiben? Seine Sorgen wuchsen, und mit ihnen die Gedanken an das Ende und die letzten Dinge. Freunde und Verwandte starben ihm damals zahlreich hinweg; die Stimmung des Alterns und der Vereinsamung schlug nicht selten in Lebensüberdruß und Todeswünsche um. Religiöse Gedanken, früher nur selten und nie in unmittelbar christlichen Wendungen ausgesprochen, kehren in den Briefen der Exiljahre immer häufiger wieder. Frommer, kindlicher Sinn, wie ihn die Vorfahren besaßen, erschien ihm jetzt als „einzige Weisheit und höchste Wahrheit", sein Untergang als die eigentliche Sünde der neuen Zeit. Das fromme Gefühl als Kern aller Religiosität wurde ihm immer wichtiger; es überschattete weit die Unterschiede der Konfessionen. Als Lektüre für den Religionsunterricht seiner Töchter bestimmte er 1812 außer Lavater, Gellert und Fénelon auch das Leben des Franz von Sales und der hl. Therese[26] – alles Bücher, „die auf das Herz würken".

Sah er sich in der Welt um, so fand er überall auf dem europäischen Festland „Druck, rohe Gewalt oder Erbärmlichkeit und allmähliches Auflösen". „Überhaupt ist das jetzige Geschlecht verweichlicht, . . . unfähig auszuharren - es verdient nichts anderes als zertreten zu werden – hol es der Teufel, daß man nur unter dem Hundezeug leben muß[27]!" Konnte man dieser Umgebung nicht entfliehen? „Wäre ich doch jünger, so ginge ich nach Cadix und suchte einem halben Dutzend Franzosen die Hälse abzuschneiden, um mich nur mit mir und dem Schicksal zu versöhnen", hatte er schon früher an Freund Reden geschrieben[28]. Später dachte er an England als Asyl und suchte seinen Bekannten, den hannoverischen Minister Graf Münster, dafür zu interessieren; selbst Amerika erschien ihm nicht zu weit. Aber schon die Existenz seiner Familie machte solche Pläne zu Luftschlössern. Wie ließ sich nur ihre Zukunft sicherstellen? Dem Reichsfreiherrn und Großgrundbesitzer war es ebenso ungewohnt wie unheimlich, seit der Ächtung und Beschlagnahme seiner Güter allein auf die Pensionszahlungen des preußischen Königs angewiesen zu sein. Sollte das ein Dauerzustand werden? Sollte er dadurch in seiner politischen Bewegungsfreiheit gehemmt, für immer an den Aufenthaltsort seiner Angehörigen gefesselt sein? Schon einmal hatte die Pensionszahlung vorübergehend gestockt[29]. Würde der König von Preußen in der Lage sein, sie dauernd weiter zu leisten? Seit der Einverleibung Hollands, der Hansestädte, des Kirchenstaates in Frankreich und dem Zerfall des russisch-französischen Bündnisses von Tilsit hielt Stein das Schicksal der preußischen Monarchie für äußerst gefährdet. Waren doch nicht einmal die Brüder Napoleons, die Könige von Spanien und Italien vor willkürlicher Absetzung sicher[30]! Mit einer beinahe ängstlichen Hast suchte Stein sich jetzt einen zuverlässigen neuen Besitz zu sichern: durch seine Berliner Freunde und unmittelbar beim Staatskanzler betrieb er eifrig die Ablösung seiner Pensionsansprüche durch eine Kapitalabfindung, mit deren Hilfe er eine Domäne oder ein säkularisiertes geistliches Gut kaufen wollte. Tatsächlich erhielt er 100 000 Taler in Effekten – Hardenberg betrieb ähnliche Geldgeschäfte auch im eigenen Interesse –, der Domänenkauf kam aber zunächst nicht zustande[31]. Wesentlich unglücklicher erging es ihm mit einem zweiten, sehr auffallenden Schritt zur Vermögenssicherung: durch Vermittlung der preußischen und österreichischen Diplomatie und durch ein direktes Bittgesuch, das seine Frau im Januar 1811 an Napoleon richtete, suchte er die Freigabe seiner nassauischen und polnischen Güter für seine Töchter zu erlangen. Tatsächlich glaubte er damals, Napoleons Zorn sei längst verraucht, der unglückselige Brief an Wittgenstein vergessen[32]. Im übrigen unterschied er (nach adliger Standessitte) genau zwischen seinem Privateinkommen und dem Familienerbe, das ihm als Stammhalter gewissermaßen nur zur Verwaltung anvertraut war. Das Familiengut seinen Nachkommen unverkürzt zu vermachen, betrachtete er als „Pflicht des Blutes und der Redlichkeit[33]". Daß er für seine Person entschlossen war, „das Beispiel eines festen, ausdauernden und unabhängigen Charakters zu geben" und „einen so ehrenvollen Beruf nicht für erbärmliche Rücksichten auf Vermögen und Geld zu verlassen", hat er 1809 nicht nur mit hohen Worten versichert, sondern insofern auch praktisch bewährt, als er sich damals dem Prinzen von Oranien ohne Rücksicht auf alle persönlichen Gefahren zum Helfer im Kampf gegen Napoleon anbot. Das alles mag seinen Schritt, zu dem Standesgenossen und Freunde ihn seit langem drängten[34], begreiflich oder entschuldbar erscheinen lassen – etwas Peinliches behält es darum doch, zu sehen, wie der stolze Reichsfreiherr vor seinem größten Feinde den Nacken beugt, seiner Gattin Worte der Schmeichelei und der unterwürfigen Ergebenheit in die Feder diktiert und sie von der „Seelengröße und Gerechtigkeit" des verachteten Korsen sich einen Gnadenbeweis erbitten läßt. Daß man in Paris nichts erreichte außer ein paar liebenswürdigen Worten Champagnys, ist nicht weiter zu verwundern: noch immer galt dort Stein als das heimliche Haupt aller deutschpatriotischen Verschwörer, mochte er selbst auch noch so eifrig jede Verbindung mit dem Tugendbund und ähnlichen Faktionen bestreiten[35].

IV. Die Krisis des Jahres 1811

Wenn es das große und letztlich entscheidende Verdienst der preußischen Patriotenpartei gewesen ist, daß sie in einer anscheinend hoffnungslosen Lage niemals den Mut verloren, niemals sich zu dem lähmenden Glauben an die Unbesiegbarkeit Napoleons hat drängen lassen –, so bezeichnet das Bittgesuch

Steins an den Weltherrscher sicherlich den Tiefpunkt seiner Hoffnungen. Seit dem Beginn des dritten Verbannungsjahres läßt sich an seinen Äußerungen verfolgen, wie in ihm die Zuversicht auf eine baldige Befreiung Europas unsicher wurde. Auch darin näherte er sich dem Standpunkt Hardenbergs und des preußischen Königs, entfernte er sich allmählich von den Ansichten der preußischen Patriotenpartei. Während Scharnhorst, die militärischen und politischen Schwierigkeiten Napoleons in aller Welt aufmerksam verfolgend, eben jetzt zu dem besinnlichen Urteil kam: „Seine Macht ist nicht so groß mehr" – während Gneisenau mit seinem nie erlahmenden Ungestüm im Frühjahr 1811 geradezu den Angriff zu provozieren riet, um den Kaiser mitten in seinen Kriegsvorbereitungen zu stören, folgte Stein mit seinen Urteilen im allgemeinen dem Fahrwasser der vorsichtig zwischen den Mächten lavierenden, auf Friedenserhaltung bedachten Hardenbergschen Politik. Er teilte jetzt die Meinung des Staatskanzlers, daß von Rußland kräftige Unterstützung Preußens nicht zu erwarten, die Fortdauer des Friedens daher dringend zu wünschen sei – freilich mit dem Vorbehalt: „falls nicht ein ganz ausgesprochener Wille besteht, uns zu vernichten, und Ratschläge der Verzweiflung die einzigen bleiben, die man geben darf[36]". Eben damals, als er das schrieb, im Juli 1811, glaubte nun aber Hardenberg sich von den Vernichtungsabsichten Napoleons überzeugen zu müssen. Geängstigt durch die französischen Rüstungen, mehr noch durch die schnöde Gleichgültigkeit, mit der man in Paris die preußischen Bündniserbietungen aufnahm, schwenkte er plötzlich energisch nach Rußland hinüber. Preußen verstärkte seine Rüstungen, und im Zusammenhang mit den Erhebungsplänen, die Gneisenau und Scharnhorst jetzt dem König vorlegten, scheint man auch Stein um seine Ratschläge befragt zu haben. Noch immer betrachtete ihn die Patriotenpartei wie selbstverständlich als ihren Führer und ihren stärksten Mann[37]. Sein Schwager, Graf Arnim von Boitzenburg, besuchte ihn in Prag und sprach sehr ausführlich mit ihm über die Hoffnungen, die von den Patrioten auf seine Teilnahme gesetzt wurden.

Wirklich übersandte er an Hardenberg zwei ausführliche Denkschriften über die Frage, wie der Volksaufstand zu organisieren sei (24. August und 17. September 1811). Ihre militärischen Details zeigen, daß ihm von seinen soldatischen Freunden das Material geliefert war. Und ihre organisatorischen Ratschläge erinnern unmittelbar an die Aufstandspläne Gneisenaus im August 1808; sie wiederholen im wesentlichen nur, was Stein schon 1809 dem Prinzen von Oranien vorgeschlagen hatte – mit noch stärkerer Betonung des religiösen Charakters der Bewegung und reichlicher Mitwirkung der Geistlichkeit. Aber von dem leidenschaftlichen Eifer, der unbedingten Zuversicht, mit der Gneisenau jetzt wie stets die Sache der „Partei" verfocht, ist in den neuen Gutachten Steins nicht mehr viel zu finden. Nur für den Fall, daß Preußen in den Krieg gegen Frankreich „verwickelt" wird, sollen seine Ratschläge gelten; er betrachtet das als einen äußersten Notfall, unbedingt wünschenswert dagegen, daß der Krieg jetzt nicht begonnen wird, „da auf die Intelligenz und die Beharrlichkeit des russischen Kabinetts so wenig zu rechnen ist"; einen zweiten Grund teilte er gleichzeitig an Gneisenau persönlich mit: er glaube nicht mehr an die Fähigkeit der preußischen Nation, sich von ihren Fesseln zu befreien: „Groß und Klein wird sich von neuem elend benehmen, Einzelne werden sich aufopfern und untergehen, die überlebenden Schufte werden frohlocken und sie verunglimpfen." Die Preußen werden außerstande sein zu leisten, was die Vendéer, Tiroler, Spanier, Österreicher vermochten, „sie werden ausgehöhnt, mit Füßen zertreten werden, und verdienen nichts besser[38]". Ein Urteil, das wenig gemildert in seinen Gutachten für Hardenberg wiederkehrt: „Auf freiwillige, ausgebreitete, zu gleicher Zeit ausbrechende Insurrektion kann man bei dem Phlegma der nördlichen Deutschen, der Weichlichkeit der oberen Stände, dem Mietlingsgeist der öffentlichen Beamten nicht rechnen. Man wird also Volksbewaffnungen oder Landsturm und Bildung von Landwehrbataillons befehlen" und dabei harte Strafen gegen Adel und Beamte anwenden müssen. Im Gegensatz dazu erschien ihm (wie aus einem wenig späteren Schriftstück hervorgeht) die süddeutsche Bevölkerung (die Untertanen der Rheinbundstaaten also!) regsam genug, „um sich über die Berechnungen der Selbstsucht zu erheben" und durch Gefühle in den Befreiungskampf hineinreißen zu lassen[39]. Schon deshalb sei die Befreiung Deutschlands ohne Österreichs Mitwirkung nicht zu erreichen. Stein ahnte natürlich nichts von den politischen Rechenkünsten eines Metternich, der eben damals für Österreich an Frankreichs Seite die Provinz Schlesien zurückzuerobern hoffte. Aber daß Österreich vorläufig weder imstande noch gewillt war, den Kampf von 1809 wieder aufzunehmen, sah auch er: nur bei glücklichem Verlauf des Feldzuges, schrieb er, werde Österreich als Vermittler oder Teilnehmer aktiv auftreten können; jetzt brauche es zu seinen Rüstungen wenigstens 6 Monate Zeit.

So bleibt nach der Meinung Steins als das bestenfalls erreichbare Ziel eines russisch-preußischen Feldzuges: „die Franzosen über die Elbe von der Ostsee hinwegzudrängen". Auch das wird nicht gehen ohne englische Unterstützung: englische Waffen und englische Subsidien in Banknoten, da preußisches Papiergeld keinen Kredit mehr hat. Im übrigen wird auf glückliche Zufallsereignisse viel ankommen; bleiben sie aus, so hat Preußen wenigstens ein Beispiel von Edelmut und Aufopferung für die Sache der Freiheit gegeben.

Das alles klang wenig hoffnungsreich, und wenn etwa Gneisenau eine kräftige Unterstützung seiner Pläne von Stein erwartet hatte, so wird er nicht wenig enttäuscht gewesen sein. Nur hie und da, als ob die politische Leidenschaft den Gutachter über seine eigenen Bedenklichkeiten hinwegtrüge, klang ein kühnerer, zuversichtlicherer Ton auf. Hat nicht Frankreich im Zeitalter der Revolutionskriege das Beispiel gegeben, wie eine scheinbar hoffungslose Lage durch äußerste Willensanstrengung gerettet werden kann? Ahmen Preußen und Rußland den bewundernswerten Heroismus des revolutionären Wohlfahrtsausschusses nach, führen sie die allgemeine Konskription ein, so mögen sie wohl 400 000 Mann auf die Beine bringen. Die innere Einrichtung und der

Geist der preußischen Armee ist gut, und die durch Leiden vorbereitete preußische Nation entschlossen, „alle Kräfte zur Wiederherstellung der Monarchie und zur Befreiung anzuspannen". Seltsamer Widerspruch zu den soeben ausgesprochenen Verdammungsurteilen! Ebenso seltsam, daß Stein in dem zweiten Gutachten zu rücksichtsloser Ausgabe von Papiergeld rät, obwohl er im ersten gemeint hat, sie würde die Verlegenheiten nur vermehren! Man sieht, wie unsicher seine Anschauung der realen politischen Verhältnisse in den Jahren der Verbannung geworden ist. Der Schluß des Ganzen klang doch wieder anders, völlig der Meinung Hardenbergs und des Königs entsprechend: „höchst strafbar sind diejenigen, die durch unbesonnene, rasende und laute Äußerungen oder Handlungen den Ausbruch des Krieges beschleunigen wollen[41]". Also genau das Gegenteil dessen, was die Scharnhorst und Gneisenau wollten, zugleich eine Verleugnung seiner eigenen Politik von 1808.

Der Augenblick kam, in dem auch Stein den Glauben an die Vortrefflichkeit der preußischen Regierungspolitik unter Hardenbergs Führung verlor. Der Augenblick tiefster Demütigung Preußens, in dem der König freiwillig, getrieben von Furcht um die bloße Fortdauer seines Thrones, sich zum willenlosen Gefolgsmann Napoleons hergab, sein dem Zaren gegebenes Wort brach und die Hälfte seines Heeres gegen den ehemaligen Freund und Protektor ins Feld schickte. Ob diese Politik der Schwäche nun zugleich den Geboten der Klugheit entsprach oder ob sie nur durch Zufall, wider alle Möglichkeit menschlicher Voraussicht, später zum Heil gewandt worden ist, mag nachträglich umstritten werden; ebenso: ob der enorme Kräfteverlust, den Preußen und Rußland durch den siegreichen Feldzug Napoleons bis Moskau erlitten, aufgewogen wird durch die ebenso furchtbaren Verluste der „Großen Armee" und durch die Tatsache, daß nur die Erfahrung der feindlichen Invasion den Zaren dazu bringen konnte, endlich von seinen orientalischen Plänen zu lassen und alle Kraft an die Niederwerfung Napoleons zu setzen. Sicher ist, daß alle derartigen Erwägungen für die preußische Patriotenpartei, für die Scharnhorst und Gneisenau und ihre Gesinnungsgenossen, gar nicht erst in Betracht kamen. Daß ihnen der freiwillige Eintritt in die Knechtschaft des Imperators als ein Gesinnungsdefekt, als Sünde schlechthin erschien. Hier war der Punkt, an dem sich der „Gutgesinnte" von dem „Feigen", der Freie von der Knechtsseele zu unterscheiden hatte. Durfte man da zweifeln, auf welche Seite sich der Freiherr vom Stein stellen würde?

Auffallend lange hat er immerhin zurückgehalten mit seinem Urteil. Noch mehrere Wochen nach dem Abschluß des preußisch-französischen Kriegsbündnisses (vom 24. Februar 1812) wollte er, über seinen Inhalt allein durch Zeitungsartikel und mangelhafte Privatberichte in Kenntnis gesetzt, einstweilen keine bestimmte Ansicht äußern. Daß Preußen „sich für bessere Zeiten zu erhalten" suchte, schien er trotz allem begreiflich zu finden. Auch über die Offiziere und Staatsbeamten, die jetzt voll Empörung und Verzweiflung den preußischen Dienst verließen, wagte er nur ein zwiespältiges und unsicheres Urteil:

er achte die, schrieb er, welche aus ehrenwerten Gründen im Staatsdienst blieben, ohne sich zu entsittlichen; sie zeigten vielleicht mehr Seelenstärke als die anderen – aber auch die „Aufwiegler“ vermöge er nicht zu tadeln, insonderheit nicht die unglücklichen Offiziere, die ihr Blut nicht für die Sache der Unterdrückung vergießen wollten und nun in russischen Dienst gingen: ein jeder müsse da seinem eigenen Gewissen folgen.

So schwankte er ohne sichere politische Orientierung hin und her. Allen Ernstes hat er sich sogar überlegt, ob sich am Ende die neue preußisch-französische Allianz ausnutzen lasse, um durch preußische Fürsprache seine nassauischen Güter zurückzuerhalten[42]! Erst eine neue persönliche Berührung mit der Patriotenpartei riß ihn wieder ganz auf deren Seite hinüber: Staatsrat Gruner, eines der eifrigsten, rührigsten und geschicktesten Mitglieder der Patriotenpartei, durch den neuesten Kurswechsel der preußischen Politik aus seinem Posten als Leiter der politischen Polizei verdrängt, kam Ende April nach Prag, um von dort aus als russischer Geheimagent die patriotische Verschwörung weiter zu betreiben. Was er von der Vorgeschichte des neuen Bündnisses, von der Verzagtheit und Unentschlossenheit des Monarchen, von dem Emporkommen der erklärten Franzosenfreunde und Reaktionäre am Hof und in der Regierung erzählte, scheint Stein völlig umgestimmt zu haben. Vermutlich wirkte dabei die Nachricht mit, daß Hardenberg diese letzte Kurswendung nicht selber inauguriert, sondern widerstrebend, wenn auch ohne zähen Widerstand, mitgemacht hatte, vor allem doch, um sich selbst am Staatsruder zu behaupten und es nicht ganz der Gegenpartei zu überlassen. Seine erste Äußerung nach Empfang der Grunerschen Nachrichten[43] war jedenfalls ein Zorneserguß über den preußischen König: zum zweitenmal habe er nun die Sache der Ehre und Freiheit im Augenblick der Entscheidung aufgegeben, die Hoffnungen aller Redlichen und Gutgesinnten enttäuscht. „Preußen hat sich wehrlos und gebunden den Händen seines Feindes überliefert, bereitet mit eigenen Händen sein Grab und sieht dem Kampf leidend und mit Schande bedeckt entgegen.“

Hatte es eben erst den Anschein gehabt, als ob sich neue Bande der Sympathie von dem verbannten Reichsritter zum Berliner Hofe hinüberspinnen wollten – dank Hardenbergs Reformbemühungen und der persönlichen Großmut des Königs –, so waren sie jetzt wieder jäh zerrissen. Aufs neue fand Stein seine verächtliche Meinung vom deutschen Fürstenstand bestätigt: „Hier sitzt überall Erbärmlichkeit auf den Thronen.“ Vor ein paar Monaten erst hatte ihn Graf Münster gefragt, ob es wahr sei, daß er in der Frage der Zukunft Hannovers noch mehr Preuße als Deutscher sei. Das Bekenntnis, mit dem er damals geantwortet hatte, konnte er jetzt mit vertiefter Überzeugung wiederholen: der Deutsche hat sich in diesen harten Zeiten der Ehrfurcht gegen seine Fürsten entwöhnt: „Er sieht in ihnen entweder feige Flüchtlinge, die, nur für ihre Erhaltung besorgt, sich durch Flucht retteten, taub gegen die Forderung der Ehre und Pflicht, oder betitelte Sklaven und Untervögte, die mit Gut und

Blut ihrer Unterthanen eine hinfällige Existenz erbetteln. Daher entsteht der allgemeine Wunsch nach einer Verfassung, auf Einheit, Kraft und Nationalität gegründet; jeder große Mann, der sie herzustellen fähig wäre, würde der Nation ... willkommen sein." Eine deutsche Verfassung, auf Einheit, Kraft, Nationalität gegründet, ohne Rücksicht auf die jahrhundertealte Libertät des deutschen Territorialfürstentums – das ist eine politische Phantasie, wie sie in dieser monumentalen Einfachheit damals nur diesem einen Mann möglich war: dem Reichsritter, der im Dienste der preußischen Großmacht die enge Partikularität seiner Standestraditionen überwunden, nun aber auch von den preußischen Sonderinteressen sich völlig losgelöst hat. Es hat mit Romantik sehr wenig oder gar nichts, sehr viel dagegen mit den in Stein fortdauernd lebendigen Traditionen des alten Reichsrechts zu tun, wenn er das Ideal einer deutschen Reichsverfassung in einem stark idealisierten Mittelalter sucht: „Könnte ich einen Zustand wieder herzaubern, unter dem Deutschland in großer Kraft dastünde", schreibt er in wörtlicher Anlehnung an den Historiker Johannes von Müller[44], „so wäre es der unter unseren großen Kaisern des 10. bis 13. Jahrhunderts, welche die deutsche Verfassung durch ihren Wink zusammenhielten und vielen fremden Völkern Schutz und Gesetze gaben." Also ein nationaler Gesamtstaat als letztes und höchstes Ideal – wie es sich schon aus seinen geschichtlichen Reflexionen und Skizzen vor uns enthüllte. Aber ein solcher Utopist ist er nicht, daß er meinte, die seither eingetretene Spaltung der Nation ließe sich ohne weiteres und völlig heilen. Er will glücklich sein, wenn als Ergebnis des großen Völkerkampfes die Wiederherstellung des „alten deutschen Staatenbundes unter einem gemeinschaftlichen Oberhaupt" – der alten Reichsverfassung also, gelingt: nur dürfte es nicht mehr auf den Grundlagen des Westfälischen Friedens von 1648 sein: „das Bundesverhältnis muß fester geschlossen werden, das kindische Puissanzieren der einzelnen Teile aufhören".

Aber die Phantasie eilte den Ereignissen weit voraus. Indem der große Entscheidungskampf um das endgültige Schicksal Europas anbrach, wurde es für Stein unerträglich, wie er schreibt, „die kurze Lebenszeit, in der man noch einigen Vorrat von Kräften besitzt, ohnbenützt vorüber gehen zu sehen, während das Rad des Schicksals sich unaufhaltsam über die Zeitgenossen hinwälzt". Er wandte sich an Graf Münster und bat um irgendeine Verwendung für die „gute Sache": am liebsten wollte er unter dem Schutz der englischen Gesandtschaft im Hauptquartier des Zaren wirken, der ihm 1807 so bereitwillig einen Beraterposten angeboten hatte; England möge ihm die äußere Möglichkeit dazu schaffen.

Die Bitte war unnötig. Fast in demselben Augenblick äußerte der Zar den Wunsch, das Haupt der deutschen Patriotenpartei in seine Dienste zu ziehen.

Vierzehntes Kapitel

Vorkämpfer der Befreiung Europas
Am Zarenhof 1812

Am 8. April 1812, an demselben Tage, als er die Brücken nach Frankreich abbrach, ließ Zar Alexander dem Baron vom Stein ein Schreiben zugehen, das ihn in aller Form zur Mitwirkung bei dem großen Werk der Befreiung Europas einlud. Es war in einem Ton gehalten, der auf das patriotische Gemüt des Empfängers unwiderstehlich wirkte: alle Gutgesinnten, hieß es darin, alle Freunde der Menschheit und der liberalen Ideen müßten sich vereinigen, um Europa zu bewahren vor dem endgültigen Triumph der Barbarei und der Knechtschaft. Auf das dringendste bat der Kaiser den Freiherrn, ihm „seine Ideen mitzuteilen", zum Nutzen der großen Sache, der, wie er schrieb, „wir beide angehören": ganz nach Belieben schriftlich oder, besser noch, mündlich durch Übersiedlung ins kaiserliche Gefolge.

Wer diesen Brief inspiriert hat und mit welcher Absicht, ist bisher nicht bekannt geworden. Sehr möglich immerhin, daß Alexander aus eigenem Antrieb nach dem Gewissensberater verlangt hat: er kannte den enthusiastischen Kriegseifer und das Imponierende der Persönlichkeit Steins von 1808 her. Sein leicht entflammbares, aber wankelmütiges Herz mag instinktiv an diesem charaktervollen Deutschen eine feste Anlehnung gesucht haben in dem Moment, als er das ungeheure Wagnis begann: eine zuverlässige seelische Stütze, wie er sie in seiner slawischen Umgebung nicht so leicht finden konnte. Schon dadurch, daß er den Geächteten aus seinem Exil berief, versperrte er sich selbst den Rückweg in die alte Bündnispolitik, in die Politik der halben Entschlüsse.

Stein griff natürlich mit beiden Händen zu. Merkwürdig zu sehen, wie rasch alle Kräfte seiner Seele sich wieder aufrichteten in fröhlicher Zuversicht, sobald der lähmende Druck des Verbanntseins von ihm genommen wurde. In vollem Bewußtsein der Gefahren und Mühen, die seiner warteten, der Unsicherheit des Kriegsausgangs und drohender neuer Verfolgungen Napoleons verließ er Prag, wenige Tage nach Empfang des kaiserlichen Einladungsschreibens, um im russischen Lager „den Fahnen der Ehre und des wahren Ruhmes" zu folgen. Frau und Kinder ließ er in immerhin ungewisser Lage zurück: dürfte man einem österreichischen Polizeirapport trauen, so hätte er sie gar erst am Tage der Abreise (27. Mai abends) von seiner Absicht in Kenntnis gesetzt[1] – wohl um alle Gegenvorstellungen abzuschneiden. Tatsächlich ist ihm später die lange Trennung blutsauer geworden; bei der Unsicherheit der Postverbindungen mitten im Kriege gingen manche Stücke der ehelichen Korrespondenz verloren, die anderen gelangten oft erst nach Monaten an ihr Ziel, so daß der Unsicherheit über das Schicksal des anderen, der Verzweiflung über monatelanges Ausbleiben von Antworten kein Ende war. Dennoch lassen die Briefe Steins aus Rußland von Anfang an eine erstaunlich zuversichtliche Grundstimmung, ein sichtbar verjüngtes Lebensgefühl erkennen. Lebendigste Anschaulichkeit in der Schilderung der neuen, fremdartigen Umgebung, von Anfang an vermischt mit viel helläugiger Kritik[2], vielseitigste Interessen für Menschen, Dinge, politische und geistige Fragen, ein Anknüpfen von tausend neuen Bekanntschaften und Freundschaften – alles weist darauf hin, daß der Mann der Tat nur die äußere Möglichkeit praktischen Wirkens brauchte, um unvermindert seine alte Tatkraft und Lebendigkeit zu entwickeln.

Seine äußere Stellung am Hofe und im Hauptquartier des Zaren war merkwürdig genug. Er selbst hatte sie sich wählen dürfen und den förmlichen Eintritt in den russischen Staatsdienst abgelehnt: ohne jede amtliche Bindung war er als Berater des Kaisers, diesem unmittelbar vortragend in deutschen Angelegenheiten tätig. So behielt er die volle Freiheit, nach seiner Überzeugung zu handeln, und vermied es, als Fremdling die Eifersucht russischer Rivalen zu wecken. Anderseits blieb freilich so das Maß seines politischen Einflusses vollkommen abhängig von der persönlichen Gewogenheit des Zaren: allein auf seine Überredungsgabe, also auf ein immer neu zu erprobendes persönliches Charisma, war das ganze Verhältnis gestellt. Zu den entscheidenden Beratungen beigezogen, ja auch nur vor wichtigen Entscheidungen gehört zu werden, besaß Stein nicht den mindesten Rechtsanspruch.

So wirkte er wesentlich durch Denkschriften, die er teilweise unaufgefordert einreichte[3], durch persönliche Unterredungen mit dem Herrscher, die zunächst nicht allzu häufig stattfanden, und durch eine halb private, halb vom Zaren autorisierte Korrespondenz mit englischen und deutschen Freunden auf den Gang der großen Politik. Aber auch diese Tätigkeit kam erst allmählich in Gang; ursprünglich war die Aufgabe bescheidener: da keine einzige deutsche Regierung als Bundesgenosse Rußlands in Betracht kam, blieb nur die politische Bearbeitung der Bevölkerung, zugleich der deutschen Soldaten im Heer Napoleons, um sie zum Abfall von Frankreich zu bewegen.

Die planmäßige Organisation dieser Propaganda war die wesentliche Aufgabe eines „deutschen Comités", das der Zar auf Steins Vorschlag einrichtete und dessen Seele der Reichsfreiherr bildete. Literarische Einwirkung auf die „leselustige Nation" der Deutschen, Verbreitung von patriotischen Schriften wie Arndts „Geist der Zeit", Gründung einer von Rußland aus mit Nachrichten versorgten Kriegszeitung, Auszeichnung wohlgesinnter deutscher Schriftsteller (Stein nannte Schleiermacher, Steffens, Bredow und die Historiker Heeren und Luden), Berufung Arndts nach Petersburg mit publizistischen Aufträgen – das waren die Vorschläge Steins zur Vorbereitung eines deutschen

Volksaufstandes; doch sollte dieser erst losbrechen, wenn er feste Anlehnung an eine gegen Frankreich kämpfende fremde Invasionsarmee finden könnte. Einstweilen würde man bloß Nachrichten über die feindlichen Truppenbewegungen einsammeln und kleinere bewaffnete Haufen bilden, zum Abfangen französischer Kuriere auf einsamen Wegstrecken, Störung des feindlichen Nachschubwesens und zu ähnlichen Zwecken. Überdies hoffte Stein, dem Feinde wesentlichen Abbruch zu tun durch Verführung seiner deutschen Truppenteile, insbesondere der Westfälinger und Tiroler, aber auch der südslawischen Regimenter, zum Abfall. Er empfahl eine Proklamation an die Deutschen, einzuschmuggeln in die feindlichen Vortruppen, Agententätigkeit im napoleonischen Heer durch deutsche Offiziere, tirolische Volksführer (Speckbacher), griechische und serbische Mönche und ähnliche Mittel der Verführung. Die deutschen Überläufer würde man in einer deutschen Legion unter Führung deutscher Offiziere sammeln, an ihre Spitze, um ihr den revolutionären Charakter zu nehmen, vertriebene deutsche Fürsten wie die Herzöge von Braunschweig und Oldenburg stellen. Bei gutem Fortgang könnte die Legion, vermehrt durch Nachschub von Freiwilligen aus der Heimat, eine recht bedeutende Verstärkung des russischen Heeres, unter Umständen eine geeignete Invasionsarmee zur Bekämpfung des Feindes vom Rücken her bilden. Mit Hilfe Bernadottes, des neu berufenen Kronprinzen von Schweden, hoffte Stein sogar einzelne Unzufriedene unter den Generälen Napoleons zum Abfall zu bringen. Die meisten dieser Vorschläge stammten von Gruner, mit dem Stein vor seiner Abreise aus Prag ausführlich darüber verhandelt hatte[4]. Ihm, als russischem Hauptagenten hinter der feindlichen Front, fiel auch der schwierigste Teil der Ausführung zu; die von ihm schon früher geschaffene Geheimorganisation zur Vorbereitung des deutschen Volksaufstandes wurde jetzt dem „deutschen Comité“ unterstellt, empfing aus den Händen Steins ihre Weisungen, durch seine Vermittlung ihre Geldbezüge. Mitten in der Ausführung seiner Pläne wurde indessen Gruner der Verschwörertätigkeit entrissen: Metternich ließ ihn im August 1812 verhaften, auf Betreiben der Berliner Regierung, die ihn als „Tugendbundisten“ und Revolutionär denunzierte; Kaiser Franz verfügte dann seine Festsetzung, und bis in den Oktober 1813 saß dieser eifrigste aller Patrioten hinter österreichischen Festungsmauern. Die Aufstandspläne des Steinschen Komitees wurden so von der preußisch-österreichischen Reaktion sehr erfolgreich durchkreuzt[5].

Besseren, aber auch nur halben Erfolg hatte die Gründung der „deutschen Legion“. Hier standen dem Komitee die Talente und der hingebende Eifer begabter, aus dem preußischen Kriegsdienst übergetretener Offiziere wie Graf Chasot, Hauptmann Stülpnagel und anderer, und des hessischen Patrioten Oberst Dörnberg zur Verfügung. Bei einigem Geschick der russischen Militärverwaltung wäre es nicht schwer gewesen, zum mindesten einen großen Teil der deutschen Gefangenen der Legion zuzuführen. Aber die Behandlung der gefangenen Fremdlinge in Rußland war ohne Unterschied grausam-barbarisch, die Heeresverwaltung verwahrlost, raubsüchtig, unfähig. Die Führer der Legion, Herzog Peter von Oldenburg und sein Gehilfe Oberst Arentsschildt, waren ihrer Aufgabe durchaus nicht gewachsen. Vor allem: der militärische Gehorsam des deutschen Soldaten widerstand zumeist den Verführungskünsten der Patrioten. Über eine Höchstzahl von 8700 Mann, deren Ausrüstung wahrhaft kläglich war, hat es die Legion bis Ende 1812 nicht hinausgebracht, und auch diese sammelten sich größtenteils erst seit dem Rückzug Napoleons von Moskau, im November und Dezember.

Nach alledem blieben die Geschäfte des Deutschen Komitees recht beschränkt, und innere Meinungsgegensätze verdarben Stein erst recht die Freude daran. Von den Mitgliedern genoß eigentlich nur der frühere russische Minister Graf Kotschubeij seine Sympathien; mit dem später hinzutretenden Generaladjutanten Graf Lieven scheint er wenigstens gut ausgekommen zu sein. Schwer erträglich dagegen waren für ihn die Persönlichkeiten der deutschen Fürsten, die der Zar an die Spitze stellte. Prinz Georg von Oldenburg, Schwager des Zaren, der erste Präsident des Komitees, erschien ihm anfangs als rechtlich, gutmütig, arbeitsam und nicht ohne Kenntnisse, wenn auch lächerlich dünkelhaft; später nannte er ihn einen „selbstzufriedenen gutmütigen Pinsel, der für sein Haus und nicht für Deutschland bedacht ist[6].“ Noch viel abfälliger urteilte er über seinen Bruder, Prinz August, und vollends über den Vater, Herzog Peter von Oldenburg – beide Herren (die seit August den Prinzen Georg im Vorsitz ablösten) gehörten zum starrkonservativen altdeutschen Dynastenadel, der sich die Befreiung Deutschlands nicht anders denn als ein Unternehmen gekrönter Häupter zur Wiederherstellung ihrer Throne und Thrönchen vorstellen konnte. Eben deshalb mußte ihnen der Reichsfreiherr mit seinem Anhang von patriotischen Verschwörern geradezu als Revolutionär erscheinen.

Schon der „Aufruf an die Teutschen zum Auswandern und sich unter den Fahnen des Vaterlandes und der Ehre zu sammeln“, von Stein zur Verbreitung unter den deutschen Truppen Napoleons entworfen, hatte Anstoß erweckt. Zar Alexander strich einige Tiraden, in denen von allgemeinem Vaterlandsverrat der deutschen Fürsten, des Adels und der Beamtenschaft die Rede war. Geringen Eindruck werden dem Kaiser die Versuche Napoleons gemacht haben, ihm seinen neuen Berater als Gegner der Monarchie, gefährlichen Verschwörer und Geheimbündler verdächtig zu machen: allzu deutlich ließen sie die Sorge des Imperators erkennen, sein Gegner könnte an diesem leidenschaftlichen Franzosenhasser und Deutschpatrioten einen stärkeren Rückhalt finden als an dem schwächlichen, zu nachgiebiger Haltung stets geneigten Kanzler Rumiantzoff, einem unbedingten Bewunderer Bonapartes[7]. Das Schreiben Napoleons vom 1. Juli, das vor jeder weiteren Verhandlung über friedlichen Interessenausgleich die Entfernung der franzosenfeindlichen Berater Alexanders – gemeint waren vor allem Stein und der Schwede Armfelt – verlangte, blieb unbeantwortet. Dagegen war für die Vertrauensstellung Steins beim Zaren nicht ungefährlich ein Angriff, den Prinz August von Oldenburg gegen seine deutschen Aufstandspläne richtete. Nicht die Nation, meinte dieser, sondern die vertriebenen

Fürsten müßten die Erhebung Deutschlands ins Werk setzen: jeder in seinem Territorium die eigenen Untertanen aufrufen. Das Unpraktische, ja Unsinnige solcher Pläne ließ sich leicht erweisen, und Stein verwandte erfolgreich seine Lieblingswaffe, die grimmige Ironie, zu ihrer Bekämpfung. Auch gegen den Verdacht, geheimen, revolutionären Gesellschaften anzugehören, konnte er sich mit gutem Gewissen verteidigen. Aber daß die patriotische Leidenschaft Steins und seiner Gesinnungsgenossen sich in diesem Augenblick ganz entschieden gegen, nicht für die Wiederherstellung der deutschen Dynastien in ihrem alten Besitzstand einsetzte, war nicht zu bestreiten. Und somit wäre das „deutsche Comité" sogleich wieder auseinandergebrochen, hätte nicht der Zar vermittelnd eingegriffen: eine Austrittserklärung Steins beantwortete er damit, daß er ihm gestattete, die ihm obliegenden Geschäfte ohne Befragung und Mitwirkung des Herzogs von Oldenburg, des Präsidenten, zu erledigen (20. August). Das bedeutete nun freilich kaum weniger als eine förmliche Auflösung des Komitees. Aber wenigstens äußerlich war der Friede unter den Deutschen wiederhergestellt – der politische Gegensatz, die tiefe Entfremdung der patriotischen Bewegung vom monarchischen Gedanken, blieb freilich bestehen und wirkte weiter.

Niemals ist der Widerspruch zwischen den Ideen nationaler Einheit und Freiheit einerseits, der überlieferten monarchischen Staatenordnung Deutschlands anderseits quälender empfunden worden als am Vorabend des großen Befreiungskampfes: in einer Lage, wo die regierenden deutschen Fürsten ohne Ausnahme den Fahnen des Imperators folgten und ihre Untertanen zwangen, für die Sache des verhaßten Tyrannen gegen die Sache der europäischen und nationalen Freiheit zu fechten. Für die Offiziere und Soldaten, an die sich der Aufruf des deutschen Komitees wandte, und für die Mitglieder der deutschen Legion entstand daraus ein schwerer Gewissenskonflikt: zwischen der Verpflichtung des Fahneneides, der militärischen Berufsehre und persönlichen Mannestreue auf der einen, den Pflichten gegen das größere deutsche Vaterland, gegen die Nation als Ganzes auf der anderen Seite. Wir hörten früher, wie unsicher und zwiespältig Stein selbst noch in Prag darüber geurteilt hatte, eher geneigt, denen Recht zu geben, die trotz allem zähneknirschend gehorsam blieben und auf eine bessere Zukunft hofften. Jetzt, mitten im Kampf, war alle Unsicherheit verflogen. Losgelöst vom deutschen Boden, kannte er keine andere Verpflichtung mehr als die gegen das Gesamtvaterland, gegen die Idee der Nation schlechthin. Wer ihr widerstrebte, galt ihm nur noch als Verräter und Feigling; jene Anerkennung, mit der sich so viele Patrioten halfen: daß die deutschen Fürsten nur gezwungen Napoleon Heeresfolge leisteten und daß man gewissermaßen ihren geheimen Wünschen, ihrem besseren Selbst zu Hilfe käme, wenn man ihnen den Gehorsam verweigerte, findet sich in seinen Äußerungen aus Rußland gelegentlich auch, aber nur in abgeschwächter Form und eng verknüpft mit den heftigsten Vorwürfen gegen den Mißbrauch der Macht, den die Fürsten treiben, indem sie Ehre und Unabhängigkeit der Völker für ihre „erbärmliche persönliche Existenz" aufopfern. Ohne Republikaner zu sein, besaß er doch keine Spur von Anhänglichkeit an eine deutsche Dynastie – es sei denn etwa an die des altdeutschen Kaisertums. Und so konnte seine patriotische Leidenschaft sich bis zu dem kühnen Satz versteigen (den man doch nur aus der besonderen Zeitlage, nicht als Bekenntnis schlechthin deuten darf): „Das Vaterland ist da, wo sich die Ehre und Unabhängigkeit findet[8]." Ehre und Freiheit deutscher Nation, will er sagen, geht über alle sonderstaatlichen Interessen; und da sich keine der deutschen Dynastien dieser höchsten Aufgabe annimmt, bleibt für den wahren Patrioten nichts übrig, als seine Hoffnung auf das Ausland zu setzen. Eine solche unbedingt nationale Gesinnung verbreiten zu helfen, rief Stein den Dichter und Publizisten Ernst Moritz Arndt zu sich ins russische Hauptquartier: einen Patrioten, der schon seiner Herkunft nach, als schwedischer Staatsbürger deutscher Nationalität, der überkommenen Staatsordnung Deutschlands mit ähnlicher Freiheit gegenüberstand wie er selbst.

Republikaner war auch Arndt nicht. Gleich seine erste Flugschrift aus Rußland ließ es erkennen. Den von Stein verfaßten „Aufruf an die Teutschen" hatte die napoleonische Presse sehr geschickt mit einer Unterstreichung seines revolutionären, antimonarchischen Grundcharakters beantwortet; die Replik Arndts versicherte ausdrücklich, es sei nicht auf die Errichtung deutscher Republiken, sondern auf die Wiederherstellung wahrer fürstlicher Freiheit abgesehen: „Wer gegen die Franzosen ficht, befreit auch Teutschlands Könige und Fürsten[9]." Trotzdem stellte sein – im Auftrag Steins – zunächst für die deutsche Legion verfaßter „Soldatenkatechismus" in der ersten Auflage (vom November 1812) die äußerste Steigerung einer von allen einzelstaatlichen Bindungen und monarchistischen Rücksichten losgelösten, rein nationalpolitischen Gesinnung dar. Hier gab es keinen Konflikt der Pflichten mehr. Hier war in höchst massiver, eben darum aber doppelt eindrucksvoller Form die Verpflichtung gegen das deutsche Gesamtvaterland als die einzige, zugleich als unmittelbar religiöse Pflicht eingeschärft: Sobald ein Fürst dem Auftrag Gottes entgegenhandelt, muß der Soldat und Christ Gott mehr gehorchen als den Menschen; der Auftrag Gottes aber, die Regentenpflicht des Fürsten, fällt für Arndt ohne weiteres mit dem politischen Interesse der Gesamtnation und mit dem Kampf gegen Napoleon, die Inkarnation des Bösen, zusammen: „Das ist teutsche Soldatenehre, daß der Soldat fühlt: er war ein teutscher Mensch, ehe er von teutschen Königen und Fürsten wußte; es war ein teutsches Land, ehe Könige und Fürsten waren; daß er es tief und innerlich fühlt: das Land und das Volk sollen unsterblich und ewig sein, aber die Herren und Fürsten mit ihren Ehren und Schanden sind vergänglich." Revolutionäre Wendungen, die den Untertan ohne weiteres zum Richter über die Politik seines Landesherrn setzen – aber so tief eingewickelt in Betrachtungen rein religiös-moralischer Art über gerechten und ungerechten Krieg, daß die revolutionäre Konsequenz dem Verfasser selbst nicht mehr in ihrer ganzen Schärfe sichtbar blieb.

Die uralte, in der christlichen Welt immer wieder auftauchende Frage nach dem Recht des Widerstands der Untertanen gegen ungerechte Obrigkeit wurde hier mit höchster Energie bejaht, der augustinische Begriff des Tyrannen nicht nur auf Napoleon, das „rechte Abbild Satans und der Hölle", angewandt, sondern zugleich auf die deutschen Fürsten, die seinen Fahnen folgten und die als Pflichtvergessene, ehrlose Volksverräter, als „Schwächlinge und Weichlinge", beherrscht von der „jämmerlichen Feigheit", gebrandmarkt wurden. Der blinde soldatische Gehorsam, wie ihn die stehenden Heere des Absolutismus herausgebildet hatten, galt Arndt als „knechtisch und tierisch", der Geist des alten Söldnertums als unsittlich im höchsten Grad, von Gott selbst mit schweren Strafen bedroht. Auch die Heeresreform der großen Revolution, die Umwandlung der Soldtruppen in ein Volksheer, rückte ihm also gewissermaßen unter den religiösen Aspekt.

So protestantisch-christlich sich das alles gab – vorgetragen von einem Propheten, der seine Sprache bewußt und sorgsam am Ton der Lutherbibel geschult hatte –, so schroff widersprach es im Grunde den Traditionen des echten Luthertums. Dasselbe gilt von der hemmungslosen Haßpredigt, die sich im 2. und 3. Band des „Geistes der Zeit" findet. Die naive Vermischung moralisch-religiöser mit politisch-nationalen Motiven, die dem politischen Idealismus der deutschen Erhebungszeit überhaupt anhaftet, erreicht im Schrifttum Arndts entschieden ihren Gipfelpunkt: ganz deutlich offenbart sich hier eine gewisse Verwandtschaft des deutschen Befreiungskampfes mit den kirchlich-nationalen Erhebungen der Spanier und Russen – trotz aller Klärung des dumpf Empfundenen ins Geistige, rational Durchdachte, die den Patriotismus der gebildeten Deutschen von jenen unterscheidet. Im Arndtschen Soldatenkatechismus ist fromme Empfindung mit rationaler politisch-historischer Deduktion erstaunlich eng verbunden: vielleicht darf man hier schon von bewußter Verwertung und Steigerung des naiv Empfundenen zu pathetischer Klangwirkung sprechen. Diese selbst ist außerordentlich, insbesondere da, wo das echte Erlebnis nationaler Schicksalsgemeinschaft, zurückgespiegelt aus einer tausendjährigen Geschichte in die Gegenwart, den Redner beschwingt; das Kapitel „Von Freiheit und Vaterland" ist vielleicht das sprachgewaltigste aller Zeugnisse vom Erwachen der nationalen Idee unter den Deutschen. Noch heute ist es nicht leicht, dem stürmischen Pathos des Ganzen zu widerstehen und das Bedenkliche mancher Argumentationen, insbesondere in den (später gestrichenen, erst neuerdings wieder ausgegrabenen) sieben ersten Kapiteln der ersten Auflage zu durchschauen. In der ungeheuren Aufregung jener Tage war das sicherlich so gut wie unmöglich, und vollends auf die enthusiastische Natur eines Stein kann das Ganze nicht anders als hinreißend gewirkt haben. Ohne daß man sagen dürfte, er sei der geistige Urheber der von Arndt vorgetragenen Ideen gewesen (dessen Grundansichten waren seit Jahren festgelegt, und seine „Phantasien für ein künftiges Deutschland" waren entschieden moderner als das Steinsche Zukunftsbild) –, fand er doch hier aufs eindrucksvollste formuliert, was er selbst ganz ähnlich empfand. Und einen Teil der Wirkung wird man doch auf Steins Konto setzen dürfen: weder vorher noch nachher hat die Arndtsche Prosa wieder die einprägsame Schlagkraft des „Katechismus" erreicht, niemals sonst den überströmenden Fluß der Beredsamkeit so in Schranken zu halten, das gefühlvolle Räsonnement so zu klaren Postulaten, wirkungsvollen Antithesen zu formen verstanden[10]. Freilich zeigte sich bald, daß die so laut und sicher vorgetragenen Sätze vom Widerstandsrecht des Soldaten gegen Fürstenwillkür, die den Ausgangspunkt der ganzen Erörterung bildeten, doch nur durch eine vorübergehende politische Lage bedingt waren: seit die monarchischen Regierungen Deutschlands, Preußen voran, von der Sache des Tyrannen abfielen, ließ Arndt jene Sätze stillschweigend fallen. Eine „französische Empörung und Umkehrung" hatte er nie gewollt, und mit ihm waren alle Patrioten erleichtert über die schließliche Wendung der Dinge. Der Soldatenkatechismus aber gewann an innerer Geschlossenheit und Überzeugungskraft, seit er nur noch den Freiheitskampf wider den welschen Erbfeind als gerechten und gottgewollten Krieg predigte.

Menschlich bedeutete für Stein der tägliche, vertraute Umgang mit einem so lauteren und tapferen Patrioten und so vielseitig gebildeten Mann wie Arndt außerordentlich viel; wie lebendig hat dieser die gemeinsamen Spaziergänge, gemeinsamen Beobachtungen der fremdartigen russischen Umgebung geschildert! Es war ein ungewöhnlich nahes, freundschaftliches Verhältnis, einstweilen noch gar nicht, wie es scheint, durch Ausbrüche Steinscher Heftigkeit ernstlich gestört – freilich für Arndt nicht ohne Opfer: der „kleine Professor" diente dem Minister (da sich für das „deutsche Comité" keine rechte Arbeit finden wollte) in weitestem Umfang als Privatsekretär, vor allem als Konzipient und Chiffreur seiner weitläufigen politischen Korrespondenz: mit dem Zaren und mit englischen Dienststellen. Sie wurde allmählich das wichtigste Geschäft Steins während seines Aufenthaltes in Rußland.

Gleich nach seiner Ankunft im russischen Hauptquartier zu Wilna, noch im Juli 1812, suchte er durch unmittelbare Einwirkung auf die russische und englische Politik eine große militärische Aktion zugunsten der deutschen Erhebung in Gang zu bringen: einen Einfall schwedischer, womöglich auch englischer Truppen in Deutschland, als Kern des seit langem geplanten und mit Gruners Hilfe vorbereiteten großen Volksaufstandes im Rücken der feindlichen Großen Armee; auch den Aufstand der Illyrier wünschte er durch russische Truppen- und englische Flottenbewegungen unterstützt zu sehen. Es war im wesentlichen derselbe Plan, den Gneisenau in diesen Monaten mit feuriger Energie am schwedischen und englischen Hofe betrieb. Durch Gneisenau und seinen alten Bekannten, den hannoverisch-englischen Minister Graf Münster, suchte denn auch Stein das Unternehmen in London zu fördern. Er gewann das Einverständnis des Zaren, der ihn ermächtigte, in seinem Namen nach London zu schreiben[11] (da der formelle Friedensschluß zwischen Rußland und England noch nicht erfolgt war, also noch kein regelmäßiger diplomatischer Verkehr stattfand). Kam die Invasion wirklich zustande, sobald sich Napoleon tief genug in den russischen Krieg verstrickt hatte, so bot sie großartige Aussichten. Aber die erste Voraussetzung dazu war das unbedingte Vertrauen der englischen Regierung auf die Zuverlässigkeit und Standhaftigkeit des Zaren. Eben daran mußte es fehlen, solange noch Rumiantzoff, der erklärte Anhänger des französischen Bündnisses und diplomatische Schwächling, die auswärtigen Geschäfte als russischer Kanzler weiterführte. Um ihn verdrängen zu helfen, rief Stein einen der erbittertsten Feinde Napoleons aus London herbei: den Korsen Pozzo di Borgo, einen Emigranten des Empire, den er in Troppau kennen und höchlich schätzen gelernt hatte. Die Verbindung, die er damit anknüpfte, ist später, wie man weiß, höchst folgenreich geworden. Der Sturz Rumiantzoffs aber wollte nicht so bald gelingen; im weiteren Verlauf hat Stein die Engländer geradezu aufgefordert, recht energische Vorstellungen beim Zaren zu erheben, zuletzt gar persönlich einen Vorstoß gewagt; aber erst seit der Rückzug und die Auflösung der napoleonischen Armee weitere Vorsichtsmaßnahmen gegenüber Frankreich entbehrlich gemacht hatten, wurde Rumiantzoff aus der Leitung der diplomatischen Geschäfte (ohne förmliche Entlassung) ausgeschaltet.

Auch sonst fehlte es nicht an Enttäuschungen und schweren, sorgenvollen Stunden. Die Hilfe Schwedens blieb vorläufig aus; Kronprinz Bernadotte, auf dessen Feldherrntalente Gneisenau und Stein große Hoffnungen gesetzt hatten, gedachte seine Popularität in Schweden zunächst durch einen Kriegszug gegen Dänemark und die Eroberung Norwegens, nicht aber durch gewagte Unternehmungen auf deutschem Boden zu verstärken. Die Warnungen, die Stein beim Zaren gegen eine solche Politik des „kurzsichtigen Egoismus“ erhob, erkannte Alexander rundweg als berechtigt an; aber ändern konnte er den Lauf der Dinge nicht, um so weniger, als er sich soeben erst den Schweden gegenüber zum Beistand auch gegen Norwegen verpflichtet hatte[12]. Erfreulicher war, daß zwischen Kaiser Franz von Österreich und dem Zaren eine geheime Verständigung zustande kam, die zur Folge hatte, daß Österreich als Alliierter Napoleons den Russen wenig Schaden tat; Stein selbst wurde vom Zaren ins Vertrauen gezogen und half dessen Mißtrauen gegen die Wiener Politik beschwichtigen[13]. Um so beängstigender war der Verlauf der militärischen Operationen. Die russischen Generäle enttäuschten und versagten einer nach dem anderen; der Rückzug auf die befestigten Verschanzungen von Drissa an der Düna, den Alexanders vertrauter Ratgeber, der gelehrte General Phull, empfohlen und durchgesetzt hatte, vollzog sich überstürzt; bald erwies sich die Verschanzung als unhaltbar gegenüber den riesigen, sie umflügelnden Heeresmassen des Imperators. Zar Alexander verließ die Armee, die er nicht wirklich zu leiten vermochte und deren Niederlagen sein persönliches Ansehen zu erschüttern drohten. Stein folgte ihm nach Moskau, wo er erschüttert und begeistert die große Huldigung des russischen Volkes für seinen Kaiser miterlebte, die „glühende Andacht“ der Massen in allen Kirchen, die opferwilligen Beschlüsse des versammelten Adels, zum Schutz der bedrohten Heiligtümer Rußlands das Letzte herzugeben und eine nationale Landwehr aufzustellen.

Wesentlich kühler war die Aufnahme des Herrschers in Petersburg, wo Stein, abermals dem Hoflager folgend, die zunehmende, immer gefährlicher sich äußernde Kritik der adligen Gesellschaft an der unfähigen Heerführung, aber auch an den persönlichen Führereigenschaften Alexanders aus nächster Nähe beobachten konnte[14]. Er selbst bewährte aufs neue seine Gabe, in kritischen Lagen den Kopf oben zu behalten, mannhafte Zuversicht auf seine Umgebung auszustrahlen. Als die niederschmetternde Nachricht von der Einnahme und dem Brand Moskaus nach Petersburg kam und nun alles die Köpfe hängen ließ, trug er, wie Arndt uns berichtet, erst recht eine fröhliche, unbekümmerte Zuversicht zur Schau und äußerte laut seine Verachtung für das weinerlich-feige Benehmen derer, die jetzt nach schleunigem Friedensschluß riefen. Ein Edelmann von tadelloser Haltung, geziert mit allen ritterlichen Tugenden seines Standes, weckte er in den Salons der Petersburger Aristokratie eine stets wachsende, vielfach schwärmerische Bewunderung. Seine Stellung beim Zaren schildert er selbst als glänzend; als einziger Ausländer neben dem englischen Admiral Bentinck genieße er die Gunst, zur kaiserlichen Tafel gezogen zu werden; auch eine auskömmliche Ehrenbesoldung wurde ihm zuteil[15]. Die Geschäfte des Deutschen Komitees ließen ihm mehr als genügend Zeit, geselligen Umgang zu pflegen; und so wurde er bald eine Berühmtheit der Petersburger Gesellschaft, bezauberte durch die männliche, unerschrockene Offenheit, aber auch durch seine geistvoll-heitere Unterhaltungsgabe, seinen Witz, seine sprudelnde Lebhaftigkeit besonders die Damenwelt. Bald besaß er unter den Petersburger Damen glühende Verehrerinnen wie die Gräfin Orloff und die Herzogin Antoinette von Württemberg, die in patriotischen Empfindungen miteinander wetteiferten. Das alles hatte auch seine politische Bedeutung: es gab keinen besseren Weg, sich Einfluß am Hofe zu sichern, als auf dem Umweg über die hohe Petersburger Aristokratie. Auch auf die persönliche Haltung Alexanders I., der alle Friedensangebote Napoleons standhaft zurückwies, wird sein Zuspruch eingewirkt haben; äußere Zeugnisse dafür fehlen indessen gänzlich, und entscheidend war sicherlich die Haltung des russischen Volkes: angesichts der ungeheuren Erbitterung Rußlands über die Einnahme und den Brand Moskaus konnte der Zar gar nicht wagen, einen vorzeitigen Frieden zu schließen, ohne sein Ansehen und seine Ehre aufs Spiel zu setzen[16].

Ununterbrochen sieht man Stein in Petersburg bemüht, seinen Einfluß zugunsten der schwedisch-englischen Truppenlandung auf deutschem Boden, als Anfang einer allgemeinen Volkserhebung, nutzbar zu machen. Neue illusionäre Hoffnungen weckte der Zar durch halbe Mitteilungen über seine Abmachung mit Schweden in Åbo (30. August): er versicherte, Bernadotte werde im Dezember, nach Vollendung seines Unternehmens gegen Dänemark, an der Küste von Holstein eine Invasionsarmee landen; daß der Vertrag von

Abo darüber kein Wort, wohl aber sehr eingehende Bestimmungen über eine russische Kriegshilfe gegen das dänische Seeland und höchst bedenkliche Abreden über die künftige russische Westgrenze enthielt, scheint er verschwiegen zu haben. Stein jedenfalls bemühte sich eifrig, durch neue Weisungen an Gruner den deutschen Volksaufstand rechtzeitig in Gang zu bringen; auch sollte Gruner durch Vermittlung Scharnhorsts den preußischen König zu bestimmen suchen, daß er der schwedischen Landung kein Hindernis in den Weg lege. Unnötige Mühe! Als die erste dieser Weisungen abging (11. September!), saß Gruner schon wochenlang in österreichischer Haft, und wenige Tage später erfuhr Stein auch den wahren Inhalt des Åboer Abkommens wenigstens in den Grundzügen. Man begreift seinen Zorn und seine Enttäuschung. Seinem kaiserlichen Gönner warf er jetzt (in einem Schreiben an Münster vom 25. September) Charakterschwäche, Oberflächlichkeit, Mangel an Tiefe des Verstandes und des Herzens vor: niemand dürfe seiner Standhaftigkeit im Unglück trauen. Von dem „Gascogner" Bernadotte und seinen „raubsüchtigen armen Schweden" befürchtete er nunmehr das Übelste für Deutschland: er werde Dänemark mit deutschen Provinzen für den Verlust von Norwegen zu entschädigen suchen, während Rußland seine Westgrenze in preußisches Gebiet vorschieben wolle. Beides war ganz zutreffend beobachtet: eben in Åbo hatte Schweden in aller Form sein Einverständnis erklärt, falls Rußland eines Tages die Weichselgrenze für sich in Anspruch nehmen sollte. Dem „Lumpengesindel der deutschen Fürsten" aber traute Stein zu, daß sie vor den nordischen Bundesgenossen ebenso kriechen würden, wie sie 1801 und 1802 vor den niederen diplomatischen Agenten Frankreichs gekrochen seien. Die Politik der Kabinette zu Wien und Berlin fand er „niederträchtig" – ohne einstweilen von Gruners Verhaftung etwas zu ahnen[17].

In solcher Lage, in so deutlicher Erkenntnis der eigennützigen Motive, die Rußland und Schweden zu Bundesgenossen Deutschlands im Kampf gegen Napoleon machten, der Ohnmacht, Schwäche und partikularen Selbstsucht der deutschen Höfe – welche andere Hoffnung blieb dem national gesinnten Patrioten als die auf Englands mächtige Hilfe? Immer häufiger und immer dringender wurden die Notrufe, die er nach London hinübersandte. Die Verdrängung des unfähigen Rumiantzoff, die Ausrüstung, Besoldung und militärische Verwendung der deutschen Legion, vor allem die Leitung und Unterstützung der deutschen Erhebung – das alles sollten die Engländer ins Werk setzen. Fest überzeugt, daß „Englands und Deutschlands wahrer Nutzen übereinstimmten", dachte er den Briten eine ähnliche Rolle zu, wie sie einst Gustav Adolf gegenüber dem deutschen Protestantismus gespielt hatte[18].

Vor allem soll England die Führung in dem zu entfesselnden Volksaufstand der Deutschen übernehmen und dessen einseitige Ausbeutung zugunsten fremder Mächte (vor allem Schwedens) verhindern (Brief an Graf Münster vom 10. September). England bildet ein Heer aus der Bevölkerung der einzunehmenden Landschaften, ernennt seinen Anführer (etwa den Herzog von

Braunschweig, oder auch einen englischen General, diesen aber unterstützt von einem mitverantwortlichen Kriegsrat, zu dessen Mitgliedern Männer wie Steins Schwager General Wallmoden, Gneisenau und Grolman gehören sollten) und bildet einen politischen Verwaltungsrat; dieser würde aus Vertretern der gegen Napoleon kämpfenden Hauptmächte bestehen: am besten aus dem Grafen Münster für den englischen Regenten (als ehemaligen Kurfürsten von Hannover), Stein für Kaiser Alexander, vielleicht noch einigen gutgesinnten deutschen Notablen, einem russischen und einem englischen Minister; aber nur ein wirklich weitblickender wie Canning oder Richard Wellesley sollte über den Kanal geschickt werden. Acht Tage später führte er dieses Programm noch etwas näher in einer Denkschrift für Kaiser Alexander aus. Hier war (begreiflicherweise) auch dem Kronprinzen von Schweden ein Vertreter im Verwaltungsrat zugedacht und ebenso den vertriebenen deutschen Fürsten (unter denen sich ja auch der Oldenburger befand!) ein gemeinsam zu ernennendes Ratsmitglied; dafür war von einem besonderen Vertreter der britischen Regierung hier nicht weiter die Rede. Die deutsche Legion sollte den Kern der Erhebung bilden, diese selbst am besten in dem Lande zwischen Elbe, Yssel, Rhein und Thüringer Wald beginnen, aber wenn irgend möglich auch auf die preußischen Landschaften zwischen Elbe und Oder ausgedehnt werden, was ihre Stoßkraft vervielfachen würde.

Das Ganze stellte sich als eine einfache Fortbildung der Aufstandspläne von 1809 dar – nur daß, dem Wandel der Verhältnisse entsprechend, an die Stelle des damals vorgeschlagenen deutschen „Bundesrats" unter Protektion des österreichischen Kaisers ein Verwaltungsrat wesentlich aus Vertretern auswärtiger Mächte getreten ist. Gneisenau, der davon durch Graf Münster erfuhr, urteilte ganz richtig, daß die Vielköpfigkeit der vorgeschlagenen Verwaltungsbehörde und Heerführung den ganzen Plan als ein praktisch unausführbares „Ungeheuer" erscheinen lasse; schuld daran sei aber vor allem die Vielfältigkeit der politischen Interessen, auf die Stein Rücksicht zu nehmen habe. Wir hörten schon, wie tief Stein selbst von der inneren Gegensätzlichkeit dieser Interessen, von der politischen Selbstsucht des russischen und schwedischen Protektors und von dem engstirnigen, allen nationalen Belangen entgegengesetzten Legitimismus des deutschen Kleinfürstentums überzeugt war. Aber drohten nicht auch von englischer Selbstsucht Gefahren für die deutsche Sache? In seinen nach London gehenden Briefen konnte sich Stein darüber nicht äußern; immerhin gab er deutlich genug zu verstehen, daß er eine engherzige Vertretung englischer Partikularinteressen im Verwaltungsrat wie in der Heerführung befürchtete; und Graf Münster vermutete sofort, daß er vielleicht persönlich mit Stein wegen englisch-hannoverischer Sonderinteressen aneinandergeraten würde [19]. Schwerlich wird man nach alledem unserem Reichsritter eine Unterschätzung der vom Ausland drohenden Gefahren für Deutschlands Zukunft, eine Überschätzung der europäischen Interessensolidarität vorwerfen dürfen [20]. Sicherlich wäre es ihm am liebsten gewesen, auch diesmal, wie er es 1809 vorgeschlagen hatte, einen rein deutschen „Verwaltungsrat" zu bilden und „Deutschland allein durch Deutsche" zu befreien[21]. Aber solange dazu keine Möglichkeit bestand, vertraute er nicht mit Unrecht darauf, bei den Engländern immer noch mehr Verständnis für die Notwendigkeit einer Aufrichtung Deutschlands als eines starken Schutzwalls gegen französische Eroberungsgelüste und einer Sicherung des Gleichgewichts der europäischen Mächte zu finden als bei den Kontinentalstaaten, deren politische Einsicht viel stärker durch nationale Begehrlichkeiten dieser oder jener Art getrübt wurde[22].

Immerhin wollte er nicht ganz auf die Hoffnung verzichten, es möchte gelingen, bald auch die deutschen Großmächte, Österreich und Preußen, für das Werk der nationalen Erhebung zu gewinnen; sie sollten dann als Bundesgenossen behandelt, also (wird man schließen dürfen) auch an dem deutschen Verwaltungsrat beteiligt werden[23]. Ihr besonderes staatliches Interesse mit dem der Nation zu vereinigen, ist denn auch der Sinn einer großen Verfassungsdenkschrift, die Stein am 18. September, gleichzeitig mit seinem Erhebungsplan, dem russischen Kaiser vorlegte[24] und bald darauf im Auszug auch an Graf Münster übersandte.

Sie ist denkwürdig als Zeugnis des glühenden Eifers, mit dem ihr Urheber sich schon jetzt, mitten in den Tagen der Not, der tiefsten Entwürdigung des deutschen Namens, mit dem Zukunftsbild eines schöneren, freien und mächtigen Deutschland beschäftigte. Wohl hatte soeben erst die Meldung Kutusoffs von einem großen Sieg, den er bei Borodino über Napoleon errungen haben wollte (in Wirklichkeit war es eine Niederlage gewesen), die Hoffnungen Steins auf einen baldigen Sturz „des Menschen" gewaltig beflügelt. Aber die Sorge, daß kurzsichtiger Egoismus des Auslandes, Unverstand und zäher Legitimismus der deutschen Fürsten das große Werk der nun anhebenden Befreiung Europas und Deutschlands verderben könnten, spricht aus jeder Zeile seiner Schrift.

Die Wiederaufrichtung Deutschlands sucht sie als ein Interesse nicht nur der deutschen Nation, sondern ganz Europas, insbesondere Rußlands und Englands, zu erweisen. „Die Ruhe Europas erheischt, daß Deutschland so eingerichtet sei, daß es Frankreich widerstehen, seine Unabhängigkeit erhalten, England in seine Häfen zulassen und der Möglichkeit französischer Einfälle in Rußland zuvorkommen könne[25]." Das wird aber nicht erreicht, wenn man (wie es der Herzog von Oldenburg und andere fürstliche Verwandte des Zaren sich dachten) die alte Reichsverfassung auf den Grundlagen des Westfälischen Friedens wiederherstellt. Selbst wenn es praktisch möglich wäre, die gewaltigen, seit 1802 geschehenen Territorialveränderungen einfach zu beseitigen und die bunte Kleinstaatenwelt des ancien régime (einschließlich geistlicher Fürstentümer, Reichsritterschaft, Reichsstände und Reichsgerichte) wieder aufleben zu lassen, würde das nur die Erneuerung und Verewigung eines Zustandes von Ohnmacht und politisch-moralischer Verderbnis bedeuten. Unendlich viel besser würde es dem allgemeinen Besten Europas und dem besonderen Deutschlands entsprechen, könnte man die alte einheitliche Monarchie[26] des 10. bis

13. Jahrhunderts wieder aufrichten: „ein Reich bilden, welches alle sittlichen und physischen Bestandteile der Kraft, Freiheit und Aufklärung enthielte und dem unruhigen Ehrgeize Frankreichs widerstehen könnte". Mit sichtlichem Wohlbehagen verweilt Stein bei dieser Phantasie: wie dann endlich das deutsche Volk ein Gefühl seiner Würde und seiner Unabhängigkeit wieder gewinnen, seine Kräfte auf große nationale Ziele statt auf kleinliche Partikularinteressen richten, sich von den Bewegungen der kleinen Höfe abwenden würde, „deren Vervielfältigung für die Sitten und für eine stolze unabhängige Haltung des Einzelnen verderblich ist". Endlich würde es ein Ende nehmen mit dem falschen Souveränitätsdünkel der deutschen Kleinfürsten, die so unwürdig die Nation verraten haben, für die sie hätten verstehen müssen zu sterben!

Aber Stein ist sich darüber klar, daß solche Hoffnungen bare Utopien sind und daß das Rad der Geschichte sich nicht einfach zurückdrehen läßt. Ähnlich wie in seinen früheren Verfassungsplänen rechnet er mit einem praktischen Kompromiß: entweder einfache Teilung Deutschlands „nach dem Laufe des Mains" unter Preußen und Österreich (die also den Norden bzw. den Süden annektieren sollen), oder, falls auch das nicht möglich ist, falls man „um die Eigenliebe zu schonen, die Länder der vertriebenen Fürsten bestehen lassen müßte": Unterordnung dieser Länder unter die Führung Preußens bzw. Österreichs in der Form eines Bundesverhältnisses[27]. Man sieht: es sind im Grunde immer dieselben, seit 1804 kaum veränderten Verfassungsideen, die er vorbringt – erstaunlich ist nur die Kühnheit, mit der er dem Zaren eine so radikale Kritik am deutschen Fürstenstand vorzutragen, dem hannoverischen Minister so unverfroren die Mediatisierung des Kurfürstentums unter Preußen anzukündigen wagte. Erstaunlich auch die Zuversicht, daß eine Teilung Deutschlands unter zwei Herrscherhäuser ohne allzu schwere Gefährdung der nationalen Einheit möglich sein würde: offenbar stand dem Reichsritter die stete Bedrohung Deutschlands von Westen her so lebhaft vor Augen, daß ihm darüber die Gefahren eines deutschen Dualismus verblaßten. Allzuoft schon war in den schweren Krisen seit 1805 die Notwendigkeit einer gemeinsamen Führung Deutschlands durch seine beiden Großmächte erörtert worden[28], als daß er die inneren Schwierigkeiten eines solchen Verhältnisses noch in ihrem vollen Gewicht hätte empfinden können.

Sehr bemerkenswert ist, daß Stein in einem ersten, deutsch geschriebenen Entwurf seiner Denkschrift das neu zu organisierende Deutschland auf den Raum zwischen Oder, Rheinmündung, Maas und Moselgebirge beschränken will, d. h. im wesentlichen auf das Gebiet des Rheinbundes[29]. Die östlichen Teile Preußens und (wie spätere Denkschriften zeigen) auch die Hauptländer der Donaumonarchie sollen eine Sonderstellung erhalten. Warum? Ist dem Reichsritter noch immer der Westen und Südwesten Deutschlands das eigentliche Reich? Es gab doch noch einen andern, praktisch-politischen Grund: nur in diesen Gebieten der ärgsten staatlichen Zersplitterung hielt Stein eine strengere Zentralisation für möglich – und für unbedingt nötig.

Kaiser Alexander erhob keine Einwendungen gegen den Verfassungsplan, ließ ihn vielmehr seinem neuen Londoner Gesandten, Graf Lieven, als vorläufiges russisches Programm übermitteln. Ehe aber Antwort aus England kam, mußten bei der Langsamkeit und Schwierigkeit der Verbindungen viele Wochen vergehen. Es dauerte bis in den November, ehe Stein die Ansichten Münsters über seine Invasions- und Verfassungspläne erfuhr. Sie bedeuteten eine neue Enttäuschung. Der Kriegseifer des englischen Ministeriums, von dem Gneisenau zu großem Jubel Steins Anfang September hatte berichten können, war rasch wieder abgeflaut, von Entsendung eines englischen Truppenkorps nach Deutschland keine Rede mehr. Das Mißtrauen gegen die Standhaftigkeit des Zaren, durch unvorsichtige kritische Äußerungen in Steins eigenen Briefen noch verstärkt[30], Sorge vor der Haltung Preußens und Dänemarks gegenüber einer deutschen Erhebung und vor den starken Reservetruppen Napoleons in Deutschland, starke Zweifel an der Beweglichkeit und Erregbarkeit der deutschen Bevölkerung, schließlich die schweren Lasten des spanischen Krieges und innerpolitische Schwierigkeiten – das alles bestimmte die englische Politik zu vorsichtiger und untätiger Reserve. Stein ließ sich aber dadurch nicht mehr allzuviel anfechten. Denn inzwischen hatte die große Wendung der Kriegsereignisse sich vollzogen, die den Anfang vom Ende Napoleons bedeutete.

Der Rückzug der Großen Armee von Moskau, die ersten russischen Siegesmeldungen, die Nachrichten von der zunehmenden Auflösung des Riesenheeres – das alles steigerte die Siegeszuversicht unseres Patrioten von Tag zu Tag und drängte seine politischen Sorgen in den Hintergrund. Immer schneller überstürzten sich die Ereignisse, immer fester wurde seine Gewißheit, daß Gottes Strafgericht vor seinen Augen sich vollziehe, daß die Stunde des „großen Verbrechers“, des „unreinen Tieres, das die Ruhe Europas stört“, nun endlich, endlich geschlagen habe. Ein Jubel der Erlösung durchklingt von jetzt ab seine Briefe, zumal die an seine Gattin, den der Nachlebende nicht ohne Ergriffenheit wahrnehmen kann.

Nun aber kam alles darauf an, daß der über alles Erwarten große Erfolg der russischen Waffen militärisch und politisch wirklich ausgenützt, ein neuer dauerhafter, heilbringender Zustand der Dinge hergestellt und gesichert wurde. Stein verdoppelte seinen Eifer, die kriegführenden Mächte anzuspornen, zu mahnen zur Versöhnung ihrer inneren Gegensätze, zur rechtzeitigen Vorbereitung einer Neuordnung Deutschlands und Europas. Schon glaubte er die Möglichkeit vor sich zu sehen, daß die russischen Heere ihren Sieg bis an die Ufer der Elbe verfolgten, Preußen zum Anschluß zwängen, Österreich mit sich fortrissen, den Kriegsschauplatz mit Hilfe einer englischen Invasion in das Land zwischen Elbe und Rhein verlegten. War es da nicht allerhöchste Zeit, sich über die Kriegsziele zu einigen? Eine Umbildung Deutschlands und Italiens „zu großen Massen“, um sie stark zu machen gegen Frankreich, schien ihm unentbehrlich zur Sicherung der künftigen Ruhe Europas[31]. Vor allem kam es jetzt auf eine Verständigung über Deutschland an; vielleicht war es möglich, die preußische und österreichische Politik durch Eröffnung großartiger Aussichten auf Machtvergrößerung in Deutschland zum Anschluß an Rußland zu bewegen?

Nichts stand dieser Hoffnung mehr im Wege als die polnischen Annexionswünsche der Russen, die sich jetzt, im Fortschreiten ihres Siegeslaufes bis über die Weichsel, mehr und mehr enthüllten und vor allem in militärischen Kreisen verstärkten. Wurde das Kriegsziel der russischen Weichselgrenze oder der Neuerrichtung Polens unter russischem Zepter – wozu Alexander selbst am meisten neigte – in Wien oder Berlin ruchbar, so war an den Anschluß Österreichs und Preußens nicht zu denken. Stein hatte früher mehrfach Sympathien für die Polen geäußert und sich als ein humanitär denkender Mann entrüstet über die Zerstörung ihres Nationalstaates ausgesprochen, die er mit Gentz als Versündigung am Geist der europäischen Völkergemeinschaft empfand. In der Nassauer Denkschrift hatte er geraten, ihnen in den preußisch-polnischen Provinzen nationale Selbstverwaltung zu geben, ein Königreich Polen zu errichten und mit der Krone Preußens zu vereinigen[32]. Ähnliche Gedanken hatte er noch 1811 wiederholt. Jetzt, da das polnische und das deutsche Nationalinteresse einander widerstritten, ergriff er ohne weiteres für die eigene Nation Partei. Mit höchster Leidenschaft bekämpfte er die „wilden und absurden" polnisch-russischen Pläne, die das Herz von Deutschland bedrohten, Ost- und Westpreußen vom deutschen Stammland losreißen wollten, überdies freilich, wie er meinte, weder dem wahren russischen noch dem europäischen Interesse entsprächen. Wahrscheinlich hat er das letztere auch dem Zaren vorgestellt. Zuletzt aber war es doch wieder England, dessen Eingreifen als „leitende Macht" hier allein helfen konnte. Dringend bat er Münster, durch „einen gescheuten und kräftigen Mann" Erklärungen abgeben zu lassen, die den russischen Eroberungsplänen Grenzen setzten: er selbst durfte Äußerungen dieser Art nur mit höchster Vorsicht wagen, um nicht Alexanders Vertrauen zu verlieren. Gleichzeitig aber ergänzte er seinen früheren Plan einer Nationalverfassung, um der englischen und russischen Diplomatie für die nun unmittelbar bevorstehenden Verhandlungen mit den Mittelmächten eine feste Unterlage zu geben[33].

Wird Deutschland zwischen Preußen und Österreich aufgeteilt, so müssen zunächst die Rheinbundstaaten Bayern, Württemberg, Baden auf ihren Besitzstand vor 1802 beschränkt werden, also alle seitdem gemachten Eroberungen – darunter die reichsritterschaftlichen Gebiete! – wieder herausgeben; sie verlieren ferner das Recht der Bündnisse und Gesandtschaften und werden damit „große Vasallen" Österreichs; alle übrigen Landschaften südlich des Mains werden in einem „Königreich Süddeutschland" unter österreichischer Herrschaft zusammengefaßt, das eine Verfassung erhält, um der uralten Freiheit dieser Reichslande gerecht zu werden. Ähnlich bildet Preußen ein verfassungsmäßiges Königreich Norddeutschland, in dem alles aufgeht, was nicht den vertriebenen Fürsten gehört, also alles außer Hannover, Hessen, Braunschweig und Oldenburg, die ebenfalls zu Vasallen werden. Deutschlands Westgrenze darf nicht der Rhein bilden, sondern – der militärischen Sicherheit wegen – die Maas, Luxemburg, die Mosel, Vogesen, Schweiz. Letztere wird in ein Bundesverhältnis zu Österreich gesetzt. Der König von Sachsen wird für den Verlust seines Landes durch das Herzogtum Warschau entschädigt, das aber einen Teil des Dreiecks zwischen Schlesien und Westpreußen an Preußen abgeben muß. Rußland „ist zu groß und gerecht, um sich vergrößern zu wollen" und begnügt sich mit Beitragszahlungen für seine Kriegskosten durch die Verbündeten. Dänemark wird aufgeteilt zwischen Schweden und England[34], Schleswig-Holstein mit dem norddeutschen Königreich vereinigt, Holland mit dem britischen Reich, das aber den Deutschen die Freiheit der Flußmündungen garantiert. „Die deutschen Angelegenheiten müssen durch England, Österreich, Rußland geordnet und Preußen mit fortgerissen werden[35]."

Das Ganze ist, wie man sieht, ein etwas unbehilflicher Versuch des politischen Idealisten zur „Realpolitik" und als solcher interessant genug. Allen großen Mächten hat er etwas an Land- und Machtgewinn zu bieten, um sie in den Befreiungskampf zu locken – nur Rußland nicht, das sich mit einem Lob seiner selbstlosen Großmut begnügen muß. Die Gefolgsstaaten Napoleons werden für ihr Verhalten bestraft: Sachsen und Dänemark durch völlige Beseitigung, die süddeutschen Mittelstaaten durch Verkleinerung. Auf Österreichs Bündnisbereitschaft rechnet Stein mit Sicherheit, während Preußen dazu erst genötigt oder doch „mit fortgerissen" werden muß. Wie ganz anders sollten die Dinge sich bald darauf entwickeln! Welche gewaltigen Kräfte in dem niedergetretenen Preußen noch schlummerten, ahnte Stein so wenig wie alle Welt[36]. Wenn der Zar in seinen Mitteilungen nach Wien höflich bittend, in Berlin dagegen lokkend und drohend zugleich auftrat, so haben die Ratschläge Steins dabei wahrscheinlich mitgewirkt.

Auf Englands Hilfe setzte er nach wie vor große Hoffnungen, obwohl ihn die Langsamkeit und Unsicherheit des englischen Kabinetts fast zur Verzweiflung brachte. Alle die vielen Bedenklichkeiten, die Graf Münster in seinen Briefen entwickelte, machten ihm geringen Eindruck; sie schienen ihm allesamt durch die neueste Wendung der Kriegsereignisse überholt. Auf Schwedens Mitwirkung wollte er jetzt gerne ganz verzichten: es sei ein großer Gewinst, meinte er, daß man der Einmischung dieser absichtlichen, unzuverlässigen, französisch gesinnten Nation und ihres Revolutionshelden nicht mehr bedürfe. Und wenn ihm gar Münster künftige Meinungsverschiedenheiten wegen Hannovers in Aussicht stellte, so lehnte er es ab, sich für die preußische Hegemonie in Norddeutschland etwa persönlich besonders zu erwärmen. Wisse Münster einen besseren Plan für die Neuordnung Deutschlands, halte er es zum Beispiel für möglich, eine einheitliche deutsche Monarchie unter Führung Österreichs zu errichten und den preußischen Staatsverband zu zerschlagen: ihm solle es recht sein, wenn es ausführbar sei. Ein Wort, das zwar nur als rhetorische Hyperbel gemeint ist (Stein wußte natürlich, daß eine solche Politik praktisch unausführbar war[37]), aber doch den Gipfelpunkt einer inneren Entfremdung vom preußischen Wesen bedeutet, die wir seit 1809 stetig zunehmen sahen. Und dies am Vorabend der großen Erhebung von 1813! Aber eng verknüpft mit dieser ungerechten Verkennung ist das schönste und feurigste (freilich auch unvorsichtigste) Bekenntnis zum deutschen Gesamtvaterland, das wir aus der Feder Steins besitzen. „Es ist mir leid", schrieb er in demselben Brief an Münster (1. Dezember 1812), „daß Euer Exzellenz in mir den Preußen vermuten und in sich den Hannoveraner entdecken – ich habe nur ein Vaterland, das heißt Deutschland, und da ich nach alter Verfassung nur ihm und keinem besonderen Teil desselben angehörte, so bin ich auch nur ihm, und nicht einem Teil desselben von ganzem Herzen ergeben. Mir sind die Dynastien in diesem Augenblick großer Entwicklung vollkommen gleichgültig, es sind bloß Werkzeuge; mein Wunsch ist, daß Deutschland groß und stark werde, um seine Selbständigkeit, Unabhängigkeit und Nationalität wieder zu erlangen und beides in seiner Lage zwischen Frankreich und Rußland zu behaupten; das ist das Interesse der Nation und ganz Europens; es kann auf dem Wege alter zerfallener und verfaulter Formen nicht erhalten werden; dies hieße das System einer militärischen, künstlichen Grenze auf den Ruinen der alten Ritterburgen und den mit Mauern und Türmen befestigten Städten gründen wollen und die Ideen Vaubans, Coehorns und Montalemberts zu verwerfen. – Soll sich der blutige Kampf, den Deutschland 20 Jahre unglücklich bestanden und zu dem es jetzt wieder aufgefordert wird, mit einem Possenspiel endigen, so mag ich wenigstens nicht teil daran nehmen, sondern kehre in das Privatleben freudig und eilig zurück."

Eine kräftigere Absage an das System blinder Restauration, eines engherzigen, auf romantische Zeitstimmungen sich stützenden Legitimismus (wie es die Worte Münsters angekündigt hatten) läßt sich nicht denken. Auf diesem Höhepunkt seiner inneren Entwicklung erscheint der Reichsfreiherr geradezu als der eigentliche, der wahre Prophet deutscher Zukunft: als Vertreter des modernen nationalstaatlichen Prinzips schlechthin im Gegensatz zu allen partikularstaatlichen Bindungen der deutschen Staatsmänner, allen unpolitischen, überpolitischen und kosmopolitischen Ideengängen der deutschen Bildungswelt. Für seine Zeitgenossen freilich kam der Prophet zu früh. Mit grausamer Deutlichkeit wird er, sobald die Verhandlungen mit den deutschen Mächten wirklich beginnen, das Utopische seiner nationalen Hoffnungen erfahren müssen; und in den vielgewundenen, gequälten Versuchen der nächsten Jahre, dem Ideal durch Kompromisse aller möglichen Art wenigstens so nahe als möglich zu kommen, wird sich die Grenze seines eigenen politischen Vermögens, die Gebundenheit seiner politischen Phantasie an veraltete Traditionen und unpolitische Ideologien zuweilen überraschend offenbaren.

Zunächst hingen alle Hoffnungen für Deutschlands Zukunft davon ab, daß die russischen Heere nicht an der Westgrenze des Reiches stehenblieben, sondern nach Deutschland vordringend die Befreiung Europas mit den nationalrussischen Kriegszielen verbanden. Der Entschluß dazu war nichts weniger als selbstverständlich. Die ungeheuren Verluste der russischen Armee (sie war auf weniger als ein Viertel ihres Bestandes zusammengeschmolzen!) machten sie unfähig, ohne Hilfe der mitteleuropäischen Mächte mit Napoleons immer noch starken Reserven auf deutschem Boden fertig zu werden. Das eigentlich nationalrussische Interesse am Kriege schien erschöpft mit der Reinigung des russischen Bodens von den Fremden; der Generalissimus Kutusoff selber gab den Stimmen recht, die das Einhalten der Verfolgung, die Sammlung und Wiederherstellung der in Auflösung geratenen Armeen, wenn möglich schleunigen Friedensschluß forderten. Was ging die Nationalrussen schließlich die Befreiung der Deutschen an? Genügte es nicht, die Grenzen der Heimat zu verteidigen? Und war die mißtrauisch-vorsichtige Zurückhaltung der Wiener Hofburg, die zögernde Ängstlichkeit des Preußenkönigs etwa geeignet, eine kühn ausgreifende Politik des Zaren zu ermutigen? Standen die preußisch-österreichischen und sächsischen Hilfskorps nicht immer noch, verhältnismäßig wenig beschädigt, auf der Seite des Feindes? Rumiantzoff warnte dringend vor einer Allianz mit den deutschen Mächten: ihre Anstrengungen würden nur darauf gerichtet sein, dem russischen Volk die Ernte seiner Siege zu verderben. Und selbst der kriegseifrige, junge Staatssekretär Nesselrode, der den Kanzler seit neuestem in der Gunst des Kaisers verdrängte und der auch Steins Sympathien genoß, wollte ohne Beitritt Österreichs den Krieg nicht fortsetzen: besser wäre es, meinte er, sich mit ganz bescheidenen Friedensbedingungen zu begnügen, als ohne österreichische Hilfe in einem aussichtslosen Kampf die letzten Reserven aufs Spiel zu setzen[38]. Daß Alexander trotz dieser Warnungen den Entschluß gefunden hat, den Kampf ununterbrochen fortzuführen bis zum Äußersten, als Befreier und Friedebringer Europas die teils zögernden, teils widerstrebenden deutschen Mächte mit sich fortzureißen, ist eine weltgeschichtlich wahrhaft große und bei weitem seine größte Tat. War Stein an diesem Entschluß etwa maßgebend beteiligt?

Eine Denkschrift von stürmischer Beredsamkeit, die er dem Zaren am 17. November einreichte, suchte ihn zu überreden, daß nichts mehr die russischen Armeen in ihrem Siegeslauf bis zur Elbe aufhalten könne, daß Preußen und Österreich ein russisches Bündnisangebot „mit Feuer und Dankbarkeit“ annehmen würden und daß die Stunde geschlagen habe, in der Rußlands Kaiser sich an die Spitze der Mächte Europas setzen, die erhabene Rolle des Wohltäters, Wiederherstellers, Friedensstifters spielen könne. Sie betonte, daß gegen Napoleon ein reiner Verteidigungskrieg unmöglich sei und nur neue größere Gefahren heraufbeschwöre. Für die Fortsetzung des Kampfes empfahl sie neue Methoden: eine kräftigere Heeresleitung (durch General Wittgenstein), vor allem schonsame Behandlung des deutschen Landes, um die Einwohner für die gute Sache zu gewinnen. Denn mit Hilfe einer allgemeinen Volkserhebung die deutschen Fürsten mit fortzureißen, blieb nach wie vor die große Hoffnung Steins: die Regierungen müsse man überwachen, leiten, in gewissen Fällen sich ihrer bemächtigen. Kein deutscher Fürst außer den Herrschern von Österreich und Preußen habe ein Recht, die Beibehaltung oder Wiederherstellung seiner Oberherrlichkeit zu verlangen. Man dürfe sie alle – auch die, welche sich demnächst freiwillig anschließen würden, und sogar die von Napoleon vertriebenen – als Besiegte und Unterworfene behandeln: „da es ausschließlich von den verbündeten Mächten abhängt, welchen Gebrauch sie von ihren Erfolgen machen wollen, wenn sie die Franzosen aus Deutschland gejagt haben; denn sie sind keineswegs die Verbündeten dieser Fürsten und haben ihnen keine Gewähr gegeben". Sogar Preußen sollte man nur dann in das Bündnis aufnehmen, wenn Friedrich Wilhelm durch Berufung eines neuen Ministeriums (Schön, Scharnhorst, Alexander von Dohna) eine Gewähr für tatkräftiges politisches Betragen gebe. Rußland, Österreich und England vereint sollten eine Neuordnung der nationalen Verfassung Deutschlands in die Wege leiten.

Dieser Denkschrift und einer Ende November stattfindenden Unterredung über ihren Inhalt hat Stein selbst (in seiner Lebensbeschreibung von 1823) einen bedeutenden Einfluß auf die Entschlüsse des Zaren zugeschrieben; vor allem hätten seine Vorstellungen gegen Rumiantzoff – sie bildeten einen wichtigen Teil des Memoires und waren in einem erstaunlich scharfen Ton gehalten – tiefen Eindruck gemacht. Offenbar enthielt das Schriftstück auch sonst manches, das den Ehrgeiz des Zaren anstacheln, seinen liberalen Enthusiasmus für Völkerfreiheit und Menschheitsbeglückung entflammen konnte. Anderseits wird er schwerlich das optimistische Urteil Steins über Österreichs Absichten geteilt haben (die ersten Gegenbeweise hielt er Ende November bereits in Händen), noch weniger seine Rechtsdeduktion über die politischen Ansprüche der deutschen Fürsten. Das Ganze war doch allzu deutlich vom Standpunkt eines deutschen, nicht eines russischen Patrioten geschrieben, als daß man – ohne unmittelbare Zeugnisse, an denen es gänzlich fehlt – wagen dürfte, die Entschließungen Alexanders wesentlich aus dieser Quelle abzuleiten. Außer all den idealen Motiven verschiedenartiger geistiger Herkunft, die ihn zur Fortsetzung des Krieges drängten (sie nahmen seit dem Brande Moskaus immer stärker religiöse Färbung an), sprachen doch auch sehr einfache und nüchterne Erwägungen der Staatsräson und der politischen Erfahrung für den mutigsten Entschluß: wie hätte Rußland im Ernst hoffen können, ohne Unterstützung Mitteleuropas der Rache Napoleons, des unversöhnlichsten aller Gegner, zu entgehen, und wie hätte der Zar mitten im Siegeslauf der Verlockung widerstehen dürfen, als Vorkämpfer Europas eine ungeahnte Machtstellung seines Staates über seine westlichen Nachbarn zu begründen? Gelang es wirklich, den Imperator niederzuringen, dann mochte Alexander hoffen, auch in der polnischen Frage, die ihn eben jetzt zu den Interessen Preußens und Österreichs in scharfen Gegensatz brachte, zuletzt doch seinen Willen durchzusetzen; übrigens war ohne Niederwerfung Frankreichs die polnische Königskrone weder durch Gewalt noch durch Erweckung von Sympathien für Rußland zu gewinnen.

Erwägungen dieser Art, soweit sie überhaupt den Gedankengängen Steins entsprachen, brauchte der Russenzar gewiß nicht erst der Denkschrift seines deutschen Beraters zu entnehmen. Gleichwohl bleibt dessen Verdienst, im entscheidenden Augenblick dem schwankenden Herrscher Zuversicht gepredigt und den Ausblick auf hohe Ziele eröffnet, ihm die Hilfe der deutschen Nation zugesichert zu haben, unbestritten. Um so mehr, als die berufensten Ratgeber des Kaisers versagten und als es galt, den einmal gefundenen Entschluß durch Monate hindurch gegen tausend Widerwärtigkeiten und Enttäuschungen immer neu zu befestigen.

Mit den politischen Ratschlägen gingen finanztechnische Hand in Hand. Das stark entwertete russische Papiergeld, das einzig praktisch verfügbare Zahlungsmittel, hatte der Genfer Finanzschriftsteller d'Ivernois, damals Finanzberater der zaristischen Regierung, auf eine ebenso kostbare wie unzweckmäßige Weise stabilisieren wollen. Stein setzte mit Hilfe einer von ihm vorgeschlagenen Finanzkommission eine einfache Reduktion auf ein Viertel des Nominalwertes durch; in Deutschland sollten diese neuen Papierrubel Zwangskurs haben und bei Requisitionen als Zahlungsmittel dienen. Weitere Hilfe sollten ein englischer Subsidienvertrag und ein von den verbündeten Mächten gemeinsam herauszugebendes, auf ihren gemeinsamen Kredit begründetes Bundespapiergeld bringen: Projekte, die erst viel später und auch dann nur teilweise verwirklicht worden sind[39].

Auch sonst ließ es Stein an eifrigen Ratschlägen für die Fortsetzung des Krieges nicht fehlen. Durch einen von Petersburg entsandten Tiroler, Major Jubile, sollte der Zar Tirol und von da aus ganz Süddeutschland aufwiegeln lassen[40]. Der Entwurf einer Instruktion für die nach Deutschland vordringenden Heerführer, den er aufsetzte (18. Dezember), sah eine förmliche Kriegsverwaltung der besetzten Länder, Beschlagnahme aller öffentlichen Einnahmen für Rußland, Aufwiegelung der Massen zur Teilnahme am Kampf gegen Frankreich, Einrichtung eines Landsturms und einer Landwehr, ja sogar zwangsweise Aushebung von Linientruppen unter dem Kommando der russischen Generäle vor. Auf die österreichische Politik suchte er durch glühend enthusiastische Briefe an seinen Vertrauensmann Friedrich Gentz einzuwirken – welche dieser freilich Metternich gar nicht vorzulegen wagte[41]. Dem König von Preußen bat er ein Privatschreiben zu übermitteln, das ihn in leidenschaftlicher, beinahe drohender Sprache zur Teilnahme am Freiheitskampfe ermahnte; es scheint den Adressaten niemals erreicht zu haben, war auch mit seinem stürmischen Pathos und seiner Losung: Sieg oder Untergang! nicht eben glücklich auf den Charakter des Preußenkönigs berechnet. Aber die Empfindung, daß er dabei sein müsse, persönlich eingreifen, wenn es nun die deutsche Erhebung zu vollbringen galt, erfüllte Steins ganze Seele. Dringend bat er den Zaren, der am 19. Dezember zur Armee abgereist war, ihn ins Hauptquartier nachkommen zu lassen und dann als Beauftragten mit selbständiger Vollmacht bei der Okkupation Preußens (die er als unmittelbar bevorstehend betrachtete) zu verwenden; bis zum Abschluß eines russisch-preußischen Bündnisvertrags würde man das Land provisorisch für den Krieg organisieren müssen.

Tatsächlich berief ihn Alexander zu sich ins Hauptquartier nach Wilna. Anfang Januar 1813 reiste er dorthin ab, gemeinsam mit Arndt, über die endlosen Schneefelder Rußlands, vorbei an den grausig gehäuften Spuren des Krieges: Leichenhaufen, von Wölfen umschwärmt, langen Zügen halbtoter Gefangener, durch zertrümmerte Ortschaften, verpestet durch Seuchenkranke, alle menschliche Behausung verstopft durch halberfrorene, verhungerte, verstümmelte Schaudergestalten – entsetzliche Wegezeichen der blutigen Bahn, auf der das Gestirn des gekrönten Menschenwürgers sich jetzt langsam seinem Niedergang zuneigte. Als die Reisenden Wilna erreichten (am 11. Januar abends), war das Hauptquartier schon weiter nach Westen verlegt. Der Krieg, der an den russischen Grenzen zu erlahmen gedroht hatte, trotz Alexanders Entschlossenheit, ihn nach Preußen und Polen vorzutreiben, war durch die kühne Tat eines preußischen Generals wieder mächtig in Fluß geraten. Sie brachte auch Stein dem Ziel seiner Reise, der Organisierung des Krieges auf preußischem Boden, wesentlich näher. Von seinem Begleiter Arndt sich trennend, reiste er dem Zaren nach und traf ihn endlich am 16. Januar in Suwalki, nahe der preußischen Grenze. Ein neuer Abschnitt des großen Befreiungskampfes hatte begonnen.

Fünfzehntes Kapitel

Preußens Erhebung

Der kühne Entschluß des Generals von Yorck, ohne jede positive Ermächtigung seines Kriegsherrn [1] das ihm unterstellte preußische Hilfskorps aus dem französischen Truppenverband zu lösen und den Russen seine Neutralität für zwei Monate bindend zuzusagen – bindend auch dann, wenn der König den Rückmarsch zur französischen Armee befehlen sollte! –, bedeutete politisch weit mehr noch als militärisch eine entscheidende Wendung der Dinge. Nicht etwa nur als leuchtendes, ganz Deutschland „wie ein Blitzstrahl durchzuckendes" [2] Signal der deutschen Erhebung – obwohl auch das schon unendlich viel besagte! –, sondern ganz unmittelbar in seiner Wirkung auf die Entschlüsse des Zaren.

An den Grenzen seines Reiches angekommen, schwankte dieser, wie natürlich, über die weitere Richtung seines Unternehmens: sollte er wesentlich auf die Hilfe Preußens oder Österreichs oder schließlich der polnischen Nation sich verlassen? Betrachtete man den Umfang der äußeren Machtmittel, so schien die Gewinnung Österreichs zum Bundesgenossen weitaus am wichtigsten. Aber auch die polnische Allianz hatte viel Verlockendes. Es war ein alter Traum Alexanders, als Beglücker der mißhandelten polnischen Nation, als Wiederhersteller ihres ehemaligen Staatswesens den Beifall aller humanitär gesinnten Europäer zu gewinnen – zugleich aber die polnische Krone an sein Haus zu bringen. Und ließen sich damit nicht die Eroberungspläne der russischen Nationalisten auf das willkommenste verbinden? Gehörte zur Wiederherstellung des alten polnischen Reiches nicht auch der Gewinn Danzigs und der Weichselgrenze? Wir kennen bereits den Vertrag von Åbo, der diese Grenzveränderung in nahe Aussicht stellte. Eben jetzt, im Januar 1813, schrieb Alexander seinem alten Freunde Adam Czartoryski: er halte nach wie vor an der Idee einer Wiederherstellung Polens unter russischem Zepter fest; seine Truppen hätten Befehl, die Polen als Freunde zu behandeln (trotz ihrer eifrigen Teilnahme am Feldzug Napoleons!) und Warschau nicht zu besetzen. Er selber sah freilich voraus, daß ein Bekanntwerden solcher Pläne den Anschluß Preußens und Österreichs unmöglich machen würde. Aber konnte man sie nicht im geheimen verfolgen, ihre Verwirklichung bis nach errungenem Sieg zurückstellen? Offenbar kam viel, beinahe alles, auf die Haltung der zu befreienden Völker und ihrer Regierungen an: wer dem Zaren zuerst die Hand bot zu tatkräftiger Unterstützung, der hatte auch die meiste Aussicht, ihn für seine besonderen Interessen zu gewinnen.

Man ermißt leicht, wie sehr sich unter diesen Umständen die Lage zugunsten Preußens verschob, seit Yorck durch seine befreiende Tat den Russen die Wege nach Ostpreußen geöffnet hatte, während die Polen Monat auf Monat mißtrauisch und feindselig sich zurückhielten. Auf der Stelle schrieb der Zar persönlich an den König und bot ihm in den herzlichsten Wendungen Erneuerung der alten Freundschaft an: er werde die Waffen nicht eher niederlegen, als bis Preußen in altem Glanz wiederhergestellt sei. Aber die Antwort ließ viele Wochen auf sich warten; ein vorläufiger „Wink", der am 13. Januar im russischen Hauptquartier eintraf, vertröstete auf spätere Entschließungen, ließ auch ein starkes Mißtrauen der Preußen wegen Alexanders polnischer Pläne erkennen; und der Bote, der diese Mitteilungen überbrachte, hatte gleichzeitig den Auftrag, die Konvention von Tauroggen öffentlich zu verleugnen, Yorcks Absetzung und die Rückführung seines Korps in französischen Dienst zu veranlassen. An der Ausführung dieses Befehls verhinderten ihn freilich die Russen, indem sie ihn nicht durchließen. Aber es war klar, daß die Berliner Politik im Begriff stand, alle Hoffnungen wieder zu vernichten, die Yorcks kühne Tat soeben geweckt hatte. Nicht nur, daß der König, in Berlin von französischen Truppen rings umgeben, keinen Schritt tun wollte, ohne durch ein gleichzeitiges Vorgehen Österreichs gedeckt zu sein: seine letzte Absicht war, Frieden zu machen, nicht den Krieg zu eröffnen. Da er keine Hoffnung, keinen Mut hatte, Napoleon zu vernichten, rechnete er auf bewaffnete Neutralität, auf Friedensvermittlung, gemeinsam mit Österreich, auf eine bescheidene Erleichterung der preußischen Lage durch freundschaftliches Abkommen mit Frankreich. Statt den welthistorischen Moment der Befreiung Europas zu erfassen, hoffte er die Gunst der Stunde zu kleinen Vorteilen für seinen Staat zu nutzen.

Unterdessen verstrichen kostbare, unwiederbringliche Wochen. Das Korps Yorcks, vergeblich der königlichen Entscheidung harrend und festgebannt in seinen neutralen Bezirk, mußte es untätig geschehen lassen, daß die Truppen Macdonalds den nachsetzenden Russen entkamen. Ungehindert strömten durch Ostpreußen und das Weichselland die Trümmer der Großen Armee zurück, Tausende von kriegsgeübten Offizieren ohne Truppen. Sollte man das alles so weitergehen lassen, ohne einen Finger zu rühren? Yorcks Ungeduld wuchs von Tag zu Tage. Schon vor dem 11. Januar erbot er sich, auch ohne Befehl von Berlin – da der König in seinen Entschließungen unfrei sei – gemeinsam mit den Russen zu operieren. Zu ähnlichen Schritten suchte er den General Bülow, den Kommandanten der Mark Brandenburg, zu veranlassen. Aber Alexander zögerte, das preußische Korps an die Front seiner Armee vorrücken zu lassen, ehe er des preußischen Bündnisses sicher war. Erst die Berichte seines Adjutanten Fürst Dolgoruki, den er nach Königsberg zur Verhandlung mit dem General entsandt hatte, über den glühenden Kriegseifer der ganzen Provinz bewogen ihn, diese Bedenken fallenzulassen. Am 20. Januar, nachdem er selbst den preußischen Boden betreten hatte, ließ er Yorck durch Kutusow mitteilen, daß er sein Angebot mit tausend Freuden annehme; am folgenden Tage begann der Vormarsch des preußischen Korps. Obwohl es auch jetzt noch vorsorglich hinter den russischen Linien zurückgehalten wurde, war nun doch ein neuer, höchst bedeutsamer Schritt zur Herbeiführung des Krieges geschehen: der Kampf gegen Frankreich durch einen preußischen General selbständig begonnen.

Es ist sehr wahrscheinlich, wenn auch nicht ausdrücklich bezeugt, daß Steins eifriges Drängen im russischen Hauptquartier diesen Schritt mitveranlaßt hat. Für ihn, den Fürstenverächter, den Deutschpatrioten, bestanden gar keine Bedenken, die preußische Armee und das preußische Volk auch ohne, nötigenfalls gegen den Willen des Monarchen in den Krieg hineinzureißen. Wie oft hatte er gemahnt, man müsse auf deutschem Boden vor allem die Völker in Bewegung bringen, die Regierungen mitfortreißen, unter Umständen sich ihrer bemächtigen[3]! Einem solchen Ratgeber konnte Alexander unbedingt vertrauen; ganz im Sinne der Steinschen Denkschriften hatte er schon im Dezember durch seinen Oberfeldherrn Kutusow eine Kundgebung an die Preußen erlassen, die zu sofortigem Anschluß an die russischen Heere aufforderte. Niemals ist die Stellung des Freiherrn beim Zaren vertrauter gewesen als in den ersten Monaten des Jahres 1813. Sein früheres Mißtrauen gegen den Kaiser war geschwunden: alle seine Briefe und sonstigen Äußerungen atmen helle Bewunderung, ja Begeisterung für die Seelengröße und „Mäßigung" Alexanders[4]. Daß dieser seine polnischen Pläne auch jetzt noch weiter betrieb, hat er schwerlich geahnt.

Als Bevollmächtigten der russischen Okkupationsmacht ließ er sich jetzt nach Ostpreußen entsenden: entschlossen, alle Mittel der Überredung, nötigenfalls aber auch des Zwangs anzuwenden, um die altpreußischen Provinzen rechts der Weichsel für den Krieg zu organisieren. Die vom 18. Januar datierte Vollmacht, die er mitnahm (sie war unzweifelhaft von ihm selbst aufgesetzt), entspricht genau den seit 1809 von ihm entworfenen Insurrektionsplänen, zumal dem letzten vom 18. Dezember. Überwachung der Finanzverwaltung des Landes und ihre Aktivierung für den Krieg, Anordnung schleuniger Lieferungen und Transporte für die russische Armee, unverzügliche Organisation einer Miliz und Bewaffnung der Bevölkerung werden als die Aufgaben des Bevollmächtigten genannt. Die Volksbewaffnung soll sich, wie es heißt, nach den vom preußischen König schon 1808 aufgestellten und gebilligten Plänen vollziehen: eine sehr auffallende Bemerkung, da in Wahrheit von einer Billigung der Gneisenauschen Landsturmpläne von 1808 durch den König nicht die Rede sein kann! Die Absicht war offenbar, das Gewaltsame einer Volksbewaffnung unter russischem Befehl einigermaßen zu verdecken – eine Rücksicht, die auch darin hervortritt, daß der rein provisorische Charakter des Auftrags mehrfach betont wird. Freilich, wenn es heißt: sofort nach Abschluß eines endgültigen Vertrags mit Rußland werde man Friedrich Wilhelm die Verwaltung seiner Provinzen „zurückgeben", so bedeutete das zuletzt doch nur, daß sie ihm einstweilen genommen werden sollte. Dem entsprach die Ausrüstung des Bevollmächtigten mit weitgehenden Zwangsmitteln: alle Maßnahmen, die er für notwendig hält, darf er ergreifen, diejenigen Beamten benutzen, die ihm am meisten geeignet scheinen, unfähige und übelwollende absetzen oder entfernen, verdächtige Personen überwachen und sogar festnehmen, schließlich sich selbst durch eine Vertrauensperson vertreten lassen. Das Ganze entsprach durchaus dem stürmischen Wirkens- und Schaffensdrang Steins, ließ sich auch wohl rechtfertigen aus der höchst eigentümlichen, völkerrechtlich kaum faßbaren Lage Altpreußens: mitteninne zwischen Krieg und Frieden, zwischen Bündnis und Feindschaft – aber man begreift, daß eine solche Vollmacht ihren Träger vom ersten Augenblick an zu den ostpreußischen Patrioten in ein seltsam zwiespältiges Verhältnis brachte.

Sie bedurften seiner dringend, und sie sahen sich doch gezwungen, als Untertanen des preußischen Königs, sich gegen ihn zur Wehr zu setzen. Sie bedurften seiner: denn welchen Ausweg gab es wohl für einen Patriotismus, der nach Taten verlangte, der die Not und den Drang der Stunde mit unerträglicher Spannung empfand und dem doch die Hände gelähmt waren durch das hartnäckige Schweigen der Berliner Zentrale –, wenn nicht den Ausweg fremden Zwanges? Ganz Ostpreußen fieberte seit Wochen vor patriotischer Erregung. Ungeheuer war der Eindruck der Yorckschen Tat bei den Gebildeten, gewaltiger noch bei den Massen des Landvolks die Wirkung dessen, was sie unmittelbar vor sich sahen: das stolze Heer der französischen Bedränger zu Trümmern geschlagen, flüchtend in völliger Auflösung, in Schattengestalten, bei deren Anblick freilich menschliches Mitleid den Fremdenhaß meistens weit überwog[5]. In den höheren Ständen aber erhob sich zum erstenmal wieder nach langen Jahren des Druckes und der Schande das Bewußtsein von nationaler Würde und Freiheit, wagte Zuversicht, gläubige Hoffnung sich laut zu äußern. Es war ein „Ozean stürmischer Bewegung", wie uns Arndt erzählt, alle Stirnen verklärt vom Morgenlicht junger Hoffnungen. In Königsberg, der Hauptstadt, drängte sich diese Bewegung am dichtesten zusammen: das Straßenbild beherrscht vom Kommen und Gehen Yorckscher Truppenteile, russischer Offiziere, französischer Gefangener, neueingezogener Rekruten; die adlige Gesellschaft vereint mit den patriotischen Kreisen der Bürgerschaft, der Universität zu eifriger Besprechung der Tagesereignisse, in ungeduldigster Erwartung von Nachrichten aus Berlin. Schließlich führend doch der Adel, der eigentlich politische Stand, mit einer Eingabe an den König zu schneller Entscheidung drängend, mit ständischen Deputationen zur Begrüßung der fremden Heerführer auf preußischem Boden – alles einig in dem Wunsch: nur ja recht bald aufgerufen zu werden zum Kampf, zur Erhebung gegen Frankreich.

Denn daß es möglich, ja geboten wäre, aus eigener Initiative sich zu erheben, ohne Leitung von oben her, womöglich gegen den Willen des Königs, kam diesen Ostpreußen nicht in den Sinn. Nicht ein Deutschpatriotismus schlechthin, wie Stein ihn hegte, war in ihren Seelen lebendig, sondern ein Preußenbewußtsein, das sich nährte an den Erinnerungen der friderizianischen Monarchie, deren politische Tugenden Zucht und Unterordnung hießen! Vollends die höheren Beamten der Provinz, die Präsidenten Auerswald, Schön, Wißmann an der Spitze, so gern sie die Tat Yorcks ergänzt und zu voller Wirkung gebracht hätten durch eine Erhebung des ganzen Landes, fühlten sich außerstande, ohne Ermächtigung des Königs zu handeln: der Zwang rein militärischer Notwendigkeiten, den Yorck zu seiner Rechtfertigung anführen konnte, fiel im Bereich der Zivilverwaltung weg.

Freilich nur so lange, als die Besetzung des Landes durch russische Truppen rein militärischen Charakter behielt. Das wurde anders seit dem Auftreten Steins. Am 20. Januar traf er sich auf Einladung Schöns[6] mit diesem in Gumbinnen, dem Amtssitz des litauischen Regierungspräsidenten. Welch ein Wiedersehen nach langer Trennung! Noch immer empfanden sich die beiden, mit kaum geminderter Herzlichkeit trotz der Differenzen von 1810, als Freunde und Gesinnungsgenossen. Man verabredete eine Art politisches Feldzugsprogramm. Freilich ging es dabei nicht ohne Differenzen ab.

Schon von Petersburg aus hatte Stein den Präsidenten aufgefordert, für ordentliche Verpflegung der russischen Okkupationstruppen, vor allem aber für eine sofortige Bewaffnung des Landes nach den älteren Landsturmplänen Scharnhorsts (eigentlich Gneisenaus) zu sorgen, womöglich auch den Kommandanten von Graudenz zur Herausgabe des dort liegenden Rüstungsmaterials an die Russen zu veranlassen. Man kann Schön keinen Vorwurf daraus machen, wenn er dieser Aufforderung als korrekter preußischer Zivilbeamter nicht nachkam: wie hätte er sie seinem Minister gegenüber rechtfertigen sollen, ehe man sich in Berlin zum Abfall von Frankreich entschlossen hatte? Daß es ihm an Mut, Eifer und Tatkraft auch den Anmaßungen der Franzosen gegenüber nicht fehlte, hatte er während des russischen Feldzugs auf mannigfache Weise gezeigt[7]. Nun erschien Stein in Gumbinnen und forderte abermals schleunige Bewaffnung des Landes durch die königlichen Behörden. Schön lehnte das ab: sollte das Land sich erheben ohne Anweisung des Königs, so müßte es nicht durch Anordnung der Provinzialregierung, sondern von unten her, durch unmittelbare Volkserhebung geschehen. Daß es dazu nicht kommen würde, verstand sich aber bei der untertänig-loyalen Gesinnung der ostpreußischen Bevölkerung von selbst. So versuchte es Stein mit Anwendung von Gewalt: er zog seine Vollmacht hervor und drohte mit einfachem Befehl an die Behörden. Aber damit kam er übel an.

Der Gedanke, einem russischen Kommissar – und wäre es der nächste politische Freund – unmittelbar unterstellt zu werden, schien dem Selbstbewußtsein und dem Preußenstolz eines Schön unerträglich. Die Unabhängigkeit und Ehre der preußischen Verwaltung nach Kräften zu wahren – gegen die Russen ebensogut wie gegen die Franzosen – hielt er für seine Beamtenpflicht.

Steins unbedingtes Vertrauen auf die selbstlosen Absichten der russischen Politik teilte er keineswegs. Allzu deutlich waren die Annexionswünsche der russischen Generäle soeben erst in Memel hervorgetreten, und eben erst hatte Schön – mit Erfolg – durch einen eigenen Boten ins russische Hauptquartier die Vermittlung Steins angerufen[8]. Wer konnte wissen, ob nicht die Russen den Deutschpatrioten Stein als ahnungsloses Werkzeug ihrer gegen Preußen gerichteten Eroberungspläne mißbrauchen würden? Was der Minister von seinen Ratschlägen an den Zaren erzählte: daß dieser vom König die Berufung eines vertrauenswürdigen Ministeriums fordern solle, berührte Schön sehr peinlich. Die Verschiedenheit der politischen Richtung zwischen beiden Männern wurde plötzlich offenbar. Eben erst war Schön eine Warnung vor dem Übereifer des russischen Bevollmächtigten durch einen seiner Vertrauensmänner im russischen Hauptquartier zugegangen[9]. Offenbar hatte der Warner recht: Vorsicht schien geboten. Ohne Bedenken erklärte Schön: sollte Stein von seiner russischen Vollmacht Gebrauch machen, so würde das den Bruch zwischen ihnen beiden zur Folge haben.

Stein erschrak. Sollte sein Ungestüm gleich an der ersten Etappe des Weges scheitern? Er appellierte an Schöns alte Freundschaft und lenkte ein. Zuletzt einigte man sich, wie es scheint, auf ein Kompromiß: daß Stein seine Vollmacht nur zu rein militärischen Zwecken gebrauchen wolle. Das war freilich vieldeutig genug und konnte neue Streitigkeiten hervorrufen. Aber man hatte nun doch eine Formel gefunden, die den ostpreußischen Behörden als Deckung gegenüber Hardenberg – und diesem gegenüber dem französischen Gesandten – dienen konnte: man schien militärischem Zwang zu weichen und doch die formale Selbständigkeit der politischen Verwaltung zu wahren. Daß in Wahrheit der „militärische Zwang", angesichts der Überlegenheit des Yorckschen Korps über die schwachen russischen Streitkräfte, nur eine Fiktion darstellte, wird allen Beteiligten wohl bewußt gewesen sein.

Als ersten praktischen Schritt zur Volksbewaffnung verabredete man – es war das wichtigste Ergebnis der Gumbinner Besprechungen! –, eine ständische Versammlung nach Königsberg zu berufen, die das Volksaufgebot zu organisieren hätte. Stein scheint dabei an einen ordentlichen Provinziallandtag, Schön nur an eine außerordentliche, mehr formlose Versammlung von Ständedeputierten gedacht zu haben, die mit Stein als russischem Armeekommissar verhandeln sollten[10]. Beiden aber erschien eine Berufung von Ständen als der einzige Weg, die Erhebung des Volkes ohne unmittelbare, verantwortliche Mitwirkung der Staatsbehörden in Gang zu bringen.

Neue Schwierigkeiten tauchten jedoch in Königsberg auf: Wie sollte ein Provinziallandtag überhaupt zustande kommen? Der ostpreußische Provinziallandtag von 1808, der erste mit wirklich großen Aufgaben seit Menschengedenken, war ja eigentlich nur eine erweiterte Generalversammlung des Pfandbriefinstituts gewesen, die damals versprochene Verfassungsreform nicht durchgeführt. Noch lebten die älteren ständischen Institute fort: ein provinzialständisches Dauerkomitee von wenigen Köpfen, zu wichtigen Beschlüssen gänzlich ungeeignet, und ein Landtag für die Regierungsbezirke Ostpreußen und Litauen, dessen Berufung nur in ganz besonderen Ausnahmefällen üblich war; der ostpreußische Regierungspräsident von Auerswald, der sie als „Landhofmeister“ vorzunehmen hatte, war streng an die vorherige Genehmigung des Königs gebunden. In Westpreußen gab es überhaupt kein ständisches Herkommen. Man begreift also, daß Stein auf mancherlei Bedenken stieß, als er unmittelbar nach seinem Eintreffen in Königsberg Auerswald ersuchte, sofort einen Landtag für Ostpreußen, Litauen und die westpreußischen Kreise rechts der Weichsel auszuschreiben. Der patriotische Eifer des Landhofmeisters – auch er hatte ja einst zum Reformer- und Freundeskreise Steins gehört! – half zwar über diese Schwierigkeiten soweit hinweg, daß er der Aufforderung unverzüglich Folge leistete (23. Januar) und sich gegenüber Hardenberg auf seine Zwangslage berief; er wußte sich in Übereinstimmung mit der Mehrheit der Stände, die längst ungeduldig auf ihre Berufung drängten[11]. Um aber allen formellen Anstoß zu beseitigen (begreiflicherweise waren die Bedenken der westpreußischen Regierung am stärksten), ließ Auerswald den Landräten sogleich mitteilen, es handle sich nicht um einen eigentlichen Landtag, sondern um eine freie Zusammenkunft von Landesdeputierten zur Beratung über wichtige Landesangelegenheiten auf Wunsch des russischen Bevollmächtigten; eine Vorsichtsmaßnahme, die er zwei Tage darauf, wahrscheinlich auf Anraten Schöns[12], noch verschärfte: er ließ jetzt sein Ausschreiben nachträglich so abändern, daß der Ausdruck „Landtag“ ganz vermieden und dementsprechend ein Passus gestrichen wurde, in dem von der Vertretungsvollmacht der Deputierten die Rede war.

Außer dieser gab es noch andere Streitfragen, an denen der stürmische Eifer Steins mit formaljuristischen und politischen Bedenken der Königsberger Behörden zusammenstieß. So erzwang er die Freilassung eines ehemaligen Hauptmanns von der Gröben, der auf eigene Faust eine Notabelnversammlung zur Beratung patriotischer Entschließungen einberufen hatte und deshalb von Auerswald mit Einverständnis Yorcks festgesetzt worden war[13]. Er durfte nun die geplante Kundgebung – unter Aufsicht des ordentlichen Ständekomitees – veranstalten. Ernsthafteren und, wie es scheint, erfolgreichen Widerstand weckten die Versuche Steins, im Sinne seiner Vollmacht sich in die Finanzverwaltung des Landes einzumischen: die Kassenabschlüsse, Lazarettnachweisungen und dergleichen zu revidieren, ja, als die Berliner Zeitungsnachricht von der Absetzung Yorcks eintraf, die dienstliche Verbindung der ostpreußischen Regierung mit Berlin kurzweg abzuschneiden – trotz seiner eigenen Zusage, die regelmäßige Administration solle nicht gestört werden. Auseinandersetzungen dieser Art wurden durch eine Erkrankung Auerswalds, die rein schriftlichen Verkehr zur Folge hatte, nicht eben erleichtert. Aber auch Yorck beschwerte sich über das grobe und herrische Auftreten des Ministers – hier stießen zwei Temperamente von gleich unbehaglicher Verfassung aufeinander. Der Groll

Steins über diese Konflikte hat noch lange in bitteren Urteilen über den Kleinmut der Königsberger Behörden nachgewirkt – die sachliche Tragweite des Gegensatzes darf man deshalb doch nicht überschätzen. Zuletzt half die Gemeinsamkeit einer opferfreudigen, tatbereiten Gesinnung die Unterschiede der politischen Richtung und dienstlichen Stellung immer wieder überbrücken: in allen unmittelbar wichtigen Fragen setzte Stein seinen Willen ohne allzu große Mühe durch.

Der russische Papierrubel wurde (nach einigem Sträuben) als Zahlungsmittel zugelassen. Die von Napoleon verfügte Hafensperre hob Stein kurzerhand auf und führte die Zölle auf den Stand von 1807 zurück. Von der Kaufmannschaft der Hafenstädte erreichte er in längeren Verhandlungen die Zahlung eines stattlichen Vorschusses[14] auf künftige Seezollverpflichtungen, der sogleich zur Neuausrüstung des Yorckschen Korps Verwendung fand. In der Frage der Lieferungen an die russische Armee fand er rasch einen billigen Ausgleich zwischen den Forderungen der Okkupationsarmee und der Leistungsfähigkeit des Landes. Vor allem: der Gedanke einer allgemeinen Landesbewaffnung wurde von den ostpreußischen Ständen mit Feuereifer aufgegriffen[15]. Graf Alexander Dohna, der frühere Minister und Nachfolger Steins, bereitete sogleich einen Gesetzentwurf zur Errichtung einer ostpreußischen Landwehr vor – im Verein mit seinem Bruder Graf Friedrich, dem Schwiegersohn Scharnhorsts, jetzt Mitglied der russisch-deutschen Legion, und mit dem von Stein empfohlenen Major Carl von Clausewitz, Scharnhorsts bedeutendstem Schüler. Mit größter Spannung sah ganz Königsberg dem Zusammentritt der Stände entgegen. In den hochpatriotischen Zirkeln der Hauptstadt begrüßte man Stein, den nach langer Verbannung Zurückgekehrten, mit stürmischer Freude. Es fehlte freilich nicht an Gegnern, alten Widersachern der Reformgesetze, die das Wiedererscheinen dieses verdächtigen Ausländers mit größtem Mißtrauen aufnahmen und über seinen „egoistischen Despotismus“ murrten. Aber sie kamen gegen die allgemeine Stimmung freudiger Zuversicht nicht auf. Die patriotischen Hoffnungen, die Stein selber in diesen Wochen beseelten, spiegelt vielleicht am getreusten das „Vaterlandslied“ wider, das sein getreuer Arndt eben damals ausgehen ließ: mit seiner überschwenglichen Forderung, das ganze Deutschland

so weit die deutsche Zunge klingt
und Gott im Himmel Lieder singt

in der festen Burg eines gemeinsamen nationalen Staates zu vereinigen. Eine Neuauflage des deutschen Soldatenkatechismus, ergänzt durch eine volkstümliche Flugschrift Arndts über Landsturm und Landwehr und eine zweite über die „teutsche Legion“, diente der Vorbereitung desselben großen Unternehmens, an dem die Dohna und Clausewitz arbeiteten.

Am 5. Februar sollten die ständischen Deputierten zusammentreten – aber noch am Tage vorher herrschte bitterer Streit zwischen den leitenden Männern, und alles war zweifelhaft: Leitung, Eröffnung und Gang der Verhandlungen. Auerswald, durch jene Erkrankung verhindert, die Versammlung persönlich als königlicher Kommissar zu leiten, hatte – im gewöhnlichen Geschäftsgang – den Direktor des ständischen Komitees, Geheimen Justizrat Brandt, zu seinem Vertreter bestimmt. Das war ein gewiegter Kenner der juristischen Formen, aber keine von den Persönlichkeiten, wie Stein sie an dieser Stelle wünschte: bekannt durch Tatkraft, Patriotismus, hinreißenden idealistischen Schwung. So berief er kurzerhand Schön, um ihm das Präsidium zu übertragen. Als dieser am Vortage der Eröffnung in Königsberg eintraf, fand er alles in schlimmster Verwirrung: Stein tobend über die Mattherzigkeit der Behörden, Yorck wütend über das hochfahrende und gewalttätige Auftreten des Ministers, den er einen „verbrannten Kopf" nannte, verderblich für die Sache der Erhebung, Auerswald verbittert und entschlossen, an den Steinschen Operationen keinen Anteil mehr zu nehmen (Stein behauptete boshaft, daß seine Krankheit mit diesem Entschluß zusammenhinge), Graf Alexander Dohna bemüht, zu vermitteln, aber an der Möglichkeit fast verzweifelnd. Die sachlichen Motive dieses heftigen Zwistes kann man nur vermutungsweise aus den späteren Vorgängen erschließen[16]. Offenbar hatte Stein verlangt, daß die preußischen Behörden – zunächst Auerswald als Landhofmeister – den Deputierten in aller Form einen Gesetzentwurf zur Landesbewaffnung vorlegen und sie darüber beraten lassen sollten. Das hätte der Versammlung den Charakter eines regelrechten Landtages gegeben: immer nur zur Begutachtung von Gesetzesvorlagen der Regierung, nicht aber zu selbständigen Entschließungen waren die alten Landstände berufen worden. Den Anschein einer förmlichen Landtagsversammlung wollte ja aber Auerswald gerade vermeiden; für ihn war gerade der wichtigste Zweck der Berufung von Landesdeputierten gewesen, die Autorität seiner Behörde bei der Landesbewaffnung so wenig als möglich ins Spiel zu bringen. Er wird also Wert darauf gelegt haben, daß die freie Initiative der Versammlung sich recht deutlich vor aller Welt darstellte; die Eröffnung geschah dann am besten durch Vorlesung eines Schreibens, in dem Stein die Deputierten zur Landesbewaffnung aufforderte. Der Versammlung blieb es überlassen, entsprechende Maßnahmen zu beschließen; den Behörden, diese Entschließungen je nachdem befürwortend oder kritisierend nach Breslau (wo sich der Sitz der Zentralregierung seit dem 25. Januar befand) weiterzuleiten. Das Eröffnungsschreiben Steins war unentbehrlich, um die Behörden von der Verantwortlichkeit zu entlasten – um so mehr, als man die Einberufung ausdrücklich mit einer Forderung des russischen Bevollmächtigten begründet hatte; sein persönlicher Vorsitz in der Ständeversammlung dagegen war unmöglich, wollte man den Anschein vermeiden, unter russischer Autorität zu tagen: das hätte dem Preußenstolz der Versammelten ebenso widersprochen wie dem der Landesbehörden, auch in Breslau den übelsten Eindruck gemacht, vielleicht gar als eine Art Landesverrat gegolten.

Man begreift diesen Gedankengang aus den Voraussetzungen preußischer

Staatsbehörden sehr wohl – begreift aber auch, daß Stein sich sträubte, bei einer Politik mitzuhelfen, die ihm provinziell beschränkt, rein borussisch und vor allem überängstlich erschien. Persönlich mochte es ihm empfindlich sein, daß er gleichsam nur hinter den Kulissen mitspielen sollte, das öffentliche Hervortreten Männern wie Brandt und Dohna überlassend, von deren Tatkraft er wohl nicht allzuviel erwartete. Sachlich konnte er einwenden, daß die Beschlüsse der Versammlung um so mehr an Autorität verlieren müßten, je ängstlicher die Staatsbehörden eine Mitverantwortung von sich fernhielten. Höchst energisch lehnte er es ab, bei einem so überfeinen Spiel mitzuwirken; als bloßer „Rebellenführer“ aufzutreten, verspürte er nicht die geringste Lust[17]. Indem er seinen Gegenspielern kurzweg Mangel an Mut und echtem Patriotismus vorwarf, brachte er in die Debatte eine Gehässigkeit, die jede sachliche Verständigung ausschloß.

Hatte er auf die Unterstützung Schöns gerechnet, so schlug diese Hoffnung fehl: ohne viel Mühe konnte dieser ihm klarmachen, daß er als litauischer Regierungspräsident keinerlei amtliche Befugnis, auf Landtagen zu erscheinen oder gar ihnen zu präsidieren, besaß, sein Auftreten der Versammlung also erst recht den Charakter als ordentlicher „Landtag“ nehmen würde. Stein sah das ein, bat ihn aber dann, wie es scheint, um seine Vermittlung bei Yorck, dem Generalgouverneur der Provinz, den er gleichzeitig schriftlich zur Übernahme des Präsidiums aufforderte: Seine Majestät der Kaiser erwarte sie von ihm. Das war nun wieder so recht der Ton, um einen Yorck in Harnisch zu bringen. Als abgesetzter General von quälenden Zweifeln über die Berechtigung seiner früheren Schritte seit Wochen hin und her geworfen, von düsteren Ahnungen und Erwartungen gepeinigt, hätte er in jedem Fall die schwersten Bedenken verspürt, gerade jetzt neue Verantwortung auf sich zu laden; nun vollends im Auftrag des Zaren einer preußischen Ständeversammlung zu präsidieren, erschien ihm als eine ungeheuerliche Zumutung; die Abneigung des Soldaten vor parlamentarischen Redeschlachten, in denen ihm jede Erfahrung fehlte, wird auch nicht gering gewesen sein. Mit größter Mühe brachte ihn Schön so weit, daß er wenigstens den Minister zu einer Unterredung aufsuchte. Schön wohnte ihr bei. Nicht lange, so kam es zu einem schweren Zusammenstoß. Yorck bestand auf den Forderungen Auerswalds[18]; Stein wünschte, daß Yorck die Versammlung mit einer Ansprache eröffne; wenn alle preußischen Autoritäten sich versagten, drohte er, dann würde er selbst erscheinen und die Sache mit russischer Autorität zu Ende zu bringen. Yorcks Gegendrohung war, sich dann von allem zurückzuziehen. Man wurde heftig. Die Königsberger erzählten sich später, Stein habe mit russischer Waffengewalt gedroht und Yorck geantwortet: dann würde er Generalmarsch schlagen lassen „und Ew. Exzellenz mögen sehen, wo hier Ihre Russen bleiben werden“. Als schließlich Stein dem General unverhüllt vorwarf, er habe durch seine Kapitulation in Tauroggen ein Werk angefangen, dessen Durchführung er offenbar nicht gewachsen sei, stürmte dieser fassungslos vor Zorn aus dem Zimmer. Schön eilte ihm nach und traf ihn in einem Zustand äußerster Verzweiflung: alles sei verloren, auf der Stelle werde er das Land verlassen, als Flüchtling nach England gehen, Schön möge ihm augenblicklich Empfehlungen dorthin mitgeben. Mit Mühe, so erzählt Schön, habe er Aufschub bis dahin erlangt, daß er zunächst mit Stein wieder gesprochen hätte.

Als der Vermittler bei diesem wieder eintrat, fand er ihn zum Glück schon gefaßter: er begann seine Heftigkeit, wie stets, rasch wieder zu bereuen. Übrigens konnte ihm Schön mitteilen, daß ein Kompromiß recht wohl möglich sei: Yorck verweigere durchaus nicht alle und jede Mitwirkung auf der Ständeversammlung; nur die Leitung und Eröffnungsansprache könne er nicht übernehmen: die Stände müßten ihn von sich aus um sein Eingreifen ersuchen, dann sei er bereit, zu erscheinen und durch seine Mitwirkung als Generalgouverneur ihren Beschlüssen seine amtliche Autorität zu verleihen; aber Stein müsse die erste Aufforderung zur Volksbewaffnung schriftlich an die Versammlung richten. Schließlich ließ sich der Minister durch die dringenden Vorstellungen Schöns dahin bringen, daß er einwilligte: das große Werk durfte nicht an Formfragen scheitern. Noch zu erregt, um selbst das Eröffnungsschreiben zu formulieren, ließ er sich von Schön das Konzept aufsetzen. Es war in überaus vorsichtigem Amtsstil und so unbestimmt wie möglich gehalten: Stein ersuchte den Geheimrat von Brandt, „der Deliberation der Herren Stände die Auswahl der Mittel zur allgemeinen Verteidigung des Vaterlandes anheim zu geben – deren Anerbieten und Vorschläge verfassungsmäßig zu leiten und solche den geordneten Behörden vorzulegen". Damit war seine eigene Rolle auf die des bloßen Anregers beschränkt, alles weitere der selbständigen, zunächst unamtlichen Entschließung der Deputierten zugewiesen und die letzte Entscheidung den „geordneten Behörden", zuletzt also dem König überlassen. Aus dem von Stein geplanten Volksaufstand, den die Provinzialbehörden unter ausländischem Druck ohne Rücksicht auf den König organisieren sollten, war ein freiwilliges Erbieten der Stände zur Verstärkung der königlichen Machtmittel geworden.

Gleich darauf bewies der Verlauf der Ständetagung, daß die Auerswald, Schön und Yorck ihre Ostpreußen doch besser kannten als Stein. Die Protokolle fließen über von Versicherungen loyalster Untertanentreue, und außer dem patriotischen Eifer der Stände tritt nichts so eindrücklich in ihnen hervor wie die Besorgnis der Deputierten, nur ja nicht als Rebellen oder gar als Landesverräter, gehorsam ausländischen Befehlen, zu erscheinen. Was man hier unternahm, die Errichtung eines provinziellen Volksheeres aus eigenen Mitteln und ohne vorgängige Erlaubnis des Königs, war etwas Unerhörtes im absolutistischen Staate, eine zweifellos revolutionäre Maßnahme trotz aller Versicherungen von Untertanengehorsam und gläubigem Vertrauen auf die nachträgliche Zustimmung des Königs; es konnte leicht als ein Zurücklenken in die alte Ständeherrlichkeit der vorabsolutistischen Epoche gedeutet werden. Sehr mit Recht hat man angesichts dieser Vorgänge an die ehemalige hartnäckige Opposition gerade des ostpreußischen Ritteradels gegen das Joch der Soldatenkönige erinnert: es war auch schon ein Stück trotzigen, altständischen Selbstbewußtseins mit im Spiel, wenn die gequälte Grenzmark sich jetzt zuerst von allen Provinzen erhob. Eigentlich nur der ostpreußische Adel war es, der kühn und rücksichtslos zum Handeln drängte; die kölmischen Grundbesitzer standen vielfach gleichgültig oder hilflos beiseite, die Städtevertreter, zumal die aus Westpreußen, zeigten sich ängstlich und mißtrauisch, der allgemeinen Wehrpflicht heftig abgeneigt. Die Hochflut der patriotischen Erregung war freilich so stark, daß die wenigen Stimmen, die eine schüchterne Opposition wagten, darin sogleich erstickten. Aber nur eine sehr geschickte Regie, die das Landwehrunternehmen als ebensogut königlich wie gut preußisch darzustellen und alle etwa auftauchenden Bedenken von vornherein zu zerstreuen verstand, konnte diese Hochstimmung ungetrübt erhalten. Man muß es dem Grafen Alexander Dohna lassen, daß er diese Regie meisterhaft gehandhabt und durch dieses bedeutende Verdienst die vielen Unterlassungssünden seines früheren Ministeriums zum Teil wieder wettgemacht hat. Er trat als der leitende Kopf auch äußerlich am stärksten hervor, während „der vortreffliche Präsident von Schön", wie Stein später rühmte, hinter den Kulissen seinen Einfluß geltend zu machen verstand.

Äußerlich vollzogen sich die Dinge genau so, wie es zwischen Schön und Stein vorher vereinbart war. Herr von Brandt eröffnete am 5. Februar die erste Sitzung mit der Verlesung des Steinschen Eröffnungsschreibens. Die Stände erklärten sogleich, gewiß auf Veranlassung Dohnas: sie könnten über die Landesbewaffnung nicht ohne den Generalgouverneur verhandeln, der die Gesinnung des Königs und die Bedürfnisse der Armee am besten kenne. Eine Deputation, von Dohna geführt, holte Yorck herbei, der eine kurze Ansprache hielt. Ihr Wortlaut war klug darauf berechnet, der Versammlung eine neue Rechtsgrundlage zu geben: in Vollmacht des Königs von Preußen – dessen unmittelbare Willensäußerung zur Zeit praktisch unerreichbar sei – und als dessen „getreuester Untertan" wolle er einem Ausschuß der Stände seine Bewaffnungspläne (sie stammten aus der Feder Dohnas) zur Beratung vorlegen. Gleich darauf verschwand er und hinterließ einen Jubel patriotischer Begeisterung, in dem – wie es scheint durch bloßen Zuruf – die Errichtung einer Landwehr beschlossen wurde; oder eigentlich war es kein Beschluß, sondern eine bloße Erklärung, man sei bereit, die von Yorck „im Namen des Königs" geforderten Opfer zu bringen.

Alle sachliche Beratung wurde teils in eine von Dohna geleitete Kommission, teils in eine freie Nachmittagsversammlung der Stände unter selbstgewähltem Präsidium (auch hier war Dohna Vorsitzender) und ohne amtliches Protokoll verlegt. Dem Stellvertreter des Landhofmeisters, Herrn von Brandt, blieb also nur noch die Leitung des formellen Schlußaktes übrig: die endgültige Beschlußfassung in der Sitzung vom 7. Februar, mit der die eigentliche Verhandlung bereits ihr Ende nahm. Jetzt erst, nachdem die entscheidenden Beschlüsse gefaßt waren, wagte man der Versammlung den Wortlaut der Steinschen Vollmacht mitzuteilen. Wie es scheint, erhob sich ein Sturm der Entrüstung über so weitgehende Befugnisse, zugleich der Besorgnis, es könne übel aussehen, daß die Versammlung, statt zu protestieren, sich den Wünschen des fremden Bevollmächtigten gefügt habe. Einer glänzenden Rede Alexander Dohnas gelang es, diese Sorgen zu beschwichtigen: aber nur, weil er darauf hinweisen konnte, daß Kaiser Alexander und sein Bevollmächtigter ihre Loyalität ja deutlich bewiesen hätten, indem sie die Versammlung vollkommen sich selbst überließen[19]. Die Erregung blieb trotzdem so groß, daß einige Deputierte einen Antrag zu Protokoll nehmen ließen: man möge die Steinsche Vollmacht aus den Akten entfernen, da die Versammlung allein unter der Autorität Yorcks getagt habe. Nachträglich hat man sogar das Lob, das Dohna der Loyalität Steins gewidmet hatte, vorsichtig in den Akten getilgt.

Mit dieser gereizten Stimmung des Landtags wird es zusammenhängen, wenn Schön, wie er berichtet, seinem Freunde Stein empfohlen hat, Königsberg so schnell als möglich wieder zu verlassen und seine ostpreußische Mission als beendet zu betrachten. Wahrscheinlich war er schon abgereist, als man in der Sitzung des 7. Februar seine russische Vollmacht den Deputierten bekanntmachte. Geschah es, wie Schön behauptet, wesentlich um des politischen Friedens willen[20], so war es ein Entschluß von echter sittlicher Größe: selbstlos überließ er anderen zu ernten, was er durch sein tatkräftiges Eingreifen gesät hatte. Indessen gab es noch einen anderen Grund zu so plötzlicher Abreise, von dem Schön nichts erfahren durfte; am 7. Februar erhielt Stein von Hardenberg einen ganz geheimen Wink, der Abschluß eines russisch-preußischen Bündnisses stehe unmittelbar bevor und der König rechne darauf, daß Stein seine Interessen mit großer Sorgfalt wahren werde[21]. Hiernach durfte er keinen Augenblick mit der Rückkehr ins russische Hauptquartier zögern. Er konnte sie um so leichteren Herzens beschleunigen, als er in Königsberg tatsächlich nicht mehr unentbehrlich war.

Es lag an den Verhältnissen, vor allem an der eigentümlich zwiespältigen politischen Stellung Steins (als deutscher Patriot und russischer Bevollmächtigter), nicht bloß an der Unvorsichtigkeit und Schroffheit seines persönlichen Auftretens, daß sein Anteil an der Erhebung Ostpreußens von den am meisten Beteiligten nicht nur geflissentlich übersehen, sondern sogar mit einem gewissen Undank aufgenommen wurde. Vor der Geschichte kann sein wirkliches Verdienst dadurch nicht verdunkelt werden. Aus eigener Kraft wären Beamtentum und Stände Ostpreußens unfähig gewesen, sich von ihrer streng monarchischen Loyalität loszumachen und das Werk von Tauroggen zu vollenden. Indem sie aber nun dem Anstoß, der ihnen von außen kam, mit höchstem Eifer folgten, wirkte ihre Tat weit über die Grenzen der Provinz hinaus.

Das ostpreußische Landwehrgesetz ist zwar nicht das Vorbild, wohl aber der mächtigste Anstoß für die von Scharnhorst geschaffene berühmte Landwehr von 1813 gewesen. Im Anschluß an eine flüchtige Skizze des genialen Clausewitz im wesentlichen von Alexander Dohna geschaffen[22], trägt es einen so stark provinziellen und ständischen Charakter, daß schon aus diesem Grunde seine einfache Übertragung auf alle preußischen Provinzen nicht in Frage kam. Was Scharnhorst unmittelbar davon übernehmen konnte – gewisse Einzelheiten der technischen Organisation, vielleicht auch den Grundsatz, alle Stände und Berufsklassen in ein und dieselbe Formation einzureihen[23] –, war weniger wichtig als der allgemeine Eindruck des Vorgehens der Ostpreußen an sich. Die einfache Tatsache, daß die am meisten erschöpfte, auf weite Strecken völlig verwüstete Provinz sich erbot, außer der reichlichen Ergänzung des Yorckschen Korps und sonstigen Abgaben an die Armee 20000 Krieger aufzubringen und auf eigene Kosten auszurüsten, war von unabsehbaren politischen Folgen. Es war die glänzendste Widerlegung der kleinmütigen und niedrigen Ansicht, die Friedrich Wilhelm seit 1806 von der patriotischen Gesinnung seines Volkes hegte; es ermöglichte dem genialen Organisator des preußischen Heeres, gegen alle Zweifler und Widersacher den auch von ihm (freilich in anderer, mehr fachmännisch-rationaler Form) vertretenen Milizgedanken zum Siege zu führen; und vor allem: es gab den Anstoß zur freiwilligen Erhebung aller Provinzen, zu jenem erstaunlichen Schauspiel patriotischen Wetteifers, das von der späteren Legende sicherlich weit überschätzt worden ist – sowohl in seiner Breiten- und Tiefenwirkung wie in seiner militärischen Bedeutsamkeit[24] – das aber gleichwohl zu den großen Erinnerungen preußisch-deutscher Geschichte gehört: vor allem deshalb, weil es die mißachteten, ja vielfach verhaßten Preußen mit einem Schlage an die Spitze der nationalen Bewegung brachte.

Der Freiherr vom Stein hat an den Einzelheiten des Gesetzes, das im Entwurf durch seine Hände ging, keinen nennenswerten Anteil genommen[25]. Aber indem er Friedrich Dohna und Clausewitz als Bearbeiter empfahl, legte er die Aufgabe in die rechten Hände. Vor allem war der Landtag sein Werk. Als er am 7. Februar Ostpreußen verließ, konnte er sich befriedigt sagen, daß trotz aller Widrigkeiten seine Mission geglückt und im wesentlichen doch auch vollendet war: die Erhebung des preußischen Volkes war nunmehr auf das glänzendste eingeleitet. Daß der einmal entzündete Funke stetig fortglimmen und sich weiter ausbreiten würde, darum hatte er keine Sorge. Es hing von dem Fortgang der diplomatischen Verhandlungen ab, wann es gelingen würde, den Sturmwind des Krieges frei hineinblasen zu lassen und das glimmende Feuer zur gewaltig lodernden Flamme anzufachen.

Alles kam jetzt darauf an, den immer noch unsicher zögernden König von Preußen so rasch wie möglich in den Krieg hineinzureißen. Ehe Napoleon mit seinen Rüstungen fertig war und ehe mit dem Herannahen des Frühjahrs die Ströme aufgingen, mußten nicht nur die Oderfestungen in preußisch-russischer Hand, sondern womöglich die Elblinie überschritten sein. Kaum war Stein wieder im russischen Hauptquartier (in Plozk an der Weichsel) angekommen, als er den Zaren mit Denkschriften bestürmte, die zu beschleunigtem militärischem und diplomatischem Vorgehen drängten. Ein russisches Korps, riet er (10. Februar), sollte sofort gegen Magdeburg vorrücken, diese Festung womöglich durch Handstreich gewinnen, ehe die aus Rußland zurückkehrende französische Division Grenier sich hineinwerfen könnte, und dadurch zugleich die Räumung Berlins erzwingen; Yorck sei bereit, die Belagerung von Danzig zu übernehmen, General Dörnberg, einen neuen Anfall auf Kassel ins Werk zu setzen. Ihn selbst, den Minister, möge der Zar sogleich nach Breslau zum König schicken, um an Ort und Stelle allen weiteren Zögerungen ein Ende zu machen. Ohne ein so energisches Eingreifen würde der König nie, Hardenberg viel zu spät zum Entschluß kommen. Sehr eingehend hatte er schon im Januar dem Zaren die Umgebung Friedrich Wilhelms charakterisiert: Hardenberg ein diplomatischer Routinier von edler Grundgesinnung, aber ohne moralischen Halt; Graf Goltz eine so vollkommene Null, daß man stets in Gefahr ist, seine Existenz überhaupt zu vergessen, ein Pantoffelheld ohne jede Spur von Charakter; Fürst Wittgenstein ein intriganter Höfling von der gemeinsten und gefährlichsten Sorte, den man eigentlich während der Kriegsdauer hinter Schloß und Riegel setzen sollte; General Köckritz ein platter Dummkopf, der zu seinem Wohlbefinden nichts braucht als eine Pfeife, eine Flasche Wein und eine Partie Karten – das ideale Werkzeug aller Intriganten. Der Zar könnte seinem königlichen Freunde keinen größeren Freundschaftsdienst leisten als den, daß er unnachgiebig auf der Entfernung dieser Personen bestünde: nur wenn Hardenberg auf das Auswärtige beschränkt, Alexander Dohna für das Innere, Schön für die Finanzen und Scharnhorst als Kriegsminister berufen würden, dürfe man auf Preußen als zuverlässigen Alliierten zählen[26].

Dem Zaren war damit eine Erzieherrolle gegenüber dem preußischen Hofe zugemutet, deren Übernahme er keinen Augenblick ernsthaft erwogen haben wird: schon der erste Ansatz zu so imperatorischem Auftreten hätte seine Bündniserbietungen mit Sicherheit zum Scheitern gebracht. Politisch wäre es aber auch unklug gewesen, einen so temperamentvollen Ratgeber als Bevollmächtigten nach Breslau zu schicken. Sein Auftreten in Königsberg hatte am preußischen Hofe inzwischen den peinlichsten Eindruck gemacht. Staatsrat Ancillon, der vielgewandte neue Günstling des Königs, einst von Stein selber als Prinzenerzieher am Hofe eingeführt, redete in seinen Eingaben mit sittlicher Empörung von den republikanischen Grundsätzen des ostpreußischen Diktators; Hardenberg von „äußerst exaltierten und aufrührerischen Kundgebungen“, die Stein unter dem Einfluß des Hitzkopfes Arndt an die Preußen erlassen habe. Und schon der offizielle Empfang des von Napoleon Geächteten hätte das vorsichtig-kluge Spiel unmöglich gemacht, mit dessen Hilfe die Diplomatie Hardenbergs sich allmählich den Fesseln des französischen Bündnisses zu entwinden, den Argwohn des Imperators so lange als möglich zu täuschen suchte. Eben erst hatte dieser in einem Rundschreiben an seine Vasallen, das deutlich genug seine Sorge vor einem nationalen Aufstand der Deutschen verriet, den Revolutionär Stein als geschworenen Feind aller deutschen Fürstenhäuser verdächtigt. Stein selber bat, ihm auf die Reise nach Breslau eine Eskorte von 50 Kosaken mitzugeben, weil er fürchten mußte, unterwegs in die Hände seines Todfeindes zu fallen. Man braucht sich nur das Erscheinen dieser Mission in Breslau vorzustellen, um das Bedenkliche seines Vorschlages zu erkennen.

Zum Glück war in dem Augenblick, als er ihn schriftlich aufsetzte, bereits ein preußischer Unterhändler nach dem russischen Hauptquartier unterwegs.

Das Ergebnis von Tauroggen mit allen seinen Folgewirkungen, die wiederholten, freundschaftlich drängenden Erbietungen des Zaren, mehr noch die unnachgiebig starre Haltung Napoleons, seine fortgesetzte Brutalität gegenüber dem preußischen Trabanten hatten seit Ende Januar einen Kurswechsel der preußischen Politik bewirkt. Vorsichtig, aber planmäßig arbeitete jetzt Hardenberg auf das Kriegsbündnis mit Rußland hin. Lieber hätte er sich zuvor durch den Anschluß Österreichs gedeckt; aber da Metternich vor einer nationalen Erhebung mit allen ihren revolutionären Konsequenzen zurückscheute und hartnäckig darauf bestand, als Friedensvermittler und Neutraler sich zwischen den kämpfenden Parteien zu halten, um seinem Staate so den gefahrlosen Vorteil des letztlich entscheidenden Eingreifens zu sichern, begriff Hardenberg sehr wohl, daß Preußen zunächst an Rußlands Seite allein den Kampf wagen müßte – immerhin mit der tröstlichen Aussicht, eben dadurch dem Habsburgerreiche den Rang als führender nationaler Staat abzulaufen. Hätte er allein entscheiden dürfen, so hätte er jetzt ohne Zögern mit den Russen abgeschlossen; aber er mußte Rücksicht nehmen auf seinen Monarchen. Dessen letzte Gedanken erriet mit meisterhafter Klugheit der Höfling Ancillon und gab ihnen in einer großen Denkschrift vom 4. Februar eine glänzende äußere Form. Sie ist ein klassisches Lehrbeispiel für den Satz, daß bloße Staatsklugheit, bloße Berechnung der nächstliegenden, scheinbar sicher erreichbaren Vorteile zu staatsmännischem Handeln nicht genügen: daß große Politik nicht betrieben werden kann ohne heroisches Wagnis, ohne den Mut zu großer Verantwortung. Die bewaffnete Friedensvermittlung ohne Mitwirkung Österreichs, die Ancillon jetzt vorschlug, sollte dem preußischen Staat eine leidliche Existenz als rein ostelbischer Mittelstaat sichern; wäre sie durchgeführt worden, so hätte Napoleon alle Machtmittel zur späteren Vernichtung Preußens in der Hand behalten. Hardenberg war sicher, daß der Kaiser nicht darauf eingehen würde. So konnte er ein Waffenstillstandserbieten nach Ancillons Plänen an beide kriegführende Parteien richten – um Napoleon in den Augen des Königs und vor der europäischen Öffentlichkeit ins Unrecht zu setzen –, gleichzeitig aber den Russen ein Kriegsbündnis zur Befreiung zunächst Norddeutschlands, wenn möglich alles deutschen Landes bis zum Rhein anbieten.

Als Überbringer dieses Angebotes wurde Oberst von dem Knesebeck am 9. Februar ins russische Hauptquartier entsandt – nicht ein Mitglied der engeren Patriotenpartei, etwa Boyen, wie Scharnhorst gewünscht hatte. Das hatte seinen Grund in einem gewissen Mißtrauen gegen die russische Politik. Offenbar lief ihr stürmisches Werben darauf hinaus, die Preußen zum Anschluß zu drängen ohne viel Verhandeln über die Bedingungen des Bündnisses. Hatten sie nicht in Ostpreußen durch Vermittlung Steins eine Volkserhebung inszeniert, die über den Kopf des Königs hinweg den Bruch mit Frankreich zu erzwingen schien? Und hatten sie nicht Yorck (wahrscheinlich abermals unter Mitwirkung Steins) ohne weiteres in ihren Truppenverband aufgenommen, als wäre das Bündnis bereits geschlossen? So sehr die Zeit auch drängte: auf bedingungslose Unterwerfung unter russische Vertragswünsche wollte sich Hardenberg denn doch nicht einlassen – der König natürlich noch weniger –, und so wurde Knesebeck, dessen bedenklich-zögernde, umständlich erwägende Art man recht wohl kannte, statt eines vielleicht allzu bündniseifrigen Patrioten zum Unterhändler bestimmt.

Indessen zeigte sich bald, daß man damit eine unglückliche Wahl getroffen hatte. Daß Knesebeck volle sechs Tage brauchte, bis er in seinem bequemen Reisewagen glücklich den Zaren in Chlodawa bei Kalisch erreichte, entsprach den geheimen Wünschen des Königs. Aber Knesebecks Verhandlungsmethode war nicht nur ungeschickt und umständlich, sondern geradezu instruktionswidrig[27]. Während Hardenberg ihm aufgetragen hatte, in der heiklen polnischen Frage soviel für Preußen zu retten wie möglich, aber nicht hartnäckig auf der Wiederherstellung alles ehemals preußischen Besitzes an polnischem Land zu bestehen[28], setzte er seinen Ehrgeiz darein, in genau verklausulierten Bedingungen die Rückgabe aller ehemals preußischen Provinzen zu erreichen, und zeigte sich eher bereit, auf deutsche als auf polnische Gebiete gegen Entschädigung zu verzichten.

Man versteht, daß Alexander auf derartige Bedingungen sich nicht einlassen wollte: selbst dann, wenn er bereit gewesen wäre, endgültig auf die Wiederherstellung Polens unter seinem Zepter zu verzichten, hätte ihm die schriftliche Festlegung dieses Punktes bedenklich scheinen müssen, da er immer noch an der Hoffnung festhielt, die Polen für seine Sache zu gewinnen. Anderseits war er jetzt geneigt, dem preußischen Verbündeten den Besitz von Ost- und Westpreußen zu garantieren und jene Vertragsbestimmungen von Åbo fallen zu lassen, die von der Weichselgrenze sprachen: auch eine Folge der Konvention von Tauroggen und der ostpreußischen Erhebung. Und schließlich vermochten ihn die Vorstellungen Knesebecks, wahrscheinlich auch Steins[29], dem König die Rückgabe von so viel polnischem Gebiet zu versprechen, daß dadurch eine ausreichende militärische und geographische Verbindung zwischen Westpreußen und Schlesien gesichert wurde. Im übrigen sollte Preußen bei glücklichem Ausgang des Krieges denselben Umfang wiedererhalten, den es vor 1806 besessen hatte – unter Umständen durch Entschädigung für etwa entstehende Gebietsverluste. Diese Entschädigung, womöglich eine Vergrößerung Preußens, sollte in Norddeutschland gesucht werden; nur Hannover, das Nebenland der englischen Krone, war ausdrücklich davon ausgenommen. Nähere Einzelheiten schon jetzt festzulegen, hielt der Zar (ebenso wie Hardenberg) für unrätlich. Preußens Angebot, soviel Streitkräfte aufzubringen, wie nur irgend möglich, war im russischen Vertragsentwurf genauer präzisiert, indem dort ausdrücklich von der Aufstellung einer Landwehr die Rede war – eine Bestimmung, die sicherlich auf eine Anregung Steins zurückging; sie sicherte die Anerkennung der ostpreußischen Landtagsbeschlüsse durch den König und bedeutete zugleich einen Bruch des Erfurter Vertrages von 1808, in dem Napoleon die Errichtung einer preußischen Miliz verboten hatte.

Nach etwa zehntägigen Verhandlungen stellte sich heraus, daß auch Knesebeck bereit gewesen wäre, auf derartige Bedingungen sich einzulassen; aber er erhielt von dem Entgegenkommen des Zaren erst Kenntnis, als der Vertrag bereits Hardenberg unmittelbar vorlag. Müde der langen Zögerungen, hatte der Zar schon am 24. Februar seinen Staatsrat Anstett zusammen mit Stein nach Breslau entsandt, und zwar hinter dem Rücken des preußischen Unterhändlers, um dessen etwaigen Gegenvorstellungen zuvorzukommen. Am 25. trafen die beiden russischen Abgesandten in der schlesischen Hauptstadt ein; zwei Tage darauf war der russische Vertragsentwurf, der Hardenbergs Wünschen in allem Wesentlichen entsprach, ohne jede Änderung unterzeichnet.

Natürlich war diese Sendung auf Veranlassung Steins erfolgt[30]. Schon längst hatte sich dieser bei Hardenberg über das unnütze „Finassieren" des Unterhändlers beschwert. Übrigens war man jetzt auch am preußischen Hoflager davon überzeugt, daß nun keine Zeit mehr zu verlieren sei. Der gewaltige Eindruck, den die Erhebung des preußischen Volkes, vor allem der gebildeten Schicht, hervorrief, verstärkt durch die Wirkung der Rüstungsmaßnahmen, die Scharnhorst Anfang Februar durchgesetzt hatte, das Zusammenströmen Tausender von Freiwilligen in Breslau, das ungeduldige, kaum mehr zu zähmende Vorwärtsdrängen der Armeeführer, neue Brutalitäten Napoleons, übertrieben günstige Nachrichten vom Stand der russischen Armeen und ihrer Reserven – alles das zusammen bestürmte das Gemüt des Königs und riß ihn zuletzt doch fort zu dem heilsamen, schon allzulange hinausgeschobenen Entschluß. Niemand war über das plötzliche Erscheinen der russischen Abgesandten mehr erfreut als Hardenberg, der seit Tagen mit brennender Ungeduld die Nachricht vom Abschluß des Vertrages erwartete: schwer besorgt, die günstige Stimmung des Königs könnte inzwischen wieder neuen Bedenken Platz machen. So bedurfte es keiner persönlichen Einwirkung Steins mehr, um das Vertragswerk zum Abschluß zu bringen.

Er war dazu aber auch gar nicht in der Lage. Schwerkrank kam er in Breslau an, und ohne den König oder Kanzler gesehen zu haben[31], mußte er wochenlang in der Einsamkeit eines ärmlichen Gasthofes (da er in der Eile kein anderes Quartier hatte finden können) das Bett hüten. Sein altes Gichtleiden, durch die Strapazen des russisch-polnischen Winters und eine sehr schwere Erkältung verschlimmert, scheint auf der Reise von Kalisch nach Breslau in ein lebensgefährlich akutes Stadium getreten zu sein, kompliziert durch irgendeine Art von typhöser Infektion[32]. Er selbst empfand es qualvoll, von allen Erlebnissen des Tages abgeschnitten zu sein, während das großartige Naturschauspiel sich endlich vollzog, dessen Ausbruch er seit soviel Jahren sehnsüchtig erwartet hatte:

Das Volk steht auf,
Der Sturm bricht los! . . .

Daß ihn keine der offiziellen Persönlichkeiten auf seinem Krankenlager besuchte, der König sich nicht einmal nach seinem Ergehen erkundigte, auch Hardenberg sich ganz fernhielt, hat ihn tief erbittert. Er schob es auf eifersüchtige Besorgnis des Kanzlers, er möchte sich wieder in die Geschäfte eindrängen, und auf kleinliche Verärgerung des Königs über das unerwartete, einer Überrumpelung ähnliche Erscheinen der russischen Abgesandten in Breslau. Die Teilnahme und Freundschaft, die er von Männern wie Scharnhorst, Blücher, Merckel, Rehdiger, den Prinzen Wilhelm und August und in zahlreichen Kundgebungen der Freude über seine Rückkehr aus der städtischen Bevölkerung empfing, schließlich der Besuch von Frau und Kindern, die aus Prag herbeieilten – das alles konnte ihn über diese Enttäuschung nicht trösten. Seine Stimmung in diesen Krankheitswochen wird als gefährlich explosiv geschildert. Und sicherlich war es hart, in einem solchen Augenblick, endlich am Ziele heißen Bemühens angelangt, aus vieljähriger Verbannung an den preußischen Hof zurückkehrend, dort nichts als kühle Zurückhaltung zu erfahren. Anderseits begreift man die Empfindung des Königs, von diesem Manne wider seinen Willen in einen Kampf auf Leben und Tod hineingestoßen zu sein. Das Verhalten Hardenbergs aber scheinen gewisse (freilich schwer begreifliche) diplomatische Rücksichten mitbestimmt zu haben. Ihm lag daran, die Täuschung des französischen Gesandten St. Marsan über die letzten Absichten des Königs noch möglichst lange fortzusetzen; erst am 16. März wurde die offizielle Kriegserklärung übergeben, und erst am 27., volle zehn Tage nach dem berühmten Kriegsmanifest des Königs „An mein Volk", erhielt der Franzose seine Pässe zugestellt. Die Anwesenheit Steins in Breslau wurde ihm auf alle Weise verheimlicht, so daß er sich genötigt sah, die Wohnung des Ministers durch ein förmliches Spionagesystem ermitteln und überwachen zu lassen[33]. Sicherlich hing die Zurückhaltung des Hofes mit diesen Dingen zusammen. Im übrigen war nicht Stein, sondern Anstett Bevollmächtigter des Zaren. Stein brachte nur eine warme persönliche Empfehlung Alexanders und den Auftrag mit, dessen „Absichten und Wünsche wegen Deutschlands" dem König darzulegen[34]. Ob aber Hardenberg und Friedrich Wilhelm eine Erörterung der heiklen deutschen Zukunftsfragen in diesem Augenblick wünschten, in dem ihnen andere, näherliegende Sorgen fast über den Kopf wuchsen und das diplomatische Werben um den Beitritt Österreichs zur Allianz noch kaum begonnen hatte?

Erst die Ankunft des Zaren in Breslau (am 15. März) befreite Stein aus einer unwürdigen Lage: er erhielt jetzt ein besseres Quartier, und alles beeilte sich, ihm Liebenswürdigkeiten zu erweisen. Er selbst benutzte dieses Ereignis, um seinen Gönner vor den „halben Wünschen“ und dem Kaltsinn Friedrich Wilhelms zu warnen. Dieser König sei leider nicht fähig, den großartigen Opfersinn und Enthusiasmus seines Volkes zu würdigen, geschweige denn zu verstärken; weder seinen eigenen Kräften, noch seinem Volke, noch den Russen vertrauend gebe er schon jetzt seine Sache halb verloren[35]. Abermals drängte Stein den Zaren, von seinem Verbündeten die Entfernung seiner schlechten Ratgeber, des Franzosenfreundes Kalckreuth, des unfähigen Ministers Goltz, des Intriganten Bülow, des schleichenden Hofpfaffen Ancillon, endlich Knesebecks und Wittgensteins, zu fordern; ähnliche Vorstellungen erhob er bei Hardenberg – indessen vergeblich. Zum Kampf um die Personen war am preußischen Hofe jetzt keine Zeit. Schwer genug war den Scharnhorst und Hardenberg auch so schon der Sieg über ihre Gegner, zugleich über die Verantwortungsscheu des Königs geworden. Nun, da der Krieg einmal beschlossen war, mochten sie darauf vertrauen, daß seine eisernen Notwendigkeiten die Stimmen der Schwächlinge, der Halben und Nörgler bald genug zum Schweigen bringen würden. Die Soldaten, das Triumvirat der Scharnhorst, Gneisenau, Blücher mit ihrem glänzenden Stabe, hatten jetzt das entscheidende Wort; zu ihrer Unterstützung beim König war im Augenblick niemand besser geeignet als der vielgewandte Staatskanzler. Stein, der hitzköpfige Deutschpatriot, genoß offensichtlich nicht das Vertrauen des Monarchen (um das er sich auch nicht weiter bemüht hat); und an der Seite eines Hardenberg war für diesen Puritaner ohnehin kein Platz. Die Erfahrung, die er in Ostpreußen gemacht hatte, wiederholte sich: seine Hilfe, solange sie von außen wirkte, ließ man sich gern gefallen. Seit aber der Stein einmal ins Rollen gebracht war, wünschte man den unbequemen Helfer möglichst bald wieder los zu sein. Sein Platz blieb an der Seite des Zaren. Dorthin zurückkehrend, durfte er sich trotz aller persönlichen Verbitterung und patriotischen Sorgen zuletzt dennoch des Erreichten freuen. Die Erhebung Deutschlands, an deren Vorbereitung er mitgewirkt hatte, vollzog sich jetzt als eine der gewaltigsten und merkwürdigsten Schicksalswenden der neueren Geschichte. In prachtvoller Geschlossenheit, allen früheren absprechenden Urteilen des Reichsritters über den norddeutschen Volkscharakter zum Trotz, willig dem Ruf seines Königs folgend[36], trat das preußische Volk zum blutigen Waffengang an.

Sechzehntes Kapitel

Organisator der Kriegsverwaltung 1813/1814

1. Deutschlands Befreiung (April bis Oktober 1813)

Indem Preußen als erster der deutschen Staaten in den Krieg eintrat, während Österreich, England, Schweden noch weit zurückblieben, verschob sich das ganze Befreiungsprogramm unseres Reichsritters. Hatten seine in Rußland aufgestellten Pläne mit der Notwendigkeit gerechnet, wesentlich durch ausländische Mächte Deutschland befreien und dann eine haltbare Neuordnung der deutschen Verfassung herstellen zu lassen, so durfte er jetzt hoffen, daß die Deutschen selber das Beste zu ihrer Befreiung tun würden; dann sollten sie aber auch das Recht haben, selbständig und frei über ihr künftiges Schicksal zu entscheiden.

Noch in Breslau, während des Zarenbesuchs, erhielt er Gelegenheit, in diesem Sinn auf den russischen Kaiser einzuwirken. Seine Petersburger Septemberdenkschrift über die künftige deutsche Verfassung, nach London und Stockholm als eine Art offizielles russisches Programm mitgeteilt, hatte dort lebhafte Aufmerksamkeit erregt und ausführliche Gegenäußerungen hervorgerufen [1]. Sowohl Bernadotte, der regierende „Kronprinz" von Schweden, wie Graf Münster hatten eigene Zukunftspläne für Deutschland entwickelt, mit denen sich nun Stein in einer großen Denkschrift für den Zaren (vom 16. März) auseinandersetzte. Den schwedischen Plan, der manche phantastischen Vorschläge enthielt und im ganzen recht vage blieb [2], fertigte er mit bitterer Ironie ab: vor allem den Gedanken, alle deutschen Kleinfürsten, die sich den Verbündeten anschließen würden, unmittelbar und unterschiedslos an der Kriegsleitung zu beteiligen. Hinter den Vorschlägen Bernadottes, aber auch Graf Münsters für eine neue deutsche Reichsverfassung witterte er letztlich nur ehrgeizige Pläne, die deutsche Kaiserkrone an die schwedische bzw. welfische Dynastie zu bringen. Überhaupt fürchtete er nichts mehr als die Selbstsucht der fürstlichen Höfe. Als der Herzog von Mecklenburg-Strelitz, der Vater der Königin Luise, Ende März seinen Minister von Pentz zu ihm sandte mit einem Brief voll überschwenglicher Bewunderung für Steins patriotische Verdienste und mit einem deutschen Verfassungsplan, der (in höchst naiver Form) ein neues deutsches Reich unter preußischem Protektorat forderte, stieß er auf eine ziemlich unwirsche und mißtrauische Abweisung; man gewinnt fast den Eindruck, als wären dem Reichsritter solche patriotischen Erbietungen eher unbequem als willkommen gewesen, weil sie das einfache Hinweggehen über fürstliche Sonderinteressen erschwerten[3]. Münsters Verfassungspläne (die auf die Schaffung eines großen „austrasischen" Reichs der Welfen zwischen Yssel, Rhein und Elbe, Verkleinerung Preußens zu einem Mittelstaat zwischen Elbe und Weichsel und schließlich auf die Begründung einer losen Vereinigung der fünf größten deutschen Staaten hinausliefen) nahm er nicht allzu ernst; denn sie waren durch den Eintritt Preußens in das Kriegsbündnis mit Rußland und den Vormarsch zur Elbe schon Utopie geworden, ehe sie im russischen Hauptquartier anlangten. Gleichwohl kündigte sich in ihnen ein Meinungsgegensatz von weittragender geschichtlicher Bedeutung an.

Was Stein beseelte, war die Idee der nationalen Einheit und Freiheit in unbedingter Reinheit, losgelöst von allen partikularistischen Interessen. Daß er damit unter den deutschen Staatsmännern allein stand, war ihm freilich bewußt; eben deshalb sahen wir ihn schon früher nach einem praktischen Kompromiß mit der politischen Wirklichkeit suchen: statt der Einheit forderte er wenigstens die Zweiteilung Deutschlands, um das Machtinteresse der beiden größten deutschen Monarchien mit ins Spiel zu bringen. Jetzt zeigte sich, daß auch damit bei weitem nicht genug getan war. Man brauchte den Gedanken einer künftigen preußisch-österreichischen Hegemonie über Deutschland nur zu nennen, um sofort den leidenschaftlichen Widerspruch aller kleineren Monarchien und ihrer Vertreter auf den Plan zu rufen. Würde Preußen es wagen dürfen, darüber hinwegzugehen? Der preußisch-russische Bündnisvertrag sprach von künftigen Entschädigungen Preußens auf norddeutschem Boden; Hannover hatte Hardenberg, um den englischen Prinzregenten nicht zu reizen, ausdrücklich davon ausgenommen. Graf Münsters Denkschriften und Briefe ließen voraussehen, daß diese Schonung, wenn sie in London bekannt wurde, dem welfischen Ehrgeiz keineswegs genügen würde. Gneisenau, dessen militärischer Tatendrang durch keine politischen Erwägungen, am wenigsten durch Sorgen um deutsche Verfassungsfragen der Zukunft gehemmt wurde, hatte schon 1809 welfische Vergrößerungspläne unterstützt und erst kürzlich – offenbar ohne Wissen Steins[4] – von neuem angestachelt: in der Hoffnung, das welfisch-hannoverische Partikularinteresse werde das militärische Eingreifen Englands beschleunigen helfen. Auch Hardenberg, der diese Pläne grundsätzlich mißbilligte, hielt es doch für geraten, sie den Engländern gegenüber bei entsprechender Entschädigung Preußens für annehmbar zu erklären[5]. Dem Deutschpatrioten Stein waren sie höchst widerwärtig. Um so widerwärtiger, als der Protest Münsters sich keineswegs nur auf die welfischen Sonderinteressen bezog: ganz allgemein und grundsätzlich lehnte er die Verachtung Steins für die deutschen Dynastien und ihre Sonderinteressen ab. Er rühmte ihre ehemalige „Libertät" als Quelle aller bürgerlichen Freiheit in Europa, ihre Höfe als Pflegestätten deutscher Kultur, ihre fürstlichen Traditionen als Hort alles echten Heldensinns. Es war klar: im Protest des welfischen Ministers meldete sich das Verlangen aller kleinen Dynastien nach Wiederherstellung ihrer Throne an. Gab es eine Möglichkeit, solche Wünsche einfach zu überhören? Graf Münster war der Meinung, ohne einen neuen dreißigjährigen Bürgerkrieg würden sie sich nicht aus der Welt schaffen lassen.

Immer wieder hatten Steins Denkschriften empfohlen, gegen die Selbstsucht der Dynastien das nationale Einheits- und Freiheitsverlangen der Völker aufzubieten. Aber hatte Münster nicht recht, wenn er entgegnete: in den meisten deutschen Ländern würden zuletzt doch die Fürsten darüber entscheiden, welche Partei ihre Untertanen zu ergreifen hätten?[6] An der dynastischen und loyalen Gesinnung des deutschen Volkes war in der Tat nicht zu zweifeln: in allen deutschen Ländern und Ländchen wartete es nur darauf, von seinen ehemaligen Landesvätern und Duodezfürsten aufgerufen zu werden zum Kampf für die Wiederherstellung ihrer Miniaturstaaten. Ohne oder gar wider die fürstlichen Regierungen (noch bestehenden oder vertriebenen) war die deutsche Erhebung schlechterdings nicht in Gang zu bringen. An dieser Unmöglichkeit mußten die kühnen Reichsreformpläne Steins eines Tages scheitern. Einstweilen klammerte er sich wohl an die Hoffnung, mit Hilfe des Zaren, den er geradezu als „Leiter" des ganzen Befreiungswerkes betrachtete, doch noch zum Ziel zu kommen. Aber gab es nicht viele verwandtschaftliche Bande, die den Kaiser mit deutschen Fürstenhäusern verknüpften? War im Ernst zu erwarten, daß er seine Vetternschaft preisgeben würde für ein Idealbild deutscher Reichsverfassung, von dem kein deutscher Staatsmann außer Stein etwas wissen wollte? Es läßt doch in Abgründe blicken, wenn man hört, daß die Diplomaten des preußisch-russischen Hauptquartiers im Frühjahr 1813 dem Reichsfreiherrn den (natürlich ironisch gemeinten) Spitznamen „Kaiser von Deutschland" angehängt haben. Sein Kampf für Deutschlands Zukunft erschien ihnen offenbar als Träumerei eines Phantasten. Jedenfalls: schon beim ersten Schritt auf dem Wege zur praktischen Reichsreform zwang die Übermacht der Verhältnisse den Reichsritter zum Kompromiß.

Er drängte den Zaren, einen festen Plan für das weitere Vorgehen in Deutschland mit Preußen zu verabreden, da die Truppen in ihrem Vormarsch in allernächster Zeit rheinbündischen und französischen Boden (in Mecklenburg, Königreich Westfalen und den Hansestädten) betreten würden. Von so radikalen Maßnahmen zur Insurrektion Deutschlands, wie er sie früher (1809, 1811 und zuletzt noch in Petersburg) empfohlen hatte, war in dem Programm, das er am 16. März 1813 vorlegte, nun doch keine Rede mehr. Vor allem sollte der Aufruf der Verbündeten sich an die Völker und Regierungen Deutschlands zugleich richten; diesen sollte eine Frist von sechs Wochen gegönnt werden, innerhalb deren sie sich zu entscheiden hätten; erst wenn sie dann noch an Napoleon festhielten, sollten sie ihre Staaten verlieren. Ausdrücklich wurden übrigens nur nord- und mitteldeutsche Staaten erwähnt, Bayern, Württemberg und Baden stillschweigend übergangen: sie gehörten zur österreichischen Einflußsphäre, und das besondere Schutzverhältnis des Zaren zu den süddeutschen Höfen war Stein nicht unbekannt[7]. Was seine Denkschrift sonst noch enthielt, war in der Hauptsache eine Wiederholung jener Vorschläge zur Organisierung eines Verwaltungsrates für die besetzten Gebiete, die wir aus dem September schon kennen – natürlich war die Zusammensetzung jetzt geändert. Mit diesem Vorschlag drang er ohne Schwierigkeit durch. Die Errichtung eines Verwaltungsrates wurde am 19. März durch eine preußisch-russische Konvention noch in Breslau beschlossen; zugrunde lag der Entwurf einer Viererkommission (Stein und Nesselrode von russischer, Hardenberg und Scharnhorst von preußischer Seite), der in allem Wesentlichen [8] das Programm Steins wiederholte.

Der Verwaltungsrat besteht aus je einem Vertreter Rußlands und Preußens. Später sollen Delegierte der dem Kriegsbündnis sich anschließenden Mächte, insbesondere Englands, hinzutreten, für die kleineren deutschen Fürsten jedoch zusammen nur einer. Die Aufgabe ist: Mobilmachung der militärischen und finanziellen Kräfte der besetzten Länder für den Krieg, und zwar einheitlich von einer Stelle aus. Der Verwaltungsrat stellt von sich aus überall Linientruppen, Landwehr und Landsturm nach einem bestimmten Zahlenverhältnis auf, leitet die Aushebung, Requisition, Magazinierung. Er beschlagnahmt alle Einkünfte und überweist sie zunächst zu gleichen Teilen an Rußland und Preußen. Alle besetzten Länder mit Ausnahme der ehemals hannoverischen und preußischen (aufgezählt werden nur norddeutsche Gebiete) werden in fünf Bezirke geteilt, mit je einem Zivil- und Militärgouverneur an der Spitze; diese sind dem Armeeoberkommando, jene dem Verwaltungsrat unterstellt.

Alles in allem eine Behörde von immer noch erstaunlich weitreichender Vollmacht; ausdrücklich werden ihre Machtbefugnisse als „unbeschränkt" bezeichnet. Man begreift, daß Graf Münster dahinter sofort den Plan einer preußischen Hegemonie über Norddeutschland witterte und Einspruch erhob [9]. Aber seine Besorgnis war praktisch gegenstandslos. Längst ehe sein Widerspruch im Hauptquartier eintraf, hatte man sich dort eines anderen besonnen. Fast scheint es, als wäre der Abschluß der Konvention vom 19. März etwas überstürzt erfolgt [10]. Die Bereitschaft der mecklenburgischen Herzogtümer zu freiwilligem Anschluß an die Koalition scheint der verbündeten Diplomatie Bedenken gegen die Gewaltsamkeit des am 19. März verabredeten Verfahrens geweckt zu haben. Jedenfalls sorgte man jetzt dafür, daß die neue Behörde, noch ehe sie zusammengetreten war, in ein bloßes Verwaltungsbüro ohne jede politische Selbständigkeit umgewandelt wurde.

Die Konvention vom 19. März wurde durch ein zweites Abkommen vom 4. April ergänzt, das ihren politischen Sinn wesentlich veränderte, obwohl es sich als bloße Ausführungsbestimmung gab. Hier war mit einemmal von „Abkommen" und „Vereinbarungen" die Rede, die der Verwaltungsrat mit den deutschen Fürsten über Heereslieferungen, Truppengestellung usw. zu treffen und deren Ausführung er zu überwachen hätte [11]. Stillschweigend war also das System einer einheitlich und rücksichtslos durchgreifenden Zentralverwaltung aufgegeben und durch ein verwickeltes System von Verträgen mit fürstlichen Einzelregierungen ersetzt, in dem ganz von selbst die eigentlich politische Aufgabe der offiziellen Diplomatie und nicht der neuen Behörde zufallen mußte. Die ursprüngliche Absicht Steins war damit vollständig verfehlt[12].

Ein weiterer Abstrich an seinem Programm folgte bald danach. Ein Aufruf an die Völker und Fürsten Deutschlands, wie er ihn gefordert hatte, wurde vereinbart und am 25. März durch den Fürsten Kutusow als Oberbefehlshaber des preußisch-russischen Heeres von Kalisch aus veröffentlicht. Darin war nun gar nicht mehr die Rede von einem befristeten Ultimatum an die deutschen Fürsten und von Drohungen mit ihrer Absetzung, sondern ausschließlich von der Hoffnung auf ihren freiwilligen Anschluß, wenn auch verschärft durch die einigermaßen dunkle Wendung: daß Widerstrebende sich reif zeigen würden „der verdienten Vernichtung durch die Kraft der öffentlichen Meinung und durch die Macht gerechter Waffen". So entsprach es besser der wahren Gesinnung Friedrich Wilhelms und Alexanders, auch der Politik Hardenbergs, der schon im Januar auf dem Wege über Wien die süddeutschen Rheinbundfürsten über die Zukunft ihrer Staaten hatte beruhigen lassen. Aber diese Abschwächung war nun doch eine gefährliche Halbheit: aus dem Aufruf an die Nation zur Erhebung gegen ihre Fronvögte, wie sie Stein ursprünglich vorgeschwebt hatte, war nun eine Ansprache ohne klares politisches Ziel geworden: weder eine deutliche Drohung noch eigentlich eine Lockung für den deutschen Fürstenstand. Sie wirkte verletzend, ohne zu schrecken; obendrein kamen Nesselrode und Hardenberg sofort überein, keinem der deutschen Höfe die Proklamation offiziell und als befristetes Ultimatum zu übersenden[13]. Damit war ihr Hauptzweck von vornherein verfehlt. Wirklich eindrucksvoll und politisch wirksam war nur ein einzelner Passus: die feierliche Zusage Alexanders, der „Wiedergeburt eines ehrwürdigen Reiches mächtigen Schutz und dauernde Gewähr zu leisten" und die Gestaltung der künftigen deutschen Nationalverfassung ganz allein den Fürsten und Völkern Deutschlands zu überlassen. „Je schärfer in seinen Grundzügen und Umrissen dies Werk heraustreten wird aus dem ureigenen Geiste des deutschen Volkes, desto verjüngter, lebenskräftiger und in Einheit gehaltener wird Deutschland unter den Völkern Europas erscheinen können." Das war so vollkommen im Sinn der Denkschrift Steins vom 16. März, daß er geradezu als Urheber dieses Versprechens gelten darf. Sein Freund und Gesinnungsgenosse Rehdiger[14], aus dessen Feder der Entwurf des Aufrufs stammte, hatte ihm hier ganz und gar aus dem Herzen gesprochen. Es war ein edles und großes Wort – von zündender Wirkung auf alle patriotischen Geister Deutschlands. Niemals wieder sind die verbündeten Monarchen den Hoffnungen und Wünschen der deutschen Nation so weit entgegengekommen wie in diesen beiden Sätzen, auf die man sich in der Reaktionsperiode nach 1815 unzählige Male berufen hat. Insofern bezeichnet die Kalischer Proklamation (trotz allem) einen Höhepunkt im Leben Steins: einen Höhepunkt seines Einflusses auf die große Politik. Ob freilich ihre Versprechungen leere Worte bleiben oder eines Tages zur Tat werden würden, hing davon ab, wer die Führung im Kampf gegen Napoleon gewann: ob der leidenschaftliche Freiheitswille der Nation oder die nüchterne Interessenpolitik der alten Dynastien, die sich eben erst wieder von ihrem tiefen Sturz erhoben, aber sogleich mit erstaunlichem Selbstbewußtsein die politische Bühne betraten.

Am 21. März von Breslau nach Kalisch zurückgekehrt, fand Stein sogleich Gelegenheit, den Krieg bis an und über die Elbe vorwärts treiben zu helfen. Die verschiedenen Stoßtrupps, die unter waghalsigen Kosaken- und Freischarenführern wie Tettenborn, Tschernischeff, Benkendorf und Dörnberg im Norden bis nach Hamburg vorgedrungen waren, bedurften dringend eines einheitlichen Kommandos, sobald sie die Elbe überschritten. Hierfür wurde auf Steins Empfehlung sein Schwager Graf Wallmoden bestimmt, den er schon vor Monaten aus englischen Diensten zurückgerufen hatte, um ihm die Führung der russisch-deutschen Legion – und mit ihrer Hilfe des damals geplanten nordwestdeutschen Volksaufstandes – anzuvertrauen. Jetzt schien es, als würde der Gedanke sich in anderer Form verwirklichen lassen: die russisch-deutsche Legion sollte den Vortruppen der Verbündeten als Verstärkung folgen, und schon sah Stein im Geiste ganz Hannover und Hessen befreit, das Regiment Jérômes über den Haufen geworfen. Die Befreiung des Hamburger Hafens eröffnete großartige Aussichten auf Neubelebung des Seehandels mit England. Schon am 16. März hatte er die Errichtung einer einheitlichen Seezoll-Linie an den deutschen Küsten für Rechnung der Verbündeten empfohlen[15]; drei Wochen später wurde sie (für die nichtpreußischen Häfen) nach den Vorschlägen des Finanzrates von Heydebreck eingerichtet; sie beseitigte die Lasten der Kontinentalsperre, sollte aber durch ihre Zollerträgnisse einen tüchtigen Beitrag zu den Kriegskassen der Verbündeten liefern.

Ihre Einrichtung war bereits eine der ersten Amtshandlungen des Zentralverwaltungsrates, in den Stein – gewissermaßen in Fortsetzung seiner früheren Tätigkeit im „deutschen Comité" – als russischer Delegierter eintrat[16]. Das Abkommen vom 4. April sah eine Verdoppelung der Mitgliederzahl vor, und als zweiten russischen Delegierten, zugleich als Vorsitzenden, hatte Alexander (sicher auf Steins Wunsch) seinen Innenminister und Jugendfreund Grafen Kotschubeij berufen. Der blieb aber aus[17], und Stein entbehrte nun schmerzlich die politische Unterstützung im Rate Alexanders, die er sich von dem kriegseifrigen Russen erhofft hatte. Der Vorsitz, den er nun selbst übernahm, bot dafür keine Entschädigung: je mehr ihn die Verwaltungsgeschäfte der neuen Behörde in Anspruch nahmen, um so größer war die Gefahr, von den großen, politischen Entscheidungen des Hauptquartiers abgedrängt zu werden. Zu preußischen Mitgliedern wurden – sicher ebenfalls auf seinen Wunsch – die Staatsräte Schön und Rehdiger ernannt; von ihnen wird Stein das meiste Verständnis für seine Idee, auf das deutsche Volk und nicht auf die Fürsten zu bauen, erwartet haben. Doch trafen sie und ihre Unterbeamten mit großer Verspätung ein, so daß er bis Mitte April die Geschäfte allein führen mußte[18]. Übrigens zeigte sich bald, daß ihre politische Gesinnung mit der des Präsidenten keineswegs übereinstimmte. Schön empfand viel mehr als Preuße denn als Deutscher, hatte in nationalen Fragen wohl kein eigenes Programm und war ihnen gegenüber noch mehr als in der inneren Politik durch seine „Systemwut" gehemmt[19]. Vor allem fehlte ihm, dem starren Doktrinär, jedes Verständnis für diplomatische Mittelwege und für politische Machtfragen: die ganze Diplomatie war ihm ein Greuel, den er anders als unter engherzig moralischen Gesichtspunkten gar nicht zu fassen vermochte. So fühlte er sich vom ersten Tage an in der neuen Umgebung unglücklich, sehnte sich in seinen ostpreußischen Winkel zurück, wo er soeben erst in die neugeschaffene Stelle eines Zivilgouverneurs aufgerückt war, und entlud seinen Unmut in einer bitteren und hämischen Kritik fast aller Persönlichkeiten, mit denen er im Hauptquartier zusammentraf. Sehr viel weltgewandter, heiterer und sicherer bewegte sich Herr von Rehdiger in den diplomatischen Zirkeln; auch sachlich scheint er den nationalen Ideen Steins näher gestanden zu haben: von seinem Programm einer Einigung Deutschlands unter Preußens Führung hörten wir schon früher[20], und die von ihm entworfenen Konzepte im Schriftverkehr mit deutschen Fürstenhäusern weisen eine besonders scharfe Tonart auf; trotzdem übte er gemeinsam mit Schön an den politischen Methoden Steins viel Kritik; nachträglich hat er gemeint, Arndts Einfluß sei für den Minister verhängnisvoll gewesen und habe ihn zu einem Auftreten veranlaßt, als wolle man „allen Fürsten den Garaus machen, wozu man doch gar nicht angetan war und die Mittel nicht hatte"[21]. Meinungsgegensätze dieser Art bergen immer die Gefahr persönlicher Konflikte in sich. Ihr Ausbruch wurde beschleunigt durch die höchst unerfreuliche, ja unwürdige Lage, in die der Verwaltungsrat sehr bald im Fortgang der militärischen und politischen Ereignisse geriet.

Zunächst nahm der Vormarsch der verbündeten Armeen viel früher ein Ende, als Steins kühner Optimismus erwartet hatte. Seinem Schwager Wallmoden hatte er Anfang April bereits eine Instruktion zur Organisierung der Streitkräfte des linkselbischen Landes, insbesondere von Hannover und Hessen aufgesetzt. Sie hätte, praktisch durchgeführt, sicherlich heftige Beschwerden des Prinzregenten von England über Eingriffe in seine hannoverischen Regierungsrechte hervorgerufen; aber es kam gar nicht dazu, da die Operationen an der Niederelbe sehr bald durch den Vormarsch Davousts lahmgelegt wurden. Der Amtsbereich Steins beschränkte sich also vorläufig auf die von Wittgenstein befreiten mecklenburgischen Herzogtümer, Lübeck, Hamburg, Anhalt und auf Kursachsen, das Blüchers Armee erobert und besetzt hatte. Dresden war seit dem 9. April Sitz seiner Behörde; die Wochen, die er hier verbrachte, bedeuteten für ihn und seine Umgebung eine fortgesetzte Qual.

Dem Kaiser Alexander lag nicht das geringste an einem freiwilligen Beitritt des Königs von Sachsen zur Koalition – im Gegenteil: sein geheimes Ziel war, dem Wettiner die polnische Krone abzunehmen und die Preußen durch sächsisches Land für die polnischen Provinzen zu entschädigen, auf die sie zugunsten Rußland-Polens verzichten sollten[22]. Die preußische Regierung wünschte zwar, die in Tilsit an Sachsen verlorenen Gebietsteile zurückzugewinnen, sah aber, daß ein herrisches Auftreten der Kriegführung unnötige Schwierigkeiten schaffen würde und gab deshalb die Absicht, den sächsischen König durch ein kurzbefristetes Ultimatum zu klarer Entscheidung zu zwingen, bald wieder auf. Die Bevölkerung war den Verbündeten günstig gesinnt, aber vor allem königstreu. Scharnhorst riet dringend, durch schonendes Auftreten die Situation zu entspannen und dem sächsischen General Thielmann den Übertritt zur preußisch-russischen Partei, womöglich auch die Gewinnung des Hofes, auf die er sich Hoffnung machte, zu erleichtern. Das hätte militärisch gerade in diesem Augenblick, in dem man mit unzulänglichen Kräften dem ersten Zusammenstoß mit Napoleon entgegenging, außerordentlich viel bedeutet: Verstärkung an Truppen und Kriegsvorräten und Rückhalt an der starken Elbfestung Torgau. So gelang es Hardenberg gegen energischen Widerstand des Zaren, den Versuch einer friedlichen Lösung durchzusetzen. Friedrich Wilhelm schrieb am 9. April einen Brief, der den König von Sachsen mit ernsten, aber höflichen Worten zum Anschluß einlud.

Eine praktische Wirkung konnte dieses Schreiben freilich nicht haben – schon deshalb nicht, weil es die Rückgabe der in Tilsit den Sachsen zugefallenen preußischen Gebietsteile als selbstverständlich voraussetzte. Aber Stein waren dadurch vom ersten Tage seiner neuen Tätigkeit an die Hände gelähmt. Wäre es nach ihm gegangen, so hätte man ohne langes Verhandeln das sächsische Land als erobertes Gebiet betrachtet, seine finanziellen und militärischen Kräfte mit rücksichtsloser Energie in Anspruch genommen. Von der sächsischen Bevölkerung, diesen „weichen Wortkrämern", erwartete er nichts: weder großen Widerstand noch viel freiwillige Hilfe; sein Mitarbeiter Arndt beobachtete damals mit Staunen und Befremden, wie gering in Wahrheit das Vertrauen des Freiherrn auf populäre Bewegungen war: der liberale Volksmann enthüllte sich ihm unversehens als eingefleischter Aristokrat. Der Beitritt des Königs zur Allianz erschien dem Reichsritter gar nicht als wünschenswert: man werde dann Rücksichten nehmen müssen, auf die man jetzt verzichten könne, schrieb er – dahinter steckte natürlich sein geheimer Wunsch, der sächsischen Königsherrlichkeit überhaupt ein Ende zu machen. Daß Friedrich August befriedigend antworten würde, hielt er für ganz unwahrscheinlich. So gedachte er denn kurzen Prozeß zu machen. Der König war beim Herannahen der verbündeten Armeen außer Landes, ins Bayerische entflohen; der von ihm eingesetzten Regierungskommission erteilte Stein sofort beim Einrücken den Befehl: sie und alle Landeseinwohner hätten fortan ausschließlich die Autorität der verbündeten Monarchen und ihrer im Lande weilenden Behörden anzuerkennen und die Verbindung mit anderen obrigkeitlichen Personen abzubrechen. Ohne den Widerspruch der Kommission gegen dieses Reskript zu beachten, legte er dem Lande – nach freier Schätzung seines Vermögens – beträchtliche Naturallieferungen und eine Kriegssteuer von 5 Millionen Talern auf, davon 500 000 binnen zehn Tagen zahlbar. Als die Kommission sich sträubte, erklärte er die Absicht, sie aufzulösen und das Land mit Hilfe eines rein ständischen Regierungsausschusses zu verwalten – etwa im Sinne seiner älteren Denkschriften und der ursprünglichen preußisch-russischen Konvention vom 19. März. Aber er wagte diese Pläne dann doch nicht auszuführen, solange der Zar, sein mächtiger Protektor, noch nicht in Dresden eingetroffen war.

Unterdessen verstrichen kostbare Wochen. Die Verhandlungen mit den sächsischen Kommissaren rückten keinen Schritt vorwärts: die ihnen gesetzte Zahlungsfrist ließen sie ruhig verstreichen, ohne daß irgendeine Strafmaßnahme erfolgt wäre. Von Einrichtung einer sächsischen Volksbewaffnung war keine Rede. Friedrich August schloß ein geheimes Neutralitätsbündnis mit Österreich, das ihm den Besitz seiner Staaten garantierte, und begab sich nach Prag – ein wahrer Hohn auf die Langmut der Verbündeten, die noch in den letzten Gefechten an der Elbe gegen sächsische Truppen hatten kämpfen müssen. Stein erfuhr von den Verhandlungen des Königs zunächst nur gerüchtweise und warnte vor österreichischen Intrigen; aber er konnte nicht hindern, daß der Widerstand der sächsischen Regierungskommission sich nun erst recht versteifte. Seine Lage wurde immer peinlicher: welchen Effekt machten seine Drohungen, denen keine Ausführung folgte! Seine Mitarbeiter, Schön und Rehdiger, denen Hardenberg eine schonsame Behandlung der Sachsen noch besonders eingeschärft hatte, murrten über unvorsichtige und zwecklos heftige Äußerungen des Präsidenten. Umgekehrt klagte Arndt, der mit großen Erwartungen in Dresden eingetroffen war und nun tatenlos abwarten sollte, über diplomatische Leisetreterei; tief verstimmt, doppelt reizbar durch neue Anfälle seines Gichtleidens und die Nachwirkungen schwerer, eben überstandener Krankheit, fuhr Stein gegen ihn auf und verbat sich seine Kritik; je unsicherer ihm selbst zumute war, um so stolzer verschloß er seine politischen Erwägungen in der eigenen Brust. Entscheidend für sein Zögern war offenbar die Hoffnung auf den Übertritt Thielmanns, dessen Entschlossenheit er von Anfang an überschätzt hatte[23]. Vergeblich versuchte er ihn von der Verbindung mit dem sächsischen Hofe abzuschneiden, indem er seinem Kurier die Pässe verweigerte. Als endlich die verbündeten Monarchen in Dresden eintrafen (am 24. April), machte man zunächst neue Versuche, den General zum Übertritt zu bewegen; auch Stein nahm daran teil. In der Verhandlung, die er gemeinsam mit Boyen am 25. führte, bot er den Sachsen keine volle Garantie für die Erhaltung der Selbständigkeit des Landes (wie Österreich sie dem König bereits zugesagt hatte!) an, sondern nur eine Vorzugsbehandlung „im Fall einer allgemeinen Aufopferung“: also – so wird man deuten dürfen[24] – Aufnahme in ein norddeutsches Bundesverhältnis statt einfacher Annexion durch Preußen. Natürlich konnte das Thielmann, der von dem österreichischen Bündnis seines Fürsten wußte[25], in keiner Weise genügen, so daß die Verhandlung – zu Steins Empörung – an neuen Zögerungen scheiterte. Trotzdem, und obwohl jetzt auch Scharnhorst zur Eile und zu energischem Handeln drängte, war (oder glaubte sich) Stein auch jetzt noch genötigt, den Erfolg einer letzten Sendung Thielmanns ins sächsische Hoflager abzuwarten; eine sofortige Abschlagszahlung von 200 000 Talern, die er bis zum 1. Mai von der sächsischen Regierungskommission verlangte, stieß auf neue Proteste und wurde schließlich nur zur Hälfte bar bezahlt, so daß Stein, auf dringende Vorstellungen der in äußerster Not steckenden preußischen Kriegskassenverwaltung, am 6. Mai zu gewaltsamer Requisition mit Hilfe von Kosaken schreiten mußte[26]. Endlich, am 7. Mai, war die Absetzung der widerspenstigen sächsischen Behörde und die Errichtung eines besonderen Verwaltungsrates für Sachsen beschlossene Sache und vom Zaren genehmigt; um aber die Sachsen zu gewinnen, sollten sie einen besonderen Vertreter im Zentralverwaltungsrat bekommen – also doch wieder als Verbündete behandelt werden! Am 8. Mai sollte die Ausführung dieses Beschlusses beginnen – aber an eben diesem Tage räumten die Verbündeten Dresden, durch den Verlust der ersten großen Schlacht wider Napoleon, bei Großgörschen, zur Preisgabe des linken Elbufers und bald darauf ganz Sachsens genötigt. General Thielmann, im entscheidenden Augenblick von seinen Unterbefehlshabern im Stich gelassen, floh ins russische Lager, und der nachträgliche Aufruf an die sächsische Bevölkerung zum Abfall von ihrer Dynastie, den die Verbündeten jetzt erließen, blieb naturgemäß ohne Wirkung[27].

Der Verwaltungsrat Steins war seiner ersten großen Aufgabe gegenüber fast vollständig gescheitert. War ausschließlich die Einmischung der Monarchen und ihrer offiziellen Diplomatie daran schuld, oder hat auch Stein sich allzulange in Illusionen gewiegt? Die ihm damals am nächsten standen, waren mit ihm sehr unzufrieden. Schön und Rehdiger warfen ihm vor, sich viel zu sehr durch persönliche Sympathien und Antipathien in der Beurteilung seiner Gegenspieler leiten zu lassen, statt durch sachliche Erwägungen[28]; Arndt sprach von sprunghafter Inkonsequenz, und der kluge hannoverische Gesandte von Ompteda meinte, Stein zeige mehr Heftigkeit in seinen Äußerungen als Kraft und Energie im Handeln. Indessen fehlt es an näheren Nachrichten über die mündlichen Verhandlungen im Hauptquartier, und so ist ein sicher begründetes Urteil nicht möglich. Nur soviel läßt sich erkennen, daß Stein die Pläne, die ihm in Sachsen von der hohen Politik verdorben wurden, in den andern Ländern seines Verwaltungsbereichs mit verdoppelter Energie durchzusetzen bemüht war.

Das bedeutendste dieser Länder war Mecklenburg-Schwerin. Hier hatte der Herzog Friedrich Franz sich schon im März, als die ersten Streifscharen Tettenborns durchzogen, von seinen Rheinbundverpflichtungen losgemacht und sein Gardebataillon – oder vielmehr dessen aus Rußland heimgekehrte Trümmer – den Russen nach Hamburg nachgesandt. Für diesen freiwilligen Anschluß an die Sache der Freiheitskämpfer erwartete er aber auch entsprechendes Entgegenkommen: eine Verhandlung über die Anschlußbedingungen ohne unbilligen Zwang, von „Macht zu Macht". Stein als Präsident des Verwaltungsrates stand zunächst auf dem Standpunkt der Konvention vom 19. März und betrachtete es schon als ein Entgegenkommen, daß er sich (auf Wunsch des Zaren) überhaupt auf Verhandlungen einließ, statt sich einfach der mecklenburgischen Landeseinkünfte zu bemächtigen. So erklärte er sich zwar bereit, seine ursprünglichen Geldforderungen erheblich zu ermäßigen, als Minister Plessen ihm vorstellte, das geldarme, rein agrarische Land könne so große Summen nicht aufbringen, weigerte sich aber, darüber lange zu markten. „Nimmt der Herzog diese Bedingungen nicht an", hieß es in einem Promemoria vom 1. April, „so wird sein Land nach dem Eroberungsrecht behandelt und im allgemeinen Frieden darüber verfügt."

Drei Tage darauf wurde die Konvention vom 4. April abgeschlossen, welche die Befugnisse des Verwaltungsrates so weitgehend beschränkte. Überdies stellte sich heraus, daß der Herzog in patriotischem Eifer weit mehr Truppen aufgestellt hatte, als man von ihm verlangte und daß es praktisch unmöglich war, das Generalschema der Leistungspflichten deutscher Länder ohne weiteres auf Mecklenburg anzuwenden, das Stein aufgestellt hatte, um die kleineren deutschen Fürsten zu denselben schweren Kriegsopfern zu zwingen, wie sie Preußen aufbrachte[29]. Mecklenburg war das Aufmarsch- und Etappengebiet eines großen Teils der schwedisch-russisch-preußischen Nordarmee, zeitweise selbst Kriegsschauplatz, unmittelbar bedroht von den Truppen Davousts in Hamburg und von den Dänen im Holsteinischen. Die Folge waren enorme Lieferungspflichten aller Art, Stocken der Getreideausfuhr und infolgedessen eine fast unglaubliche Knappheit an Bargeld. Auch der Generalkommissar des Verwaltungsrates für den Küstenbezirk, Staatsrat Alopäus d. Ä., ein auf deutschen Posten langerprobter russischer Diplomat, rühmte den Patriotismus des Herzogs, den guten Geist seiner Truppen und den kriegerischen Eifer der adligen Jugend des Landes. Er warnte davor, den Bogen zu überspannen – dies um so mehr, als seine Stellung im Lande äußerst schwierig war. Die Nordarmee war außerstande, den Fall Hamburgs zu verhindern, ja auch nur das Land ausreichend zu schützen. Allgemein herrschte Erbitterung über das anmaßende, erpresserische und verschwenderische Auftreten ihrer Offiziere – im Gegensatz zu der musterhaften Ordnung der schwedischen Armeeverwaltung. Der schwedische Kronprinz, dem Verwaltungsrat ebenso feindlich gesinnt wie dessen Präsident ihm und seinen politischen Nebenabsichten, bot alles auf, um den Schweriner Herzog gegen günstige Bedingungen auf seine Seite zu ziehen. Das war nicht der Augenblick zu herrischem Auftreten des Verwaltungsrates[30]. Dennoch scheiterten dessen Verhandlungen nicht so sehr an der Frage der materiellen Leistungen[31] als an den politischen Ansprüchen der Steinschen Behörde: die mecklenburgische Regierung lehnte es ab, von einem Bevollmächtigten der verbündeten Monarchen materielle Forderungen in der Form von Befehlen entgegenzunehmen und ihm eine unmittelbare Einmischung in ihre innere Landesverwaltung zu gestatten (26. Mai). Aus ihren Äußerungen sprach deutlich das Mißtrauen gegen die politischen Hintergedanken Steins, die man aus der Art seines Auftretens zu erraten glaubte. Um ihnen entgegenzuwirken, wünschte man einen eigenen Vertreter in den Verwaltungsrat zu entsenden – zum mindesten einen gemeinsam mit anderen deutschen Fürsten.

Die Antwort des Verwaltungsrates, von Rehdiger aufgesetzt, war nicht nur scharf, sondern beinahe schulmeisterlich: in tadelnden Worten verwies sie der mecklenburgischen Regierung ihre Äußerungen als ungehörig und unpatriotisch und beharrte unnachgiebig auf den früheren Forderungen. Wirklich erreichte Alopäus daraufhin in mündlicher Verhandlung, daß die Mecklenburger einen Vertragsentwurf vorlegten (vom 1. Juli), der in seinen materiellen Zusagen günstiger war als die früheren Angebote; er erhielt aber eine feierliche Zusage der verbündeten Monarchen, das herzogliche Haus in seinem vollen Besitzstand zu schützen, beim Friedensschluß sicherzustellen und „in der Erfüllung gerechter Ansprüche zu berücksichtigen". Grund genug für Stein, „eine solche unpassende und nachteilige Konvention" rundweg abzulehnen [32]. Entsprechend seiner Weisung setzte Rehdiger eine Antwort an Alopäus auf, die von „eitlen Prätensionen und aufgeregter kleinlicher Besorgnis statt eines echt liberalen fürstlichen Interesses" sprach und in drohenden Wendungen andeutete, das Schicksal der kleineren deutschen Staaten liege gerade jetzt (während der Friedensverhandlungen in Prag) in der Hand der verbündeten Monarchen: es hänge also vom guten Willen des Herzogs ab, sich durch eifrige Kriegsleistungen deren Wohlwollen zu erwerben; bisher ermuntere seine Haltung weder zu besonderer Schonung seines Landes noch zu eifriger Vertretung seiner Ansprüche. Mecklenburg-Schwerin stelle bisher kaum ein Prozent seiner Bevölkerung ins Feld, Preußen dagegen drei Prozent ohne Landsturm und Landwehr. Statt weiterer Verhandlungen ziehe man es vor, einstweilen [33] alles im Zustand ungeregelter militärischer Okkupation zu lassen; die Folgen werde Mecklenburg sich selber zuzuschreiben haben.

Das klang sehr bedrohlich; aber eine wirkliche Macht steckte nicht dahinter. Von zwangsweiser Beitreibung der geforderten Summen riet Alopäus dringend ab – schon deshalb, weil der Kronprinz von Schweden sie verhindern würde. Gegen die politischen Drohungen aber suchte der mecklenburgische Hof sofort Deckung bei allen befreundeten deutschen Höfen, vor allem in Wien. Dort weckten seine Klagen die heftigste Entrüstung [34]: nichts hat dem Fortbestand des Verwaltungsrates mehr geschadet als diese Beschwerde. In den Augen Metternichs erschien Stein nun erst vollends als der Jakobiner, dem man das Handwerk legen müsse. Unzweifelhaft war sein Versuch, gestützt auf die von seinem Schwager Wallmoden geführten Truppen der Nordarmee den Souveränitätsansprüchen des mecklenburgischen Herzogs zu trotzen und ihn, als Vorbild gleichsam für alle deutschen Kleinfürsten [35], zu bedingungsloser Gefolgschaft zu zwingen, von vornherein aussichtslos: ein Versuch am ungeeigneten Objekt. Das Land eines Fürsten, der sich freiwillig und – wie man auch seine Leistung im Vergleich mit Preußen beurteilen mochte – unter schweren Opfern der Sache der Freiheit anschloß, konnte man unmöglich als besetztes feindliches Gebiet behandeln, oder gar – wie es zeitweise geplant wurde – das mecklenburgische Volk zur Revolution gegen äußere und innere Unfreiheit aufwiegeln[36]. Übrigens verzögerten sich die Vertragsverhandlungen auch infolge technischer Schwierigkeiten im Depeschenverkehr zwischen Mecklenburg und dem Hauptquartier ganz ungeheuerlich (die Reisezeit jeder Depesche betrug 2–3 Wochen!); so war man Mitte August noch kaum einen Schritt weiter gekommen, als der Krieg dem Ganzen ein Ende machte: der Einbruch der Franzosen vertrieb Alopäus aus dem Lande; nachdem er sein Büro schon lange vorher wegen Geldmangels hatte verkleinern, zuletzt fast auflösen müssen, kehrte er im September unverrichteter Dinge nach seinem früheren Amtssitz Berlin zurück.

Nicht viel glücklicher verliefen die weiteren Unternehmungen des Verwaltungsrates. Die Okkupation der sächsisch-thüringischen Kleinstaaten, in die der ehemals bayerische Regierungspräsident Graf Reisach als Gouverneur entsandt wurde, dauerte viel zu kurz, um nennenswerte Früchte einzubringen; übrigens gab es auch hier einen Verwandten des Zaren, auf den man besondere Rücksicht nehmen mußte: Karl Alexander von Sachsen-Weimar. Der Mecklenburg-Strelitzer Herzog hatte sich bereits hinter seinen Schwiegersohn, den König von Preußen, gesteckt, ehe er mit dem Verwaltungsrat in Verbindung trat. Das gab ihm den Mut, den Geldforderungen, die zuerst Schön, dann Alopäus im Namen des Verwaltungsrates an ihn richteten, hartnäckig zu widerstreben und sich mit rein militärischen Leistungen und Naturallieferungen (allerdings recht erheblichen) zu begnügen[37]. Sehr viel glatter wickelten sich die Verhandlungen mit den Hansestädten, zumal die mit Lübeck, ab. Stein kam ihren Wünschen weit entgegen, indem er sich mit einem mäßigen Truppenaufgebot begnügte und das Hauptgewicht auf die Zolleinnahmen, den von Heydebreck eingerichteten Kriegsimpost, legte. Seine Erhebung wurde ganz nach den Wünschen der Hanseaten organisiert[38]. Große Hoffnungen setzte schließlich Stein auf eine Anleihe von 2 Millionen, die Alopäus sofort in Hamburg aufbringen sollte. Aber die Einnahme Hamburgs durch Davoust und Lübecks durch die Dänen seit Ende Mai machte diese Aussicht wie überhaupt den Gewinn der hanseatischen Verträge zuschanden. So scheiterte zuletzt alles Bemühen an der Ungunst der Verhältnisse; und nur aus dieser verzweifelten Lage läßt sich das freudige Entgegenkommen erklären, mit dem Stein ein Geldangebot des Kurfürsten Wilhelm von Hessen, des starrsinnigsten Reaktionärs unter allen vertriebenen Potentaten, aufnahm: gegen die Aussicht auf eine halbe Million Taler Bargeld war er (und ebenso Hardenberg) bereit, diesem Fürsten nicht nur Unterstützung bei der Wiedereroberung seines Ländchens, sondern sogar eine stattliche Vergrößerung bei der künftigen Neuordnung Deutschlands zu versprechen. Eine Zusage, die dem alten Geizhals zuletzt doch nicht mehr als etwas über 100 000 Taler entlockt hat[39]: wie hart mußte sich Stein durch finanzielle Sorgen jetzt bedrängt fühlen, daß er sich auf derartige Abkommen überhaupt einließ!

In der Tat traf das Angebot des Kurfürsten in eine überaus bedenkliche Lage des Hauptquartiers hinein. Der Rückzug nach Schlesien, den die verbündeten Armeen nach der Schlacht von Großgörschen angetreten hatten, drohte seit dem Fehlschlagen ihres Widerstandsversuches auf den Bautzener Höhen zur Katastrophe zu führen: während die russische Armee zum weiteren Rückzug hinter die Oder, womöglich nach Polen hinein drängte, die preußische Rückhalt am schlesischen Gebirge suchte, schien es einen Augenblick, als würde die Einheit der Kriegführung verlorengehen und Napoleon in die Lage kommen, seine Gegner getrennt niederzuschlagen. Hals über Kopf mußte das „schreibende" Hauptquartier (das nach Steins Meinung viel zu eng mit der militärischen Zentralstelle verbunden war) den Bewegungen der Armee bis an die schlesisch-böhmische Grenze folgen. An eine geregelte Tätigkeit des Verwaltungsrates war in diesen Wochen nicht zu denken; seine Mitglieder blieben, ohne rechte Beschäftigung (seit auch die Lausitz verlorengegangen war), dem tieferregenden Miterleben der militärischen Tagesereignisse überlassen. Um so erstaunlicher ist der zuversichtliche Ton, der in Steins Briefen während dieser gefahrvollen Wochen herrscht, und nicht nur in denen an seine Frau (die selten des väterlich aufrichtenden, leise pädagogischen Nebentones entbehren). Es war wieder ähnlich wie in den bangen Monaten des Rückzuges auf Moskau: der leidenschaftliche Siegeswille unseres Ritters setzte sich zur Wehr gegen alle Stimmungen des Zweifels und wollte die Hoffnung durchaus nicht fahren lassen. „Will man sich in Abenteuer werfen", schrieb er damals seiner Frau, „sich auf gut Glück den Ereignissen anvertrauen, so muß man Entschiedenheit und Begeisterung haben; jene ist das Gegenteil von Unentschlossenheit, die zweite entschädigt durch die Überzeugung, seine Pflicht getan zu haben, für das Fehlschlagen unserer Entwürfe."

Natürlich sah er auch die Unzulänglichkeit der Rüstungen, die Schwächen und Fehler der verbündeten Diplomatie; ungerührt von den Sorgen seiner Umgebung blieb er keineswegs. Aber es war nicht seine Art, sich in düsteren Prophezeiungen, schreckhaften Erwartungen, sentimentalen Klagen über versäumte Möglichkeiten, unwiederbringlich Verlorenes und dergleichen zu erschöpfen. Mit dem feinnervigen Niebuhr, der als Finanzberater Hardenbergs seit April im Hauptquartier weilte – begleitet von seiner kränkelnden Frau, die ihn (nach Steins rücksichtslosem Urteil) mitsamt seinem nervösen Magenleiden ungebührlich „verhätschelte" – ist er darüber hart aneinander geraten. Niebuhr litt schwer unter den furchtbaren Eindrücken des Krieges, den enttäuschenden Erfahrungen kleinlichen Intrigenspiels der Diplomaten, menschlicher Kleinheit, wo er idealisch-antike Größe gesucht hatte, und fühlte sich in solchen Empfindungen von der robusten Natur Steins unverstanden, ja abgestoßen. An dessen zur Schau getragener Gleichgültigkeit gegen die Schicksalsschläge empfand er allzu stark das Gewollte, den moralisch-pädagogischen Beigeschmack: weil eben dies sich gegen seine eigene Schwäche richtete. Empfindsam klagte er darüber der gemeinsamen Freundin Prinzessin Radziwill:

seine tiefe patriotische Niedergeschlagenheit werde von Stein, der doch am meisten Anlaß hätte, sie von Herzen zu teilen, mit Spott und Zürnen abgewiesen; der große Staatsmann und Freund von 1807 sei nicht mehr wiederzuerkennen. Seltsames Fehlurteil! Als ob tiefe Niedergeschlagenheit und nicht vielmehr ein derber Lebens- und Zukunftswille zum Wesen des echten Staatsmannes gehörten! Man begreift, daß Stein eine Natur wie diese im Feldlager nicht ertragen konnte[40]. „Die Entmutigung“, meinte er in seiner hausbackenen Art, „fließt im allgemeinen entweder aus Zaghaftigkeit oder träger Weichlichkeit; die erste fürchtet die Gefahr, die zweite die Arbeit und die Opfer, welche ein ausdauernder Kampf erheischt; und ich hoffe sicher, mich ihnen nie hinzugeben.“ Freilich ein bequemer Umgang war Stein seinerseits auch nicht. Was er an Enttäuschungen litt, pflegte er zwar nicht in trüben Klagen, aber dafür in tausend Ausbrüchen von Zorn und übler Laune über seine Freunde zu ergießen – mündlich und brieflich. Insbesondere Freund Münster in London bekam äußerst gallige und ironische Urteile über die Saumseligkeit und Borniertheit der englischen Regierung zu hören.

Es war schwer, für eine Herrennatur wie die Steins doppelt schwer, den Krieg gewissermaßen nur an seiner Kehrseite, mitten im intriganten, unerfreulichen Treiben der Hofleute und Diplomaten mitzumachen, ohne doch näher eingeweiht zu sein in ihre vielen Geheimnisse und ohne entscheidenden Einfluß auf ihre Geschäfte. Denn das war die bitterste Erfahrung der letzten Wochen: seit Stein die Geschäfte des Verwaltungsrates übernommen hatte, hielt ihn Nesselrode geflissentlich von den politischen Verhandlungen fern.

Ohne Zweifel hing das mit diplomatischen Rücksichten auf Österreichs Wünsche zusammen. Je bedenklicher sich die militärischen Operationen entwickelten, um so sehnsüchtiger richteten sich die Blicke der Verbündeten nach Österreich hinüber, dessen Eingreifen die entscheidende Wendung bringen sollte. Stein wurde ausgeschaltet – er erfuhr von den geheimen Verhandlungen so wenig, daß er bald nach der Bautzener Schlacht das Hauptquartier verließ und nach Prag zu einem Erholungs- und Badeurlaub im Kreise seiner Familie abreiste (25. Mai). Sicherlich zur größten Erleichterung der russischen Diplomaten: schon sprach man davon, daß er wohl gar nicht wiederkommen würde[41].

Doch hielt er es nicht lange in dieser freiwilligen Untätigkeit aus. Zusammen mit dem hannoverischen Diplomaten von Ompteda, den er als Vertreter seines Staates für den Verwaltungsrat zu gewinnen hoffte, reiste er schon nach zehn Tagen über das schlesische Gebirge wieder ins Hauptquartier ab. Unterwegs erfuhr er, zunächst mit ungläubigem Staunen, daß inzwischen ein Waffenstillstand abgeschlossen sei. Die Nachricht wirkte auf ihn wie auf alle Patrioten: tief niederschlagend als öffentliches Eingeständnis der Schwäche der verbündeten Heere, vor allem aber aufregend wegen der möglichen Folgen: alles mußte aufgeboten werden, um zu verhindern, daß dem vorzeitigen Waffenstillstand nicht ein übereilter, schwächlicher Friedensschluß folge.

Was er im Hauptquartier zu Reichenbach erfuhr, bestätigte seine schlimmsten Befürchtungen. Zwar militärisch bot der Waffenstillstand unleugbare Vorteile – trotz seiner stark demoralisierenden Wirkung auf die Stimmung im Lande[42] –, aber politisch betrachtet war er das Werk einer höchst zweideutigen österreichischen Vermittlungspolitik. Was Kaiser Franz seinem Schwiegersohn als Friedensgrundlage vorzuschlagen dachte, war nichts weiter als ein Verzicht auf das Herzogtum Warschau, Danzig, die Oderfestungen, die Hansestädte und die illyrischen Provinzen – und selbst davon war er noch einiges preiszugeben im stillen bereit. Nahm Napoleon diese Bedingungen an – wie Stein persönlich nicht zweifelte –, so war alles verloren, das Blutvergießen von Hunderttausenden, die Tränen und Hoffnungen von Millionen umsonst – und nicht das geringste gewonnen, das irgendwelche Dauer versprach.

Auf der Stelle griff Stein zur Feder, um die Bemühungen Hardenbergs, der auf dem Verhandlungswege wenigstens einige Verbesserungen des österreichischen Friedensprogramms zu erreichen hoffte[43], beim Zaren zu unterstützen. Auflösung des Rheinbundes und Erweiterung des preußischen Länderbesitzes um das rechtselbische Sachsen mit Wittenberg und Torgau, ferner Magdeburg und die Altmark, unter Umständen auch Lüneburg erklärte er für ganz unerläßliche Mindestforderungen. Um sie im österreichischen Lager durchzusetzen, möge der Zar persönlich mit Kaiser Franz zusammentreffen oder zum mindesten seinen Gesandten von Hardenberg begleiten lassen. Auch sollten preußische und russische Bevollmächtigte die österreichischen Unterhändler ins feindliche Lager begleiten, um ihnen nicht dieses gefährliche Terrain allein zu überlassen.

Das letzte widersprach den Absichten des Zaren, der sich vielmehr gerade dadurch, daß er die Verhandlungen Metternich allein überließ, die Hände frei und den Wiedereintritt in der Krieg offenzuhalten wünschte. Im übrigen aber wurde Steins Rat befolgt. Da Kaiser Franz einer persönlichen Begegnung mit dem Zaren auswich, traf sich dieser wenigstens mit Metternich und Gentz zu eingehender Aussprache; Nesselrode, Hardenberg und Humboldt führten die Verhandlung unmittelbar weiter, zuletzt wurde auch noch der russische Staatssekretär zu Kaiser Franz persönlich geschickt. Der Erfolg war nicht ungünstig. Zwar blieben alle Versuche, die österreichischen Friedensbedingungen zu erweitern, vergebens; aber in dem Reichenbacher Vertrag, der am 27. Juni zustande kam, war eine ausdrückliche Festlegung Rußlands und Preußens auf diese Bedingungen sorgsam vermieden; auch kamen die Unterhändler mit den besten Eindrücken von Metternichs nächsten Absichten und seiner politischen Gesinnung überhaupt zurück. Der Österreicher hatte sie überzeugt, daß Napoleon trotz allem ablehnen werde; und für diesen Fall war der sofortige Eintritt Österreichs in den Krieg und seine Mitwirkung bis zur Befreiung Deutschlands, Hollands, Italiens und Spaniens vertraglich zugesagt. Alles atmete auf, auch Stein schrieb jetzt befriedigt: die Gesinnungen des klugen Ministers Metternich schienen Vertrauen zu verdienen, der Geist in der österreichischen

Armee und Nation sei vortrefflich, und so würden Kurzsichtigkeit und Eigensinn des Monarchen den Ausbruch des Krieges wohl nicht lange mehr aufhalten können.

Um dieselbe Zeit glückte endlich der Abschluß von Bündnisverträgen mit England – allzulange hingezögert durch das Ungeschick und die Schwerfälligkeit der englischen Unterhändler, mehr noch durch die Begehrlichkeit des hannoverischen Ministers, des Grafen Münster, der jetzt wenigstens ein Stück seiner „austrasischen" Vergrößerungspläne für Hannover durchzusetzen suchte. Stein, den Hardenberg an diesen Verhandlungen in einem früheren Stadium (noch in Dresden) hatte teilnehmen lassen, hatte dort energisch den Gelüsten des Hannoveraners auf altpreußische Gebietsteile in Westfalen, vor allem auf Minden und Ravensberg, widerstanden. Vor seiner unverblümten Drohung, nötigenfalls mit Hilfe des englischen Parlaments Lärm zu schlagen und der Welt bekanntzugeben, daß die große Koalition wider Napoleon durch den Eigensinn welfischer Hausmachtpolitiker verhindert werde, war Münster schließlich zurückgewichen und hatte sich mit einem Geheimartikel begnügt, der Hannover ganz allgemein eine Vergrößerung um 250 000 Seelen (darunter Hildesheim) zu verschaffen versprach. Auf dieser Grundlage kamen nun in Reichenbach die Allianz- und Subsidienverträge vom 14./15. Juni zustande, die einer verzweifelten Notlage in den verbündeten Kriegskassen, Waffen- und Munitionsdepots abzuhelfen versprachen. Auch die von Stein im Winter angeregte Frage eines gemeinsam zu schaffenden Papiergeldes kam nunmehr in Fluß; nach langen Verhandlungen, an denen Stein und Niebuhr stark beteiligt waren, übernahm England die Herstellung von 15 Millionen Talern auf eigenen Kredit. Die deutsche Legion wurde auf englischen Sold übernommen und damit eine weitere Forderung Steins erfüllt. Zum erstenmal seit den Tagen des Basler Friedens bestand wieder Aussicht, die vier Hauptmächte des alten Europa sämtlich zu einem Kriegsbündnis gegen Frankreich zu vereinigen.

Wenn nur nicht der Habsburger im letzten Augenblick wieder absprang! Metternichs Verhalten enttäuschte von neuem schwer. In Dresden ließ er sich von Napoleon zu einer Verlängerung des ohnedies überlangen Waffenstillstandes (bis zum 10. August) bestimmen, die den Verbündeten geradezu als Bruch des Reichenbacher Vertrags erschien; überdies verabredete er statt der ursprünglich vorgesehenen formlosen Verhandlungen über die Friedensmöglichkeit, die den Russen und Preußen jeden Rückweg offen gelassen hätten, einen feierlichen Gesandtenkongreß aller beteiligten Mächte in Prag; alles das ließ erkennen – und weitere Nachrichten aus der Hofburg bestätigten es –, daß die Friedensneigungen des Habsburgers und seines Ministers neuerlich in demselben Maß gewachsen waren wie ihr Respekt vor den großen, inzwischen durchgeführten Kriegsrüstungen Bonapartes. Der Zar war außer sich; er glaubte sich von Österreich düpiert und sprach von endgültigem Verzicht auf das undankbare Werk einer Befreiung Deutschlands. Überall im Hauptquartier war die Stimmung denkbar schlecht – um so schlechter, als man sich schließlich doch genötigt sah, auf Österreichs neue Forderungen einzugehen. Sogar Graf Stadion, der bisher mit höchster Tapferkeit und Leidenschaft für die Sache der Alliierten bei seinem Hofe eingetreten war, gab das Spiel jetzt verloren und bat um seine Abberufung. Stein aber wetterte über den „eitlen, pfiffigen, leichtsinnigen, flachen", ewig finassierenden Metternich, den er mit Mephistopheles verglich; er handle entweder als Verräter oder sei doch nicht die Persönlichkeit, um seinen Kaiser zu beherrschen. Gneisenau bestürmte ihn, durch seinen Einfluß einen schmachvollen Frieden zu verhindern und auf sofortiges Losschlagen ohne Rücksicht auf Österreich zu drängen: die vereinigten preußisch-russischen Truppen wären jetzt stark genug, um die österreichische Hilfe schlimmstenfalls zu entbehren. Stein war derselben Meinung. Auf gelegentlichen Reisen in Oberschlesien[44] hatte er sich von dem vortrefflichen Geist der Truppen und dem leidenschaftlichen Kampfeseifer ihrer Führer überzeugt. Darüber berichtete er in einer schriftlichen Eingabe an den Zaren, warnte dringend vor einem faulen Frieden und empfing dafür beruhigende Versicherungen aus dem Munde seines Gönners. Aber die Diplomaten des russischen Hofes, entweder aus Eifersucht oder aus Furcht vor seinen Ausbrüchen, sorgten auch jetzt wieder dafür, daß er nur gelegentlich noch von den Dingen erfuhr, die sich hinter dem Vorhang abspielten. So schloß er sich, wie es scheint[45], mehr an Hardenberg an; aber dessen unstete und leichtfertige Lebensweise in den Reichenbacher Monaten machte ihm einen intimeren Umgang unmöglich. Er vereinsamte nachgerade auch im eigenen Kreise: Scharnhorsts tragisches Sterben bewegte ihn tief; mit Niebuhr kam es zum endgültigen Bruch; mit dem starren Doktrinär Schön war ein wärmeres Verständnis schon längst unmöglich geworden. Nur mit Humboldt, der aber viel hin und her zu reisen hatte, bahnte sich ein freundschaftlicher Umgang an: das Feuer Steins, seine witzige und derb treffende Redeweise, sein Eifer im Diskutieren, vor allem aber das Naturhaft-Ursprüngliche seines Wesens übten einen starken Zauber auf den geistvollen Mann aus, dem es selber so schwer fiel, aus unmittelbarer, unreflektierter Lebensfülle zu handeln. Im ganzen war diese Reichenbacher Zeit doch schwer zu ertragen: endlose Wochen gezwungener Untätigkeit, nutzlosen diplomatischen Treibens, ein schwüles, banges Warten voll innerer Unsicherheit. Es gab Momente, in denen auch unseren Helden heftiger Ekel, ja Lebensüberdruß (wie es heißt) überkam[46]; dann suchte er Trost in seinem christlichen Vorsehungsglauben. Gemeinsam mit seinem Freunde Graf Geßler, einem Reichenbacher Original, fuhr er öfter nach dem nahen Gnadenfrei hinüber, um den herrnhutischen Gottesdienst zu besuchen – was Schön, der Rationalist, als „einlullende Frömmelei" bespöttelte und als Mangel an innerer Haltung empfand. In Wahrheit gelang es Stein viel besser, sich Zuversicht und gläubiges Vertrauen zu bewahren, als dem ewig nörgelnden Schön, der nicht müde wurde, den nahen Untergang dieses ganzen verderbten Geschlechts zu prophezeien. Und zuletzt behielt Stein doch recht mit seinem unerschütterlichen Glauben an den nahen Sieg des Guten: der Korse, von Hochmut verblendet, zugleich aber von berechtigter Sorge um sein moralisches Ansehen und um den Ausgang seines Lebenswerkes getrieben, versagte sich allen Friedensvorschlägen vor endgültiger Waffenentscheidung. Der Krieg flammte wieder auf – das große, letztlich entscheidende Völkerringen begann.

Damit brach für Stein eine Zeit neuer Hoffnungen, freilich auch neuer Sorgen an. Das Hauptquartier der Monarchen, der österreichischen Hauptarmee nach Böhmen folgend, zuerst in Prag, dann in Teplitz untergebracht, war ganz und gar von den Aufregungen des großen, gefährlichen Kampfes erfüllt: von den Entscheidungen jener blutigen Schlachten, in denen die verbündeten Armeen den verzweifelt sich wehrenden Gegner langsam in der sächsischen Ebene zusammendrängten und zum tödlichen letzten Streich umstellten. Der Verwaltungsrat Steins bemühte sich, die Operationen durch Ausbeutung der neu besetzten sächsischen Landesteile nach Kräften zu unterstützen. Graf Reisach wurde als Generalkommissar nach der Lausitz entsandt, geriet aber dort mit preußischen Militärbehörden und mit einer von Bernadotte (als Führer der schwedisch-preußischen Nordarmee) eingesetzten Verwaltungskommission bald in Konflikt[47]. Stein mußte fortwährend die Hilfe der Diplomatie anrufen, reiste Anfang Oktober auch selbst nach Bautzen, um die Sache in Ordnung zu bringen, und lernte aufs neue die Ohnmacht seiner Behörde gegenüber militärischen Gewalthabern und den Entscheidungen der hohen Politik kennen. Der Anschluß Österreichs an die Koalition machte ohnedies den Fortbestand des Verwaltungsrates unsicher; im August sprach man von der Absicht, ihn gänzlich aufzulösen, und Stein machte Vorschläge zu einer Neuorganisation, die ihn ersetzen sollte. Schön, der die Untätigkeit und das Wirken in einem „unbeachteten Verhältnisse“ zweiten Ranges nicht länger ertrug, erbat seine Entlassung nach Gumbinnen und erhielt sie ohne viel Widerstreben: die Mitwirkung dieses Reformers konnte das Mißtrauen Metternichs gegen die Steinsche Behörde ja nur vermehren[48].

In seinem Abschiedsgesuch erklärte er es für ein Unding, daß immer noch ein russischer Bevollmächtigter dem deutschen Verwaltungsrat präsidiere, obwohl die Befreiung Deutschlands längst von den deutschen Mächten selber, zumal von Preußen, ins Werk gesetzt sei. Sachlich war der Einwand gewiß diskutabel; aber wenn Schön damit noch immer, wie es scheint, ein persönliches Mißtrauen gegen „moskowitische“ Neigungen Steins verband, so konnte er dessen politische Gesinnung gar nicht ärger verkennen. Eben damals, als Schön sich von ihm trennte, mitten im Strudel der großen militärischen Operationen, arbeitete er an einer neuen großen Denkschrift über die künftige Verfassung Deutschlands, deren Inhalt uns sogleich noch näher beschäftigen wird.

Über allen Ärger und Verdruß des Alltags und über die vielen Zukunftssorgen halfen zuletzt doch immer wieder die Siegesnachrichten hinweg, die jetzt in schneller Folge in Prag eintrafen. Die deutsche Einheit, deren künftiger Entwicklung und Verfestigung die Diplomaten so viele Hindernisse in den Weg wälzten, wurde einstweilen auf den Schlachtfeldern zur Wirklichkeit.

Immer deutlicher erwies sich die Unnatur dieses Krieges, den der fremde Tyrann zu einem Kriege zwischen Deutschen gemacht hatte. Der Abfall in seinen Reihen nahm überhand. Und zuletzt gelang es wirklich mit höchster Kraftanstrengung, den gewaltigen Gegner in dreitägiger blutiger Schlacht vernichtend zu schlagen. „Endlich", schrieb Stein tief aufatmend, „wagt man sich dem Gefühl des Glückes hinzugeben. Napoleon ist geschlagen ... Da liegt also das mit Blut und Tränen so vieler Millionen gekittete, durch die tollste und verruchteste Tyrannei aufgerichtete ungeheuere Gebäude am Boden. – Wir verdanken diese großen Resultate nicht dem Einflusse feiger Staatsmänner, elender Fürsten; sie sind hervorgebracht durch zwei blutige, tatenvolle lorbeer- und tränenreiche Feldzüge, durch viele blutige Schlachten – da wurde der Samen gestreut zu der schönen Ernte, die uns erwartet." Schon freute er sich darauf, die Früchte dieser Ernte „mit Frömmigkeit, Dankbarkeit gegen die Vorsehung und Mäßigung" zu genießen. Aber noch lag ein langer und steiler Weg vor ihm, der zum Frieden führte.

II. Der große Plan einer deutschen Nationalverfassung vom August 1813

Auf einem ersten Höhepunkt des dramatischen Verlaufs der großen Befreiungskämpfe angelangt, darf unsere Erzählung einen Augenblick verweilen, gleichsam atemholend, um der inneren Entwicklung der nationalen Zukunftspläne im Geiste Steins gerecht zu werden, wie sie sich unter der Einwirkung einer stürmischen Folge von großen Ereignissen inzwischen gestaltet hatte. Wie völlig hatten sich in diesen letzten Monaten die politischen Grundlagen verschoben, auf denen er einst in Brünn und dann in Petersburg die ersten Verfassungsentwürfe für das künftige Deutschland errichtet hatte! Eine neue ausführliche Denkschrift, die er im August 1813 für den Zaren und für Hardenberg ausarbeitete, die weitaus größte über das nationale Verfassungsproblem, die wir überhaupt von ihm besitzen, läßt uns tief hineinblicken in das unruhige Gären und Ringen seiner Gedanken [1].

Sie ist, verglichen mit den früheren Verfassungsentwürfen, der Ausdruck einer tiefen Resignation. Sorge, Enttäuschung, Mißtrauen sind ihre stärksten Motive. Stein war sich bewußt, daß er mit seinen nationalpolitischen Wünschen unter den Staatsmännern der verbündeten Mächte so gut wie allein stand. Deutschland wurde befreit – aber nicht um seiner selbst willen, sondern weil die deutschen Mächte, welche die Waffen erhoben, ihren eigenen alten Besitz wiederherstellen und womöglich erweitern wollten. Insbesondere die Wiener Politik enttäuschte aufs schwerste die nationalpolitischen Hoffnungen, die Stein noch im Januar auf sie gesetzt hatte. Österreichs Beitritt zur Koalition erschien ihm jetzt als eine bloße „Vermehrung der Masse, nicht der Einsichten und der edlen kräftigen Gesinnungen".

Von einer neuen Belastung des Habsburgerhauses mit der deutschen Kaiserkrone wollte Metternich durchaus nichts hören; zwar weiß man heute, daß er zeitweise auch an Wiederherstellung des vorderösterreichischen Besitzes am Rhein gedacht hat und daß die vollständige Abwendung Österreichs nach Osten, die dann später eingetreten ist, keineswegs seinen Wünschen entsprach [2]. Aber die Idee eines starken nationaldeutschen Staates, wie Stein sie vertrat, hat er von Anfang an mit Entschiedenheit bekämpft. Er hielt sie für schlechthin revolutionär, jakobinisch; eben deshalb wünschte er im Frühjahr 1813 eine öffentliche Absage Preußens an alle geheimen Patriotenverbände. Nichts erschien ihm und seinem Schützling Gentz gefährlicher als die Möglichkeit, daß aus dem „Befreiungskrieg" ein „Freiheitskrieg" werden könnte. In den Verhandlungen mit Preußen-Rußland ließ er sich auf nationalpolitische Zukunftsfragen überhaupt nicht ein; aber es war von Anfang an zu erkennen, daß er auf eine volle Souveränität der deutschen Einzelstaaten lossteuerte, die er höchstens durch ein loses Band mit den beiden mitteleuropäischen Großmächten zu verknüpfen, von gefährlichen auswärtigen Allianzen in der Art des Rheinbundes fernzuhalten dachte. Es war eine nüchterne, ausschließlich auf österreichische und mitteleuropäische Staatsinteressen basierte Politik der Staatsräson – einer beinahe abstrakten Staatsräson, die weder durch nationale Motive noch durch bestimmte soziale Kräfte noch durch den lebendigen Machtwillen einer starken Herrscherpersönlichkeit getragen wurde. Dennoch besaß sie vor den kühnen Verfassungsplänen Steins den Vorzug, mit dem Selbsterhaltungstrieb der vielen deutschen Dynastien und ihres aristokratischen Anhangs als einer sehr ernsthaften politischen Wirklichkeit zu rechnen. Die Politik des Kalischer Aufrufs und des Zentralverwaltungsrates erschien von hier aus geradezu als widersinnig: wie konnte man hoffen, Deutschland anders zum Kampf gegen Napoleon zu gewinnen als dadurch, daß man den deutschen Dynastien ihre volle Wiederherstellung und ihren ungeschmälerten Besitzstand zusicherte? Die Frage wurde eben jetzt wieder akut: bei der starken, zahlenmäßigen Überlegenheit, die das verbündete Heer mit dem Beitritt Österreichs gewann, war über kurz oder lang auf den Abfall der süddeutschen Rheinbundstaaten von der Sache des Korsen zu rechnen. Stein selbst hatte in seinen früheren Denkschriften Süddeutschland für die natürliche Einflußsphäre Österreichs erklärt und wollte auch jetzt wieder die Tätigkeit seines Verwaltungsrates auf den Norden beschränken [3]. Ähnlich wie er dachte auch Hardenberg an eine Teilung der Hegemonie über Deutschland zwischen den beiden Hauptmächten. Daraus ergab sich wie selbstverständlich, daß Metternich die Verhandlungen mit den süddeutschen Höfen würde zu führen haben. Welche Folgen mußten daraus für die deutsche Zukunft entstehen, wenn keinerlei Plan für eine künftige deutsche Nationalverfassung vorher verabredet war! Aber niemand im verbündeten Hauptquartier schien diese Sorge so quälend wie Stein zu empfinden. Auch im preußischen und russischen Lager fehlte es nicht an Stimmen, die seine nationaldeutschen Zukunftspläne als ärgerliche Erschwerung der ohnedies schwierigen Allianzverhandlung, wohl gar als bare

Utopie betrachteten und in diesem Sinne den Zaren bearbeiteten[4]. Hardenberg, der mehr Verständnis dafür aufbrachte, war doch viel zu sehr von den drängenden Notwendigkeiten des Tages in Anspruch genommen, um sich besonders dafür zu ereifern. Schon das erste Kriegszielprogramm, das er gemeinsam mit Nesselrode im Mai aufgestellt hatte, um Österreich den Anschluß zu erleichtern (in Wurschen am 16. Mai), hatte die heikle deutsche Frage vorsichtig umgangen, und es war dringend zu fürchten, daß man bei der endgültigen Redaktion des neuen umfassenden Allianztraktates, den die Diplomaten während der letzten Augustwochen ausarbeiteten, dieselbe Taktik des Ausweichens und Aufschiebens befolgen würde[5].

In so bedrängter Lage wendet sich Stein mit feierlich beschwörender Geste an das Gewissen der Diplomaten, denen jetzt das Schicksal Deutschlands anvertraut ist: „Es ist von den größten irdischen Angelegenheiten die Rede." Es handelt sich um „15 Millionen gebildeter, sittlicher, durch ihre Anlagen und den Grad der erreichten Entwicklung achtbarer Menschen ... Der Gegenstand der Erwägung ist also wichtig, der Moment verhängnisvoll." Das Interesse Europas, Ehre und Pflicht seiner Staatsmänner fordern, daß man die Aufgabe „mit allem Ernst, der ihrem Umfang und mit der tiefsten Besonnenheit, die ihrer Heiligkeit gebührt, erwäge und Flachheit, Leichtsinn und Genußliebe entferne". Das Bewußtsein, als einziger Sprecher der Nation vor Europa zu stehen, gibt seinen Worten einen tief beseelten Klang: „Gerecht und bescheiden ist der Wunsch jedes Teutschen, das Resultat eines zwanzigjährigen blutigen Kampfes sei für sein Vaterland ein beharrlicher Zustand der Dinge, der dem Einzelnen Sicherheit des Eigentums, der Freiheit und des Lebens, der Nation Kraft zum Widerstand gegen Frankreich als ihrem ewigen, unermüdlichen, zerstörenden Feind verschaffe." Und indem er so die heißesten Wünsche seines Herzens offenbart, drängt sich stärker als in allen früheren Denkschriften die Gesinnung des Reichsritters hervor, dem Kaiser und Reich vor allem als Schutz gegen fürstlichen Despotismus teuer sind: Bonaparte, der Fremdherr, gilt ihm fast schon als überwunden und abgetan – die eigentliche Gefahr droht jetzt von der Tyrannei seiner deutschen Untervögte, der von ihm zur Macht emporgehobenen rheinbündischen Dynastien. Eben damals ließ Stein durch den Verwaltungsrat eine anonyme Schmähschrift des Grafen Reisach gegen Bayern und das despotische, von Korruption nicht freie Regiment des leitenden bayerischen Ministers Graf Montgelas drucken und massenhaft verbreiten: ein äußerst gehässiges Machwerk, das auch die niedrigsten, persönlichen Anwürfe nicht scheute – um so unerfreulicher, als sein Verfasser sich selber an der von ihm geschilderten Korruption kräftig beteiligt hatte, soeben erst (was Stein damals noch nicht wußte) durch die Flucht dem bayerischen Strafrichter entgangen war und sich auch sonst recht bald als eine anrüchige Persönlichkeit entpuppte[6]. Stein selbst hat gelegentlich eingestanden, daß ihn der alte, ererbte Haß des Reichsritters gegen die Fürsten treibe; in seiner Augustdenkschrift läßt er sich von diesem Haß zu den maßlosesten

Urteilen verleiten: in Bayern, Württemberg und Westfalen, meint er, sei es der Neuerungssucht, tollen Aufgeblasenheit, grenzenlosen Verschwendung, tierischen Wollust der Regierenden gelungen, jede Art des Glücks der beklagenswerten Bewohner dieser einst blühenden Länder zu zerstören. Schützt man also den „Teutschen" nicht in seiner bürgerlichen Freiheit, so wird er fortschreitend schlechter, kriechender, unedler werden; überdies wird die gegenseitige Entfremdung der verschiedenen Länder mit jedem Jahre wachsen, sollte die gegenwärtige Zerstückelung Deutschlands fortdauern – ganz abgesehen von der dann ständig drohenden Gefahr französischer Einmischung. Eben darum kann nur eine gründliche Neuordnung Deutschlands, kein billiger Notbehelf genügen: eine Mahnung, die immer neu und immer drängender wiederholt wird.

Seine praktischen Vorschläge knüpft Stein mit absichtlich starker Betonung an dieselben Programmschriften Münsters und des Kronprinzen von Schweden an, die er im März so energisch kritisiert hatte[7]. Das Wesentliche ist für ihn, „die Souveränität oder die Despotie der 36 Häuptlinge", die jetzt Deutschland regieren, unter eine starke Zentralgewalt zu beugen. Wir erhalten hiernach eine nähere Ausführung jenes bundesstaatlichen Programms, das er schon früher als dritte, am wenigsten ideale, aber verhältnismäßig am leichtesten ausführbare Lösung der deutschen Frage erörtert hatte[8]. Eine starke Zentralgewalt, der die wesentlichen Attribute der Macht allein zustehen: die Entscheidung über Krieg und Frieden, Oberaufsicht über die Reichsgerichte, das Heerwesen, auswärtige Politik, Münze und Zollwesen, das einheitlich neu geregelt wird. Die Exekutive steht dem Oberhaupt allein, die Legislative gemeinsam mit einem Reichstag zu, dessen Zusammensetzung noch zu erörtern ist. Für die Zivilliste des Reichsoberhauptes, Heer und Diplomatie sind besondere Reichseinnahmen vorgesehen. Der einzelstaatlichen Landeshoheit bleiben nur noch innere Landespolizei, Rechtspflege, Erziehung, Kultus und Unterricht überlassen, dazu die Finanzen, soweit das Reich sie nicht in Anspruch nimmt, in den größeren Staaten auch eine selbständige Militärverwaltung. Die Einrichtung von Landständen in allen Einzelstaaten, mit Steuerbewilligungsrecht und Anteil an der Landesgesetzgebung[9], ist in der Reichsverfassung ausdrücklich festgelegt. Die Abgrenzung von Landes- und Reichsfinanzverwaltung denkt Stein sich so, daß der Landesbedarf („Unterhalt der Fürsten") auf die Domänen angewiesen wird, die vom Lande bewilligten Abgaben dem Reich zufallen – eine sehr einfache, im Wortlaut allerdings mißverständlich formulierte[10] Bestimmung, die den einzelstaatlichen Landtagen nur Beschlüsse über die Aufbringung, nicht über den Umfang der für das Reich zu leistenden Steuern zu überlassen scheint.

Bis zu diesem Punkte lassen sich die Vorschläge Steins sowohl im Rahmen eines einheitlichen wie eines zweigeteilten Deutschland ausgeführt vorstellen. Er selbst betont, daß seine ältere Idee eines doppelten, nord- und süddeutschen Bundesstaates noch immer ausführbar und mit seinem neuen Verfassungsprogramm recht wohl verträglich sei. Sie hätte den Vorteil, daß innerhalb eines jeden Bundesstaates die Einheit entschlossen durchgeführt werden könnte, als Hegemonie der führenden preußischen bzw. österreichischen Macht über ohnmächtige Genossen. Sobald beide Großmächte in einem Ganzen vereinigt wurden, war daran praktisch nicht mehr zu denken. Die große, unheimliche Rätselfrage, die von nun an zwei Generationen deutscher Nationalpolitiker in Atem halten wird, erscheint in der Augustdenkschrift unseres Reichsritters zum erstenmal als der große Stein des Anstoßes: wie soll man Deutschland zu einem Ganzen machen, da es doch zwei Großmächte in sich schließt, von denen keine bereit ist, sich zum Vasallen der anderen zu erniedrigen? Ist es möglich, meint Stein, „die Einheit der Nation zu erhalten, so hat dies ohnstreitig einen großen Vorzug in Hinsicht auf Macht und innere Ruhe". Aber wie sollte das möglich sein? Die kleindeutsche Lösung, in jenen Jahren von einzelnen preußischen Patrioten vorausgeahnt (besonders von solchen, die der praktischen Politik und ihren Schwierigkeiten ferner standen), bedeutete im ganzen noch eine reine Utopie; dem Reichsritter Stein vollends wäre sie unerträglich gewesen. Hielt man aber fest an der alten Reichstradition, am habsburgischen Kaisertum, trotz Metternichs energischem Widerspruch: wie sollte man dann die Autorität des Reichsoberhauptes zu wirklicher Herrschergewalt steigern, ohne Preußen von ihrem Machtbereich auszunehmen? Und selbst wenn das geschah, war es sehr unwahrscheinlich, daß Rußland eine so gewaltige Machtsteigerung Österreichs wie die Erhebung des Habsburgers zum wirklichen Herrn über Deutschland zulassen würde; wie ließ sich nur seine Eifersucht beschwichtigen? Am einfachsten offenbar durch die (vom Zaren ja längst im Prinzip gebilligte) dualistische Lösung, die ein annäherndes Gleichgewicht der beiden deutschen Großmächte schuf – aber dem stand, außer allen anderen Bedenken, ja nun wieder der energische Einspruch England-Hannovers gegenüber! So geriet Stein von einer Verlegenheit in die andere. Es war das Rätsel der Sphinx, und deutlich sieht man, wie schwer er sich damit gequält hat[11] – so schwer, daß er seine Antwort mehr erraten läßt als deutlich ausspricht.

Schließlich gab doch den Ausschlag der leidenschaftliche Wunsch, irgendwo in Deutschland einen wirklichen Fortschritt von der Vielheit zur Einheit zu begründen – mochte diese Einheit auch nur einen Teil der deutschen Staatenwelt umfassen. Konnte man nicht, um den Widerspruch des Zaren zu beschwichtigen, außer Preußen auch die österreichischen Kronländer aus dem Reichsverband ausschließen, so daß der Habsburger gewissermaßen nur für seine Person die deutsche Kaiserwürde übernahm, mit einem besonderen, nur für Reichszwecke bestimmten diplomatischen Korps neben dem österreichischen? Offenbar eine sehr künstliche Lösung, aber Stein ergriff den Gedanken mit seinem gewohnten Ungestüm: hier glaubte er einen „Vereinigungsweg" gefunden zu haben, der aus allen Nöten ins Freie führte. Preußen und Österreich sollen mit ihrem gesamten Länderbestand[12] außerhalb des engeren Reichsverbandes bleiben, nur durch eine ewige Allianz mit ihm verbunden, die gegenseitige

Hilfeleistung wider fremde Angriffe und eine ebensolche Garantie von Integrität und Verfassung einschließt[13].

Der Umfang des neuen Reichsverbandes schmilzt damit zusammen auf Süd- und Westdeutschland (ohne die alten rheinisch-westfälischen Besitzungen Preußens); seinen Kern bilden die Gebiete größter territorialer Zersplitterung, die man von jeher in besonderem Sinn als das „Reich" betrachtet hatte. Stein ist weit entfernt davon, die Vereinfachung der Landkarte, die hier inzwischen durch die Rheinbundstaaten zustande gebracht war, als einen Fortschritt anzuerkennen. Patriotischer Haß gegen die rheinbündischen Vaterlandsverräter, Ressentiments des Reichsritters und das politische Bedürfnis, dem Kaiser wie vor alters einen sicheren Anhang unter den Kleinsten und Ohnmächtigsten zu schaffen, wirken zusammen in der Forderung, wenigstens diejenigen Reichsunmittelbaren (darunter die Reichsritterschaft) wiederherzustellen, die bei der großen Flurbereinigung von 1803 übriggeblieben waren[14].

Altfränkisches und Modernes, uralte Reichstradition und neuzeitlicher Liberalismus finden sich in dieser Denkschrift eng beieinander. Am seltsamsten in der Ausmalung ständisch-konstitutioneller Einrichtungen, die Stein dem neuen deutschen Reiche geben will. Ein modernes Reichsministerium, mit drei Departements für Heerwesen, Inneres und Finanzen (das Auswärtige scheint gesondert verwaltet zu werden) und mit Unterbehörden in den Einzelländern – aber geschmückt mit den altertümlichen Bezeichnungen eines Reichsfeldmarschalls und Reichskanzlers, dazu ein deutscher Reichskriegsrat und Reichshofrat, alles in Regensburg untergebracht, künstlich getrennt vom kaiserlichen Hoflager. Ein Reichstag, der die Befugnisse eines modernen Parlaments ausüben soll – aber zusammengesetzt ähnlich wie der alte Regensburger Reichstag mit seiner Kurfürsten-, Fürsten- und Städtekurie, wenn auch modernisiert: an die Stelle der seither weggefallenen Reichsstädte sollen Vertreter der Reichsritterschaft und Deputierte einzelstaatlicher Landtage treten[15]; die Mitglieder sollen als Repräsentanten, nicht als Gesandte, also nach eigener Überzeugung, nicht nach Instruktionen stimmen; die alten Unterschiede und Corpora der Religionsparteien sollen aufhören, immerhin soll Stimmengleichheit der beiden Hauptkonfessionen künstlich hergestellt werden; endlich wird einfache Stimmenmehrheit an die Stelle des alten verwickelten Abstimmungsverfahrens zwischen den drei Kurien treten. Im ganzen bleibt doch der Eindruck, daß die politische Phantasie des Reichsritters hier allzu ängstlich am Alten, auch am Veralteten haftet.

Historisch betrachtet, gehört die Denkschrift in ein frühes Vorstadium der großen Debatte über Deutschlands Nationalverfassung, die seitdem das 19. Jahrhundert erfüllt hat. Schon treten die großen Probleme, aber noch nicht die großen Gegensätze der späteren Zeit hervor. Sie ist weder großdeutsch noch kleindeutsch. Sie will das habsburgische Kaisertum wiederherstellen und hofft eben dadurch eine völlige Loslösung Österreichs vom deutschnationalen Interesse zu verhindern[16] – aber sie wünscht (schon mit Rücksicht auf Rußland) keine Herrschaft Österreichs über die Deutschen und will den Habsburgern nicht einmal ihre vorderösterreichischen Besitzungen am Oberrhein zurückgeben, um nur ja eine reinliche Trennung zwischen deutschen und österreichischen Herrschaftsrechten des Kaisers zu ermöglichen[17]. Sie will Preußen vom Deutschen Reich ausschließen, aber sie rühmt gerade diesem Staate nach, daß hier sich „der teutsche Geist freier und reiner erhält als in dem mit Slawen und Ungarn gemischten, von Türken und slawischen Nationen umgrenzten Österreich", in dem lähmender Geistesdruck die natürliche Entwicklung seit langem gehemmt hat. Preußen hat durch herrliche Heldentaten die Erinnerung an seine frühere Gleichgültigkeit gegen die Nation ausgelöscht; diese war ganz wesentlich bedingt durch seine ehemalige Schwäche – es muß also jetzt vergrößert und zur starken Schutzmacht Deutschlands erhoben werden: durch den Erwerb von Holstein, Mecklenburg, Kursachsen. Stein nimmt also eine Mittelstellung – eher mit preußischen als mit österreichischen Sympathien – ein; aber auch den Gedanken des „dritten Deutschland", wie ihn später die Mittelstaaten verfochten, der dreigeteilten Herrschaft über Deutschland, enthält seine Denkschrift nicht: von Gleichberechtigung der „Zaunkönige" mit den beiden Großmächten ist darin so wenig die Rede, daß sie vielmehr als die gefährlichsten Elemente der Zersetzung erscheinen, die es in strengen Schranken zu halten gilt.

Nach alledem steht die Denkschrift einigermaßen isoliert im Zusammenhang der deutschen Verfassungsgeschichte; eigentlich sind es nur gewisse Einzelheiten ihres Programms, die man später wiederkehren sieht: so die Idee des engeren und weiteren Bundes, die Einrichtung einer Nationalvertretung neben den zentralen Bundesbehörden oder die Anordnung landständischer Verfassungen in den Einzelstaaten von Reichs wegen. Wer die Kühnheit dieses ersten nationalen Verfassungsprojektes bewundert, mag sich zugleich verwundern über so manches, das uns heute als seltsam altfränkisch und unbehilflich erscheint. Aber gerade in seinen Schwächen spiegelt der Plan die ungeheure sachliche Schwierigkeit, ja Unmöglichkeit wider, damals schon zu einer befriedigenden Lösung des nationalen Verfassungsproblems zu gelangen. Freilich gab es noch einen vierten Weg zur Lösung der deutschen Frage, den aber Stein nicht gehen wollte und – wie man anerkennen muß – nicht gehen konnte, ohne seine tiefsten politischen Überzeugungen zu opfern: den bloßen Bund souveräner Staaten mit gewissen gemeinsamen Einrichtungen. Graf Münster hatte bereits in seinem früheren, von Stein kritisierten Verfassungsprogramm darauf hingewiesen und äußerte sich in einem Schreiben vom 1. September wieder in ähnlichem Sinn. Stein war über diese Aussicht schwer beunruhigt – um so mehr, als er die Unterstützung England-Hannovers im Kampf gegen Metternich dringend brauchte[18]. Deshalb sträubte er sich, dem Grafen seine Denkschrift im Wortlaut mitzuteilen, ehe sie dem leitenden englischen Minister Lord Castlereagh vorgelegen hatte, ließ aber dann doch den hannoverischen Gesandten von Ompteda Einblick darein nehmen und drängte brieflich mehrfach auf eine neue, hoffentlich günstigere Meinungsäußerung Münsters. Die meiste Hoffnung setzte er auf den Zaren und auf Hardenberg, denen er das Memoire offiziell einreichte. Aber seine persönliche Überredungsgabe konnte er in den unruhigen Wochen vor der Leipziger Schlacht nur gelegentlich, für Augenblicke, einsetzen: beständig zwischen Prag und dem Teplitzer Hauptquartier hin und her reisend, ohne regelmäßige dienstliche Geschäfte, blieb er auf bloßes „Reden, Diskutieren, Raten, Tadeln" im Kreise befreundeter Diplomaten angewiesen – nach dem Urteil Humboldts auch in dieser Rolle unendlich wirksam, aber in der Hauptsache doch ohne Erfolg. Der Allianzvertrag, den man am 9. September in Teplitz mit den Österreichern abschloß, enthielt über die Neuordnung Deutschlands nichts weiter als das doppelsinnige Versprechen, die „völlige und unbedingte Unabhängigkeit" der zwischen Österreich und Preußen gelegenen Staaten zu erkämpfen. In welchem Sinn das gemeint war, ließ sich bereits wenige Wochen später erkennen, als Metternich in dem Vertrag von Ried (8. Oktober) dem bayerischen König, um ihn von der Sache Napoleons loszureißen, die künftige uneingeschränkte Souveränität und ungeschmälerten Landbesitz garantierte. Die Empörung Steins darüber kam zu spät: gerade sein Protektor, der Zar, war es gewesen, der den Einspruch der preußischen Staatsmänner zum Schweigen gebracht hatte[19]. So stark war seit dem Beitritt der Österreicher Steins persönlicher Einfluß im Schwinden! Eben erst hatte er sich ganz überschwenglich darüber gefreut, daß ihm der Zar aus Anlaß des Teplitzer Vertrages den Andreasorden, die höchste russische Dekoration, verlieh; aber vielleicht war dieser Gnadenbeweis gerade dazu bestimmt gewesen, ihn über künftige Enttäuschungen hinwegzutrösten? Mußten diese Enttäuschungen nicht erheblich zunehmen, seit Alexander nicht mehr allein mit seinem gefügigen Freunde, dem preußischen König, den Gang der Dinge bestimmte?

III. Feldzug und Friedensschluß in Frankreich (Oktober 1813 bis Juni 1814)

Unmittelbar nach der großen Völkerschlacht entschied sich das Schicksal des Steinschen Verwaltungsrates: am 21. Oktober schlossen die Minister der verbündeten Hauptmächte eine förmliche Konvention darüber ab.

Gegen einen Eintritt österreichischer Mitglieder in seine Behörde hatte sich Stein von Anfang an gesträubt. Als Grund gab er an, sie würde dadurch zu schwerfällig, ihr Wirkungskreis zu ausgedehnt werden. Österreich solle man den Süden Deutschlands allein überlassen, dem Verwaltungsrat den Norden, auf jeden Fall aber verhindern, daß die Generäle der verschiedenen Mächte willkürlich und ohne gegenseitige Rücksichtnahme darauflos requirierten[1]. Tatsächlich kam eine Vereinbarung darüber – zum schweren Schaden der besetzten Länder – erst nach vielen Wochen mühsamer Verhandlungen zustande. Sie beruhte auf Entwürfen Humboldts, war aber nachträglich auf Metternichs Betreiben nochmals gründlich revidiert, und zwar im Sinn der österreichischen hochkonservativen Sonderwünsche[2].

Danach sollte nun doch wieder eine Zentralverwaltungsstelle errichtet werden, aber als „Departement", nicht mehr als „Rat": eine Behörde, in der nur noch ein einziger Bevollmächtigter waltete: eben Stein, dessen Ernennung gegen den heftigen Widerspruch Österreichs durchgesetzt wurde. Er ist von den fünf Hauptmächten (Rußland, Österreich, Preußen, Hannover, Schweden) gemeinsam beauftragt; von einer Vertretung der kleineren Staaten ist keine Rede mehr. Den Apparat möglichst zu vereinfachen, war eine Forderung Steins, die sich ganz von selbst aus den Erfahrungen der letzten Monate ergeben hatte. Politisch ist der Bevollmächtigte vollständig abhängig gemacht: er empfängt seine Weisungen von einem Diplomatenrat, der im Hauptquartier unter Hardenbergs Vorsitz tagt, ohne selbst (wie Stein gewünscht hatte) Sitz und Stimme in diesem Kollegium zu besitzen. Damit war Metternichs mißtrauischer Besorgnis, die preußische Diplomatie könne das neue Departement benützen, um irgendwelche norddeutschen Annexionspläne vorzubereiten, Rechnung getragen. Dem Präsidenten steht ein Büro von Hilfskräften zur Seite, die er selbständig ernennt, in den Ländern, die ihm vom Diplomatenrat zur Verwaltung überwiesen werden, setzt er Gouverneure ein (möglichst höhere Militärpersonen), die ihm unterstellt sind und die er jeden Augenblick abberufen kann, gibt ihnen Instruktionen und ordnet ihnen die nötigen Räte bei. Ihre Aufgabe ist: Überwachung der Lieferungen an die im Lande stehenden Truppen und Aktivierung der finanziellen und militärischen Kräfte ihres Verwaltungsbezirks. Dabei ist von irgendeinem Appell an die Bevölkerung oder die Landstände, wie ihn Humboldt in seinen Entwürfen geplant hatte, keine Rede mehr; auf das strengste wird eingeschärft, daß die Verwaltung regelmäßig (außer in Fällen der dringendsten Not) durch die bestehenden Landesbehörden zu erfolgen hat. Übrigens soll nur ein kleiner Teil der zu erobernden Länder dem neuen Departement zufallen: nur diejenigen, die zur Zeit noch herrenlos sind oder sich noch nicht der Allianz angeschlossen haben; ist der Anschluß erfolgt, so hängt es von den Bedingungen des Vertrages ab, ob und in welchem Umfang das Departement sich in die Landesangelegenheiten durch einen Agenten einmischen darf.

Hiernach war die Tätigkeit Steins auf ein zunächst sehr kleines Gebiet beschränkt, überdies noch deutlicher als früher ihres politischen Charakters beraubt. Das hielt ihn freilich nicht ab, seine ursprünglichen politischen Ziele auf anderem Wege weiter zu verfolgen: Ende Oktober forderte er in einer Eingabe an Hardenberg und den Zaren nichts Geringeres als die vorläufige Entthronung aller süddeutschen Rheinbundfürsten, die bis dahin noch nicht den Anschluß vollzogen hatten, und Verwaltung ihrer Länder bis zum Frieden in ihrer Abwesenheit durch Militärgouverneure. Indessen war an derartige Kühnheiten jetzt nicht mehr zu denken. Schon ehe das Schreiben Steins die verbündeten Monarchen erreichte, war der Vertrag mit Württemberg auf ähnlichen Grundlagen wie der mit Bayern zustande gekommen. Und in den Anschlußverträgen, die Humboldt und Nesselrode namens der Verbündeten in den ersten Novemberwochen mit einer langen Reihe weiterer deutscher Mittel- und Kleinstaaten abschlossen, war den Dynastien überall Erhaltung oder Wiederherstellung zugesichert, gegen mehr oder weniger große Kriegsleistungen ihrer Länder, und nur in unbestimmter Form von ihnen verlangt, daß sie sich einer künftigen Neuordnung Deutschlands zum Schutz äußerer Unabhängigkeit zu fügen hätten. Der entscheidende Grundsatz war: ohne viel Rücksicht auf die nationale Gesinnung und die politische Vergangenheit der einzelnen Fürsten möglichst rasch das ganze deutsche Land unter den Fahnen der Verbündeten zu sammeln. In der Tat gelang das wie im Fluge, seit einmal durch den Abfall Bayerns von Napoleon der Zusammenhalt des Rheinbundes erschüttert war. Die moralischen Gesichtspunkte und nationalen Zukunftssorgen Steins teilte niemand im Hauptquartier – auch Humboldt und Hardenberg nicht, sowenig sie die fast zärtliche Fürsorge der österreichischen Politik für das deutsche Kleinfürstentum billigten.

Stein selbst hat an diesen Vertragsabschlüssen, soviel sich erkennen läßt, keinen unmittelbaren Anteil genommen und höchstens auf einen Teil von ihnen mittelbar eingewirkt[3]. Während die siegreichen Heere bis an den Rhein vordrangen und das diplomatische Hauptquartier ihnen langsam nach Frankfurt folgte, war er zunächst noch für einige Wochen in Leipzig aufgehalten. Hier war die neue Kriegsverwaltung zuerst einzurichten; und ähnlich wie schon im Frühjahr war auch diesmal Sachsen (dessen König jetzt als Staatsgefangener nach Preußen abgeführt wurde) das weitaus wichtigste Verwaltungsgebiet seiner Behörde. Was ihr außerdem noch als herrenloses Gut zu unmittelbarer Administration zufiel, waren unbedeutende Splittergebiete: die napoleonischen Großherzogtümer Berg und Frankfurt, soweit ihr Länderbesitz nicht an Preußen und Kurhessen zurückfiel, Oranien-Fulda, einige westfälische Kleinherrschaften (die Gebiete der „Moorgrafen“ von 1802[4]), dazu die Besitzungen der Fürsten Isenburg und von der Leyen. Alle anderen Souveräne der alten Zeit waren wieder zu Gnaden angenommen und durch Verträge geschützt.

In Sachsen waren Organisationsaufgaben von enormer Schwierigkeit zu lösen. Nirgends hatte der Krieg so fürchterlich gewütet wie hier. Der Anblick des Leipziger Schlachtfeldes mit seinen vielen Zehntausenden Toter, Verwundeter und Kranker, deren Masse alle Bemühungen menschlicher Hilfsbereitschaft zuschanden machte und die Leistungsfähigkeit des damaligen Lazarettwesens weit überstieg, gehörte zu den grausigsten Kriegsbildern der napoleonischen Epoche und erinnerte Arndt an die schrecklichen Szenen von Wilna im Dezember 1812. Aber fast das ganze Land war ausgesogen, verwüstet, verbrannt, wurde fortdauernd von Quartierlasten und Durchmärschen großenteils zuchtlos gewordener Truppen bis zur Hungersgefahr erschöpft, obendrein von Marodeuren der verschiedensten Nationalität heimgesucht. Hier nun Ordnung zu schaffen, der äußersten Not zu steuern, aber auch sofort neue Truppen aufzustellen, auszurüsten, neue große Geldmittel zu beschaffen, einer Papiergeldinflation zu wehren, Verpflegungsmagazine und Etappenlinien einzurichten – und das alles mit Hilfe einer schwerfälligen, vielfach rückständigen, höchst buntartig zusammengesetzten Bürokratie, wie man sie im Lande vorfand – das erforderte wahrhaft herkulische Anstrengungen. Was hier Stein im einzelnen geleistet hat: mit seiner anfeuernden Energie, seinem unverdrossenen, das Große wie das Kleine zugleich umfassenden Fleiß, seiner schnellen Auffassungsgabe und reichen verwaltungstechnischen Erfahrung, als Organisator und Anreger, war sicherlich bedeutend – wenn er auch nur ganz kurz im Lande selbst verweilen und sehr bald schon die Geschäfte nur noch aus der Ferne steuern konnte. Am merkwürdigsten vielleicht sind die Anläufe, die er auch hier zur Einführung von Selbstverwaltungsorganen (und damit zur Modernisierung der sächsischen Landesverwaltung) unternahm.

Ließ er sich allzutief auf organisatorische Aufgaben dieser Art ein, so lief er Gefahr, abermals von den großen politischen Entscheidungen im Hauptquartier abgedrängt zu werden. Seine russischen Freunde fürchteten, daß eben dies die Absicht Metternichs bei der Umgestaltung der Zentralverwaltung – die sie als eine erhebliche Geschäftsvermehrung für den Präsidenten auffaßten – gewesen sei. Indessen stellte sich sogleich heraus, daß ohne seine Anwesenheit im Hauptquartier die umfassende Organisation der deutschen Streitkräfte, die man angesichts der gewaltigen Anstrengungen Frankreichs brauchte, praktisch nicht durchzuführen war. So riefen ihn Nesselrode und Metternich schon am 30. Oktober herbei. Wahrscheinlich am 9. November verließ er Leipzig, wo er die Geschäfte dem russischen Fürsten Repnin als Generalgouverneur[5] an der Spitze eines sorgfältig ausgewählten Stabes von Mitarbeitern überließ[6], und traf am 13. November in Frankfurt ein.

Hier gab es nun doch für die Zentralverwaltung erheblich mehr zu tun, als man nach dem Wortlaut der Oktoberkonvention hätte vermuten sollen. Sie war beauftragt, an den Höfen der an das Bündnis angeschlossenen Klein- und Mittelstaaten „Agenten" zu unterhalten, deren Aufgabe aber gänzlich unbestimmt gelassen war; auch die Bündnisverträge enthielten nichts darüber, so daß die von Stein für Anhalt, die sächsischen Herzöge, das Kurfürstentum Hessen nebst Waldeck und Lippe, Baden und die Hansestädte ernannten Kommissare praktisch ohne bedeutenden Einfluß geblieben sind. Unmöglich konnte man aber das Maß der allgemeinen Anstrengungen zu Deutschlands Befreiung dem guten Willen von ein paar Dutzend eben restaurierten deutschen Fürstenhäusern überlassen. Gleich im November, während der langen Ruhepause, die dem erschöpften Heer der Verbündeten am Rhein geboten wurde, beschlossen zwei militärisch-diplomatische Kommissionen des Hauptquartiers unter Metternichs und Schwarzenbergs Vorsitz die Errichtung eines einheitlichen deutschen Bewaffnungssystems, dem sich alle Einzelstaaten einzugliedern hatten: Freiwilligenkorps, Linientruppen, Landwehr und Landsturm sollten überall nach einem bestimmten Mindestmaß aufgestellt werden. Alle kleineren Kontingente, d. h. alle außer den bayerischen, württembergischen und kurfürstlich hessischen Truppen, wurden in fünf Armeekorps zusammengefaßt, deren

Befehlshaber die verbündeten Mächte ernannten. Die Durchführung dieses Bewaffnungsplanes wurde dem preußischen Oberstleutnant Rühle von Lilienstern, einem hochgebildeten Generalstabsoffizier von feurigem Patriotismus, als Generalkommissar anvertraut. Er erhielt mit seinem Mitarbeiterstab Amtssitz in Frankfurt angewiesen und wurde dem Steinschen Zentraldepartement untergeordnet. Eine Generalintendantur, ebenfalls unter Vorsitz Steins, hatte für regelmäßigen Eingang der Naturallieferungen zu sorgen, zu denen die verbündeten Staaten, je nach der Zahl ihrer Truppen, verpflichtet wurden; eine gleichmäßige Verteilung der Kriegskosten wurde festgelegt nach einem System, das die stückweise Abtragung gemeinsam aufgestellter Kriegsschuld-Obligationen vorsah. Dem Zentraldepartement fiel hierbei die Kontrolle und Abrechnung zu. Ergänzend traten Verabredungen über Heerespolizei, gemeinsame Ausnützung der Waffen- und Munitionsfabriken, vor allem über das Lazarettwesen hinzu: sechs Lazarettdirektionen, die das ganze Deutschland außer Preußen und Österreich umfassen sollten, wurden unter Leitung des Zentraldepartements errichtet.

Aus alledem erwuchs für Stein eine bedeutende Arbeitslast und Verantwortung, und bald sah er sich von einem ganzen Stab von neuen Mitarbeitern umgeben. Herr von Rehdiger hatte es abgelehnt, als Untergebener des Präsidenten (von dem er sich auch persönlich verletzt fühlte) in die neue Behörde einzutreten. Statt dessen entsandte die preußische Verwaltung jetzt Geheimrat Friese, den Reformer von 1808/10, Österreich den Hofrat Graf Spiegel, Rußland den Schweizer Emigranten Staatsrat Andreas Merian und den Kollegienassessor Nikolai Turgenieff, einen jugendlich-glühenden Bewunderer Steins [7], der später als historisch-politischer Schriftsteller liberaler Färbung sehr bekannt geworden ist. Näher noch stand dem Minister sein vertrauter Kabinettssekretär, Kammergerichtsrat Eichhorn, einer der Berliner Patrioten und Anhänger von 1808, auch Gneisenau eng befreundet und jetzt aus dem Blücherschen Hauptquartier übernommen: ein Verwaltungstalent ersten Ranges, wie seine spätere Tätigkeit als Leiter der deutschen Politik Preußens aller Welt gezeigt hat. Als Generalgouverneur wirkte ganz im Sinne Steins Justus Gruner, jetzt endlich aus seiner Haft entlassen, Chef des herrenlosen Großherzogtums Berg; weiter Freund Vincke, preußischer Zivilgouverneur in Westfalen, wo er die ehemals preußischen Gebiete zusammen mit einigen Enklaven verwaltete, die dem Zentraldepartement unmittelbar unterstanden. Auch der ehemalige Reichshofrat Graf Solms-Laubach, den Stein mit verschiedenen wichtigen Sonderaufgaben betraute, war ein Mann ganz nach seinem Herzen, vor allem auch ein vertrauter Teilnehmer seiner reichspatriotischen Verfassungspläne [8]. Merkwürdig stark überwog im ganzen das literarische Element; insbesondere Rühle von Lilienstern, selber ein höchst fruchtbarer Publizist, umgab sich mit lauter schriftstellerischen Talenten, um seine Sache, die deutsche Volksbewaffnung, ebenso durch dienstliche Verfügungen wie durch patriotische Aufrufe zu fördern: Männer wie Ernst Moritz Arndt, der Dichter Max von

Schenkendorf und der Turnvater Jahn (den Stein persönlich als „fratzenhaften Kerl“ ablehnte) bildeten ein höchst seltsames Militärbüro, und Metternich pflegte nicht ohne Spott von den „fanatischen Freiwilligen, Literaten und Poeten“ des Steinschen Hauptquartiers zu sprechen.

Aber es bedurfte wirklich schon der stärksten seelischen Triebkräfte, um inmitten der tausend Widerwärtigkeiten und Hemmnisse, die sich von allen Seiten gegen die patriotischen Bemühungen dieser Männer auftürmten, nicht den Mut zu verlieren. Wirklich durchgreifend konnte die Zentralverwaltung nur in den wenigen Ländern regieren, die ihr direkt unterstanden; in allen übrigen war sie auf diplomatische Bemühungen angewiesen, hinter denen keine unmittelbare Machtbefugnis stand. Dazu kam die Schwierigkeit und Langsamkeit des Verkehrs mit dem Hauptquartier der Monarchen, seit dieses dem Vormarsch der Truppen nach Frankreich gefolgt war, die Vielköpfigkeit dieser obersten Instanz, die weit auseinandergezogene Aufstellung der verbündeten Armeen, die Nachschub und Nachrichtenverbindung unendlich erschwerte, schließlich ein höchst empfindlicher Mangel an Waffen, Fahrzeugen, Ausrüstungsstücken und Munition, den alle Energie Steins und aller Eifer seiner Gehilfen bis zum Frühjahr 1814 nicht zu überwinden vermochten. Nicht einmal einheitliche Vorschriften über die Bewaffnung und über die Etappenlinien konnte das Zentraldepartement aus dem Hauptquartier erlangen. Ebensowenig glückte die einheitliche Organisation eines deutschen Landsturms, wie Stein sie als Grundlage eines künftigen deutschen Nationalheeres plante: gruppiert nach Flußlinien, Landschaften und Gauen, geführt von „Bannerherren“, deren Machtbereich sich über die Grenzen der Einzelstaaten hinweg erstrecken sollte (nach Art der alten Kreisgeneralitäten) und aufgestellt von Volksbehörden („Schutzdeputationen“) nach Tiroler Vorbild. Diese Pläne erwiesen sich sehr bald als unpraktisch und scheiterten so gut wie ganz am Widerstand der deutschen Landesherren.

Trotz alledem wäre es ungerecht, von einem Mißlingen der gesamtdeutschen Volksbewaffnung zu sprechen und ausschließlich der partikularistischen Selbstsucht des deutschen Fürstenstandes die Schuld daran zuzuschreiben. Die deutschen Fürsten drängten freilich mit einem Eifer auf Wiederherstellung und Wahrung ihres alten Besitzstandes, der unseren Reichsritter zu immer neuen Ausbrüchen von Hohn, Zorn und Erbitterung trieb. In Frankfurt, wo eine ganze „Sintflut von Prinzen und Souveränen“ des ancien régime sich einstellte und auch bei ihm, dem einflußreichen Berater des Zaren, antichambrierte, hat er sich ein grimmiges Vergnügen daraus gemacht, sie stundenlang warten und seine Verachtung fühlen zu lassen[9]. Als die westfälischen „Moorgrafen“ dem Generaldepartement Schwierigkeiten machten, wollte er sie kurzerhand arretieren und ins Hauptquartier als Staatsgefangene abführen lassen[10]. Indessen: seine harten Urteile und die seiner patriotischen Helfer über den Kriegseifer der ehemaligen Rheinbundfürsten erweisen sich bei näherer Nachprüfung doch nur zum Teil als berechtigt[11]. Mit Ausnahme von Hannover und Oldenburg (die sich anscheinend ganz auf den englischen und russischen Protektor verließen) haben alle deutschen Einzelstaaten ihre finanziellen und militärischen Kräfte energisch angespannt und das Geforderte mindestens annähernd geleistet, einzelne sogar freiwillig übertroffen[12]. Dafür war gewiß im allgemeinen nicht deutschpatriotische Gesinnung das Motiv, sondern die Angst vor Napoleon und die von Metternich so klug genährte Hoffnung, bei glücklichem Ausgang des Feldzuges zu neuer Würde und Selbständigkeit aufzusteigen. Zwar gelang es nicht, die Rüstungen, wie ursprünglich vorgesehen, bereits bis Mitte Januar zu vollenden; aber wenigstens ein beträchtlicher Teil der neuen Hilfstruppen konnte schon in die blutigen Februarschlachten miteingreifen, andere die Einschließung der Festungen, Ablösung von Garnisontruppen und dergleichen übernehmen; und am Ende seiner Wirksamkeit zählte das Zentraldepartement eine Gesamtzahl von 165 000 Mann Linie und Landwehr, die durch seine Tätigkeit mobilisiert waren – hinter ihnen eine Landsturmorganisation von rund einer Viertelmillion allein in den deutschen Mittel- und Kleinstaaten ohne Bayern, Sachsen, Hannover, Oldenburg, Mecklenburg und die Gebiete der Großmächte[13]. (Die letztere ließ allerdings an Ausrüstung und Ausbildung beinahe alles zu wünschen übrig.)

Wirklichen Schaden brachte der deutschen Sache nicht mangelnder Rüstungseifer, sondern die Revolutionsfurcht und der partikularistische Eigensinn vieler Fürsten, die ihrer Souveränität etwas zu vergeben glaubten, wenn sie den Anordnungen oder Wünschen des Zentraldepartements in irgendeiner Sache folgten, und die statt dessen alles und jedes auf eigene Art zu erledigen wünschten. Es war der Gipfel solchen Unverstandes, wenn z. B. einzelne Staaten sich gegen die Einquartierung und den Durchmarsch fremder Truppen erbittert zur Wehr setzten, oder gar (wie es in Württemberg und Bayern geschehen sein soll)[14] die Lazarette des Landes für Angehörige fremder Truppenteile sperrten. Den meisten Widerstand fand die Aufstellung von Freiwilligentruppen und Landsturm, zumal in der von Stein und Rühle gewünschten Form einer halbrevolutionären Selbstbewaffnung der Massen. Am wenigsten paßten so abenteuerliche Unternehmungen in den Geist des stramm obrigkeitlichen Regiments, das in den von Napoleon geschaffenen süddeutschen Mittelstaaten herrschte. Hessen-Darmstadt und Baden wählten deshalb ein anderes, mehr obrigkeitliches System des Volksaufgebotes, und der rohe, hochmütige Tyrann, der damals Württemberg regierte, sabotierte geradezu die Absichten der Zentralverwaltung, indem er unter dem Schein einer Landsturmordnung eine gründliche Entwaffnung seiner Untertanen durchführte und die Meldung von Freiwilligen höhnisch abweisen ließ. Übrigens war der Landsturm, solange Napoleon nicht über den Rhein zurückkehrte, praktisch nur eine Last ohne greifbaren Nutzen; so begreift man leicht, daß seine Aufstellung nur langsam und mangelhaft vor sich ging, seine einheitliche Organisation überhaupt nicht gelang.

Alles in allem durchdrang der Kampfeseifer, das Bewußtsein deutscher

Schicksalsgemeinschaft trotz aller Hemmungen doch langsam das ganze deutsche Volk. Es gab kein besseres Mittel, die in sich zerfallene Nation auf die Höhe solchen Bewußtseins zu heben, als den gemeinsamen Kampf auf den Schlachtfeldern Frankreichs, unter den Fahnen verbündeter Monarchen. Nicht mit Unrecht hielt Graf Münster dem Reichsfreiherrn vor, daß man die deutschen Fürsten nicht fortdauernd als „amnestierte Feinde" behandeln dürfe: das hätte die deutsche Einigkeit nur zerstört statt gefördert.

Die Leitung des Zentraldepartements stellte aber nur einen Teil, und keineswegs den wichtigsten, der Tätigkeit Steins im Kriegswinter 1813/14 dar. Sehr viel mehr lag ihm am Herzen, auf dem Weg über den Zaren Einfluß auf die große Politik zu behalten. Weit über seine amtliche Stellung hinaus besaß er das Vertrauen aller deutschpatriotisch Gesinnten, Autorität auch bei denen, die ihn fürchteten oder haßten, als eine der merkwürdigsten und einflußreichsten Persönlichkeiten des Zeitalters. Während der Novemberwochen in Frankfurt lockte sein Name eine ganze Flut von Fragenden, Bittenden, Ratsuchenden in seine Empfangsräume. Während er nun hier, wie berichtet, mit fürstlichen Persönlichkeiten sehr schnöde umsprang, empfing er die Abgesandten deutscher Städte mit größter Herzlichkeit. Die Wiederherstellung altdeutscher städtischer Freiheit gehörte ja zu den Kernpunkten seines nationalen Zukunftsprogrammes. So hat er den hanseatischen Deputierten, die unter Führung von Perthes und Smidt ihn um Rat angingen, kräftig Mut zugesprochen und die erfreulichsten Aussichten auf Wiederherstellung ihrer städtischen Selbständigkeit eröffnet, ohne den geringsten Anstoß an ihrem Lokalpatriotismus zu nehmen. Die Stadt Frankfurt vollends, die zu seinem engeren Amtsbezirk gehörte, verdankt es wesentlich seinen Bemühungen, daß ihr die verbündeten Monarchen schon im Dezember 1813 gestatteten, zu ihrer alten Stadtverfassung zurückzukehren[15]: eine Verfügung, die den ersten Grund legte zu der späteren Sonderstellung Frankfurts als freie deutsche Bundesstadt.

Dringender als alle diese Dinge beunruhigten Stein die Verhandlungen, die man von Frankfurt aus mit Napoleon anknüpfte. Würde der Feldzug fortgesetzt werden nach Frankreich hinein? Die Befreiung deutschen Bodens bis zum Rhein, die man sich im Teplitzer Vertrag als Ziel gesteckt hatte, war erreicht, und Metternich begegnete sich mit dem preußischen König in dem Wunsch, nunmehr Frieden zu machen. Aber nicht etwa aus Schwäche, wie Friedrich Wilhelm, aus bloßer Scheu vor neuen Gefahren, Aufregungen und Opfern, sondern aus nüchterner politischer Berechnung: jeder Schritt weiter drohte nicht nur Frankreich, die französische Nation als Ganzes, gegen die verbündeten Mächte aufzuregen und damit die bereits tief erschütterte Autorität Napoleons wieder zu befestigen, sondern mußte vor allem das Gefüge der Koalition von innen her lockern, die tiefen Interessengegensätze zwischen den verbündeten Mächten an den Tag bringen. Wurde nicht nur Napoleon besiegt, sondern die Macht Frankreichs völlig vernichtet, so blieb der Einfluß Rußlands auf Mitteleuropa ohne jedes Gegengewicht. Dann konnte der Zar seine alten Pläne, ganz Polen unter seinem Zepter zu vereinigen, wieder aufnehmen, und zwar ohne Rücksicht auf den Widerspruch seines österreichischen Verbündeten, den er dann vielleicht versuchen würde, durch Elsaß oder Belgien zu entschädigen – ebenso wie Preußen durch Sachsen. Das würde zugleich den Grund legen zu einer späteren Verfeindung Österreichs mit Frankreich und Preußens mit Österreich – Rußland stünde dann erst vollends überlegen als Schiedsrichter Europas da und könnte seine orientalischen Eroberungspläne ungestört wieder aufnehmen.

Eben deshalb war die ganze politische Arbeit Metternichs von jetzt an darauf gerichtet, den hochfliegenden Plänen des Zaren entgegenzuarbeiten, im Interesse des „europäischen Gleichgewichts" und der österreichischen Macht womöglich auch Preußen und England auf seine Seite zu ziehen – aber ohne es darüber zum Bruch der Koalition kommen zu lassen. Ein unerhört schwieriges Stück Diplomatenarbeit, wie es nur der verschlagenen, zähen Kunst eines Metternich gelingen konnte! Niemand im Hauptquartier hat ihm diese Arbeit mehr erschwert als Stein, der leidenschaftlichste seiner Gegner. Schwerlich hat dieser jemals die weitausschauenden und verwickelten Pläne des österreichischen Ministers ganz durchschaut; sicherlich hat er sie niemals zureichend gewürdigt. Denn für ihn war nicht so sehr der kühle politische Kalkül als die patriotische Leidenschaft bestimmend: der unversöhnliche Haß gegen den Korsen, den Todfeind deutscher und europäischer Freiheit. Diesen Haß zu kühlen durch den Sturz des Unmenschen, die Rache der beleidigten Menschenwürde an dem Tyrannen zu vollstrecken, das erschien ihm, ähnlich wie Gneisenau und den Patrioten des Blücherschen Stabes, als das „höchste Glück des Lebens", zugleich aber als eine Art sittlicher Pflicht. Die moralischen Erwägungen und das rein menschliche Vertrauen auf Alexander waren viel zu stark, als daß er die antirussischen Bedenken der Österreicher hätte verstehen, geschweige denn teilen können. Zusammen mit Pozzo di Borgo, dem alten Todfeind Bonapartes, bestürmte er unablässig den Zaren, nicht eher den Krieg abzubrechen, sich auf keine Verhandlung einzulassen, als bis der Usurpator wehrlos am Boden lag. Eine Politik, die vom Standpunkt Metternichscher Staatsräson als blinde Raserei, ja als Aberwitz erscheinen mochte. Gleichwohl besaß sie den Vorzug eines politischen Arguments, dessen Berechtigung auch Metternich nicht abstreiten, zum mindesten nicht widerlegen konnte: die tiefe Überzeugung, daß mit dem Emporkömmling niemals ein wirklich haltbarer Friede zu schließen sei, weil sein Charakter und seine politische Vergangenheit ihn schlechterdings daran hindern müßten, eine friedliche Existenz – als Beherrscher einer tief gedemütigten, aller Eroberungen beraubten, mit revolutionären Gärungsstoffen erfüllten, von ihm selbst unzählige Male mißhandelten und mißbrauchten Nation! – auch nur zu versuchen. War aber eine wirkliche Aussöhnung mit diesem Gegner nicht möglich, dann mußten alle Bemühungen, ihn rasch zum Friedensschluß zu bringen, als zwecklos, ja gefährlich erscheinen. Um so mehr, als die Verhandlungen darüber ganz unmittelbar die Operationen ins Stocken brachten.

Wenigstens auf französischem Boden, wo die österreichische Diplomatie fortwährend den Generälen in den Arm fiel aus lauter Sorge vor einem „Übermaß des Reichtums" an Erfolgen. Keine vernünftige Erwägung hoher Politik wird aber einen siegreichen, von echtem Angriffsgeist beseelten General zu überzeugen vermögen, daß weiteres Siegen – unvernünftig sei.

So wurde die Geschichte des Winterfeldzuges in Frankreich zu einem klassischen Beispiel für den ewigen Gegensatz zwischen Politik und Kriegführung und für die inneren Schwierigkeiten eines jeden Koalitionskrieges; aber gleichzeitig ließ sie in den Gestalten von Stein und Metternich die markantesten Vertreter von zwei entgegengesetzten politischen Weltanschauungen einander gegenübertreten, wie sie für das nachrevolutionäre Zeitalter geradezu typisch sind; denn wie selten finden sich doch nationale Leidenschaft und unbeirrbar kühle Staatsklugheit in ein und demselben Kopf mit gleicher Stärke vereinigt! Als politischer Rechner war Metternich seinem Gegner unendlich überlegen; entscheidend bleibt zuletzt doch, daß die Patriotenpartei, die Stein vertrat, den Charakter und die Lage des gemeinsamen Feindes von Anfang an richtiger beurteilt hat als der politische Rationalist, dem die vulkanische Natur eines Napoleon so fremd wie nur möglich blieb. Es war zuletzt doch eine unzulängliche Staatskunst, die sich einbildete, das universale Prinzip der Revolution, das Napoleon jetzt noch allein in Europa vertrat, ließe sich ohne weiteres in die engen Grenzen des französischen Nationalstaates wieder einschränken – das Empire, das Weltreich ließe sich zerstören, aber der Imperator auf dem Thron erhalten: als friedlicher Teilnehmer des alten vorrevolutionären Mächtesystems, wie man es jetzt wiederherzustellen gedachte, mit seinem Gleichgewicht rational berechenbarer, genau ausgewogener Machtfaktoren. Das Urteil über den Welteroberer war einmal gesprochen – nun durfte man auch nicht zögern, es zu vollstrecken.

Anfangs, in Frankfurt, hielt es auch Metternich für unwahrscheinlich, daß Napoleon ohne neuen Feldzug zum Frieden bereit sein würde. Anderseits war die Opposition besonders in der russischen Armee gegen neue Abenteuer und die allgemeine Erschöpfung noch so stark, daß es ihm ohne viel Mühe gelang, das Einverständnis des Zaren wenigstens für einen vorläufigen Friedensfühler zu gewinnen: man bot dem Gegner die Rhein- und Alpengrenze als allgemeine Grundlage von Friedensunterhandlungen an und hoffte damit zum mindesten eine Klärung der Lage zu erreichen, gleichzeitig Napoleon, wenn er ablehnte, von der französischen Nation zu trennen[16]. Stein traf in Frankfurt erst ein, als das diplomatische Manöver bereits in Gang gebracht war. Die Vorbereitungen zu einem neuen Feldzug wurden unterdessen planmäßig fortgesetzt. Anfang Dezember, als eine unbefriedigende Antwort aus Paris eingetroffen war, verkündete ein Manifest dem französischen Volk die friedfertigen und gerechten Absichten der verbündeten Herrscher: sie wünschten Frankreich groß, stark und glücklich, in einer Gebietsausdehnung, wie es sie nie unter seinen Königen hatte; nur der maßlose Ehrgeiz Napoleons drücke ihnen die Waffen in die Hand. Metternich hatte auch hier die Rhein- und Alpengrenze erwähnen wollen; aber damit stieß er auf Widerspruch: inzwischen hatte sich Holland gegen den Kaiser empört, und die englische Diplomatie wollte nichts wissen von „natürlichen Grenzen", die Frankreich im Besitz der Rheinmündungen gelassen hätten. Daß auch der Zar widersprochen hat, ist ganz unwahrscheinlich: noch stand er stark unter dem Einfluß Metternichs und ließ in London ausdrücklich dessen Friedensbedingungen vertreten[17]. An der allgemeinen Erschlaffung nahm auch er zunächst teil. Ganz im Gegensatz zu Stein, der unter den Stürmern und Drängern des Blücherschen Hauptquartiers sich weitaus am wohlsten fühlte. Sicherlich ganz in seinem Sinn schrieb E. M. Arndt damals die berühmte Flugschrift vom Rhein als Deutschlands Strom, nicht Deutschlands Grenze. Stein selbst hatte schon im November 1812 die Maas- und die Vogesengrenze für Deutschland gefordert und erst neuerdings wieder, in seiner Augustdenkschrift, die Hoffnung ausgesprochen, daß es unter günstigen Umständen vielleicht gelingen könne, „Frankreich das Land zwischen Rhein und Schelde wieder zu entreißen, um hier einen neuen Zwischenstaat zu gründen, der Teutschlands Vormauer gegen seinen natürlichen Feind ist". Jetzt war diese Möglichkeit ganz nahe gerückt, und so wird er die Empörung Gneisenaus über das Machwerk der Diplomaten[18] geteilt haben.

Erst der weitere Fortgang der Operationen brachte die politischen Gegensätze im Hauptquartier der Verbündeten zur Reife. Sie entzündeten sich zunächst an einer wesentlich militärischen Frage. Nachdem einmal ein längerer Aufenthalt am Rhein unvermeidlich geworden war, beschloß ein Kriegsrat Anfangs November, die Hauptarmee nicht direkt nach Westen gegen den starken Vaubanschen Festungsgürtel zu führen, sondern auf einem südlichen Umweg durch die Schweiz, um von da rasch und ungehindert in das Innere Frankreichs einzubrechen. Für die Österreicher bot dieser Plan noch den besonderen Vorteil, die Operationen ihrer in Italien kämpfenden Truppen zu erleichtern; unter Umständen hoffte man sich mit ihnen im Südosten Frankreichs verbinden, am Ende gar der von Spanien aus vordringenden Armee Wellingtons die Hand reichen zu können. Freilich war ein solches Vorgehen nur möglich unter Verletzung der schweizerischen Neutralität. Aber diese Neutralität war ohnedies nur Schein: in Wahrheit leistete die neue schweizerische Republik Napoleon fortwährend gute Dienste als einer seiner Vasallen[19]. Metternich hoffte nun durch politische Werbungen, die er mit kunstvollen Intrigen zum Sturz des republikanischen schweizerischen Regimes verband, die Schweizer zur Teilnahme am allgemeinen Befreiungskampf zu bringen; wenn alles glückte, mochte ihm dabei auch noch ein Stück innerer Restauration der Schweiz gelingen: die Auflösung der zentralistischen Bundesverfassung und Wiederherstellung des lose föderativen, konservativen alten Regimes. Eben diese Absicht aber war es, die den Zaren Alexander zur Opposition veranlaßte. Durch seinen ehemaligen Lehrer, den Schweizer Laharpe, gegen die reaktionären Putschpläne Metternichs aufgeregt, stieß er mitten im Aufmarsch die längst beschlossenen Operationspläne nachträglich wieder um und weigerte sich hartnäckig, die schweizerische Neutralität zu verletzen. Da die Verzögerung und Verwirrung, die nunmehr entstand, kostbare, unersetzliche Wochen zu verschlingen drohte, blieb Metternich zuletzt nichts übrig, als durch ein unaufrichtiges Doppelspiel sowohl den Zaren als die Abgesandten der Schweiz zu täuschen und in einem Augenblick, als Alexander vorübergehend das Hauptquartier verlassen hatte, den Einmarsch in die Schweiz zu bewirken. Dabei gelang es ihm, durch raffinierte Ausnutzung der schweizerischen Parteigegensätze die Dinge so einzurichten, daß eine gewaltsame Verletzung der Neutralität vermieden wurde, was den nachträglichen Einspruch des Zaren doppelt erschwerte. Aber dieser hatte inzwischen persönlich den Schweizern Erhaltung ihrer Neutralität und ihrer gegenwärtigen Verfassung verbürgt – als nun beide Zusagen hinfällig wurden (denn auch die Landesverfassung wurde nach dem Einmarsch von einer Züricher Tagsatzung umgestürzt), fühlte er sich in peinlichster Weise bloßgestellt. Dem österreichischen Staatskanzler hat er diesen Streich nie wieder vergessen. Ein förmlicher Bruch beendigte das bisherige Vertrauensverhältnis, und was Metternich an Einfluß verlor, gewann Stein: ohne eigentlich die Ansichten seines Protektors in der Schweizer Neutralitätsfrage zu teilen, konnte er ihm nun doch die „Unaufrichtigkeit, Frivolität und dünkelhafte Anmaßung" des österreichischen Gegenspielers handgreiflich beweisen. Und dies um so leichter, als um dieselbe Zeit politische Umtriebe österreichischer Offiziere in Sachsen gemeldet wurden, die dem russischen Generalgouverneur entgegenarbeiteten[20] und, wie es schien, auf eine Rückberufung der abgesetzten Dynastie (durchaus im Widerspruch zu den uns bekannten Plänen Alexanders) abzielten.

Es war selbstverständlich, daß Stein die Gunst dieser Lage benutzte, um seinen Einfluß auf den Zaren neu zu befestigen. Mit einem Sekretär und einzelnen seiner Gehilfen folgte er beständig dem Hauptquartier, ohne viel Rücksicht auf die laufenden Geschäfte des Zentraldepartements, die zumeist von Frankfurt aus erledigt werden mußten. Um den Geschäftsgang nicht allzusehr durch Rückfragen zu verschleppen, ermunterte er Rühle und Solms-Laubach immer wieder zu möglichst selbständigem Handeln. Aber natürlich konnten diese Männer ohne seine persönliche Autorität und ohne direkte Weisungen des Diplomatenrates oder des Oberfeldherrn Schwarzenberg nicht allzuviel ausrichten – es war also ein mühsames und im einzelnen vielfach erfolgloses Arbeiten. Aber bald erweiterte sich das Arbeitsfeld noch beträchtlich. Nach Überschreitung des Rheins wurden zuerst die linksrheinischen Provinzen, von Basel bis zum Niederrhein, dann bei weiterem Vordringen auch eine Reihe französischer Departements der Zentralverwaltung unterstellt. Die Aufgabe war hier natürlich enger begrenzt: nicht Rekrutenaushebung, sondern nur Umlage von Steuern und Lieferungen und Handhabung der Sicherheitspolizei. Aber auch das war schwierig genug, zumal im Innern Frankreichs, wo die oberen Behörden fast überall geflohen waren, ihre Verwaltungsakten rechtzeitig beiseite geschafft oder verbrannt hatten und die Bevölkerung zumeist passiven Widerstand leistete. Die Zentralverwaltung mühte sich, die Schwierigkeiten zu beheben: sie richtete feste Etappenlinien ein in enger Anpassung an die Bedürfnisse der kämpfenden Truppe (durch Vermittlung besonderer Armeekommissare), bildete Präfektur- und Departementsräte aus Eingeborenen zur Hilfeleistung für die Gouverneure, drang auf möglichst milde Behandlung der Einwohner, verzichtete grundsätzlich auf Erhebung von Kontributionen, erleichterte das napoleonische Abgabesystem durch Abschaffung verhaßter Besteuerungsarten, wirkte nach Möglichkeit auch durch die Presse. Ihre guten Absichten wurden freilich durch mancherlei Ausschreitungen der Truppen, vor allem der ganz verwilderten russischen, wieder zunichte gemacht, so daß die Bevölkerung einzelner Departements sich in Ausbrüchen wilder Verzweiflung gegen ihre Bedränger erhob. Aber daran war Stein unschuldig; obgleich er frohlockte in dem Gedanken, daß er, der Geächtete, jetzt Regierungen in Frankreich einrichtete „trotz Napoleons, seines Achtbefehls, seiner Polizei und seiner Bajonette!" –, sollte es die französische Bevölkerung doch nicht entgelten, was der Wüterich in Deutschland verbrochen hatte. Auch den Franzosen sollten die Verbündeten als Wohltäter erscheinen, als Befreier vom Druck eines tyrannischen Polizeiregiments[21]. Seine häufigen Ausbrüche moralischer Empörung über die „widerwärtige" Nation blieben – wie man sieht – ohne praktische Folgen! Vollends in den ehemals deutschen Ländern am Rhein war alles darauf gestellt, die Gemüter zu gewinnen, das Deutschtum planmäßig zu stärken, die Spuren der langen Fremdherrschaft nach Kräften zu tilgen. Patrioten wie Gruner und Sack erwiesen sich zu einer solchen Aufgabe als vortrefflich geeignet.

Die allgemeine Organisation dieser erweiterten Kriegsverwaltung erfolgte bereits von Basel aus (wo Stein am 9. Januar eintraf), und zwar, wie er selbst berichtet, ganz nach seinen Vorschlägen. Ebendort brachen aber auch die politischen Gegensätze zwischen dem Zaren und Metternich in voller Schärfe auf. Alexander erklärte jetzt offen die Absetzung Napoleons als sein Kriegsziel; statt des Usurpators dachte er Bernadotte, den schwedischen Kronprinzen, als König von Frankreich einzusetzen, der sich selber den verbündeten Monarchen für diese Rolle empfahl. Welch eine Aussicht: auf dem Thron Frankreichs ein durch Dankbarkeit gefügiger Günstling der russischen Politik, Rußland befreit von der Sorge um einen gefährlichen, von unruhigem Ehrgeiz beseelten Nachbarn im Norden, zugleich von den Einwirkungen napoleonischer Diplomatie auf die Polen! Mit höchster Energie warf sich Metternich diesen Plänen entgegen. Seine Hoffnung setzte er vor allem auf die Friedensbereitschaft Napoleons, die er neuerdings deutlich zu erkennen glaubte. In der Tat hatte der Imperator, erschreckt durch den Abfall Hollands und die laut sich äußernde Friedenssehnsucht seines Landes, Anfang Dezember, unmittelbar nach dem Erscheinen jenes Frankfurter Manifestes, sich doch noch zu Unterhandlungen auf der Grundlage der „natürlichen Grenzen" bereit erklärt – freilich in der deutlich erkennbaren Hoffnung, die Interessengegensätze der Alliierten für sich auszunützen. Die militärischen Operationen waren deshalb nicht unterbrochen worden – aber Metternich betrachtete diesen Winterfeldzug nur als ein Mittel, Napoleon noch friedenswilliger zu machen, und wartete sehnsüchtig auf den Augenblick, da er bereit sein würde, auch auf die Rheingrenze zu verzichten. Denn jetzt erschien diese Grenze auch Metternich nicht mehr annehmbar: Englands Widerspruch und eine ganze Reihe glücklicher Kriegsereignisse hatten die Lage seit dem November vollkommen verschoben. Italien, Holland, Spanien waren befreit, die Schweiz zum Abfall gebracht, der dänische Bundesgenosse des Kaisers durch Bernadotte besiegt und zum Anschluß an die Koalition gezwungen – das Empire war vollkommen zusammengebrochen, und die verbündeten Armeen drangen ohne viel Widerstand von zwei Seiten zugleich in Frankreich ein; Optimisten wie Stein rechneten bereits mit einem Einmarsch in Paris binnen weniger Wochen. Sollte es da nicht möglich sein, mit Napoleon schleunigst zum Frieden zu kommen? In der Tat erschien jetzt Caulaincourt selbst, Bonapartes neuer Minister des Auswärtigen, zu allgemeiner Überraschung statt eines Gesandten bei den Vorposten, um Friedensverhandlungen anzubieten. Metternich drängte darauf, sie möglichst bald zu eröffnen. Während man noch auf die Ankunft Castlereaghs, des neuen englischen Bevollmächtigten, wartete, gebot er dem Vorrücken der Hauptarmee Halt: ihm schienen die Ziele der Koalition längst erreicht, ja bereits überschritten.

So begann denn in Langres, dem Zentrum der Hauptarmee, ein erbittertes Ringen beider Parteien, das zeitweise bis nahe an den Bruch der Koalition heranführte. Gegen die geschlossene Front der Diplomaten, die zu einem sofortigen Friedensschluß mit Napoleon bereit waren (auch Nesselrode gehörte dazu), kämpften allein die vertrauten Ratgeber des Zaren: Stein als Todfeind Bonapartes, Pozzo di Borgo als überzeugter Anhänger der bourbonischen Dynastie und Laharpe als liberaler und philanthropischer Gegner des napoleonischen Gewaltregimes. Graf Münster, der jetzt in Langres eintraf und ihnen beistand, besaß nicht viel Einfluß. Ein ungeschickter Versuch, den Stein unternahm, um Castlereagh von Metternichs Partei abzuziehen [22], blieb erfolglos. Das Ergebnis war zuletzt ein schwächliches Kompromiß: die Verhandlungen mit dem Minister Napoleons wurden in Châtillon eröffnet, die Grenzen von 1792 als allgemeine Grundlage festgesetzt –, aber der Krieg unterdessen fortgeführt und eine nachträgliche Änderung der Friedensbedingungen je nach seinem Verlauf vorbehalten. Tatsächlich wurden fortan die Kriegshandlungen von der Hauptarmee nur noch lahm betrieben mit Rücksicht auf den nahen Frieden, und die Friedensverhandlungen ohne rechten Ernst geführt mit Rücksicht auf den Krieg.

Vielleicht hat Kaiser Alexander ihnen überhaupt nur zugestimmt, weil er bereits die Absicht Blüchers und seines Generalquartiermeisters Gneisenau kannte, durch einen gewagten und überraschenden Marsch der Schlesischen Armee direkt vor die Front des Hauptheeres den zögernden Schwarzenberg zum Vorrücken zu bringen, womöglich zur Teilnahme an einer großen Schlacht fortzureißen. Mit Gneisenau war Stein in fortwährender brieflicher Verbindung; indem er dessen Berichte und Wünsche dem Zaren vorlegte, stellte er die Vermittlung her zwischen dem kriegseifrigen Monarchen und den Stürmern und Drängern des Blücherschen Generalstabes – zeitweise erschien Alexander geradezu als das Haupt dieser zur Tat drängenden Patriotenpartei[23]. Der Erfolg ihrer kühnen Tat war glänzend: dem Übergewicht der vereinigten Heere erlag Napoleon in einer neuen großen Schlacht bei La Rothière (1. Februar). Mit einem Schlage schien jetzt der Winterfeldzug entschieden; in Parallelaufstellung traten die beiden siegreichen Armeen den Vormarsch auf Paris an. Die Verhandlungen in Châtillon gerieten ins Stocken, ehe sie noch recht begonnen hatten; selbst Metternich begannn jetzt zu zweifeln, ob der geschlagene Imperator überhaupt noch in der Lage sein würde, den Frieden durchzuführen. Obwohl er sich jetzt zum Verzicht auf die Rheingrenze bereit erklärte, wurden seine Erbietungen mit größter Kälte aufgenommen. Das mühsam von Metternich zustande gebrachte vorläufige Kriegszielprogramm der Alliierten zerflatterte in alle Winde; weder über die Grenzen von 1792 noch über die Erhaltung der napoleonischen Dynastie bestand mehr Einigkeit. Mit Entsetzen sah Metternich eine neue uferlose Debatte über Eroberungspläne und Dynastiewechsel beginnen. Beinahe verzweifelt kämpfte er für ein neues Waffenstillstands- und Friedensprogramm, das die Kriegsziele fest begrenzen und ein geschlossenes Auftreten der Allianz ermöglichen sollte.

Zar Alexander, geschwellt von stolzen Siegergefühlen, wollte davon nichts wissen. Er sah sich bereits im Geist als Diktator Europas in Paris einziehen, wo er, nach den Plänen seines Vertrauten Laharpe, durch eine Volksversammlung oder (wie es später hieß) durch eine Art von Notablenparlament über die Thronfolgefrage wollte entscheiden lassen: im Namen Frankreichs, aber unter stärkstem Druck der russischen Besatzungsmacht. Da er mit seinem Schützling Bernadotte auf allgemeinen Widerspruch stieß, hatte er sich jetzt andere, ebenso schutzbedürftige Thronanwärter ausgesucht: den Herzog von Orléans, das Tugendmuster der liberalen Philanthropen vom Schlage Laharpes, oder den Herzog von Berry, den jungen Sohn des Grafen von Artois: der hätte sich erst mit Hilfe einer russischen Heirat (etwa mit Alexanders Schwester Anna) moralische Autorität verschaffen müssen.

Immer deutlicher trat so die egoistische Kehrseite der Befreiungspolitik Alexanders ans Tageslicht. Adam Czartoryski, sein polnischer Berater und Freund, erschien in diesen Wochen im Hauptquartier, und aufs neue war die Rede von einem Tausch des Elsaß gegen Österreichisch-Galizien. Auch Stein wurde jetzt zum Widerspruch gereizt. Daß er die geheimen Absichten der russischen Diplomatie durchschaut hat, ist freilich nirgends bezeugt. Aber die Pläne Laharpes, das willkürliche Umspringen mit Thronrechten auf Grund von populären Versammlungsbeschlüssen bekämpfte er gemeinsam mit Pozzo di Borgo vom Boden des strengen Legitimitätsprinzips. Wir haben ihn schon früher, als westfälischen Kammerpräsidenten, das Thronrecht der Bourbonen, die Ansprüche der Emigranten mit flammendem Eifer verfechten hören[24]. Seitdem hatte sich seine Empörung über den ungeheuren Rechtsbruch des Jahres 1793, sein Haß gegen die Königsmörder und die ganze französische Nation – „die sündhafteste von allen, die in der Geschichte erwähnt werden!" – nur noch mehr gesteigert. Durchaus mit moralischen Argumenten bestürmte er jetzt den Zaren, die Rückkehr des rechtmäßigen Thronfolgers zu unterstützen: zunächst dadurch, daß er das Erscheinen der Bourbonen auf französischem Boden, in den von Stein verwalteten Departements gestatte, wo sie Proklamationen erlassen, Anhänger um sich sammeln würden. Stein ging so weit, im Namen der 12 Millionen Franzosen, die seiner Verwaltung unterstanden, das Recht freier Meinungsäußerung zu fordern (10. Februar) – nicht ganz konsequent, da er ja von einer Selbstbestimmung der Nation in der Thronfolgefrage nichts wissen wollte.

Übrigens richtete er nicht eben viel beim Zaren aus: entgegen seinen Wünschen erklärte Alexander, die Agitation der Bourbonen zwar nicht hindern, aber auch nicht fördern zu wollen, sondern die Entscheidung erst in Paris zu suchen[25]. Aber in dem Entschluß, auf alle Fälle Napoleon zu entthronen, wird er ihn bestärkt haben. Auch von einer Regentschaft für den unmündigen Sohn Bonapartes wollte Stein nichts wissen: am wenigsten in der Form, daß man Bernadotte zum Vormund einsetzte[26]. In diesen Bemühungen sah er sich neuerdings unterstützt von der öffentlichen Meinung Englands, die sehr energisch die Entthronung Napoleons und seines ganzen Hauses verlangte. In diesem Sinne schrieb der Prinzregent an den Zaren – was dieser sofort benützte, um die Vorstellungen Lord Castlereaghs, des im Feldlager anwesenden Premierministers, der sich mit Metternich eng verbündet hatte, abzuweisen. Und da nun auch der russische Minister Nesselrode im Herzen dem schleunigen Friedensschluß mit Napoleon zuneigte, ließ Alexander nicht durch ihn, sondern durch Stein seinen Londoner Gesandten instruieren: er solle kräftig darauf hinwirken, daß man von London aus Lord Castlereagh zu einer Änderung seines Verhaltens veranlasse[27].

Über alledem wurden die Gegensätze im Hauptquartier von neuem so scharf, daß die Koalition beinahe auseinanderzubrechen schien. Der Zar kündigte an, er werde seine Russen Blücher zuführen und mit diesem allein nach Paris ziehen. Metternich drohte mit der Rückkehr der österreichischen Armee nach Deutschland. Zuletzt war aber der Zwang gemeinsamen Handelns doch zu stark: am 14. Februar vereinigte man sich in Troyes auf einen Vertrag, der die Grenzen von 1792 ein für allemal festsetzte – auch für den Fall einer Einnahme von Paris! – und eine Einmischung der Verbündeten in die inneren Verhältnisse Frankreichs ablehnte. Immerhin wurde eine spontane Bewegung der Franzosen zugunsten der Bourbonen für wünschenswert erklärt; jüngere Mitglieder dieses Hauses sollten nicht ohne freiwillige Zustimmung Ludwigs XVIII. in ihren Thronansprüchen unterstützt werden.

Anderseits erklärte man sich bereit, auch mit Napoleon Frieden zu schließen, falls dieser die Grenzen von 1792 annehme und Paris sich nicht gegen ihn erkläre. Es war also im wesentlichen ein Sieg Metternichs[28], der auf diese Weise ermächtigt wurde, die Verhandlungen mit Napoleon fortsetzen zu lassen. Doch wird es auch Stein begrüßt haben, daß nun das Prinzip der legitimen Thronfolge gegen die Orléans gesichert war; mehr noch die Forderung der in Troyes vereinbarten Friedensbedingungen: daß Frankreich ein Deutschland anerkennen müsse, „das sich aus unabhängigen, durch ein föderatives Band vereinigten Staaten zusammensetzt" – die erste offizielle Zusage einer nationalen Verfassung, an der auch Österreich beteiligt war.

Schwerlich wäre der Zar so weit zurückgewichen, hätten nicht wider Erwarten die Feldzugsereignisse eine sehr bedenkliche Wendung genommen. Eine Reihe unglücklicher Gefechte brachte den Vormarsch der Blücherschen Armee ins Stocken und gab Napoleon die Möglichkeit, seinerseits wieder zur Offensive überzugehen. Die Hauptarmee Schwarzenbergs wich einer Entscheidungsschlacht aus, statt sie zu suchen, und geriet so halb wider Willen in eine Retirade, die auch der Blücherschen Armee auf die Dauer gefährlich werden konnte. In einem Moment größter Verwirrung hat damals auch der Zar seine Zustimmung zu einem überaus kopflosen Waffenstillstandserbieten Schwarzenbergs gegeben, das nur darum keine verhängnisvollen Folgen hatte, weil Napoleon es absichtlich zögernd beantwortete. Die rasch wieder aufflammende Siegeszuversicht des Korsen war denn auch der Grund, weshalb die Friedensunterhandlungen in Châtillon zuletzt doch scheiterten, obwohl Metternich sie mit heißem Eifer, auf amtlichem Wege und in vertraulich-privaten Eröffnungen, durch lange Wochen fortsetzte. Als man zuletzt aus aufgefangenen geheimen Korrespondenzen der französischen Diplomatie selber erfuhr, daß Napoleon jeden Friedensschluß nur als Waffenstillstand zu späterer Rückeroberung des Verlorenen betrachte, mußte auch Metternich einsehen, daß er sich völlig verrechnet hatte. Auf Englands Betreiben kam ein neuer Allianzvertrag zustande (in Chaumont am 9. März), der die Mächte förmlich verpflichtete, nur gemeinsam Frieden zu schließen und die Waffen nicht eher niederzulegen, als bis das im Februar bezeichnete Kriegsziel erreicht war. Und schließlich stellte die frische Energie der Schlesischen Armee unter Gneisenaus Oberleitung auch die militärische Lage wieder her und brachte den Rückzug der Hauptarmee zum Stehen. Seit der Schlacht von Laon (9.–10. März) war die Sache Napoleons verloren. Durch keine Kunst strategischer Manöver vermochte er den Vormarsch der Verbündeten nach Paris mehr aufzuhalten. Am 31. März zogen die Monarchen feierlich in die Hauptstadt ein. Napoleons Rettungsversuch kam zu spät; seine Generäle selbst versagten dem letzten Angriffsbefehl den Gehorsam. Frankreich, zu Tode erschöpft, warf das längst verhaßte Joch des Imperators, der niemals zum Nationalfranzosen hatte werden wollen, ohne Zaudern von sich. Der von Napoleon selbst geschaffene Senat erklärte ihn für abgesetzt und schloß seine ganze Dynastie vom Thron aus. Ludwig XVIII., der Bruder des Hingerichteten, wurde als König ins Land gerufen. Der Stern des Korsen erlosch. Das Drama eines ungeheuren Lebens ging zu Ende.

Der Reichsfreiherr vom Stein erlebte alle diese Entscheidungen (mit Ausnahme der allerletzten) aus nächster Nähe mit – mitwirkend nur, sofern er den Zaren stets zu den kühneren, radikaleren Entschlüssen antreiben half, ohne daß es jedoch möglich wäre, im einzelnen Maß und Anlaß seiner Einwirkung genau zu erkennen. Sein unbedingter Glaube an den Sieg, wie ihn seine Feldzugsbriefe widerspiegeln, scheint keinen Augenblick geschwankt zu haben; von der Größe der militärisch-technischen Schwierigkeiten und Gefahren des Winterfeldzugs, vor denen der Oberfeldherr Schwarzenberg manchmal fast verzagte, hatte er als militärischer Laie schwerlich einen klaren Begriff; sicherlich aber entmutigten sie ihn ebensowenig wie die viel größeren Gefahren des letzten Sommers. Das überrascht uns nicht. Merkwürdig ist nur die durchaus enthusiastische, durch keine Kritik eingeschränkte Bewunderung der Persönlichkeit Alexanders, die immer wieder in seinen Briefen hervorbricht. Als Ende März das „schreibende" Hauptquartier vom streitenden getrennt und nach und nach bis Dijon zurückverlegt wurde, befiel ihn keinen Augenblick die Sorge, der Zar möchte ohne seinen persönlichen Beistand sich zu politischen Fehlgriffen oder launischen Seitensprüngen verleiten lassen; ohne weiteres war er überzeugt, daß alles gut gehen müsse, sobald die Feldherrn erst einmal von der unmittelbaren Einwirkung der österreichischen Diplomatie befreit wären.

Als Paris fiel, war er weitab von dem großen Schauspiel. Aber zu der Entscheidung der Thronfolge im Sinn der Bourbonen konnte er eben damals etwas beitragen: kurz vorher war der Graf von Artois, der dritte der bourbonischen Brüder, im Amtsbereich Steins in Nancy erschienen und hatte den Wunsch geäußert, eine Proklamation zu veröffentlichen. Stein verschaffte ihm nicht nur diese Erlaubnis, sondern zugleich die zum Aufstecken der weißen Lilie, Bildung eines „königlichen" Hauptquartiers und Aufstellung bewaffneter Truppen; Alopäus, der jetzt als Generalgouverneur in Lothringen wirkte, erhielt sogar die Ermächtigung, einen Zuschuß zur königlichen Kriegskasse zu zahlen.

Als dann die Nachricht vom Fall der Hauptstadt in Dijon eintraf, ertrug Stein nicht länger den Aufenthalt in dem stillen Provinznest. Nur von zwei Kosaken begleitet wagte er eine abenteuerliche Reise durch das unsichere Land und traf am 9. April in Paris ein – gerade in dem Augenblick, als sich die Verhandlung über das künftige Schicksal des Korsen entschied. Das Gefühl, am Ende unermeßlicher, neun Jahre lang ertragener Leiden zu stehen, erfüllte ihn mit tiefer Dankbarkeit gegen „die Vorsehung, Kaiser Alexander und seine tapferen russischen und deutschen Waffengefährten". Das Ende des Mannes aber, der von der höchsten Höhe irdischen Erfolges herabgestürzt war zu tatenloser Ohnmacht, fand er unwürdig, ohne tragische Größe, ja gemein und feige. „Welches Ungeheuer und welche Verächtlichkeit!" Den Haß und das moralische Urteil vermochte er auch in diesem Augenblick, im Augenblick vollkommenen

Triumphes, nicht zu dämpfen. Ja er schwelgte jetzt geradezu in maßlosen Ausbrüchen über die moralische Verderbnis der Franzosen: über diese unreine, unverschämte und unzüchtige Rasse, voll ekelhafter Gier, die mit einem eisernen Zepter regiert werden will, die sich mit Verbrechen bedeckt hat, jetzt aber sich ihrer Güte und Großmut vor aller Welt zu rühmen wagt. Sie werden die Welt wohl auch künftig immer wieder in Unruhe bringen, insbesondere stets von neuem die Deutschen bedrohen[29]. In dieser Stimmung fühlte er sich außerstande, die Schönheiten von Paris zu genießen, die er eben erst seiner Frau zu zeigen versprochen hatte. Er fand Paris überhaupt nicht schön: „einzelne Gegenden sind es, der größte Teil besteht aus schmutzigen, engen, übelriechenden Straßen usw. – kurz ich werde dem Himmel danken, wenn ich nach Deutschland zurückkehren kann." Niemals ist der abgrundtiefe Gegensatz zwischen deutscher und gallischer Wesensart leidenschaftlicher empfunden und schroffer ausgesprochen worden als von den Patrioten jener Epoche, am Ende unzähliger Demütigungen des deutschen Namens. Selbst Humboldts kühle Seele fand sich damals von dem Gedanken bewegt: man könne doch eigentlich für die Franzosen weder als Nation noch als einzelne sonderliche Achtung haben, weil ihnen das Streben nach dem Göttlichen, nach dem Idealischen ganz fremd sei. Zum Wesen Steins aber gehörte es (wie derselbe Beobachter treffend bemerkte): daß er nicht zufrieden war, wenn er den Haß nicht beständig ausließ und gleichsam zur Schau trug. Auch Gneisenau fand ihn in Paris stachliger und heftiger als je.

Aber hinter der moralischen Entrüstung des Puritaners verbargen sich zugleich schwere politische Sorgen. Sein Verhältnis zum Zaren Alexander veränderte sich mit dem Augenblick, als dieser den Boden von Paris betrat. Der Befreier Europas, am Ziel seiner Wünsche angelangt, gefiel sich nunmehr in einer neuen Rolle: als Wohltäter Frankreichs, als großmütiger Gönner und Menschenfreund, der sich die Sympathien der Besiegten durch Versöhnlichkeit, schonende Behandlung, liberale Haltung zu gewinnen versteht. Wiederum war es ein undurchdringliches Gemisch idealer und realpolitischer, universaler und nationalrussischer Motive, das ihn bestimmte. Ein halb religiöser Glaube an die eigene Weltmission, genährt aus Laharpeschen Vorstellungen von Menschenbeglückung durch liberale Verfassungspolitik, verband sich eng mit dem Bedürfnis, einem Metternich am Wettlauf um die Freundschaft der neuen Monarchie zuvorzukommen: noch waren die großen Territorialfragen des Ostens nicht geordnet, und alles mußte versucht werden, um ein allzu enges Einvernehmen Österreichs mit den beiden Westmächten zu durchkreuzen. Ohnedies war zu befürchten, daß die wiederhergestellte Bourbonendynastie sich mehr zu dem hochkonservativen Österreich als zu dem liberalen Zarbefreier neigen würde; am wenigsten paßte der Graf von Artois, der starrsinnigste Vertreter des alten Rechts, von Stein in fast naiver Bewunderung als „weise, gemäßigt, würdevoll" gepriesen, zu den liberalen Verfassungsplänen, mit denen Alexander jetzt die Franzosen ähnlich wie die Polen zu beglücken dachte. Solange Napoleon noch nicht am Boden lag, waren die Mahnungen Steins zu unversöhnlicher Haltung beim Zaren auf fruchtbaren Boden gefallen; jetzt fingen sie an lästig zu werden. Von der moralischen Empörung des deutschen Beraters über die leichtsinnige, frevelhafte welsche Nation verspürte Alexander gewiß nicht das mindeste in sich: mit größtem Behagen schwamm er in dem Festesrausch, der die Diplomatie des alten Europa sogleich ergriff, seit sie sich endlich wieder auf dem Boden des geliebten Paris mit der adligen Gesellschaft des ancien régime zusammenfand. Er ließ sich feiern und achtete nicht der Deutschpatrioten, die grollend mit dem Empfinden gekränkter nationaler Würde beiseite standen[30].

Unter diesen Umständen hatte die Stimme des Reichsritters in den Friedensverhandlungen, die inmitten des Festtrubels zwischen den verbündeten Mächten und Talleyrand, König Ludwigs vielgewandtem Minister, geführt wurden, geringes Gewicht. Seine erste Sorge galt der Sicherung der deutschen Westgrenze. Man möchte erwarten, daß er ähnlich wie im November 1812 für die Rückerwerbung des Elsaß für Deutschland eingetreten wäre. Indessen hätte das eine förmliche Preisgabe des Vertrages von Troyes bedeutet, war also praktisch unerreichbar trotz aller Versicherungen preußischer Generäle, daß die Vogesengrenze strategisch unentbehrlich sei. Es scheint, daß auch Stein das eingesehen, aber ähnlich wie Hardenberg wenigstens auf die Erwerbung von Straßburg und Landau gedrungen hat[31]. Vergeblich: die Koalition hatte Frankreich einmal die Grenzen von 1792 versprochen und war in der Mehrzahl ihrer Häupter gesonnen, das Versprechen auch pünktlich zu halten; ja man rettete sogar ein Stück des Frankfurter Friedensprogramms vom 1. Dezember und gestand der bourbonischen Monarchie recht ansehnliche Grenzkorrekturen zu. Stein blieb nichts übrig, als persönlich Fürsprache einzulegen für die abgetrennten Saarbrücker, die sich an ihn wandten: man möge wenigstens ihren Söhnen die Anstellung im deutschen Staatsdienst ermöglichen. Sein Versuch, als Chef des Zentraldepartements einzelne Ortschaften des Moseldepartements, die erst 1793 an die französische Republik gefallen waren, von der Rückgabe an die französische Verwaltung auszuschließen, fand ein rasches Ende[32]. Der Friedensschluß mit Frankreich wurde nicht von Erwägungen nationaldeutscher Wünsche, sondern ausschließlich von nüchtern-rationalen Berechnungen der europäischen Gleichgewichtspolitik bestimmt.

Weit mehr als diese Grenzfragen beschäftigten Stein in Paris die innerdeutschen Probleme. Deutschlands Befreiung war vollendet, aber seine innere Freiheit erst noch zu begründen. Wie sollten die gemeinsam eroberten deutschen Gebiete verteilt, wie sollte es mit der künftigen Gesamtverfassung Deutschlands gehalten werden? War es überhaupt möglich, mitten im Trubel der Pariser Geschäfte und Feste sich über diese heiklen Fragen zu vereinigen?

Der Versuch dazu ist immerhin unternommen worden. Vor allem hat Hardenberg sich bemüht, mit Hilfe einer großen Denkschrift (vom 29. April) die Mächte auf bestimmte, klar formulierte Grundzüge einer künftigen Neugestaltung Deutschlands zu vereinigen[33]. Sein Grundgedanke war, die beiden deutschen Hauptmächte gemeinsam die Wacht am Rhein übernehmen zu lassen: Österreich am Oberrhein, Preußen am Mittel- und Niederrhein von Mainz (das preußische Festung werden sollte) stromabwärts bis Wesel. Holland, vergrößert durch Belgien, und die Schweiz sollten durch einen ewigen Bund mit Deutschland verknüpft, die preußischen Besitzungen am Niederrhein durch kleinere oranische Zwischenstaaten von der unmittelbaren Berührung mit Frankreich getrennt werden. Stein hat diesen Vorschlag beim Zaren kräftig unterstützt. Indem er auf die großen Leistungen aller deutschen Staaten, auch der von ihm verwalteten, im Kriege hinwies[34], die Deutschland einen Anspruch auf Sicherung seiner nationalen Freiheit verschafften, beschwor er den Kaiser, seine große Autorität für die Neuordnung einzusetzen, solange seine Heere noch nicht nach Rußland heimgekehrt wären, und der „falschen und hinterlistigen" Verschleppungstaktik Metternichs zu widerstehen. Das Seltsame seiner Lage: daß er einen ausländischen Herrscher geradezu bat, die inneren Angelegenheiten Deutschlands ordnen zu helfen, wurde ihm freilich im selben Augenblick bewußt; er beeilte sich hinzuzufügen: Rußland habe nur an der europäischen Seite der Angelegenheit – Schutz Deutschlands gegen Westen – ein unmittelbares Interesse, nicht an dem innerdeutschen Ländertausch im einzelnen. Aber tatsächlich hatte ja auch dieser Ländertausch seine europäische Bedeutung. Hardenberg verlangte ganz Sachsen für Preußen, trotzdem aber mehr von polnischem Land, als Alexander ihm zugestehen wollte. Stein unterstützte diese Ansprüche, insbesondere gegen Österreichs (vermuteten) Widerstand. Nur wollte er den König von Sachsen, den Verräter der deutschen Sache, nicht, wie es Hardenberg neuerdings vorschlug, mit westfälischen Provinzen entschädigen, sondern – wenn einmal das Legitimitätsprinzip eine solche Entschädigung unvermeidlich machte – irgendwo in Italien: wie einst in Petersburg stellte er das nationale Interesse des eigenen Volkes im Konfliktsfall höher als das jedes fremden[35].

Ob der Hardenbergsche Plan jemals in Paris Aussicht gehabt hat, durchzudringen, ist nicht deutlich zu erkennen. Jedenfalls: sobald man seiner Beratung näher trat, zeigten sich die stärksten Interessengegensätze der beteiligten Mächte. Weder war Zar Alexander gewillt, schon jetzt den ganzen Umfang seiner polnischen Pläne zu enthüllen, noch Österreich, das Königreich Sachsen und die Festung Mainz ohne weiteres den Preußen zu überlassen – am wenigsten, solange Metternich der preußischen Unterstützung gegen Rußland noch nicht sicher war. Der Vorwurf, den Stein später gegen Hardenberg erhoben hat: er habe seine Pläne nicht mit genügender Energie verfolgt; was man später in Wien nicht erreichte, hätte man in Paris, unter dem frischen Eindruck der preußischen Waffentaten, noch durchsetzen können – ist schwerlich gerecht. Preußen war tief erschöpft und bedurfte dringend des Friedens; auch fehlte es ihm durchaus an geeigneten diplomatisch-juristischen Druckmitteln; das moralische Gewicht seiner Verdienste hob diese Schwäche seiner Gesamtlage keineswegs auf. Die Neuordnung Deutschlands konnte ebensowenig wie die Neuordnung Europas schon in Paris erledigt werden. Sie wurde auf den großen europäischen Kongreß vertagt, der nach zwei Monaten in Wien zusammentreten sollte. Der Pariser Friedenstraktat enthielt über die künftige Lösung der deutschen Territorialfragen nur einige Andeutungen, die das Schicksal des linken Rheinufers betrafen, im übrigen nur jene unbestimmte Wendung, daß Deutschland einen Bund unabhängiger Staaten bilden werde, auf die man sich schon in Troyes geeinigt hatte. Was Hardenbergs große Pariser Denkschrift vorgeschlagen hatte, um diese blasse Allgemeinheit mit konkretem Inhalt zu erfüllen, blieb einstweilen unbeantwortet. Es wird uns noch im Zusammenhang der vielen mühsamen Versuche beschäftigen, die Stein seit Dezember 1813 unternommen hatte und weiter unternahm, gemeinsam mit Humboldt und Hardenberg eine praktisch ausführbare Lösung der deutschen Verfassungsfrage zu finden.

Seit der Friede geschlossen, das besetzte Gebiet in die Hände der französischen Verwaltung übergeben war, durfte Stein seine Aufgabe als Berater des Zaren für beendet ansehen. Was noch zu tun blieb in der Zentralverwaltung bis zur endgültigen Neuordnung Deutschlands, ließ sich am besten von Frankfurt aus erledigen: die Verwaltung der Generalgouvernements Sachsen (bis November 1814), Frankfurt und Fulda (bis Mai 1815), zuletzt eine große Abrechnung der finanziellen Erträgnisse der Tätigkeit des Departements und der gegenseitigen Schuldverpflichtungen der Alliierten. Einstweilen drängte es unsern Reichsritter mächtig nach Hause, heim zu den Seinen, zugleich in seinen Nassauer Besitz, den er seit jenem schwülen Sommer des Jahres 1807 nicht wiedergesehen hatte, als ihn der preußische König nach Memel berief. Endlich war es wirklich wieder *sein* Besitz, frei vom Zugriff des verhaßten Feindes! Das Schicksal des Vaterlandes war im allerpersönlichsten Sinn sein eigenes geworden – nun konnte er des Glückes der neugewonnenen Freiheit nirgends so unmittelbar inne werden wie auf dem eigenen Grund und Boden. Schon im April hatte er vom Zaren seine Entlassung erbeten; dessen Einladung, ihn auf der Triumphreise nach England zu begleiten, lehnte er ab. Doch mußte er versprechen, auf dem Wiener Kongreß zu erscheinen und dort abermals als Berater in deutschen Fragen mitzuwirken. Am Tage nach der Abreise des Zaren verließ er Paris (3. Juni) und kehrte auf dem Wege über Koblenz heim.

Es war schon nahe an Mitternacht, als sein Reisewagen am 10. Juni das Lahntal heraufkam und sich der geliebten Heimat näherte. Wachtposten mit langen Lanzen, als Kosaken verkleidet, erwarteten ihn an der Landstraße. Ein Feuerwerk auf der alten Burg zum Stein über der Lahn verkündete sein Eintreffen. Festliche Illumination des Städtchens, Glockenläuten, eine Parade des Landsturms empfing den Schloßherrn und Ortspatron. Alles jubelte dem berühmten Mann entgegen, der Tag seiner Rückkehr wurde fortan alljährlich als Volksfest gefeiert. Er fand Haus und Garten, die unterdessen nassauische Freunde, zuletzt seine kluge Schwester Marianne notdürftig betreut hatten, stark heruntergekommen, einen Teil der geliebten Bäume des alten Parkes eingegangen, und nahm sich sogleich mit Tatkraft der Wiederherstellung an.

Aber noch hatte für ihn die Stunde nicht geschlagen, die er längst herbeisehnte: da er aus dem bewegten Treiben des Politikers sich endgültig zurückziehen durfte in die beschauliche Muße des Landlebens. Noch war die Lösung der Frage nicht gefunden, die ihn von allen am stärksten bewegte: der Frage nach der inneren Neugestaltung des deutschen Vaterlandes.

Siebzehntes Kapitel

Der Wiener Kongreß 1814/1815
Das nationale Verfassungsproblem

1. Deutsche Verfassungspläne des Winters 1813/14

Die Frage einer künftigen deutschen Nationalverfassung hatte Stein während des französischen Feldzugs fortdauernd weiter beschäftigt. Bis in die Tage der Leipziger Schlacht war er unter den Staatsmännern des verbündeten Hauptquartiers der einzige gewesen, der energisch auf ihre Lösung drängte und ernsthaft ihre Möglichkeiten durchdachte. Seither war das anders geworden. Sobald die Niederwerfung Napoleons gesichert war, drängte sich die Notwendigkeit, über Deutschlands künftiges Schicksal so bald als möglich eine feste Verabredung zu treffen, auch den Verantwortlichen auf. In die Verträge mit den meisten Rheinbundstaaten wurde eine Klausel aufgenommen, die das Versprechen enthielt, sich den Erfordernissen einer künftigen Neuordnung Deutschlands zu fügen. Und Wilhelm von Humboldt, der zusammen mit einem Vertreter Rußlands und Österreichs diese Verträge abschloß, war der erste, der sich ernsthaft mit den Vorschlägen Steins beschäftigt und ihnen einen förmlichen eigenen Verfassungsplan entgegengestellt hat.

Es geschah noch in Frankfurt, im Dezember 1813, in einer an Stein gerichteten ausführlichen Denkschrift – der schönsten und geistreichsten politischen Abhandlung des Verfassers überhaupt. In ihr findet sich jener herrliche, gegen Steins Einseitigkeiten gerichtete Passus, in dem das große Erlebnis der Zeit, die Erfahrung von der schicksalhaften Verbundenheit des deutschen Geistes mit dem deutschen Staate, mit seiner Freiheit und äußeren Stärke, zum erstenmal in klassischer Klarheit formuliert wird. „Man muß sich wohl hüten, bei dem beschränkten Gesichtspunkt stehen zu bleiben, Deutschland gegen Frankreich sichern zu wollen. – Deutschland muß frei und stark sein, nicht bloß, damit es sich gegen diesen oder jenen Nachbar, oder überhaupt gegen jeden Feind vertheidigen könne, sondern deswegen, weil nur eine, auch nach außen hin starke Nation den Geist in sich bewahrt, aus dem auch alle Segnungen im Innern strömen; es muß frei und stark sein, um das, auch wenn es nie einer Prüfung ausgesetzt würde, nothwendige Selbstgefühl zu nähren, seiner Nationalentwicklung ruhig und ungestört nachzugehen und die wohlthätige Stelle, die es in der Mitte der europäischen Nationen für dieselben einnimmt, dauernd behaupten zu können. – Auch läßt sich das Gefühl, daß Deutschland ein Ganzes ausmacht, aus keiner deutschen Brust vertilgen, und es beruht nicht bloß auf Gemeinsamkeit der Sitten, Sprache und Literatur ..., sondern auf der Erinnerung an gemeinsam genossene Rechte und Freiheiten, gemeinsam erkämpften Ruhm und bestandene Gefahren, auf dem Andenken einer engeren Verbindung, welche die Väter verknüpfte und die nur noch in der Sehnsucht der Enkel lebt." An Fülle, Weite und Tiefe der historisch-politischen Betrachtung, aber auch an ruhiger, reifer Einsicht in die politischen Triebkräfte der Epoche überragt die Schrift des großen Denkers bei weitem die stürmischen Kundgebungen des Praktikers Stein. Während dieser zur Begründung seiner nationalen Verfassungspläne immer nur das praktisch Nächstliegende anführt: die ständige Bedrohung Gesamtdeutschlands von Westen her, zugleich der Sicherheit von Person und Eigentum durch den Despotismus kleinstaatlicher Tyrannen, darüber hinaus nur das moralische Motiv, die Verderbnis deutscher Sittlichkeit im kleinstaatlichen Wesen –, ergründet Humboldt den inneren Zusammenhang von politischer Freiheit der Nation und gesunder Kraft des nationalen Geisteslebens. Und während Stein die unwahrscheinlichsten politischen Konstruktionen wagt, um so viel als möglich von seinem Ideal eines einheitlichen Gesamtstaates zu retten, erörtert Humboldt mit ruhiger Klarheit die Möglichkeiten politischer Neubildung, um ohne jede innere Erregung den Schluß zu ziehen: man werde sich begnügen müssen, im großen und ganzen den einmal vorhandenen Bestand an regierenden Dynastien, größeren und kleineren Staatsbildungen in Deutschland anzuerkennen, aber sie durch ein unauflösliches Bündnis von staatsrechtlichem, nicht bloß völkerrechtlichem Charakter miteinander zu verknüpfen. Preußen und Österreich als die mächtigsten dieser Staaten müssen die Führung übernehmen, gemeinsam und einander gleichberechtigt, Hannover und Bayern als die nächstdem stärksten und gesündesten an dem Schiedsrichteramt der Vormächte in innerdeutschen Streitigkeiten beteiligt werden. Auf dieser Grundlage wird es möglich sein, in Fragen der Kriegs- und Bündnispolitik, des Heerwesens, der Gerichtsverfassung, der Staatsbürgerrechte, der Handelspolitik, vielleicht auch der „Civil- und Kriminalgesetzgebung" eine gewisse Gemeinsamkeit zu erreichen und eine landständische Verfassung in allen Mitgliedstaaten durchzusetzen.

Damit war eben jener Weg bezeichnet, den wir früher, bei der Betrachtung der Steinschen Augustdenkschrift, als den einzigen damals praktisch gangbaren Ausweg aus dem Chaos des deutschen Verfassungsproblems erkannten: die staatenbundliche statt der bundesstaatlichen Lösung. Man hat die Humboldtsche Verfassungsdenkschrift als einen genauen „Extrakt des politischen Augenblicks" bezeichnet[1]; darin liegt ihre Stärke – aber freilich auch ihre Schwäche. Denn von der Tatkraft eines schöpferischen Willens, der große Ziele hinreißend zu schildern weiß und gegen Widerstände entschlossen ankämpft, verspürt man darin merkwürdig wenig, viel weniger jedenfalls als von kluger Anpassung an das Gegebene: ganz offenbar bedurfte dieser feine und reiche Geist der Ergänzung durch robuste Willensmenschen, die in der Art Steins sich nicht begnügten mit „negativem Handeln", mit Wegräumen von Hindernissen, um einer sich „entwickelnden" Zeittendenz Raum zu schaffen, sondern die es auf sich nahmen, selber Willenskräfte auszustrahlen, „Zeittendenzen" zu schaffen – auf die Gefahr hin, das Mögliche und Ausführbare vor dem Wünschenswerten nicht mehr zu erkennen. Wenn beide politische Tugenden: die der klugen Einsicht und die des leidenschaftlichen Willens nur vereint den echten Staatsmann ausmachen, so war es ein Verhängnis zu nennen, daß die Sache Deutschlands damals den Händen von zwei Männern überlassen war, die trotz alles engen Zusammenwirkens und aller persönlichen Freundschaft einander doch niemals ganz verstehen konnten.

Immerhin erwies sich ihre Freundschaft als eng genug, um sie eine Zeitlang auf derselben Bahn vorschreiten zu lassen. Es geschah, daß Stein sich der besseren Einsicht Humboldts gefangen gab, seine Kaiserpläne einstweilen fallen ließ und der staatenbundlichen Lösung zustimmte. Schrittweise sah er sich dazu durch die Gewalt der Ereignisse gedrängt, seit den größeren Rheinbundstaaten einmal die Erhaltung ihrer Souveränität und ihres vollen Besitzstandes vertraglich zugesichert war[2]. Die Randbemerkungen, mit denen er Humboldts Dezemberentwurf begleitete, verzichten auf jede Opposition gegen dessen Grundgedanken. Nur wünscht er freilich eine kräftigere Aktivität des Bundes als Humboldt und zu diesem Zweck eine regelmäßig funktionierende Zentralgewalt: einen „periodisch sich versammelnden Bundestag von Repräsentanten" und einen fortdauernden Bundesausschuß als Exekutive – womit das System des Staatenbundes sich nun doch wieder stark in das bundesstaatliche Verhältnis verschiebt. Von seinen kritischen Randglossen ist vor allem eine bedeutsam: Humboldts Vorschlag, die deutsche Verfassung von den großen Mächten Europas garantieren zu lassen, findet er „sehr bedenklich" – auf jeden Fall dürfe man nur England und Rußland daran teilnehmen lassen; man sieht, daß es ihm trotz seiner Überzeugung von der Solidarität der gegen Frankreich gerichteten Interessen Europas an dem Bewußtsein der nationalen Gegensätze durchaus nicht fehlte[3]. Im übrigen tritt jetzt noch weit stärker als früher das innerpolitische Motiv nationaler Verfassungsbildung hervor: mit dem Augenblick, als Stein begreift, daß es unmöglich ist, die mittelstaatlichen Territorien, die Schöpfungen Napoleons, wieder aufzulösen und ihre „Despoten" unter eine starke kaiserliche Obergewalt zu beugen, treten alle anderen Wünsche zurück hinter dem einen: die „Freiheit der Person und des Eigentums" durch verfassungsmäßige Garantien gegen fürstliche Willkür zu schützen. Von „Souveränitätsrechten" der deutschen Fürsten will er nichts wissen und nur von „Landeshoheit" sprechen, die aber von Bundes wegen beschränkt wird. Den Landständen der Einzelstaaten muß die Bundesverfassung ein Mindestmaß von Rechten zusichern: periodische Berufung, Teilnahme an der Landesgesetzgebung, Bewilligung, Erhebung und Verwendung der Steuern. Man bestätige den „alten deutschen Grundsatz", daß der Fürst sich und seinen Hof aus den Domäneneinkünften unterhält[4], die gesamte Steuerverwaltung dagegen den Ständen zufällt. Alle deutschen Landesverfassungen müssen den Untertanen gewisse

Grundrechte sichern[5] – in der Art einer Habeaskorpusakte, also nach englischem, nicht französischem Vorbild: Freiheit der Person, das Recht, überall in Deutschland zu wohnen und Dienste zu nehmen, Schutz vor willkürlicher Steuerbelastung und Eingriffen in das Privateigentum, Sicherung der Ehrenrechte jedes Standes und des Vorrechtes aller freien Männer, in Sachen über Leben und Tod nur von dem ordentlichen Richter Urteil zu empfangen. Das alles soll geschützt werden nicht nur durch die Landstände, sondern zugleich durch unabhängige Gerichtshöfe, Geschworenengerichte mit öffentlichem Verfahren, deren Mitglieder je zur Hälfte durch die Stände und durch den Fürsten ernannt werden und ohne richterliches Urteil nicht abgesetzt werden dürfen.

Das Ganze zeigt überraschend deutlich, wie stark auch der Reichsritter Stein von den restaurativen Tendenzen des Zeitalters ergriffen ist – nur daß er nicht zum fürstlichen Absolutismus des ancien régime, sondern zu den altständischen Einrichtungen zurückstrebt, von denen seine politische Entwicklunng einst ihren Ausgang genommen hatte. Der Dualismus eines halb fürstlichen, halb ständischen Staatswesens, den er hier zu erneuern vorschlug (wenn auch in stark modernisierter, nach englischem Vorbild abgewandelter Form), bedeutete nicht nur eine Verleugnung wichtiger Grundgedanken des Reformjahres 1807/08, sondern ging sogar noch hinter die Rehbergschen Vorschläge zur Reform der „Staatsverwaltung deutscher Länder" zurück[6]. Gewiß läßt sich die veränderte Grundstimmung aus der veränderten Lage erklären: war unter dem Druck der Fremdherrschaft die Verstärkung der Staatsgewalt das Ziel aller Reformen gewesen, so durften jetzt, im Zustand wiedererrungener Freiheit des Ganzen, auch die Freiheitsansprüche der einzelnen wieder stärker zur Geltung kommen. Aber merkwürdig bleibt doch, wie wenig von der straffen staatspolitischen Haltung des Königsberger Jahres in den dauernden Bestand der Staatsanschauung unseres Reichsritters übergegangen war, wie stark dagegen die ständisch-liberalen und humanitären Ideen seiner westfälischen Jahre sich wieder durchsetzten, sobald der Wiederaufbau des alten Deutschland begann.

Für Stein ist es eine der wichtigsten Aufgaben dieser Restauration, wiedergutzumachen, was die adligen Opfer des Rheinbund-Systems, die Mediatisierten aller Standesgrade, an politischen Verlusten erlitten haben. Eine volle Wiederherstellung mediatisierter ehemaliger Reichsstände wagte er freilich so wenig wie Humboldt zu empfehlen: allzu deutlich lag es am Tage, daß hier der Grundsatz ausgleichender Gerechtigkeit zurückstehen mußte hinter den Erwägungen der Staatsräson. Aber wenigstens Erhaltung jener Standesvorrechte, die den Mediatisierten noch in der Rheinbundsakte zugesichert waren, einschließlich Verminderung der Steuerpflicht auf ein Drittel, Freiheit von der militärischen Dienstpflicht und privilegierten Gerichtsstand wünscht er ihnen zu garantieren; und zu den landständischen Korporationen sollen sie als Erbstände Zutritt haben. Schließlich sollen auch die Reichsritter, seine engeren Standesgenossen, für den Verlust zahlreicher Privilegien durch volle Gleichstellung mit den mediatisierten „Standesherrn" entschädigt werden.

Mit diesen Erörterungen zugunsten des alten Reichsadels und der mediatisierten Reichsstände nimmt die national-politische Agitation Steins eine neue Wendung. Hatte er früher seine Pläne auf den Wünschen der Nation im ganzen aufgebaut, so war jetzt schon zu erkennen, daß er sich andere Bundesgenossen suchen mußte, um gegen den Widerstand des restaurierten Fürstenstandes aufzukommen. In der Tat sieht man ihn seit Januar 1814 eifrig bemüht, die Mediatisierten zu einer Agitation zu veranlassen, die „nicht nur die Rechte einzelner Familien zur Sprache brächte, sondern laut für Deutschland eine Verfassung reklamierte, die den Einzelnen Freiheit der Person und Sicherheit des Eigentums verbürgte[7]". Im Dezember 1813 hatte sich ein förmlicher Verein der Mediatisierten zur Vertretung ihrer Standesinteressen gebildet, an dessen Spitze bald darauf Graf Solms-Laubach trat, ein ehemaliges Mitglied des Reichshofrats – derselbe, den Stein in Frankfurt zu seinem vornehmsten Mitarbeiter in der Zentralverwaltung gemacht hatte. Seitdem war eine enge Verbindung dieser Gruppe mit Stein hergestellt, die bald auch politisch fruchtbar werden sollte.

Ende Dezember, in Freiburg, bat Stein den Zaren, zur offiziellen Beratung der deutschen Verfassungsfrage die Berufung einer Kommission zu veranlassen, an der außer ihm selbst, dem Österreicher Stadion und dem Preußen Humboldt auch der Russe Rasumowskij, ein Gesinnungsgenosse Steins, teilnehmen sollte. Verschöbe man die Erörterung dieser Dinge bis zum Friedensschluß, so drohe die Gefahr einer Einmischung Frankreichs und leichtfertiger Behandlung durch Metternich. Aber trotz des Opfers nationaler Würde, das dieser Vorschlag mit der Berufung Rasumowskijs der russischen Eitelkeit zu bringen bereit war – eines Opfers, das sich aus der überaus schwierigen Lage Steins immerhin begreiflich machen läßt –, blieb er ohne Erfolg. Alexander war nicht gewillt, die inneren Spannungen der Koalition durch vorzeitiges Aufwerfen der deutschen Frage noch weiter zu steigern, solange die Niederwerfung Napoleons noch nicht endgültig entschieden war. Einstweilen war also Stein auf die publizistische Vertretung seiner Ansichten angewiesen, die er durch seinen getreuen Arndt sehr wirksam besorgen ließ – freilich fiel das Programm des politischen Literaten dann doch viel unitarischer aus, als sein Auftraggeber jetzt noch hätte verantworten können[8].

Einen zweiten Vorstoß unternahm Stein im März 1814, sofort nach dem Abschluß des Allianzvertrags von Chaumont, der in seinen geheimen Artikeln auch die erneute Zusage einer deutschen Föderation nach dem Muster der Vereinbarung von Troyes enthielt[9] und besonders große Hoffnungen in ihm weckte. So entwickelte er denn einen neuen, freilich nur skizzenhaften Verfassungsplan – es ist die letzte Denkschrift seiner Feder, die einen selbständig durchgeführten Plan zur Organisation des Reichsganzen enthält. Er stellt aber kaum mehr dar als ein Provisorium: einen vorläufigen Versuch, innerhalb des nun einmal von den Mächten festgelegten „föderativen" Systems soviel an Klammern der Einheit zu retten wie nur eben möglich. Als Wichtigstes wird vorangestellt, daß die restaurierten deutschen Monarchien sich ja vertraglich verpflichtet hätten, ihre Souveränität künftig zugunsten des Bundes beschränken zu lassen. An seine Spitze soll, wie in Humboldts Plan, ein Viererkollegium treten: Österreich, Preußen, Bayern, Hannover. Aber Humboldt hatte den beiden Großmächten allein, auf deren dauernde Einigkeit rechnend, die wirkliche Führung anvertraut: selbständige Entscheidung über Krieg und Frieden in Bundessachen, dazu ein Aufsichtsrecht über die kleineren Kontingente des Bundesheeres; Bayern und Hannover sollten nur formelle Mitgaranten für Deutschlands innere Ruhe bilden und gewisse schiedsrichterliche Aufgaben übernehmen. Inzwischen war aber offenbar deutlich geworden, daß sie sich damit nicht begnügen würden. Auf Grund von Besprechungen, die Anfang Januar in Basel zwischen Hardenberg, Metternich und dem englischen Premier Castlereagh stattgefunden hatten, war schon in dem Verfassungsplan Hardenbergs vom 22. Januar[10] vorgeschlagen worden, die vier genannten Staaten sollten sich gegenseitig in der Leitung des Bundes ablösen! An diesem unglücklichen Vorschlag hat nun offenbar Stein, der sowohl für Castlereagh wie für den Zaren schrieb, nichts Entscheidendes zu ändern gewagt. Aber er suchte das „Direktorium", das also nun reihum gehen sollte, in seinen Funktionen näher zu bestimmen. Er dachte es sich als verfassungsmäßige Exekutive, die einer Legislative, einem Bundes- (oder Reichs-)tag gegenübergestellt wäre: zur Ausführung der dort beschlossenen Gesetze, zur Überwachung der Beziehungen zwischen Fürsten und Untertanen in den Einzelstaaten und zur Führung der auswärtigen Politik. Wurde aber nicht durch Konstruktionen dieser Art der Charakter des reinen Staatenbundes bereits verletzt? Stein hätte das nicht zugegeben; aber er war von vornherein sicher, daß er damit nicht durchdringen würde. Noch weniger mit der merkwürdigen Konstruktion seines Bundestags. Er wollte darin Bevollmächtigte der Einzelstaaten mit Deputierten der verschiedenen Landtage vereinigen. Letztere sollten keine Mandatare, also keine Vertreter einzelstaatlicher Interessen sein, sondern wie Volksvertreter das Gesamtwohl im Auge haben und im Stil der parlamentarischen Wahlen je zu einem Fünftel alle fünf Jahre erneuert werden[11].

Das Motiv war zweifellos, zu verhindern, daß den Fürsten nicht allein die Gesamtinteressen Deutschlands anvertraut blieben; das erschien besonders deshalb notwendig, weil der Bundesversammlung nicht nur die Beschlußfassung über Bundesgesetze und Bundessteuern, sondern zugleich die Entscheidung über Streitigkeiten zwischen Fürsten und Untertanen anvertraut werden sollte. Aber war eine solche Vermischung von Staatenhaus und Volksvertretung nicht eine staatsrechtliche Unmöglichkeit? Nur die Tatsache, daß in den Augen Steins die meisten deutschen Regierungen keine wirklich souveräne Obrigkeit, sondern bloße „Reichsstände" waren, macht ihre Parallelstellung mit einzelstaatlichen Landtagsdeputierten überhaupt verständlich. Praktisch wäre eine Legislative dieser Art sicherlich bald an ihren inneren Gegensätzen gescheitert. Aber auch das Viererkollegium mit alternierender Bundesleitung war zweifellos eine Fehlkonstruktion (für die man indessen Stein nicht verantwortlich machen darf). Wie hätte daraus eine tatkräftige und wirksame Initiative erwachsen sollen? Vor allem: es war mit Sicherheit vorauszusehen, daß die kleineren Staaten sich einen Vorrang Bayerns und Hannovers niemals gefallen lassen würden. Schon Graf Münster warf ein, zum mindesten müsse man noch Württemberg (dessen Kronprinz bald darauf Schwager des Zaren wurde) in das Direktorium mit aufnehmen. In einem späteren Stadium ist auch sehr ernstlich von einer Aufnahme Kurhessens und Badens die Rede gewesen. Aber so war nun einmal die Lage: jeder Versuch, eine wirklich leistungsfähige Zentralgewalt zu schaffen, stieß auf unabsehbare Hindernisse. Der Gang der Verfassungsberatungen war naturnotwendig ein Sichfortschleppen von Kompromiß zu Kompromiß.

Zunächst blieb ein neuer Antrag Steins, die deutsche Frage durch einen offiziellen Ausschuß (Humboldt, Solms-Laubach, ein Österreicher) beraten zu lassen, ohne Erfolg. Um so besser gelang die Mobilisierung der Mediatisierten. Zahlreiche Klagen über Mißachtung ihrer Privilegien gingen seit Monaten bei den verbündeten Höfen ein[12]. Ihr Agent, der fürstlich neuwiedische Geheimrat Gärtner, fand die Stimmung für seine Sache nicht ungünstig, als er Mitte März in Chaumont erschien. Eine in Dijon abgehaltene Ministerkonferenz beschloß am 23. März eine Proklamation zu erlassen, in der die Privilegien der Mediatisierten in engste Verbindung gebracht waren mit den persönlichen Freiheitsrechten jedes Deutschen; sie sollte gleichzeitig das Minimum von Rechten festlegen, die den Ständevertretungen deutscher Länder zustehen müßten. Dieser Beschluß war ein Erfolg Steins, und er hat (wie es scheint) nicht versäumt, den Vertreter der Mediatisierten – als Gegenleistung gleichsam für seine Unterstützung – zu einer reichspatriotischen Erklärung zu drängen. Tatsächlich hat denn auch Gärtner am 16. Mai eine große Denkschrift produziert, in der er zunächst die Standesansprüche seiner Auftraggeber genau darlegte und sich dann in vorsichtigen, allgemeinen Wendungen an den letzten Verfassungsplan Steins anschloß – zu dessen großer Befriedigung.

Übrigens scheint der Beschluß des Dijoner Ministerrates unausgeführt geblieben zu sein. Es ist schon möglich, daß die Minister (wie man vermutet hat) nachträglich vor ihrer eigenen Kühnheit erschraken. Nur Humboldt nahm sich der Sache tatkräftig an. Er schlug vor, die geplante Erklärung über Staatsbürgerrechte und Landstände sogleich mit einer Ankündigung der künftigen Bundesverfassung zu verbinden, beide spätestens am 15. Mai ausgehen zu lassen und am 1. Juli einen Ausschuß von Vertretern der vier Direktorialmächte[13] für die Verfassungsfrage zu berufen, der seine Arbeiten spätestens am 1. Dezember beendet haben müsse.

Zunächst gerieten diese Verhandlungen über den Pariser Ereignissen des April völlig ins Stocken. Aber schon am Ende dieses Monats erhob die große Denkschrift Hardenbergs über die Neuordnung Europas die deutsche Verfassungsfrage zum Rang eines europäischen Problems und kündigte neue Vorschläge dafür an. Einige Wochen nach dem Abschluß des Pariser Friedens hat er mit ihrer Ausarbeitung, unter Mitberatung Steins, begonnen.

II. Frankfurter Beratungen mit Hardenberg über die deutsche Verfassung Juli 1814

Seit den Beratungen von Chaumont und Dijon war es klar, daß die weitere Förderung der deutschen Verfassungsberatungen wesentlich der preußischen Politik anheimfallen würde. Viel enger als der Habsburgerstaat war die wiedererstehende preußische Großmacht mit diesen Fragen verknüpft, von deren Lösung ihr eigenes künftiges Schicksal zu einem ganz wesentlichen Teil abhing. Nicht einmal ihre nächste Aufgabe, die Neuordnung des preußischen Länderbestandes, ließ sich befriedigend erledigen, solange das künftige staatsrechtliche Verhältnis zu den deutschen Nachbarn noch nicht geklärt war. Auf der anderen Seite neigte die Mehrzahl der österreichischen Politiker und Militärs dazu, die ehemaligen Außenposten habsburgischer Machtstellung am Oberrhein und der Maas endgültig aufzugeben, um dafür eine Sicherung und Abrundung der Grenzen am Inn und Po einzutauschen, den österreichischen Länderbesitz also im Sinn einer wesentlich nach Süden und Osten gerichteten Großmachtstellung zusammenzufassen – damit aber gleichzeitig von den deutschen Interessen im engeren Sinn sich noch mehr zu entfernen. Auf grundsätzlichen Widerstand der Hofburg gegen die deutschen Verfassungspläne, wie sie Humboldt zuletzt in Dijon entwickelt hatte, war im Frühjahr und Sommer 1814 nicht zu rechnen: binnen 4–6 Wochen hielt der Gesandte damals eine Einigung über die allgemeinen Grundzüge für möglich. Zwar hatte Metternich ursprünglich nur eine lose Defensivallianz der deutschen Staaten begründen wollen; inzwischen aber hatte er eingesehen, daß angesichts der hochgespannten Erwartungen, die während des Krieges ganz Deutschland erfüllten, irgendeine feste Form von Föderation gefunden werden müsse. Vor allem war er überzeugt von der Notwendigkeit, gemeinsam mit Preußen die mitteleuropäische Staatenwelt vor dem drohenden Übergewicht Rußlands zu sichern, und ließ sich deshalb bereit finden, auch die vom österreichischen Standpunkt unbequemen, ja gefährlichen Bestimmungen des Humboldtschen Planes über Staatsbürger- und landständische Verfassungsrechte einstweilen in Kauf zu nehmen – um so mehr, als auch er den rücksichtslosen Despotismus der süddeutschen Könige aus mancherlei Gründen mißbilligte und ihnen um ihrer maßlosen Gebietsansprüche willen jede politische Bedrängnis von Herzen gönnte. Eine nicht zu enge Föderation der deutschen Staaten und eine gemeinsame Beherrschung der Schwächeren durch die beiden Großmächte, wie sie Humboldt vorschwebte, ließ sich mit der Grundidee seines konservativen Gleichgewichtssystems recht wohl vereinigen; vielleicht war es sogar möglich, Metternich ein Stück über diese Linie hinauszudrängen. England-Hannover freilich widerstrebte grundsätzlich der preußisch-österreichischen Hegemonie; aber auch hier bestand Hoffnung auf einen

Ausgleich, seit der Vorschlag eines Viererdirektoriums einmal grundsätzlich angenommen war. Hatten sich aber diese drei Kabinette erst einmal miteinander verständigt, dann hofften die preußischen Staatsmänner, mit der Opposition der Mittel- und Kleinstaaten schon irgendwie fertig zu werden; gab es doch viele Möglichkeiten, auf die mächtigeren unter ihnen mit Hilfe territorialer Zugeständnisse einzuwirken!

Seit nun so die deutsche Verfassungsfrage von Kabinett zu Kabinett verhandelt wurde und sich mit den vielfältigsten Partikularinteressen der Einzelstaaten verquickte, war die geschichtliche Rolle, die Stein bisher als Anreger und Dränger, man könnte sagen als Führer auf dem Wege zum deutschen Nationalstaat gespielt hatte, zu Ende. Er wurde nicht etwa ausgeschaltet aus den entscheidenden Beratungen: sein persönliches Ansehen, seine Freundschaft mit Humboldt, seine Vertrauensstellung beim Zaren bewirkten, daß er fortdauernd um seine Meinung gefragt, zu Gutachten aufgefordert, vom Gang der Verhandlungen in Kenntnis gesetzt wurde. Aber eine positive, wirklich bedeutende Förderung der Verfassungsberatungen ist von ihm seit dem Sommer 1814 nicht mehr ausgegangen.

Das lag zum guten Teil an der eigentümlichen Zwitterstellung, die er als Reichsritter, Berater des Zaren und ehemaliger preußischer Minister zwischen den streitenden Parteien einnahm –, einer Unklarheit der politischen Ausgangsstellung, die sein politisches Wollen immer wieder verwirrte. Solange er außerhalb Deutschlands, ohne Bindung an irgendein deutsches Partikularinteresse, seine nationalen Befreiungspläne hatte schmieden dürfen, war er wie kein anderer berufen gewesen, das Gesamtinteresse der Nation schlechthin vor Europa zu vertreten. Seither war er der preußischen Politik, seinem ehemaligen Arbeitsfeld, wieder viel näher gerückt. Preußens führende Rolle im Befreiungskampf, seine persönliche Freundschaft mit Humboldt, zuletzt die Erfahrung, daß nur die preußischen Staatsmänner sich tatkräftig der nationalen Sache annahmen – das alles hatte ihn sehen gelehrt, daß eine nationale Verfassung, die das preußische Staatsinteresse verletzte, undurchführbar und unratsam war; sein naiver Glaube an den natürlichen Beruf Österreichs zur Führung Gesamtdeutschlands war tief erschüttert worden. Überhaupt war ihm im vertrauten Umgang mit Humboldt seit dem Sommer 1813 die unheimliche innere Schwierigkeit des nationalen Verfassungsproblems mehr und mehr aufgegangen. Aber seine Herzenswünsche wurden dadurch nicht verändert. Und nun hatte er sich selbst, um das Gewicht seiner innerpolitischen Forderungen zu verstärken, mit den Mediatisierten in Verbindung gesetzt; seitdem hing sich ein ganzer Schwarm von Standesgenossen höheren und niederen Grades an ihn, in der Hoffnung, an ihm einen Fürsprech zu finden; die mittelrheinische Ritterschaft nahm ihn mit Erfolg für ihre Interessenvertretung in Anspruch; aber auch kleinstaatliche Regierungen, wie die von Nassau und Kurhessen, bemühten sich wetteifernd um sein Wohlwollen[14]. Das alles blieb nicht ohne Wirkung auf sein politisches Denken und Empfinden. Um so weniger, als er sehen mußte, daß auch die öffentliche Meinung überwiegend der Erneuerung des alten Kaisertums zuneigte.

Denn immer lauter wurde seit der Besiegung Napoleons der Chor von Stimmen, die eine Erneuerung der alten Reichs- und Kaiserherrlichkeit von den Diplomaten der großen Mächte forderten. Unüberhörbar regte sich das Verlangen der Nation, die auf den Schlachtfeldern Frankreichs mit Strömen von Blut besiegelte Einheit für alle Zukunft gesichert, einen stattlichen nationalen Verfassungsbau errichtet zu sehen, der Deutschland zum Hort des europäischen Friedens machen würde. Es war kein Zufall, daß die meisten dieser Stimmen in den katholischen Gebieten des Westens und Südens laut wurden, während die norddeutsch-protestantischen Patrioten, die vor allem an Preußen dachten, die vereinzelt sogar schon den Traum eines preußischen Kaisertums im Herzen trugen, sich noch kaum an die Öffentlichkeit wagten. Wer die politische Gesinnung der Deutschen aus den Stimmen der „öffentlichen Meinung“ ablesen wollte, mußte glauben, daß nationaler Patriotismus noch immer vorzugsweise in den Gebieten der größten Zersplitterung des alten Deutschlands zu Hause sei, in der kleinstaatlichen Welt des Südens und Westens, der die Reichsritter angehörten und die Karl vom Stein in seiner Augustdenkschrift als „Reich“ im engeren Sinn hatte organisieren wollen. Aber wie verworren, in sich zersplittert, dilettantisch-unklar war diese öffentliche Meinung! Gefühle und unsicher schwankende Neigungen, zufällige Ansichten ohne Verbindlichkeit beherrschten sie ganz; von den harten Interessengegensätzen der deutschen Staaten, von den Absichten der großen Kabinette, von der heillosen Problematik des deutschen Dualismus hatte man draußen im Lande kaum eine Vorstellung; die Erfahrungen eines halben Jahrhunderts haben dazu gehört, um die öffentliche Diskussion des nationalen Problems zu einiger Reife zu bringen. Als moralischer Antrieb, als Motiv zu eifriger Bemühung hat das hier sich äußernde Einheits- und Freiheitsverlangen der Nation gleichwohl auf die Diplomaten der führenden Mächte gewirkt: ohne die Furcht, das deutsche Volk gar zu schwer zu enttäuschen, wäre in den Wiener Verhandlungen gewiß noch weniger zustande gekommen. Aber die öffentliche Meinung bedurfte dringend der Führung durch einen erfahrenen Staatsmann; und der Freiherr vom Stein fühlte sich in erster Linie dazu berufen. Sein Arndt schrieb neuerdings über landständische Verfassungen, und das Hauptblatt der westdeutschen Patrioten, der „Rheinische Merkur“ unter der Leitung von Görres, stand ganz zu seiner Verfügung, empfing von ihm fortlaufend die wichtigsten Mitteilungen und richtete sich genau nach seinen Weisungen. Jedoch nur allzubald zeigte sich, daß der Führer selbst durch den Widerstreit von politischer Neigung und staatsmännischer Einsicht gehindert wurde, eine klare Marschlinie zu weisen. Die nationalpolitischen Aktionen, die er seit dem Sommer 1814 mit publizistischer Hilfe unternommen hat, gehören zu den am wenigsten geglückten Unternehmungen seiner politischen Laufbahn.

Zunächst sieht man ihn, nach der Heimkehr von Paris, ganz aufgehen in der Verteidigung der Mediatisierten und der individuellen Freiheitsrechte aller Staatsbürger gegen fürstliche Willkür. Leidenschaftlich beklagte er, in einer dem Zaren nach dessen Rückkehr von London überreichten Denkschrift, das Schicksal des deutschen Volkes, nach heldenhaften Leistungen im Kriege einer „ebenso erniedrigenden wie lächerlichen Tyrannei" durch einige jeder persönlichen Achtung beraubte Individuen (die Rheinbundfürsten nämlich) unterworfen zu sein. In grellen Farben schilderte er die Verzweiflung des ganzen Volkes über diesen Ausgang, seine drohend revolutionäre Haltung, die Verworfenheit der Despoten, die das Volk aussaugen, bedrücken, quälen: „Sie verschonen nur diejenigen, welche ihren Leidenschaften schmeicheln, z. B. in Darmstadt die Komödianten und Musikanten, in Stuttgart die Günstlinge und die Wildschweine." Alles das, um den Einfluß des Zaren für die Begründung einer deutschen Konstitution zu mobilisieren, die einem solchen Despotismus in allen deutschen Staaten ein Ende machen müsse. Auch durch mündliche Vorstellungen suchte er den Russenkaiser, mit dem er in Bruchsal am 9. Juli zusammentraf, in diesem Sinne zu bearbeiten. Zunächst ohne praktisches Ergebnis. Aber seine Vorstellungen wurden sehr gut aufgenommen, und er erfüllte sich mit großen Hoffnungen für den Verlauf des Kongresses[15]. Bald darauf gelang es ihm auch, durch den preußischen Staatskanzler unmittelbar Einfluß auf die Gestaltung der offiziellen Verfassungsvorlage zu gewinnen, die im Herbst dem Kongreß (er war inzwischen um ein paar Monate verschoben worden) unterbreitet werden sollte.

Die von Stein und Humboldt gewünschte Verfassungskommission war nicht berufen worden. Stattdessen hatte der preußische Staatskanzler, von Humboldt eifrig vorwärtsgedrängt, selbst einen Verfassungsentwurf in 41 Artikeln ausgearbeitet, den er Stein zur Begutachtung vorlegte und in einer Konferenz zu Frankfurt am 17. Juli, an der auch Graf Solms-Laubach teilnahm, mit ihm beriet. Die mündlich und schriftlich geäußerte Kritik benutzte er zu seiner Umarbeitung, die im September von Stein nochmals begutachtet und schließlich kurz vor dem Kongreß als offizielle preußische Verfassungsvorlage nach Wien geschickt wurde[16].

Die Grundgedanken der Kritik Steins an diesem Entwurf bewegen sich in der uns schon bekannten Richtung. Aber sehr auffallend ist doch, wie stark das innerpolitische Interesse, die Sorge um die Sicherung von Standesprivilegien, persönlichen und ständischen Freiheitsrechten, gegenüber dem außenpolitischen in den Vordergrund getreten ist. Er fordert den Ausschluß sämtlicher preußischer und österreichischer Länder östlich vom Inn und der Elbe aus dem neu zu gründenden Bunde. Das erinnert an seine Denkschriften von 1812 und 1813. Aber damals war es ihm um die innere Geschlossenheit des Bundes, die möglichst straffe Zusammenfassung seiner Kräfte zu tun gewesen. Jetzt begründet er seine Forderung damit, daß der traditionelle Charakter des ostelbischen Preußen und der österreichischen Kronländer von dem des westlichen Deutschland zu stark abweiche, als daß es möglich sein könnte, sie damit in einer Verfassung zu vereinigen. Preußen und Österreich sollen also zwar an dem Bunde teilhaben – sogar als Direktorialmächte! – aber ihre Kernländer sollen nicht seinen Gesetzen unterworfen sein. Denn Stein legt größten Wert darauf, von Bundes wegen endlich die Macht und Willkür der „36 Despoten", der ehemaligen Rheinbundfürsten, einzudämmen oder zu brechen. Über Hardenbergs Entwürfe hinausgehend, drängt er auf Erweiterung der Bundeskompetenzen, Einschränkung der fürstlichen Souveränitäten, Sicherung und genauere Bestimmung der ständischen und individuellen Freiheitsrechte. Er gibt einen ganzen Katalog davon, den Hardenberg größtenteils aufgenommen hat, und behandelt am ausführlichsten die Privilegien der Mediatisierten einschließlich der Reichsritterschaft. Alle seine Lieblingsideen von Adelsreform, Landtagsfähigkeit des großen grundbesitzenden Adels, Unteilbarkeit der großen Familiengüter usw. tauchen dabei wieder auf, nicht ohne Beimischung von Forderungen der Klassenselbstsucht – ähnlich wie schon in manchen seiner früheren Programme. Man spürt recht wohl, daß Graf Solms-Laubach bei den Beratungen mitgewirkt hat, dem es ja ganz wesentlich auf die Interessen der Mediatisierten ankam.

Hardenberg wird wohl ganz froh gewesen sein, wenn er so weitgehenden Beschränkungen seiner bürokratischen Allmacht von Bundes wegen entging und hat darum dem Ausschluß der preußischen und österreichischen Kernlande aus dem Bunde zugestimmt. Weniger erfolgreich war Stein in seinem Bemühen, trotz des – nun einmal unvermeidlich gewordenen – oligarchischen Charakters der neuen Verfassung eine einigermaßen leistungsfähige Exekutivgewalt zu schaffen, eigene Finanzquellen für den Bund zu erschließen und dessen wirtschaftliche Einheit zu fördern. Hardenberg, der sich immer am liebsten auf der Linie des geringsten Widerstands bewegte, hatte die Opposition der Mittelstaaten gegen die Hegemonie der Großen dadurch auszuschalten gesucht, daß er (die Verfassungspläne des letzten Winters fortbildend) das früher geplante Viererdirektorium zu einem „Rat der Kreisobersten" erweiterte. Dieser Rat sollte aus den Vorständen der acht Kreise bestehen, in die er, in Anlehnung an die alte Reichsverfassung, das Bundesgebiet einteilen wollte – hauptsächlich zu Wehrzwecken. Unter diesen Kreisobersten befanden sich außer den früheren vier Direktorialstaaten auch Württemberg, Kurhessen und Baden, außerdem, wegen seiner deutschen Besitzungen, der „Fürst der Vereinigten Niederlande". Hardenberg plante nämlich (sicherlich mehr aus militärischen als aus völkischen Erwägungen), die Niederlande und die Schweiz zu einem „beständigen Bündnis" mit dem neuen Bund einzuladen. Stein warnte, mit naheliegenden nationalpolitischen Gründen, vor der Hereinziehung eines Ausländers in die Bundesverfassung, riet außerdem dringend zu einer Konzentration des Rates auf vier, höchstens fünf Mitglieder. Er erreichte aber nur, daß der „Fürst der Niederlande" ausgeschaltet wurde. In dem so auf sieben Mitglieder beschränkten „Rat" hoffte Hardenberg das Übergewicht der beiden Großmächte dadurch zu sichern, daß er ihnen zusammen sechs Stimmen zuteilte, den andern zusammen nur fünf: eine möglichst unauffällige Form der Hegemonie! Stein forderte darüber hinaus die Schaffung eines besonderen „Direktoriums" der beiden Hauptmächte und den dauernden Vorsitz Österreichs in allen Bundesversammlungen an Stelle des im Entwurf geplanten Wechsels der Geschäftsleitung. Hier gab Hardenberg nach; das nunmehr geschaffene „Directorium" blieb aber in seinen Funktionen völlig unbestimmt. Wenn Stein vorschlug, zwischen einem „Präsidium" Österreichs und einem „Directorium" Preußens zu unterscheiden (letzteres war als eine Art Kanzlerschaft, also Geschäftsführung, ersteres als Ehrenvorsitz gedacht), so ließ Hardenberg sich darauf nicht ein.

Der Kreisoberstenrat sollte hauptsächlich die äußere Politik bestimmen. Die Oberleitung der inneren war von Hardenberg einer „allgemeinen Bundesversammlung" zugedacht, in der zu den Kreisobersten alle übrigen Bundesmitglieder hinzutreten sollten, jedoch so, daß die Kreisobersten in der Stimmenzahl das Übergewicht behielten. Stein setzte durch, daß aus dieser gesetzgebenden Versammlung ein „Rat der Fürsten und Stände" wurde: eine Versammlung so ziemlich des ganzen ehemals reichsunmittelbaren Adels (z. T. in Curiatstimmen vereinigt), zusammen mit den vier „Bundesstädten" Hamburg, Bremen, Lübeck und Frankfurt. Das war offenbar ein Kompromiß: da Stein nicht durchsetzen konnte, daß Delegierte der Einzellandtage, seinem früheren Vorschlag entsprechend, in die Bundesversammlung mit aufgenommen wurden, legte er um so größeren Wert darauf, daß dann wenigstens der alte Reichsadel (womöglich mit Einschluß der Ritterschaft) als ein „Verfassung schützendes Element" neben den Fürsten erschien und ihnen in den Arm fiel, wenn sie etwa die Grundrechte und Privilegien ihrer Untertanen zu verletzen suchten. Altfeudales Privilegienwesen und modern-liberale Freiheitsgarantien waren nun einmal in seinem politischen Denken ganz eng miteinander verquickt.

Alles in allem ein seltsames Ergebnis so endloser Beratungen! Man hat es mit Recht einen erschütternden Beweis für die Unmöglichkeit, unter so unreifen äußeren Verhältnissen das nationale Problem auch nur halbwegs befriedigend zu lösen, genannt[17]. Der eifrigste Patriot und der erfahrenste und geschickteste Politiker, die Deutschland damals besaß, unterstützt von einem der tiefsten und reichsten Geister der Epoche, brachten in gemeinsamer Arbeit nichts Besseres zustande als ein Verfassungswerk, dem man seine praktische Undurchführbarkeit auf den ersten Blick ansieht. Oder war etwa im Ernst daran zu denken, daß die deutschen Mittel- und Kleinstaaten sich eine Verfassung würden gefallen lassen, die für sie eine „konstitutionelle Zwangsjacke" bedeutete und die sie ihres wichtigsten Souveränitätsrechtes, der außenpolitischen Bewegungsfreiheit, beraubte – zugunsten von aufsichtführenden Großmächten, die sich selber den Verpflichtungen der Bundesakte zum größeren und wichtigeren Teil entzogen, ja nur mit ihren Außenprovinzen dem Bunde überhaupt angehörten? Daß insbesondere die größeren Rheinbundfürsten freiwillig einer Verfassung zustimmen sollten, die bewußt und einseitig gegen ihre nächsten Interessen gerichtet war, ihre Majorisierung unter dem Schein erhöhter Machtbefugnisse bezweckte – keineswegs zugunsten der Nation schlechthin, sondern ganz wesentlich doch auch zugunsten eines Standes, der für die deutsche Zukunft nichts mehr bedeutete und dessen Ansprüche sich ausschließlich auf veraltete Privilegien stützten? Oder besaßen die Großmächte etwa Machtmittel, um eine solche Zustimmung zu erzwingen? Die Erfahrung mußte es bald genug lehren.

Zu Hilfe kam ihnen vor allem die Unsicherheit des Besitzstandes, die alle Rheinbundfürsten seit dem Untergang ihres großen Protektors quälte. Welche Territorien würden sie behalten dürfen, welche Entschädigung für die Gebiete erlangen, die sie etwa den Großmächten zurückzugeben hatten, welches Maß von Wohlwollen würde sich jeder einzelne von ihnen bei den Mächtigen des Kongresses erwerben können? Zuletzt schien es doch sicherer, in Verfassungsfragen nicht allzu hartnäckig zu bleiben, falls man auf eine geschlossene Front der Hauptmächte stieß. Und das Allersicherste schien es, womöglich noch vor Beginn der Versammlung vollendete Tatsachen zu schaffen: durch ein Staatsgrundgesetz, das die Regierten mit ihren Regenten zu einem geschlossenen Ganzen vereinigte. Wenigstens eine der Rheinbundsregierungen, die jüngste, schwächste und darum am meisten gefährdete, die des neugeschaffenen Herzogtums Nassau, brachte in höchster Eile schon im Lauf des Sommers eine – nach damaligen Begriffen – überaus liberale Verfassung zustande, mit der sie den Beifall der Zeitgenossen zu erwerben, vor allem aber den Groll der von ihr mediatisierten ehemaligen Reichsunmittelbaren zu beschwichtigen hoffte. Der Freiherr vom Stein war der weitaus gefährlichste unter diesen Gegnern, und wesentlich auf ihn war denn auch das Vorgehen der nassauischen Regierung berechnet.

Man hatte ihn – die Gerechtigkeit gebietet es anzuerkennen – schon seit langem, seit er ein berühmter und einflußreicher Mann geworden war, mit größtem Wohlwollen behandelt. Die Sequestration seiner nassauischen Güter, die Napoleons Geheiß erzwungen hatte, war mit größter Schonung durchgeführt, seiner Frau schon seit 1809 ein anständiger Teil des Ertrags jährlich ausgezahlt worden. Sofort nach seiner Rückkehr bemühte sich der nassauische Minister von Marschall beinahe dienstfertig um seine Gunst. Das Sequester wurde sofort aufgehoben, der angesammelte Ertrag nach einer für Stein überaus günstigen Berechnung zurückerstattet. Unaufgefordert bot man ihm Entschädigung für den Verlust von Gefällen an, die aus der – inzwischen durch Landesgesetz aufgehobenen – Leibeigenschaft seiner Gutshörigen stammten. Die Kapitalabfindung, auf die man sich mit ihm einigte, übertraf den Wert seiner Forderungen um ein Vielfaches. Auch zur Allodifikation seiner Lehen, die er wünschte, um sie auf seine beiden Töchter vererben zu können (er war söhnelos geblieben), war man sofort bereit, machte sich aber eine Ehre daraus, ihm statt dessen die Umwandlung der Mannslehen in Weiberlehen anzubieten. Wichtiger als alles dies ist die Mitwirkung, die man ihm als einzigem seiner Standesgenossen bei der Ausarbeitung der neuen Landesverfassung einräumte. Seine Verbesserungsvorschläge wurden fast ohne Ausnahme, großenteils wörtlich, in den Text der Urkunde übernommen. Da schon der erste Entwurf in weitem Umfang seinen Wünschen entsprach, wurde die endgültige Fassung annähernd ein Musterbild dessen, was er sich unter einer guten Landesverfassung vorstellte: mit weitgehenden Rechten des Landtags in Steuerfragen, Gesetzgebung und Kontrolle der Verwaltung, getrennter Adelskammer (Herrenbank) und Deputiertenversammlung, Erbsitzen der Mediatisierten auf der Herrenbank, starker Bevorzugung des Besitzes und der Steuerleistung bei den Wahlen. Graf Münster fand freilich die Nachahmung der englischen Verfassung in einem so kleinen Ländchen mit unentwickelten politischen Verhältnissen übereilt und ganz unpassend; aber Stein verteidigte sie eifrig: die Grundzüge englischer Verfassung stammten ja doch aus den Wäldern Germaniens, wären unbedenklich selbst nach Kanada übertragen worden und fänden ihre Parallele im altdeutschen Ständewesen, den westfälischen Erbentagen und ähnlichen Institutionen. Ihn befriedigte sein Erfolg; für einige Zeit wenigstens war er nun mit seinem Heimatstaat ausgesöhnt[18], und er ging so weit, den Mächten ein von Minister von Marschall entworfenes Musterschema „gemäßigter" deutscher Landesverfassungen zu empfehlen, in der Hoffnung, die ständisch-liberale Bewegung werde durch das Vorgehen Nassaus nunmehr in Gang gebracht.

III. Verhandlungen über die deutsche Frage in Wien bis zum 16. November 1814

In so gehobener Stimmung fuhr er am 15. September nach Wien zum Kongreß. Und wirklich ließen sich dort die Dinge zunächst günstiger an, als man nach manchen trüben Erfahrungen der letzten Monate hätte erwarten dürfen.

Die gewaltigen Eindrücke der deutschen Volkserhebung, der gemeinsam erfochtenen Siege aller deutschen Stämme wirkten doch auch im Kreise der nüchternen Geschäftsmänner, die sich hier aus aller Herren Ländern zusammenfanden, noch eine Weile kräftig nach. Über alles wirre und bunte Treiben des gesellschaftlichen Lebens, allen Lärm der tausend Sonderwünsche großer und kleiner Dynasten hinweg blieb ein Bewußtsein davon lebendig, daß es in Deutschland nun wirklich besser werden, eine neue, haltbare Form nationalen Staatslebens geschaffen werden müsse. Vor allem die Großmächte, deren Zusammenhalt die Befreiung Europas ermöglicht hatte, Preußen, Österreich und England-Hannover, dazu Rußland in der Rolle des freundwilligen Helfers und Protektors, waren sich ihrer Verantwortung bewußt und entschlossen, unbeirrt durch das Geschrei der Kleinen und Kleinsten durch festes Zusammenstehen ein brauchbares Verfassungswerk für Deutschland zu schaffen. Dem Freiherrn vom Stein fiel die nicht eben dankbare, aber wichtige Aufgabe des Vermittlers zu: die Autorität des Zaren für die großen Interessen Deutschlands und Europas gegen die partikulare Selbstsucht, zumal der süddeutschen Höfe, wo es nötig war, aufzubieten, gleichzeitig aber fremden Einfluß auf das

Innere der deutschen Verfassungsberatungen abzuwehren. Wieder einmal, ähnlich wie im Vorjahr in Frankfurt, galt er dem zudrängenden Diplomatenvolk der kleinen deutschen Höfe als ein mächtiger Mann, dessen Gunst zu erwerben sich dringend empfahl; aber auch die fürstlichen Herrschaften, soweit sie gegenüber dem Chef der Zentralverwaltung ein reines Gewissen hatten, bemühten sich eifrig um sein Wohlwollen. Und mit den deutsch und liberal gesinnten Kronprinzen von Bayern[19] und Württemberg verband ihn ein Vertrauensverhältnis, das er natürlich auch zu einem wesentlichen Teil seiner Vorzugsstellung beim russischen Kaiser verdankte. Vollends dem badischen Großherzog, dem Schwager des Zaren, durfte er in beinahe herrischer Haltung gegenübertreten: die Art, wie er ihn einschüchterte, ihm sein ebenso schlaffes wie autokratisches Regiment streng verwies, eine gründliche Reform seiner Verwaltung und den Erlaß einer landständischen Verfassung aufzunötigen suchte, gehört zu den erstaunlichsten Episoden dieses außerordentlichen Lebens. Aber auch in Württemberg drängte er nicht ohne Erfolg auf eine Beseitigung des „Sultanism" durch ständische Verfassung – er selbst hat sich einen bedeutenden Einfluß auf die Neubelebung der altwürttembergischen Stände (Frühjahr 1815) zugeschrieben.

Auch darin wirkten die Kriegseindrücke nach, daß der Kongreß zu Anfang doch mehr eine Vereinigung der ehemaligen Kriegsgegner Frankreichs darstellte als eine Versammlung von Vertretern aller legitimen Dynastien Europas. Innerhalb des europäischen Staatensystems, das sich hier so glänzend repräsentieren ließ, um sinnfällig die Epoche des revolutionären Imperialismus zu beschließen und eine neue Friedensära der abendländischen Völkergemeinschaft zu begründen, hielt die Gruppe der Sieger zunächst doch noch eng zusammen; und selbst die raffinierte Diplomatie eines Talleyrand vermochte nicht den Ring zu sprengen, der sie zu gemeinsamer Taktik vereinigte. Unter denen, die seinen Bemühungen entgegenarbeiteten, wirkte mit an erster Stelle der Freiherr vom Stein.

Gleich zu Anfang (17. September) beantragte er, die deutsche Frage von allen übrigen loszulösen und durch einen Ausschuß rein deutscher Mächte beraten zu lassen: England-Hannover, Preußen und Österreich; Rußland sollte gemäß den Versprechungen des Kalischer Aufrufs sich nicht darin einmischen. Das Ergebnis der Beratungen freilich würde man allen verbündeten Höfen (also auch Rußland) vorlegen, „damit sie diesen Erfolg nach den Grundsätzen des europäischen Gleichgewichts beurteilen"[20]. Einwendungen der kleinen Höfe sollte man anhören, aber sie nicht mitberaten lassen, sondern zur einfachen Annahme der Beschlüsse nötigen; andernfalls, meinte er, droht immer die Gefahr, daß sie ohne Scham und Scheu die Einmischung Frankreichs zu ihren Gunsten anrufen.

Tatsächlich wurde im wesentlichen nach diesem Programm verfahren. Hardenbergs Verfassungsentwurf, schon Anfang September zwischen Humboldt, Solms-Laubach und zwei Vertretern Hannovers vorberaten, wurde zunächst in einem Dreimächteausschuß, wie ihn Stein vorgeschlagen hatte, gründlich umgestaltet, um dann einem „deutschen Comité" zu weiterer Durchberatung vorgelegt zu werden. Allerdings wurden Bayern und Württemberg in dieses Komitee mit aufgenommen, was sicherlich nicht den Wünschen Steins entsprach. Aber wenigstens hielt man zunächst fest an dem Grundsatz, nicht alle Bundesglieder auf einmal zu Worte kommen zu lassen, sondern die allgemeinen Grundlagen der Bundesverfassung zwischen den fünf größten ein für allemal festzulegen; die weitere Ausgestaltung sollte dann einem künftigen Bundestag überlassen werden.

In diesen Beratungen der Ausschüsse erlitt nun das gemeinsame Werk Steins und Hardenbergs eine sehr beträchtliche Umgestaltung. Vor allem fiel die Beschränkung des Bundes auf einen Teil der Provinzen Österreichs und Preußens weg, die von Anfang an Humboldts aufrichtiges Entsetzen erregt hatte; niemals, hatte er gemeint, werde man das vor der Nation verantworten können. Auf Metternichs Verlangen wurden sodann die sehr ausführlichen 41 Artikel Hardenbergs auf 12 verkürzt – schon deshalb, um die Einigung zwischen den Hauptmächten nicht allzusehr zu erschweren. Natürlich fielen diesem Kürzungsverfahren vor allem diejenigen Artikel zum Opfer, die am meisten Streit wecken mußten: über die landständischen Rechte in den Einzelstaaten, die Mediatisierten, die Grundrechte der Deutschen; hier blieb alles Nähere der künftigen Einzelberatung durch den Bundestag vorbehalten. Immerhin war daran festgehalten, daß der Bundesvertrag ein Minimum von Freiheitsrechten garantieren müsse; nur Preußen und Österreich, die ja nun wieder mit ihrem ganzen deutschen Länderbestand in den Bund eintreten sollten, behielten sich eine Ausnahmestellung sowohl in der inneren Organisation wie in der Bewegungsfreiheit ihrer auswärtigen Politik ausdrücklich vor. Dadurch mußte freilich das Gehässige der Hardenberg-Steinschen Vorlage in den Augen der mittelstaatlichen Regierungen noch gesteigert werden.

Es war also von vornherein zu erwarten, daß Bayern und Württemberg im Fünferausschuß heftige Opposition machen würden. Ihre Lage unterschied sich stark von der Hannovers, dessen Vertreter, Graf Münster, sich eng an Preußen und Österreich anschloß. Eine größere Bewegungsfreiheit der auswärtigen Politik hatte für das Nebenland der englischen Krone geringe Bedeutung; und im Innern war es von jeher ständisch regiert worden; nach früheren Erfahrungen konnte es der hannoverischen Regierung nur erwünscht sein, wenn ihr Ständewesen mit Hilfe der Bundesverfassung modernisiert wurde. Bayern und Württemberg dagegen sahen sich nicht nur der Aussicht beraubt, noch weiterhin als Faktoren der europäischen Politik eine selbständige Rolle zu spielen, sondern auch in ihrer inneren Landesverfassung förmlich unter Aufsicht gestellt – herabgedrückt zur Gefolgschaft der beiden Großmächte, die mit ihren vier Stimmen, die sie im „Kreisoberstenrat" führen sollten, das Übergewicht über die drei Mittelstaaten besaßen (Kurhessen und Baden waren, entsprechend Steins Wünschen, zunächst von der Exekutive wieder ausgeschlossen). Der Wegfall des von Stein angeregten „Direktoriums" und sein Ersatz durch ein österreichisches „Geschäftspräsidium" ohne materielle Vorzugsrechte, das Metternich durchgesetzt hatte, beseitigte natürlich nicht die Tatsache der preußisch-österreichischen Hegemonie.

Tatsächlich war der Widerstand beider Mittelstaaten in den Beratungen der Fünf hartnäckig und erbittert. Sie forderten Gleichberechtigung mit den Großen, Freiheit ihres Gesandtschafts- und Bündnisrechtes, stritten gegen die Einrichtung des Bundesgerichts, wünschten möglichst weite Ausdehnung ihrer Befugnisse als Kreisoberste, wollten von einer Festlegung landständischer und staatsbürgerlicher Grundrechte nichts wissen. Der bayerische Vertreter, Fürst Wrede, verstieg sich zu der Behauptung, daß Bayern am Zustandekommen des Bundes kein „persönliches Interesse" besitze, und Friedrich von Württemberg in seinem maßlosen Souveränitätsdünkel bestritt überhaupt das Daseinsrecht einer deutschen Nation. Demgegenüber hielten die drei anderen fest zusammen; auch Metternich, eben damals mehr als je auf preußische Unterstützung gegen russische und bayerische Gebietsansprüche angewiesen, ließ sich um keinen Schritt aus dieser Gemeinschaft abdrängen; es ist ganz unwahrscheinlich, daß er im geheimen auf die Opposition der Süddeutschen gebaut hätte, um das Verfassungswerk zu Falle zu bringen, wie Fürst Wrede sich schmeichelte. Am 21. Oktober kamen die drei überein, alle wesentlichen Punkte ihres Entwurfs festzuhalten und es lieber auf den Austritt Bayerns und Württembergs ankommen, als das Verfassungswerk verderben zu lassen. Immerhin verweigerten sie nicht alles und jedes Entgegenkommen: um eine Majorisierung der Mittelstaaten im Kreisoberstenrat zu verhindern, sollten in gewissen Fällen Kurhessen und Baden nun doch mit eintreten; die Pflicht des Bundes zur Verteidigung des preußischen und österreichischen Besitzstandes wurde eingeschränkt, das Geschäftspräsidium Österreichs näher erläutert (als bloßer Ehrenvorsitz), vor allem aber darauf verzichtet, die Mitgliedstaaten des Kreisoberstenrates ebenso weitgehend in ihrer inneren Politik zu beaufsichtigen wie die übrigen. Man wollte sich zufrieden geben, wenn wenigstens die anderen, kleineren Staaten ein Minimum landständischer Rechte gewährten – setzte aber dieses nunmehr in endgültiger Formulierung fest, statt es künftigen Beratungen des Bundestags zu überlassen.

Dieser letzte Beschluß, die Festlegung von vier Grundrechten der Landstände, war ein Erfolg Steinscher Bemühungen. Graf Münster, der den Antrag gestellt hatte, übernahm die vier Grundrechte wahrscheinlich aus einer Korrespondenz mit Stein, der sie für unentbehrlich erklärt hatte: „Wenn wir diese nicht erhalten, so ist alles was wir tun mögen nichts[21]." Sie betrafen: Steuerbewilligung, „Stimmrecht" bei neu zu verfassenden Landesgesetzen, Mitaufsicht über die Verwendung der Steuern, Anklagerecht gegen Verfehlungen der Minister. Das war noch mehr, als Stein in den Frankfurter Verhandlungen mit Hardenberg gefordert hatte: offensichtlich war sein Mut infolge der Nassauer Erfahrungen gewachsen. Aber eben deshalb wollte er jetzt auch nichts wissen von der Ausnahmestellung aller Regierungen mit

Kreisoberstenrang. Nur Österreichs Unfähigkeit, jetzt schon landständische Verfassungen einzuführen, erkannte er an; in Preußen dagegen, dessen ostelbische Provinzen ihm noch im Juli so rückständig erschienen waren, daß er ihre Vereinigung mit Westdeutschland in einem Bundesstaat für unmöglich erklärt hatte (gar nicht zu gedenken seiner leidenschaftlichen Verdammungsurteile in den Jahren 1810/11!)[22] – fand er jetzt eine ständische Verfassung recht wohl möglich. Dort finde man „eine große Masse von praktischem Geschäftsgeist, verbunden mit Besonnenheit und Vaterlandsliebe, Eigenschaften, die sich bei allen Gelegenheiten, wo man ständische, städtische oder sonstige außerordentliche Versammlungen in irgendeiner Absicht gehalten, auf das überzeugendste geäußert und bestätigt haben" – also kein Hindernis mehr, die ständischen Grundrechte aller Deutschen auch hier gelten zu lassen.

Die Protokolle der deutschen Verfassungskommission, die sonst geheimgehalten wurden, gingen ihm regelmäßig in Abschrift zu. Er erfuhr daraus mit Freuden von dem festen Zusammenhalten der drei Hauptmächte; ihr Bundesplan erschien ihm jetzt als „weise und freisinnig", als wohl geeignet, die Grundsätze der in Chaumont und Paris angekündigten deutschen Nationalverfassung „in ihrer ganzen Kraft und Reinheit" zu verwirklichen[23]. Um so tiefer erbitterte ihn die Opposition der bayerischen und württembergischen Regierung. Auf der Stelle beschloß er, dagegen eine große Aktion in Gang zu bringen: durch die Presse, durch die russische Regierung und durch einen Protest der Kleinstaaten.

Am 31. Oktober erschien ein von ihm inspirierter Artikel im Rheinischen Merkur[24], der mit leidenschaftlichen Worten die Nation aufrief zum Protest gegen den undeutschen „Sultanism" der süddeutschen Könige, die den wohlmeinenden Absichten Österreichs, Preußens und Hannovers aus elender partikularer Selbstsucht widerstrebten; ohne Zweifel würden die verbündeten Monarchen „durchschreiten durch solchen leeren Widerstand, der von Gott verlassen und vom Volk verlassen nur an eigenem Hochmut hängt", und Deutschland eine gesetzliche Verfassung geben. Das Zeitungsblatt erregte in Wien größtes Aufsehen, zumal es kaum zweifelhaft bleiben konnte, wer dahinter stand, und hatte einen erbitterten Protest Bayerns und Württembergs in der Kommission zur Folge. Sowohl Metternich wie Humboldt räumten dessen Berechtigung ein und schüttelten den Artikelschreiber nach Kräften von sich ab – im Zeitalter der Präventivzensur war ein solcher Angriff ja beinahe gefährlicher für die Staatsbehörde, die ihn durchgelassen hatte, als für den Angegriffenen selbst.

Gleichzeitig veranlaßte Stein den Zaren, in einer vertraulichen Note, die er selbst aufgesetzt hatte, die deutschen Hauptmächte durch ermutigenden Zuspruch im Kampf gegen die Opponenten zu unterstützen. Es war einigermaßen schwierig, diesem Eingreifen eine solche Form zu geben, daß es nicht als unberechtigte Einmischung der Fremdmacht erschien, und der Zar selbst scheint das stärker empfunden zu haben als Stein; jedenfalls veranlaßte er ihn zu einer nachträglichen Milderung des Wortlautes, ehe er die Note (am 11. November) übergeben ließ. Irgendeine erkennbare Wirkung auf den Gang der Verhandlungen hat sie nicht gehabt.

Noch zweifelhafter war der Erfolg des dritten Unternehmens. Mit Hilfe des ihm ergebenen nassauischen Ministers von Marschall (mit dem er in einem Hause zusammenwohnte) versuchte Stein eine Erklärung möglichst vieler kleinstaatlicher Vertreter beim Kongreß zustande zu bringen, die gegen das Verhalten Bayerns und Württembergs protestieren und diese dadurch isolieren, namentlich aber die Bereitschaft der kleineren Regierungen aussprechen sollte, jene von Stein und Münster aufgestellten vier Grundrechte landständischer Verfassung als Grundgesetz des Bundes anzuerkennen. Diese Bereitschaft war bei nicht wenigen Vertretern der Kleinstaaten vorhanden, die lebhaft das Bedürfnis empfanden, die Sicherheit und Popularität der eben erst wiederhergestellten Throne und Thrönchen durch liberale Verfassungseinrichtungen zu verstärken. Aber es war doch ein gefährliches Unternehmen, diese Leute als Bundesgenossen zu Hilfe zu rufen. Denn wie leicht konnte eine solche Agitation zu einem Protest der Kleinen gegen die Bevormundung durch die Großen überhaupt führen – damit aber den von Stein selbst empfohlenen Gang der Verhandlungen gefährden! Oder war etwa zu erwarten, daß die Kleinstaaten nur auf die Ausscheidung der süddeutschen Königreiche aus dem Verfassungsausschuß drängen, sich dagegen der Entscheidung der übrigen Teilnehmer willig unterwerfen würden? Das war um so unwahrscheinlicher, als Stein seinen neuen Bundesgenossen unbedenklich die geheimen Sitzungsprotokolle des Ausschusses mitteilte, aus denen sie sowohl die führende Stellung erkennen mußten, die den „Kreisobersten" zugedacht war, wie die inneren Gegensätze der fünf Mächte, deren geschlossenes Auftreten sie doch später zur Unterwerfung zwingen sollte. Überdies war längst der Inhalt der „Zwölf Artikel" des Verfassungsentwurfs in Abschriften bekanntgeworden – mit der Folge, daß nun die Kleinstaatler heftig über die „Pentarchie" der Großen murrten, besonders über die Bevorzugung Bayerns und Württembergs.

In den Beratungen, die sich nun entspannen, hat der nassau-oranische Gesandte Hans von Gagern besonders kräftig mitgewirkt, ein ganz entschiedener Gegner der Humboldtschen Pläne und jeder größeren Machtentfaltung Preußens. Dieser gesellige und betriebsame, immer fröhliche Rheinländer besaß schon dank seines vorzüglichen Weinkellers eine große Popularität bei den Gesandten der kleinen Staaten. Wie weit sein Einfluß im einzelnen gereicht hat, läßt sich bisher nicht genau erkennen. Sicher ist nur, daß ihn Stein, der seine romantischen Phantastereien kannte und fürchtete[25], vergeblich mit Hilfe Marschalls auszuschalten suchte. Aber neben ihm scheinen auch noch andere, besonders der mecklenburgische Minister von Plessen und der Darmstädter Baron Türckheim auf die Formulierung einer Protesterklärung eingewirkt zu haben, die am 16. November, von 29 Vertretern kleiner deutscher Dynastien unterzeichnet, den Großmächten überreicht wurde. Stein, der an der

Redaktion ihrer Entwürfe mitgearbeitet zu haben scheint[26], hatte den Protest vor allem gegen den eigensinnigen Partikularismus Bayerns und Württembergs richten wollen. Statt dessen wurde jetzt die Tätigkeit des Fünferkollegiums überhaupt angegriffen und die gleichberechtigte Teilnahme aller deutschen Fürsten an den Verfassungsberatungen verlangt. Zugleich forderte man die Krönung des Verfassungswerkes durch die Schaffung „eines gemeinsamen Oberhauptes" – also die Wiederherstellung des Kaisertums. Von dem Konzept Steins war nur die Forderung ständischer Grundrechte in allen deutschen Staaten erhalten geblieben, dazu allerhand patriotische Erklärungen, die praktisch wenig besagten. Was man wollte, war zuletzt doch nur Restauration: man wünschte wie vor alters den Schutz eines weitentfernten habsburgischen Kaisertums zu genießen, das seinen Einfluß auf die deutschen Verhältnisse wesentlich der Anhänglichkeit der kleinen Höfe verdanken würde.

Freilich darf man zweifeln, ob Stein selbst diese Durchkreuzung seiner Absichten mit voller Schwere empfunden hat. Unter den Protestlern standen auch die meisten Namen derer, die sich zuerst bereit erklärt hatten, seinen Entwurf zu unterzeichnen, und Herr von Marschall war überzeugt, auch in der neuen Form seinen Wünschen zu entsprechen. Sicher nicht ganz ohne Grund; denn hing nicht auch Stein das Herz noch immer am althistorischen Glanz der Kaiserkrone? Die Note Gagerns nannte er „meisterhaft abgefaßt" – war das nur ein Lob ihrer diplomatischen Form? Daß er innerlich unsicher wurde, sobald die Kleinstaaten seinen alten Lieblingswunsch auf ihre Fahnen schrieben, sollte sich bald genug zeigen. Wenige Wochen später hat er das Vorgehen der 29 Kleinstaaten hochpatriotisch genannt und in schärfsten Gegensatz gestellt zur partikularistischen Selbstsucht der Mittelstaaten[27]. Was der nachlebende Betrachter angesichts dieser innerlich zwiespältigen Politik empfindet, hat schon einer der Unterzeichner der Kaiseradresse angedeutet – der kluge und deutsch gesinnte weimarische Gesandte von Gersdorff, in einem Glückwunschschreiben, das er Stein zum Jahreswechsel schickte: aufrichtige Bewunderung „des reinen Willens, der feurigen Kraft", des Talentes, „das Gott mit seltenen und großen Führungen zum Retter erzogen hat" – aber auch den leisen Zweifel, ob es diesem Talent gegeben sei, „zu einem möglichen Zweck mit Ausdauer die Mittel durchzusetzen"[28].

IV. Die polnisch-sächsische Krise

Eine unmittelbare Wirkung hat die Kaiseradresse der 29 Kleinstaaten nicht gehabt. Sie ist nicht einmal amtlich beantwortet worden. Denn in dem Augenblick, als man sie den Großmächten überreichte (am 16. November), war der Kongreß in eine Krisis hineingeraten, die seinen Fortgang überhaupt und damit auch die Verfassungsberatungen des deutschen Ausschusses in Frage stellte.

Sie entzündete sich nicht etwa an der deutschen Frage selbst. Vielmehr war es dem festen Auftreten der drei Hauptmächte gelungen, seit Anfang November die Ansprüche Bayerns und Württembergs nach und nach einzudämmen. Es blieben zwar noch starke Gegensätze, vor allem auf württembergischer Seite, aber sie waren im Begriff, sich abzuschwächen, weil man zuletzt doch auch in München und Stuttgart begriff, daß sich gegen den Willen der vereinigten Großmächte weder Gebiets- noch Souveränitätsansprüche ertrotzen ließen – solange diese fest zusammenhielten. Da wurde diese Einigkeit durch den unseligen Streit um Sachsen und Polen gesprengt.

Wie oft hatte nun schon die polnische Frage als ein gefährlicher Zankapfel den inneren Zusammenhalt der Koalition bedroht! Immer wieder war ihre Erörterung hinausgeschoben worden, und noch im September, bei den Vorbesprechungen des Kongresses, zögerte Alexander, seine letzten Absichten offen kundzutun. Als er sie endlich enthüllte, traten die Interessengegensätze der großen Mächte sofort ans Licht. Was Österreich am meisten entsetzte, war die Absicht, ein konstitutionelles Königreich Polen unter russischem Zepter zu begründen, das eine starke Anziehungskraft auf die polnischen Untertanen der Nachbarländer ausüben mußte, zugleich aber den Keim liberaler Ideen in die Masse der slawischen Ostvölker hineinzutragen drohte. Über die westlichen Grenzen des neuen Staates schien eine Vereinigung schon eher möglich. Aber auch hier gab es Streitfragen, wie vor allem den russischen Anspruch auf die Weichselfestungen Thorn und Krakau. Und über alle Einzelfragen hinweg erschwerte das Mißtrauen Metternichs gegen Rußlands künftige Haltung als Rivale im Nahen und Fernen Osten die Verständigung: wie gewaltig hatte sich doch dieser russische Koloß in den letzten Jahrzehnten ausgedehnt, von Finnland bis an die Mündung der Donau, und nun bis über die Weichsel! Alles Bemühen der Hofburg war darauf gerichtet, gegen das Übergewicht der slawischen Nachbarschaft zuverlässige Bundesgenossen unter den Kongreßmitgliedern zu finden.

Dazu bot sich England am willigsten dar. Seine eigene Orientpolitik wurde durch Alexanders Zukunftspläne kaum weniger bedroht als die Österreichs, und so übernahm denn Castlereagh mit großem Eifer eine „Vermittler"-Rolle, die er durchaus in antirussischem Sinn durchführte – nicht ohne den Zaren durch den belehrenden Ton seiner Ratschläge schwer zu verletzen. Er ging so weit, die Weichsel von Warschau bis Sandomir als russische Westgrenze vorzuschlagen, erörterte die Möglichkeit, Polen im Umfang von 1791 als unabhängige Macht wiederherzustellen und war geneigt, das Plenum des Kongresses, unter Mitwirkung Frankreichs, über die polnischen Pläne des Zaren förmlich entscheiden zu lassen [29]. Aber es war klar, daß ohne die Teilnahme Preußens, der am nächsten beteiligten und militärisch leistungsfähigsten Kontinentalmacht, die englische Unterstützung für Österreich geringen Wert hatte – zumal die öffentliche Meinung Englands durchaus keine Beteiligung an den kontinentalen Händeln wünschte.

So hing beinahe alles von der Entscheidung Preußens ab. Wie hätte aber das preußische Staatsinteresse eine andere Rolle als die des Vermittlers erlaubt? Gewiß war auch Preußen an einer gesicherten Ostgrenze stark interessiert: außer der von Alexander in Kalisch zugesagten und auch jetzt wieder zugestandenen militärisch-geographischen Verbindung zwischen Schlesien und Ostpreußen wünschte man vor allem Thorn zu erhalten. Aber an dem Rückerwerb großer polnischer Landmassen war der Berliner Politik naturgemäß nicht so viel gelegen wie an der Annexion Kursachsens, die Alexander nach wie vor zu garantieren bereit war und durch seine Zustimmung zur vorläufigen Übernahme der Landesverwaltung aus den Händen des Zentraldepartements [30] geradezu vorbereiten half. Sollte man, ein solches Angebot vor Augen, auf dem hoffnungslosen Versuch beharren, den Zaren von seinen tief eingewurzelten Verfassungsplänen abzubringen oder ihn gar bis zur Weichsel zurückzudrängen? Das wäre ohne drohendes Auftreten, d. h. ohne völlige Verfeindung mit dem Bundesgenossen und Retter von 1813 nicht möglich gewesen. Auf der anderen Seite hing die Fortdauer des guten Verhältnisses zur Wiener Diplomatie, das den Verhandlungen über die deutsche Verfassung so sehr zustatten kam und dessen man für die Regelung zahlreicher deutscher Territorialfragen dringend bedurfte, ganz wesentlich von dem Wärmegrad preußischer Hilfsbereitschaft für Österreich in der polnischen Frage ab. Unter allen Umständen mußte man versuchen, dieses Freundschaftsverhältnis sorgsam zu pflegen; das hieß aber: den Druck der preußischen Politik gegen Alexanders polnische Pläne so stark machen wie nur irgend möglich, ohne geradezu den Bruch herbeizuführen.

Eben dies nun war die Politik der preußischen Staatsmänner, Hardenbergs und Humboldts, die auch Stein mit allen Kräften unterstützt hat. In den ersten Wochen schien sie nicht ganz ohne Aussicht. Auch die russischen Berater des Zaren, wie Nesselrode, waren von dessen polnischen Plänen durchaus nicht erbaut und räumten sehr ungern seinem alten Freunde, dem Polen Czartoryski, den Platz. Stein entwickelte dem Kaiser in einer Denkschrift vom 6. Oktober alle möglichen Gegengründe: die ungünstige Gestalt der geplanten preußischen Ostgrenze, die Gefahren der polnischen Konstitution für die innere Einheit und den inneren Frieden Rußlands, aber auch für den Frieden Europas, die Unfähigkeit der „gesetzlosen und revolutionären" polnischen Nation, eine moderne Verfassung zu ertragen (mündlich wies er noch besonders auf das Fehlen eines polnischen Bürgerstandes hin), die moralische Verpflichtung der Allianzverträge von 1813. Dabei erkannte er mit starker Betonung die edlen und hochherzigen Absichten des Kaisers gegenüber den Polen an, meinte aber, sie ließen sich auch durch Einrichtung von polnischen Provinzialständen und Beteiligung der Regierten an der inneren Landesverwaltung vorläufig ausreichend erfüllen. Ein Vermittlungsvorschlag, den er auch Hardenberg eindringlich empfahl, in der Hoffnung, damit den Hauptanstoß zu beseitigen. Aber bald zeigte ihm der Verlauf einer Audienz (am 19. Oktober), daß an die Annahme solcher Kompromißvorschläge nicht zu denken,

Alexander vielmehr über die Opposition seines deutschen Beraters tief enttäuscht war. Das Unnatürliche seiner dienstlichen Stellung, die Grenzen seines politischen Einflusses wurden jetzt deutlich. Lief er nicht Gefahr, den mächtigen Protektor, auf dessen Unterstützung für seine deutschen Verfassungspläne er doch so große Hoffnungen setzte, am Ende ganz zu verlieren? Er ließ sich durch diese Gefahr nicht abschrecken und schloß sich weiterhin eng an die Vermittlungspolitik Humboldts und Hardenbergs an[31].

Ende Oktober trieben die Dinge unmittelbar einer Entscheidung zu. Metternich forderte von Preußen unbedingte Unterstützung im Kampf gegen die polnischen Pläne Alexanders und erklärte sich dafür bereit – wahrscheinlich ehrlich[32], wenn auch ungern, unter allerhand Vorbehalten und im Widerspruch zu den Wünschen seiner österreichischen Umgebung, insbesondere zu den dynastischen Empfindungen des Kaisers Franz –, der Annexion Sachsens im äußersten Notfall zuzustimmen. Es geschah einen Tag nach jenem Beschluß der deutschen Hauptmächte (vom 21. Oktober), in der Verfassungsfrage den Sonderwünschen Bayerns und Württembergs einmütig zu widerstehen. Österreich forderte seinen Lohn für die Unterstützung der preußischen Pläne zur Neuorganisation Deutschlands. Aber konnte Preußen überhaupt so unbedingten Beistand gegen Rußland versprechen? Die Forderung wurde einige Tage darauf genauer formuliert: auf den unbedingten Widerstand gegen ein polnisches Königreich war Metternich jetzt bereit zu verzichten; wenigstens ein Teilkönigreich Nord- oder Ostpolen wollte er gelten lassen. Aber es sollte nicht weiter reichen als bis zur Weichsel – es sei denn, man stellte das alte unabhängige Polen von 1772 oder wenigstens von 1791 wieder her. Von einer polnischen konstitutionellen Verfassung, die den Hauptwunsch des Zaren bildete, war nur in sehr unbestimmten Ausdrücken die Rede[33].

Hardenberg, Humboldt und Stein wollten die Hoffnung trotzdem nicht aufgeben, es würde sich ein Ausgleich finden lassen – obwohl der Zar, gegen Metternich aufs äußerste gereizt und erbittert, seinem deutschen Berater jetzt geradezu Verrat an seiner Sache vorwarf und obwohl Stein selbst den Verdacht faßte, am Ende wolle der österreichische Staatskanzler nur Preußen auf das linke Weichselufer festlegen und Sachsen retten[34]. Mit fester Haltung nach beiden Seiten glaubten sie am Ende doch noch die aufgeregten Gemüter beschwichtigen, Rußland zum Verzicht auf Thorn und Krakau, Österreich zur Preisgabe der Weichselgrenze und zur Anerkennung der polnischen Königskrone bewegen zu können[35]. Aber eben dieses feste Auftreten wurde Hardenberg durch Friedrich Wilhelms persönliches Eingreifen aufs äußerste erschwert; er verbot seinem Kanzler in Gegenwart des Zaren ausdrücklich, weiterhin gemeinsame Sache mit Österreich und England gegen Rußland zu machen (am 6. November). Seitdem war der Glaube an die Neutralität des Vermittlers schwer erschüttert. Metternich verzweifelte endgültig daran, die preußische Politik in das eigene Lager herüberzuziehen, und verlor von jetzt ab jedes Interesse an ihrer Unterstützung.

Stein war über diese Wendung, am meisten über das „schwache und unverständige" Betragen des Königs, sein „Abspringen von der verabredeten Linie", tief verstimmt. Keinen Augenblick scheint er in seinen Sympathien zwischen dem Zaren und seinen preußischen Freunden geschwankt zu haben. Ähnlich wie Humboldt war er überzeugt, daß eine Trennung Österreichs und Preußens das größte Unheil sein würde, das Deutschland jetzt widerfahren könne und dem Einfluß Frankreichs Tor und Tür öffnen müsse[36]. In der Tat waren die Folgen der Entzweiung für Preußen und für Deutschland gleich verhängnisvoll.

Zunächst geriet Preußen in die Gefahr, die jedem Vermittler droht: es mit beiden Parteien zu verderben. Nach wie vor bemühte sich Hardenberg, einen förmlichen Bruch zwischen Österreich und Rußland zu verhindern und Metternichs territoriale Wünsche (sie zielten vor allem auf Herausgabe der Festung Krakau) bei Alexander durchzusetzen; Stein unterstützte ihn dabei nach Kräften, wenn er auch dringend vor kriegerischer Gewaltanwendung warnte. Erbittert über die Hartnäckigkeit Alexanders, vermied er eine Zeitlang seinen Umgang; als ihn der Kaiser endlich zu sich rufen ließ, kämpfte er erfolglos für die Auslieferung Krakaus; auf Thorn, das die preußische Politik dem Zaren vergeblich zu entreißen suchte, scheint er persönlich geringeren Wert gelegt zu haben[37]. So gelang es den Preußen nicht, sich mit Rußland über die polnische Frage zu verständigen; und auf der anderen Seite lehnte es Metternich jetzt ab, ihnen ganz Sachsen zu überlassen, verweigerte ihnen auch die Annexion der wichtigen Schlüsselstellung Mainz. Zu voller Schärfe wuchsen sich die Gegensätze erst Ende November aus, als die preußische Politik noch mehr ins russische Lager hinüberschwenkte. Verantwortlich dafür waren in erster Linie Humboldt und Stein, deren Mißtrauen gegen Metternich nunmehr von Tag zu Tag wuchs und denen der Gewinn von ganz Sachsen schlechthin unerläßlich, die Teilung des Landes als unsinnig und gefährlich für alle Teile erschien. Es gelang Stein, in ausgiebigen Verhandlungen mit dem Zaren, Capodistrias und Czartoryski eine förmliche Erklärung Rußlands zustande zu bringen (er selber setzte sie auf), der Hardenberg nach einigem Zögern beitrat und die Stein als geeigneten Vermittlungsvorschlag betrachtete: danach war Alexander bereit, Thorn und Krakau zu freien und neutralen Städten zu machen und ihnen ein kleines Landgebiet zu überlassen; als Gegenleistung der Österreicher wurde gefordert, daß sie ganz Sachsen an Preußen überließen und Mainz wenigstens nicht den Bayern überantworteten (ein Plan, den Stein mit größter Leidenschaft bekämpft hatte), sondern zur Bundesfestung machten. Damit war die Schwenkung vor aller Welt vollzogen, die polnische Frage aufs engste mit den innerdeutschen[38], zugleich aber das preußische Interesse einseitig mit dem russischen verknüpft.

Aber eben deshalb erweckte die Kompromißlösung den heftigsten Widerspruch der anderen Seite. Für Metternich, dem die Neutralität Krakaus – eine sachlich höchst unglückliche Lösung – in keiner Weise genügte, bestand nun kein

Grund mehr, den Wünschen der österreichischen Militärpartei und seines Kaisers zu widerstehen und den preußischen Annexionswünschen mit besonderem Wohlwollen zu begegnen. Vergeblich blieben die preußischen Versuche – an denen auch Stein sich eifrig beteiligte – der Diplomatie des Wiener und Londoner Hofes die Gerechtigkeit der preußischen Ansprüche auf Sachsen zu beweisen. Auch der publizistische Streit um die sächsische Frage, der sich unterdessen draußen im Lande mit lautem Kampfeslärm abspielte[39], verlief mehr und mehr zuungunsten Preußens. Über dem langen Feilschen der Diplomaten geriet das jämmerliche Verhalten des Sachsenkönigs nachgerade in Vergessenheit, gewannen legitimistische Stimmungen, sächsischer Partikularismus und sentimentales Mitleid mit dem gefangenen Herrscher an Raum. In Wien aber nahm der politische Kampf immer gefährlichere Formen an. Der Zar bot alle Künste diplomatischer Intrigen auf, um Metternich zu Fall zu bringen; dieser aber zog Talleyrand mit in den Streit hinein, und Stein hatte nun außer den politischen Argumenten der österreichischen Gegner auch noch die legitimistischen Deduktionen des verschlagenen Franzosen zu bekämpfen, der seine diplomatischen Fallen mit meisterhaftem Geschick zu stellen wußte. Der Kongreß brach in zwei Parteien auseinander, und die Einzelkonzessionen, die man sich gegenseitig zugestand, trugen nur dazu bei, den Streit noch kleinlicher zu machen, als er ohnedies im Lauf des November geworden war. Alle große Kongreßarbeit stockte, und um die Jahreswende kam es soweit, daß Österreich und England mit Talleyrand ein tiefgeheimes Kriegsbündnis verabredeten wider Preußen und Rußland. Die nationale Eifersucht schien endgültig zu triumphieren über das europäische Friedensbedürfnis, die menschliche Leidenschaft über politische Vernunft.

Aber gerade dieser Gipfel des Mißverständnisses brachte die Streitenden wieder zur Besinnung. Unmöglich konnte der Friedenskongreß damit enden, daß die Verbündeten einander Krieg machten um eines deutschen Kleinstaates willen, dessen Wiederherstellung im alten Umfang bereits grundsätzlich verworfen war. Die englische Politik hatte das Hauptverdienst daran, daß auf den Konferenzen der fünf Hauptmächte, die seit Anfang Januar unter Teilnahme Frankreichs tagten, die Gegensätze allmählich sich abschwächten und zuletzt (Anfang Februar) eine Lösung gefunden wurde, der alle Teilnehmer zustimmen konnten: Thorn wurde preußisch, Krakau neutralisiert, die gefährliche Wirkung der von Alexander geplanten Verfassung Polens dadurch vermindert, daß die Nachbarmächte sich zu gewissen nationalpolitischen Konzessionen an ihre polnischen Untertanen bereit erklärten; Preußen erhielt einen immerhin stattlichen Teil von Sachsen mit der Festung Torgau und eine größere Entschädigung am Niederrhein; Mainz wurde Bundesfestung. Stein hat bei der Vorbereitung dieser Beschlüsse vielfältig mitgewirkt, in ungeheuer fleißiger Arbeit – wie er sich denn überhaupt, ähnlich wie Humboldt, ganz von den faden, ewig sich wiederholenden Vergnügungen der diplomatischen Gesellschaft fernhielt, unzugänglich auch für die zahllosen Agenten, Zwischenträger und diplomatischen Glücksritter, die alle bedeutenden Figuren des Kongresses umschwirrten[40]. Wie weit sein Einfluß in diesen Wochen gereicht hat, läßt sich im einzelnen nicht mehr erkennen. Unter dem ersten Eindruck der unversöhnlichen Haltung Metternichs Mitte Dezember hatte auch er dem Zaren zu Kriegsvorbereitungen geraten – aber nur um des äußeren politischen Eindrucks willen. Die ernsthaft kriegerische Wendung Ende des Monats beklagte er laut als Verblendung, und so tat er denn jetzt sein Bestes, um die endgültige Aussöhnung durch sachliche Arbeit zu fördern.

V. Fortgang und Abschluß der Beratungen über die deutsche Frage

Am verhängnisvollsten wirkte sich der Streit der Großmächte in den Beratungen der deutschen Verfassungsfrage aus. Die Wochen und Monate, die hier verlorengingen, waren überhaupt nicht wieder einzuholen. Denn mit dem Auseinanderbrechen des preußisch-österreichischen Vertrauensverhältnisses wurde recht eigentlich die Grundlage zerstört, auf der alle bisherige Arbeit sich aufgebaut hatte.

Die Verfassungskommission hat nach dem 16. November keine Sitzung mehr gehalten. Zuerst trat eine Pause ein, weil man wünschte, die Ergebnisse der bisherigen Beratungen übersichtlich zusammenzustellen, gewisse Punkte ausführlicher zu formulieren, überhaupt an Stelle der skizzenhaften „12 Artikel" eine umfassende Vorlage auszuarbeiten. Das geschah, in überaus fleißiger Arbeit, durch Wilhelm von Humboldt. Aber während er noch darüber saß, wurde es fraglich, ob man auf dem bisherigen Wege überhaupt noch würde zum Ziel kommen können. Die Forderung der 29 Kleinstaaten, an den Beratungen sofort beteiligt zu werden, gewann an Gewicht, seit die deutschen Großmächte miteinander in heftigster Fehde lagen und auch Graf Münster, im Gefolge Englands, sich wieder auf seine alte Abneigung gegen Preußen besann. Sollte etwa Preußen, indem es auf der Pentarchie der 5 größeren deutschen Staaten unnachgiebig beharrte, den Österreichern Gelegenheit geben, sich den Kleinen gegenüber entgegenkommender zu zeigen und deren preußenfeindliche Stimmung (da sie alle Sachsens Schicksal fürchten mochten) noch mehr zu verstärken? Schritt für Schritt sieht man Humboldt in seinen Entwürfen den Wünschen der kleinen Staaten nach Beteiligung an den Beschlüssen des Exekutivkollegiums entgegenkommen. Mitte Dezember legte er zwei Parallelentwürfe auf einmal vor, einen mit, einen ohne Kreiseinteilung und Kreisoberste. Noch meinte er, den ersten mehr als den zweiten empfehlen zu müssen; aber allzu großes Gewicht legte er selbst nicht auf seine Gründe. Im übrigen war in der neuen Arbeit deutlich die starke Abschwächung der einigenden Faktoren zu erkennen, die sich aus den Beschlüssen der Verfassungskommission im Oktober-November ergeben hatte. Sowohl in der auswärtigen Politik wie im Kriegswesen war die Stellung der Bundesexekutivgewalt erheblich geschwächt, finanziell der Bund auf Beiträge der Einzelstaaten angewiesen, das Übergewicht der preußisch-österreichischen Stimmen in der Exekutivbehörde (dem „ersten Rat", wie sie jetzt hieß) beseitigt.

Man sollte erwarten, daß Stein, dem Humboldt seinen Entwurf zur Begutachtung zusandte, vor allem gegen diese Abschwächungen Front gemacht haben würde. Aber es scheint, daß auch er sie bereits für unvermeidlich gehalten hat[41]. Jedenfalls begnügte er sich damit, von neuem (wie schon im Juli 1814) die Erschließung eigener Einnahmequellen für den Bund (aus Zöllen und Rhein-Oktroi) zu empfehlen und wandte allen Eifer auf die Verstärkung der allgemeinen Freiheitsrechte. In der Abgrenzung landständischer Rechte, wie Humboldt sie vorgenommen hatte, glaubte er einen „Riesenschritt rückwärts" gegenüber den früheren Vorlagen zu erkennen – nicht mit Recht, wie eine genaue Vergleichung zeigt[42]; aber er selbst war in den letzten Monaten in seinen innenpolitischen Forderungen immer weiter vorgeschritten und versuchte jetzt den Ständen auch das Recht zu förmlicher Bewilligung von Gesetzen zu sichern, wie es zum erstenmal die Kaiseradresse der 29 Kleinstaaten anerkannt hatte. Übrigens vergeblich, da Hardenberg widerstrebte. Dafür gelang es ihm, eine Garantie neuer wichtiger Vorrechte für die Mediatisierten in den Humboldtschen Entwurf zu bringen – darunter auch die einst von ihm in Preußen bekämpfte Patrimonialgerichtsbarkeit! – und zwar auch für die Reichsritterschaft, deren Interessen er wieder mit besonders großem Eifer vertrat. Vielleicht hatte er selbst ein Gefühl dafür, wie merkwürdig solche Forderungen im Munde des Reformers klangen und fügte deshalb eine weitere hinzu, die dem Geist des Oktoberedikts von 1807 besser entsprach: die Aufhebung der Leibeigenschaft in ganz Deutschland und die Ablösbarkeit der Fronden als Grundgesetz des Bundes.

Praktisch blieb das alles ohne große Bedeutung. Denn die Beratung der Humboldtschen Verfassungsentwürfe, die erst seit Februar, zunächst zwischen Preußen und Österreich, allmählich wieder in Gang kam, vollzog sich unter Umständen, die ihre unveränderte Annahme von vornherein unwahrscheinlich machten. Seit der polnisch-sächsischen Krisis war Österreich auch in der Verfassungsfrage in ganz andere Bahnen eingelenkt. Ein halboffizieller österreichischer Verfassungsentwurf, der im Dezember zirkulierte, sah Gleichberechtigung aller deutschen Staaten in einem einfachen „Bundesrat" vor, der als ein ständiger Gesandtenkongreß unter Österreichs Präsidium tagen sollte, und überließ die innere Einrichtung der Landesverfassungen fast ganz dem freien Ermessen der Bundesglieder. Die Spitze war deutlich gegen Preußen gerichtet: Metternich deutete sogar die Möglichkeit an, einen solchen Bund ohne Teilnahme Preußens zu gründen. Das war zunächst nur ein rein taktisches Manöver, aber es zwang die preußischen Staatsmänner zu neuen Abschwächungen, deren Einzelheiten wir hier nicht zu erörtern brauchen; denn als ihre Beratung beginnen sollte, hatte Stein seinen politischen Kurs gänzlich gewechselt und fiel den Humboldt und Hardenberg, an deren Bemühungen er sich nun ein volles Jahr eifrig beteiligt hatte, mit einem neuen Kaiserprojekt in den Rücken.

So unerwartet das für die Beteiligten war (Humboldt sprach von einer unbegreiflichen „Tollheit“ [43]), ist es für den Biographen doch nicht schwer, in nachträglicher Betrachtung diesen Umschwung sich vorbereiten zu sehen. Den ersten Anstoß hat sicherlich die Kaiseradresse der 29 Kleinstaaten vom 16. November gegeben, die am 20. Dezember wiederholt wurde. Seither war die Hoffnung Steins, die deutschen Großmächte würden mit der Opposition der süddeutschen Könige gegen eine starke und liberale Bundesverfassung schon fertig werden, immer mehr gesunken. Mitte Januar, als die sächsisch-polnische Krisis zur Not überwunden schien, bemühte er sich, mit Hilfe des Zaren eine gemeinsame Willenserklärung der Großmächte, die den Pariser Vertrag unterzeichnet hatten, zustande zu bringen, die den toten Punkt überwinden sollte. In der Form einer authentischen Auslegung der Pariser Abmachungen über die künftige deutsche Bundesverfassung sollten hier gewisse Minimalforderungen an das Verfassungskomitee der Fünf gerichtet und diesem geradezu aufgenötigt werden. So werde man Bayern trotz der unglücklichen Bestimmungen des Rieder Vertrages zur Fügsamkeit zwingen können, da es an den Vorteilen der Pariser Friedensschlüsse naturgemäß nur dann teilnehmen dürfe, wenn es deren Bestimmungen sämtlich anerkenne; und da alle übrigen deutschen Mittelstaaten durch den Wortlaut der Anschlußverträge ohnedies zur Unterordnung gezwungen wären, bedürfe es einer ausdrücklichen Zustimmung der deutschen Fürsten zu den vorgeschlagenen Grundsätzen deutscher Verfassung nicht mehr.

Aber verstieß Stein damit nicht gegen seinen eigenen Grundsatz, die Hilfe des Auslands für Deutschland nicht zur Einmischung in innere Verfassungsfragen werden zu lassen, und gegen die gleichlautenden, von ihm selbst zitierten Versprechungen des Kalischer Aufrufs? [44] Er half sich mit dem gequälten Versuch, die Durchführung gewisser allgemeinster Verfassungsgrundsätze in Deutschland als ein gemein-europäisches Interesse hinzustellen, für das die Großmächte eine Garantie übernehmen müßten, und diese allgemeine Garantie von der eigentlichen Ausgestaltung der Bundesverfassung (die er den deutschen Mächten allein überlassen wollte) zu unterscheiden. Auch berief er sich darauf, daß ja ohnedies fast alle deutschen Einzelstaaten im Begriff wären, sich freiwillig liberale Verfassungen zu geben. Aber schon Capodistrias, der zweite liberale Berater des Zaren, den Stein an der Redaktion seines Entwurfs mitbeteiligte, scheint das Heikle solcher Auslegungskünste empfunden zu haben [45]. Und die naive Voraussetzung Steins, daß alle vier „Befreiungsmächte“ ein gleich starkes Interesse daran hätten, den deutschen Bund so stark und so freiheitlich als möglich werden zu lassen, war natürlich irrig. Über allgemeine Versicherungen der Bereitschaft zu wohlwollender Vermittlung ließ sich das russische Kabinett nicht hinausdrängen.

Steins Sorgen wuchsen, je mehr die süddeutschen Mittelstaaten, um einer Regelung ihrer inneren Verhältnisse durch den Bund zuvorzukommen, sich mit der Vorbereitung landständischer Verfassungen beeilten (wie denn überhaupt ein erstaunlicher Wetteifer die deutsche Staatenwelt ergriff, einander mit Versprechungen liberaler Neuordnungen zu übertrumpfen, solange der Kongreß andauerte); damit wurde ein Eingreifen des künftigen Bundes zugunsten der mediatisierten Fürsten, Grafen und Reichsritter aufs äußerste erschwert. Die Klagen dieser Standesgenossen über Verletzung ihrer Privilegien mehrten sich beständig. Dazu kam, als besonders schwerer Verdruß, eine Regelung der süddeutschen Territorialfragen, die Bayern einen stattlichen Gebietserwerb am Rhein in Aussicht stellte und Baden, für dessen innere Neuordnung sich Stein fortdauernd eifrig bemühte, mit Zerstückelung bedrohte. Keine der süddeutschen Regierungen hat unser Reichsritter auf Grund seiner Wiener Erfahrungen mit so viel Mißtrauen, ja Haß verfolgt wie das Münchner Regime des Napoleoniden Montgelas, dem er jeden Verrat an der deutschen Sache zutraute. Er riet jetzt geradezu, „Baiern aus dem deutschen Bund zu lassen und sein politisches Leben nicht durch die Aufnahme in denselben zu verbürgen". Wie konnte er sich also jetzt noch für eine Verfassungsvorlage besonders erwärmen, die Bayern und Württemberg an der Leitung des Bundes beteiligte? Und mußte man nicht erwarten, daß diese beiden im Verfassungsausschuß den liberalen Bemühungen Preußens mit verdoppelter Energie widerstreben würden, seit die Einigkeit der beiden Großmächte so schwer erschüttert war? Schien der Verlauf des Kongresses nicht deutlich das alte Vorurteil Steins zu bestätigen, daß nationale Gesinnung in den Kleinstaaten und Reichsstädten viel mehr zu Hause sei als in den Mittelstaaten?

Das erste Anzeichen veränderter Willensrichtung gab die Kritik, die Stein an dem inzwischen von einem Sonderausschuß fertiggestellten Projekt zur Einrichtung des deutschen Kriegswesens übte (21. Januar). Da schien er kein anderes Interesse zu kennen, als die Kleinstaaten gegen allzu weitgehende Aufsichtsrechte der Mittleren und Großen zu schützen. „Die größeren Staaten müssen in Deutschland", schrieb er zusammenfassend, „durch Einfluß nach Gesetzen, nicht durch Übermacht nach Willkür wirken[46]." Immerhin empfahl er noch am 1. Februar dem Zaren, die Humboldtschen Verfassungsentwürfe zu unterstützen[47]. Aber schon tags darauf reichten die Vertreter von 32 kleineren Fürsten und Städten unter Führung des badischen Gesandten von Marschall (der Stein sehr nahe stand) eine neue Kundgebung ein, in der sie schleunige Wiederaufnahme der Verfassungsberatungen und ihre Beteiligung daran begehrten – schwerlich ohne Vorwissen und Förderung Steins, der ihre Ungeduld, nun endlich die deutsche Sache in Gang gebracht zu sehen, geteilt haben wird. Jedenfalls trat er sogleich mit ihnen in Verbindung, und selbst der Mecklenburger Plessen, mit dem er einst als Präsident des Verwaltungsrates so heftig aneinandergeraten war, zählte nunmehr zu seinen Vertrauten. Weiteren Anstoß gab ein Aufsatz des russisch-griechischen Diplomaten Graf Capodistrias, der das Humboldtsche Fünfer-Direktorium für einen groben Fehler erklärte, da es nicht die Einheit Deutschlands befestigen, sondern eine ewige Spaltung unter den deutschen Fürsten hervorrufen würde, und statt dessen empfahl, das deutsche Kaisertum zu erneuern – wenn nicht jetzt, dann später, wenn nicht beim Hause Habsburg, dann bei Preußen. Vielleicht hat erst dieser Aufsatz die alten Kaiserwünsche Steins wieder zum Durchbruch gebracht, vielleicht ging er schon selbst auf Anregungen Steins zurück – genug: von diesem Augenblick an war dessen Stellungnahme gegen das Humboldtsche Verfassungsprojekt entschieden. Mit allen Mitteln persönlicher Überredung und schriftlicher Eingaben, wahrscheinlich auch unter Benutzung der Presse[48], suchte er die Staatsmänner des Kongresses dahin zu bringen, daß sie alle früheren Verfassungsarbeiten auf einmal fallen ließen und den Versuch machten, trotz allem die vielgespaltene deutsche Staatenwelt noch einmal unter der erneuerten Kaiserkrone des Hauses Habsburg zu vereinigen.

Er selber hatte dabei sicherlich die Empfindung, jetzt endlich, nach langen, qualvollen Bemühungen um Kompromißlösungen, zum eigenen Ausgangspunkt zurückgefunden zu haben. Schwer genug war es ihm längst geworden, sich mit den starken Abschwächungen des Einheitsgedankens abzufinden, die der Zwang der Tatsachen ihm immer wieder auferlegt hatte. Und hatte die Kritik des Grafen Capodistrias an dem Plan eines Fünferdirektoriums nicht im Grunde recht? Lohnte es, um dieses zweifelhaften Verfassungsinstitutes willen den Kampf mit den Kleinfürsten aufzunehmen, die der Unterwerfung unter ihre glücklicheren Standesgenossen, unter die Könige von Napoleons Gnaden, widerstrebten? Inzwischen war der Wert dieser Erfindung auch der preußischen Politik nach den Erfahrungen mit Bayern und Württemberg längst zweifelhaft geworden und Humboldt bereits im Begriff, sie wieder verschwinden zu lassen, indem er die Möglichkeit eröffnete, den ehemaligen „Kreisoberstenrat“ als bloßen Exekutivausschuß der allgemeinen Bundesversammlung einzuverleiben. (Denkschrift vom 9./10. Januar.) Aber wie es möglich sein sollte, an seine Stelle einen Kaiser zu setzen, der mehr bedeutete als eine bloße romantische Dekoration, das wußte auch Stein nicht deutlich zu machen. Auf den ersten Blick sah man seinen Plänen die innere Verlegenheit an, wenn man die Machtbefugnisse betrachtete, mit denen er (wesentlich nach den Vorschlägen seines Gehilfen, des Grafen Solms) seinen Kaiser auszustatten gedachte: ein Recht zur Sanktion aller vom Bundestag beschlossenen Gesetze – aber keine eigenen Organe, um sie auszuführen; eine „oberste Richtergewalt“, die sich jedoch auf die Ernennung des Bundesgerichtspräsidenten beschränkte; die Leitung des Bundesheeres im Kriege, aber gemeinsam mit einem Dreifürstenkollegium, in dem Preußen einen ständigen Sitz innehätte; dazu allerhand Ehrenrechte ohne nennenswerte Bedeutung. Das war viel zu wenig, um praktischen Nutzen zu stiften – aber doch noch immer zuviel, um nicht die Eifersucht Preußens und den Widerstand der Kleinen wachzurufen. Noch weniger konnten die Ausführungen überzeugen, mit denen Stein die Notwendigkeit beweisen wollte, die Kaiserkrone auf den Habsburger statt auf den König von Preußen zu übertragen; es war eine Wiederholung der Paradoxien, die wir schon aus seiner Augustdenkschrift von 1813 kennen[49]: der deutschen Interessen Preußens darf man sicher sein, das Habsburgerreich aber muß man künstlich, eben durch die Kaiserkrone, mit dem deutschen Wesen verknüpfen – weil es seiner natürlichen Interessenrichtung nach längst aus Deutschland herausgewachsen ist und ohne diese Bindung ihm ganz verlorengehen könnte.

Wunderlich, daß Stein trotzdem der Meinung sein konnte, daß „eigentlich das wahre politische Interesse Preußens und Österreichs nicht im Widerspruch stehen", und auch damit seinen Vorschlag verteidigte[50]. Aber man tut ihm Unrecht, wenn man seine Kaiserdenkschrift, die letzte einer langen Reihe von Kundgebungen zur nationalen Frage, wesentlich als das Produkt staatsmännischer Erwägungen beurteilt. Sie ist im Grunde nichts als der Notschrei eines tief erregten patriotischen Herzens – das politische Glaubensbekenntnis eines Mannes, der sich am Ende eines langen Weges stufenweise immer tiefer herabgeführt sieht von der Höhe seiner Ideale in die Niederungen des politischen Alltags, in ein unendlich wirres Treiben kleinlicher Sonderinteressen, höfischer Eitelkeiten, armseligen Schacherns um politische Besitztitel, und der nun keinen wirklich gangbaren Ausweg mehr weiß. Die Sehnsucht nach einem großen, starken und freien Deutschland, die ihn einst, in den Tagen des Brandes von Moskau, zum Propheten nationaler Zukunft hatte werden lassen, ist noch immer nicht in ihm erstickt. Aber weil ihm – wie seinem Volke – der Weg in diese schönere Zukunft verbaut ist durch Hindernisse, an deren Überwindung noch viele spätere Generationen deutscher Männer ihr Leben gesetzt haben, wendet sich sein patriotisches Verlangen zurück in die Vergangenheit und läßt ihn träumen von der Erneuerung einer Kaiserherrlichkeit, deren geschichtliche Stunde ein für allemal abgelaufen war.

Weder die Kaiseridee noch die Idee der Pentarchie bezeichnete damals einen praktisch gangbaren Ausweg aus der verfahrenen Lage. Es blieb nichts als ein loser Bund selbständiger Staaten, unter Führung der beiden deutschen Großmächte, wie ihn Metternichs unbeirrbar nüchterner Kalkül fast von Anfang an als die wahrscheinlichste und bequemste Lösung in Rechnung gestellt hatte. Nur um ein mehr oder minder großes Maß von gemeinsamen Einrichtungen konnte es sich weiterhin noch handeln. Dieses Maß nicht zu gering werden zu lassen, war vor allem Humboldts eifriges Bemühen. Die Kaiseraktion Steins, vom Zaren mit größter Zurückhaltung, von den Österreichern lau oder ablehnend aufgenommen, von den Engländern mit Achselzucken abgewiesen, von den Preußen energisch bekämpft, verlief rasch im Sande. Immerhin brachte sie neue Verwirrung in die ohnedies reichlich verworrene Diskussion, trug auch wohl dazu bei, den Fortschritt der Beratungen noch mehr zu verzögern. Für Stein war dieses Ergebnis tief niederdrückend. Auch sonst erlitt seine Politik mancherlei Mißerfolge. Alle seine Bemühungen, den maßlosen Gebietsansprüchen der bayerischen Politik entgegenzuwirken, zu verhindern, daß dieser – nach seiner Meinung – unzuverlässigste aller süddeutschen Gernegroße, am linken Ufer des Rheins angesiedelt, zu einer beherrschenden Machtstellung in

Süddeutschland erhoben wurde, schienen vergeblich zu bleiben. Über den Gang der Kongreßberatungen in Sachen der Schweiz, an denen er, wohl auf seinen Wunsch, als russisches Mitglied einer Sonderkommission beteiligt war, ärgerte er sich dermaßen, daß er zuletzt den Beratungen fernblieb. Erst nachträglich wurden seine Vermittlungsvorschläge, die mehr der liberalen als der reaktionären Verfassungspartei in der Schweiz zugute kamen, doch noch im wesentlichen durchgesetzt. Mit wachsendem Ingrimm empfand er so die Ohnmacht seiner Stellung. „Aus dem Halbverhältnis, in dem ich stand", schrieb er in sein Tagebuch, „konnte nur Lebensüberdruß entstehen; ich hatte Influenz ohne durchgreifende Leitung, und Influenz auf höchst unvollkommene Menschen, die als Werkzeuge zur Erreichung großer Zwecke gebraucht werden sollten." Je länger je mehr widerte ihn das fade gesellschaftliche Treiben der Diplomaten mit ihren Vergnügungen, ihre ewigen Liebesaffären, Intrigen und Feindschaften an. Mehr und mehr isolierte er aber auch sich selbst durch seine Launen, durch Ausbrüche von Heftigkeit, die niemanden verschonten, auch die Nächststehenden nicht[51]. Nichts als Stumpfheit, Kälte, Schwachsinn, Gemeinheit, Frivolität und Unselbständigkeit der Ansichten wollte er rings um sich erkennen. Keine große, edle, wohltätige Idee könne hier im Zusammenhang ins Leben gebracht werden. Daß hinter und in all dem wirren, kleinlichen Treiben zuletzt doch die großen, realen Machtinteressen der europäischen Staaten sich langsam durchsetzten, das im einzelnen stets labile, aber im ganzen doch eindeutig festgelegte Gleichgewichtsverhältnis der großen Mächte, wie sie aus dem Krieg herausgekommen waren, den Gesamtverlauf des Kongresses bestimmte – das vermochte er, selber tief verstrickt in die Tageshändel, nicht zu erkennen. Es hätte ihn auch schwerlich beruhigt. Denn sein Tatendrang dürstete nach Größerem, Schönerem als bloß nach zweckmäßigem Ausgleich der Macht. Anfang März war er entschlossen, so bald als möglich diesen Jahrmarkt der Eitelkeiten zu verlassen „und sich von der Verantwortlichkeit desselben loszusagen[52]."

Da geschah das gänzlich Unerwartete: Napoleon kehrte von Elba nach Frankreich zurück. Noch einmal wurde der Staatengesellschaft des alten Europa, die in leichtsinnigem Vertrauen auf ihren Sieg schon wieder begonnen hatte, sich untereinander zu entzweien, die Unsicherheit des Bodens fühlbar gemacht, auf dem alle ihre politischen Konstruktionen ruhten. Sofort war die Wirkung auf die Kongreßmitglieder zu erkennen: künstlich überhitzte Gegensätze kühlten sich ab, monatelang fortgeschleppte Verhandlungen suchte man schleunigst zum Schluß zu bringen; mit einemmal strebte alles dem Ende zu. Steins erster Gedanke war: eine Deklaration der acht Hauptmächte zustande zu bringen, die ihre Entschlossenheit verkündete, gemeinsam den Pariser Frieden aufrechtzuerhalten, gleichzeitig aber Napoleon öffentlich ächten zu lassen als „Feind und Störer der Weltruhe", um dadurch Frankreich von neuer Unterwerfung unter seine Herrschaft abzuschrecken. In der Tat geschah beides, seinen Anträgen entsprechend (am 13. März), und der Geächtete von 1808 verglich nun in tiefem Staunen über den „sonderbaren Wechsel der Dinge" sein eigenes früheres Schicksal mit dem, was jetzt seinem Widersacher geschah.

Am wenigsten eilig schienen es die Großmächte mit dem Abschluß der deutschen Verfassungsberatungen zu haben, auf deren Wiederaufnahme Stein nun mit verdoppeltem Eifer drängte: unmöglich dürfe man aufs neue ins Feld ziehen, ohne die Gemüter der Deutschen darüber zu beruhigen, daß ein einiges Deutschland nun wirklich zustande kommen würde. Man möge sich schleunigst über die wesentlichen Punkte verständigen, sie öffentlich bekanntmachen und die Einzelberatung den in Wien ohnedies versammelten Bundesdeputierten überlassen. Ähnliche Forderungen stellte eine neue, dritte Kundgebung der kleinstaatlichen Deputierten am 23. März, die unter Führung Plessens zugleich den Wunsch nach Erneuerung der Kaiserwürde wiederholte – vermutlich war Stein auch dieses Mal beteiligt. Aber die Diplomatie der Großmächte war mit den Vorbereitungen des neuen Feldzuges so beschäftigt, daß Hardenberg zunächst für Vertagung der deutschen Frage stimmte und erst Anfang April einen neuen, stark gekürzten Verfassungsentwurf an das österreichische Kabinett gelangen ließ, der aber wochenlang unbeantwortet blieb. Ende April, als man mit den deutschen Kleinstaaten wegen ihres Beitritts zum Kriegsbündnis zu unterhandeln anfing, gab man ihnen bestimmte Versicherungen wegen baldiger Wiederaufnahme der Verfassungsberatungen. Aber Stein war inzwischen die Geduld gerissen; er schickte sich förmlich zur Abreise an, machte Abschiedsbesuche[53] und ließ sich erst durch dringende Bitten des Zaren veranlassen, noch einige Zeit in Wien zu bleiben; am 24. April versicherte ihm auch Metternich auf sein Drängen, die Verfassung würde nun bald zustande kommen. Aber wieder verstrich Woche auf Woche, ohne daß von einem Beginn der Verhandlungen etwas sichtbar wurde. Schon war Stein im Begriff, eine russische Note dieserhalb zu veranlassen, als endlich am 8. Mai die mündlichen Unterhandlungen zwischen Österreich und Preußen begannen. Das Ergebnis war eine gemeinsame Verfassungsvorlage beider Mächte (vom 23. Mai), die einer allgemeinen Konferenz der deutschen Fürsten und freien Städte vorgelegt werden sollte.

Sie bedeutete eine ungeheure Enttäuschung für alle die, welche mit Stein auf eine starke Zentralgewalt und gesicherte Freiheitsrechte der Nation gehofft hatten. Keine Exekutivgewalt mehr außerhalb der allgemeinen Bundesversammlung; das Stimmrecht Preußens und Österreichs im gewöhnlichen Geschäftsgang nicht größer als das von Luxemburg, Baden oder Kurhessen; die Vorschrift landständischer Verfassungen so unbestimmt und unverbindlich gefaßt wie nur möglich; die Privilegien der Mediatisierten überreichlich, die Freiheitsrechte der „Untertanen" äußerst knapp bemessen. Von den älteren preußischen Vorschlägen waren nur solche Punkte bestehen geblieben, über die sich beide Kabinette rasch verständigen konnten; alle schwierigen und strittigen Fragen waren umgangen, aufgeschoben oder durch ein mattes Kompromiß gelöst – nur der eine Gedanke schien die Urheber beseelt zu haben, schnell noch irgend etwas zustande zu bringen, ehe der Kongreß endgültig auseinanderging. Die Beendigung des traurigen Schauspiels, das nun folgte: der Beratung des Entwurfs durch die versammelten Deputierten der Mittel- und Kleinstaaten, hat Stein nicht mehr abgewartet. Tief enttäuscht und erbittert verließ er am 28. Mai, zwei Tage nach der Abreise des Zaren, den Kongreß und kehrte in die Heimat zurück. Erst nach der Vollendung der Bundesakte, am 24. Juni, hat er einen letzten Versuch gemacht, das russische Kabinett noch einmal zum Eingreifen zu bestimmen[54]: er stellte fest, daß die letzte Redaktion noch weitere, bedeutende Abschwächungen gebracht hatte, und forderte den Zaren auf, vor der Unterzeichnung der Wiener Schlußakte gegen das kümmerliche Machwerk zu protestieren, das so weit von den „guten Grundsätzen" abweiche, die der Kaiser mehrfach öffentlich seit dem März 1813 bekannt habe. Er möge auf der Notwendigkeit bestehen, diesen Unvollkommenheiten wenigstens nachträglich, auf dem ersten Bundestag, abzuhelfen und überhaupt die Sache der Freiheit durch seine Gesandten an den deutschen Höfen fortdauernd unterstützen. Es war das letztemal, daß Stein seinen Protektor um Hilfe anrief: ein seltsam tragisches Schauspiel, dieser Versuch, den russischen Autokraten als letzten Retter im Kampf gegen die „despotischen Grundsätze" aufzubieten, nach denen das restaurierte Fürstentum Deutschland nunmehr zu regieren begann.

VI. Feldzug von 1815

Die Monarchen noch einmal ins Feldlager zu begleiten, konnte Stein sich nicht entschließen. Er fühlte seine Gesundheit angegriffen und gebrauchte die Bäder in Ems. Noch stärker wird das seelische Hindernis gewesen sein, das er in seinen Briefen zwar nicht ausdrücklich nennt, das aber zwischen den Zeilen deutlich hervorleuchtet: die tiefe menschliche und politische Verstimmung, mit der er von Wien geschieden war. Vergeblich hatte er gehofft, die sprunghaft wechselnde, launische, undurchsichtige Politik seines Protektors werde sich in festere Bahnen drängen lassen, indem man ihn veranlaßte, den Grafen Rasumowskij zum Staatskanzler zu machen und damit den Geschäften einen festen Mittelpunkt zu geben; nach Andeutungen seines Tagebuchs läßt sich vermuten, daß er selbst mit Eifer für diese Veränderung gewirkt hat[55], wahrscheinlich auf dem Wege über die Großfürstin Katharina, die Schwester des Zaren und spätere Gattin des Kronprinzen von Württemberg. Zuletzt aber waren diese Bemühungen doch gescheitert, und Nesselrode, das unselbständige Werkzeug des Selbstherrschers, der von allen russischen Diplomaten Metternich am nächsten stand, war Leiter der auswärtigen Politik geblieben. Er scheint Stein als persönlichen Gegner betrachtet zu haben – jedenfalls läßt sich deutlich verfolgen, wie zwischen beiden Männern während der Wiener Monate eine starke Entfremdung eintrat; seitdem war der Grieche Capodistrias, ebenfalls ein Ratgeber ohne feste amtliche Stellung, der einzige Vertrauensmann Steins in der

Umgebung Alexanders. Immer mehr entfernte sich der Kaiser von den Gedankengängen seines deutschen Beraters. Seit dem Sommer 1814 stand er in Verbindung mit dem mystischen Schwärmer Jung-Stilling und dessen pietistischem Freundeskreis; seitdem nahm der Wahn einer religiös-politischen Weltmission, zu der ihn Gott als Beglücker und Versöhner der Völker berufen habe, in seiner nach Abenteuern dürstenden Seele beständig zu[56]. Stein mochte voraussehen, daß ihm bei einem zweiten Einzug in Paris ähnlich unerfreuliche Erlebnisse bevorstehen würden wie im Vorjahr; als er das Hauptquartier im Juni in Heidelberg besuchte, war die „Bekehrung“ Alexanders durch die Madame Krüdener, die Oberpriesterin des Stillingschen Kreises, gerade in vollem Gang. Vielleicht haben persönliche Eindrücke, die er von diesem überspannten Wesen empfing, mit dazu beigetragen, ihn sogleich wieder in seinen Nassauer Ahnensitz zurückzuscheuchen. Der Zar jedenfalls war über seine schnelle Abreise enttäuscht[57].

So genoß er denn, während draußen der Kriegssturm tobte, friedlich seine Bäder und baute an seinem romantischen neuen Schloßturm – einer wunderlichen Mischung von Stilelementen des Empire mit einer mißverstandenen Neugotik, die wie kein anderes Stück seiner Hinterlassenschaft die eigenartige Zwitterstellung seiner Geistigkeit uns äußerlich sichtbar macht. Mit Goethe, den er beim nassauischen Herzog in Biebrich traf, unternahm er eine Rheinreise nach Köln, die in staunender Bewunderung des alten mächtigen Dombaus endete – eine Episode, deren anschaulich-lebendige Schilderung durch Arndt das tief Gegensätzliche der beiden Charakterköpfe doch weit deutlicher erkennen läßt als das Gemeinsame ihrer kräftigen Deutschheit.

Aber so ganz im idyllischen Stil sollte dieser Kriegssommer für Stein denn doch nicht zu Ende gehen. Man brauchte seine Hilfe, als Napoleon geschlagen, Paris in unerhört raschem Siegeslauf genommen, der Bourbonenkönig zurückgeführt war und nun das Feilschen um die Friedensbedingungen begann. Noch einmal, und weit heftiger als im Frühjahr 1814, stießen die Interessenrichtungen der großen Mächte gegeneinander. Preußen, dessen Armee unter Gneisenaus stürmisch genialer Führung wiederum das Beste getan hatte, diesmal unbehindert durch österreichische Bedenken und Einreden fürstlicher Persönlichkeiten, trat jetzt mit viel stärkerem Selbstbewußtsein auf und verlangte eine Schwächung Frankreichs, die ein für allemal den Angriffsgelüsten unseres westlichen Nachbarn ein Ende machen sollte: Abtretung des Elsaß, deutschlothringischer Gebiete und einer Reihe fester Plätze an der belgischen Grenze. Auch Metternich war der Meinung, daß etwas geschehen müsse zur dauernden Sicherung der deutschen Grenze; aber er suchte mit möglichst geringen Forderungen auszukommen, um die moralische Autorität der Bourbonen nicht zu schwächen, vor allem, um zu verhindern, daß Frankreich sich in die Arme des hilfsbereiten Zaren warf. Im wesentlichen dachte er sich zu begnügen mit einer Schleifung und teilweisen Abtretung des äußersten Festungsgürtels, um den Franzosen ihre vorgeschobenen Angriffsplätze zu nehmen. Auf der anderen

Seite bemühten sich England und Rußland wetteifernd um die Freundschaft der restaurierten französischen Monarchie. Für die Sicherheit Deutschlands schien ihnen genug geschehen zu sein durch die Gebietsverteilung des Wiener Kongresses; und zur Abwehr von Gefahren, die in nächster Zeit aus der Unsicherheit der inneren Zustände Frankreichs drohten, hielten sie eine zeitweise Besetzung des Landes für ausreichend. Capodistrias entwarf in diesem Sinne gemeinsam mit dem Zaren eine Denkschrift, die Hardenberg und Humboldt vergebens bestritten. Mit größter Hartnäckigkeit versagte sich Alexander allen Vorstellungen des preußischen Ministers – zuletzt wußte Hardenberg kein anderes Mittel mehr, als Stein zu Hilfe zu rufen. Die gegenseitige Erbitterung stieg von Tag zu Tag; schon sprachen die Preußen von Verrat, beschuldigten den Zaren des heimlichen Bündnisses mit Frankreich – man brauchte also dringend auf beiden Seiten einen Vermittler, der das gegenseitige Vertrauen wenigstens einigermaßen wiederherzustellen vermochte. Auch Capodistrias wünschte sehr, von Stein in den deutschen Fragen beraten zu werden.

Den Reichsritter erreichten diese Hilferufe Ende Juli; sofort war er entschlossen, ihnen zu folgen. Seit den Heidelberger Tagen war er mit einer Denkschrift beschäftigt über die Notwendigkeit, das Elsaß und seine Festungen wieder mit Deutschland zu vereinigen. Leider ist uns nichts davon überliefert; man wüßte gern, ob er außer den militärischen Gründen, wie sie Gneisenau vertrat, auch die nationale Gemeinsamkeit der Sprache, der Volksart, der geschichtlichen Erinnerungen ins Treffen geführt hat, die das Elsaß mit dem übrigen Deutschland verbindet. Es ist kaum vorzustellen, daß ihm von alledem nichts bewußt gewesen sei; aber es war nun schon so weit gekommen, daß man besser daran tat, von den Interessen und Empfindungen der Nation möglichst wenig zu reden, wenn man Erfolg haben wollte im Diplomatenrat. In Paris jedenfalls hat Stein darüber geschwiegen; nur Hans von Gagern und Graf Münster haben dort den deutschen Charakter des Elsaß zur Sprache gebracht – aber auch sie mit einer gewissen Vorsicht und ohne jeden Erfolg[58]. Nach Gagerns Bericht hätte Stein in Heidelberg den Gedanken geäußert, das Elsaß dem Erzherzog Karl als Sekundogenitur des österreichischen Hauses zu übergeben; wohl möglich, daß er dabei einer Anregung gefolgt ist, die der Erzherzog selbst an die Mediatisierten, die Partei also unseres Reichsritters, gerichtet hatte.

Als er jetzt in Paris erschien (am 14. oder 15. August), suchte er in persönlicher Unterredung mit Alexander wenigstens eine beschränkte Annexion von strategisch wichtigen Grenzstreifen an der oberen Maas, Saar und den Vogesen durchzusetzen – nicht mehr, als zur Herstellung einer guten Verteidigungsgrenze für Deutschland unentbehrlich sei. Aber er stieß auf unnachgiebige Ablehnung: nach Auffassung des Zaren, der jetzt mehr als je von der Krüdener und ihrer christlichen Moralpredigt beherrscht wurde, hatten die Verbündeten sich in ihren öffentlichen Kriegszielerklärungen vor Beginn des Feldzugs feierlich gebunden; Beobachtung des strengen Rechtes, meinte er, sei eine bessere

Bürgschaft für Erhaltung der Staaten als Festungen. Alexander hatte seinerseits viele Klagen vorzubringen über das rohe, verletzende Auftreten der preußischen Truppen in Frankreich; sie waren sicher nicht ohne Grund; die Steinsche Zentralverwaltung, die einst dahin gewirkt hatte, daß willkürliche Requisitionen der Truppenkommandos und Mißhandlungen der Einwohner unterblieben, war diesmal nicht eingerichtet[59]. Stein gab sich deshalb Mühe, durch persönliche Einwirkung auf Blücher und Gneisenau die Mißstände bessern zu helfen – wie es scheint, mit Erfolg. Das Mißtrauen der Preußen gegen geheime Pläne des Zaren suchte er zu beschwichtigen[60]. Und als er die Denkschriften der verschiedenen Parteien gelesen hatte, fand er, daß eine Vereinigung zuletzt doch wohl möglich sei. Offenbar hat er diesmal (anders als im Vorjahr) die leidenschaftlichen, aber unklaren Rachegefühle des Blücherschen Hauptquartiers (über die auch ein Patriot wie Clausewitz klagte)[61] nicht geteilt. Schon im März hatte er zu Capodistrias bemerkt, daß die neue Erhebung Frankreichs den Charakter einer Armeerevolte, nicht eines nationalen Aufstands trage. Das hinderte ihn nicht, die Franzosen als Nation für mitverantwortlich, die Sieger für ungebunden in ihren Friedensforderungen zu erklären; aber in der Denkschrift, die er am 18. August für den Zaren aufsetzte, war nicht etwa von Schuld und Sühne, sondern allein von militärisch-politischen Notwendigkeiten die Rede. Eine bloß zeitweise Besetzung Frankreichs, meinte er, ist keine ausreichende Sicherheit und erbittert die Besiegten kaum weniger als die Abtretung von Grenzgebieten; anderseits ist es unmöglich, den Franzosen soviel Land wegzunehmen, wie man brauchen würde, um sie als Angreifer wirklich für immer ungefährlich zu machen. Er stimmte also im Sinn der russischen Politik für zeitweise Besetzung, aber nur einer Festungslinie – im Sinn der preußischen für Grenzabtretungen, aber in beschränktem Umfang: nur die für Deutschlands Verteidigung unentbehrlichen Punkte sollten Frankreich genommen werden: an Belgien sollte man die Maasfestungen Maubeuge, Givet, Philippeville geben, die deutsche Grenze über Thionville, Saarlouis und Straßburg laufen lassen, also einen Teil des Unterelsaß und Lothringens erwerben. Ein solches Opfer könnte England den Franzosen noch durch Rückgabe einiger Kolonialbesitzungen erleichtern und damit seinen Edelmut und europäischen Gemeinsinn sichtbar beweisen.

Damit war eine mittlere Linie bezeichnet, die den Ansichten Rußlands und Englands immerhin ein Stück entgegenkam. Daß es nicht ohne innere Bitterkeit geschah, verriet deutlich der letzte Satz. „Es ist zu wünschen", schloß Stein, „daß Rußland und England nicht glauben, es sei ihr Vorteil, Deutschland beständig in einem Zustand von Aufregung und Leiden zu belassen." Noch bitterer hatte er sich schon vorher, nach der ersten Unterredung mit dem Zaren, zu Gagern geäußert: „Sie wollen, daß wir verwundbar bleiben!" Aber er wußte sich diesmal zu beherrschen. Und er hat damit wenigstens etwas erreicht: er brachte den Kaiser dahin, nicht mehr jeder Abtretung französischen Bodens zu widersprechen[62]. Ende August tauchten Kompromißvorschläge von allen Seiten auf, die eine Wiederherstellung der Grenzen von 1790 (statt von 1792) empfahlen. Im wesentlichen auf diese Formel hat man sich dann schließlich – gegen hartnäckigen Widerspruch Preußens – geeinigt: zeitweilige Besetzung von 17 Grenzfestungen, eine mäßige Kriegsentschädigung, die den preußischen Geldbedürfnissen bei weitem nicht gerecht wurde, Abtretung eines Landstreifens an die Niederlande, des Saargebiets an Preußen, der Festung Landau an Bayern – das waren die Grundlagen des zweiten Pariser Friedens. Das Gleichgewichtsinteresse der großen Flügelmächte Europas, nicht das Sicherheitsbedürfnis und die nationalen Wünsche der Deutschen, die sich nur mit fremder Hilfe zu befreien vermocht hatten, gaben zuletzt den Ausschlag.

Längst ehe diese Vereinigung der Meinungen erfolgte, war Stein von Paris wieder abgereist (am 10. September). Seine Mission, soweit sie überhaupt Erfolg versprach, war erfüllt, und es entsprach nicht seiner Art, an müßigem Umtreiben in diplomatischen Geschäften Gefallen zu finden. Seine geschichtliche Rolle als Vorkämpfer der deutschen Nation im Rat der Großmächte war nun zu Ende, und tief resigniert, aber willig trat er in den Schatten eines rein privaten Daseins zurück.

Ausklang des Lebens 1815–1831

Mit der endgültigen Niederwerfung Napoleons, dem glücklichen Ausgang des europäischen Freiheitskampfes, hat die politische Biographie des Freiherrn vom Stein ihr Ziel erreicht. Sein geschichtliches Lebenswerk war nun getan; zu neuen politischen Aufgaben großen Stils, die sein Talent hätten locken können, wurde er nicht mehr berufen. Nichts aber lag ihm ferner, als sich zu einer politischen Verantwortung zu drängen, die ihm nicht von den anderen aufgenötigt wurde.

Im Grunde gab es nur noch eine politische Aufgabe, die seiner würdig gewesen wäre: als preußischer Minister den inneren Aufbau der wiederhergestellten und vergrößerten Monarchie durchzuführen und so das einseitig diplomatische Talent und den Leichtsinn Hardenbergs durch seine rastlose Energie, Gewissenhaftigkeit und schöpferische Organisationsgabe zu ergänzen. Aber daran war jetzt so wenig als früher zu denken. Zwar schien der preußische Staatskanzler ernstlich gewillt, eine ständische Verfassungsreform großen Stils zu unternehmen. Schon in Wien hatte er den König zu jenem berühmten Verfassungsversprechen vom 22. Mai veranlaßt, das so viele später enttäuschte Hoffnungen weckte, und sein Mitarbeiter Stägemann, dem die Vorarbeiten für das Verfassungswerk übertragen waren, hatte anfangs dabei auch Stein zu Rate gezogen[1]. Aber schon bei der endgültigen Formulierung jenes Versprechens hatte man den Reichsfreiherrn nicht mehr beteiligt, und überhaupt dachte Hardenberg keinen Augenblick daran, irgendeine seiner Machtbefugnisse aus der Hand zu geben. Vollends der König hätte sicherlich allen Zumutungen widerstanden, den herrischen und eigenwilligen Berater von 1808 noch einmal in seine Nähe zu bringen. Seit die großen äußeren Gefahren glücklich überstanden waren, lenkte er mit vollen Segeln in das Fahrwasser der alten Kabinettspolitik zurück, nur mühsam von Hardenberg aufgehalten; alle jene Männer, die einst zum Sturz des Ministeriums Stein gedrängt und gewühlt hatten, von Altenstein bis Wittgenstein, kamen am preußischen Hofe zu hohen Vertrauensstellungen empor; und selbst ein so schwer belasteter Vertreter der feigen Unterwerfungspolitik wie Graf Kalckreuth gewann noch einmal politischen Einfluß.

Das Preußen der Restaurationsepoche war kein politisches Wirkungsfeld für einen Stein. Noch weniger natürlich das Österreich Metternichs. Dennoch sieht man nicht ganz deutlich, ob es mehr politische Besorgnisse oder mehr persönliche Neigungen gewesen sind, die ihn veranlaßt haben, den Posten eines Bundestagsgesandten auszuschlagen, den ihm fast gleichzeitig beide Großmächte im Sommer 1815 antrugen, und die Muße des Landlebens vorzuziehen. Daß Metternich seinen Antrag wirklich ernst gemeint habe, kann man sich schwer vorstellen; dennoch hat er ihn, nach Steins eigener Mitteilung, sogar wiederholt – immerhin ein Beweis dafür, wie tiefen Eindruck das Eintreten des Reichsritters für die habsburgische Kaiserwürde auf ihn gemacht haben muß. Aber dieser widerstrebte, weil ihm der Übergang in den österreichischen Dienst als eine Untreue gegen Preußen erschienen wäre. Anderseits wollte er die preußische Diplomatenstelle nur als eine Art Ehrenamt übernehmen: ohne Gehalt und ohne feste Verbindlichkeit, unterstützt durch einen zuverlässigen zweiten Gesandten, etwa Herrn von Rehdiger; man glaubt seine alte Abneigung gegen die Diplomatie wieder herauszuhören[2]. Doch spielte auch seine schwere Enttäuschung über den Ausgang der Verfassungsberatungen mit. Noch im April hatte er die Hoffnung geäußert, sich innerhalb der neuen Bundesinstitution unmittelbar nützlich machen zu können; jetzt erklärte er, es sei gewiß für keinen Vaterlandsfreund erwünscht, zur Bundesversammlung abgeordnet zu werden, und wollte den Gesandtenposten nur unter Vorbehalten annehmen, die ihm jederzeit den Rücktritt ermöglicht hätten. Es scheint, daß der Staatskanzler anfangs bereit war, sich auf seine Bedingungen einzulassen; später machte er Schwierigkeiten[3], und zuletzt zerschlug sich der ganze Plan, weil Stein seine instinktive Abneigung gegen einen Posten unter Hardenbergs Leitung nicht überwinden konnte: dem Vielgewandten traute er nicht die Charakterstärke zu, die er für unentbehrlich hielt, wenn die preußische Politik am Bundestag einen stetigen und wirklich erfolgreichen Gang nehmen sollte.

Nachträglich kann niemand bezweifeln, daß diese Bedenken im wesentlichen berechtigt waren: wie die deutsche Politik Preußens und wie die Verhältnisse am Frankfurter Bundestag überhaupt sich entwickelten, hätte Stein seine Kräfte nutzlos verbraucht und sich schwerlich lange behaupten können. Und so trat er denn – mit den Worten seiner Selbstbiographie – „in den neuen Lebensabschnitt mit der Lösung zweier Aufgaben, der der Geschäftslosigkeit und der des Alters“. Noch in voller Rüstigkeit, als Achtundfünfziger, schied er aus allen politischen Geschäften aus, und über fünfzehn Jahre hat diese Altersmuße gedauert. Man stellt sie sich gern als eine Idylle vor, in der die Pflege zeitgeschichtlicher Erinnerungen, eindringliche wissenschaftliche Studien, Auslandsreisen, eine rüstige Fürsorge des Gutsherrn für seine weitgedehnten Besitzungen, emsige Lektüre aller Art, Besuche interessanter und hochgestellter Persönlichkeiten, aber auch der anspruchslose Verkehr mit einfachen Menschen der Nachbarschaft, Rentmeistern, Förstern, Beamten, Bürgermeistern, Schöffen und Handwerkern, die alle an seinem Mittagstisch nach altdeutscher Art Platz fanden, den Tag reichlich ausfüllten. Und sicherlich ließ die Erscheinung des alternden Stein, des Patriarchen und Geschichtsforschers, nach außen nicht viel erkennen von ungestillter politischer Leidenschaft. Wir wissen längst, wie stark es ihn immer nach gemeinnütziger Tätigkeit im engeren Kreise, wie wenig nach politischem Machtbesitz verlangte. Die ihn gründlicher kannten, spürten doch aus seinem Wesen die tiefe, zuweilen verbitterte Resignation heraus. Wenn er auf abendlichen Spaziergängen im Nassauer Tal mit seinem Arndt die Geschehnisse der großen Erhebungsjahre besprach, dann fehlte es selten – neben dankbarem Lobe der Vorsehung – an „Verwünschungen und Ausspeiungen" wider seine alten und neuen Gegner, an bitteren Ausbrüchen über alles das, was durch Dummheit, Feigheit, Hinterlist der Menschen verspielt war von dem in vielen siegreichen Schlachten Gewonnenen, an Klagen über betrogene Hoffnungen auf einen nahen besseren Zustand Deutschlands. Noch tiefer blickte Humboldt in sein Inneres: „Er ist wohler und heiterer", schrieb er 1816[4], „als ich ihn sonst gekannt habe, allein wunderbarerweise hat er doch in sich die Überzeugung, daß, wenn er nicht mehr in Geschäften ist, sein Leben auch keinen Wert mehr als höchstens für seinen eigenen Genuß hat. Was er sonst tut und treibt, kommt ihm bloß wie ein Spiel vor, so tief und ernsthaft er sich auch mit einigen Dingen, namentlich mit deutscher Geschichte beschäftigt."

Mit wachsender Sorge, zuletzt mit Ingrimm und Trauer verfolgte er die Entartung des Bundes im Zeitalter der Demagogenverfolgung. Anfangs hatte er sich über das Scheitern seiner deutschen Verfassungspläne damit trösten wollen, daß wenigstens gegenüber den Zuständen des 17. und 18. Jahrhunderts ein unleugbarer Fortschritt erreicht, vor allem die gegenseitige Befehdung deutscher Staaten mit Hilfe des Auslandes verhindert oder doch erschwert war. „Man muß nicht den Mut verlieren", hatte er 1815 geschrieben, „sondern alles von der Kraft des Fortschrittes erwarten, die dem menschlichen Geist innewohnt[5]." Er dachte nicht daran, das Tempo dieses Fortschritts durch eine Agitation befördern zu helfen, wie er sie in den Jahren der großen Erhebung so eifrig betrieben hatte. Das allgemeine Ruhebedürfnis der Restaurationsperiode hat auch ihn in seinen Bann gezogen, und den Grundgedanken der „Heiligen Allianz" Alexanders hat er freudig begrüßt: zum erstenmal wieder nach Jahrhunderten proklamiere sie die christliche Bruderliebe als das Band, das die Nationen umschließt[6]. „Diese christliche Idee", meinte er, „ist milder, allgemeiner eingreifend, als es die Lehren der Grotiuse und der übrigen Koryphäen des Natur- und Völkerrechts sind." Die Gärung der akademischen Jugend, zumal die Ermordung Kotzebues und was damit zusammenhing, erschreckte ihn tief. Dem „fratzenhaften dünkelvollen Narren" Jahn traute er die ärgsten Torheiten zu. Der „hoffärtige, unruhige und seichte Geist" politischer Aufklärung, wie ihn nach seiner Meinung die Rotteck und Welcker der unbärtigen Jugend von den Kathedern predigten, sollte „in Ordnung gehalten werden"; den „unreifen, hohlen, haltungslosen Schwätzer" Fries mit seinem „mystischen, metapolitischen, anarchischen Unsinn" wollte er vom Jenaer Lehrstuhl entfernt haben; und vollends die Duldung „widerchristlicher" Vernunftlehrer auf theologischen Lehrkanzeln, wie der Rationalisten Gesenius und Wegscheider in Halle, weckte seine helle Empörung. Auch von unbegrenzter Pressefreiheit wollte er nichts wissen, da der Zustand der öffentlichen Meinung ein durchaus unreifer sei. Aber das alles hinderte ihn nicht, die blindwütige Demagogenverfolgung der Mainzer Untersuchungskommission ganz töricht und überflüssig, ja lächerlich zu finden, einen „Kampf gegen Windmühlen", und den Geist reiner, frommer Vaterlandsliebe in der Jugend, die 1817 das Wartburgfest feierte, anzuerkennen. Ja er warf den Regierungen leidenschaftlich vor, daß sie nichts getan hätten, ihre dem Volke gegebenen Versprechungen einzulösen und also die fortdauernde Unruhe selbst verschuldeten: „Sie sind die wahren Jakobiner." Es zerriß ihm das Herz (wie er bekannte), zu sehen, daß gerade Preußen sich am eifrigsten an diesen Verfolgungen beteiligte. Seine Enttäuschung über Hardenberg wandelte sich in Haß; und der Staatskanzler vergalt es ihm, indem er sich – entgegen dem Votum Metternichs – auf diplomatischem Wege für die Beibehaltung und Publikation einer Stelle im Bericht der Zentraluntersuchungskommission einsetzte, die Stein mit anderen als geistigen Urheber der angeblichen großen revolutionären Verschwörung zu denunzieren wagte.

Dem verkehrten Treiben des Bundestages mit seiner „Untätigkeit und Scheintätigkeit" stellte er gern das „tüchtige und verständige Benehmen" der süddeutschen Einzellandtage gegenüber, auf die er wenigstens anfangs große Hoffnungen setzte. Um so tiefer erbitterte es ihn, daß in seinem Heimatstaate Nassau die Regierung jahrelang zögerte, die unter seiner persönlichen Mitwirkung entstandene, 1814 verkündete landständische Verfassung wirklich in Gang zu setzen. Ihre Begründung, daß sie freie Hand behalten müsse, zunächst die Verwaltung des jungen Staates einheitlich durchgreifend zu organisieren, im Sinn einer Verschmelzung der bunt zusammengestückelten Landesteile und einer Beseitigung veralteter Institutionen, wollte und konnte er nicht gelten lassen: das alles erschien ihm nur als ein Versuch, die Landstände zugunsten bürokratischer Allmacht auf bedeutungslose Nebengeschäfte abzudrängen. Für die sachlichen Leistungen dieser kleinstaatlichen Bürokratie hatte er nichts als Kritik und Verachtung; zu einer gerechten Würdigung war er schon deshalb außerstande, weil er sich nie entschließen konnte, die Souveränitätsrechte der nassauischen Fürsten wirklich ernst zu nehmen – er blieb doch eben immer der Reichsritter, der sich in trotzigem Selbstgefühl gegen den fürstlichen Standesgenossen, den oranischen Nachbarn, auflehnte. So begann er nicht nur eine höchst unbequeme Agitation gegen die Neuregelung der nassauischen Domänenfrage und für sofortige Einberufung der Landstände, sondern scheute sich nicht, ohne Rücksicht auf die 1814 mit ihm geschlossenen Verträge und auf alle früher ergangenen Landesgesetze die Patrimonialgerichtsbarkeit in seinen Gutsdörfern zurückzufordern. Vor allem: als der nassauische Landtag 1818 endlich zusammentrat, bestand er darauf, den von allen Untertanen verlangten Untertaneneid nur mit gewissen Vorbehalten zu leisten, da er preußischer Untertan und im Nassauischen nur als Gutsbesitzer und Landstand ansässig sei. Nichts konnte dem Minister von Marschall, den er sich längst zum persönlichen Feind gemacht hatte, willkommener sein als diese Erklärung: sie lieferte ihm eine Handhabe, den gefährlichen Oppositionsführer vom Landtag auszuschließen. Für Stein bedeutete das den endgültigen Bruch mit Nassau und dem Nassauer Herzog; er vollzog ihn in absichtlich schroffer Form, betrachtete seine nassauischen Besitzungen von nun an als Nebengüter, gewissermaßen in Feindesland, bevorzugte seinen 1816 erworbenen westfälischen Gutsbesitz und sprach von dem „durch Gewalt und Unrecht zusammengeleimten" nassauischen Staatswesen nun erst recht mit äußerster Geringschätzung[7].

Wie die politischen, so waren ihm auch die lokalen Verhältnisse der alten Heimat nachgerade zu eng geworden; ihn bedrängte das Eingepferchtsein des Nassauer Hauses zwischen dem Städtchen und der Chaussee, das keine Erweiterung der Anlagen gestattete; die Nachbarschaft von Ems mit seinem starken Verkehr von angesehenen Fremden, insbesondere von Fürstlichkeiten, wurde seinem wachsenden Bedürfnis nach Einsamkeit und ruhigem Studium nicht selten lästig; vor allem fühlte er sich der nassauischen Bevölkerung und ihren Lokalinteressen durch seine lange Abwesenheit entfremdet, während sein Herz ihn noch immer nach Westfalen, zu den großen, stolzen, alten Familien des münsterischen Adels und den stattlichen Bauern der märkischen Erde zog. So empfand er es als eine besonders glückliche Wendung der Dinge, als ihm auf seinen Antrag an Stelle einer Dotation, wie sie Friedrich Wilhelm seinen Staatsmännern und Feldherrn nach den Pariser Friedensschlüssen als Belohnung zuwies, sein verschuldeter und heruntergekommener Birnbaumer Besitz (in der neuen Provinz Posen) gegen ein stattliches Latifundium in Westfalen umgetauscht wurde. Unter Ausgleich gewisser Wertdifferenzen (deren Berechnung noch Jahre in Anspruch nahm) erhielt er 1816 die säkularisierte Prämonstratenser-Probstei Kappenberg (bei Lünen, nördlich von Dortmund) zugewiesen[8] – einen weitgedehnten, mitten im Herzen des westfälischen Landes, an der Schwelle von Industriebezirk und Bauernland gelegenen Besitz, der ihm nun von Jahr zu Jahr mehr ans Herz wuchs. Das langgestreckte, vielräumige, sehr malerisch auf einer Anhöhe gelegene ehemalige Stift, das nun zum Herrenhaus wurde, war baulich stark verfallen und bedurfte eines tatkräftig schaffenden Schloßherrn; die tiefe Einsamkeit der Eichenwälder, die das Anwesen noch heute umschließen, gab seinem Besitzer so recht die Empfindung weltflüchtigen, naturfrohen Einzeldaseins als freier Herrenmensch, wie er es liebte. Aber heute schweift der Blick von der Schloßterrasse unmittelbar zu den flammenden Hochöfen von Dortmund hinüber – das pochende, schaffende Leben der neuen Zeit war schon damals nicht allzu ferne, und den alten Bergmann riefen tausend Erinnerungen seiner Jugend grüßend an, wenn er von der Lahn nach seinem westfälischen Herrensitz hinüberreiste. Hier, unter seinen Bauern, die er patriarchalisch regierte, aber zugleich als freie Nachbarn achtete und durch freundschaftlichen Umgang ehrte, und im Verkehr mit den adligen Standesgenossen ging ihm das Herz auf. Mit besonderem Stolz berichtet seine Selbstbiographie von seinen Erfolgen als „Marken- und Holzrichter" bei der Teilung der Gemeinheiten in seiner Nachbarschaft. In Nassau, wo er die Quellenschriften der älteren deutschen Geschichte im Bibliotheksraum seines Turmes um sich versammelte, sah er die politischen Trümmerstücke des alten Reiches noch immer lebendig vor Augen; unter den Eichen der westfälischen Erde mochte er sich zurückversetzt fühlen in die Wälder jenes Germanien, von dessen urwüchsiger Freiheit schon der Römer Tacitus staunend berichtet hatte.

So verächtlich er über den Kleinstaat Nassau redete, so hoffnungsvoll, allen Enttäuschungen zum Trotz, über die Zukunft Preußens. Mit stärkster Sympathie begrüßte er die Anfänge des preußischen Zollvereins und konnte ärgerlich werden, wenn Nichtpreußen, wie Gagern, auch jetzt noch ihre Kritik am preußischen Militärstaat übten: „Die Nichtpreußen sollten doch dankbar sein für den Abglanz, der von dem Ruhm des Siebenjährigen Krieges und Befreiungskrieges, so Preußen erworben, auf sie zurückfällt – der die Schlacht von Roßbach und die Kriecherei vor Napoleon vergessen macht." Berlin fand er die weitaus interessanteste und gebildetste Stadt Deutschlands. Mit großem Eifer beteiligte er sich an den Vorarbeiten zur Verfassungsreform, die man in Preußen seit 1817 betrieb, und suchte die Regierung durch Vermittlung Altensteins und anderer erst recht vorwärtszudrängen[9]. Die Verfassungspläne, die Humboldt 1819 für den Kanzler ausarbeitete, hat er ausführlich begutachtet, im wesentlichen gebilligt. Ihre Erfolglosigkeit, das Scheitern der reichsständischen Reformentwürfe, war auch für ihn ein harter Schlag. Aber wenigstens die Einrichtung von Provinzialständen wurde 1823 durchgesetzt und Stein auch diesmal, in einem sehr freundschaftlichen Schreiben des Kronprinzen Friedrich Wilhelm, um Rat befragt – freilich ohne mit seinen Wünschen eigentlich durchzudringen. Im Jahre 1826 ernannte ihn der König zum Landtagsmarschall der Provinz Westfalen: es war das letzte öffentliche Amt, das er bekleidet hat, und seine ehrwürdige Erscheinung hielt die Versammlung der Stände jedesmal in tiefstem Respekt. Aber gerade dieser amtliche Auftrag machte es ihm unmöglich, nun etwa als Sprecher einer provinzialen Opposition kräftig gegen das System jenes verknöcherten „Büralismus" aufzutreten, das er in anderen deutschen Staaten so rücksichtslos verdammte. Zwar geriet er als Vertreter landständischer Wünsche in einer Einzelfrage (es handelte sich um die Landeskatastrierung) mit dem Oberpräsidenten Vincke – seinem ehemaligen Schützling – heftig aneinander. Aber in den eigentlich politischen Fragen mußte er mit höchster Vorsicht verfahren. Als der Landtag Ende 1830 eine Petition an den König beriet, in der um Erfüllung des 1815 gegebenen Verfassungsversprechens gebeten wurde, erklärte er sich dagegen; erst nachträglich ließ er sich bereit finden, die gegen sein Votum beschlossene Petition wenigstens dem Prinzen Wilhelm als Gouverneur der beiden Westprovinzen zu überreichen, verteidigte auch in Privatschreiben das Recht des Provinziallandtags, sich mit gemeinpreußischen Fragen von so großem Allgemeininteresse zu befassen. Aber gegen die (von Berlin aus angeordnete) Weigerung des Prinzen, die Petition weiterzugeben, durfte er amtlich nicht demonstrieren, und nicht einmal eine Erwähnung des Landtagsbeschlusses in dem amtlichen Landtagsbericht, den er veröffentlichen ließ, wagte er gegen die Abmahnungen des Oberpräsidenten durchzusetzen.

So endete seine letzte amtliche Tätigkeit in tiefster Resignation. Aber der ehrwürdige, weißhaarige Greis, der den westfälischen Provinzialständen von 1830/31 präsidierte, war auch nicht mehr der rücksichtslose, hitzige Kämpfer von einst. Schon auf dem Aachener Kongreß von 1818, zu dem ihn Zar Alexander berufen hatte, war ihm bewußt geworden, daß seine körperliche und seelische Spannkraft nicht mehr hinreiche, um politische Aktionen großen Stils durchzufechten[10]. Vor allem: in seinen innenpolitischen Ansichten, in der liberalkonservativen Grundrichtung, die ihn beherrschte, waren die rückwärtsgewandten Tendenzen allmählich stärker geworden und hatten die fortschrittlichen zurückzudrängen begonnen. Wir haben diese Abwandlung seiner Reformgesinnung, das Matterwerden des Alters, bereits in der Erörterung der großen Reformaufgaben des Jahres 1807/08 an einzelnen Punkten beobachtet[11] und brauchen sie uns hier nicht von neuem anschaulich zu machen. Im Grunde ging es überall darum, die überkommenen, natürlich gewachsenen Autoritäten in Staat und Gesellschaft zu schützen gegen ihre Auflösung durch zersetzende Kritik, durch das fortschreitend bewußter werdende Freiheitsbedürfnis der Zeit – zugleich die historische Gliederung der Gesellschaft in Stände und Korporationen zu konservieren im Kampf gegen jene Atomisierung, Egalisierung und grundsätzlich unbegrenzte Bewegungsfreiheit aller sozialen Elemente, die schon damals als eine Entwicklungstendenz von schicksalhafter Wucht auch in Deutschland sich ankündigte. Nach seinem Willen sollte die Gesetzgebung den Unterschied der Stände nicht schwächen und verwischen, sondern ihnen immer mehr Permanenz und Selbständigkeit geben. Insbesondere der Adel sollte zwar modernisiert und mit neuem sittlichem Gehalt erfüllt, aber als besonderer Stand mit korporativer Verfassung und korporativen Vorrechten erhalten bleiben, nicht bloß auf Grundbesitz oder persönliches Verdienst, sondern zugleich auf eine besondere Familienehre und Familientradition begründet[12]. Die Vorzugsrechte, mit denen er geistliche und gelehrte Korporationen in seinen Verfassungsplänen bedachte, gehören in dieselbe Reihe. Den Gutsverband, jenes Abhängigkeitsverhältnis zwischen Grundherrschaft und Bauern, an dessen Lockerung seine eigenen Reformgesetze einst so kräftig mitgearbeitet hatten, wollte er jetzt in seinen Restbestandteilen sorgfältig bewahrt, eine gewisse Vorzugsstellung des Grundherrn auch in der ländlichen Gerichts- und Polizeiverwaltung gesichert oder wiederhergestellt haben; sogar die Patrimonialgerichtsbarkeit fand er keineswegs mehr schlechthin verwerflich[13]. Die Erhaltung stattlicher Bauernhöfe durch Bindungen des Erbrechts und Beschränkung der Siedlungsfreiheit schien ihm von größter Wichtigkeit; die Ablösung bäuerlicher Naturalleistungen durch Geldzahlung an den Gutsherrn erklärte er für ganz verderblich und kämpfte dagegen mit allen Mitteln an, als sie dem westfälischen Adel durch ein Ablösungsgesetz aufgenötigt werden sollte. Mit größtem Eifer und in gründlicher Auseinandersetzung mit seinem früheren Mitarbeiter Kunth (der den Gesinnungswandel seines Meisters nicht ohne schwere Enttäuschung verfolgte) trat er für Einschränkung der Gewerbefreiheit und Wiederbelebung der Zünfte ein; er versprach sich davon die segensreichsten moralischen, aber auch günstige wirtschaftliche Folgen[14]. Wie er die Autorität der städtischen Magistrate stärken, die Wahl von Stadtverordneten entgegen der Städteordnung von 1808 lieber auf eine klassenmäßige als auf eine topographische Einteilung der Bürgerschaft gründen, die streng korporative Geschlossenheit der Stadtbürgerschaften mit den gewaltsamsten Mitteln sichern wollte, haben wir schon früher gesehen[15].

Er verließ mit alledem nicht etwa das Lager des Liberalismus, um zu den Konservativen überzugehen: in Wahrheit hat er keiner von diesen Parteien, deren späterer Gegensatz sich im Restaurationszeitalter erst langsam vorbereitete, jemals angehört. Er schwärmte für den Freiheitskampf der Hellenen und unterstützte ihre Sache Jahre hindurch mit einer ansehnlichen Summe; er äußerte Sympathie für die nationalen Kämpfe der Iren und der Polen, Bewunderung für die Tapferkeit der Südamerikaner, die sich von Spanien und Portugal losrissen, wie nur irgendein Liberaler. Er pries die gewaltige Fortschrittsbewegung der neuen Zeit, die Aufklärung, Zivilisation und Christentum über die ganze Erde verbreite und fand ihre Leistungen unvergleichlich größer als die des römischen Imperiums in seinen großen Tagen von Trajan bis Mark Aurel. Aber gleichzeitig begeisterte er sich für die Größe des mittelalterlichen deutschen Kaisertums, ließ seine Heldengestalten durch historische Riesengemälde verherrlichen, die Schnorr von Carolsfeld nach seinen genauen Angaben für Kappenberg entwerfen mußte, und rückte mit seinen Verfassungsplänen in immer größere Nähe der romantisch-konservativen Parteigruppe, die unter dem Protektorat des preußischen Kronprinzen am Berliner Hof emporkam. Er war kein Romantiker, aber er geriet immer tiefer in den Bannkreis der Romantik. Immer zeitfremder, immer einsamer bewegte sich seine Gestalt zwischen den Parteigegensätzen der neuen Zeit. Nicht zufällig war es, daß er in diesen Jahren starke Sympathie für das altfränkisch-ehrbare, durch volkstümlich-demokratische Einrichtungen gemilderte Patrizierregiment der Schweizer Kantone äußerte: hier fand er Zufriedenheit, ehrbar festen Sinn, eine wohlfeile Selbstverwaltung, viel Bildung und gesunden Menschenverstand, „Abneigung gegen Übertreibungen und Fratzen", wie sie die Parteikämpfe der größeren Staaten, insbesondere Frankreichs, ihm zeigten[16]. Die Leidenschaft dieser Parteikämpfe erschreckte ihn tief. Den Zusammenbruch des restaurierten Königtums in Paris glaubte er, vortrefflich informiert wie immer durch ausgedehnte Lektüre der ausländischen Publizistik, vorauszusehen, als die Ministerien der Mitte eines nach dem anderen scheiterten. Er fand die Ursache der ewigen Unruhe in Frankreich begründet in dem wankelmütigen, leidenschaftlichen, oberflächlichen, gemütlosen Charakter der gallischen Nation, zugleich aber – klarblickend – in der „gänzlichen Umwälzung und Zerstückelung des Eigentums“ durch die große Revolution, in der Zerstörung aller natürlichen „Hierarchie der Klassen“. Die Julirevolution war das letzte große europäische Ereignis, das er miterlebte – es hat ihn aufs tiefste erregt und erschüttert.

Einem so gewissenhaften Beobachter der Weltvorgänge hatte es schon längst auffallen müssen, wie sehr der Verlauf der inneren Kämpfe in Frankreich den idyllischen Vorstellungen vom monarchisch-konstitutionellen Verfassungsleben widersprach, die er sich einst am Beispiel der englischen Regierungsweise in der Darstellung Montesquieus, Burkes und De Lolmes gebildet hatte. Mehr noch: der innere Zustand Englands selber erschien ihm durchaus nicht mehr ideal, seit die große Wahlreformbewegung ihm die Augen geöffnet hatte über die schreienden Ungerechtigkeiten des überkommenen Wahlsystems, über den korrupten Zustand der inneren Verwaltung, über die zahlreichen Schäden einer erstarrten Adelsherrschaft. Diese Erfahrungen und Einsichten machten ihm vieles zweifelhaft, was er bis dahin zuversichtlich festgehalten hatte. Er begann zu grübeln. „Im konstitutionellen Staat soll der Minister die Majorität des Reichstags haben – wie erlangt er sie? Kauft er sie, wie in England? oder werden die Minister durch eine Faktion dem König aufgedrungen, wie in Frankreich? Was war das Resultat der französischen konstitutionellen Parteienregierung? Zerrüttete Finanzen, gesunkener Wohlstand, Kirchenerschütterung, Irreligion vorherrschend“, die Volkserziehung vernachlässigt. „Wo überhaupt hat man die Konstitution gehalten? Wo bestand nicht der Kampf der Parteien?“ Gewiß: „die bürokratische Monarchie schadet der geistigen Entwicklung, sie erstarrt; die freie, konstitutionelle Monarchie belebt, entwickelt, reißt den Menschen aus dem trägen, selbstsüchtigen Leben; aber nun wird die Sehnsucht laut, tätig; es erhebt sich der Kampf der Parteien nach Macht, Geld, die Verwaltung wird gelähmt, das Gute unterbleibt. England und Frankreich, besonders ersteres, entbehrt Einrichtungen für Kirchen, Schulen, Verteilung des Eigentums, Rechtspflege, die Deutschland größtenteils besitzt. – Wie kann man nun die Vorteile der konstitutionellen Regierung mit denen einer kräftigen Verwaltung verbinden?“ [17]

Wie sollten sich diese Zweifel lösen? Daß auch die deutsche altständische Verfassungsform, in der nicht Parteien, sondern Klassen miteinander stritten, keine Ideallösung bedeutete, war Stein nach seinen Erfahrungen als westfälischer Landtagsmarschall nur allzu deutlich. „Mir scheint“, hatte er schon 1828 geschrieben [18], „Spaltung in Parteien, in Liberale, Konstitutionelle, Monarchisten, und in ihre Unterabteilungen und Schattierungen ist weniger nachteilig als Trennung in Stände, wo Adelstolz, Bürgerneid, Bauernplumpheit gegeneinander auftreten, mit aller Bitterkeit und Verblendung der gekränkten Eigenliebe, und einer den anderen niederzutreten sucht, ohne alle Rücksicht auf Erhaltung der Verfassung, und hierzu die Unterstützung der Bürokratie zu erlangen strebt. Die Geschichte lehrt, daß in allen Ländern, wo der Kampf zwischen Ständen begann, zwischen Adel und Gemeinen (z. B. in Spanien, Frankreich und Deutschland) die allgemeine Freiheit unterging, und daß sie sich nur da ausbildete, wo Einigkeit unter den Ständen bestand, in England."

Wie immer, suchte er auch hier den Ausweg zuletzt im Gebiet des Sittlichen. „Soll eine Verfassung dauerhaft, veredelnd wirken, so beruhe sie auf väterlicher Liebe des Regenten, der sie erteilt, auf kindlicher Treue des Volkes, das sie empfängt, auf religiöser, sittlicher Entwicklung des Einzelnen." Das war die uralte christliche Gesinnungspredigt lutherischer Färbung, die im Gemüt des Menschen, nicht in den Institutionen die Quelle alles Bösen und Guten sucht. Und da tröstete es ihn nun zu sehen, daß Treue, Liebe und Gottesfurcht, allgemeine Volksbildung und selbstloser Gemeinsinn in Deutschland noch immer viel mehr zu Hause wären als in den westeuropäischen Ländern. Diese Tugenden zu bewahren und zu fördern, erschien ihm nach wie vor als die eigentliche Aufgabe aller Politik. Ihre wichtigste Voraussetzung fand er aber in der Erhaltung eines gesunden, kräftigen Mittelstandes in Stadt und Land. Sie war das A und O seiner sozialen und wirtschaftspolitischen Betrachtungen. Tüchtige, in ihrem Gewerbe geschützte Handwerksmeister in den Städten, wohlhabende, stattliche Bauern auf altererbter Scholle, darüber dann ein reicher, stolzer Adel ohne engherzigen Kastengeist – das war sein Idealbild deutschen Volkstums, wie er es seit den Tagen Mösers noch immer unverändert im Herzen trug. „Eine zweckmäßige Verteilung des Grundeigentums ist eine wesentliche Bedingung der Güte und Dauer einer Verfassung. Gleich verderblich ist die Anhäufung großer Massen in den Händen weniger, wie in England, dem Kirchenstaat, Spanien, und die Zersplitterung in Atome wie in Frankreich, den Rheinländern, im Altwürttembergischen."

Aber die Julirevolution von 1830 und mehr noch die englische radikale Arbeiterbewegung ließen erkennen, daß unterhalb des bürgerlich-bäuerlichen Mittelstandes noch ein vierter Stand zu politischer Geltung emporstrebte, der weder in sich organisch gegliedert war noch von natürlichem Respekt für historische Autoritäten etwas wissen wollte, von der christlichen Sittenpredigt nur schwer erreicht wurde und einstweilen keinerlei Standestraditionen besaß, die seinen Mitgliedern als sittlicher Halt im Lebenskampf hätten dienen können: die dunkle, gleichförmige Masse des eigentlichen Proletariats. Für sie gab es im politischen System Steins ebensowenig einen Platz wie einst in den patriotischen Betrachtungen Justus Mösers für die landlosen „Heuerleute" und „Nebenbewohner". Über die Interessen der besitzlosen Landarbeiterschaft waren seine Agrarreformpläne einst kühl hinweggegangen; von den Problemen der modernen Masseindustrie war in seiner Gewerbepolitik noch keine Rede; und gegen den rohen, besitz- und bildungslosen „Pöbel" der Städte empfand der Landedelmann Stein nichts weiter als Mißtrauen und Abneigung. Der Aufstieg dieser Massen bedeutete für ihn nur eine Gefahr, ihre Heimatlosigkeit eine Bedrohung aller sittlichen Weltordnung. Er rief das Bürgertum auf, wie in England gegen diese Gefahren fest zusammenzuhalten: „Wir leben in einer Zeit, wo man weniger vom Despotismus der Fürsten als der aufständischen Proletarier zu fürchten hat"[19] – aber für die Dringlichkeit dieser modernsten sozialen Probleme hatte er noch wenig Sinn, für ihre Lösung ebensowenig ein Programm wie irgendeiner seiner deutschen Zeitgenossen[20]. Sein Aristokratismus wurzelte zuletzt doch noch ganz im alten Deutschland des 18. Jahrhunderts, vor der großen Revolution. Nur das Wehen eines neuen politischen Geistes verspürte er deutlich, ohne sein Wesen noch ganz ergründen zu können, und warnte in den letzten Monaten seines Lebens vor dunkel geahnten Gefahren der Zukunft: „Noch hat man es mit einem Geschlecht zu tun, das an die monarchisch bürokratischen Formen gewöhnt ist; aber es reift ein neues Geschlecht heran, es drängt sich in alle Kanäle des bürgerlichen Lebens, es bildet sich unter dem Einfluß der neuesten Weltgeschichte, der Zeitungen, der politischen Schriften, es fühlt in sich Jugendkraft, Drang zum Handeln; Ehrgeiz, Habsucht, Neid unter den verschiedenen Ständen der Nationen beseelen es, religiöse Grundsätze werden durch den Rationalism untergraben – daß der Funke des politischen Brandes überall glimmt, das zeigt sich in ganz Europa – ratsam ist es, die Flamme zu leiten, ehe sie zerstörend wirkt."

Je fremder die Zeit ihm wurde und er der Zeit, um so liebevoller versenkte er sich in die Quellen einer fernen, großen Vergangenheit. Die Gründung des großen Quellenwerkes mittelalterlicher deutscher Geschichte, der Monumenta Germaniae Historica, des weitaus größten geschichtswissenschaftlichen Unternehmens auf deutschem Boden überhaupt, ist die eigentliche Leistung seiner Alterstage – das schönste Vermächtnis des alternden Stein an sein deutsches Volk. Persönliche Neigung, jenes tiefe Bedürfnis nach seelischer Erhebung im Anblick großer Gestalten der Geschichte, das wir von seinen Jugendtagen her an ihm kennen, vereinte sich hier in der glücklichsten Weise mit seinem rastlosen Drang nach gemeinnütziger Tätigkeit und seinem erprobten Organisations- und Verwaltungstalent, um ein Denkmal seines Geistes von unvergänglicher Lebensdauer zu schaffen. Ohne ihn, ohne die Wucht und Zähigkeit seines Tatwillens, ohne die Autorität seines Namens und den weitreichenden Einfluß seiner politischen Verbindungen wäre das Werk niemals als ein nationales Unternehmen großen Stils zustande gekommen. Und wenn er auch die Ausführung in allem Wesentlichen anderen überlassen mußte, hat er doch eine Unsumme persönlicher Arbeitsleistung aufgewandt, um auch für die eigentlich wissenschaftlichen Aufgaben der großen Publikation unmittelbar nützlich zu werden[21].

Die erste Anregung zu dem großen Plan will Stein aus dem praktischen Bedürfnis geschichtlichen Unterrichts empfangen haben. Wir hörten schon früher von seinen historischen Studien während der böhmischen Verbannungsjahre und von den geschichtlichen Darstellungen, die er zum Unterricht seiner Töchter damals ausgearbeitet hat. Seit der Heimkehr nach Nassau nahm er diese Bemühungen wieder auf; zugleich führte ihn das Bedürfnis nach Ergänzung seiner historischen Bibliothek auf die Sammlung von Druckausgaben älterer Geschichtsquellen. Gewohnt, alles gründlich vorzunehmen, was ihn beschäftigte, stieß er bald auf die Schwierigkeit, wirklich zuverlässige Drucke der mittelalterlichen Geschichtschreiber zu finden und verfiel auf den Gedanken, eine vollständige, übersichtlich geordnete Sammlung von ihnen in kritischer Neuausgabe zu veranstalten; zugleich schien es ihm wichtig, daß die aus Anlaß der massenhaften Säkularisationen des Jahres 1803 zerstreuten Urkundenschätze der älteren geistlichen Archive sorgfältig gesammelt und geschützt würden; ihre wissenschaftliche Verzeichnung und Auswertung mochte damit Hand in Hand gehen. Wohl möglich, daß ihn bei diesen Erwägungen ein ähnliches Programm mitbestimmte, das der Geschichtschreiber Johannes von Müller 1805/06 mehrfach entwickelt hatte[22]. Es war bisher ohne jede Folge geblieben: die Katastrophe von 1806 hatte alle nationalen Unternehmungen dieser Art unmöglich gemacht. Jetzt, nach dem Wiedererstehen der deutschen Territorialherrschaften in kaum beschränkter Souveränität, drohte die Gefahr, daß partikulare Gesichtspunkte statt der nationalen im öffentlichen Geschichtsunterricht sich vordrängten: das juristische Studium der alten Reichsverfassung und ihrer Geschichte, die einzige Form, in der man im 18. Jahrhundert deutsche Nationalhistorie auf den Universitäten betrieben hatte[23], war zwecklos geworden seit dem Untergang des alten Reiches. Wer nationale Gesinnung pflegen und aus der Geschichte begründen wollte, mußte schon bis auf das Mittelalter zurückgehen, dessen Verherrlichung ja ohnedies zu den stärksten geistigen Tendenzen des Zeitalters gehörte. „Den Geschmack an deutscher Geschichte zu beleben, ihr gründliches Studium zu erleichtern und hierdurch zur Erhaltung der Liebe zum gemeinsamen Vaterland und des Gedächtnisses unserer großen Vorfahren beizutragen" – das schien Stein eine Aufgabe, wert, alle noch unverbrauchten Kräfte seines Alters daranzusetzen.

Auf jener Rheinreise, die er 1815 gemeinsam mit Goethe unternahm, erzählte er diesem zuerst von seinem Plan, eine Gesellschaft zur Bearbeitung älterer deutscher Geschichtskunde zu begründen. In Köln traf er, wie es scheint, mit seinem ehemaligen Mitarbeiter Eichhorn zusammen, der ihm dort mitgeteilt haben wird, daß man neuerdings auch in Berlin unter Führung Savignys, des großen Rechtshistorikers, sich mit ähnlichen Absichten trug. Voll Eifer schloß er sich diesem Unternehmen an, warb sogleich bei süddeutschen Bibliothekaren und Buchhändlern für die neue Gesellschaft, vertiefte sich in die Lektüre zeitgenössischer Historiker und suchte sogar schon durch das Studium von Handschriftenkatalogen den Boden zu erkunden, auf dem die wissenschaftliche Arbeit aufgebaut werden könnte. Im Frühjahr 1816 wandte er sich mit praktischen Vorschlägen für die Organisation an die Berliner Historiker und ließ von Wessenberg, dem gelehrten Generalvikar des Bistums Konstanz, sogleich ein ausführliches Programm ausarbeiten, das er ebenfalls nach Berlin sandte. Der Erfolg war, daß nunmehr auch Savigny ernsthaft sich der Sache annahm. Gemeinsam mit einer Reihe von Berliner Gelehrten arbeitete er einen geist- und gedankenreichen, aber allzu umfassenden Plan aus und legte ihn sogleich dem Staatskanzler Hardenberg vor. Aber obwohl die preußische Regierung (Hardenberg und Schuckmann) sogleich ihre Unterstützung zusagte, kam praktisch nichts zustande: wesentlich deshalb, wie es scheint, weil die Historiker Niebuhr und K. F. Eichhorn bald darauf Berlin verließen.

So blieb Stein die weitere Förderung des Unternehmens allein überlassen. Seit dem Winter 1817/18 ging er selbständig vor, warb Gönner unter den süddeutschen Fürsten, Geldgeber unter dem deutschen Adel, Gelehrte zur Durchführung der wissenschaftlichen Aufgaben. Um die Regierungen zur Öffnung ihrer Archive und Bibliotheken zu bestimmen, bemühte er sich besonders eifrig um die Mitwirkung befreundeter Bundestagsgesandter in Frankfurt, unter denen sich wissenschaftlich hochgebildete Männer befanden. Endlich am 20. Januar 1819 kam die Gründung der „Gesellschaft für ältere deutsche Geschichtskunde" in seiner Frankfurter Wohnung zustande. Eine „Zentraldirektion" trat zusammen, deren Präsidium ohne förmlichen Beschluß Stein, dem Begründer und der Seele des Unternehmens, zufiel.

Auch die Hauptlast der Verantwortung und der Arbeit fiel zunächst auf seine Schultern. Weit entfernt, sich mit den äußeren Verwaltungsaufgaben zu begnügen, drang er tief in die wissenschaftliche Arbeit selber ein und mühte sich in einer unendlichen Korrespondenz und vielen mündlichen Verhandlungen mit gelehrten Beratern, allmählich zur Klarheit über die Anlage und den Umfang der geplanten Publikation zu kommen, die rechten Mitarbeiter zu finden, ein Urteil über ihre Leistungen, über die sachlichen Bedürfnisse und Möglichkeiten des Unternehmens zu gewinnen. Sein Eifer hat fast etwas Rührendes: wie er in mühsamer Arbeit Handschriftenverzeichnisse zusammenstellt, die alten Texte selber prüft, um über ihre Bedeutung zu entscheiden, auf Schweizer Bibliotheken Exzerpte macht, in der Vatikana sich die Einsicht in Handschriftenkataloge erkämpft, über jeden neuen Fund sich von Herzen mitfreut, überall auf unmittelbar fruchtbare, praktische Arbeit drängt. Bis 1824 brachte er die Wintermonate fast regelmäßig in Frankfurt zu, um die Arbeiten der Gesellschaft zu leiten. Natürlich blieben ihm Fehlgriffe in der Auswahl der Mitarbeiter, in der Anlage der Einzelunternehmungen trotz allen Eifers nicht erspart; nicht immer war er imstande, in den rein wissenschaftlichen Fragen ein zutreffendes Urteil zu gewinnen. Eine seiner größten Unternehmungen, deren verfehlte Anlage er zu spät erkannte, hätte beinahe zur finanziellen Katastrophe der Gesellschaft geführt. Sein erster Hauptberater, der badische Archivar Dümgé, erwies sich als ungeeignet für die große Aufgabe. Jahre vergingen mit ziemlich ratlosen und verworrenen Verhandlungen über die Anlage des Gesamtunternehmens. Einen sicheren, stetigen Gang gewann die Arbeit der Gesellschaft erst seit 1824, als es Stein gelang, in der Person des jungen hannoverischen Historikers Pertz, seines späteren Biographen, einen Gelehrten von ungewöhnlicher Organisationsgabe und Arbeitskraft für die wissenschaftliche Leitung zu gewinnen. Seitdem zog sich Stein fast ganz auf die äußeren Verwaltungsgeschäfte zurück. Daß er die Begabung des neuen Gehilfen rechtzeitig erkannte und ihm sogleich weitesten Spielraum zu schöpferischer Arbeit ließ, ist nicht das geringste seiner Verdienste um die Gesellschaft.

Dennoch wäre es ungerecht, seine persönliche Leistung auch in der Durchführung des Unternehmens gering zu achten. Kein anderes Mitglied der Gesellschaft wäre wohl seelisch imstande gewesen, die zahllosen Schwierigkeiten und Enttäuschungen unverzagt zu überwinden, mit denen man in den ersten Jahren zu ringen hatte. Stein hatte das Ganze von Anfang an als ein nationales Unternehmen schlechthin geplant. Und zwar wollte er es als eine Art Stiftung des deutschen Adelsstandes an das deutsche Volk durchführen. Wirklich gewann er eine Reihe von Standesgenossen, zumal in Westfalen, zu namhaften Beiträgen und steckte aus Eigenem bedeutende Summen hinein. Aber diese privaten Beiträge blieben weit hinter dem Bedürfnis zurück. Und weil er nun mit einem gewissen Eigensinn an der ursprünglichen Absicht festhielt, es ablehnte, bürgerliche Geldgeber, wie z. B. die Frankfurter reiche Kaufmannschaft, an der Stiftung zu beteiligen, ausländische Beiträge (z. B. eine stattliche Summe, die ihm der Zar anbieten ließ) grundsätzlich ausschlug, auch einen Appell an das allgemeine deutsche Publikum mehrfach für aussichtslos erklärte, geriet sein Werk in den Geruch einer feudalen Machenschaft zur historischen Begründung altadeliger Privilegien. Umgekehrt nahmen die Regierungen daran Anstoß, daß der liberale Volksmann Stein an der Spitze stand. In Wien traute man ihm zu, daß er aus der mittelalterlichen Geschichte die Grundlosigkeit der Souveränitätsansprüche des deutschen Fürstenstandes beweisen wolle; und auch Hardenberg betrachtete ihn jetzt als einen politischen Gegner, dessen Unternehmungen keinesfalls besondere Unterstützung verdienten. Der erste Aufruf der Gesellschaft, der von der Fortbildung überkommener Rechtszustände in organischer, nicht gewaltsamer Entwicklung sprach, verstärkte die politischen Besorgnisse auf allen Seiten. Ohne finanzielle Unterstützung durch die Regierungen war schließlich doch nicht auszukommen. Das war einer der Gründe, weshalb Stein – zum tiefen Verdruß liberal gesinnter Historiker – seine Zentraldirektion aus Bundestagsgesandten zusammensetzte, während die bürgerlichen Gelehrten nur als außerordentliche oder Ehrenmitglieder mit bloß beratender Stimme Zutritt hatten. Trotzdem blieben die Beiträge, die nach und nach von einzelnen Staatsregierungen eingingen, äußerst dürftig, und erst nach dem Tode Steins gelang es Pertz, mit Hilfe des preußischen Bundestagsgesandten Nagler (desselben Mannes, der 1808 soviel zum Sturze Steins beigetragen hatte und nun – seltsame Ironie des Schicksals! – formell sein Nachfolger im Präsidium der Monumenta wurde) die politischen Bedenken der

Regierungen zu zerstreuen und regelmäßige Beiträge zusammenzubringen, die das Unternehmen auf eine solide finanzielle Grundlage stellten. Übrigens hatte die von Stein geschaffene Organisation zur Folge, daß die Fortführung seines Werkes wie von selber an die Gelehrten überging: die ersten Mitglieder der Zentraldirektion zerstreuten sich, da keiner seinen Frankfurter Gesandtenposten dauernd behielt, und eine regelmäßige Ergänzung kam nicht zustande, da die ganze Gesellschaft nur aus einzelnen, von der Direktion in der Form einer Ehrung ernannten Mitgliedern ohne jeden Zusammenhang, auch ohne regelmäßige Geldbeiträge bestand, also aktiv gar nicht in Erscheinung treten konnte. Alles war auf die Alleinherrschaft des leitenden Mannes gestellt, und als er die Augen schloß, übernahm der Historiker Pertz stillschweigend das Erbe des Ministers, um nun für lange Jahrzehnte die „Gesellschaft" fast allein in seiner Person zu repräsentieren.

Seit Stein die wissenschaftliche Fortführung des Monumentenwerkes in guten Händen wußte, kam er nur noch selten nach Frankfurt und zog sich immer mehr in die Kappenberger Einsamkeit zurück. Die westfälischen Landtagsgeschäfte, kirchliche Organisationsfragen und andere provinziale Angelegenheiten verschafften ihm jetzt eine regelmäßige Tätigkeit für das Gemeinwohl, ohne die er nun einmal nicht leben mochte. Geselliger Freuden bedurfte er wenig; seine reinste, nie getrübte Freude war der Umgang mit der Natur, die er nicht eigentlich als Landwirt, aber als Liebhaber von Garten und Wald genoß, mit einer fast zärtlichen Liebe zu seinen Bäumen, deren langsames, die Generationen überdauerndes Wachstum ihm wie ein Sinnbild echten geschichtlichen Reifens erscheinen mochte. Allmählich fühlte er seine Kräfte schwinden, die Beschwerden des Alters nahmen zu. Seit 1817 war sein rechtes Auge am Altersstar erblindet. Zwei Jahre darauf erlebte er den Schmerz, seine Gattin zu verlieren – ein Ereignis, das ihn tief erschüttert hat. Seit die geliebten beiden Töchter sich verheirateten und das Haus verließen, die alten Freunde einer nach dem anderen wegstarben, fühlte er es immer einsamer um sich werden. Er hatte Stimmungen, in denen die Welt ihm fremd, unheimlich, unverständlich erschien und Todessehnsucht ihn ganz übermannte. Als gläubiger Kirchenchrist war er bereit, alle menschlichen Kümmernisse als sittliche Prüfungen und Vorbereitungen zur Loslösung vom Irdischen zu betrachten: „Weislich und liebend hat eine väterliche Vorsehung dieses veranstaltet für uns, die Wandernden, der Erde Fremdlinge; sie löset die Bande, welche uns an das Irdische fesseln, es entsteht Lebensmüdigkeit, Sehnsucht nach dem besseren Zustand, wo wir erkennen werden, welches ist die Hoffnung unseres Berufes und der Reichtum seines herrlichen Erbes an seine Heiligen." Sicher und kampflos war sein Glaube wohl immer gewesen; im Alter trat er weit stärker als ehedem auch in seinen Äußerungen hervor. – „Ein unbeugsamer Nacken", meinte er einmal, „ein stürmisches unruhiges Gemüt, das findet nur einen Zaum und eine Befriedigung: in den Lehren der Offenbarung." Von den Morallehren der Alten, wie sie Gagern und Arndt, seine Freunde, ihm gelegentlich vortrugen, wollte er nicht viel wissen, noch weniger von dem Vernunftchristentum der neueren Zeiten: „Den Glauben vernünftelt man nicht herbei, sondern man erbittet ihn von Gott in tiefer Demut und mit gänzlicher Selbstverleugnung", ohne den vergeblichen Versuch, das Unerklärliche zu erklären[24]. In dieser seelischen Haltung, voll gläubiger Zuversicht der Ewigkeit zugewendet, wohlgerüstet und tapfer dem letzten Abschied entgegensehend, erwartete er den Tod: als Erlöser von aller Unruhe, Leidenschaft und Selbstsucht des menschlichen Herzens. Als ein wahrer Patriarch, der die Seinen mit Tröstungen und Mahnungen zu weiterem Lebenskampf zurückläßt, in vollem Bewußtsein des nahenden Endes schied er von seiner Hausgemeinde (29. Juni 1831).

Mit ihm versank eine ganze Generation deutscher Patrioten.

Über seine Nachwirkung in der politischen Entwicklung des 19. Jahrhunderts ist es ebenso schwer, zu einem sicher begründeten Urteil zu kommen wie über seine geschichtliche Bedeutung im Ganzen des deutschen Lebens überhaupt. Sehr vieles, vielleicht das meiste von dem, was in unserer Zeit zu seinem Lobe gesagt wird, gehört in den Bereich historischer Mythenbildung. Denn die höchst eigentümliche Zwischenstellung seiner Ideenwelt zwischen altfeudalem Herkommen und moderner Staatsbürgerschaft, zwischen dem alten Reichsständewesen und der Nationalbewegung des 19. Jahrhunderts, zwischen dem Fortschrittsstreben der Aufklärung und romantischer Restauration hat es von jeher möglich gemacht, beinahe für jedes spätere Parteiprogramm von den Konservativen bis zu den Linksdemokraten irgendwelche Belege in seinem Schrifttum zu finden. Dadurch ist sein Andenken vor heftigen Angriffen innenpolitischer Gegner bis heute bewahrt geblieben. Seine Autorität vor allem als innenpolitischer Reformer, als Begründer der kommunalen Selbstverwaltung hat sich nach und nach fast ins Mythische gesteigert.

Das ist um so merkwürdiger, als ja sein Wirken nur fragmentarisch geblieben ist.

Wie wenige der von ihm geschaffenen politischen Institutionen sich behaupten konnten in dem straffen Gefüge des preußischen Militär- und Beamtenstaates, haben wir schon früher im einzelnen verfolgt. Umgebildet wurden sie alle; vieles, was er begonnen und geplant hatte, wurde nicht fortgesetzt, anderes gänzlich wieder ausgestoßen. Im ganzen lenkte der preußische Staat am Ende der Reformperiode doch wieder in die Bahnen des fürstlichen Absolutismus zurück[25]. Und als dann die große Bewegung des Jahres Achtundvierzig Preußen überschwemmte, als wieder etwas lebendig wurde von jenem Geist der Freiwilligkeit, der genossenschaftlichen Selbstregierung an Stelle des staatlichen Zwanges, die er gepredigt hatte, da war es doch mehr eine Nachwirkung der französisch-demokratischen Freiheitsideale, die er bekämpft, als der englischliberalen, die er – in altdeutscher Umfärbung – vertreten hatte, was der Bewegung ihre eigentliche Stoßkraft gab. Als Vertreter altadliger Standesprivilegien mußte er dem Bürgertum von Achtundvierzig geradezu reaktionär erscheinen. Erst in der müden Zeit nach dem Scheitern der Revolution, in der Reaktionsperiode der fünfziger Jahre, griffen die Deutschen begierig nach den massenhaften Zeugnissen Steinscher Reformpolitik, die sein Biograph und Bewunderer Pertz ihnen vorlegte, um daraus zu lernen, daß man national, liberal und fortschrittlich sein könne, ohne deshalb Revolutionär zu sein. Aber als dann endlich die von ihm ersehnte nationale Einheit begründet, ein neues deutsches Reich und Kaisertum mit freiheitlichen Institutionen geschaffen wurde, war es doch wieder nicht der nationale Enthusiasmus im Sinne Steins, der sie ins Leben rief, sondern die gesammelte Kraft des altpreußischen Obrigkeits- und Militärstaates, gemeistert von der kühl überlegenen Staatskunst eines genialen Diplomaten aus dem von Stein so abfällig beurteilten, ostelbischen Krautjunkerstande. Die alte habsburgische Kaisermacht schied aus dem deutschen Staatsverband aus; der großdeutsche Gedanke wurde für immer, wie es schien, begraben. Und soviel auch später, nach dem Zusammenbruch unserer nationalen Machtstellung, sich wieder regen mochte von den freiheitlichen Tendenzen der Steinschen Reformära – die politischen, wirtschaftlich-sozialen und geistigen Voraussetzungen, auf die er sein Werk aufbauen wollte, sind längst dahingesunken, und mit ihnen sind auch die Einzelheiten seines Reformwerkes endgültig Geschichte geworden.

Aber die historische Leistung eines Staatsmannes ist nicht allein nach der äußerlich greifbaren Folgewirkung seines Schaffens, nach der Dauerhaftigkeit seiner sichtbaren, politischen Schöpfungen zu beurteilen. Der Freiherr vom Stein ist eines der sehr seltenen Beispiele dafür, daß einer auch ohne durchschlagenden äußeren Erfolg und ohne viel Sinn für den Reiz der Macht, ja ohne eigentlich politischen Ehrgeiz, allein durch die Kraft des Charakters sich politische Autorität und historischen Ruhm erwerben kann. In ihm verkörpert sich noch heute für uns Deutsche das Ideal des freien, aufrechten Mannes, der unbeirrbar nur seiner Überzeugung folgt, der ohne persönlichen Macht- und Geltungsdrang allein im Bewußtsein sittlicher Verantwortung für das Gemeinwohl kämpft. Man hat ihn nicht mit Unrecht einen moralischen Leuchtturm genannt, der aus dem idealistischen Zeitalter in unsere Epoche herüberleuchtet. Soweit die ideelle Nachwirkung der großen Erhebungsepoche hineinreicht in die Geschichte des 19. Jahrhunderts, soweit reicht auch, unmittelbar oder mittelbar, die Nachwirkung Steinscher Ideen. Nicht nur der große moralisch-politische Aufschwung, den das deutsche Nationalbewußtsein seit den Tagen von Austerlitz und Jena genommen hat, ist zu einem ganz wesentlichen Teil seinem Wirken zu verdanken. Auch sein Schaffen als Reformer ist zuletzt doch nicht vergeblich gewesen. Seine Besonderheit wird deutlich im Vergleich mit den Dauerwirkungen der Französischen Revolution und der napoleonischen Gesetzgebung. Deren rationale Folgerichtigkeit und durchgreifende Energie war sicherlich weit größer. Aber von der Mannigfaltigkeit in der Einheit, die den größten Vorzug des deutschen Staatslebens im 19. Jahrhundert bildete, zeigten ihre straff zentralisierten Staatswesen nichts. Eben diese Mannigfaltigkeit, das Aufblühen so vieler politischer, wirtschaftlicher und kultureller Lebenszentren, hing aufs engste mit den Idealen und Institutionen kommunaler Selbstverwaltung zusammen, die der Freiherr vom Stein mit so viel Energie verfochten und als sein eigentliches Erbe an die deutsche Politik hinterlassen hat. Von politischer Souveränität des Volkes, der Masse aller Staatsbürger schlechthin, wollte er freilich nichts wissen. Aber der Idealismus freiwilliger Hingabe für das Gemeinwohl, zu dem er das deutsche Bürgertum aufrief, ist eine Form der Freiheitsgesinnung, ohne die keine Demokratie gedeihen kann. Ohne solchen echten Idealismus entartet die Demokratie zur bloßen Organisation der Selbstsucht und Bequemlichkeit. Was freie, zur Mitverantwortung drängende Initiative der Einzelnen, der Gruppen, Genossenschaften und Berufsstände bedeutet, zu der er aufrief, ist vielleicht noch nie so deutlich geworden wie heute, im Zeitalter des Kollektivismus und des allgemeinen Drängens zum Staatsrentnertum.

ANMERKUNGEN

Erstes Kapitel · Herkunft

S. 19 [1] Vgl. die vortreffliche Studie von *A. Berney*, Reichstradition und Nationalstaatsgedanke (1789–1815), H. Z. 140, 1929. *W. Mommsen* (H. Z. 174, S. 388 ff. und in: Stein, Ranke, Bismarck [1954]) hat mich völlig mißverstanden, wenn er annimmt, ich wollte Steins deutsche Verfassungspläne seit 1811 einfach aus seiner reichsritterlichen Herkunft erklären. Anderseits läßt sich die politische Bedeutung dieser Herkunft nicht dadurch wegwischen, daß behauptet wird, Stein habe sich bis 1804 überhaupt nicht für Reichsreformpläne interessiert. Er hat es nachweislich von dem ersten Moment an getan, als die Auflösung der alten Reichsverfassung drohte, nämlich seit dem Rastatter Kongreß von 1798: s. unten Kap. 5, I. Im übrigen stimme ich den Bemühungen Mommsens grundsätzlich zu, eine Mißdeutung Steins im Sinn moderner politischer Tendenzen (wie man sie u. a. Botzenhart vorwerfen kann) abzuwehren.

S 20 [2] Die von *Lehmann* I, S. 13, zitierten Stellen der „physiognomischen Fragmente" beziehen sich *nicht* auf Frau vom Stein. Vgl. die Richtigstellung durch *A. Stern* (nach H. Funck), H. Z. 94, S. 447, und den Briefwechsel mit *Lavater*, ebenda Bd. 93, S. 230 ff. Vgl. auch *Ad. Bach*, Das Elternhaus des Freiherrn vom Stein, 1927 (Neuaufl. 1957), und *H. Funck*, Beil. z. Allg. Ztg. v. 31. 5. 04.

[3] Briefe Karls vom Stein aus Göttingen 1773, jetzt bei *B.* I, ferner Briefe Joh. Friedrichs 1768–1774 und Charlottes an die Mutter im Familienarchiv.

S. 21 [4] 17. 3. 11, an die Prinzessin Wilhelm, *B.* III, S. 384.

S. 22 [5] An Lavater 1774, H. Z. 93, S. 241. – Ferner an den hannoverischen Minister von Gemmingen Ende 1774 oder Anfang 1775; von *Lehmann* I, S. 12, Anm. 2, ist irrig Herr von Hardenberg als Adressat angegeben.

S. 23 [6] Brief eines Herrn von Gemmingen an Frau vom Stein 27. 2. 61. Der ehemalige Hofmeister Prof. Braun-Straßburg diente (nach Ausweis seiner Korrespondenz) der Baronin später viele Jahre als Vermittler von französischen Luxuswaren und Straßburger Hofmeistern. Eine Zeitlang bestand auch der Plan, Karl vom Stein für ein Semester nach Straßburg zu schicken: Christlieb an Frau vom Stein 24. 10. 75.

[7] Karl vom Stein an die Mutter 16. 9. 81.

[8] Vgl. *H. Ludwig*, Straßburg vor 100 Jahren, Straßburg 1888, S. 140 ff. *J. Froitzheim*, Zu Straßburgs Sturm- und Drangperiode (Beitrag zur Landes- und Volkskunde in Elsaß-Lothringen II, H. 7), Straßburg 1888/89. *E. Schmidt*, H. L. Wagner (Leipzig 1879^{2}), S. 122. *J. Matter*, Dr. R. Saltzmann in: Alsatia 1862–1867, S. 163–181. A. D. B. XXX, S. 299. – Die beiden Vettern sind in der Literatur oft verwechselt worden.

[9] H. Z. 93, S. 242, dazu Brief Saltzmanns an Frau vom Stein vom 29. 1. 75.

[10] Die begeisterte Rezension des „Götz von Berlichingen" durch Meiners im Wielandschen „Merkur" erschien ihm zu enthusiastisch (an Frau vom Stein 24. 11. 73).

[11] *Pertz* I, S. 10. Die Wielandsche Übersetzung erschien 1762; Karl vom Stein verließ das Elternhaus 1773. Es handelt sich also um eine sehr frühe Aufführung!

[12] Briefe der Hofmeister aus Göttingen.

S. 24 [13] Die politischen Romane Albr. von Hallers könnten eine ähnliche Rolle gespielt haben. Salzmann macht am 24.10.73 Frau vom Stein auf das Erscheinen des englischen Königsromans „Alfred“ aufmerksam.

[14] Frau vom Stein an ihren Gatten 20.7.65.

Zweites Kapitel · Lernjahre

S. 26 [1] Der Hauptinhalt des betreffenden Briefes abgedruckt bei *Lehmann* I, S. 19.

[2] Quelle: außer den Berichten Salzmanns und Christliebs (dieser, nicht der in Nassau in der Erziehung der jüngeren Kinder ihn ablösende Rosenstiel ging nach Göttingen) ein mit Hilfe des Ministers Gemmingen eingeholter Bericht von Prof. Feder über Karl vom Stein (vom 28.11.74). Gegen *Lehmann* I, S. 20, ist festzustellen, daß Salzmann erst um Johannis 1775 Göttingen verließ; übrigens hatte er noch andere Gründe, den Hauslehrerdienst zu quittieren; der Bruch war auch nicht endgültig.

S. 27 [3] An den Minister von Gemmingen, 24.11.74.

S. 28 [4] Nicht der Eltern, wie *Lehmann* I, S. 21, meint.

[5] So die von *K. v. Raumer* hg. Reinschrift der Autobiographie (Münster 1954) S. 25. Über die Bibliotheksbenutzung s. *G. von Selle,* Stein und Hardenberg als Göttinger Studenten, Göttinger Nebenstunden 5 (Nachrichten von der Grätzelgesellschaft zu Göttingen 2), 1927, S. 47 ff.

[6] Nicht näher bezeichnetes Kolleg des W. S. 73/74. Über Beckmanns vielseitige Lehrtätigkeit vgl. *Pütter,* Versuch einer akademischen Gelehrtengeschichte von Göttingen II, S. 173 (1788), dazu *Pertz* I, S. 463, N. 5. Sehr ungünstige Urteile des Kantianers Rehberg über Feder s. dessen S. Schr. I, 4 u. ö.

[7] Sicher bezeugt ist der Besuch des universal-historischen Kollegs im Sommer 1774.

S. 29 [8] *A. Berney,* A. L. von Schlözers Staatsauffassung H. Z. 132, S. 54. Großes Interesse Salzmanns für die literarischen Fehden Schlözers zeigt sein Schreiben vom 28./31.11.73.

[9] Außer dem Esprit des lois sind, sogar noch stärker, jedoch wohl erst in späterer Zeit, die Considérations sur la Grandeur des Romains mit reichlichen Lesespuren versehen. *Botzenhart,* Vierteljahrsschrift f. Soz. u. Wirtsch.-Gesch. 22 (1930), S. 368. In Göttingen hat Stein auch K. F. Mosers „Landstände“ gelesen.

S. 30 [10] Neues Archiv der Gesellschaft für ältere deutsche Geschichtskunde, Bd. 42 (1921), S. 8 (Brief an Eichhorn vom 26. 3. 16).

[11] Stein selbst hat sich mit keinem der Poeten befreundet und erwähnt sie nirgends. Mit Boie hat ihn freilich Salzmann gelegentlich bekannt gemacht: er war Mitglied der Göttinger Freimaurerloge, in die Salzmann (als Logenbruder) seinen Zögling zu dessen großem Wohlgefallen einführte. Salzmann an Frau vom Stein 12. 12. 73.

[12] Zwischen Herbst 1775 und Ostern 1777. In den Berichten Salzmanns und Christliebs (bis Ende 1775) fehlen beide Namen ganz. Dazu stimmen die Angaben Rehbergs in der Minerva 1835, Bd. 4, S. 168. Über den adligen Freundeskreis Steins in Göttingen hat *Max Braubach* Die Lebenschronik des Frh. Franz W. v. Spiegel (1952), S. 37 ff. viele Personalnotizen gesammelt.

S. 33 [13] Frau vom Stein an ihren Gatten 20. 7. 65.

[14] Christlieb an Frau vom Stein 10. 9. 75.

[15] An die Mutter, undatiert, vermutlich 1773 Göttingen, s. *B.* I, S. 9. Es kann wohl nur Ansbach-Bayreuth gemeint sein, dessen bevorstehender Anfall an Preußen schon lange das Interesse der Reichsritterschaft erregte, ehe er (1791) erfolgte. – Der Gebrauch, den *Lehmann* I, S. 29, von dem Schreiben macht, verkehrt offenbar seinen wirklichen Sinn.

[16] Akten dieser Tätigkeit vom 3. 9. 86 bis 10. 8. 89 im Wiener Staatsarchiv.

S. 34 [17] Christlieb an Frau vom Stein 14. 2. 79.

[18] Nach *Pertz* I, S. 18, wäre dies der Wunsch der Eltern gewesen.

[19] *B.* I, S. 197. Vgl. auch den oben zitierten Göttinger Brief von 1773 und die „Staatsgedanken", hg. v. *Botzenhart,* S. 102: „Die Erhaltung der deutschen Verfassung war Friedrichs ernster Wille und er sicherte sie als Greis mit Kraft und Weisheit durch den Teschener Frieden und den deutschen Fürstenbund."

S. 35 [20] An die Mutter, Freiberg 23. 1. 83; ähnlich schon an Marianne, undatiert, wohl Anfang 1782: er werde eine Studienreise nach Sachsen, Bayreuth, Harz machen, „dont je ne retournerai à Berlin qu'à la fin de l'année ou peut être point du tout". *B.* I, S. 69 f. An Reden 23. 1. 83: ebd. 72.

[21] Aktenmäßiger Nachweis durch *H. v. Srbik,* H. Z. 146 (1932), S. 476 ff. Dort auch die weiteren Belege für bergmännische Studien. Das wichtigste Stück jetzt bei *B.* I, S. 125 f.

[22] Die Laufbahn Redens stellt eine auffallend genaue Parallele zu der Steins dar. Er war 1778 als Kammerherr und unbesoldeter Oberbergrat übernommen worden. Über ihn und seine enge Freundschaft mit Stein vgl. *K. Wutke,* Aus der Vergangenheit des schlesischen Berg- und Hüttenlebens (Festschr. z. XII. Allgemeinen deutschen Bergmannstage in Breslau) 1913, Bd. V. Ergänzend: *K. Wutke,* Stein und die Gräfin Reden 1805–1815, Schlesische Monatshefte, Jg. I, 1924. (Briefwechsel, jetzt bei *B.* wiederholt.)

Drittes Kapitel · Der Verwaltungsfachmann: Bergbau und westfälische Provinzialverwaltung in Friedenszeiten 1780–1792

S. 37 [1] Anstellungsordre pp. bei *B.* I, S. 47 f. Vorstellung beim König: Autobiographie, ed. *K. v. Raumer,* S. 26.

S. 38 [2] Briefe an die Mutter vom 23. 1. und 18. 3. 83 aus Freiberg.

S. 39 [3] Graf Steinberg (Steins Schwager) an Frau vom Stein 11. 5. 82. – Über das anfängliche Widerstreben Friedrichs II. vgl. *B.* I, S. 64 ff.

[4] Die Geschwister wurden mit bescheidenen Renten abgefunden, der Vater blieb, wie aus den Briefen an Marianne seit 1783 hervorgeht, ohne selbständigen Einfluß auf die Güterverwaltung. Diese hat Stein 1784 mit Hilfe eines

von ihm angestellten preußischen Justizbeamten als Verwalter neu geordnet, siehe *R. Mackeprang*, Nass. Annalen Bd. 52, 1931, S. 75 ff.

S. 40 [5] *Al. Meister*, Handel, Gewerbe, Industrie und Bergwesen in: Die Grafschaft Mark, Festschrift, herausgegeben von *Meister* 1909, I. Bd., S. 460 ff.

[6] *W. A. Schmidt*, Geschichte der preußisch-deutschen Unionsbestrebungen seit der Zeit Friedrichs d. Gr. (1851), S. 198 f.

S. 41 [7] Näheres s. bei *B.* I, S. 123 ff; bes. aufschlußreich der Brief an Reden ebd. S. 129 ff. Vgl. auch *W. A. Schmidt*, Geschichte der deutschen Verfassungsfrage 1812–15 (1890) S. 31 f.

[8] An die Mutter 21. 11. 82.

[9] Ich benutzte die Berichte der Grafen Trautmannsdorf und Metternich an den Wiener Hof (Staatskanzlei Reich, Fasz. 213, 214) sowie die „Reichstagsakten des Mainzer Erzkanzlers“ (Fasz. 647 rot) aus dem Wiener Haus-, Hof- und Staatsarchiv. Letztere scheint auch schon Pertz benutzt zu haben. Unter ihnen auch Steins Beglaubigungsschreiben, datiert 5. 5. 85.

S. 42 [10] An den Kurfürsten, Nassau 6. 8. 85, in Übersetzung bei *Pertz* I, S. 52 ff.; an denselben, 20. 8. 85, ehemals in den Mainzer Akten, jetzt in Wien nicht mehr auffindbar, wohl identisch mit dem von *Pertz* I, S. 59, Abs. 2 erwähnten Stück. An Staatsrat von Deele 10. 8.; 21. (nicht 20.!) 8.

[11] Die Österreicher wußten z. B. schon Ende Juni, daß Stein den diplomatischen Auftrag ausgeschlagen habe, verwechselten ihn aber damals noch mit seinem Bruder Johann Friedrich. Übrigens behauptete Trautmannsdorf (14. 9.), er sei in Mainz persona ingrata wegen eines Prozesses, den seine Familie seit langem gegen den Kurfürsten betreibe. Wenn das richtig ist, könnte auch dies seine anfängliche Weigerung mitbestimmt haben.

[12] Vielleicht spielte dabei eine Verstimmung mit über tadelnd ungeduldige Mahnungen einer C.-O. vom 6. 9. (bei *Schmidt*, Preußisch-deutsche Unionsbestrebungen, S. 364)?

[13] 18. 10. Der Kurfürst rühmte sein „ebenso gefälliges als geschicktes und eifervolles Benehmen“.

[14] Für das Folgende vgl. meinen Aufsatz: „Vom jungen Stein“, H. Z. 148, 1933, in dem ich zuerst die von *Botzenhart*, Bd. I, veröffentlichte Jugendkorrespondenz mit Reden biographisch auswerten konnte.

S. 44 [15] Siehe *Eylert*, Charakterzüge Friedrich Wilhelms III., Bd. II, 2, S. 266.

[16] Erste Ankündigung: an die Mutter 18. 3. 83 aus Freiberg: 1784 voraussichtlich nach Schweden, 1785 nach England; je me verrais bien heureux, si je pourrai faire l'année 1785 celui (voyage) de l'Angleterre si agréable et instructif. Sie wird 4000 Taler kosten, davon dürfte die Staatskasse die Hälfte geben, wenn die Eltern 2000 Taler zuschießen. Weitere Ankündigung an Marianne 28. 1. 85: wohl noch dieses Jahr. Erneut am 9. 3. 85: Abreise mit Heinitz verabredet auf April 1786. Also *kein* Zusammenhang mit dem Regierungswechsel, wie ihn *Lehmann* I, S. 84, vermutet! Für das Folgende vgl. meinen Aufsatz: „Ein überraschender Quellenfund zur Englandreise des Freiherrn vom Stein 1787“ in: Gött. Gel. Anzeigen, 200. Jg., 1938, Seiten 329–339. Es handelt sich um Materialien aus dem Hausarchiv der Firma Boulton & Watt in Soho bei Birmingham, das der amerikanische Historiker *G. St. Ford* in einer Festschrift „On and off the Campus“ 1938

veröffentlicht hat. – *Pertz* und *Lehmann* nahmen irrig an, Reden habe Stein nach England begleitet.

S. 47 17 Vgl. die sehr merkwürdigen täglichen Bekenntnisgebete, auch über nüchternste geschäftliche Erlebnisse, veröffentlicht von *Steinecke:* Forsch. 15, S. 109 ff.

18 Vgl. *Lampp*, Die Getreidehandelspolitik in der ehemaligen Grafschaft Mark im 18. Jahrhundert (Dissertation Münster 1911 und Münsterische Beiträge zur Geschichtsforschung, N. F. 28, 1912), S. 21 f.; mißverstanden von *Wollenhaupt*, Die klevisch-märkischen Landstände im 18. Jahrhundert (1924), S. 41. Für das Folgende vgl. auch *Rosenmöller*, Schulenburg-Kehnert unter Friedrich d. Gr. (1914), § 6 ff.

Viertes Kapitel · Erste Berührung mit großen Reformaufgaben: Kammerpräsident in Westfalen 1793–1802

S. 49 1 An Frau von Berg 1792/93: *B.* I, S. 199, 223 f.

2 Briefwechsel zwischen Stein und Vincke, herausgegeben von *Kochendörffer*, 1930.

S. 50 3 Briefe an die Gattin, Sept. 1812, *B.* IV, S. 76 f. Gemeint ist offenbar das Ganze der Schlußkapitel (28–30).

S. 51 4 Im August 1807 ging in Memel ein Gerücht um: „Es sey eine bekannte Sache, daß die Kammer zu Hamm, die unter ihm gestanden habe, nie in Ordnung, sondern immer die schlechteste gewesen sey." Überhaupt fehle es ihm zwar nicht an guten Ideen, aber an Beharrlichkeit in der Ausführung und Ausdauer bei einer Sache. – Forsch. 24, S. 397. (Bericht Zietens). Dahinter steckt wohl nicht viel mehr als verleumderisches Gerede seiner Gegner. Immerhin vgl. das ähnlich lautende Urteil bei *Bodelschwingh*, Vincke I, S. 119, über den „großartigen Zug" seiner Geschäftsführung. – Eine amtliche Charakteristik, die Heinitz 1801 in seine Konduitenliste schrieb, lautet: „Hat die Gabe, besonders bei Generalarbeiten, die Sache durch mühsamen Fleiß wohl vorzuarbeiten und hiebei seine auf Reisen und durch fortgesetzte Lektüre vermehrte Kenntnis anzuwenden, übersieht schnell und leicht die verschiedenen Verbesserungen seiner vier westfälischen Provinzen, negotiiert sich mit den Ständen und hat richtige Staatsgrundsätze, die er bei Verhandlungen mit den Nachbarn in Anwendung zu bringen weiß, zumal er mit der deutschen Staatsverfassung durch seinen Aufenthalt in Regensburg und Wetzlar sehr bekannt ist." (16. 1. 01. – G. St. A., Rep. 89, 71 L.) – Eine sehr anschauliche Schilderung seiner raschen und bestimmten Art, die Geschäfte abzumachen, geben die Berichte Joh. Smidts aus dem Winter 1813/14 bei *W. v. Bippen*, Joh. Smidt, 1921, S. 121 ff.

5 Ein noch erhaltenes Stehpult der Nassauer Schloßbibliothek läßt auf eine geradezu auffallend geringe Körpergröße schließen.

S. 52 6 In jungen Jahren hatte man Mühe, seine schnelle Zunge zu verstehen (Bericht Christliebs an Frau vom Stein, Stuttgart, 14. 2. 79). Nach Arndts Schilderung muß er das später völlig überwunden haben.

7 Beste Charakteristik bei *Bailleu*, Königin Luise (1908), S. 117 ff. Vgl. auch das von Eifersucht und Haß erfüllte Urteil Friedrich Wilhelms III.: Vom

Leben und Sterben der Königin Luise, hg. v. *Meisner*, 1926, S. 13 ff., 19 f. u. ö.

S. 53 [8] Zu vgl. *L. Wuppermann*, Prinzessin Marianne v. Preußen ... 1804–1808. Bonner Diss. 1942 (bringt einiges ungedrucktes Quellenmaterial).

S. 54 [9] Brief an Marianne, undatiert 1782. *B.* I, S. 69, von *Lehmann* I, S. 38 und 151, falsch datiert.

[10] Außer der von *Lehmann* I, S. 152, erwähnten Anknüpfung mit den Wallmodens dürfte auch das Elternhaus von E. Brandes in Betracht kommen, das der Familie Wallmoden sehr nahe stand: vgl. *Frensdorff*, Georg Brandes, in Zeitschrift des historischen Vereins für Niedersachsen 1911 (76. Jg.), S. 13 f.

[11] Vgl. Humboldts Urteil 1814: „Seine Frau ist ungeheuer unbedeutend, sie hat nur einen Wunsch, in Berlin zu leben." *W.* und *Car. von Humboldt* in ihren Briefen IV, S. 211. Später fand er, bei näherem Umgang habe sie doch sehr gewonnen. „Doch hat sie eine gewisse Kälte und Unlebendigkeit und ist von manchen Seiten wie ummauert, so daß sie nicht auf ihn (Stein) auf eine erweiternde Art einwirken kann, höchstens wohl auf eine manchmal, wenn er zu heftig ist, anhaltende und beruhigende." Ebd. VI, 523 (12. 4. 19). – Deutsche (statt französischer) Unterhaltung fiel ihr sauer: *Pertz-Delbrück*, Gneisenau IV, S. 313.

S. 55 [12] Stein an seine Gattin, Prag 26. 1. 09.

S. 57 [13] Stein pflegte diesen Unterschied gegenüber den Verhältnissen des Ostens mit großer Schärfe zu betonen: vgl. *Lehmann* I, S. 103, N. 2, und ebd. S. 271 f. Auch die Verleihung sogenannter „Jurisdiktionen" an einzelne landtagsfähige Familien schuf keine „Gutsobrigkeit" im Sinne des Ostens. Darüber vgl. *M. Bosch*, Die wirtschaftlichen Bedingungen der Befreiung des Bauernstandes in Kleve und Mark (= Tübinger Staatswiss. Abh., N. F. 21) 1920 sowie die Erstauflage dieses Buches I, S. 73 ff.

[14] Nassauer Denkschrift, *B.* II, S. 225. Tatsächlich bestand die klevische Ritterschaft um 1800 aus drei Vertretern. Siehe *Wollenhaupt*, Die klevisch-märkischen Landstände im 18. Jahrhundert, Berlin 1924, S. 6. Stein spricht am 17. 1. 03 (an Schulenburg, siehe unten!) von zwei Familien.

S. 58 [15] Vgl. Acta Borussica. Behördenorganisation IX, S. 709 f. (Bericht des Generaldirektoriums ad regem vom 17. 1. 54). Den zugrundeliegenden Aktenband des Geh. Staatsarchivs, Generaldirektorium Kleve CXIII, Landtagssachen I, 4, Vol.1, benutzte ich für die Erstauflage im Original.

[16] Kleve, 14. 12. 93. *B.* I, S. 226 ff. Ministerial-Reskript vom 30. 7. 93.

S. 59 [17] Insbesondere auf die A. B., Beh.-Organis. X, No. 60, publizierte Eingabe vom 28. 6. 1754. Von dorther übernimmt Stein auch den Irrtum, als hätte tatsächlich die von Boenensche Duellsache die Entschlüsse des Königs bestimmt; daß davon im Ernst keine Rede war, werden die klevischen Kammerakten kaum weniger deutlich gezeigt haben als die des Generaldirektoriums.

[18] Mir lagen (aus dem G. St. A., a. a. O.) die „Landesbeschwehr" vom 15. 10. 53 vor, die dann den äußeren Anlaß (oder Vorwand) zur Beschränkung der Landtage auf dreijährige Perioden gaben. Sie richten sich gegen folgende Punkte: a) für Kleve-Mark gemeinsam: unentgeltliche Domanial-, Bau- und Fuhrdienste, Dienstfuhren für Kameralbediente (Vorspann), Mühlenzwang, Ge-

neralakzise und deren verderbliche Folgen für den städtischen Handel, Ausdehnung der Akzise auf das platte Land, Unterdrückung der ländlichen Gewerbe, zwangsweise Aufnötigung bestimmter Salzquoten, übermäßige Einschränkung der städtischen Selbstverwaltung, Einrichtung neuer Zollstellen für den inneren Verkehr. b) Für die Grafschaft Mark insbesondere wird erbeten: Beschleunigung der neuen Holzordnung und der Markenteilung, Erleichterung der Jagdvorschriften, Steuerremission für Kolonen, die einen Neubau im Gang haben, Abschaffung der zwangsweisen Salzfuhren (Staatsfrohnden).

[19] An Graf Schulenburg-Kehnert, Münster, 17. 1. 03, jetzt bei *B.* I, S. 421 ff.

S. 60 [20] Nur so verstehe ich den umstrittenen Sinn des Berichtes vom 17. 1. 03 (a. a. O.). Stein weist darauf hin, daß infolge strenger Ahnenprobe die Zahl der ritterbürtigen Familien, die den Landtag besuchen, im Klevischen effektive nur noch zwei beträgt „und auch diese beiden sind ohnbeerbt". Dem abzuhelfen schlägt er vor: a) Inkorporation der essendischen und werdenschen Stände in die klevischen. b) „daß die Landtagsfähigkeit eines Rittergutes wie es jetzt ist von 6/m Rthlr. auf 20 000 Rthlr. gesetzt werde." (Erhöhung also der Größe als Ersatz für die wegfallende Ahnenprobe des Besitzers!) c) „daß der Eigentümer, der zu gleicher Zeit einen Repräsentanten des Kontributionsstandes vorstellt, den Besitz einer gewissen Anzahl kontributionspflichtiger Grundstücke außer seinem Rittersitz nachzuweisen habe". Daß die Erklärung *Lehmanns* I, S. 253, N. 3, für den Absatz b („Schreibfehler") unmöglich ist, hat schon *von Meier*, Französische Einflüsse II, S. 361, gesehen. 25 000 Reichstaler Kapitalwert des Ritterguts verlangte Stein noch 1817, vgl. *B.* V, S. 389, an anderer Stelle (ebd. V, S. 378) wünschte er sogar Heraufsetzung von 6000 Taler Kapitalwert auf 2000 Taler Rentenertrag! Ebenso unmöglich ist die Erklärung *Lehmanns* I, S. 254, N. 1, für Absatz c. Der Vorschlag sub b erklärt sich aus den Ideen der Adelsreform (echter Adel gebunden an großen Besitz), der sub c aus den bauernfreundlichen Tendenzen Steins. Über beides vgl. unten Kap. 5, III!

[21] Hierfür vgl. auch Steins Bemerkungen zur Instruktion für die Landräte vom 26. 6. 03 (Staatsarchiv Münster, Oberpräs. A 5, fol. 314–316, ad § 2): Statt Ritterschaft besser „Besitzer adliger Güter oder adlige Gutsbesitzer, weil sonst die Wahlfähigkeit durch den Stammbaum eingeschränkt wird". Dazu die Ständepläne für Westfalen von 1817 und 1822: *B.* V, 388 f., VI, 125 u. ö. *Pertz* VI, 2, Anhang, S. 124 f.

[22] Vgl. für das Folgende unter anderem auch die Mitteilungen bei *Rosenmöller*, Schulenburg-Kehnert, S. 141 ff.

S. 61 [23] Vgl. hierzu *Hashagen*, Westdeutsche Zeitschrift 28 (1909), S. 24 ff., und *Wollenhaupt*, a. a. O.

[24] Sogar die schwerfälligen Verhandlungsformen des altständischen Korpus, nach Kurien getrennt, scheint er zu billigen. In seinen Altersdenkschriften (z. B. *B.* V, S. 508) wünscht er dringend ihre Wiederherstellung.

S. 62 [25] Nach dem Gesetz vom 1. 7. 94 (*Scotti*, 4, S. 2406 ff.) scheint es, daß nur größerer Grundbesitz den „Beerbten" zur Stimmabgabe berechtigte, daß aber einzelne dieser Grundbesitzer zugleich als Deputierte oder Scheffen ihrer Bauernschaft auftraten und herkömmlich als solche Stimmen abgaben.

[26] *B.* V, S. 387 f., 508, 533 f., und *Pertz* VI, 2, Anhang, S. 123. Ferner Bericht vom 14. 12. 93, *B.* I, S. 226 f. Vgl. auch Vinckes Denkschrift über die Organisation der Unterbehörden für die Finanzverwaltung (*Bodelschwingh* I, S. 400), die das System der Erbentage als vorbildlich empfiehlt und ihre Tätigkeit ohne Vorbehalt lobt – im großen Reformjahr 1808!

[27] Stein an die Paderbornische Organisationskommission, Münster, 26. 6. 03, jetzt bei *B.* I, S. 485 ff. Vgl. dazu *Lehmann* I, S. 268–270. Die von ihm angeführte Analogie der englischen „Friedensrichter" leuchtet mir nicht ein.

[28] Verordnung vom 1. 7. 94, bei *Scotti* 4, S. 2406 ff., § 1. Daß Stein „die geheime Wahl der Rezeptoren bestehen ließ" (*Lehmann* I, S. 160), besagt nichts gegen den oben bemerkten Charakter der Verordnung.

S. 63 [29] Vgl. (auch für das Folgende) *Ad. Schill,* Die Einführung des Landratamtes in Kleve-Mark, Forschungen 22, S. 321–374.

S. 64 [30] Vgl. Publikationen aus den preußischen Staatsarchiven 76, Nr. 508, S. 691 ff. (Preußen und die katholische Kirche VIII).

[31] Beispiel einer Besichtigungsfahrt (nach einem Bericht des Kriegsrats Hoffbauer) veröffentlicht von *H. Strangmeier,* in: Heimatbl. f. d. Grafsch. Diepholz VI, 1935, S. 9 ff.

S. 65 [32] *B.* I, S. 305 ff.

[33] Vgl. dazu *v. Meier,* Franz. Einflüsse II, S. 252, und *Hintze,* H. Z. 76, S. 437.

S. 66 [34] Vgl. meinen Aufsatz in der H. Z. 138, S. 29, Anm. 2. Die Biographie Turgots von Condorcet findet sich in der Nassauer Schloßbibliothek.

[35] Autobiographie v. 1823, bei *B.* VI, 159, Neuausg. d. *K. v. Raumer* (Münster 1954), S. 28. Wie wenig indessen Stein gewillt war, im Einzelfall auf Zwang (militärische Exekution!) zu verzichten, zeigt sein Briefwechsel mit Vincke: *Bodelschwingh,* Vinckes Leben I, S. 122 ff.

S. 67 [36] *Ziekursch,* 100 Jahre schlesischer Agrargeschichte, [2]1927, S. 200 ff.

[37] *B.* I, S. 230.

S. 68 [37a] Vgl. *M. Rumler,* Forsch. 33, S. 181 ff.

[38] Über den Ursprung des Wortes vgl. *Lappe,* Freiherr vom Stein als Gutsherr (1920), S. 94, Anm. 1.

[39] Vgl. die „Einzugs- oder Bürgergelder" sowie die „Nachsteuern" und „Abschösse", die in den meisten westdeutschen Territorien von Freien und Unfreien unterschiedslos erhoben wurden.

S. 69 [40] Rehberg urteilte später: „Die Eigenbehörigen waren im Bistume (Münster) wie in ganz Westfalen mehrenteils sehr wohlhabend, und dadurch, ungeachtet einer oft herabwürdigenden Abhängigkeit von den Gutsherren, in hohem Grade selbständig." Sämtliche Schriften II, 23. An die günstigen Schilderungen westfälischer Eigenhörigkeit durch J. Möser (vgl. besonders S. W. V, N. 40, IX, Nr. 5, V, 144 ff. u. ö.) sei nur kurz erinnert. Freilich scheinen die Verhältnisse in den geistlichen Territorien besonders günstig gelegen zu haben. Vgl. darüber die Arbeit von *Klessing,* Beiträge zur Geschichte der Eigenbehörigkeit im Hochstift Münster während des 18. Jahrhunderts (Beiträge für die Geschichte Niedersachsens und Westfalens, herausgegeben von Erler II, 8) 1907, dazu *Upmeyer,* Die minden-ravensbergische Eigentumsordnung von 1741 (dieselbe Sammlung I, 5 (1906).

[41] *B.* VI, S. 267 (28. 11. 24). Schon 1819 empfahl er ausdrücklich die Erhal-

tung wenigstens eines Teils der „gutsherrlichen Rechte" des Ostens in bezug auf Polizei und Gerichtsbarkeit und die Wiederherstellung des „gutsherrlichen Verhältnisses", wo es früher bestanden hatte, aber durch die französische Herrschaft beseitigt war, also zwischen Elbe und Weser: *B.* V, S. 532 ff. – Unbedenklich berief er sich als Gutsherr in Kappenberg auf die altmünsterische Eigentumsordnung von 1770, trotz aller Reformgesetze der französischen Zwischenherrschaft: *Lappe*, Stein als Gutsherr, S. 101 u. ö. Übrigens war das „Obereigentum" des Grundherrn auch in dem französischen „Königreich Westfalen" nicht abgeschafft worden: *von Meier*, Französische *Einflüsse* II, S. 290.

[42] Meine Anschauung dieser Dinge stützt sich hauptsächlich auf eine gründliche aktenmäßige Kenntnis der Verhältnisse in der reichsritterlichen Herrschaft Osterspai (bei Boppard). Danach läßt sich sagen, daß eine Nachahmung der freiwilligen Bauernbefreiung, wie sie um diese Zeit von einzelnen holsteinischen und ostelbischen Rittergutsbesitzern durchgeführt wurde (*Lehmann* I, S. 216), in Nassau praktisch nicht viel mehr bedeutet hätte als den entschädigungslosen Verzicht auf gewisse regelmäßige Gefälle; daran hinderte Stein schon sein Bemühen, die Verschuldung seines durch Kriegsschäden stark mitgenommenen Erbes abzutragen, außerdem aber die (immer wiederkehrende, freilich nicht konsequent festgehaltene) Überzeugung, daß eine gewisse rechtliche Bindung der Landbevölkerung an die Scholle und an gutsherrliche Vormundschaft nur von Segen sei. Um sein Verhalten ganz zu begreifen, muß man auch den eigentümlich verpflichtenden Begriff des „großen Grundeigentums" kennen, den Stein hegte und der seine Vermögensverwaltung (sie war geschäftsmäßig ganz vortrefflich) fast als pflichtmäßigen Dienst an einem überpersönlichen Erbe erscheinen läßt, über das der einzelne Besitzer gar nicht willkürlich verfügen darf und dessen Erhaltung und Mehrung geradezu so etwas wie einen ethischen Wert darstellt. – Vgl. auch die Denkschrift von 1818, *Pertz* VI, 2, Beilagen, S. 127: „Es ist wert zu bemerken, daß in der Nähe des Rheins niemals drückende bäuerliche Verhältnisse stattfanden oder daß die, welche etwa stattgefunden, seit undenklichen Zeiten erloschen sind."

S. 70 [43] Unter anderem wendete er sich gegen eine allzu weitgehende Landabgabe von den größeren Bauernhöfen zu Siedlungszwecken. Zur Begründung erwartet man (im Sinn seiner späteren Anschauungen) Ausführungen über die Notwendigkeit eines wohlhäbigen bäuerlichen Mittelstandes als Träger öffentlicher Sittlichkeit. Statt dessen beruft er sich auf A. Young, Herrenschwand und eigene Beobachtungen auf Reisen: ein deutliches Zeichen dafür, wie stark seine Ansichten damals noch von anderen, insbesondere literarischen Autoritäten, abhängig waren.

S. 71 [44] Ähnlich radikal klingen seine späteren Reformvorschläge für Münsterland: „gänzliche Freiheit der Person und des Eigenthums". *Lehmann* I, S. 301.

[45] *Stadelmann*, Publikationen 30, S. 37 (22. 2. 99), jetzt auch *B.* I, S. 283 ff.

[46] Schon hier sei kurz auf die Ausführungen *Rehbergs*, Über den deutschen Adel 1803, S. 19 ff., hingewiesen, die viel Verwandtschaft mit den Gedankengängen Steins zeigen. Besonders interessant ist die Hervorhebung des militärischen Interesses der friderizianischen Verwaltung an einem gesunden

Bauernstand, S. 31! Vgl. auch *Botzenhart*, Staats- und Reformideen des Freiherrn vom Stein (1927), S. 126 ff.

[47] Er selbst zitiert Eggers' Memoiren über die dänischen Finanzen: *B.* I, S. 311. Über Eggers' an Stein gerichtetes Bauernbefreiungsprogramm von 1807 siehe *Knapp* I, S. 158 ff., und *Lehmann* II, S. 310. Über den Einfluß Eggers' auf die preußische Agrargesetzgebung vgl. *Rumler*, a. a. O. 1805/06 hat Stein versucht, E. zur Übernahme der Seehandlung zu berufen; erst als das an allerhand Mißverständnissen scheiterte, an denen wesentlich Eggers selbst Schuld trug, berief er Niebuhr (G. St. A., Rep. 89, 11 A.). Auch Rehberg wies nachdrücklich auf das dänische Vorbild hin: Über den deutschen Adel, S. 33.

S. 72 [48] *M. Rumler*, Forschungen 24, S. 22, N. 3. – *B.* I, S. 304 f.

Fünftes Kapitel, Teil I. Krieg mit Frankreich · Heeres- und Machtfragen · Die preußische Neutralität von 1795 · Zusammenbruch der alten Reichsverfassung

S. 75 [1] 24. 6. 86 (an Heinitz); 16. 12. 90 u. 10. 7. 90 an Reden: *B.* I, S. 147, 178, 172. Noch am 14. 12 ist davon die Rede, sich nach Straßburg zu „expatriieren".

[2] Doch zeigen seine Briefe an Reden, daß seine kriegerische Begeisterung und seine Zuversicht auf die Leistungsfähigkeit des preußischen Hauptquartiers keineswegs so groß waren, wie er sie Frau v. Berg gegenüber schilderte. Sehr kritisch-nüchternes Urteil über Friedrich Wilhelm II. s. *B.* I, S. 161, weiter vgl. ebd. S. 189, 195.

S. 77 [3] Näheres bei *Lehmann* I, 162 u. *B.* I, 151 ff. Botzenharts Aktensammlung ist hier sehr unvollständig. Auf sie allein gestützt, bemüht sich der Aufsatz von *W. Döring:* Die Entwicklung der wehrpolit. Ideen d. Frh. v. Stein (Welt als Gesch. VI, 1940) vergeblich, in die Äußerungen schon dieser Jahre irgend etwas von besonderer Wertschätzung des „Wehrdienstes" hineinzulesen.

S. 82 [4] Aufgefunden u. publiz. von Archivrat *W. Steffens:* Rheingrenze u. territoriale Entschädigungsfrage in d. preuß. Politik d. J. 1795—1798 in: Westfäl. Forsch. VI, 1943/52 — eine sehr wertvolle Studie mit viel neuem Archivmaterial.

S. 86 [5] An Sack 12. 2. 03: *B.* I, S. 430.

[6] *B.* I, 516 ff. (19. 4. 04).

[7] Die Stelle über Preußens Eroberungspolitik in den Geschichtsbetrachtungen (herausgegeben von *Botzenhart*, S. 102) möchte ich, im Gegensatz zu *Weniger*, Rehberg und Stein, S. 25, doch nicht als Zustimmung, sondern eher als Tadel auffassen.

S. 87 [8] Die Personalakten Steins in der Kabinettsregistratur (G. St. A., Rep. 89, 96) zeigen, daß Stein sich 1803 bemühte, für Einkommensverluste, die er durch die französische Okkupation des linken Rheinufers „seit 9 Jahren" erlitten, durch Anweisung des preußischen Königs auf die Einkünfte westfälischer säkularisierter Klöster (Clarholz, Elsey und Herzbrock) entschädigt zu werden. Dabei scheint auch eine gewisse Eifersucht auf die überreichliche Entschädigung immediater Standesherren mitzuspielen. Vgl. auch *Lehmann* I, S. 235 f., sowie *Lappe,* Der Frhr. v. Stein als Gutsherr auf Kappenberg (1920), Anl. IV, S. 208 ff.

S. 88 [9] Vgl. *H. Müller,* Der letzte Kampf der Reichsritterschaft um ihre Selbständigkeit (1910), S. 150. Interessant ist der S. 151 gegebene Nachweis, daß Stein schon seit den neunziger Jahren sich gegen Übergriffe des Nassauers wehrte. Der Brief von 1804 erscheint so als Ausbruch eines längst angesammelten Grolls. – Frh. v. *Waechter:* Die letzten Jahre d. dtsch. Reichsritterschaft in: Württ. Vjh. f. Landesgesch. XL, 1935, geht nicht näher auf Steins Verhalten ein.

S. 89 [10] Vgl. *Domarus:* Steins Verweigerung d. nass. Untertaneneides u. ihre Vorgeschichte in: Nass. Annalen LII, 1931. Am Nassauer Hof erklärte man die Ausführungen Steins für „unanständige und lächerliche Kannegießereien", auf die zu antworten unter der Würde Serenissimi sei: *B.* I, S. 514.

Fünftes Kapitel, Teil II · Eingliederung westfälischer Stiftsländer in die preußische Verwaltung (1802–1804)

S. 91 [1] Ausführlicher ist hier die Darstellung der ersten Auflage, mit zahlreichen Belegen aus ungedr. Archivalien des GStA. Auch die dort gegebene Auseinandersetzung mit *M. Lehmann* wiederhole ich hier nur teilweise. Die Denkschriften, Eingaben u. Briefe Steins jetzt bei *Botzenhart* Bd. I. *Kochendörffer,* Territorialentw. u. Behördenverfassung in Westfalen 1802–13 in: Ztschr. f. vaterl. Gesch. u. Altertumkunde Bd. 86/I, 1929, behandelt nur die Ergebnisse d. Behördenorganisation.

S. 92 [2] GStA R. 70, II, 18, 1: Bericht d. Zivilorgan.-Kommission vom 12. 8. 02 (nebst Beilage: Schreiben an die Landtagsdeputation vom 12. 8.) und vom 30. 8. Reskripte Schulenburgs an diese vom 25. 8. und 5. 9. Dazu *Lehmann* I, S. 255, N. 2.

[3] Auch die Denkschrift des Domdechanten Frh. v. Spiegel vom 14. 2. 1803 (GStA a. a. O. und R. 89, 58 c: – Beymes Exemplar –) dürfte auf Steins Anregung zurückgehen; ebendort eine Denkschrift Spiegels vom 10. 2., betr. Grenzerweiterung des Fürstentums Münster, ebenfalls den Wünschen Steins nahestehend.

S. 93 [4] A. L. R. II, Titel 6 § 2.

[5] Vgl. *Meyer zu Stieghorst:* Die Verhandlungen der Landstände des Fürstbistums Münster 1789–1802 (Beiträge für die Geschichte Niedersachsens und Westfalens, herausgegeben von G. Erler, Heft 31), Hildesheim 1911.

S. 94 [6] Vgl. Sethes Erinnerungen in *G. Freytags* „Bildern", Bd. IV, S. 382 ff.

S. 95 [7] Vgl. Br. *Engler,* Die Verwaltung der Stadt Münster 1802–13 (Beiträge für die Geschichte Niedersachsens I, 2), 1905.

[8] Daß die von *Lehmann* I, S. 275 f., so stark unterstrichene Festlegung einer bestimmten Zahl von „Bürgervorstehern" für die verschiedenen Klassen von Städten nichts mit den französischen Munizipalgesetzen zu tun hat, ist schon von E. von *Meier* II, S. 272, dargetan. Was *Lehmann* I, S. 232 f.,

ausführt, um schon für 1802 ein Interesse Steins für städtische Autonomie zu beweisen, ist mir unverständlich.

[9] Der von *Lehmann* I, S. 264 f. (= *B* I, 466 ff.) ausführlich wiedergegebene Bericht vom 13. 4. 03 ist indessen in *allen* seinen Teilen nur Ausführung eines von Schulenburg angegebenen Programms; auch die Verschiedenheit der westfälischen Provinzialverfassungen hatte Schulenburgs Reskript vom 8. 4. schon erwähnt (G. St. A., R. 70, Hauptkommission c. II, s. 31, Nr. 2, Vol. 1).

S. 96 [10] Für das Folgende zu vgl. die Dissertation meines Schülers Herb. *Hafter*, Der Freiherr vom Stein in seinem Verhältnis zu Religion und Kirche, 1932. (= Abh. z. mittl. u. neueren Gesch., Heft 71).

[11] Vgl. die „Maximen" des Kabinettsministeriums (vom 28. 6. 03): Publikationen aus den preußischen Staatsarchiven 76 (*Granier*, Preußen und die katholische Kirche VIII), Nr. 614, S. 861 f.

S. 97 [12] Eingabe an Schulenburg, 15. 2. 03. G. St. A., a. a. O. Dazu *Granier*, a. a. O., Nr. 542, 543. Stein spricht von diesem Vorschlag schon am 17. 10. 02 in einem Briefe an Sack.

S. 98 [13] So hat er den Übertritt Fritz Stolbergs zum Katholizismus gegen den „brutalen" Zelotismus der Aufklärungsapostel Voß und Jacobi verteidigt.

[14] Vgl. seine sarkastischen Bemerkungen über die Säkularisationswut mancher seiner Kollegen: *B.* I, 458.

[15] An Sack, 18. 6. 02. Der Gedanke des Religionsfonds war schon 1782 von Joseph II. in Österreich verwirklicht. Näheres bei *Hafter*, a. a. O.

[16] *R. F. Eylert*, Charakterzüge und Fragmente aus dem Leben des Königs Friedrich Wilhelm III., Bd. II, S. 268 ff. (aus dem Jahre 1797).

Fünftes Kapitel, Teil III · Der Hannoverische Freundeskreis und die „Westfälischen" Reformideen Steins

S. 100 [1] Es ist ein unersetzlicher Verlust für die Steinforschung, daß Rehberg die Briefe Steins an ihn später vernichtet hat: *Pertz* I, 579.

S. 101 [2] *Gunnar Rexius*, H. Z. 107, S. 496 ff. Göttinger Schule: *Frensdorff*, Wiedererstehen des deutschen Rechts, Ztschr. d. Savigny-Stiftung, germanist. Abt. 29, 1908, S. 1 ff. Allgemeine Bedeutung der „historischen Schule": *Rothacker*, H. Z. 128, S. 415 ff., und Einleitung in die Geisteswissenschaften, Kap. II. Als Bekämpfer der Revolution fand Rehberg die grenzenlose Bewunderung des Grafen Dohna, der Stein im Ministerium des Innern nachfolgte; er wünschte ihn als Mitglied der preußischen Gesetzkommission zu gewinnen. Vgl. *Schöns* Papiere VI, S. 564, 567, 570, 572.

[3] *E. Botzenhart*, Die Bibliothek des Freiherrn vom Stein, in Vjschr. f. Sozial- und Wirtschaftsgesch. 22 (1930), S. 331 ff.

[4] *Botzenhart*, Die Staats- und Reformideen des Freiherrn vom Stein I, 1927, möchte im Gegensatz zu *Weniger*, Rehberg und Stein, Niedersächsisches Jahrbuch II, 1925 (auch separat), die Rehberg und Brandes nur als Interpreten, nicht als „Lehrer" Steins gelten lassen. Ich finde die Formulierungen Wenigers (der übrigens nicht von „Lehrern" spricht) im ganzen zutreffen-

der. Vgl. meine Rezension des Botzenhartschen Buches: H. Z. 136, S. 568 ff. Zum Folgenden vgl. auch Kl. *Thiede*, Die Staats- und Wirtschaftsauffassung des Freiherrn vom Stein 1927, dazu meine Besprechung: Zeitschrift für die gesamte Staatswissenschaft 85, 3, S. 599 ff., weiterhin meinen Vortrag: Die Staatsanschauung des Freiherrn vom Stein, ihr Wesen und ihre Wurzeln, Einzelschriften zur Politik und Geschichte, H. 27, Berlin 1927, und meine Abhandlung: Der Freiherr vom Stein und die politischen Reformprogramme des ancien régime in Frankreich, H. Z. 137 und 138. Die ältere Literatur und die in Betracht kommenden Schriften von Rehberg, Brandes, Möser sind bei Botzenhart verzeichnet. Für den Einfluß Burkes vgl. auch Fr. *Braune*, Edm. Burke in Deutschland 1907, und R. *Elsasser*, Über die politischen Bildungsreisen der Deutschen nach England 1917. H. *Christern*, Deutscher Ständestaat und englischer Parlamentarismus am Ende des 18. Jahrhunderts (1939) bietet wenig Neues. *Edith Ruff*, J. L. de Lolme und sein Werk über die Verfassung Englands (Eberings Hist. Stud. 240, 1934) bringt Einiges über die Abhängigkeit de Lolmes von Montesquieu und über das Verhältnis zwischen ihm und Brandes. *W. Saggau*, Der Freiherr vom Stein und die englische Selbstverwaltung (Kieler Diss. 1949, Ms.) ist wertlos: fast nur unselbständige Literaturexzerpte.

5 Vgl. dazu Stein selbst: 31. 3. 29, *B.* VII, 21.

S. 102 6 Selbst die Altersschrift Rehbergs: Die Erwartungen der Deutschen von dem Bunde ihrer Fürsten (1835) läßt diese Einseitigkeit kraß hervortreten; sie zeigt auch besonders deutlich die Gründe der Entfremdung zwischen ihm und Stein. Eine sehr interessante Bemerkung von Brandes über die Zerteilung der deutschen Nation, die nichts als „Sprache und Gelehrtenrepublik" zusammenbindet (!): Berlinische Monatsschrift 1786 (Bd. VII), S. 115, Fußnote. Stärkeres nationales Empfinden seit 1806: vgl. *Brandes*, Über den Einfluß und die Wirkungen des Zeitgeistes 1810, S. 125 f. u. ö.

S. 103 7 An dieser Stelle verdient auch die Anglomanie der Sophie von la Roche eine Erwähnung, über die zu vgl. *R. Elsasser*, Politische Bildungsreisen (1917), S. 56 ff.

8 Seine wichtigsten Quellen nennt er selbst: vorzüglich De Lolme, dessen Irrtümer er teilt; nur eingeschränkt Blackstones Kommentare, da diese fast nur das bürgerliche Recht und dies rein juristisch behandeln; wichtiger: Humes Geschichtswerke und Essays, die er als Meisterwerke lobt, ferner Macphersons Geschichte Englands und vor allem die Parlamentsdebatten nach dem Parliamentary Register. Siehe Berlinische Monatsschrift, Bd. VII, Februar 1786, S. 108 ff. – Über Steins englische Lektüre vgl. seinen Brief vom 2. 6. 25 an seinen Neffen Graf Arnim: *B.* VI, S. 295 ff.

9 Doch ist sich Rehberg vollständig im klaren darüber, daß die englische „Gewaltenteilung" mit dem Dualismus des deutschen Ständestaates nicht verglichen werden kann: Staatsverwaltung, S. 198 ff.

10 *B.* II, S. 76.

S. 104 11 Staatsverwaltung, S. 127 f. und (noch deutlicher) 200 ff. Dazu mein Aufsatz: H. Z. 138, S. 37, N. 1. Aus dem Buche de Lolmes über die englische Verfassung wußte Rehberg, daß ohne Zustimmung des Königs (als „king in parliament") kein Gesetz zustande kommen könne: S. Schr. II, S. 61, 65.

[12] Die Ableitung des § 110 der Städteordnung aus dem französischen Munizipalgesetz vom 22. 12. 89 (*Lehmann* II, S. 453) ist also keineswegs so eindeutig erweisbar, wie man früher annahm.

[13] An diesem Punkte widersprach, nach eigenem Augenschein, L. Freiherr von Vincke, vgl. *Bodelschwingh*, Leben Vinckes I, S. 139. Die neue Vincke-Biographie von *Kochendörffer* (2 Bde. 1932/33 behandelt die anglophilen Ideen V.'s nicht näher. *W. Schulze-Marmeling* Schön und Vincke. Englische Verfassungseinflüsse in Preußen um 1800 (Diss. Münster 1950. Ms.) ist unvollständig geblieben.

[14] *Lessing*, Rehberg und die Französische Revolution (1910), S. 17. *Botzenhart*, a. a. O., S. 103 f.

[15] Hierfür besonders bezeichnend ist die fast hilflose Überraschung, mit der Stein 1828 auf dem westfälischen Provinziallandtag das Auftreten heftiger Ständegegensätze erlebte. *B.* VI, S. 553, dazu unten Schlußabschnitt, Anm. 18.

S. 105 [16] Über die Rezensionen, mit denen Rehberg das Schrifttum der vorrevolutionären Reformer in Frankreich verfolgte, vgl. meinen Aufsatz: Der Freiherr vom Stein und die polit. Reformprogramme des ancien régime in Frankreich, H. Z. 138, S. 25 ff. Für die großen anfänglichen Hoffnungen Steins vgl. Steins „Staatsgedanken", herausgegeben von Botzenhart, S. 133, Abs. 2.

[17] Andere Schriften Burkes finden sich nicht im Nachlaß.

S. 106 [18] Rehberg selber hat dann im Alter, im Kampf gegen die Reaktion der zwanziger Jahre, sehr viel gerechter geurteilt: Sämtliche Schriften II, S. 32 ff.

S. 107 [19] Näheres darüber s. bei *Rexius*, a. a. O. Für die positivistische Rechtsauffassung J. Mösers, der für Rehbergs Entwicklung sehr wichtig ist, vgl. den Aufsatz S. W. IV, Nr. 30 (Wirkliches und förmliches Recht).

S. 108 [20] Besonders charakteristisch in einer großen Denkschrift von 1818: *Pertz* VI, 2, Anhang S. 122. Sehr eindringlich und fein hat *Ruth Flad*, Der Begriff der öffentlichen Meinung bei Stein, Arndt und Humboldt (1929), S. 302 ff. das Verhältnis Steins zur Romantik untersucht. Der Aufsatz von *E. Anrich:* War Stein Romantiker? H. Z. S. 153 enthält keine Quellenanalyse.

[21] Auch Herder entwickelt gelegentlich den Gedanken, daß der eigentliche Sinn geschichtlichen Studiums das „ergötzende Gespräch mit den Verständigen und Rechtschaffenen so vieler Zeiten" sei – freilich widersprechen dem andere Äußerungen aufs schärfste. Vgl. *R. Stadelmann*, Der historische Sinn bei Herder 1928, S. 19.

[22] Das früheste Zeugnis stammt von 1785, *B.* I, S. 123.

[23] Sämtliche Schriften I, S. 38; IV, S. 255: zum Folgenden: ebenda, S. 285 ff.

S. 110 [24] Abgesehen von einer gewissen Ermäßigung der Wehrsteuerbeiträge: Über den deutschen Adel, S. 96 ff., Untersuchungen I, S. 239 ff.; vgl. auch *Botzenhart*, Staats- und Reformideen, S. 129 f.

[25] *B.* V, S. 532 ff. Hinsichtlich der Haltung Steins zu Rehbergs Schrift über den deutschen Adel bleibt insofern eine gewisse Unsicherheit, als er 1810 (an Reden, s. *B.* III, S. 218) sich sehr absprechend darüber geäußert hat. Man sieht aber nicht, warum eigentlich, und damals war längst eine politische Entfremdung eingetreten.

[26] Dieses staatliche Eingriffsrecht wird auch von Brandes scharf betont: Politische Betrachtungen (1790), S. 125 f.

27 Hierzu besonders zu vgl. *Rehberg*, Untersuchungen I, S. 49, 62 ff.

S. 111 28 Vgl. *Pertz* VI, 2, Anhang S. 125; *B.* VI, S. 126 ff. Ferner unten Kap. 9, III, 3.

29 *Pertz* II, Seite 159 u. ö. Für das Folgende auch *B.* II, Seite 510. Über die wirtschaftliche Lage des ostelbischen Adels, die Stein vor Augen hat, und die damalige „Adelskrise" bringt *F. Martiny:* Die Adelsfrage in Preußen vor 1806, (Diss. Halle 1938) nützliches statistisches Material aus der Kurmark.

S. 112 30 S. W. IV, S. 240. Der bekannte Pyramidenvergleich (S. W. II, S. 250) stellt eine deutliche Kritik des hannoverischen und osnabrückischen Pfründenadels dar.

31 *Botzenhart* V, S. 383 (1817) und VI, S. 198 (1823); besonders wichtig: ebd. V, S. 386 (1817), wo Möser als Autorität für die ständischen Ideen angerufen wird!

32 Einzige Mösersche Schrift im heutigen Zustand der ehemaligen Bibliothek Steins.

S. 113 33 Allerdings hat auch Burke die Gebundenheit von „liberty" an „property" stark betont, begründete sie aber mehr mit Argumenten politischer Zweckmäßigkeit: Betrachtungen, Übersetzung von Gentz, 1793, I, S. 71 ff. Berufung auf das englische „liberty and property" bei Möser: S. W. I, S. 384 (Patriotische Phantasien Nr. 51). Ähnliche Bemerkungen in dem Handbuch De Lolmes: Ausgabe Basel 1792, S. 375.

34 Der scharfe Spott Voltaires über diese altgermanische Barbarenfreiheit (Lettres philosophiques, Œuvres XXII, I. 9) wird sie in ihrer Meinung nur bestärkt haben.

35 Vgl. *Hatzig*, J. M. als Staatsmann und Publizist (1909), S. 176 ff. Dazu *E. Hölzle*, Below-Gedächtnisschrift (Berlin 1928), S. 167 ff. (hie und da die altfränkischen Ansichten Mösers umdeutend im Sinne moderner Machtstaatspolitik).

36 Am besten entwickelt in dem Aufsatz S. W. III, Nr. 62, gegen das Heuerwesen, von 1772.

37 Über den deutschen Adel, S. 52 f. In England pflegt danach auch der bäuerliche Stand, sofern er am Wahlrecht teilnimmt (freeholders), durchweg adlige Deputierte zu wählen.

38 Nur an solche ist zu denken, da nach dem Bericht Steins vom 30. 10. 04 *B.* I, S. 548) eine Rente von 500 Talern bereits als Gutsrente eines größeren Rittergutes gelten soll!

S. 114 39 Sämtliche Schriften II, S. 24.

40 Über den deutschen Adel, S. 92 ff. Untersuchungen I, S. 49 f., 59 ff. Beide Stellen sind höchst interessant als Beleuchtungen der „historischen" Rechtsauffassung R.s! Auch deren innere Schwierigkeiten werden sehr deutlich.

41 *B.* VI, S. 125; V, S. 388 f. Vgl. auch *Pertz* VI, 2, Anhang S. 124 f. und oben Kap. 4, N. 20.

S. 115 42 Er ließ noch Ende November 1807 Niebuhr danach fahnden – Rehberg hatte sie ihm also *nicht* zugeschickt! Briefe Niebuhrs, ed. *Gerhard* und *Norvin* (1926) I, S. 427.

43 *L. Freiherr von Vincke*, Darstellung der inneren Verwaltung Großbritan-

niens. Mit Einleitung von *B. G. Niebuhr* 1815. 2. Aufl. 1848. Entstand nach einer 1807 unternommenen zweiten engl. Reise.

S. 116 [44] *Ad. Wahl*, Zeitschrift für Politik I, S. 181 ff. Neuerdings: *H. Hintze*, Staatseinheit und Föderalismus im alten Frankreich (1928), S. 112. Dagegen vgl. meine schon zitierte Abhandlung H. Z. 137, 138: Der Freiherr vom Stein und die politischen Reformprogramme des ancien régime in Frankreich. – Für das Interesse der Reformer an den Turgotschen Selbstverwaltungsplänen spricht, daß Hardenberg in einem Schreiben an Altenstein vom 5. 11. 07 (G. St. A., Rep. 92, Altenstein B 14) diesem die Lektüre von Soulavies Memoiren gerade auch wegen der darin enthaltenen Mitteilungen über die Regierungssysteme Turgots, Neckers usw. empfiehlt.

[45] Stein an Vincke 20. 7. 18: Briefwechsel ed. *Kochendörffer* (1930) S. 89 = *B.* V, S. 509. – Vgl. auch meine Darlegungen H. Z. 138, S. 29 ff. – Stein hat schon in Göttingen die physiokratischen „Ephemeriden" und Mirabeaus „Ami des hommes" gelesen: *Selle*, a. a. O., S. 48. Über Turgot hat er sich nachweislich aus Meilhan und Condorcets „Vie de Turgot" unterrichtet: *Botzenhart*, Vjschr. für Sozial- und Wirtschaftsgesch. 22 (1930), S. 344 f. – Die „classe disponible" der Physiokraten erkennt man unschwer aus den Bemerkungen *B.* III, S. 512 Abs. 3 wieder.

S. 118 [46] Das Altfränkische seiner Anschauungen im Vergleich mit denen Steins wird besonders deutlich in dem Aufsatz „Von dem Verfall des Handwerks in den kleinen Städten" (Sämtliche Schriften I, Nr. 32, Seiten 275 ff.), wo er die Zulassung des Handwerks auf dem Lande bekämpft und unbedingten Schutz aller alten städtischen Privilegien und Monopole vom Staate fordert – womit Steins westfälische Wirtschaftspolitik zu vergleichen ist!

[47] Staatsverwaltung, S. 225 f. „Der Souverain, der über ein Land herrscht, dessen Einwohner durch eine ständische Verfassung Teil an den öffentlichen Angelegenheiten nehmen, befindet sich an der Spitze eines Volkes, das mehr eigentümliche Kraft besitzt; seine ganze Verwaltung wird einen höheren Charakter annehmen, und er selbst wird sich daher einer fester gegründeten eigenen Größe erfreuen, als der unbeschränkte Monarch." Eine Stelle, die ich in meiner Darlegung H. Z. 138, S. 36 f., übersehen habe.

[48] Rehbergs tiefe Erbitterung auf Preußen kommt besonders deutlich in seinem Kommentar zu seiner Übersetzung von Machiavellis Principe zum Ausdruck (Hannover 1810). Scharf kritisches Urteil Steins über diese Schrift, aber auch über die älteren von 1803 und 1807 in einem Brief an Reden von 1810: *B.* III, S. 218.

S. 119 [49] Das ist, nach E. Burkes Vorgang, das Programm aller Anglophilen! Besonders kräftig ausgesprochen von Niebuhr 1815 in der Vorrede zu Vinckes Schrift über die innere Verwaltung Großbritanniens.

Sechstes Kapitel · Minister des Ancien Régime 1804–1806

S. 121 [1] Vgl. Beymes Briefe an Stein, bei *Botzenhart* I, S. 544 ff. Mir lagen außerdem die Acta der Kabinettsregistratur, betr. Personalia Steins 1798–1806

(G. St. A., Rep. 89, 96), vor. Daraus vgl. für das Folgende: Schulenburg an Beyme 7. 10. und 24. 10. 04.

S. 122 2 Schulenburg an Beyme 12. 7. 03: fürchtet, daß Stein, wenn er nicht in das Ministerium berufen wird, um seinen Abschied bittet. R. 89, 50 C. Er hat Steins Ehrgeiz wohl überschätzt. Nach einem Besuch von Birnbaum im Sommer 1804 hatte St. nicht übel Lust gezeigt, sich ganz von der „Plackerei der Geschäfte" los zu machen und als Landedelmann das schöne neue Gut zu bebauen; *Pertz* I, S. 263.

S. 123 3 Vgl. jetzt O. *Tschirch*, Geschichte der öff. Meinung in Preußen 1795–1806. (1934) II, S. 130 ff.

S. 125 4 Was *Lehmann* II, S. 53, anführt, hat offenbar diese Bedeutung *nicht*.

S. 130 5 Ähnlich schon 1794: siehe *Bailleu*. H. Z. 75, S. 258 ff.

S. 131 6 Daß Stein diese wichtige Finanzinstruktion (bei *Riedel*, Staatshaushalt, S. 217, siehe auch *Hintze*, H. Z. 76, S. 429) nicht aus den Vorakten gekannt haben soll (*Lehmann* I, S. 321, N. 1), ist doch mehr als unwahrscheinlich; übrigens hatte auch Heinitz ihr zugestimmt.

7 Vgl. *Schwemann*, Forsch. z. Br.-Pr. Gesch., Bd. 7, S. 441 ff.

8 *Freymark*, Reform der preußischen Handels- und Zollpolitik (1898), S. 26. Interessant ist, daß Stein die Annexion Hannovers sofort benutzen wollte, um nunmehr auch die westlichen Provinzen an das Steuer- und Zollsystem der Kernlande anzuschließen – in charakteristischem Gegensatz zu der oben, Kap. 5, II, geschilderten Haltung des münsterischen Oberpräsidenten (*Lehmann* I, S. 398).

S. 132 9 *R. Schmidt*, Städtewesen und Bürgertum in Neuostpreußen (Königsberg 1913), S. 162 ff. Man sieht aus dieser Darstellung, wie Stein auch in diesen Fragen durchgehend auf älteren Vorarbeiten fußte, endlos hingeschleppte Verhandlungen energisch zum Abschluß bringend. Übrigens ist wohl sicher, daß die elenden polnischen Städte den Schutz ihrer städtischen Gewerbe wirklich brauchten.

10 An Vincke Febr.-April 1805, bei *Kochendörffer* Nr. 18–20.

S. 133 11 *Hugo Roehl*, Beiträge zur preußischen Handwerkerpolitik, Leipzig 1900 (in Schmollers Staats- und sozialwissenschaftlichen Forschungen XVII, 4), S. 45 ff., besonders S. 65 ff. *Von Rohrscheidt*, Vom Zunftzwang zur Gewerbefreiheit (1898), S. 183 ff.

S. 134 12 Selbst einen so rückständigen und unklaren Kameralisten wie Ganilh hat Stein als wissenschaftliche Autorität geschätzt (*Pertz* II, S. 535 u. ö.). – Die Ansichten Roschers über Stein als „einen der größten Volkswirte" (Geschichte der Nationalökonomie in Deutschland, S. 703 ff.) sind, wie unsere Darstellung ergeben wird, verfehlt, sofern sie einerseits die Originalität seiner wirtschaftspolitischen Ideen offenbar überschätzen, anderseits ihn zu nahe an Ad. Smith heranrücken. Diese Einseitigkeit hat *Kl. Thiede* (Staats- und Wirtschaftsauffassung des Freiherrn vom Stein, 1927, Kap. 4, dazu der Aufsatz in „Nationalwirtschaft" II, Heft 2, S. 183 ff.) berichtigt, der aber nun in dem Bemühen, den Minister als Vertreter einer „ständisch gebundenen Wirtschaftsordnung" recht weit von der liberalen Wirtschaftstheorie abzurücken, meines Erachtens nicht ohne konstruktive Gewaltsamkeit verfährt. Vgl. meine Kritik: Zschr. f. d. ges. Staatswiss. Bd. 85, S. 599 ff.

S. 135 [13] Vgl. *P. Wittichen*, Forschungen Bd. 18, S. 224.

[14] G. St. A., Rep. 89, 11 A; vgl. auch oben Kap. 4, N. 47.

S. 136 [15] Die Verhandlungen: G. St. A., Rep. 89, 7, C. Auch Eggers wirkte als Gutachter mit: ebenda, Rep. 89, 11 A (Stein an Beyme 29. 12. 05, Eggers an Beyme, 11. 1. 06.)

[16] Was *M. Baumann*, Hist. V.-Schr. XVI (1913), S. 358 ff. zur Rechtfertigung Schöns ausführt, beweist bestenfalls, daß Stein 1809 für die Lage seiner österreichischen Standesgenossen in der Deflationskrise mehr Verständnis hatte als für die anderen Stände – mehr nicht. Das Urteil Beguelins: Denkwürdigkeiten, S. 130, 150, 172. – Für das Folgende erfreute ich mich der wertvollen fachmännischen Beratung meines Kollegen Walter Eucken.

[17] Auch des wackeren Büsch, den Schön als wirksamstes Geschütz ins Feld geführt haben will!

[18] Ein sorgsamer Vergleich der einzelnen Argumente zeigt, daß Stein offenbar am meisten aus Thorntons Inquiry into the nature and effects of the paper credit of Gr. Britain (London 1802) übernommen hat; es lag ja auch nahe, zuerst diesen Direktor der Bank von England zu befragen. Ricardo hatte damals noch nichts veröffentlicht. Einzelne Argumente (so die Bemerkungen *B.* II, S. 50 über die produktionsanregende Wirkung einer geringen Inflation) scheinen auf Lektüre von Hume hinzudeuten, den auch Thornton zitiert (Essay III: of money; der essay IV: of interest, blieb Stein wohl sicher unbekannt). Daß Smith, Buch II, Kap. 2, von Stein nur flüchtig gelesen sein kann, ist schon von Baumann und Lehmann festgestellt. – Möglicherweise könnte auch Fr. Gentz auf Stein gewirkt haben: sein Essai sur l'état actuel des finances de la Gr. Bretagne (1800) setzt S. 228 f. auseinander, daß bei allzu knapper Versorgung des Marktes mit Zahlungsmitteln sehr leicht eine Stockung der Zirkulation eintreten könne, enthält auch sonst manche Stein verwandte Gedankengänge.

[19] Seine Denkschrift „Über den jetzigen Geldmangel", im August 1805 geschrieben, im Oktoberheft der „Berlinischen Monatsschrift" veröffentlicht, zeigt genau die bei Stein wiederkehrenden irrigen Argumente, stimmt aber dann für Schaffung eines einlösbaren Papiergeldes ohne Zwangskurs. Sie wurde im April 1806 in derselben Zeitschrift von einem Geh. Oberrevisionsrat Goßler bekämpft, der den angeblichen Geldmangel mit einleuchtenden Argumenten leugnete. Auch die (wohl von Schön für Stein erbetene?) öfter zitierte Denkschrift von Kraus (Verm. Schriften II, S. 25 ff.) wendete sich ausdrücklich gegen Beguelins Aufsatz. Die Behauptungen von Kraus wiederum suchte ein Alberti gezeichnetes Gutachten, Berlin, 10. 11. 05, einzuschränken: Rep. 89, 7, C, fol. 99–108.

S. 137 [20] Stein und das Generaldirektorium stehen beide auf dem Standpunkt, daß der Geldwert durch die Menge der Umlaufsmittel, Zahl der Umsätze und der umgesetzten Warenmenge, nicht aber durch einen Eigenwert des Geldes (als Repräsentant „realer" Gütermengen) bestimmt ist. *Beide* vertreten demnach die sogenannte Quantitätstheorie (was *M. Baumann*, a. a. O., S. 343, zu verkennen scheint). Die Differenz beginnt erst in der Frage, wieviel Geld ohne Gefahr der Entwertung noch in Preußen geschaffen werden kann. Stein denkt darin optimistischer als das Generaldirektorium mit der schon von Hume als unhaltbar erwiesenen, aber damals noch häufigen Begründung: hoher Zinssatz zeige Geldmangel an. Beide aber befürchteten eine eventuelle Steigerung der Umlaufgeschwindigkeit des Geldes und schlagen zahlreiche Maßnahmen zu deren Verminderung vor: das Generaldirektorium unter anderem auch die „Einlösbarkeit".

S. 137 [21] Vgl. für das Folgende meinen Aufsatz: Geschichtliche Wandlungen des monarchischen Staatsgedankens in Preußen-Deutschland. Pr. Jbb. Bd. 184 (1921).

S. 140 [22] Durch Wiedereinführung kollegialer Plenarberatungen. – Nach einem Schreiben Beymes an Hardenberg vom 13. 11. 02 bestand überdies der Plan, „jede entstehende Ministerialvakanz dazu zu benutzen, um allmählich alle natürlichen Zweige eines jeden Departements in eine Hand zu bringen". G. St. A., Rep. 92, Nachlaß Hardenbergs, J 2. Zu den preußischen Reformbestrebungen vor 1806 vgl. auch: O. *Hintze*, H. Z. 76 = Ges. Abhandlg. Bd. III, S. 537 ff. – *L. Hellwig*, Schulenburg-Kehnert unter Friedrich Wilhelm III. (Eberings. Hist. Studien 294) 1936. – *H. Haussherr*, Verwaltungseinheit u. Ressorttrennung v. Ende des 17. b. Beginn des 19. Jh. 1953, S. 191 ff.

S. 141 [23] Vgl. die charakteristische Äußerung Schulenburgs: Forsch. Bd. 15, S. 415.

[24] Eine sehr interessante kritische Charakteristik des Königs und seiner Intimen, insbesondere Köckritz' und Rüchels, von der Hand Hardenbergs findet sich in dessen Nachlaß, eigenhändig, vermutlich eine Vorarbeit zu seinen Denkwürdigkeiten, die er dann doch fortließ, jedenfalls vor 1810 niedergeschrieben. Köckritz wurde danach durch pietistische Kreise dem König empfohlen. Den politischen Einfluß der Königin Luise schätzte Hardenberg sehr gering ein. G. St. A., Rep. 92, Hardenberg A 18. *Tessa Klatt*, Das politische Wirken der Königin Luise von Preußen (Berliner Diss. 1937) bemüht sich das Gegenteil aus ihren Briefen zu erweisen. Doch gilt das nur für die Krisenjahre seit 1806, in denen sie die Patriotenpartei entschieden unterstützte.

S. 142 [25] Vgl. *Dehio*, Forschungen Bd. 38, S. 323, Anm. Seinem Schwiegersohn Vincke gegenüber bezeichnete sich Beyme selbst als Parvenü, der durch das Vertrauen seines Herrn sich habe hinreißen lassen, die Opposition seiner aristokratischen Gegner zu unterschätzen (12. 7. 28, G. St. A., Rep. 92, V.-O., 4 c). Auch Stein war sich klar über diesen Gegensatz: *Pertz* I, S. 176, wo P. nur Steinsche Ansichten wiedergibt.

[26] Im Widerspruch zu den bekannten Vorwürfen Steins und Hardenbergs über das anmaßende und rücksichtslose Benehmen steht alles, was mir von der ausgedehnten Korrespondenz des Kabinettsrats mit den Ministern bekannt geworden ist, unter anderem auch die Korrespondenz mit Schulenburg 1802/03, die mir im Original aus dem Archiv des Herzogs von Trachenberg vorlag. Man muß einmal einige Faszikel solcher Korrespondenzen durchblättert haben, um zu ermessen, welche ungeheure Arbeitsbelastung allein aus dem Bedürfnis der Minister erwuchs, sich fortwährend vertraulich von dem Kabinettsrat informieren zu lassen, seine Hilfe für tausend Anliegen in Anspruch zu nehmen usw. Schließlich erging, wie es scheint, kaum noch eine Kabinettsordre ohne ein erläuterndes, ausführliches, eigen-

händiges Privatschreiben Beymes, stets in submissester Form, mit allen Titulaturen der Anrede usw., was die Sache nicht eben vereinfachte.

[27] Stein an Beyme, 11. 10. 99; G. St. A., Rep. 89, 96 (fehlt bei *Botzenhart*). Es handelte sich um die Herrschaft Ehrenberg an der Mosel.

[28] Auch Fr. Gentz, der Beyme mit dem ganzen Haß des Hochkonservativen als revolutionären Aufklärer bekämpft, weiß gegen den Charakter nichts irgendwie Greifbares vorzubringen: vgl. H. Z. 89, S. 258. *Clausewitz*, Nachr. über Preußen in s. gr. Katastrophe (Kriegsgesch. Einzelschr. 10. 1888) S. 453, urteilt kritisch, aber viel gerechter als Stein, ebenso *H. v. Boyen*, Erinnerungen I, 268 f., S. 288.

[29] Allein das Kabinettsjournal vom Januar bis September 1806 enthält 5994 großenteils eigenhändig eingetragene Minüten (Registerabschriften der Kabinettsverfügungen) Beymes! Insgesamt füllen die Beymeschen Minüten 25 starke Foliobände. Die Fülle der eigenhändig, ohne jeden Vorentwurf von ihm niedergeschriebenen, dennoch meist trefflich stilisierten Verfügungen ist enorm. – Ich ergänze hier und im folgenden meine eigenen Archivarbeiten durch solche meines Schülers *K. Disch*, deren Hauptertrag die Abhandlung: Der Kabinettsrat Beyme und die auswärtige Politik Preußens in den Jahren 1805/06 (Forschungen Bd. 41, 42), enthält.

S. 143 [30] So das treffende Urteil Stägemanns: 6. 10. 07: Aus der Franzosenzeit, hg. v. *Rühl* (1904), S. 50; dazu vgl. Schöns biographische Skizze über Stein.

[31] Vgl. *P. Wittichen*, Forschungen Bd. 18, S. 219, betreffend die Instruktion für die Finanz-Reformkommission 1798, von General Rüchel. Warum *Lehmann* II, S. 36, diese Instruktion Mencken zuschreibt, bleibt unklar. Günstigeres Urteil darüber: von *Meier*, Französische Einflüsse II, S. 159. Abdruck jetzt bei *Küntzel*, Politische Testamente der Hohenzollern, Bd. II, 1911, S. 136 ff.

S. 144 [32] Vgl. jetzt u. a.: *F. Zierke*, Die deutsche Politik Hardenbergs 1770–1807. (Frankfurter Diss.) 1932.

S. 146 [33] *Bodelschwingh* I, S. 272.

[34] *Bodelschwingh* I, S. 276 ff. Briefwechsel zwischen Stein und Vincke, ed. *Kochendörffer* (1930), Nr. 22 ff. = *B.* II, S. 44 ff.

[35] Nach dem Bericht von Fr. Gentz in seinem berühmten Journal vom Oktober 1806 (Mémoires et lettres inédits, p. p. *Schlesier*, 1841, S. 321 f.) hätte er die *Form* der Erwerbung Hannovers von Anfang an laut mißbilligt (Zitat bei *Lehmann* I, S. 397, 415). Damit ist aber nicht viel anzufangen: es kann sich entweder auf das Verhalten Haugwitz' in Wien beziehen oder auch auf den Pariser Februarvertrag, dessen Folgen alle Welt beklagte. – Interessant wäre es zu wissen, ob Rehberg die Briefe Steins an Vincke (oder ähnliche andere) kennengelernt hat. Es würde den Zusammenbruch der Freundschaft erst vollends begreiflich machen.

S. 147 [36] In dem Entwurf zu dieser Proklamation, den Müller verfaßte (*Ranke*, Denkwürdigkeiten Hardenbergs V, S. 195 ff.), steht die Idee des europäischen Gleichgewichts weit voran. Dahinter steckt aber offenbar Gentz (vgl. seinen Briefwechsel mit Müller!), nicht Stein. – Die Immediateingabe Steins vom 26. 10. jetzt *B.* II, S. 37 nach dem von Müller entworfenen, von Stein korr. Konzept.

[37] Über die Haltung Beymes bei dieser Unterredung vgl. *Disch*, Forschungen 41, S. 362ff., Steins Bericht darüber an Hardenberg: *B.* II, S. 57. Vermutlich suchte Beyme vor allem den König zu decken. Offenbar hat er dessen geheime Instruktion für Haugwitz, den Frieden auf alle Fälle zu wahren, gekannt. In seinen höchst interessanten Darlegungen an Vincke-Olbendorf vom 28. 12. 36 und 6. 1. 37 (Rep. 92, Vincke-O.) spricht er ausdrücklich davon und daß es im Herbst 1805 überhaupt mit dem Kriege kein voller Ernst gewesen sei, auch bei denen nicht, die sich als lauteste Gegner Napoleons gebärdeten und sich über Haugwitz entrüsteten (was offenbar besonders auf Hardenberg, vielleicht aber auch auf Stein zielt). Anderenfalls hätte der unratifizierte Abschluß des Wiener Friedens durch Haugwitz kein Hindernis zu sein brauchen, um zu dem vom Herzog von Braunschweig vorausbestimmten Zeitpunkt (Ende Dezember) doch noch loszuschlagen. In einem Brief an Hardenberg vom 9. 12. 05 (Rep. 92, Hardenberg, E 6, vol. 2) berichtet Beyme über die Militärs (besonders Massenbach scheint er zu meinen), die über die ersten Nachrichten von Austerlitz plötzlich den Kopf verlieren; wer das mit ansieht, muß schon sagen: dann lieber Frieden und Bündnis mit Frankreich als einen aussichtslosen Krieg! Zum Glück hat wenigstens der König den Mut nicht verloren.

[38] An Vincke, 18. 12. Briefwechsel, a. a. O., Nr. 23.

[39] Stein an Hardenberg, 18. 12. 05: *B.* II, 57. Finanzberichte an Hardenberg: ebd. S. 22, 46, 59.

S. 148 [40] *S. Zierke*, a. a. O., S. 84ff.

[41] Hardenbergs Verfassungsplan: *Ranke*, Hardenberg II, S. 417ff.; V, S. 270, 294ff. – Entwürfe von Sack, 17. 1. 06; Nagler, 20. 1. 06; Küster, 29. 1. 06; sämtlich in Rep. 92, Hardenberg, E 8 1/2. Die beiden letztgenannten Entwürfe sind am stärksten von Hardenberg ausgenutzt. Ferner eine sehr interessante Denkschrift Altensteins vom 28./29. 12. 05, die mit Fichteschen Ideen die Notwendigkeit einer nationalen Wiedergeburt Preußens und Deutschlands begründet, zunächst mit Hilfe eines mit Frankreich zu schließenden Allianzvertrages: veröffentlicht von *Müsebeck*, Forschungen Bd. 28, S. 139ff. In diesen Zusammenhang gehören (im weiteren Sinne) auch noch Denkschriften Massenbachs und Rehdigers vom Sommer und Herbst 1806, auf die ich hier nicht näher eingehen kann. Auch die große Denkschrift Beymes vom 4. 7. 06 (*Winter* I, Nr. 9) läßt sich nur in diesem Zusammenhang ganz verstehen. Über die seit 1800 vielerörterten, 1806 wieder auftauchenden Pläne eines norddeutschen Bundes vgl. *W. A. Schmidt*, Geschichte der preußisch-deutschen Unionsbestrebungen, 1851, S. 405ff. *W. Mommsens* Einwände gegen meine Darstellung (Stein, Ranke, Bismarck, S. 46) habe ich teilweise oben berücksichtigt. Ich kann aber nicht finden, daß Stein in der Frage „Hannover“ geschwankt habe. Was er später tadelte, war die Preisgabe des Landes an Napoleon, nicht der Versuch seines Erwerbs für Preußen.

S. 149 [42] Hardenberg hat sie nicht verhindert, auch Stein findet am 30. 1. (an Vincke) kein Wort des Tadels dafür!

[43] Denkwürdigkeiten I (*Ranke* II), S. 495. Für das Folgende: *Krauel*, Stein während des preußisch-englischen Konflikts 1806, Pr. Jbb. 137 (1909), S. 429ff., und H. Z. 102, S. 556ff.

S. 151 [44] Mustergültige Publikation jetzt in: Die Reorganisation des preuß. Staates unter Stein und Hardenberg. I. Tl. Allg. Verwaltungs- und Behördenreform Bd. I, ed. *G. Winter* 1931, Nr. 5. Es scheint mir sicher, daß Fassung A, nicht B der Königin zuging. Steins Marginal auf B bezieht sich offenbar auf „dieses P. M." überhaupt, nicht speziell auf Fassung B. Bei der auf S. 13 Anm. erwähnten Änderung in A 1 und B war A dem Verf. sicher nicht mehr zur Hand!

[45] Vgl. *Disch*, Forschungen Bd. 42, S. 94 f.; ferner *Ranke*, Hardenberg II, S. 595 ff.

S. 152 [46] Kritische Äußerungen über die Gattin Beymes kehren auch bei anderen häufig wieder. Sie scheint durch taktloses Auftreten ihrem Gatten viele Antipathien verschafft zu haben – begreiflich in der schwierigen gesellschaftlichen Position des Mannes. – Das Urteil über Beymes anmaßendes Benehmen wird man, mindestens teilweise, mit dem soeben erfolgten Zusammenstoß mit Hardenberg in Verbindung bringen dürfen. Wie mag der Gekränkte sich Stein gegenüber beschwert haben!

[47] Ausschließlich von der treulosen Preisgabe des Potsdamer Vertrages (3. 11. 05) ist die Rede. So deute ich den Absatz 3 auf S. 12 a. a. O., im Gegensatz zu *Lehmann* I, S. 406, Fußnoten, übereinstimmend mit *Ranke*, Hardenberg I, S. 613.

[48] In einer Denkschrift von 1810 zitiert er sogar die Wiederherstellung des Conseil d'état in Frankreich 1715! *B.* III, S. 328.

S. 153 [49] So schon *Lehmann* I, 410; *von Meiers* Einwände (Französ. Einflüsse II, S. 299 f.) wenig überzeugend. Die Kontroverse ist jetzt überholt, vor allem durch das o. zit. Werk von *Haussherr*, bes. S. 197. S. auch *G. Winter*, a. a. O., der S. 121 richtig betont, daß der Gedanke rein fachlicher Ressorts sich bei Stein nur sehr allmählich durchgesetzt hat; wohl unter Hardenbergs Einfluß, der ja überhaupt als „moderner" erscheint.

[50] 6. 10. 06: *Winter*, Reorganis. Bd. I, S. 68.

[51] Im einzelnen differieren die Fassungen A und B. Letztere ist offenbar in wichtigen Einzelheiten mitbestimmt durch die (Stein sehr nahestehende) Denkschrift Sacks: *Winter*, Reorg. Bd. I, Nr. 7.

S. 154 [52] Auch Hardenberg dachte Juli 1806 (in einem für die Augen der Königin bestimmten Schreiben) an ein „verantwortliches Conseil von wenigen Ministern", in dem „alle wichtigen Staatsgeschäfte in einem Centralpunkt zusammentreffen müßten" (*Ranke* III, S. 110 f.). Daß dieses Conseil aber im Unterschied von dem Steinschen nur dazu bestimmt sein sollte, den König zu *beraten*, nicht aber durch seine förmlichen kollegialen „Beschlüsse" zu *bestimmen*, wird bei der Besprechung der Altenstein-Hardenbergschen Denkschrift vom September 1806 (Kap. 7) deutlich werden.

[53] G. St. A., Rep. 92, Hardenberg, B 24 (Konzept), und ebenda Friedrich Wilhelm III., B VIIc, 3 (mundum). Datiert 25. 7. 97. Auf dieses Memoire bezieht sich offenbar die Bemerkung der Denkwürdigkeiten: *Ranke* II, S. 603, Abs. 1. Bemerkenswert an diesem sehr interessanten Programm ist unter anderem auch die Idee, die Provinzialminister in der Art der späteren Oberpräsidenten in den Provinzen selbst residieren zu lassen, und zwar als Untergebene des Ministers des Innern. Über die Vorschläge der Re-

formkommission von 1798 (Schulenburg, Borgstede u. a.) vgl. O. *Hintze*, a. a. O., *Hellwig*, a. a. O., *von Meier*, Französische Einflüsse II, S. 160 f. *P. Wittichen*, Forschungen Bd. 18, S. 225, *Naudé:* Forschungen Bd. 15 (1902), S. 394 f., 414 f.

[54] Vgl. Anm. 51! Denkschrift Gentz' veröffentlicht von *P. Wittichen*, H. Z. 89, S. 239 ff. Daß sie Stein als Vorlage gedient habe, vermutet *G. Winter:* Stein und die Verwaltungsreform 1806–1808 in: Westfalen, Jg. XVI, 1931, S. 119 f. Beweisbar scheint es mir nicht. Eine kritische Äußerung Steins über das Kabinettssystem aus dem Jahre 1797 ist schon oben S. 114 zitiert.

[55] Veröff. v. *L. Dehio*, Forschungen Bd. 38, S. 321 ff. (1926), jetzt auch bei *Winter*, Reorgan. I, Nr. 9. Ebd. Reformpläne des Oberst Massenbach v. Juli 1806: Nr. 8 und 10. Auch sie reden v. einem Dreiministerkolleg.

S. 155 [56] Beyme selbst spricht am 2. 2. 07 von „vertrautesten Ministern": *Ranke*, Hardenberg III, S. 296.

[57] Vgl. dazu *Rehberg*, Über die Staatsverwaltung deutscher Länder, S. 142 f.: „Die Vorstellungen und der ruhige Widerstand eines Staatsrats haben wohl eher den Sinn eines mächtigen Gewalthabers gebrochen, der sich durch persönliche Ungnade von jedem einzelnen lästigen Widerspruche befreien konnte." – Der Hinweis *Winters*, a. a. O., S. 121, auf eine Kampfschrift Burkes von 1770 (!) scheint mir viel zu weit hergeholt.

S. 156 [58] Hardenberg unterstützte die Steinschen Bemühungen (ohne Bezugnahme auf die Denkschrift) durch ein Schreiben an Rüchel vom 30. 4., *Winter*, Reorgan. I, Nr. 3.

[59] *Hüffer*, Kabinettsregierung, S. 232. Daß Stein die Denkschrift ohne den Umweg über die Königin dem König „offiziell zuschicken" wollte, zeigt wieder Hardenbergs wichtiger Brief an Wittgenstein: *Ranke* III, S. 106. Dafür spricht auch, daß die Königin offenbar die unabgeänderte erste Fassung erhielt. Auf Hardenbergs Rat kann die Hereinziehung der Königin ebensowenig zurückgehen wie die nachträgliche Abschwächung. Er lernte das Memoire überhaupt erst am 14. Juni kennen. Hinsichtlich der Datierung von Fassung B folge ich dem Herausgeber *Winter* dahin, daß sie wohl erst nach dem 14. Juni entstanden sein wird.

S. 157 [60] Vgl. oben S. 76.

[61] Für das Folgende vgl. *Krauel*, a. a. O.

S. 159 [62] Hardenberg mißbilligte vor allem die Rolle, die Stein darin zugedacht war: „Er ist ein braver, einsichtsvoller, achtungswerter Mann, aber viel zu tranchant für den König – vortrefflich als Finanzminister, aber unmöglich als Kabinettsminister für alle Gegenstände." *Ranke* III, S. 115 f. Rüchels Schreiben: ebenda V, S. 377 ff., und *Winter* I, Nr. 15.

[63] Eingaben Massenbachs an den König: 1. 7., 2. 7., 8. 7., 9. 7., 24. 7., 25. 8., 26. 8., 11. 9., 19. 9. 06. Briefwechsel mit Beyme: 18./20. 7., 1./6. 8.: jetzt alles bei *Winter*, Bd. I. Stein wird von Massenbach in stärksten Tönen gelobt: „Seine Beredsamkeit ist hinreißend; er malt mit dem Pinsel des Genies." – „Der ist der Mann, der mit Genie Tugend, also Kraft verbindet. Er erinnert an die großen Namen der goldenen Vorzeit." Beymes Antwort verteidigt den König gegen Massenbachs unberufene und zudringliche Kritik, insbesondere gegen den Vorwurf mangelhafter politischer Bildung und

Aktivität. So erklären sich die von *Lehmann* I, S. 449, wiedergegebenen Übertreibungen. – Von der Aprildenkschrift hat Beyme offenbar nie etwas erfahren; von der unten zu besprechenden „Prinzeneingabe" vom August nur die Tatsache, und auch diese erst im Oktober durch Haugwitz, dem der Herzog von Braunschweig davon erzählte. (An Vincke-Olbendorf, 10. 11. 1836. G. St. A.).

[64] „Jeder Tag früher, wo wir Frankreich den Krieg erklären, ist der größte Gewinn für E. M.!" – „Nur eine glückliche Schlacht, und wir haben Alliierte, Geld und Ressourcen von allen Enden und Orten Europas." – „Wir werden immer siegen und werden die schönen ehrenvollen Zeiten Friedrichs d. G. und des Großen Kurfürsten wieder emporblühen sehen" usw. – Münster, 25. 7. 06. Nachlaß Friedrich Wilhelms III., B VI, 20.

S. 160 [65] Sicher bezeugt: ein Schreiben des Herzogs von Braunschweig (Vaters) vom 31. 8., durch den Sohn überreicht, vom König am 3. 9. beantwortet (Rep. 92, Friedrich Wilhelm III., B VI, 19; dazu *Ranke* III, S. 117), und des Prinzen Heinrich o. D. (ebenda). Von einem *Brief* des Prinzen von Oranien (*Hüffer*, Kabinettsregierung, S. 248) weiß ich nichts. Über seine vergebliche Audienz berichtet Hardenbergs Tagebuch in der ausführlichen Fassung (Rep. 92, Hardenberg, L. 27) am 16. 8. Ebendort auch eine genaue Schilderung des Verlaufs der Dinge am 2. 9., ferner über Hohenlohes Audienz (sub 8. 9.). Zu vgl. auch die auf Archivalien des hohenzollerischen Hausarchivs beruhende Biographie: Louis Ferdinand, Prinz von Preußen, von *E. Poseck*, 1938, bes. 253 f.

[66] Vgl. sein Immediatschreiben vom 31. 8.: *Ranke* III, S. 134, dazu ebendort S. 104 f. Daß er wirklich nichts von der Eingabe der Prinzen gewußt hat, wie das Tagebuch in der ausführlichen Fassung (sub. 6. 9.) und entsprechend die Denkwürdigkeiten berichten, fällt schwer zu glauben, wenn man hört, daß er (laut Tagebuchnotiz) am 27. 8. Näheres von der Aktion der Prinzen erfuhr und am 28. mit Stein darüber verhandelte.

[67] Nachlaß Friedrich Wilhelms III., B VI, 19. Datiert: Berlin, 25. 8., Braunschweig, 31. 8. – Unterschriften: Louis, Prinz von Preußen, in seinem Namen und für seinen Bruder, den Prinzen August; Heinrich, Prinz von Preußen; Wilhelm von Preußen, W. von Nassau-Oranien, Rüchel, Stein, Phull. Vgl. *Pertz* I, S. 347 ff. Teildruck bei *Winter* I, Nr. 17.

[68] *W. A. Schmidt*, Geschichte der deutschen Verfassungsfrage 1812/15 (1890), S. 23, glaubt in der Denkschrift eine ausdrückliche Unterstützung der norddeutschen Bundespläne zu finden, die seit 1800 in amtlichen und nichtamtlichen Denkschriften vielfach variiert, gerade im Sommer 1806 aber von Haugwitz eifrig betrieben wurden. Ich finde in der I. E. davon nichts.

[69] Prinz Heinrich versicherte das dem König, seinen Freimut damit entschuldigend, selbst: „Mein Vorsatz war, Dir allein die Sache vorzutragen, so gut, als ich sie verstand, da hörte ich von dem Entschluß gedienter Männer, Dir das Ganze vorzustellen. Diesen, welche es besser wußten als ich, mußte ich freilich weichen und so unterschrieb ich." – Über den Mißerfolg einer persönlichen Vorstellung beim König berichtete Prinz Wilhelm dem Minister Stein am 3. 9. (Rep. 92, Karl vom Stein, B 4).

[70] *Ranke*, Hardenberg III, S. 118. Übrigens scheint es, daß man versäumt

hatte, die Königin rechtzeitig ins Vertrauen zu ziehen; die Vermittlung sollte Frau von Berg übernehmen, sicherlich auf Veranlassung Steins; statt dessen soll es Haugwitz gelungen sein, die Königin noch vor der Überreichung für sich zu gewinnen. So erzählt Prinzeß Luise Radziwill, die Freundin Steins, in ihren Memoiren (45 années de ma vie, Paris 1911), S. 198 ff., vgl. dazu *Bailleu*, Königin Luise (1908), S. 189. Das Begleitschreiben Rüchels, datiert 31. 8., jetzt bei *Winter* I, Nr. 18. Die von mir für das Folgende s. Z. benützten Archivalien sind jetzt alle von *Winter*, a. a. O. gedruckt,

S. 161 [71] Seine (sehr höfliche) Antwort an den Herzog von Braunschweig vom 3. 9. (*Winter* I, Nr. 24) schob alle Beunruhigung im Lande auf die „Inkonsequenz im Reden und Handeln einiger manchmal etwas lebhaften Militärpersonen, die nicht allzeit mit der gehörigen Überlegung zu Werk gegangen sind“ und legte seine an Rüchel ergangene Antwort in Abschrift bei.

Siebentes Kapitel · Zusammenbruch des alten Staates. · Erste Entlassung

[1] Dieses Moment, das Hardenberg (*Ranke* III, S. 107) gelegentlich unterstreicht, scheint mir sehr ungerechterweise übersehen zu werden, wenn im Anschluß an Schöns bekannte Vorwürfe das Mißlingen der Anleihen auf die angebliche Ungeschicklichkeit Steins zurückgeführt wird. Im einzelnen vgl. dazu meine Auseinandersetzung mit *M. Baumann* an dieser Stelle in der Erstauflage!

[2] Vgl. Steins interessanten Bericht über die für den König verfügbaren Mittel vom 22. 9. 06: *B* II, S. 112 ff.

S. 164 [3] Steuertechnische Kritik bei *R. Grabower*, Preußens Steuern vor und nach den Befreiungskriegen (1932), S. 197 ff.

[4] Vgl. (außer zahllosen anderen Zeugnissen) das Urteil Niebuhrs: Briefe, hrsg. von *Gerhard* und *Norvin* I (1926), S. 354; und Hardenberg: *Ranke* III, S. 263, Abs. 3. Allerdings liefen die Nichtpreußen in der Truppe rasch auseinander: s. Mümflings interessante Schilderung H. Z. 70, 283 ff.

S. 165 [5] Obwohl er noch am 16. 10. auf guten Ausgang hoffte: Tagebuch Hardenbergs, 16. 10.: „Vu Stein, qui espérait encore.“

[6] *Ranke*, Hardenberg III, S. 224 ff.; *Bailleu*, Briefwechsel mit Alexander, Nr. 120, 122. *Bailleu*, Königin Luise (1908), S. 211 ff.

[7] Briefwechsel Stein–Hardenberg 18. 11., jetzt bei *B*. II, 135 ff., dazu *Ranke* III, S. 230 f.

[8] Vgl. dazu die folgende Tagebuchnotiz Hardenbergs: „21. 11. Duroc à Osterode avec l'armistice. 22. Duroc reparti, l'armistice point ratifié, tous les militaires et ministres excepté Stein, Voss, Köckritz et Beyme pour l'acceptation. Les deux derniers avaient déjà les sentiments du Roi. Haugwitz décidé à partir – finis coronat opus! 23. retour des ministres d'Osterode.“ Neue Mitteilungen aus englischen Quellen bei *H. Butterfield*, The peace tactics of Napoleon 1806–1808. (1929), S. 27 ff.

S. 166 [9] Wiederaufgefunden und veröffentlicht von *K. Disch*, Forschungen 42, S. 132 ff.

[10] Die Tatsache, daß es schon am 20. 11., also unmittelbar *vor* den Osteroder Beratungen geschah, beweist meines Erachtens, daß der Kurswechsel wirklich damals schon geplant war.

[11] Steins I. E. vom 3. 12.: *B.* II, S. 142 ff. Dazu der König: ebenda S. 163.

[12] Tagebuch Hardenbergs, 3. 12.: Stein décline le portefeuille... et ne répond pas à Beyme.

S. 167 [13] Vgl. Hardenbergs Kritik: III, S. 257! Dagegen Schöns Urteil: Briefwechsel mit Pertz usw., S. 30.

[14] Dies scheint mir für das historische Urteil entscheidend. Die Reformforderungen Steins hätten von Anfang an eine ganz andere Stoßkraft erhalten, wenn Stein sich bereit erklärt hätte, im Konseil das Auswärtige zu übernehmen; der König wäre dadurch aus einer schweren Verlegenheit befreit worden. Das Billett Steins an Schulenburg vom 18. 12. scheint endlich eine Einwilligung zu enthalten, aber nur, wenn Hardenberg als Finanzminister mit einträte – was dieser gleichzeitig ablehnte. Überdies zeigen Hardenbergs Äußerungen (*Ranke* V, S. 243 unten), daß Stein in Wahrheit auch jetzt noch auf seiner Weigerung beharrte.

S. 168 [15] Besonders eindrucksvoll z. B. in dem Abschiedsschreiben der westfälischen Bauerngemeinden vom Sommer 1807 bei *Bassewitz*, Kurmark Brandenburg 1806–1808, I, S. 418 f.

S. 169 [16] Vgl. die mehrfach zitierte Arbeit von *K. Disch.*

[17] *L. Dehio*, Forschungen 38, S. 329. Mit der dort veröffentlichten Denkschrift möchte ich den Brief Friedrich Wilhelms an Alexander I. vom 23. 6. 06 (*Bailleu*, Nr. 106, S. 108 ff.) in engen Zusammenhang bringen.

[18] Vgl. dazu *G. Wohlers*, Staatsrechtliche Stellung des deutschen Generalstabs 1921.

[19] Siehe oben Kap. 6, Schlußabschnitt, und *Winter* I, Nr. 30 f.

[20] I. E. vom 10. 3. 07 und 15. 4. 07 bei *Winter* I, Nr. 101, 120. – Vgl. auch die Vorschläge Massenbachs vom Juli 1806: ebendort Nr. 10.

S. 170 [21] Wie tief die moralische Autorität Friedrich Wilhelms gesunken war, zeigt am handgreiflichsten der abenteuerliche Plan eines Staatsstreichs mit Hilfe des Prinzen Wilhelm, den F. A. L. v. d. Marwitz damals als Sprecher eines Kreises patriotischer Offiziere entwickelte, und sein erfolgreiches Bemühen, Stein zum direkten Eingreifen in die militärische Befehlsgewalt zu bewegen: v. d. Marwitz, ed. *Meusel* I, S. 374.

S. 171 [22] *Ranke* III, S. 240; dazu Hardenbergs Tagebuch sub 12. 12.

S. 172 [23] *Ranke* V, S. 402 ff. = *Winter* I, Nr. 50.

[24] Hardenberg an Schrötter, Königsberg, 18. 11. 06: Rep. 92, Hardenberg, E 8. – Briefe Beymes an Stein aus dem Felde 27. und 28. 9., Auszug Hardenbergs daraus s. *B.* II, S. 126. Akten des „Staatsrats" bei *Winter* I, Nr. 21, 22, 27, 29.

S. 173 [25] *Winter* I, Nr. 52 f.

S. 174 [26] Eigenhändiger Instruktionsentwurf des Königs, datiert 17. 12. 06 und C. O. vom 19. 12.: *Winter* I, Nr. 58 bzw. 60.

S. 175 [27] Das Rundschreiben Rüchels („Begrif – sic! – des General Lieutenant von Rüchel") vom 19. 12. (*Winter* I, Nr. 62) bemerkte unter anderem ganz richtig, daß nach der vom König festgesetzten Geschäftsordnung nur in

Ausnahmefällen das neue Konseil in Aktion treten würde, da von den beim Kabinett eingehenden Immediatsachen das meiste belanglose laufende Detailsachen beträfe (die Kabinettsjournale bestätigen das). – Zastrow nahm sein Amt mit einer Begeisterung an, die unverhüllt durchblicken ließ, daß ihm das Ministerkonseil als eine ganz überflüssige Neuerung erschien (*Winter* I, Nr. 64).

S. 176 [28] Der I. B. Rüchels vom 28. 12. (*Winter* I, Nr. 67) läßt an Klarheit nichts zu wünschen übrig. Verschwommen dilettantisch sind nur die Ausführungen, die nicht auf Diktat Steins beruhen. Vgl. auch die Kabinettsordre vom 3. 1. 07 (ebenda, Nr. 74); danach kannte der König sehr genau Steins „trotzige Äußerungen" gegenüber Rüchel, Zastrow und Köckritz.

[29] Zeitweise fürchtete er, den Gebrauch seiner Hände oder Füße ganz zu verlieren: an Reden, 3. 7. 07: *B.* II, S. 233. – Während des zweiten Ministeriums 1808 litt er an einem Leberleiden, das er durch Bäder bekämpfte: Schlesische Monatshefte I, S. 6. Sehr wertvoll war ihm die ärztliche Beratung des „guten und vortrefflichen Hufeland, den man gar nicht genug lieben kann, wenn man ihn kennt" (an seine Schwester Luise, 6. 2. 08).

[30] Vgl. seine unterdrückte Bemerkung in dem Schreiben vom 18. 12.: *Pertz* I, S. 390, N. 67. (Fehlt bei *Botzenhart* II, S. 156.)

S. 177 [31] I. B. Steins, Königsberg, 28. 12. 06: *Winter* I, S. 111 (zu Nr. 70); *B.* II, S. 161. Dieser I. B. nebst Anlagen ist von Pertz und Lehmann nicht verwertet, daher deren Darstellung stark zu berichtigen. Weder von einem Eingreifen des Königs in die Rechte Steins als Leiter der Bank, noch von einer zweifachen an ihn ergangenen Aufforderung zum Vortrag im Konseil kann die Rede sein. *Pertz* (I, S. 392) und *Lehmann* (I, S. 450) kannten offenbar nur den Schriftwechsel vom 30. 12. zwischen Stein und Rüchel, jetzt bei *Winter* I, Nr. 70/71, dessen Sinnzusammenhang aber erst von mir in der Erstauflage aktentechnisch aufgeklärt wurde.

S. 178 [32] Das Konzept dieser Verfügung, auf einen winzigen, offenbar in höchster Erregung und Eile abgerissenen Fetzen hingeworfen, gehört auch äußerlich zu den merkwürdigsten Dokumenten jener Zeit: Rep. 92, Friedrich Wilhelm III., B VII a, 7, B. Ebendort das Original des Steinschen Entlassungsgesuchs, mit zitternd erregter Hand geschrieben.

Achtes Kapitel · Das große Reformprogramm von Nassau · Wiederberufung als leitender Minister

S. 179 [1] Noch am 2. Februar spricht er von einer Abreise „Ende dieses Monats" (an Niebuhr, *B.* II, S. 175). Allerdings machte die Beschaffung von Pässen und Reisegelegenheit für die vierzehnköpfige Familie (mit Dienerschaft) Schwierigkeiten – anfangs wohl auch die Erkrankung des Töchterchens. – Daß Stein noch längere Zeit auf eine Berufung nach Memel wartete, deutet auch die Prinzessin Luise Radziwill, bei der er damals täglich verkehrte, in ihren Memoiren, S. 241, an; freilich ist sie in Einzelheiten wenig zuverlässig (45 années de ma vie, Paris 1911). – Schön an Altenstein, 9. 1. 07: „Stein wohnt in meiner ehemaligen Wohnung und ist ruhig." (G. St. A.)

[2] Das von *Pertz* I, S. 400, erwähnte Abschiedsgesuch Schrötters hatte, wie es nach *Ranke*, Hardenberg III, S. 421 f., scheint, ganz andere Gründe: gekränkten Ehrgeiz. Übrigens gehörte Schrötter auch keineswegs zur Partei des „Durchhaltens"! Schön und Hardenberg in ihren Briefen an Altenstein (G. St. A., Altenstein-Nachlaß) 1807 rechnen ihn deshalb stets zur Partei der charakter- und systemlosen Routiniers. Vgl. auch die Kritik Hardenbergs: *Ranke* III, S. 325, 426 f. Vorschlag Schöns an Altenstein betreffs Wiederverwendung Steins Ende Februar (??) s. bei *Winter* I, S. 127, N. 4.

[3] *Ranke*, Hardenberg III, S. 284 ff. Der Ton von Hardenbergs Billetten an Beyme ist bis zum April 1806 fast zärtlich; die Anrede: „Bester Freund" usw. (G. St. A., Rep. 89, 85, z. B. Hardenberg an Beyme, 27. 3. 06). Übrigens lobte auch Stein noch im Mai 1806 das „gerade und rücksichtslose Betragen" Beymes, weil er, ohne nach rechts und links zu schauen, die Entlassung des untauglichen Rappard durchgesetzt habe: Rep. 89, 11 A, an Beyme, 11. 5. 06.

S. 180 [4] Schön an Altenstein, 13. 2. 07: „Stein ist gestern morgen von hier nach Danzig abgereist."

[5] An Niebuhr 16. 2.: *B.* II, 183.

[6] Briefe und Aktenstücke aus dem Nachlaß von Stägemann, ed. *Rühl* I, S. 16 (Schreiben Niebuhrs).

S. 181 [7] An Graf Reden: 5. 4. und 3. 7. 07: *B.* II, S. 194, 231.

S. 182 [8] Auch Altenstein hat über dieses Thema damals gehandelt: *Winter* I, Nr. 109. Steins Nassauer Denkschrift ebenda Nr. 141. Zur Vorgeschichte der Nassauer Denkschrift im einzelnen (Denkschriften Radziwills usw.) vgl. *K. Schottmüller:* Der Polenaufstand 1806/07. Posen 1907 (Sonderveröffentlichung der Hist. Ges. der Provinz Posen). Über Steins (betont humanitäre) Vorschläge für die Reorganisation der polnischen Provinzen s. meinen Aufsatz: Die preußischen Staatsmänner der Reformzeit und die Polenfrage, in: Deutschland und Polen, hg. v. *A. Brackmann* 1933. Näheres unten Kap. 14, zu Anm. 32.

S. 183 [9] Die Loslösung des Unterrichts- und Armenwesens vom Geistlichen Departement entspricht dem Geist jener aufgeklärten Kirchenpolitik josefinischer Färbung, die wir aus Steins Münsterer Epoche schon kennen. Parallelen bei Rehberg: Staatsverwaltung, S. 96 f.; dazu *Weniger*, Rehberg und Stein, S. 90 f. Erweisbar scheint mir die dort behauptete Abhängigkeit indessen nicht. Rehbergs Argumentation richtet sich mehr noch gegen die Unabhängigkeit gelehrter Körperschaften vom weltlichen Staat als von der Kirche! – Schon Hardenberg hatte (in seinem oben Kap. 6 zitierten Programm vom 25. 7. 97) empfohlen, die Aufgaben des geistlichen Departements im wesentlichen der allgemeinen Polizeiverwaltung (Ministerium des Innern) zu übertragen. Näheres siehe unten Kap. 9, Abschnitt IV.

[10] Vgl. dazu *E. von Meier*, Reform der Verwaltungsorganisation (2. Aufl. 1912), im Abschnitt III, Kap. 2.

[11] Vgl. u. a. *Winter* I, S. 194, Zeile 6 f. mit S. 195, Abs. 1. Klarer wird die Sache erst durch den großen Organisationsplan vom 23. 11. 07 und die Bemerkungen vom 15. 10. (siehe folgende Anmerkung).

[12] Bemerkungen zur Altensteinschen Denkschrift, *B.* II, S. 278: „Es läßt sich

doch vieles zur Rechtfertigung des Generaldirektorii sagen – das Meiste lag an den Subjekten, weniger an der Verfassung – die Geheimen Staatsräte kommen an die Stellen der Minister, und alles wird von einer guten Wahl abhängen" usw. Ähnlich schon am 6. 10. 06: ebenda I, S. 68.

13 Die Randnotizen jetzt bei *Winter* I, S. 194 f.

14 Durch Übernahme des Schul- und Armenwesens in das Generaldirektorium „träte an die Stelle der Correspondenz" (mit dem geistlichen Departement) „*die Verhandlung im Pleno*". *Winter* I, S. 192.

15 Die Einrichtung einer Generalkasse beabsichtigte damals auch Hardenberg und die sogenannte Immediatkommission: vgl. Kabinettsordre vom 1. 6. 07 und Finanzplan der Immediatkommission vom 29. 9. 07: G. St. A., Rep. 89 A, 45, 1, vol. I.

S. 184 16 Ähnliche Äußerungen von 1809/12 (?) bei *B.* III, S. 524 f., mit polemischer Wendung gegen bürokratische Geschäftsmänner und „Gelehrte" (Literaten).

S. 186 16a Ausführliche Analyse durch *H. Haussherr*, H. Z. 157 (1938).

S. 187 17 Über ähnliche Berechnungen des Physiokraten Le Trosne, die gleichfalls die Billigkeit der Selbstverwaltung beweisen sollen, vgl. meinen mehrfach zitierten Aufsatz H. Z. 137, S. 488, Anm. 3. Auch bei Ad. Smith fand Stein seine Ansicht bestätigt: *Botzenhart*, VSWG. 22 (1930), S. 354.

18 Genau diese Einwände erhebt auch ein sehr interessantes anonymes Gutachten, anscheinend von der Hand Auerswalds, vom 28. 1. 08, zum Steinschen Organisationsplan vom November 1807. Der Verfasser glaubt überdies, daß d'Ivernois die sehr hohen Steuererhebungskosten in England versehentlich nicht mit angeschlagen hat. G. St. A., Rep. 151 a, XXI, 1.

19 Als Quelle für Stein hat zunächst das von ihm selber gegebene lange Zitat aus *François d'Ivernois*, Causes qui ont amené l'usurpation de Bonaparte et qui préparent sa chute, Londres 1800, S. 339 ff. (*B.* II, S. 219–224) zu gelten. Die Stelle ist sehr bemerkenswert als erste (mir bekannt gewordene) Schilderung des englischen Local Government durch einen Schriftsteller des Kontinents. Freilich faßt d'Ivernois die englischen Verhältnisse in einem höchst bourgeoisen Sinne auf: den Hauptvorzug der englischen Verfassung scheint er darin zu sehen, daß dem Geldsack hier überall das gebührende politische Vorrecht zukommt. – Die Schriften d'Ivernois' wurden auch von Gentz eifrig verwertet und zum Teil übersetzt (siehe Neue deutsche Monatsschrift 1796 und d'Ivernois' Geschichte der französischen Finanzverwaltung, übersetzt von Gentz 1797). – Sein Bruder diente als Oberst in der preußischen Armee und gehörte zu den Gesinnungsgenossen Vinckes, die im Sommer 1807 in Westfalen einen Aufstand gegen die napoleonische Herrschaft vorbereiteten: Hardenbergs Denkwürdigkeiten (Ranke) III, S. 491. Über Steins späteres Verhältnis zu d'Ivernois vgl. *Lehmann* III, S. 202, und *Schön*, Papiere III, S. 26. Zweifellos wurde Steins Kenntnis des englischen Selfgovernments durch mündliche und schriftliche Berichte Vinckes aufs reichste ergänzt. Vincke studierte diese Dinge schon im Jahr 1800 auf seiner 1. Reise durch England, auf der ihn d'Ivernois begleitete und beriet. Vgl. den ausführlichen Bericht darüber an Stein vom 8. August 1800 (Briefwechsel, ed. *Kochendörffer*, Nr. 10) und oben Kapitel 5, Anmerkung 43.

[20] Vom 1. 5. 04 in *Korns* Neuer Sammlung aller in Schlesien ergangenen Verordnungen IX (1806), Nr. 30, S. 79–118; Nr. 31, S. 118 ff. Nur diese Ordnung kann von Stein gemeint sein, sonst hätte die Berufung auf Schlesier keinen Sinn. Offenbar hat sie Stein auch in seiner Verfügung an Schrötter vom 27. 6. 08 (*B.* II, S. 451) vor Augen. Die Verordnung Hoyms atmet durchaus den Geist des alten Polizeistaates. Kein Wort von dörflicher Selbstverwaltung! Die Versammlungen der Bauerwirte („Gebote") scheinen ausschließlich dazu bestimmt, „Unsere oder herrschaftliche Befehle bekannt zu machen", die Versammlungsteilnehmer haben sich dabei still zu verhalten. Alles, was einer gemeinsamen Beschwerde oder Aufforderung dazu ähnlich sieht, ist bei Strafe verboten usw.! – Wie *Thimme* (Neuausgabe von *von Meiers* Reform der Verwaltungsorganisation 1912, N. 73 auf S. 444) dazu kommt, diese Verordnung, die doch nur ältere Edikte zusammenfaßt, als „Reform vor der Reform" zu betrachten, ist mir nicht verständlich. – Daß sie eine Verschärfung der Strafgewalt des Schulzen brachte, betont *Ziekursch*, 100 Jahre schlesische Agrargeschichte (2. Aufl. 1927), S. 265. Bei den Reformberatungen im Jahre 1808 hat man die schlesischen und neuostpreußischen Reglements von 1804/05 mitbenutzt: *Lehmann* II, S. 504, N. 3. Über das ostpreußische Schulzenwesen vgl. Robert *Stein*, Die Umwandlung der Agrarverfassung Ostpreußens durch die Reform des 19. Jahrhunderts (Jena 1918), § 73, S. 444 ff., und Fr. *Keil*, Die Landgemeinde in den östlichen Provinzen Preußens (Schriften des Vereins für Sozialpolitik 43) 1890. Stein und Vincke haben offenbar die schlesische (und neuostpreußische) Schulzenordnung als die neuesten Regelungen zu ihrer Selbstorientierung über Verhältnisse benutzt, die ihnen noch ziemlich unbekannt waren.

[21] Von einer Erweiterung der Kompetenzen des Dorfgerichts, vollends von einer „Neugründung" der Landgemeinde, wie sie *Lehmann* II, S. 73 f. aus der Stelle bei *Winter* I, S. 200 oben, herausliest, sehe ich nichts. Die dort gegebene Kompetenzaufzählung will ausdrücklich nur den bestehenden Rechtszustand wiedergeben und schildert ihn, Stadt und Land zusammenfassend, nicht allzu genau, jedoch so, daß dem längst Bestehenden tatsächlich nichts Neues hinzugefügt wird. Auch eine prinzipielle Gleichstellung von Stadt und Land, auf die Lehmann besonderen Wert legt, ist nirgends gefordert (vgl. auch *Thimme*, a. a. O., N. 157 zu S. 278). Wenn Stein in Ziffer 1 auch von Unterrichtsanstalten als Gegenstand ländlicher Gemeindefürsorge spricht, so wirft er offenbar Schul- und Gemeindeverband kurzerhand zusammen, obwohl sie sich nicht deckten; übrigens hatte der Dorfschulze auch den regelmäßigen Schulbetrieb zu überwachen. Ganz unerfindlich ist, wie Lehmann zu der Vermutung kommt, daß Stein freie Schulzenwahl gewünscht habe. In Westfalen bestand sie ebensowenig wie in den Gutsdörfern des Ostens. Vgl. *von Meier*, Französische Einflüsse II, S. 123, und *Fr. Keil*, a. a. O., Kap. 4.

S. 188 [22] Auch dies strenggenommen nur für die polnischen Provinzen; doch hat Stein sicherlich mindestens dasselbe Maß von Freiheit den übrigen zugedacht. Daß die Nassauer Denkschrift auch schon die gutsherrliche Polizeiobrigkeit abschaffen wolle (*Lehmann* II, S. 310), sehe ich nicht. Die kritische

Äußerung über das Patronatsrecht (ebenda II, S. 73) stammt erst aus dem Mai 1808!

[23] Juristisch bleibt die Stelle unklar: wie kann man von wirklichem Eigentum sprechen („daß dem Bauern der unterhabende Hof nebst Inventarium gehöre"), wenn der Bauer „abgeäußert" werden kann bei Nichtzahlung der gutsherrlichen Abgaben? Dabei ist doch wohl an eine „Abäußerung" im Sinne des sogenannten lassitischen Besitzrechts gedacht? Also ein erblich-lassitisches Besitzrecht? Näheres siehe Kap. 9, Abschnitt I.

[24] Das Schröttersche Edikt für Neuostpreußen vom 20. 3. 00 bringt doch auch nichts eigentlich Neues. Wenn *F. Steinbach:* Geschichtliche Grundlagen der kommunalen Selbstverwaltung in Deutschland (1932) mit Recht die Legende zurückweist, als ob in Deutschland städtische Selbstverwaltung überhaupt erst mit Stein begänne, so hat er doch für Schmollers schönfärbende These, schon Friedrich Wilhelm I. habe gewissermaßen Steins Städtereform vorbereitet, keine Beweise beibringen können. Richtig ist doch nur, daß es auch unter dem Absolutismus noch städtisch-kommunale Selbstverwaltung gab und daß dieser am städtischen Herkommen der Feudalzeit viel zu bessern, nicht nur zu zerstören fand. Steinbachs Beispiele aus den Rheingebieten sind für die preußische Verwaltung im ganzen allerdings nicht typisch. Nur in Danzig, das als alte Hansestadt eine Sonderstellung einnahm, ist eine Neubelebung kommunaler Selbstverwaltung schon vor 1806 durch das preußische Provinzialdepartement (Schrötter) versucht worden; vgl. *E. Hoffmann*, Danzig und die Städteordnung des Freiherrn vom Stein. 1934 (= Königsberger Histor. Forsch., Bd. 6).

S. 189 [25] Vgl. Rehbergs Kritik an dieser Staatsaufsicht: Über die Staatsverwaltung (1807), S. 35 ff.

S. 191 [26] *Winter* I, S. 199, Abs. 3 kündigt Stein selbst seine Absicht an, die ständischen Grundideen auf „Communal- und Provinzialbehörden" anzuwenden!

[27] Nur erinnert sei daran, daß auch in Turgots Selbstverwaltungsplan von 1775 städtischer Grundbesitz politische Rechte verleiht. Eine echte Parallele zur Steinschen Städteordnung liegt trotzdem nicht vor; vgl. darüber meine schon mehrfach zitierte Abhandlung in der H. Z. 137, 138.

[28] Vgl. *Otto Gierke,* Die Steinsche Städteordnung, Internat. Wochenschrift III, 1909, Sp. 161 ff. Besonders wertvoll dort der Hinweis auf das Fortleben korporativer Ideen in der naturrechtlichen Spekulation der deutschen Jurisprudenz des 18. Jahrhunderts und auf deren Fortentwicklung im A. L. R. Die hanseatischen und Frankfurter Verfassungsverhältnisse scheint Stein erst im Alter studiert zu haben (insbesondere 1828).

S. 192 [29] Die komplizierten Verfassungsverhältnisse derjenigen Städte, in denen ein „weiterer" Rat neben einem engeren („kleinen") bestand, können hier nicht näher erörtert werden. Der „große" Rat erfüllt wesentlich andere Funktionen als die heutige Stadtverordnetenversammlung, kommt ihr aber vergleichsweise am nächsten. – Ein anschauliches Bild von der Mitwirkung von Bürgervertretern bei der Aufbringung städtischer Lasten bietet die Kriegslastenverteilung in Königsberg 1806/07, siehe darüber: *Th. Winkler:* J. G. Frey und die Entstehung der preuß. Selbstverwaltung (1936), S. 97 ff.

[30] Darstellung der inneren Verwaltung Großbritanniens², S. 76 f., Anm.

[31] *Von Meier,* Verwaltungsorganisation², S. 72 f.

[32] Vgl. das Gesetz vom 14. 12. 89, § 58. Dazu *Lehmann,* Preußische Jahrbücher 93, S. 509, und meinen Aufsatz H. Z. 138, S. 39, N. 3. – Wenn von Verhandlungen der städtischen Organe über das Kirchenvermögen die Rede ist, so ist dabei doch offenbar an die Verhältnisse norddeutsch-protestantischer Gemeinden gedacht, die sich mit den von *Lehmann* II, S. 87 (Zeile 5) beigezogenen französischen Verhältnissen überhaupt nicht vergleichen lassen.

[33] Für deren Durchschnittsmeinungen sehr bezeichnend: *E. L. A. Eisenhart* (Helmstädt), Versuch einer Anleitung zum teutschen Staats-Bürgerrecht, Braunschweig 1791. Das Buch war in Steins Besitz.

S. 193 [34] Altpreußische Parallelen zu diesem Verfahren siehe bei *von Meier,* Verwaltungsorganisation², S. 63, 71 u. ö. – Die von *Wahl,* Zeitschrift für Politik I, S. 186 ff., angeführte Parallele aus Turgot-Duponts Selbstverwaltungsprogramm von 1775 (Ernennung von Magistratspersonen in den großen Städten durch den König) kommt neben den preußischen Traditionen als Vorbild meines Erachtens nicht in Betracht. Übrigens war die Ernennung von Kommunalbeamten aller Stufen aus mehreren Kandidaten, die von den Wahlkörpern der Kommunen, Distrikte, Departements präsentiert werden, ja auch ein Grundprinzip der verschiedenen napoleonischen Verfassungen!

[35] Von einer Übertragung der den Städten noch verbliebenen beschränkten Polizei- und Gerichtshoheit auf staatliche Organe ist in der Nassauer Denkschrift noch nicht die Rede.

[36] So *Lehmann* II, S. 74, 86, 88. Dagegen spricht vor allem der streng korporative Charakter der Steinschen Städteordnung. Eine Äußerung von 1810 allerdings scheint wieder darauf verzichten zu wollen: *Linke,* F. Th. von Merckel (1910), S. 64 f.; vgl. dazu unten S. 406.

[37] Daß auch bürgerliche Besitzer von Rittergütern das Virilstimmrecht haben sollen (*Lehmann* II, S. 75), ist nirgends gesagt.

[38] Noch deutlicher S. 205: in den polnischen Provinzen sollen „nur *freie,* mit einem Eigentum von einer gewissen Größe versehene Staatsbürger" als Gemeindevertreter zu den Kreistagen gewählt werden können.

S. 194 [39] Vgl. *Bassewitz,* Kurmark Brandenburg 1806 (I), S. 131 ff.

[40] Vgl. meinen Aufsatz: H. Z. 138, S. 39 ff. Diese französischen Vorbilder hat Stein später (1818) gelegentlich selbst zitiert, aber nur ganz allgemein für seine provinzialständischen Pläne, nicht speziell für das Wahlverfahren: an Vincke, 20. 7. 18, bei *Kochendörffer,* Nr. 60.

[41] *B.* V, S. 470, *Pertz,* Denkschriften, S. 57, 66 ff. u. ö. (aus den Jahren 1817/19).

[42] *Hintze,* H. Z. 86 (1901), S. 442, dazu *Lehmann* II, S. 83.

S. 195 [43] Vgl. unten Kap. 9, III, 3. Dafür, daß Stein Provinzialstände allein für unzureichend hielt, spricht am deutlichsten die Stelle *B.* VI, S. 76 (an Niebuhr 8. 2. 22).

S. 196 [44] Diesen Widerspruch empfand schon sehr stark Beyme: an Vincke-Olbendorf, 20. 3. 33 (G. St. A., Rep. 92, Vincke-Olbendorf 4 g).

S. 197 [45] *Ranke,* Hardenberg IV, S. 124. – Daß nicht die Aprildenkschrift von 1806, sondern mündliche Anregungen auf Altenstein gewirkt haben, halte ich mit *Spranger,* Forschungen XVIII (1905), S. 16, für wahrscheinlich.

[46] Man beachte etwa Hardenbergs unsicheres Schwanken über die Zahl und Stellung der „Repräsentanten“ (*Winter* I, S. 318 gegen 359 f.) oder Altensteins unmöglichen Vorschlag, die Kreisbehörden „bloß aus Gewählten von den Kommunitäten bestehen und sie umsonst dienen zu lassen“! Doch sind das nur einzelne Beispiele, die sich leicht vermehren ließen.

S. 199 [47] An Vincke, 20. 7. 18 bei *Kochendörffer*, Nr. 60. Vgl. auch die charakteristische Betrachtung *B.* III, S. 510, Abs. 2, wo der Staat ganz und gar als Erziehungsanstalt erscheint.

[48] Für d'Ivernois vgl. die von Stein selbst in der Nassauer Denkschrift zitierte Stelle, wo auch der beständige Aufstieg niederer Volksschichten nach oben, die beständige Verjüngung des englischen Adels fast mit Steins Worten gerühmt wird. Vgl. ferner *Dedieu*, Montesquieu et la tradition politique anglaise en France (1909), besonders S. 364 ff. Für das Folgende vgl. meine Schrift über die „Staatsanschauung des Freiherrn vom Stein“ (1927), S. 10 ff.

[49] An Landrat Hout, 6. 3. 28, *Botzenhart* VI, S. 558.

[50] Vgl. damit seine spätere Geschichtsdarstellung (Staatsgedanken, ed. *Botzenhart* 1924, S. 115) mit ihrem verständnislosen Urteil über die inneren Gegensätze der deutschen Philosophie.

S. 201 [51] Vgl. sein Schreiben an Stein, 16./28. 7. 07: ed. *Gerhard* und *Norvin* I, S. 417, dazu die ersten Berichte: vom 18. 11., 28. 11., 30. 11. 06 (ebenda I, S. 359, 371, 373).

S. 202 [52] Steins Briefwechsel mit Niebuhr s. *B.* II, S. 180, 190 f, Briefe Niebuhrs ed. *Gerhard* I, S. 385, 398 ff. – Zu Niebuhrs schwankender Haltung vgl. *Dreyhaus*, H. Z. 110, S. 91 ff.

[53] Datum des 25. 8.: *B.* IV. 7 (Brief an Kolowrat). Am 8. 8. schrieb Stein an Reden, er habe seit dem 29. 3. keine Silbe mehr aus Memel erhalten: ebd. II, S. 253. Vgl. auch Sbornik 88, S. 113/114 und 698: Entscheidung des Zaren. Die Annahme des Rufes war Stein auch dadurch unmöglich gemacht, daß der Zar einen freiwilligen Verzicht Friedrich Wilhelms voraussetzte. Ob übrigens Stein auch noch nach der ungeheuern Enttäuschung von Tilsit auf das russische Angebot Wert legte? Ein besonderes Verdienst kann ich in der Ablehnung des Rufes nicht (wie *Lehmann* II, S. 99) finden.

[54] *Ranke*, Hardenberg III, S. 319 f.; V, S. 468 ff. *Winter I*, Nr. 101.

S. 203 [55] Es ist erstaunlich, wie inhaltlos die Kabinettsjournale seit 1807 im Vergleich mit denen vor 1806 werden.

S. 204 [56] Sehr gehässige Briefe Schöns darüber an Altenstein vom 12. bis 18. 7. im G. St. A., Rep. 92, Altenstein, B 38. Sie zeigen Schön noch ganz im Banne Steinscher Urteile. Altensteins Antworten stehen in Schöns Papieren II, S. 33 ff.

[57] Beyme an Hardenberg, 29. 7. 07 (mit einem erbitterten Ausfall auf Kalckreuth, der „rastlos daran arbeitet, uns den vernichtenden Frieden noch vollends ungenießbar zu machen!“). G. St. A., Hardenberg-Nachlaß. – Derselbe an Kanzler Schrötter: 8. 9. 07. Allg. kons. Monatsschr. 1886 II., S. 939. – Derselbe an Borgstede, 26. 8. 07. G. St A., Rep. 89 A, VI, 3. Weitere Belege bei *Lehmann* II, S. 98, N. 1.

[58] Vgl. *B.* II, S. 248. Niebuhr-Briefe, ed. *Gerhard* I, S. 414 ff. Dazu *Ranke*, Hardenberg III, S. 501 u. ö. Tagebuchnotiz Hardenbergs 6. 7. 07 bei *Win-*

ter I, Nr. 148. Königin Luise scheint erst später für Stein gewonnen zu sein, wohl durch Frau von Berg und Luise Radziwill. Frühestes Zeugnis dafür ist ihr bekanntes Schreiben an Frau von Berg vom 13. 9. 07 bei *K. Griewank*, Briefe und Aufzeichnungen der Königin Luise (1925), Nr. 142, S. 246.

S. 205 [59] Daß Clarke das Angebot des auswärtigen Ministeriums an Stein mit dem des Krieges verwechselte, ist kein ausreichender Grund, um mit *Lehmann* II, S. 8, seinen Bericht ganz und gar zu verwerfen. Freilich enthält sein Schreiben vom 4. 3. manches Sonderbare. Das Sonderbarste ist der angebliche Vorschlag Steins, Mecklenburg an Preußen zu überlassen und damit den Frieden zu erkaufen. – Die von *Cavaignac* I, S. 313, angeführte Parallele unkluger Äußerungen Steins von 1815 verdient, wie mir scheint, Beachtung.

[60] ineptie. Clarke am 1. 8.: bei *Cavaignac* I, S. 313; vgl. auch ebenda, S. 316 und 489 f.; dazu Corresp. de Napoléon I., t. 15, 537 (nicht 429), und *Granier*, Berichte aus der Berliner Franzosenzeit (Publ. aus den preuß. Staatsarchiven, Bd. 88, 1913), S. 4, 9.

[61] Vgl. oben Kap. 6 zu Anm. 41.

[62] *Pertz* I, S. 460. Nachforschungen nach den zugrunde liegenden Papieren in Steins Nachlaß (Mainzer St. A. und N. A.) blieben ohne Erfolg. Wie das St. A. in Darmstadt mitteilt, scheinen von dem Archiv der mittelrheinischen Ritterschaft nur noch Spezialien (wie Güterverzeichnisse, Matrikeln u. dgl.) vorhanden zu sein. Nachforschungen in den Archives du ministère des affaires étrangères in Paris durch Herrn Espinas und im fürstlich Wiedischen Archiv in Neuwied durch Herrn Prof. Woelbing verliefen gleichfalls ergebnislos. Ein Brief Steins an seine Gattin vom 15. 9. 07 (*B.* I, 257) gibt nur Andeutungen. Vgl. *Lehmann* II, S. 101 u. *K. Müller*, Der letzte Kampf der Reichsritterschaft um ihre Selbständigkeit (1910), S. 184 ff. (betr. ähnliche Versuche der Reichsritterschaft 1805/06).

S. 206 [63] Vgl. den interessanten Bericht Zietens: Forschungen 24, S. 393, 396 ff. (herausgegeben von Brinkmann). Man sieht daraus auch, wie Stein draußen im Lande als Vertreter einer outrierten, gegen Napoleon gerichteten Kriegspolitik bekannt war; die kurmärkischen Stände trauten ihm zu, daß er jede Versöhnung mit Frankreich unmöglich machen würde, und waren deshalb über seine Rückberufung wenig erfreut. Er selbst urteilte eben damals hart über die allzu verhandlungsbereiten adligen Provinzialstände: an Reden 7. 6. 07: *Botzenhart* II, S. 208.

[64] Sie war von Hardenberg dazu aufgefordert: vgl. ihre Memoiren, S. 259.

[64a] 9. oder 10. 8. *B.* II, 253 f., dazu ebd. Briefe an Hardenberg und Reden v. 8. und 10. August. Seit Stein von der Entlassung Hardenbergs wußte, erwog er schon die Möglichkeit seiner Rückberufung.

[65] Das Datum der Ankunft in Memel ist eindeutig festgelegt durch den Brief an die Gattin vom 2. 10. *Botzenhart* II, S. 263. Für das Folgende vgl. *Rühl*, Aus der Franzosenzeit (1904).

[66] Prinzessin Radziwill, Memoiren, S. 262: Je n'ai jamais vu le Roi plus empressé de prouver à quel point il appréciait la preuve d'attachement que lui donnait M. de Stein. –

S. 207 [67] Das scheint mir zweifellos durch *Stägemann* (ed. Rühl, a.a.O.), S. 46, bezeugt zu werden. Die „erste Unterredung" kann nach dem Zusammenhang nur die zweite Audienz vom 2. 10. bedeuten, die erste nämlich, in der über die Bedingungen Steins verhandelt wurde. Stein hatte diese wohl früh morgens zum König geschickt (vgl. obigen Brief an seine Gattin) und holte sich um 1 Uhr die Antwort mündlich. Will man mit Rühl, S. XVIII, eine Anwesenheit der Königin nach Pertz II, S. 7, vermuten (die Quelle ist leider auch hier nicht zu ermitteln), so paßt sie nur für die erste Audienz vom 1. 10., die man sich als bloße Begrüßung wird vorstellen dürfen.

[68] Ich deute mit *Rühl*, a. a. O., als Äußerungen Steins, was *Beguelin*, Denkwürdigkeiten, S. 121 f. und 124, als eigenes Urteil vorträgt. Es trägt durchaus die Steinsche Farbe. Dazu vgl. Beymes Klagen und die sehr gehässige Äußerung Steins bei *Stägemann*, Aus der Franzosenzeit, S. 49.

[69] Sie klingt aus jeder Zeile des Entlassungsgesuches (bei *Bassewitz*, Kurmark Brandenburg 1806–08 I, S. 454ff.), das ich doch nicht ganz so harmlos finden kann wie Rühl, a.a.O.

[70] Vgl. die Schilderung der Prinzessin Luise Radziwill: Memoiren, S. 251 (Eindruck der Schlacht von Friedland auf den Hof; Beyme allein behält den Kopf oben und rät zur Fortsetzung des Krieges in Pommern), bestätigt durch Beymes Schreiben an Hardenberg vom 26. 6. 07 (G. St. A., Hardenberg-Nachlaß). Dieselbe Haltung in weiteren Briefen an Fürst Wittgenstein, Hardenberg u. a. aus dem Sommer 1807 (ebenda). Von mutloser und weinerlicher Haltung, wie sie *Lehmann* II, S. 92, aus einer Bemerkung Königin Luises entnimmt (zitiert S. 94, N. 1), findet sich nirgends eine Spur. Wohl aber tiefe Niedergeschlagenheit nach dem Zusammenbruch von Tilsit. So am 4. 7. 07 an Jakobi-Kloest: „Ich muß mich beschränken, Ihnen das betrübte Geständnis zu tun, daß ich als Patriot wohl nie mehr eine freudige Stunde erleben werde." (G. St. A., Kabinettsregistratur.)

S. 208 [71] An seine Gattin, Kunersdorf (und Berlin), 21. 9. 07. *B.* II, S. 258. Vgl. ferner Sack an Reden, 7. 9. 07: *Wutke*, a.a.O., S. 376f. – Daß Beyme diese Kritik zu Ohren kam, zeigen seine Mitteilungen an seinen Schwiegersohn Vincke-Olbendorf (G. St. A.) zu den Denkwürdigkeiten von Haugwitz.

[72] Beyme an Hardenberg, 13.9.07: „Alle übrigen Staatsminister (außer Schrötter) sind in Gnaden entlassen, und Herr vom Stein, der Gott sei gelobt, hierher unterwegs sein soll, hat ganz freie Hand." (G. St. A.) Dasselbe Motiv, nämlich Stein seine Aufgabe zu erleichtern, führte er gegenüber einer kurmärkischen Ständedeputation am 29. 8. ins Feld: siehe den Bericht des Landrats v. Zieten (herausgegeben von *Brinkmann*), Forschungen 24, S. 418.

[73] Beyme an seinen Schwiegersohn Vincke-Olbendorf, 24. 11. bis 8. 12. 36 (G. St. A., Nachlaß Vincke-Olbendorf). Beyme macht hier außer der persönlichen Eifersucht auch die aufhetzende Einwirkung der entlassenen Minister verantwortlich.

[74] *Beguelin*, S. 123. – Für Steins schwankende Stimmungen beim Antritt des Amtes besonders bezeichnend der Brief an Scheffner vom 9. 10.: *B.* II, S. 271.

[75] Die Zumutung Steins in ihrer ganzen Härte Beyme zu übermitteln, konnte Stägemann, wie er selbst mitteilt, nicht übers Herz bringen. Das wird Beymes Zögern mitverschuldet haben.

[76] *Stägemann,* a. a. O., S. 48; für das Folgende auch: *Bassewitz,* a. a. O., S. 454.

[77] Briefwechsel der Königin Luise mit ihrem Gemahl, herausgegeben von *K. Griewank* (1929), Nr. 222, S. 338.

S. 209 [78] So *Beguelin,* S. 123 (mit ungenauem Datum). Ich sehe keine andere Datierungsmöglichkeit. Daß das Billett in einen späteren Konflikt mit Beyme nicht hineingehören kann (wie *Rühl,* S. XXII, im Anschluß an Pertz vermutet), wird meine sogleich folgende Darstellung erweisen. Ist mein Ansatz richtig, dann wurde das Kompromiß nicht erst in der Audienz vom 4. 10. gefunden.

[79] *Beguelin,* S. 16 (29. 8. 07). – Auch Beyme hat offenbar mit einem allmächtigen Premierminister an der Spitze und Ersatz des Kollegial- durch ein Präfektursystem in den mittleren Instanzen gerechnet: siehe den Bericht Zietens: Forschungen, Bd. 24 (1911), S. 414.

S. 210 [80] G. St. A., Registratur des Zivilkabinetts (Rep. 89 A, XLIV, 1). Steins Antwort: *Bassewitz,* S. 458. (Nicht bei *Botzenhart.*)

[81] An Vincke-Olbendorf (G. St. A., a. a. O.). Daß nach dem 4. 10. kein Konflikt mehr vorkam, versichert Beyme mehrfach ausdrücklich. Vgl. auch Beyme an Kanzler Schrötter, 14. 10: Konservative Monatsschrift 1886, S. 941. Ferner: Beyme an Hardenberg, 8. 12. 07: „Die Wahl des Haupt-Acteurs ist über meine Erwartung gelungen. Selbst ich für meine Person habe außer den ersten Unannehmlichkeiten keine neuen erfahren. Es ist mir vielmehr gelungen, die vollständigste Geschäftseinigkeit herzustellen" usw. (G. St. A.). Hardenberg blieb diesen Versicherungen gegenüber allerdings äußerst skeptisch: er begreife nicht, schrieb er an Altenstein, wie Beyme so zufrieden sein könne mit Stein, der ihm doch aus dem Wege gehe. Auch ließ er Stein durch Altenstein immer wieder warnen vor dem „insidiösen, seichten, oberflächlichen, anmaßenden Beyme", Stein habe sehr unrecht, „wenn er nicht alles anwendet, damit Schrötter abgehe und Beyme keinen Einfluß mehr exerciere". Für Hardenbergs Geschmack war eben Steins Regiment viel zu wenig autokratisch! Hardenberg an Altenstein, 13. 12., 23. 12. 07, 3. 1., 31. 1. 08 u. ö. Altenstein-Nachlaß, B 14 (G. St. A.).

Neuntes Kapitel, Teil I · Agrarpolitik: Bauernbefreiung und ländliche Justizreform

S. 215 [1] Er entstammte demselben Kreise aufgeklärter Juristen des Berliner Kammergerichtes wie der ihm eng befreundete Beyme; diese Männer hatten ihre Reformgesinnung zum erstenmal im Kampf gegen Woellner bewährt und kamen erst unter Friedrich Wilhelm III. zu Ansehen.

[2] Wie scharf er deshalb von dem Kreise Schön-Altenstein-Hardenberg kritisiert wurde, ist bereits oben (Kap. 8, N. 2) erwähnt. Seine positiven Leistungen stark unterstrichen von *K. v. Raumer,* H. Z. 163 (1941), S. 282 ff. und Altpreuß. Forschungen 18, (1941), S. 117 ff.

S. 216 [3] Gegen Beymes Kritik verteidigte er Stein im Juli 1807 mit Eifer (an Altenstein, 12. 7. 07 u. ö., G. St. A.). Anderseits sieht man aus Altensteins damaligen Briefen an Schön, daß dieser mit der Hoffnung spielte, selbst zum Minister berufen zu werden, falls Stein ablehnen sollte, und daß Altenstein (angeblich mit Niebuhrs Zustimmung) ihn in solchen Gedanken bestärkte, ja ihn für „noch besser" hielt als Stein, „der doch manches Vorurteil hat". Aus Schöns Papieren II, S. 43, ferner ebenda, S. 27, 36. Beste (und positivste) neuere Würdigung Schöns: *H. Rothfels:* Th. von Schön, Friedrich Wilhelm IV. und die Revolution von 1848 (1937). Vorwort; dort auch über die älteren Kontroversen um Schön.

S. 217 [4] Darüber jetzt am besten: *M. Rumler,* Die Bestrebungen zur Befreiung der Privatbauern in Preußen 1797–1806, Forschungen, Bd. 33 (1921), 34 (1922), 37 (1925) und *R. Stein,* Die Umwandlung der Agrarverfassung Ostpreußens durch die Reform d. 19. Jh. Bd. II, §§ 1–7 (1933). Die dort gegebene Darstellung der Steinschen Reform ist veraltet. – Stägemanns Mitwirkung bei diesen Verhandlungen als Syndikus der ostpr. Landschaft war Beyme aufgefallen und hatte seine Berufung zum Mitarbeiter Steins zur Folge gehabt.

[5] Statistik bei *Rob. Stein,* a. a. O., Bd. I (1918), S. 291 ff., 50 und passim. Vgl. auch *Lehmann* II, S. 40 f.

[6] Vgl. Aus Schöns Papieren II, S. 127 ff.; *Knapp* I, S. 205, II, 152, 155, 160; *von Meier,* Französische Einflüsse II, S. 287 ff.

[7] *R. Stein,* a. a. O., Bd. I, bes. S. 378 ff. und die dort angeführte neuere Literatur seit 1901. – Für Schlesien: *Ziekursch,* Hundert Jahre schlesische Agrargeschichte 1927², S. 72 f., 76, 90, 150, 154, 308 u. ö. Durch diese Arbeiten sind die Ergebnisse der Forschungen Knapps und seiner Schule, wie der Text zeigt, weithin erschüttert.

S. 218 [8] Beleg s. Anm. 9!

[9] *K. Böhme,* Gutsherrlich-bäuerliche Verhältnisse in Ostpreußen 1770–1830. (1902), S. 44 f. u. ö. *A. Kern,* Forsch. Bd. 14, 1901, S. 195 f. (Beschwerde der ostpreußischen Kammer vom 8. 4. 85). Nach *Ziekursch,* a. a. O., S. 154, bestanden ähnliche Verhältnisse in der deutsch-schlesischen Ebene.

S. 219 [10] *E. W. Mayer,* Das Retablissement Ost- und Westpreußens unter Th. von Schön (Schriften des Instituts für ostdeutsche Wirtschaft in Königsberg 1) 1916, S. 2.

[11] Für das Folgende vgl. vor allem *G. Winter,* Zur Entstehungsgeschichte des Oktoberediktes und der Verordnung vom 14. 2. 08, Forschungen, Bd. 40, S. 1–33 (grundlegend). Die ältere Polemik über den Anteil Schöns erörtert *M. Baumann,* Th. von Schön (1910), S. 24 ff.

[12] Ich kombiniere, wie man sieht, die Immediateingabe Schrötters vom 17. 8. mit seinem Ediktentwurf vom 9. 9., vgl. *Knapp* II, S. 162 ff.

[13] Darum soll auch das Zahlungsmoratorium für Gutsbesitzer wieder verschwinden, das man ihnen im Krieg gewährt hatte und das sich nach Ansicht der Reformer nur schädlich auswirkte. Vgl. dazu die scharfe Kritik Beymes, der sich auch über die (wie er findet) inkonsequente Haltung Steins in dieser Sache beschwert: an Kanzler Schrötter, 29. 11. 07. Kons. Monatsschrift 1886, II, S. 944. Über Steins Eingreifen zu vgl. *Lehmann* II, S. 292 ff.

S. 220 [14] Einleitung des „Oktoberedikts".

[15] Vermutlich war hier der Einfluß seines Konzipienten Morgenbesser maßgebend, über dessen politische Gesinnung zu vgl. *E. von Meier,* Französische Einflüsse II, S. 179 ff., und *Lehmann* II, S. 296.

S. 221 [16] Die lange Zeit maßgebende Ansicht Knapps, daß der Bauernschutz schon im 18. Jahrhundert in Ostpreußen ganz unwirksam gewesen sei, hat *R. Stein*, a. a. O., S. 287 ff., widerlegt. – Wie schädlich in vielen Fällen die starre Aufrechterhaltung des „Bauernschutzes" für den wirtschaftlichen Aufstieg des Bauern sein konnte, indem sie ihn hinderte, seinen allzu dürftigen Hufenbesitz zu vergrößern, zeigt *Ziekursch*, a. a. O., S. 183.

[17] Eine geradezu klassische Gegenüberstellung derartiger Argumente von Gegnern des Bauernschutzes und solchen der entgegengesetzten Tendenz findet man (aus dem Jahre 1809/10) bei *Knapp* II, S. 211 ff. Besonders drastisch formuliert Klein (-Beyme) (S. 213) den Gegensatz der Interessen: hie soziales, hie wirtschaftliches Interesse! Sein Gutachten zeigt ein überraschend modernes, sozialpolitisches Verständnis.

S. 222 [18] Ganz ähnlich ist auch die Auffassung von *Kraus*, Vermischte Schriften II, S. 175 ff. Er fordert unter anderem auch Aufhebung der Frondienste, Aufhebung aller Fürsorgepflicht der Gutsherren und beruft sich ausdrücklich auf das Vorbild Dänemarks.

[19] Auch die Vorliebe der Physiokraten für die „grandes cultures" mag eingewirkt haben.

[20] Daß diese Bestimmung mit dem Begleitbericht der Immediatkommission vom 30. 9. im Widerspruch stünde (*Winter*, S. 18), scheint mir durch die von *Knapp* II, S. 165, Ziff. 2, zitierte Stelle widerlegbar.

[21] Die späteren Behauptungen Schöns und Beymes, man habe die Vollziehung des Edikts absichtlich hinausgezögert, um Stein seine Amtstätigkeit recht eindrucksvoll beginnen zu lassen, verdienen demnach geringen Glauben.

S. 223 [22] *Knapp*, Bauernbefreiung I, S. 135; Landarbeiter in Knechtschaft und Freiheit, S. 77 u. ö. Ähnlich urteilt Lehmann, wenn auch vorsichtiger.

[23] In diesem Sinne hat auch Rehberg den friderizianischen Bauernschutz gelobt: Über den deutschen Adel (1803), S. 31.

S. 224 [24] Die Zustimmung Niebuhrs, gleichfalls sehr warm, ging mehr aus volkswirtschaftlichen Erwägungen hervor.

[25] Gegen *Winter*, a. a. O., S. 22 f. Von dem dort bemerkten angeblichen Widerspruch zu den oben erörterten Aufzeichnungen sehe ich nichts. Die scharfe Ablehnung der Knappschen Motivierung für das Verhalten Steins (S. 23, N. 2) finde ich unbegründet.

[26] Ergänzend am 28. 10. eine Kabinettsordre, die sämtliche Domäneninsassen aller Provinzen schon auf 1. 6. 08 von der Erbuntertänigkeit befreite, soweit sie nicht schon frei waren.

S. 225 [27] Broscovius berief sich ausdrücklich auf Beispiele aus der englischen Agrargeschichte und damit indirekt auf Adam Smith: *Knapp* II, S. 198.

[28] Kabinettsordre vom 23. 8. 07: *Knapp* II, S. 156.

[29] Die Festsetzung von Normaljahren dürfte durch Stägemanns Vorschlag vom 15. 8., die „catastrierten" Bauernhöfe retablieren zu lassen (*Knapp* II, S. 154), mit angeregt sein. – Wenn *Lehmann* II, S. 299, meint, daß *erbliches* Bauernland alten Bestandes stillschweigend von der Einziehung ausgeschlossen wurde, so dürfte dieses Stillschweigen doch wohl eher nach Analogie der für Schlesien, Kurmark und Pommern ergangenen Parallelverordnungen zu deuten sein: *Knapp* II, S. 221.

[30] Die gegenteilige Auffassung *Knapps* (I, S. 41) verkennt das Prekäre der älteren Vorschläge Schöns.

S. 226 [31] Der Nachweis *Winters,* S. 28 f., daß *Knapp* und *Lehmann* das entscheidende Aktenstück, eine undatierte Aufzeichnung Steins vom Dezember 1807, völlig mißverstanden haben, ist ein Kabinettstück moderner diplomatischer Quellenkritik. Daß in allem Wesentlichen Schön und nicht Stein den Inhalt der Februarverordnung bestimmt hat, scheint mir zweifellos erwiesen. Besonders charakteristisch ist, daß Stein noch am 3. 12. das Oktoberedikt so auslegte, daß nur kriegszerstörte Wirtschaften eingezogen werden dürften (*Knapp* II, S. 198), dagegen schon am 29. 1. 08 (*Knapp* II, S. 204) offenbar mit der rechtlichen Möglichkeit solcher Einziehungen auch in den nicht „devastierten Provinzen" wie selbstverständlich rechnete, jene Beschränkung also mit Schön einfach fallen ließ. Vgl. dazu die Zweifel *Knapps* I, S. 142.

[32] An Frau von Berg, 22. 4. 02. *B.* I, 333, siehe oben S. 98.

[33] Die Verkennung dieser Tatsache, die Deutung des Oktoberedikts als bloße doktrinäre Übertragung des englischen „free trade" nach Preußen, hat *E. von Meier* (Französische Einflüsse II, S. 281 u. ö.) zu einer höchst ungerechten Beurteilung veranlaßt. Allerdings ist an dieser Einseitigkeit (die in der Literatur sehr häufig begegnet) die Einleitung des Edikts mitschuld.

S. 227 [34] *B.* III, S. 498, 516.

[35] Siehe oben Kap. 5, III! Man beachte, daß gewisse Vorzugsrechte, wie Kreisstandschaft usw., nach dem Oktoberedikt ebenso wie in den uns bekannten Programmen Rehbergs und Steins nach wie vor zwar nicht am adligen Stande, aber am Begriff des „adligen Gutes" haften!

[36] Eine vollständige Auflösung der Lehensverbände und sogar der Fideikommisse von Staats wegen wurde zeitweise als ergänzende Maßnahme geplant, kam jedoch unter Stein nicht mehr zustande. Siehe *Lehmann* II, S. 303 ff. Stein war übrigens keineswegs ein prinzipieller Gegner fideikommissarischer Bindungen. Siehe *Botzenhart,* Vjschr. für Sozial- und Wirtschaftsgesch. 22 (1930), S. 357 f., 366, und *B.* III, S. 514, 516.

S. 228 [37] Die Belegstellen bei *Lehmann* II, S. 367, N. 2. Dazu *B.* II, S. 423: an Schrötter, 10. 5. 08.

[38] Stein wollte ihre Beseitigung zugunsten der Gemeinden: *Lehmann* II, S. 527. *Botzenhart* II, S. 423.

[39] *Knapp* II, S. 174 f., *Lette* und *Rönne,* Landeskulturgesetzgebung I, S. 79 f. *Ziekursch,* S. 296 ff. Vgl. auch Schöns Erläuterungen vom 27. 12. 07 in *Schöns* Papieren II, S. 219 ff. Ein interessantes, anscheinend noch ungedrucktes „Promemoria in Beziehung auf die von den Deputierten der schlesischen Stände sub d. Berlin 25. 2. a. c. eingereichte Immediatvorstellung betr. das Edikt vom 9. 10. 07", datiert Königsberg, 12. 3. 09 (ohne Unterschrift, Kanzleihand) ergänzt das Publikandum durch beschwichtigenden Hinweis auf die Vorteile, die der Edelmann einheimst: H. A. Rep. 49 E. Näheres siehe Erstauflage I, S. 513.

[40] Über die Schwierigkeiten, die sich hierbei aus der Unterscheidung zwischen persönlichen und dinglichen Abzugsgeldern, Besitzwechselsteuer u. dgl. m. ergaben, siehe *Schön,* Papiere II, S. 221; *Lette* und *Rönne* I. S. 40 ff.

S. 229 41 *Lette* und *Rönne* I, S. 44 (Ministerialverfügung vom 5. – nicht 15. – 3. 09), Z. 16; ebenda S. 81, § 12 (8. 3. 09).

42 Zitat bei *Winter*, Forschungen 40, S. 6. Betreffs Schön vgl. dessen Papiere II, S. 226, und die Verordnung vom 5. 3. 09 bei *Lette* und *Rönne* I, S. 39, Ziff. 9 ad b.

43 Die Verhandlungen mit ihm größtenteils in dem Aktenband Rep. 89, A XIX 2 des G. St. A.

44 Die Zeugnisse bei *Lehmann* II, S. 332 ff., 595, und bei *R. Stein* II. S. 113 ff.

S. 230 45 Daß diese Kampfstellung im Grunde seiner inneren Richtung *nicht* entsprach, zeigt seine spätere, ganz veränderte Stellungnahme: *B*. V, S. 533, und oben Kap. 4, N. 41, dazu Briefwechsel Schöns mit Pertz und Droysen, ed. *Rühl*, S. 40 f.

46 Die von *Lehmann* II, S. 364, erwähnte Schrift „Können die Gutsbesitzer die Aufhebung der Patrimonialgerichtsbarkeit wünschen?" ist nach einer gleich zu erörternden Denkschrift Altensteins von J. G. Hoffmann verfaßt, und zwar im Auftrag Steins, durch Schön vermittelt. Vgl. auch *Bassewitz*, Kurmark Brandenburg III (1809/10), S. 629, Briefwechsel Schöns, ed. *Rühl*, S. 40, und *H. Loening*, J. G. Hoffmann (Diss. Tübingen 1914), S. 30.

47 Wohl von Scheffner verfaßt. Vgl. Schöns Briefwechsel, ed. *Rühl*, S. 40, und Schöns Papiere I, S. 50. Schön selbst steckte offenbar dahinter.

48 Undatierte Aufzeichnung Altensteins, vgl. folgende Anmerkung! Merkwürdig ist, aus den Akten zu sehen, wie *anfangs* (November 1807) Altenstein und Schön gerade in der Frage der patrimonialen Gerichte aufs intimste zusammenarbeiten, Schön eher zur Vorsicht mahnt, während Altenstein und Stein vorwärts drängen. G. St. A., Rep. 89, A VIII, vol. I (Briefwechsel vom 30. 11. 07; siehe *B*. II, S. 309, und Altenstein an Schön, undatiert). Damals war Altenstein noch Steins vornehmster Mitarbeiter als Redaktor des Organisationsplanes!

49 Undatierte eigenhändige Aufzeichnung Altensteins: G. St. A., Rep. 92, Altenstein, A III, 3, zweifellos vom November 1808, vielleicht für Hardenberg bestimmt. Sie gibt einen sehr interessanten Bericht über die Kämpfe im Schoß des Generaldepartements. – Eine kritische Stellungnahme Altensteins zu dem von *Lehmann* II, S. 360, erwähnten Reformplan Auerswalds vom 7. 8. findet sich ebenfalls im Altenstein-Nachlaß A III, N. 10 (fol. 221 ss.). Altenstein warnt davor, die Trennung der Justiz von der Polizeiverwaltung, Zusammenlegung ländlicher und städtischer Gerichte u. dgl. in den allgemeinen Behördenorganisationsplan mit aufzunehmen. Es handle sich um sehr verwickelte Materien, auch hätten die Vorschläge vieles gegen sich usw. Stein findet das „ganz richtig".

50 *Bassewitz*, Kurmark Brandenburg 1809/10 (III), S. 629, 632. Die Originale: G. St. A., Rep. 89 A, XIX 2. Die von *Preuß*, Friedrich d. Gr. III, S. 531, und *Bassewitz*, a. a. O., S. 630 f., abgedruckte Abschrift der Kabinettsordre vom 25. 11. 08 an Beyme fand ich im Preuß. Justizministerium (Zentralbüro) in den Personalakten Beymes, die auch über verschiedene Recherchen nach dem abhanden gekommenen Original berichten. Vgl. dazu: *von Meier*, Französische Einflüsse II, S. 349 ff., der die Kabinettsordre vom 30. 11. 08 sehr zu Unrecht auf Stein zurückführt.

[51] J. B. Beymes vom 8. 7. 09 aus Königsberg. Dort auch nähere Darlegung seiner Pläne zu einer umfassenden Justizreform.

S. 231 [52] Über die Stellung der Reformer zu dieser Frage vgl. unten Abschnitt III, 2.

[53] In seinen Entwürfen zum „Februaredikt" hatte auch Schrötter auf diese Notwendigkeit hingewiesen: *Knapp* II, S. 203.

[54] Den relativ klarsten Instinkt dafür scheint Vincke gehabt zu haben: *Bodelschwingh* I, S. 383.

[55] Schon von *Ziekursch*, a. a. O., S. 313 f., bemerkt. Die gleich folgenden Äußerungen Steins: *Lehmann* II, S. 331, N. 2; III, S. 77, N. 3, und *B.* III, S. 516; daß sie sich ohne weiteres mit der Februarverordnung vereinigen lassen, scheint Lehmann nicht zu bemerken.

S. 232 [56] Die bekannte Randbemerkung zu den Vorschlägen Beymes von Anfang Oktober 1807 (*Knapp* II, S. 168): „Warum will man das Auskaufen der Freien begünstigen?" (nämlich durch den Gutsherrn des *eigenen* Dorfes) könnte eine solche Grenze andeuten. Doch ist sie mit den oben angeführten Äußerungen schwer zu vereinigen. Man wird doch wohl nicht mehr darin sehen dürfen als eine etwas unsichere vorläufige Überlegung.

[57] Vgl. Kap. 4, zu Anm. 47.

S. 233 [58] Wie die neuere agrarhistorische Forschung (v. Dietze, Lütge) bemerkt hat, ist es eigentlich merkwürdig, daß man in Preußen mit solcher Einseitigkeit auf freies Eigentum der Bauern statt auf ein freies Pachtverhältnis lossteuerte: doch wohl aus Mißtrauen gegen jede Form von Zeitpacht.

[59] Die überaus düstere Schilderung, die *Joh. Ziekursch* von der Aufnahme und Wirkung des Oktoberedikts in Schlesien gegeben hat, erscheint erheblich berichtigt bei *S. Latta:* Die Bedeutung des Edikts vom 9. Oktober 1807 für die gutsherrlich-bäuerlichen Rechtsverhältnisse in Schlesien und seine Auswirkung. Diss. Breslau 1940.

S. 234 [60] Eben deshalb hätte Schön statt der übermäßigen Geldzahlungen die mehr „patriarchalische" Methode des „Abarbeitens" der Schuldverpflichtungen vorgezogen: Schöns Papiere IV, S. 403, und *E. W. Mayer*, a. a. O., S. 8 und 87 ff. Zu seinem seltsamen Vorschlag gewaltsamer Vertreibung aller wirtschaftlich schwächeren Domänenbauern vgl. *Lehmann* II, S. 321, dazu meine Erstauflage, S. 515, N. 63.

[61] Siehe *Lehmann* II, S. 177 f., und *E. Botzenhart*, Vj. SWG 22 (1930), S. 356.

[62] Wie sich Stein die Ablösung der Dienste der Domänenbauern, wo sie noch bestanden, gedacht hat, zeigen die C. O. vom 28. 12. 07 an Schrötter (*B.* II, S. 334) und der Brief an Merckel, 13. 12. 09, ebenda III, S. 209.

[63] Niebuhrs Bedenken gegen die Nachahmung des englischen Pächtersystems bei *Knapp* II, S. 167.

[64] Schön an Gruner, 23. 10. 11: Nachlaß Stägemanns, hg. v. *Rühl* I, S. 151 f.; dazu *M. Baumann*, a. a. O., S. 35, und *E. W. Mayer*, S. 8 f., 38 ff.

S. 235 [65] Nur der Staat erhob von den bisherigen Kunden der staatlichen Mühlen eine Ablösungsabgabe. – Stein hat dann 1810 (also nicht mehr beraten von Schön!) eine staatliche Entschädigung der Getränkefabrikanten und Mühlenbesitzer (größtenteils Gutsbesitzer) durch Steuernachlaß für die Aufhebung des Getränke- und Mahlzwanges gefordert: *B.* III, S. 322 (12. bis 13. 9. 10).

[66] *Lehmann* II, S. 319, 331. *B.* III, S. 516, 322 (1809/10).

S. 236 [67] Eigenhändiges Marginale zu einem Gutachten Stägemanns vom 7. 8., datiert 8. Aug., zugleich Zuschrift der Akte an Schön. Die weiteren Zitate: eigenhändiges Marginale Steins zu einer undatierten anonymen, von Goldbeck überreichten Denkschrift (siehe *Lehmann* II, S. 332, N. 1) und eigenhändige Korrekturen Steins zu dem Antwortkonzept Stägemanns, ohne Datum. Der ganze Schriftwechsel, auch ein Votum Schöns vom 14. 8.: G. St. A., Rep. 87 B, Regulierungen 1 H, vol. II (Akten des Generaldepartements) (fehlt bei *B.*).

[68] „Es ist daher notwendig, daß der Grundherr ... mit dem einzelnen Wirte sich darüber zunächst vereinige; in welchem Fall, wenn die Schädlichkeit des lassitischen Verhältnisses erwiesen wird, von seiten des Staats genehmigt werden könnte, daß die Hälfte der Laßhöfe zu Vorwerksland eingezogen werden, wenn die andere Hälfte dagegen freies Eigentum wird." Stein durchstrich diesen Passus und setzte statt dessen: „Der Gutsherr wird nach meiner Meinung vollständig für den Anteil entschädigt, welchen er am Eigentum des Hofes hat, wenn man a) ihn von dem onere fabricae und der Unterstützung des Bauern bei Unglücksfällen befreit, b) es zuläßt, daß er den freien Bauern auskaufen kann, und c) festsetzt, daß die Bauern für Dienste und Abgaben den Gutsherrn mit Land entschädigen müssen, wenn dieser es verlangt."

[69] Siehe oben S. 231 f.

[70] Marginale vom 8. 8.: „Der Bauer besitzt gewöhnlich zuviel Grund und Boden und daher muß er mit Grund und Boden abfinden." (Gegen Stägemann, der eine Auseinandersetzung in Geld vorzog.) – In den Zusammenhang dieser Pläne gehört auch die von Stein angeordnete Sistierung der schlesischen Urbarienkommissionen: *Lehmann* II, S. 357, dazu der Bericht Schrötters vom 15. 9. 08: ebenda, S. 605.

[71] Vgl. indessen die Kabinettsordre vom 28. 12. 07: *B.* II, S. 335, und III, S. 209 (Stein an Merckel, 13. 12. 09).

[72] *B.* III, S. 322, dazu *Lehmann* III, S. 76 und 90. *Knapp* II, S. 243 ff. Das angeblich volle Eigentumsrecht des Adels an den lassitischen Bauernstellen erklärte er damals für eine „Usurpation"! *Botzenhart* III, S. 293.

[73] *B.* VI, S. 167. In der Reinschrift von Stein selbst gestrichen, s. Ausgabe von *Raumers* (1954), S. 34. Danach hätte er selbst nur die „persönliche Leibeigenschaft" mit ihren Folgen, nicht „die aus dem dinglichen Besitz fließenden Verpflichtungen des Bauern" aufgeben wollen! – Vgl. dazu die wieder ganz „westfälisch" gewordenen Ansichten jener Jahre über Agrarwesen, Zersplitterung des bäuerlichen Besitzes usw.: *B.* VI, S. 63 ff., VI, S. 267; V, S. 532 ff. u. ö. – Die Kritik Steins beginnt schon 1816: *B.* V, S. 351, nach Schön sogar noch früher: Briefe Schöns an Pertz und Droysen, ed. *Rühl*, S. 45.

S. 237 [74] Das scheint mir das übereinstimmende Ergebnis der neueren Arbeiten zur preußischen Agrargeschichte im Gegensatz zu den Ausführungen *Knapps* I, S. 143 ff.

[75] Vgl. *Lehmann* II, S. 331. In einer undatierten Aufzeichnung, anscheinend von 1810 (N. A., nach *B.* III, S. 523, jetzt z. T. verloren, vgl. auch *Leh-*

mann III, S. 102, N. 1) bezeichnet er selbst, was noch zur Bauernbefreiung zu tun sei: das Oktoberedikt habe „alles Eigentum unbedingt veräußerlich und für jeden Besitzer erreichbar gemacht", die Februarverordnung „die Verwandlung der Pachtbauern in freie Eigentümer begünstigt", das Edikt vom 27. Juli 1808 den altpreußischen Domänenbauern „das volle Eigentum ihrer unterhabenden Grundstücke gegeben. Es bleibt aber die Abänderung des bäuerlichen Verhältnisses in Pommern und die Aufhebung des lassitischen in der Kurmark und Neumark übrig." Das ist ein recht bescheidenes Programm.

Neuntes Kapitel, Teil II · Neuorganisation der Bürokratie

S. 239 [1] G. St. A., Rep. 92, Altenstein A III, 10. Dieser Band aus dem Nachlaß Altensteins, seine Handakten zur Behördenorganisation 1807/08 enthaltend (übrigens in sehr mangelhafter chronologischer Ordnung), war, wie der ganze erst 1913 ins G. St. A. gelangte Teil des Altenstein-Nachlasses, Lehmann noch unbekannt. Dessen Darstellung, Bd. II, S. 369 ff., ruht wesentlich auf dem Band R. 151 a, tit. XXI, Nr. 1 (aus den ältesten Beständen des Finanzministeriums), den Handakten Steins. Das erstgenannte Faszikel erweist jetzt endgültig Altenstein als Redaktor des Organisationsplans vom 23. 11. 07. Die für den König bestimmten Reinschriften des Planes und der verschiedenen Gutachten finden sich im Nachlaß Friedrich Wilhelms III. im Hausarchiv (R. 49 E).

[2] Der Gegensatz tritt besonders klar hervor in den kritischen Bemerkungen Schöns zum Organisationsplan und in Altensteins Gegenbemerkungen: „Nach meiner Überzeugung ist die Wissenschaft noch nicht so weit vorgerückt, daß sich aus solcher ein System der Staatsverwaltung konstruieren läßt, in welchem ein jeder Satz als durchaus notwendig dasteht. Hierzu sind noch ungleich mehr Fortschritte der Philosophie erforderlich" usw. Auf der anderen Seite bezweifelt Schön (in einem bisher unbekannten Nachtrag zu seinem Gutachten, datiert 26. 1. 08), daß Altenstein und Vincke „bereits zu einer klaren Ansicht über Gesetzgebung gekommen" seien!

[3] Tagebuch des Staatsrats Rehdiger 1805–1809 (St. A. Breslau, Rehdiger-Nachlaß I 9, DD). Es enthält leider nur banale Äußerlichkeiten, Aufzeichnung von Tischeinladungen u. dgl. m., auch für die Zeit des Königsberger Aufenthaltes (vom 28. 8. 08 ab). Altenstein fehlt nie an Steins Tische; noch am 3. 12. scheint das Verhältnis wenigstens äußerlich ungestört; doch vgl. Schöns Tagebuch vom 30. 11. und 1. 12.: Papiere II, S. 48 ff. Günstiges Urteil Steins über die neuen Männer: an Merckel, 23. 12. 08 (*Linke*, Th. von Merckel I, 1907, S. 73, jetzt bei *Botzenhart* III, S. 4).

S. 240 [4] *Winter* I, S. 357 f.

[5] Bei *Winter* I, S. 364–566.

[6] Dafür besonders bezeichnend die Stelle: „Der König wird der Punkt, wo sich alles konzentriert. Er hat in dem Premierminister ein Organ, durch das er ausführt, indem er befiehlt" usw. (Konzept S. 443). Vollständiger Druck

jetzt bei *Winter* I, S. 364–566. Vgl. u. a.: *E. Spranger*, Forschungen 18, S. 110ff. Steins Bemerkungen (nicht „Randglossen"!) bei *B.* II, S. 275ff. Außerdem finden sich auch Marginalien, Unterstreichungen usw. von Steins Hand in dem Ms. Altensteins.

[7] Der König an Stein 7. und 27. 12.: *B.* II, S. 312, 331. Der I. B. Steins, der 16. 12. datiert ist (H. A.), ist wohl auf 26. oder 27. umzudatieren, s. *B* II, S. 320, N. 1., dazu *Lehmann* II, S. 370. Im H. A. lag Steins I. B. in zwei Teilen: Rep. 49 E, fol. 12–83, 84–100. *Pertz* hat, wie auch *Lehmann* gesehen hat, die Reihenfolge der Entwürfe völlig durcheinandergebracht. – Die Redaktion des Organisationsplans vom 24. 11. 08 umfaßt im Abdruck bei *Pertz* II, S. 689ff., 50 Druckseiten in Petit! Auch der dazugehörige I. B. vom 23. 11. (*B.* II, S. 298) ist von Altenstein konzipiert.

[8] Vgl. *Rehbergs* Staatsverwaltung deutscher Länder (1807), S. 137ff., 145ff. Die Übereinstimmung mit Steins Bemerkungen ist streckenweise fast wörtlich.

[9] Der letztere unter deutlicher Bezugnahme auf die abweichenden Meinungen Steins!

S. 241 [10] Altensteins Vorschlag, der Premierminister solle die Angelegenheiten *aller* Ministerien selbst vortragen, sofern sie „in das Innere eingreifen", war durch Randglosse Steins abgelehnt; ebenso die Mitzeichnung *aller* Konzepte zu kgl. Verfügungen.

[11] Hardenberg schlug schon jetzt die Bezeichnung „Staatskanzler" vor.

S. 242 [12] Stein bot die Stelle im Januar 1808 Schön an, der sie ablehnte und eine provisorische Besetzung mit Altenstein und Vincke gemeinsam anriet. Er selbst wünschte sich ein Departement für „Staatswirtschaft". Eine spätere eigenhändige Aufzeichnung Steins nennt Altenstein als Geh. Staatsrat für allgemeine Gesetzgebung (Nachlaß Altenstein A III, 10).

[13] Nachträglich kamen Stein hierüber Bedenken: eine bloße Teilstimme (Achtelstimme) gebe dem einzelnen weder genügend Verantwortlichkeit, noch Interesse, noch Ansehen. Er wollte jetzt jedem von ihnen eine Dezisivstimme geben, genau wie den Ministern, nur dem Minister des Innern „allenfalls zwei". Also er drängt sogleich wieder zum reinen Kollegialsystem hinüber (an Altenstein, 16. 4. 08, *Botzenhart* II, S. 402f.). Natürlich wehrte sich Altenstein dagegen: die Geh. Staatsräte würden dann gegen die Minister eine Kabale bilden usw.: Rep. 92, Altenstein, A III, 10, folio 207ss. Die Sache kam noch einmal zur Sprache, als der Organisationsplan vom 24. 11. 08 beraten wurde, der einen „Staatsrat" an die Stelle des Premierministers setzte. Die Sorge Altensteins, daß bei Uneinigkeit der Minister die Staatsräte gegen sie vom König ausgespielt werden könnten, begriff Stein so wenig, daß er glaubte, Altenstein fürchte eine allzu große Selbständigkeit der Minister gegenüber dem Staatsrat: „Darum muß das Kabinett im Staatsrat nicht mehr Recht haben als jeder Geh. Staatsrat!" Übrigens sei diese Gefahr bei dem System eines Premierministers noch größer. „Da das Kabinett (nach der neuen Verfassung) aus den Administratoren besteht, so wird wenigstens nicht die Exekution der Administration durch ein causalierendes und dirigierendes Kabinett gelähmt werden." Ebenda fol. 197, undatiert. Das Mißverständnis scheint mir für die innerste Tendenz der Steinschen Organisationspläne ungemein bezeichnend. Alten-

stein fürchtet Lähmung der Minister durch den „Staatsrat", Stein genau das Umgekehrte! Er erklärte, es sei ein Fehler, wie in Holland, die eigentlichen „Administratoren" vom Staatsrat fernzuhalten und nicht mitentscheiden zu lassen (ebenda fol. 189, undatiert).

14 Altenstein hatte sie nur für das Bergwerks-, Bau-, Forst- und Postdepartement vorgeschlagen.

15 Vgl. *E. von Meier*, Verwaltungsorganisation², S. 175.

S. 243 16 Verordnung vom 16. 12. 08, § 34, bei *E. von Meier*, S. 187 f. Die Darstellung *Lehmanns* II, S. 433, N. 1, als trüge Altenstein für die Einmischung des Oberpräsidenten in die Kammerverwaltung die Verantwortung, ist irreführend: die Septemberdenkschrift hatte nur „Beförderung", nicht Mitunterschrift der Kammerberichte gefordert und den Grundsatz des reinen Kontrollorgans streng durchgeführt. Selbst der Organisationsplan vom 23. 11. 07 geht in der Einmischung in die Kammergeschäfte nicht so weit, wie Stein es in seinen Bemerkungen (*B.* II, S. 278) gefordert hatte! Auch die von Schrötter kritisierte Beiziehung von Kriegs- und Domänenräten der Kammer zu den Geschäften des Oberpräsidenten (*von Meier*, S. 183 f.) hat Stein persönlich in Altensteins Manuskript eingefügt.

17 Altenstein, der diese Neuerung vorschlug, könnte von Stein angeregt sein, dieser von Rehberg. Vgl. *Rehberg*, Über die Staatsverwaltung (1807), S. 139 ff. Im übrigen beschränkt sich Steins persönlicher Anteil an der Organisation der „Regierungen", soweit ihn die Akten erkennen lassen, auf die Einführung ständischer „Repräsentanten" (darüber gleich folgend im Text), auf die nähere Bestimmung des Verhältnisses der Regierungen zu den technischen Sonderbehörden (*Pertz* II, S. 662, Ziff. 3) und zu den Zentralinstanzen: *Pertz* II, S. 661, Ziff. 1: beide Stellen entsprechen eigenhändigen Korrekturen Steins in Altensteins Manuskript. Die erste Neuerung scheint sich nicht durchweg bewährt zu haben, insbesondere nicht für das Postwesen: vgl. mit *B.* II, S. 279, und *Lehmann* I, S. 229; II, S. 443, N. 2 die Quellenzitate in *von Meier*, Verwaltungsorganisation², Anm. 131 (S. 468), und dessen Text S. 200 f.

18 Eine wichtige Neuerung war die Einführung von geschulten Fachreferenten mit eigener Verantwortung für ihr Spezialressort, um gewisse Mängel des Kollegialsystems zu beheben.

19 Altenstein hatte sie „Repräsentanten der Nation" genannt. Stein korrigierte das in: R. „der Provinz".

20 Für die Annahme, daß diese Veränderung auf eine Anordnung Steins zurückgeht (*Lehmannn* II, S. 404), liegt kein aktenmäßiger Anhalt vor. Wohl aber hatte Hardenberg sich so entschieden: *Winter* I, S. 318, Z. e); 360.

21 Auf Steins Vorschlag: *B.* II, S. 278 (zu p. 457), aber auch bei Hardenberg: *Winter* I, S. 318.

S. 244 22 Vgl. dazu Steins letzten Satz: „Die meisten Geschäfte der Unterbehörden werden den Corporations Beamten überwiesen": *Botzenhart* II, S. 279.

23 Etwa auf dasselbe läuft der wunderliche, von Stein sogleich abgelehnte Vorschlag von Klewitz hinaus, ein Zwischending zwischen Staatsrat und Volksvertretung (mit 8 Ständevertretern) zu bilden.

24 Der König übersandte Hardenberg den Entwurf schon am 7. 12.: Nachlaß

Friedrich Wilhelms III. VII a, 7, B (Konzept). – Ein von Lehmann nicht benutztes Gutachten von einer mir nicht bekannten Hand, anscheinend schon vom Oktober 1807, bemängelt die Unklarheit der Stellung, die Altenstein den Ministerkollegen des Premierministers gibt, und bevorzugt eine kollegiale Verfassung des Ministeriums: Rep. 151 a, XXI, Nr. 1, fol. 294 ff., Beilage zu einem Schreiben Schlabrendorffs an Stein vom 20. 10. 07, doch ohne Bezugnahme im Text.

[25] Ausführliches Referat: *von Meier*, Verwaltungsorganisation[2], S. 219 ff. (Schrötter); *Lehmann* II, S. 412 f. und 435 ff. (Auerswald, Vincke und Kunth). Über Beymes Wünsche vom Dezember, die unter anderem auf eine *zunächst* mehr technisch als politisch wichtige Änderung in der Stellung des Kabinettsrats hinausliefen, vgl. *Lehmann* II, S. 406 ff.

S. 245 [26] Siehe oben Kap. 6, II, S. 154. – Der offizielle I. B. Steins (Schlußbericht) ist vom 24. 2., ein eigenhändiges Begleitschreiben vom 27. 2.: *B.* II, S. 377 und 383.

[27] Für die Verzögerung der königlichen Unterschrift unter den Organisationsplan wird vor allem Beymes Gutachten über den fertigen Plan (ohne Datum, ohne Zweifel kurz nach dem 27. 2., H. A., Rep. 49 E) maßgebend gewesen sein. Er stimmte im allgemeinen zu (bis auf einen später zu besprechenden Dissensus betreffend das Kultusdepartement), riet aber, die Vollziehung so lange auszusetzen, bis die Besetzung der neugeschaffenen Stellen geregelt wäre. – Die von *Lehmann* II, S. 421, in diesem Zusammenhang angeführten Immediatberichte Scharnhorsts und Lottums vom 6. 4. 08 sind zu ergänzen durch einen I. B. Steins vom 27. 2. (bei *B.* II, S. 383 nur Regest) und Lottums vom 26. 2. (ebenda). Danach war schon am 25. 2. durch Kabinettsordre befohlen, eine Teilung des Kriegsministeriums in zwei einander gleichgestellte Departements zu entwerfen, von denen Lottum das zweite übernehmen sollte. Die Absicht des Königs ist deutlich: der konservative Lottum sollte selbständig neben den Neuerer Scharnhorst gestellt werden, wie einst im auswärtigen Departement Haugwitz neben Hardenberg. Lottum erklärte sofort, einer solchen selbständigen Aufgabe nicht gewachsen zu sein. Merkwürdigerweise hat Stein, wie es scheint, diese Sachlage nicht durchschaut! Er riet, über die Bedenken Lottums als unbegründet hinwegzugehen: Lottum habe bisher durchaus „mit Beifall Geschäfte, die sich auf das Materielle der Armee beziehen, bearbeitet". (!) Trotzdem erklärte Lottum bei Vorlage des geforderten Organisationsplans am 6. 4., er halte die Koordination von zwei Kriegsdepartements für ganz undurchführbar: *ein* Kriegsminister müsse das Ganze leiten, wie es Steins Organisationsplan vorgesehen habe. Er selbst könne das zweite Departement höchstens provisorisch übernehmen. – Unvollständiger Auszug dieser Korrespondenz bei *Conrady*, Grolman (1894) I, S. 163 f.

[28] Vgl. *H. O. Meisner*, Forschungen 36 (1924), S. 41, und *Hassel*, Geschichte der preußischen Politik 1807–1815 I (1881), S. 561 N. Dazu Stein an Altenstein, Berlin, 13. 3. 08. *B.* II, S. 387.

S. 246 [29] Gegen *Lehmann* II, S. 429

[30] Vgl. oben Anm. 13.

S. 247 [31] Wer den von *Lehmann* II, S. 430 als „eine der kostbarsten Reliquien dieser großen Zeit" gepriesenen Protokollband (Rep. 151a, XX, Nr. 1) durchblättert hat, begreift nicht diese Verzückung. Die Bagatellsachen nehmen einen breiten Raum ein; und das vielzitierte Protokoll über die Schlußberatung der Städteordnung (vom 19. 10.) ist keineswegs sehr erheblich. Ich stimme demnach *von Meiers* Kritik (Französische Einflüsse II, S. 503 ff.) in diesem Punkte zu.

[32] Ursprünglich war die Fassung so, daß auch die Minister des ancien régime einen Anspruch auf Staatsratssitze hätten erheben können. Dies änderte Stein dann ab: Rep. 92, Altenstein A III, 10. Ebendort eigenhändige erste Skizze des neuen Organisationsplanes vom 24. 11., ohne Datum. Danach scheint es, als hätte Stein das Finanzministerium ursprünglich St(ägemann), neben Dohna als Minister des Innern, zugedacht. Altenstein sollte Geh. Staatsrat für die allgemeine Gesetzgebung im Innenministerium werden. Weiter heißt es: „Die Geschäfte (des Staatsrats) sind die der jetzigen Generalkonferenz, auch in der Form ... Die Vota zählen viritim, der Präsident gibt bei Stimmengleichheit den Ausschlag."

[33] *B.* II, S. 556.

S. 248 [34] Siehe oben Anm. 13, auch für das Folgende!

[35] Auf diesen Traditionszusammenhang weist, an sich sehr richtig, *Hintze*, Schmoller-Festschrift 1908, S. 423, hin. Er erkennt auch schon die grundsätzliche Bedeutung des Staatsrates für Stein, meint aber doch, die ganze Verfassung sei „auf ein persönliches Moment konstruiert". Für Stein war sie das sicher nicht. Auf die von *von Meier* bestrittene Vermutung *Lehmanns*, der Staatsrat sei eine Nachahmung des napoleonischen Conseil d'état, lohnt es nicht näher einzugehen, da sich daraus kein besseres Verständnis der Sache gewinnen läßt.

[36] Der König selbst erwartete nach einem Jahr unerfreulicher Erfahrungen mit den Nachfolgern Steins, daß ein Kabinettsvortrag auf Grund vorgängiger Staatsratsbeschlüsse ihn besser beraten würde als der Einzelvortrag der Minister: eine völlige Umkehrung seiner Stellungnahme im Jahre 1806! *Schöns* Papiere II, S. 250 (Humboldt an Schön, 31. 10. 09).

[37] In seinem I. B. vom 24. 11., nach der Ernennung Dohnas und Altensteins, scheint Stein seine Hoffnung vor allem auf Schrötter zu setzen: *B.* II, S. 581. In einem abscheulich intriganten Schreiben vom 28. 11. denunzierte Nagler dem König die Absicht Steins, die Staatsräte als „Aufpasser" der Minister zu konstituieren. Nachlaß Friedrich Wilhelms III.

[38] An Hardenberg, 25. 11. 08: Hardenberg-Nachlaß K 30. Siehe *Lehmann* II, S. 605. Abdruck des großen Organisationsedikts vom 24. 11.: *Pertz* II, S. 689–739.

S. 249 [39] Dieses persönliche Motiv wird von *S. Kähler*, W. von Humboldt und der Staat (1927), S. 239 ff., vollständig verkannt; statt dessen wird Humboldts Bemühen, die Steinsche Organisation durchzusetzen, aus persönlichem Ehrgeiz erklärt, das Widerstreben Altensteins und Dohnas mit Argumenten einer angeblich überlegenen Sachlichkeit der „Verwaltungspraktiker" gerechtfertigt. Mir scheint der wirkliche Sachverhalt genau umgekehrt; vgl. auch Humboldt an Schön, in *Schöns* Papieren II, S. 252, dazu *Lobethal*, Verwaltung und Finanzpolitik 1808–1810 (Diss. Berlin 1914), S. 26 ff.

[40] Oben zu Anm. 16.

[41] Vinckes Bemerkungen zum Organisationsplan, vom „24. 3. 08“, finden sich mit diesem Datum auch in Altensteins Nachlaß, A III 10; nach Vinckes eigener Angabe (bei *Bodelschwingh* I, S. 354) sind sie aber erst am 29. 3. vollendet. Stein übersandte sie Altenstein mit Marginalien versehen und mit einem Schreiben vom „23. 3.“; jetzt bei *B.* II, S. 391. Ebd. S. 402 ff. das Begleitschreiben Steins vom 16./18. 4. zu Vinckes zweitem Gutachten. Am 23. 8. legte Stein dem König Vinckes drittes Gutachten: „Zwecke und Mittel der preußischen Staatsverwaltung“ (siehe *Bodelschwingh* I, S. 376 ff.), mit I. B. vor: H. A., Rep. 49 E.

S. 250 [42] Sie scheuten die hohen Diätenkosten (13 000 Taler in Potsdam!), ohne welche „Repräsentanten“ nicht zu beschaffen waren. Das Nähere bei *von Meier,* Verwaltungsorganisation[2], S. 244 ff.

[43] Thimmes absprechendes Urteil (*von Meier,* Verwaltungsorganisation[2], N. 126) geht viel zu weit.

[44] *Loening,* Verwaltungsarchiv II, S. 471.

Neuntes Kapitel, Teil III, 1 · Organisation der Selbstverwaltung: Die Städteordnung

S. 251 [1] Bereits am 27. 6. an Schrötter durch Stein übersandt, also wohl schon im Mai entstanden! *B.* II, S. 449. Vgl. oben Kap. 5, Anm. 43.

[2] Von Altenstein konzipiert: *von Meier,* Verwaltungsorganisation[2], S. 141.

S. 252 [3] *H. Gehrmann,* Die Städte und Freiheiten Königsberg i. Pr., Dissertation Königsberg 1916, S. 111 ff. – Für das Folgende siehe die Literaturübersicht bei *von Meier-Thimme,* Verwaltungsorganisation[2], S. 471 ff. (N. 144) und neuerdings: *Th. Winkler,* J. G. Frey und die Entstehung der preuß. Selbstverwaltung (1936), S. 97 ff. Die einschlägigen Archivalien des G. St. A. zählt *Clauswitz,* Die Städteordnung von 1808 und die Stadt Berlin (1908), S. 54, auf. Die dort erstgenannten Bände (Rep. 77, 344, 2, vol. 1–2) stammen aus dem Ministerium Dohnas (Ministerium des Innern) und enthalten nichts für die Genesis der Städteordnung Belangreiches; ihr eigentlicher Gegenstand ist die Einrichtung der städtischen Polizeibehörden seit Dezember 1808. Das zweite Faszikel (Rep. 77, 479, 5, vol. 1–2), die Akten des Schrötterschen Departements, schon *von Meier,* Verwaltungsorganisation, 1. Aufl., benutzt; das dritte (Rep. 89 A, 25, 7) die Akten der Kabinettsregistratur, schon von Pertz benutzt; die folgenden stammen aus den Beständen des Finanzministeriums (als Nachfolgebehörde der Immediatkommission!), wo sie niemand vermutet hatte, und stellen die wichtigste, von *E. von Meier,* Französische Einflüsse II, S. 608, zu Unrecht auf einen Protokollband reduzierte Entdeckung Lehmanns dar: Rep. 151[a], 21, 1, sind die schon mehrfach in Abschnitt II zitierten Handakten Steins zur Behördenorganisation; Rep. 151[a], VI, 9[a], die Akten des Generaldepartements zur Städteordnung; Rep. 151[a], 20, 1, das vielerörterte Protokollbuch der Generalkonferenz von 1808. Sämtliche Aktenbände sind im folgenden ohne Zitierung benutzt.

[4] Über den im Grunde konservativen Charakter Brands war die bisherige Forschung sich einig, vgl. *von Meier*, Verwaltungsorganisation², S. 475, N. 147, dazu *M. Rumler*, Forschungen 37, S. 36 f. (Zeugnis von 1799). *Th. Winkler*, a. a. O., S. 116 ff. unterstreicht stark die aufklärerischen Züge. Auf die spätere Städteordnung weisen folgende Bestimmungen des ersten Brandschen Entwurfes hin: ⅓ Stellvertreter der Stadtverordneten, Wahl auf 3 Jahre; Weigerung, die Wahl anzunehmen, gilt als schimpflich; Grundeigentümer müssen das Bürgerrecht erwerben; finanzielle Kompetenzen der Bürgerschaft weitergehend als im ersten Entwurf Freys; Unterteilung der Stadt in Distrikte. Eine Konvokationsrede Brands vom 31. 12. 07 betont ähnlich wie Steins Nassauer Denkschrift die Notwendigkeit, den Gemeinsinn der Bürger durch eine Verbesserung der städtischen Verfassung zu heben. – Vgl. auch Brands eigene Mitteilungen über die Entstehung seines Entwurfs: Neue preußische Provinzialblätter 1846, I, S. 164 f.; danach steht fest, daß er seinen Entwurf mit Stein in Berlin April 1808 besprach und ihn bald darauf dem Minister zusandte.

[5] Über die älteren Reformversuche in Danzig s. o. Kap. 8, Anm. 24. Schrötter, Schön, Dohna und Frey waren daran beteiligt gewesen.

[6] Dabei scheint bereits Frey (siehe unten) mitgewirkt zu haben: *Lehmann*, Preußische Jahrbücher 93, S. 498, und *Clauswitz*, a. a. O., S. 64.

[7] Über die Organisation der Unterbehörden. Seine Nichterwähnung durch Stein (nicht Vincke, wie in *Meier*, Verwaltungsorganisation², S. 250, verdruckt steht) in dem Erlaß vom 27. 6. 08 besagt meines Erachtens nicht das geringste, und Meiers Zweifel sind demnach unerheblich.

S. 253 [8] Vgl. die Charakteristik *Rühls*, Einl. zum Stägemann-Nachlaß I, S. XXIX ff. und die Briefsammlung: Briefe von und an J. G. Scheffner, ed. *A. Warda* u. *C. Diesch*, 5 Bde. 1918–37. Eine große Rolle spielte im geistigen Leben der Königsberger Gesellschaft die Freimaurerloge zu den Drei Kronen, als deren Meister und Redner Frey oft hervorgetreten ist. Vgl. darüber *R. Fischer*, Geschichte der Johannisloge zu den Drei Kronen. 1910, und den interessanten Brief Schöns an Frey v. 24. 2. 97 in: Studienreisen eines jungen Staatswirts (1879) S. 628 ff.

S. 255 [9] Daß es unnötig ist, für diese Bestimmung die Verfassungsgesetze der Revolution als unmittelbares Vorbild anzuführen, wurde schon in Kap. 5, III (oben S. 104, N. 12) angedeutet. Auch der Kriminalrat Brand hat diese Bestimmung, als wichtigste Neuerung, in seinen Plan aufgenommen, obwohl er die Korporationen als Wahlkörper beibehält! Ferner hatte man schon bei der Neuordnung der Danziger Stadtverfassung vor 1806 die Frage des imperativen oder freien Mandates der Stadtverordneten ausgiebig erörtert. Eine Verfügung der westpreußischen Kammer vom 7. 6. 04 hatte die Notwendigkeit der Rückfragen bei den Wahlständen auf bestimmte Fälle beschränkt. Es handelt sich hier ganz offensichtlich um ein in der Praxis hervorgetretenes, dringendes Bedürfnis; schon daraus erhellt, wie verfehlt *von Meiers* absprechendes Urteil über die praktische Bedeutung des § 110 der St. O. („Phrasenartikel“) ist: Französische Einflüsse II, S. 315 ff. Übrigens kann weder von „wörtlicher Übersetzung“, wie sie Meier annimmt, noch auch nur von einem Anklang des Freyschen Artikels 41 an den Wortlaut französischer Gesetze die Rede sein. Von „Repräsentanten der Nation", nicht einzelner Stände und Lokalinteressen, ist auch in Altensteins Rigaer Septemberdenkschrift und im Behördenorganisationsplan vom 23. 11. 07 die Rede. In dem Entwurf Auerswalds für einen ostpreußischen Provinziallandtag vom 20. 5. 08 werden ebenso ausdrücklich „Repräsentanten statt Mandatarien", mit ausführlicher Begründung, gefordert (*Lehmann*, Knesebeck und Schön, S. 293 f.); das ging wohl auf Steins Verfügung vom 31. 1. 08 zurück: *Lehmann* II, S. 204. Über den Grundsatz war also längst entschieden, ehe Frey seine Denkschrift aufsetzte. Die zugrunde liegende Vorstellung von Gesamtinteressen einer einheitlich gedachten „Nation" gehört zu den Grundvoraussetzungen des ganzen neueren Staatsrechts; eben deshalb ist hier das Aufsuchen einzelner „Quellen" ebenso unnötig wie unmöglich. Als Hardenberg 1812 seine interimistische Nationalrepräsentation berief, nannte er die Unabhängigkeit der Repräsentanten von ihren Wählern einen allgemein anerkannten Grundsatz konstitutionellen Staatsrechts. Vgl. Aus den Papieren Schöns VI, S. 553 ff.

[10] Am wichtigsten wohl: die Bezeichnung der „Stellvertreter" als Suppléants. *Lehmann*, Ursprung der Städteordnung, Preuß. Jahrb. 93 (1898), S. 498. Ich setze mich im folgenden mit diesem Aufsatz auseinander, der in veränderter Anordnung und etwas gekürzt in der Stein-Biographie II, S. 452 ff., wiederholt ist.

[11] Daß Frey den Lokalstatuten nicht mehr „die Regelung eines Teils der Stadtverfassung" überlassen habe (*Lehmann*, Preuß. Jahrb. 93, S. 501), ist evident falsch: Art. 48 seines Entwurfs bestimmt als Geschäftskreis der Repräsentanten: „1. Abgabe von Erklärungen in allen Fällen, wo das allgemeine Landrecht oder die besonderen Statuten der Stadt die Zustimmung der Bürgerschaft erfordern" usw. Damit ist sogar der wichtigste Teil des Verfassungsrechts dem Lokalstatut überwiesen! Entsprechend § 49 der St. O. – allerdings so, daß hier das Lokalstatut nur noch subsidiäre Geltung hat.

S. 256 [12] Der frühere Unterschied zwischen „Schutzverwandten" und „Eximierten" fällt weg, da die Gerichtsbarkeit künftig staatlich werden soll, es also keine „Exemtionen" vom Stadtgericht mehr gibt.

[13] Auf diesen Zusammenhang wies schon Beyme hin: Schreiben an Preuß, 24. 6. 1833, H. A., Rep. 47 F, fol. 99 s.

[14] Der § 49 der St. O. ist nicht, wie *Lehmann*, a. a. O., S. 501, behauptet, dem „konservativen Gewissen" des Provinzialdepartements zu verdanken, sondern dem einfachen Bedürfnis, die Neuerung in ein klares Verhältnis zu dem bestehenden Rechtszustand zu setzen – ein Bedürfnis, das gerade von Schön und dem Generaldepartement noch viel stärker empfunden wurde! Dazu vgl. *Clauswitz*, S. 88 ff. – Die Gruppierung der Städte in kleine, mittlere und große wird niemand mit *Lehmann*, ebenda, für einen Beweis der Nachahmung französischer Revolutionsgesetze ansehen wollen. Hierzu und zur Frage der Übernahme von Einzelheiten überhaupt *von Meier*, Französische Einflüsse II, S. 322 ff.

[15] *Clauswitz*, a. a. O., S. 71.

S. 257 [16] *B.* VI, S. 415, 419 (1826), dazu VII, S. 10 (1829).

[17] *B.* II, S. 460 ad 40. Diese radikale Forderung wurde schon im Generaldepartement abgelehnt und drang nicht durch; wohl aber der von Stadtrat Horn gemachte, von Frey gutgeheißene und darum vom Provinzialdepartement (Wilckens) aufgenommene Vorschlag, daß kein Justizkommissar Stadtverordnetenvorsteher und Protokollführer werden dürfe: siehe St. O. § 116 und 113. Wilckens begründete seine Stellungnahme gegen Stein ausführlich (Begleitbericht vom 9. 9.).

[18] Nicht Besoldungen überhaupt, wie *Clauswitz,* S. 87, die Stelle deutet.

S. 258 [19] *Lehmann,* Stein II, S. 464 f., entstellt den einfachen Sinn dieser Bemerkungen, indem er künstlich eine politische Tendenz hineinlegt.

[20] *B.* VII, S. 2 (1829).

[21] Diese Bemerkung begreift sich ohne weiteres als einfache Reaktion auf die ängstliche Kasuistik des Freyschen Art. 5 (Wortlaut s. Erstauflage, Anm. 24). Ganz zu Unrecht hat man darin eine Erweiterung des Wahlrechts über die Nassauer Denkschrift hinaus gesehen: von Wahlrecht ist hier überhaupt nicht die Rede (gegen *von Meier,* Verwaltungsorganisation², S. 286, und *Lehmann,* a. a. O., S. 509 f.), noch weniger von einer Erweiterung des Zwanges zum Erwerb des Bürgerrechts, wie *Clauswitz,* a. a. O., S. 74, will, der den Wortlaut Steins gewaltsam entstellt! Die Annahme einer Abhängigkeit Steins von französischem Vorbild (das *Lehmann,* a. a. O., S. 508, und Stein II, S. 464, nicht einmal nachzuweisen vermag!) finde ich an dieser Stelle sehr gekünstelt.

[22] Frey dehnte ihn aber nun auf alle Grundstückbesitzer aus und auch auf solche Gewerbe (wie Hausierhandel), die davon bisher frei gewesen waren, falls das Einkommen wenigstens 200 Taler betrug. Der Zusammenhang, in dem diese Bestimmung erscheint, verbietet offenbar, darin einen „Stimmrechtszensus" zu sehen; andernfalls läge der Vergleich mit den 600 Livres Mindesteinkommen nahe, die den Vollbürger (franc-tenancier) in Duponts großem Selbstverwaltungsplan von 1775 charakterisieren (vgl. dazu meinen Aufsatz H. Z. 137/138). Zum „*Wahl*zensus" ist die Summe dann erst auf Vorschlag Morgenbessers geworden: St. O. § 74 d. Dieser Sachverhalt wird von *von Meier,* Verwaltungsorganisation², S. 286, entstellt (Morgenbesser stimmt an diesem Punkt *nicht* mit Frey überein!). *Clauswitz,* S. 84 (verdruckt: St. O. § 83 statt 74), und *Lehmann,* a. a. O., S. 488, halten die Einführung des Zensus irrig für einen Einfall von Wilckens. Praktisch erwies er sich als viel zu niedrig angesetzt: siehe *von Meier,* Verwaltungsorganisation², S. 287 ff. Schon Altenstein sah das voraus.

[23] *von Meier,* ebenda. Die Bestimmung (St O. §§ 15, 23) geht auf eine Anregung der Stadträte Horn und Buck zurück, der Frey lebhaft zustimmte; man wollte dadurch dem Bürgerrecht einen greifbaren Wert in den Augen des Bürgers verleihen.

[24] St. O. § 200. Stein hat das 1830 scharf kritisiert: *B.* VII, S. 111. – Nach den Akten ist die Formulierung des § 17 der St O. unzweifelhaft auf Steins Bemerkung ad 5 des Freyschen Entwurfes zurückzuführen und nicht, wie *Clauswitz,* S. 84, meint, auf eine Wiederaufnahme des § 17 des A. L. R. II, 8, durch Wilckens. Der § 17 des A. L. R. gibt ja eine ganz abweichende Bestimmung! – Eine Ausdehnung des *Zwanges* zum Erwerb von Bürgerrecht

forderten Morgenbesser und Stadtrat Horn, drangen aber gegen Freys Widerspruch nicht durch.

S. 259 [25] *Lehmann*, a. a. O., S. 503, entnimmt aus diesem Schweigen die Absicht, die städtische Verwaltung von der Staatsaufsicht überhaupt zu emanzipieren. Davon kann selbstverständlich nicht die Rede sein, wie Freys Art. 48, 4 und Art. 58 eindeutig zeigen.

[26] *Lehmann*, a. a. O., S. 508. Sachlich zu vgl.: A. L. R. II, tit. 8, §§ 36, 37, 146, 147, 153, 160.

[27] Ihre Aufzählung (*B.* II, S. 461, ad 48, 3) erinnert wiederum an französische Vorbilder: *Lehmann*, Stein II, S. 465 f. Der Gedanke ressortmäßig abgegrenzter Verwaltungsdeputationen war Stein aus den Verhandlungen über die Provinzialkammern geläufig. Er spielt aber auch in Vinckes Vorschlägen eine große Rolle: *v. Meier*, Verwaltungsorganisation[2], S. 253; überdies handelt es sich hier um ein Stück altdeutschen Herkommens, das z. B. in den Hansestädten noch lebendig war und auf das sich Stein später (siehe *B.* VI, S. 407 ff.) ausdrücklich berufen hat. Die von Lehmann herangezogenen „Sektionen“ des französischen Munizipalgesetzes vom 14. 12. 89 sind als bloße Fachressorts der Verwaltung im allgemeinsten Sinne meines Erachtens nicht ernsthaft vergleichbar.

[28] Die Ansicht, als ob Steins Bemerkungen vom 17. Juli ohne wesentlichen Einfluß auf den Gang der Dinge geblieben wären (*Clauswitz*, S. 75), kann ich nicht teilen. Soviel ich sehe, sind alle seine Vorschläge in der Städteordnung berücksichtigt mit Ausnahme des ganz belanglosen Bedenkens ad 24 (dem Morgenbesser widersprach). Zu Art. 40 wählte man eine weniger radikale Lösung (siehe oben Anm. 17); ad 48/49 gab Stein nur vorläufige Andeutungen, die dann unter seiner Zustimmung näher ausgeführt und sachlich stark erweitert wurden; ad 69 wurde durch eine genauere Regelung überholt.

[29] Die relativ gründlichsten und sachverständigsten Bemerkungen lieferte Stägemann. Er erkannte vor allem scharfsichtig die juristischen Unklarheiten in der Abgrenzung der Rechte von Magistrat und Stadtverordneten und den Mangel einer klaren Grenzziehung zwischen Kommune und Staatsverwaltung, sowohl in Freys großer Denkschrift wie in den Formulierungen Steins vom 17. 7. Im übrigen war er am eifrigsten besorgt, die Rechte des Magistrats nicht zu sehr beschränken zu lassen. – Altenstein hat außer formellen Redaktionsarbeiten nur den Gedanken beigesteuert, die städtische Sicherheitspolizei als Konstabler (Schützengilde) einzurichten. Näheres über diese Stein sympathische, aber unpraktische Idee siehe Abschnitt III, 2. Über die verfehlten Versuche ihrer Durchführung in Berlin siehe *Clauswitz*, S. 114 ff. – Altensteins Aufsatz über die Polizei (siehe *Lehmann*, Preuß. Jahrb. 93, S. 481) in eigenhändigem Konzept in Altensteins Nachlaß A III 10. Lehmann hat sich durch seine Entdeckerfreude dazu verführen lassen, die von ihm aufgefundenen Verhandlungen des Generaldepartements in ihrer Wichtigkeit und in ihrem politischen Gehalt stark zu überschätzen. Eine erste, etwas übertreibende Korrektur dazu bietet bereits das sorgfältige und nüchterne Aktenreferat von *Clauswitz*, a. a. O., S. 82 ff. Die durch Lehmann aufgebrachte Ansicht, als hätte man im Provinzialdepartement „das

konservative Prinzip vertreten", findet man bei *H. Preuß*, Entwicklung des deutschen Städtewesens I (1906), S. 239ff., in geradezu grotesker Steigerung wieder; hier sind noch viel gewaltsamer als bei Lehmann politische Gegensätze in die Verhandlungen hineingetragen, von denen die Quellen nichts wissen. Die Meinungsdifferenzen der verschiedenen Mitarbeiter wird man am besten nicht aus politischen Vorurteilen, sondern aus einer sachlich wohlbegreiflichen Unsicherheit des Urteils gegenüber einer ganz unerprobten Neuerung erklären.

[30] Darin folgte er englischen Vorbildern, hielt aber gleichzeitig starr fest an der alleinigen Polizeihoheit des Staates, wie es den Denkgewohnheiten französischer Rechtslehrer entsprach. Diese Verschränkung ist für ihn charakteristisch. Zu Stägemanns Kritik daran, daß der Freysche Entwurf gar nichts über die Abgrenzung von Selbstverwaltung und Staatsaufsicht enthalte, bemerkte Schön: „Einig, obgleich bei gänzlicher Absonderung der Polizei von dem Munizipalwesen, welche H. G. R. Frey vorauszusetzen scheint, die Munizipalitäten zur höchsten Gewalt nur in dem Verhältnis stehen dürfen, als z. B. ein Freimaurerklub zur Landespolizeibehörde (!). Der Staat darf nur wissen, was geschieht, damit nichts gegen die Absichten der höchsten Gewalt unternommen werde. Der Polizeidirektor, der diese bei jeder Munizipalität repräsentiert, darf bloß ein Veto haben. Alles andere ist Gewerbssache der einzelnen Munizipalitätsglieder (!). Aber auch dies ist zu erklären." Gegen Schön vertraten in den Gutachten des September (*Lehmann*, a. a. O., S. 480) Stägemann, Altenstein und Sack den richtigen Standpunkt, daß eine Selbstverwaltung ohne Polizeigewalt ein Unding sei.

S. 260 [31] Beide Aufgaben suchte man bewußt so zu lösen, daß der Rahmen des Allgemeinen Landrechts nicht gesprengt wurde. Schon die Tatsache, daß gerade auch Schön darauf bestand (sogar mit einer gewissen Pedanterie, die Schrötter und Wilckens ablehnten), beweist die Haltlosigkeit der Konstruktionen von *Preuß*, a. a. O., S. 244ff.

[32] Dazu gehörte unter anderem die (im Text nicht weiter behandelte) Beseitigung der gutsherrlichen Obrigkeitsstellung über die sogenannten „Mediatstädte". Die Akten des Provinzialdepartements zeigen, daß diese Behörde nur mit vieler Mühe den Kammerpräsidenten Graf Dohna in Marienwerder dazu bringen konnte, einen Vorschlag für die Aufhebung der Mediatstellung westpreußischer Städte vorzulegen. Ebendort Nachweis der Verpflichtungen dieser Orte im einzelnen.

[33] Wenn *Preuß*, a. a. O., S. 249, diese Logik als doktrinär bezeichnet, sofern die moderne, sich selbst verwaltende Gemeinde (im Unterschied von der Gutsobrigkeit) „dem Staate wesensgleich" sei und nicht die für das alte Patrimonialwesen charakteristische „unlösliche Verquickung privatrechtlicher und publizistischer Elemente" aufweise, so dürfte das weder für den zwar ständisch verfaßten, aber streng monarchischen Staat, der Stein als Ideal vorschwebte, noch für die als echte Korporation organisierte Stadt der Städteordnung so recht zutreffen. – Daß Preuß diesen „Doktrinarismus" auf Schön zurückführt, dem Stein in der Eile (also halb aus Versehen?) nachgegeben habe, ist ebenso verfehlt wie seine Darstellung der Entstehungsgeschichte der Städteordnung überhaupt.

[34] Die Stelle *B.* II, S. 225, Ziff. 1–3, gibt sich selbst als bloße Schilderung des bestehenden Rechtszustandes, darf also nicht, wie es fast immer geschehen ist, als Programm gedeutet werden.

[35] *v. Meier*, Französ. Einflüsse II, S. 322, zitiert kritische Urteile der Steinschen Revolutionsgeschichte über die französische Munizipalgesetzgebung; sie erweisen sich aber beim Vergleich des Wortlauts dieser aus lauter Literaturexzerpten bestehenden Darstellung (*B.* III, 623 u. ö.; „Staatsgedanken" ed. *Botzenhart* 1924, S. 137 u. ö.) als belanglos.

S. 261 [36] Im Begleitschreiben des Provinzialdepartements zum Konstitutionsentwurf vom 9. 9. wurde darüber eine eigene Verfügung gefordert.

S. 262 [37] Gegenbemerkungen zum Konklusum vom 4. 10. des Generaldepartements, vom 12. 10., Ziff. 28.

[38] Daß dies der Fall war, zeigt unter anderem der von *Lehmann* II, S. 487, N. 3, zitierte I. B. Schrötters vom 3. 6. Da die Militärreform noch in vollem Gang war, sehe ich auch keinen Anlaß zu der von *Lehmann*, ebenda, ausgesprochenen Vermutung, man habe in der Städteordnung die Übergriffe des Militärs nicht erwähnt, um den König nicht zu verstimmen.

S. 263 [39] Um so seltsamer das absprechende Urteil Schöns über Wilckens: Aus den Papieren Schöns I, S. 48. Anders indessen in einem Brief an Pertz vom 20. 12. 53 (Briefwechsel, ed. *Rühl*, S. 41).

[40] Begleitschreiben zum Konstitutionsentwurf vom 9. 9., zu tit. VII, 4 ff. Betreffend Wahlrechtszensus vgl. ebenda, ad II, §§ 2, 4, 5, und oben, Anm. 22.

[41] Dazu kam das Recht der Stadtverordneten, Pflichtwidrigkeiten des Magistrats bei der Provinzialbehörde anzuzeigen, neue Gehälter zu bewilligen usw.

[42] Die „gemischten Deputationen" spielten in der alten Danziger Stadtverfassung, deren Kenntnis den ostpreußischen Reformern geläufig war, eine bedeutende Rolle.

[43] Daß Wilckens im § 109 St. O. das Budgetrecht der Stadtverordneten ganz selbständig geschaffen habe (*Clauswitz*, S. 84), scheint mir eine Übertreibung. Es ist wohl richtig, daß die Denkschrift Freys vom 29. 8. dieses Budgetrecht an die Vorschriften des A. L. R. band (ebenda, S. 80). Aber mehr wollte W., wie sogleich im Text gezeigt wird, vermutlich auch nicht!

S. 264 [44] Nur Ansätze zu einer modernen Auffassung des städtischen Finanz- und Steuerwesens finden sich in den §§ 26 und 56 der St. O., die offenbar einem Mißbrauch des Budgetrechts vorbeugen sollten.

[45] Begleitschreiben zum Konstitutionsentwurf vom 9. 9., ad tit. VI.

[46] Seit dem Abgabengesetz von 1820, vgl. *von Meier*, Verwaltungsorganisation[2], S. 317 f.

[47] Daß dem Magistrat „ein Einspruchsrecht bei den Oberbehörden nur gegen gesetzwidrige, nicht auch schon gemeinschädliche Beschlüsse zustand" (*von Meier*, Verwaltungsorganisation[2], S. 311), ist eine Übertreibung, die durch den Wortlaut der §§ 171, 172 St. O. widerlegt wird.

[48] Ungedeckter Einnahmebedarf sollte nicht verweigert werden dürfen. Daß diese Beschränkung nicht als „Umkehrung" des von Stein beabsichtigten (?) Machtverhältnisses zwischen Magistrat und Repräsentanten zu deuten ist

(so *Lehmann*, Preuß. Jahrb. 93, S. 488), ergibt sich von selbst, wird aber noch bestätigt durch folgende, später gestrichene Stelle des Wildkensschen Entwurfs (Fortsetzung von § 56 St.O.): „das jedesmalige Bedürfnis bestimmt der Magistrat nach den *mit Konkurrenz der Stadtgemeinde gefertigten* und geprüften Etats nebst Rechnungsschlüssen".

49 Der äußere Geschäftsgang ist, unter stillschweigender Berichtigung einiger Ungenauigkeiten Lehmanns, bei *Clauswitz*, S. 88 ff., dargestellt. Die Sitzung des Generaldepartements, die er auf den 17. statt 19. 10. datiert, könnte meines Erachtens auch am 18. stattgefunden haben. Das Konklusum dieser Sitzung findet sich (ohne Datum) in den Akten des Provinzialdepartements, vol. 2 (was *Lehmann*, a. a. O., S. 492, Fußnote, zitiert, ist nur eine Skizze dazu). Ebenda, fol. 26, Bemerkungen Steins vom 17. 10. nebst Zuschrift Altensteins an Schön, die in den Akten des Generaldepartements fehlen.

S. 265 50 So noch 1819: *B.* V, S. 531; nach der Julirevolution urteilte er anders: VII, S. 324.

51 Stein legt den § 172 so aus, daß der Magistrat ein volles Vetorecht gegen Anträge der Stadtverordneten auf Neuerungen besitzt! *B.* VI, S. 406.

52 *B.* VI, S. 414 ff. Außerdem soll das Übergewicht der Bürgerschaftsmitglieder in den Deputationen beseitigt und dem Magistrat die Bestimmung der städtischen Beamtengehälter übertragen werden. Stein verlangt jetzt Abänderung derselben §§, die 1808 auf Wunsch des Generaldepartements im Sinn eines Übergewichts der Stadtverordneten formuliert worden waren.

53 Die Nassauer Denkschrift wollte unbesoldete, auf 6 Jahre gewählte Magistratsmitglieder: *Botzenhart* II, S. 224.

S. 266 54 S. 163 ff. Es handelt sich für Rehberg darum, die Dienstentfernung von Staatsbeamten durch diskretionäre Entscheidung der vorgesetzten Behörde zu ermöglichen, da man ein Disziplinarverfahren damals noch nicht kannte. Die von Rehberg angegebenen Pensionssätze kehren fast genau in der St.O. § 159 wieder. – In diesen Zusammenhang gehören auch die von Stein veranlaßten Grundzüge eines neuen Beamtengesetzes (Kabinettsordre vom 13. 11. 08), über die zu vgl.: *Lehmann* II, S. 582 f.; *Pertz* II, S. 286 ff. Die Behauptung *von Meiers*, Verwaltungsorganisation², S. 329, daß Steins persönliches Eingreifen in die Beratung der Städteordnung „mehr schädlich als nützlich gewirkt habe", wird durch unsere Darstellung widerlegt.

55 Genaue Umgrenzung der Staatsaufsicht, Festsetzung besonderer Amtszeichen für Magistratsmitglieder und Stadtverordnete u. a. m. Die Ausdehnung auf alle Provinzen war schon im Generaldepartement beschlossen.

56 Näheres in den Dissertationen meiner Schüler: *H. Clément*, Das bayerische Gemeindeedikt vom 17. Mai 1818 (1934), bes. S. 76 ff. und *A. W. Blase*, Die Einführung konstitutionell-kommunaler Selbstverwaltung im Großherzogtum Baden (= Abh. z. mittl. u. neueren Gesch., ed. *Ritter*, H. 82) 1938, bes. S. 55 ff. In Württemberg hat Wangenheim, in Baden anscheinend der Freiherr von Berstett unmittelbare Anregungen Steins weitergegeben. In Bayern hat man nur in den ersten Beratungen vom preußischen Vorbild gesprochen; hier hatte Montgelas 1808 der Neuordnung im Sinn des napoleonischen Systems vorgearbeitet; auch wirkten stark restaurative Tenden-

zen, von den ehemaligen Reichsstädten ausgehend, mit. Trotzdem ist sehr wahrscheinlich, daß die Rechte der Gemeindevertretung ohne das preußische Vorbild nicht so weit ausgedehnt worden wären. Das badische Gemeindegesetz von 1831 entsprang zuletzt doch aus anderen Wurzeln.

S. 268 [57] Bemerkung zu einer Denkschrift Frieses vom 14. 11. 10: O. *Linke*, Fr. Th. von Merckel II, S. 64 f. (Darstellungen und Quellen zur schlesischen Geschichte, Bd. 10, 1910). Wesentlich hoffnungsfreudiger urteilte er über die Nöte der Übergangszeit gegenüber Reden am 6. 3. 09: *B.* III, S. 54. Höchst lehrreich ist auch seine Revision der Altfrankfurtischen Stadtverfassung 1814: er will nichts wissen von Beschränkung des Bürgerrechts auf die in Frankfurt Geborenen, sondern begnügt sich mit 10 Jahren Ansässigkeit; er lehnt Selbstergänzung des Rates ab und will ihn von einem (aus Wahlen der Bürgerschaft hervorgehenden) Bürgerkolleg wählen lassen. Anderseits bestätigt er die Ansprüche gewisser Bürgerkorporationen auf eine bestimmte Anzahl Ratssitze und lehnt Trennung von Rat und Gerichten ab. Also wiederum eine seltsame Kombination von Altfränkischem und Modernem! Siehe *Schwemer*, Geschichte der freien Stadt Frankfurt a. M. (1910) I, S. 87 ff.

S. 269 [58] Gegen *von Meier*, Verwaltungsorganisation², S. 276. Über die sachlichen Differenzen darf auch das Lob nicht täuschen, das er selbst der Revision spendete: *H. v. Gagern*, Mein Anteil an der Politik IV, 349, 354.

[59] *B.* VI, S. 417.

Neuntes Kapitel, Teil III, 2 · Organisation der Selbstverwaltung: Die Kommunalverfassung des platten Landes

S. 271 [1] *Lehmann* II, S. 503 f. Lehmanns Urteil („Weiter sich von der Grundidee der Reform zu entfernen war nicht wohl möglich") teile ich nicht.

[2] Die Immediatkommission stimmte dem (mit Worten Schöns) lebhaft zu und erwirkte eine entsprechende CO: *Pertz* II, S. 79, 109. Vgl. auch die CO betreffend Ernennung Beymes zum Großkanzler, vom 25. 11. 08: *Bassewitz* III (1809/10), S. 630, und *von Meier*, Französische Einflüsse II, S. 349.

[3] *B.* V, S. 533 (25. 2. 19).

[4] In den Organisationsplänen vom November 1807/Februar 1808 ist von der Kreisordnung noch nicht die Rede. Am 23. 3. schreibt Stein zuerst davon an Altenstein: *B.* III, 391.

S. 272 [5] *B.* II, S. 450, und *Lehmann* II, S. 505, in Verbindung mit dem älteren Schrötterschen Plan, über den zu vgl.: *v. Meier*, Verwaltungsorganisation², S. 350 f.

[6] Genau dieselben Ansichten äußerte er noch 1819: *B.* V, S. 532.

[7] Ein Gutachten Altensteins (ohne Datum, eigenhändig, Nachlaß Altenstein A III 10) lehnt die kollegiale Organisation des Landratsamtes mit dem gleichen Argument ab wie Steins (von Altenstein konzipiertes) Schreiben vom 27. 6.

S. 273 [8] 1819 ging er noch weiter in der Ablehnung ähnlicher anglophiler Vorschläge Niebuhrs: „Kreisadministration, Friedensgericht – fremde Namen, fremde Institutionen, ich weiß damit nichts praktisches anzufangen." *B.* V, S. 540.

[9] 1818/19 stimmte er ausdrücklich zu, als Vincke und Humboldt die Errichtung besonderer Kreisstände für eine unmögliche Verwicklung des ständischen Apparates erklärten: Denkschriften Steins, ed. *Pertz*, S. 89, 119 (§ 46), in Verbindung mit S. 183. Kurz vorher hatte er für Westfalen Wiederherstellung von „Erbentagen" und Einrichtung von „Kreistagen" gefordert: ebenda, S. 33, 46, 63, bei *B.* V, S. 389, 450, 474. Eine weitergehende Forderung scheinen gewisse Äußerungen von 1823 (*B.* VII, S. 3) zu enthalten. Vincke erklärte die Einrichtung von ständischen Kreistagen schon 1808 für überflüssig: *von Meier,* Verwaltungsorganisation², S. 375.

[10] Das Folgende nach dem Aktenreferat *von Meiers,* Verwaltungsorganisation², S. 353 ff., und dem Abdruck bei *Keil,* Landgemeinde in den östlichen Provinzen Preußens (1890), Anlage D. Nach liebenswürdiger Auskunft des G. St. A. ist Wilckens als Konzipient sämtlicher hier in Betracht kommender Aktenstücke zu betrachten: des Berichts und zugehörigen Plans, betreffend Organisation der Kreise vom 13. 10., des Gutachtens, betreffend Organisation der Ortsbehörden vom 14. 11., und der Gegenbemerkungen gegen das Votum des Generaldepartements (Schöns) vom 24. 11. Außer Wilckens hat auch Friese gezeichnet: den Plan am 4., den Bericht am 13. Die Konzepte im G. St. A. unter Rep. 77, 136, 3 a. – Eine zustimmende Äußerung Steins über den Entwurf vom 13. 10. enthält sein Brief an Reden vom 22. 7. 10: *B.* III, S. 290.

[11] Eingehende Schilderung unter Abdruck der wichtigsten Belege bei *Keil,* a. a. O., S. 80 ff.

Neuntes Kapitel, Teil III, 3 · Organisation der Selbstverwaltung: Provinzial- und Reichsstände

S. 275 [1] 8. 12. 07. Hardenberg-Nachlaß H 1.

[2] Vorrede Niebuhrs zu Vinckes Darstellung der inneren Verwaltung Großbritanniens 1815.

[3] Denkschrift Rehdigers (siehe unten) in Rehdigers Nachlaß (St. A. Breslau) I, 11. Steins Zustimmung: *B.* II, S. 509 (8. 9. 08).

[4] An Hardenberg, 8. 12. 07, *B.* II, S. 313.

[5] Siehe oben S. 243.

S. 276 [6] So wird man die oben Abschnitt II, Anm. 19 zitierte Änderung des Altensteinschen Entwurfs zu deuten haben. Stein strich folgenden Zusatz Altensteins zu der bei *Pertz* II, S. 666, Abs. 1 (Ziff. 6), abgedruckten Stelle: „Sie (die Repräsentanten) stehen im Zusammenhang mit der Repräsentation der Stände für Kreise und Distrikte und instruieren diese nach den Beschlüssen des Kollegiums zur Mitwirkung, wo es darauf ankommt, indem sie solche dazu förmlich auffordern oder nur die Gesichtspunkte berichtigen." Dieser Zusatz hätte die Repräsentanten gewissermaßen zu einem Ersatz für Provinzialstände gemacht. Stein begründete die Streichung so: „dies würde die Tätigkeit des Kollegiums lähmen. Sie sind gewählte ständische Mitglieder des Kollegiums, aber sie bleiben Mitglieder."

[7] Vgl. besonders seinen I.B. vom 27. 2. 08, *B.* II, S. 383. und *Lehmann* II, S. 420.

[8] Besonders anschaulich wird das aus den Aufzeichnungen des kurmärkischen Landrats von Zieten: hg. v. *Brinkmann*, Forschungen 24, S. 371 ff.

S. 277 [9] Die Tatsache, daß die ostpreußische Einkommensteuer nicht erst ein Gedanke Steins gewesen ist, wird in der Darstellung *Lehmanns* II, S. 188 ff., zwar nicht verschwiegen, aber kunstvoll verdeckt. Über die Bedeutung dieser Steuer vgl. unten Abschnitt IV und Kap. 10.

[10] *B.* II, S. 325.

[11] Stein hätte gewünscht, anläßlich der Assoziierung der Domänen in das Kreditsystem der Landschaft dem Generallandschaftsdirektor Sitz und Stimme in der Provinzialkammer zu geben, was Schrötter mißbilligte: Schrötter an Stein, 25. 12. 07: G. St. A., Rep. 89 A, VIII, vol. 1.

[12] So des Huldigungslandtags von 1798 (vgl. *M. Rumler*, Forschungen 34, S. 2). Außer Lehmann hat das auch *von Meier*, Französische Einflüsse II, S. 368 ff., übersehen. Von einer Analogie zum doublement du tiers von 1789 kann natürlich ernsthaft nicht die Rede sein, ebensowenig auch sonst von französischer Nachahmung (gegen *Lehmann* II, S. 199 ff.). Was die Abstimmung nach Köpfen statt nach Departements und die Ablehnung der Wählerinstruktionen angeht, so vgl. oben Abschnitt III, 1, Anm. 9. Für die Kölmer war übrigens die Stimmenzählung nach Köpfen sehr ungünstig, für den tiers état von 1789 ein enormer Vorteil! *Hassel,* Geschichte der preußischen Politik 1807–1815, I (1881), S. 137 f., weist darauf hin, daß der ritterschaftliche Grundbesitz ohne Heranziehung der Kölmer nicht ausgereicht hätte, die geforderte Garantie zu decken. Ein sehr einleuchtendes Motiv!

[13] Kabinettsordres vom 31. 1. und 27. 2. 08: *B.* II, S. 363 und 382.

S. 278 [14] Bei *Lehmann,* Knesebeck und Schön, S. 291–301. Die Kritik Stägemanns (ebd. S. 304 ff.) wünschte keine wesentlichen Änderungen; sie ist interessant durch ihre Nüchternheit, vgl. besonders S. 306: „Wer ist die Nation?" Die kritischen Äußerungen Schöns in politisch-reaktionärem Sinn zu deuten (*Lehmann,* a. a. O., S. 167 f.), bedurfte es einer sehr gewalttätigen Interpretationskunst, was hier nicht näher darzulegen ist.

[15] Bemerkenswert ist auch noch sein Lob für die ostpreußische Landtagsverfassung: an Altenstein 23. 3. 08 bei *B.* II, S. 391. Von seinem Freund Reden erbat sich Stein schon im Oktober 1807 einen Plan zur Reorganisation schlesischer Provinzialstände: Ebd. II, S. 281.

[16] Protokollbuch der Generalkonferenz: Rep. 151ᵃ, XX, 1. Kabinettsregistratur 89 A, VIII, vol. 2. Dazu *Lehmann* II, S. 179 ff., 585 f. – Auch die Antwort Steins an das ostpreußische ständische Komitee vom 10. 11. wegen der Patrimonialgerichtsbarkeit rechnet bestimmt mit der Berufung von Reichsständen: siehe *Lehmann* II, S. 367.

S. 279 [17] *Pertz,* Gneisenau I, S. 614. Denkschrift Gneisenaus vom September 1808: H. Z. 86, S. 108. Jetzt in: Die Reorganisation des preuß. Staates unter Stein und Hardenberg, Teil 2: Das preuß. Heer 1807–1814, Bd. I, ed. *R. Vaupel* (1938) S. 597. Für das Folgende: *B.* II, S. 542 ff., und *Boyen,* Erinnerungen I (1889), S. 489 (Anl. X).

[18] Ich benutzte mit gütiger Erlaubnis des Besitzers, des Herrn Oberst a. D. von Witzendorf-Rehdiger in Striese, Kreis Trebnitz, einzelne Teile des umfangreichen, im St. A. Breslau deponierten Rehdiger-Nachlasses. Darunter befindet sich auch das Manuskript einer unfertig gebliebenen, aber weit vorgeschrittenen Biographie von der Hand Alex. Bergengrüns. Im Nachlaß Paul Lenels, über den *A. Stern,* H. Z. 124, S. 220 ff., berichtet, fand sich (nach liebenswürdiger Mitteilung Sterns) nichts für meine Zwecke Verwendbares. Zu vgl. ist auch die Biographie Merckels von O. *Linke,* (2 Bde., Breslau 1907/10) Register. Ein sehr günstiges Urteil über die Persönlichkeit Rehdigers in *Arndts* „Wanderungen" (Hrsg. von Geerds bei Reclam, S. 143).

S. 280 [19] Über den historisch-politischen Zusammenhang dieser Denkschrift (vom 30. 9. 06) siehe oben Kap. 6, II, S. 148 f.

[20] Vgl. *Linke,* a. a. O. I, S. 36 u. ö.

[21] Sie war von vornherein für Steins Augen bestimmt, wie der Briefwechsel Rehdigers mit Merckel ergibt. Die Korrespondenz Merckels mit Stein im Auszug bei *Lehmann* II, S. 511, wo aber ein Irrtum vorliegt. (Verwechslung der Denkschr. Rehdigers mit einer Denkschrift Troschkes über schlesische Provinzialstände). Näheres s. Erstaufl. S. 536, N. 21.

S. 281 [22] Eintreffen in Königsberg: 22. 8. 08. Rücksendung des Verfassungsplans an ihn durch Stein: 8. 9. Ernennung zum Staatsrat: 4. 3. 09. Ausscheiden aus dem Dienst: Dezember 1809. Am 16. 5. 10 reichte Rehdiger nochmals einen Verfassungsplan ein, der aber unbenützt liegen blieb.

[23] „Besorgnisse wegen der Einheitstendenz" (wie *Lehmann* II, S. 512, meint) hegte er nicht, wies vielmehr Einwände dieser Art ausdrücklich ab; auf diese Erörterung bezieht sich (etwas undeutlich) Steins Bemerkung bei *B.* II, S. 509, Abs. 2.

[24] Er nennt dieses System aber bewundernd eine „Veredelung und Vergeistigung der allgemeinen Volkswahl" und ahmt es, wie sich gleich zeigen wird, in seinem Entwurf auf anderer Grundlage nach.

S. 282 [25] Rehdiger spricht von „Ascission"; Stein (*Pertz,* Gneisenau I, S. 400: der Abdruck bei *B.* ist lückenhaft) nennt diese Ascissierten „Wahlherren aus der ganzen Nation". Lehmann, der nur Steins Bemerkungen kannte, deutet das ganze Wahlverfahren irrig als eine Ernennung von Deputierten durch die Bürokratie nach königlich westfälischem Vorbild (II, S. 516 f.). Davon ist natürlich keine Rede.

[26] *B.* VI, S. 76 (1822). Vgl. ferner: ebenda, S. 122, 134, 148 N. 1 ff.; VII, S. 217.

[27] Dafür spricht unter anderem der oben erwähnte Beschluß der Generalkonferenz vom 26. 10.

[28] Denkschriften Steins, ed. *Pertz,* S. 10 (20. 9. 08).

[29] *B.* V, S. 539 f. N.; VII, S. 282; V, S. 507, 536 (zu Humboldts §§ 133 bis 146). Zu dem Satz der Niederschrift vom 8. 9. 08: „Der Einheitstendenz ... wirkt am kräftigsten entgegen Zusammensetzung der Stellvertreter aus allen Provinzen" (*Pertz,* Gneisenau I, S. 399), möchte ich der Auslegung *A. Sterns,* a. a. O., S. 152, N. 1, zustimmen. Im Sinne Vinckes kann er deshalb wohl kaum gemeint sein, weil Stein keine entsprechende Abänderung verlangt hat. Daß die Nassauer Denkschrift Reichsstände aus Provinzialständen habe

bilden wollen, wie *Lehmann*, II, S. 87, vermutet, finde ich unbeweisbar und unwahrscheinlich.

S. 283 [30] *Botzenhart* V, S. 299.

[31] Daneben noch eine weniger wichtige: die Wahlen sollen in Wahlversammlungen ohne Beisein eines Regierungsvertreters unter Vorsitz eines selbstgewählten Vorsitzenden erfolgen.

[32] Besonders eingehend von Stein 1816 entwickelt: *B.* V, S. 297 ff.

[33] Denkschriften Steins, ed. Pertz, S. 8. Ähnlich radikal dachte Schön: *Pertz*, Gneisenau I, S. 412.

S. 284 [34] „Ideen über eine Adelskonstitution" (Rehdiger-Nachlaß). Diese Denkschrift bildete wohl einen Teil der nach *Pertz* II, S. 615, verschwundenen Akten über Adelsreform. Näheres über ihren Inhalt s. Erstauflage S. 537, N. 35. Er ist reichlich phantastisch.

[35] Näheres bei *E. Botzenhart*, Adelsideal und Adelsreform beim Freiherrn vom Stein, Sonderdruck aus dem Westfälischen Adelsblatt, Jahrgang 5, 1928, S. 210–241.

[36] *B.* V, S. 590 f. (1819). Dazu *Botzenhart*, Adelsideal usw. S. 30 (239).

S. 285 [37] Vincke in: Denkschriften Steins ed. *Pertz*.

[38] *B.* II, S. 510; noch kräftiger: ebd. III, S. 328 f. (1810).

[39] Daß er in der Erregung des August 1808 den nachweislich von Gneisenau vertretenen Gedanken geäußert habe, im Freiheitskampf allen Adel kurzerhand aufzuheben, der nicht durch Opfer und Leistungen im Felde neu erworben wurde (*Pertz* II, S. 212), halte ich mit *Thimme*, H. Z. 86, S. 83 (1901), für ganz unwahrscheinlich. Selbst im Sommer 1809 hat er nur ganz unbestimmt von Bedrohung der Adligen, die sich ihrer Pflicht entziehen, mit „Verlust von Leben und Ehre" gesprochen. *B.* III, S. 149, Abs. 2, S. 149 f., 158.

S. 286 [40] Die Bezugnahme auf § 6 und 12 des Rehdigerschen Entwurfs (*Pertz*, Gneisenau I, S. 402) scheint auf einem Schreibfehler zu beruhen. Die beiden Paragraphen enthalten nur ganz nebensächliche Bestimmungen. – Über den Umfang des Budgetrechts der Versammlung äußert Stein sich hier nicht. Seine späteren Äußerungen darüber schwanken. Vgl. *B.* V, S. 531 (1819): für Bewilligungsrecht; ebd. VII, S. 283 u. 324: Kein Recht zur Budgetverweigerung! Vgl. auch oben Abschn. III, 1 N. 50 u. den zugehörigen Text.

[41] In seiner Eingabe vom 16. 5. 10 (siehe oben Anm. 22) kehrte er zu dem ersten Entwurf zurück. Der zweite Entwurf, über den *Pertz*, Gneisenau I, S. 406 ff., berichtet, findet sich nicht im Nachlaß.

S. 287 [42] *B.* VI, S. 553.

[43] *Pertz*, Gneisenau I, S. 412 ff. Der kantische Staatsbegriff ist mit der historischen Zufälligkeit der Standesunterschiede im Grunde unvereinbar, und so quält sich Schön geradezu ab, das „Eigentum" als Grundlage politischer Rechte allenfalls erträglich zu finden und den ständischen Charakter des Ganzen nachträglich noch etwas zu verwischen.

S. 288 [44] *B.* II, S. 564 ff. (Denkschr. v. 7. 11. 08).

[45] *Botzenhart*, a. a. O., S. 29 f., nimmt einen vorübergehenden Verzicht auf das Zweikammersystem im Jahre 1816 an, übersieht aber, daß die von ihm angeführte Stelle (*Pertz* V, S. 138 f. = *B.* V, S. 389 – übrigens aus dem

Jahre 1817!) nur von Provinzialständen für die vereinigten rheinisch-westfälischen Landesteile, nicht von Reichsständen handelt.

[46] Stein selbst bezeugt 1810, daß er sich mit Rehdiger über seinen Plan „zuletzt beinahe vereinigt habe" (*B.* III, S. 249). Man wird nach alledem den Verlust der Akten über die Reichsstände allenfalls verschmerzen können. Nach dem von *Stern,* a.a.O., S. 162 ff., abgedruckten Schreiben Dohnas vom 22. 8. 10 enthielten sie nur „einige Entwürfe, welche weit entfernt sind, die nötige Reife zu haben". Nach der Notiz ebenda, S. 165, N. 1 (vgl. auch Aus Schöns Papieren VI, S. 568) könnte man vermuten, daß sie unter dem Privatnachlaß Hardenbergs zu finden wären; entsprechende Erkundigungen führten indessen zu einem negativen Ergebnis.

[47] Die einzige Auskunft darüber gibt Steins Selbstbiographie von 1823 (*B.* VI, S. 167 = Ausg. v. *Raumers* 34): „Der König war damals schon geneigt zur Bildung von Reichsständen." Diese späte Erinnerung besagt aber wenig gegenüber der auffallenden Vorsicht, mit der das konstitutionelle Problem in den publizistischen Kundgebungen des September bis November 1808 behandelt wird: da ist immer nur ganz unbestimmt von einem „repräsentativen System" die Rede, das „der Nation eine wirksame Teilnahme an der Gesetzgebung zusichert" – und zwar so, daß darunter auch die Teilnahme von „Repräsentanten" an den Beratungen der Provinzial- und Zentralbehörden verstanden werden kann! Vgl. *B.* II, S. 530, 553.

[48] G. St. A., Nachlaß Altensteins A III 12.

S. 289 [49] J. B. des Kanzlers Schrötter vom 14. 12. Entwurf einer Kabinettsordre vom 17. 12. 08 an denselben. G. St. A., Rep. 89 A VIII, vol. 2.

[50] Vgl. Denkschrift Dohnas von 1812: Schöns Papiere VI, S. 553 ff., besonders S. 562. Ferner: O. *Schönbeck,* Die Einkommensteuer unter den Nachfolgern Steins, Forschungen 25 (1912), S. 117 ff.; *Fr. von Raumer,* Lebenserinnerungen I (1861), S. 107 u. ö.; *Lehmann,* Preußisches Jahrbuch 103, S. 33 ff.

Neuntes Kapitel, Teil IV · Gewerbe- und handelspolitische Probleme: Kirche, Schule und Heer als nationale Erziehungsanstalten

S. 290 [1] Näheres bei *Lehmann* II, S. 492 ff. Die dort angeführten Akten finden sich (außer den Einzelvoten von Altenstein, Stägemann usw.): Rep. 89 A, XXII 5. Die von Schrötter vorgeschlagene Aufhebung des An- und Vorkaufsedikts von 1747 (für Ost- und Westpreußen) war nur die unveränderte Wiederaufnahme eines Antrages der westpreußischen Kammer von 1802, den damals das Generaldirektorium hatte beraten lassen. Die Immediatkommission riet am 4. 12. 07, den Vollzug des vorgeschlagenen Reformedikts bis zur Befreiung des Landes auszusetzen und damit die große Steuerreform zu verbinden, weil sie einen Ausfall gewisser Akziseeinnahmen davon befürchtete.

[2] *B.* V, S. 532 (zu § 57) 1819; Briefwechsel mit Kunth: ebenda VI, S. 44 ff. (1821) und *Goldschmidt,* Leben des Staatsrats Kunth (1881), S. 371 ff.; kritische Äußerungen von 1810: *Lehmann* III, S. 65, 76.

[3] Daher wohl auch die bekannte Kritik Schöns an seiner „staatswissenschaftlichen Unbildung".

S. 291 [4] Eine lehrreiche Sammlung von Beispielen patriot. Predigtweise bietet die (nationalsozialistisch gestimmte) Arbeit v. *A. Heger,* Evangelische Verkündigung u. deutsches Nationalbewußtsein 1806–1848 (N. dt. Forsch., 252) 1939.

S. 293 [5] Lebendige Schilderung des Kirchenunwesens unter dem ancien régime bei *Hintze,* Epochen des evangelischen Kirchenregiments in Preußen, H. Z. 97 (1906).

S. 294 [6] Abdruck bei *Müsebeck,* Preußisches Kultusministerium vor 100 Jahren (1918), S. 25 f. u. *Winter* I, S. 495.

S. 295 [7] Über die Folgen zu vgl. *F. Fischer,* Der deutsche Protestantismus u. d. Politik im 19. Jh. H. Z. 171 (1951).

[8] Zeitungsartikel vom 26. 9., Proklamationsentwurf vom 21. 10., sogenanntes politisches Testament vom 24. 11., letzteres am ausführlichsten; der betreffende Abschnitt stammt von Nicolovius: *B.* II, S, 531, 554, 585. Dazu: Aus Schöns Papieren III, S. 226, *Lehmann* II, S. 415 und *F. Fischer,* Ludwig Nicolovius (1939), S. 156 ff.

S. 296 [9] *Lehmann* III, S. 85; dazu vgl. oben Kap. 5, II und weiter unten im Text.

[10] Die von Massow dafür angesetzte Summe erklärte er für zu hoch, wie er denn überhaupt dessen Widerspruch verwarf: Publikationen aus den preußischen Staatsarchiven 77 (*Granier,* Teil IX, 1902), S. 628.

[11] *B.* III, S. 294; V, S. 480. Auch an diesem Punkt wiederholt Stein nur die schon in Münster geäußerten Ansichten: siehe oben S. 98.

[12] *Lehmann* III, S. 50.

S. 297 [13] Näheres bei *E. Foerster,* Die Entstehung der preußischen Landeskirche I (1905), S. 138 ff. Lehmann schweigt über diesen Punkt so gut wie völlig. *Foerster* hat fast ganz übersehen, daß es sich um eine Fortsetzung und Generalisierung älterer Reformen handelt. S. dazu *F. Fischer,* Nicolovius, S. 203 ff. u. d. dort angeführte Literatur.

[14] Vom Standpunkt eines modern-liberalen Protestantismus, der den Begriff einer evangelischen „Kirche" für unreformatorisch hält und dem liberalen Staat die meisten Aufgaben der Kirche zuweist, hat *E. Foerster,* a. a. O., die Kirchenpolitik Steins als eine fast ideale Lösung des Problems von Staat und Kirche dargestellt. Über diese Auffassung ist hier nicht zu streiten. Leider stützt sich aber die sonst verdienstvolle und scharfsinnige Arbeit in dem Kapitel über Stein ausschließlich auf Lehmanns Biographie, die sie obendrein teilweise mißversteht. Die Haltung Steins wird im Sinne modern-liberalen Lutherverständnisses idealisiert, seine Gemeinsamkeit mit Altenstein überschätzt, auch dieser zu liberal gesehen. Näheres s. Erstaufl. S. 541, N. 13.

[15] Der Name war französischen Ursprungs. Für das Folgende vgl. die schon früher zitierte Diss. von *Herb. Hafter,* dazu *Müsebeck,* a. a. O., S. 32 ff. *W. Schneider,* Die religiösen Anschauungen des Freiherrn vom Stein (Nass. Ann., 49, 1928, S. 1–121) gibt nur ein Gesamtbild der Persönlichkeit.

[16] Humboldt erscheint als Sektionschef für Unterricht bereits in den Randnotizen d. Nassauer Denkschrift s. *Winter* I, S. 194, N. 4. Betreffend Kunth vgl. *Goldschmidt,* a. a. O., S. 56 ff. Da Altensteins Septemberdenkschrift von

Stein zweifellos beinflußt ist, wird man die Vermutungen *S. Kählers*, W. von Humboldt, S. 506 f. (Anm. 5 zu S. 213), nicht unbedingt zwingend finden.

[17] Über die Möglichkeit einer Einwirkung Rehbergs vgl. oben Kap. 8, Anm. 9. Übrigens kommen auch die Zedlitzschen Schulreformpläne mit ihrem rein weltlichen Oberschulkolleg als Vorbild in Betracht.

S. 298 [18] *B.* II, S. 277. Übereinstimmend mit der Nassauer Denkschrift bestand er auf der Berufung eines besonderen katholischen Staatsrats in das Kultusdepartement (wieder wird er an Spiegel gedacht haben); anderseits verzichtete er auf die sofortige Verschmelzung der beiden evangelischen Oberkonsistorien.

[19] Hardenberg fand, das sei kein großer Verlust. Niemeyer sei ein recht „eingeschränkter Kopf": an Altenstein, 31. 1. 08 (Altenstein-Nachlaß B 14).

[20] Aufzeichnung vom 26. 1. 08 (für Altenstein): *B.* II, S. 358. Vgl. auch Dohna an Scharnhorst 4. 6. 1810: H. Z. 74, S. 66.

[21] Über ihn vgl. *F. Fischer*, a. a. O.

S. 299 [22] § 179. *Foerster*, a. a. O., S. 147, scheint mir die Wichtigkeit dieser Bestimmung zu überschätzen. Ähnliches war doch auch schon im A. L. R. vorgesehen! Doch sind die Hinweise *F. Fischers*, a. a. O., S. 302, N. 13 gewiß zu beachten.

[23] *B.* V, S. 480; VII, S. 114. *Eylert*, Charakterzüge ... aus dem Leben Friedrich Wilhelms III, Bd. II, 2, S. 274 ff.

[24] Eindeutig beweisbar durch Schleiermachers Schreiben an Brinkmann vom 17. 12. 09: Aus Schleiermachers Briefen, herausgegeben von *Dilthey*, IV (1863), S. 173. Schleiermacher bemerkt, daß der Entwurf „im Ganzen angenommen worden" sei – was aber wenig besagt.

S. 300 [25] *Rehberg*, Gesammelte Schriften I, S. 305 ff., dazu *B.* I, S. 199.

[26] *Lehmann* II, S. 537, vermutet auch hier eine Einwirkung der französischen Revolution.

S. 301 [27] *Dilthey*, A. D. B. 37, S. 235. *W. Süvern:* Joh. W. Süvern. 1929. Der von *Lehmann* II, S. 537, als „grundlegendes Dokument" bezeichnete Entwurf einer Kabinettsordre an Schrötter findet sich abgedruckt bei *B. Gebhardt*, Die Einführung der Pestalozzischen Methode in Preußen (1896), S. 21 ff. Er wurde nicht vollzogen, scheint aber den Ansichten Steins zu entsprechen.

[28] *B.* VII, S. 114 f., 32 f. (1829/30).

S. 302 [29] Ebenso der Berliner Akademie als Ehrenmitglied: *A. Harnack*, Geschichte der preußischen Akademie der Wissenschaften zu Berlin (einbändige Ausgabe) 1901, S. 425. Über Steins Abneigung gegen die Berliner Universitätsgründung vgl. *M. Lenz*, Geschichte der Berliner Universität I, S. 130 ff.

[30] Daß Stein die Ernennung Scharnhorsts zum Generaladjutanten statt Lottums veranlaßt habe, wie *Lehmann*, Scharnhorst II, S. 38, und Stein II, S. 541 f., ohne jeden Beleg als sicher hinstellt (ebenso schon *Klippel*, Leben Scharnhorsts III, S. 386), scheint mir angesichts des oben Kap. 9, II, Anm. 27 angeführten Quellenzeugnisses immerhin fraglich. Offenbar hat er Lottum noch Ende Februar nicht als Reaktionär beurteilt. Der öfter angeführte Brief Scharnhorsts vom 2. 2. 08 (*R. Vaupel* I, S. 110) spricht nur von *Hoffnungen* auf wirksame Unterstützung durch Stein.

[31] Siehe oben Kap. 9, III, 1, Anm. 29 und S. 272.

S. 303 [32] Vgl. jetzt *R. Vaupel*, Reorganisation-Heer I, Nr. 178, 198 und *W. Döring*, Die Entwicklung der wehrpolit. Ideen Steins in: WaG VI, 1940.

Zehntes Kapitel · Staatsfinanzen und Kriegskontributionen im Winter 1807/1808

S. 307 [1] Die kleindeutsche Historie (Häusser, Duncker) sah einseitig die Verhandlungen vom Standpunkt Preußens, Max Lenz setzte dem ebenso einseitig die Staatsräson des napoleonischen Empire entgegen und verkannte das Gewaltsame (und darum letztlich Unkluge) der Verhandlungsmethoden Napoleons. *Ch. Lesage*, Napoléon créancier de la Prusse 1807–14 (1924) bietet wertvolles Archivmaterial, urteilt aber genau so ungerecht über die Zahlungsfähigkeit Preußens wie das Frankreich Poincarés über die Deutschlands in den Tagen des Ruhreinbruchs. (Das Buch ist Poincaré gewidmet!) Neue Darstellung nach den preuß. Staatsakten: *H. Haussherr*, Erfüllung und Befreiung. Der Kampf um die Durchführung d. Tilsiter Friedens 1807/08. 1935.

S. 308 [2] Siehe oben, S. 203.

S. 309 [3] Angebliche Rückstände aus den regelmäßigen Landeseinkünften während des Krieges, die Napoleon beanspruchte und in sehr hohen Pauschalquanten berechnete.

S. 310 [4] *Bignon*, Hist. de France VII (1838), S. 399. Was *Duncker* (Aus der Zeit Friedrichs II usw., S. 504) unter Berufung auf Bignon und Daru (bei *Dumas*, Précis XIX, S. 459 ff.) an Zahlen vorbringt, erweist sich bei einem Blick auf seine französischen Quellen als geradezu groteske Übertreibung. (Übrigens beruhen Bignons Angaben auf dem großen Rapport Darus, den sie ungenau wiedergeben). Anderseits ist auch die Behauptung *Lesages* (a. a. O., S. 6 f.), für Napoleon habe das Geldbedürfnis eine ausschlaggebende Rolle gespielt, mangelhaft begründet und widerspricht seiner eigenen Angabe (S. 82 ff.), daß Napoleon die von ihm geforderten Domänen an seine Marschälle habe verschenken wollen.

[5] Bericht Tolstois vom 11. 1. 08. Sbornik 89, S. 340.

S. 311 [6] S. oben Bd. I, S. 157. Vgl. auch *Hassel* I, Aktenstück Nr. 11, S. 319 f.

[7] *Lesage*, S. 46 ff., nach einem Bericht Darus an Napoleon vom 20. 9. 07, bestätigt durch ein Schreiben Steins an Hardenberg v. 14. 10. 07.: *B*. II, S. 274. Über Darus Persönlichkeit: *Lesage*, S. 15 f., und *Stägemann*, Briefe und Aktenstücke I, S. 40: „Ein fester, entschlossener Mann, der auf Gründe hört, wenn er nicht angewiesen ist, nicht zu hören." Aus den von Lesage mitgeteilten Einzelheiten wird das Porträt des Mannes, der in jeder Lebenslage kühlen Gleichmut und korrekte äußere Haltung zu wahren versteht, sehr anschaulich. Vgl. auch Stendhals Napoleonbiographie und *E. Dard:* Talleyrand et Napoléon (1935) S. 93, ferner *Bignon*, Hist. de France (1838) VII, S. 386, 390. Stein urteilte nach näherer persönlicher Bekanntschaft im März 1808 günstig über Daru (Bericht Stägemanns). Im Oktober 1807 spricht er (an Hardenberg, 14. 10.) nur verärgert von Schikanen und ungerechtesten, härtesten Gewaltmethoden des Intendanten.

S. 312 [8] Einzelheiten jetzt bei *H. Haussherr*, Steins erste Entscheidung über die französ. Kriegstribute: Forsch. Bd. 45 (1932), mit Benutzung ungedr. Archivalien. Vgl. auch *B.* II, S. 266 ff.

[9] Correspondance de Napoléon XV, Nr. 12954 (29. 7.); XVI, 13186 (29. 9.). Daru an Napoleon, 31. 8.: *Lesage*, S. 80.

[10] Näheres über die Hintergründe dieses Versuchs in der Erstauflage Bd. II, S. 342 f., N. 14. *H. Haussherr*, a. a. O., beschäftigt sich nur mit den Entschlüssen und internen Beratungen der preußischen Seite.

S. 313 [11] Eine Außenhandelsstatistik Preußens in dieser Epoche fehlt. Man ist auf die bei *Dieterici*, Volkswohlstand im preußischen Staate (1846), S. 39, wiedergegebenen Gesamthandelsstatistik angewiesen, die Struensee für 1795/1796 aufgestellt hatte. Die größte Masse der dort aufgezählten „Ausfuhr"-posten (z. B. 8,9 Millionen für „Spezereiwaren", wie Kaffee, Tabak usw.!) dürfte als Transitohandel aufzufassen sein. Für Getreide, Vieh und andere Agrarprodukte wird eine „Ausfuhr" von insgesamt 5,7 Millionen Taler berechnet, der eine „Einfuhr" von entsprechend 5,36 Millionen Taler gegenübersteht. – *Leopold Krug*, Betrachtungen über den Nationalreichtum des preußischen Staates (1805) I, S. 224, berechnet den Kaufwert der Jahresproduktion (nicht etwa das auf personaler Grundlage zu errechnende „Nationaleinkommen"!) für 1805 auf 261 Millionen Taler, das „Reineinkommen" schätzungsweise auf 82,94 Millionen rententragende Grundstücke, 722 Millionen Gebäude, 90 Millionen Bargeld und Edelmetall usw. Mehr als eine ungefähre Vorstellung von der Größenordnung, um die es sich bei der preußischen Volkswohlfahrt handelt, können diese auf sehr primitiver statistischer Basis errechneten Zahlen natürlich nicht vermitteln.

[12] Wenigstens faßte Stein das Darusche Konventionsprojekt vom 23./24. 10. so auf. In Wirklichkeit ist darin nur von 30000 Mann und 10000 Pferden die Rede. *Lesage*, S. 331 (Art. 8), dazu *Hassel*, S. 314.

S. 315 [13] Stein an Hardenberg, 8. 12. 07: *B.* II, S. 313.

[14] Ursprünglich hatte er den Fürsten Anton Radziwill vorschlagen wollen, der aber ablehnte. Luise *Radziwill*, 45 années, S. 262.

[15] Außer den von *Lehmann* benutzten und angeführten älteren deutschen und russischen Quellenwerken zur Geschichte der Pariser Verhandlungen 1807/08 vgl.: *Granier*, Berichte aus der Berliner Franzosenzeit 1807/09 (Publikationen aus den preußischen Staatsarchiven 88) 1913, passim, *H. Haussherr*, a. a. O., und *Fürst O. von Bismarck*, Prinz Wilhelm und Napoleon 1929. Letzterer benutzte den im H. A. beruhenden Nachlaß des Prinzen, der mir im Original vorlag. Abdruck des Schriftwechsels mit Stein jetzt besser bei *B.* II, S. 287, 310, 323, 330, 355, 375, 388. – Briefe und Aufzeichnungen des Prinzen geben das Bild eines sehr enthusiastischen, hochpatriotischen jungen Mannes von großer politischer Naivität. Im schriftlichen Ausdruck zeigt er sich auffallend ungeübt. Vgl. auch das abfällige Urteil des Prinzen Ferdinand, das Daru an Napoleon mitteilte: *Lesage*, S. 123.

S. 316 [16] An Stein 24. 2. 08. Rep. 92, Hardenberg J 3.

[17] An Prinz Wilhelm, 18. 12. 07: *B.* II, S. 323.

S. 317 [18] Vgl. dazu *Haussherr*, a. a. O., S. 175 und *B.* II, S. 307, 349 f., 356, 358. Für

Steins Vorschlag wird auch die Gefahr einer Berufung Zastrows mitgewirkt haben. *B.* II, S. 333, 338.

[19] Die Meinung *Lehmanns* II, S. 148, Stein habe damals „zuverlässig die Vernichtungsabsichten, die Napoleon gegen Preußen hegte, gekannt", scheint mir eindeutig aus seiner Korrespondenz, zumal aus dem Schluß des dafür als Beleg angeführten Schreibens vom 26. 12., widerlegbar.

[20] *Hassel* I, Anhang Nr. 124. Stein an Prinz Wilhelm, 26. 12. An Borgstede, 8. 1.

S. 318 [21] Vgl. Sbornik 89 (1893), S. 184 f. (7. 11.), 436 ff. (28. 2.) u. ö.

[22] Daß persönliche Eifersucht mitgewirkt haben könnte, wird dadurch natürlich nicht ausgeschlossen. Das Urteil am Hofe über ihn dürfte aber getrübt sein durch seinen begreiflichen Widerstand gegen den Versuch der Königin und der Oberhofmeisterin Gräfin Voß, Napoleons Herz durch gefühlvolle Schreiben zu erweichen: vgl. *Gräfin Voß,* 69 Jahre usw., S. 324, 330 f.; Briefe Königin Luises, hg. v. *Griewank,* S. 273 (17. 12. 07). Zugunsten der politischen Fähigkeiten Brockhausens äußert sich *Granier,* Berliner Franzosenzeit (P. Pr. St. A. 88), S. 282. Das Urteil des Prinzen Wilhelm hat geschwankt, vgl. z. B. *Hassel* I, Nr. 127.

[23] Vgl. *Hassel,* Nr. 130.

[24] Stein erfuhr durch die Prinzessin Marianne vertraulich davon. Seine Stellungnahme zeigt sein Schreiben an den Prinzen vom 19. 2. 08. Prinz Wilhelm war sehr erregt über die Indiskretion. Der Briefwechsel des fürstlichen Ehepaars gibt einen sehr lebendigen Eindruck von der Atmosphäre patriotischen Enthusiasmus, der im Hause der Prinzessin herrschte und an dem sich Stein rege beteiligte (H. A.).

[25] An Stein, 10. 1. *B.* II, S. 349.

S. 319 [26] Etwa mit ähnlichen Argumentationen, wie sie Graf Tolstoi seinem Minister gegenüber gebrauchte: *Sbornik* 89, S. 481 f.

[27] *B.* II, S. 372: Denkschrift vom 18. 2. 08.

S. 320 [28] Vgl. oben S. 276. Daru an Napoleon 26. 1.: *Lesage,* S. 143.

S. 321 [29] Allerdings suchte Napoleon, eben im Begriff, zur Eroberung Spaniens abzureisen, das sehr gereizte Mißtrauen Tolstois und des Zaren zu beschwichtigen. Vgl. Tolstois Bericht vom 20. 2.: *Sbornik* 89, S. 119 ff., dazu Hassel I, S. 133.

[30] An Brinkmann, 13. 3.: *Rühl,* Aktenstücke I, S. 30.

S. 322 [31] Siehe oben, S. 164.

[32] Instruktion für Labay und Stägemann; 9. 11. 06: *B.* II, S. 134. Sehr ausführlich über die Beratungen der Einkommensteuerfrage: *H. Haussherr,* a. a. O., S. 148 ff. und 65 ff.

[33] Beyme erklärte den märkischen Ständedeputierten im August 1807 beruhigend: „Der König wolle die Kriegskontribution allein aus den Ersparnissen bezahlen, Kapital und Zinsen, ohne Auflagen zu machen." Forschungen 24 (1911), S. 413.

[34] *B. II,* S. 328. Vom Standpunkt moderner Einsicht in das Wesen der Steuertechnik erscheint der ostpreußische Versuch als höchst primitiv: vgl. *H. Teschemacher* im Handbuch der Finanzwissenschaft, hg. v. *Gerloff* und *Meisel* 1925, S. 119. *R. Grabower,* Preußens Steuern (1932), S. 199. „Gescheitert"

ist der Versuch aber keineswegs. Auch Steins Nachfolger waren von dem Erfolg höchst befriedigt und beeiferten sich, das System in anderen Provinzen nachzuahmen: siehe *Schönbeck*, Forschungen 25 (1912), S. 117 ff.

35 Siehe oben, S. 277.

36 Siehe oben, S. 289.

S. 323 37 *H. Mamroth*, Geschichte der preußischen Staatsbesteuerung I, 1890, S. 629 ff. Die Angabe Schmollers, daß auch diese Steuer praktisch mißlungen sei (Epochen der preußischen Finanzpolitik, Jahrbuch für Gesetzgebung I, 1877, S. 86), erscheint danach als stark übertrieben. Vgl. auch *Lehmann*, Ursprung der preußischen Einkommensteuer, Preuß. Jahrb. 103, S. 34 ff.

38 Die Tresorscheine von 1806 waren im Verkehr bereits stark unter Pari gesunken, die Einziehung von Silbermünzen usw. hätte viel zu lange Zeit gedauert. Die betreffenden Verhandlungen der Immediatkommission (Rep. 89 A, XII, 5) zutreffend bei *Lehmann* II, S. 163 ff. Dabei kam es zu den oben S. 135 erörterten polemischen Äußerungen Schöns. 1808 spielte in diesen Fragen Niebuhr die Hauptrolle, nicht Stein. – Niebuhrs Gutachten zur Tresorscheinfrage publiziert von *A. Trende*: B. G. Niebuhr als Finanz- und Bankmann (1929).

39 Über Niebuhrs Anleiheverhandlungen vgl. außer der Briefausgabe (von *Gerhard* und *Norvin*, Bd. I, 1926) seine Berichte von 1807 bis 1809 bei *Trende*, a. a. O., S. 16 ff.

40 Sehr merkwürdig ist der Nachweis *Lesages*, S. 274 ff., daß Napoleon sich mit seiner Privatschatulle heimlich an dieser Anleihe beteiligte; er hoffte sie dadurch zu stützen, machte aber auch ein glänzendes Geschäft dabei, das um so besser war, als er ein paar Monate später Preußen zwang, das unsichere Papier ihm wieder abzukaufen.

41 Über die zweideutige und unaufrichtige Verhandlungsart des Kurfürsten, s. außer den Akten des G. St. A. den Nachlaß Wittgensteins im H. A. (I. 1, 10). Der in Steins I. B. vom 8. 5. 08 erwähnte Brief Wittgensteins, der in der Tat ganz „zuverlässige" Versprechungen enthält, im Nachlaß Friedrich Wilhelms III., B VII e 7, C. – Übrigens scheint Wittgenstein von Anfang an Gegner des Domänenverkaufs gewesen zu sein. Vgl. auch *Hassel* I, S. 326 ff. *Bodelschwingh*, Vincke I, S. 347 f. *Conte Corti*, Der Aufstieg des Hauses Rothschild 1770–1830. Leipzig 1927.

S. 324 42 Über die wirkliche Höhe dieser viel verhandelten sogenannten „Warschauer Kapitalien" ist aus der bisherigen Literatur nicht ins reine zu kommen. Näheres darüber s. Erstaufl. II, S. 347, N. 48. *H. Haussherr*, S. 80, behandelt die Frage nur ganz kurz und unzureichend.

43 Ausführliche Berichte Merckels über die Verhandlungen mit der besonders mißtrauischen schlesischen Kaufmannschaft bei *Linke*, Fr. Th. von Merckel I (Darstellungen u. Quellen z. schles. Geschichte 5, 1907), S. 41 bis 68.

44 Nach *Cavaignac*, Revue historique LX (1896), S. 73, wurde der gesamte chiffrierte Schriftverkehr zwischen dem Prinzen Wilhelm und dem Königsberger Hof von der französischen Polizei geöffnet und dechiffriert. Abends konnte Champagny bereits den Eindruck der Unterredung feststellen, den seine Unterhaltung am Morgen auf den Prinzen gemacht hatte.

S. 325 45 Vgl. außer *Lehmann* II, S. 243, *Rühl-Stägemann*, Aus der Franzosenzeit

(1904), S. 85, und *Kl. Thiede* im Anhang zu seiner Stein-Anthologie: Die Herdflamme, Bd. 17 (1929), S. 372 ff.

[46] Rep. 89 A, XI, 1, vol. I–II. Zusammenfassender Bericht über die Négociations de Berlin (12. 7. 08) auch: Rep. 92, Hardenberg F 1. Vgl. ferner: Fr. Freiherr *v. Schrötter*, Das preußische Münzwesen 1806–73. Münzgeschichtlicher Teil I (1926), Kap. 1.

[47] *Granier*, P. Pr. St. A. 88 (1913), Nr. 85 ff.

[48] *B.* II, S. 422. Vgl. dazu Niebuhrs bitteres, freilich überempfindliches Urteil über Steins hochmütigen „Adelsgeist": Briefe, ed. *Gerhard* I, S. 457 f. Hardenberg tadelte die Berufung Voßens sehr entschieden: an Altenstein, 21. 5. 08, G. St. A., Dep. 92, Altenstein B 14. – Übrigens gab es sofort Streitigkeiten mit Voß, s. *B.*, S. 434 f.

S. 326 [49] *B.* II, S. 340 f. Vgl. auch *Beguelin*, a. a. O., S. 151 ff.

[50] *Hassel* I, Nr. 258. Die folgende, öfter zitierte Stelle scheint mir auf von der Goltz, nicht auf Stein zu zielen: daß die auswärtigen Angelegenheiten sich zur Zeit „in der Hand eines Mannes befinden, der selbst der gemessensten Direktion bedarf" usw. – Übrigens mahnte Beyme auch durch Stägemann zur Rückkehr; die Berliner Verhandlungen hielt er schon Ende April für ganz aussichtslos: Aus der Franzosenzeit, S. 85 f. (21. 4.).

[51] *Lehmann* II, S. 257. Vgl. auch ihren Brief an Frau von Berg, 17. 5. 08: Briefe und Aufzeichnungen, herausgegeben von *Griewank* (1929), S. 284.

[52] An Altenstein, 16. 4., 29. 4. und 15. 5. 08: *B.* II, S. 402, 417, 426 (auch für das Folgende). Vgl. auch *Rühl-Stägemann*, Aus der Franzosenzeit, S. 89, 95 u. ö.

S. 327 [53] An Altenstein, 15. 5. 08. Zeitweise hatte er wohl schon vorher die Hoffnung fahren lassen: am 8. 5. meldet Stägemann an Altenstein, Stein sei zur Abreise am 14. entschlossen. Rep. 92, Altenstein, B 43. Übrigens hielt Stein noch Ende April daran fest, daß seine Berliner Reise aus verschiedenen Gründen notwendig und nützlich gewesen sei: an Altenstein, 29. 4., *B.* II, S. 417.

[54] Die einzige Quelle, Gneisenaus Denkschrift vom 20. 8. 09 (H. Z. 85, S. 32), ist ein späterer Rückblick, der die Ereignisse offensichtlich stark zusammenzieht. Ich trage deshalb Bedenken, sie so zuversichtlich wie *Lehmann* II, S. 259, zu benutzen, zumal ich Scharnhorsts Politik im Mai 1808 anders deute (siehe das folgende Kapitel).

Elftes Kapitel · Hoffnungen und Versuche einer Schilderhebung gegen Frankreich im Sommer 1808

S. 329 [1] Rep. 92, Friedrich Wilhelm III, B VII[a], 7, C. Die Deutung *Lehmanns*, Scharnhorst II, S. 179 (wiederholt: Stein II, S. 259), findet *Cavaignac*, La formation de la Prusse contemporaine I, S. 439, mit Recht unwahrscheinlich. Daß die I. E. vom 13. 5. als Folge des Pariser Berichtes vom 28. 4. zu betrachten sei, halte ich sachlich und chronologisch für unmöglich. Cavaignacs Deutung, die mit der *Hassels* (I, S. 209 f.) übereinstimmt, trifft aber auch nicht das Richtige: so naiv war Scharnhorst schwerlich, daß er ernstlich auf eine Annahme des eben erst abgelehnten Bündniserbietens gerechnet hätte! – Ob die von *Lehmann* II, S. 259, zitierte Kabinettsordre vom 18. 5. an Graf Goetzen irgendeine aktuelle Bedeutung hatte, scheint mir unsicher. Zunächst gehört sie doch wohl in den Zusammenhang der allgemeinen Reorganisationsarbeiten.

S. 330 [2] Über deren Passivität in publizistischen Fragen klagte Niebuhr schon im Januar: an Stein 4. 1. 08: *B.* II, S. 340 ff. Ebenso Scharnhorst nach Steins Abgang: 31. 3. 09, an Altenstein, St. B. Berlin, Altenstein-Nachlaß: ein sehr interessantes Schreiben! Stein hat in den letzten Monaten seines Ministeriums die Presse stärker benutzt, vielleicht von Scharnhorst angeregt, aber sicher auch von Eggers: siehe *Fournier*, Studien und Skizzen I, S. 315. Über die Einwirkung spanischer Flugschriften siehe *P. Rassow*, H. Z. 167, S. 310 ff.

[3] Aktenmäßige Darstellung: *H. Rößler*, Österreichs Kampf um Deutschlands Befreiung. Die deutsche Politik der nationalen Führer Österreichs 1805 bis 1813, 2 Bde., 1940 (behandelt besonders Graf Phil. Stadion und den Krieg von 1809). – *A. Robert*, L'idée nationale autrichienne et les guerres de Napoléon. 1933 (betrifft vor allem Hormayr und seinen Kreis).

[4] An Altenstein, 15. 5. 08. *Botzenhart* II, S. 426.

S. 331 [5] An Wittgenstein: 20. 6. 08. *B.* II, S. 445. – Genau dazu stimmend die Instruktion für Prinz Wilhelm vom 20. 6.: *Hassel* I, S. 465. Auf denselben Ton ist aber noch die Depesche an denselben vom 21. 7. gestimmt! Ebenda, S. 467, Nr. 166.

[6] I. B. vom 14. 6. 08. Rep. 109 B, V, 4 in: Acta von 1821, betreffend Forderungen an die Zuckerbäcker und Kleinsche Kasse in Riga, in Abschrift. Bis zu diesem Zeitpunkt hatte Stein noch mit einem monatlichen Defizit von 100 000 bis 150 000 Talern gerechnet: siehe Korrespondenz mit Wittgenstein: *B.* II, S. 423 und 434 f.; *Pertz* II, S. 632 f.; *Haussherr*, a. a. O., S. 203 f.

S. 336 [7] Ähnlich an Götzen 12. 10. 08: „Die (Steinsche) Organisation der Staatsverwaltung ist sehr einfach, und ich tadle nichts daran, als daß man zu wenig dabei an Staatsverfassung gedacht hat." (*Vaupel*, a. a. O., p. 608). Den österreichischen Polizeibehörden (Graf Wallis) erschien dieselbe Organisation als schlechthin revolutionär: *A. Ernstberger*, Österreich und der preußische Tugendbund in: Zs. f. sudetendtsch. Gesch. III, 1939, p. 156.

S. 338 [8] Gute aktenmäßige Darstellung bei *E. Rundnagel*, Fr. Friesen. 1936.

S. 339 [9] Die Verfasserschaft Freys ist von *P. Stettiner*, Der Tugendbund 1904, gegen *A. Fournier*, Zur Geschichte des Tugendbundes (in: Historische Studien und Skizzen I, 1885, S. 314 ff., von *Lehmann* II, S. 530 ff., anscheinend übersehen), wahrscheinlich gemacht; Stein ist sicher nicht der Urheber der Denkschrift. Eine unvollständige Kanzleiabschrift ohne Datum und Unterschrift, überschrieben: „Gutachten des Freiherrn von Stein über die Grundverfassung des Tugendvereins", nebst russischer Übersetzung, findet sich unter der Signatur: C 34 Vienne ad no. 494 im Moskauer Zentralarchiv. Sie stammt sicherlich aus den 1812 angesponnenen Verhandlungen mit dem Wiener Ministerium über Gruners Verhaftung und ist in dem Aktenverzeichnis von *Goriainow*, „1812" (St. Petersburg 1912, russisch) ganz willkürlich als Nr. 6437 auf 1./13. 6. 1812 datiert. Zur Sache vgl. auch *A. Stern*, Abhandlungen und Aktenstücke, S. 26 ff., *Ulmanns* Mitteilungen aus der Selbstbiographie Bardelebens: Forschungen 31 (1919), S. 159 ff., Woltmanns Denkschriften für Metternich: Forschungen 40 (1927), S. 93 ff., und den wertvollen Aufsatz von *Ziekursch,* Fr. von Kölln und der Tugendbund, Historische Vierteljahrsschrift 12 (1909). – Stellung Steins zum Tugendbund 1809/12: *B.* III, S. 148; IV, S. 91, und Autobiographie, ed. *v. Raumer* 36. Vollkommen zutreffende Mitteilungen darüber aus dem Munde des Barons Spiegel erfuhr die Wiener Geheimpolizei 1814: *Fournier,* Die Geheimpolizei auf dem Wiener Kongreß (1913), S. 296. Über die Auffassung der österr. Polizei 1808/09 siehe *A. Ernstberger,* l. c. – Aus der Geschichte der Königsberger Johannisloge von *R. Fischer* (1910) ergibt sich, daß der Tugendbund, von Mitgliedern der dortigen Loge mitbegründet, bald von den Freimaurern als eine Art von Konkurrenz empfunden wurde. Hie und da bildeten auch die Logen das Zentrum der patriotischen Verschwörung. Man wird indessen ihre politische Bedeutung nicht überschätzen dürfen. Darüber und über Steins Logenbrüderschaft vgl. Erstauflage II, S. 350, N. 8.

S. 340 [10] Geheimakten Götzens im G. St. A. (Altes Kriegsarchiv K 48, Nr. 80/81), jetzt gedruckt bei *Vaupel,* Reorganisation II, 1, Nr. 213 ff. Dort auch der seltsame Briefwechsel Schills mit Gneisenau 1808. Ferner siehe: *Pertz,* Gneisenau I, S. 432 ff., und *Conrady,* Grolman I, S. 178 ff. Skeptische Urteile Schöns: Aus Schöns Papieren IV, S. 573 f. Über den Königsberger „Patriotenbund", dem Stein angehörte (doch wohl nur eine formlose Gesinnungsgemeinschaft von Freunden): ebenda, S. 571 f., und Briefwechsel mit Pertz und Droysen, S. 20. – Einen der frühesten Erhebungspläne reichte am 5. 5. 08 ein Treptower Offizier, von Winning, dem König ein: Nachlaß Friedrich Wilhelms III., B VII[a], 7, C.

[11] Näheres darüber in der (ungedruckten) Freiburger Dissertation meines Schülers *K. U. Meurer,* Die Rolle nationaler Leidenschaft der Massen in der Erhebung von 1813 gegen Napoleon. 1953.

[12] Autobiographische Aufzeichnung Steins vom 12. 7. 1811: *Botzenhart* III, S. 431, bestätigt durch Gneisenaus Bericht vom 20. 8. 09: H. Z. 85 (1909), S. 34, dazu *Hassel* I, S. 287 f. Vgl. auch Götzens Versuche, Verbindung mit England zu bekommen: *Vaupel,* a. a. O., Nr. 297 u. ö. Aus einer eigenhändigen Notiz des Königs (ohne Unterschrift) vom 26. 10. geht hervor, daß Jakobi damals noch weitere politische Nachrichten nach England gehen ließ und Friedrich Wilhelm davon Kenntnis hatte; Rep. 92, Friedrich Wilhelm III., B VII[a], 7, C.

S. 342 [13] Diese Sorge ist vielleicht durch private Mitteilungen aus Petersburg veranlaßt worden. So warnte von Schöler in einem an Altenstein gerichteten Schreiben vom 19./31. 8. dringend davor, das Beispiel der Spanier nachzuahmen. Man müsse die Stunde der Befreiung von außen her abwarten. Der Zar persönlich sei bereit, durch Geldzahlungen und durch Vorstellungen bei Napoleon dem preußischen Hofe die Erledigung der Kontributionszahlungen zu erleichtern. Sein Finanzminister Graf Rumiantzow sei dagegen Stockrusse und preußenfeindlich gesinnt. Dep. 92, Altenstein, B. 37. – In der Tat kam im Herbst 1808 ein für Preußen ziemlich günstiges Abkommen, betreffend die russischen Entschädigungsgelder (Einigung auf

5½ Millionen Taler), zustande (Rep. 109 B, V, 4). Die Abhängigkeit Preußens von Rußland wurde dadurch natürlich noch verstärkt. – Die *amtliche* Warnung des Zaren (Bericht Schladens vom 3. 9. bei *Hassel* I, S. 415) konnte nicht vor dem 10. bis 12. 9. in Königsberg eintreffen.

S. 343 [14] Aus den bei Hassel mitgeteilten Berichten des Prinzen erhält man fast den Eindruck, als hätte Champagny persönlich den Wunsch gehabt, noch vor der Rückkehr des Kaisers zu einigermaßen erträglichen Bedingungen zum Abschluß zu kommen. Eine Differenz der Tonart, die auch sonst öfters hervortritt.

S. 344 [15] *Bailleu*, Königin Luise, S. 290 (Nachlaß des Prinzen im H. A.).

[16] Über den Verlauf vgl. unter anderem: *Rühl-Stägemann*, Aus der Franzosenzeit, S. 102.

Zwölftes Kapitel · Sturz und Verbannung

S. 347 [1] Vgl. Luceys Bericht an Götzen vom 30. 8.: *Hassel* I, Nr. 245, S. 544 f., dazu die Berichte Finkensteins: G. St. A., Rep. I, Österr. Nr. 4, vol. 2.

[2] Entwurf einer Abdankungsurkunde bei O. *Fürst Bismarck*, a. a. O., S. 149.

[3] Die Instruktion vom 12. 8. traf in Paris erst am 28. 8. ein, als ihre Ausführung bereits unmöglich geworden war. Die Anweisung vom 25. 8. (*Hassel* I, Nr. 176) kam überhaupt erst nach Abschluß der Verhandlungen an.

S. 348 [4] Tagebuch Fr. Delbrücks: Monum. Germ. Paedag., Bd. 40 (1907), S. 62. Nach der wohl auf mündlicher Erzählung Thieles beruhenden Darstellung von *Pertz* (II, S. 236) hätte Stein selbst dem König die Nachricht überbracht.

[5] Luise Radziwill (Memoiren, S. 294) berichtet sogar, er hätte seine vorläufige Festsetzung in Pillau vorgeschlagen, was aber seiner sonstigen Haltung widerspricht.

[6] H. Z. 86, S. 99. Vgl. auch seinen schon mehrfach zitierten Nachlaß im H. A.

[7] Briefe, ed. *Gerhand* I, S. 451, 481.

S. 349 [8] Chiffriert sind Steins Briefe an Wittgenstein vom 20. 6., 21. 7., 2. 9. und alle späteren (H. A.). Aus einem dieser Korrespondenz beiliegenden undatierten Schreiben (sicher von Goltz an Wittgenstein Anfang September) ergibt sich, daß man in Königsberg zunächst über den Grund der Verhaftung Koppes im Dunkeln tappte; auch war Goltz sich anscheinend nicht bewußt, daß die abgefangenen Briefe gefährlichen Inhalt hatten. Er selbst hatte an Wittgenstein mit derselben Sendung Mitteilungen „über unsere Allianzproposition an Frankreich und die allgemeine Lage überhaupt" gesandt. – Ein unchiffriertes Schreiben Steins (Kanzleiausfertigung) vom 7. 8. lehnt verschiedene Vorschläge Wittgensteins zu gewissen sehr teuern Finanzoperationen, um damit die laufenden Staatsbedürfnisse für die nächste Zeit zu decken, ab. Für die *laufenden* Geldbedürfnisse sei bis Februar 1809 durch die eigenen Fonds des Staates gesorgt, es handle sich jedoch um Vorsorge auf lange Sicht. Wahrscheinlich bezieht sich auf eine interzipierte Stelle dieses Briefes, was Champagny am 3. 9. dem Prinzen Wilhelm über

Steins Altonaer Unterhandlungen mitteilte: *Hassel* I, S. 485. – In einer späteren Aufzeichnung (*B.* III, S. 432) spricht Stein von „Unvorsichtigkeit" Koppes und „Schwatzhaftigkeit" seiner Frau, die in Verbindung mit einem französischen Polizeiagenten gestanden habe.

[9] Nach den Mitteilungen *Lesages,* S. 120f., scheint es, daß bei der von *Hassel* I, S. 563ff., berichteten Intrige Zastrows persönliche Motive gemeinster Art im Spiel waren: die Hoffnung, seine im Polnischen gelegenen Güter durch Liebedienerei gegen Frankreich wiederzugewinnen.

S. 350 [10] Beyme erzählte seinem Schwiegersohn Vincke-Olbendorf 1836 (Brief vom 11. 11.): „Stein hatte damals (Anfang 1809) eine Erklärung, worin er zur Annahme des Erfurter Vertrages (gemeint ist sicher der Septembervertrag) geraten, gegen mich abgeleugnet, und als ich dies S. M. berichtete, langte der König das Original aus seiner verschlossenen Mappe mit dem Beifügen hervor, daß ihn jener Vorfall (sc. eine ähnliche Ableugnung Hardenbergs 1806) vorsichtig gemacht habe." G. St. A. – Vgl. dazu *Hassel,* Aktenstücke, Nr. 180ª, 262, 266.

[11] Unmittelbar nach der Rückkehr des Zaren von Erfurt, am 25. 10., zog sich Jakobi-Kloest auf seine Güter zurück. Er gab das Spiel verloren.

[12] Das Tagebuch der Gräfin Voß (G. St. A., Rep. 92; sehr schwer lesbar; die bekannte Veröffentlichung enthält nur einen dürftigen Auszug in freier, überaus phantasiereicher Übersetzung mit willkürlichen Zusätzen) meldet unter dem 28. 9., daß Stein bei einem Besuch sich guten Mutes zeigte: que tout ira de faire, que cela n'aura guère d'influence sur le sort du Roi ... Zur Kritik der Ausgabe des Tagebuchs der Voß vgl. *M. Baumann,* Korrespondenzbl. d. Gesamtver. d. dtsch. Altertumsvereine, Bd. 76, 1928, S. 102ff.

S. 351 [13] *B.* II, S. 542ff.; zur Verfasserfrage vgl. *Schön* IV, S. 571; Briefwechsel Schöns mit Pertz usw., S. 54; *Thimme:* H. Z. 86, S. 89; *F. Fischer,* Nicolovius, S. 157. Der Stil weist auf einen Theologen (Süvern oder Röckner?) als Verfasser hin.

S. 352 [14] *B.* II, S. 474, 505, 511. H. Z. 86, S. 101f.

[15] Daß Goltz erst nachträglich von den Verhandlungen mit Götzen erfuhr, scheint sein Brief an Voß vom 24. 11. anzudeuten: *Stern,* Abhandlungen und Aktenstücke, S. 33, Schlußsätze. Die Erlasse Steins an Götzen (s. *Hassel* I u. danach *B.* II, S. 524, 536, 555) wurden im Auswärtigen Departement chiffriert, aber nach dem I. B. Scharnhorsts vom 10. 12. 08 (*Hassel,* S. 273, N. 1) offenbar nicht zu den dortigen Akten genommen. Nagler wird Goltz davon in Kenntnis gesetzt haben. Götzens politische Berichte gingen an Stein persönlich; dem König scheint er nur solche rein militärischen Inhalts gesandt zu haben. Daß der König das Steinsche „System nur unvollständig ergriffen" habe, wußte Götzen, wollte deshalb auch nach Steins Abgang sich sogleich ins Privatleben zurückziehen. Von seinen Berichten an Stein war bis 1945 ein Teil im Konzept erhalten: vom 19./28. 10. (publiziert von *Pertz,* Gneisenau I, S. 432ff.), 3. 11., 16. 11., 21. 11. Vgl. auch *Vaupel,* Reorganis. II 1, S. 648, 658f., 662, 671, 689, 705, 728 (nach Konzepten im Heeresarchiv Potsdam, vorher G. St. A., Geheimakten Götzens). Sie wurden zum Teil chiffriert, zum Teil mit „sympathetischer Dinte" geschrieben und an eine Königsberger Deckadresse gesandt. Die Ausfertigungen werden zusam-

men mit den Briefkonzepten Steins auf Befehl des Königs nachträglich vernichtet worden sein, entsprechend einem Wunsch des Zaren: *Hassel* I, S. 267, 273; *Pertz* II, S. 300. *Cavaignacs* geistreiche These, als hätte Friedrich Wilhelm das Spiel von 1805/06 wiederholt, absichtlich zwei Minister des Auswärtigen mit entgegengesetzter Tendenz nebeneinander wirken lassen, ist unhaltbar (Formation de la Prusse cont. I, S. 454). Richtig ist daran aber doch so viel, daß der König über die „geheimen Relationen" Götzens in Österreich im *allgemeinen* orientiert war, ebenso über die schlesischen Rüstungen, und beides einstweilen weiter geschehen ließ, trotz der von Goltz gleichzeitig betriebenen Versöhnungspolitik. Vgl. Scharnhorsts Immediateingaben vom 4. 12., 10. 12., 13. 12, (Rep. 92, Friedrich Wilhelm III., B VII^a, 7, C).

16 Gentz, in einem anonymen, aber eigenhändigen Schreiben vom 19. 10. (Geheimakten, a. a. O.), warnte Goetzen dringend vor den Übertreibungen seiner Agenten, die in Wien den allerschlechtesten Eindruck machten. Vgl. *Hassel*, S. 298, N. 1.

17 Das Ergebnis einer späteren Untersuchung wegen hochverräterischer Umtriebe, über die *Lehmann*, Scharnhorst II, S. 277, berichtet, zeigt, daß man an diesem Punkt über vage Zukunftsideen niemals hinausgelangt ist. Der König war dennoch aufs tiefste erschrocken, wie seine sehr merkwürdige große Selbstbeichte vom 12. 4. 09 beweist: Rep. 92, Friedrich Wilhelm III., B VI, ad 24 (vgl. *Lehmann*, a. a. O. II, S. 258 f.). Scharnhorst war seit dem Sturz Steins eifrig bemüht, seine vollkommene Loyalität nachzuweisen. Daraus einen Gegensatz seiner Haltung zu derjenigen Steins und Gneisenaus im Herbst 1808 zu konstruieren, wie es *Thimme*, H. Z. 86, S. 85, versucht, ist nach meiner Kenntnis der Akten doch nicht zulässig.

S. 353 18 Gentz wollte deshalb, daß die Denkschrift über Deutschlands künftige Neugestaltung, die er eben damals für Stadion ausarbeitete, offiziell an Preußen mitgeteilt würde: an Götzen, 15. 11. Abdruck der Denkschrift: Aus dem Nachlaß Friedrichs von *Gentz* II, S. 109 ff.

19 Was *Hassel*, Nr. 224 und 229, sehr unvollständig als „Zusätze" Steins wiedergibt, sind Änderungen höchst friedliebend klingender Erlasse des Auswärtigen Departements im Sinne der Steinschen Kriegspolitik. Finkensteins Warnungen: Berichte vom 1. 10. und 29. 10. Daraufhin Erlaß vom 15. 11.: der König habe gar nicht die Absicht, Österreich zum Kriege zu drängen, sondern sei entschlossen, den Pariser Vertrag nach Kräften zu erfüllen. Es sei unverständlich, wie Finkenstein kriegerische Absichten habe voraussetzen können usw. Dieser Passus wurde dann von Stein unterdrückt.

20 Erlaß an Finkenstein vom 3. 12. Also Rückkehr nicht am 13. 11., wie *Hassel*, S. 299, angibt. – Am 10. 12. meldete Scharnhorst dem Könige, er habe Götzen befohlen, jetzt alle „geheimen Relationen" einzustellen.

21 Nach Stägemann hätte er Steins „stillschweigende Einwirkung in die Finanzgeschäfte und die Angelegenheiten des Innern" nicht gerügt: an Merckel, 7. 11.: *Linke* I, S. 68. Ähnlich berichtete der Zar: siehe *Stern*, Abhandlungen, S. 6.

S. 354 22 Stägemann hielt nach seinen Erfurter Eindrücken („einer Äußerung Champagnys") ein Verbleiben Steins als Berater für das Innere, und zwar in Berlin, nicht für ausgeschlossen: an Altenstein, Erfurt, 10. 10. (G. St. A.). Vgl. aber seine späteren Äußerungen aus Berlin bei *Stern*, Abhandlungen und Aktenstücke, S. 8 f. An seiner ehrlichen Anhänglichkeit an Stein kann nach den brieflichen Äußerungen zu Altenstein kein Zweifel sein.

23 Prinzessin Marianne an Stein, 5. 9.: *B.* II, S. 507. Vgl. *Boyen*, Erinnerungen I, S. 332. *Pertz* II, S. 190 f. und 617, N. 92. Diese reichlich dunkle, aber nunmehr wenigstens genau datierbare Geschichte wird wohl auch den oft zitierten Mitteilungen Schleiermachers vom 6. 9. zugrunde liegen (Preuß. Jahrb. X, 1862, S. 270). Kalckreuth und Lottum nennt Scharnhorst in einer I. E. vom 4. 12. und 10. 12. als Hauptgegner der „Partei".

S. 355 24 Außer *Stern*, Abhandlungen und Aktenstücke, S. 18 ff., und den dort angeführten Quellen zu vgl. *Granier*, P. Pr. St. A. 88, S. 291 ff., und ein I. B. des Majors von Chasot vom 12. 10. über eine durch Köckritz in Gang gebrachte Intrige zum Sturze Steins, in der ein gewisser Kanonikus Damm als Zwischenträger eine dunkle Rolle spielt. Beyme wurde danach den Soult und Bignon als Nachfolger Steins empfohlen: Rep. 92, Friedrich Wilhelm III., B VII[a], 7, C, bestätigt durch eine Schreiben Stägemanns an Altenstein, Berlin, 26. 10. (G. St. A.). Vgl. dazu *Cavaignac*, Revue hist. 60, S. 73, und *Conrady*, Grolman I, S. 191 ff. Zur östr. Auffassung des Tugendbundes vgl. oben Kap. 11, Anm. 7.

25 Die „Verbreitung" der Pariser Verhandlungen durch Grolman (siehe *Conrady* I, S. 191) und der Schmähschrift des Don Cevallos (siehe *Pertz* II, S. 297). Die I. E. ist vom 12. 10. Rep. 92, Friedrich Wilhelm III., B VI, 22.

26 Gerade auch Beguelin, der in seinen Denkwürdigkeiten die Umgangsformen Steins so laut beklagt, blieb ihm treu: Beguelin an Altenstein, 19. 12. (beklagt lebhaft Steins Entfernung) G. St. A.

27 „Über die Wahl des Regierungssystems durch Preußen bei dem wahrscheinlichen Abgang Steins", Rep. 92, Altenstein A III, Nr. 13. Ob identisch mit der von *Lehmann* II, S. 593 zitierten Denkschrift, ist mir unbekannt, da letztere mir nicht vorlag. Die Denkschrift ist für die politische Charakteranalyse Altensteins entscheidend wichtig.

S. 356 28 Vgl. sein Schreiben an Altenstein vom 21. 4. 07. Rep. 92, Altenstein B 23.

29 Briefwechsel Altenstein-Hardenberg in den beiderseitigen Nachlässen.

30 Prinzessin Luise *Radziwill*, Memoiren, S. 295.

S. 358 31 Wortlaut bei *Stägemann*, Briefe und Aktenstücke I, S. 107 f. Die Meldungen Clérembaults vom 17. 12. über diese Vorgänge (Revue hist. 60, S. 77) scheinen mir zu verworren, um Glauben zu verdienen.

32 Briefe und Aufzeichnungen Luises, herausgegeben von *Griewank* (1929), S. 297 (7. 8.) und 302 (20. 8.). Dazu Delbrücks Tagebücher a. a. O., passim. *Bailleu*, Königin Luise (1908), S. 296 ff., nach durchweg ungedrucktem Material. In einem Billett an Fürst Wittgenstein vom 25. Februar 1809 nennt die Königin Steins unglückliches Schreiben vom 15. August „von der Art, daß man nicht begreift, wie ein gesunder Mensch ihn hat schreiben können" (H. A.).

33 Nagler an Hardenberg, 25. 11.: „H. v. Stein war gegen das Reisen, alsdann dafür, und jetzt schriftlich dagegen. Wie Alma es aufnimmt, ist zu

erraten ... Alma sagte mir neulich, ich sei zur Reise qu. bestimmt ..." Rep. 92, Hardenberg, F 1.

[34] Ich finde weder in Luise Radziwills Aufzeichnungen noch in den Papieren der Prinzessin Wilhelm die Annahme Bailleus (S. 297) bestätigt, daß die Prinzessinnen an ihm irre geworden seien. Vgl. den Briefwechsel der letzteren mit Stein: *B.* II, S. 589 f. Über die Haltung der Frau von Berg vgl. Luise *Radziwill,* S. 294, 299, und *Schöns* Papiere II, S. 49. Die Tagebücher der Gräfin Voß enthalten, soweit ich sie entziffern konnte, nur sehr wenig von Belang zur Geschichte der Entlassung Steins, lassen aber erkennen, daß die Gräfin seit Mitte November Steins baldigen Abgang herbeiwünschte und Nagler für einen „vray Patriotte" hielt. Was man *A. Stern* (Abhandlungen und Aktenstücke S. 5, 15, 19) über den Inhalt des Tagebuchs mitgeteilt hat, ist ganz unrichtig.

[35] Revue hist. 60, S. 77.

S. 359 [36] Die Klage über Steins rücksichtsloses Hinweggehen über den Willen des Königs, gestützt „auf den weitaus kleineren Teil der Nation", kehrt im Briefwechsel Altensteins mehrfach wieder: Hardenberg an Altenstein, 22. 12. 08. Schöler an Altenstein, 4. 2. 09. Rep. 92, Altenstein, B 14 bzw. B 37.

[37] Vgl. oben Kap. 9, Abschnitt II, am Schluß, dazu *Lobethal,* Verwaltung und Finanzpolitik in Preußen 1808–1810, Berliner Dissertation 1914, S. 13 ff. In seinem Rückblick von 1811 (*Botzenhart* III, S. 434) versichert Stein, Kaiser Alexander habe ihn zu dem Vorschlag einer bloß formellen Entlassung unter Beibehalt seines tatsächlichen Einflusses angeregt.

[38] Altenstein an Hardenberg, ohne Datum, zweifellos vom 10. 11., Nachlaß Hardenberg, K 30, benutzt von *Hassel* I, S. 291 ff., 294.; darin auch Protest gegen die Berufung Beymes; Denkschrift Altensteins, ohne Datum (schon zitiert). Rep. 92, Altenstein A III, Nr. 13. Für das Folgende vgl. auch Nagler an Hardenberg, 25. 11.: Rep. 92, Hardenberg, F 1 und „Weitere Beiträge und Nachträge zu Schöns Papieren" (1881), S. 55 ff.

S. 360 [39] 2. 1. 09: *Bassewitz* II, 1, S. 630 ff. Die von *Lehmann* II, S. 602, N. 3, geäußerten Bedenken über das Datum der Ernennung Beymes lösen sich dadurch, daß Beymes Schreiben an den Kanzler Schrötter vom 7. 12. und 26. 12. in der Kons. Monatsschrift 1886, II, S. 947 f., irrig auf den November datiert sind. Vgl. *Lobethal,* a. a. O., S. 14.

[40] Die alte Kontroverse um die Urheberschaft des „politischen Testaments" (über die ausführlich *M. Baumann,* Th. von Schön, S. 40 ff., referiert) darf heute endgültig begraben werden. Es lohnt nicht, noch weiter darüber zu streiten, ob Stein oder Schön die geringen, von *Pertz* II, S. 617, N. 107, festgestellten Änderungen des Originalkonzeptes vorgenommen hat. Daß die Initiative von Schön ausging, ist nunmehr sichergestellt. Über Rehdigers angeblichen Anteil vgl. *Lenel,* H. Z. 124, S. 226.

S. 361 [41] *B.* III, 3.

[42] An Merckel, 23. 12. 08, *B.* III, 4. Für das Folgende: Brief an Gräfin Werthern, 19. 12. 08 (ebd. p. 2).

S. 362 [43] So zuerst *Cavaignac,* Revue hist. 60, S. 85 ff.; ihm schließt sich *Lehmann* III, S. 9 f., an.

S. 363 [44] *A. Stern,* Revue hist. 60, S. 333 ff., u. Forschungen 9 (1897), S. 580 ff.

[45] Das Folgende nach dem Nachlaß Wittgensteins im H. A. Vgl. auch meinen Aufsatz: Die Ächtung Steins in: Nass. Annalen Bd. 52, 1931.

S. 364 [46] Nr. 362, S. 1426. Weggelassen war ein Passus, der erkennen ließ, daß die von Stein gewünschte Verhandlung mit dem hessischen Kurfürsten sich nur auf finanzielle Fragen bezog. Nach dem Moniteur Teilabdruck bei *Cavaignac,* Revue hist. 60, S. 83 f.; Stein selbst vermutete, daß die franzosenfreundliche Gruppe seiner Berliner Gegner (Hatzfeldt, Voß u. a.) den Marschall Davoust mißtrauisch gemacht und dessen Berichte Napoleon zur Ächtung veranlaßt hätten. (*B.* III, S. 40, 370, 436: Bericht über polizeiliche Maßnahmen Davousts zur Entdeckung einer großen patriotischen Verschwörung). Stimmt das, so könnte der Hatzfeldtsche Brief das Mißtrauen Davousts entscheidend verstärkt haben.

[47] Brockhausen an Goltz, 8. 1. 09. Dieser Bericht ist schon von *Häußer,* Deutsche Geschichte III³, S. 219, zitiert, aber völlig mißverstanden, ebenso von *Stern,* a. a. O., S. 334. – Wittgenstein an Goltz, 14. 2. 09. Gesandter Grote an Goltz, 28. 3. 09. Stein an Wittgenstein, 27. 1. 09. Wittgenstein an Stein, 23. 2., 20. 3. 09. Vgl. auch die Äußerung Sacks vom 7. 1. 09: Briefwechsel mit Stein und Gneisenau 1807/17 ed. *Steffens* (1931) p. 20 f.

[48] *Lehmanns* Darstellung (III, S. 15 f.) verkennt, daß Stein in seinem Schreiben an den König von dem Fehlen *neuerlicher* Beweise für seine Kriegspolitik spricht. Es heißt dort: „L'Empereur me soupçonne prendre part à des agitations," nicht: „avoir pris part".

[49] Einiges Neue darüber aus französischen Staatsakten bei *Const. de Grunwald:* Stein. L'ennemi de Napoléon (P. 1936), S. 178 ff.

Dreizehntes Kapitel · Im Exil: Zuschauer der großen Politik 1809–1812

S. 366 [1] Daß diese Überwachung nicht erst durch Metternich angeordnet wurde, sondern schon in den Tagen Stadions erfolgte, geht aus der Darstellung *Fourniers,* Stein und Gruner in Österreich (Hist. Studien und Skizzen III, 1912), S. 107 ff., deutlich hervor (gegen *Lehmann* III, S. 40). Ahnungslosigkeit Steins: *Fournier* III, S. 131. Dazu die österreich. Polizeiakten bei B. III, S. 678 ff.

S. 367 [2] Eine von ihm eingereichte Denkschrift über die preußischen Verhältnisse vom 24. 2. 09 (anscheinend nicht erhalten) blieb unerledigt. *Pertz* II, S. 363. *Lehmann* III, S. 23.

[3] Mehrmals (1811 u. 1812) hat er auch geplant, seine alten bergwerkstechnischen Studien auf Reisen nach Oberungarn und Steiermark wieder aufzunehmen: *v. Srbik,* H. Z. S. 146, 488 ff.

S. 369 [4] Vgl. darüber: *A. Ernstberger,* Die deutschen Freikorps 1809 in Böhmen. 1942. Über Oranien u. a.: *H. Rößler,* a. a. O., S. 31–34, 63 f. Nach *Pertz,* Gneisenau I, S. 340 scheint sein Verhalten bei der Kapitulation von Erfurt 1806 wenig heldenhaft gewesen zu sein.

[5] Stein hatte zwar selbst, wie wir wissen, den Eintritt Preußens in den Rheinbund angeboten, aber mit den bekannten Hintergedanken.

[6] Betrachtet man als die Einzuladenden die größeren süddeutschen Rhein-

bundfürsten, als die zu Arretierenden die kleineren norddeutschen, so verliert der von *Lehmann* III, S. 33, bemerkte Widerspruch einigermaßen seine Schärfe.

[7] *Lehmann* III, S. 35, N. 4, bemerkt, daß einzelne ehemals preußische Provinzen in Steins Aufzählung fehlen. Es liegt nahe, das in Verbindung zu bringen mit den welfischen Vergrößerungsplänen, die Münster im Zusammenhang mit der Expedition nach Hannover betrieb: *Oncken,* Preußen und Österreich im Befreiungskriege II, S. 483 ff. Daß Stein von ihnen erfahren hat, ist nicht unwahrscheinlich; vielleicht hat er Rücksicht auf sie genommen?

S. 370 [8] Vgl. darüber die tiefdringenden Untersuchungen von *Ruth Flad,* Der Begriff der öffentlichen Meinung bei Stein, Arndt und Humboldt (1929), S. 19 ff. und 306 ff.

S. 371 [9] Vgl. *B.* III, S. 170, 195, 213, 235, 252 ff., 261, 284 u. ö.

[10] Der scheinbare Widerspruch in dem Verhalten Metternichs, den *Lehmann* III, S. 41, bemerkt hat, löst sich nach *Fournier,* a. a. O. III, S. 112 f., als ein Mißverständnis auf.

S. 372 [11] Anfang 1809 ging das Gerücht um, Stein habe Memoiren geschrieben: *Pertz* II, S. 358. *Linke,* Merckel I, S. 87. Die preußische Regierung bemühte sich sofort, eine Abschrift bzw. einen Abdruck aus Brünn zu bekommen: Erlaß des auswärtigen Departements vom 14. 4. 09. H. A., Nachlaß Wittgenstein I, 1, 16. Es war aber nichts davon wahr.

[12] Von *Botzenhart* 1924 veröff. u. d. T.: Frh. v. Stein, Staatsgedanken; jetzt zusammen m. d. „Aufsätzen u. Bemerkungen über verschiedene Gegenstände" im III. Bd. d. Nachlaßwerkes.

[13] Vgl. *Botzenhart,* VjSWG XXII (1930), S. 352 ff.

S. 373 [14] Vgl. dazu *Botzenhart,* a. a. O., S. 362 ff.

[15] Gegenüber dieser Bemerkung (*B.* III, S. 497) zitiert *Lehmann* III, S. 98 eine andere undatierte Aufzeichnung Steins (jetzt ebd. III, S. 522), die sich aber in Wahrheit nur gegen Zwangs- und Monopolrechte der Zünfte richtet, im Sinn der Reformpläne von 1805.

S. 374 [16] Vgl. *H. Drüner,* Der nationale und universale Gedanke bei dem Frh. vom Stein, Hist. Viertelj.-Schr. 1924, S. 38 f., mit sehr treffenden Belegen. Auch *Schlegels* Vorlesungen über neuere Geschichte, besonders die letzten (19 bis 21) über das 18. Jahrhundert, könnten auf Stein gewirkt haben; vgl. seine Empfehlung *B.* III, S. 450. Eine Übernahme ihrer spezifisch romantischen Gedanken bedeutet das noch keineswegs.

S. 377 [17] Eine wirklich exakte Definition ist nicht möglich, weil eine jede sich moderner staatsrechtlicher Begriffe bedienen muß, die Stein fern lagen. Vgl. *W. Mommsen,* a. a. O., S. 54 u. d. ebenso scharfsinnigen wie mühsamen Analysen Steinscher Ideengänge in *M. Goerdeler,* Die Reichsidee in den Bundesplänen 1813/15 und ihr geistiger Hintergrund, Frankfurter Dissertation 1943.

S. 378 [18] Vgl. hierfür und für das Folgende die eindringliche und lebendige Darstellung von *H. Haussherr,* Die Stunde Hardenbergs (1942), S. 71–184.

S. 379 [19] Nach *Fournier,* a. a. O. III, S. 116, schon am 1. 7. durch Kunth. Das Schreiben kann dann aber erst nach dem 7. 7. eingetroffen sein, vgl. *B.* III, S. 283

(Stein an Hardenberg 7. 7.). Über die Reihenfolge der Steinschen Niederschriften vgl. *Haussherr,* a. a. O., S. 354.

[20] Steins Ansichten über Papiergeld sind 1809/10 unverändert dieselben wie 1805/06. Das heißt: er steht nach wie vor streng konsequent auf dem Standpunkt der Quantitätstheorie. Von diesem Standpunkt gesehen, erscheinen seine Äußerungen sowohl über die österreichische Inflations-, Deflations- und Devalvierungspolitik dieser Jahre wie über das Hardenbergsche Papiergeldprojekt durchaus folgerichtig; sie zeugen zugleich von einer ausgezeichneten praktischen Beobachtungsgabe gegenüber den Inflationserscheinungen. Das im einzelnen darzulegen, ist hier nicht der Ort. Es wäre aber nicht schwer, die von *M. Baumann,* Hist. Viertelj.-Schr. XVI (1913), S. 357, an Steins Äußerungen geübte Kritik als voreingenommen und theoretisch unzulänglich fundiert im einzelnen abzuweisen. Für den Biographen sind drei Feststellungen wichtig: 1. Kein Unbefangener wird aus Steins Äußerungen über das österreichische Deflationsproblem irgendein Standesvorurteil herauslesen können. 2. Es bleibt unverständlich, wieso Steins Versuche, Kursgewinne in Papiergeld auszunützen, moralisch bedenklich erscheinen können. 3. In währungspolitischen Fragen ging Stein durchaus nicht „empirisch-historisch" vor, sondern streng theoretisch konsequent und ließ sich darin durch scheinbar ungünstige praktische Erfahrungen nicht leicht beirren. – Zur Sache vgl. *B.* III, S. 319 ff., 304 f., *Pertz* II, S. 529 ff., 750 ff., *Haussherr,* a. a. O., S. 176 f., *Linke,* Th. Merckel I, S. 187, 189 f., 198. In der Frage des preußischen Papiergeldes 1810 dürfte die überaus sachverständige Kritik Niebuhrs an Hardenbergs Emissionsplänen (bei *Nasse,* H. Z. 26, 1871, S. 322 ff., vgl. auch *Trende,* a. a. O.) weit eher das Richtige treffen als die reichlich doktrinären Einwendungen Schöns.

[21] Näheres jetzt bei *Haussherr,* S. 175 ff., der sich auf die Neuausgabe der Prager Niederschriften bei *Botzenhart* stützen konnte.

S. 380 [22] Siehe oben Kap. 9, besonders Abschnitt I und IV.

S. 381 [23] *B.* III, S. 331, Z. 6. Gemeint ist offenbar „Reichstag", da dieses Stichwort am Rande des Concepts ebd. N. 1 erscheint. Ich schließe mich der Deutung *Haussherrs,* a. a. O., S. 354 an. Die öfters ausgesprochene Vermutung, Hardenbergs berühmtes konstitutionelles Versprechen vom 27. 10. 10 sei auf Anregung Steins zurückzuführen, hat zwar auf den ersten Blick etwas Bestechendes, läßt sich aber durch kein bisher bekannt gewordenes schriftliches Dokument beweisen. Es ist nicht einmal sicher, ob man in Hermsdorf über diese Dinge überhaupt gesprochen hat; allenfalls mag das Vorhandensein einer Abschrift der Raumerschen Verfassungsdenkschrift vom 11. 9. unter Steins Papieren (*Pertz II,* S. 518 ff., vgl. *A. Stern,* Abhandlungen und Aktenstücke, S. 167) dafür sprechen. Zur Charakteristik des Moralpädagogen und „Diktators" Stein vgl. auch seine Ratschläge betreffend Behandlung der Wiener Effektenbörse: *B.* III, S. 340.

S. 382 [24] Obwohl sein Schwager Arnim-Boitzenburg darüber zum Teil sehr zutreffende Mitteilungen machte: *B.* III, S. 419 f. Vgl. auch ebd. 424 f.

S. 383 [25] Über seine Besorgnis vor einem Ministerium Voß vgl. *Lehmann* III, S. 95, *Goldschmidt,* H. Z. 46, S. 188.

S. 384 [26] An Frau vom Stein, 26. 12. 12. Vgl. auch *Hafter,* a. a. O., Kap. 5.

[27] An Reden, 22. 7. 10: *B.* III, S. 290.

[28] *B.* III, 297 (9. 8. 10).

[29] Der Notstand, von dem Stein in seiner Vita spricht (*B.* VI, S. 174 bei *v. Raumer* fehlend), kann nur ganz vorübergehend gewesen sein: hatte man ihm doch beim Abschied von Königsberg noch ein Jahresgehalt als Minister, 1809 eine Pension bewilligt. *B.* II, S. 582, III, S. 99. Vgl. auch die Zahlungen durch Merckel: *Lincke,* a.a.O. I, S. 141, 166 f. Betreffend Güterdotation: ebenda II, S. 279—281, und *Justus von Gruner,* KBGV 42 (1894), S. 60, 63 ff. Über eine zweite, vom Zaren März 1813 erbetene große Dotation siehe *Lehmann* III, S. 473, und Steins eigenen Bericht: *B.* VI, 185, dazu: *Lappe,* Freih. v. Stein als Gutsherr auf Kappenberg (1920) S. 213 f. Derselbe Bericht zeigt, daß *Lehmanns* Mitteilungen (III, S. 105, N. 4), Stein habe Birnbaum 1808 an Herrn von Troschke verkauft, auf einem Mißverständnis beruhen muß; umgekehrt hat er 1814 dem von Troschke seinen Anteil abgekauft, um Kappenberg gegen Birnbaum eintauschen zu können.

S. 385 [30] Vgl. *Fournier,* a.a.O. III, S. 125 ff.

[31] Zur Beurteilung *F. Thimme,* Forschungen 23, 1910, S. 499 ff., dessen Kritik ich allzu feindselig finde. Unzweifelhaft hat aber dieser persönliche Freundschaftsdienst Hardenbergs und die Großherzigkeit des Königs (des „braven, rechtlichen Mannes") das günstige Urteil Steins über die beiden 1810/11 stark mitbestimmt; vgl. *Fournier,* Studien und Skizzen III, S. 129; H. Z. 46, S. 186. Die als Pensionsablösung überwiesenen Effekten waren im wesentlichen Domänenpfandbriefe, über deren Verwertung zu Grundbesitzkäufen die Verhandlung mit Hardenberg jahrelang weiterging; sie spielten noch beim Eintausch bzw. Ankauf von Kappenberg 1816 eine gewisse Rolle. Auf diese Geldverhandlungen bezieht sich die scharfe Kritik Schöns im Tagebuch von 1813: Papiere IV, S. 39 f., 44.

[32] An Kunth, 7. 5. 09, *B.* III, S. 123. Vgl. jedoch dazu die vorsichtiger klingenden Äußerungen bei *Pertz* II, 408, v. 28. 9. 09.

[33] Vgl. an Gräfin Senfft-Pilsach, 30. 3. 12: (*B.* III, S. 490): Dans tout ceci il ne s'agit que de mes enfants, point de moi, pour faciliter l'affaire, je ne demande rien et je prétends point en tirer le moindre avantage. Daß er freilich in demselben Brief noch überlegte, ob sich etwa das preußisch-französische Bündnis vom Februar 1812 für seine Zwecke ausnutzen lasse, ist höchst auffallend. Übrigens rechnete er auch auf die Fürsprache der Gattin Napoleons als einer österreichischen Prinzessin (ebenda), obwohl er diese Verbindung als „unnatürlich" verdammte.

[34] Unter anderem auch Graf Reden: *B.* III, S. 46.

[35] Vgl. H. Z. 46, S. 186 ff.; dazu *Lehmann* III, S. 95, N. 1.

S. 386 [36] *B.* III, S. 440.

[37] Vgl. Gneisenaus Brief vom 26. 6.: *Botzenhart* III, S. 411 ff.

S 387 [38] 17. 8. *B.* III, S. 450 ff.: es ist derselbe Brief, der Friedrich Wilhelm gegen Gneisenaus Kritik verteidigte.

[39] An Münster, 6. 10. *B.* III, S. 463 ff.

[40] Diese Tatsache wird auch von dem Biographen Metternichs nicht bestritten, sondern nur entschuldigt: *von Srbik,* Metternich I (1925), S. 135 ff.

S. 388 [41] *B.* III, 461; ganz ähnlich an Humboldt, 26. 9., über das „wilde Geschrei der Franzosenfeinde".

[42] Siehe oben Anm. 33.

[43] Aufzeichnung vom 14. 4. 12: *B.* IV, S. 2 ff.; dazu vgl. Brief Gneisenaus v. 2. 4. 12: ebd. III, S. 490 und Stein an Münster 19. 4. 12: ebd. IV, S. 5. Gegen Hardenberg scheint er in diesem Augenblick keinen Groll empfunden zu haben; wenigstens schließt ein an Hardenberg gerichtetes Schreiben vom 27. 5. 12, in dem er seine Berufung nach Rußland anzeigt, sehr freundschaftlich. Im Widerspruch dazu stehen sehr verächtliche Urteile des Winters 1812/13: vgl. *Pertz* III, S. 227 (Mundum d. Briefes an Gr. Münster vom 1. 12. 12) und *B.* IV, S. 156. Über Gruner zu vgl.: *U. Veit,* geb. *Richter:* Justus Gruner. Diss. Rostock 1937. Gedruckt ist davon leider nur ein Stück d. 2. Teils, nicht der dritte, der sein Wirken in Prag behandelt. (Viel neues Aktenmaterial.)

S. 390 [44] Nachweis bei *W. Mommsen,* a. a. O., S. 57: Zitat aus „Geschichten der Schweizer" (1780, von Stein excerpiert) S. 34.

Vierzehntes Kapitel · Vorkämpfer der Befreiung Europas: Am Zarenhof 1812

S. 391 [1] *Fournier,* Hist. Studien u. Skizzen III, S. 136, dazu ergänzend: *v. Srbik* H. Z. 146, p. 495.

S. 392 [2] Vgl. sein höchst interessantes Tagebuch vom 14. 6. bis 23. 9. 1812, jetzt bei *B.* IV, S. 104–119.

[3] Mancherlei Ergänzungen zu dem Schriftwechsel Steins mit dem Zaren und Rumiantzoff, der im wesentlichen schon aus den Concepten im NA und G. St. A. sowie aus Petersburger Abschriften Bailleus bekannt war, konnte ich in Photokopien aus dem Moskauer Zentralarchiv (nach dem genauen Aktenverzeichnis *Goriainows* „1812", Petersburg 1912) beschaffen. Sie sind von *B.*, dem ich sie überließ, unvollständig in Bd. IV verwertet.

S. 393 [4] *Fournier,* a. a. O. III, S. 154 ff., 161.

[5] Ein bisher unbekanntes Schreiben Steins an den Zaren vom 23. 9./5. 10. enthält eine ganze Reihe von Grunerschen Agentenberichten über Stimmungen der deutschen Bevölkerung, französische Etappenstraßen und Truppenbewegungen u. dgl. (M. Z. A.), fehlt bei *B.*

S. 394 [6] Vgl. *B.* IV, S 110 mit ebd. 181.

[7] Es handelt sich um die berühmte Unterredung Napoleons mit Balaschoff in Wilna, 1. 7. 12. Nach Balaschoffs Bericht (bei *Tatistcheff,* Alexandre I et Napoléon, 1891, p. 596, 601, 605, 607) kam Napoleon nicht weniger als viermal auf Stein zu sprechen und verlangte die Entfernung dieses Mannes, „den sein Vaterland als einen Taugenichts davongejagt habe; als einen Übeltäter, auf dessen Kopf ein Preis ausgesetzt sei". Er betrachte seine Berufung als eine persönliche Beleidigung, die er mit ähnlichen Beleidigungen werde beantworten müssen, z. B. damit, daß er die württembergischen, badischen und weimarischen Verwandten des Zaren davonjage usw. Was Napoleon über die revolutionären Gesinnungen Steins im einzel-

nen geäußert hat, wird aus Balaschoffs Bericht nicht erkennbar; es ist aber nicht daran zu zweifeln, daß seine Vorstellungen über Stein durch die bekannten Agentenberichte, Voßsche Denunziationen usw. über die gefährliche Tätigkeit des „Tugendbundes“ bestimmt waren (vgl. die öfters zitierten Abhandlungen von *Stern* und *Fournier* über diese Dinge). Übrigens zeigte er sich über die von Stein verfaßte „Proklamation an die Deutschen“ äußerst empört.

S. 396 [8] *B.* IV, S. 21. Vgl. dazu die ähnlich klingende Äußerung Gneisenaus vom 26. 10. 12 (*Pertz*, Gneisenau II, S. 369).

[9] „Antwort eines Teutschen auf die Antwort eines Teutschen.“ September 1812, veröffentlicht in: „Die Glocke der Stunde“ (November 1812); siehe *E. Müsebeck*, Arndt I, S. 350.

S. 398 [10] Vgl. *E. Müsebeck*, a. a. O., S. 367.

[11] *B.* IV, S. 31 ff., dazu *Lehmann* III, S. 142, u. *W. Ad. Schmidt*, Geschichte der deutschen Verfassungsfrage (1890), S. 2 f.

S. 399 [12] Über die schwedische Politik des Winters 1812/13 und Steins Verhältnis dazu siehe *T. T. Höjer*, Sverige och det tyska rekonstruktionsproblemet 1812–13. Historik tidskrift 1933, und *derselbe*, Carl Johan i den stora koalitionen mot Napoleon (1935), bes. S. 21 ff.

[13] *B.* IV, S. 114 f. Die Einwirkung Steins wird man nicht (mit *Lehmann* III, S. 147 f.) in ihrer Bedeutung überschätzen dürfen; die betreffenden Verhandlungen liefen bereits seit April: *von Demelitsch*, Metternich und seine auswärtige Politik I (1898), S. 593 ff., und *F. Martens*, Recueil des Traités et Conventions conclus par la Russie t. III (1876), p. 86–88.

S. 400 [14] *B.* IV, S. 117. Vgl. auch: Corresp. de l'empereur Alexandre I avec sa sœur la gr. duch. Cathérine 1805–1818, ed. gr.-duc Nic. *Mikhailowitsch*, 1910, St. Petersbourg (Drastische Schilderung der Adelsopposition durch die Schwester des Zaren).

[15] Briefe an die Gattin, besonders vom 15./18. 8., 31. 8., 8. 9.

[16] Dieser Eindruck neu bestätigt durch die Publikation des vertraulichen Briefwechsels Alexanders mit seiner Schwester Katharina, a. a. O. Vgl. auch *Tarlé*, „1812“ (dt. Übers. 1951), besonders S. 276 ff. – Steins große Septemberdenkschrift (*Botzenhart* IV, S. 95 ff.) verzeichnet *Goriainow*, a. a. O. unter Nr. 11066 mit falschem Datum. Die Behauptung *Waliczewskis*, Le règne d'Alexandre I, Paris 1924, II, S. 127, daß Stein damals in Orenburg gewesen sei und somit auf den Zaren gar nicht habe einwirken können, ist freie Phantasie. *Lehmann* III, S. 172, vermutet eine wichtige Unterredung mit dem Zaren zwischen dem 25. und 29. 9., die Stein „beruhigt“ habe. Die dafür von ihm zitierten Belege (Briefwechsel mit Gneisenau) zeigen aber nur, daß Stein in London beruhigend einwirken wollte, und berichten nicht ausdrücklich von einer Unterredung mit dem Zaren. Von „Stimmungsumschlag“ sehe ich nichts.

S. 401 [17] Er kann davon erst nach dem 3. 10. erfahren haben, wahrscheinlich erst Mitte Oktober: vgl. *B.* IV, S. 103, 132, 136.

[18] Wie die vorhin zitierte Publikation von Goriainow zeigt, ließ Stein alle ihm aus England zukommenden Nachrichten sofort dem Zaren zugehen.

S. 402 [19] Schreiben vom 3. 11., *B.* IV, S. 147.

[20] Wie *Meinecke*, Weltbürgertum[7] 1928, S. 167, aus dem Steinschen Schreiben vom 10. 9. 12 den Schluß ziehen kann, daß Stein „nicht nur an eine vorübergehende Allianz der Gegner Frankreichs, sondern an ihre dauernde europäische Solidarität glaubte", vermag ich nicht einzusehen; daß Stein „an diesem unvermeidlichen Übel (der vorübergehenden ausländischen Diktatur) das Übel nicht empfand", scheint mir erweislich unrichtig. Vgl. außer meinen Ausführungen im Text auch die Stelle im Schreiben an Gneisenau vom 7./19. 11. 1812: „Je weniger ausländischen Einflusses (bei der geplanten Erhebung Nordwestdeutschlands), desto besser." *B.* IV, S. 160. Auch die große Denkschrift vom 16. 3. 13 kann als Gegenbeweis dienen, besonders der Schlußsatz von Abs. 2 auf S. 242 (*B.* IV). Von Steins erbittertem Kampf gegen die welfischen Pläne und seiner Kritik an der englischen Hilfeleistung wird noch mehrfach die Rede sein. Auch vor dem Egoismus der russischen Politik hatte er große Sorgen: vgl. u. a. *B.* IV, S. 120, 161, 182.

S. 403 [21] *Meinecke*, a. a. O., S. 165, schließt aus dieser Wendung, daß Stein 1809 „in einem gehobenen Momente" das „Ideal einer reinen nationalen Autarkie" vertreten habe, das ihm dann später wieder entschwunden sei. Indessen handelt es sich in dem Schreiben an Gneisenau vom 20. 2. 09 (*B.* III, S. 41) um eine Kritik an den Hoffnungen, die Friedrich Wilhelm noch immer auf Rußland setzte, also um einen ganz aktuellen Anlaß. Eine ähnlich klingende Wendung hat Stein mitten in ganz „europäisch" klingende Sätze Scharnhorsts vom 21. 8. 08 hineingesetzt: ebenda, Bd. II, S. 492. Grundsätzlich das „Ideal einer reinen nationalen Autarkie" vertreten in einer Epoche, wo ohne Hilfe des Auslandes an Rettung nicht zu denken war, wäre ein nationalistischer Doktrinarismus, den man Stein keinesfalls zumuten darf.

[22] Vgl. etwa das Verhalten Cathcarts gegenüber dem Vertrag von Åbo: *W. Oncken*, Historisches Taschenbuch VI, 2 (1892), S. 22 ff. Sollte Stein seine Nachrichten über diesen Vertrag nicht durch Cathcart bezogen haben?

[23] Vgl. *Lehmann* III, S. 159, N. 3. (Der betr. Satz fehlt bei *B.* IV, S. 92 ff.)

[24] *B.* IV, S. 95 f. Das eigenhändige Mundum (französisch) weicht sowohl von dem Wortlaut des französischen Konzepts, das Pertz zu seiner Übersetzung benutzte, wie von dem des deutschen Vorentwurfs (ebenda, S. 92 ff.) ab.

[25] Auch dieser Satz wird von *Meinecke* (a. a. O., S. 168) als Beleg „universalistischen" Denkens zitiert. Was anderes hätte Stein aber vorbringen sollen, um die europäische Notwendigkeit eines starken, zur Selbstverteidigung fähigen Deutschland zu erweisen? Hat unsere nationale Politik seit 1919 nicht immer wieder genau dieselben Argumente benutzt? Die geistesgeschichtliche Methode Meineckes, vorzugsweise an politischen Denkern, Philosophen und Publizisten aller Art erprobt, scheint mir in Gefahr, den Äußerungen praktischer Politiker in ihrer Bedingtheit durch den Zwang der Stunde nicht immer gerecht zu werden. Er hat ganz recht, wenn er es ablehnt, die nationale Politik Steins als „Realpolitik" oder „nationale Machtpolitik" im Sinn der Bismarck-Epigonen zu deuten (vgl. seine Abwehr gegen *Ullmann* und *Dröner*, S. 164 ff.). Aber der von ihm eingeführte

Begriff des „Universalismus" scheint mir zu vage, um wirklich hilfreich zu sein. Er soll sehr verschiedenartige Erscheinungen umfassen: früh-romantische Träumereien über Menschheitsnation und europäische Universalmonarchie – rationalistische, über nationale Zugehörigkeit hinweggehende Staatsräson im Stil des 18. Jahrhunderts – zeitbedingte Überschätzung der europäischen Interessensolidarität im Kampf gegen Frankreich – und schließlich: Unterordnung der Politik unter ethische Postulate. Gemeinsam ist dem allen nur eine negative Bestimmung: daß nämlich die moderne Doktrin vom nationalen Selbstbestimmungsrecht noch unbekannt, das Bedürfnis nationaler Machtentfaltung erst wenig entwickelt, jedenfalls durch die Vorstellung europäischer Gemeininteressen in Schranken gehalten ist. Ich gebe zu, daß auch mit dieser negativen Bestimmung ein wichtiges Moment des Steinschen Denkens erfaßt ist und daß (wie Meinecke mir brieflich auf meine Erstauflage erwiderte) in Steins politischem Moralismus das „generalisierende", „naturrechtliche" Denken des 18. Jahrhunderts irgendwie nachwirkt. Primär war er aber doch ein Mann der politischen Praxis, betonter Gegner allen Kosmopolitismus und auch in seinen Idealvorstellungen von Europa als „schönem Bund freier Nationen" mehr von Friedrich Gentz bestimmt als von romantischen Erinnerungen an ein mittelalterliches Universalreich, von dem bei ihm meines Wissens nirgends die Rede ist. (Gegen *Otto Hintze*, H. Z. 146, S. 355; vgl. dazu oben Kap. 13, II.) Was ihn vom modernen Nationalismus unterscheidet, ist vor allem sein moralisierendes, nicht machtpolitisches Denken; auch der künftige Nationalstaat ist ihm in erster Linie als Mittel zur Veredelung des Deutschen und seiner Kultur wichtig, s. o. im Text!

26 Daß Stein grundsätzlich „Unitarier" war, ist im Ernst nicht zu bezweifeln. Was *W. A. Schmidt*, Geschichte der deutschen Verfassungsfrage 1812–1815 (1890), S. 11 ff., dagegen vorbringt, widerlegt nicht den prinzipiellen Unitarismus Steins, sondern nur die handgreifliche Übertreibung *Treitschkes* (Deutsche Geschichte I, S. 399), als ob Stein den Einheitsstaat als praktisch erreichbares „Ziel deutscher Staatskunst" und nicht bloß als theoretisches „Glaubensbekenntnis" gepredigt hätte. Unklar bleibt nur die Bemerkung vom 18. 9. 12 (*B.* IV, S. 101), daß die deutschen Fürsten eigentlich selber den Einheitsstaat wünschen müßten, in dem sie eine würdige Rolle als „Ratgeber eines großen Volkes" spielen würden. Dachte Stein etwa an einem Fürstenrat im Stil der mittelalterlichen aula regis oder an ein modernes Oberhaus englischen Stils? Sicher ist, daß sein Begriff von deutscher Einheit von besonderer Art war, nicht einfach identisch mit dem modernen Begriff des Einheitsstaates; darüber vgl. die oben Kap. 13, Anm. 17 zitierten Arbeiten.

S. 404 27 Eine Rücksichtnahme auf den Bartensteiner Vertrag vom 26. 4. 07, wie *Treitschke* sie vermutet, kann ich in der Septemberdenkschrift nicht finden. Hier ist nicht von gemeinschaftlicher Beherrschung, sondern von wirklicher Teilung Deutschlands, Steins alter Lieblingsidee seit 1804, die Rede. Vgl. auch *W. A. Schmidt*, S. 37 f.

28 Vgl. insbesondere die älteren dualistischen Verfassungspläne von Gentz und Hardenberg!

[29] Zuerst bemerkt von *W. Mommsen,* a. a. O., S. 50 f. Dort S. 52 auch Hinweis auf ähnliche ältere Pläne der zeitgenössischen Publizistik.

S. 406 [30] Vgl. *B* IV, S. 120, und ebenda, S. 83 und 147.

[31] An Pozzo di Borgo, 12. 11.: *B.* IV, S. 152. Man beachte, daß die Forderung bezüglich Italiens ausschließlich mit dem Interesse Europas, nicht etwa mit der Doktrin vom „Selbstbestimmungsrecht der Nationen" begründet wird!

[32] Siehe meinen Aufsatz: Die preußischen Staatsmänner der Reformzeit und die Polenfrage, in: Deutschland und Polen, ed. *A. Brackmann* 1933.

[33] Der Verfassungsplan vom 1. 11. (*B.* IV, S. 144 f.) läßt schon durch seine äußere Form erkennen, daß er eine nachträgliche Ergänzung der Septemberdenkschrift darstellt. Vermutlich war er also ebenfalls zunächst für den Zaren und Graf Münster bestimmt – was auch der Inhalt wahrscheinlich macht. Für nachträgliche Entstehung spricht die starke Siegeszuversicht des Ganzen; die Bestimmungen über Warschau machten eine Weitergabe nach London als *russische* Meinungsäußerung unmöglich. Daß das Stück als *selbständige* Denkschrift für Lord Walpole ausgearbeitet sei, scheint mir unmöglich 1. wegen seiner äußeren Form; 2. wegen der schon von *Lehmann* III, S. 195, hervorgehobenen sachlichen Schwierigkeiten. Die Notiz „remis à Lord Walpole la veille de son départ" besagt doch auch nur, daß Stein dem Unterhändler Kenntnis davon gegeben hat.

S. 407 [34] *Meineckes* Betrachtungen über diesen Vorschlag (S. 169 ff.) führen zu dem Ergebnis, daß hier offenbar ein „doktrinäres apriori" im politischen Denken Steins sich geltend mache. Ich sehe davon nichts, sondern 1. den höchst „nationalen" Wunsch, eine Entschädigung Dänemarks durch deutsche Provinzen (für den Verlust von Norwegen) zu vermeiden; 2. bei dieser Gelegenheit Schleswig-Holstein für Preußen-Norddeutschland zu gewinnen (in einem späteren Zeitpunkt dachte Stein daran, Holstein zur Vergrößerung Hannovers zu verwenden, um so die westfälischen Länder unverkürzt für Preußen zu retten: *B.* IV, S. 391); 3. die Absicht, England für den Verlust der Selbständigkeit Hannovers zu entschädigen. Alles in allem also ein einfaches Fortleben der Praxis der alten Kabinettspolitik in einem Zeitalter, dem große Territorialveränderungen und staatliche Neubildungen beinahe alltäglich geworden waren. – Die Deutung der Steinschen Ideen mit Hilfe der Gneisenauschen Pläne zur Errichtung eines vergrößerten Welfenreiches halte ich deshalb für unzulässig, weil Stein diese Pläne nicht nur nicht mitgemacht, sondern von Anfang an auf das heftigste bekämpft hat: *Pertz,* Gneisenau II, S. 467 (Kritik Gneisenaus an Steins Plan, Hannover zu mediatisieren); *B.* IV, S. 194 (Kritik Münsters); ebenda, S. 240 (Stein gegen Münster-Gneisenau); *Ompteda,* Nachlaß III, S. 70, 95 ff., 121 ff. *Oncken,* Österreich und Preußen II, S. 132, 491 ff. *B.* IV, S. 332. Übrigens ist die Frage, ob Gneisenau Verfasser des Memoires vom 7. 12. 12 war, bereits positiv durch *A. Sterns* Feststellungen im Londoner Publ. Rec. Off. entschieden: Forschungen 13, S. 506 f.

[35] Der Anstoß, den *Meinecke,* S. 168, an diesem Satze nimmt, scheint mir unnötig. Wie Stein sich das „Fortreißen" Preußens (aus der französischen Allianz) dachte, zeigt die Bestimmung, daß die preußischen Truppen unter

englischem Oberbefehl fechten sollen – also ist an eine Insurrektion gedacht, in die man preußische Truppenteile mit hineinreißen will: vgl. den analogen Plan vom 18. 9.: *B.* IV, S. 98. Sobald Preußen in den Krieg eintrat, verschoben sich auch Steins Pläne: vgl. unten Kap. 16.

[36] Vgl. etwa Gneisenaus ganz ähnliches Fehlurteil: *Pertz,* Gneisenau II, S. 457.

S. 408 [37] Ähnlich wie schon Gneisenau verkennt auch *Meinecke,* S. 178, daß die Verfassungspläne Steins zwischen dem 18. 9. und 1. 12. sich durchaus nicht gewandelt haben. Die Gesamtmonarchie unter österreichischer Führung ist schon am 18. 9. sein Ideal; aber ihre praktische Unerreichbarkeit ist ihm am 18. 9. ebenso klar wie am 1. 12.

S. 409 [38] *F. Martens,* Recueil, a. a. O. III, S. 92 ff.

S. 411 [39] Das sehr ausführliche Gutachten Steins zu den Finanzprojekten von d'Ivernois ist besonders lehrreich für das Verständnis seiner währungspolitischen Ansichten. *B.* IV, S. 125 und 148.

[40] Der Vorschlag hängt aufs engste zusammen mit der von England aus betriebenen Insurgierung Tirols, der Schweiz, Illyriens, die dann Metternich entdeckte und verhinderte, darüber vgl. *Wertheimer,* Deutsche Revue, Bd. 120 (1904), und *H. von Srbik,* Metternich I, S. 650 ff. (1925).

[41] Lettres et papiers de Nesselrode I (1908), S. 21 (Gentz an Nesselrode, 16. 1. 13).

Fünfzehntes Kapitel · Preußens Erhebung

S. 413 [1] Daß eine positive Ermächtigung *nicht* vorlag, scheint mir ganz sicher. Darüber siehe meine Auseinandersetzung mit *W. Elze,* Der Streit um Tauroggen (1926) in der Erstauflage, S. 371, N. 1.

[2] *Ranke,* Hardenberg IV, S. 337, aus eigner Jugenderinnerung.

S. 415 [3] Siehe oben, S. 411, dazu vgl. S. 369.

[4] *B.* IV, S. 198 f.; *Arndt,* Wanderungen (Ausgabe von Geerds bei Reclam), S. 104, 130, 172 u. ö. Vgl. jedoch das Schreiben an Graf Münster vom 21. 12. 12: *B.* IV, S. 182 (kritisch).

S. 416 [5] Näheres bei *U. Meurer,* Die Rolle nationaler Leidenschaft der Massen in der Erhebung von 1813. (Freiburger Diss. 1953, Ms., S. 14 ff.)

S. 417 [6] Daß Schön ihn einlud, ist eindeutig durch Plotho bezeugt: *Stägemann,* Nachlaß I, S. 284.

[7] *M. Baumann,* Th. von Schön (1910), S. 72. Ich habe im folgenden die kritischen Forschungen M. Baumanns dankbar benutzt, ohne ihrem günstigen Urteil über Schöns spätere *Berichte* in allen Einzelheiten beipflichten zu können; dagegen scheint mir die Lehmannsche Kritik am *Verhalten* Schöns in allen wesentlichen Punkten widerlegt. Schon Ranke, der Lehmanns erste Streitschrift kannte, fand die Wichtigkeit und Schärfe der hier herausgestellten Gegensätze übertrieben: Hardenberg IV, S. 362 f.

S. 418 [8] Daß die preußische Verwaltung ernstlichen Grund zur Beschwerde hatte, geht indirekt auch aus den Entschuldigungen Alexanders in seinem Schreiben an Friedrich Wilhelm vom 21. 1. hervor: *Bailleu,* Briefwechsel, S. 242.

[9] Graf Lehndorff (19. 1.): *Stägemann,* Nachlaß I, S. 286.

[10] Über die hier bleibenden Unklarheiten vgl. *Baumann*, a. a. O., S. 80. Von ständischer Mitwirkung sprach schon das Dezemberprogramm Steins, was *M. Baumann*, S. 78 ff., übersieht.

S. 419 [11] Vgl. außer der etwas suspekten Aktion des Hauptmanns von der Groeben und Genossen (s. u. Anm. 13) den Bericht des ständischen Komitees vom 21. 1.: Altpreuß. Monatsschrift, N. F. 13, S. 330.

[12] *Rühl*, Briefwechsel Schöns mit Pertz und Droysen, S. 188. Da Auerswald nach Ausweis seines Tagebuchs schon am 10. 1. von der Absetzung Yorcks Kenntnis hatte, ist nicht einzusehen, warum ihn die Zeitungsnachricht vom 25. tiefer beunruhigt haben sollte, wie *Lehmann* III, S. 228, vermutet.

[13] Nach dem Tagebuch des Grafen Dönhoff (siehe Maxim. *Schultze*, Königsberg und Ostpreußen zu Anfang 1813 (1901, S. 20 f.), war vor allem der Landschaftsrat von Bolschwing beteiligt, über dessen patriotischen Übereifer die Landtagsakten zu vgl.: *Schön*, Papiere VI, S. 97 ff. Von der Groeben hätte die Bürger einer kleinen Stadt unmittelbar zur Waffenerhebung aufgefordert.

S. 420 [14] Über die Höhe zu vgl. *Lehmann*, Stein, Scharnhorst, Schön, S. 59 f.

[15] Es ist jedoch auffallend, wie die Land*sturm*pläne Steins den Ostpreußen von vornherein unsympathisch erschienen: Graf Dönhoff findet sie „eine phantastische Idee", Auerswald lehnt sie als vorläufig überflüssig ab. Der Volksaufstand ist hier nur möglich in der strengen Form militärischer Ordnung.

S. 421 [16] Ich versuche im folgenden, die bisher ungelösten Widersprüche der bekannten Quellen durch neue Deutung aufzulösen, und verzichtete auf Quellenzitate für jedes Detail.

S. 422 [17] Nur so scheint mir verständlich, was Schön in der später gestrichenen ersten Fassung des „Sendschreibens" an Simson (Papiere I, S. 94) aus offenbar undeutlich gewordener Erinnerung berichtet: „Stein wollte in keinem Fall als Rebellenhauptmann auftreten." (*Baumann*, S. 97.) Schön nennt noch weitere Motive für seine Weigerung: 1. Angst vor Napoleons Rache, falls Rußland im Kampf gegen Frankreich allein bliebe und den Krieg verlöre; das ist eine jener häßlichen Verdächtigungen, an denen seine Memoiren reich sind. 2. Sorge davor, seine Vollmacht zu überschreiten; das widerspricht ebenso dem Charakter Steins wie dem Inhalt seiner Vollmacht.

[18] Daß er eine Eröffnungs*ansprache* Steins gewünscht habe (Schöns Papiere I, S. 93), steht in direktem Widerspruch zu den eigenen Angaben Yorcks in seinem Brief vom 10. 2. 13 (*Pertz* III, S. 292) und muß ein Erinnerungsfehler oder Mißverständnis Schöns sein. Das bestätigt sich durch die Wiederholung, S. 93, unten, wo Schön selbst eine Eröffnungs*rede* gefordert haben will, während er doch gleich darauf ein Eröffnungs*schreiben* vorlegt.

S. 425 [19] Ich möchte es für sehr wahrscheinlich halten, daß der großartige Appell an den Opfersinn der Deputierten, von dem *Schön*, Papiere VI, S. 55, berichtet, ebenso wie der ebenda, S. 54, berichtete Beschluß, „auf russische Veranlassung keine Maßregel nehmen zu wollen", erst in die Sitzung vom 7. 2. gehören. Jener Appell hätte dann die Aufgabe gehabt, alle nachträglich auftauchenden Bedenken zu zerstreuen – was ihn erst recht verständlich macht.

[20] Die von *Lehmann* III, S. 243, gegen Schöns Darstellung angeführten brieflichen Äußerungen beweisen doch nur, daß Stein am 23. 1., ehe die Konflikte mit Auerswald und Yorck anfingen, sich den Ablauf der Dinge sehr schnell vorstellte – nicht, daß er mitten in den Verhandlungen über das Landwehrgesetz abzureisen dachte. Der Bericht an den Zaren (*B.* IV, 218 ff.) läßt sich ohne jede Schwierigkeit auf den 5.–7. datieren.

[21] *Duncker*, Aus der Zeit Friedrichs d. Gr. usw., S. 488. Daß Stein diesen Brief am 6. 2. erhalten habe, verriet zwei Tage darauf Yorck dem Grafen Dönhoff: vgl. dessen Tagebuch (bei *M. Schultze*, a. a. O.). Steins Absicht, am 7. abzureisen, stand nach Dönhoff schon am 6. fest. Die Wendung Hardenbergs von „den dortigen Geschäften" hat *Lehmann* III, S. 246, auf die ostpreußischen Dinge bezogen. Stein konnte sie aber ebensogut auf die russischen Vertragsverhandlungen beziehen; und selbst dann, wenn er es nicht tat, war der Brief meines Erachtens dringender Anlaß zu sofortiger Abreise.

S. 426 [22] Daß Bezzenbergers Aktenpublikation (1894) über dieses Verhältnis „keine Klarheit geschaffen" habe (*Baumann*, S. 134 f.), kann ich nicht finden.

[23] Dieser Gesichtspunkt wird von *M. Baumann* meines Erachtens übermäßig betont. Der Adel und die „angesehenen Bürger" nahmen selbstverständlich die Offiziersstellen in Anspruch, der Bürgerstand setzte einen Teil seiner Ansprüche auf Exemtion immerhin durch (Geistliche, Lehrer, gewisse Beamte), vor allem gab es für die Wohlhabenden Stellvertretung. Ein Irrtum Baumanns ist es, daß die Ostpreußen zum erstenmal eine Miliz gleichberechtigt neben der Linie als „ein in der Schlachtlinie kämpfendes wirkliches Volksheer" aufgebaut hätten (a. a. O., S. 152, 154). Der Dohnasche § 1 konstituiert sie deutlich als eine bloße Hilfstruppe der stehenden Armee, auch in der (wohl von Dohna persönlich hinzugefügten) al. 2, die sich übrigens nur auf Ausnahmefälle bezieht. Die spätere starke Heranziehung der Landwehr zu den großen Schlachten war eine Folge des Mangels an Linientruppen und auch von Dohna nicht beabsichtigt. Die Erfahrungen des russischen Feldzugs 1812 werden übrigens auf Scharnhorst ebenso gewirkt haben wie auf die Ostpreußen.

[24] Vgl. die Dissertation meines Schülers *K. U. Meurer*, a. a. O., bes. S. 35 ff. Hier werden aus zeitgenössischen Quellen die großen Schwächen der Landwehr, aber auch der Freikorps und freiwilligen Jäger (und deren relativ geringe Zahl) nachgewiesen: alles in allem ein erschütterndes Bild! Am kläglichsten scheint die Leistungsfähigkeit und Ausrüstung der Landwehr in Schlesien gewesen zu sein, relativ am besten in Ostpreußen und der Kurmark.

[25] Das einzelne ist aus dem von *Bezzenberger* (Urkunden des Provinzialarchivs usw. 1894), S. 18 ff., publizierten Entwurf deutlich zu entnehmen. Keine der Steinschen Änderungen drang vollständig durch. Wichtiger ist der Zusammenhang, der vielleicht zwischen dem „Generallandeskommissär" der Steinschen Insurrektionsentwürfe und der „Generalkommission" Dohnas besteht: *Bezzenberger*, S. 13, N.

S. 427 [26] Stein an den Zaren, 10. 2. 13: *B.* IV, S. 222 f., 8. 1. 13: *Martens*, Recueil des Traités et Conventions conclus par la Russie, t. VII (1885), p. 68 ff. (fehlt *B.*).

[27] Daß er (zum Ärger Steins) den preußischen Generalen vor Abschluß des Vertrags keinen Befehl zum Vormarsch an die Oder zugehen lassen wollte, entsprach (so übel es sich auswirkte) seiner Instruktion. Seine Weisung an Bülow, er möge Stettin gegen die Russen decken, war nur als Fiktion gemeint, um trotzdem das sofortige Vorrücken des Bülowschen Korps zu ermöglichen: *Oncken*, Österreich und Preußen I, S. 243. Es ist sonderbar, daß die Darstellung *Lehmanns* (Scharnhorst II, S. 508; Stein III, S. 251) diese Tatsache verschweigt und die Vorwürfe Steins (bei *Martens*, a. a. O. VII, S. 70) einfach wiederholt. – Zu Knesebeck jetzt zu vgl.: *H. Wünsch*, Die politische Ideenwelt des Generals K. F. v. d. Knesebeck (nach seinen Aufzeichnungen). Dissertation Berlin 1935.

S. 429 [28] Vgl. den § 5 des ursprünglichen Vertragsentwurfs (bei *Bailleu*, H. Z. 37, S. 561, dazu ebenda, S. 144 ff.) und die §§ 2, 9, 10 der Instruktion, bei *Oncken* I, S. 183 ff.

[29] Vgl. den bei *Oncken* I, S. 268, abgedruckten russischen „Gegenentwurf" vom 21./22. ?) mit Knesebecks zweitem Entwurf (ebenda, S. 267) einerseits, der endgültigen Fassung der Geheimartikel (*Martens*, a. a. O. VII, S. 79 f.) andererseits. Steins Vorschläge: Denkschrift vom 1. November 1812, *B.* IV, S. 145.

S. 430 [30] Selbstbiographie, ed. v. *Raumer*, S. 45 = *B.* VI, S. 184.

[31] Omptedas gegenteiliger Bericht (Nachlaß III, S. 33, mit falschem Datum) kann nur auf einem irrigen Bericht beruhen, ebenso *Boyens* Erinnerungen II, S. 338. Beweis: 1. Schreiben Friedrich Wilhelms an den Zaren vom 27. 2.: *Bailleu*, Briefwechsel, S. 248. 2. Anstetts Billett vom 25. 2. an Hardenberg (bei *Oncken* I, S. 249), datiert aus dem Gasthof zum goldenen Szepter – demselben, in dem nach der Überlieferung Stein sein Quartier fand. Übrigens widersprechen die Berichte Omptedas einander: nach dem vom 14. 3. (III, S. 41) hätte Stein, erst am 29. (!) angekommen, bis zum 14. 3. Hardenberg noch nicht gesehen.

S. 431 [32] Vgl. Omptedas Brief, a. a. O., *Boyen* II, S. 340, *B.* IV, S. 233 (Brief an die Gattin v. 7. 3.). Ähnliche Berichte in den Briefen Nesselrodes, der am 16./28. 2. baldiges Ableben fürchtete: Lettres et papiers V, S. 32, 33, 35.

[33] Berichte St. Marsans bei *Stern*, a. a. O., S. 404 ff. Dazu *Boyen* II, S. 340 f.; *Pertz* III, S. 302 f., nach mündlicher Mitteilung Boyens.

[34] Darauf bezieht sich wohl sicher die Andeutung Steins gegenüber Ompteda in dessen Nachlaß III, S. 41 f.

S. 432 [35] Daß Stein in dem hier zitierten Schreiben vom 11. 3. (*B.* IV, S. 234 ff.) Eindrücke aus einer Privataudienz wiedergibt, wie Lehmann anzunehmen scheint, halte ich für ausgeschlossen, da er sogar beim Besuch des Zaren (frühestens am 15.) noch nicht genesen war. Von einer solchen Audienz ist überhaupt nichts Näheres bekannt; wenn Luise Radziwill am 20. März vom König sagt: „celui que vous avez revu" (*Lehmann* III, Seite 257), so kann das auf ein bloßes Mißverständnis Steinscher Briefstellen zurückgehen.

[36] Darüber, daß es sich im wesentlichen um willige Gefolgschaft aus monarchischer Gesinnung handelte, nur recht begrenzt um eine „Volkserhebung" im modernen Sinn, s. *K. U. Meurer*, a. a. O.

Sechzehntes Kapitel, Teil I · Deutschlands Befreiung (April bis Oktober 1813)

S. 433 [1] Vgl. *Ompteda,* Nachlaß III, S. 75 f. u. *B.* IV, S. 248, 294, 353 (Korresp. mit Münster).

[2] Bernadottes Denkschrift ging teilweise auf Anregungen A. W. Schlegels zurück: *T. Höjer,* Histor. Tidskr. 1933, S. 24 ff. Steins Verfassungsideen hatte der schwed. Gesandte Löwenhjelm nach Stockholm vermittelt: *Woynar,* Arch. f. österr. Gesch. 77 (1891) S. 410 f. Steins Urteil: *B.* IV, S. 238 ff; sehr viel günstiger im August 1813: ebd. S. 406. Vgl auch *Pertz,* Gneisenau II, S. 340 u. *A. Schmidt,* Gesch. d. dtsch. Verfassungsfrage (1890), S. 41 ff.

S. 434 [3] *C. A. Endler,* Der deutsche Gedanke b. d. mecklenburg. Verwandten d. Königin Luise (= Histor.-Polit. Archiv, II, 1932) S. 63 ff. Der patriot. Kampfeseifer der Strelitzer Herrschaften war echt; sie haben ihre Bevölkerung systematisch zum Kampf aufwiegeln lassen.

[4] Stein hielt die Eingabe Gneisenaus vom 7. 12. 12 irrig für eine Denkschrift Münsters: *B.* IV, S. 240. Dazu vgl. oben Kap. 14, Anm. 34.

[5] Instruktion für Jakobi-Kloest vom 26. 3. 13: *Oncken* II, S. 617; dagegen *Pertz,* Gneisenau II, S. 509.

S. 435 [6] An Stein 4. 1. 13: *B.* IV, S. 189 ff.

[7] Vgl. *B.* IV, S. 167, Abs. 2; dazu *Ulmann,* Geschichte der Befreiungskriege I, S. 280.

S. 436 [8] Die (immerhin beachtenswerten) Abweichungen sind näher bezeichnet von *P. Wetzel,* Genesis des Zentralverwaltungsrates, Greifsw. Diss. 1907, S. 29 ff.

[9] *Ompteda,* Nachlaß III, S. 74–81. – Widerspruch anderer englischer Diplomaten gegen das „vorzeitige" und „revolutionäre" Projekt: *P. Wetzel,* a. a. O., S. 40 ff. Kritische Äußerung Humboldts: *B. Gebhardt,* W. von Humboldt als Staatsmann I (1896), S. 424.

[10] Vgl. dazu *Ompteda* III, S. 120.

[11] Ich sehe keinen Grund, mit *Ulmann,* Geschichte der Befreiungskriege I, S. 284, einen grundsätzlichen Unterschied zwischen „conventions faites" und „arrangements conclus" (*B.* IV, S. 257 f.) zu machen und anzunehmen, daß der Abschluß der ersteren den verbündeten Kabinetten selbst vorbehalten sein sollte.

S. 437 [12] Münster gegenüber nannte er später selbst den Verwaltungsrat ein einfaches Generalkriegskommissariat mit rein verwaltungstechnischen Aufgaben: *Ompteda* III, S. 119 f.

[13] *Schön,* Papiere IV, S. 99. Für die Wirkung vgl. Senfft und Zezschwitz bei *Flathe,* Geschichte von Sachsen (1873) III, S. 135 f.

[14] Zuerst von mir in der Erstaufl. nachgewiesen, jetzt ausführlicher u. genauer dch. *F. Wiedemann,* Forsch. 45 (1933) S. 262 ff.

S. 438 [15] Da Heydebrecks „Promemoria" über diese Frage bereits vom 17. 3. datiert, kann die erste Anregung ebensowohl von ihm wie von Stein ausgegangen sein. Vgl. *Lehmann* III, S. 276.

[16] Ein russisches Staatsamt zu übernehmen, hatte er nach der Rückkehr aus Königsberg zum zweitenmal abgeschlagen. Selbstbiographie, B. VI, S. 183.

[17] Nach dem, was Ompteda aus Steins Munde erfuhr (Nachlaß III, S. 152),

scheint es fast, als hätte der Zar die zugesagte Berufung gar nicht vollzogen. Oder kam eine Erkrankung dazwischen? – Vgl. Kotschubey an Stein, 22. 10., 3. 11. 13: *Pertz,* III, S. 696.

[18] *B.* IV, S. 274. *Schön,* Papiere IV, S. 4, 106, 116. Rehdiger an Hardenberg, 12. 4. 13: hat von Stein mündlich die Berufung zugesagt erhalten, bittet um beschleunigte Entscheidung (St. A. Breslau). Hardenberg an den König, 12. 4. 13: Schön werde sich melden zum Dienstantritt im Verwaltungsrat, auf die Notwendigkeit schonsamer Behandlung der öffentlichen Meinung sei er hingewiesen. Ihn an die Spitze der preußischen Finanzen zu stellen, sei Hardenbergs Meinung nicht. Ausführliche Gründe dafür; erklärt sich für Berufung Bülows. Antwort des Königs, 18. 4. 13: Hardenberg und seine rettenden Finanztaten ehrend, wünscht er doch einen Versuch mit Schön zu machen. G. St. A., Rep. 92, Friedrich Wilhelm III., B. V^b, 12.

S. 439 [19] Der skizzenhafte Verfassungsplan, der sich in Schöns Papieren I, Anlagen 149 ff., findet, erweist sich als unselbständig gegenüber den Ideen Steins und als praktisch ebenso undurchführbar. Für das Folgende vgl. das höchst unerfreuliche Tagebuch von 1813: Papiere IV, S. 4 ff.

[20] Siehe oben, S. 280.

[21] Aufzeichnung, undatiert, nach dem 18. 10. 13: Nachlaß (IV, 6). Dazu vgl. die sehr kritischen Äußerungen, die *Lenel,* H. Z. 124, S. 232, veröffentlicht hat. Sie sind freilich auch erst nachträglich und offenbar durch eine später zu besprechende persönliche Verärgerung mitbestimmt.

[22] Daher die Erregung im Hauptquartier über Blücher-Gneisenaus Proklamation, die von Erhaltung der sächsischen Unabhängigkeit sprach: Hardenberg an Gneisenau, 10. 4.: *Pertz,* Gneisenau II, S. 556. Für das Folgende vgl. auch *P. Wetzel,* a. a. O., S. 62 ff.

S. 441 [23] *B.* IV, S. 267 f. (11. 4.) Über Steins Verbindung mit einzelnen sächsischen Aristokraten, die ihn unterstützten (v. Carlowitz, Oppel, Miltitz u. a.) s. O. *E. Schmidt,* Stein in Sachsen. N. A. f. sächs. Gesch. 54, 1933.

[24] Vgl. Steins Verfassungsplan vom 1. 11. 12: oben S. 406 f. Die kurze Aufzeichnung Boyens (Erinnerungen III, S. 294 ist bisher durchweg anders, aber unbefriedigend gedeutet worden. Für meine Deutung spricht die Klage Schöns, man habe dem König von Sachsen eine Rückkehr „auf Gnade und Ungnade" zugemutet und eine sichere Garantie seines Landes trotz des österreichischen Garantievertrages nicht bieten wollen: Papiere IV, S. 8; III, S. 10.

[25] *Flathe,* Geschichte von Sachsen III (1873), S. 144 ff. *Petersdorff,* Thielmann (1894), S. 192 ff. *Ulmanns* Annahme (I, S. 295), Stein habe Näheres von diesem Vertrag erst nach dem 25. erfahren, scheint mir unhaltbar.

S. 442 [26] *Schön,* Papiere III, S. 11 f. *P. Wetzel,* a. a. O., S. 70 und 73 f. *Meinecke,* H. Z. 93, S. 256. Die Erzählung von Rothers, die Meinecke abdruckt, stellt den Bericht *Hippels,* Beitr. zur Charakteristik Friedrich Wilhelms III., S. 80 f., über die Schonung der sächsischen Staatskassen durch Stein richtig. Was Hippel berichtet, bezieht sich auf die Zeit vor dem 6. 5.

[27] Entwurf dazu im Nachlaß Rehdigers (St. A. Breslau). Mitteilungen aus dem Schriftwechsel Steins mit Zezschwitz und Miltitz während der Okkupation Sachsens bei O. *E. Schmidt,* Aus der Zeit der Freiheitskriege, 1914, S. 25, 31, 37.

[28] *Rehdiger*, Nachlaß, a. a. O.; *Schön* IV, S. 7f.; III, S. 10ff.

S. 443 [29] Genauerer Bericht über die Verhandlungen mit Mecklenburg (Plessen) in Auseinandersetzung mit der recht mangelhaften Diss. von *Wetzel*, die ich aus den Archivalien des G. St. A. berichtige, s. Erstauflage Text S. 206f. u. Anmerkungen S. 378, N. 38–43.

[30] Auf die schwedische Intervention wies Alopäus immer wieder hin, und Stein erkannte diese Warnung selbst als berechtigt an: an Alopäus 14. (?) 6: *B.* IV, S. 361. Die Wiedergabe der Korrespondenz mit Alopäus, die mir im Original vorlag, bei *B.* ist sehr unvollständig.

[31] Auch die Frage der allgemeinen Volksbewaffnung spielte keine besonders wichtige Rolle. Auf die Forderung, eine Landwehr zu bilden (Zentralverwaltungsrat, 7. 5.), kam man später nicht wieder zurück. Über die Bildung eines Landsturms sandte Alopäus seit Anfang Juni befriedigende Berichte; übrigens legten die Truppenführer, insbesondere Wallmoden, auf diesen elenden, aus Leibeigenen mit Waffengewalt zusammengetriebenen „Landsturm" zum Ärger Steins nicht den geringsten Wert.

S. 444 [32] Eigenhändige Randglosse zum Bericht Alopäus' vom 3. 7. *B.* IV, S. 369. Der Wortlaut dieser Randbemerkung kehrt im Erlaß des Verwaltungsrates vom 11. 7. (*B.* IV, S. 375) wieder. Ähnlich Stein an Alopäus 22. 7. (ebd. 383). Eine genauere Bezeichnung der unannehmbaren Punkte wurde vermieden (Alopäus bat am 9. 8. vergeblich darum). Daß nicht die teilweise Verweigerung der geforderten Leistungen, sondern die politische Opposition Mecklenburgs den Konflikt hervorrief, betonte auch der Bericht Schöns an Friedrich Wilhelm III. vom 7. 8.: Papiere I, Anhang 156. Später stellte Schön den Vorgang übertreibend so dar, als hätte eine förmliche Drohung mit Suspension des Herzogs diesen zur Nachgiebigkeit gebracht: ebenda III, S. 14f.; IV, S. 356, und Briefwechsel mit Pertz usw., S. 31. Seine Erzählung enthält Satz für Satz handgreifliche Unrichtigkeiten.

[33] Bis zu einer Erklärung über die unpassende „peremptorische" Form des mecklenburgischen Vertragsentwurfs; diese erfolgte sofort in befriedigender Weise (Bericht Alopäus' vom 28. 7.), ohne daß die Verhandlungen wieder in Gang kamen.

[34] *Schön*, Papiere IV, S. 356; Briefwechsel, ed. *Rühl*, S. 31. Auch Humboldt war über Steins Verhalten bestürzt.

[35] Vgl. *Schön*, Papiere IV, S. 355: „Es war zu besorgen, daß mehrere deutsche Fürsten diesem Beispiel folgen würden."

S. 445 [36] Erlaß vom 21. 5.: „der Bauer ist zu ermutigen und nach Lüftung seiner Fesseln atmen zu lassen", der Adel gewaltsam unter die Waffen zu bringen usw. Siehe *Wetzel*, S. 89f. Zu dem angeblichen Aufruf Graffs vgl. auch *Schön*, Papiere IV, S. 356, und Briefwechsel, ed. *Rühl*, S. 31.

[37] Vgl. *H. Kentmann*, Mecklenburg-Strelitz in den Befreiungskriegen u. s. Verhandlungen m. d. Zentralverwaltungsrat – in: Mecklenburg-Strelitzer Geschichtsbl. 1. VII, 1931. S. 1–106. (Aktenmäß. Darstellung, apologetische Grundhaltung.)

[38] Darüber hinaus plante Stein (wohl sicher auf Betreiben des Freihändlers Schön) eine starke Herabsetzung der von Heydebreck nach preußischem Muster genormten Zollsätze, was aber dessen Protest hervorrief: Papiere

Schöns VI, S. 189 ff. Das von Perthes gegründete „Hanseatische Direktorium“ wurde von Alopäus anfangs mit Mißtrauen, als Keim einer partikularistischen Opposition gegen den Verwaltungsrat, beobachtet; seine innerpolitischen Reformwünsche und seine patriotischen Bemühungen um die Bildung freiwilliger Truppen hat er jedoch unterstützt: Rep. 114, VIII, spec. 17⅓; dazu *F. Perthes'* Leben I, S. 229 ff.

[39] Aktenmäßige Darstellung bei *Wetzel*, a. a. O., S. 104 ff. Die Akten zuerst gedruckt *B.* IV. Zu beachten besonders Schreiben an Hardenberg, *B.* IV, S. 444 f. Die Angabe von Phil. *Losch*, Geschichte des Kurfürstentums Hessen 1803–1866 (1922), S. 77, Stein habe von Anfang an eine feste Zusage der Wiederherstellung Hessens verweigert, erscheint danach als unrichtig.

S. 447 [40] Niebuhr-Briefe, hg. v. *Gerhard* u. *Norvin* II, S. 413, 418 f., 423, 426, 429, 436. Dazu *Arndts* Wanderungen (betr. Dresden und Reichenbach); *B.* IV, S. 370; *Schöns* Papiere IV, S. 357; Briefwechsel Schöns mit Pertz usw., S. 32; vier neugefundene Briefe Niebuhrs (Okt.–Dez. 1813) ed. O. *E. Schmidt*, N. A. f. sächs. Gesch., Bd. 56, 1935.

[41] *Schöns* Papiere IV, S. 211 (Radziwill).

S. 448 [42] Auch Stein erkannte das an: *B.* IV, S. 362.

[43] *Luckwaldt*, Österreich und die Anfänge des Befreiungskrieges von 1813 (1898), S. 292 ff. Steins Denkschrift vom 10. 6.: *B.* IV, S. 357.

S. 450 [44] Zum Itinerar Steins im Sommer 1813 bringen Rehdigers Tagebücher folgende Daten: 7. 6. in Frankenstein auf der Durchreise nach Reichenbach; 16. 6. mit Rehdiger über Nimptsch nach Strehlen zum Besuch Blüchers, abends nach Reichenbach zurück; vgl. ferner *B.* IV, S. 381.

[45] Vgl. Schöns (mit Vorsicht zu benutzendes, da sehr gehässiges und eingestandenermaßen mangelhaft orientiertes) Tagebuch von 1813: Papiere IV, S. 44, 49, 50, 56, 58, 64 f. Es ergibt sich das Gesamtbild starker Schwankungen im Verhältnis Steins zu den Russen. Zum König Friedrich Wilhelm blieb es offenbar dauernd ganz kühl.

[46] Niebuhr berichtete am 27. 9. nachträglich (an Nicolovius) von Selbstmordneigungen, übrigens ohne genaue Zeitangabe. Das wird wohl auf heftige, übertreibende Äußerungen zurückgehen, die Niebuhr leicht allzu wörtlich nahm: so vermutete er eine (sonst nirgends bezeugte) Absicht Steins, katholisch zu werden, was nur auf ein Mißverständnis vereinzelter Äußerungen zurückgehen kann. Vgl. *Schön*, Papiere IV, S. 357; Briefwechsel mit Pertz usw., S. 32.

S. 451 [47] Hierüber u. für das Folgende zu vgl. die Korrespondenz mit Rehdiger, nur unvollständig bei *B.* VII, S. 360 ff. Im Nachlaß Rehdigers noch weitere Stücke: Rehdiger 11. 9., 5. 10.; Stein 13. 10. aus Rothaus. Vgl. ferner *B.* IV, S. 420 f. (an Gneisenau) sowie *Arndts* „Wanderungen“ (Reclamausgabe, S. 150) über Graf Reisach in Görlitz; *Plathner*, Behördenorganisation in Sachsen 1813/14 (Gött. Diss. 1908), S. 16 ff. Rehdiger an Schön, 18. 1. 14: H. Z. 124, S. 232 ff.

[48] Vgl. *Schöns* Papiere I, Anhang 155 ff. (Abschiedsgesuch und Rechenschaftsbericht); IV, S. 240, 289 ff., 357 ff. Nach IV, S. 289, galt Schön als Vizepräsident der Behörde. Sein Abschiedsgesuch bestätigt die von *Pertz* III, S. 365 (wohl nach Mitteilungen Arndts) berichtete Animosität gegen das

„Moskowitertum" Steins (vgl. dazu *Lehmann* III, S. 322, N.). Mitgespielt hat sicher auch die Enttäuschung Schöns, nicht vom Verwaltungsrat aus in das Ministerium Hardenberg berufen zu werden; sie klingt aus zahlreichen Äußerungen während dieses Sommers heraus.

Sechzehntes Kapitel, Teil II · Der große Plan einer deutschen Nationalverfassung vom August 1813

S. 452 [1] *B.* IV, S. 400ff. gibt die französische und die deutsche Fassung nacheinander. Ich zitiere die deutsche nach dem Abdruck bei *W. A. Schmidt,* Geschichte der deutschen Verfassungsfrage (1890), S. 59ff., da dieser die Absätze paragraphiert hat.

S. 453 [2] Von *Srbik,* Metternich I, S. 202ff.

[3] Seine Denkschrift vom September 1812 hatte er noch im April 1813 Hardenberg überreicht: *Pertz* III, S. 583, N. 45. Vgl. damit die Eingabe vom 19. 8. 13, betr. Reorganisation des Verwaltungsrates: *B.* IV, S. 394f.

S. 454 [4] Schoeler am 15. 9.: *Martens,* a.a.O., VII, S. 103, und Alopäus d. J., 31. 10., ebenda, S. 99ff.

[5] Die merkwürdige Nachricht bei *Pertz* III, 416, daß Preußen im August 1813 die Errichtung eines deutschen Bundes vorgeschlagen habe (vgl. dazu *W. A. Schmidt,* Verfassungsfrage, S. 82f.), stammt von Stein selbst: vgl. seine bisher wenig beachtete Denkschrift vom 13. 1. 15, *B.* V, S. 113.

[6] *v. Heigel,* A. D. B. 53, S. 661ff. Was Dorow über Reisach bringt, ist die armselige Apologetik eines Spießgesellen. Vgl. auch *Pertz* VI, 2, S. 760, und Briefwechsel Schöns mit Pertz und Droysen, ed. *Rühl* (1896), S. 52f. Sehr anschaulich schildert Arndt das seltsame Haremstreiben Reisachs in den „Wanderungen". Was dagegen *Flathe,* Geschichte Sachsens III, S. 235 und danach *Lehmann* III, S. 280, N. 4, über Amtsmißbräuche in der Lausitz berichtet, ist nach *Plathner,* a.a.O., S. 17f., zu berichtigen. – Von Heigel anscheinend übersehen sind die wichtigen Aktenstücke bei *Dorow,* Erlebtes IV, S. 193ff. Sehr grobe Abschüttelung Reisachs in Steins Schreiben an Vincke, o. D. (1814) bei *Kochendörffer,* Briefwechsel Stein-Vincke (1930) Nr. 36.

S. 455 [7] S. o. S. 433f.

[8] Siehe oben S. 404 (18. 9. 12), S. 406f. (1. 11. 12). Auf die idealere Lösung, „ein einziges selbständiges Teutschland" im Stil des 10. bis 13. Jahrhunderts, fällt nur noch ein resigniert-wehmütiger Seitenblick.

[9] Stein spricht von „Provinzialgesetzgebung", faßt also hier (§ 26) die Länder als Reichsprovinzen auf.

[10] Die Stelle (§ 25) ist schwierig zu deuten. Sind mit „Unterhalt der Fürsten" *nur* die Kosten der fürstlichen Hofhaltung gemeint? Dann bliebe unverständlich, aus welchen Mitteln die Kosten der Landesverwaltung gedeckt werden sollen. Anderseits formulierte Stein im März 1814 die Trennung von Domäneneinkünften und Landessteuern so, daß die ersteren ausschließlich für den Hofhalt bestimmt scheinen: *B.* IV, S. 600), was Münster sogleich als unzulässig und dem Herkommen widersprechend kritisierte; vgl.

dazu *Schmidt,* a. a. O., S. 78. Das Motiv dieser Trennung wird deutlich aus den Bemerkungen zur Dezemberdenkschrift Humboldts, Art. 19 *(B.* IV, S. 529): sie soll den Fürsten vor einer Verkürzung seiner persönlichen Einkünfte durch den Landtag schützen, dem weitgehende finanzielle Rechte zugesprochen werden. – 1816 proklamierte Stein sehr energisch (in Nassau), daß die Domäneneinkünfte „zuerst und hauptsächlich für Befriedigung der Staatsausgaben haften"; das beruhe „auf der alten deutschen Verfassung", ja „selbst auf dem Herkommen aller europäischen Staaten". *B.* V, S. 347. – 1823 meinte er: „Nach der deutschen Reichsverfassung lag auf den Domänen die Verbindlichkeit, die Kosten der Staatsverwaltung zu tragen, und das Land brachte nur Reichs- und Kreissteuern auf." *Gagern,* Anteil IV, S. 131 f.; ähnlich ebenda, S. 355. Im Grunde stimmte er also mit Münsters Ansicht ganz überein.

S. 456 [11] Zur Interpretation der Denkschrift ist die zuerst von *Bailleu,* H. Z. 46, S. 191 f., veröffentlichte wichtige eigenhändige Aufzeichnung vom 21. 11. 1813 heranzuziehen, jetzt *B.* IV, S. 470 f.

[12] Das ergibt sich aus § 33: von der Gesamtbevölkerung Deutschlands sollen nach Abzug der österreichischen und preußischen Besitzungen (Stein schreibt versehentlich: „Vergrößerungen", was keinen Sinn hat) 10 Millionen übrigbleiben. Das ist nur möglich, wenn man von der Gesamtbevölkerung des rechtsrheinischen Deutschland von 1803 abzieht: das ganze österreichische Gebiet von 1805, dazu alle preußischen Provinzen einschließlich der in § 31 vorgesehenen Annexionen. Letztere (und Preußisch-Westfalen?) sind wohl abgezogen, wenn in § 2 von 15 Millionen die Rede ist? Von irgendeiner Neigung Steins, Preußen einseitig aus dem engeren Reichsverband auszuschließen, wie *W. A. Schmidt* meint, kann nicht die Rede sein. Die Darstellung Schmidts läßt jedes Verständnis für die wahren Motive der Steinschen Verfassungspläne vermissen.

S. 457 [13] Wenn sie außerdem noch als „Mitstände" bezeichnet werden, so ist das eine juristische Unklarheit, die aber offenbar dem rein völkerrechtlichen Verhältnis nicht im Wege stehen, jedenfalls keine Reichsuntertanschaft ausdrücken soll.

[14] Auffallend ist die Festsetzung gerade dieses Normaljahrs, da Stein in der Denkschrift vom 18. 9. 12 die 1803 aufgehobenen geistlichen Fürstentümer und Reichsstädte als unentbehrliche Stützen der alten kaiserlichen Macht bezeichnet und demgemäß in der am 1. 11. vorgelegten Fortsetzung empfohlen hatte, die süddeutschen Mittelstaaten auf ihren Besitz *vor* 1802 zu beschränken. Zur Erklärung wird man außer dem von *Lehmann* III, S. 314, zitierten „protestantischen Gewissen" Steins auch die Tatsache anführen dürfen, daß sein neues Verfassungsprojekt dem Kaiser viel bessere Machtstützen als die alten geistlichen Herrschaften bot.

[15] Wie wenig das praktisch bedeutet hätte, zeigt *W. A. Schmidt,* S. 68 ff., der freilich übersieht, daß Stein nur vorläufige Andeutungen, keine nähere Ausführung geben will.

[16] Dazu vgl. *Meinecke,* Weltbürgertum und Nationalstaat, 7. Aufl., S. 188.

S. 458 [17] Nur diesen Sinn kann die Bestimmung haben (§ 33), daß für Österreich die Grenzen von 1805 statt 1803 (also *nach* dem Preßburger Frieden) gelten sollen. Ansbach, das einen österreichischen Erzherzog erhalten soll, ist wohl als Entschädigung für den Breisgau gedacht.

[18] *B.* IV, S. 418. Vgl. auch *Ompteda* III, S. 219ff. H.Z. 46, S. 191f.

S. 459 [19] *B.* IV, S. 428. Steins Selbstbiographie: *B.* VI, S. 188. *B. Gebhardt*, W. von Humboldt als Staatsmann II, S. 6ff.

Sechzehntes Kapitel, Teil III · Feldzug und Friedensschluß in Frankreich (Oktober 1813 bis Juni 1814)

S. 459 [1] Denkschrift vom 19.8.: *B.* IV, S. 394f. Sie ist, trotz ihrer bezifferten Absätze, nicht etwa als Konventionsentwurf aufzufassen; sonst müßte man (was ganz unwahrscheinlich ist) annehmen, Stein habe eine Auflösung seines Verwaltungsrates und eine vollständige Aufteilung Deutschlands in getrennte Requisitionsgebiete unter die verbündeten Mächte gefordert, so wie es Rehdiger später (in einem Schreiben an Eichhorn vom 4. bzw. 11. 1. 14, St.A. Breslau) für zweckmäßig erklärte.

[2] *Ompteda* III, S. 211, 219, 221ff.; danach war Stein selbst mitschuldig an der Verzögerung. Die von *Gebhardt*, a.a.O. II, S. 10, erwähnte angebliche „Instruktion" erweist sich als ein motivierter Entwurf zu der Konvention vom 21. 10.; er enthält in 56 Artikeln im wesentlichen bereits die späteren Bestimmungen und ist einwandfrei auf Anfang Oktober zu datieren (Schlußabsatz). Da von Humboldts Hand gewisse Lücken und Abschreibefehler des Kopisten berichtigt sind, wird er auch der Verfasser sein; auch der Stil weist deutlich auf ihn hin. In demselben Aktenfaszikel (G.St.A., Rep. 92, Albrecht 38) folgt ein Gutachten Altensteins über einen anderen Vertragsentwurf unbekannter Herkunft, der selbst nicht vorliegt. Der von *Ompteda* III, S. 219, erwähnte Humboldtsche Entwurf von 67 Artikeln (N.A.) bildete die Grundlage für die Beratungen des 21. 10. und wurde in der Sitzung selbst in die endgültige Form gebracht, indem die meisten Artikel gestrichen und einer künftig zu erlassenden „Instruktion" zugewiesen wurden. Zu der letzteren vgl. auch *W. Just*, Verwaltung und Bewaffnung im westlichen Deutschland 1813/14, I (Gött. Diss. 1911, auch vollständig als Buch ebenda), S. 4. Für das Folgende ferner: *F. Plathner*, a.a.O.

S. 461 [3] Wie er sich die Form dieser Verträge dachte, zeigt sein Vorschlag für Kurhessen: *B.* IV, S. 444f. Er weicht von der Formulierung der Humboldtschen Verträge nicht wesentlich ab. – Nach Mitteilung seiner Denkschrift vom 13. 1. 15 (*B.* V, S. 112ff.) scheint es, daß Metternich und Nesselrode anfangs in der Beschränkung fürstlicher Souveränitätsrechte während des Krieges hatten weiter gehen wollen, als nachher geschah. – Sicher bezeugt ist eine bedeutende Mitwirkung Steins am Vertragsabschluß mit Sachsen-Weimar: *von Egloffstein*, Karl August während des Krieges von 1813 (1913), S. 117.

[4] Siehe oben, S. 91. Für das Folgende vgl. *Plathner*, a.a.O.

S. 462 [5] Sicherlich ging die Ernennung auf Betreiben Metternichs zurück: vgl. *Gebhardt*, Humboldt II, S. 11 (nach einem Schreiben Humboldts, der sicher gut unterrichtet war); doch hat Stein sich ihr wohl nicht widersetzt, so daß die von *Schön,* Papiere IV, S. 359, mitgeteilte Verleumdung aufkommen konnte, die ihrerseits auf Mitteilungen Rehdigers zurückgeht (H. Z. 124, S. 236); dieser wiederum hatte Alopäus zum Gewährsmann, und Alopäus war auf Stein erbittert, weil er seit Oktober untätig in Berlin saß, ohne selbst zum Gouverneur ernannt zu werden – eine Ehrung, auf die er nach seinen bisherigen Leistungen Anspruch zu haben glaubte: Alopäus an Stein, Berlin, 22. 12. 13, Antwort als Randverfügung: Basel, 9. 1. 14, weitere Korrespondenz Februar 1814: G. St. A., Rep. 114, II, 5.

[6] *O. E. Schmidt,* Stein in Sachsen: N. A. f. sächs. Gesch. 54, will das Hauptverdienst an den Leistungen der Okkupationsverwaltung den sächs. Adligen zuschreiben, die Stein heranzog. *F. Dönhoff,* Forsch. Bd. 48, p. 48 ff. weist aus den Akten nach, daß deren Verdienste sehr fragwürdig und ihre Beschwerden über den preußischen Geheimrat W. Krüger, die Stein bei Hardenberg unterstützte, völlig unberechtigt waren. Krügers Kritik an seinen sächsischen Kollegen (die sich vor allem gegen eine Kriegssteuer auf den adligen Grundbesitz wehrten) scheint auch auf Rehdiger gewirkt zu haben, der seit Oktober schwer verärgert war und Steins personelle Maßnahmen scharf kritisierte: an Eichhorn 4. 1. 14 (St. A. Breslau); an Schön 18. 1. 14: H. Z. 124, p. 232 ff. Briefwechsel Steins mit Oppel über die Okkupationsverwaltung: *O. E. Schmidt,* Aus d. Zeit d. Freiheitskriege usw. (1914) S. 65 ff., 75, 87, 170 (nur teilweise bei *B.).* Stein hat sich in Wien (22. 11. 14, s. *B.* V, S. 92) von den maulenden sächs. Aristokraten gegen Krüger einnehmen lassen. Sein negatives Urteil wurde von *Pertz* u. *Plathner* einfach übernommen.

S. 463 [7] Vgl. seine Tagebücher 1811–1816, Bd. II, St. Petersburg 1913; Bd. III 1921 (Archiv der Brüder Turgenieff, Bd. 3 bzw. 5, russisch). Bd. II enthält im Anhang auch einen kurzen Briefwechsel mit Stein (S. 341 f., 470 f.); ferner S. 347–386 einen „Rapport au ministre des finances exposé en forme d'aperçu général des résultats de l'administration centrale", erstattet von Turgenieff, Wien, November 1814: eine Rechnungslegung des Zentraldepartements über die Einnahmen und Ausgaben sämtlicher Generalgouvernements und die Repartition der Erträgnisse bzw. Schuldverpflichtungen. Der Schluß der Einleitung ist von Stein eigenhändig hinzugefügt. Vergleiche dazu *Pertz* IV, Seite 83. Das russisch geschriebene Tagebuch gibt zur Geschichte Steins sehr wenig aus, zeugt aber von glühender Bewunderung des großen Mannes.

[8] A. D. B. 54, S. 383 ff. (A. Herrmann). Über Rühle von Lilienstern s. m. Buch: Staatskunst und Kriegshandwerk Bd. I (1954), 348 f. u. passim.

S. 464 [9] Vgl. auch das amüsante Miniaturbild seiner Verhandlungsmethoden aus Langres, das wir Humboldts Feder verdanken: Briefwechsel mit Caroline IV, S. 233 f.

[10] Es handelte sich um die Abwehr *politischer* Ansprüche dieser zu Rheinbundszeiten mediatisierten Herren; ihre *Standesvorrechte* dagegen hat Stein sorgfältig geschont; vgl. *J. F. Hoff,* die Mediatisiertenfrage 1813–1815, Freiburger Diss. 1913, S. 35 ff.

[11] Das ergibt sich deutlich aus dem von *W. Just,* a. a. O., gesammelten Mate-

rial. Für Baden vgl. noch: *W. Windelband,* Badens Austritt aus dem Rheinbund, Z. f. G. d. Orh. 64 (1910), S. 129 ff., und ein günstiges Zeugnis Steins selbst aus dem Februar 1814: *Pertz* III, S. 718 (fehlt *B.*). Ferner Dorows Mitteilungen über das badische Lazarettwesen: Erlebtes I, S. 56 ff. u. d. Freiburger Diss. v. *R. Mielitz,* Das bad. Heerwesen u. d. Volksbewaffnung bis 1848. (1956, Mschr.) Sehr günstiges Urteil Steins über den Braunschweiger Herzog: *Pertz* IV, S. 616 (fehlt *B.*).

S. 465 [12] Das kurhessische Kontingent setzte Stein als zu hoch gegriffen selbst herab. Die Vertragsvorschläge der mecklenburgischen Regierung hat Stein nicht abgewiesen, wie es nach der Darstellung *Hirschfelds,* a. a. O. II, S. 42 f., erscheint, sondern am 20. 2. 14 (Schreiben an Hardenberg) dem Ministerkonseil der Verbündeten befürwortend zur Entscheidung überlassen, doch so, daß Mecklenburg einen Anteil an der gemeinschaftlichen Kriegsobligation übernimmt (G. St. A., Rep. 114, II, 5).

[13] *Just,* a. a. O., S. 109.

[14] Das Zeugnis des unzuverlässigen *Dorow* (Erlebtes I, S. 64, 91) bedürfte noch der Nachprüfung. Vgl. jedoch ähnliche Nachrichten bei *A. Pfizer,* Aus dem Lager der Verbündeten 1814/15 (1897), S. 22 ff.

S. 466 [15] Aktenmäßige Darstellung bei *Schwemer,* Geschichte der freien Stadt Frankfurt a. M. 1814–1866 I (1910), S. 20 ff., 55, 67, 80 ff., 87 ff., 125 ff. Sehr bemerkenswert sind die (hier etwas übertrieben zugespitzten) Gegensätze zwischen Stein und dem (vertragswidrig von Österreich einseitig ernannten) Generalgouverneur Baron Hügel; vgl. dazu *W. Just,* a. a. O., S. 96 ff. Die partikularistische und reaktionäre Haltung der führenden Frankfurter Ratsfamilien enttäuschte Stein bald schwer. Seine Versuche zu einer Revision der Altfrankfurter Stadtverfassung sind schon oben erwähnt: Kap. 9, III, 1, Anmerkung 57. Siehe auch: *E. Kleinstück,* Frankfurt und Stein, Archiv für Frankfurter Geschichte und Kunst, Heft 41, 1953, S. 79 ff. – Über seine Verhandlung mit Vertretern der Hansestädte: *W. von Bippen,* Johann Smidt (1921), S. 121 ff.

S. 468 [16] Das Zeugnis Humboldts (W. und C. von Humboldt in ihren Briefen IV, S. 214, 218) beweist, daß Hardenberg und der König nicht einverstanden waren. Dadurch erledigt sich der Zweifel *Fourniers,* Kongreß von Chatillon, S. 13, und *Lehmanns* Vermutung III, S. 336, N. 2.

S. 469 [17] *Martens,* Recueil XI, S. 198 (Instruktion für Pozzo di Borgo, 6. 12. 13).

[18] *Pertz-Delbrück* III, S. 569 f. Dazu *R. Brendel,* Die Pläne einer Wiedergewinnung Elsaß-Lothringens 1814/15 (Straßburg 1914), S. 15, 172 ff. Sollte der von Arndt entwickelte Gedanke eines Ritterordens auf dem linken Rheinufer am Ende mit Steinschen Phantasien zusammenhängen? – Über Stein und Arndt: vgl. *Humboldt,* Briefe IV, S. 211.

[19] Vgl. *E. Bonjour,* Geschichte d. schweizer. Neutralität (1946, auch französisch) Kap. 6–7.

S. 470 [20] Es gab auch weimarische Umtriebe, über die sich Stein erzürnte: *v. Petersdorff,* General Thielmann, S. 251.

S. 471 [21] Vgl. die Eingabe an den Zaren vom 10. 2. 14: *B.* IV, S. 572 f.

S. 472 [22] *B.* VI, S. 193 (Selbstbiographie).

S. 473 [23] Die Vermutung *Lehmanns* (III, S. 357), daß Stein geradezu den Anstoß zu dem Vorgehen der Blücherschen Armee gegeben habe, hat bereits *Ulmann* II, S. 387 f., mit einleuchtenden Argumenten widerlegt. Es ist auch sonst kein Beispiel von Einmischung Steins in strategische Fragen bekannt; Arndt beklagte im Frühjahr 1813 geradezu sein geringes Interesse und Verständnis für das rein Militärische der Kriegführung.

S. 474 [24] Siehe oben, S. 80 f.

[25] *Fournier*, Kongreß von Chatillon, S. 121, und die daselbst angeführten Quellenzeugnisse, unter anderem Tagebuch Hardenbergs vom 11. 2., ebenda, S. 362. *Klinckowström*, Österreichs Teilnahme am Befreiungskrieg (1887), S. 300: Gentz an Caradja, 22. 3.

[26] Selbstbiographie: *B.* VI, S. 194.

[27] Stein an Graf Lieven, 10. 3. 14: *B.* IV, S. 601 ff.

S. 475 [28] *Lehmann* III, S. 362, vermutet einen Anteil Steins an der Denkschrift Pozzo di Borgos vom 15. 2., die Metternichs Argumente zu widerlegen suchte, und zitiert dafür die (in einer russischen Denkschrift allerdings auffallende) Wendung: der Sturz Napoleons sei das größte Beispiel von „Gerechtigkeit und Moral", welches man der Welt darbieten könne. Vgl. dazu *Fournier*, a. a. O., S. 131.

S. 477 [29] Vgl. auch Stein an von Oppel, 23. 5. 14: *B.* IV, S. 646.

S. 478 [30] Über den Ursprung eines militanten deutschen Nationalismus in den Befreiungskämpfen von 1813/14 vgl. meine Schriften: Europa u. d. deutsche Frage (1948) S. 60 ff. Staatskunst und Kriegshandwerk I (1954) Kapitel 4, sowie die Freiburger Dissertation meines Schülers *K. Kindler*, Die Entstehung des neudeutschen Nationalismus in den Befreiungskriegen (1950, Mschr.).

[31] Nach einem früher unbeachteten Memorandum Hardenbergs für Castlereagh vom 22. 1. hat Hardenberg schon damals die Vogesengrenze gefordert: *Griewank*, Forsch. Bd. 52, (1940) S. 265 ff.

[32] *Treitschke*, Deutsche Geschichte I, S. 561 ff.

S. 479 [33] Veröff. v. *K. Griewank* in Dtsch. Arch. für Landes- und Volksforsch. VI (1942), S. 342 ff.

[34] *B.* IV, S. 638, 642.

[35] Siehe oben S. 406. *Lehmann* III, S. 377, unterstreicht den Verstoß gegen das Selbstbestimmungsrecht der Nationen, was *Meinecke*, a. a. O., S. 166, damit erklärt, daß Stein den „spezifisch modernen Nationalgedanken" noch nicht erfaßt habe. Gewiß nicht. Aber zur Umgestaltung Italiens zu einem „großen Organismus", wie Stein sie im November 1812 erträumt hatte (an Pozzo di Borgo, 12. 11. 12), bestand seit den Verträgen von Chaumont und Österreichs Erfolgen in Oberitalien nicht die geringste Aussicht mehr. Es handelte sich für ihn nur noch darum, ob gewisse Stücke italienischen Bodens an den „Abenteurer Murat" oder an einen deutschen Fürsten fallen sollten (vgl. *B.* IV, S. 644). Übrigens ist sein Vorschlag bekanntlich auch von anderen erwogen worden, besonders eifrig von Hardenberg, der ursprünglich auch noch den Großherzog von Würzburg in Italien unterbringen wollte: Forsch. Bd. 52, S. 268 (Mémoire v. 22. 1. 14). Es war eine Verlegenheitsauskunft, gegen die schon Humboldt protestiert hat: *Gebhardt*, Humboldt II, S. 54 ff., 66.

Siebzehntes Kapitel · Der Wiener Kongreß 1814/1815
Das nationale Verfassungsproblem

S. 483 [1] *S. Kähler,* Klassiker der Politik, Bd. 6 (1922), S. 40*. Wenn Kähler in dem praktischen Teil der Denkschrift die „Sicherheit des Schritts" vermißt, so kann ich dem nicht beistimmen. Humboldts praktische Vorschläge sind alle für die folgenden Verhandlungen höchst wichtig, vielfach bestimmend geworden.

S. 484 [2] Immerhin spricht er noch Ende Dezember von „erblichem Oberhaupt" und gesetzgebendem „Bundesrat" (= Reichstag): Denkschrift für Stadion: *B.* IV, S. 500.

[3] Dazu *Meinecke,* a.a.O., S. 185. Daß Humboldt und Stein hier von der Vorstellung eines gesamteuropäischen Interesses an der Erhaltung deutscher Freiheit ausgehen, ist unbestreitbar. Ist das aber ein Spezificum der „universalen" Denkweise des 18. Jahrhunderts? Die Forderung unbedingter nationaler Autonomie kann erst da auftauchen, wo das Bewußtsein nationaler Kraft überwiegt. Es gibt Beispiele genug in der Geschichte des 19. Jahrhunderts, wo die Protektion des Auslandes gerade zum Mittel des Aufstiegs für junge, sich zu nationalem Selbstbewußtsein durchringende Nationen wird.

[4] Vgl. dazu oben Kap. 16, Abschn. II, Anm. 10.

S. 485 [5] An Stadion, 25. 12., *B.* IV, S. 500.

[6] Vgl. *Rehberg,* a.a.O., S. 213ff. Er will die Domäneneinkünfte zu einem wesentlichen Teil für Landeszwecke verwendet wissen und verlangt mindestens eine genaue Aufsicht der Fürsten über die ständische Kassenverwaltung. Vgl. auch oben Kap. 5, III.

S. 486 [7] An eine mediatisierte Fürstin, 28. 1. 14: *B.* IV, S. 559f. Für das Folgende vgl. *Hoff,* Die Mediatisiertenfrage 1813–15 (Freib. Diss. 1913) S. 17ff. Sehr ausführliche und biographisch interessierte Äußerungen zur Mediatisiertenfrage in einem Brief an Vincke vom 1. 11. 15. *B.* V, S. 282. Die Taxis und die Fürstenberg will Stein sogar wieder zu Reichsfürsten machen, seit es feststeht, daß die Leyen und Isenburg mediatisiert werden sollen. Er will also, in seiner Antipathie gegen die Mittelstaaten, die Zahl der Kleinfürsten nicht vermindert wissen!

[8] Wie nahe trotzdem die Ausführungen Arndts den politischen Ideen Steins standen, hat *Treitschke,* Deutsche Geschichte I (8. Aufl.), S. 679, vollständig verkannt.

[9] *Martens,* a.a.O. III, S. 164. Was *W. A. Schmidt,* a.a.O., S. 129 (ohne Quellenangabe), als angeblichen Inhalt des Chaumonter Vertrags wiedergibt, gehört nicht in diesen, sondern ist die Übersetzung eines von *Pertz* IV, S. 613, ohne nähere Angaben reproduzierten „Article des préliminaires qui sont l'objet de la négociation des cinq Puissances" – vermutlich aus den Vorstadien der Pariser Friedensverhandlungen. Dieser kurze Entwurf wurde vielleicht von Stein selbst aufgesetzt in dem Wunsch, die Mächte auf eine Garantie der deutschen Verfassung festzulegen?

S. 487 [10] *K. Griewank,* Forsch. Bd. 52 (1940), S. 247f.

[11] Was *W. A. Schmidt* in seinem Kapitel XVI über die vermutliche Zusam-

mensetzung und Zahl dieser Deputierten vorbringt, trägt rein hypothetischen Charakter und sucht Ansichten Steins zu enträtseln, die damals vermutlich noch gar nicht geklärt waren.

S. 488 [12] *Hoff*, a. a. O., S. 21, 32 ff. u. ö.

[13] Nicht den von Stein im Dezember 1813 vorgeschlagenen Ausschuß, wie *Lehmann* III, S. 371, angibt.

S. 490 [14] Für Kurhessen vgl. *B.* IV, S. 584. Reichsritterschaft: *Pertz* IV, S. 69 f. Für Nassau vgl. weiter unten. Für Sachsen-Weimar: von *Egloffstein*, Carl August auf dem Wiener Kongreß (1915), Register.

S. 492 [15] Bericht des Grafen Hardenberg an Münster vom 3. 8. bei *Fournier*, Geheimpolizei auf dem Wiener Kongreß (1915), S. 107, und bei *Weil*, Les dessous du Congrès de Vienne I (1917), S. 40. Am 21. 6. 14 schrieb er bereits an die sächsische Okkupationsverwaltung, man solle im sächsischen Finanzplan den Posten für Zolleinnahmen weglassen, da demnächst Einführung eines allgemeinen deutschen Grenzzolls bevorstehe! *B.* V, S. 5.

[16] Hardenbergs Entwurf, 1. Fassung von *Lehmann* benutzt (s. III, S. 386), von *W. A. Schmidt* u. *Botzenhart* nicht ermittelt, jetzt publ. v. *K. Griewank*, Forsch. 52, p. 269 ff. Der umgearbeitete Entwurf *B.* V, S. 629 ff. Steins Kritik findet sich in dreifacher Form: als Randnotizen (bei *Griewank*, a. a. O.), als Memoire vom 16. 7. (*B.* V, S. 13 ff.), als Memoire zu Hardenbergs Umarbeitung a. d. September (*B.* V, 48 ff.). Ich fasse alle drei Formen hier zusammen.

S. 494 [17] *H. Baumgarten* in der Zeitschrift: Im neuen Reich, 1879, S. 557 f.

S. 496 [18] Vgl. auch seine Bemühungen um finanzielle Entschädigung Nassaus: *Pertz* IV, S. 619 ff; dazu *Dorow*, Erlebtes I, S. 129. Eine sehr genaue, aktenmäßige Darstellung des Verhaltens der Nassauer Regierung gegenüber Stein (unter Berichtigung einzelner Irrtümer *Lehmanns)* bietet *M. Domarus*, Steins Verweigerung d. nass. Untertaneneides und ihre Begründung in: Nass. Annalen LII, 1931.

S. 497 [19] Die von *Pertz* IV, S. 153, nach Varnhagen berichtete, auch von *Treitschke*, Deutsche Geschichte I, S. 683, aufgenommene Anekdote von einem Zusammenstoß Steins mit dem Kronprinzen von Bayern ist nach dem bei *Fournier*, Geheimpolizei auf dem Wiener Kongreß, S. 374, veröffentlichten Polizeirapport zu berichtigen. Vgl. auch Steins abfälliges Urteil über die „verschrobenen Redensarten" des bayerischen Kronprinzen von germanischem Patriotismus Februar 1815: *B.* V, S. 136.

[20] Vgl. dazu *Meinecke*, a. a. O., S. 183, dessen Erklärungsversuch (Mitwirkung „universalistischer Illusionen") mir auch hier nicht einleuchtet.

S. 499 [21] Nicht wörtlich überliefert, sondern nur zu erschließen aus der Antwort Münsters vom 19. 10.: *B.* V, S. 66.

S. 500 [22] Vgl. oben Kap. 13, Abschnitt III.

[23] Wortlaut der von ihm entworfenen russischen Note vom 11. 11.: *B.* V, S. 85, dazu *W. A. Schmidt*, S. 253.

[24] Merkwürdigerweise hat die Neuausgabe der Werke Josef Görres' (Ges. Schriften, ed. *Schellberg* VI, 1928) den Anteil Steins an diesem Artikel (Nr. 141) nicht bemerkt. Sch. führt auf Stein zurück: Nr. 88, 96 (was schwerlich stimmt), 104 ff. Nach *B.* V, 27 wäre statt dessen Nr. 97 zu nen-

nen. Nr. 104–107 „Die künftige deutsche Verfassung" ist sicher von Stein angeregt, vgl. Görres an Stein: *B.* V, 27; an Gruner 1. 9.: Ausgew. Werke und Briefe ed. *Schellberg* (1911) II, Nr. 102. Stein trat offenbar erst Anfang August durch General Thielmann mit G. in Verbindung; diese endete im November. Zu vgl. auch *K. Wolff*, Die deutsche Publizistik 1813–15, Leipz. Diss. 1933.

S. 501 [25] Besonders charakteristisch für das Verhältnis Gagerns zu Stein ist sein Schriftwechsel im April 1813: Anteil IV, S. 29 ff. Gagern träumt von einfacher Wiederherstellung des alten Reiches mit gewissen Verbesserungen. Stein stellt sofort dazu eine Reihe von Fragen, die das Problematische einer solchen Restitution klarlegen. Steins Tochter erzählte Th. v. Bernhardi 1862 von der kritischen Haltung ihres Vaters gegenüber Gagern: Tagebücher *Th. v. Bernhardis* 4, S. 263.

S. 502 [26] Die Darstellung dieser Vorgänge bei *W. A. Schmidt*, Deutsche Verfassungsfrage, der ich in der ersten Auflage im wesentlichen folgte, ist inzwischen erschüttert durch aktenmäßige Mitteilungen bei *F. Apian-Bennewitz:* Leopold v. Plessen und die Verfassungspolitik der deutschen Kleinstaaten auf dem Wiener Kongreß 1814/15. Rostocker Diss. 1930, die aber so ungenau belegt sind, daß eine Neubearbeitung nach wie vor nötig bleibt. Die sehr oberflächliche Arbeit behandelt die Kundgebung vom 1. 2. 15 überhaupt nicht. Zu vgl. ist ferner *H. Ulmann*, Zur Entstehung der Kaisernote vom 16. 11. 1814. H. Z. 116 (Darmstädter Akten).

[27] Denkschrift vom 13. 1. 15: *B.* V, S. 111 ff.

[28] *B.* V, S. 110.

S. 503 [29] Die hier folgende Darstellung wird jetzt bestätigt (und ergänzt) durch die Arbeiten von *K. Griewank:* Der Wiener Kongreß u. d. Neuordnung Europas (1942) u. Forsch. Bd. 52.

[30] Sie erfolgte am 3. 11. 14. Bericht Steins über die Verwaltungsorganisation an Hardenberg vom 23. 10. bei *Weil*, a. a. O. I, Nr. 492, S. 361.

S. 505 [31] Die enge Übereinstimmung seiner Eingabe an Hardenberg vom 26. 10. mit dem Inhalt der Humboldtschen Denkschriften vom 23. und 25. 10. wird mit Recht von *W. A. Schmidt*, S. 352, betont. Vgl. auch *Gebhardt*, Humboldt II, S. 98 ff.

[32] *Fournier*, Hist. Studien II, S. 354 ff. *Derselbe*, Geheimpolizei, S. 35 f. *Griewank*, Wiener Kongreß, S. 171.

[33] Note Metternichs vom 2. 11.: *Angeberg* I, S. 381. Dazu *Gebhardt*, Humboldt II, S. 99, N.

[34] Steins Tagebuch, *B.* V, S. 185. Ähnliche Vermutungen spricht ein Bericht des sächsischen Diplomaten Schulenburg vom 2. 11. aus: *W. Kohlschmidt*, Die sächsische Frage auf dem Wiener Kongreß, 1930, S. 63. In der Tat liegt die Annahme nahe, daß Metternich in seiner Note vom 22. 10. zum mindesten offen lassen wollte, ob „la force des circonstances rendait la réunion de la Saxe inévitable" (*Klüber* VII, S. 23), auch dann, wenn Preußen Westpolen bis zur Weichselgrenze erhielt.

[35] Vgl. Hardenbergs Note vom 7. 11.: bei *Oncken*, Zeitalter der Revolution II, S. 851, und *Angeberg* II, S. 406 ff.

S. 506 [36] Tagebuch: *B.* V, S. 183.

[37] Unterredung vom 20. 11.: *B.* V, S. 191; dazu *H. Delbrück,* H. Z. 63, S. 252.

[38] Die Behandlung der polnischen, sächsischen und Mainzer Frage als ein ungetrenntes Ganzes ist zweifellos das Werk Steins, wie sein Tagebuch bezeugt. Undeutlich ist nur sein Anteil an dem Vorschlag der Neutralisierung Thorns und Krakaus.

S. 507 [39] Gerüchte von einem Anteil Steins an der Broschüre „Preußen und Sachsen" bei *Weil,* a. a. O. I, S. 555.

S. 508 [40] Es ist bezeichnend, daß die österreichische Polizeispionage kein anderes Mittel fand, ihn auszuhorchen, als das Sammeln von Papierresten in seinem Kamin mit Hilfe einer bestochenen Dienerschaft: *Fournier,* Geheimpolizei, S. 23, 25 ff.

S. 509 [41] Daß er vor allem die Festsetzungen des Entwurfs über die außenpolitischen Kompetenzen der Mittelstaaten für „verderblich" hielt, zeigt seine Denkschrift vom 13. 1. 15; *B.* V, S. 117.

[42] Sehr ausführlich nachgewiesen von *W. A. Schmidt,* S. 327 ff. Vgl. auch Steins eigene ganz andersartige Stellungnahme bei Beratung der preußischen Verfassungsfrage 1808: Bd. I, Kap. 9, III, 3.

S. 510 [43] An Karoline von Humboldt, Briefwechsel IV, S. 485. Für das Folgende vgl. die sehr aufschlußreiche, von der Forschung bisher ganz vernachlässigte Denkschrift Steins vom 13. 1. 15; *B.* V, S. 112 ff. Ferner: die ebenda, S. 119 ff. und 121 ff., abgedruckten Aktenstücke.

[44] Siehe oben, S. 437.

[45] Nach der Vermutung von *Pertz* (IV, S. 310) gingen auf ihn die charakteristischen Streichungen des zweiten Entwurfes zurück. Text der beiden Entwürfe: *B.* V, S. 119 f. bzw. 121 f.

S. 511 [46] *B.* V, S. 123 ff., insbes. S. 126 Anm.

[47] *B.* V, S. 133. Die große Denkschrift vom 13. 1. (ebenda, S. 116) wünschte die Kleinstaaten noch genau wie im November erst nach Abschluß der Beratungen des Fünferausschusses zur Teilnahme zuzulassen.

S. 512 [48] Vgl. den von *W. A. Schmidt,* S. 406 ff., besprochenen, von Humboldt bekämpften Artikel des Rhein. Merkur vom 17. 2.

S. 513 [49] Siehe oben, Kap. 16, II, S. 457 f.

[50] *B.* V, S. 217.

S. 514 [51] Vgl. (außer vielen anderen Zeugnissen) die Berichte des Bremers Smidt: von *Bippen,* Joh. Smidt (1921), S. 167 ff.

[52] Meldungen der Wiener Polizei über bevorstehende Abreise des Barons Stein vom 22. 2. und 8. 3. bei *Weil,* a. a. O. II, S. 239, 299.

S. 515 [53] *B.* V, S. 166, dazu das Tagebuch ebd. S. 234. Man wird vermuten dürfen, daß der Plessensche Verfassungsentwurf aus dem April (*Pertz* IV, S. 421 ff.) seinen Wünschen mindestens sehr nahestand.

S. 516 [54] *B.* V, S. 247 ff; das kurze Schreiben vom 24. 5. (ebd. S. 171) enthält nur eine Kritik des Art. 10 der Vorlage ohne jeden bestimmten Antrag.

[55] Tagebuch: *B.* V, S. 174, 179, 182 f., 187, 190, 200, 207 f., 212, 214 f., 220. Die Entfremdung zwischen Stein und Nesselrode beginnt offenbar, als der letztere gegen die von Stein gewünschte russische Note in der deutschen Frage (vom 11. 11.) Schwierigkeiten macht. Von „Intriguen" Steins gegen

Nesselrode berichtet positiv Hardenbergs Tagebuch: *Lehmann* III, S. 442, N. 2; was Lehmann dagegen einwendet, ist keine Widerlegung. – Bemerkung über „Nesselrodes Erbärmlichkeit": in der Pariser Reiseaufzeichnung: *B.* V, S. 272.

S. 517 [56] Vgl. dazu *F. Büchler*, Die geistigen Wurzeln der Heiligen Allianz. (Freib. Diss. 1929) und *H. Schaeder*, Die 3. Koalition und die Heilige Allianz, 1934 (Osteurop. Forsch. 16).

[57] *B.* V, S. 264.

S. 518 [58] *R. Brendel*, Die Pläne einer Wiedergewinnung Elsaß-Lothringens 1814/15, Straßburg 1914, S. 150ff., und die dort zitierten älteren Quellenwerke, vor allem Gagerns Anteil an der Politik, Bd. V, passim.

S. 519 [59] Vorschläge Steins zur Organisation des Verpflegungswesens und der Okkupationsverwaltung: *Pertz* IV, S. 399ff., 404, 409. Sie wurden teilweise durchgeführt, doch geriet Stein über die Verteilung der Kriegslasten des belgischen Feldzuges heftig mit den Engländern aneinander, denen er zu geringe Leistungen an Geld und Mannschaften vorwarf.

[60] Vgl. *B.* V, S. 269. Für das Folgende vgl.: *A. F. H. Schaumann*, Gesch. des 2. Pariser Friedens für Deutschland aus Aktenstücken, 1844.

[61] Vgl. mein Buch: Staatskunst und Kriegshandwerk (1954), S. 113.

[62] Meldung Castlereaghs vom 24. 8.: Supplementary dispatches of Wellington XI (1864), S. 142 (Beil. II); vorher Unterredung Steins mit dem Zaren am 22.: *B.* V, S. 268; nachträglich scheint aber der Zar wieder hartnäckiger geworden zu sein: Unterredung vom 4. 9.: ebenda, S. 272 – nach dem Reisetagebuch.

Schlußbetrachtung: Ausklang des Lebens 1815–1831

S. 521 [1] Stägemann an Schulz, 17. 2. 15: bei *Rühl*, Briefe und Aktenstücke II, S. XVII. Danach fand Stägemann die Ansichten Steins rückständig: „Er will dem Aristokratismus des Vorurteils und des Geldes zu viel einräumen." – Die von Treitschke, Stern und Rühl erörterte Frage der Mitarbeiterschaft Steins am Verfassungsversprechen vom 22. 5. 15 ist endgültig im negativen Sinn beantwortet durch die Veröffentlichung des Stägemannschen Originalkonzeptes: *Edm. Richter*, Fr. A. von Stägemann und das königliche Verfassungsversprechen vom 22. Mai 1815 (Greifswalder Diss. 1913), S. 81ff., dazu ebenda, S. 38ff., 53, 27. – Interessant ist die Bemerkung Steins in einem Brief an Vincke vom 7. 2. 15 (*B.* V, S. 135), die eine preußische Verfassung fordert zur inneren Verfestigung des neuen preußischen Staatsgebildes.

S. 522 [2] Vgl. *H. Breßlau*, Geschichte der Monumenta Germaniae Historica, Neues Archiv 42 (1921), S. 2, N. Die Briefe an Vincke v. 19. 2. 14 und 7. 2. 15 sprechen außerdem von einem starken Ruhebedürfnis.

[3] Die Briefe Humboldts an Karoline zeigen, daß die Verhandlung nicht eigentlich an den Forderungen Steins, sondern zuletzt an dessen Abneigung, einen Posten unter Hardenberg anzunehmen, gescheitert ist, und bestätigen damit die Darstellung der Selbstbiographie. Vgl. Humboldts

Briefwechsel V, S. 65 (8. 9. 15); S. 100 (14. 10.); S. 136 (30. 11.); S. 181 2. 2. 15). Übrigens war Humboldt stark im Zweifel, ob Stein sich für den Posten eigne, noch mehr, ob er mit Küster zusammenstimmen würde, den man ihm statt Rehdigers an die Seite zu setzen dachte. – Schwierigkeiten Hardenbergs: Stein an Franz von Anhalt, 7. 12. 15: *B.* V, S. 286.

S. 523 [4] a. a. O. V, S. 246 f.

[5] An Capodistrias, 24. 6. 15, *B.* V, S. 250.

[6] An Gagern 19. 4. 22: *B.* VI, S. 93; dazu *H. Drüner*, Der nationale und universale Gedanke bei dem Frh. vom Stein, Hist. Vjschr. 22 (1924), S. 65 ff. Ich möchte doch nicht mit Drüner bestreiten, daß hier wirklich einmal das ethische Moment der Politik Steins die Form eines „universalen Apriori" im Sinne Meineckes anzunehmen scheint. Aber die Äußerung ist, wie Dr. richtig hervorhebt, ganz isoliert und steht in krassem Widerspruch zu den ganz unpazifistischen Worten und Taten des handelnden Staatsmannes Stein. Es ist gewissermaßen angelesene, nicht individuell erlebte Weisheit.

S. 525 [7] Das einzelne jetzt bei *M. Domarus*, Nassauer Annalen LII (1931), schon oben Kap. 17, Anm. 18 zitiert. Die ältere Literatur, mit der ich mich in der Erstauflage auseinandersetze, ist dadurch überholt.

[8] Das einzelne bei *Lappe*, Frh. vom Stein als Gutsherr auf Kappenberg, 1920. Wie der endgültige Tauschkontrakt vom 9. 3. 19 zwischen Stein und dem preußischen Domänenfiskus zeigt (N. A.), ist die Angabe von *Pertz* V, S. 276, Stein habe zum Wertausgleich auf seine Pensionsansprüche verzichtet, unrichtig. Möglich indessen, daß in den Vorverhandlungen von Dreingabe der Domänenpfandbriefe die Rede gewesen ist, durch die seine Pensionsansprüche 1811 abgelöst worden waren. – Vgl. auch Schreiben an Vincke v. 6. 1. 16, *B.* V, S. 288 f. – Eine Dotation war Kappenberg nicht; als solche hätte sich Stein (ähnlich wie Gneisenau) den Johannisberg gewünscht.

S. 526 [9] An Altenstein 6. 1. 18 (*B.* V, S. 440); an Eichhorn 2. 1. 18: ebenda, S. 432 ff.

S. 527 [10] *Pertz* V, S. 303 u. ö. Vgl. auch die interessante Selbstbeurteilung im Brief an Gneisenau 3. 12. 29: *B.* VII, S. 86 ff.

[11] Siehe oben Kap. 9.

[12] Vgl. oben Kap. 5, III, und Kap. 9, III, 3. Für die adelsfreundliche Stimmung des alten Stein besonders bezeichnend ist seine Klage über „bürgerlichen Nepotismus", den er der Beschwerde des dritten und vierten Standes auf dem westfälischen Provinziallandtag von 1831 über Bevorzugung des Adels bei den Landratswahlen entgegenhielt: *B.* VII, S. 252 ff. *Lehmann* III, S. 483, gibt von diesen Verhandlungen ein ganz schiefes Bild. – Sehr künstlich wirkt ein 1825 entworfener Plan, das Aussterben des Adels in den Regierungsbezirken Trier und Koblenz zu verhindern: *Pertz*, Denkschriften Steins, S. 227 ff. = *Pertz* VI, 1, S. 160 ff.

[13] Vgl. Kap. 4 und Kap. 9, Abschnitt I und III, 2.

S. 528 [14] *B.* VI, S. 44. Vgl. dazu Kap. 6, Abschnitt I; Kap. 9, Abschnitt IV.

[15] Kap. 9, III, 1, S. 257, 265, 268 f. In diesen Zusammenhang gehört auch sein eifriges Studium altdeutscher Stadtverfassungen: *B.* VI, S. 407 ff., 554 und der Beifall, den er der reaktionären Frankfurter Stadtverfassung von 1816 spendete: *B.* V, S. 327 f.

[16] *Gagern*, Anteil an der Politik IV, S. 94 (9. 9. 20).

S. 529 [17] *Gagern* IV, S. 336 ff. Eine Teilantwort: Beschränkung des Budgetrechts der Kammern, findet sich in dem Brief an Gneisenau, 18. 2. 31: *B.* VII, S. 281.

[18] *B.* VI, S. 553; vgl. auch Kap. 9, III, 3, S. 287.

[19] *B.* VII, S. 253, 285 u. ö. Immerhin hat Stein die wirtschaftlich-soziale Entwicklung in England aufmerksam verfolgt, besonders in den Schriften Sismondis. Das völlige Versagen des damaligen englischen Staates gegenüber den sozialen Nöten blieb ihm nicht unbekannt.

[20] Vgl. jedoch die sozialpolitischen Einsichten und Vorschläge H. v. Boyens: *Meinecke*, Boyen II, S. 430 ff.

S. 531 [21] Für das Folgende vgl. *H. Breßlau*, Geschichte der Monumenta Germaniae Historica, N. A. 42, 1921.

S. 532 [22] *H. Breßlau*, S. 4 f., denkt an Müllers 1814 veröffentlichte Briefe, die Stein vielleicht gelesen habe. Sollte er aber nicht bei seinem nahen Verkehr mit Müller in Berlin 1806 (vgl. Kap. 6, II) mündlich von diesen Plänen erfahren haben? – *G. Winter*, Zur Vorgeschichte der M. G. H., N. A., 47 (1927), berichtet von Berliner Plänen zur Gründung einer „Deutschen Altertumsforschenden Gesellschaft“, die der Major von Menu (Minutoli) schon 1810 entwarf und 1814 einem Kreise von Berliner Gelehrten vorlegte. Er deutet S. 2 die Möglichkeit an, daß Stein schon *vor* 1816 durch J. A. F. Eichhorn von diesen Plänen (die der im Text erwähnten Denkschrift Savignys vom 31. 5. 16 zugrunde lagen) erfahren haben könnte.

[23] Vgl. oben Kap. 2.

S. 536 [24] An Gagern, 9. 6. 22: *B.* VI, S. 100. Weitere Einzelheiten bei *H. Hafter*, a. a. O.

[25] Neueste Darstellung: *W. M. Simon*, The failure of the Prussian Reform Movement 1807–19. Cornett Univ. Press 1955.

PERSONENREGISTER

Nur solche Personennamen sind aufgenommen, die mit der Geschichte Steins unmittelbar in Verbindung stehen, also nicht: Verfassernamen aus der historischen Literatur! Die in Klammern stehenden Seitenzahlen beziehen sich auf den Anmerkungsteil. – Das Register wurde von Herrn Dr. K.-H. Oldendorf angefertigt.

Alberti (556)

Alexander I., Zar von Rußland 145, 165, 173, 202 f., 307–310, 319 f., 332, 340 bis 345, 347–350, 352–355, 358, 364, 366, 384, 388, 390 ff., 394 f., 398 ff., 402–407, 409–415, 418, 422, 425, 427 bis 433, 435, 437–445, 448–452, 454, 456, 459 f., 464, 466–480, 486 ff., 490, 492, 496 f., 500 f., 503–508, 510 f., 513, 515–519, 523, 527, 534 (563 f., 571, 604, 608–611, 613, 617 ff., 622 f., 625 f., 635, 641)

Alexander, Christian Friedrich Karl, *Markgraf von Bayreuth* 33

Alopaeus, Maximilian Graf, *russischer Diplomat* 443 ff., 476 (629 ff., 634)

Altenstein, Carl Frhr. v. Stein zum A., *preußischer Staatsmann* 149, 153, 162, 169–173, 182, 186, 197, 204, 207, 213, 219, 222, 229 ff., 234, 238–243, 245, 248 ff., 252, 261, 272, 275, 288 f., 292, 294 f., 298 ff., 322, 324, 326, 355 f., 359 f., 367, 377 f., 521, 526 (554, 559 f., 565 f., 570 f., 574 f., 578, 581–586, 588 bis 591, 594 ff., 599 ff., 606 ff., 612 ff., 633, 642)

Ancillon, Joh. Pet. Frdr., *preußischer Staatsrat, Erzieher des Kronprinzen* 159, 358, 427 f., 432

Angern, Ferd. Ludw. Friedr. von, *preußischer Staatsminister* 92, 177

Anna, Großfürstin, *Schwester des Zaren Alexander* 473

Anstett, Joh. von, *russischer Staatsrat* 430 f. (626)

Antoinette, Herzogin von Württemberg 400

Arentsschildt, W. D. von, *hannoverischer Offizier* 394

Armfeldt, G. M. von, *russischer General* 394

Arndt, Ernst Moritz, *Publizist und Dichter des Befreiungskriegs* 9, 50 f., 109, 392, 396 ff., 400, 412, 416, 420, 427, 439–442, 461, 463, 469, 486, 491, 517, 523, 536 (543, 552, 597, 615, 619, 623, 630 f., 635 ff.)

Arnim-Boitzenburg, Friedr. Abraham Wilh., Graf von 386 (551, 616)

Artois, Graf von, später König Karl X. von Frankreich 473, 476 f.

Auerswald, Hans Jakob von, *Oberpräsident und Landhofmeister* 197, 201, 215, 217, 244, 252, 277 f., 298, 417, 419, 421 ff. (567, 578, 584, 588, 624 f.)

August, Paul Friedrich, Erbprinz von Oldenburg 394

August, Prinz von Preußen, *Chef der Artillerie* 431 (562)

Augustinus, *Kirchenlehrer* 397

Balaschoff, A. D., *russischer Minister* (618 f.)

Bardeleben, von (608)

Basedow, Joh. Bernh., *Pädagoge* 20 f.

Bayern, Kurfürst bzw. König von, siehe: Max I., Joseph

Bayern, Kronprinz von, siehe: Ludwig

Bayreuth, Markgraf von, siehe: Alexander

Beckmann, *Professor in Göttingen* 28 (540)

Beguelin, Heinrich von, *Geh. Finanzrat* 135 f., 211, 326 (556, 573 f., 606, 612)

Benkendorff, von, *russischer Major* 438

Bentinck, *englischer Admiral* 400

Berg, Karoline von, geb. von Haeseler, *Hofdame* 31, 52, 54 f., 75, 211, 358 (543, 548, 563, 572, 577, 606, 613)

Bernadotte, Jean-Bapt., *Schwager von Josef Bonaparte, 1804 französischer Marschall, 1810 schwedischer Kronprinz, 1818 König Karl XIV. von Schweden* 328, 332 f., 348, 363, 393, 399–402, 433, 443 f., 451, 455, 471–474, (627)

Berry, Charles Ferdinand, Herzog von 473

Berstett, W. L. Frh. v., *Badischer Staatsmann* (593)
Beyme, Charlotte Ernestine, geb. Meyer, *Gattin von Karl Friedrich B.* (560)
Beyme, Karl Friedrich, *preußischer Kabinettsrat, Justizminister* 67, 121 f., 126, 142, 149, 151 f., 154 f., 159, 161, 165 f., 168 f., 171–175, 179, 182, 202 ff., 206–210, 223, 225, 229 f., 234, 244 f., 298, 301, 326, 360 (549, 554–564, 566, 570 f., 573–576, 578 f., 584, 588, 594, 604, 606, 610, 612 f.)
Bignon, L. P. E., Baron de, *französischer Intendant* 354 (602, 612)
Bismarck, Otto Fürst von 15 f., 37, 171, 242, 274 (539, 559, 603, 609, 620)
Blackstone, William, *englischer Staatsrechtler* (551)
Blücher, Gebhard Leberecht, Fürst von Wahlstatt, *preußischer Feldmarschall* 159, 162, 164, 206, 431 f., 439, 463, 467, 469, 472–475, 519 (630, 636)
Böhmer, Georg Ludwig, *Professor in Göttingen (Jurist)* 29
Böhmer, von, *preußischer Geh. Rat und Delegierter am Reichskammergericht* 42
Boenen, von (544)
Boie, Heinrich Christ., *Schriftsteller* (540)
Bolschwingh, O. W. von, *preußischer Offizier und Landschaftsrat* (624)
Borgstede, Aug. Heinrich, *Geh. Finanzrat* (561, 571, 604)
Bouillon, Gottfried von, 374
Bourienne, L. A. de, *französ. Diplomat, Pseudonym: Graf Wartensleben* 363
Boyen, Leopold Hermann Ludwig von, *preußischer General und Kriegsminister* 201, 279, 338, 429, 441 (558, 596, 612, 626, 628, 643)
Brahe, Graf von, *Kommilitone Steins* 30
Brand, *Kriminalrat* (587)
Brandes, Ernst, *hannoverischer Staatsmann und Schriftsteller* 31, 75, 100, 102 f., 105 f., 109, 117, 119, 195 (544, 550 ff.)
Brandes, Georg Friedrich (544)
Brandt, Geh. Justizrat, *Direktor des ostpreußischen ständischen Komitees* 252, 421–424
Braun, *Professor in Straßburg, Hofmeister der Familie vom Stein* (539)
Braunschweig, Herzog von, siehe Ferdinand und Friedrich Wilhelm
Bredow, Gottfried Gabriel, *Historiker* 392
Brockhausen, Karl Christian von, *preußischer Diplomat* 315, 318 f., 328 f., 342, 346, 364 (604, 614)
Broscovius, von, *Kammerpräsident* (576)
Brühl, Sophie Gräfin von, geb. Gomm 53
Buchholz, Paul Ferd. Friedrich, *Schriftsteller* 123
Buck, *Königsberger Stadtrat* (589)
Bülow, Dietrich Heinrich von, *Militärschriftsteller* 123
Bülow, Friedrich von, *Geh. Staatsrat, Oberlandesgerichtspräsident* 432
Bülow, Friedrich Wilhelm Graf B.-von Dennewitz, *preußischer General* 414, (626)
Burke, Edmund, *englischer Staatsmann* 105 f., 108, 275, 529 (551 f., 553 f., 561)
Büsch, Joh. Georg, *Gründer der Hamburger Handelsakademie* (556)

Canning, George, *englischer Staatsmann* 340, 402
Capodistrias, Joh. Anton Graf von, *russischer und griechischer Staatsmann* 506, 510 ff., 516, 518 (642)
Caradja (636)
Carlowitz, von, *sächsischer Aristokrat* (628)
Carnot, Lazare N., *französischer Staatsmann* 335
Castlereagh, Robert (Londonderry), *englischer Staatsmann* 458, 472, 474, 487, 503 (636, 641)
Cathcart, W. S., *englischer Diplomat* (620)
Caulaincourt, Armand Aug., Graf von, *französ. Diplomat und Minister* 472
Cevallos, Don (612)
Champagny, Jean Baptiste, Nompère de, Herzog, *französischer Diplomat* 317 f., 342, 344, 346, 362 ff., 364, 385 (605, 609, 611)
Chasot, L. A. Fr., Graf von, *preußischer Oberst* 393 (612)
Chateaubriand, Francois René, Vicomte de, *Dichter und Politiker* 376
Christlieb, *Hofmeister Steins* 34 (539 ff., 543)
Clarke, H. J. G., *französischer General und Kriegsminister* 205 (572)

Clausewitz, Karl von, *preußischer General und Militärschriftsteller* 201, 330, 420, 425 f., 519
Clérembault, *französischer Geschäftsträger* 358, 362, 364 (612)
Coehorn, M. von, *Festungsbaumeister* 408
Coligny, Gaspard de Châtillon, Graf von, *französischer Admiral* 374
Condorcet, Ant., Marquis de, *französischer Gelehrter und Politiker* (546, 554)
Conring, Hermann, *Jurist* 30
Custine, Ad. Ph. Graf von, *französischer General* 81
Czartoryski, Adam Georg Fürst, *Vorsitzender der polnischen Nationalregierung* 413, 473, 504, 506

Dahlmann, Friedrich Christoph, *Historiker* 18
Damm, *Kanonikus* (612)
Daru, Pierre Antoine, Comte de, *französischer Armee-Generalintendant* 308 bis 313, 315, 317–321, 323, 325 f., 350, 354, 364 (602 f.)
Davoust, Louis Nicolas, Herzog von Auerstädt, *französischer Marschall* 354, 439, 443, 445 (614)
Deele, von, *preußischer Staatsrat* (542)
Delbrück, J. Fr. F., *Professor in Königsberg* 358 (609, 612)
De Lolme, Jean Louis, *schweizerischer Staatsrechtler* 103, 529 (551, 553)
Dönhoff, Graf von, *Kommilitone Steins* 30 (624 f.)
Dörnberg, Wilhelm Casp. F. Frh. v., *hess. Offizier* 369, 393, 427, 438
Dohna-Schlobitten, Friedrich Burggraf zu, *preußischer Generalfeldmarschall* 420, 426 (625)
Dohna-Schlobitten, Alexander Burggraf zu, *preußischer Minister und Kammerpräsident (Bruder v. Fr.)* 213, 230, 248 ff., 273, 281, 289, 359 f., 367, 377, 410, 420 ff., 424–427 (550, 585 ff., 591, 599, 601, 625)
Dolgoruky, Iwan Michailowitsch Fürst 414
Dorow, Wilhelm (631, 635, 638)
Dümgé, K. G., *Historiker* 533
Dupont de Nemours, *nationalökonomischer Schriftsteller* 116 (570)

Eggers, Chr. Ulr. Detlev, Frhr. von, *dänischer Staatsrechtler und Nationalökonom* 226, 232 (548, 556, 607)
Eichhorn, J. A. Fr., *preußischer Kammergerichtsrat, später Kultusminister* 463, 532 (634, 642 f.)
Eichhorn, Karl Friedrich, *Rechtshistoriker* 533 (540)
Eisenhart, E. L. A. (Helmstädt) (570)
Enghien, Ludwig A. H., Herzog von 362

Feder, Joh. Georg, *Professor der Philosophie in Göttingen* 27 f. (540)
Fénélon, François de Salignac de la Motte, *französischer Erzbischof, Prediger und Schriftsteller* 374, 384
Ferdinand, Erzherzog von Österreich 353
Ferdinand, Prinz von Preußen (603)
Ferdinand, Karl Wilhelm, Herzog zu Braunschweig-Lüneburg, *preußischer General* 160 (562)
Fichte, Johann Gottlieb 51, 101 f., 109, 121, 125, 197–200, 216, 222, 242, 292, 324 ff., 335, 338, (559)
Finkenstein, K. F. A. Graf von, *preußischer Gesandter, Sohn des Reg.-Präs. F. L. K. von F., außerordentl. Gesandter in Wien* 352 f. (609, 611)
Finkenstein, K. W. Graf Fink von, *Minister Friedrichs II.* 40
Fox, Charles James, *englischer Außenminister* 149
Franz I., Kaiser von Österreich (seit 1804), bis 1806 Deutscher Kaiser Franz II. 78, 88, 162, 343, 366, 369, 393, 399, 402, 448 f., 450, 505, 507
Franz von Anhalt (642)
Franz von Sales, *Kirchenlehrer* 384
Freher, Marquard, *Jurist, Staatsmann* 30
Frey, Joh. Gottfried, *preußischer Geh. Kriegsrat, Polizeidirektor* 201, 216, 253–263, 266, 339 (569, 586–592, 607)
Friedrich Wilhelm, Herzog von Braunschweig-Oels, *preußischer General, Sohn des Ferdinand von Br.* 160, 340, 369, 393, 401 f. (559, 562 f., 635)
Friedrich II., der Große, König von Preußen 33 ff., 38, 40, 42 f., 45 f., 48, 61, 67, 118 ff., 122, 124 f., 130, 137–140, 142, 149, 152, 178, 203, 205, 220 f., 232, 275 f., 292 ff., 296, 310, 324, 331, 336, 382, 417 (541–544, 548, 562, 576, 578, 602, 625)

Friedrich, König v. Württemberg 465, 499
Friedrich August, Herzog von Nassau-Usingen 87 ff., 146, 331, 517, 524 f., (549)
Friedrich August, König von Sachsen 407, 439 ff., 461, 479, 507 (628)
Friedrich Franz, Herzog von Mecklenburg-Schwerin 442 ff. (629)
Friedrich-Wilhelm, Kurfürst von Brandenburg-Preußen (562)
Friedrich Wilhelm I., König von Preußen 58, 60 f., 69, 122, 138, 152 (569)
Friedrich Wilhelm II., König von Preußen 46 f., 67, 77, 132, 140, 152, 181, 348 (548)
Friedrich Wilhelm III., König von Preußen 65, 67, 85, 91 f., 121 f., 131, 134, 138, 140 f., 143–146, 151 f., 154, 156 bis 161, 163–166, 168–179, 181, 202–208, 210 f., 213, 215, 223 f., 229 f., 234, 238 ff., 244–248, 250, 252, 266, 277, 279, 288, 293, 295, 298 f., 309–312, 315 ff., 321, 325 ff., 329 f., 332 ff., 336 ff., 340 ff., 344, 348–359, 363 f., 366 f., 369, 378–381, 383 f., 386, 388 f., 401, 409 ff., 413–419, 423–432, 437, 440–445, 451, 459, 466, 480, 505 f., 521, 525 f. (542 f., 548, 550, 557, 559–565, 571, 573 f., 581–586, 592, 599, 601, 604 ff., 608–614, 617, 620, 623, 626, 628 ff., 635)
Friedrich Wilhelm, Kronprinz von Preußen, später König Fr. W. IV. 317, 526, 528 (575)
Fries, Jak. Friedrich, *Philosoph* 523
Friese, Karl Ferd., *preußischer Staatsrat, Chef-Präsident der Bank* 216, 250, 271, 463 (594 f.)
Friesen, Fr. (607)
Fürstenberg, Friedrich Wilhelm Franz, Frhr. von, *Generalvikar und Minister des Bistums Münster* 93, 97 ff.

Gagern, Hans Frhr. von, *Staatsmann* 18, 501 f., 518 f., 526, 536 (594, 632, 639, 641 ff.)
Ganilh, Charles de, *französischer Jurist und Nationalökonom* (555)
Gärtner, Franz von, *Jurist und fürstlich neuwiedischer Geheimrat* 488
Gaßner, *Wunderdoktor* 21
Gatterer, Joh. Christoph, *Göttinger Historiker* 28
Gellert, Christian Fürchtegott, *Dichter* 384
Gemmingen, von, *hannoverischer Minister* (539 f.)
Gentz, Friedrich von, *politischer Schriftsteller* 84, 100, 106, 147 f., 154, 163, 353, 369, 374, 406, 411, 448, 453 (553, 556, 558, 561, 567, 611, 621, 623, 636)
Georg II., König von England 52
Georg III., König von England 103
Georg (IV.), Prinzregent von England 434, 439, 474
Georg, Prinz von Oldenburg 394
Gersdorff, Ernst August von, *weimarischer Staatsmann* 502
Gesenius, Wilhelm, *Professor der Theologie in Halle* 524
Geßler, Karl, Graf von, *preußischer Diplomat und Gutsbesitzer* 450
Gneisenau, August Graf Neidhardt von, *preußischer Generalfeldmarschall* 9, 201, 209, 213, 239, 279, 289, 303, 327, 329, 331, 334–338, 341, 351 f., 359, 368, 383, 386 ff., 398 f., 402, 405, 415, 417, 432, 434, 450, 463, 467, 469, 472 f., 475, 477, 517 ff. (544, 596 ff., 606, 608, 610 f., 614, 617–620, 622 f., 627 f., 630, 642 f.)
Görres, Josef von, *Gelehrter und Journalist* 491 (638 f.)
Goethe, Johann Wolfgang von 19–23, 119, 123, 517, 532
Götzen, Friedrich W. Graf von, *preußischer Oberst* 332, 340, 343, 352 f., 361, 367 (607–611)
Goldbeck, H. J. von, *preußischer Großkanzler* 235
Goldberg, von, *holländischer Gesandter* 361, 364
Goltz, August Friedrich Ferdinand von der, *preußischer Kabinettsminister* 167, 203, 209, 332, 334, 348 ff., 352 ff., 356 f., 359, 364, 427, 432 (606, 609 ff., 614)
Goltz, Heinrich Graf von der, *preußischer General* 167
Goßler, *Geh. Oberrevisionsrat* (556)
Graff (629)
Grenier, Paul, Graf, *französischer General* 427
Groeben-Plensen, von der, *Gutsbesitzer* 419 (624)
Grolman, Karl Wilhelm Georg von, *preußischer General* 201, 338, 351, 402 (584, 608, 612)

Grote, *Gesandter* (614)
Grothe, von, *Kommilitone Steins* 30
Grotius, Hugo, *holländischer Staatsmann und Gelehrter* 523
Gruner, Justus von, Deckname Gruber 389, 393, 398, 401, 463, 471 (579, 607, 614, 617 f., 639)
Gustav Adolf, König von Schweden 401

Häberlin, Karl Friedrich, *Reichspublizist* 88
Haller, Albrecht von, *schweizerischer Arzt und Dichter* (540)
Haller, Karl Ludwig von, *Enkel von A. Haller, Staatsrechtler* 107
Hardenberg, Karl August Fürst von, *preußischer Staatskanzler* 22, 82, 92 f., 135, 142, 144 f., 147–151, 153 f., 158 ff., 162, 165–175, 178 f., 182, 186, 197 f., 202 bis 210, 213, 219 f., 229 f., 234, 236–246, 249 f., 272, 274 f., 284, 288 ff., 296, 298, 316, 322, 336, 356, 358 f., 367, 377 bis 389, 418 f., 425, 427–432, 434, 436 f., 440 f., 445 f., 448 ff., 452 ff., 459 ff., 478 ff., 487 ff., 492 ff., 497 ff., 504 ff., 509, 515, 518, 521 f., 524, 533 f. (539 f., 554, 557–564, 566 f., 571–574, 578, 582 bis 585, 588, 595 f., 599, 601 ff., 606, 610, 612 f., 615–618, 621, 623, 625 f., 628, 630 f., 634 ff., 638 f., 641 f.)
Hatzfeld, Franz Ludwig Fürst von, *preußischer General und Staatsmann* (614)
Haugwitz, Christian A. Heinrich Kurt, Graf von, *preußischer Minister* 143 bis 147, 149–152, 156–163, 165, 168, 172 f. (558 f., 562 f., 573, 584)
Heeren, Arnold, *Historiker* 392
Hegel, Georg Wilhelm Friedrich, *Philosoph* 123
Heinitz, Fr. Anton Frhr. von, *preußischer Staatsminister* 35 f., 38 f., 41, 43, 45 bis 48, 58, 64–67, 70, 78 f., 82, 131, 133, 136 (542 f., 548, 555)
Heinrich I., Deutscher König 370
Heinrich, Prinz von Preußen, *Bruder Friedr. Wilh. III.* 160 (562)
Herder, Johann Gottfried von, *Dichter und Theologe* 22, 28, 49, 52, 108, 119, 373, 375 (552)
Hermann der Cherusker, *fälschlich für Arminius*, 370
Herrenschwand, *Nationalökonom* (547)
Hertzberg, Ewald Friedrich Graf von, *preußischer Minister* 40
Hessen, Landgraf bzw. Kurfürst von, siehe: Wilhelm
Heydebreck, G. Chr. Fr. von, *Geh. Staatsrat* 438, 445 (627, 629)
Hoffbauer, *Kriegs- und Dom.-Rat* 72 (546)
Hoffmann, Joh. Gottfried, *Staatsrechtler, Statistiker, preußischer Staatsrat* (578)
Hohenlohe-Ingelfingen, F. L. Fürst von, *preußischer General* 159 f., 162 (562)
Hormayr, Josef Frhr. von, *österreichischer Politiker und Historiker* (607)
Horn, *Königsberger Stadtrat* (589)
Hout, *Landrat* (571)
Hoym, K. G. H. Graf von, *preußischer Minister* 134 (568)
Hufeland, Christoph Wilhelm, *Arzt* (565)
Hügel, Joh. Alois Josef, Frhr. von, *österreichischer Geh. Rat und Generalgouverneur* (635)
Hume, David, *englischer Philosoph und Staatsmann* (551, 556 f.)
Humboldt, Alexander von, *Naturforscher* 134, 159, 318 f.
Humboldt, Caroline von, *Gattin von Wilhelm v. H.* (544, 634 f., 640 f.)
Humboldt, Wilhelm von, *Sprachforscher und preußischer Staatsmann* 11, 98, 125, 134, 199 f., 292, 294–298, 301 f., 359, 371, 448, 450, 459 ff., 477, 480, 482–490, 492, 497 f., 500 f., 504–513, 518, 523, 526 (544, 552, 585, 597, 600 f., 615, 618, 627, 629, 632–637, 639–642)

Jacobi, Friedrich Heinrich, *Philosoph und Dichter* 20 f., 298 (550)
Jacobi-Kloest, Const.-Phil. Wilhelm Frhr. von, *preußischer Diplomat* 76, 156 f. (573, 610, 627)
Jagow, von, *preußischer Offizier* 355
Jahn, Friedrich Ludwig, „*Turnvater*“ 464, 523
Jérôme Bonaparte, König von Westfalen 205, 362, 438
Joseph II., Deutscher Kaiser 34, 40, 42, 67, 96, 194, 296 (550, 566)
Joseph Bonaparte, König von Spanien 317, 328
Josephine Beauharnais, Kaiserin der Franzosen 315, 317, 326
Jubile, *österreichischer Major* 411

Jung-Stilling, eig. Johann Heinrich Jung, *Augenarzt und Schriftsteller* 27, 517
d'Ivernois, Francis, Sir, *Nationalökonom* 115, 187, 199, 411 (567, 571, 623)
d'Ivernois, Philipp, *Bruder des vorigen, preußischer General* (567)

Kalckreuth, Friedrich Adolf Graf von, *preußischer Feldmarschall* 203, 308, 354, 432, 521 (571, 612)
Kant, Immanuel 11, 101 f., 107, 125, 197 f., 200, 215 f., 226 f., 239, 292, 300, 373, 375 (540, 598)
Karl der Große 123
Karl, Erzherzog von Österreich 353, 367, 518
Karl Friedrich, Großherzog von Baden 497
Karl, Herzog von Mecklenburg-Strelitz 433, 445
Karl August, Herzog von Sachsen-Weimar 445 (633, 638)
Karl Eugen, Herzog von Württemberg 22
Karl Friedrich, Markgraf (später Großherzog) von Baden 67
Karl Friedrich, Kurfürst und Erzbischof von Mainz, *Reichserzkanzler* 41 f. (542)
Katharina, Großfürstin von Rußland, *Schwester Alexanders I., später Kronprinzessin von Württemberg* 516 (619)
Keller, von, *Kommilitone Steins* 30
Kepler, Johannes, *Astronom* 375
Kleist, Fr. H. Graf K. von Nollendorff, *General* 202
Kleist, Heinrich von, *Dichter* 337 f.
Klein (576)
Klettenberg, Susanna Katharina von, *Herrnhuterin* 21
Klewitz, Anton Wilhelm, *Geh. Oberfinanzrat, später Finanzminister, dann Oberpräsident* 204, 239, 244 f. (583)
Klopstock, Friedrich Gottlieb, *Dichter* 21, 23
Knesebeck, Karl Friedrich von dem, *preußischer General und Staatsmann* 428 ff., 432 (588, 596, 626)
Köckritz, Karl Leopold von, *preußischer Generaladjutant* 143, 152, 158, 165 f., 169, 174, 177, 207 f., 427 (557, 563, 565, 612)
Kölln, Fr. von, *Publizist* (608)
Kolowrat, Franz Anton von, *österreichischer Staatsmann* (571)
Koppe, *Assessor* 346, 349 (609 f.)
Kotschubeij, V. P. Graf, *russischer Minister* 394, 438 (628)
Kotzebue, August Fr. Ferd. von, *Dramatiker und russischer Staatsrat* 523
Kraus, Christian Jakob, *Nationalökonom* 215, 226 (556)
Kraus, Georg Melchior, *Maler* 22
Krüdener, Kath. B. Baronin von 27, 517 f.
Krug, Leopold von, *preuß. Verwaltungsbeamter u. Nationalökonom* 135 (603)
Krüger, W., *preußischer Geheimrat* (634)
Kunth, Gottl. Joh. Christ., *preußischer Staatsrat* 134, 244, 297, 528 (584, 599, 615, 617)
Küster, Joh. E., *Geh. Leg.-Rat* (559, 642)
Kutusoff, Michail, Fürst von Smolensk, *russischer General* 403, 409, 415, 437

Labaye, Joh. Baptist, *preußischer Geh. Seehandlungsrat* (604)
Laharpe, Fr. C., *schweizerischer Politiker, Erzieher Alexanders I.* 469, 472 f., 477
Lally-Tollendal, Trophine-Gérard, Marquis de, *französischer Politiker* 156
Landgraf von Hessen-Kassel, siehe: Wilhelm
Lanskoronska, Ludowika Gräfin, geb. Rzewuska 53, 371
La Roche, Sophie von, *Schriftstellerin* 21 f. (551)
Lavater, Johann Kaspar, *schweizerischer Pfarrer, Philosoph, Physiognomiker und Dichter* 19–22, 298, 384 (539)
Leibniz, Gottfried Wilhelm Freiherr von 375
Lenz, Jakob Michael Reinhold, *Dichter* 23
Le Roux, Peter von, *preußischer Geh. Legationsrat* 324
Le Trosne, *Physiokrat* (567)
Leuchsenring, Franz Mich., *Schriftsteller* 21
Leuthe, von, *Kommilitone Steins* 30
Lichtenau, Gräfin, siehe: Ritz, Wihelmine
Lieven, Christ. Andrejewitsch, Fürst, *russischer General und Diplomat* 394, 405 (636)
Loew, von und zu Steinfurth, *Kommilitone Steins* 30
Löwenhjelm, Graf von, *schwedischer Diplomat* (627)
Lombard, Ad. Ludw., *preußischer Geh. Kabinettsrat* 143 ff., 150–152, 159–163, 168, 172 f.

Lottum, Hinrich Christoph Karl Hermann, Reichsgraf von, *preußischer General* 209, 244 (584, 601, 612)
Louis Ferdinand, Prinz von Preußen 53, 159 f., 162, 182 (562)
Lucey, Graf von, *Major* 352 f. (609)
Luden, Heinrich, *Historiker* 392
Ludwig XI., König von Frankreich 91
Ludwig XIV., König von Frankreich 91, 127
Ludwig XVI., König von Frankreich 79, 476
Ludwig XVIII., König von Frankreich 474 f., 478, 517
Ludwig, Kronprinz von Bayern, später König L. I. 497 (638)
Luise, Königin von Preußen, *Gemahlin Friedrich Wilhelms III.* 52 f., 156, 158, 160, 176, 208 f., 211, 300, 315, 317, 326, 332, 356, 358 f., 433 (543 f., 557, 560 f., 563, 572 ff., 604, 609, 612, 627)
Luther, Martin 200, 375, 397, 530 (600)

Macdonald, Alexander, Graf von, Herzog von Tarent, *französischer Marschall* 414
Machiavelli, Niccolò 371 (554)
Mack von Leiberich, Karl Frhr. von, *österreichischer General* 145
Macpherson, *englischer Historiker* (551)
Mainz, Kurfürst von, siehe: Karl Friedrich
Marc Aurel, *römischer Kaiser und Philosoph* 528
Maria Ludowica, Kaiserin von Österreich, Gemahlin Franz II./I. 332
Marianne, Prinzessin von Preußen, *Gattin des Prinzen Wilhelm von Preußen, geb. Prinzessin von Hessen-Homburg* 53, 300, 318, 344, 354, 358, 375 f. (539, 544, 604, 612 f.)
Maria Theresia, Kaiserin des Heiligen Röm. Reiches 67, 96, 279
Marie Luise, Kaiserin der Franzosen, *Tochter Franz II./I.* 371 f. (617)
Marschall, E. L. Frhr. von Biberstein, *nassauischer Staatsminister* 495 f., 501 f., 511, 525
Marwitz, Friedrich August Ludwig von der, *preußischer General* 383 (564)
Massenbach, Christian von, *preußischer Oberst* 159 (559, 561, 564)
Massow, Ew. Georg von, *Geh. Oberfinanzrat, dann Oberpräsident von Schlesien* (600)
Maximilian I., Joseph, König von Bayern 87, 459
Maximilian, Erzherzog von Österreich 353
Mecklenburg-Schwerin, Herzog von, siehe: Friedrich Franz
Mecklenburg-Strelitz, Herzog von, siehe: Karl
Meilhan, Gabriel Sénac de, *französischer Historiker* (554)
Meiners, Christoph, *Philosoph in Göttingen* 28 (539)
Mencken, Anastasius Ludwig, *preußischer Kabinettsrat* 67, 141 f. (558)
Menu (Minutoli), Heinrich v., *Major* (643)
Merckel, F. Th. von, *Oberpräsident* 280, 361, 431 (570), 579 ff., 594, 597, 605, 611, 613, 615 ff.)
Merian, Andreas, *russischer Staatsrat* 463
Metternich, Klemens Wenzel Nepomuk Lothar Fürst v., *österreichischer Staatskanzler* 347, 371 f., 387, 393, 411, 428, 444, 448–451, 453, 456, 458 ff., 462, 464–475, 477, 479, 486 f., 489, 498 ff., 503, 505–509, 513, 515 ff., 521 f., 524 (542, 608, 614 f., 617, 619, 623, 631, 633, 636, 639)
Mirabeau, Honoré, Graf von, *französischer Staatsmann* 125 (554)
Miltitz, *sächsischer Aristokrat* (628)
Möllendorff, W. J. H. von, *preußischer Generalfeldmarschall* 79
Montalembert, M. R., Marquis de, *französischer Festungsbaumeister* 408
Montesquieu, Charles de Secondat de la Brède, Baron de, *französischer Staatsphilosoph* 29, 66, 89, 103 f., 108, 111, 113, 151, 187, 194, 255, 283, 373, 529 (551, 571)
Montgelas, Maximilian Graf von, *bayrischer Staatsmann* 454, 511 (593)
Morgenbesser, *Geh. Justizrat, Reg.-Direktor* 216 (575, 589 f.)
Moser, Johann Jakob von, *Publizist, Jurist, Staatsmann* 18
Moser, Friedrich Karl von, *Publizist und Staatsmann, Sohn des J. J. M.* 18, 25, 29 (540)
Möser, Justus, *politisch-historischer Schriftsteller* 62, 100, 102, 112 ff., 117 ff., 184, 191, 272, 530 (546, 551ff.)

Mosheim, Joh. Lorenz, *Moraltheologe* 25
Mounier, Jean Joseph, *französischer Staatslehrer und Politiker* 156
Müller, Adam Heinrich, *Publizist* 107
Müller, Johannes von, *schweizerischer Historiker* 126, 146, 160, 376, 390, 532 (558, 643)
Münster, Ernst Graf von M.-Ledenburg, *hannoverischer Minister* 384, 389 f., 398, 401–408, 433–436, 447, 449, 455, 458, 466, 472, 488, 496, 498 f., 501, 508, 518 (615, 617 f., 622 f., 627, 631 f., 638)
Murat, Joachim, König von Neapel (636)

Nagler, Karl Friedrich Ferd. von, *Geh. Staatsrat, später Generalpostmeister, dann Gesandter* 356, 358 f., 378, 534 (559, 585, 610, 612 f.)
Napoleon I., Bonaparte 10, 11, 17, 78, 81, 85, 123, 144–150, 157, 159, 164 f., 168, 173, 177, 183, 198, 201, 203–206, 212, 217, 238, 245, 247, 250, 276, 278 ff., 284, 286, 302 f., 307–313, 315–324, 326 bis 336, 339, 341–350, 353 ff., 357, 359, 361–364, 367, 369 ff., 373 ff., 378, 380, 382–385, 388, 391–397, 399–403, 405, 407, 409 f., 413 f., 420, 426 ff., 430, 435, 438, 440, 442, 446, 448 ff., 452 ff., 459, 461, 465–469, 471–476, 478, 482, 484, 486, 491, 495, 511 f., 514, 517, 521, 526, 537 (559, 563, 567, 570, 572, 585, 593, 602–605, 607 f., 614, 618 f., 624, 636)
Nassau, Herzog von, siehe: Friedrich August
Necker, Jacques, *französischer Bankier und Staatsmann* 156 (554)
Nesselrode, Karl Robert Graf von, *russischer Diplomat* 409, 436 f., 447 f., 454, 460, 462, 472, 474, 504, 516 (623, 626, 633, 640 f.)
Nicolovius, G. H. L., *preußischer Staatsmann* 298, 300, 351 (600, 610, 630)
Niebuhr, Barthold Georg, *Historiker und preußischer Staatsmann* 115, 135, 167, 179 f., 201 f., 204, 211, 251, 275, 302, 311, 313, 323, 326, 348, 378 ff., 383, 446, 449 f., 533 (548, 553 f., 563, 565 f., 570 f., 575 f., 594 f., 605 ff., 616, 630)
Niebuhr, Amalie, geb. Behrens, *Gattin von B. G. N.* 446
Niemeyer, August Hermann, *Kanzler der Universität Halle* 298 (601)

O'Donnell, Josef Graf von, *Kommilitone Steins* 30, 366
Oldenburg, Herzöge von 393; siehe auch: Peter, August, Georg
Ompteda, Ludwig von, *hannoverischer Diplomat* 442, 447, 458 (622, 626 f., 633)
Oppel, von, *sächsischer Aristokrat* (628, 634, 636)
Oranien, Wilhelm von, siehe: Wilhelm
Orléans, Louis Philippe Joseph, Herzog von, *„Philippe Egalité"* 473
Orloff, Gräfin, geb. Soltikoff 400
Otto I., Deutscher Kaiser 370

Paul, Jean, *literarischer Name für Johann Paul Friedrich Richter, Dichter* 52
Pentz, Karl Wilh. Dav. Friedrich von, *Minister von Mecklenburg-Strelitz* 433
Perthes, Friedrich, *Buchhändler* 466 (630)
Pertz, Georg Heinrich, *Historiker* 534 f., 537 (564, 570, 578, 580, 592, 608, 610, 624, 629 ff.)
Pestalozzi, Joh. Heinrich, *schweizerischer Pädagoge* 301, 381 (601)
Peter, Friedrich Ludwig, Herzog von Oldenburg 394 f., 402 f.
Phull, Karl Ludwig August von, *preußischer Offizier, später russischer General* 161, 201, 399 (562)
Pitt, William d. Jüngere, *englischer Staatsmann* 104
Plessen, Leopold von, *mecklenburgischer Staatsmann* 443, 501, 511, 515 (629, 639 f.)
Plutarch, *griechischer Historiker und Philosoph* 53
Poincaré, Raymond, *französischer Staatsmann* (602)
Pozzo di Borgo, Charles André, Graf, *russischer Diplomat 371,* 399, 467, 472 f. (622, 635 f.)
Preuß (588)
Pütter, Joh. Stephan, *Jurist an der Göttinger Universität* 29, 61

Radziwill, Prinz Anton, *preußischer Statthalter in Posen* 159, 182 (566, 603, 630)
Radziwill, Prinzessin Luise, geb. Prinzessin von Preußen, *Gattin von Anton R.* 53, 159, 206, 300, 358, 446 (563, 565, 572 f., 603, 609, 612 f., 626)

Rappard, Friedrich Wilhelm von, *Kriegs- und Domänenrat, später Kammerdirektor* (566)
Rasumowskij, Andr. Kyrill Graf, *russischer Diplomat* 486, 516
Raumer, Friedrich von, *preußischer Verwaltungsbeamter, Historiker* 236 (599, 616)
Reden, Franz von, *hannoverischer Diplomat* 30, 32, 35
Reden, Friedrich Wilhelm Graf von, *preußischer Minister* 35, 38, 40, 42 f., 45, 65, 67, 361, 368, 384 (541 ff., 548, 552, 554, 565, 617)
Reden, Gräfin (541, 565 f., 571 ff., 594 ff.)
Rehberg, August Wilhelm, *hannoverischer Staatsmann* 31, 35, 51 f., 55, 90, 100 bis 102, 104–111, 113–119, 122, 151, 155, 188, 194 f., 227, 240, 265 f., 282 bis 285, 300, 485 (540 f., 546 ff., 550 bis 554, 558, 561, 566, 569, 576 f., 582 f., 593, 601, 637)
Rehdiger, Karl Nikolaus von, *Staatsrat* 239, 279–288, 361, 431, 437 ff., 441 f., 444, 463, 522 (559, 581, 595, 597 ff., 613, 628 ff., 633 f., 642)
Reichstadt, Herzog von: Napoleon II., König von Rom 474
Reisach-Steinberg, K. A. Graf von, *bayrischer Verwaltungsbeamter und Publizist* 445, 451, 454 (630 f.)
RepninWolkonskij, Nicolai G., Fürst, *russischer Diplomat, Generalgouverneur von Sachsen* 462, 470.
Ricardo, David, *englischer Nationalökonom* (556)
Richelieu, Armand Jean du Plessis, Herzog von, *Kardinal und französischer Staatsmann* 91, 127, 381 f.
Riegger, Paul J., *österreichischer Kanonist* 96
Ritz, Wilhelmine, geb. Enke, Gräfin Lichtenau 348
Robespierre, Maximilian de 75
Röckner, *Feldprobst* 351 (610)
Rohan, Henri, Duc de, *Hugenottenführer* 374
Rosenstiel, *Hofmeister der Familie von Stein* (540)
Rotteck, Karl von, *Historiker und liberaler Politiker* 523
Rousseau, Jean Jacques 44, 299
Rüchel, Ernst W. von, *preußischer General* 156, 159 ff., 172 f., 175 f., 179 (557 f., 561–565)
Rühle von Lilienstern, August, *preußischer General* 463, 465, 470 (634)
Rumiantzoff (Romanzoff), N. P. Graf, *russischer Staatskanzler und Finanzminister* 202, 394, 399, 401, 409 f. (608, 618)

Sachsen, König von, siehe: Friedrich August
Sack, Joh. August, *Oberpräsident* 91, 95, 97, 116, 148, 153 f., 210, 229, 239, 245 f., 315, 321, 325, 379, 381 f., 471 (548, 550, 559 f., 573, 591, 614)
Salzmann, Fr. Rudolf, *Publizist, Hofmeister Steins* 23, 26 ff., 30 (539 ff.)
Salzmann, Joh. Daniel, *Vetter von Fr. R. Salzmann* 23
Savigny, Friedrich Karl von, *Rechtshistoriker, preußischer Justizminister* 52, 532 f. (643)
Scharnhorst, Gerhard Johann David von, *preußischer General* 124, 158, 186, 201, 209, 213, 239, 241, 303, 317, 327, 329 ff., 334 f., 337 f., 340, 351 f., 359, 386, 388, 401, 410, 417, 420, 425 ff., 429–432, 436, 440 f., 450 (584, 601, 606 f., 610 ff., 620, 624 ff.)
Scharnweber, Chr. Fr., *preußischer Staatsrat* 236
Scheffner, J. G. *preuß. Beamter, Dichter* 253 (573, 578, 587)
Schenkendorf, Max von, *Dichter der Befreiungskriege* 325, 463 f.
Schill, Ferdinand von, *preußischer Major* 340, 369 (608)
Schiller, Friedrich von 123, 181, 334
Schlabrendorff (584)
Schladen (609)
Schlegel, August Wilhelm von, *Kritiker und Gelehrter* (627)
Schlegel, Friedrich von, *Schriftsteller, Bruder von A. W.* 376 (615)
Schleiermacher, Friedrich, *Philosoph und Theologe* 200, 292, 294 f., 299, 338, 365, 392 (601, 612)
Schlözer, August Ludwig von, *Historiker und Staatsrechtler* 28 f., 38, 61, 66 (540)
Schmalz, Theodor Anton Heinrich, *Jurist und Kameralist* 357

Schmettau, Fr. W. K. Graf von, *preußischer General* 162
Schnorr von Carolsfeld, Julius, *Maler* 528
Schöler, Friedrich von, *preußischer General und Diplomat* 318 (608, 613, 631)
Schön, Theodor von, *Oberpräsident* 132, 135 f., 197, 201, 204, 207, 216, 219 f., 222 ff., 225 f., 228–231, 234, 238 f., 245, 259, 265, 271, 273, 287, 290, 311, 351, 356 f., 359 f., 378 ff., 410, 417 ff., 421 bis 425, 427, 438 f., 441 f., 445, 450 f. (550, 552, 556, 558, 563–567, 571, 574 bis 582, 585, 587 f., 591 f., 594 ff., 598 ff., 600, 605, 608, 610, 613, 616 f., 623 ff., 627–631, 634)
Schrader, Justizamtmann 72
Schrötter, Friedrich Leopold, Reichsfreiherr von, *preußischer Provinzialminister* 67, 132, 150, 156, 165, 174, 197, 201 ff., 210, 215, 217, 219 ff., 223, 225 f., 229, 233, 243 f., 246, 249–253, 259, 266, 271 f., 274, 278, 297, 300, 322 (564, 566, 568 f., 573 ff., 577, 579 f., 583–587, 591 f., 596, 599, 601, 606)
Schrötter, Karl Wilhelm, Reichsfreiherr von, *preußischer Großkanzler und interimist. Justizminister* 210, 215, 217, 360 (571, 574 f., 599, 613)
Schuckmann, Kaspar Friedrich von, *preußischer Staatsmann* 533
Schulenburg, *sächsischer Diplomat* (639)
Schulenburg-Kehnert, Fr. W. Graf von der, *preußischer General und Minister* 30, 90–92, 121, 131, 135 f., 140, 154, 165, 174, 204 f. (543 ff., 549 f., 555, 557, 561, 564)
Schwarzenberg, Karl Philipp, Fürst zu, *österreichischer Heerführer* 462, 470, 472, 475 f.
Seckendorff, Karl Sigm. Frhr. von, *preußischer Diplomat, Schriftsteller* 40
Selchow, Joh. Heinrich Chr. von, *Jurist der Göttinger Universität* 29
Senfft-Pilsach, Gräfin (617)
Shakespeare, William 23
Sieyès, E. J., *französischer Staatsmann* 279, 281 f.
Simson (624)
Sismondi, Charles Simonde de, *schweizerischer Nationalökonom und Historiker* (643)
Smidt, Joh., *Bürgermeister von Bremen* 466 (543, 635, 640)
Smith, Adam, *englischer Nationalökonom* 134, 197, 215, 226, 250, 290, 322, 372 f. (555 f., 567, 576)
Solms-Laubach, Friedrich Graf von, *Oberpräsident* 463, 470, 486, 488, 492 f., 497, 512
Soult, Nic. Jean de Dieu, *franz. Marschall* (612)
Speckbacher, Josef, *Volksführer* 393
Spiegel zum Desenberg, Ferd. August Frhr., seit 1815 Graf von, *Domdechant in Münster, später Erzbischof in Köln* 93, 96, 296 f. (549, 601)
Spiegel zum Desenberg, Franz Wilhelm Frhr. von, *Kommilitone Steins, kurkölnischer Kammerpräsident, Bruder von Ferd. Aug. Sp.* 30, 97 (541)
Spiegel, Kaspar Frhr., seit 1815 Graf von, *österreichischer Diplomat, Hofrat* 463 (608)
Stadion, Joh. Philipp Graf von, *österreichischer Außenminister* 330, 353, 366 f., 371, 450, 486 (607, 611, 614, 637)
Staël, Germaine Baronin von, *französische Schriftstellerin* 50, 53
Stägemann, Fr. August von, *preußischer Staatsrat, Syndikus der ostpreußischen Landschaft* 135, 197, 201, 204, 207 f., 222 ff., 236, 239, 245, 276, 321, 324, 521 (558, 566, 573–576, 579 f., 585, 587, 591, 596, 599, 602, 604 ff., 609, 611 f., 623, 641)
Steffens, Henrik, *Philosoph und Naturforscher* 392
Stein, Charlotte vom, *Schwester* (539)
Stein, Gottfried vom, *jüngster Bruder* 54
Stein, Henriette Karoline vom, geb. Langwerth von Simmern, verw. von Löw, *Mutter* 19–24, 26, 28, 33 f., 39, 52 (539 bis 543)
Stein, Henriette vom, *älteste Tochter, spätere Gräfin Giech* (639)
Stein, Johann Friedrich vom, *ältester Bruder* 26, 33, 76 (539, 542)
Stein, Karl Philipp vom, *Vater* 16, 19, 40, 98 (540 ff.)
Stein, Luise vom, *älteste Schwester*, siehe: Gräfin Werthern
Stein, Marianne vom, *Schwester* 31 f., 39, 52, 481 (541 f., 544)
Stein, Therese vom, *jüngere Tochter, spätere Gräfin Kielmannsegge* 55

Stein, Wilhelmine vom, geb. Gräfin Wallmoden, *Gattin* 54 ff., 180, 206, 365 f., 385, 391, 405, 431, 446, 477, 495, 535 (543 f., 572 f., 616, 619)
Steinberg, Graf von, *Kommilitone und Schwager Steins* 30 (541)
St. Hilaire, Louis Vincent. Jos., Graf von, *französischer General* 354
St. Marsan, Ant. Marie Phil. Asinari, Marquis de, *französischer Diplomat* 364, 431 (626)
Stolberg-Wernigerode, Friedrich-Leopold Graf zu, *Dichter* (550)
Struensee, Karl August von, *preußischer Minister* 121, 131 f., 136 (603)
Stülpnagel, Ferd. W. von, *preußischer Offizier* 393
Suarez, Karl Gottlieb, *preußischer Jurist* 138
Süvern, Joh. Wilhelm, *Professor* 300 f., 351, 357, 364 (601, 610)

Tacitus, Cornelius, *römischer Historiker* 28, 184, 526
Talleyrand, Charles Maurice, Hzg. von, *französischer Staatsmann* 203, 328, 478, 497, 507 (602)
Tettenborn, Friedrich Karl Frhr. von, *General und Diplomat* 438, 442
Theresia, hl., geb. 1515 384
Thiele (609)
Thielmann, Joh. A. Frhr. von, *General* 440 ff. (635, 639)
Thornton, Henry, *englischer Nationalökonom, Direktor der Bank von England* (556)
Tolstoi, Peter Alexandrowitsch, Graf, *russischer Diplomat und General* 312, 315, 318 f., 329, 347 (602, 604)
Trajan, *römischer Kaiser* 528
Trautmannsdorf, Jos., Graf von, *österreichischer Diplomat* 42 (542)
Troschke, Frhr. von, *preußischer Kammerherr* 87 (597, 617)
Tschnernischeff, Alexander Iwanowitsch, Fürst 438
Türckheim, Baron von, *darmstädtischer Minister* 501
Turgenieff, Nicolai, *russischer Kollegienassessor* 463 (634)
Turgot, Robert de, *französischer Physiokrat und Staatsmann* 66, 116, 156, 199 (546, 554, 569 f.)

Vauban, Sébastian de, *französischer Festungsbaumeister* 408, 469
Victor, Duc de Bellune, *französischer Marschall* 326
Vincke, Ludwig, Frh. von, *Oberpräsident* 49, 115, 128, 131 f., 146, 180, 192, 243 f., 249, 251 f., 256, 271 ff., 282 ff., 302,. 323, 463, 526 f. (543, 546, 552 bis 555, 557 ff., 567 f., 570 f., 579, 581 f., 584, 586 f., 590, 595, 597 f., 605, 631, 637, 641 f.)
Vincke-Olbendorf, Karl Frh. v., *preuß. Offizier, Vertrauter des Prinzen Wilhelm* (559, 562, 570, 573 f., 610)
Voltaire, François Marie Aronet de, *Schriftsteller und Philosoph* 97 (553)
Voß, Otto K. Frd. Graf von, *preußischer Minister* 165, 169, 202 f., 325, 354 f., 364 (550, 563, 606, 610, 614, 619)
Voß, Sophie Marie Gräfin von, *Oberhofmeisterin* 156, 348, 363 (604, 610, 613)

Wallis, Graf (607)
Wallmoden-Gimborn, Joh. Ludwig Reichsgraf von, *Schwiegervater Steins, englisch-hannoverischer Feldmarschall* 76 (544, 629)
Wallmoden-Gimborn, Ludwig Georg Thedel Reichsgraf von, *Steins Schwager, österreichischer General* 402, 438 f., 444
Walpole, Sir Robert, Graf von Oxford, *englischer Staatsmann* 104
Walpole, Lord, *englischer Botschaftssekretär in Petersburg 1812* (622)
Wangenheim, K. A. Frh. v., *württembergischer Staatsmann* (593)
Wegscheider, Jul. Aug. Ludw., *Theologe an der Universität Halle* 524
Welcker, Karl Theodor, *Professor in Freiburg i. Br., Politiker* 18, 523
Wellesley, Richard Colley, Marquis, *englischer Staatsmann* 402
Wellington, Sir Arthur Wellesley, Herzog von, *englischer Feldherr* 469 (641)
Werthern, Luise Gräfin von, *älteste Schwester Steins* 345 (565, 613)
Wessenberg, Ignaz Heinrich Karl Frhr. von, *Generalvikar des Bistums Konstanz* 533
Wieland, Christoph Martin, *Dichter* 22, 123 (539 f.)
Wilckens, Gust. Ferd., *Geh. Finanzrat* 216, 261, 263 f., 273 (589, 591 ff., 595)

Wilhelm IX. (I.), letzter Landgraf, erster Kurfürst von Hessen-Kassel 323, 445 f. (605, 614)
Wilhelm, Fürst von Oranien-Fulda, *preußischer General*, später König Wilhelm I. von Holland 160, 369, 371, 385 f. (562, 614)
Wilhelm I., von Nassau-Oranien, *Statthalter der verein. Niederlande* 370
Wilhelm, Prinz von Preußen, *Bruder Friedrich Wilhelms III.* 53, 160, 315 bis 321, 324, 333 f., 344, 346 f., 350, 352, 358, 431, 526 f. (562, 564, 603 ff., 607, 609)
Wilhelm, Prinzessin siehe: Marianne
Wilhelm, Kronprinz von Württemberg 488, 497, 516
Winning, von, *preußischer Offizier* (608)
Wißmann, *preuß. Regierungspräsident* 417
Wittgenstein, Ludwig Ad. Peter, Fürst von Sayn-W.-Ludwigsburg, *russischer General* 409, 439
Wittgenstein, Wilhelm Ludwig Georg, Fürst zu Sayn-W.-Hohenstein, *preußischer Minister* 323, 332, 346, 348, 363 f., 378, 385, 427, 432, 521 (561, 573, 605, 607, 609, 612, 614 f.)
Wolff, Christian Frhr. von, *Philosoph* 25
Wöllner, Joh. Christoph von, *preußischer Minister* 297 (574)
Woltmann (608)
Wrede, Fürst Karl von, *bayrischer Feldmarschall* 499
Württemberg, Herzog bzw. König von, siehe: Karl Eugen, Friedrich, Wilhelm, Antoinette

Yarmouth, Gräfin, eigentlich Frau von Wallmoden, geb. von Wendt 54
Yorck von Wartenburg, Hans Graf von, *preußischer General* 340, 413–427, 429 (624 f.)
Young, Arthur, *englischer Nationalökonom* (547)

Zastrow, Wilhelm von, *preußischer General* 166, 169, 173, 175, 179, 202 ff. (565, 604, 610)
Zedlitz, Karl Abraham Frhr. von, *preußischer Minister* (601)
Zezschwitz, *sächsischer Geheimer Finanzrat* (627 f.)
Zieten, von, *Landrat* (543, 572 ff., 596)